투플러스 2+

메가스터디BOOKS

$E=mc^2$

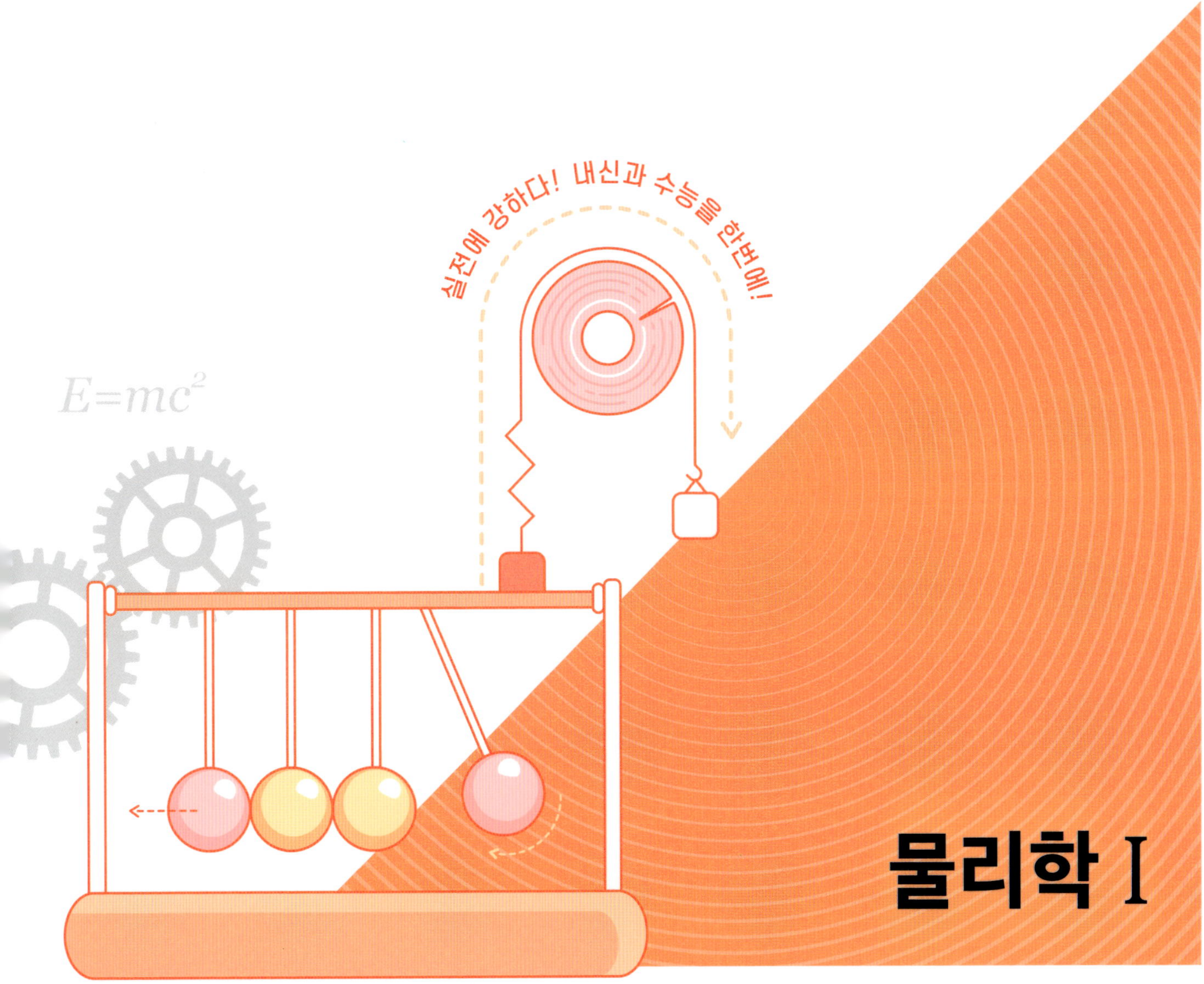

물리학 Ⅰ

내신 대비 + 수능 대비

6종 교과서 개념 정리 : 학교 시험 빈출 자료 : 최신 수능 빈출 자료 : 메가스터디 온라인 강의

메가스터디BOOKS

저자
박종웅 선생님 영등포고등학교
김경철 선생님 인천해송고등학교
채규선 선생님 퇴계원고등학교

총괄 감수
손지호 선생님 메가스터디 물리학 강사

손지호 선생님
메가스터디 유료 인강 서비스 중
www.megastudy.net

물리학 I

초판 2쇄	2024년 3월 29일
초판 1쇄	2021년 12월 31일
펴낸곳	메가스터디(주)
펴낸이	손은진
개발 책임	배경윤
개발	이지애, 홍지연, 김화영, 최난영, 전경호
디자인	이정숙, 주희연
마케팅	엄재욱, 김세정
제작	이성재, 장병미
주소	서울시 서초구 효령로 304(서초동) 국제전자센터 24층
대표전화	1661.5431 (내용 문의 02-6984-6915 / 구입 문의 02-6984-6868,9)
홈페이지	http://www.megastudybooks.com
출판사 신고 번호	제 2015-000159호
출간제안/원고투고	메가스터디북스 홈페이지 <투고 문의>에 등록

메가스터디 BOOKS
'메가스터디북스'는 메가스터디㈜의 출판 전문 브랜드입니다.
유아/초등 학습서, 중고등 수능/내신 참고서는 물론, 지식, 교양, 인문 분야에서 다양한 도서를 출간하고 있습니다.

메가스터디
고등과학 기본서

투플러스

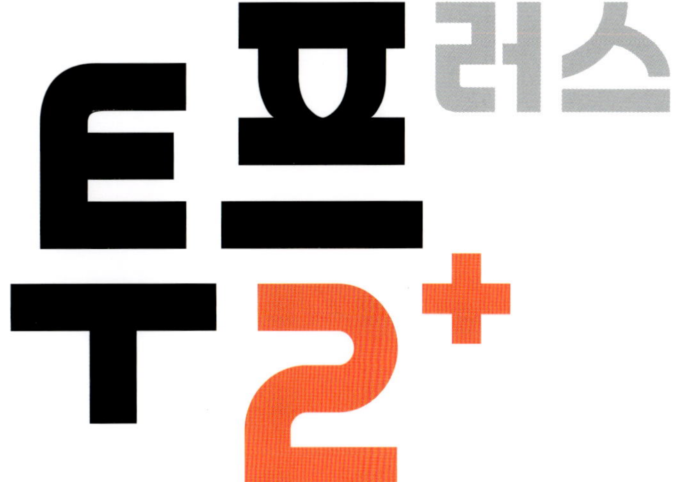

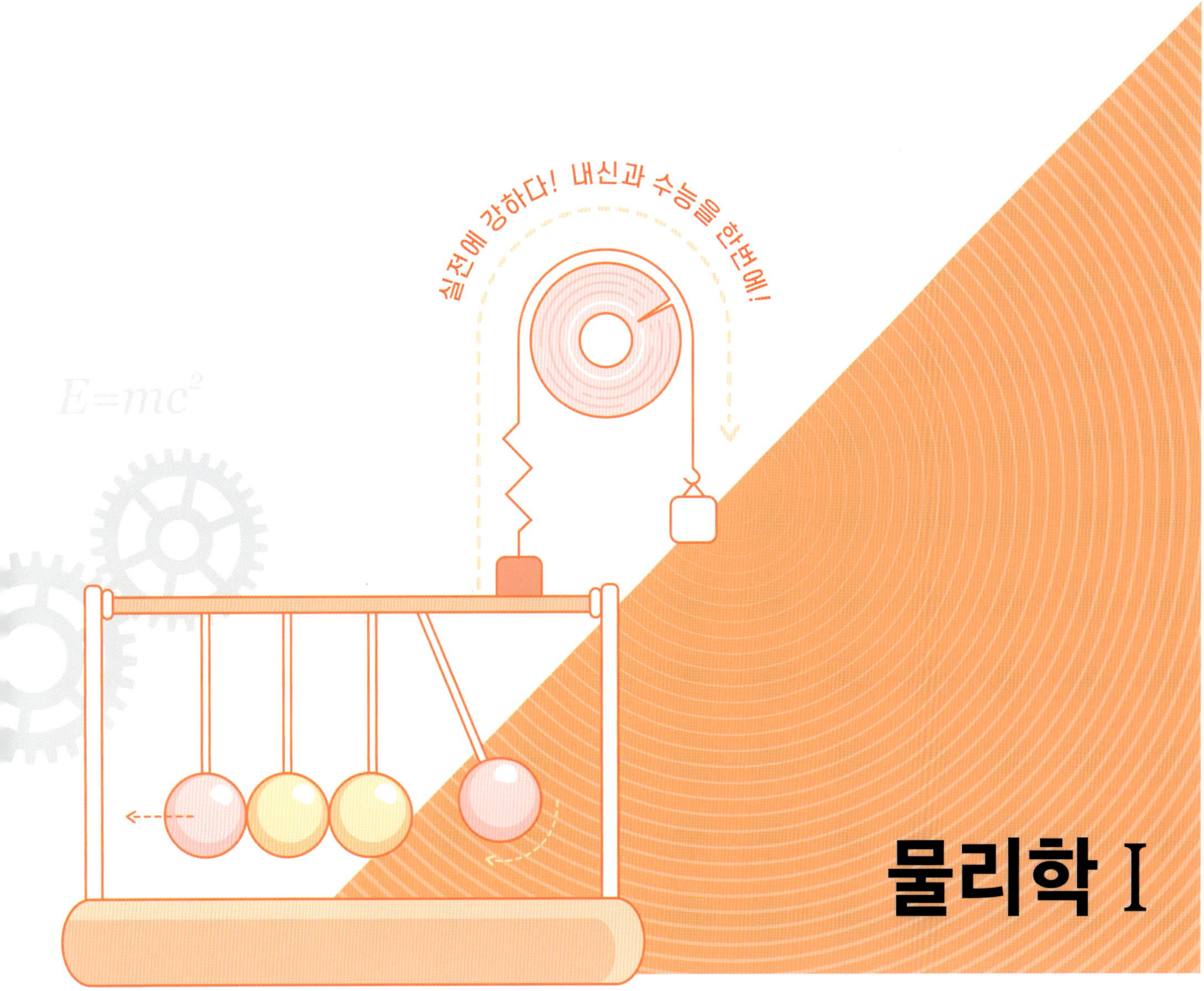

물리학 I

내신 대비

6종 교과서 개념 정리 | 학교 시험 빈출 자료 | 학교 시험 대비 문제

2+

물리학 I 내신 대비서의 **내신 1등급 완성 5단계 학습**

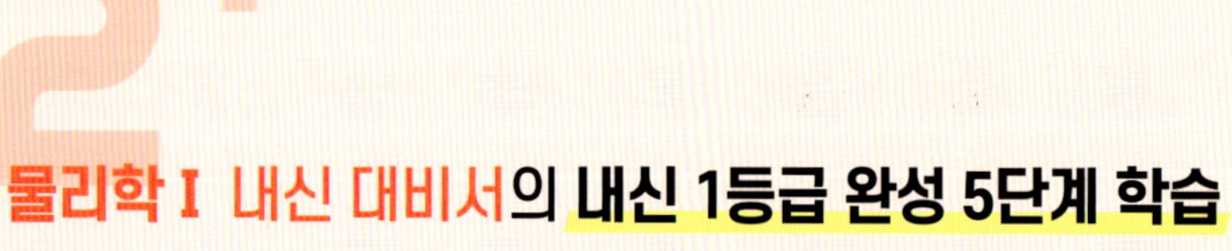
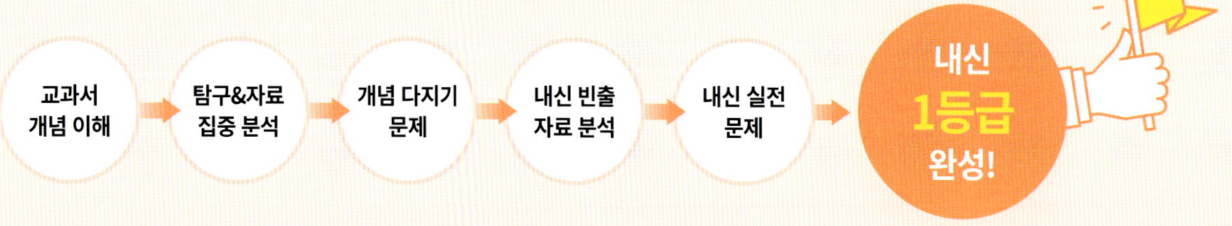

투탑 플러스
2+
물리학 I
내신 대비

구성과 특징

개념

체계적인 학습 단계를 통해 6종 교과서 **"개념 잡고 분석력 기르기"**

1 교과서 완벽 분석

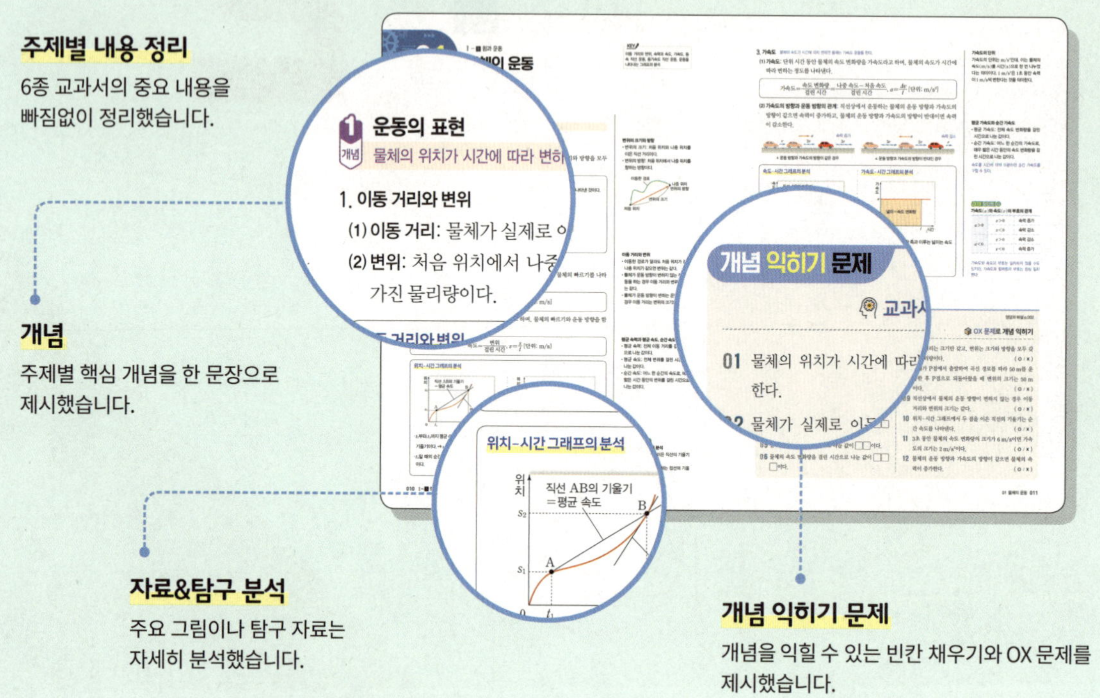

주제별 내용 정리

6종 교과서의 중요 내용을
빠짐없이 정리했습니다.

개념

주제별 핵심 개념을 한 문장으로
제시했습니다.

자료&탐구 분석

주요 그림이나 탐구 자료는
자세히 분석했습니다.

개념 익히기 문제

개념을 익힐 수 있는 빈칸 채우기와 OX 문제를
제시했습니다.

2 교과서 개념 더하기

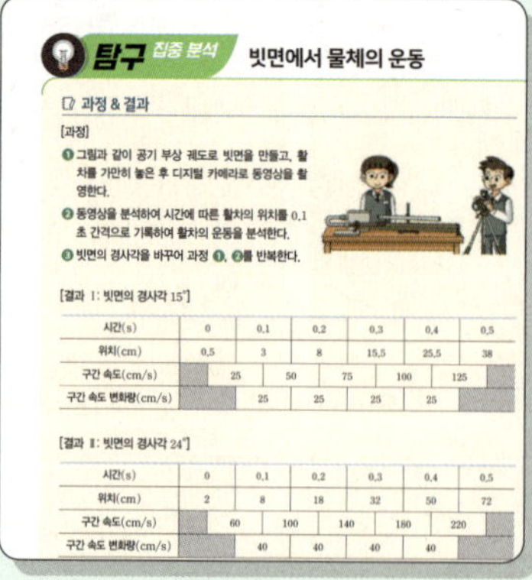

자료 집중 분석

중요 자료를 단계적으로 분석하고, 예제
를 제시하여 완벽하게 이해할 수 있습니다.

탐구 집중 분석

중요 탐구를 <과정&결과> - <분석>의 단계
로 자세하게 설명하고, 예제 를 제시하여
완벽하게 이해할 수 있습니다.

같은 주제 다른 자료

같은 주제에 대해 다양한 다른 자료를 제
시하고 분석하여 완벽하게 이해할 수 있습
니다.

3 문제로 개념 완벽 이해

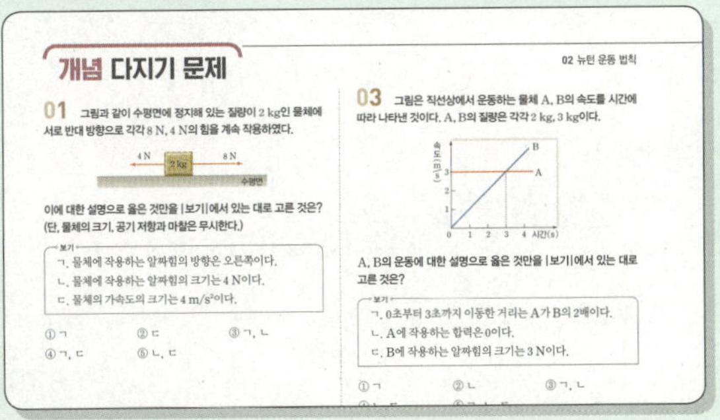

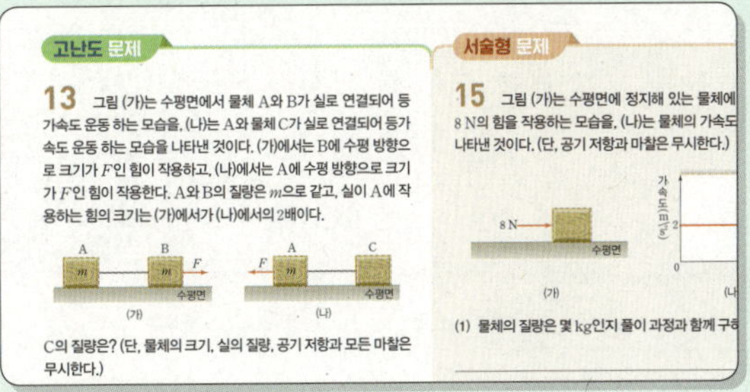

개념 다지기 문제

배운 개념을 문제로 확인하여 실력을 다질 수 있습니다. 학교 시험에 꼭 나올만한 중요한 문제는 **대표** 유형문제 로 표시했습니다.

고난도 문제

난이도 중상의 문제로 실력을 향상시킬 수 있습니다.

서술형 문제

학교 시험에 출제되는 서술형 문제 풀이를 통해 개념을 스스로 정리할 수 있습니다.

실전 내신

학교 기출 문제 분석을 통한 "내신 1등급 완성하기"

4 최신 학교 기출 문제 분석

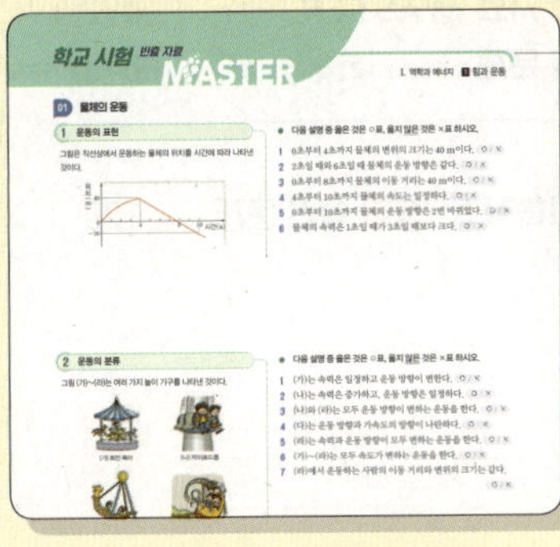

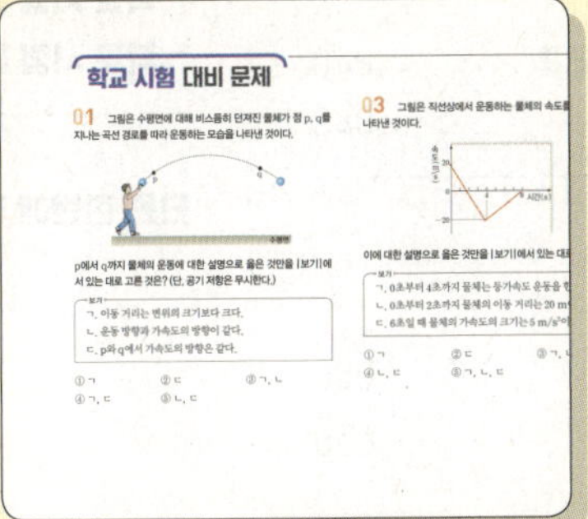

학교 시험 빈출 자료 마스터

전국의 학교 기출 문제 분석을 통해 중단원별 빈출 자료와 OX문제를 제시하여 빈출 개념을 정리할 수 있습니다.

학교 시험 대비 문제

중단원별 학교 시험 빈출 유형 문제를 빠짐없이 수록했으며, 고난도 문제와 서술형 문제를 통해 내신 1등급을 완벽하게 대비할 수 있습니다.

5 내신 1등급 완성

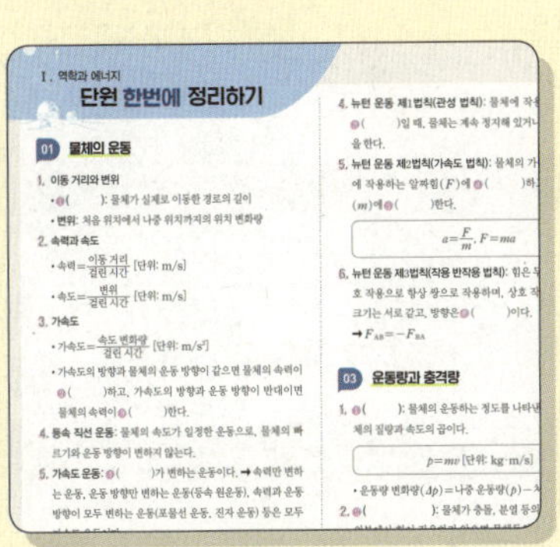

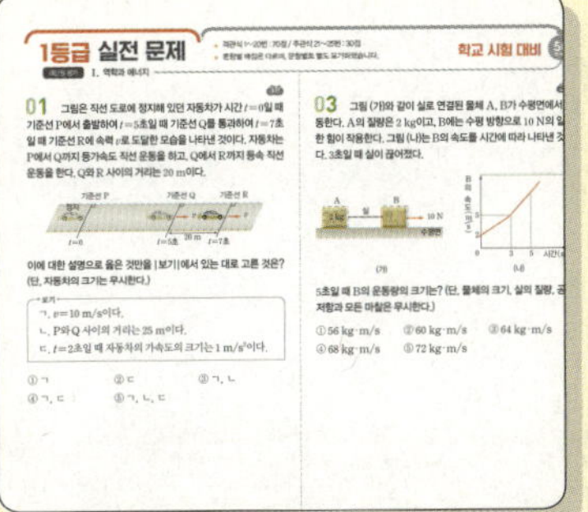

단원 한번에 정리하기

대단원별로 핵심 개념을 스스로 정리할 수 있도록 빈칸 채우기 문제를 수록했습니다.

1등급 실전 문제

실제 학교 시험에 대비할 수 있도록 학교 시험 형태로 서술형 문제를 포함하여 25문항을 수록했습니다.

차례

Contents

투플러스 vs 6종 교과서 함께 보기

I 역학과 에너지

중단원	소단원	투플러스	금성	동아출판	미래엔	비상교육	천재	YBM
1 힘과 운동	**01** 물체의 운동	**10~19**	12~19	11~15	14~19	12~17	11~17	12~18
	02 뉴턴 운동 법칙	**20~29**	20~27	16~27	20~30	18~28	18~30	19~30
	03 운동량과 충격량	**30~39**	30~37	28~38	32~45	29~39	32~41	31~42
2 에너지와 열	**04** 역학적 에너지 보존	**50~59**	42~45	39~45	50~55	46~51	45~50	48~55
	05 열역학 법칙	**60~69**	46~55	51~60	56~67	52~63	51~63	56~68
3 시간과 공간	**06** 특수 상대성 이론	**80~85**	58~66	65~72	72~80	66~73	67~75	74~86
	07 질량과 에너지	**86~91**	68~70	73~76	82~85	74~77	76~79	87~90

II 물질과 전자기장

중단원	소단원	투플러스	금성	동아출판	미래엔	비상교육	천재	YBM
1 물질의 전기적 특성	**01** 원자와 전기력, 스펙트럼	**110~117**	82~95	87~96	98~107	88~97	91~99	104~114
	02 에너지띠와 반도체	**118~127**	96~104	98~109	108~120	98~107	101~112	115~125
2 물질의 자기적 특성	**03** 전류에 의한 자기 작용	**138~147**	108~117	115~119	126~133	114~119	117~123	132~138
	04 물질의 자성과 전자기 유도	**148~157**	118~129	120~130	134~145	120~131	124~134	139~148

Ⅲ 파동과 정보 통신

3 시간과 공간

2 에너지와 열

1 힘과 운동

I

역학과 에너지

01 물체의 운동

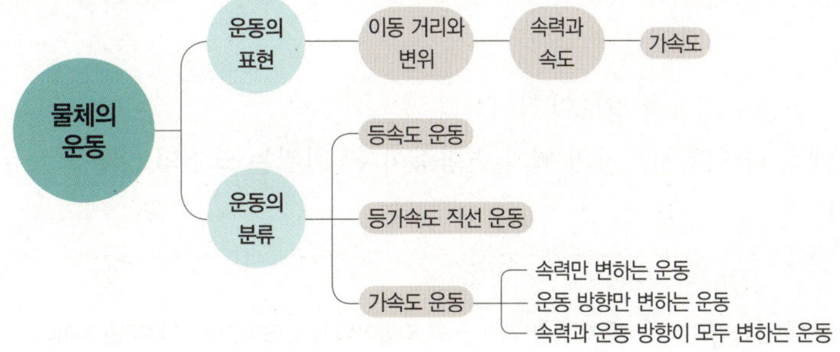

02 뉴턴 운동 법칙

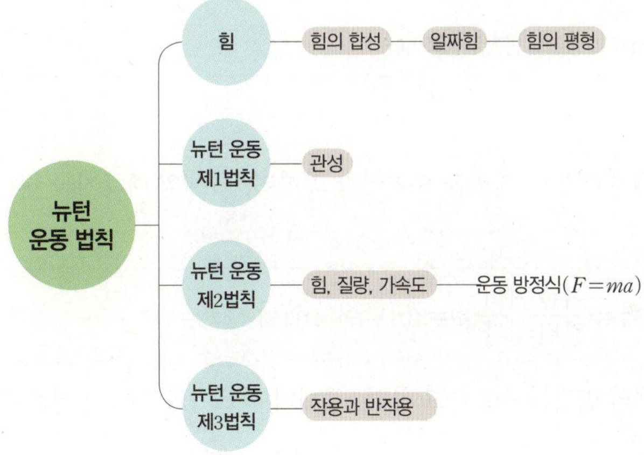

03 운동량과 충격량

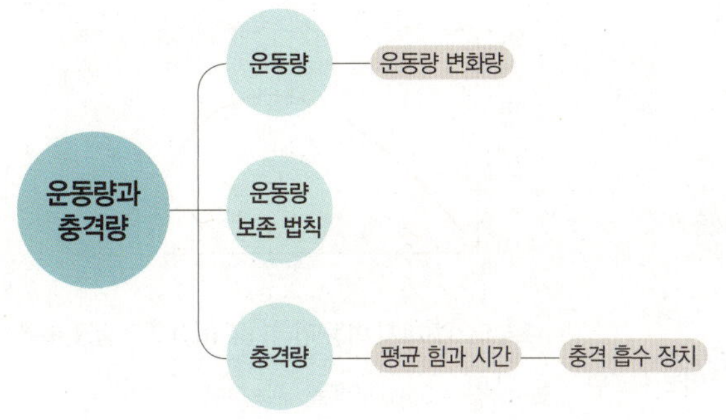

01

I - 1 힘과 운동

물체의 운동

KEY
이동 거리와 변위, 속력과 속도, 가속도, 등속 직선 운동, 등가속도 직선 운동, 운동을 나타내는 그래프의 분석

1 운동의 표현

개념 물체의 위치가 시간에 따라 변하는 것을 운동이라고 한다.

1. 이동 거리와 변위

(1) 이동 거리: 물체가 실제로 이동한 경로의 길이이다.

(2) 변위: 처음 위치에서 나중 위치까지의 위치 변화량이다. 변위는 크기와 방향을 모두 가진 물리량이다.

이동 거리와 변위

그림은 철수가 P에서 출발하여 Q까지 100 m를 이동한 후 70 m를 되돌아와 R에 도착한 것을 나타낸 것이다.

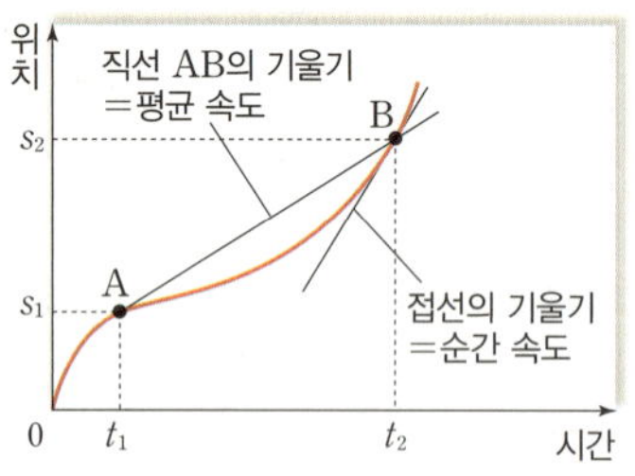

- P에서 R까지 이동 거리는 170 m이다.
- P에서 R까지 변위의 크기는 30 m이고, 변위의 방향은 동쪽이다.

2. 속력과 속도

(1) 속력: 단위 시간 동안 물체가 이동한 거리를 속력이라고 하며, 물체의 빠르기를 나타낸다.

$$속력=\frac{이동\ 거리}{걸린\ 시간},\ v=\frac{s}{t}\ [단위:\ m/s]$$

(2) 속도: 단위 시간 동안 물체의 변위를 속도라고 하며, 물체의 빠르기와 운동 방향을 함께 나타낸다.

$$속도=\frac{변위}{걸린\ 시간},\ v=\frac{s}{t}\ [단위:\ m/s]$$

위치-시간 그래프의 분석

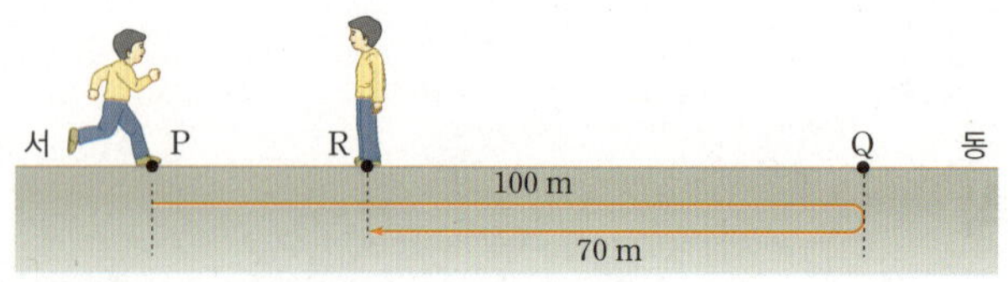

- t_1부터 t_2까지 평균 속도는 A점과 B점을 이은 직선의 기울기이다. ➡ $v_{평균}=\frac{s_2-s_1}{t_2-t_1}$
- t_2일 때의 순간 속도는 B점에 접하는 접선의 기울기이다.

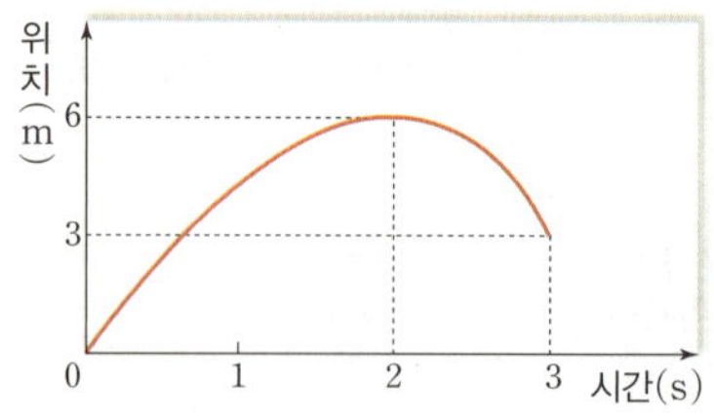

- 0초부터 3초까지 이동 거리가 9 m이므로 평균 속력은 $\frac{9\ m}{3\ s}$=3 m/s이다.
- 0초부터 3초까지 변위의 크기가 3 m이므로 평균 속도의 크기는 $\frac{3\ m}{3\ s}$=1 m/s이다.
- 2초일 때의 순간 속도는 0이다.

변위의 크기와 방향

- 변위의 크기: 처음 위치와 나중 위치를 이은 직선 거리이다.
- 변위의 방향: 처음 위치에서 나중 위치를 향하는 방향이다.

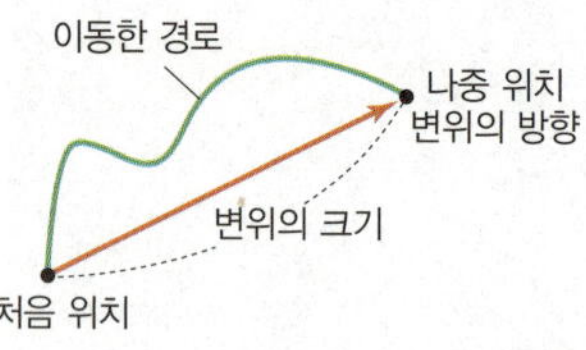

이동 거리와 변위

- 이동한 경로가 달라도 처음 위치가 같고 나중 위치가 같으면 변위는 같다.
- 물체가 운동 방향이 변하지 않는 직선 운동을 하는 경우 이동 거리와 변위의 크기는 같다.
- 물체가 운동 방향이 변하는 운동을 하는 경우 이동 거리는 변위의 크기보다 크다.

평균 속력과 평균 속도, 순간 속도

- 평균 속력: 전체 이동 거리를 걸린 시간으로 나눈 값이다.
- 평균 속도: 전체 변위를 걸린 시간으로 나눈 값이다.
- 순간 속도: 어느 한 순간의 속도로, 매우 짧은 시간 동안의 변위를 걸린 시간으로 나눈 값이다.

강의 포인트

위치-시간 그래프의 분석

- 평균 속도: 두 점을 이은 직선의 기울기이다.
- 순간 속도: 한 점에 접하는 접선의 기울기이다.

3. 가속도 물체의 속도가 시간에 따라 변하면 물체는 가속도 운동을 한다.

(1) **가속도**: 단위 시간 동안 물체의 속도 변화량을 가속도라고 하며, 물체의 속도가 시간에 따라 변하는 정도를 나타낸다.

$$가속도 = \frac{속도\ 변화량}{걸린\ 시간} = \frac{나중\ 속도 - 처음\ 속도}{걸린\ 시간}, \ a = \frac{\Delta v}{t}\ [단위:\ m/s^2]$$

(2) **가속도의 방향과 운동 방향의 관계**: 직선상에서 운동하는 물체의 운동 방향과 가속도의 방향이 같으면 속력이 증가하고, 물체의 운동 방향과 가속도의 방향이 반대이면 속력이 감소한다.

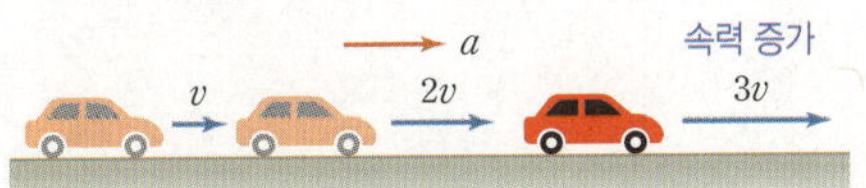

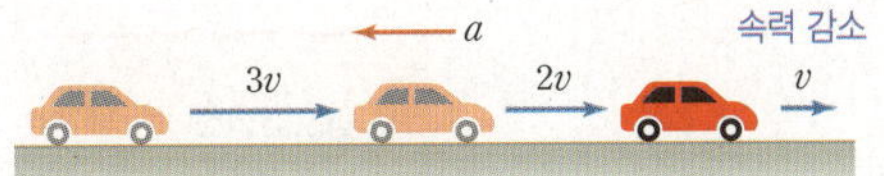

▲ 운동 방향과 가속도의 방향이 같은 경우   ▲ 운동 방향과 가속도의 방향이 반대인 경우

속도–시간 그래프의 분석

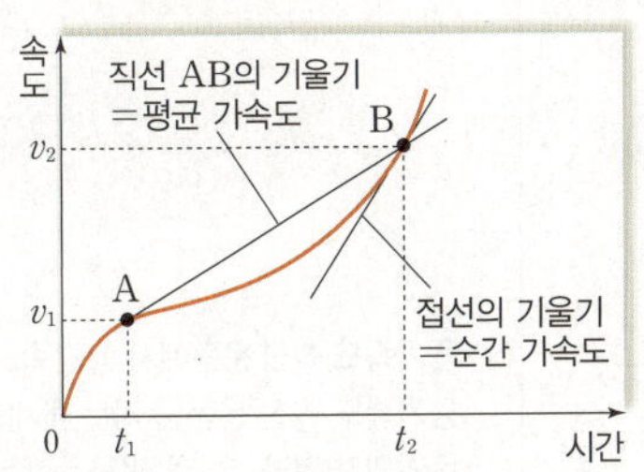

- t_1부터 t_2까지 평균 가속도는 A점과 B점을 이은 직선의 기울기이다. ➡ $a_{평균} = \dfrac{v_2 - v_1}{t_2 - t_1}$
- t_2일 때의 순간 가속도는 B점에 접하는 접선의 기울기이다.

가속도–시간 그래프의 분석

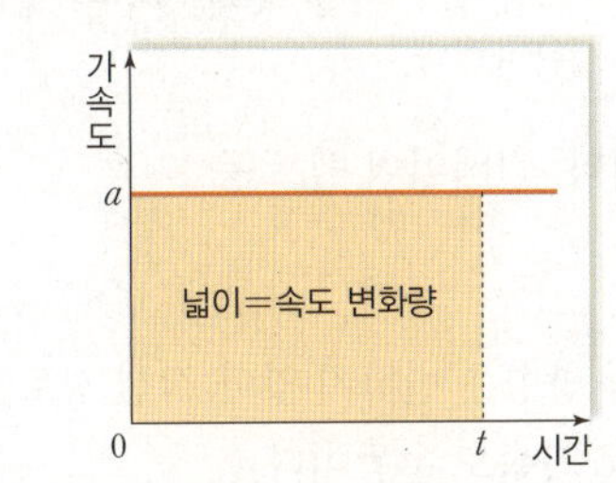

- 0부터 t까지 그래프가 시간 축과 이루는 넓이는 속도 변화량이다.
  - 가속도 $a>0$: 넓이는 속도 증가량
  - 가속도 $a<0$: 넓이는 속도 감소량

가속도의 단위

가속도의 단위는 m/s^2인데, 이는 물체의 속도(m/s)를 시간(s)으로 한 번 나누었다는 의미이다. $1\ m/s^2$은 1초 동안 속력이 $1\ m/s$씩 변한다는 것을 의미한다.

평균 가속도와 순간 가속도
- 평균 가속도: 전체 속도 변화량을 걸린 시간으로 나눈 값이다.
- 순간 가속도: 어느 한 순간의 가속도로, 매우 짧은 시간 동안의 속도 변화량을 걸린 시간으로 나눈 값이다.

속도를 시간에 대해 미분하면 순간 가속도를 구할 수 있다.

강의 포인트 @
가속도(a)와 속도(v)의 부호의 관계

$a>0$	$v>0$	속력 증가
	$v<0$	속력 감소
$a<0$	$v>0$	속력 감소
	$v<0$	속력 증가

가속도와 속도의 부호는 일치하지 않을 수도 있지만, 가속도와 알짜힘의 부호는 항상 일치한다.

개념 익히기 문제

정답과 해설 p.002

🧠 교과서 문장으로 개념 익히기

01 물체의 위치가 시간에 따라 변하는 것을 ☐☐이라고 한다.

02 물체가 실제로 이동한 경로의 길이를 ☐☐☐라 하고, 처음 위치에서 나중 위치까지의 위치 변화량을 ☐☐라고 한다.

03 처음 위치와 나중 위치를 이은 직선 거리는 ☐☐☐☐이다.

04 물체가 이동한 거리를 걸린 시간으로 나눈 값이 ☐☐이다.

05 물체의 변위를 걸린 시간으로 나눈 값이 ☐☐이다.

06 물체의 속도 변화량을 걸린 시간으로 나눈 값이 ☐☐이다.

🎲 OX 문제로 개념 익히기

07 이동 거리는 크기만 갖고, 변위는 크기와 방향을 모두 갖는 물리량이다. (O / X)

08 물체가 P점에서 출발하여 곡선 경로를 따라 50 m를 운동한 후 P점으로 되돌아왔을 때 변위의 크기는 50 m이다. (O / X)

09 직선상에서 물체의 운동 방향이 변하지 않는 경우 이동 거리와 변위의 크기는 같다. (O / X)

10 위치–시간 그래프에서 두 점을 이은 직선의 기울기는 순간 속도를 나타낸다. (O / X)

11 3초 동안 물체의 속도 변화량의 크기가 $6\ m/s$이면 가속도의 크기는 $2\ m/s^2$이다. (O / X)

12 물체의 운동 방향과 가속도의 방향이 같으면 물체의 속력이 증가한다. (O / X)

❷ 운동의 분류

 속력과 운동 방향의 변화에 따라 물체의 운동을 분류한다.

1. 속력과 운동 방향이 모두 일정한 운동
물체에 작용하는 알짜힘이 0일 때의 운동으로 가속도가 0인 운동이다.

(1) 등속 직선 운동(등속도 운동): 물체의 속도가 일정한 운동으로, 물체의 빠르기와 운동 방향이 변하지 않으며, 시간에 따라 이동 거리가 일정하게 증가하는 운동이다.

(2) 등속 직선 운동의 그래프 등속 직선 운동을 하는 경우 변위의 크기는 이동 거리와 항상 같고, 속력과 속도의 크기도 항상 같다.

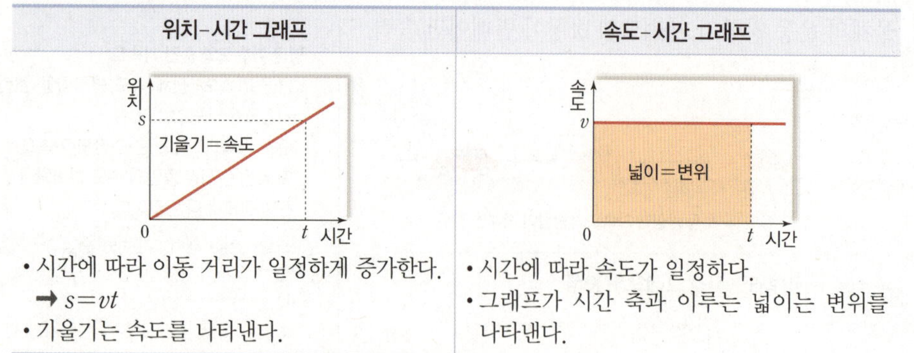

위치-시간 그래프	속도-시간 그래프
기울기＝속도	넓이＝변위
• 시간에 따라 이동 거리가 일정하게 증가한다. ➡ $s=vt$ • 기울기는 속도를 나타낸다.	• 시간에 따라 속도가 일정하다. • 그래프가 시간 축과 이루는 넓이는 변위를 나타낸다.

(3) 등속 직선 운동의 예: 무빙워크, 에스컬레이터, 컨베이어 벨트 등

2. 운동 방향은 일정하고 속력만 변하는 운동
운동 방향은 변하지 않아 직선 경로를 따라 운동하며, 속력이 증가하거나 감소하는 운동으로 가속도 운동이다.

(1) 등가속도 직선 운동: 물체의 가속도의 크기와 방향이 일정한 직선 운동으로, 물체의 속도가 일정하게 증가하거나 감소한다. 시간에 따른 속도 변화율이 일정하다.

등가속도 직선 운동의 관계식

① **속도와 시간의 관계:** 처음 속도를 v_0, 나중 속도를 v, 걸린 시간을 t라고 할 때, 속도 변화량은 $v-v_0$이므로 가속도는 $a=\dfrac{v-v_0}{t}$이다. ➡ $v=v_0+at$

② **변위와 시간의 관계:** 속도-시간 그래프에서 그래프가 시간 축과 이루는 넓이는 변위이므로, 시간 t에 따른 변위 s는 다음과 같다. ➡ $s=v_0t+\dfrac{1}{2}at^2$

③ **속도와 변위의 관계:** $a=\dfrac{v-v_0}{t}$에서 $t=\dfrac{v-v_0}{a}$을 $s=v_0t+\dfrac{1}{2}at^2$에 대입하면, 속도와 변위의 관계는 다음과 같다. ➡ $v^2-v_0^2=2as$

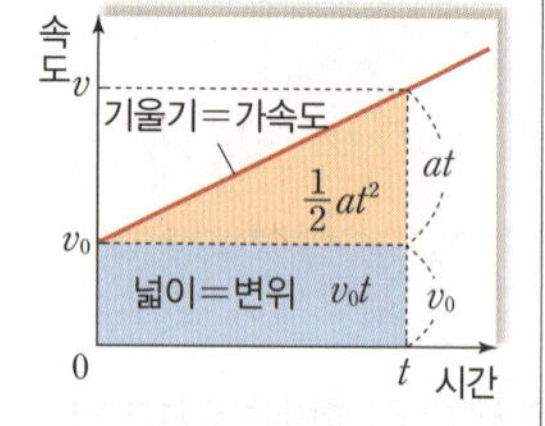

$$v=v_0+at,\ s=v_0t+\frac{1}{2}at^2,\ v^2-v_0^2=2as$$

(2) 등가속도 직선 운동의 그래프

구분	가속도-시간 그래프	속도-시간 그래프	위치-시간 그래프
가속도＞0	넓이 ＝속도 증가량 ＝at	$v=v_0+at$ 기울기＝가속도 $\frac{1}{2}at^2$ v_0t	$s=v_0t+\frac{1}{2}at^2$ 기울기 ＝순간 속도
가속도＜0	넓이 ＝속도 감소량	처음 방향으로 이동한 거리 반대 방향으로 이동한 거리	운동 방향이 바뀌는 순간

속도의 크기가 점점 줄어들다가 속도의 방향이 처음과 반대가 된다.

등가속도 직선 운동에서 평균 속도

등가속도 직선 운동을 하는 물체의 시간 t 동안의 변위가 s일 때, 평균 속도는

$$v_{평균}=\frac{s}{t}=v_0+\frac{1}{2}at=\frac{v_0+v}{2}$$

이다. 즉, 물체의 평균 속도는 처음 속도와 나중 속도의 중간 값이며, 시간 $\dfrac{t}{2}$일 때의 순간 속도와 같다.

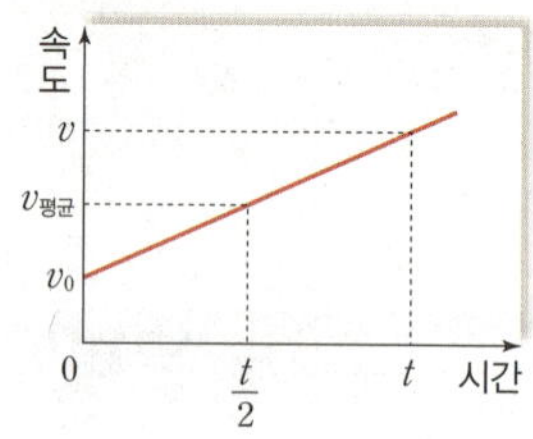

속도와 가속도의 방향

처음 속도와 가속도의 방향이 반대인 경우 물체의 속력은 점점 감소하다가 0이 된 후 가속도와 같은 방향으로 속력이 증가한다. 따라서 처음 속도＞0, 가속도＜0인 운동에서 속도가 0이 되는 시간 t부터 물체의 속도와 가속도의 방향이 같아지므로 t부터 속력, 즉 속도의 크기가 증가한다.

(3) **등가속도 직선 운동의 예**: 자유 낙하 운동, 빗면을 따라 내려오는 공의 운동, 연직 위로 던진 물체의 운동 등

3. **속력은 일정하고 운동 방향만 변하는 운동**: 운동 방향이 변하므로 속도가 변하는 가속도 운동이다. 등속 원운동을 하는 물체의 이동 거리는 시간에 따라 일정하게 증가한다.

(1) **등속 원운동**: 물체가 원 궤도를 따라 일정한 속력으로 회전하는 운동으로, 물체의 속력은 일정하고 운동 방향은 매 순간 원 궤도에 접하는 접선 방향이다.

(2) **등속 원운동의 예**: 선풍기의 회전하는 날개, 회전 관람차, 회전 그네, 지구 주위를 도는 인공위성 등

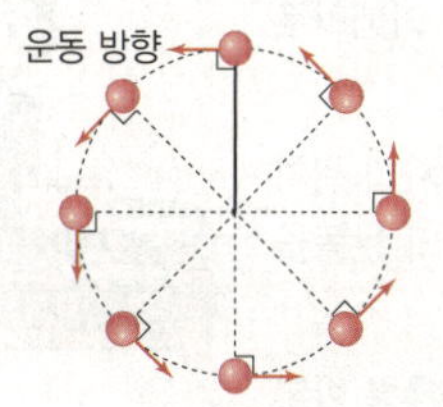

▲ 등속 원운동

4. **속력과 운동 방향이 모두 변하는 운동**: 속력과 운동 방향이 모두 변하므로 가속도 운동이며, 가속도의 방향이 운동 방향과 나란하지 않다.

(1) **진자 운동**: 물체가 줄에 매달려서 같은 경로를 반복하는 왕복 운동

❶ **운동 방향**: 진자가 그리는 궤도의 접선 방향이다.

❷ **최저점(O)에서 속력이 최대**이며, 양 끝(A, B)에서 속력이 0이다.
　　　　　　　　　　　　　　　└양 끝에서 운동 방향이 바뀌므로

❸ **진자 운동의 예**: 그네의 운동, 시계추의 운동 등

(2) **수평으로 던진 물체의 운동**: 수평 방향으로는 힘이 작용하지 않아 등속 운동을 하고, 연직 방향으로는 중력이 작용하여 등가속도 운동을 한다.

(3) **포물선 운동(비스듬히 던져 올린 물체의 운동)**: 수평 방향으로는 힘이 작용하지 않아 등속 운동을 하고, 연직 방향으로는 중력이 작용하여 등가속도 운동을 한다.

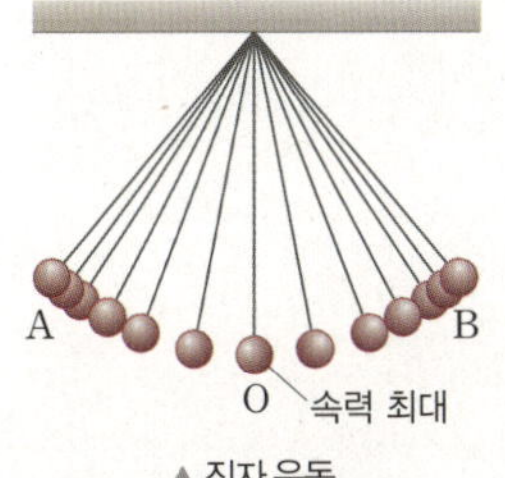

▲ 진자 운동

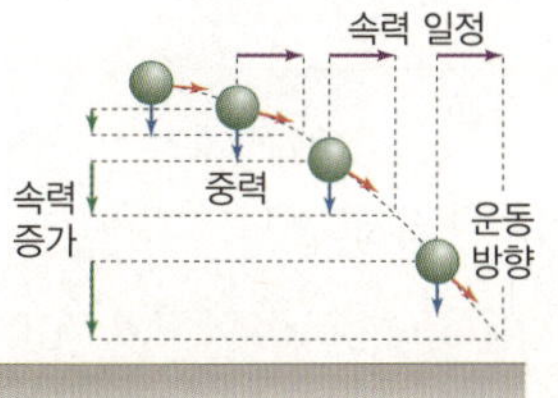

▲ 수평으로 던진 물체의 운동

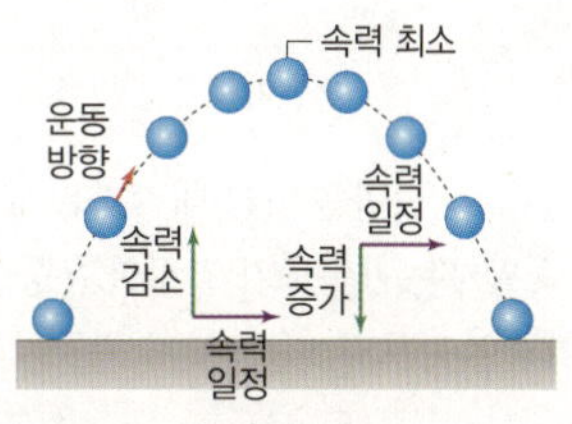

▲ 포물선 운동

등속 원운동을 하는 물체에 작용하는 힘
등속 원운동을 하는 물체는 운동 방향에 대해 수직 방향인 원 궤도의 중심을 향하는 방향으로 작용하는 구심력에 의해 운동한다.

진자 운동을 하는 물체에 작용하는 힘
진자는 줄이 잡아당기는 힘과 중력의 합력에 의해 운동한다. 이때 합력의 크기와 방향이 계속 변하므로, 진자의 가속도는 크기와 방향이 계속 변한다.

포물선 운동
공이 포물선 경로를 따라 운동하며, 공의 수평 방향 속력은 일정하고, 연직 방향 속력은 감소하다가 증가한다. 공의 가속도는 연직 아래 방향으로 일정하고, 최고점에서 속력은 최소이다.

개념 익히기 문제

정답과 해설 p.002

🧠 교과서 문장으로 개념 익히기

13 물체의 빠르기와 운동 방향이 모두 일정한 운동을 □ □□□□□이라고 한다.

14 직선상에서 운동하며, 물체의 가속도의 크기와 방향이 일정한 운동을 □□□□□□□□이라고 한다.

15 가만히 놓아 아래로 떨어지는 공은 운동 방향이 변하지 않고, 속력은 □□한다.

16 등속 원운동을 하는 물체의 속력은 □□하고, 운동 방향은 매 순간 변한다.

17 비스듬히 던져 올린 공은 □□과 □□□□이 모두 변하는 가속도 운동을 한다.

📦 OX 문제로 개념 익히기

18 등속 직선 운동을 하는 물체의 이동 거리는 시간에 따라 일정하게 증가한다. (O / x)

19 속도−시간 그래프에서 그래프가 시간 축과 이루는 넓이는 가속도를 나타낸다. (O / x)

20 처음 속도가 2 m/s인 물체의 가속도가 처음 운동 방향과 같은 방향으로 1 m/s^2이라면 3초 후 물체의 속도는 5 m/s이다. (O / x)

21 빗면에 가만히 놓은 물체는 등속도 운동을 한다. (O / x)

22 바이킹의 운동은 속력과 운동 방향이 모두 변하는 운동이다. (O / x)

📝 과정 & 결과

❶ 그림과 같이 공기 부상 궤도로 빗면을 만들고, 활차를 가만히 놓은 후 디지털 카메라로 동영상을 촬영한다.

❷ 동영상을 분석하여 시간에 따른 활차의 위치를 0.1초 간격으로 기록하여 활차의 운동을 분석한다.

❸ 빗면의 경사각을 바꾸어 과정 ❶, ❷를 반복한다.

⚙️ 탐구 목표

빗면에서 운동하는 물체의 속력과 운동 방향의 변화를 설명할 수 있다.

[결과 Ⅰ: 빗면의 경사각 15°]

시간(s)	0	0.1	0.2	0.3	0.4	0.5
위치(cm)	0.5	3	8	15.5	25.5	38
구간 속도(cm/s)		25	50	75	100	125	
구간 속도 변화량(cm/s)		25	25	25	25	

[결과 Ⅱ: 빗면의 경사각 24°]

시간(s)	0	0.1	0.2	0.3	0.4	0.5
위치(cm)	2	8	18	32	50	72
구간 속도(cm/s)		60	100	140	180	220	
구간 속도 변화량(cm/s)		40	40	40	40	

···▶ 활차는 빗면을 따라 한 방향으로 운동하며, 빗면을 따라 내려가는 활차의 속력은 증가한다.

···▶ 0.1초마다 속도 변화량이 일정하므로 활차는 가속도가 일정한 운동을 한다.

···▶ 빗면의 경사각이 달라지면 속도 변화량이 다르다.

🔍 분석

1. 결과 Ⅰ과 Ⅱ에서 활차의 가속도의 크기는?

···▶ 결과 Ⅰ에서 활차의 가속도의 크기는 $\dfrac{25\ \mathrm{cm/s}}{0.1\ \mathrm{s}}=2.5\ \mathrm{m/s^2}$으로 일정하다.

···▶ 결과 Ⅱ에서 활차의 가속도의 크기는 $\dfrac{40\ \mathrm{cm/s}}{0.1\ \mathrm{s}}=4\ \mathrm{m/s^2}$으로 일정하다.

2. 빗면의 경사각에 따른 활차의 가속도의 크기는 어떠한가?

···▶ 빗면의 경사각이 클수록 빗면에서 활차의 가속도의 크기가 크다.

🔬 탐구 포인트

빗면을 따라 내려가는 활차의 운동 방향은 변하지 않고, 속력은 일정하게 증가한다. 따라서 활차는 등가속도 직선 운동을 한다.

정답과 해설 p.002

예제 ❶

그림은 빗면에 가만히 놓은 물체가 빗면을 따라 운동하는 모습을 나타낸 것이다.

이 물체의 운동에 대한 설명으로 옳지 <u>않은</u> 것은? (단, 공기 저항과 모든 마찰은 무시한다.)

① 직선 운동을 한다.

② 속력이 점점 증가한다.

③ 등가속도 운동을 한다.

④ 단위 시간당 속도 변화량이 증가한다.

⑤ 빗면의 경사각이 클수록 가속도의 크기가 크다.

예제 ❷ 서술형

표는 경사각이 각각 θ_1, θ_2인 빗면에서 등가속도 직선 운동을 하는 물체의 위치를 시간에 따라 나타낸 것이다.

시간(s)	0	0.1	0.2	0.3	0.4
θ_1일 때 위치(cm)	1	5	11	19	29
θ_2일 때 위치(cm)	2.5	6	10.5	16	22.5

가속도의 크기를 이용해 빗면의 경사각 θ_1과 θ_2의 크기를 비교하시오.

Point 여러 가지 물체의 운동을 운동 방향 변화와 속력 변화에 따라 분류해 보자.

다음은 속도가 변하는 여러 가지 물체의 운동 사례이다.

(가) 직선의 물미끄럼틀을 따라 내려오는 사람

(나) 휘어진 레일을 따라 내려가는 롤러코스터

(다) 일정한 빠르기로 도는 회전목마

(라) 직선의 레일을 따라 들어와 멈추는 기차

(마) 그네를 타는 아이

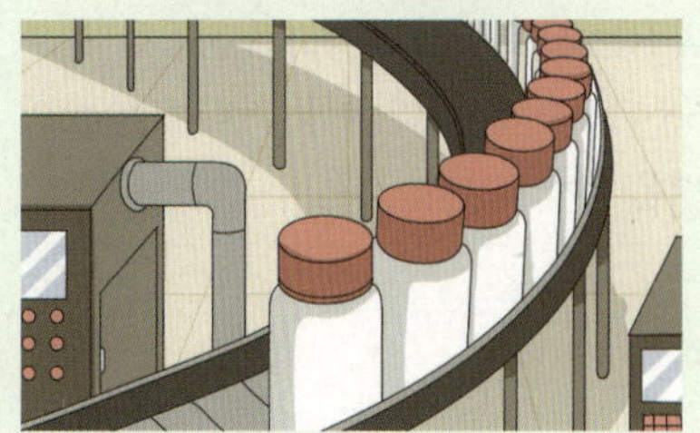

(바) 전송대 위의 물건

❶ 위 여러 가지 물체의 운동 사례에서 물체의 운동 방향 변화와 속력 변화 여부를 ○, ×로 표시해 보자.

구분	(가)	(나)	(다)	(라)	(마)	(바)
운동 방향 변화	×	○	○	×	○	○
속력 변화	○	○	×	○	○	×

❷ 위 결과를 이용하여 물체의 운동을 분류 기준에 따라 분류해 보자.

> 가속도는 크기와 방향을 가지는 물리량이므로 속력이나 운동 방향 중 한 가지만 변해도 가속도 운동이다. 따라서 제시된 사례들은 모두 가속도 운동이다.

분류 기준	분류
운동 방향만 변하는 운동	(다), (바)
속력만 변하는 운동	(가), (라)
운동 방향과 속력이 모두 변하는 운동	(나), (마)

정답과 해설 p.002

예제 ❶

그림 (가)는 일정한 빠르기로 원운동을 하는 회전 그네를, (나)는 왕복 운동 하는 바이킹을 나타낸 것이다.

(가) 회전 그네

(나) 바이킹

▶ **해결 전략**
1단계: 운동하는 경로를 생각해 본다.
2단계: 단위 시간 동안 이동하는 거리의 변화를 생각해 본다.

이에 대한 설명으로 옳은 것만을 |보기|에서 있는 대로 고른 것은?

─ 보기 ─
ㄱ. (가)와 (나)는 모두 운동 방향이 변하는 운동을 한다.
ㄴ. (가)는 속도가 일정한 운동을 한다.
ㄷ. (가)와 (나)는 모두 가속도 운동을 한다.

① ㄱ   ② ㄴ   ③ ㄱ, ㄴ   ④ ㄱ, ㄷ   ⑤ ㄴ, ㄷ

개념 다지기 문제

01 그림은 직선 운동을 하는 물체 A, B의 위치를 시간에 따라 나타낸 것이다.

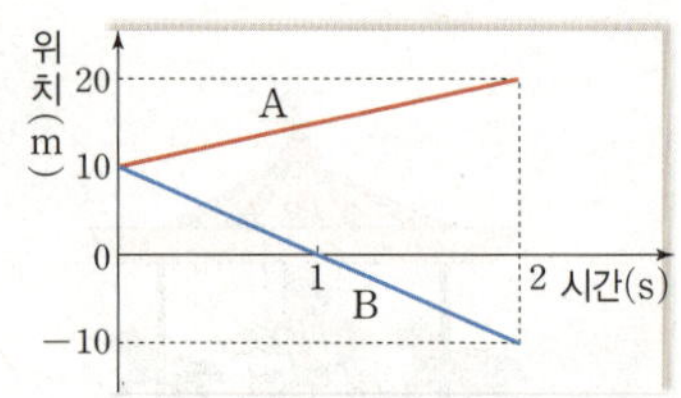

이에 대한 설명으로 옳은 것만을 |보기|에서 있는 대로 고른 것은?

보기
- ㄱ. A와 B는 서로 반대 방향으로 운동한다.
- ㄴ. 0초부터 2초까지 B의 이동 거리는 20 m이다.
- ㄷ. 속력은 A가 B보다 크다.

① ㄱ   ② ㄷ   ③ ㄱ, ㄴ
④ ㄱ, ㄷ   ⑤ ㄴ, ㄷ

02 그림은 사람이 일정한 속력으로 곡선 경로를 따라 점 P에서 점 Q로 운동하는 모습을 나타낸 것이다.

사람이 P에서 Q까지 운동하는 동안, 이에 대한 설명으로 옳은 것만을 |보기|에서 있는 대로 고른 것은?

보기
- ㄱ. 속도가 일정한 운동을 한다.
- ㄴ. 이동 거리는 변위의 크기보다 크다.
- ㄷ. P와 Q에서 사람의 운동 방향은 같다.

① ㄴ   ② ㄷ   ③ ㄱ, ㄴ
④ ㄱ, ㄷ   ⑤ ㄴ, ㄷ

03 그림은 직선 도로에서 등가속도 직선 운동을 하는 자동차의 속력계의 모습을 5초마다 나타낸 것이다.

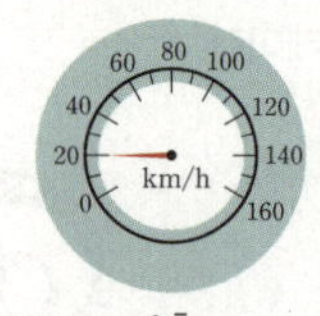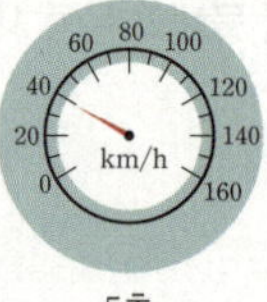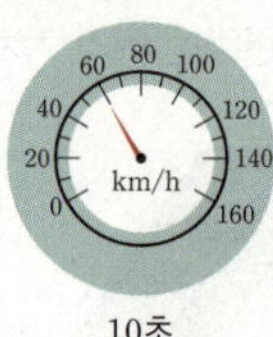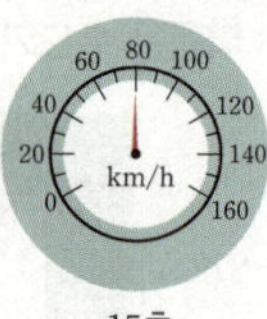

이에 대한 설명으로 옳은 것만을 |보기|에서 있는 대로 고른 것은?

보기
- ㄱ. 자동차의 운동 방향과 가속도의 방향은 같다.
- ㄴ. 0초부터 10초까지 자동차의 평균 속력은 40 km/h이다.
- ㄷ. 자동차의 가속도의 크기는 5 m/s²이다.

① ㄱ   ② ㄴ   ③ ㄱ, ㄴ
④ ㄱ, ㄷ   ⑤ ㄴ, ㄷ

대표 유형문제

04 그림은 직선 도로에서 서로 나란하게 운동하는 자동차 A와 B의 속도를 시간에 따라 나타낸 것이다.

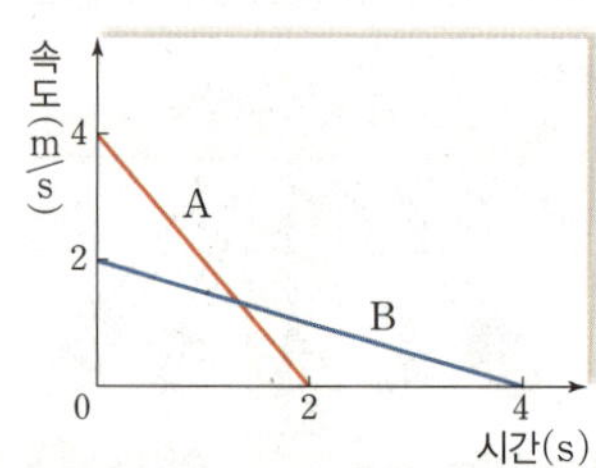

이에 대한 설명으로 옳은 것만을 |보기|에서 있는 대로 고른 것은?

보기
- ㄱ. 0초부터 2초까지 A가 이동한 거리는 4 m이다.
- ㄴ. 0초부터 4초까지 B의 평균 속도의 크기는 2 m/s이다.
- ㄷ. 1초일 때 가속도의 크기는 A가 B의 4배이다.

① ㄱ   ② ㄴ   ③ ㄱ, ㄷ
④ ㄴ, ㄷ   ⑤ ㄱ, ㄴ, ㄷ

05

그림은 빗면에 가만히 놓은 물체가 빗면과 수평면을 차례대로 지나면서 운동하는 모습을 나타낸 것이다. 구간 I은 빗면에서 운동하는 구간이고, 구간 II는 수평면에서 운동하는 구간이며, 구간 III은 수평면을 떠나 운동하는 구간이다.

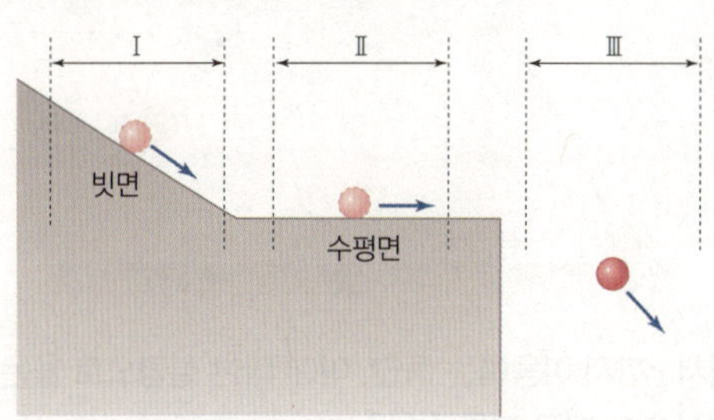

이 물체의 운동에 대한 설명으로 옳은 것만을 |보기|에서 있는 대로 고른 것은? (단, 공기 저항과 마찰은 무시한다.)

보기
ㄱ. I에서 물체는 속력만 변하는 운동을 한다.
ㄴ. 물체의 평균 속력은 II에서가 I에서보다 크다.
ㄷ. III에서 물체의 가속도의 방향은 일정하다.

① ㄱ   ② ㄷ   ③ ㄱ, ㄴ
④ ㄴ, ㄷ   ⑤ ㄱ, ㄴ, ㄷ

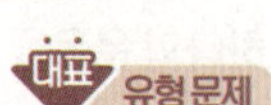

06

그림과 같이 직선상에서 자동차가 등가속도 직선 운동을 한다. 시간 $t=0$일 때 속력은 2 m/s이고, $t=5$초일 때 속력은 12 m/s이다.

자동차의 운동에 대한 설명으로 옳은 것만을 |보기|에서 있는 대로 고른 것은? (단, 자동차의 크기는 무시한다.)

보기
ㄱ. 가속도의 크기는 2 m/s²이다.
ㄴ. $t=2$초일 때 속력은 4 m/s이다.
ㄷ. $t=0$부터 $t=3$초까지 이동한 거리는 20 m이다.

① ㄱ   ② ㄴ   ③ ㄱ, ㄴ
④ ㄱ, ㄷ   ⑤ ㄴ, ㄷ

07

그림 (가)는 빗면에서 직선 운동을 하는 물체를 나타낸 것이고, (나)는 이 물체의 속력을 시간에 따라 나타낸 것이다.

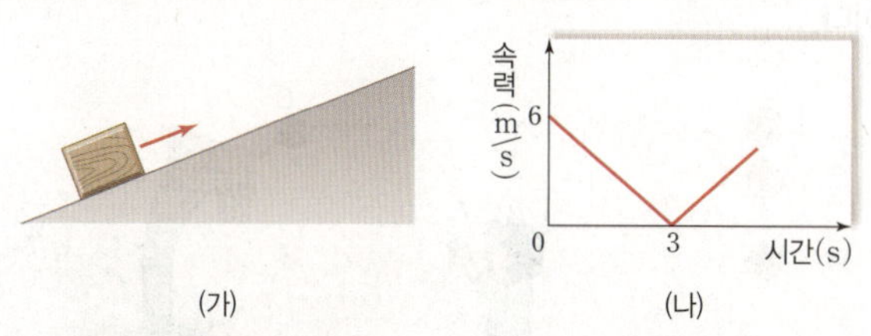

이에 대한 설명으로 옳은 것만을 |보기|에서 있는 대로 고른 것은?

보기
ㄱ. 0초부터 3초까지 물체의 이동 거리는 9 m이다.
ㄴ. 2초일 때, 물체의 운동 방향과 가속도의 방향은 같다.
ㄷ. 4초일 때 물체의 가속도의 크기는 2 m/s²이다.

① ㄱ   ② ㄴ   ③ ㄱ, ㄴ
④ ㄱ, ㄷ   ⑤ ㄴ, ㄷ

08

그림은 빗면의 점 P에서 가만히 놓은 물체가 빗면을 따라 운동하는 모습을 나타낸 것이다. 점 Q와 R에서 물체의 속력은 각각 10 m/s, 20 m/s이고, Q와 R 사이의 거리는 30 m이다.

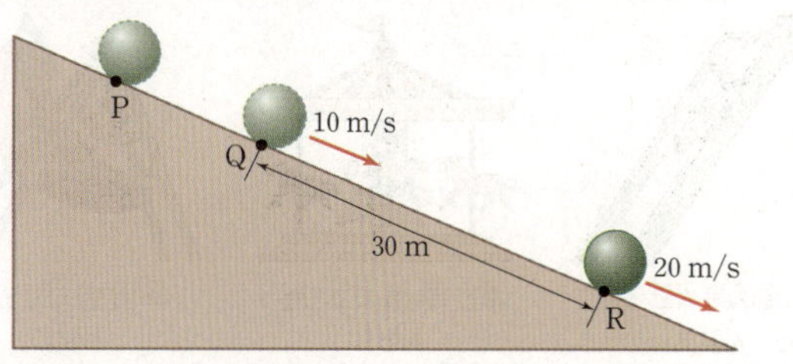

이에 대한 설명으로 옳은 것만을 |보기|에서 있는 대로 고른 것은? (단, 물체의 크기, 공기 저항과 마찰은 무시한다.)

보기
ㄱ. Q에서 R까지 물체의 평균 속력은 15 m/s이다.
ㄴ. 물체의 가속도의 크기는 5 m/s²이다.
ㄷ. P에서 Q까지의 거리는 5 m이다.

① ㄱ   ② ㄷ   ③ ㄱ, ㄴ
④ ㄴ, ㄷ   ⑤ ㄱ, ㄴ, ㄷ

09 그림 (가)는 가만히 놓은 공 A가 운동하는 모습을, (나)는 비스듬히 던져진 공 B가 곡선 경로를 따라 운동하는 모습을 나타낸 것이다.

(가)　　　　　　　(나)

이에 대한 설명으로 옳은 것만을 |보기|에서 있는 대로 고른 것은?

> **보기**
> ㄱ. A는 속력만 변하는 운동을 한다.
> ㄴ. B의 속력은 일정하고 운동 방향이 변한다.
> ㄷ. A와 B는 모두 가속도 운동을 한다.

① ㄱ　　　　　② ㄴ　　　　　③ ㄷ
④ ㄱ, ㄷ　　　　⑤ ㄴ, ㄷ

대표 유형 문제

11 그림은 수평면의 점 p에서 비스듬히 던져 올린 공이 포물선 운동을 하여 점 q와 점 r를 통과하여 운동하는 모습을 나타낸 것이다.

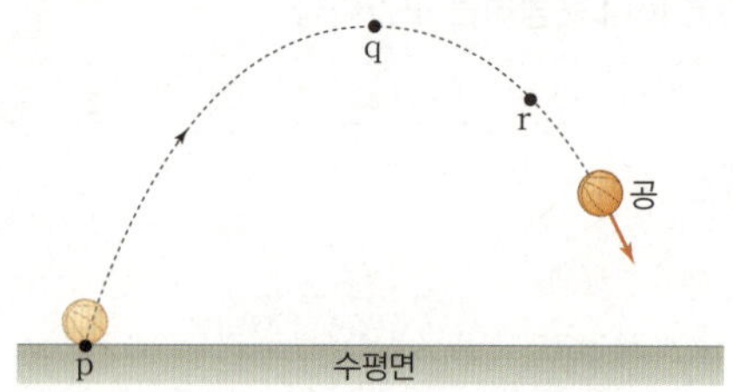

공이 p에서 r까지 이동하는 동안, 이에 대한 설명으로 옳은 것만을 |보기|에서 있는 대로 고른 것은?

> **보기**
> ㄱ. 평균 속력은 평균 속도의 크기보다 크다.
> ㄴ. 공의 속력은 q에서가 r에서보다 크다.
> ㄷ. 공은 속력과 운동 방향이 모두 변하는 운동을 한다.

① ㄱ　　　　　② ㄴ　　　　　③ ㄱ, ㄴ
④ ㄱ, ㄷ　　　　⑤ ㄴ, ㄷ

대표 유형 문제

10 그림은 놀이 기구를 타고 있는 사람 A, B, C를 나타낸 것이다.

미끄럼틀을 타고 있는 사람 A　　회전 목마를 타고 있는 사람 B　　바이킹을 타고 있는 사람 C

A, B, C의 운동에 대한 설명으로 옳은 것만을 |보기|에서 있는 대로 고른 것은?

> **보기**
> ㄱ. A는 속력이 일정한 운동을 한다.
> ㄴ. B는 운동 방향만 변하는 운동을 한다.
> ㄷ. C는 운동 방향과 가속도 방향이 같은 운동을 한다.

① ㄱ　　　　　② ㄴ　　　　　③ ㄷ
④ ㄱ, ㄴ　　　　⑤ ㄴ, ㄷ

12 표는 물체 A, B, C의 운동에 대한 자료이다. A, B, C는 등속 직선 운동, 등속 원운동, 등가속도 직선 운동 중 하나의 운동을 한다.

특징	A	B	C
운동 방향이 변한다.	×	㉠	○
속력이 일정한 운동을 한다.	○	×	○
가속도의 방향과 속도의 방향이 같다.	×	○	×

(○: 예, ×: 아니요)

이에 대한 설명으로 옳은 것만을 |보기|에서 있는 대로 고른 것은?

> **보기**
> ㄱ. A는 등속 직선 운동을 한다.
> ㄴ. ㉠은 '×'이다.
> ㄷ. 일정한 속력으로 회전하는 선풍기의 날개는 C와 같은 운동을 한다.

① ㄱ　　　　　② ㄷ　　　　　③ ㄱ, ㄴ
④ ㄴ, ㄷ　　　　⑤ ㄱ, ㄴ, ㄷ

13 그림은 직선 도로에서 등가속도 직선 운동을 하는 자동차 A가 기준선 P를 속력 v로 통과하는 순간, 기준선 R에 정지해 있던 자동차 B가 등가속도 직선 운동을 하여 기준선 Q를 A와 B가 동시에 통과하는 모습을 나타낸 것이다. P와 Q 사이의 거리는 $2L$, Q와 R 사이의 거리는 L이다. A와 B의 가속도의 크기와 방향은 같다.

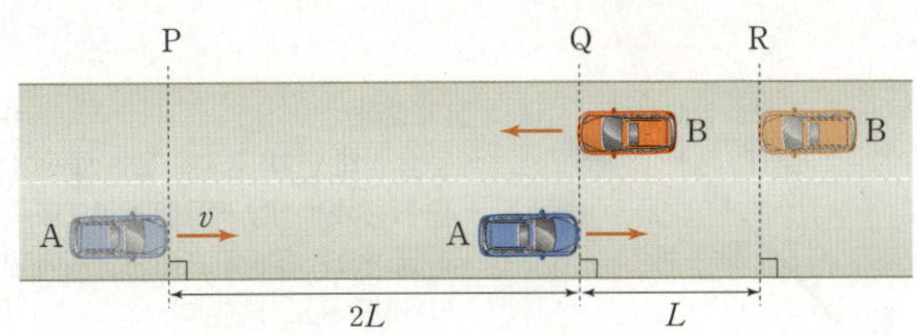

이에 대한 설명으로 옳은 것만을 |보기|에서 있는 대로 고른 것은? (단, 자동차의 크기는 무시한다.)

> **보기**
>
> ㄱ. A가 P에서 Q까지 이동하는 데 걸린 시간은 $\dfrac{3L}{v}$이다.
>
> ㄴ. A의 가속도의 크기는 $\dfrac{2v^2}{9L}$이다.
>
> ㄷ. Q를 통과하는 속력은 B가 A의 2배이다.

① ㄱ   ② ㄴ   ③ ㄱ, ㄷ
④ ㄴ, ㄷ   ⑤ ㄱ, ㄴ, ㄷ

14 그림과 같이 물체가 빗면에서 등가속도 직선 운동을 한다. 점 p~s는 빗면상의 지점이며, p와 q 사이의 거리와 r와 s 사이의 거리는 d로 같다. 물체가 p에서 q까지 이동하는 데 걸린 시간과 q에서 s까지 이동하는 데 걸린 시간은 같고, q와 s에서 물체의 속력은 각각 $3v$, $4v$이다.

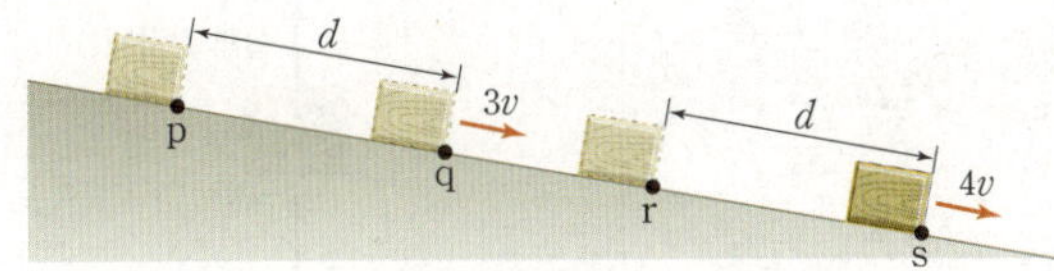

q와 r 사이의 거리는? (단, 물체의 크기는 무시한다.)

① $\dfrac{3}{10}d$ ② $\dfrac{2}{5}d$ ③ $\dfrac{1}{2}d$

④ $\dfrac{3}{5}d$ ⑤ $\dfrac{7}{10}d$

15 그림 (가)는 실에 연결된 물체가 점 O를 중심으로 원 궤도를 따라 운동하는 모습을 나타낸 것이고, (나)는 이 물체의 이동 거리를 시간에 따라 나타낸 것이다.

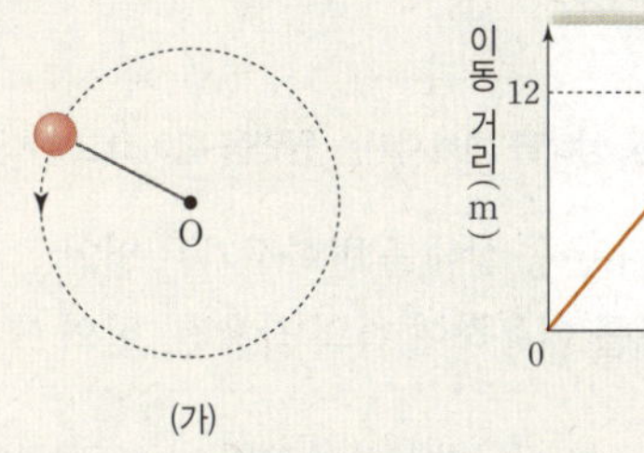

(가)   (나)

(1) 이 물체의 운동 방향과 속력 변화에 대해 서술하시오.

(2) 물체의 속력은 몇 m/s인지 풀이 과정과 함께 구하시오.

16 표는 등가속도 직선 운동을 하는 물체의 위치를 시간에 따라 나타낸 것이다.

시간(s)	0	0.2	0.4	0.6	0.8
위치(cm)	10	30	60	100	150

이 물체의 가속도의 크기는 몇 m/s²인지 풀이 과정과 함께 구하시오.

02 뉴턴 운동 법칙

① 힘

개념 물체의 모양이나 운동 상태를 변화시키는 원인을 힘이라고 한다.

1. 힘: 물체의 모양이나 운동 상태를 변화시키는 원인

  (1) 힘의 표시: 화살표를 이용하여 힘의 작용점, 힘의 크기, 힘의 방향을 표시한다.

  (2) 힘의 단위: N(뉴턴)

1 N은 질량이 1 kg인 물체를 $1 m/s^2$으로 가속시키는 힘이다.
→ $1 N = 1 kg \cdot m/s^2$

2. 알짜힘(합력): 물체에 여러 힘들이 작용할 때, 물체에 작용하는 모든 힘을 합한 것을 합력 또는 알짜힘이라고 한다.

3. 힘의 합성

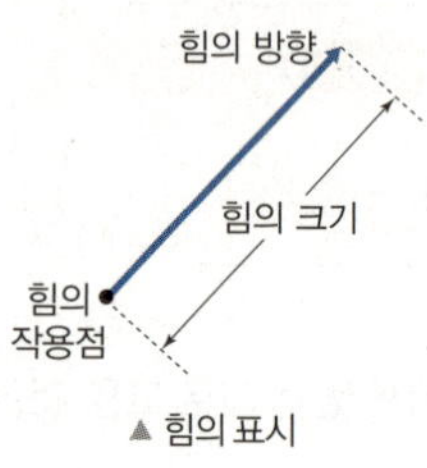

같은 방향으로 작용하는 두 힘의 합성	반대 방향으로 작용하는 두 힘의 합성
F_1 F_2 F_1 F_2 합력(F_1+F_2)	F_2 F_1 F_1 F_2 합력(F_1-F_2)
• 합력의 크기: 두 힘의 크기의 합 • 합력의 방향: 두 힘의 방향	• 합력의 크기: 두 힘의 크기의 차 • 합력의 방향: 크기가 큰 힘의 방향

4. 힘의 평형: 한 물체에 작용하는 여러 힘들의 합력이 0일 때 이 힘들이 서로 평형을 이룬다고 하며, 물체는 힘의 평형 상태에 있다고 한다. 정지해 있거나 등속 직선 운동(등속도 운동)을 하는 물체는 힘의 평형 상태에 있다.

> **두 힘의 평형 조건**
>
> 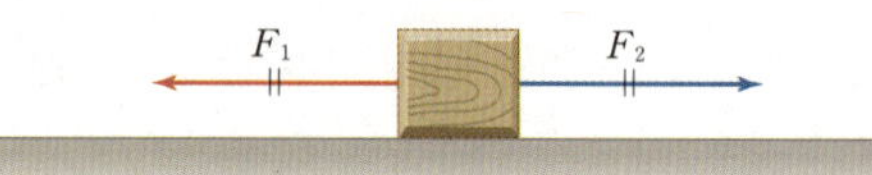
>
>
> • 한 물체에 작용하는 두 힘의 크기가 같고 방향이 반대이며, 일직선상에서 작용해야 한다.
> • 물체에 크기가 같은 두 힘 F_1과 F_2가 일직선상에서 서로 반대 방향으로 작용할 때 물체에 작용하는 합력은 0이며, F_1과 F_2는 힘의 평형 관계이다.
> → $F_1+F_2=0$, $F_1=-F_2$

② 뉴턴 운동 제1법칙

개념 물체에 작용하는 알짜힘이 0일 때, 물체는 계속 정지해 있거나 등속 직선 운동을 한다.

1. 관성: 물체가 자신의 운동 상태를 계속 유지하려는 성질 → 정지해 있는 물체는 계속 정지해 있으려는 성질이 있고, 운동하는 물체는 계속 같은 속도로 운동하려는 성질이 있다.

  (1) 관성의 크기: 물체의 질량이 클수록 관성이 크다. → 질량이 클수록 물체의 운동 상태를 변화시키기 어렵다.

힘의 효과
• 운동 상태 변화: 정지해 있는 물체에 힘을 작용하면 힘을 작용한 방향으로 속력이 증가하고, 운동하고 있던 물체에 힘을 작용하면 속도가 변한다.
• 모양 변화: 용수철에 힘을 작용하면 길이가 늘어나거나 줄어드는 것과 같이 물체에 힘을 작용하면 모양이 변하게 된다.

힘의 합성
힘은 크기와 방향을 모두 가지고 있는 물리량이므로 합력을 구할 때에는 힘의 크기뿐만 아니라 힘의 방향도 고려해야 한다.

힘의 평형

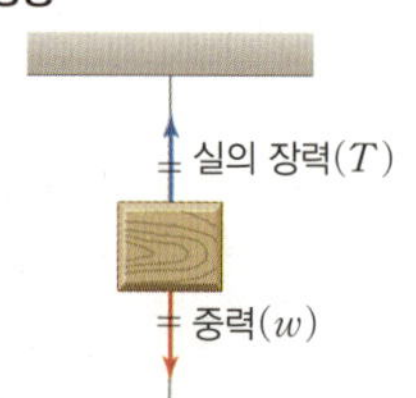

그림과 같이 천장에 실로 연결된 물체가 정지해 있을 때, 물체는 힘의 평형 상태에 있다. 이때 물체에 작용하는 힘은 중력(w)과 실의 장력(T)으로 두 힘은 힘의 평형 관계에 있다. 따라서 두 힘의 크기는 같고 방향은 반대이다.

(2) 관성에 의한 현상

① 물체가 정지해 있으려는 관성에 의한 현상		
		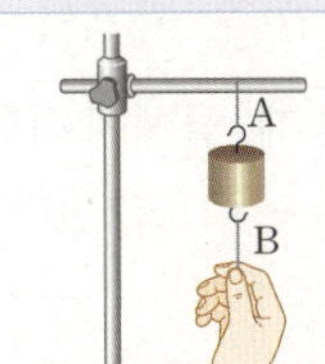
정지해 있던 버스가 갑자기 출발하면 버스 안의 승객이 뒤로 넘어진다.	동전이 놓인 컵 위의 종이를 빨리 치면, 종이만 빠져나오고 동전은 컵 속으로 떨어진다.	갑자기 실을 당기면 추의 아래쪽 실(B)이 끊어진다.

② 물체가 계속 운동하려는 관성에 의한 현상		

달리던 버스가 갑자기 정지하면 버스 안의 승객이 앞으로 넘어진다.	망치의 자루를 바닥에 내려치면 망치 머리가 자루에 단단히 박힌다.	달리던 사람이 돌부리에 걸리면 넘어진다.

2. **뉴턴 운동 제1법칙(관성 법칙)**: 물체에 작용하는 알짜힘이 0일 때, 정지해 있던 물체는 계속 정지해 있고 운동하던 물체는 계속 등속 직선 운동을 한다.

> **갈릴레이의 사고 실험**
>
> 갈릴레이는 물체가 운동하는 데 아무런 저항이 없다면 O에서 가만히 놓은 물체는 반대편 경사면의 O와 같은 높이 A, B, C까지 올라간다고 생각하였다. 만약 경사면이 D와 같이 수평이 되면 물체는 수평면을
>
> 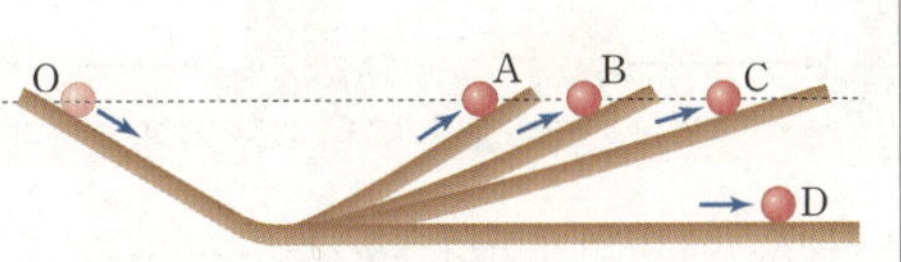
>
> 따라 계속 운동하게 된다. 갈릴레이는 물체에 아무런 힘이 작용하지 않아도 물체가 계속 등속도 운동을 하는 것은 물체가 자신의 운동 상태를 계속 유지하려는 성질(관성)을 가지기 때문이라고 생각하였다.

개념 익히기 문제

정답과 해설 p.005

교과서 문장으로 개념 익히기

01 ☐은 물체의 모양이나 운동 상태를 변화시키는 원인이다.

02 같은 방향으로 작용하는 두 힘의 합력의 크기는 두 힘의 크기의 ☐과 같고, 방향은 두 힘의 방향과 같다.

03 반대 방향으로 작용하는 두 힘의 합력의 크기는 두 힘의 크기의 ☐와 같고, 방향은 크기가 ☐ 힘의 방향과 같다.

04 한 물체에 작용하는 여러 힘들의 합력이 0일 때, 물체는 ☐☐☐☐ 상태에 있다고 한다.

05 물체가 자신의 운동 상태를 그대로 계속 유지하려는 성질을 ☐☐이라고 한다.

06 물체에 작용하는 알짜힘이 0일 때 정지해 있는 물체는 계속 정지해 있고, 운동하던 물체는 ☐☐☐☐☐ 운동을 계속 하는데, 이를 뉴턴 운동 제1법칙이라고 한다.

OX 문제로 개념 익히기

07 힘의 단위는 N(뉴턴)을 사용한다. (O / X)

08 물체에 작용하는 모든 힘을 합한 것을 합력 또는 알짜힘이라고 한다. (O / X)

09 한 물체에 작용하는 두 힘의 크기와 방향이 같을 때 물체는 힘의 평형 상태에 있다. (O / X)

10 물체의 질량이 클수록 운동 상태를 변화시키기 어려우며, 관성이 크다. (O / X)

11 운동하고 있는 물체에 작용하는 알짜힘이 0이면, 물체는 정지하게 된다. (O / X)

12 달리던 버스가 갑자기 정지할 때 승객이 앞으로 넘어지려는 것은 관성 때문에 나타나는 현상이다. (O / X)

물체의 가속도는 물체에 작용하는 알짜힘에 비례하고, 물체의 질량에 반비례한다.

1. 가속도, 힘, 질량의 관계

(1) 가속도와 힘의 관계: 물체의 질량이 일정할 때, 물체에 작용하는 알짜힘을 2배, 3배, … 로 증가시키면 물체의 가속도는 2배, 3배, …로 증가한다.

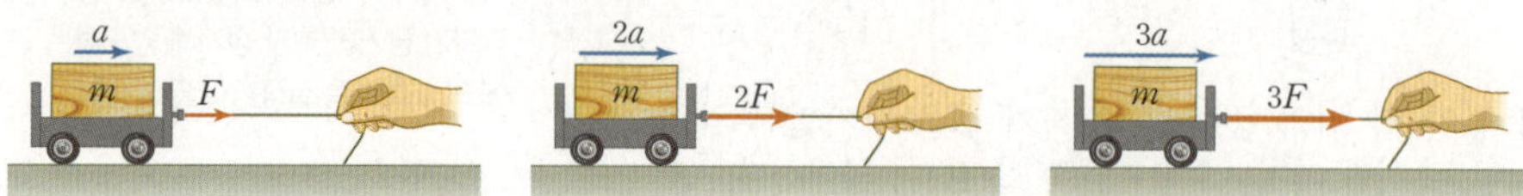

즉, 물체의 가속도(a)는 물체에 작용하는 알짜힘(F)에 비례한다. ➡ $a \propto F$

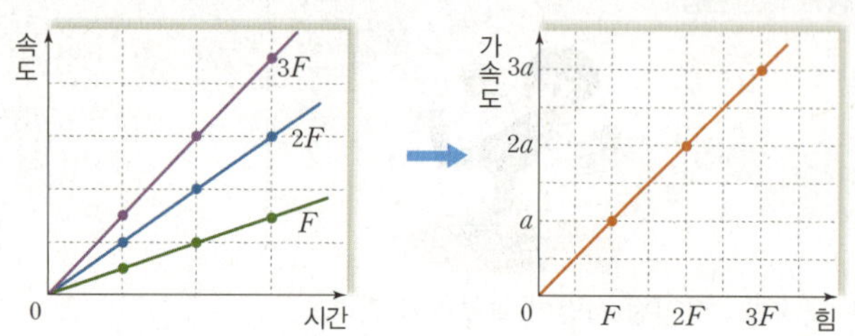

(2) 가속도와 질량의 관계: 물체에 작용하는 알짜힘이 일정할 때, 물체의 질량을 2배, 3배, …로 증가시키면 물체의 가속도는 $\frac{1}{2}$배, $\frac{1}{3}$배, …로 감소한다.

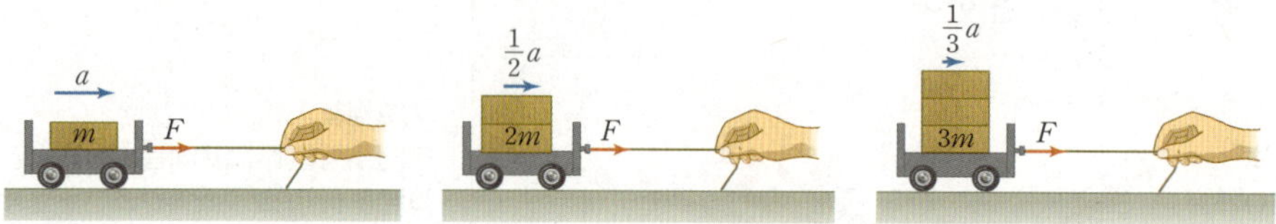

즉, 물체의 가속도(a)는 물체의 질량(m)에 반비례한다. ➡ $a \propto \dfrac{1}{m}$

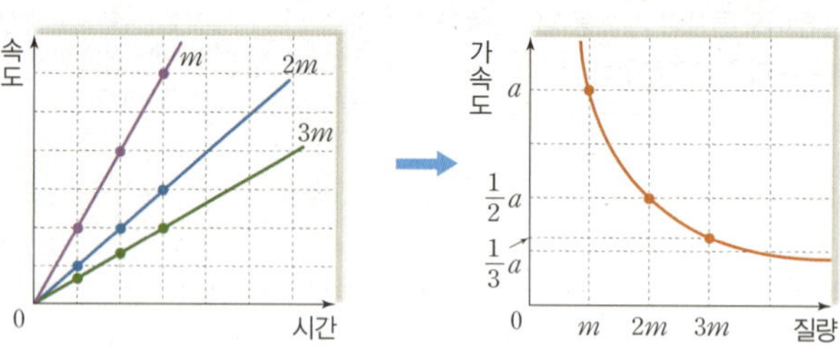

2. 뉴턴 운동 제2법칙(가속도 법칙)

물체의 가속도(a)는 물체에 작용하는 알짜힘(F)에 비례하고, 질량(m)에 반비례한다. 이를 뉴턴 운동 제2법칙 또는 가속도 법칙이라고 한다.

$$가속도 = \frac{알짜힘}{질량}, \quad a = \frac{F}{m} \rightarrow F = ma$$

가속도의 방향은 물체에 작용하는 알짜힘의 방향과 같다.

뉴턴 운동 제2법칙의 적용

- 두 물체가 실로 연결되어 함께 운동하는 경우 두 물체를 한 물체로 보고 가속도를 구한다.
- **예** 그림과 같이 질량이 각각 3 kg, 2 kg인 물체가 함께 운동하는 경우(단, 실의 질량, 공기 저항과 모든 마찰 무시)

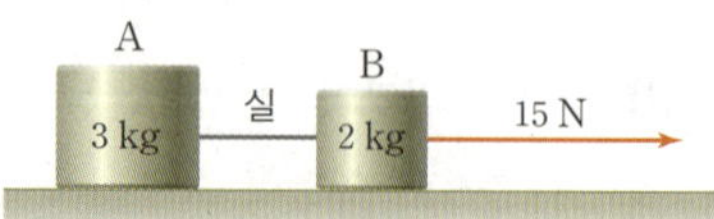

① 질량이 5 kg인 물체가 운동하는 것과 같고 두 물체에 작용하는 알짜힘은 15 N이다.

② 두 물체 A, B의 가속도는 $a = \dfrac{F}{m} = \dfrac{15\,N}{5\,kg} = 3\,m/s^2$이다.

③ A에 작용하는 알짜힘은 $3\,kg \times 3\,m/s^2 = 9\,N$이고, B에 작용하는 알짜힘은 $2\,kg \times 3\,m/s^2 = 6\,N$이다.

④ B에 오른쪽으로 15 N의 힘이 작용할 때 B에 작용하는 알짜힘이 6 N이므로 실이 B를 왼쪽으로 당기는 힘은 9 N이다. 이것은 실이 A를 당기는 힘, 즉 A에 작용하는 알짜힘과 같다.

운동 방정식

물체에 작용하는 알짜힘(F)과 물체의 질량(m), 가속도(a)의 관계를 나타낸 $F = ma$를 운동 방정식이라고 한다.

운동 방정식의 적용

- 그림과 같이 두 물체가 실로 연결되어 운동하고 있다.

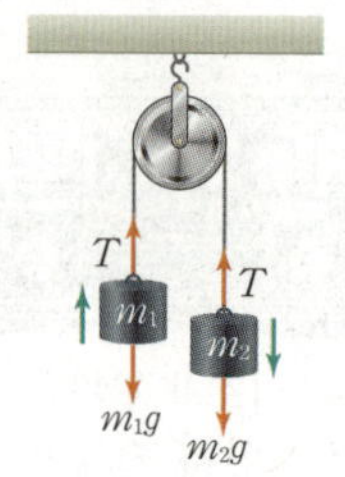

각각의 물체에 작용하는 알짜힘을 구하여 운동 방정식을 세운다.

$T - m_1 g = m_1 a \cdots$ ①

$m_2 g - T = m_2 a \cdots$ ②

①과 ②를 연립하여 가속도를 구한다.

➡ $a = \dfrac{m_2 - m_1}{m_1 + m_2} g$

- 여러 물체가 함께 운동하여 가속도의 크기가 같은 경우, 하나의 물체처럼 생각하여 물체의 가속도를 구할 수 있다.

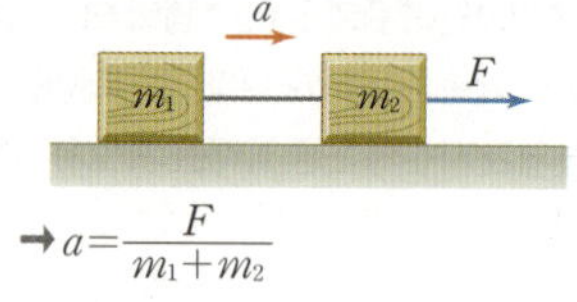

➡ $a = \dfrac{F}{m_1 + m_2}$

암기 꼭!

알짜힘의 방향과 속력 변화

- 물체의 운동 방향과 물체에 작용하는 알짜힘의 방향이 같으면, 물체의 속력은 증가한다.
- 물체의 운동 방향과 물체에 작용하는 알짜힘의 방향이 반대이면, 물체의 속력은 감소한다.

등가속도 직선 운동

직선상에서 운동하는 물체에 작용하는 알짜힘의 크기와 방향이 일정하면 물체는 가속도가 일정한 등가속도 직선 운동을 한다. 이때 물체의 속도는 일정하게 증가하거나 감소한다.

1. 뉴턴 운동 제3법칙(작용 반작용 법칙): 힘은 두 물체 사이의 상호 작용으로 항상 쌍으로 작용하며, 상호 작용 하는 두 힘의 크기는 서로 같고 방향은 반대이다.

물체 A와 B가 상호 작용 할 때, A가 B에 작용하는 힘(F_{AB})과 동시에 B가 A에 작용하는 힘(F_{BA})이 있다. 이때 A가 B에 작용하는 힘을 작용이라고 하면, B가 A에 작용하는 힘은 반작용이라고 한다. 이를 뉴턴 운동 제3법칙 또는 작용 반작용 법칙이라고 한다.

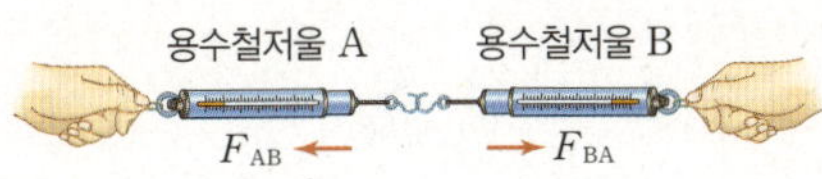

$$F_{AB} = -F_{BA}$$

($-$)부호는 힘의 방향이 반대임을 의미한다.

작용 반작용 법칙

작용 반작용 법칙은 두 물체가 서로 접촉하여 상호 작용 할 때뿐만 아니라 두 물체가 서로 떨어져 상호 작용 할 때에도 성립한다.

2. 작용 반작용의 예

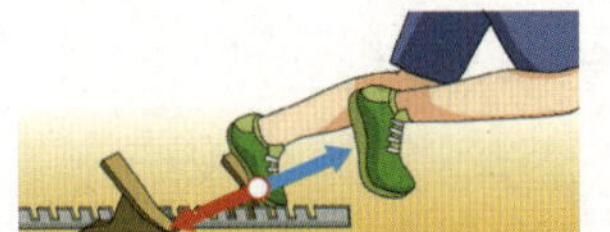

노가 물을 미는 힘의 반작용으로 물이 노를 밀어 배가 앞으로 나아간다.

발이 바닥을 미는 힘의 반작용으로 바닥이 발을 밀어 단거리 선수가 출발한다.

로켓이 가스를 미는 힘의 반작용으로 가스가 로켓을 밀어 로켓이 앞으로 나아간다.

3. 작용 반작용과 두 힘의 평형 구분

구분	작용 반작용	평형을 이루는 두 힘
공통점	두 힘의 크기가 같고 방향이 반대이다.	
차이점	• 서로 다른 물체에 작용한다. • 두 힘을 합성할 수 없다. 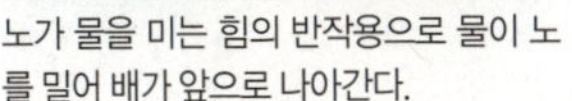	• 두 힘 모두 한 물체에 작용한다. • 두 힘을 합성하면 합력이 0이다.

작용 반작용과 두 힘의 평형 관계

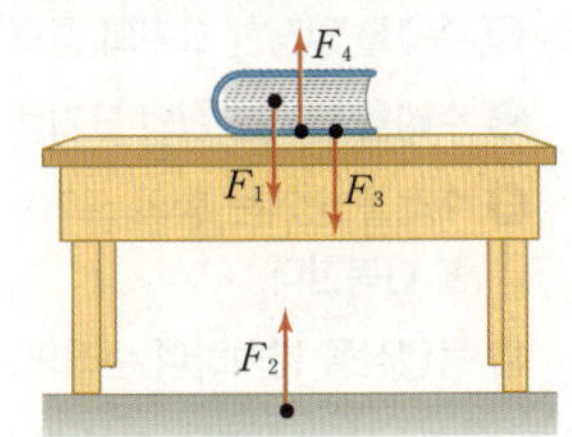

F_1: 지구가 책을 당기는 힘
F_2: 책이 지구를 당기는 힘
F_3: 책이 책상을 누르는 힘
F_4: 책상이 책을 떠받치는 힘
→ 작용 반작용 관계: F_1과 F_2, F_3과 F_4
→ 두 힘의 평형 관계: F_1과 F_4
　　같은 물체에 작용하는 두 힘이다.

강의 포인트
작용 반작용 관계의 두 힘은 크기가 같고, 방향이 반대이며, 작용점은 서로 상호 작용 하는 각각의 물체에 있다.

개념 익히기 문제

정답과 해설 p.005

교과서 문장으로 개념 익히기

13 물체의 질량이 일정할 때, 물체에 작용하는 알짜힘을 2배로 증가시키면, 물체의 가속도는 □배가 된다.

14 물체에 작용하는 알짜힘이 일정할 때, 물체의 질량을 2배로 증가시키면, 물체의 가속도는 □배가 된다.

15 물체의 가속도는 물체에 작용하는 □□□에 비례하고, 물체의 □□에 반비례한다.

16 힘은 항상 쌍으로 작용하며, 작용과 반작용 관계인 두 힘은 □□가 같고, □□이 반대이다.

17 두 물체 사이의 상호 작용에 의해 나타나는 두 힘은 □□□□ 관계이고, 한 물체에 작용하는 두 힘의 합력이 0일 때 두 힘은 □□□□ 관계이다.

OX 문제로 개념 익히기

18 질량이 클수록 물체의 운동 상태를 변화시키기 어려우므로 같은 크기의 힘이 작용하여도 물체의 가속도는 물체의 질량이 클수록 작다. (O / X)

19 물체의 가속도의 방향은 물체에 작용하는 알짜힘의 방향과 반대이다. (O / X)

20 사과가 떨어지고 있을 때, 지구가 사과를 당기는 힘의 반작용은 사과가 지구를 당기는 힘이다. (O / X)

21 질량이 다른 두 사람이 서로를 밀 때, 질량이 큰 사람이 작용하는 힘이 질량이 작은 사람이 작용하는 힘보다 크다. (O / X)

22 달이 지구 주위를 공전할 때 지구가 달에 작용하는 힘이 달이 지구에 작용하는 힘보다 크다. (O / X)

 탐구 집중 분석 **힘, 질량, 가속도 사이의 관계**

과정 & 결과

❶ 그림과 같이 역학 수레에 용수철저울을 연결한다.

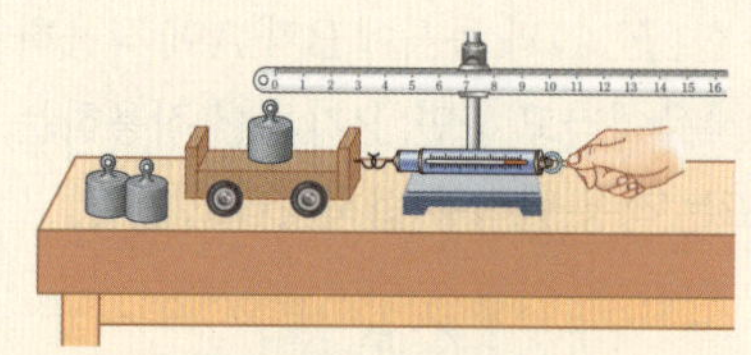

❷ 수레를 일정한 크기의 힘으로 당기면서 수레의 운동을 동영상으로 촬영한다.

❸ 수레를 당기는 힘의 크기를 2배, 3배 증가시켜 과정 ❷를 반복한다.

❹ 수레를 당기는 힘의 크기는 일정하게 하고, 수레 위에 올려놓는 추의 개수를 증가시켜 과정 ❷를 반복한다.

❺ 동영상을 분석하여 수레의 위치를 0.1초 간격으로 기록하고 수레의 가속도를 구한다.

⋯▶ 추를 포함한 수레의 질량이 2 kg, 수레를 당기는 힘이 4 N일 때

시간(s)	0	0.1	0.2	0.3	0.4	0.5
위치(cm)	0	1	4	9	16	25
구간 속도(cm/s)		10	30	50	70	90	
가속도(cm/s²)		200	200	200	200	

❻ 수레의 질량이 일정할 때 수레를 당기는 힘의 크기와 가속도의 관계를 그래프로 그려본다. 또 수레를 당기는 힘의 크기가 일정할 때 추를 포함한 수레의 질량과 가속도의 관계를 그래프로 그려본다.

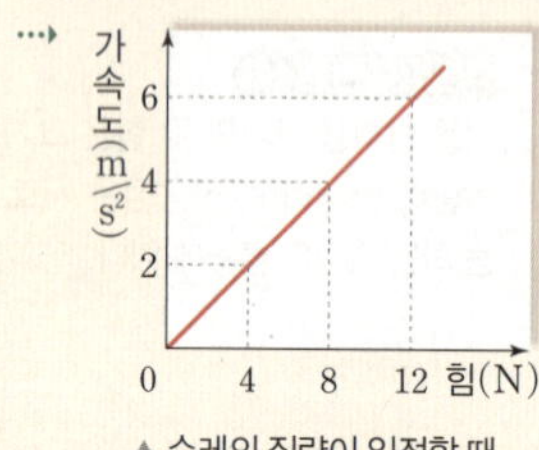
▲ 수레의 질량이 일정할 때

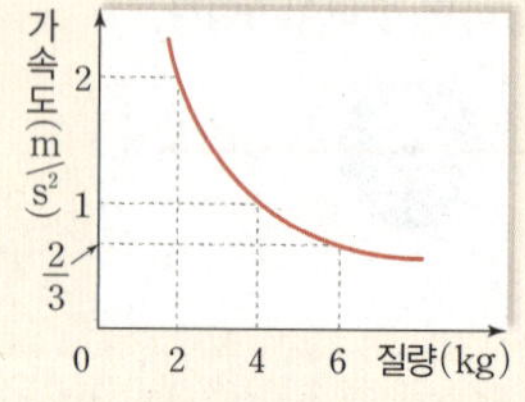
▲ 수레를 당기는 힘의 크기가 일정할 때

분석

1. 수레의 질량이 일정할 때, 수레를 당기는 힘과 가속도는 어떤 관계인가?

⋯▶ 수레를 당기는 힘의 크기를 2배, 3배 증가시키면 수레의 가속도도 2배, 3배로 증가한다.

2. 수레를 당기는 힘이 일정할 때, 추를 포함한 수레의 질량과 가속도는 어떤 관계인가?

⋯▶ 추를 포함한 수레의 질량을 2배, 3배 증가시키면 수레의 가속도는 $\frac{1}{2}$배, $\frac{1}{3}$배로 감소한다.

정답과 해설 p.005

예제 ❶

그림과 같이 수평면에 정지해 있는 물체 A, B에 각각 수평 방향으로 크기가 8 N인 힘을 계속 작용하였다. A의 질량은 2 kg이고, 가속도의 크기는 A가 B의 2배이다.
B의 질량은 몇 kg인지 구하시오. (단, 공기 저항과 모든 마찰은 무시한다.)

예제 ❷ 서술형

그림과 같이 수평면상의 점 p에 정지해 있는 수레에 실을 연결하여 수평 방향으로 일정한 힘으로 당겼다. 수레에는 추 2개가 실려 있다.
수레가 p에서 수평면상의 점 q까지 이동하는 데 걸리는 시간을 짧게 하는 방법을 두 가지 서술하시오.

 자료 **집중 분석** ## 힘의 상호 작용 이해하기

🖐 **Point** 힘이 작용하는 여러 가지 사례를 분석하여 한 물체가 다른 물체에 힘을 가하면, 다른 물체도 그 물체에 힘을 가하는 것을 알아보자.

❶ 그림은 수영 선수가 되돌기를 할 때 속력을 내기 위해 취하는 동작이다.

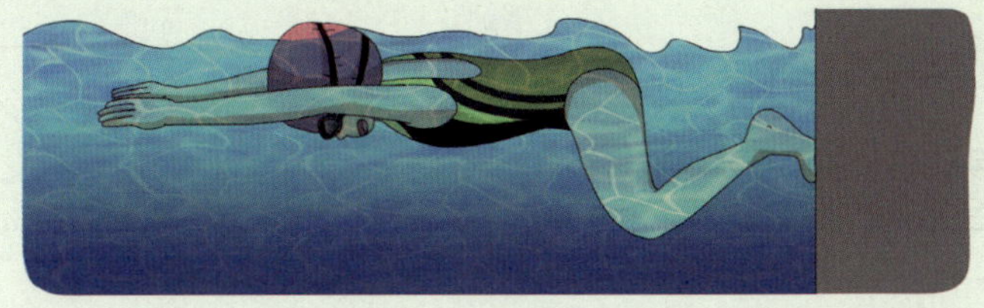

⋯ 수영 선수는 자신을 가속시키기 위해 발로 벽을 힘차게 밀어낸다.
⋯ 수영 선수의 발이 벽을 미는 힘의 반작용으로 벽이 수영 선수를 진행하는 방향으로 민다. 따라서 수영 선수는 되돌기를 한 후 더 빠른 속력을 낼 수 있다.

❷ 그림 (가)~(다)는 두 물체 사이에서 힘이 상호 작용 하는 여러 가지 사례에서 두 물체 사이에서 작용하는 힘의 방향과 크기를 화살표로 나타낸 것이다.

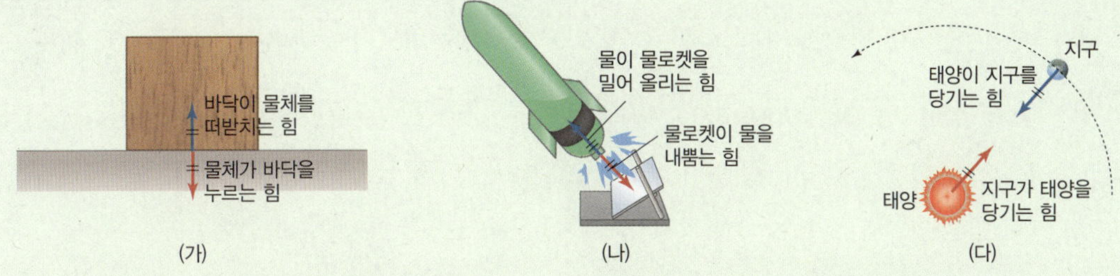

⋯ (가)에서 바닥이 물체를 떠받치는 힘으로 물체가 정지해 있으며, 물체가 바닥을 누르는 힘의 반작용은 바닥이 물체를 떠받치는 힘이다. 이때 두 힘의 방향은 반대이고 크기는 같다.
⋯ (나)에서 물이 물로켓을 밀어 올리는 힘으로 물로켓이 날아가며, 물로켓이 물을 내뿜는 힘의 반작용은 물이 물로켓을 밀어 올리는 힘이다. 이때 두 힘의 방향은 반대이고 크기는 같다.
⋯ (다)에서 태양이 지구를 당기는 힘으로 지구가 태양 주위를 공전하며, 지구가 태양을 당기는 힘의 반작용은 태양이 지구를 당기는 힘이다. 이때 두 힘의 방향은 반대이고 크기는 같다.
⋯ 두 물체 사이에 상호 작용 하는 두 힘은 크기가 같고, 방향이 반대이며, 두 힘의 작용점은 상호 작용 하는 각각의 물체에 있다.
⋯ 작용 반작용 관계의 두 힘은 두 물체가 서로 접촉해 있든 서로 떨어져 있든 관계없이 작용한다. 이때 두 힘의 크기는 같고 방향은 반대이다.

정답과 해설 p.005

그림과 같이 용수철저울 양쪽에 물체 A, B가 실로 연결되어 정지해 있다. A의 무게는 50 N이다. (단, 실과 용수철저울의 질량, 공기 저항과 모든 마찰은 무시한다.)

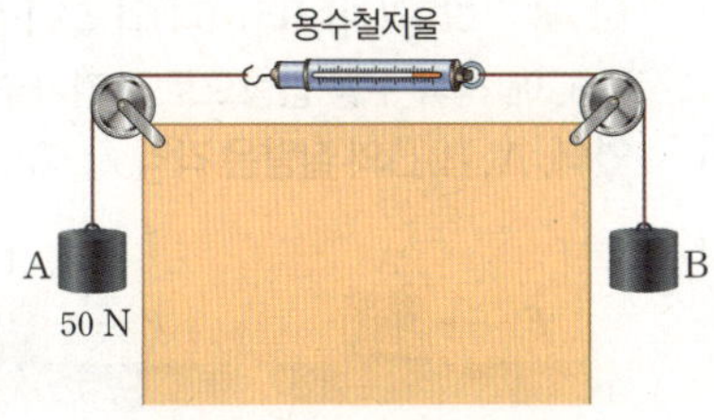

▶ **해결 전략**
1단계: A와 B가 정지해 있는 상태에서 A, B에 작용하는 힘에 대해 생각한다.
2단계: 상호 작용 하는 두 물체 사이에 작용하는 힘들에 작용 반작용 법칙을 적용해 본다.

⑴ B의 무게는 몇 N인지 구하시오.

⑵ 용수철저울에 측정되는 힘의 크기는 몇 N인지 구하시오.

개념 다지기 문제

01 그림과 같이 수평면에 정지해 있는 질량이 $2\,kg$인 물체에 서로 반대 방향으로 각각 $8\,N$, $4\,N$의 힘을 계속 작용하였다.

이에 대한 설명으로 옳은 것만을 |보기|에서 있는 대로 고른 것은? (단, 물체의 크기, 공기 저항과 마찰은 무시한다.)

보기
- ㄱ. 물체에 작용하는 알짜힘의 방향은 오른쪽이다.
- ㄴ. 물체에 작용하는 알짜힘의 크기는 $4\,N$이다.
- ㄷ. 물체의 가속도의 크기는 $4\,m/s^2$이다.

① ㄱ   ② ㄷ   ③ ㄱ, ㄴ
④ ㄱ, ㄷ   ⑤ ㄴ, ㄷ

03 그림은 직선상에서 운동하는 물체 A, B의 속도를 시간에 따라 나타낸 것이다. A, B의 질량은 각각 $2\,kg$, $3\,kg$이다.

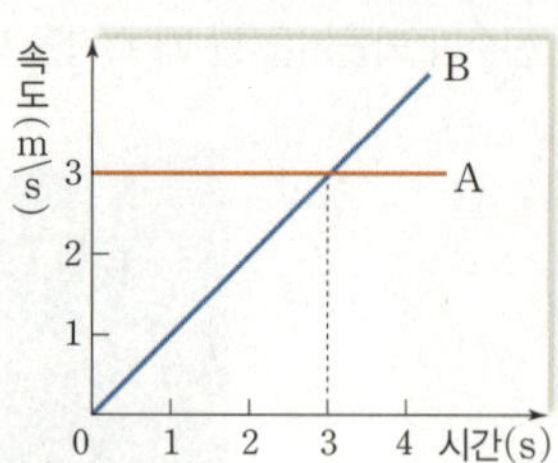

A, B의 운동에 대한 설명으로 옳은 것만을 |보기|에서 있는 대로 고른 것은?

보기
- ㄱ. 0초부터 3초까지 이동한 거리는 A가 B의 2배이다.
- ㄴ. A에 작용하는 합력은 0이다.
- ㄷ. B에 작용하는 알짜힘의 크기는 $3\,N$이다.

① ㄱ   ② ㄷ   ③ ㄱ, ㄴ
④ ㄴ, ㄷ   ⑤ ㄱ, ㄴ, ㄷ

02 그림 (가), (나), (다)는 일상생활에서 일어나는 여러 가지 상황을 나타낸 것이다.

(가) 걸어가던 사람이 돌에 걸려 넘어진다.   (나) 스케이트를 신고 벽을 밀었더니 뒤로 밀려난다.   (다) 이불을 털면 이불에 있던 먼지가 떨어진다.

관성에 의한 현상으로 설명할 수 있는 것만을 있는 대로 고른 것은?

① (가)   ② (나)   ③ (가), (다)
④ (나), (다)   ⑤ (가), (나), (다)

04 그림 (가), (나), (다)와 같이 수평면에 정지해 있는 물체 A, B, C에 각각 수평 방향으로 크기가 F, F, $3F$인 힘을 계속 작용하였다. A, B, C의 질량은 각각 m, $2m$, $2m$이다.

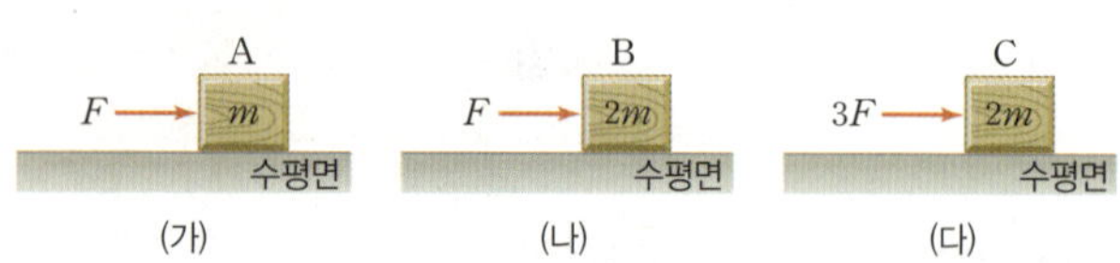

정지해 있던 A, B, C가 같은 시간 동안 이동한 거리를 각각 s_A, s_B, s_C라고 할 때, $s_A : s_B : s_C$는? (단, 물체의 크기, 공기 저항과 마찰은 무시한다.)

① $1 : 2 : 2$ ② $1 : 3 : 2$ ③ $1 : 3 : 4$
④ $2 : 1 : 3$ ⑤ $2 : 3 : 6$

대표 유형문제

05

그림 (가)와 같이 수평면에서 물체 A와 B가 함께 직선 운동을 하고 있다. A에는 수평 방향으로 크기가 F인 힘이 작용한다. 그림 (나)는 B의 속력을 시간에 따라 나타낸 것이다.

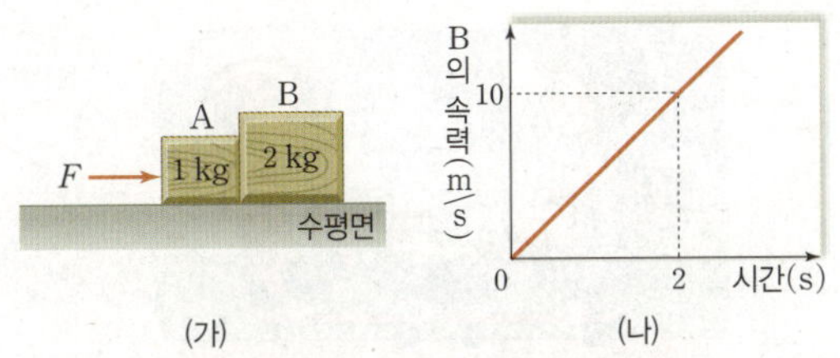

이에 대한 설명으로 옳은 것만을 |보기|에서 있는 대로 고른 것은? (단, 물체의 크기, 공기 저항과 모든 마찰은 무시한다.)

> **보기**
> ㄱ. A의 가속도의 크기는 $\dfrac{5}{2}$ m/s^{2}이다.
> ㄴ. $F=15$ N이다.
> ㄷ. B가 A에 작용하는 힘의 크기는 5 N이다.

① ㄱ   ② ㄴ   ③ ㄱ, ㄴ
④ ㄱ, ㄷ   ⑤ ㄴ, ㄷ

06

그림은 수평면에 20 m만큼 떨어져 정지해 있는 물체 A, B에 각각 수평 방향으로 크기가 $2F$, F인 힘을 서로 반대 방향으로 작용하는 것을 나타낸 것이다. A와 B는 2초 후 충돌한다. A, B의 질량은 각각 2 kg, 3 kg이다.

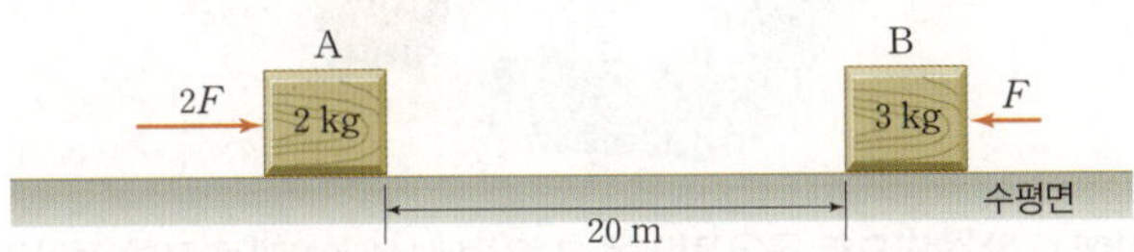

이에 대한 설명으로 옳은 것만을 |보기|에서 있는 대로 고른 것은? (단, 물체의 크기, 공기 저항과 모든 마찰은 무시한다.)

> **보기**
> ㄱ. 충돌 전 가속도의 크기는 A가 B보다 크다.
> ㄴ. F는 15 N이다.
> ㄷ. 충돌 직전 B의 속력은 5 m/s이다.

① ㄱ   ② ㄴ   ③ ㄱ, ㄴ
④ ㄱ, ㄷ   ⑤ ㄴ, ㄷ

대표 유형문제

07

그림과 같이 물체 A와 B가 실로 연결되어 각각 등가속도 운동을 한다. A는 수평면에서 운동하며, A, B의 질량은 각각 2 kg, 3 kg이다.

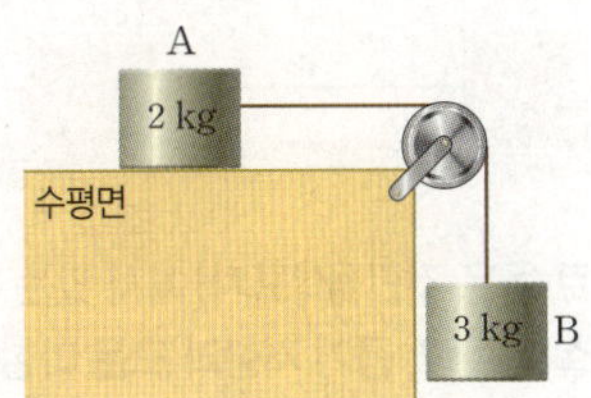

이에 대한 설명으로 옳은 것만을 |보기|에서 있는 대로 고른 것은? (단, 중력 가속도는 10 m/s^{2}이고, 물체의 크기, 실의 질량, 공기 저항과 모든 마찰은 무시한다.)

> **보기**
> ㄱ. A의 가속도의 크기는 2 m/s^{2}이다.
> ㄴ. B에 작용하는 알짜힘의 크기는 18 N이다.
> ㄷ. 실이 A에 작용하는 힘의 크기는 12 N이다.

① ㄱ   ② ㄴ   ③ ㄱ, ㄴ
④ ㄱ, ㄷ   ⑤ ㄴ, ㄷ

대표 유형문제

08

그림과 같이 세 물체 A, B, C가 실 p, q로 연결되어 일정한 속력으로 운동하고 있다. A, C의 질량은 각각 $3m$, m이다.
이에 대한 설명으로 옳은 것만을 |보기|에서 있는 대로 고른 것은? (단, 중력 가속도는 g이고, 물체의 크기, 실의 질량, 공기 저항과 모든 마찰은 무시한다.)

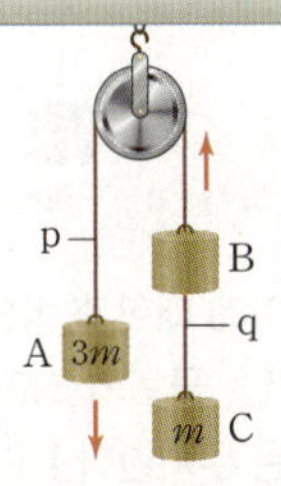

> **보기**
> ㄱ. p가 A에 작용하는 힘의 크기는 $3mg$이다.
> ㄴ. B의 질량은 $2m$보다 작다.
> ㄷ. q를 끊으면, 가속도의 크기는 C가 B의 2배이다.

① ㄱ   ② ㄴ   ③ ㄱ, ㄴ
④ ㄱ, ㄷ   ⑤ ㄴ, ㄷ

개념 다지기 문제

09 그림은 수평면에서 실로 연결된 물체 A와 B에 크기가 각각 F_1, F_2인 힘을 수평 방향으로 작용할 때 A, B가 정지해 있는 모습을 나타낸 것이다. 질량은 A가 B보다 크다.

이에 대한 설명으로 옳은 것만을 |보기|에서 있는 대로 고른 것은? (단, 물체의 크기, 실의 질량, 공기 저항과 모든 마찰은 무시한다.)

> ─ 보기 ─
> ㄱ. 실이 A에 작용하는 힘과 실이 B에 작용하는 힘은 작용 반작용 관계이다.
> ㄴ. F_1과 F_2는 같다.
> ㄷ. 실을 끊으면, 가속도의 크기는 A와 B가 같다.

① ㄱ   ② ㄴ   ③ ㄱ, ㄴ
④ ㄱ, ㄷ   ⑤ ㄴ, ㄷ

대표 유형문제

10 그림 (가)는 물체 A가 용수철저울에 매달려 정지해 있는 모습을, (나)는 A와 물체 B가 용수철저울에 연결되어 정지해 있는 모습을 나타낸 것이다. (가)에서 용수철저울에 측정되는 힘의 크기는 w_0이다.

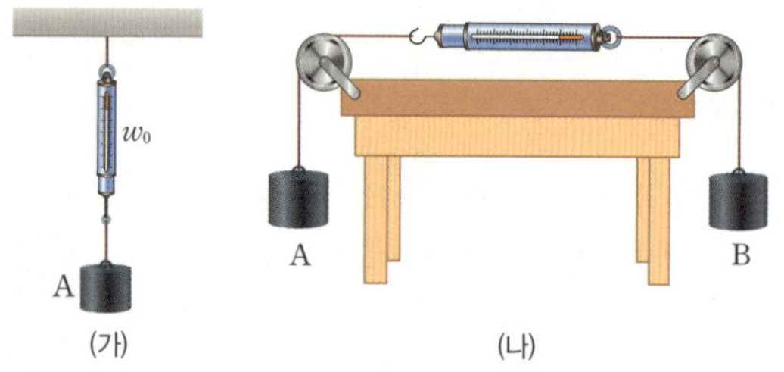

이에 대한 설명으로 옳은 것만을 |보기|에서 있는 대로 고른 것은? (단, 물체의 크기, 실과 용수철저울의 질량, 공기 저항과 모든 마찰은 무시한다.)

> ─ 보기 ─
> ㄱ. (가)에서 A는 힘의 평형 상태에 있다.
> ㄴ. A와 B의 질량은 같다.
> ㄷ. (나)에서 용수철저울에 측정되는 힘의 크기는 $2w_0$이다.

① ㄱ   ② ㄴ   ③ ㄱ, ㄴ
④ ㄱ, ㄷ   ⑤ ㄴ, ㄷ

대표 유형문제

11 그림과 같이 수평면에 정지해 있는 스케이트 보드에 앉은 사람 A와 B가 발을 맞대고 수평 방향으로 서로 밀어냈다. 질량은 A가 B보다 크다.

이에 대한 설명으로 옳은 것만을 |보기|에서 있는 대로 고른 것은? (단, 수평면과 스케이트 보드 사이의 마찰과 공기 저항은 무시한다.)

> ─ 보기 ─
> ㄱ. A가 B를 미는 힘의 크기는 B가 A를 미는 힘의 크기보다 크다.
> ㄴ. A와 B가 서로를 미는 동안 가속도의 크기는 A와 B가 같다.
> ㄷ. 밀려난 후, 속력은 A가 B보다 작다.

① ㄱ   ② ㄷ   ③ ㄱ, ㄴ
④ ㄴ, ㄷ   ⑤ ㄱ, ㄴ, ㄷ

12 그림은 사과를 손으로 들고 있는 모습을 나타낸 것이다. 사과는 정지해 있다.

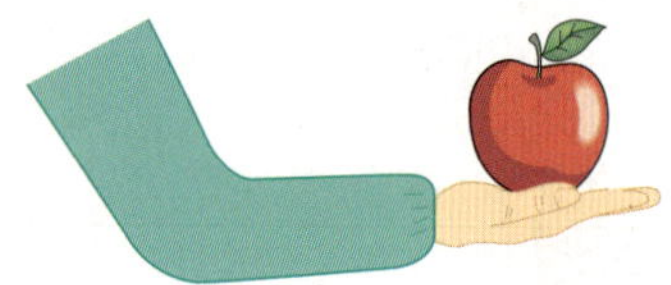

이에 대한 설명으로 옳은 것만을 |보기|에서 있는 대로 고른 것은?

> ─ 보기 ─
> ㄱ. 사과에 작용하는 알짜힘은 0이다.
> ㄴ. 사과가 손에 작용하는 힘과 손이 사과에 작용하는 힘은 작용 반작용 관계이다.
> ㄷ. 지구가 사과에 작용하는 힘의 크기는 손이 사과에 작용하는 힘의 크기와 같다.

① ㄱ   ② ㄷ   ③ ㄱ, ㄴ
④ ㄴ, ㄷ   ⑤ ㄱ, ㄴ, ㄷ

13 그림 (가)는 수평면에서 물체 A와 B가 실로 연결되어 등가속도 운동을 하는 모습을, (나)는 A와 물체 C가 실로 연결되어 등가속도 운동을 하는 모습을 나타낸 것이다. (가)에서는 B에 수평 방향으로 크기가 F인 힘이 작용하고, (나)에서는 A에 수평 방향으로 크기가 F인 힘이 작용한다. A와 B의 질량은 m으로 같고, 실이 A에 작용하는 힘의 크기는 (가)에서가 (나)에서의 2배이다.

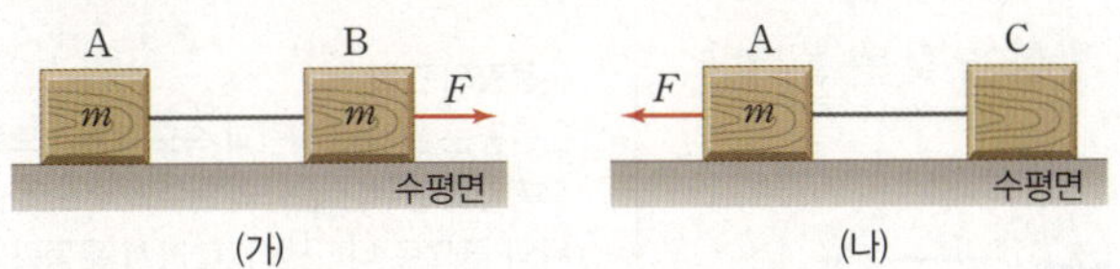

C의 질량은? (단, 물체의 크기, 실의 질량, 공기 저항과 모든 마찰은 무시한다.)

① $\frac{1}{4}m$ ② $\frac{1}{3}m$ ③ $\frac{1}{2}m$

④ $\frac{2}{3}m$ ⑤ $\frac{4}{5}m$

14 그림 (가)는 A와 B가 실로 연결되어 등가속도 운동을 하는 모습을 나타낸 것이다. A는 빗면에서 운동한다. 그림 (나)는 B의 속도를 시간에 따라 나타낸 것으로, 시간 $3t$일 때 A와 B를 연결한 실이 끊어졌다. A, B의 질량은 각각 $3m$, m이다.

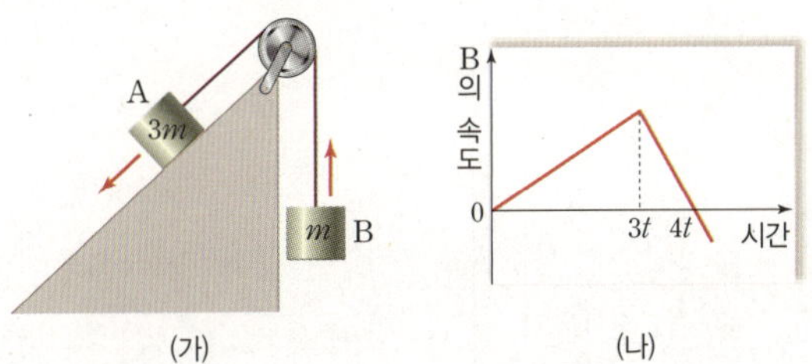

$4t$일 때, A의 가속도의 크기는? (단, 중력 가속도는 g이고, 물체의 크기, 실의 질량, 공기 저항과 모든 마찰은 무시한다.)

① $\frac{1}{3}g$ ② $\frac{4}{9}g$ ③ $\frac{5}{9}g$

④ $\frac{2}{3}g$ ⑤ $\frac{7}{9}g$

15 그림 (가)는 수평면에 정지해 있는 물체에 수평 방향으로 8 N의 힘을 작용하는 모습을, (나)는 물체의 가속도를 시간에 따라 나타낸 것이다. (단, 공기 저항과 마찰은 무시한다.)

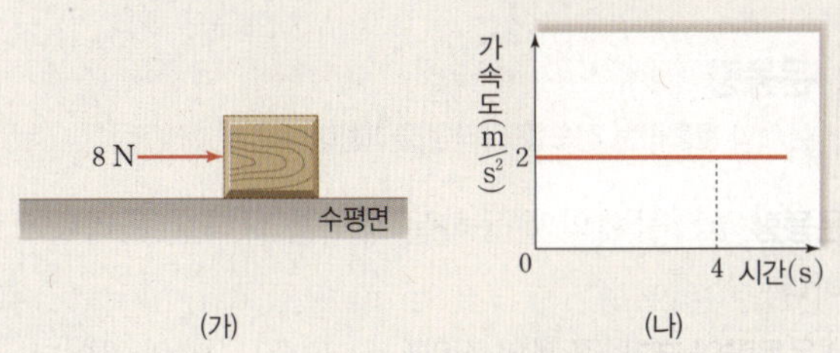

(1) 물체의 질량은 몇 kg인지 풀이 과정과 함께 구하시오.

(2) 0초부터 4초까지 물체가 이동한 거리는 몇 m인지 평균 속력을 이용하여 구하시오.

16 그림은 천장에 실로 연결된 공이 정지해 있는 모습을 나타낸 것이다. F는 지구가 공에 연직 아래 방향으로 작용하는 힘이다.

(1) F와 힘의 평형 관계에 있는 힘을 쓰고, 이 힘의 작용점, 크기, 방향에 대해 서술하시오.

(2) F와 작용 반작용 관계에 있는 힘을 쓰고, 이 힘의 작용점, 크기, 방향에 대해 서술하시오.

03 운동량과 충격량

1 운동량

개념 물체의 운동하는 정도를 나타낸 물리량이다.

1. **운동량**(p): 물체의 운동하는 정도를 나타낸 물리량으로, 크기와 방향을 갖는 물리량이다.

   (1) **운동량의 크기**: 물체의 질량(m)과 속도(v)의 곱이다.

   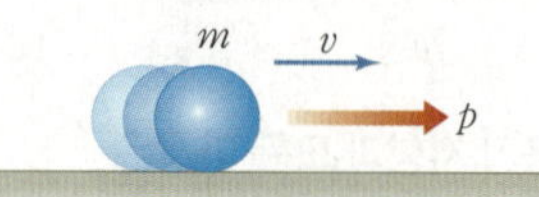

   $$운동량 = 질량 \times 속도, \quad p = mv \ [단위: kg \cdot m/s]$$

   (2) **운동량의 방향**: 속도의 방향과 항상 같다.

   운동량의 방향

   운동량은 크기와 방향을 갖는 물리량으로, 직선상에서 운동할 때 어느 한 방향을 (+)으로 나타내면, 반대 방향은 (−)으로 나타낸다.

   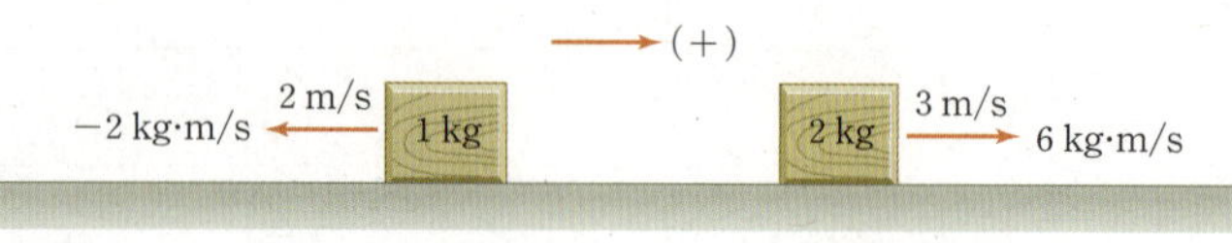

2. **운동량 변화량**(Δp): 물체에 힘이 작용하면 물체의 속도가 변하게 되므로 물체의 운동량이 변한다. 이때 운동량 변화량은 나중 운동량(p)과 처음 운동량(p_0)의 차이다.

   운동량 변화량 ∝ 속도 변화량

   $$운동량\ 변화량 = 나중\ 운동량 - 처음\ 운동량,$$
   $$\Delta p = p - p_0 = mv - mv_0 \ [단위: kg \cdot m/s]$$

   운동량 변화량의 방향

   운동량 변화량의 방향은 물체에 작용하는 알짜힘의 방향과 같다.

   - 물체에 작용하는 알짜힘의 방향이 운동 방향과 같아서 운동량이 증가한 경우
     ➡ 운동량 변화량의 크기 $\Delta p = |mv| - |mv_0|$

   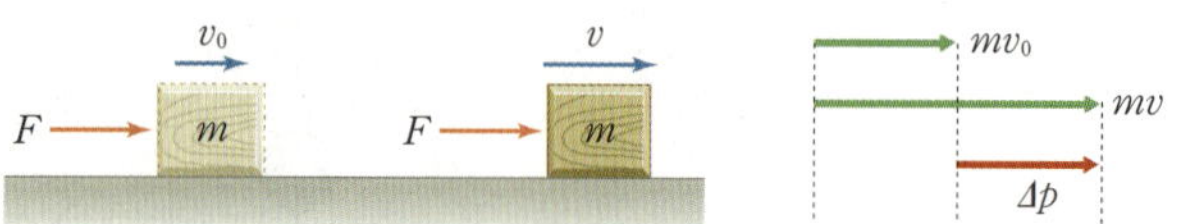

   - 물체에 작용하는 알짜힘의 방향이 운동 방향과 반대이어서 운동량이 감소한 경우
     ➡ 운동량 변화량의 크기 $\Delta p = |mv_0| - |mv|$

   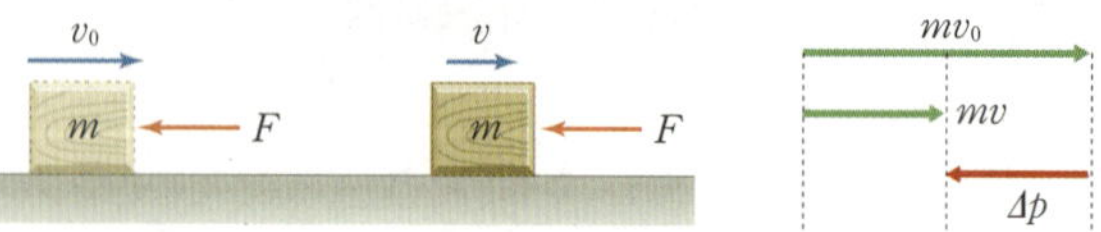

   - 물체에 작용하는 알짜힘의 방향이 운동 방향과 반대 방향으로 작용하여 나중 운동량의 방향이 처음 운동량의 방향과 반대인 경우 ➡ 운동량 변화량의 크기 $\Delta p = |mv_0| + |mv|$

   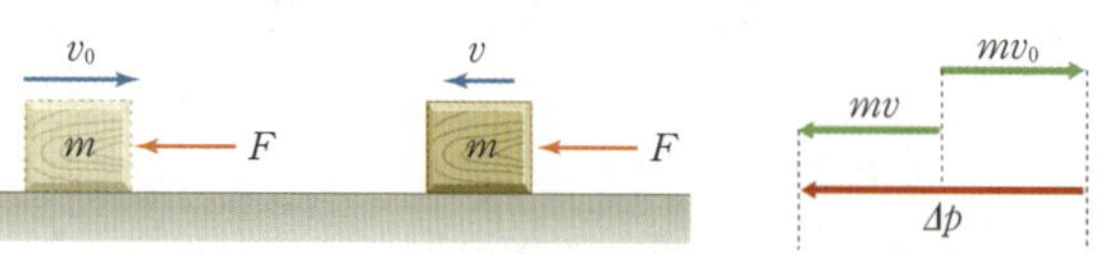

운동량의 단위

운동량은 물체의 질량과 속도의 곱이므로 운동량의 단위는 질량의 단위와 속도의 단위의 곱으로 나타낸다. 따라서 운동량의 단위는 $kg \cdot m/s$이다.

운동량–시간 그래프

운동량–시간 그래프에서 기울기는 물체에 작용하는 알짜힘을 나타낸다.

$$기울기 = \frac{\Delta p}{\Delta t} = \frac{m \Delta v}{\Delta t} = ma = F$$

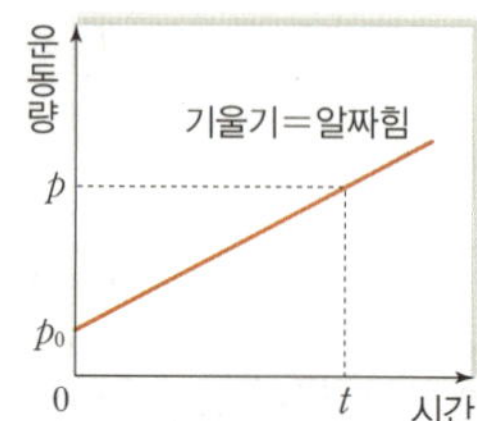

운동량은 물체의 속도와 질량의 곱이므로 단위 시간당 운동량 변화량은 물체에 작용한 알짜힘과 같다. 따라서 운동량–시간 그래프의 기울기가 알짜힘을 의미하는 것이다.

강의 포인트
운동량과 알짜힘의 방향

운동량은 물체의 질량과 속도의 곱이고, 운동량 변화량은 나중 운동량과 처음 운동량의 차이며, 운동량 변화량의 방향은 물체에 작용하는 알짜힘의 방향과 같다.

❷ 운동량 보존 법칙

 외부에서 힘이 작용하지 않으면, 충돌 전후 물체들의 운동량의 총합은 보존된다.

1. 운동량 보존 법칙: 물체가 충돌, 분열 등과 같은 상호 작용을 할 때 외부에서 힘이 작용하지 않으면 상호 작용 전후 물체들의 운동량의 합은 일정하게 보존된다.

$$충돌 \ 전 \ 운동량의 \ 합 = 충돌 \ 후 \ 운동량의 \ 합$$

운동량 보존 법칙

① 그림과 같이 직선상에서 각각 v_A, v_B의 일정한 속도로 운동하던 질량이 m_A인 물체 A와 질량이 m_B인 물체 B가 충돌한 후 속도가 각각 v_A', v_B'가 되었다. 충돌 과정에서 두 물체가 서로 작용하는 힘은 작용 반작용 관계이다.

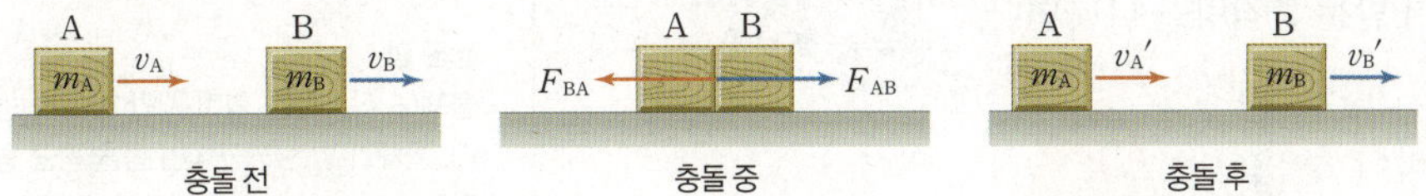

② A와 B가 충돌할 때, A가 B에 작용하는 힘(F_{AB})과 B가 A에 작용하는 힘(F_{BA})은 작용 반작용 법칙에 따라 크기가 같고, 방향은 반대이다.

$$\rightarrow -F_{BA} = -m_A a_A = -m_A\left(\frac{v_A'-v_A}{\Delta t}\right), \ F_{AB} = m_B a_B = m_B\left(\frac{v_B'-v_B}{\Delta t}\right)$$

③ $-F_{BA} = F_{AB}$이므로 $-m_A\left(\dfrac{v_A'-v_A}{\Delta t}\right) = m_B\left(\dfrac{v_B'-v_B}{\Delta t}\right)$에서 다음 관계식이 성립한다.

$$m_A v_A + m_B v_B = m_A v_A' + m_B v_B'$$

➡ 충돌 전 A와 B의 운동량의 합과 충돌 후 A와 B의 운동량의 합은 같다.

2. 충돌의 종류 여러 가지 충돌에서 외부에서 힘이 작용하지 않는 경우 운동 에너지가 보존될 수도 있고, 보존되지 않을 수도 있지만 운동량은 항상 보존된다.

탄성 충돌	비탄성 충돌
충돌 과정에서 운동 에너지가 보존되는 충돌로, 질량이 같은 두 물체가 탄성 충돌을 하면 두 물체는 충돌 과정에서 속도를 서로 교환한다.	충돌 후 물체가 붙어서 한 덩어리가 되는 충돌로, 운동량은 보존되지만 운동 에너지는 보존되지 않는다.

다양한 상황에서 운동량 보존 법칙 적용

• 그림과 같이 직선상에서 등속도 운동을 하던 물체 A와 B가 충돌하여 한 덩어리가 되어 속력 v로 운동한다.

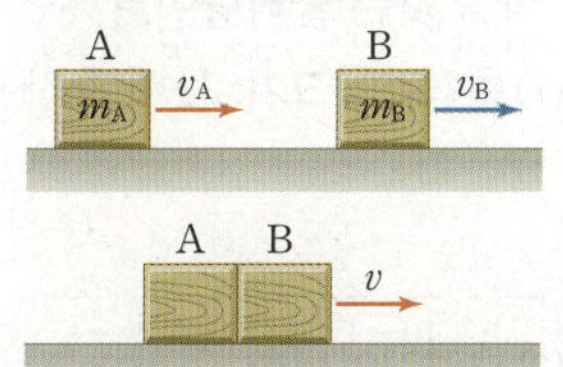

$m_A v_A + m_B v_B = (m_A + m_B)v$에서 한 덩어리가 된 물체의 속력은

$v = \dfrac{m_A v_A + m_B m_B}{m_A + m_B}$이다.

• 그림과 같이 정지해 있던 물체가 두 물체 A와 B로 분열되어 서로 반대 방향으로 운동한다.

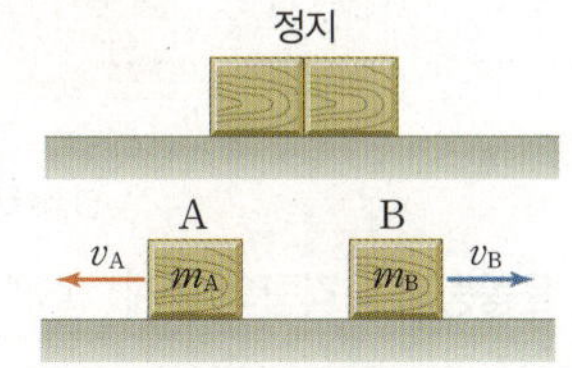

$0 = m_A v_A + m_B v_B$에서 $-m_A v_A = m_B v_B$이므로 A와 B의 운동량의 크기는 같고, 분열 후 속력은 질량이 큰 물체가 더 작다.

개념 익히기 문제

정답과 해설 p.008

🧠 교과서 문장으로 개념 익히기

01 ☐☐☐은 물체의 운동하는 정도를 나타낸 물리량으로, 질량과 속도의 곱으로 나타낸다.

02 운동량의 단위는 질량의 단위 ☐☐과 속도의 단위 ☐☐의 곱으로 나타낸다. 따라서 운동량의 단위는 ☐☐이다.

03 운동량 변화량은 ☐☐ 운동량에서 ☐☐ 운동량을 뺀 값이다.

04 운동량–시간 그래프에서 기울기는 물체에 작용한 ☐☐☐을 나타낸다.

05 물체가 충돌할 때 외부에서 힘이 작용하지 않으면, 충돌 전후 운동량의 합은 일정하게 보존된다. 이를 ☐☐☐ ☐☐ 법칙이라고 한다.

📦 OX 문제로 개념 익히기

06 운동량은 크기와 방향을 가진 물리량이다. (O / X)

07 질량이 3 kg인 물체의 속도가 2 m/s일 때, 이 물체의 운동량의 크기는 6 kg·m/s이다. (O / X)

08 직선상에서 운동하는 물체의 운동량이 증가할 때 물체에 작용하는 알짜힘의 방향은 물체의 운동 방향과 반대이다. (O / X)

09 정지해 있던 물체가 두 물체로 분열되어 서로 반대 방향으로 운동할 때 분열 후 속력은 질량이 큰 물체가 더 크다. (O / X)

10 두 물체가 충돌할 때, 두 물체가 받는 힘의 크기는 같고 방향은 반대이다. (O / X)

3 충격량

개념 물체가 받는 충격의 정도를 나타낸 물리량이다.

1. 충격량(I): 물체가 충돌할 때 물체가 받는 충격의 정도를 나타낸 물리량으로, 크기와 방향을 갖는 물리량이다.

(1) **충격량의 크기:** 물체에 작용하는 힘(F)과 힘이 작용한 시간(Δt)의 곱이다.

$$\text{충격량} = \text{힘} \times \text{시간}, \quad I = F\Delta t \;[\text{단위: } N \cdot s]$$

(2) **충격량의 방향:** 물체에 작용하는 힘의 방향과 같다. 충격량은 힘×시간인데, 방향은 힘만 있으므로, 충격량의 방향은 힘의 방향과 같다.

(3) **힘-시간 그래프와 충격량:** 물체에 작용하는 힘을 시간에 따라 나타낸 그래프에서 그래프가 시간 축과 이루는 넓이는 물체가 받는 충격량을 나타낸다. 그래프의 형태와 관계없이 그래프의 넓이는 충격량을 나타낸다.

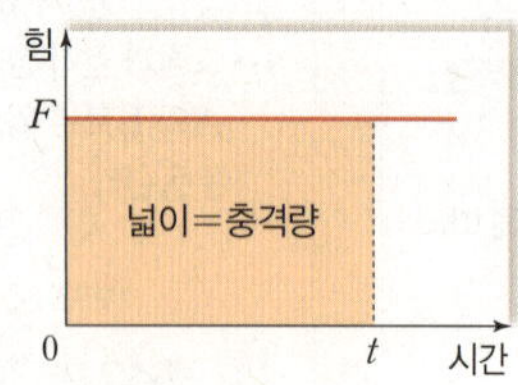

▲ 일정한 힘이 작용할 때

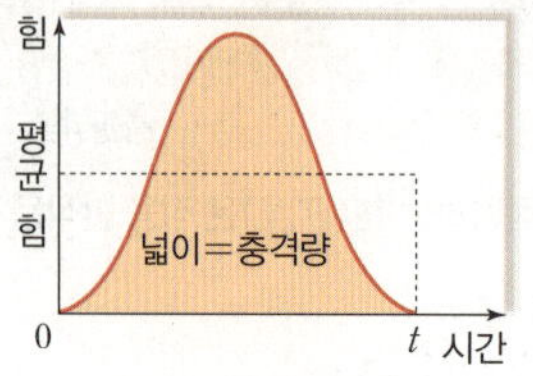

▲ 힘이 시간에 따라 변할 때

2. 운동량과 충격량의 관계: 물체가 받는 충격량은 운동량 변화량과 같다.

충격량과 운동량 변화량의 관계

그림과 같이 직선상에서 v_0의 속도로 운동하는 질량이 m인 물체에 운동 방향으로 크기가 F인 힘이 시간 Δt 동안 작용하여 속도가 v가 되었다고 하자.

물체에 가속도 법칙을 적용하면, $F = ma = m\left(\dfrac{v-v_0}{\Delta t}\right) = \dfrac{mv - mv_0}{\Delta t} = \dfrac{\Delta p}{\Delta t}$에서 $F\Delta t = \Delta p$이다. 즉, 물체가 받는 충격량($I = F\Delta t$)은 물체의 운동량 변화량(Δp)과 같다.

$$\text{충격량} = \text{운동량 변화량}, \quad I = \Delta p$$

4 충돌과 충격 완화

개념 충돌할 때 받는 평균 힘을 줄이기 위해서는 힘을 받는 시간을 길게 한다.

1. 충격력(평균 힘): 물체가 충격을 받는 시간 동안 물체에 작용하는 평균적인 힘

(1) **충격력의 크기:** 단위 시간 동안의 충격량, 즉 단위 시간 동안의 운동량 변화량과 같다.

$$\text{충격력} = \frac{\text{충격량}}{\text{시간}} = \frac{\text{운동량 변화량}}{\text{시간}}$$

(2) **충격력의 방향:** 운동량 변화량의 방향과 같다.

2. 충돌할 때 받는 힘과 시간의 관계

(1) **충격력이 일정할 때 충돌 시간과 충격량의 관계:** 충돌 시간이 길어질수록 충격량이 커진다.

(2) **충돌 시간을 길게 하여 충격량을 크게 하는 예(단, 충격력 일정)**

❶ 대포의 포신이 길수록 힘이 작용하는 시간이 길어져 충격량이 커지므로 포탄이 더 멀리 날아간다.

❷ 골프공을 칠 때 골프채로 골프공을 끝까지 밀어주면 골프공과 골프채의 접촉 시간이 길어져 충격량이 커지므로 골프공이 더 멀리 날아간다.

❸ 야구 방망이를 끝까지 휘두르면 공과 방망이의 접촉 시간이 길어져 충격량이 커지므로 야구공이 더 멀리 날아간다.

운동량과 충격량의 단위

충격량은 물체에 작용하는 힘과 힘이 작용한 시간의 곱이므로 충격량의 단위는 힘의 단위 N과 시간의 단위 s의 곱으로 나타낸다. 즉, 충격량의 단위는 $N \cdot s$이다. 힘의 단위 $N = kg \cdot m/s^2$이므로 $N \cdot s = kg \cdot m/s$이다. 따라서 충격량과 운동량의 단위는 같다.

평균 힘

물체에 작용하는 힘이 시간에 따라 변할 때, 물체가 받는 평균적인 힘을 평균 힘이라고 한다. 힘-시간 그래프에서 그래프가 시간 축과 이루는 넓이는 물체가 받는 충격량이고, 이 충격량을 힘이 작용하는 시간으로 나누어 평균 힘을 구한다.

충격량과 운동량 변화량의 관계

- 물체가 받는 충격량만큼 물체의 운동량이 변한다.
- 물체에 작용하는 힘의 방향과 운동량 변화량의 방향은 같다.
- 물체에 작용하는 힘이 일정할 때, 힘을 작용하는 시간을 길게 할수록 물체의 운동량 변화량이 크다.
- 물체에 힘을 작용하는 시간이 일정할 때, 물체에 작용하는 힘이 클수록 물체의 운동량 변화량이 크다.

운동량 변화량을 크게 하는 방법

빨대를 이용하여 구슬을 멀리까지 보내기 위해서는 입으로 부는 힘을 크게 하고, 힘을 오랫동안 받을 수 있도록 길이가 긴 빨대를 사용한다.

(3) **충격량이 일정할 때 충돌 시간과 충격력의 관계**: 충돌 시간이 길어질수록 충격력이 작아진다.

충돌 시간과 충격력의 관계

그림과 같이 재질이 다른 바닥으로부터 같은 높이에서 질량이 같은 달걀을 떨어뜨렸다.

달걀을 떨어뜨린 높이가 같으므로 바닥에 충돌하기 직전 두 달걀의 속도는 같다. 따라서 두 달걀의 운동량 변화량, 즉 충격량이 같다.

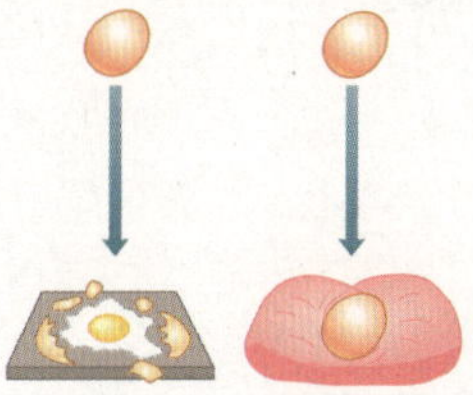

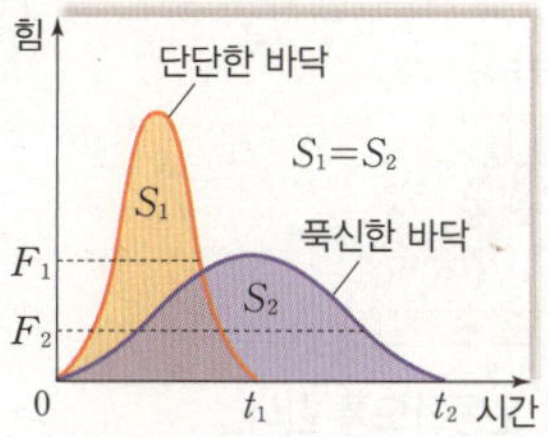

충격량	$S_1 = S_2$
힘을 받은 시간	$t_1 < t_2$
평균 힘의 크기	$F_1 > F_2$

충돌 시간이 길어지면 평균 힘의 크기가 작아진다.

- 단단한 바닥과 푹신한 바닥에 떨어진 달걀이 받는 충격량이 같아 힘 – 시간 그래프에서 그래프가 시간 축과 이루는 넓이는 같다.
- 힘을 받는 시간이 단단한 바닥에 떨어진 경우가 푹신한 바닥에 떨어진 경우보다 짧아 달걀이 받는 평균 힘의 크기는 단단한 바닥에서가 푹신한 바닥에서보다 크다.
- ➡ 단단한 바닥에 떨어진 달걀은 깨지지만, 푹신한 바닥에 떨어진 달걀은 깨지지 않는다.

---

(4) **충돌 시간을 길게 하여 충격력을 감소시키는 예(단, 충격량 일정)**

❶ 자동차의 에어백, 범퍼는 자동차가 충돌하여 정지할 때까지 걸리는 시간을 길게 하여 사람이 받는 충격력을 감소시킨다.

❷ 야구공을 받을 때 글러브를 뒤로 빼면서 받으면 힘을 받는 시간이 길어져 충격력이 감소하므로 손이 덜 아프다.

❸ 높은 곳에서 뛰어내릴 때 무릎을 구부려 힘을 받는 시간을 길게 하여 사람이 받는 충격력을 감소시킨다.

▲ 자동차의 에어백

▲ 야구공을 받는 포수

▲ 무릎을 구부린 사람

충격력을 줄이는 다양한 예
- 물건을 보호하기 위해 공기가 충전된 포장재를 사용한다.
- 선박의 충돌 피해를 줄이기 위해 선박 주위에 타이어를 설치한다.
- 안전모, 얼굴 보호대, 모서리 보호대, 안전 펜스, 경기장의 푹신한 매트 등을 사용한다.

강의 포인트

힘–시간 그래프와 충격량
힘–시간 그래프에서 그래프가 시간 축과 이루는 넓이는 충격량이며, 동일한 충격량을 받을 때 평균 힘의 크기는 힘을 받는 시간에 반비례한다.

개념 익히기 문제

정답과 해설 p.008

교과서 문장으로 개념 익히기

11 물체가 충돌할 때 받는 충격의 정도를 나타낸 물리량은 ☐☐☐이다.

12 물체가 받는 충격량은 물체에 작용하는 ☐과 ☐이 작용한 시간의 곱이다.

13 힘–시간 그래프에서 그래프가 시간 축과 이루는 넓이는 ☐☐☐을 나타낸다.

14 물체가 받는 충격량은 물체의 ☐☐☐ 변화량과 같다.

15 물체에 작용하는 충격력이 일정할 때 충돌 시간이 ☐☐질수록 충격량이 커진다.

16 충돌할 때 받는 평균 힘의 크기를 감소시키기 위해서는 힘을 받는 시간을 ☐☐ 한다.

OX 문제로 개념 익히기

17 충격량과 운동량 변화량의 단위는 같다. (O / X)

18 같은 크기의 힘을 받을 때, 힘을 받는 시간을 길게 할수록 물체의 운동량 변화량은 작다. (O / X)

19 충격량과 운동량 변화량의 방향은 물체에 작용하는 힘의 방향과 같다. (O / X)

20 같은 크기의 충격량을 받을 때, 평균 힘과 힘을 받는 시간은 서로 비례한다. (O / X)

21 에어백은 자동차의 충돌에서 사람이 힘을 받는 시간을 길게 하여 사람이 받는 힘을 감소시키는 장치이다. (O / X)

역학 수레를 이용한 운동량 보존 실험

과정 & 결과

❶ 그림과 같이 수평한 실험대의 양 끝에 수레 멈춤용 막대를 고정하고, 수레의 잠금 장치에 부착된 용수철을 압축하여 두 수레 A, B를 접촉시킨 후 실험대의 가운데에 놓는다.

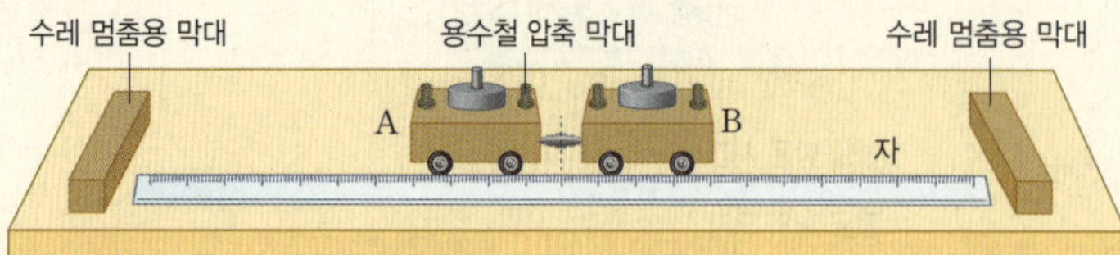

❷ 고무망치로 용수철 압축 막대를 가볍게 쳐서 두 수레가 서로 반대 방향으로 운동하도록 한다.

❸ 스마트폰의 연속 촬영 기능을 이용하여 0.2초 동안 역학 수레가 이동한 거리를 측정하여 분리된 수레의 속력을 구한다.

❹ 수레 B의 질량을 바꾸어 가며 과정 ❷, ❸을 반복한다.

[결과]

실험	수레 A				수레 B			
	질량 (kg)	이동 거리 (cm)	속력 (m/s)	운동량 (kg·m/s)	질량 (kg)	이동 거리 (cm)	속력 (m/s)	운동량 (kg·m/s)
Ⅰ	1	24	1.2	1.2	1	24	1.2	1.2
Ⅱ	1	20	1.0	1.0	2	10	0.5	1.0
Ⅲ	1	18	0.9	0.9	3	6	0.3	0.9

⋯ 두 수레 A, B가 분리되기 전 A와 B는 정지해 있으므로 A와 B의 운동량의 합은 0이다.

⋯ 분리된 후 서로 반대 방향으로 운동하는 수레의 속력은 질량이 작은 수레가 더 크다.

⋯ 분리된 수레 A, B는 서로 반대 방향으로 운동하고 운동량의 크기가 같으므로, 분리된 후 A와 B의 운동량의 합은 0이다.

⋯ 두 수레가 분리되기 전 A와 B의 운동량의 합과 분리된 후 A와 B의 운동량의 합은 같다.

분석

1. 두 수레가 분리되는 동안 수레가 받는 충격량의 크기는 어떠한가?

⋯ 압축된 용수철이 두 수레를 밀어내는 힘의 크기가 같고, 방향이 반대이다. 이때 용수철이 A, B를 밀어내는 힘을 작용하는 시간이 같으므로 A, B가 받는 충격량의 크기는 같다.

2. 분리되기 전과 분리된 후 두 수레의 운동량의 합은 어떠한가?

⋯ 분리될 때 A와 B가 받는 충격량의 크기는 같고 충격량의 방향은 반대이므로, 분리된 후 A와 B의 운동량의 크기는 같고 방향은 반대이다. 따라서 분리되기 전 A와 B의 운동량의 합과 분리된 후 A와 B의 운동량의 합은 0으로 같다.

탐구 목표

두 물체가 상호 작용 할 때 두 물체의 운동량의 합이 보존됨을 실험으로 확인할 수 있다.

탐구 포인트

두 수레가 분리될 때 압축된 용수철이 수레 A, B를 밀어내는 힘의 크기는 같고, 방향은 반대이다.

정답과 해설 p.008

예제 ❶

그림은 질량이 4 kg이고 정지해 있던 물체가 두 조각 A, B로 분열되어 운동하는 모습을 나타낸 것이다. 분열된 A, B의 질량은 각각 1 kg, 3 kg이고, A의 속력은 3 m/s이다.

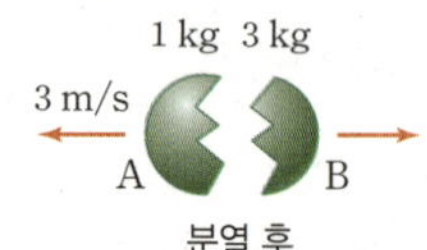

B의 속력은 몇 m/s인지 구하시오. (단, 모든 마찰은 무시한다.)

예제 ❷ 서술형

그림과 같이 수평한 실험대에서 수레 A와 B를 접촉시켜 놓고, 압축된 용수철의 고정 장치를 해제하였다. 수레의 질량은 A가 B보다 작다.

분리된 수레 A, B의 속력을 비교하여 서술하시오. (단, 모든 마찰은 무시한다.)

자료 ❶ 충격량과 관련된 예

• 충격량을 크게 하는 경우

→ 골프채를 휘두르는 속도를 더 크게 하면 골프공이 받는 충격량이 증가하여 골프공은 더 멀리 날아간다.

→ 라켓의 속력을 더 크게 하여 공을 치면 공이 라켓으로부터 받는 충격량이 커져 공은 더 큰 속력으로 날아간다.

→ 활시위를 더 많이 당기면 화살이 활시위를 떠날 때까지 받는 충격량이 커져 화살은 더 큰 운동량으로 날아가게 된다.

• 평균 힘을 감소시키는 경우

→ 글러브를 뒤로 빼면서 공을 받으면 힘을 받는 시간이 길어져 글러브가 받는 평균 힘이 작아진다.

→ 에어백은 충돌할 때 탑승자가 힘을 받는 시간을 길게 하여 탑승자가 받는 평균 힘을 감소시킨다.

→ 에어 매트는 힘을 받는 시간을 길게 하므로 높은 곳에서 떨어진 사람이 받는 평균 힘을 줄여주어 안전하다.

자료 ❷ 힘과 충돌 시간의 관계

그림 (가)는 같은 높이에서 가만히 놓은 질량이 같은 공 A, B가 빗면을 따라 내려와 재질이 다른 벽에 충돌하여 정지하는 모습을 나타낸 것이고, (나)는 A, B가 벽으로부터 받는 힘을 시간에 따라 나타낸 것이다.

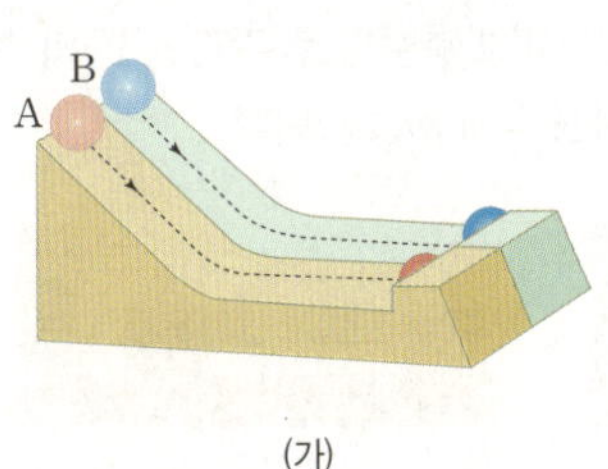

→ A, B의 질량이 같고, 같은 높이에서 가만히 놓았으므로 벽에 충돌하기 직전 A, B의 운동량의 크기는 같다.
→ 벽에 충돌하여 정지하므로 벽에 충돌하는 동안 A와 B의 운동량 변화량의 크기가 같으므로 A, B가 벽으로부터 받는 충격량의 크기는 같다.
→ 벽으로부터 힘을 받는 시간은 B가 A보다 길다.
→ 벽에 충돌하는 동안 A, B가 받는 충격량의 크기는 같고, 힘을 받는 시간은 B가 A보다 길므로 벽으로부터 받는 평균 힘의 크기는 B가 A보다 작다.

그림 (가)는 투수가 던진 질량이 같은 공 A 또는 B를 포수가 받을 때의 모습을 나타낸 것이고, (나)는 공 A, B가 글러브에 닿는 순간부터 정지할 때까지 공의 속도를 시간에 따라 나타낸 것이다.

→ 공이 글러브에 닿기 직전 공의 속도는 같고, 질량이 같으므로 글러브에 닿는 순간 A, B의 운동량의 크기는 같다.
→ 공이 정지하므로 글러브로 공을 받는 동안 A, B의 운동량 변화량의 크기가 같아 A, B가 글러브로부터 받는 충격량의 크기는 같다.
→ 공이 글러브에 닿는 순간부터 정지할 때까지 걸린 시간은 B가 A보다 길다.
→ 글러브로 공을 받는 동안, 글러브가 A, B로부터 받는 충격량의 크기는 같고, 힘을 작용하는 시간은 B가 A보다 길므로 글러브가 받는 평균 힘의 크기는 B를 받을 때가 A를 받을 때보다 작다.

개념 다지기 문제

01 그림과 같이 직선 도로에서 세 자동차 A, B, C가 각각 20 m/s, 10 m/s, 20 m/s의 속력으로 등속도 운동을 한다. A와 B의 운동 방향은 같고, B와 C의 운동 방향은 반대이며, A, B, C의 질량은 같다.

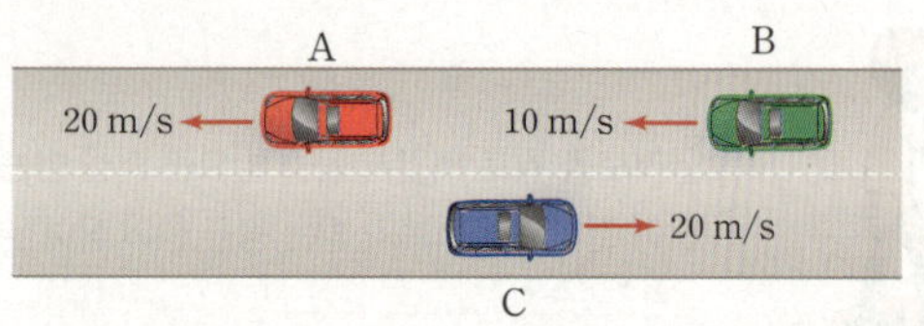

이에 대한 설명으로 옳은 것만을 |보기|에서 있는 대로 고른 것은?

|보기|
ㄱ. A와 B의 운동량의 방향은 같다.
ㄴ. 운동량의 크기는 A가 B의 2배이다.
ㄷ. A와 C의 운동량은 서로 같다.

① ㄱ   ② ㄷ   ③ ㄱ, ㄴ
④ ㄴ, ㄷ   ⑤ ㄱ, ㄴ, ㄷ

02 그림은 직선 도로에서 운동하는 자동차를 나타낸 것이다. 자동차의 질량은 2000 kg이고, 수평면상의 점 a, b를 지날 때 속력은 각각 18 m/s, 8 m/s이다.

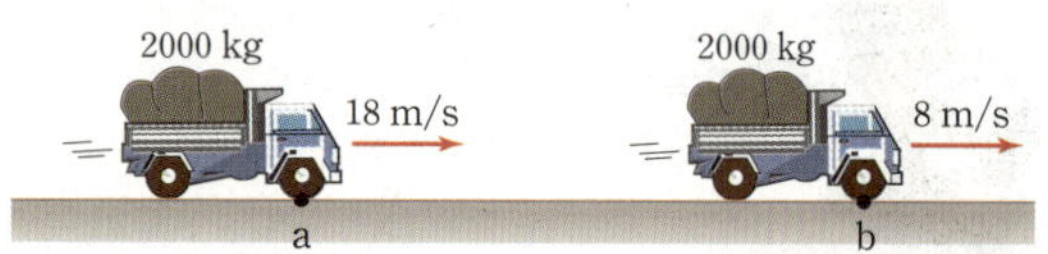

자동차의 운동에 대한 설명으로 옳은 것만을 |보기|에서 있는 대로 고른 것은?

|보기|
ㄱ. a를 지날 때 운동량의 크기는 36000 kg·m/s이다.
ㄴ. a에서 b까지 운동하는 동안, 자동차에 작용하는 알짜힘의 방향은 운동 방향과 같다.
ㄷ. a에서 b까지 운동하는 동안, 운동량 변화량의 크기는 20000 kg·m/s이다.

① ㄱ   ② ㄷ   ③ ㄱ, ㄴ
④ ㄱ, ㄷ   ⑤ ㄴ, ㄷ

03 그림 (가)는 수평면에서 직선 운동을 하는 물체를 나타낸 것이고, (나)는 이 물체의 운동량을 시간에 따라 나타낸 것이다. 물체의 질량은 2 kg이다.

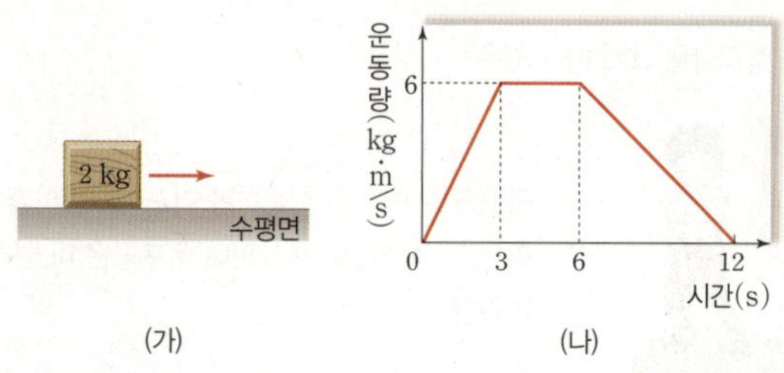

이에 대한 설명으로 옳은 것만을 |보기|에서 있는 대로 고른 것은?

|보기|
ㄱ. 4초일 때 물체의 속력은 3 m/s이다.
ㄴ. 0초부터 3초까지 물체에 작용하는 알짜힘의 방향과 운동량의 방향은 같다.
ㄷ. 10초일 때 물체에 작용하는 알짜힘의 크기는 6 N이다.

① ㄱ   ② ㄷ   ③ ㄱ, ㄴ
④ ㄴ, ㄷ   ⑤ ㄱ, ㄴ, ㄷ

대표 유형 문제

04 그림 (가), (나)와 같이 수평면에서 벽을 향해 각각 $4v$, $3v$의 속력으로 운동하던 물체 A, B가 벽에 충돌한 후 각각 v, $2v$의 속력으로 운동을 한다. A, B의 질량은 각각 m, $2m$이다.

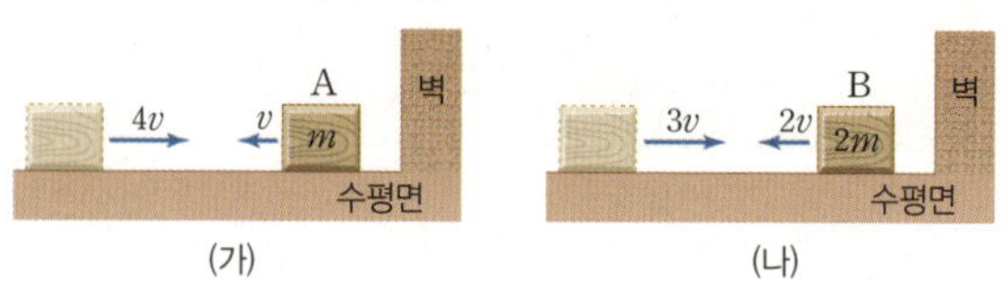

이에 대한 설명으로 옳은 것만을 |보기|에서 있는 대로 고른 것은? (단, 물체의 크기, 공기 저항과 모든 마찰은 무시한다.)

|보기|
ㄱ. 벽에 충돌 전 운동량의 크기는 A가 B보다 크다.
ㄴ. 충돌 전후 A의 운동량 변화량의 크기는 $5mv$이다.
ㄷ. 벽으로부터 받는 충격량의 크기는 B가 A의 2배이다.

① ㄱ   ② ㄴ   ③ ㄷ
④ ㄱ, ㄴ   ⑤ ㄴ, ㄷ

05 그림은 수평면에서 운동하는 물체 A와 B가 충돌 전과 충돌 후 각각 등속도 운동을 하는 모습을 나타낸 것이다. A, B의 질량은 각각 2 kg, 3 kg이며, 충돌 전 A, B의 속력은 각각 8 m/s, 2 m/s이고, 충돌 후 A의 속력은 5 m/s이다.

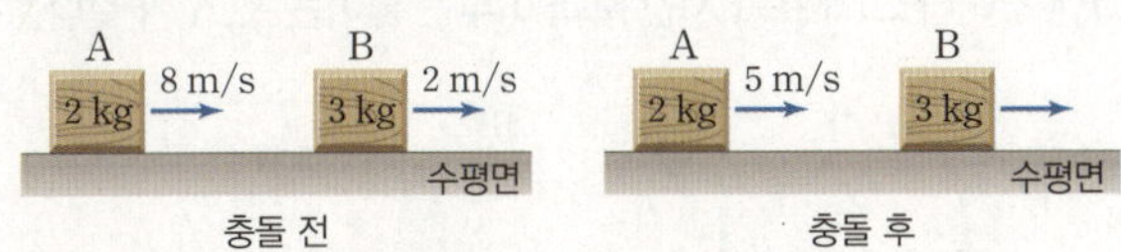

충돌 후 B의 속력은? (단, 모든 마찰은 무시한다.)

① 2 m/s　　② 3 m/s　　③ 4 m/s

④ 5 m/s　　⑤ 6 m/s

06 그림은 수평면에서 속력 v_0으로 등속도 운동을 하는 물체 A가 수평면에 정지해 있는 물체 B와 충돌한 후 한 덩어리가 되어 속력 v로 등속도 운동을 하는 모습을 나타낸 것이다. 질량은 A가 B보다 크다.

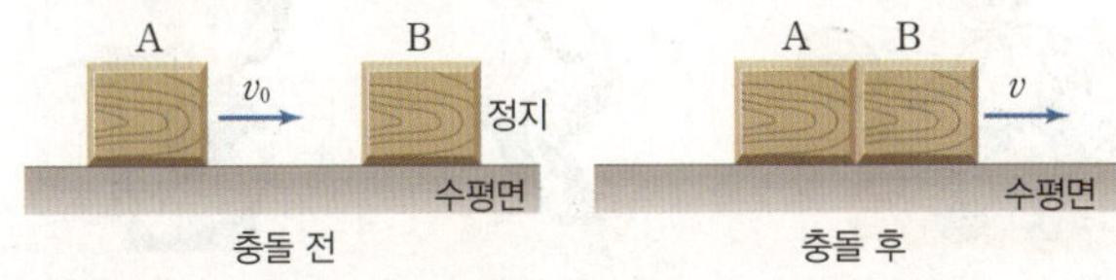

이에 대한 설명으로 옳은 것만을 |보기|에서 있는 대로 고른 것은? (단, 물체의 크기와 모든 마찰은 무시한다.)

> |보기|
> ㄱ. $v_0 < v$이다.
> ㄴ. 충돌 과정에서 A가 B에 작용하는 힘의 크기는 B가 A에 작용하는 힘의 크기보다 크다.
> ㄷ. 충돌 전후 운동량 변화량의 크기는 A와 B가 같다.

① ㄴ　　② ㄷ　　③ ㄱ, ㄴ

④ ㄱ, ㄷ　　⑤ ㄴ, ㄷ

07 그림 (가)는 수평면에서 물체 A와 B가 같은 운동량 p_0으로 운동하는 모습을 나타낸 것이고, (나)는 A, B의 운동량을 시간에 따라 나타낸 것이다. A와 B는 시간 t일 때 충돌한다.

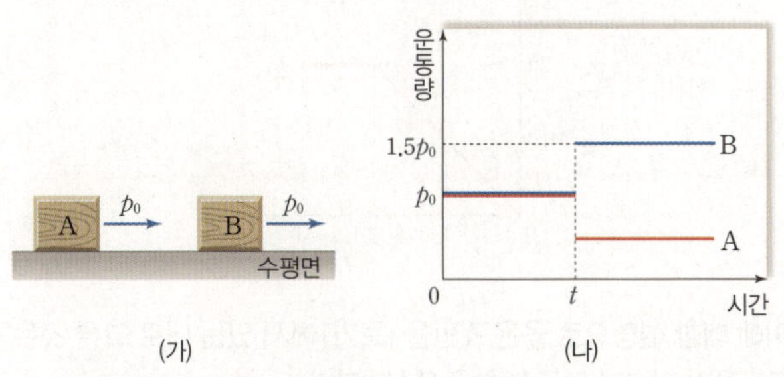

(가)　　　　(나)

이에 대한 설명으로 옳은 것만을 |보기|에서 있는 대로 고른 것은? (단, 물체의 크기와 모든 마찰은 무시한다.)

> |보기|
> ㄱ. 질량은 A가 B보다 작다.
> ㄴ. 충돌할 때 B가 받은 충격량의 크기는 p_0이다.
> ㄷ. 충돌 후 A의 운동량의 크기는 $0.5p_0$이다.

① ㄱ　　② ㄷ　　③ ㄱ, ㄴ

④ ㄱ, ㄷ　　⑤ ㄴ, ㄷ

08 그림과 같이 직선 도로에서 등속도 운동을 하던 자동차 A와 B가 서로 충돌하였다. 충돌 전 운동량의 크기는 A와 B가 같고, 질량은 A가 B보다 크다.

B의 물리량이 A의 물리량보다 큰 것만을 |보기|에서 있는 대로 고른 것은? (단, 자동차의 크기와 모든 마찰은 무시한다.)

> |보기|
> ㄱ. 충돌 전 속력
> ㄴ. 충돌할 때 받는 힘의 크기
> ㄷ. 충돌 전후 운동량 변화량의 크기

① ㄱ　　② ㄷ　　③ ㄱ, ㄴ

④ ㄴ, ㄷ　　⑤ ㄱ, ㄴ, ㄷ

개념 다지기 문제

09 그림은 수평면에 정지해 있던 물체에 수평 방향으로 작용하는 힘을 시간에 따라 나타낸 것이다. 물체는 직선 운동을 한다.

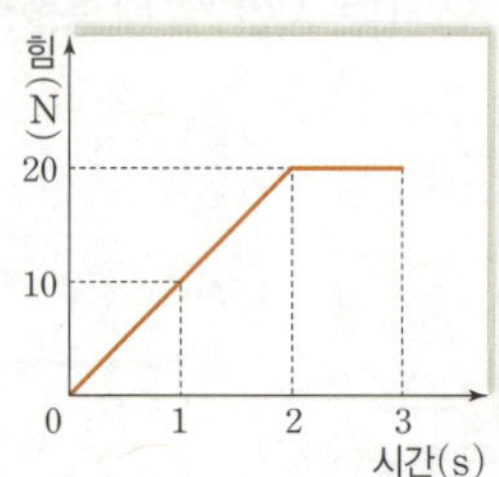

이에 대한 설명으로 옳은 것만을 |보기|에서 있는 대로 고른 것은? (단, 공기 저항과 모든 마찰은 무시한다.)

> **보기**
> ㄱ. 물체의 속력은 1초일 때가 2초일 때보다 작다.
> ㄴ. 0초부터 2초까지 물체가 받은 충격량의 크기는 40 N·s이다.
> ㄷ. 운동량의 크기는 3초일 때가 1초일 때의 6배이다.

① ㄱ   ② ㄷ   ③ ㄱ, ㄴ
④ ㄴ, ㄷ   ⑤ ㄱ, ㄴ, ㄷ

10 그림과 같이 수평면에 정지해 있는 사람 A와 B가 서로를 수평 방향으로 밀어냈다.

A와 B의 물리량이 같은 것만을 |보기|에서 있는 대로 고른 것은? (단, 사람의 크기, 공기 저항과 모든 마찰은 무시한다.)

> **보기**
> ㄱ. 밀어내는 동안 작용하는 힘의 크기
> ㄴ. 밀어내는 동안 받은 충격량의 크기
> ㄷ. 밀려난 후 운동량의 크기

① ㄱ   ② ㄴ   ③ ㄱ, ㄷ
④ ㄴ, ㄷ   ⑤ ㄱ, ㄴ, ㄷ

대표 유형문제

11 그림 (가)는 동일한 유리컵 A, B를 각각 바닥으로부터 같은 높이에서 가만히 놓았을 때 A는 시멘트 바닥에 닿아 깨졌고, B는 스펀지 바닥에 닿아 깨지지 않은 모습을 나타낸 것이다. (나)의 X, Y는 A, B가 바닥에 충돌하여 정지할 때까지 받은 힘을 시간에 따라 나타낸 것이다. 그래프가 시간 축과 이루는 넓이는 X, Y가 같다.

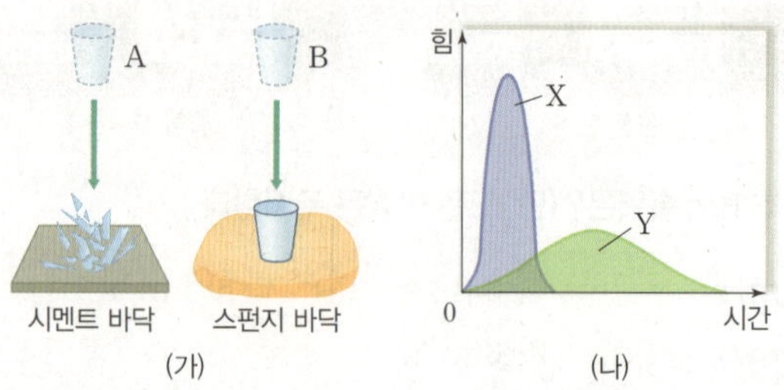

이에 대한 설명으로 옳은 것만을 |보기|에서 있는 대로 고른 것은? (단, 공기 저항과 모든 마찰은 무시한다.)

> **보기**
> ㄱ. 바닥으로부터 받은 충격량의 크기는 A가 B보다 크다.
> ㄴ. X는 A가 바닥으로부터 받는 힘을 시간에 따라 나타낸 것이다.
> ㄷ. 바닥에 충돌하는 동안 받는 평균 힘의 크기는 A가 B보다 크다.

① ㄱ   ② ㄷ   ③ ㄱ, ㄴ
④ ㄴ, ㄷ   ⑤ ㄱ, ㄴ, ㄷ

대표 유형문제

12 그림은 충격량과 관련된 예를 나타낸 것이다.

A. 테니스 라켓이 공에 작용하는 힘을 더 크게 하여 공을 쳐낸다.

B. 높은 곳에서 뛰어내려 착지할 때 무릎을 굽혔다가 편다.

C. 빨대 속 구슬을 멀리 날리기 위해 더 긴 빨대를 이용한다.

이에 대한 설명으로 옳은 것만을 |보기|에서 있는 대로 고른 것은?

> **보기**
> ㄱ. A에서는 공의 운동량 변화량이 커진다.
> ㄴ. B에서는 사람이 받는 충격량의 크기가 작아진다.
> ㄷ. C에서는 구슬이 빨대를 떠난 순간 운동량이 커진다.

① ㄱ   ② ㄴ   ③ ㄱ, ㄴ
④ ㄱ, ㄷ   ⑤ ㄴ, ㄷ

13

그림 (가)는 수평면에서 물체 A와 B가 각각 $3v$, v의 속력으로 등속도 운동을 하는 모습을 나타낸 것이다. 그림 (나)는 A와 B가 충돌할 때 A에 작용하는 힘의 크기를 시간에 따라 나타낸 것으로, 그래프가 시간 축과 이루는 넓이는 $5mv$이다.

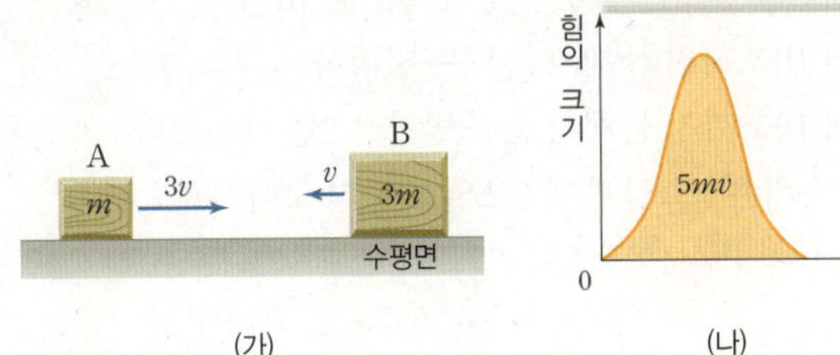

충돌 후 B의 속력은? (단, 물체의 크기와 모든 마찰은 무시한다.)

① $\dfrac{1}{3}v$

② $\dfrac{2}{3}v$

③ $\dfrac{4}{5}v$

④ $\dfrac{6}{5}v$

⑤ $\dfrac{5}{3}v$

14

그림 (가)는 수평면에서 물체 A가 정지해 있는 물체 B를 향해 등속도 운동을 하는 모습을 나타낸 것이고, (나)는 A의 위치를 시간에 따라 나타낸 것이다. 질량은 B가 A의 2배이다.

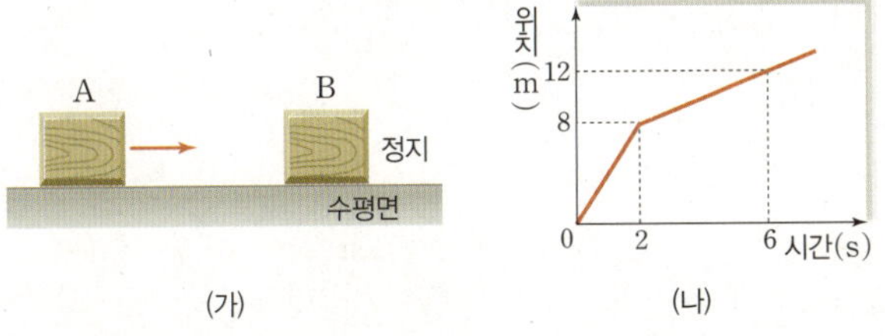

이에 대한 설명으로 옳은 것만을 |보기|에서 있는 대로 고른 것은? (단, A, B는 충돌 전후 동일 직선상에서 운동하며, 물체의 크기와 모든 마찰은 무시한다.)

┌─ 보기 ─
ㄱ. 2초일 때 A와 B는 충돌한다.
ㄴ. 4초일 때 운동량의 크기는 B가 A의 2배이다.
ㄷ. 6초일 때 A와 B 사이의 거리는 2 m이다.
└

① ㄱ

② ㄴ

③ ㄱ, ㄷ

④ ㄴ, ㄷ

⑤ ㄱ, ㄴ, ㄷ

15

그림과 같이 수평면에서 물체 A가 정지해 있는 물체 B를 향해 속력 $2v$로 등속도 운동을 하여 충돌한 후 반대 방향으로 속력 v로 등속도 운동을 하였다. 충돌 후 B의 운동 상태는 표시하지 않았다. A, B의 질량은 각각 m, $3m$이다.

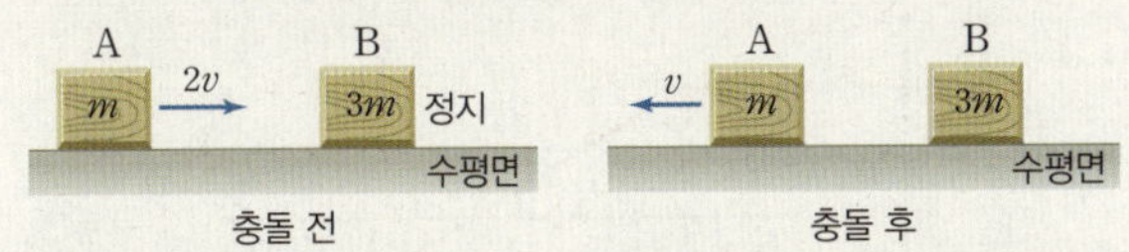

충돌 후 B의 운동 상태에 대해 서술하시오. (단, 물체의 크기와 모든 마찰은 무시하고, 충돌 전후 A, B는 동일 직선상에서 운동한다.)

16

그림 (가)와 같이 수평면에서 자동차 A, B가 벽을 향해 등속도 운동을 한다. 그림 (나)는 A, B가 벽에 충돌할 때 A, B의 운동량을 시간에 따라 나타낸 것이다.

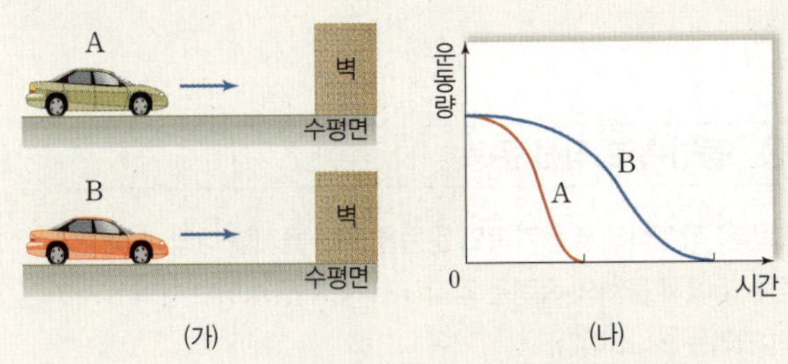

A, B가 벽으로부터 받는 평균 힘의 크기를 비교하여 서술하시오.

학교 시험 빈출 자료 MASTER

01 물체의 운동

1 운동의 표현

그림은 직선상에서 운동하는 물체의 위치를 시간에 따라 나타낸 것이다.

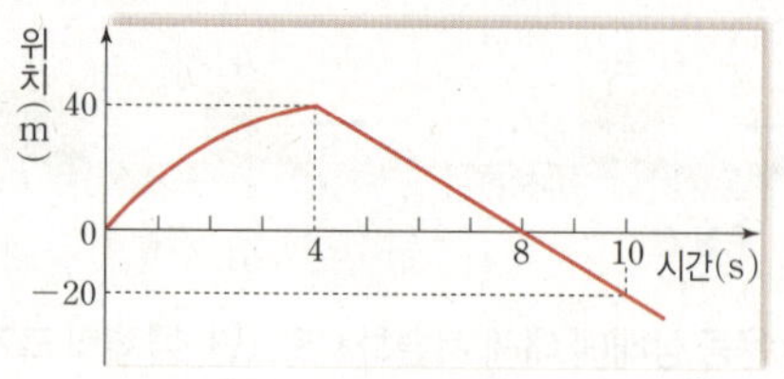

● 다음 설명 중 옳은 것은 ○표, 옳지 않은 것은 ×표 하시오.

1 0초부터 4초까지 물체의 변위의 크기는 40 m이다. ○ / ×

2 2초일 때와 6초일 때 물체의 운동 방향은 서로 같다. ○ / ×

3 0초부터 8초까지 물체의 이동 거리는 40 m이다. ○ / ×

4 4초부터 10초까지 물체의 속도는 일정하다. ○ / ×

5 0초부터 10초까지 물체의 운동 방향은 2번 바뀌었다. ○ / ×

6 물체의 속력은 1초일 때가 3초일 때보다 크다. ○ / ×

2 운동의 분류

그림 (가)~(라)는 여러 가지 놀이 기구를 나타낸 것이다.

(가) 회전 목마

(나) 자이로드롭

(다) 바이킹

(라) 롤러코스터

● 다음 설명 중 옳은 것은 ○표, 옳지 않은 것은 ×표 하시오.

1 (가)는 속력은 일정하고 운동 방향이 변한다. ○ / ×

2 (나)는 속력은 증가하고, 운동 방향은 일정하다. ○ / ×

3 (나)와 (라)는 모두 운동 방향이 변하는 운동을 한다. ○ / ×

4 (다)는 운동 방향과 가속도의 방향이 나란하다. ○ / ×

5 (라)는 속력과 운동 방향이 모두 변하는 운동을 한다. ○ / ×

6 (가)~(라)는 모두 속도가 변하는 운동을 한다. ○ / ×

7 (라)에서 운동하는 사람의 이동 거리와 변위의 크기는 같다.

○ / ×

3 등가속도 직선 운동

그림은 직선상에서 등가속도 운동을 하는 물체를 나타낸 것이다. 점 a, b에서 물체의 속력은 각각 4 m/s, 8 m/s이고, a와 b 사이의 거리는 24 m이다.

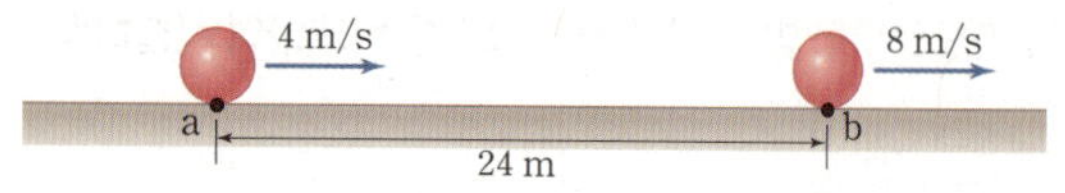

● 다음 설명 중 옳은 것은 ○표, 옳지 않은 것은 ×표 하시오.

1 물체의 운동 방향은 변하지 않는다. ○ / ×

2 물체의 가속도는 b에서가 a에서보다 크다. ○ / ×

3 물체의 속도는 일정하게 증가한다. ○ / ×

4 a에서 b까지 물체의 평균 속력은 6 m/s이다. ○ / ×

5 a에서 b까지 이동하는 데 걸린 시간은 3초이다. ○ / ×

6 물체의 가속도의 크기는 1 m/s^2이다. ○ / ×

02 뉴턴 운동 법칙

4 힘

그림 (가), (나), (다)는 마찰이 없는 수평면에 놓인 물체 A, B, C에 수평 방향으로 힘을 작용하는 것을 나타낸 것이다.

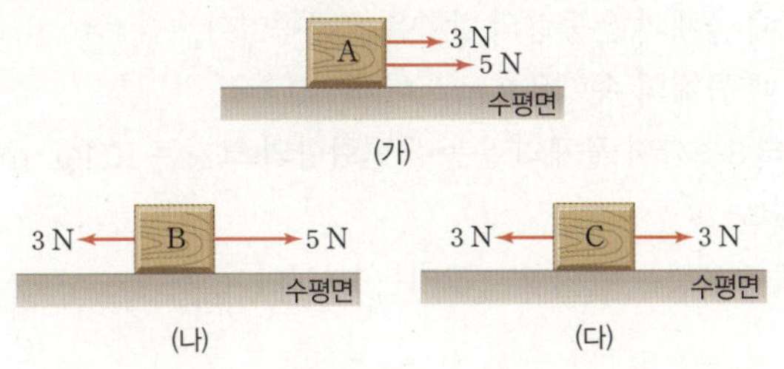

● 다음 설명 중 옳은 것은 ○표, 옳지 <u>않은</u> 것은 ×표 하시오.

1 힘은 물체의 운동 상태를 변화시킨다. ○ / ×

2 힘의 3요소는 힘의 크기, 힘의 방향, 힘의 작용선이다. ○ / ×

3 두 힘의 방향이 같을 때, 두 힘의 합력의 크기는 두 힘의 크기를 더한 값과 같다. ○ / ×

4 (가)에서 A에 작용하는 합력의 크기는 8 N이다. ○ / ×

5 (나)에서 B에 작용하는 합력의 방향은 왼쪽이다. ○ / ×

6 (다)에서 C에 작용하는 알짜힘은 0이다. ○ / ×

5 가속도 법칙

그림 (가), (나), (다)와 같이 마찰이 없는 수평면에 놓인 물체에 수평 방향으로 힘을 작용하였다. (단, 실의 질량은 무시한다.)

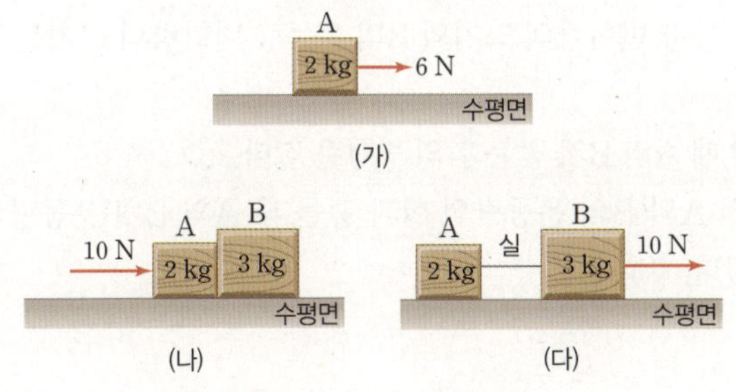

● 다음 설명 중 옳은 것은 ○표, 옳지 <u>않은</u> 것은 ×표 하시오.

1 물체의 가속도는 물체에 작용하는 알짜힘에 비례하고, 질량에 반비례한다. ○ / ×

2 (가)에서 A의 가속도의 크기는 3 m/s^2이다. ○ / ×

3 (나)에서 A와 B에 작용하는 알짜힘의 크기는 같다. ○ / ×

4 (나)에서 A의 가속도의 크기는 5 m/s^2이다. ○ / ×

5 (다)에서 실이 A에 작용하는 힘의 크기는 6 N이다. ○ / ×

6 A의 가속도의 크기는 (가)에서가 가장 크다. ○ / ×

6 작용 반작용 법칙

그림과 같이 마찰이 없는 얼음판 위에서 두 사람 A, B가 서로를 수평 방향으로 밀었다.

● 다음 설명 중 옳은 것은 ○표, 옳지 <u>않은</u> 것은 ×표 하시오.

1 작용 반작용 관계의 두 힘은 방향이 반대이고, 크기는 같다. ○ / ×

2 A에 작용하는 중력과 얼음판이 A를 떠받치는 힘은 작용 반작용 관계이다. ○ / ×

3 A가 B를 미는 힘의 크기는 B가 A를 미는 힘의 크기보다 작다. ○ / ×

4 A가 B에게 작용하는 힘의 반작용은 B가 A에게 작용하는 힘이다. ○ / ×

03 운동량과 충격량

7 운동량

그림 (가)는 수평면에서 질량이 2 kg인 물체가 운동하는 어느 한 순간을 나타낸 것이고, (나)는 이 물체의 운동량을 시간에 따라 나타낸 것이다.

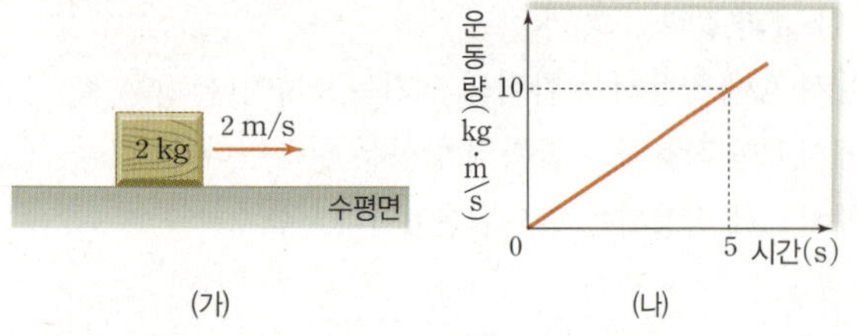

● 다음 설명 중 옳은 것은 ○표, 옳지 <u>않은</u> 것은 ×표 하시오.

1 운동량은 크기와 방향을 갖는 물리량이다. ○ / ×

2 (가)에서 물체의 운동량의 크기는 2 kg·m/s이다. ○ / ×

3 2초일 때 물체의 운동량의 방향은 오른쪽이다. ○ / ×

4 3초일 때 물체의 속력은 3 m/s이다. ○ / ×

5 0초부터 5초까지 물체의 운동량 변화량의 크기는 10 kg·m/s이다. ○ / ×

6 물체에 작용하는 알짜힘의 크기는 10 N이다. ○ / ×

8 운동량 보존

그림은 마찰이 없는 수평면에서 같은 방향으로 등속 직선 운동을 하는 물체 A, B의 충돌 전, 충돌 순간, 충돌 후의 모습을 나타낸 것이다.

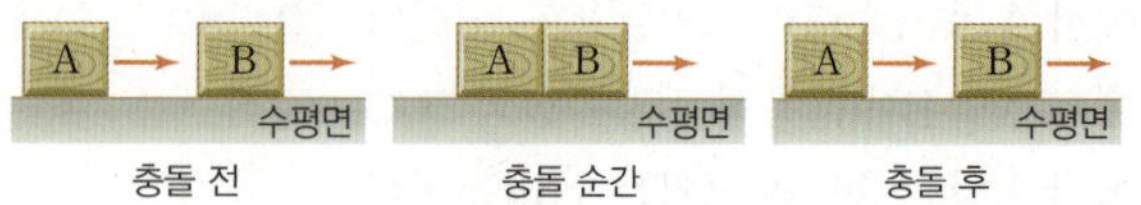

● 다음 설명 중 옳은 것은 ○표, 옳지 <u>않은</u> 것은 ×표 하시오.

1 충돌 전 속력은 A가 B보다 크다. ○ / ×

2 충돌 순간 A가 B에 작용하는 힘의 크기는 B가 A에 작용하는 힘의 크기보다 크다. ○ / ×

3 A의 운동량 변화량의 크기와 B의 운동량 변화량의 크기는 같다. ○ / ×

4 충돌할 때 A와 B가 받는 힘의 방향은 같다. ○ / ×

5 충돌 전 A와 B의 운동량의 합과 충돌 후 A와 B의 운동량의 합은 같다. ○ / ×

9 충격량

그림 (가)는 라켓으로 공을 쳐내는 모습을, (나)는 공이 라켓으로부터 받는 힘을 시간에 따라 나타낸 것이다. 그래프가 시간 축과 이루는 넓이는 S이다.

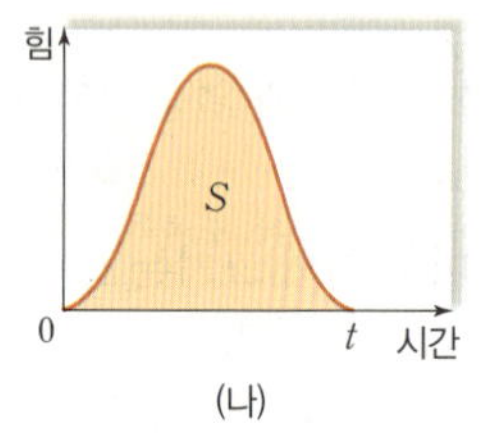

● 다음 설명 중 옳은 것은 ○표, 옳지 <u>않은</u> 것은 ×표 하시오.

1 물체가 받는 충격량은 힘과 시간의 곱이다. ○ / ×

2 물체가 받는 충격량만큼 물체의 운동량이 변한다. ○ / ×

3 (가)에서 공이 라켓으로부터 힘을 받는 시간을 길게 할수록 공이 받는 충격량은 작아진다. ○ / ×

4 (나)에서 공의 운동량 변화량의 크기는 S이다. ○ / ×

5 (나)에서 공이 라켓으로부터 받은 평균 힘의 크기는 $\dfrac{S}{t}$이다. ○ / ×

6 물체가 받는 충격량이 같을 때, 힘이 작용하는 시간이 길어질수록 물체가 받는 평균 힘의 크기는 커진다. ○ / ×

학교 시험 대비 문제

01 그림은 수평면에 대해 비스듬히 던져진 물체가 점 p, q를 지나는 곡선 경로를 따라 운동하는 모습을 나타낸 것이다.

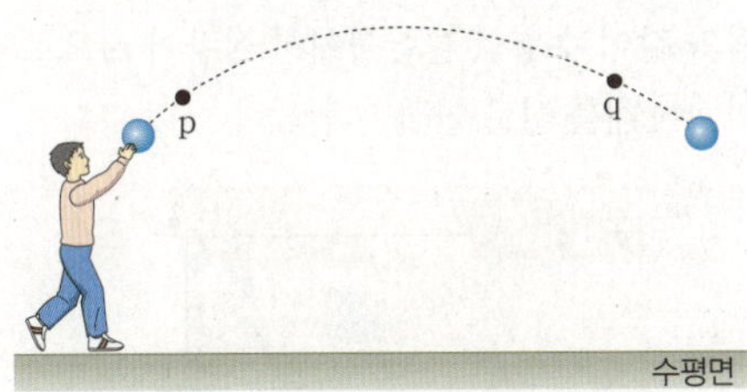

p에서 q까지 물체의 운동에 대한 설명으로 옳은 것만을 |보기|에서 있는 대로 고른 것은? (단, 공기 저항은 무시한다.)

> **보기**
> ㄱ. 이동 거리는 변위의 크기보다 크다.
> ㄴ. 운동 방향과 가속도의 방향이 같다.
> ㄷ. p와 q에서 가속도의 방향은 같다.

① ㄱ ② ㄷ ③ ㄱ, ㄴ
④ ㄱ, ㄷ ⑤ ㄴ, ㄷ

02 그림과 같이 직선 도로에서 시간 $t=0$일 때 자동차 A, B가 각각 10 m/s, v의 속력으로 기준선을 동시에 통과한 순간부터 각각 등속도 운동을 한다. $t=5$초일 때 A는 B보다 20 m만큼 앞서 있다.

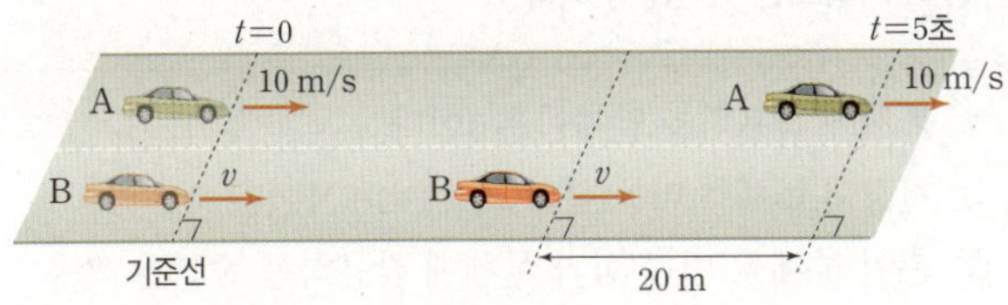

v는? (단, A, B의 크기는 무시한다.)

① 4 m/s ② 5 m/s ③ 6 m/s
④ 7 m/s ⑤ 8 m/s

03 그림은 직선상에서 운동하는 물체의 속도를 시간에 따라 나타낸 것이다.

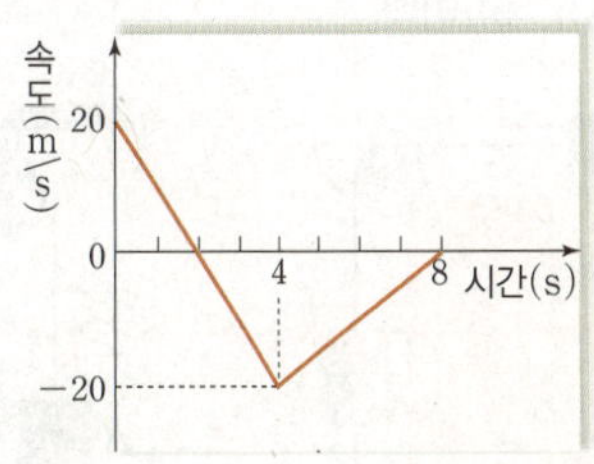

이에 대한 설명으로 옳은 것만을 |보기|에서 있는 대로 고른 것은?

> **보기**
> ㄱ. 0초부터 4초까지 물체는 등가속도 운동을 한다.
> ㄴ. 0초부터 2초까지 물체의 이동 거리는 20 m이다.
> ㄷ. 6초일 때 물체의 가속도의 크기는 5 m/s^{2}이다.

① ㄱ ② ㄷ ③ ㄱ, ㄴ
④ ㄴ, ㄷ ⑤ ㄱ, ㄴ, ㄷ

04 그림 (가)와 같이 마찰이 없는 수평면에 정지해 있는 물체 A, B에 각각 수평 방향으로 크기가 F, 4 N의 힘을 작용하였다. 그림 (나)는 A, B의 속도를 시간에 따라 나타낸 것이다. A, B의 질량은 각각 1 kg, m이다.

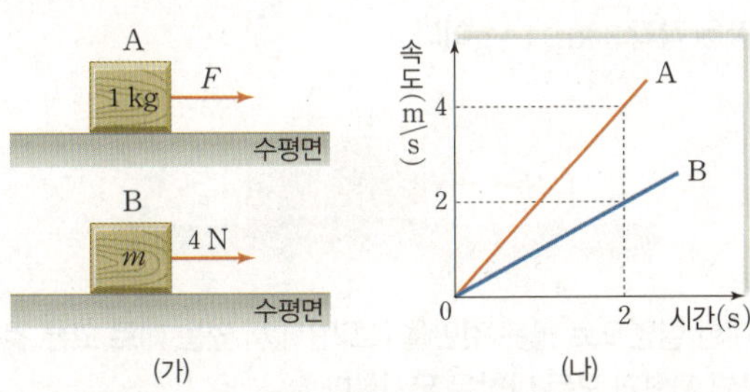

이에 대한 설명으로 옳은 것만을 |보기|에서 있는 대로 고른 것은?

> **보기**
> ㄱ. 가속도의 크기는 A가 B보다 크다.
> ㄴ. F는 2 N이다.
> ㄷ. m은 4 kg이다.

① ㄱ ② ㄴ ③ ㄱ, ㄷ
④ ㄴ, ㄷ ⑤ ㄱ, ㄴ, ㄷ

05 그림 (가), (나)와 같이 물체 A, B가 실로 연결되어 각각 등가속도 운동을 하고 있다. (가)에서 A는 수평면에서 운동하며, A, B의 질량은 각각 m, $2m$이다.

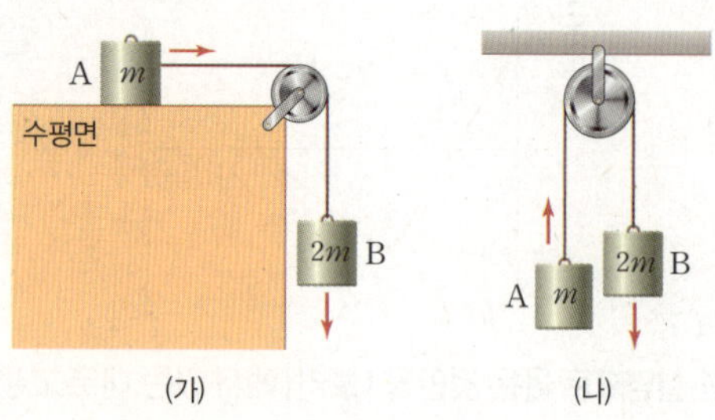

(가), (나)에서 A의 가속도의 크기가 각각 $a_{(가)}$, $a_{(나)}$일 때, $\dfrac{a_{(가)}}{a_{(나)}}$는? (단, 실의 질량, 공기 저항과 모든 마찰은 무시한다.)

① $\dfrac{1}{3}$ ② $\dfrac{1}{2}$ ③ 1

④ $\dfrac{3}{2}$ ⑤ 2

대표 유형 문제

기출 변형 평가원

06 그림은 물체 A, B가 서로 접촉한 상태에서 크기가 12 N인 힘이 A에 수평 방향으로 작용하는 모습을 나타낸 것이다. A, B의 질량은 각각 3 kg, 1 kg이다.

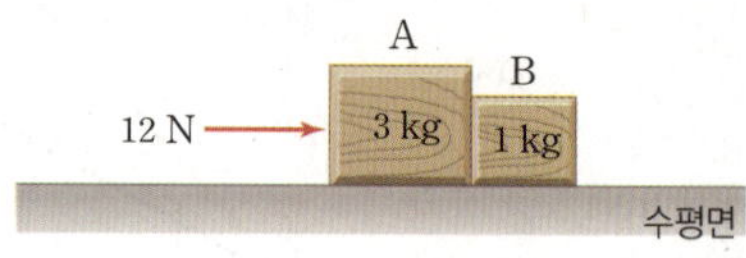

이에 대한 설명으로 옳은 것만을 |보기|에서 있는 대로 고른 것은? (단, 공기 저항과 모든 마찰은 무시한다.)

─ 보기 ─
ㄱ. 가속도의 크기는 A가 B보다 크다.
ㄴ. A에 작용하는 알짜힘의 크기는 B에 작용하는 알짜힘의 크기의 3배이다.
ㄷ. B가 A에 작용하는 힘의 크기는 3 N이다.

① ㄱ   ② ㄴ   ③ ㄱ, ㄷ

④ ㄴ, ㄷ   ⑤ ㄱ, ㄴ, ㄷ

07 다음은 가속도 법칙에 대한 실험이다.

[실험 과정]
(가) 그림과 같이 수평인 실험대에서 질량이 m으로 같은 수레와 추 1개를 실로 연결한다.

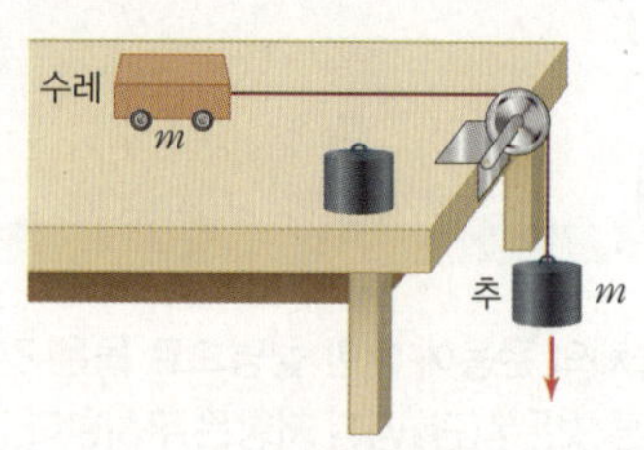

(나) 수레를 잡고 있다가 가만히 놓은 후 수레의 가속도의 크기를 측정한다.
(다) 실에 추를 2개 매달아 과정 (나)를 반복한다.
(라) (가)에서 수레 위에 추를 1개 올려놓고 과정 (나)를 반복한다.

[실험 결과]

실험 과정	(나)	(다)	(라)
수레의 가속도의 크기	a_1	a_2	a_3

a_1, a_2, a_3을 옳게 비교한 것은?

① $a_1 > a_2 > a_3$ ② $a_1 > a_3 > a_2$ ③ $a_2 > a_1 > a_3$

④ $a_2 > a_3 > a_1$ ⑤ $a_3 > a_2 > a_1$

기출 변형 평가원

08 그림은 질량이 5 kg인 물체를 수평한 천장에 대고 연직 방향으로 60 N의 힘으로 밀 때 물체가 정지해 있는 모습을 나타낸 것이다.

이에 대한 설명으로 옳은 것만을 |보기|에서 있는 대로 고른 것은? (단, 중력 가속도는 10 m/s²이다.)

─ 보기 ─
ㄱ. 물체에 작용하는 알짜힘은 0이다.
ㄴ. 천장이 물체를 미는 힘의 크기는 10 N이다.
ㄷ. 손이 물체를 미는 힘과 물체에 작용하는 중력은 작용 반작용 관계이다.

① ㄱ   ② ㄷ   ③ ㄱ, ㄴ

④ ㄴ, ㄷ   ⑤ ㄱ, ㄴ, ㄷ

대표 유형문제 기출 변형 평가원

09 그림은 수평면에 정지해 있는 스케이트보드 A 위에 사람 B가 가만히 서 있는 모습을 나타낸 것이다.

이에 대한 설명으로 옳은 것만을 |보기|에서 있는 대로 고른 것은?

> 보기
> ㄱ. A에 작용하는 알짜힘은 0이다.
> ㄴ. 수평면이 A를 떠받치는 힘의 크기는 A에 작용하는 중력의 크기와 같다.
> ㄷ. A가 B를 떠받치는 힘과 B가 A를 누르는 힘은 힘의 평형 관계이다.

① ㄱ   ② ㄴ   ③ ㄱ, ㄷ
④ ㄴ, ㄷ   ⑤ ㄱ, ㄴ, ㄷ

10 그림 (가)와 같이 수평면에서 질량이 $3\ kg$인 물체 A가 정지해 있는 물체 B를 향해 운동을 한다. 그림 (나)는 A, B의 위치를 시간에 따라 나타낸 것이다. 3초일 때 A와 B는 충돌한다.

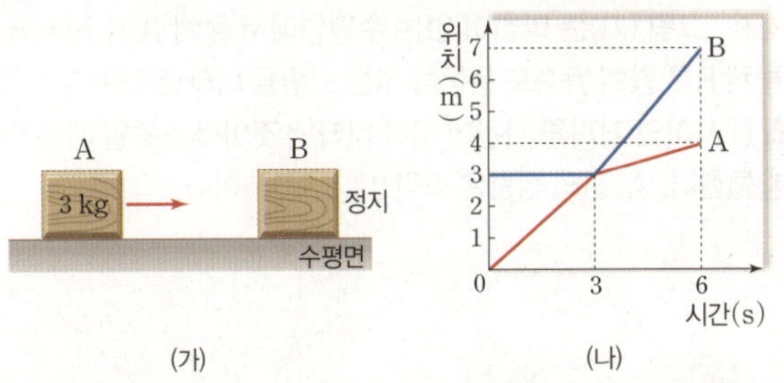

이에 대한 설명으로 옳은 것만을 |보기|에서 있는 대로 고른 것은?

> 보기
> ㄱ. 2초일 때 A의 운동량의 크기는 $3\ kg \cdot m/s$이다.
> ㄴ. A가 B로부터 받은 충격량의 크기는 $4\ N \cdot s$이다.
> ㄷ. B의 질량은 $2\ kg$이다.

① ㄱ   ② ㄴ   ③ ㄱ, ㄷ
④ ㄴ, ㄷ   ⑤ ㄱ, ㄴ, ㄷ

대표 유형문제

11 그림 (가)와 같이 마찰이 없는 수평면에 정지해 있는 물체 B를 향해 물체 A, C가 각각 $3v_0$, v_0의 속력으로 서로 반대 방향으로 등속도 운동을 한다. 그림 (나)는 충돌 후 A는 충돌 전 A의 운동 방향과 반대 방향으로 $0.5v_0$의 속력으로, B와 C는 한 덩어리가 되어 충돌 전 A의 운동 방향과 같은 방향으로 v의 속력으로 등속도 운동을 하는 모습을 나타낸 것이다. A, B, C의 질량은 각각 m, $2m$, $2m$이다.

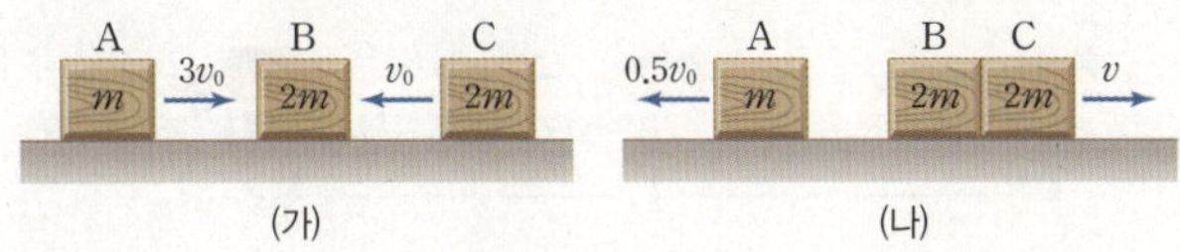

v는?

① $\dfrac{1}{4}v_0$ ② $\dfrac{3}{8}v_0$ ③ $\dfrac{1}{2}v_0$

④ $\dfrac{5}{8}v_0$ ⑤ $\dfrac{3}{4}v_0$

대표 유형문제 기출 변형 평가원

12 다음은 자동차 충돌 실험에 대한 설명이다.

> 자동차 충돌 실험을 할 때 일정한 속도로 달리던 자동차가 구조물에 충돌하면 자동차 안의 ⓐ인형은 자동차가 진행하던 방향으로 계속 운동하여 에어백에 충돌한다. 이때 에어백은 ⓑ인형이 충돌하는 시간을 길게 하여 인형이 받는 충격력을 감소시키는 역할을 한다.

ⓐ, ⓑ와 가장 관련이 있는 현상을 |보기|에서 골라 옳게 짝 지은 것은?

> 보기
> ㄱ. 후추통을 흔들면 후춧가루가 밖으로 빠져나온다.
> ㄴ. 포신이 긴 대포일수록 포탄을 멀리 보낼 수 있다.
> ㄷ. 높은 곳에서 뛰어내릴 때 무릎을 굽히면서 착지한다.

	ⓐ	ⓑ		ⓐ	ⓑ
①	ㄱ	ㄴ	②	ㄱ	ㄷ
③	ㄴ	ㄱ	④	ㄴ	ㄷ
⑤	ㄷ	ㄱ			

1등급 도전!
고난도 문제

13

그림과 같이 자동차가 가속도의 크기가 a인 등가속도 직선 운동을 하여 점 p, q, r를 지난다. 자동차의 속력은 p, q에서 각각 v, $3v$이고, 자동차가 p에서 q까지 운동하는 데 걸린 시간은 q에서 r까지 운동하는 데 걸린 시간의 2배이다. p와 r 사이의 거리는 L이다.

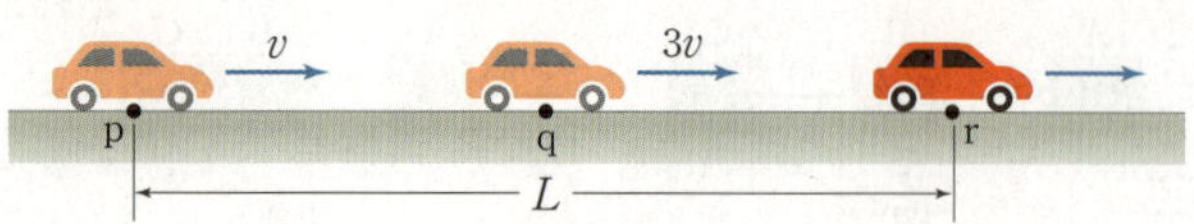

a는? (단, 자동차의 크기는 무시한다.)

① $\dfrac{5v^2}{L}$　　② $\dfrac{15v^2}{2L}$　　③ $\dfrac{10v^2}{L}$

④ $\dfrac{15v^2}{L}$　　⑤ $\dfrac{22v^2}{L}$

14

그림과 같이 빗면 위의 물체 A가 질량이 3 kg인 물체 B와 실로 연결되어 등가속도 직선 운동을 한다. 표는 A가 점 p, q, r를 통과하는 시간을 나타낸 것이다. p, q, r 사이의 간격은 10 m로 일정하다.

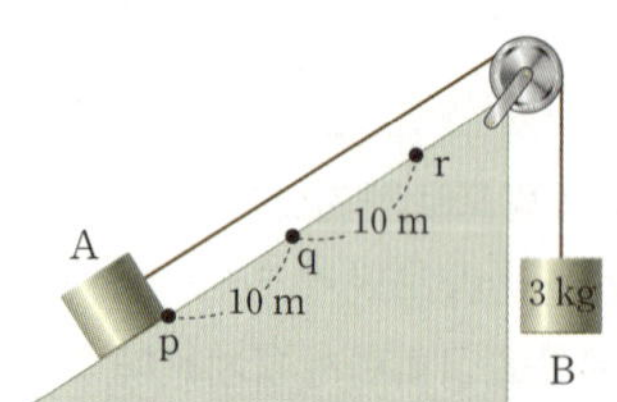

A의 위치	p	q	r
시간(초)	0	1	3

실이 A에 작용하는 힘의 크기는? (단, 중력 가속도는 10 m/s^2이고, 물체의 크기, 실의 질량, 공기 저항과 모든 마찰은 무시한다.)

① 28 N　　② 32 N　　③ 36 N

④ 40 N　　⑤ 44 N

15

그림 (가)는 A, B, C가 실로 연결되어 정지해 있는 모습을 나타낸 것이고, (나)는 A와 지면을 연결한 실 p를 끊었을 때 A, B, C가 등가속도 운동을 하는 모습을 나타낸 것이다. A, B, C의 질량은 각각 $m, m, 3m$이다.

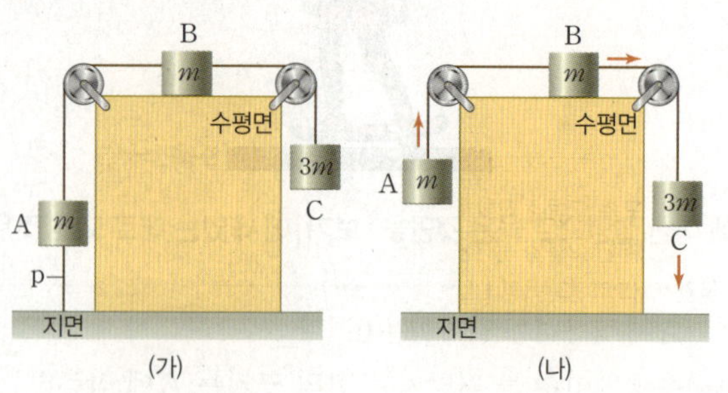

이에 대한 설명으로 옳은 것만을 |보기|에서 있는 대로 고른 것은? (단, 중력 가속도는 g이고, 물체의 크기, 실의 질량, 공기 저항과 모든 마찰은 무시한다.)

> 보기
>
> ㄱ. (가)에서 p가 A에 작용하는 힘의 크기는 $2mg$이다.
>
> ㄴ. (나)에서 B의 가속도의 크기는 $\dfrac{1}{2}g$이다.
>
> ㄷ. (나)에서 실이 C에 작용하는 힘의 크기는 $\dfrac{9}{5}mg$이다.

① ㄱ　　② ㄴ　　③ ㄱ, ㄷ

④ ㄴ, ㄷ　　⑤ ㄱ, ㄴ, ㄷ

16

그림 (가)는 마찰이 없는 수평면에서 물체 A가 정지해 있는 물체 B를 향해 등속도 운동을 하는 모습을 나타낸 것이고, (나)는 A와 B 사이의 거리를 시간에 따라 나타낸 것이다. 2초일 때 A와 B가 충돌한다. A, B의 질량은 각각 2 kg, 1 kg이다.

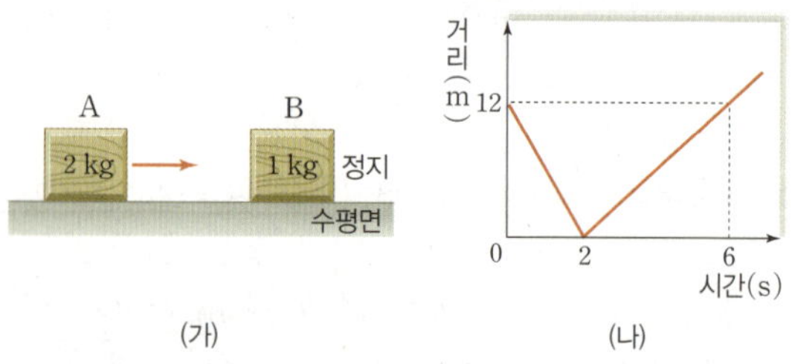

6초일 때 B의 운동량의 크기는? (단, A, B는 동일 직선상에서 운동하고, 물체의 크기는 무시한다.)

① 4 kg·m/s　　② 6 kg·m/s　　③ 8 kg·m/s

④ 10 kg·m/s　　⑤ 12 kg·m/s

17 그림은 자동차가 등가속도 직선 운동을 하여 길이가 400 m인 터널을 통과하는 모습을 나타낸 것이다. 자동차가 터널로 들어가는 순간 속력은 10 m/s이고, 터널을 빠져나오는 순간 속력은 30 m/s이다. (단, 자동차의 크기는 무시한다.)

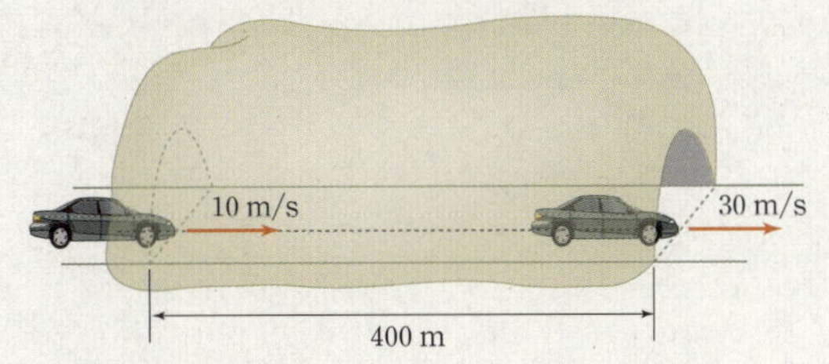

(1) 터널을 통과하는 동안 자동차의 평균 속력은 몇 m/s인지 풀이 과정과 함께 구하시오.

(2) 자동차가 터널을 통과하는 데 걸린 시간은 몇 초인지 풀이 과정과 함께 구하시오.

(3) 자동차의 가속도의 크기는 몇 m/s^2인지 풀이 과정과 함께 구하시오.

18 그림과 같이 수평면에서 물체 A와 B가 실로 연결되어 등가속도 직선 운동을 하고 있다. B에는 수평 방향으로 20 N의 힘이 계속 작용하고, A, B의 질량은 각각 2 kg, 3 kg이다.

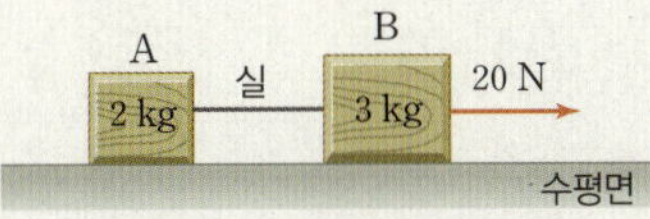

A와 B가 실로 연결되어 함께 운동하는 동안 실이 B에 작용하는 힘의 크기는 몇 N인지 풀이 과정과 함께 구하시오. (단, 실의 질량과 모든 마찰은 무시한다.)

19 그림은 무중력 상태의 우주 공간에 정지해 있던 우주인이 들고 있던 공을 왼쪽으로 속력 v로 던진 모습을 나타낸 것이다.

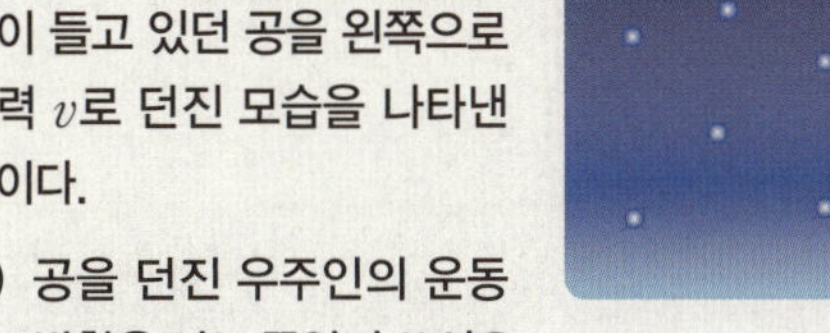

(1) 공을 던진 우주인의 운동 방향은 어느 쪽인지 쓰시오.

(2) 공을 던진 우주인이 (1)에서와 같은 방향으로 운동하는 까닭을 작용 반작용 법칙을 이용하여 서술하시오.

(3) 공을 던진 우주인이 (1)에서와 같은 방향으로 운동하는 까닭을 운동량 보존 법칙을 이용하여 서술하시오.

20 그림 (가), (나)는 각각 동일한 유리컵을 같은 높이에서 가만히 놓았을 때, 단단한 바닥에 떨어져 깨진 모습과 푹신한 방석에 떨어져 깨지지 않은 모습을 나타낸 것이다.

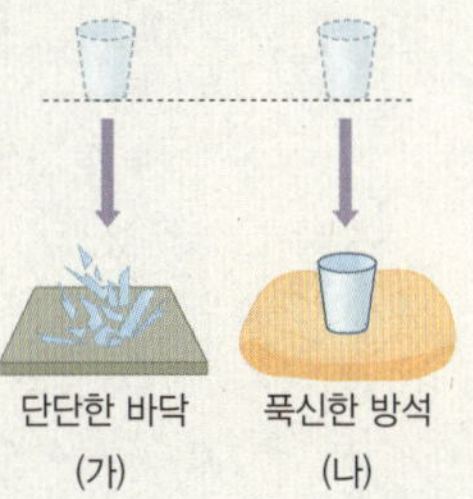

(1) (가)와 (나)에서 유리컵이 받은 충격량의 크기를 비교하여 서술하시오.

(2) (가)에서는 유리컵이 깨지고, (나)에서는 유리컵이 깨지지 않은 까닭을 서술하시오.

I 역학과 에너지

04 역학적 에너지 보존

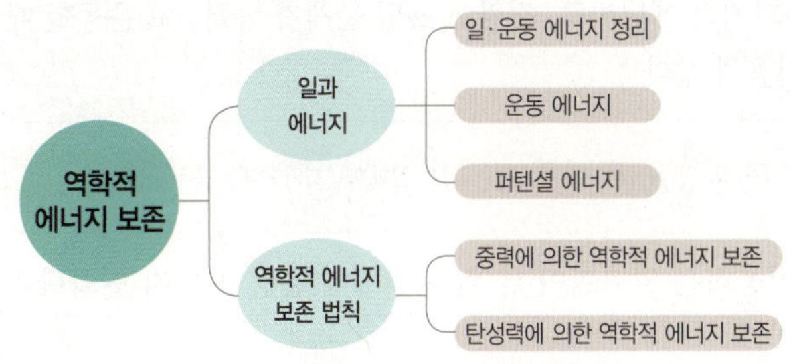

05 열역학 법칙

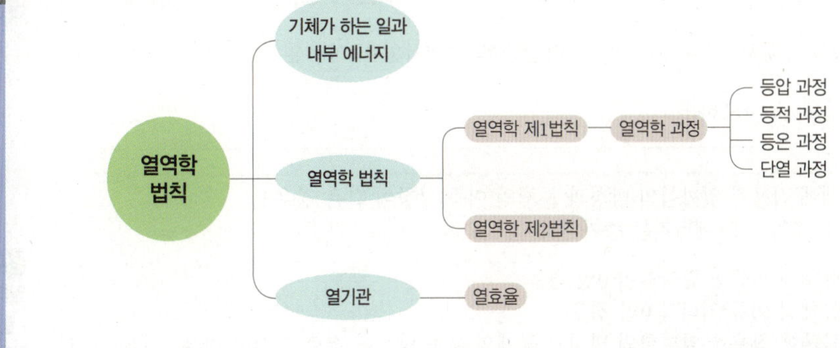

04 역학적 에너지 보존

❶ 일과 에너지

개념 에너지는 일을 할 수 있는 능력으로, 일과 에너지는 서로 전환 가능하다.

1. 일: 물체에 힘이 작용하여 물체가 힘의 방향으로 이동했을 때, 힘이 물체에 일을 하였다고 한다.

(1) 일의 양: 힘이 물체에 한 일(W)은 물체의 이동 방향과 나란하게 작용한 힘의 크기(F)와 물체가 이동한 거리(s)를 곱한 값이다.

$$W = Fs \ [\text{단위: J(줄)}]$$

(2) 힘–이동 거리 그래프와 일: 힘–이동 거리 그래프에서 그래프가 이동 거리 축과 이루는 넓이는 힘이 물체에 한 일과 같다. 그래프의 형태와 관계없이 그래프가 이동 거리 축과 이루는 넓이는 힘이 한 일을 나타낸다.

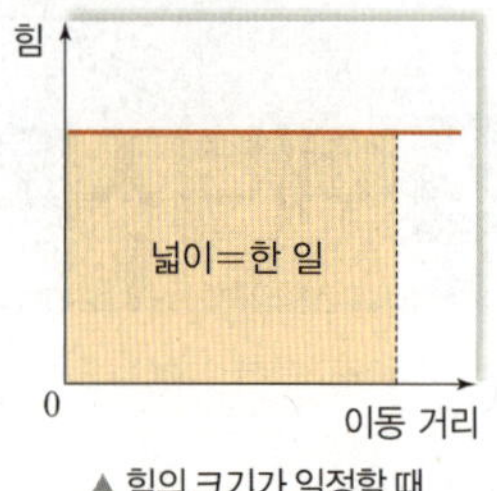

2. 운동 에너지: 운동하는 물체가 가지는 에너지로, 질량이 m인 물체가 속력 v로 운동할 때 물체의 운동 에너지(E_k)는 다음과 같다.

$$E_k = \frac{1}{2}mv^2 \ [\text{단위: J(줄)}] \quad \text{일과 에너지의 단위는 모두 J(줄)이다.}$$

3. 일·운동 에너지 정리: 물체에 작용하는 알짜힘이 한 일은 물체의 운동 에너지 변화량과 같다.

일과 운동 에너지

수평면에서 v_0의 속도로 운동하는 질량이 m인 수레에 크기가 F인 알짜힘을 작용하여 거리 s만큼 이동시켰더니 수레의 속도가 v가 되었다. 수레의 가속도는 $a = \dfrac{F}{m}$이고 수레는 등가속도 직선 운동을 하므로 $2as = v^2 - v_0{}^2$에서 $2 \times \dfrac{F}{m} \times s = v^2 - v_0{}^2$이 성립한다. 따라서 알짜힘이 한 일은

$$W = Fs = \frac{1}{2}mv^2 - \frac{1}{2}mv_0{}^2 = \Delta E_k \text{이다.}$$

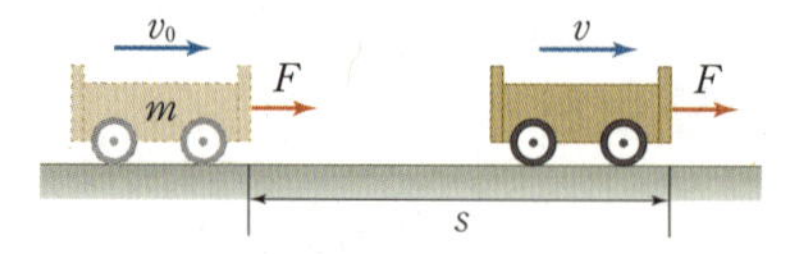

$W > 0$일 때	물체에 작용한 알짜힘의 방향과 물체의 이동 방향이 같은 경우 ➡ 물체의 운동 에너지는 증가한다.
$W = 0$일 때	• 물체에 작용한 알짜힘이 0인 경우 • 물체의 이동 거리가 0인 경우 • 물체에 작용한 알짜힘의 방향과 물체의 운동 방향이 서로 수직인 경우 ➡ 물체의 운동 에너지는 일정하다.
$W < 0$일 때	물체에 작용한 알짜힘의 방향과 물체의 운동 방향이 반대인 경우 ➡ 물체의 운동 에너지는 감소한다.

1 J
1 J은 1 N의 힘이 물체에 작용하여 물체가 힘이 작용하는 방향으로 1 m 이동했을 때 힘이 한 일이다.

에너지
일을 할 수 있는 능력이다. 에너지의 종류에는 운동 에너지, 퍼텐셜 에너지, 열에너지, 전기 에너지 등이 있다.

운동량과 운동 에너지
운동량(p)의 크기는 mv이다. 따라서 물체의 운동 에너지는 다음과 같이 표현된다.
$$E_k = \frac{1}{2}mv^2 = \frac{p^2}{2m}$$

일과 에너지의 단위
에너지의 단위는 일의 단위와 같다. 즉, 일과 에너지는 서로 전환될 수 있다.

강의 포인트
일의 부호
• 힘의 방향과 물체의 이동 방향이 같을 때 힘은 물체에 (+)의 일을 한다.
• 힘의 방향과 물체의 이동 방향이 반대일 때 힘은 물체에 (−)의 일을 한다.
물체에 (−)의 일을 할 때 물체의 운동 에너지는 감소한다.

1. **퍼텐셜 에너지**: 중력, 탄성력, 전기력 등이 작용하는 계에서 물체에 저장되는 에너지이다. 기준면에서 어떤 지점까지 물체를 일정한 속도로 이동시키는 데 필요한 일과 같으며, 물체에 일을 해 주어 기준면으로부터 위치 변화가 있을 때 생긴다. 즉, 물체가 기준 위치와 다른 위치에 있을 때 가지는 에너지이다.

2. **중력 퍼텐셜 에너지**: 중력이 작용하는 공간에서 물체가 기준면으로부터의 높이에 따라 갖는 에너지이다. 질량이 m인 물체가 기준면으로부터 높이가 h인 지점에서 가지는 중력 퍼텐셜 에너지(E_p)는 다음과 같다.

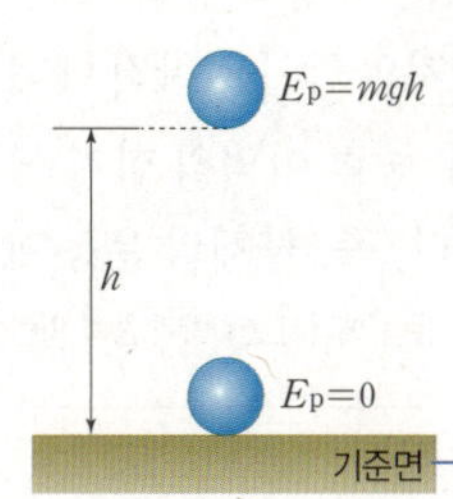

$$E_p = mgh \ [단위: \text{J}(줄)]$$

(1) 기준면이 달라지면 물체의 중력 퍼텐셜 에너지도 달라진다.

(2) 두 지점 사이에서 물체의 중력 퍼텐셜 에너지의 차는 기준면에 관계없다.

(3) 기준면보다 낮은 위치에서 물체의 중력 퍼텐셜 에너지는 ($-$)의 값을 갖는다.

3. **탄성 퍼텐셜 에너지**: 용수철과 같이 변형된 물체가 갖는 에너지이다. 원래 길이로부터 x만큼 변형된 용수철 상수가 k인 용수철에 저장된 탄성 퍼텐셜 에너지(E_p)는 다음과 같다.

$$E_p = \frac{1}{2}kx^2 \ [단위: \text{J}(줄)]$$

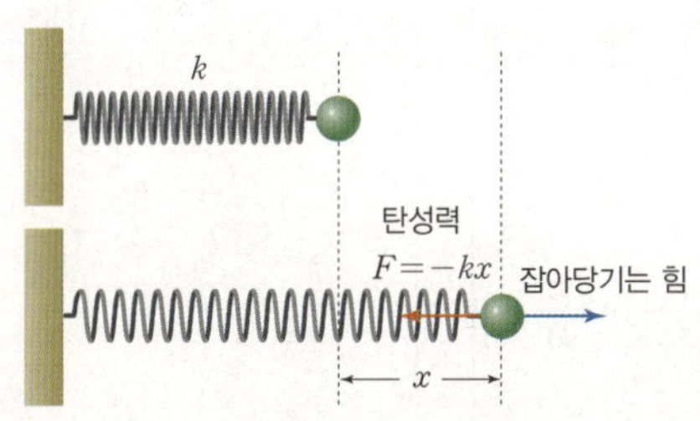

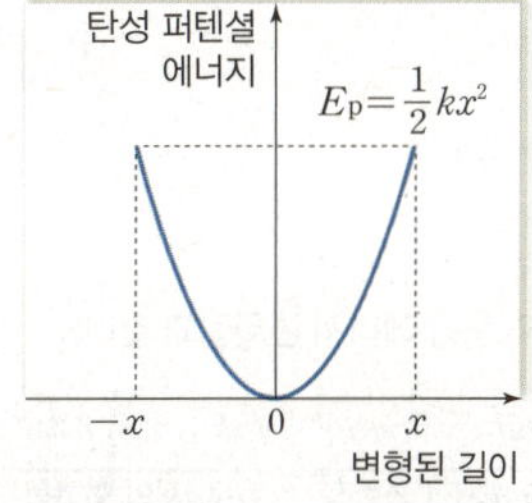

중력 가속도(g)
지구 중력에 의한 가속도를 중력 가속도 g라고 한다. 지표면 근처에서 중력 가속도의 크기는 약 $9.8 \ \text{m/s}^2$이며, 지표면 근처에서 질량이 m인 물체에 작용하는 중력의 크기는 mg이다.

중력과 반대 방향으로 중력의 크기만큼 힘을 가해 물체를 들어 올리면 물체는 중력 퍼텐셜 에너지를 가진다.

퍼텐셜 에너지의 기준면
기준면에서 퍼텐셜 에너지는 0이다. 보통 중력 퍼텐셜 에너지의 기준면은 지면이고, 탄성 퍼텐셜 에너지의 기준면은 용수철이 늘어나지 않은 원래 길이이다.

길이가 x만큼 변형된 용수철에 물체를 매달면 물체에는 크기가 kx인 탄성력이 작용하고, 용수철은 $\frac{1}{2}kx^2$만큼의 일을 할 수 있다.

암기 꼭!
• 중력 퍼텐셜 에너지: mgh
• 탄성 퍼텐셜 에너지: $\frac{1}{2}kx^2$

개념 익히기 문제

정답과 해설 p.013

🧠 교과서 문장으로 개념 익히기

01 물체에 작용하는 힘이 한 일은 물체에 작용한 힘과 ☐ ☐ ☐ ☐의 곱이다.

02 힘-이동 거리 그래프에서 그래프가 이동 거리 축과 이루는 넓이는 힘이 물체에 ☐ ☐과 같다.

03 운동하는 물체가 가지는 에너지를 ☐ ☐ 에너지라고 한다.

04 물체에 작용하는 알짜힘의 방향과 물체의 이동 방향이 같으면, 물체의 운동 에너지는 ☐ ☐ 한다.

05 중력, 탄성력, 전기력 등이 작용하는 공간에서 물체의 위치에 따라 물체가 갖는 에너지를 ☐ ☐ ☐ 에너지라고 한다.

📦 OX 문제로 개념 익히기

06 물체에 작용하는 힘의 방향과 물체의 이동 방향이 서로 수직일 때 물체의 에너지는 증가한다. (O / X)

07 속력이 증가하는 물체의 운동 에너지는 증가한다. (O / X)

08 물체가 연직 위로 운동하는 동안 물체에 작용하는 중력이 한 일은 0이다. (O / X)

09 용수철의 변형된 길이가 클수록 용수철에 저장된 탄성 퍼텐셜 에너지는 증가한다. (O / X)

10 퍼텐셜 에너지는 위치에 관계없이 항상 ($+$)의 값을 갖는다. (O / X)

3 역학적 에너지 보존 법칙

개념 공기 저항이나 마찰을 무시할 때 물체의 역학적 에너지는 항상 일정하게 보존된다.

1. **역학적 에너지(E)**: 물체의 퍼텐셜 에너지(E_p)와 운동 에너지(E_k)의 합이다.

$$E = E_p + E_k$$

2. **역학적 에너지 보존 법칙**: 마찰력, 공기 저항력 등과 같은 힘이 물체에 일을 하지 않으면 물체의 운동 에너지와 퍼텐셜 에너지의 합인 역학적 에너지는 일정하게 보존된다.

3. **중력에 의한 역학적 에너지 보존 법칙**: 중력 이외의 힘이 물체에 일을 하지 않으면 물체의 역학적 에너지는 일정하게 보존된다. 즉, 물체의 운동 에너지 변화량과 물체의 중력 퍼텐셜 에너지 변화량의 합은 0이다. 운동 에너지 변화량과 중력 퍼텐셜 에너지 변화량의 크기는 같다.

자유 낙하 하는 물체의 역학적 에너지 보존

- 높이가 h_0인 지점에서 가만히 놓은 질량이 m인 물체가 자유 낙하 하면서 높이가 h_1, h_2인 두 지점 p, q를 지날 때의 속력을 각각 v_1, v_2라고 하자.

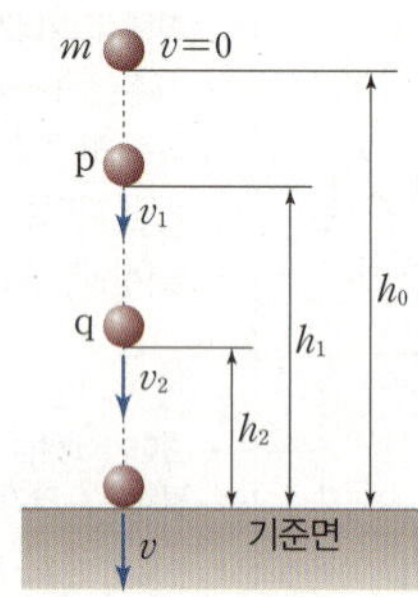
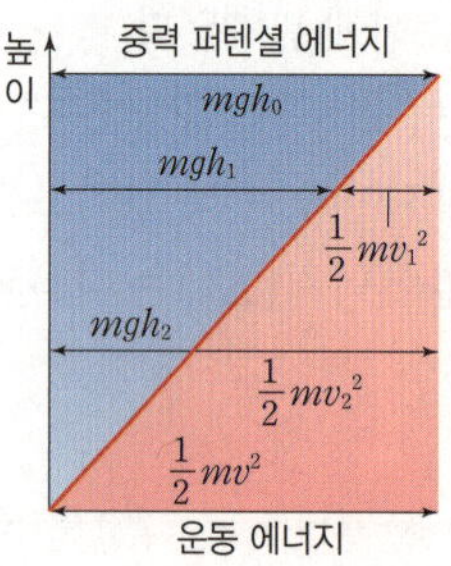

물체가 p에서 q까지 운동하는 동안

① 중력이 물체에 한 일: $W = Fs = mg(h_1 - h_2) = mgh_1 - mgh_2$

② 물체의 운동 에너지 증가량: $\Delta E_k = \frac{1}{2}mv_2^2 - \frac{1}{2}mv_1^2$

③ 일·운동 에너지 정리에 의해 중력이 물체에 한 일은 물체의 운동 에너지 변화량과 같다.

$$mg(h_1 - h_2) = \frac{1}{2}mv_2^2 - \frac{1}{2}mv_1^2 \Rightarrow mgh_1 + \frac{1}{2}mv_1^2 = mgh_2 + \frac{1}{2}mv_2^2$$

중력이 물체에 한 일 / 물체의 운동 에너지 변화량 / h_1에서의 역학적 에너지 / h_2에서의 역학적 에너지

- **자유 낙하 하는 물체의 역학적 에너지**: 자유 낙하 하는 동안 물체의 중력 퍼텐셜 에너지는 감소하고, 물체의 운동 에너지는 증가한다. 이때 물체의 중력 퍼텐셜 에너지와 운동 에너지의 합인 역학적 에너지는 일정하다.

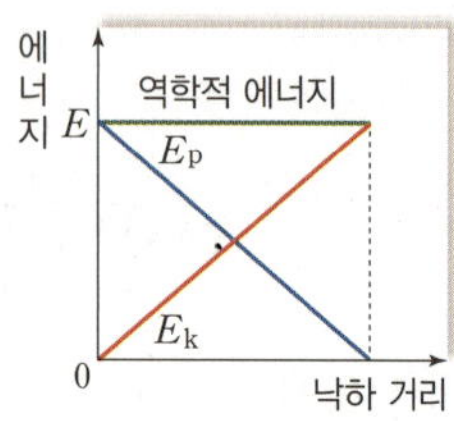
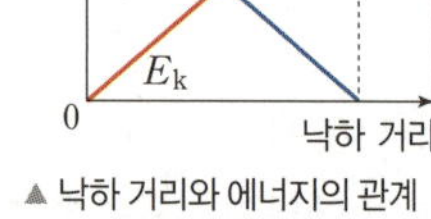
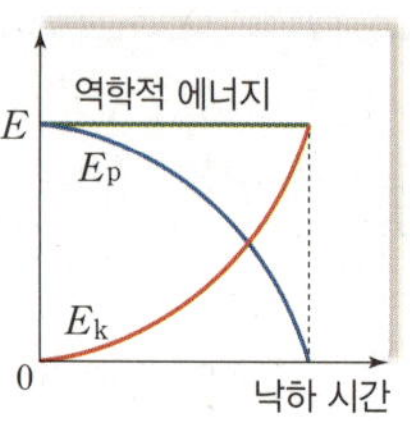

▲ 낙하 거리와 에너지의 관계　　▲ 낙하 시간과 에너지의 관계

⌛ 미니탐구　곡면을 따라 운동하는 물체의 역학적 에너지 분석하기

그림은 p점에 가만히 놓은 물체가 점 q, r, s를 지나면서 운동하는 모습을, 표는 각 위치에서 중력 퍼텐셜 에너지를 나타낸 것이다.

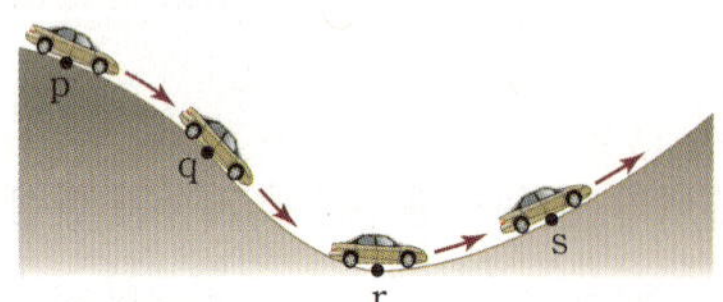

위치	q	r	s
중력 퍼텐셜 에너지	40 J	5 J	20 J
운동 에너지	E_q	E_r	E_s

q, r, s에서의 물체의 운동 에너지를 각각 E_q, E_r, E_s라고 할 때, 각 지점에서 물체의 운동 에너지를 비교하시오.

➡ q, r, s를 지나며 운동하는 동안 물체의 중력 퍼텐셜 에너지는 q에서 가장 크고 r에서 가장 작다. 물체의 역학적 에너지는 보존되므로 물체의 운동 에너지를 비교하면 $E_r > E_s > E_q$이다.

자유 낙하 하는 물체의 운동 에너지와 퍼텐셜 에너지

물체가 자유 낙하 운동을 할 때 운동 에너지의 최댓값은 중력 퍼텐셜 에너지의 최댓값과 같다. 물체가 낙하하기 시작한 최고점에서의 중력 퍼텐셜 에너지가 지면에 도달하기 직전 운동 에너지로 모두 전환되기 때문이다. 즉, 최고점에서 중력 퍼텐셜 에너지는 지면에 도달하기 직전 운동 에너지와 같다.

자유 낙하 하는 물체의 높이에 따른 역학적 에너지

높이	퍼텐셜 에너지	운동 에너지	역학적 에너지
h	mgh (최대)	0 (최소)	
h_1	mgh_1	$\frac{1}{2}mv_1^2$	mgh (일정)
h_2	mgh_2	$\frac{1}{2}mv_2^2$	
0	0 (최소)	$\frac{1}{2}mv^2$ (최대)	

강의 포인트 ◎

역학적 에너지가 보존되는 물체의 운동

- 물체가 올라갈 때: 중력 퍼텐셜 에너지 증가량＝운동 에너지 감소량
- 물체가 내려갈 때: 중력 퍼텐셜 에너지 감소량＝운동 에너지 증가량

4. **탄성력에 의한 역학적 에너지 보존 법칙**: 탄성력 이외의 힘이 물체에 일을 하지 않으면 물체의 역학적 에너지는 일정하게 보존된다. 즉, 물체의 운동 에너지 변화량과 탄성 퍼텐셜 에너지 변화량의 합은 0이다.

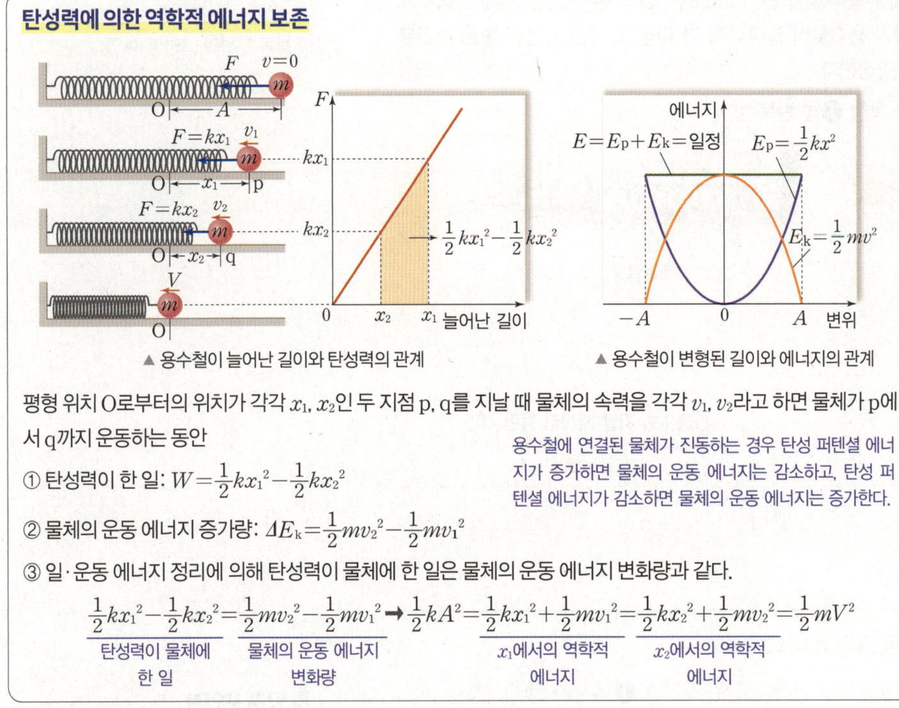

평형 위치 O로부터의 위치가 각각 x_1, x_2인 두 지점 p, q를 지날 때 물체의 속력을 각각 v_1, v_2라고 하면 물체가 p에서 q까지 운동하는 동안

용수철에 연결된 물체가 진동하는 경우 탄성 퍼텐셜 에너지가 증가하면 물체의 운동 에너지는 감소하고, 탄성 퍼텐셜 에너지가 감소하면 물체의 운동 에너지는 증가한다.

① 탄성력이 한 일: $W=\frac{1}{2}kx_1^2-\frac{1}{2}kx_2^2$

② 물체의 운동 에너지 증가량: $\Delta E_k=\frac{1}{2}mv_2^2-\frac{1}{2}mv_1^2$

③ 일·운동 에너지 정리에 의해 탄성력이 물체에 한 일은 물체의 운동 에너지 변화량과 같다.

$$\underbrace{\frac{1}{2}kx_1^2-\frac{1}{2}kx_2^2}_{\substack{\text{탄성력이 물체에}\\\text{한 일}}}=\underbrace{\frac{1}{2}mv_2^2-\frac{1}{2}mv_1^2}_{\substack{\text{물체의 운동 에너지}\\\text{변화량}}} \rightarrow \frac{1}{2}kA^2=\underbrace{\frac{1}{2}kx_1^2+\frac{1}{2}mv_1^2}_{\substack{x_1\text{에서의 역학적}\\\text{에너지}}}=\underbrace{\frac{1}{2}kx_2^2+\frac{1}{2}mv_2^2}_{\substack{x_2\text{에서의 역학적}\\\text{에너지}}}=\frac{1}{2}mV^2$$

5. **역학적 에너지가 보존되지 않는 경우**: 마찰력, 공기 저항력 등과 같은 힘이 물체에 일을 하면 물체의 역학적 에너지는 열, 소리, 빛 등과 같은 에너지로 전환되어 물체의 역학적 에너지는 감소하게 된다. 역학적 에너지는 보존되지 않아도 마찰에 의한 열에너지를 포함한 전체 에너지는 보존된다.

6. **역학적 에너지가 보존되지 않는 예**

(1) 그네를 밀면 몇번 왕복 운동을 하다가 멈춘다.

(2) 용수철을 당겼다 놓으면 몇번 왕복 운동을 하다가 멈춘다.

(3) 스카이다이빙을 할 때 속력이 점점 빨라지다가 더 이상 빨라지지 않는다.

용수철 상수(k)
용수철의 재질, 굵기, 길이 등에 의해 결정되는 상수이다. 용수철 상수가 큰 용수철일수록 용수철이 잘 늘어나지 않는다. 용수철 상수의 단위는 N/m이다.

탄성력
용수철이 변형될 때 원래 길이로 되돌아가려는 방향으로 탄성력이 작용한다. 탄성력 F는 용수철이 변형된 길이 x에 비례하며, 용수철이 변형된 방향과 반대 방향으로 작용하므로 ($-$)으로 표현한다.
$$F=-kx\,(k: \text{용수철 상수})$$

개념 익히기 문제

정답과 해설 p.013

🧠 교과서 문장으로 개념 익히기

11 역학적 에너지는 퍼텐셜 에너지와 ☐☐ 에너지의 합이다.

12 역학적 에너지가 보존될 때 운동 에너지의 변화량은 ☐ ☐☐ 에너지의 변화량과 같다.

13 중력만을 받으며 자유 낙하 하는 물체의 운동 에너지는 ☐☐한다.

14 탄성력만을 받으며 운동하는 물체가 평형점에 가까워질수록 물체의 운동 에너지는 ☐☐한다.

15 역학적 에너지가 보존되지 않을 때, 물체의 역학적 에너지는 ☐, 빛, 소리 등과 같은 에너지로 전환된다.

🎲 OX 문제로 개념 익히기

16 자유 낙하 운동을 하는 물체의 중력 퍼텐셜 에너지는 감소한다. (O / X)

17 연직 위로 던진 물체가 올라가는 동안 물체의 중력 퍼텐셜 에너지는 운동 에너지보다 항상 크다. (O / X)

18 용수철에 매달린 물체가 왕복 운동을 할 때, 용수철의 원래 길이보다 용수철이 늘어나는 동안 운동 에너지는 감소한다. (O / X)

19 용수철에 매달린 물체가 왕복 운동을 할 때 물체의 운동 에너지는 평형 위치에서 최대이다. (O / X)

20 열에너지는 역학적 에너지에 포함된다. (O / X)

📝 과정 & 결과

❶ 그림 (가)와 같이 판 A 위에 놓인 물체에 용수철을 연결하고 용수철의 한쪽 끝을 벽에 고정시킨 후, 물체를 평형점 O에서 점 P까지 당겨 용수철이 늘어나게 한 다음 물체를 가만히 놓은 순간부터 O를 5회 지날 때까지 걸린 시간을 측정한다.

❷ 그림 (나)와 같이 A만 판 B로 바꾼 후 과정 ❶을 반복한다.

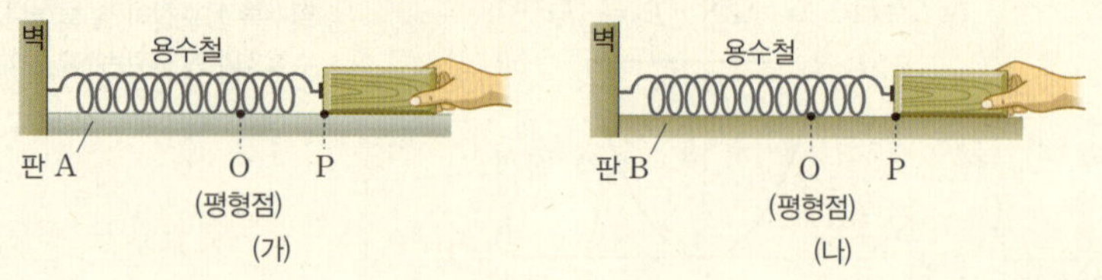

[결과]

과정	판의 종류	O를 5회 지날 때까지 걸린 시간 T
❶	A	2초
❷	B	4초

🔍 분석

1. 물체와 판 사이에 작용하는 마찰력의 크기를 비교하시오.

⋯⟩ 물체를 가만히 놓은 순간부터 O를 5회 지날 때까지 걸린 시간은 ❶에서가 ❷에서보다 짧으므로 물체와 판 사이에 작용하는 마찰력의 크기는 ❶에서가 ❷에서보다 작다.

2. 물체를 P에서 가만히 놓은 순간부터 물체가 처음으로 O를 지날 때까지 발생한 열에너지를 비교하시오.

⋯⟩ 마찰력이 한 일은 역학적 에너지의 감소량과 같고, 물체와 판 사이에 작용하는 마찰력의 크기는 ❶에서가 ❷에서보다 작다. 물체의 이동 거리가 같을 때 마찰력의 크기가 클수록 마찰력이 한 일이 크므로 발생한 열에너지는 ❶에서가 ❷에서보다 작다.

⚙️ 탐구 목표

용수철에 매달린 물체의 역학적 에너지가 보존되는 경우와 보존되지 않는 경우를 구분하여 설명할 수 있다.

🔬 탐구 포인트

1. 물체를 P에서 가만히 놓은 순간부터 O를 5회 지날 때까지 걸린 시간이 길면, 물체와 판 사이에 작용하는 마찰력의 크기가 크다.
2. 물체의 이동 거리가 같을 때 작용한 힘의 크기가 클수록 힘이 한 일이 크다.

정답과 해설 p.014

예제 ❶

그림은 마찰이 있는 수평면에서 한쪽 끝이 벽에 고정된 용수철에 물체를 연결한 후, 물체를 평형점 O에서 A점까지 당겨 정지 상태에서 가만히 놓았을 때 물체가 직선 운동을 하여 O를 지나 B점에서 정지한 순간을 나타낸 것이다.

이에 대한 설명으로 옳은 것만을 |보기|에 있는 대로 고른 것은? (단, 물체의 크기, 용수철의 질량은 무시한다.)

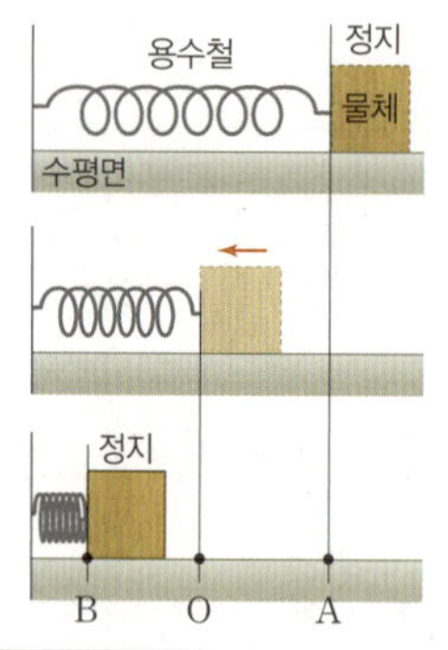

┌ 보기 ┐
ㄱ. O에서 B까지 물체의 운동 에너지는 감소한다.
ㄴ. 용수철과 물체로 이루어진 계의 역학적 에너지는 물체가 O를 지날 때가 B에 정지할 때보다 크다.
ㄷ. 용수철의 탄성 퍼텐셜 에너지는 물체가 A에 정지해 있을 때가 B에 정지해 있을 때보다 크다.

① ㄱ　　　② ㄷ　　　③ ㄱ, ㄴ
④ ㄴ, ㄷ　　⑤ ㄱ, ㄴ, ㄷ

예제 ❷ 서술형

그림은 질량이 같은 물체 A, B를 마찰이 있고 기울기가 다른 두 빗면의 동일한 높이에서 가만히 놓았을 때 A, B가 등가속도 운동을 하여 수평면에 동시에 도달한 것을 나타낸 것이다. 물체가 빗면에서 이동한 거리는 A가 B보다 작다.

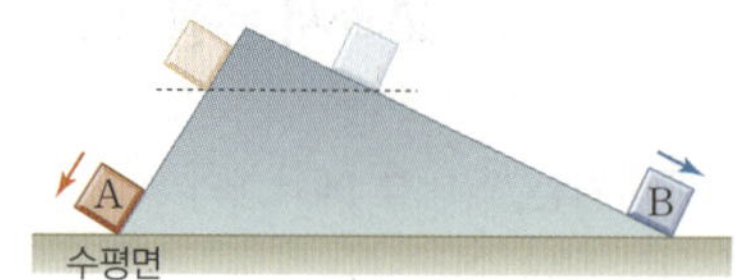

⑴ 물체를 가만히 놓은 후, 수평면에 도달하는 순간 A와 B의 속력을 비교하시오.

⑵ 물체를 가만히 놓은 순간부터 수평면에 도달할 때까지 역학적 에너지 감소량은 어떠한지 비교하여 서술하시오.

🖐Point 힘-이동 거리 그래프를 분석하여 힘이 물체에 한 일에 대해 알아보자.

힘-이동 거리 그래프: 그래프의 형태에 관계없이 그래프가 이동 거리 축과 이루는 넓이는 힘이 한 일을 나타낸다.

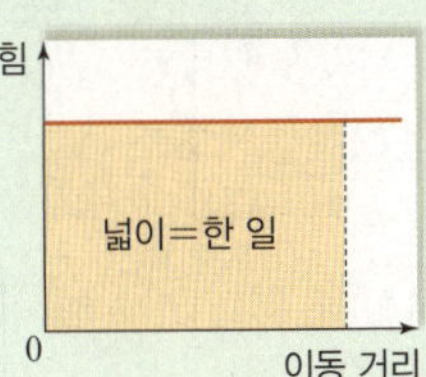

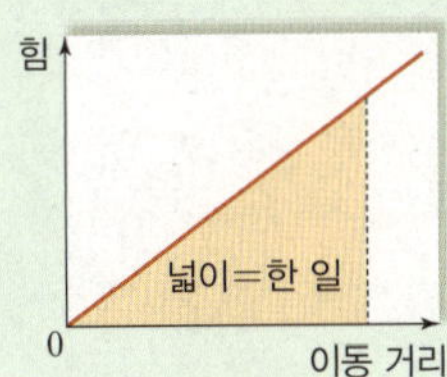

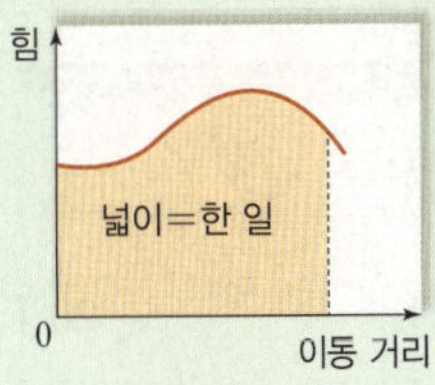

그림 (가)와 같이 질량이 $1\ kg$인 물체를 지면으로부터 들어 올리는 동안 실이 물체에 작용하는 힘을 물체의 높이에 따라 나타냈더니 그림 (나)와 같았다. (나)를 분석하여 높이가 $10\ m$인 지점을 지날 때 물체의 운동 에너지를 구해보자. (단, 중력 가속도는 $10\ m/s^2$이고, 물체의 크기, 실의 질량, 공기 저항과 모든 마찰을 무시한다.)

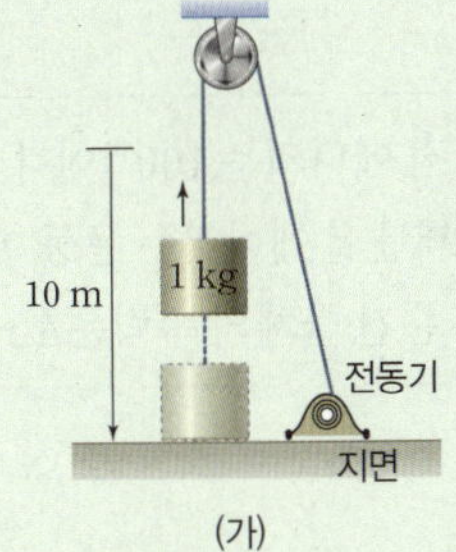

물체가 위로 올라가는 동안 물체에 작용하는 중력의 방향과 물체가 이동한 방향은 서로 반대이다. 따라서 물체는 중력으로부터 $(-)$의 일을 받는다.

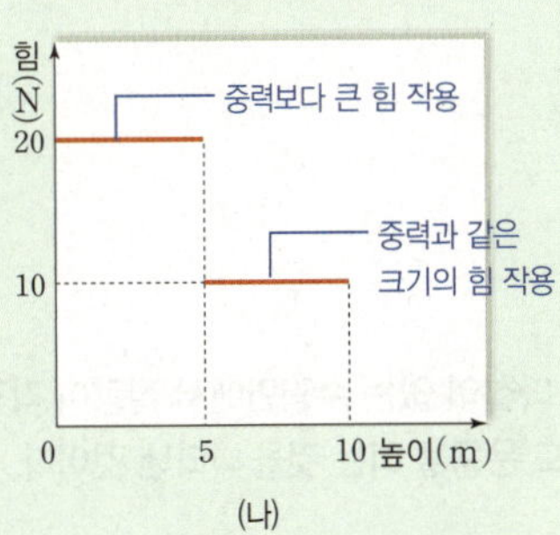

- 물체의 질량이 $1\ kg$이므로 물체에 작용하는 중력의 크기는 $1\ kg \times 10\ m/s^2 = 10\ N$이다.
- 실이 물체를 당기는 힘의 크기가 물체에 작용하는 중력인 $10\ N$보다 크면 물체는 등가속도 운동을 한다.
  → $0{\sim}5\ m$ 높이까지 이동하는 동안 물체는 위쪽으로 등가속도 운동을 한다.
- 실이 물체를 당기는 힘의 크기가 $10\ N$이면, 즉 중력의 크기와 같으면 물체는 등속도 운동을 하거나 정지한다.
  → $5{\sim}10\ m$ 높이까지 이동하는 동안 물체는 위쪽으로 등속도 운동을 한다.

- 물체가 지면으로부터 $5\ m$ 높이까지 올라가는 동안 실이 물체를 당기는 힘이 한 일을 W_1이라고 하면 $W_1 = 20\ N \times 5\ m = 100\ J$이다.
- 물체가 $5\ m$에서부터 $10\ m$ 높이까지 올라가는 동안 실이 물체를 당기는 힘이 한 일을 W_2라고 하면 $W_2 = 10\ N \times 5\ m = 50\ J$이다.
- 물체가 지면으로부터 $10\ m$ 높이까지 올라가는 동안 물체가 중력으로부터 받은 일을 W_3이라고 하면 $W_3 = -(10\ N \times 10\ m) = -100\ J$이다.
  → 일·에너지 정리에 의해 알짜힘이 한 일은 물체의 운동 에너지 변화량과 같으므로 물체가 높이 $10\ m$인 지점을 지날 때 물체의 운동 에너지는 $W_1 + W_2 + W_3 = 100\ J + 50\ J - 100\ J = 50\ J$이다.

정답과 해설 p.014

예제 ❶

그림 (가)는 마찰이 없는 수평면에 정지해 있는 질량이 $1\ kg$인 물체에 연결된 실을 전동기가 $+x$ 방향으로 당기는 모습을 나타낸 것이고, (나)는 전동기가 실을 당기는 힘의 크기를 물체의 이동 거리 x에 따라 나타낸 것이다.

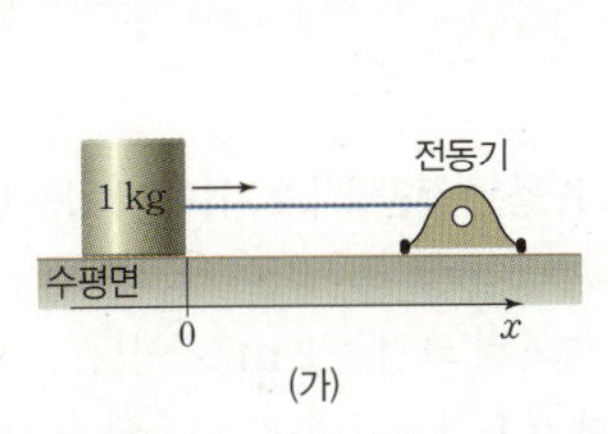

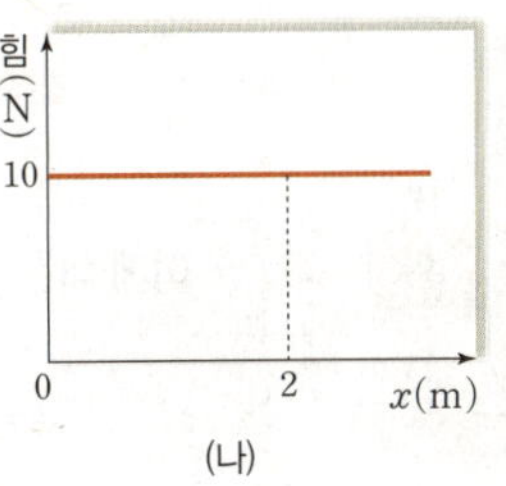

▶ **해결 전략**

1단계: 정지해 있던 물체가 $2\ m$를 운동하는 동안 실이 물체를 당기는 힘이 한 일은 힘-이동 거리 그래프에서 그래프가 이동 거리 축과 이루는 넓이와 같다.

2단계: 물체에 작용한 힘이 한 일은 물체의 운동 에너지 변화량과 같다.

물체가 $x=2\ m$인 지점을 지날 때, 속력은? (단, 물체의 크기, 실의 질량, 공기 저항은 무시한다.)

① $2\ m/s$
② $3\ m/s$
③ $\sqrt{10}\ m/s$
④ $2\sqrt{10}\ m/s$
⑤ $3\sqrt{10}\ m/s$

개념 다지기 문제

01 그림은 마찰이 없는 수평면에서 질량이 2 kg인 물체가 5 m/s의 속력으로 운동하는 것을 나타낸 것이다.

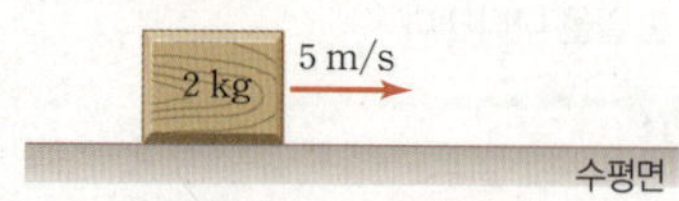

이 물체의 운동 에너지는?

① 10 J   ② 15 J   ③ 20 J

④ 25 J   ⑤ 30 J

대표 유형 문제

02 그림은 마찰이 없는 수평면에서 질량이 각각 $2m$, m인 물체 A, B가 등속도 운동을 하는 것을 나타낸 것이다. A, B의 속력은 각각 v_A, v_B이다.

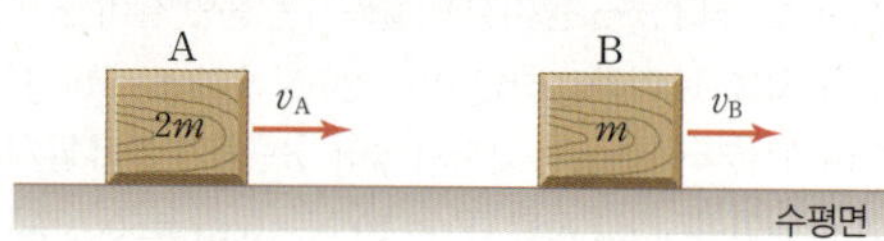

A와 B의 운동 에너지가 같을 때, $v_A : v_B$는?

① $1 : \sqrt{2}$ ② $1 : 2$ ③ $1 : \sqrt{3}$

④ $1 : 3$ ⑤ $1 : 4$

03 그림은 선반 위의 물체 A, B를 나타낸 것이다. A, B의 질량은 각각 1 kg, 2 kg이고, 지면으로부터의 높이는 각각 3 m, 1 m이다.
A, B의 중력 퍼텐셜 에너지를 각각 E_A, E_B라고 할 때, E_A와 E_B를 옳게 짝 지은 것은? (단, 중력 가속도는 10 m/s²이고, 지면에서 중력 퍼텐셜 에너지는 0이다.)

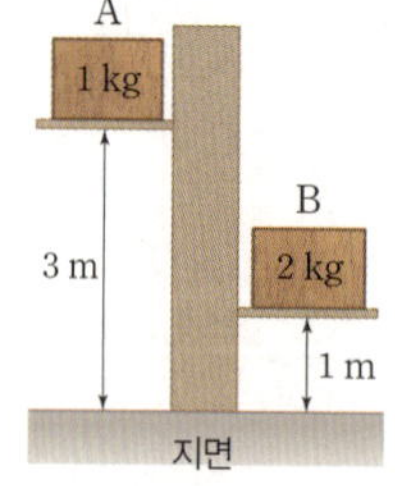

	E_A(J)	E_B(J)		E_A(J)	E_B(J)
①	20	15	②	20	20
③	20	25	④	30	15
⑤	30	20			

04 그림은 높이가 10 m인 지점에서 가만히 놓은 물체가 점 p를 지나며 등가속도 운동을 하는 것을 나타낸 것이다. 물체의 질량은 1 kg이고, p의 지면으로부터 높이는 4 m이다.

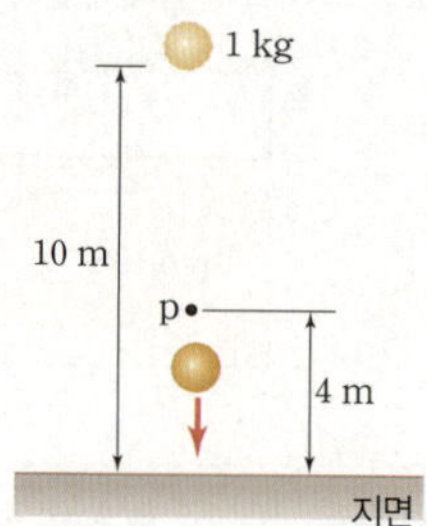

이 물체의 운동에 대한 설명으로 옳은 것만을 |보기|에서 있는 대로 고른 것은? (단, 중력 가속도는 10 m/s²이고, 공기 저항과 마찰은 무시한다.)

보기
ㄱ. 물체의 역학적 에너지는 100 J이다.
ㄴ. p에서 중력 퍼텐셜 에너지는 운동 에너지보다 크다.
ㄷ. 지면에 닿는 순간 물체의 속력은 10 m/s이다.

① ㄱ   ② ㄴ   ③ ㄷ

④ ㄱ, ㄴ   ⑤ ㄱ, ㄷ

대표 유형 문제

05 그림은 마찰이 없는 수평면의 점 O에 정지해 있던 물체를 수평 방향으로 10 N의 힘으로 당겼더니, 물체가 점 P를 지나며 등가속도 운동을 하는 것을 나타낸 것이다. 물체의 질량은 5 kg이고, O에서 P까지의 거리는 2 m이다.

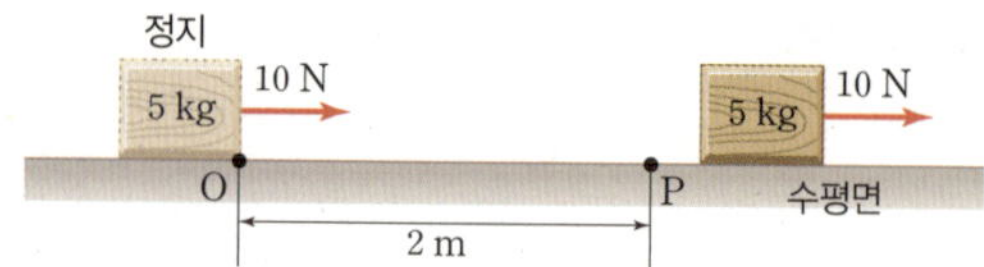

이에 대한 설명으로 옳은 것만을 |보기|에서 있는 대로 고른 것은?

보기
ㄱ. 물체의 가속도의 크기는 2 m/s²이다.
ㄴ. 물체가 O에서 P까지 운동하는 동안 물체를 수평 방향으로 당기는 힘이 한 일은 20 J이다.
ㄷ. P에서 물체의 속력은 2 m/s이다.

① ㄱ   ② ㄷ   ③ ㄱ, ㄴ

④ ㄴ, ㄷ   ⑤ ㄱ, ㄴ, ㄷ

06

그림 (가)는 마찰이 없는 수평면에 정지해 있는 물체에 수평 방향으로 힘 F를 작용하는 것을 나타낸 것이다. 물체의 질량은 2 kg이다. 그림 (나)는 F의 크기를 물체의 이동 거리 x에 따라 나타낸 것이다.

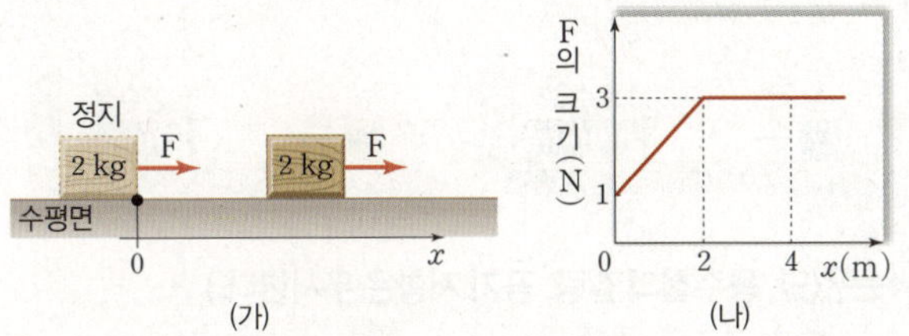

이에 대한 설명으로 옳은 것만을 |보기|에서 있는 대로 고른 것은? (단, 공기 저항은 무시한다.)

> **보기**
> ㄱ. $x=0$에서부터 $x=2$ m까지 F가 한 일은 4 J이다.
> ㄴ. $x=2$ m에서 물체의 속력은 3 m/s이다.
> ㄷ. 물체의 운동 에너지는 $x=4$ m에서가 $x=2$ m에서의 2배이다.

① ㄱ ② ㄴ ③ ㄷ
④ ㄱ, ㄴ ⑤ ㄱ, ㄷ

07 유형 문제

그림은 무동력차가 곡선 레일의 점 A, B, C를 따라 운동하는 것을 나타낸 것이다. 지면으로부터 높이는 B와 C가 같다.

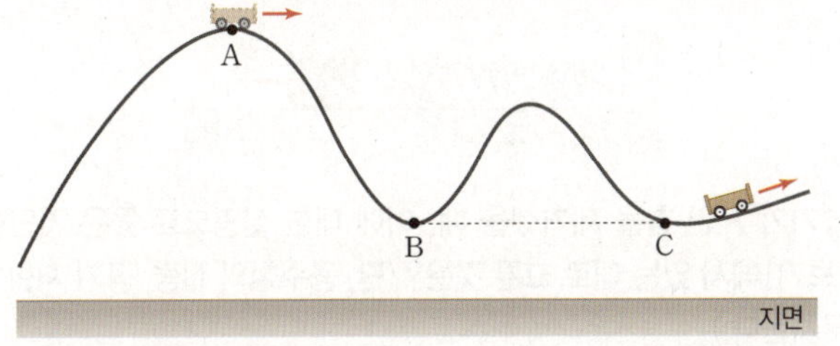

이에 대한 설명으로 옳은 것만을 |보기|에서 있는 대로 고른 것은? (단, 공기 저항과 마찰은 무시한다.)

> **보기**
> ㄱ. 역학적 에너지는 A에서가 B에서보다 크다.
> ㄴ. 중력 퍼텐셜 에너지는 A에서가 B에서보다 크다.
> ㄷ. 운동 에너지는 B에서와 C에서가 같다.

① ㄱ ② ㄴ ③ ㄷ
④ ㄱ, ㄴ ⑤ ㄴ, ㄷ

08

그림은 지면에 놓여 있는 질량이 2 kg인 물체를 5 m 높이의 기준선 p까지 연직 방향으로 일정한 속력으로 들어 올리는 것을 나타낸 것이다.

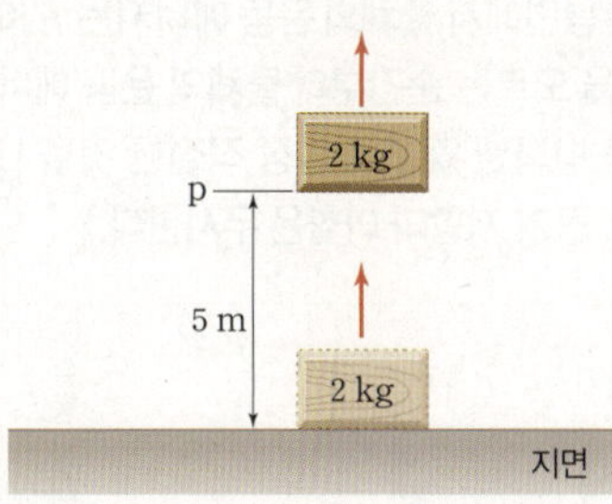

물체가 지면에서부터 p까지 이동하는 동안, 이에 대한 설명으로 옳은 것만을 |보기|에서 있는 대로 고른 것은? (단, 중력 가속도는 10 m/s^{2}이고, 물체의 크기, 공기 저항과 마찰은 무시한다.)

> **보기**
> ㄱ. 물체에 작용하는 알짜힘은 0이다.
> ㄴ. 물체의 중력 퍼텐셜 에너지 증가량은 50 J이다.
> ㄷ. 물체의 역학적 에너지 증가량은 중력 퍼텐셜 에너지 증가량보다 크다.

① ㄱ ② ㄴ ③ ㄷ
④ ㄱ, ㄴ ⑤ ㄱ, ㄷ

09

그림은 물체 A, B를 각각 지면으로부터 높이가 h, $2h$인 지점에서 가만히 놓았더니 물체가 등가속도 운동을 하는 것을 나타낸 것이다. A, B의 질량은 각각 $3m$, m이다.

이에 대한 설명으로 옳은 것만을 |보기|에서 있는 대로 고른 것은? (단, 물체의 크기, 공기 저항과 마찰은 무시한다.)

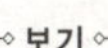

> **보기**
> ㄱ. 가속도의 크기는 A가 B보다 크다.
> ㄴ. 낙하하는 동안 역학적 에너지는 A가 B보다 크다.
> ㄷ. 지면에 도달하는 순간 속력은 B가 A의 2배이다.

① ㄱ ② ㄴ ③ ㄷ
④ ㄱ, ㄴ ⑤ ㄴ, ㄷ

10 그림은 수평면에서 등속도 운동을 하는 물체가 경사면을 향해 운동하는 것을 나타낸 것이다. 수평면에서 물체의 운동 에너지는 E_0이다. 물체가 경사면을 오르는 순간부터 물체의 운동 에너지를 시간과 이동 거리에 따라 나타낸 것으로 가장 적절한 것을 |보기|에서 옳게 고른 것은? (단, 공기 저항과 마찰은 무시한다.)

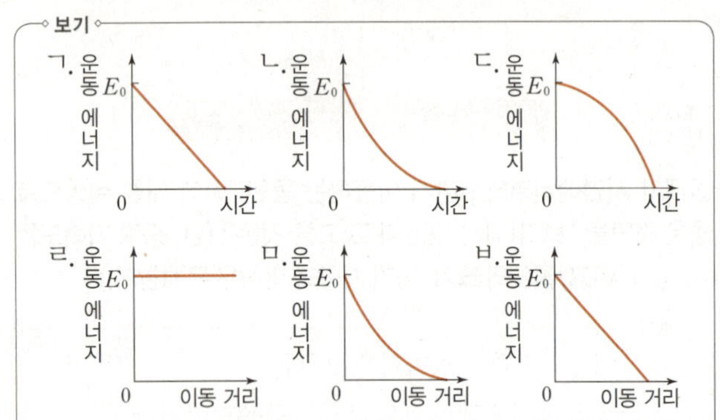

	운동 에너지-시간	운동 에너지-이동 거리
①	ㄱ	ㄹ
②	ㄴ	ㅁ
③	ㄴ	ㅂ
④	ㄷ	ㅁ
⑤	ㄷ	ㅂ

11 그림은 용수철이 늘어나지 않은 상태에서 물체를 매달았더니, 용수철이 늘어나면서 물체가 점 P, Q를 지나는 운동을 하는 것을 나타낸 것이다.

물체가 P에서 Q로 이동하는 동안, 이에 대한 설명으로 옳은 것만을 |보기|에서 있는 대로 고른 것은? (단, 용수철의 질량, 공기 저항과 마찰은 무시한다.)

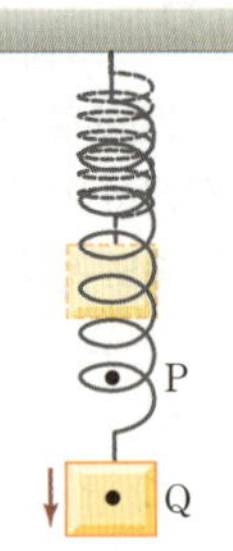

|보기|
ㄱ. 물체의 가속도의 크기는 감소한다.
ㄴ. 용수철에 저장된 탄성 퍼텐셜 에너지는 증가한다.
ㄷ. 물체의 중력 퍼텐셜 에너지 감소량은 탄성 퍼텐셜 에너지 증가량과 같다.

① ㄱ   ② ㄷ   ③ ㄱ, ㄴ
④ ㄴ, ㄷ   ⑤ ㄱ, ㄴ, ㄷ

12 그림은 마찰이 없는 수평면에서 물체 A, B가 각각 동일한 용수철을 향해 운동하는 것을 나타낸 것이다. A, B의 질량은 각각 $m, 2m$이고, 속력은 각각 $v, 2v$이다. 용수철과 충돌한 A, B가 용수철의 원래 길이로부터 용수철을 최대로 압축한 길이는 각각 x_A, x_B이다.

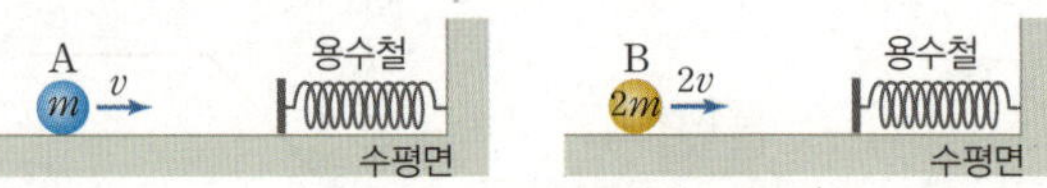

$\dfrac{x_B}{x_A}$는? (단, 용수철의 질량, 공기 저항은 무시한다.)

① $\sqrt{2}$ ② $\sqrt{3}$ ③ 2
④ $2\sqrt{2}$ ⑤ $2\sqrt{3}$

13 그림은 마찰이 없는 수평면에서 용수철 상수가 50 N/m인 용수철에 연결되어 $x = 0 \text{ m}$인 지점에 정지해 있던 질량이 1 kg인 물체를 용수철의 원래 길이로부터 $+x$ 방향으로 0.2 m만큼 당겨 정지시킨 모습을 나타낸 것이다. 이때 물체를 수평 방향으로 당기는 힘의 크기는 F이다.

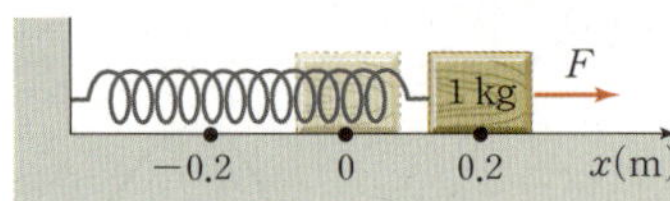

크기가 F인 힘을 제거했을 때, 이에 대한 설명으로 옳은 것만을 |보기|에서 있는 대로 고른 것은? (단, 용수철의 질량, 공기 저항은 무시한다.)

|보기|
ㄱ. $F = 10 \text{ N}$이다.
ㄴ. $x = -0.1 \text{ m}$에서 물체의 가속도의 크기는 10 m/s^2이다.
ㄷ. 물체의 운동 에너지는 $x = 0 \text{ m}$에서가 $x = 0.1 \text{ m}$에서의 2배이다.

① ㄱ   ② ㄴ   ③ ㄷ
④ ㄱ, ㄴ   ⑤ ㄱ, ㄴ, ㄷ

14 그림은 물체가 연직면상의 궤도를 따라 운동하는 것을 나타낸 것이다. 표는 궤도상의 점 A, B에서 중력 퍼텐셜 에너지와 운동 에너지를 나타낸 것이다. A의 높이는 h이다.

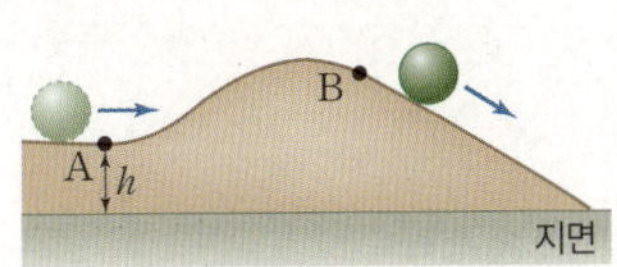

위치	중력 퍼텐셜 에너지	운동 에너지
A	E_0	$2E_0$
B	$2E_0$	㉠

이에 대한 설명으로 옳은 것만을 |보기|에서 있는 대로 고른 것은? (단, 지면에서 중력 퍼텐셜 에너지는 0이고, 물체의 크기, 공기 저항과 마찰은 무시한다.)

|보기|
ㄱ. ㉠은 E_0이다.
ㄴ. A와 B의 높이 차는 h이다.
ㄷ. 물체의 속력은 A에서가 B에서의 2배이다.

① ㄱ　　　　② ㄷ　　　　③ ㄱ, ㄴ
④ ㄴ, ㄷ　　　⑤ ㄱ, ㄴ, ㄷ

15 그림은 마찰이 없는 수평면에서 질량이 m인 물체 A를 용수철 P에 접촉시키고 P를 원래 길이로부터 L만큼 압축시킨 후 가만히 놓았더니, A가 수평면에서 운동하다 용수철 Q와 접촉하여 Q를 원래 길이로부터 x만큼 압축시킨 후 속력이 0이 된 순간의 모습을 나타낸 것이다. P, Q의 용수철 상수는 각각 $2k$, k이다.

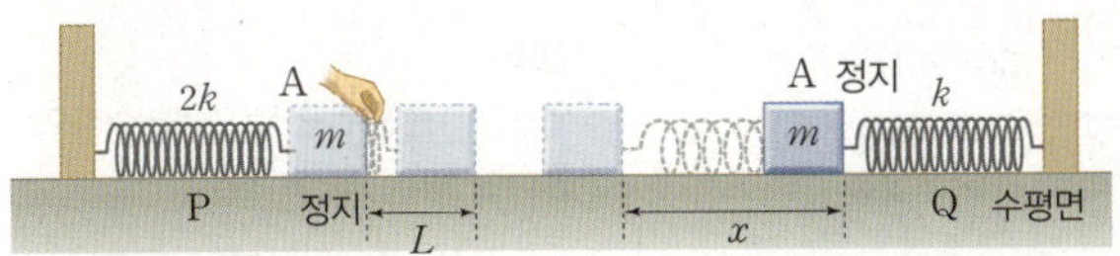

이에 대한 설명으로 옳은 것만을 |보기|에서 있는 대로 고른 것은? (단, 물체의 크기, 용수철의 질량, 공기 저항은 무시한다.)

|보기|
ㄱ. A가 P에서 분리되는 순간, A의 운동 에너지는 $\frac{1}{2}kL^2$이다.
ㄴ. A가 Q에 접촉하는 순간부터 정지할 때까지 A가 받은 충격량의 크기는 $L\sqrt{mk}$이다.
ㄷ. $x = \sqrt{2}L$이다.

① ㄱ　　　　② ㄴ　　　　③ ㄷ
④ ㄱ, ㄷ　　　⑤ ㄴ, ㄷ

16 그림은 마찰이 없는 빗면의 점 p에 물체를 가만히 놓았더니 물체가 점 q, r를 지나며 등가속도 운동을 하는 것을 나타낸 것이다. q에서 물체의 속력은 v이다. p와 q 사이의 거리는 L이고, q와 r 사이의 거리는 $2L$이다.

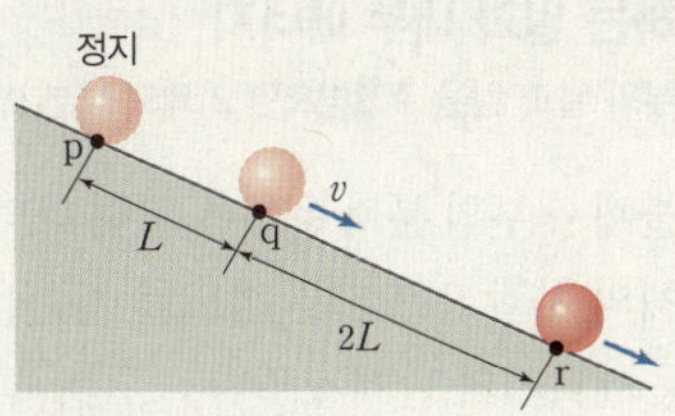

r에서 물체의 속력을 풀이 과정과 함께 구하시오. (단, 물체의 크기와 공기 저항은 무시한다.)

17 그림은 마찰이 없는 수평면에서 용수철을 향해 속력 $3v$로 운동하는 물체가 용수철을 압축하여 속력 v가 된 순간을 나타낸 것이다. 이때 용수철에 저장된 퍼텐셜 에너지는 E_p이고, 물체의 운동 에너지는 E_k이다.

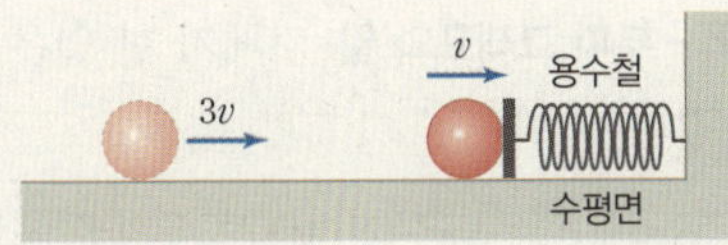

$\dfrac{E_p}{E_k}$를 풀이 과정과 함께 구하시오. (단, 용수철의 질량, 공기 저항은 무시한다.)

05 열역학 법칙

① 기체가 하는 일과 내부 에너지

개념 기체가 외부와 열과 일을 주고받으면 기체의 내부 에너지가 변한다.

1. 열에너지: 물체 내부의 분자 운동에 의해 나타나는 에너지
  (1) 온도: 물체의 차갑고 뜨거운 정도를 기준을 정해 수치로 나타낸 것으로, 분자 하나의 평균 운동 에너지와 관계가 있다. 기체의 온도가 높을수록 분자 운동이 활발하고, 온도가 낮을수록 분자 운동이 둔하다.
  (2) 열: 온도가 다른 두 물체가 접촉해 있을 때 온도가 높은 물체에서 낮은 물체로 스스로 이동하는 에너지
  (3) 열평형 상태: 온도가 다른 두 물체가 접촉했을 때, 온도가 높은 물체에서 온도가 낮은 물체로 열이 이동하여 두 물체의 온도가 같아진 상태

2. 내부 에너지: 물질을 구성하는 분자들이 가진 에너지의 총합 ➡ 기체 분자의 운동 에너지와 기체 분자 사이의 상호 작용에 의한 퍼텐셜 에너지의 합이다. └ 기체의 온도 변화는 내부 에너지 변화를 의미한다.
  (1) 이상 기체의 내부 에너지: 이상 기체는 분자들 사이에 작용하는 힘이 매우 작아 무시할 수 있으므로 퍼텐셜 에너지가 0이다. 따라서 이상 기체의 내부 에너지는 기체 분자들의 운동 에너지 총합과 같다.
  (2) 이상 기체의 평균 운동 에너지($\overline{E_k}$)는 절대 온도(T)에 비례하고, 이상 기체의 내부 에너지(U)는 기체 분자의 운동 에너지의 총합이므로 기체 분자 수(N)와 절대 온도에 비례한다. 기체 분자의 내부 에너지는 분자 수가 많거나 절대 온도가 높을수록 크다.

$$U \propto N\overline{E_k} \rightarrow U \propto NT$$

3. 기체가 하는 일: 기체가 일정한 압력을 유지하면서 팽창할 때, 기체가 외부에 한 일(W)은 압력(P)과 부피 변화(ΔV)의 곱이다.

$$W = P\Delta V \ [\text{단위: J(줄)}]$$

기체가 하는 일

기체가 일정한 압력 P를 유지하면서 팽창할 때, 단면적이 A인 피스톤이 Δx만큼 이동하여 부피가 $A\Delta x$만큼 변한다.

❶ 기체가 피스톤에 작용하는 힘: 압력$=\dfrac{\text{힘}}{\text{넓이}}$이므로 $F=PA$이다.

❷ 기체가 한 일: 일$=$힘$\times$이동 거리이므로 $W=F\Delta x=PA\Delta x$ $=P\Delta V$이다.

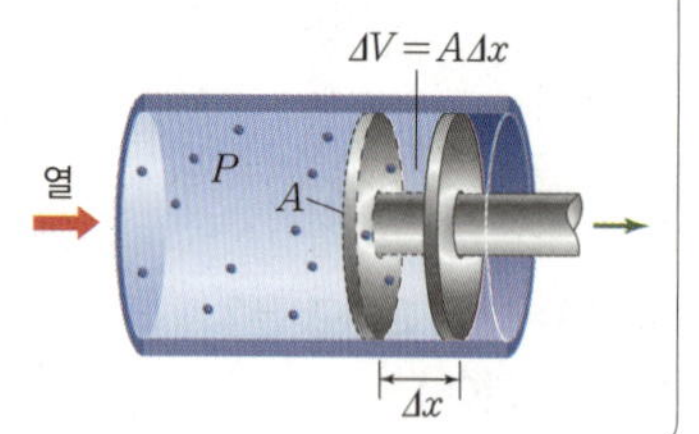

4. 기체의 압력－부피 그래프와 일: 기체가 한 일은 압력－부피 그래프에서 그래프 아랫부분의 넓이와 같다. 기체가 압축과 팽창을 거듭하는 순환 과정에서 그래프로 둘러싸인 부분의 넓이는 기체가 한 일이다.

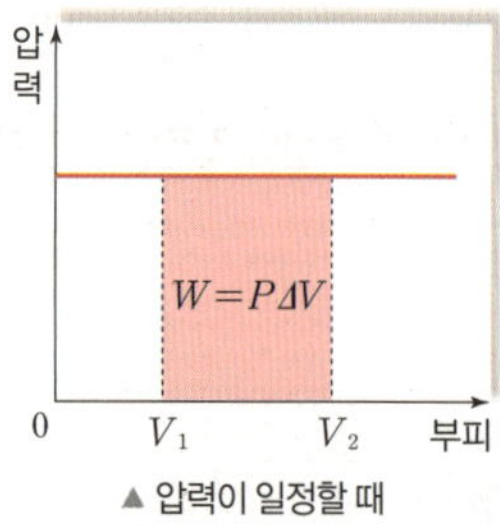

▲ 압력이 일정할 때

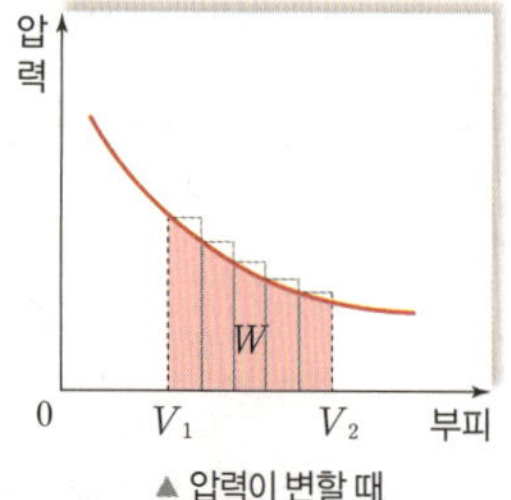

▲ 압력이 변할 때

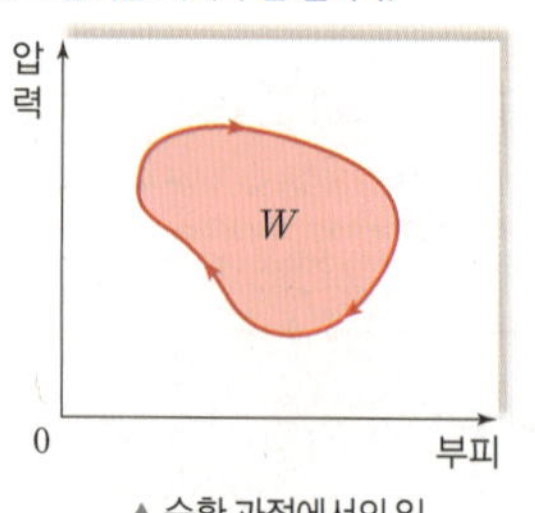

▲ 순환 과정에서의 일

열역학 제0법칙
두 물체 A와 B가 물체 C와 열평형 상태에 있으면 A와 B도 서로 열평형 상태이다. 따라서 세 물체 A, B, C는 온도가 같다.

이상 기체
구성 분자가 모두 동일하며, 구성 분자의 크기와 분자 사이의 상호 작용이 없는 이상적인 기체이다. 실제의 기체는 충분히 낮은 압력과 높은 온도에서 이상 기체와 유사한 성질을 나타낸다.

절대 온도
절대 온도(T)는 섭씨온도(t)에 273.15를 더한 값과 같으며, 단위는 K(켈빈)을 사용한다.
$$T(\text{K}) = t(^\circ\text{C}) + 273.15$$

압력
압력(P)은 단위 면적(A)에 수직으로 작용하는 힘(F)의 크기이다.
$$P = \dfrac{F}{A} \ [\text{단위: N/m}^2, \text{Pa}]$$

암기 꼭!
기체의 부피 변화와 외부에 한 일의 관계
• 기체가 팽창할 때: $\Delta V > 0$이므로 $W > 0$이다. ➡ 기체가 외부에 일을 한다.
• 기체가 수축할 때: $\Delta V < 0$이므로 $W < 0$이다. ➡ 기체가 외부에서 일을 받는다.
• 기체의 부피가 일정할 때: $\Delta V = 0$이므로 $W = 0$이다. ➡ 기체가 한 일은 0이다.

② 열역학 제1법칙

개념 기체가 하는 일, 내부 에너지 변화, 받은 열 사이의 관계를 나타낸 법칙이다.

1. **열역학 제1법칙**: 외부에서 기체에 가해 준 열 Q는 기체의 내부 에너지 변화량 ΔU와 기체가 외부에 한 일 W의 합과 같다. $Q>0$이면 열을 흡수한 것이고, $Q<0$이면 열을 방출한 것이다.

$$Q=\Delta U+W=\Delta U+P\Delta V$$

→ 열에너지와 역학적 에너지를 포함한 에너지 보존 법칙의 다른 표현으로, 하나의 계에 들어가거나 나온 열이 일과 내부 에너지로 전환되어 전체 에너지의 양은 보존된다.

2. **열역학 과정**: 기체가 외부와 상호 작용을 하면서 한 상태에서 다른 상태로 변하는 과정

(1) **등압 과정**: 기체의 압력이 일정하게 유지되며 온도와 부피가 변하는 과정으로, 기체가 흡수한 열 Q는 기체의 내부 에너지 증가량 ΔU와 기체가 외부에 한 일 W의 합과 같다.

$$Q=\Delta U+W=\Delta U+P\Delta V$$

구분	등압 팽창 과정	등압 수축 과정
압력-부피 그래프	$W=P(V_2-V_1)$	$W=P(V_1-V_2)$
W, ΔU, Q의 부호	$W>0$, $\Delta U>0$ → $Q>0$	$W<0$, $\Delta U<0$ → $Q<0$
특징	• 기체가 흡수한 열은 기체의 내부 에너지 증가량과 기체가 외부에 한 일의 합과 같다. • 기체의 온도가 올라간다.	• 기체가 방출한 열은 기체의 내부 에너지 감소량과 기체가 외부로부터 받은 일의 합과 같다. • 기체의 온도가 내려간다.

(2) **등적 과정**: 기체의 부피가 일정하게 유지되며 온도와 압력이 변하는 과정으로, 부피의 변화가 없으므로 기체가 외부에 한 일은 0이다. ── 피스톤을 실린더에 고정하여 움직이지 않게 한다.

$$Q=\Delta U+W=\Delta U+0=\Delta U$$

구분	등적 가열 과정	등적 감열 과정
압력-부피 그래프	$\Delta U=Q$, $W=0$	$\Delta U=Q$, $W=0$
W, ΔU, Q의 부호	$W=0$, $\Delta U>0$ → $Q>0$	$W=0$, $\Delta U<0$ → $Q<0$
특징	• 기체가 흡수한 열은 기체의 내부 에너지 증가량과 같다. • 기체의 온도와 압력이 올라간다.	• 기체가 방출한 열은 기체의 내부 에너지 감소량과 같다. • 기체의 온도와 압력이 내려간다.

(3) **등온 과정**: 기체의 온도가 일정하게 유지되며 압력과 부피가 변하는 과정으로, 기체의 온도가 일정하므로 기체의 내부 에너지 변화(ΔU)는 0이다. 온도가 일정한 열원에 기체를 접촉시켜 열원과 열평형 상태를 유지하게 한다.

$$Q=\Delta U+W=0+W=W$$

계(system)
서로 영향을 주고받으면서 상호 작용 하는 구성 요소들의 집합을 계(system)라고 한다.

샤를 법칙
기체의 압력(P)이 일정할 때 기체의 부피(V)는 절대 온도(T)에 비례한다.
$$V\propto T,\ \frac{V}{T}=\text{일정}$$

등적 과정의 예─압력 밥솥
압력 밥솥은 밀폐되어 있어 조리 중에 압력이 커져도 부피가 변하지 않으므로 등적 과정에 해당한다. 압력 밥솥은 받은 열이 모두 내부 에너지 증가에 사용되므로 밥이 빨리 익는다.

구분	등온 팽창 과정	등온 압축 과정
압력-부피 그래프	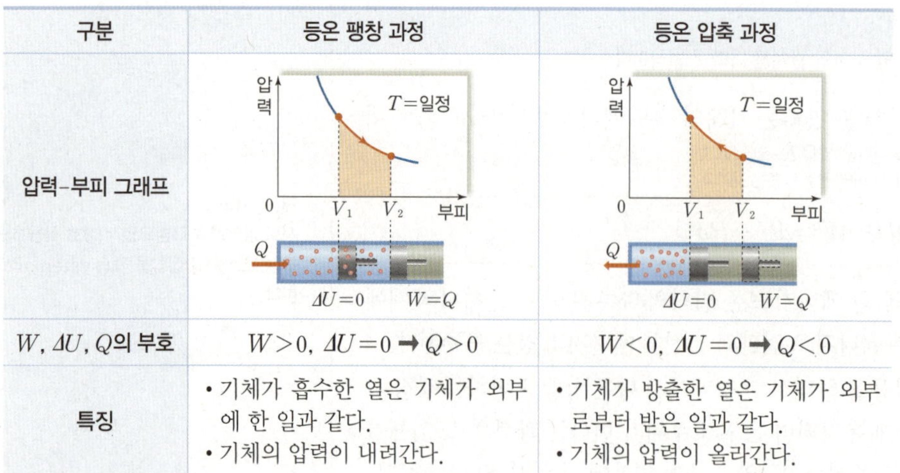	
W, ΔU, Q의 부호	$W>0$, $\Delta U=0 \rightarrow Q>0$	$W<0$, $\Delta U=0 \rightarrow Q<0$
특징	• 기체가 흡수한 열은 기체가 외부에 한 일과 같다. • 기체의 압력이 내려간다.	• 기체가 방출한 열은 기체가 외부로부터 받은 일과 같다. • 기체의 압력이 올라간다.

(4) 단열 과정: 외부와 열 교환 없이 기체의 온도, 압력, 부피가 변하는 과정으로, 열의 출입이 없으므로 $Q=0$이다.

$$Q=\Delta U+W=0, \quad \Delta U=-W$$

구분	단열 팽창 과정	단열 압축 과정
압력-부피 그래프		
W, ΔU, Q의 부호	$W>0$, $\Delta U<0 \rightarrow Q=0$	$W<0$, $\Delta U>0 \rightarrow Q=0$
특징	• 기체가 외부에 한 일은 기체의 내부 에너지 감소량과 같다. • 기체의 온도가 내려간다.	• 기체가 외부로부터 받은 일은 기체의 내부 에너지 증가량과 같다. • 기체의 온도가 올라간다.

보일 법칙

기체의 온도(T)가 일정할 때 기체의 부피(V)는 압력(P)에 반비례한다.

$$V \propto \frac{1}{P}, \quad PV = 일정$$

단열 팽창의 예 ― 구름의 생성

기단이 상승하여 기단에 가해지는 압력이 줄어들면 기단의 부피가 팽창하면서(단열 팽창) 온도가 내려간다. 이때 수증기가 응결하여 구름이 생긴다.

강의 포인트

구분	열 (Q)	내부 에너지 변화(ΔU)	일 (W)
등압 팽창	+	+	+
등적 팽창	+	+	0
등온 팽창	+	0	+
단열 팽창	0	−	+

개념 익히기 문제

정답과 해설 p.017

🧠 교과서 문장으로 개념 익히기

01 열평형 상태는 온도가 높은 물체에서 온도가 낮은 물체로 열이 이동하여 두 물체의 ☐☐가 같아진 상태이다.

02 기체의 압력-부피 그래프에서 그래프 아랫부분의 넓이는 기체가 ☐☐을 의미한다.

03 기체의 압력이 일정할 때, 기체의 부피가 ☐☐하면 기체는 외부에 일을 하고, 기체의 부피가 ☐☐하면 기체는 외부로부터 일을 받는다.

04 등적 과정에서 기체의 압력이 증가하면 기체는 열을 ☐☐한다.

05 단열 과정에서 기체가 외부에 한 일은 내부 에너지 ☐☐☐과 같다.

📦 OX 문제로 개념 익히기

06 이상 기체의 평균 운동 에너지는 절대 온도에 비례한다.　(○ / ✗)

07 기체의 압력이 일정할 때 기체의 부피가 감소하면 절대 온도는 올라간다.　(○ / ✗)

08 이상 기체의 온도가 같을 경우, 기체 분자의 수가 적을수록 이상 기체의 내부 에너지는 작다.　(○ / ✗)

09 기체가 일정한 압력을 유지하면서 팽창할 때 기체가 한 일은 기체의 압력과 부피의 합이다.　(○ / ✗)

10 등온 팽창 과정에서 기체의 내부 에너지 변화량은 기체가 흡수한 열과 같다.　(○ / ✗)

개념 자연 현상의 비가역적인 방향성을 설명하는 법칙이다.

1. 가역 현상과 비가역 현상
공기 저항이나 마찰이 있을 때에는 항상 비가역 현상이 일어난다.
대부분의 자연 현상은 한쪽 방향으로만 일어나는 비가역 현상이다.

(1) **가역 현상**: 주변을 변화시키지 않고 처음 상태로 돌아갈 수 있는 현상 ➡ 마찰이나 공기 저항이 없는 매우 이상적인 상황에서만 가능하다.

   예 공기 저항이 없는 상태에서 진동하는 진자

(2) **비가역 현상**: 주변의 변화 없이는 스스로 처음 상태로 돌아갈 수 없는 현상 ➡ 한쪽 방향으로만 일어나며, 자연계에서 일어나는 대부분의 현상은 비가역 현상이다. — 무질서도가 증가한다.

   예 기체의 확산, 공기 중에서 진동하는 진자, 열의 이동 등

공기 중에서 진동하는 진자의 에너지 변화

단열되어 밀폐된 상자 안에서 진동하는 진자는 충분한 시간이 지난 후 정지한다.

① 진자와 충돌한 공기 분자의 평균 운동 에너지는 증가하고 진자의 운동 에너지는 감소한다.

② 공기 분자는 무질서한 방향으로 운동하므로 공기 분자가 추에 충돌하여 정지해 있는 추가 다시 진동하는 현상은 일어나지 않는다. ➡ 비가역 현상

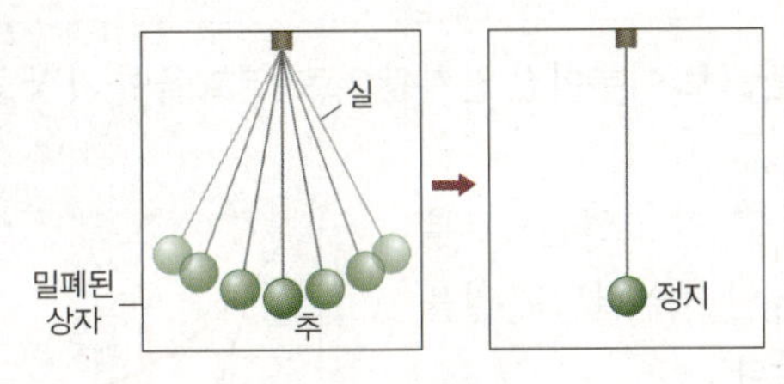

---

2. 열역학 제2법칙: 자연 현상의 비가역적인 방향성을 설명하는 법칙

(1) 자연 현상에서 일어나는 변화가 처음 상태로 되돌아가는 것은 열역학 제1법칙에 위배되지 않더라도, 결코 스스로 일어나지 않는다는 것을 의미한다.

(2) **열의 이동과 열역학 제2법칙**: 열은 고온의 물체에서 저온의 물체로 이동하여 열평형 상태에 도달하며, 외부의 도움 없이 스스로 저온의 물체에서 고온의 물체로 이동하지 않는다.

(3) **엔트로피와 열역학 제2법칙**: 분자 배열의 무질서도를 엔트로피라고 한다. 한 방향으로 일어나는 변화는 분자들이 질서 있는 배열에서 점점 무질서한 배열을 이루는 방향으로 진행한다. ➡ 자연 현상은 엔트로피가 증가하는 방향으로 진행한다.

(4) **열역학 제2법칙의 다양한 표현들**

❶ 열효율이 100 %인 열기관은 만들 수 없다.

❷ 일은 모두 열로 바꿀 수 있지만, 열은 모두 일로 바꿀 수 없다.

❸ 고립계에서 자발적으로 일어나는 자연 현상은 항상 확률이 높은 방향으로 일어난다.

---

4 **열기관과 열효율**

개념 열기관은 열에너지를 일로 바꾸는 장치이다.

1. 열기관: 열원으로부터 흡수하는 열에너지를 역학적 일로 전환하는 장치

(1) **열기관의 작동**: 열기관은 열역학 과정을 반복하는 순환 과정으로 작동한다. 높은 온도의 열원으로부터 Q_H의 열을 흡수하여 외부에 W의 일을 하고, 낮은 온도의 열원으로 Q_L의 열을 방출한다.

$$Q_H = Q_L + W$$

(2) **열기관의 열효율**: 고열원으로부터 흡수하는 열(Q_H)에 대하여 열기관이 하는 일(W)의 비율이다.

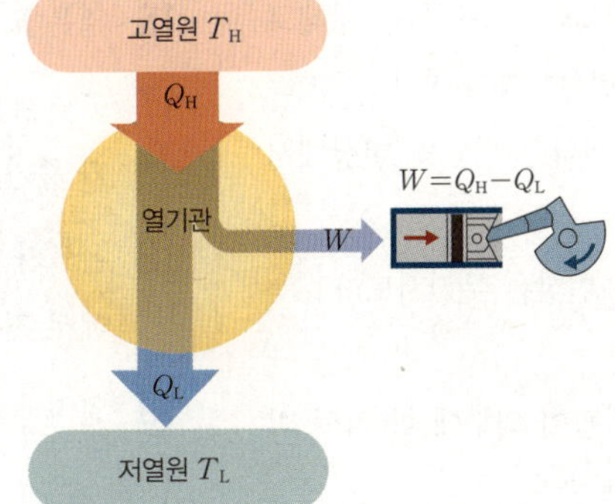

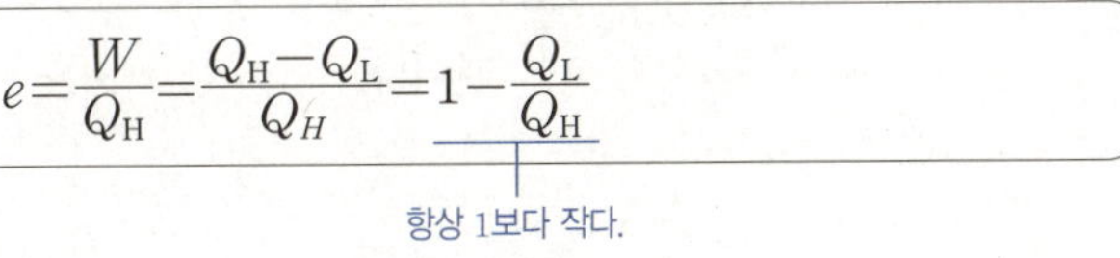

$$e = \frac{W}{Q_H} = \frac{Q_H - Q_L}{Q_H} = 1 - \frac{Q_L}{Q_H}$$

항상 1보다 작다.

진공 중에서 진자의 운동

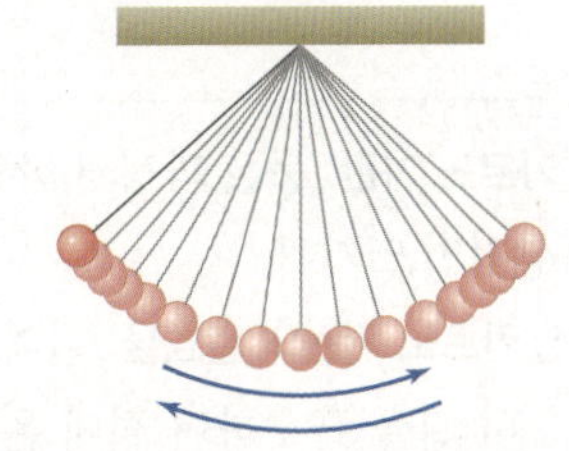

진공 중에서는 마찰이나 공기 저항이 없으므로 진자는 계속해서 진동하면서 처음 상태로 돌아간다. ➡ 가역 현상

엔트로피

무질서한 정도를 나타내는 열역학적 용어이다. 자연 현상은 확률이 높아지는 상태, 즉 엔트로피가 증가하는 방향으로 진행한다.

열효율의 표현

열효율은 100을 곱하여 %(퍼센트)로 나타낼 수 있다.

$$e(\%) = \frac{W}{Q_H} \times 100$$

열기관의 순환 과정

열역학 과정을 거친 후 다시 처음 상태로 되돌아오는 과정을 순환 과정이라고 한다.

A
- (가) 기체에 열이 공급되면 온도가 높아진다. (등적 가열 과정)

B
- (나) 온도가 일정한 상태에서 기체가 열을 받아 팽창하면서 외부에 일을 한다.(등온 팽창 과정)

C
- (다) 기체는 일을 하고 남은 열을 방출하고 온도가 낮아진다.(등적 냉각 과정)

D
- (라) 온도가 일정한 상태에서 기체가 열을 방출하여 압축되면서 외부에서 일을 받는다.(등온 압축 과정)

A

스털링 기관

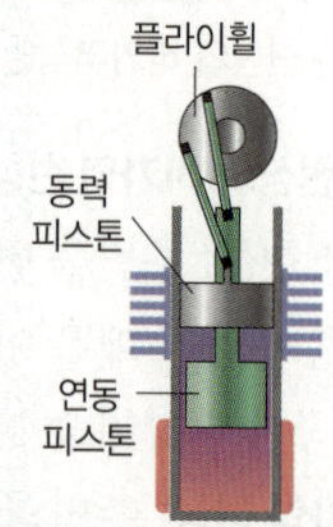

스털링 기관은 로버트 스털링이 발명한 열기관으로, 기체의 팽창과 압축을 이용하여 일을 하는 장치이다. 등적 과정과 압축 과정을 반복하는 순환 과정으로 작동한다.

2. **카르노 기관**: 등온 과정과 단열 과정만으로 이루어진 열기관으로, 열효율이 가장 높은 이상적인 열기관

(1) **카르노 기관의 열효율**: 절대 온도가 T_H인 고열원으로부터 열을 흡수하여 절대 온도가 T_L인 저열원으로 열을 방출할 때, 열효율(e)은 다음과 같다.

$$e = 1 - \frac{Q_L}{Q_H} = 1 - \frac{T_L}{T_H}$$

(2) **카르노 기관의 열효율과 열역학 제2법칙**: 카르노 기관의 열효율이 1이 되기 위해서는 고열원의 절대 온도 T_H가 무한대로 상승하거나 저열원의 절대 온도 T_L이 0 K에 가까워져야 한다. 이는 불가능한 상황이므로 카르노 기관의 열효율은 1보다 작다.

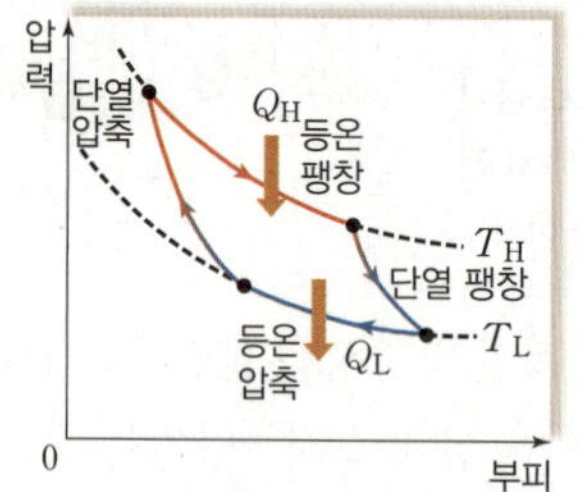

▲ 카르노 기관의 순환 과정

카르노 기관

프랑스의 공학자 카르노가 고안해낸 최대 효율을 갖는 이상적인 열기관으로, 순환의 모든 과정이 가역 과정으로 이루어져 있다.

3. **영구 기관**: 스스로 영원히 운동하며 일을 하는 가상의 열기관

(1) **제1종 영구 기관**: 에너지를 공급하지 않아도 지속적으로 작동하여 외부에 일을 할 수 있는 기관이다. ➡ 열역학 제1법칙에 따르면 외부에서 에너지 공급 없이는 새로운 에너지를 생산할 수 없기 때문에 열역학 제1법칙에 위배된다.

(2) **제2종 영구 기관**: 고온의 열원으로부터 공급받은 열을 모두 일로 바꿀 수 있는 기관으로 열효율이 100 %인 열기관이다. ➡ 열역학 제1법칙은 만족하지만, 열역학 제2법칙에 위배된다. 열을 모두 일로 전환할 수 있는 열기관으로, 실제로는 불가능하다.

강의 포인트

영구 기관
- 제1종 영구 기관: 에너지 공급 없이 계속해서 작동하는 열기관으로, 열역학 제1법칙에 위배된다.
- 제2종 영구 기관: 열효율이 100 %인 열기관으로, 열역학 제2법칙에 위배된다.

개념 익히기 문제

정답과 해설 p.017

🧠 교과서 문장으로 개념 익히기

11 외부에 아무런 변화를 남기기 않고 스스로 처음 상태로 돌아갈 수 있는 현상을 ☐☐ 현상이라고 한다.

12 열역학 제☐법칙은 스스로 일어나는 비가역 현상에서는 방향성이 있다는 것이다.

13 자연 현상에서 스스로 일어나는 현상은 무질서도가 ☐하는 방향으로 일어난다.

14 열기관이 흡수한 열에 대한 열기관이 외부에 한 일의 비율을 열기관의 ☐☐☐이라고 한다.

15 카르노 기관은 ☐☐ 과정과 ☐☐ 과정이 순환하는 과정으로만 이루어진 열기관이다.

📦 OX 문제로 개념 익히기

16 열은 모두 일로 전환할 수 있다. (O / X)

17 고립계에서 자발적으로 일어나는 자연 현상은 엔트로피가 증가하는 방향으로 일어난다. (O / X)

18 온도가 서로 다른 물체를 접촉시키면 열이 고온인 물체에서 저온인 물체로 이동한다. (O / X)

19 열역학 제2법칙은 에너지 보존 법칙의 다른 표현이다. (O / X)

20 제1종 영구 기관은 열을 모두 일로 바꿀 수 있는 영구 기관이다. (O / X)

과정 & 결과

❶ 그림과 같이 장치하고 A 부분의 공기를 수증기나 알코올 증기로 포화시킨다.

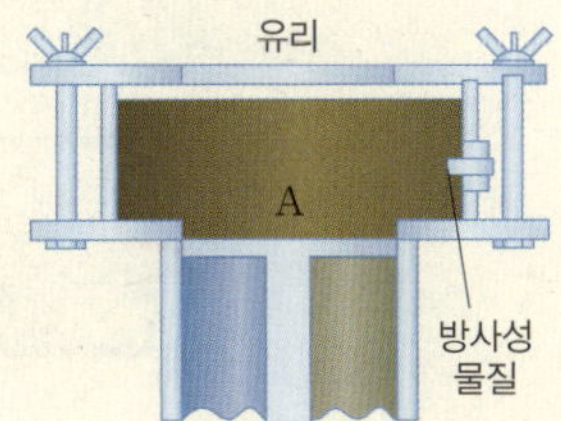

❷ 피스톤을 아래로 갑자기 당겨 단열 팽창시키고, 밝은 빛을 비추며 A 부분에 나타나는 변화를 관찰한다.

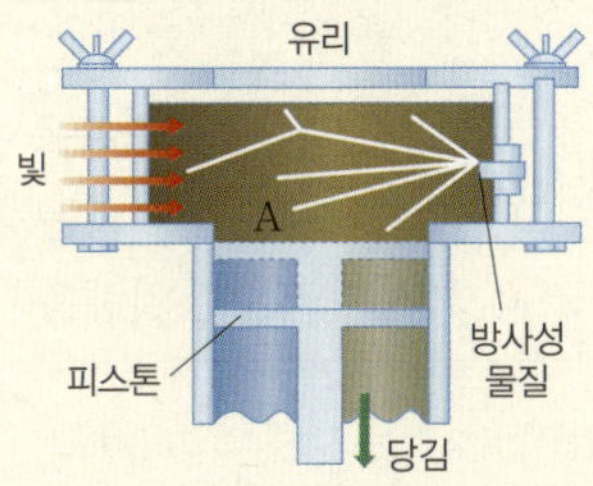

⋯➤ A 부분에 밝은 빛을 비추면 방사선이 지나가는 자리에 하얀 궤적이 나타난다.

분석

1. 피스톤을 갑자기 당겼을 때 A 부분의 온도 변화는 어떠한가?

⋯➤ 피스톤을 갑자기 당겼으므로 단열된 상태에서 부피가 증가하여 A 부분의 온도가 내려간다.

2. 방사선의 궤적이 나타나는 까닭은 무엇인가?

⋯➤ A 부분의 알코올 증기가 이슬로 변하는 과정에서 열을 방출한다. 따라서 방사선 입자 주위에 과포화 상태의 증기가 모여 이슬이 발생하고, 물방울에 빛이 산란되어 하얀 궤적이 보이는 것이다.

탐구 목표

단열 변화에 의해 나타나는 방사선 궤적을 관찰할 수 있다.

월슨의 안개 상자

안개 상자는 이온화된 방사선 입자들을 검출하는 데 사용된다. 이때 알파(α) 입자의 자취는 굵고 곧은 편인데, 베타(β) 입자의 자취는 가늘고 충돌에 의해 자취가 자주 바뀌는 형태를 보인다.

탐구 포인트

안개 상자에 입자의 궤적이 나타나는 까닭은 단열 변화에 의해 온도가 내려가 수증기가 응결되기 때문이다.

정답과 해설 p.017

예제 ❶

그림과 같이 안개 상자의 A 부분의 공기를 알코올 증기로 포화시키고 피스톤을 갑자기 당긴 후, A 부분에 빛을 비추었더니 A 부분에 방사성 입자의 궤적이 나타났다.
이에 대한 설명으로 옳은 것만을 |보기|에서 있는 대로 고른 것은?

| 보기 |
ㄱ. 피스톤을 당겼을 때 A 부분의 온도는 올라간다.
ㄴ. 입자의 궤적이 만들어지는 과정에서 A 부분의 알코올은 열을 방출한다.
ㄷ. 피스톤을 당겼을 때 A 부분의 내부 에너지는 감소한다.

① ㄱ　　　② ㄴ　　　③ ㄷ
④ ㄱ, ㄴ　　⑤ ㄴ, ㄷ

예제 ❷ 서술형

그림은 자전거 타이어에 공기를 넣기 위해 공기 주입기의 공기를 압축하는 모습을 나타낸 것이다.

타이어에 공기를 넣는 과정에서 공기 주입기의 공기의 온도 변화를 열역학 과정과 관련지어 서술하시오.

개념 다지기 문제

01

그림은 실린더 내부의 일정량의 이상 기체에 압력을 일정하게 유지하면서 열을 가했더니 기체가 팽창하여 피스톤이 0.2 m 이동한 것을 나타낸 것이다. 기체의 압력은 50 N/m²이고, 피스톤의 단면적은 0.2 m²이다. 기체가 한 일은? (단, 피스톤의 마찰은 무시한다.)

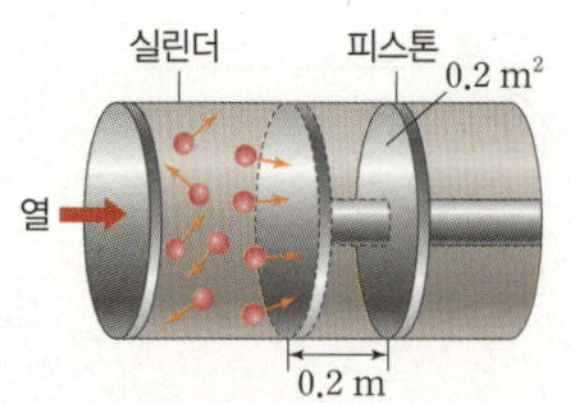

① 1 J ② 2 J ③ 3 J
④ 4 J ⑤ 5 J

02

이상 기체의 내부 에너지에 대한 설명으로 옳은 것만을 |보기|에서 있는 대로 고른 것은?

> ─ 보기 ─
> ㄱ. 기체 분자의 운동 에너지의 총합이다.
> ㄴ. 기체의 온도가 높아지면 내부 에너지는 증가한다.
> ㄷ. 일정한 온도에서 기체 분자의 수가 증가하면 내부 에너지는 감소한다.

① ㄱ ② ㄷ ③ ㄱ, ㄴ
④ ㄴ, ㄷ ⑤ ㄱ, ㄴ, ㄷ

대표 유형문제

03

그림은 일정량의 이상 기체의 상태가 A → B → C → D → A를 따라 변할 때 압력과 부피를 나타낸 것이다.

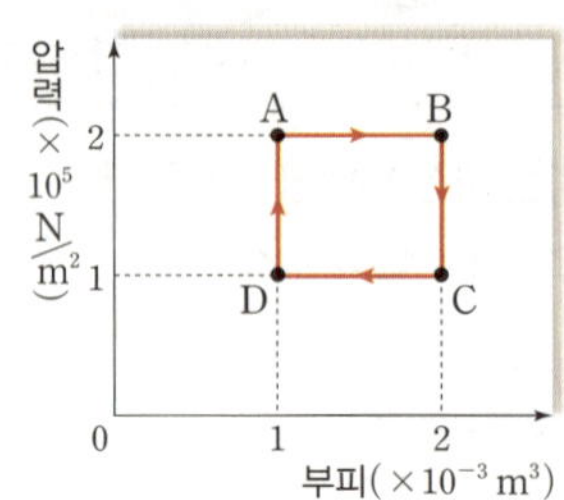

A → B → C → D → A 과정에서 기체가 한 일은?

① 100 J ② 150 J ③ 200 J
④ 250 J ⑤ 300 J

대표 유형문제

04

그림은 단열된 실린더에 들어 있는 일정량의 이상 기체에 열을 가했더니 기체의 압력이 일정하게 유지되면서 부피가 증가하는 것을 나타낸 것이다.

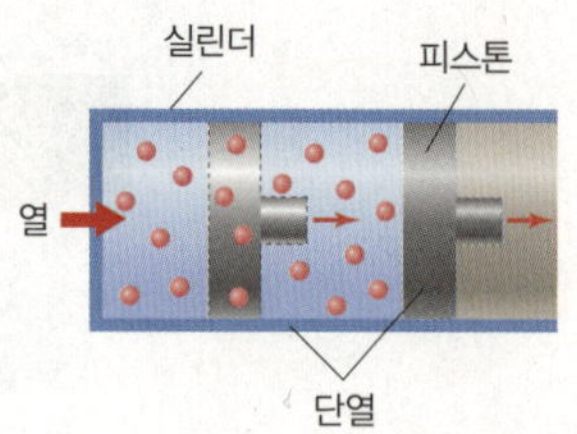

기체의 부피가 증가하는 동안, 이에 대한 설명으로 옳은 것만을 |보기|에서 있는 대로 고른 것은? (단, 피스톤의 마찰은 무시한다.)

> ─ 보기 ─
> ㄱ. 기체 분자의 평균 운동 에너지는 감소한다.
> ㄴ. 기체의 내부 에너지는 증가한다.
> ㄷ. 기체가 흡수한 열량은 기체가 외부에 한 일보다 크다.

① ㄱ ② ㄴ ③ ㄷ
④ ㄱ, ㄴ ⑤ ㄴ, ㄷ

05

그림은 찌그러진 풍선 공을 따뜻한 물에 넣었더니 풍선 공이 팽팽해진 것을 나타낸 것이다.

따뜻한 물에서 풍선 공이 팽팽해지는 동안, 풍선 공 내부의 기체에 대한 설명으로 옳은 것만을 |보기|에서 있는 대로 고른 것은? (단, 풍선 공 내부의 기체의 양은 일정하다.)

> ─ 보기 ─
> ㄱ. 압력은 증가한다.
> ㄴ. 내부 에너지는 감소한다.
> ㄷ. 기체가 흡수한 열은 기체가 한 일보다 크다.

① ㄱ ② ㄴ ③ ㄷ
④ ㄱ, ㄴ ⑤ ㄱ, ㄷ

06 그림은 단열된 실린더에 각각 같은 양의 동일한 이상 기체 A, B가 들어 있는 것을 나타낸 것이다. A, B의 압력과 온도는 같고, B가 들어 있는 실린더의 피스톤은 고정되어 있다.

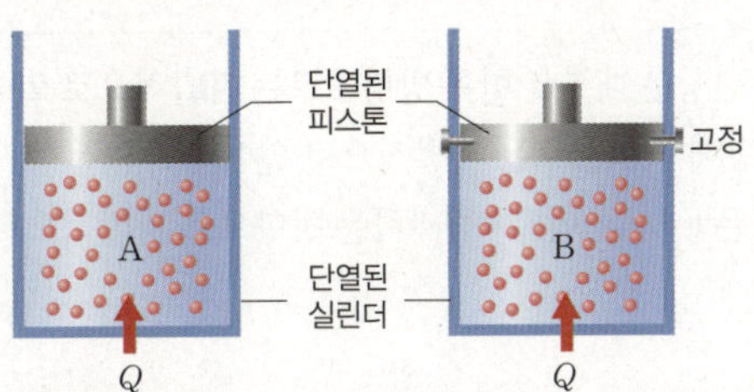

A, B에 각각 동일한 열량 Q를 공급했을 때, 이에 대한 설명으로 옳은 것만을 |보기|에서 있는 대로 고른 것은? (단, 피스톤의 마찰은 무시한다.)

> ─ 보기 ─
> ㄱ. A의 내부 에너지 증가량은 Q보다 크다.
> ㄴ. 기체 분자의 평균 운동 에너지는 A가 B보다 작다.
> ㄷ. 기체의 압력은 A가 B보다 작다.

① ㄱ   ② ㄷ   ③ ㄱ, ㄴ
④ ㄴ, ㄷ   ⑤ ㄱ, ㄴ, ㄷ

대표 유형문제

07 그림은 일정량의 이상 기체의 상태가 A → B → C → D → A로 변할 때 압력과 부피의 관계를 나타낸 것이다. B → C, D → A 과정은 등온 과정이다.

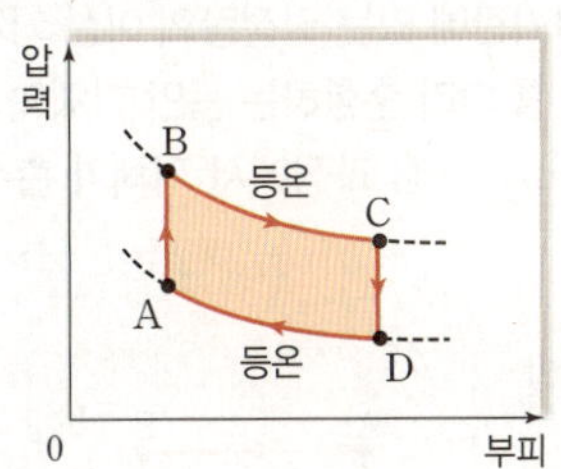

이에 대한 설명으로 옳은 것만을 |보기|에서 있는 대로 고른 것은?

> ─ 보기 ─
> ㄱ. A → B 과정에서 기체는 열을 흡수한다.
> ㄴ. B → C 과정에서 기체가 흡수한 열은 기체가 외부에 한 일과 같다.
> ㄷ. 기체의 내부 에너지는 B에서가 D에서보다 크다.

① ㄱ   ② ㄷ   ③ ㄱ, ㄴ
④ ㄴ, ㄷ   ⑤ ㄱ, ㄴ, ㄷ

08 그림은 일정량의 이상 기체의 상태가 A → B → C → D → A로 변할 때 압력과 부피의 관계를 나타낸 것이다. A → B, C → D 과정은 등온 과정이고, B → C, D → A 과정은 단열 과정이다.

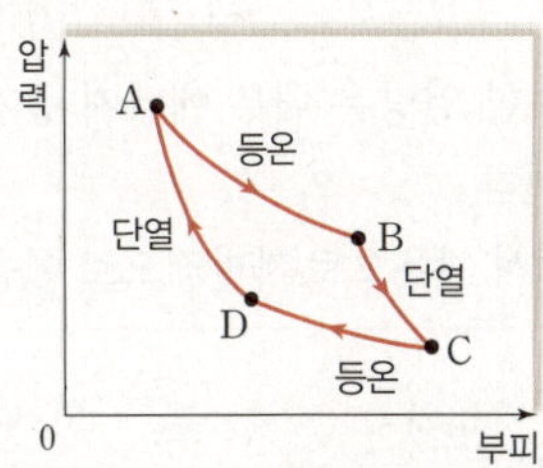

이에 대한 설명으로 옳은 것만을 |보기|에서 있는 대로 고른 것은?

> ─ 보기 ─
> ㄱ. A → B 과정에서 기체의 내부 에너지는 일정하다.
> ㄴ. C → D 과정에서 기체는 열을 방출한다.
> ㄷ. B → C 과정에서 기체가 한 일은 D → A 과정에서 기체의 내부 에너지 증가량과 같다.

① ㄱ   ② ㄷ   ③ ㄱ, ㄴ
④ ㄴ, ㄷ   ⑤ ㄱ, ㄴ, ㄷ

09 그림은 일정량의 이상 기체의 상태가 A → B로 변할 때 압력과 부피의 관계를 나타낸 것이다. A → B 과정은 단열 과정이고, 압력과 부피 축이 이루는 면적은 S이다.

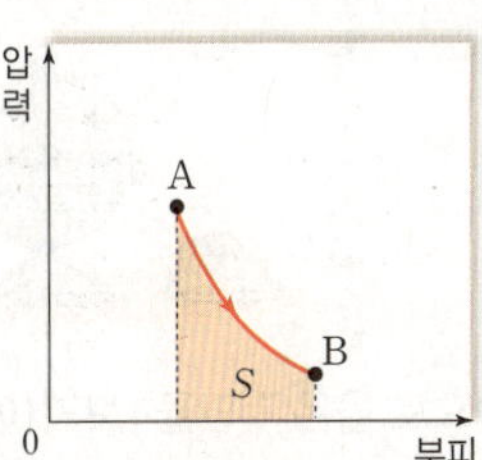

이에 대한 설명으로 옳은 것만을 |보기|에서 있는 대로 고른 것은?

> ─ 보기 ─
> ㄱ. 온도는 A에서가 B에서보다 높다.
> ㄴ. A → B 과정에서 기체가 외부에 한 일은 S보다 작다.
> ㄷ. A → B 과정에서 기체의 내부 에너지 변화량은 S이다.

① ㄱ   ② ㄴ   ③ ㄷ
④ ㄱ, ㄴ   ⑤ ㄱ, ㄷ

개념 다지기 문제

10 열역학 제2법칙에 대한 설명으로 옳은 것만을 |보기|에서 있는 대로 고른 것은?

> ─ 보기 ─
> ㄱ. 모든 자연 현상은 무질서도가 증가하는 방향으로 일어난다.
> ㄴ. 기체가 흡수한 열량은 내부 에너지 증가량과 외부에 한 일의 합이다.
> ㄷ. 열은 고온에서 저온으로 자발적으로 이동한다.

① ㄱ   ② ㄴ   ③ ㄷ
④ ㄱ, ㄷ   ⑤ ㄴ, ㄷ

11 그림은 연기가 공기 중으로 퍼지는 모습을 나타낸 것이다.

이 현상에 대한 설명으로 옳은 것만을 |보기|에서 있는 대로 고른 것은?

> ─ 보기 ─
> ㄱ. 가역 현상이다.
> ㄴ. 무질서도가 증가한다.
> ㄷ. 충분한 시간이 지나면 연기는 자발적으로 한 지점에 모인다.

① ㄱ   ② ㄴ   ③ ㄷ
④ ㄱ, ㄴ   ⑤ ㄴ, ㄷ

12 다음은 물이 들어 있는 용기에 잉크 방울을 떨어뜨렸더니 잉크가 퍼지는 모습에 대한 설명이다. ( ) 안에 들어갈 알맞은 말을 쓰시오.

> 자연 현상은 대부분 한쪽 방향으로는 자발적으로 일어나지만, 그 반대 방향으로는 자발적으로 일어나지 않는다. 즉, 자연 현상은 ( )이/가 증가하는 방향으로 자발적으로 일어난다.

13 그림은 열기관에 있는 일정량의 이상 기체의 상태가 A → B → C → D → A를 따라 순환하는 동안 기체의 압력과 부피를 나타낸 것이다. D → A → B 과정에서 기체가 흡수한 열은 1600 J이다.

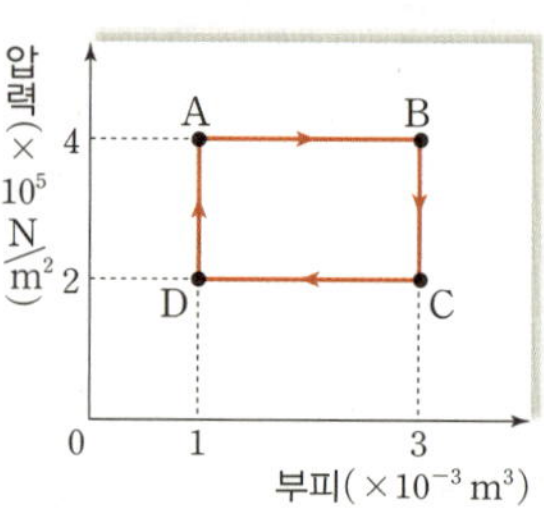

이 열기관의 열효율은?

① $\dfrac{1}{10}$ ② $\dfrac{3}{20}$ ③ $\dfrac{1}{5}$
④ $\dfrac{1}{4}$ ⑤ $\dfrac{3}{10}$

14 그림 (가), (나) 는 각각 단열된 실린더에 들어 있는 같은 양의 동일한 이상 기체에 동일한 열량 Q를 공급하는 것을 나타낸 것이다. Q를 공급하기 전 (가), (나)에서 이상 기체의 압력과 부피는 각각 P, V로 같았다. (가)에서는 피스톤을 고정시킨 채로 열량 Q를 공급하였고, (나)에서는 온도를 일정하게 유지하면서 열량 Q을 공급하였다. (나)에서 Q를 공급한 후 기체의 부피는 $2V$이다.

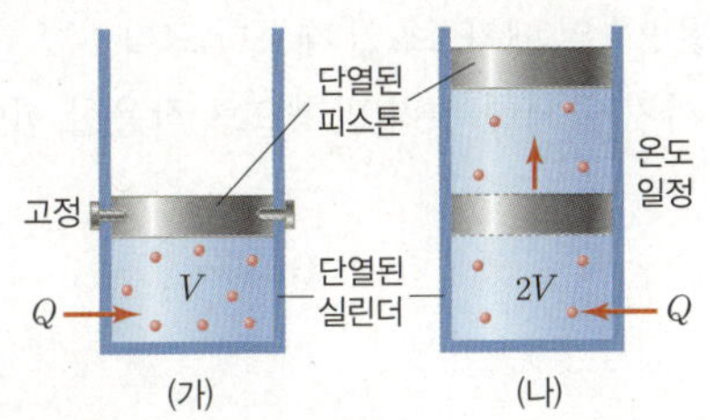

이에 대한 설명으로 옳은 것만을 |보기|에서 있는 대로 고른 것은? (단, 피스톤의 마찰은 무시한다.)

> **보기**
> ㄱ. (나)에서 기체의 부피가 $2V$일 때, 기체의 압력은 $2P$이다.
> ㄴ. Q를 공급했을 때, 기체의 내부 에너지는 (가)에서가 (나)에서보다 크다.
> ㄷ. (가)에서 기체의 내부 에너지 증가량은 (나)에서 기체가 한 일과 같다.

① ㄱ   ② ㄴ   ③ ㄷ
④ ㄱ, ㄴ   ⑤ ㄴ, ㄷ

15 그림은 고열원으로부터 Q_H의 열을 흡수하여 W의 일을 하고 저열원으로 Q_L의 열을 방출하는 열기관을 나타낸 것이다. 표는 열기관 A, B에서의 Q_H, W, Q_L을 나타낸 것이다.

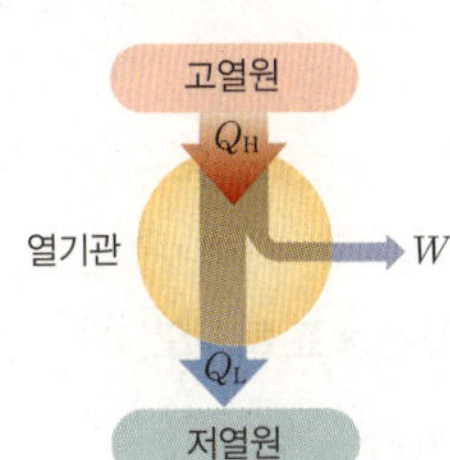

구분	A	B
Q_H	㉠	$5Q$
W	$2Q$	Q
Q_L	$4Q$	㉡

이에 대한 설명으로 옳은 것만을 |보기|에서 있는 대로 고른 것은?

> **보기**
> ㄱ. ㉠은 ㉡의 $\dfrac{3}{2}$배이다.
> ㄴ. 열효율은 A가 B의 $\dfrac{5}{3}$배이다.
> ㄷ. 열기관은 일을 열에너지로 전환한다.

① ㄱ   ② ㄷ   ③ ㄱ, ㄴ
④ ㄴ, ㄷ   ⑤ ㄱ, ㄴ, ㄷ

16 그림은 일정량의 이상 기체가 A → B, A → C를 따라 변할 때, 압력과 부피를 나타낸 것이다. A → B 과정은 등온 과정이고, A → C 과정은 단열 과정이다. 기체의 부피는 B에서와 C에서가 같다. A → B 과정에서 흡수한 열량은 Q, A → C 과정에서 기체의 내부 에너지 감소량은 ΔU이다.

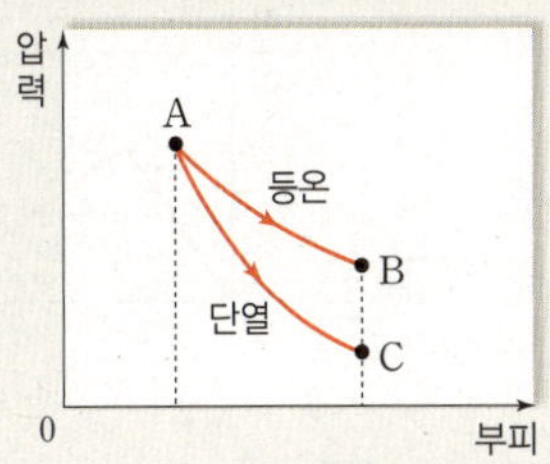

Q와 ΔU의 크기를 기체가 한 일을 비교하여 서술하시오.

17 그림 (가)는 기체가 채워진 밀폐된 상자 안에서 실에 매달린 추가 진동하는 모습을 나타낸 것이고, (나)는 (가)에서 충분한 시간이 지난 후 추가 정지한 모습을 나타낸 것이다.

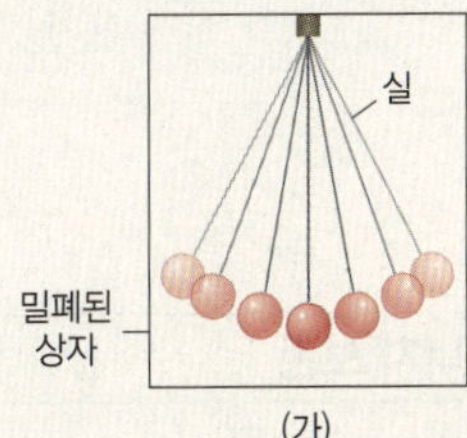

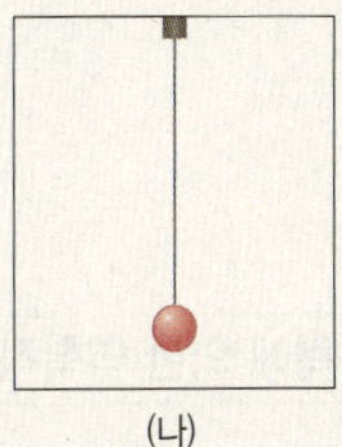

(1) (가)에서 (나)로 변하는 까닭을 열역학 제1법칙으로 서술하시오.

(2) (나)에서 시간이 지나도 추가 저절로 다시 진동하지 못하는 까닭을 열역학 제2법칙으로 서술하시오.

학교 시험 빈출 자료 MASTER

04 역학적 에너지 보존

1 힘-시간 그래프 해석

그림 (가)는 마찰이 없는 수평면에 정지해 있던 질량이 2 kg인 물체에 수평 방향으로 힘이 작용하는 모습을, (나)는 이 물체에 작용한 힘을 시간에 따라 나타낸 것이다. (단, 공기 저항은 무시한다.)

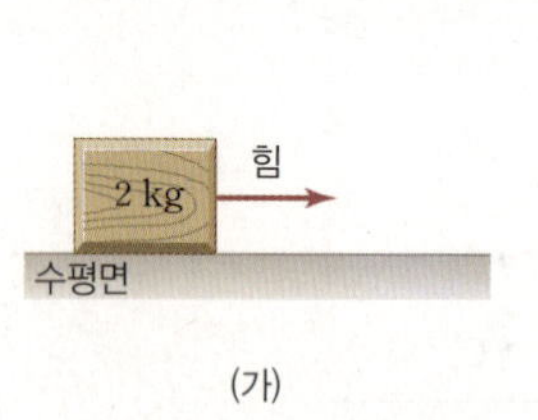

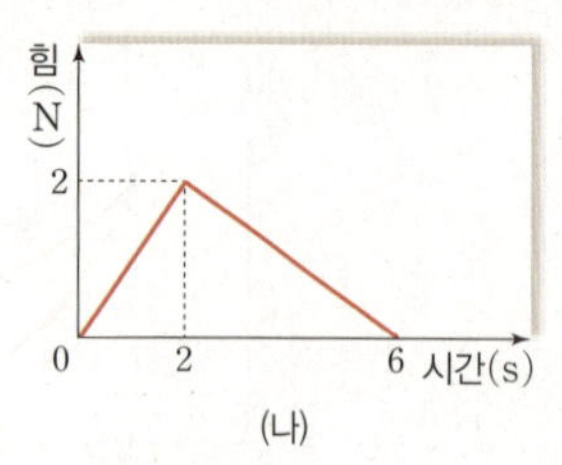

● 다음 설명 중 옳은 것은 ○표, 옳지 않은 것은 ×표 하시오.

1　1초일 때 물체의 가속도 크기는 1 m/s^2이다.　○ / ×

2　2초일 때 물체의 속력은 1 m/s이다.　○ / ×

3　2초일 때 물체의 운동 에너지는 2 J이다.　○ / ×

4　6초일 때 물체의 속력은 3 m/s이다.　○ / ×

5　물체의 속력은 3초일 때가 5초일 때보다 크다.　○ / ×

6　0초부터 6초까지 물체에 수평 방향으로 작용한 힘이 한 일은 4 J이다.　○ / ×

2 힘-이동 거리 그래프 해석

그림 (가)는 마찰이 없는 수평면에 정지해 있던 질량이 2 kg인 물체에 $+x$ 방향으로 힘 F가 작용하는 모습을, (나)는 F의 크기를 물체의 이동 거리 x에 따라 나타낸 것이다. (단, 공기 저항은 무시한다.)

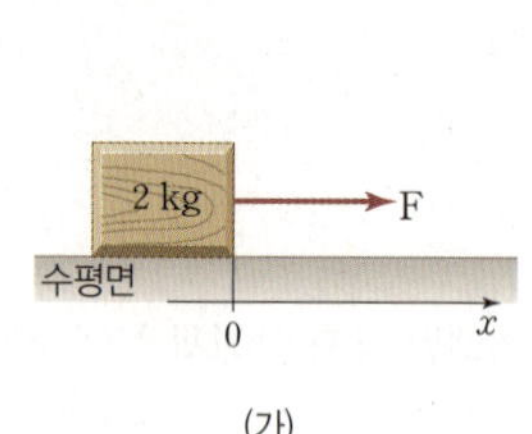

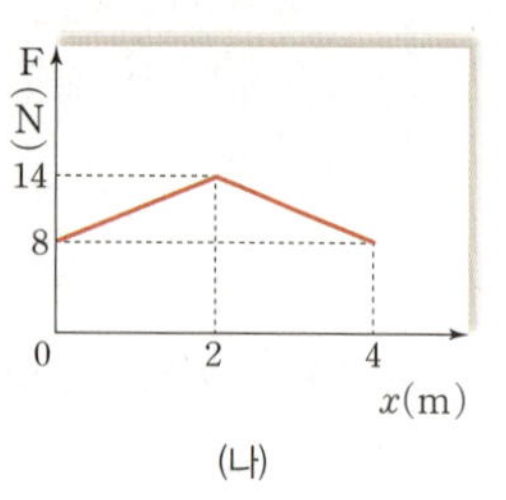

● 다음 설명 중 옳은 것은 ○표, 옳지 않은 것은 ×표 하시오.

1　$x=0$에서 $x=2 \text{ m}$까지 F가 한 일은 20 J이다.　○ / ×

2　$x=2 \text{ m}$에서 물체의 속력은 4 m/s이다.　○ / ×

3　$x=4 \text{ m}$에서 물체의 운동 에너지는 44 J이다.　○ / ×

4　$x=0$에서 $x=2 \text{ m}$까지 물체에 작용한 중력이 한 일은 0이다.　○ / ×

5　$x=2 \text{ m}$에서 $x=4 \text{ m}$까지 물체의 운동 에너지 변화량은 22 J이다.　○ / ×

3 중력에 의한 역학적 에너지 보존

그림은 높이가 $3h$인 점 A에 가만히 놓은 수레가 궤도를 따라 운동하는 모습을 나타낸 것이다. 점 B에서 중력에 의한 퍼텐셜 에너지는 운동 에너지의 2배이다. (단, 공기 저항과 마찰은 무시한다.)

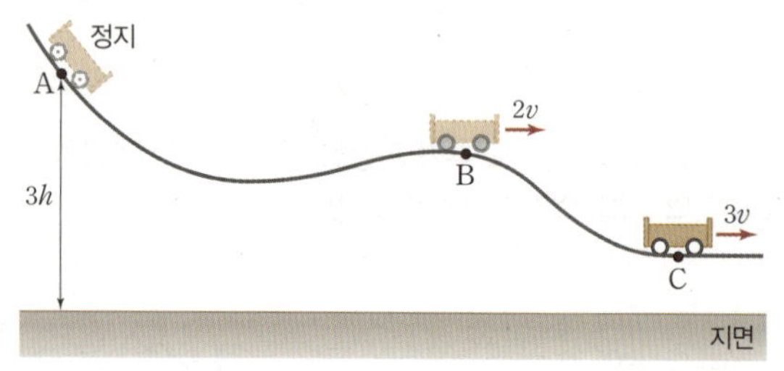

● 다음 설명 중 옳은 것은 ○표, 옳지 않은 것은 ×표 하시오.

1　역학적 에너지는 A에서와 B에서가 같다.　○ / ×

2　운동 에너지는 B에서가 C에서의 $\dfrac{2}{3}$배이다.　○ / ×

3　중력 퍼텐셜 에너지는 B에서가 C에서보다 크다.　○ / ×

4　물체가 A에서 B까지 운동하는 동안 중력이 한 일은 B에서 C까지 운동하는 동안 중력이 한 일보다 크다.　○ / ×

5　B의 높이는 $2h$이다.　○ / ×

4 탄성력에 의한 역학적 에너지 보존

그림 (가)는 용수철 상수가 200 N/m인 용수철에 물체가 충돌하였다가 튀어나오는 것을, (나)는 이 물체의 운동 에너지를 시간에 따라 나타낸 것이다. 물체가 용수철에 충돌하기 전과 후의 운동 에너지는 각각 4 J이다.

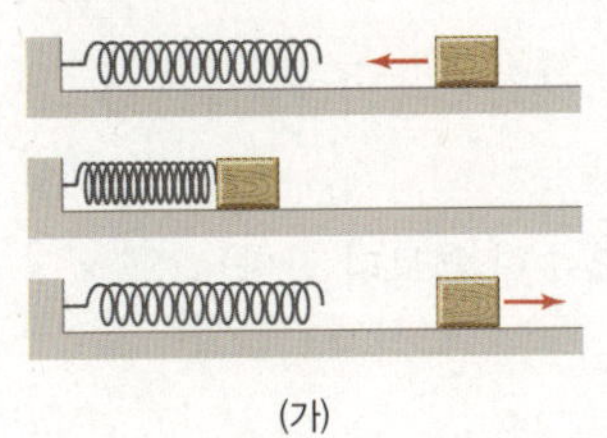
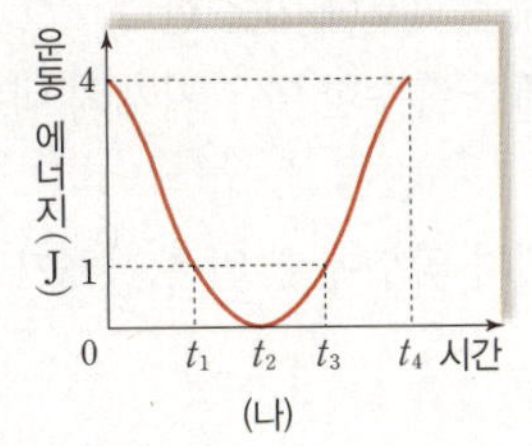

(가)　(나)

● 다음 설명 중 옳은 것은 ○표, 옳지 않은 것은 ×표 하시오.

1 t_1일 때 용수철에 저장된 탄성 퍼텐셜 에너지는 3 J이다.
○ / ×

2 t_1일 때 물체에 작용하는 탄성력의 방향은 운동 방향과 반대이다. ○ / ×

3 물체의 속력은 t_4일 때가 t_3일 때의 $\sqrt{2}$배이다. ○ / ×

4 t_2일 때 용수철이 원래 길이로부터 압축된 길이는 0.2 m이다.
○ / ×

5 t_2일 때 물체의 가속도는 0이다. ○ / ×

5 역학적 에너지 보존

그림과 같이 질량이 m인 물체를 지면에 있는 용수철에 접촉시켜 용수철을 원래 길이로부터 $2A$만큼 압축시켰다 가만히 놓았다. 그 후 물체는 빗면을 따라 운동하여 높이가 H인 수평면에 있는 용수철을 원래 길이로부터 A만큼 최대로 압축시켰다. 두 용수철의 용수철 상수는 k로 같다. (단, 중력 가속도는 g이고, 용수철의 질량, 물체의 크기, 공기 저항과 마찰은 무시한다.)

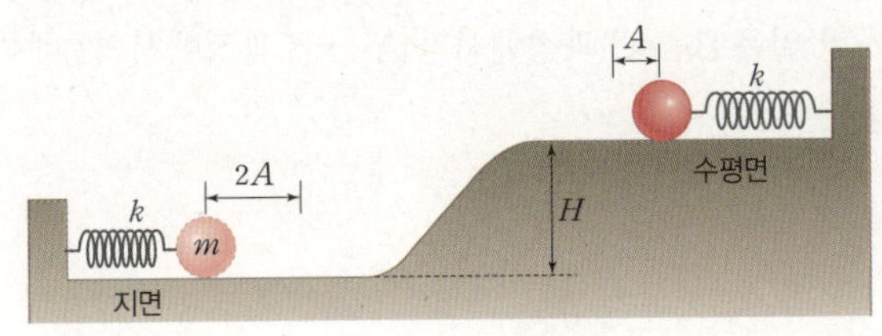

● 다음 설명 중 옳은 것은 ○표, 옳지 않은 것은 ×표 하시오.

1 물체가 지면에 있는 용수철에서 분리되었을 때 물체의 운동 에너지는 $2kA^2$이다. ○ / ×

2 높이가 H인 수평면에서 용수철과 충돌하기 직전 물체의 속력은 $A\sqrt{\dfrac{k}{m}}$이다. ○ / ×

3 지면에 있는 용수철을 $2A$만큼 압축시키고 물체를 가만히 놓은 순간부터 수평면의 용수철을 A만큼 최대로 압축시키는 동안 물체의 중력 퍼텐셜 에너지 증가량은 탄성 퍼텐셜 에너지 감소량보다 크다. ○ / ×

4 H는 $\dfrac{3kA^2}{2mg}$이다. ○ / ×

6 역학적 에너지 손실

그림은 수평면에서 4 m/s의 속력으로 운동하는 질량이 1 kg인 물체가 마찰이 있는 면을 지나 용수철 상수가 100 N/m인 용수철과 충돌하여 용수철을 원래 길이로부터 0.2 m만큼 최대로 압축시킨 모습을 나타낸 것이다. (단, 물체의 크기, 공기 저항, 마찰이 있는 면을 제외한 마찰은 무시한다.)

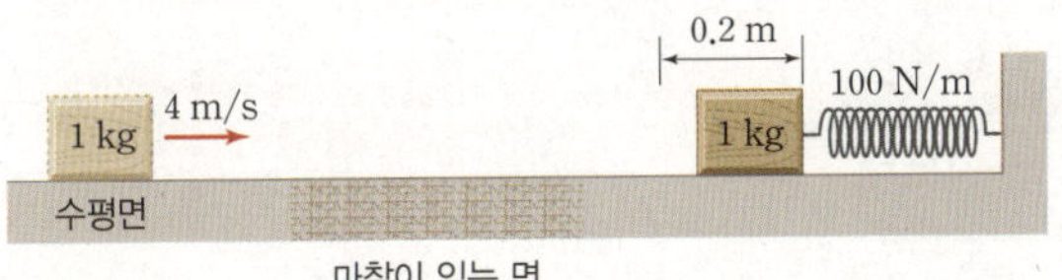

● 다음 설명 중 옳은 것은 ○표, 옳지 않은 것은 ×표 하시오.

1 마찰이 있는 면에 들어가기 전 물체의 운동 에너지는 8 J이다.
○ / ×

2 물체가 용수철과 충돌하여 용수철이 최대로 압축되었을 때 용수철에 저장된 탄성 퍼텐셜 에너지는 4 J이다. ○ / ×

3 마찰이 있는 면을 지난 물체가 용수철과 충돌하기 전의 속력은 2 m/s이다. ○ / ×

4 마찰이 있는 면에서 손실된 물체의 역학적 에너지는 6 J이다.
○ / ×

05 열역학 법칙

7 기체가 하는 일과 내부 에너지

그림과 같이 단열된 실린더에 들어 있는 일정량의 이상 기체에 열을 가하였더니 기체의 압력이 일정하게 유지되면서 부피가 증가하였다.

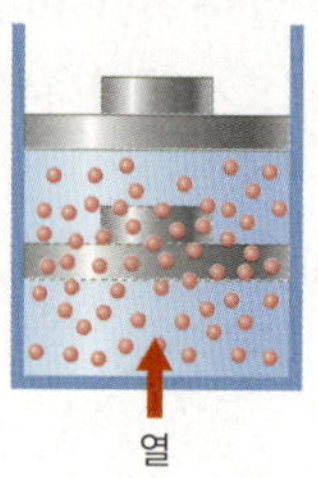

● 다음 설명 중 옳은 것은 ○표, 옳지 <u>않은</u> 것은 ×표 하시오.

1 기체 분자의 평균 속력은 증가한다. ○ / ×

2 기체의 내부 에너지는 감소한다. ○ / ×

3 기체는 외부에 일을 한다. ○ / ×

4 기체가 흡수한 열은 기체의 내부 에너지 증가량보다 크다. ○ / ×

5 기체가 외부에 한 일은 기체가 흡수한 열보다 작다. ○ / ×

8 열역학 법칙

그림은 일정량의 이상 기체가 A → B → C 과정을 따라 변할 때 압력과 부피를 나타낸 것이다. A → B 과정에서 기체에 공급한 열량은 Q이다.

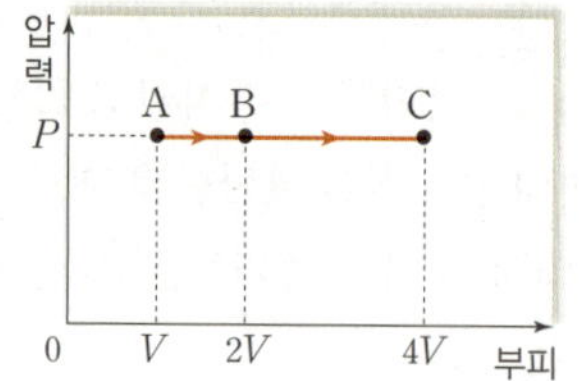

● 다음 설명 중 옳은 것은 ○표, 옳지 <u>않은</u> 것은 ×표 하시오.

1 A → B 과정에서 기체가 한 일은 PV이다. ○ / ×

2 기체의 내부 에너지는 A에서가 B에서보다 크다. ○ / ×

3 A → B 과정에서 기체의 내부 에너지 변화량은 Q이다. ○ / ×

4 기체의 온도는 B에서가 C에서보다 낮다. ○ / ×

5 기체가 한 일은 B → C 과정에서가 A → B 과정에서의 2배이다. ○ / ×

9 열기관의 열효율

그림 (가)는 열효율이 0.2인 열기관이 고열원에서 Q_1의 열을 흡수하여 W의 일을 하고 저열원으로 Q_2의 열을 방출하는 것을, (나)는 열기관 내부 기체의 상태가 A → B → C로 변할 때 압력과 부피를 나타낸 것이다.

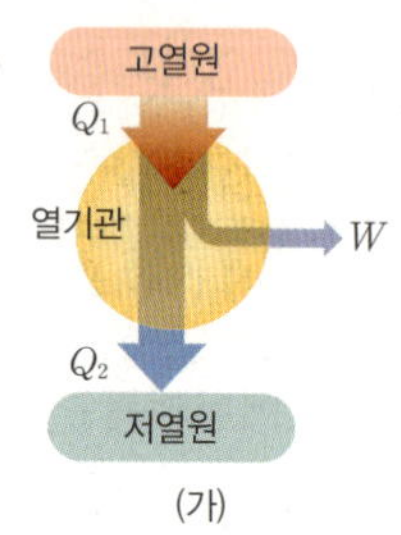

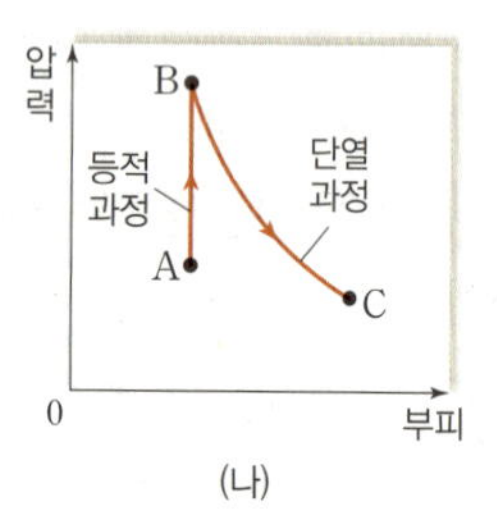

● 다음 설명 중 옳은 것은 ○표, 옳지 <u>않은</u> 것은 ×표 하시오.

1 $Q_1 - Q_2 = W$이다. ○ / ×

2 $Q_2 = 4W$이다. ○ / ×

3 A → B 과정에서 기체는 열을 흡수한다. ○ / ×

4 B → C 과정에서 기체가 한 일은 B → C 과정에서 기체의 내부 에너지 감소량과 같다. ○ / ×

5 기체의 온도는 B에서가 C에서보다 낮다. ○ / ×

학교 시험 대비 문제

01 그림은 물체 A, B가 각각 크기가 F인 힘을 받으며 기준선 p에서 기준선 q까지 속력이 증가하는 등가속도 운동을 하는 것을 나타낸 것이다. A, B의 질량은 각각 m, $2m$이다.

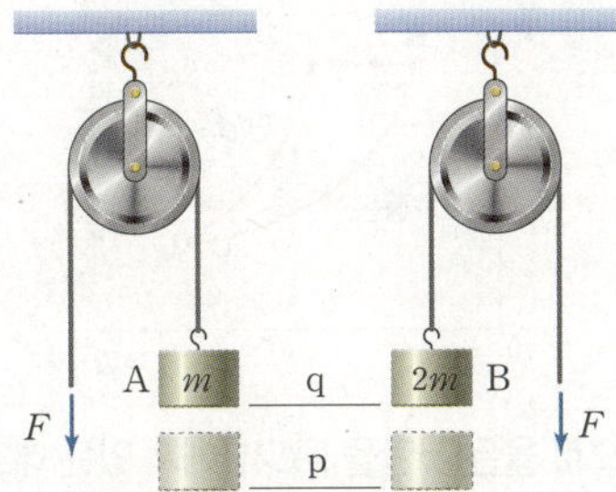

A, B가 p에서 q까지 운동하는 동안, 이에 대한 설명으로 옳은 것만을 |보기|에서 있는 대로 고른 것은? (단, 물체의 크기, 실의 질량, 공기 저항과 모든 마찰은 무시한다.)

> |보기|
> ㄱ. A의 역학적 에너지는 증가한다.
> ㄴ. 물체의 중력 퍼텐셜 에너지 증가량은 A가 B보다 크다.
> ㄷ. 크기가 F인 힘이 한 일은 A에서가 B에서보다 크다.

① ㄱ　　　② ㄴ　　　③ ㄷ
④ ㄱ, ㄴ　　　⑤ ㄱ, ㄷ

대표 유형문제

02 그림은 수평면에서 속력 $2v$로 운동하던 물체가 빗면의 점 P를 지난 후 점 Q에서 정지한 순간의 모습을 나타낸 것이다. P의 높이는 h이고, P에서 물체의 속력은 v이다.

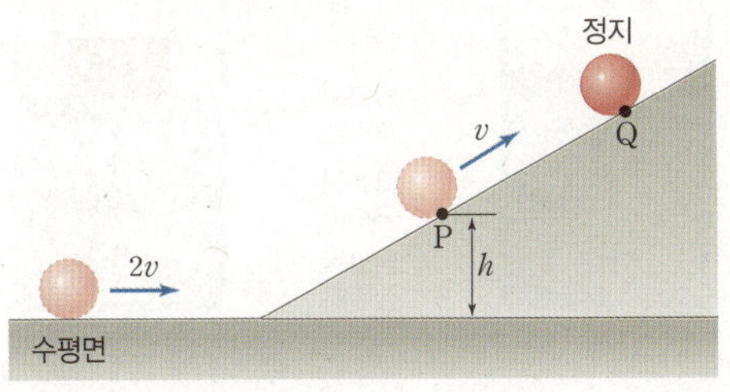

이에 대한 설명으로 옳은 것만을 |보기|에서 있는 대로 고른 것은? (단, 물체의 크기, 공기 저항과 마찰은 무시한다.)

> |보기|
> ㄱ. P에서 물체에 작용하는 알짜힘의 방향은 운동 방향과 같다.
> ㄴ. 물체의 역학적 에너지는 P에서가 Q에서보다 크다.
> ㄷ. Q의 높이는 $\dfrac{4}{3}h$이다.

① ㄱ　　　② ㄴ　　　③ ㄷ
④ ㄱ, ㄷ　　　⑤ ㄴ, ㄷ

---

03 그림 (가)는 마찰이 없는 수평면 위에 정지해 있는 질량이 각각 1 kg, 3 kg인 물체 A, B를 실로 연결하여 A를 수평 방향으로 크기가 F인 힘으로 당기는 것을 나타낸 것이다. 그림 (나)는 B의 속력을 시간에 따라 나타낸 것이다.

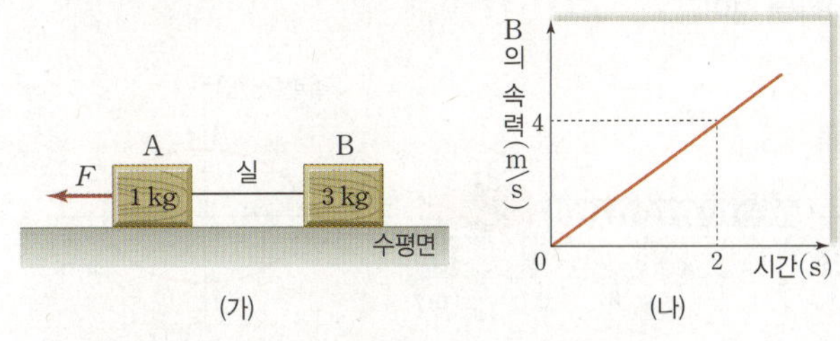

이에 대한 설명으로 옳은 것만을 |보기|에서 있는 대로 고른 것은? (단, 물체의 크기, 실의 질량, 공기 저항은 무시한다.)

> |보기|
> ㄱ. F는 8 N이다.
> ㄴ. 실이 B를 당기는 힘의 크기는 6 N이다.
> ㄷ. 0초부터 2초까지 크기가 F인 힘이 한 일은 30 J이다.

① ㄱ　　　② ㄷ　　　③ ㄱ, ㄴ
④ ㄴ, ㄷ　　　⑤ ㄱ, ㄴ, ㄷ

---

04 그림은 마찰이 없는 수평면에서 용수철의 양 끝에 접촉되어 용수철을 압축시킨 물체 A, B를 가만히 놓았더니 A, B가 용수철 P, Q에 각각 충돌한 후 용수철을 최대로 압축시킨 것을 나타낸 것이다. A, B의 질량은 각각 m, $2m$이고, P, Q의 용수철 상수는 각각 k, $2k$이다.

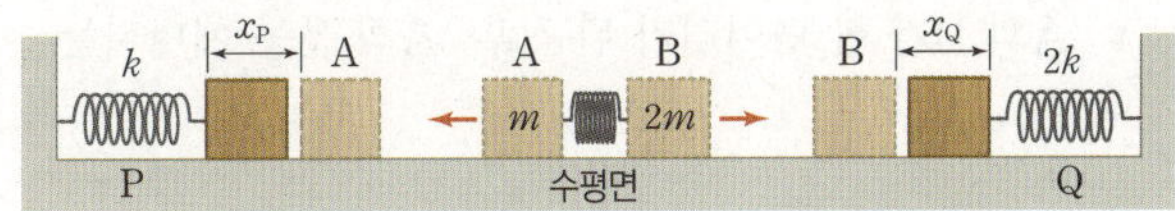

용수철 P, Q의 최대 압축 길이를 각각 x_P, x_Q라고 할 때, $\dfrac{x_P}{x_Q}$는? (단, 물체의 크기, 용수철의 질량, 공기 저항은 무시한다.)

① 1　　　② $\sqrt{2}$　　　③ $\sqrt{3}$
④ 2　　　⑤ $\sqrt{5}$

05 그림 (가)는 마찰이 없는 수평면에서 질량이 $2\ \text{kg}$인 물체를 용수철에 연결한 후 용수철의 원래 길이에서 $+x$ 방향으로 $0.1\ \text{m}$만큼 늘어나게 하여 잡고 있는 것을 나타낸 것이다. 그림 (나)는 (가)에서 물체를 가만히 놓았을 때, 물체의 속력을 위치 x에 따라 나타낸 것이다.

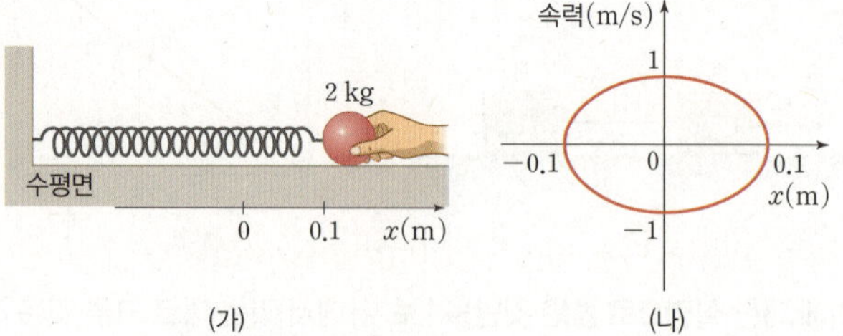

이에 대한 설명으로 옳은 것만을 |보기|에서 있는 대로 고른 것은?

> **보기**
> ㄱ. 물체의 가속도 크기는 $x=0.1\ \text{m}$에서가 $x=0.05\ \text{m}$에서보다 작다.
> ㄴ. 용수철 상수는 $100\ \text{N/m}$이다.
> ㄷ. $x=0.05\ \text{m}$에서 물체의 운동 에너지는 용수철에 저장된 탄성 퍼텐셜 에너지보다 크다.

① ㄱ   ② ㄴ   ③ ㄷ
④ ㄱ, ㄴ   ⑤ ㄱ, ㄷ

06 그림은 마찰이 없는 수평면 위에서 정지한 물체 A를 향해 물체 B가 운동 에너지 E로 등속도 운동을 하다가 A와 B가 충돌한 후 한 덩어리가 되어 용수철을 향해 운동하는 것을 나타낸 것이다. 용수철 상수는 k이고, A, B의 질량은 각각 m, $2m$이다.

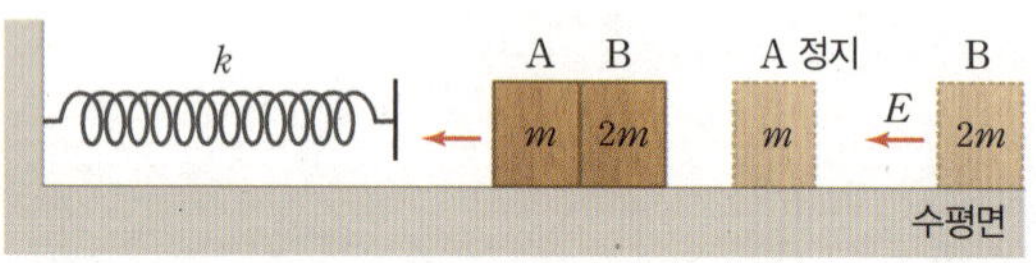

이에 대한 설명으로 옳은 것만을 |보기|에서 있는 대로 고른 것은? (단, 용수철의 질량과 공기 저항은 무시한다.)

> **보기**
> ㄱ. A와 B의 충돌 과정에서 B의 역학적 에너지 감소량은 $\dfrac{4}{9}E$이다.
> ㄴ. A와 B가 한 덩어리가 된 직후, A의 운동 에너지는 $\dfrac{2}{9}E$이다.
> ㄷ. 한 덩어리가 된 A와 B가 용수철의 원래 길이로부터 용수철을 최대로 압축한 길이는 $\sqrt{\dfrac{4E}{3k}}$이다.

① ㄱ   ② ㄴ   ③ ㄷ
④ ㄱ, ㄴ   ⑤ ㄴ, ㄷ

07 그림은 이상 기체의 상태가 $A \rightarrow B \rightarrow C \rightarrow A$로 변할 때 압력과 부피를 나타낸 것이다. $B \rightarrow C$ 과정은 단열 과정이고, $C \rightarrow A$ 과정은 등온 과정이다.

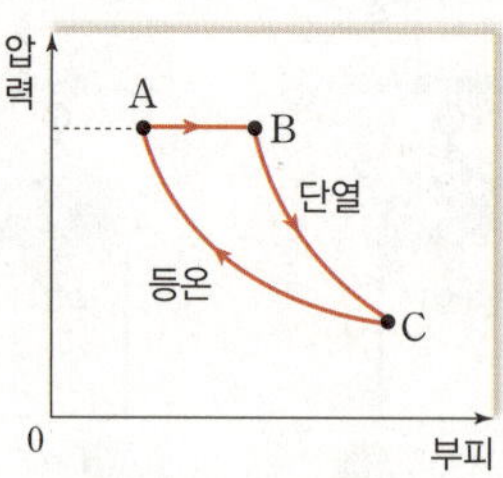

이에 대한 설명으로 옳은 것만을 |보기|에서 있는 대로 고른 것은?

> **보기**
> ㄱ. 기체의 온도는 A에서가 B에서보다 높다.
> ㄴ. $A \rightarrow B$ 과정에서 기체의 내부 에너지 증가량은 $B \rightarrow C$ 과정에서 기체가 한 일과 같다.
> ㄷ. $C \rightarrow A$ 과정에서 기체는 열을 흡수한다.

① ㄱ   ② ㄴ   ③ ㄷ
④ ㄱ, ㄴ   ⑤ ㄴ, ㄷ

08 그림 (가)는 열전달이 잘되는 고정된 금속판에 의해 분리된 실린더에 같은 양의 동일한 이상 기체 A와 B가 열평형 상태에 있는 것을 나타낸 것이다. 그림 (나)는 (가)에서 피스톤 위에 물체를 가만히 놓았더니 A의 부피가 서서히 감소하여 피스톤이 정지한 모습을 나타낸 것이다.

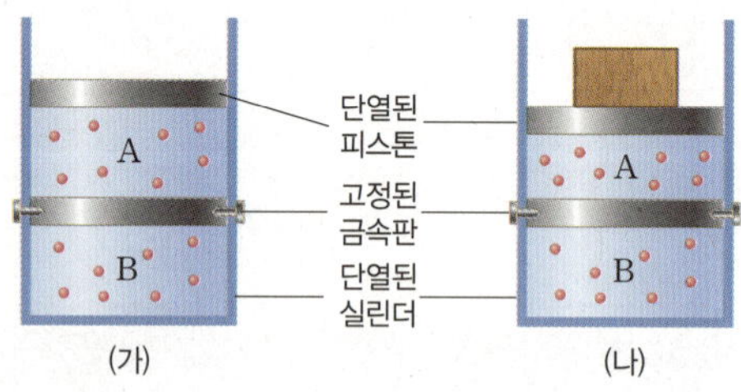

이에 대한 설명으로 옳은 것만을 |보기|에서 있는 대로 고른 것은? (단, 피스톤의 질량, 피스톤의 마찰, 금속판이 흡수한 열량은 무시한다.)

> **보기**
> ㄱ. A의 내부 에너지는 (가)에서가 (나)에서보다 작다.
> ㄴ. B의 압력은 (가)에서와 (나)에서가 같다.
> ㄷ. (나)에서 A의 부피가 감소하는 동안, 열은 B에서 A로 이동한다.

① ㄱ   ② ㄴ   ③ ㄷ
④ ㄱ, ㄴ   ⑤ ㄴ, ㄷ

09 그림 (가)는 단열된 실린더에 채워진 같은 양의 동일한 이상 기체 A와 B를 분리한 피스톤이 힘의 평형을 이루며 정지해 있는 것을 나타낸 것이다. (가)에서 A와 B의 부피와 온도는 같다. 그림 (나)는 (가)의 A에 열량 Q를 가했더니, 피스톤이 서서히 이동하여 힘의 평형을 이루며 정지한 모습을 나타낸 것이다. (가) → (나) 과정에서 A, B의 내부 에너지 증가량은 각각 ΔU_A, ΔU_B이다.

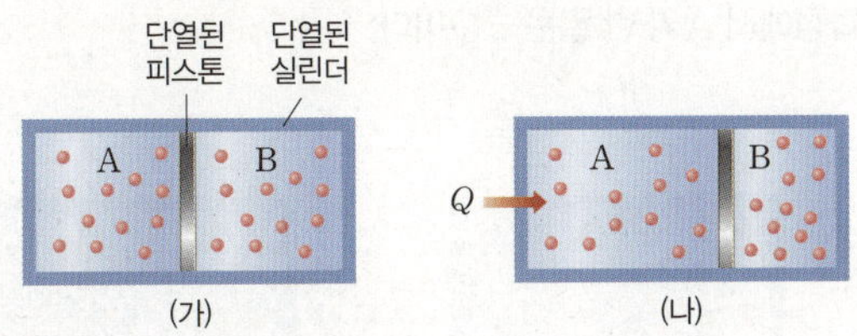

이에 대한 설명으로 옳은 것만을 |보기|에서 있는 대로 고른 것은? (단, 피스톤의 마찰은 무시한다.)

|보기|
ㄱ. (나)에서 기체의 내부 에너지는 A가 B보다 크다.
ㄴ. (가) → (나) 과정에서 A가 한 일은 B가 받은 일보다 크다.
ㄷ. $\Delta U_A + \Delta U_B < Q$이다.

① ㄱ　　　② ㄴ　　　③ ㄷ
④ ㄱ, ㄴ　　　⑤ ㄴ, ㄷ

10 그림 (가)는 단열된 실린더에 일정량의 이상 기체가 들어 있고, 모래가 올려진 단열된 피스톤이 정지해 있는 모습을 나타낸 것이다. 그림 (나)는 (가)에서 기체에 열을 가하거나 피스톤 위의 모래의 양을 조절하여 기체의 상태를 A → B → C를 따라 변화시킬 때, 압력과 부피를 나타낸 것이다. A → B 과정은 기체의 압력이 일정한 과정이고, B → C 과정은 단열 과정이다.

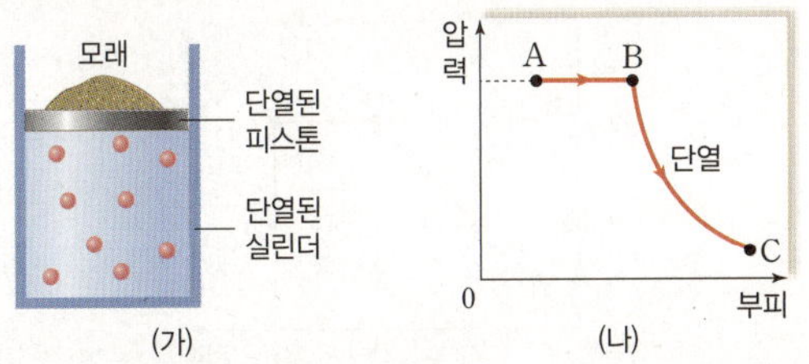

이에 대한 설명으로 옳은 것만을 |보기|에서 있는 대로 고른 것은? (단, 대기압은 일정하고, 실린더와 피스톤 사이의 마찰은 무시한다.)

|보기|
ㄱ. A → B 과정에서 기체는 열을 흡수한다.
ㄴ. B → C 과정에서 모래의 양을 증가시킨다.
ㄷ. B → C 과정에서 기체가 외부에 한 일은 기체의 내부 에너지 감소량보다 크다.

① ㄱ　　　② ㄴ　　　③ ㄷ
④ ㄱ, ㄴ　　　⑤ ㄱ, ㄷ

11 그림 (가)는 칸막이에 의해 두 부분으로 나누어진 단열 진공 용기의 한쪽에 기체를 넣은 것을 나타낸 것이고, (나)는 (가)의 칸막이에 구멍을 뚫었더니 기체 분자가 저절로 퍼져나가는 것을 나타낸 것이다.

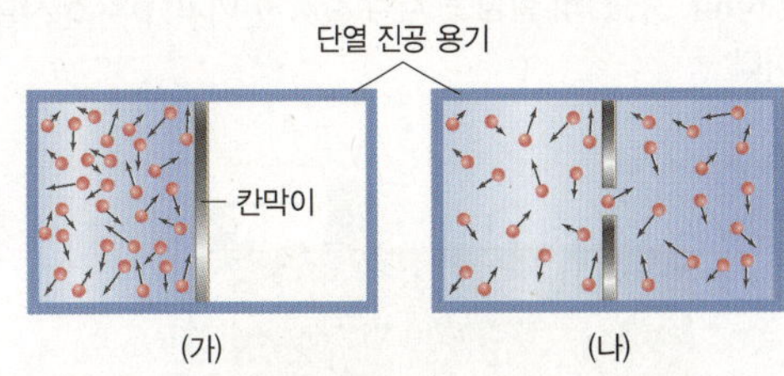

이에 대한 설명으로 옳은 것만을 |보기|에서 있는 대로 고른 것은?

|보기|
ㄱ. (가) → (나) 과정은 비가역 현상이다.
ㄴ. (가) → (나) 과정에서 기체가 한 일은 0이다.
ㄷ. 기체의 온도는 (가)에서가 (나)에서보다 높다.

① ㄱ　　　② ㄴ　　　③ ㄷ
④ ㄱ, ㄴ　　　⑤ ㄴ, ㄷ

12 그림은 고열원에서 Q_1의 열을 흡수하여 외부에 W의 일을 하고 저열원으로 Q_2의 열을 방출하는 열기관을 나타낸 것이다. 열기관의 열효율은 0.3이다. 이에 대한 설명으로 옳은 것만을 |보기|에서 있는 대로 고른 것은?

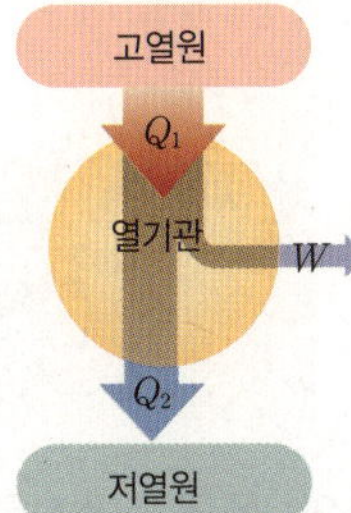

|보기|
ㄱ. $Q_1 > Q_2$이다.
ㄴ. $\dfrac{W}{Q_2} = \dfrac{3}{7}$이다.
ㄷ. $Q_2 = 0$인 열기관은 존재할 수 있다.

① ㄱ　　　② ㄷ　　　③ ㄱ, ㄴ
④ ㄴ, ㄷ　　　⑤ ㄱ, ㄴ, ㄷ

1등급 도전!
고난도 문제

13 그림은 물체 A, B를 실로 연결한 후 A를 수평면의 점 p에 가만히 놓았더니 등가속도 운동을 하여 A가 점 q를 지나는 모습을 나타낸 것이다. A, B의 질량은 각각 $3m$, m이고, p와 q 사이의 거리는 L이다.

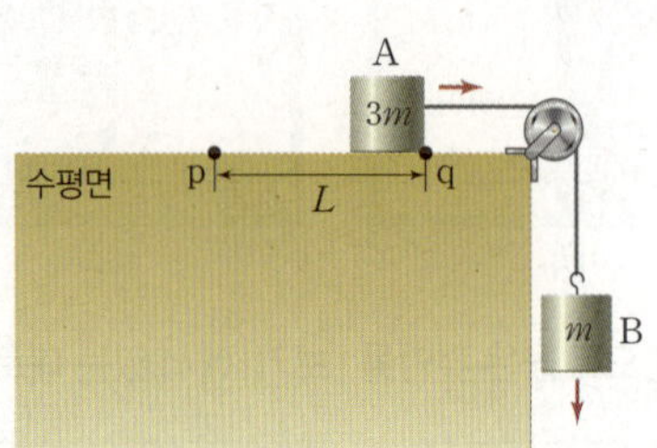

A가 p에서 q까지 운동하는 동안, 이에 대한 설명으로 옳은 것만을 |보기|에서 있는 대로 고른 것은? (단, 중력 가속도는 g이고, 물체의 크기, 실의 질량, 공기 저항과 모든 마찰은 무시한다.)

보기
ㄱ. A를 p에 가만히 놓은 순간부터 A가 q를 지날 때까지 걸린 시간은 $\sqrt{\dfrac{8L}{g}}$이다.

ㄴ. B의 역학적 에너지는 일정하다.

ㄷ. A가 q를 지나는 순간 B의 속력은 $\sqrt{\dfrac{gL}{2}}$이다.

① ㄱ ② ㄴ ③ ㄷ
④ ㄱ, ㄴ ⑤ ㄱ, ㄷ

14 그림은 높이가 $3L$인 수평면에서 질량이 m인 물체를 용수철 상수가 k인 용수철에 접촉시켜 용수철을 원래 길이로부터 L만큼 압축시켰다가 가만히 놓았을 때 물체가 점 p, q를 지난 후 높이가 y인 지점에서 정지한 순간의 모습을 나타낸 것이다. 물체의 운동 에너지는 q에서가 p에서의 3배이다.

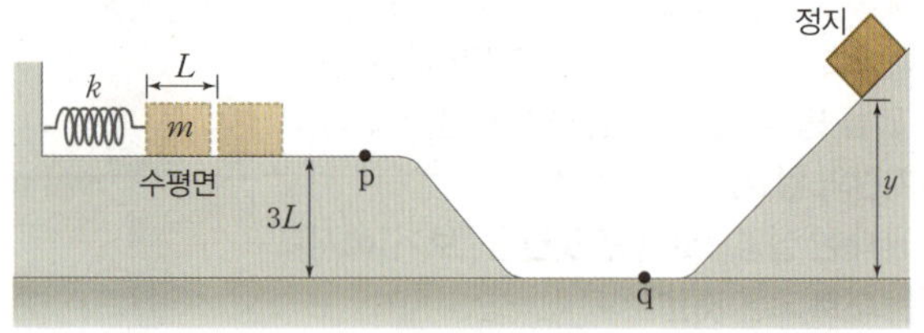

k와 y를 옳게 짝 지은 것은? (단, 중력 가속도는 g이고, 물체의 크기, 공기 저항과 모든 마찰은 무시한다.)

	k	y		k	y
①	$\dfrac{3mg}{L}$	$\dfrac{7}{2}L$	②	$\dfrac{3mg}{L}$	$\dfrac{9}{2}L$
③	$\dfrac{3mg}{L}$	$\dfrac{11}{2}L$	④	$\dfrac{5mg}{L}$	$\dfrac{7}{2}L$
⑤	$\dfrac{5mg}{L}$	$\dfrac{9}{2}L$			

15 그림 (가)는 단열된 피스톤으로 분리되어 있는 단열된 실린더에 같은 양의 동일한 이상 기체 A, B가 들어 있는 것을 나타낸 것이다. 그림 (나)는 A에 열량 Q를 가했더니 피스톤이 오른쪽으로 이동하여 힘의 평형 상태인 것을 나타낸 것이다. (가)에서 (나)로 변하는 과정에서 A가 한 일은 $\dfrac{1}{5}Q$이다.

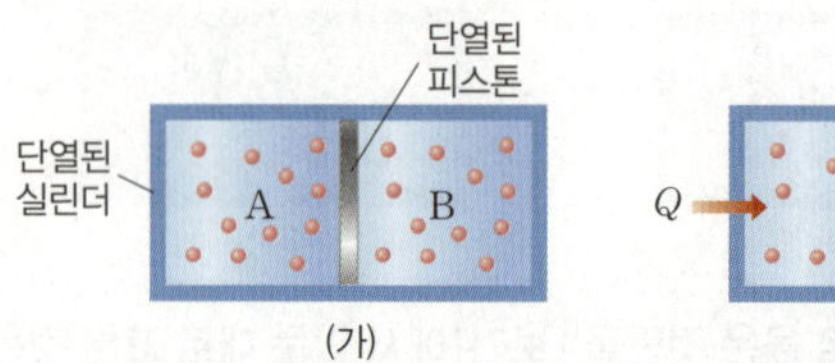

이에 대한 설명으로 옳은 것만을 |보기|에서 있는 대로 고른 것은?

보기
ㄱ. B의 온도는 (가)에서가 (나)에서보다 낮다.

ㄴ. (가) → (나) 과정에서 A가 한 일은 B가 받은 일과 같다.

ㄷ. (가) → (나) 과정에서 A의 내부 에너지 증가량은 $\dfrac{3}{5}Q$이다.

① ㄱ ② ㄷ ③ ㄱ, ㄴ
④ ㄴ, ㄷ ⑤ ㄱ, ㄴ, ㄷ

16 그림은 일정량의 이상 기체의 상태가 A → B → C → D를 따라 변할 때, 압력과 부피를 나타낸 것이다.

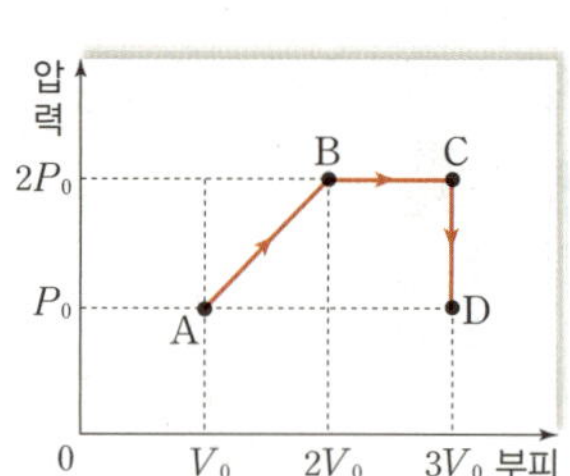

이에 대한 설명으로 옳은 것만을 |보기|에서 있는 대로 고른 것은?

보기
ㄱ. 기체가 한 일은 A → B 과정에서가 B → C 과정에서의 $\dfrac{3}{4}$배이다.

ㄴ. B → C 과정에서 기체의 내부 에너지는 증가한다.

ㄷ. C → D 과정에서 기체는 열을 흡수한다.

① ㄱ ② ㄷ ③ ㄱ, ㄴ
④ ㄴ, ㄷ ⑤ ㄱ, ㄴ, ㄷ

17 그림은 높이가 $4h$인 지점에서 가만히 놓은 물체가 점 p를 지나며 등가속도 운동을 하는 것을 나타낸 것이다. p, q는 지면으로부터의 높이가 각각 $3h$, $2h$인 지점이다. p에서 중력 퍼텐셜 에너지는 E_p이고, q에서 운동 에너지는 K_q이다.

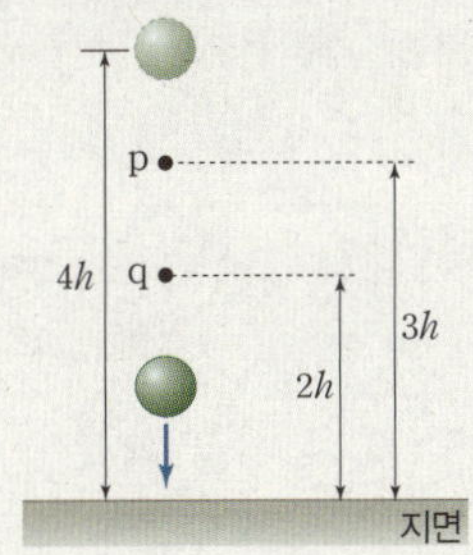

$\dfrac{E_p}{K_q}$ 를 풀이 과정과 함께 구하시오. (단, 공기 저항은 무시한다.)

18 그림은 물체 A, B를 실 p로 연결하여 용수철에 매달았더니 용수철이 원래 길이로부터 d만큼 늘어난 상태로 A, B가 정지해 있는 모습을 나타낸 것이다. A, B의 질량은 각각 m, $2m$이다. p를 끊었을 때, A가 위로 올라가는 동안 최대 속력은 v이다. (단, 물체의 크기, 용수철과 실의 질량, 공기 저항은 무시한다.)

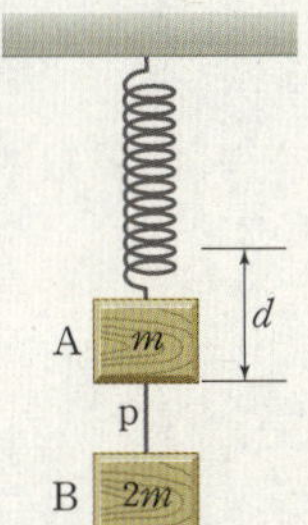

(1) p를 끊은 순간부터 A의 속력이 v가 되는 지점까지 A가 올라간 높이를 풀이 과정과 함께 구하시오.

(2) v를 풀이 과정과 함께 구하시오.

19 그림은 일정량의 이상 기체가 $A \rightarrow B \rightarrow C \rightarrow D \rightarrow A$를 따라 변할 때, 압력과 부피를 나타낸 것이다. $A \rightarrow B$, $C \rightarrow D$ 과정은 등온 과정이다.

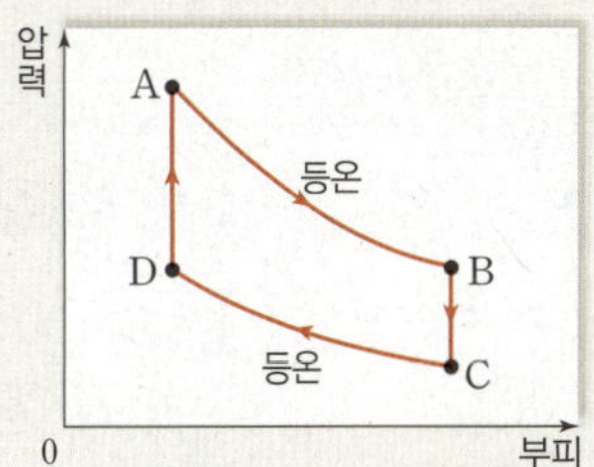

$A \rightarrow B$, $B \rightarrow C$, $C \rightarrow D$, $D \rightarrow A$ 과정 중에서 기체가 열을 흡수하는 과정을 모두 쓰고, 그 까닭을 열역학 제1법칙으로 서술하시오.

20 그림은 차가운 탄산 음료 병을 처음 열 때 수증기가 응결하여 뿌옇게 김이 생기는 모습을 나타낸 것이다.

이와 같은 현상이 생기는 까닭을 열역학 과정과 연관지어 서술하시오.

I

역학과 에너지

3 시간과 공간

06 특수 상대성 이론

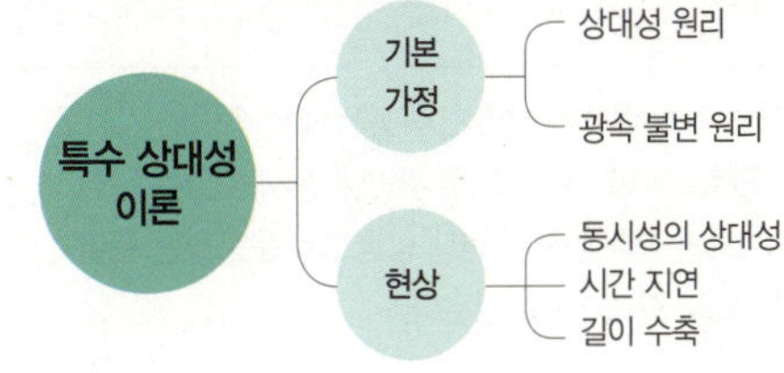

07 질량과 에너지

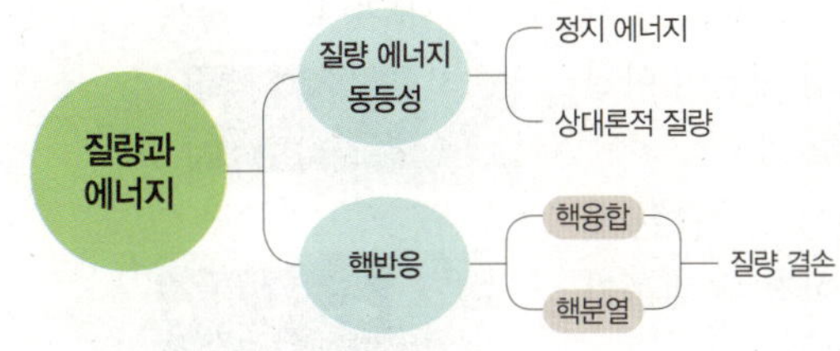

06 특수 상대성 이론

❶ 특수 상대성 이론의 기본 원리

개념 특수 상대성 이론의 두 가지 가정으로 상대성 원리와 광속 불변 원리가 있다.

1. 상대 속도: 물체의 속도에서 관찰자의 속도를 뺀 것을 상대 속도라고 한다.

→ A에 대한 B의 상대 속도(v_{AB})=B의 속도(v_B)−A의 속도(v_A) ─ 관찰자의 운동 상태에 따라 물체의 속도가 다르게 측정된다.

2. 마이컬슨·몰리 실험: 빛의 매질이라고 생각한 에테르의 존재를 확인하기 위한 실험이다.

> **마이컬슨·몰리 실험**
> M_1에서 반사 후 탐지기에 도달하는 시간이 M_2에서 반사 후 탐지기에 도달하는 시간보다 길 것이라고 예상하였다.
>
> - **가정**: 반투명 거울(M_0)에서 분리된 두 빛이 두 거울 M_1, M_2에서 반사된 후 탐지기에 도달하는 데까지 걸린 시간이 다를 것이다.
> - **결과**: 두 빛이 두 거울 M_1, M_2에서 반사된 후 탐지기에 도달하는 데까지 걸린 시간이 같다. 즉, 빛의 속력 차는 없다.
> - **결과에 대한 아인슈타인의 해석**
>   ① 에테르는 존재하지 않는다. → 빛은 매질이 없어도 전파될 수 있다.
>   ② 빛의 속력은 항상 일정하다.

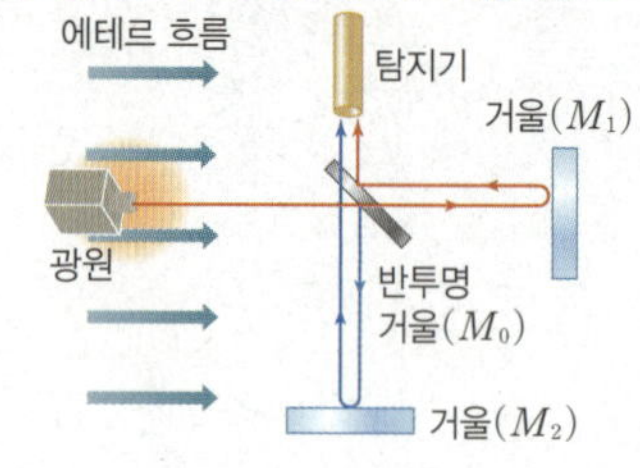

3. 특수 상대성 이론의 두 가지 가정

(1) 상대성 원리: 모든 관성계에서 물리 법칙은 동일하게 성립한다.

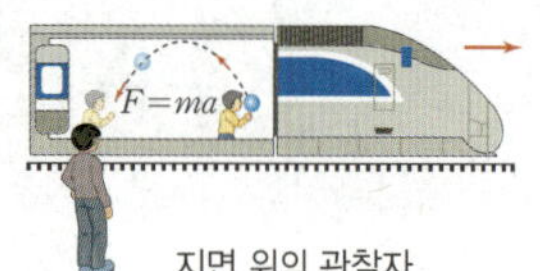

> 기차 안의 관찰자와 지면 위의 관찰자가 보는 공의 운동 경로는 다르지만, 공의 운동을 설명하는 물리 법칙은 $F=ma$로 동일하다.

(2) 광속 불변 원리: 모든 관성계에서 측정했을 때 진공에서 진행하는 빛의 속력은 광원이나 관찰자의 속도에 관계없이 광속 c로 일정하다.

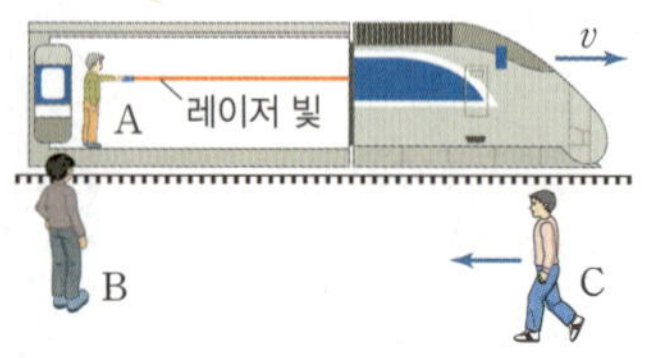

> 속력 v로 운동하는 기차 안에서 방출된 레이저 빛의 속력은 기차 안에 정지해 있는 관찰자 A가 측정하든, 지면에 정지해 있는 관찰자 B가 측정하든, 기차의 진행 방향과 반대 방향으로 운동하는 관찰자가 C가 측정하든 모두 광속 c로 측정된다.

❷ 특수 상대성 이론에 의한 현상

개념 특수 상대성 이론에 의한 현상에는 동시성의 상대성, 시간 지연, 길이 수축이 있다.

1. 동시성의 상대성: 한 관성계에서 동시에 일어난 두 사건이 다른 관성계에서는 동시에 일어난 사건이 아닐 수 있다. 동시성이란 관찰자의 운동 상태에 따라 상대적이다.

(1) 우주선 안에 정지해 있는 관찰자: 광원에서 방출된 빛이 광원으로부터 같은 거리만큼 떨어진 두 검출기에 동시에 도달하는 것으로 관측한다.

(2) 우주선 밖에 정지해 있는 관찰자: 관찰자에 대해 우주선이 오른쪽으로 운동하므로 광원에서 방출된 빛이 왼쪽 검출기에 먼저 도달하는 것으로 관측한다.

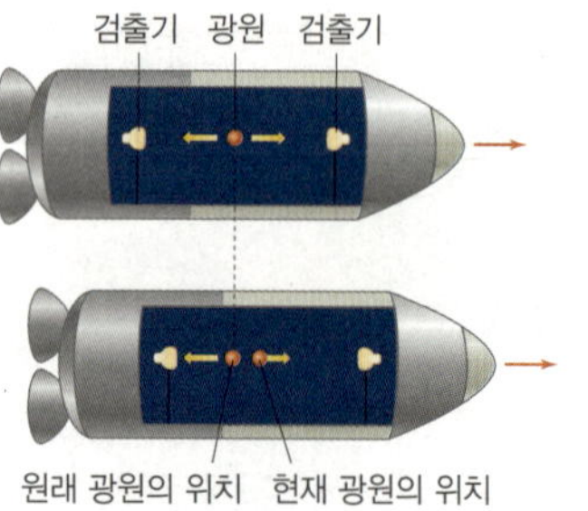

에테르
과학자들은 파동이 매질을 통해 전파되므로 파동의 일종인 빛도 에테르라는 가상의 매질을 통해 전파된다고 생각했다.

관성계(관성 좌표계)
정지해 있거나 등속 직선 운동을 하는 관찰자를 기준으로 한 좌표계로, 한 관성계에 대해 일정한 속도로 움직이는 좌표계는 모두 관성계이다. 특수 상대성 이론은 관성계에서 성립하는 이론이다.

상대성 원리의 의미
관성계에 따라 측정되는 물리량은 다를 수 있지만, 물리량들 사이의 관계식을 나타낸 물리 법칙은 모든 관성계에 동일하게 성립한다는 것이다.

광속
진공에서 진행하는 빛의 속력은 광원이나 관찰자의 속력에 관계없이 동일하게 측정되며, 진공에서 빛의 속력은 $c=3\times10^8$ m/s이다.

강의 포인트
특수 상대성 이론은 관성계에서 성립하는 이론이며, 상대성 원리와 광속 불변 원리를 기본 가정으로 한다.

사건
특수 상대성 이론에서 사건이란 특정한 시각과 위치에서 발생한 물리적 상황을 뜻한다.

2. 시간 지연: 관찰자에 대해 운동하고 있는 다른 관찰자를 보면 상대방의 시간이 느리게 가는 것으로 측정된다. 이를 시간 지연(시간의 상대성)이라고 한다.

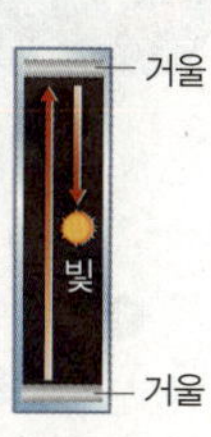

v로 운동하는 우주선 안의 관찰자 A	우주선 밖의 관찰자 B
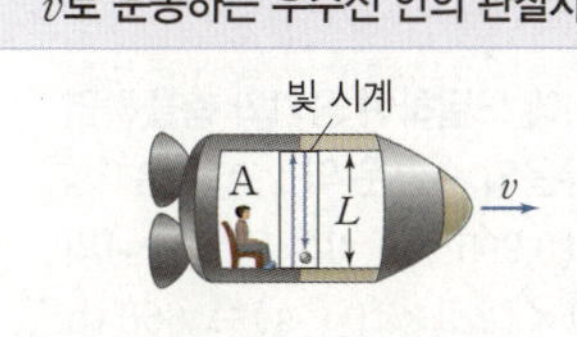	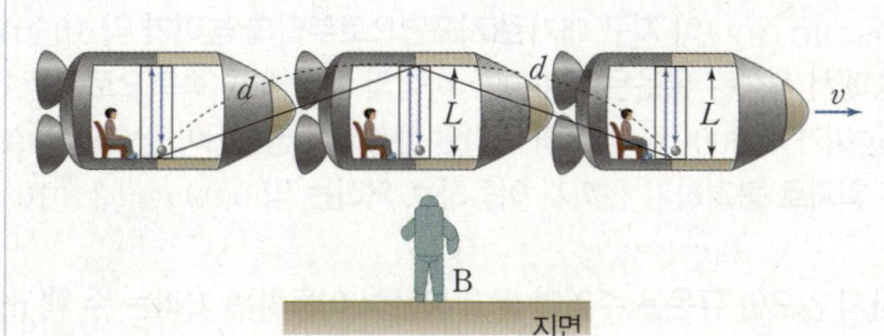
우주선 안의 빛 시계에서 빛이 1회 왕복하는 동안 진행한 거리는 $2L$이므로 A가 측정한 시간은 $T_{고유} = \dfrac{2L}{c}$이다.	지면에 정지해 있는 관찰자 B가 측정하면, 빛 시계의 빛이 1회 왕복하는 동안 진행한 거리는 $2d$이므로 B가 측정한 시간은 $T = \dfrac{2d}{c}$이다.

A가 측정한 시간은 고유 시간이고, B가 측정한 시간은 고유 시간보다 크다. 이와 같이 B에 대해 운동하는 A의 시간은 B의 시간보다 느리게 흐른다. ➡ $T_{고유} < T$

3. 길이 수축: 관찰자에 대해 운동하고 있는 물체는 관찰자에 대해 운동 방향으로 그 길이가 줄어드는 것으로 측정된다. 이를 길이 수축(길이의 상대성)이라고 한다.

v로 운동하는 우주선 안의 관찰자 A	지구에 정지해 있는 관찰자 B
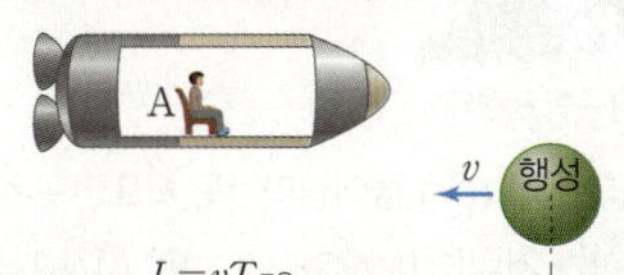	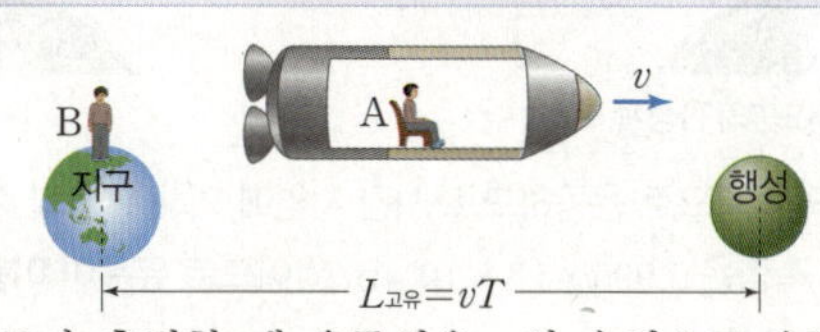
A가 측정할 때 지구와 행성이 각각 v의 속력으로 운동하므로 지구와 행성 사이의 거리는 $L = vT_{고유}$이다.	B가 측정할 때 우주선은 v의 속력으로 운동하므로 지구와 행성 사이의 거리는 $L_{고유} = vT$이다.

B가 측정할 때 A는 운동하므로 시간은 $T_{고유} < T$이고, B에 대해 운동하는 A가 측정한 지구와 행성 사이의 거리는 B가 측정한 고유 길이보다 짧다. ➡ $L < L_{고유}$

개념 익히기 문제

정답과 해설 p.024

🧠 교과서 문장으로 개념 익히기

01 모든 관성계에서 물리 법칙은 동일하게 성립한다는 특수 상대성 이론의 기본 가정을 ☐☐☐☐ ☐☐라고 한다.

02 진공에서 빛의 속력은 광원이나 관찰자의 속력에 관계없이 일정하다는 특수 상대성 이론의 기본 가정을 ☐☐ ☐☐ ☐☐라고 한다.

03 특수 상대성 이론에 따르면 한 관성계에서 동시에 일어난 두 사건이 다른 관성계에서는 동시에 일어난 사건이 아닐 수 있다. 이를 ☐☐☐☐☐☐☐이라고 한다.

04 운동하는 관성계에서의 시간은 느리게 흐르는 것으로 관측되는데, 이를 ☐☐ ☐☐이라고 한다.

05 운동하는 관성계에 있는 물체의 길이는 고유 길이보다 수축되어 측정되는데, 이를 ☐☐ ☐☐이라고 한다.

📦 OX 문제로 개념 익히기

06 A에 대한 B의 상대 속도의 크기가 v이면, B에 대한 A의 상대 속도의 크기도 v이다. (O / X)

07 진공에서 빛의 속력은 빛의 진행 방향으로 운동하는 관찰자가 측정한 값이 빛의 진행 방향과 반대 방향으로 운동하는 관찰자가 측정한 값보다 작다. (O / X)

08 두 사건이 일어난 장소에 대해 정지해 있는 관찰자가 측정한 시간이 고유 시간이다. (O / X)

09 운동하는 관성계에서 일어난 두 사건 사이의 시간 간격은 고유 시간보다 길다. (O / X)

10 운동하는 관성계에 있는 관찰자가 측정한 물체의 길이는 물체에 대해 정지해 있는 관찰자가 측정한 길이보다 길다. (O / X)

 **자료** 집중 분석   특수 상대성 이론의 증거 – 뮤온

§ Point 대기권의 상층에서 생성된 뮤온이 지표면에 도달할 수 있는 까닭을 특수 상대성 이론을 적용하여 설명해 보자.

❶ 뮤온의 발생과 이동 속력: 우주선(cosmic ray)이 지구 대기권(지표면으로부터의 높이가 약 $10\,km$ 이내)에 도달하여 공기와 충돌하면 뮤온을 만든다. 이렇게 대기권의 상층에서 생성된 뮤온은 약 $0.99c$ 이상의 매우 빠른 속력으로 이동하고, 뮤온의 수명은 약 $2.2 \times 10^{-6}\,s$ 이다. 만약 뮤온이 지표면으로부터의 높이가 약 $6000\,m$ 정도의 대기권 상층에서 생성되어 광속의 약 $99.5\,\%\,(0.995c,\ c = 3 \times 10^8\,m/s)$의 속력으로 이동하였다면, 뮤온이 다른 입자로 붕괴하기 전까지 이동하는 거리는 약 $0.995 \times (3 \times 10^8\,m/s) \times (2.2 \times 10^{-6}\,s) \fallingdotseq 660\,m$ 정도이다.

이와 같이 특수 상대성 이론을 고려하지 않으면 뮤온은 수명이 짧고 뮤온이 이동하는 거리는 수 백 m 정도여서 지표면에 도달할 수 없다. 그러나 실제로는 수 킬로미터 상공에서 생성된 뮤온이 지표면에 도달한다.

❷ 이를 그림과 같이 특수 상대성 이론을 적용하여 설명해 보자.

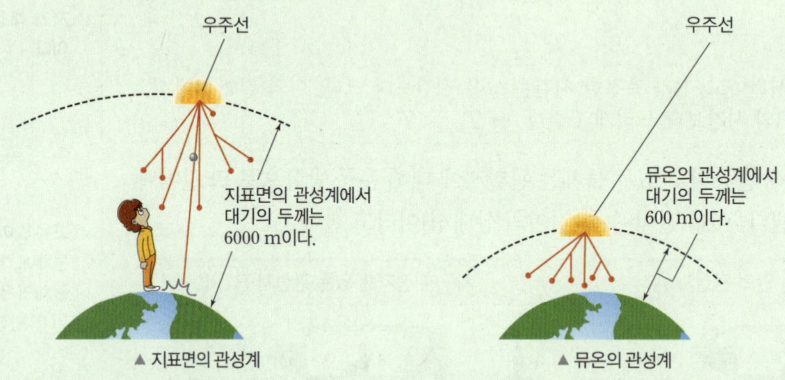

→ 지표면의 관성계에서 뮤온은 약 $0.995c$의 속력으로 운동하므로 시간 지연에 의해 뮤온의 수명은 약 10배 늘어난다. 즉, 지표면의 관성계에서 뮤온의 수명이 약 $22 \times 10^{-6}\,s$이고, 뮤온의 속력은 $0.995 \times (3 \times 10^8\,m/s)$이므로 뮤온이 이동하는 거리는 $0.995 \times (3 \times 10^8\,m/s) \times 22 \times 10^{-6}\,s \fallingdotseq 6600\,m$ 정도이므로 뮤온이 지표면에 도달할 수 있다.

→ 뮤온의 관성계에서는 지구가 운동하므로 길이 수축에 의해 지구 대기의 두께가 줄어든다. 뮤온의 관성계에서 지구가 약 $0.995c$의 속력으로 운동하면 대기의 두께는 약 $\frac{1}{10}$배로 감소하므로 대기의 두께는 약 $600\,m$이다. 즉, 뮤온의 관성계에서 지구가 이동하는 거리는 $0.995 \times (3 \times 10^8\,m/s) \times 2.2 \times 10^{-6}\,s \fallingdotseq 660\,m$ 정도이므로 뮤온이 지표면에 도달할 수 있다.

정답과 해설 p.024

예제 ❶

그림은 지표면으로부터 높이가 h인 곳에서 생성된 뮤온이 지표면에 대해 광속에 가까운 속력 v로 등속도 운동을 하는 모습을 나타낸 것이다. 관찰자는 지표면에 정지해 있다.

▶ **해결 전략**

1단계: 물체의 속도는 상대적이므로 뮤온의 입장에서는 관찰자가 운동한다.
2단계: 운동하는 관성계의 시간은 느리게 가고, 운동하는 관성계의 물체의 길이는 수축된다.

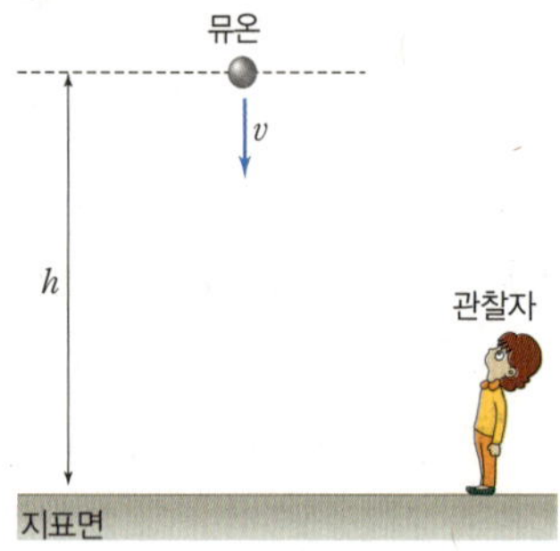

이에 대한 설명으로 옳은 것만을 |보기|에서 있는 대로 고른 것은?

┌ 보기 ┐
ㄱ. 뮤온의 관성계에서 관찰자는 v의 속력으로 운동한다.
ㄴ. 뮤온의 수명은 관찰자의 관성계에서와 뮤온의 관성계에서가 같다.
ㄷ. 뮤온의 관성계에서 뮤온이 생성된 곳에서 지표면까지의 거리는 h보다 짧다.

① ㄱ   ② ㄴ   ③ ㄱ, ㄷ
④ ㄴ, ㄷ   ⑤ ㄱ, ㄴ, ㄷ

개념 다지기 문제

01 그림과 같이 직선 도로에서 자동차를 탄 사람 A, B, C가 각각 10 m/s, 20 m/s, 20 m/s의 속력으로 등속도 운동을 하고 있다. A, B, C는 모두 동쪽으로 운동한다.

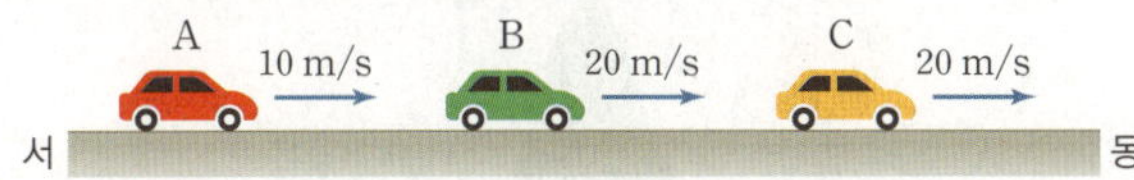

이에 대한 설명으로 옳은 것만을 |보기|에서 있는 대로 고른 것은?

┌ 보기 ┐
ㄱ. A가 측정할 때 B의 속력은 10 m/s이다.
ㄴ. B가 측정할 때 A는 동쪽으로 운동한다.
ㄷ. C가 측정할 때 B는 정지해 있다.

① ㄱ ② ㄴ ③ ㄱ, ㄴ
④ ㄱ, ㄷ ⑤ ㄴ, ㄷ

02 그림은 특수 상대성 이론에 대해 학생 A, B, C가 대화하는 모습을 나타낸 것이다.

제시한 내용이 옳은 학생만을 있는 대로 고른 것은?

① A ② B ③ A, C
④ B, C ⑤ A, B, C

03 그림 (가), (나)는 지면에 정지해 있는 관찰자 A에 대해 v의 속력으로 등속도 운동을 하는 기차 안에서 각각 관찰자 B에 대해 화살이 $2v$의 속력으로 운동하는 모습과 B가 쏜 레이저 빛이 c의 속력으로 진행하는 모습을 나타낸 것이다.

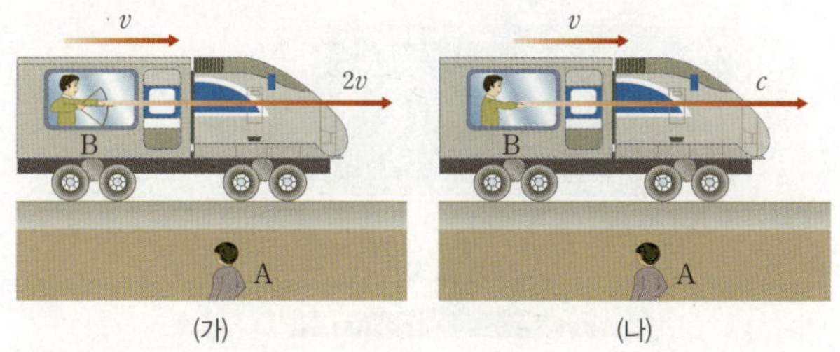

이에 대한 설명으로 옳은 것만을 |보기|에서 있는 대로 고른 것은? (단, c는 빛의 속력이다.)

┌ 보기 ┐
ㄱ. (가)에서 B가 측정한 A의 속력은 v이다.
ㄴ. (가)에서 A가 측정한 화살의 속력은 $3v$이다.
ㄷ. (나)에서 A가 측정한 빛의 속력은 $v+c$이다.

① ㄱ ② ㄷ ③ ㄱ, ㄴ
④ ㄴ, ㄷ ⑤ ㄱ, ㄴ, ㄷ

04 다음 (가), (나)는 특수 상대성 이론의 기본 가정에 대한 설명이다.

(가) 속도가 다른 관성계에서는 물체의 운동 상태가 다르게 관측되지만 물리 법칙은 동일하게 적용된다.
(나) 정지한 광원에서 방출된 빛의 속력과 빠른 속도로 움직이는 광원에서 방출된 빛의 속력은 같다.

(가), (나)에 해당하는 것을 옳게 짝 지은 것은?

	(가)	(나)
①	등가 원리	동시성의 상대성
②	등가 원리	광속 불변 원리
③	상대성 원리	등가 원리
④	상대성 원리	동시성의 상대성
⑤	상대성 원리	광속 불변 원리

05 그림은 관찰자 A에 대해 광속에 가까운 속력으로 운동하는 우주선의 전구에서 빛이 방출되는 모습을 나타낸 것이다. 우주선에 있는 관찰자 B가 측정할 때, 전구에서 검출기 P, Q까지의 거리는 같다.

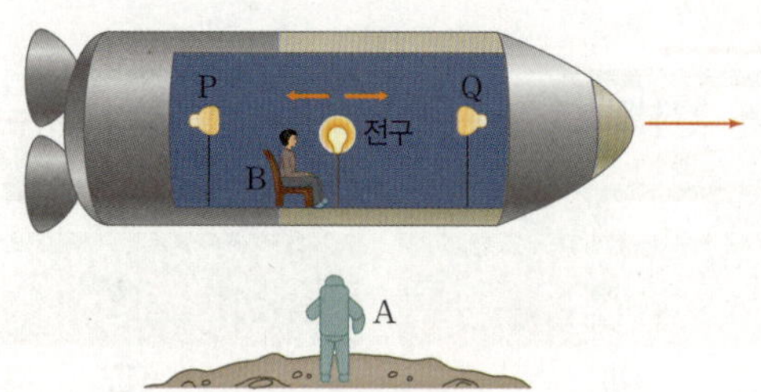

이에 대한 설명으로 옳은 것만을 |보기|에서 있는 대로 고른 것은?

> 보기
> ㄱ. B의 관성계에서 빛은 P와 Q에 동시에 도달한다.
> ㄴ. A의 관성계에서 빛은 P에 먼저 도달한다.
> ㄷ. P로 진행하는 빛의 속력은 A의 관성계에서와 B의 관성계에서가 같다.

① ㄱ   ② ㄴ   ③ ㄱ, ㄷ
④ ㄴ, ㄷ   ⑤ ㄱ, ㄴ, ㄷ

---

07 그림과 같이 산의 정상 부근에서 생성된 뮤온이 지표면에 대해 광속에 가까운 속력으로 운동한다. 지표면에 정지해 있는 관찰자 A가 측정한 산의 높이는 h이고, 뮤온의 고유 수명은 T이다.

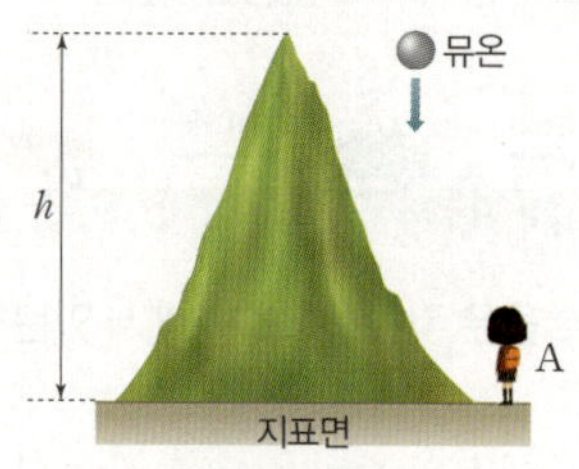

이에 대한 설명으로 옳은 것만을 |보기|에서 있는 대로 고른 것은?

> 보기
> ㄱ. 산의 고유 높이는 h이다.
> ㄴ. A의 관성계에서 뮤온의 수명은 T보다 길다.
> ㄷ. 뮤온의 관성계에서 산의 높이는 h이다.

① ㄱ   ② ㄴ   ③ ㄱ, ㄴ
④ ㄱ, ㄷ   ⑤ ㄴ, ㄷ

대표 유형문제

06 그림과 같이 관찰자 A가 탄 우주선이 관찰자 B에 대해 광속에 가까운 속력으로 등속도 운동을 한다. 우주선 안에 있는 빛 시계 속에서 빛이 왕복한다.

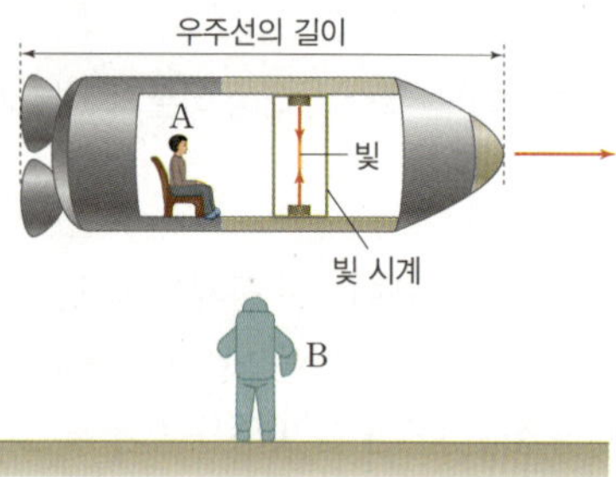

A의 관성계에서의 물리량이 B의 관성계에서의 물리량보다 큰 것만을 |보기|에서 있는 대로 고른 것은?

> 보기
> ㄱ. 빛의 속력
> ㄴ. 빛 시계 속 빛이 1회 왕복하는 데 걸린 시간
> ㄷ. 우주선의 길이

① ㄱ   ② ㄷ   ③ ㄱ, ㄴ
④ ㄱ, ㄷ   ⑤ ㄴ, ㄷ

대표 유형문제

08 그림과 같이 관찰자 A, B가 탄 우주선이 수평면에 대해 각각 $0.9c$, $0.7c$의 일정한 속도로 운동한다. 수평면에는 깃발 P, Q가 고정되어 있다.

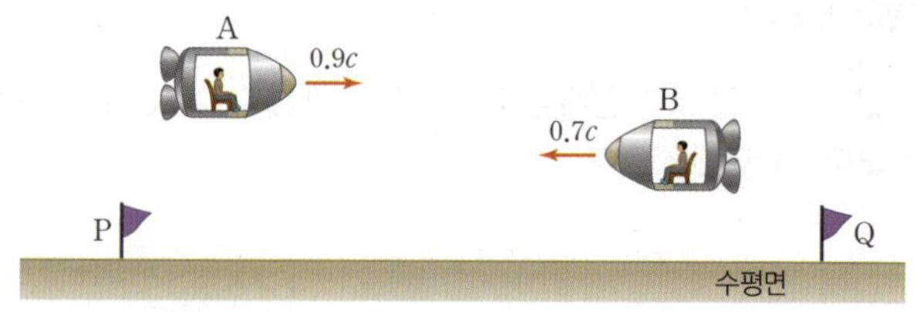

이에 대한 설명으로 옳은 것만을 |보기|에서 있는 대로 고른 것은? (단, c는 빛의 속력이다.)

> 보기
> ㄱ. A의 관성계에서 P의 속력은 $0.9c$이다.
> ㄴ. A의 관성계에서 B의 시간은 A의 시간보다 느리게 간다.
> ㄷ. P와 Q 사이의 거리는 A의 관성계에서가 B의 관성계에서보다 크다.

① ㄱ   ② ㄷ   ③ ㄱ, ㄴ
④ ㄱ, ㄷ   ⑤ ㄴ, ㄷ

고난도 문제

09 그림과 같이 관찰자 A가 지구에 대해 정지해 있는 행성으로 빛 신호를 보낸다. 관찰자 B가 탄 우주선은 지구에서 행성으로 A에 대해 $0.5c$의 일정한 속도로 운동하고 있다. A의 관성계에서 빛 신호가 행성에 도달하는 데 걸린 시간은 10년이다.

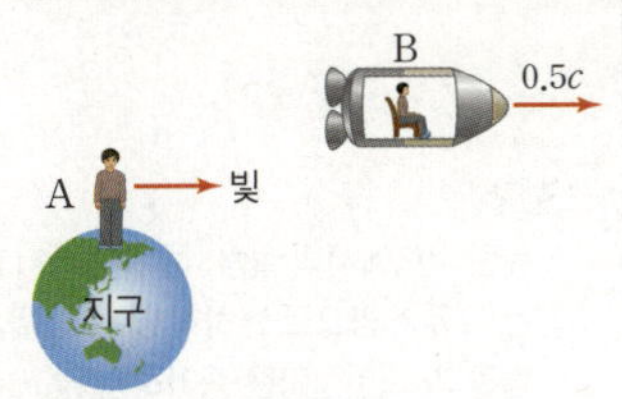

이에 대한 설명으로 옳은 것만을 |보기|에서 있는 대로 고른 것은? (단, c는 빛의 속력이고, 1광년은 빛이 1년 동안 진행한 거리이다.)

|보기|
ㄱ. 지구와 행성 사이의 고유 거리는 10광년이다.
ㄴ. A의 관성계에서 B가 지구에서 행성까지 가는 데 걸린 시간은 20년이다.
ㄷ. B의 관성계에서 지구가 B를 스친 순간부터 행성이 B를 스치는 순간까지 걸린 시간은 20년이다.

① ㄱ ② ㄷ ③ ㄱ, ㄴ
④ ㄴ, ㄷ ⑤ ㄱ, ㄴ, ㄷ

10 그림과 같이 관찰자 A, B가 탄 우주선이 서로 반대 방향으로 각각 v_A, v_B의 일정한 속도로 운동한다. 표는 B가 탄 우주선의 광원에서 방출된 빛이 검출기 P에 도달할 때까지 빛이 진행한 거리와 걸린 시간을 A, B가 측정한 것을 나타낸 것이다. 수평면에 놓인 막대의 길이는 A의 관성계에서가 B의 관성계에서보다 크다.

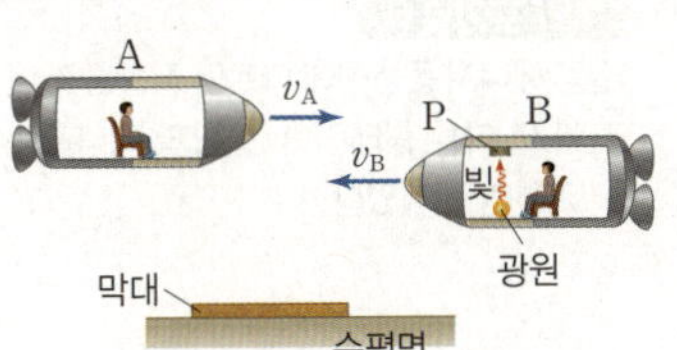

관찰자	빛이 진행한 거리	걸린 시간
A	L_A	t_A
B	L_B	t_B

이에 대한 설명으로 옳은 것만을 |보기|에서 있는 대로 고른 것은?

|보기|
ㄱ. $L_A > L_B$이다.
ㄴ. $v_A < v_B$이다.
ㄷ. $\dfrac{L_A}{L_B} = \dfrac{t_A}{t_B}$이다.

① ㄱ ② ㄷ ③ ㄱ, ㄴ
④ ㄴ, ㄷ ⑤ ㄱ, ㄴ, ㄷ

서술형 문제

11 그림과 같이 관찰자 B가 탄 우주선이 관찰자 A에 대해 $0.9c$의 일정한 속도로 운동하고, 빛은 우주선의 운동 방향과 반대 방향으로 진행한다.

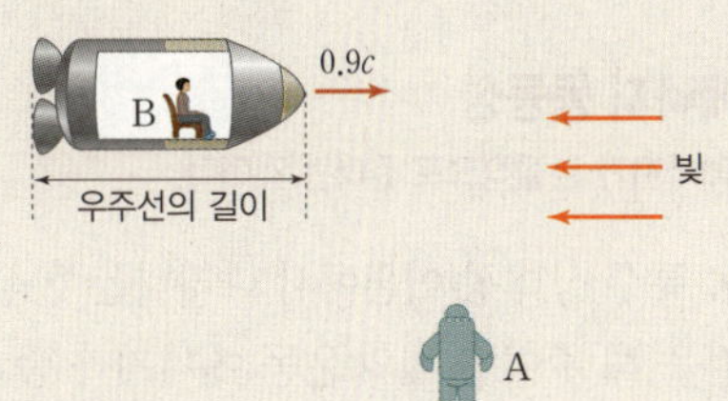

(1) A의 관성계와 B의 관성계에서 빛의 속력을 비교하여 서술하시오. (단, c는 빛의 속력이다.)

(2) 고유 길이를 언급하여 A의 관성계와 B의 관성계에서 우주선의 길이를 비교하여 서술하시오.

12 다음은 뮤온에 대한 설명이다.

지구 대기로 들어오는 고속의 입자가 대기와 충돌하여 뮤온이 생성된다. 이때 뮤온은 약 $0.99c$의 광속에 가까운 속도로 튀어나오며 뮤온의 수명은 약 2×10^{-6} s 정도로 짧아 뮤온이 진행할 수 있는 거리는 $0.99 \times (3 \times 10^8 \text{ m/s}) \times (2 \times 10^{-6} \text{ s}) ≒ 600$ m 정도로 지표면에 도달하기 전에 붕괴하여 도달할 수 없게 된다. 그러나 실제 뮤온은 수 km의 거리를 진행하여 지표면에서 발견된다.

뮤온의 관성계와 지표면의 관성계에서 뮤온이 지표면에 도달할 수 있는 까닭을 각각 서술하시오.

07 질량과 에너지

① 질량 에너지 동등성

개념 질량과 에너지가 본질적으로 같다는 것이다.

1. 질량 증가: 특수 상대성 이론에서 나타나는 현상으로, 물체에 일을 해 주어 물체의 운동 에너지가 증가하면 물체의 속력뿐만 아니라 질량도 증가한다. 즉, 물체에 가한 에너지의 일부는 물체의 속력을 증가시키는 데 사용되고, 일부는 물체의 질량을 증가시키는 데 사용된다. ➡ 에너지가 질량으로 전환된다. 즉, 질량은 에너지의 또 다른 형태로 볼 수 있다.

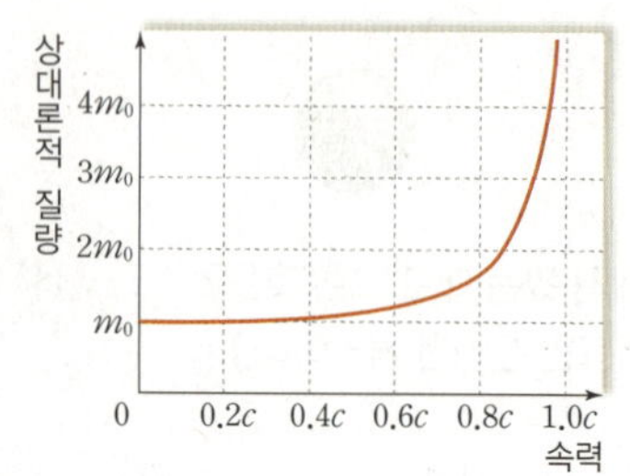

▲ 상대론적 질량−속력 그래프

물체의 속력이 빠를수록 상대론적 질량이 커지며, 물체의 속력이 빛의 속력에 가까워지면 물체의 질량은 급격하게 증가한다. → 물체는 빛의 속력에 도달할 수 없다.

2. 질량과 에너지 변환

(1) **질량 에너지 동등성**: 특수 상대성 이론에 따르면 질량과 에너지는 본질적으로 같다는 것이다. 즉, 질량은 에너지의 또 다른 형태이다. ➡ 질량 m에 해당하는 에너지는 $E = mc^2$ (c: 진공에서 빛의 속력)이다.

(2) **정지 질량과 상대론적 질량**: 물체의 질량이 관성계마다 다르게 측정되는데, 물체에 대해 정지해 있는 관성계에서 측정한 물체의 질량을 정지 질량이라 하고, 물체에 대해 운동하는 관성계에서 측정한 물체의 질량을 상대론적 질량이라고 한다.

❶ 물체의 속력이 빠를수록 상대론적 질량이 크다.

❷ 정지 에너지: 정지 질량에 해당하는 에너지이다. ➡ 정지 질량이 m_0인 물체의 정지 에너지는 $E = m_0 c^2$이다.

(3) **질량과 에너지 변환의 예**

❶ 태양 내부의 수소 핵융합 반응이나 원자로 내의 핵분열 반응에서 질량의 일부가 에너지로 변환된다.

❷ 전자와 양전자가 만나 소멸하면서 질량이 에너지로 변환된다.

❸ 원자핵이 에너지를 흡수하여 중성자와 양성자로 분리되는 과정에서 에너지가 질량으로 변환된다.

(4) **질량 결손**: 핵이 분열되거나 융합되는 핵반응 과정에서 핵반응 후의 질량이 핵반응 전의 질량보다 작아지는 질량 결손이 생긴다. 이때 질량 결손(Δm)에 해당하는 에너지 (ΔE)가 방출된다. ➡ $\Delta E = \Delta m c^2$ 질량 결손이 클수록 더 많은 에너지가 방출된다.

헬륨 원자핵 융합 과정에서의 질량 결손

그림과 같이 중성자 2개와 양성자 2개가 분리되어 있을 때 입자들의 질량의 합은 입자들이 결합하여 헬륨 원자핵을 형성했을 때의 질량보다 크다. 이와 같이 입자들이 결합하는 과정에서 질량이 감소하고 감소한 질량만큼 에너지가 방출된다.

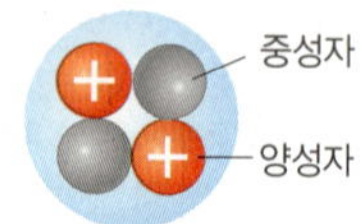

입자들의 질량의 총합	헬륨 원자핵의 질량 $= 4.0015$ u
$= 1.0087$ u $\times 2 + 1.0073$ u $\times 2 = 4.032$ u	

질량
- 뉴턴 역학에서의 질량: 물체가 가지고 있는 고유의 양으로 변하지 않는다. 물체에 힘을 가하면 질량은 증가하지 않고 속력만 증가한다.
- 상대론적 질량: 질량은 변하지 않는 고유의 양이 아니라 상대적인 물리량으로, 속력에 따라 질량이 변한다.

질량 에너지 동등성의 의미
질량과 에너지는 본질적으로 같으므로 질량이 에너지로 변환될 수 있고, 에너지가 질량으로 변환될 수 있다.

질량 에너지 보존 법칙
특수 상대성 이론에 따르면 질량이 에너지로 변환되거나 에너지가 질량으로 변환되므로 질량과 에너지를 합한 양이 보존된다.

강의 포인트 ⊙
질량 에너지 동등성에 따르면 질량은 에너지의 또 다른 형태이며, 질량과 에너지는 서로 변환될 수 있다.

핵자의 질량
원자핵을 구성하는 입자로, 중성자와 양성자가 있다. 중성자와 양성자의 질량은 표와 같다.

입자	질량
중성자	1.0087 u
양성자	1.0073 u

$(1\ \text{u} = 1.66 \times 10^{-27}\ \text{kg})$

② 핵융합과 핵분열

개념 가벼운 원자핵이 무거운 원자핵이 되는 것을 핵융합, 무거운 원자핵이 가벼운 원자핵이 되는 것을 핵분열이라고 한다.

1. **핵반응**: 핵이 분열하거나 융합하는 것을 말하며, 핵반응 전후 전하량과 질량수는 보존되며, 질량 결손에 해당하는 에너지가 방출된다.

> **원자핵 A와 B가 반응하여 원자핵 C와 D가 되었을 때 핵반응식**
>
> $$_{w}^{a}A + _{x}^{b}B \longrightarrow _{y}^{c}C + _{z}^{d}D + 에너지$$
>
> • 질량수 보존: $a+b=c+d$
> • 전하량 보존: $w+x=y+z$

2. **핵융합과 핵분열**

(1) **핵융합**: 가벼운 원자핵이 결합하여 무거운 원자핵이 되는 핵반응으로, 핵융합 과정에서 질량 결손이 발생하며 질량 결손에 해당하는 에너지가 방출된다. **예** 태양의 중심부에서 일어나는 수소 핵융합 반응, 인공 핵융합로에서 일어나는 핵융합 반응

$$_{1}^{2}H + _{1}^{3}H \longrightarrow _{2}^{4}He + _{0}^{1}n + 17.6 \text{ eV}$$

▲ 수소 핵융합 반응

(2) **핵분열**: 무거운 원자핵이 두 개의 가벼운 원자핵으로 분열되는 핵반응으로, 핵분열 과정에서 질량 결손이 발생하며 질량 결손에 해당하는 에너지가 방출된다. **예** 원자력 발전소의 원자로 내부에서 일어나는 우라늄의 핵분열 반응

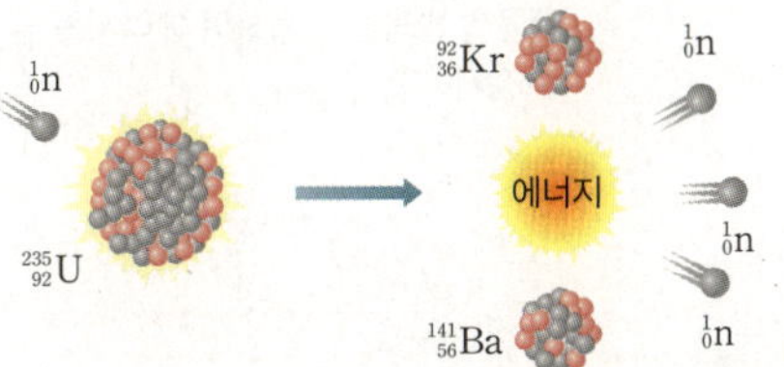

$$_{92}^{235}U + _{0}^{1}n$$
$$\longrightarrow _{36}^{92}Kr + _{56}^{141}Ba + 3_{0}^{1}n + 200 \text{ MeV}$$

▲ 우라늄의 핵분열 반응

원자핵의 표현

원자핵은 양성자와 중성자로 구성되어 있으며, 원자 번호(Z)는 원자핵 속에 들어 있는 양성자수, 질량수(A)는 원자핵 속에 들어 있는 양성자수와 중성자수의 합이다.

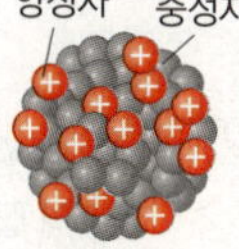

동위 원소

원자 번호는 같지만 질량수가 다른 원소로, 화학적 성질은 같으나 물리적 성질은 다르다.
예 $_{1}^{1}H$, $_{1}^{2}H$, $_{1}^{3}H$

여러 가지 입자의 표기

입자	표기
전자	$_{-1}^{0}e$
양전자	$_{+1}^{0}e$
양성자(수소 원자핵)	$_{1}^{1}H$
중성자	$_{0}^{1}n$

eV(전자볼트)

에너지의 크기를 나타내는 단위 중 하나로, 전하량이 $e=1.6 \times 10^{-19}$ C인 전자를 1 V의 전압으로 가속시켰을 때 전자의 에너지를 1 eV라고 한다.
$1 \text{ eV} = 1.6 \times 10^{-19} \text{ J}$
$1 \text{ MeV} = 1.6 \times 10^{-13} \text{ J}$

개념 익히기 문제

정답과 해설 p.026

🧠 교과서 문장으로 개념 익히기

01 질량은 에너지의 또 다른 형태이며, 질량과 에너지는 본질적으로 같다. 이를 ☐☐ ☐☐☐ ☐☐☐이라고 한다.

02 물체에 대해 정지해 있는 관성계에서 측정한 물체의 질량은 ☐☐ 질량이고, 물체에 대해 운동하는 관성계에서 측정한 물체의 질량은 ☐☐☐☐ 질량이다.

03 핵반응 전후 줄어든 질량을 ☐☐ ☐☐이라 하고, 핵반응에서 ☐☐☐에 해당하는 에너지가 방출된다.

04 가벼운 원자핵이 결합하여 무거운 원자핵이 되는 핵반응을 ☐☐☐이라고 한다.

05 무거운 원자핵이 분열하여 가벼운 원자핵이 되는 핵반응을 ☐☐☐이라고 한다.

🎲 OX 문제로 개념 익히기

06 질량은 에너지로 변환되지만 에너지는 질량으로 변환되지 않는다. (O / X)

07 물체의 속력이 증가할수록 물체의 상대론적 질량은 증가한다. (O / X)

08 핵반응 전 입자들의 질량의 합은 핵반응 후 입자들의 질량의 합과 같다. (O / X)

09 정지해 있는 물체의 정지 에너지는 0이다. (O / X)

10 핵반응에서 질량 결손이 클수록 방출되는 에너지도 크다. (O / X)

📑 과정 & 결과

질량이 에너지로 변환되는 현상을 이용하는 사례를 조사해 보자.

사례	원리
원자력 발전소	원자로 내에서 우라늄 원자핵에 중성자를 충돌시켜 두 개의 원자핵으로 분열될 때 질량 결손에 의해 에너지가 발생한다.
인공 핵융합로	중수소와 삼중수소를 빠른 속도로 충돌시키면 융합되어 헬륨 원자핵이 될 때 많은 에너지가 방출된다.
양전자 단층 촬영 장치	전자와 양전자가 만나 소멸할 때 그 질량이 모두 에너지로 변환되어 한 쌍의 감마(γ)선이 방출된다.

🔍 분석

1. 질량이 에너지로 변환되는 현상을 이용하는 사례로 어떤 것들이 있는가?

⋯ 원자력 발전소에서 핵분열을 이용하여 전기 에너지를 생산한다.

⋯ 인공 핵융합로에서 수소 원자핵을 충돌시켜 에너지를 얻는다.

⋯ 양전자 단층 촬영 장치에서 전자와 양전자가 소멸할 때 방출되는 감마(γ)선을 이용하여 병을 진단한다.

2. 질량이 에너지로 변환되는 원리는 무엇인가?

⋯ 핵반응 전후 질량 결손이 발생하며, 결손된 질량에 해당하는 에너지가 방출된다. 질량 결손이 Δm일 때 방출되는 에너지는 $E = \Delta mc^2$(c: 진공 중에서 빛의 속력)이다.

⚙️ 탐구 목표

다양한 사례 조사를 통해 질량과 에너지 사이의 변환을 설명할 수 있다.

원자로

핵연료를 핵분열시켜 에너지를 얻는 장치이다.

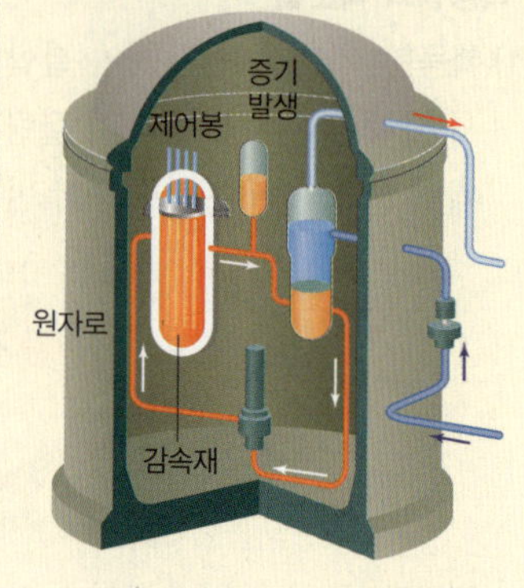

핵융합로

핵융합 반응을 이용하여 에너지를 얻는 장치이다.

🔬 탐구 포인트

- 핵분열과 핵융합 반응에서 질량이 결손된다.
- 핵반응에서 결손된 질량에 해당하는 에너지가 방출된다.

정답과 해설 p.026

예제 1

질량이 에너지로 변환되는 경우에 해당하지 <u>않는</u> 것은?

① 원자로 내에서 우라늄이 핵분열한다.

② 물체를 가속시킬수록 물체의 질량이 증가한다.

③ 전자와 양전자가 소멸하고 감마선이 방출된다.

④ 태양의 중심부에서 수소 핵융합 반응이 일어난다.

⑤ 인공 핵융합로에서 중수소와 삼중수소가 핵융합 반응을 한다.

예제 2 서술형

그림은 중수소 원자핵($^2_1\mathrm{H}$)과 삼중수소 원자핵($^3_1\mathrm{H}$)이 융합할 때 헬륨 원자핵($^4_2\mathrm{He}$)과 에너지가 방출되는 것을 나타낸 것이다.

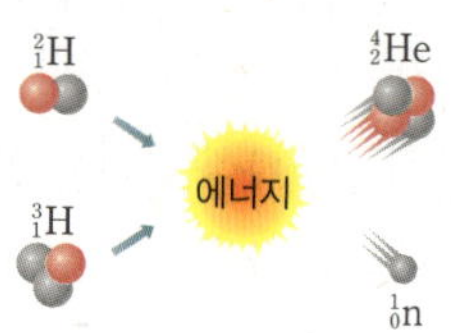

핵융합 반응에서 에너지가 방출되는 까닭을 서술하시오.

개념 다지기 문제

01 질량과 에너지에 대한 설명으로 옳은 것만을 |보기|에서 있는 대로 고른 것은?

┌─ 보기 ─────────────────────────────┐
ㄱ. 질량은 에너지의 또 다른 형태이다.
ㄴ. 질량은 에너지로 변환될 수 있다.
ㄷ. 정지해 있는 물체의 정지 에너지는 0이다.
└──────────────────────────────────┘

① ㄱ   ② ㄷ   ③ ㄱ, ㄴ
④ ㄱ, ㄷ   ⑤ ㄴ, ㄷ

대표 유형문제

02 그림은 물체의 상대론적 질량을 물리량 X에 따라 나타낸 것이다.

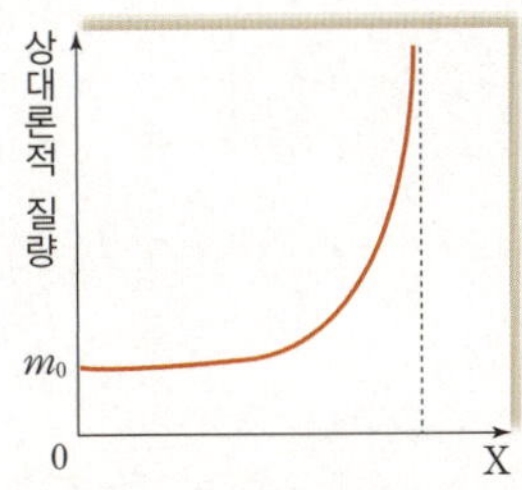

이에 대한 설명으로 옳은 것만을 |보기|에서 있는 대로 고른 것은?

┌─ 보기 ─────────────────────────────┐
ㄱ. '속력'은 X로 적절하다.
ㄴ. 정지 질량은 m_0이다.
ㄷ. X가 클수록 물체의 에너지가 크다.
└──────────────────────────────────┘

① ㄱ   ② ㄷ   ③ ㄱ, ㄴ
④ ㄱ, ㄷ   ⑤ ㄱ, ㄴ, ㄷ

03 질량 m과 에너지 E 사이의 관계 그래프로 가장 적절한 것은?

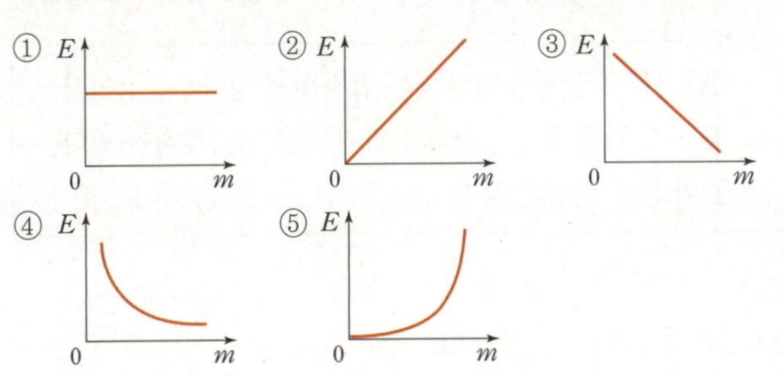

대표 유형문제

04 그림과 같이 관찰자 A가 탄 우주선과 입자가 관찰자 B에 대해 동일한 속도 $0.9c$로 등속도 운동을 한다.

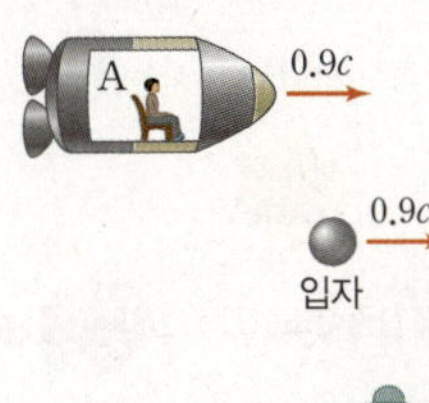

입자의 물리량이 B의 관성계에서가 A의 관성계에서보다 큰 것만을 |보기|에서 있는 대로 고른 것은? (단, c는 빛의 속력이다.)

┌─ 보기 ─────────────────────────────┐
ㄱ. 속력
ㄴ. 질량
ㄷ. 에너지
└──────────────────────────────────┘

① ㄱ   ② ㄷ   ③ ㄱ, ㄴ
④ ㄴ, ㄷ   ⑤ ㄱ, ㄴ, ㄷ

대표 유형문제

05 그림은 두 원자핵 $^{235}_{92}\text{U}$와 $^{238}_{92}\text{U}$을 모식적으로 나타낸 것이다.

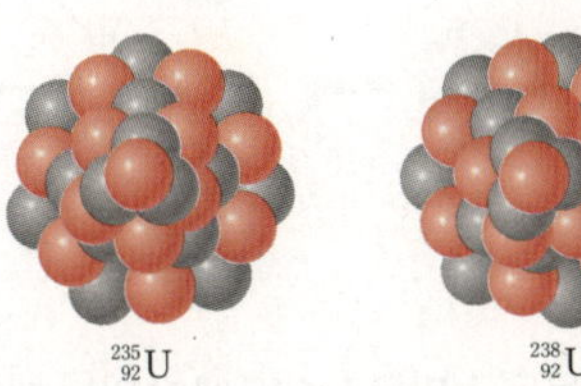

이에 대한 설명으로 옳은 것만을 |보기|에서 있는 대로 고른 것은?

┌─ 보기 ─────────────────────────────┐
ㄱ. $^{235}_{92}\text{U}$는 $^{238}_{92}\text{U}$의 동위 원소이다.
ㄴ. $^{235}_{92}\text{U}$와 $^{238}_{92}\text{U}$의 전하량은 같다.
ㄷ. 중성자수는 $^{235}_{92}\text{U}$가 $^{238}_{92}\text{U}$보다 작다.
└──────────────────────────────────┘

① ㄱ   ② ㄷ   ③ ㄱ, ㄴ
④ ㄴ, ㄷ   ⑤ ㄱ, ㄴ, ㄷ

개념 다지기 문제

06 그림은 중수소($^{2}_{1}$H)와 삼중수소($^{3}_{1}$H)가 충돌하여 일어나는 핵반응을 나타낸 것이다.

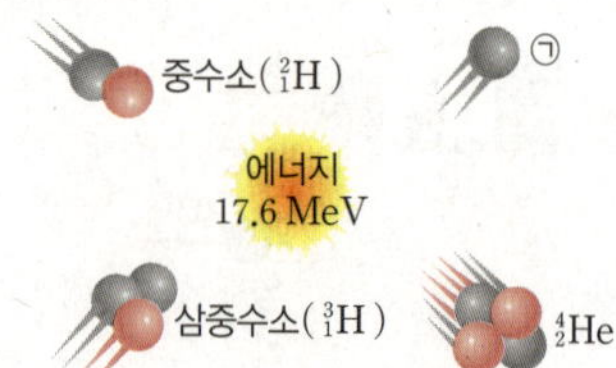

이에 대한 설명으로 옳은 것만을 |보기|에서 있는 대로 고른 것은?

> **보기**
> ㄱ. 핵분열 반응이다.
> ㄴ. ㉠은 중성자이다.
> ㄷ. 핵반응에서 발생하는 에너지는 질량 결손에 의한 것이다.

① ㄱ   ② ㄷ   ③ ㄱ, ㄴ
④ ㄴ, ㄷ   ⑤ ㄱ, ㄴ, ㄷ

대표 유형 문제

07 그림은 원자로 내에서 일어나는 핵반응을 나타낸 것이다.

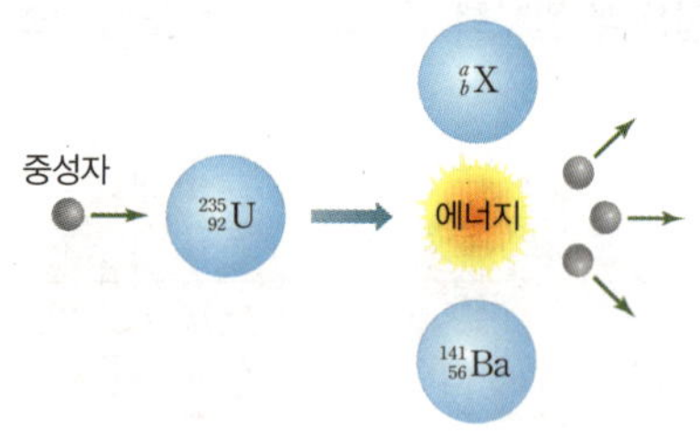

이에 대한 설명으로 옳은 것만을 |보기|에서 있는 대로 고른 것은? (단, X는 임의의 원자핵이다.)

> **보기**
> ㄱ. 핵분열 반응이다.
> ㄴ. $a-b=55$이다.
> ㄷ. 핵반응 전후 질량의 합은 같다.

① ㄱ   ② ㄷ   ③ ㄱ, ㄴ
④ ㄴ, ㄷ   ⑤ ㄱ, ㄴ, ㄷ

---

08 다음은 핵반응식 (가), (나)를 나타낸 것이다.

> (가) $^{9}_{4}$Be + $^{4}_{2}$He $\longrightarrow$ $^{12}_{6}$C + ㉠
> (나) $^{14}_{7}$N + ㉠ $\longrightarrow$ $^{14}_{6}$C + ㉡

㉠과 ㉡에 해당하는 입자를 옳게 짝 지은 것은?

	㉠	㉡
①	양성자	중성자
②	양성자	전자
③	중성자	양성자
④	중성자	전자
⑤	중성자	양전자

---

09 그림은 어떤 원자핵이 A → B → C → D로 변환될 때 양성자수와 질량수를 나타낸 것이다.

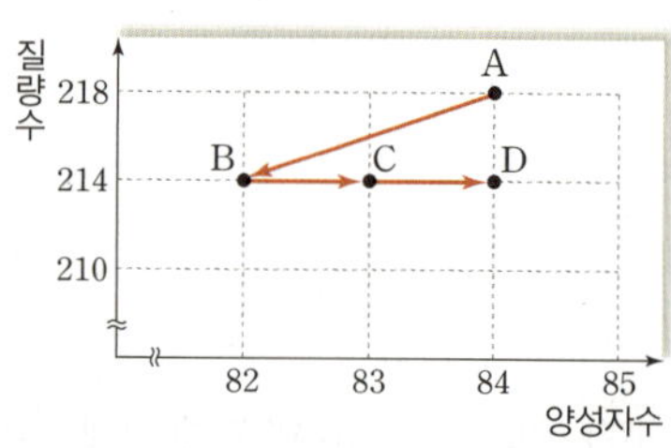

이에 대한 설명으로 옳은 것만을 |보기|에서 있는 대로 고른 것은?

> **보기**
> ㄱ. A → B 과정에서 방출되는 입자의 중성자수는 2이다.
> ㄴ. B → C 과정에서 방출되는 입자는 음($-$)전하를 띤다.
> ㄷ. B와 D의 질량은 같다.

① ㄱ   ② ㄷ   ③ ㄱ, ㄴ
④ ㄴ, ㄷ   ⑤ ㄱ, ㄴ, ㄷ

10 다음은 핵반응식을, 표는 원자핵 A, B의 양성자수, 중성자수, 질량을 나타낸 것이다.

$$\boxed{\text{A}} + \boxed{\text{A}} \longrightarrow \boxed{\text{B}} + \boxed{\text{C}} + 4.03\ \text{MeV}$$

원자핵	양성자수	중성자수	질량
A	1	1	m_A
B	1	2	m_B

이에 대한 설명으로 옳은 것만을 |보기|에서 있는 대로 고른 것은?

> **보기**
> ㄱ. A의 질량수는 2이다.
> ㄴ. 질량수는 B가 C의 3배이다.
> ㄷ. C의 질량은 $2m_A - m_B$이다.

① ㄱ   ② ㄴ   ③ ㄱ, ㄴ
④ ㄴ, ㄷ   ⑤ ㄱ, ㄴ, ㄷ

11 다음은 핵반응식 (가), (나)를 나타낸 것이다.

$$(\text{가})\ {}^2_1\text{H} + \boxed{\text{X}} \longrightarrow {}^4_2\text{He} + \boxed{\ \bigcirc\ } + 17.6\ \text{MeV}$$
$$(\text{나})\ {}^{235}_{92}\text{U} + \boxed{\ \bigcirc\ } \longrightarrow {}^{140}_{54}\text{Xe} + {}^{94}_{38}\text{Sr} + \boxed{2\bigcirc} + 200\ \text{MeV}$$

이에 대한 설명으로 옳은 것만을 |보기|에서 있는 대로 고른 것은?

> **보기**
> ㄱ. X에 들어 있는 ㉠의 수는 3이다.
> ㄴ. (나)는 핵분열 반응이다.
> ㄷ. 질량 결손은 (나)에서가 (가)에서보다 크다.

① ㄱ   ② ㄴ   ③ ㄱ, ㄷ
④ ㄴ, ㄷ   ⑤ ㄱ, ㄴ, ㄷ

12 다음은 핵반응식을, 표는 입자 또는 원자핵의 질량을 나타낸 것이다. (단, u는 원자 질량 단위이다.)

$$ {}^2_1\text{H} + {}^3_1\text{H} \longrightarrow \bigcirc + {}^1_0\text{n} $$

입자 또는 원자핵	질량
${}^1_0\text{n}$	1.0087 u
${}^2_1\text{H}$	2.0141 u
${}^3_1\text{H}$	3.0160 u
$\bigcirc$	4.0026 u

(1) ㉠의 중성자수를 구하시오.

(2) 핵반응에서 에너지를 흡수하는지 방출하는지를 판단하고, 그 까닭을 서술하시오.

13 그림은 원자력 발전소의 원자로에서 일어나는 핵반응을 나타낸 것이다.

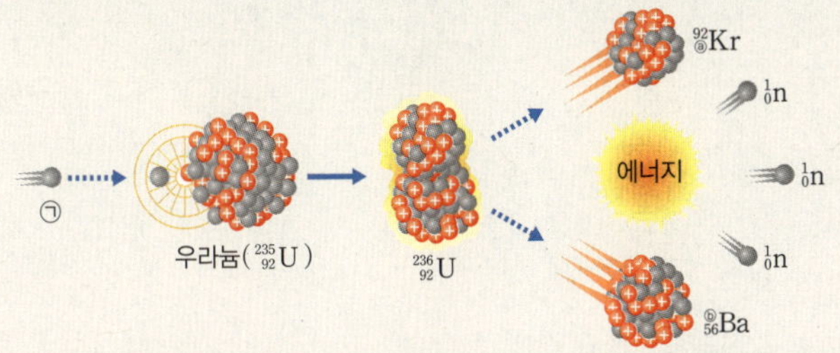

(1) 위 핵반응식은 다음과 같다.

$$ {}^{235}_{92}\text{U} + \bigcirc \longrightarrow {}^{236}_{92}\text{U} \longrightarrow {}^{92}_{\text{ⓐ}}\text{Kr} + {}^{\text{ⓑ}}_{56}\text{Ba} + 3{}^1_0\text{n} + \text{에너지} $$

㉠에 해당하는 입자와 ⓐ, ⓑ를 풀이 과정과 함께 구하시오.

(2) 핵반응에서 핵반응 전과 핵반응 후 질량을 비교하시오.

06 특수 상대성 이론

1 특수 상대성 이론의 두 가지 가정

그림과 같이 관찰자 A에 대해 관찰자 B가 탄 기차가 일정한 속도로 운동한다. 기차에서는 빛이 진행 방향으로 방출되며, B는 공을 가만히 놓았다.

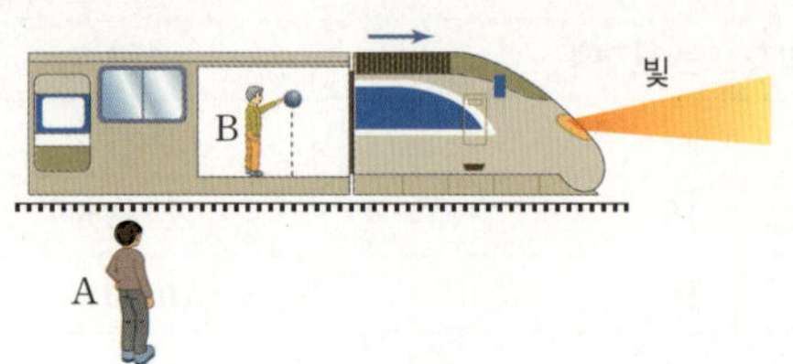

● 다음 설명 중 옳은 것은 ○표, 옳지 <u>않은</u> 것은 ×표 하시오.

1 B의 관성계에서는 A가 일정한 속도로 운동한다.　○ / ×

2 기차에서 방출된 빛의 속력은 A의 관성계에서가 B의 관성계에서보다 크다.　○ / ×

3 공의 운동 경로는 A가 관측할 때와 B가 관측할 때가 같다.
○ / ×

4 A와 B의 관성계에서는 모두 뉴턴 운동 제2법칙($F=ma$)이 성립한다.　○ / ×

2 동시성의 상대성

그림과 같이 관찰자 A가 탄 우주선이 관찰자 B에 대해 광속에 가까운 속도로 운동한다. A가 관측 할 때, 광원에서 방출된 빛은 검출기 P와 Q에 동시에 도달한다.

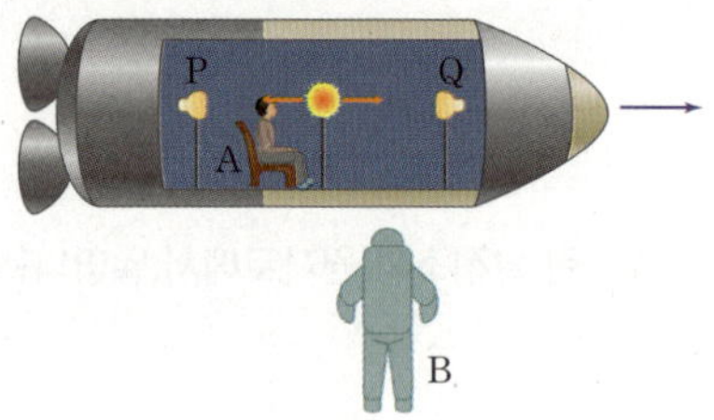

● 다음 설명 중 옳은 것은 ○표, 옳지 <u>않은</u> 것은 ×표 하시오.

1 A의 관성계에서 광원은 P와 Q의 중간에 있다.　○ / ×

2 A의 관성계에서 빛이 P와 Q에 도달하는 동안 진행한 거리는 같다.　○ / ×

3 B의 관성계에서 Q로 진행하는 빛의 속력이 P로 진행하는 빛의 속력보다 크다.　○ / ×

4 B의 관성계에서 빛이 P와 Q에 도달할 때까지 걸린 시간은 같다.　○ / ×

5 B의 관성계에서 빛은 Q보다 P에 먼저 도달한다.　○ / ×

3 시간 지연

그림과 같이 관찰자 A에 대해 관찰자 B가 탄 우주선이 광속에 가까운 속도로 운동한다. 우주선 안에 있는 빛 시계에서 빛이 왕복한다.

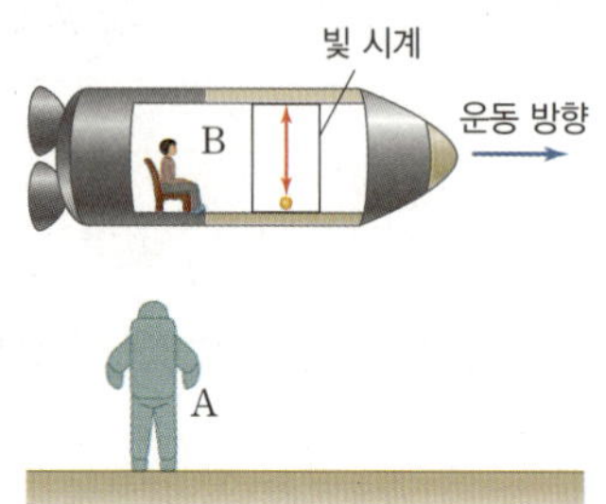

● 다음 설명 중 옳은 것은 ○표, 옳지 <u>않은</u> 것은 ×표 하시오.

1 빛이 한 번 왕복하는 동안, 빛이 진행한 거리는 A의 관성계에서가 B의 관성계에서보다 크다.　○ / ×

2 빛이 한 번 왕복하는 데 걸린 고유 시간은 A의 관성계에서 측정한 시간이다.　○ / ×

3 빛이 한 번 왕복하는 데 걸린 시간은 A의 관성계에서와 B의 관성계에서가 같다.　○ / ×

4 A의 관성계에서 B의 시간은 A의 시간보다 느리게 간다.
○ / ×

5 B의 관성계에서 A의 시간은 B의 시간보다 빠르게 간다.
○ / ×

4 길이 수축

그림과 같이 깃발을 들고 있는 관찰자 A에 대해 관찰자 B가 탄 우주선이 $0.8c$의 일정한 속도로 운동한다. B가 측정한 우주선의 길이는 L_0이다. (단, c는 빛의 속력이다.)

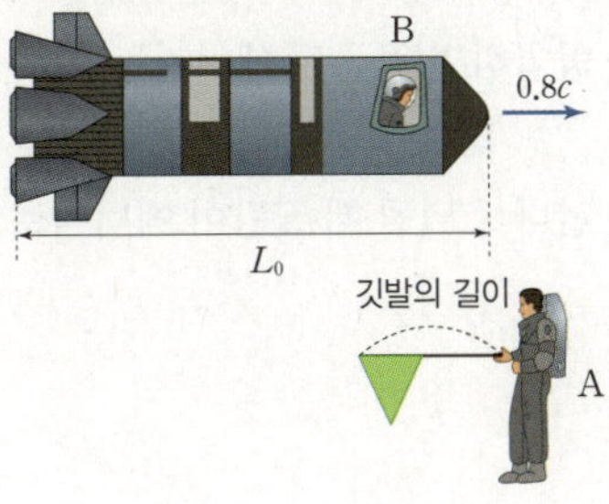

● 다음 설명 중 옳은 것은 ○표, 옳지 않은 것은 ×표 하시오.

1 A가 측정한 깃발의 길이는 고유 길이이다. ○ / ×
2 A가 측정한 우주선의 길이는 L_0보다 크다. ○ / ×
3 B의 관성계에서 깃발의 속력은 $0.8c$이다. ○ / ×
4 B의 관성계에서 A가 들고 있는 깃발의 길이는 수축된다.
　　　　　　　　　　　　　　　　　　　　　　　○ / ×
5 길이 수축은 물체가 운동하는 방향과 나란한 방향으로만 일어 난다. ○ / ×

5 특수 상대성 이론의 증거

그림은 산의 정상 부근에서 생성된 뮤온이 지표면을 향해 광속에 가까운 속력으로 운동하는 모습을 나타낸 것이다.

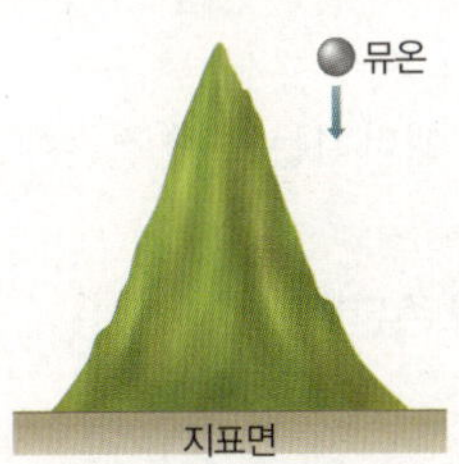

● 다음 설명 중 옳은 것은 ○표, 옳지 않은 것은 ×표 하시오.

1 뮤온의 관성계에서 관측할 때 산이 운동한다. ○ / ×
2 뮤온의 관성계에서 측정한 뮤온의 수명이 고유 수명이다.
　　　　　　　　　　　　　　　　　　　　　　　○ / ×
3 뮤온의 수명은 지표면의 관성계에서와 뮤온의 관성계에서가 같다. ○ / ×
4 뮤온의 관성계에서 측정한 산의 높이가 고유 길이이다.
　　　　　　　　　　　　　　　　　　　　　　　○ / ×
5 뮤온의 관성계에서 산의 높이는 수축된다. ○ / ×
6 지표면의 관성계에서 뮤온의 시간은 느리게 간다. ○ / ×

07 질량과 에너지

6 질량과 에너지

다음은 한 관성계에 대해 속도 v로 운동하는 물체의 상대론적 질량이다.

$$상대론적 질량 = \frac{m_0}{\sqrt{1 - \dfrac{v^2}{c^2}}}$$

（m_0: 정지 질량, c: 진공에서 빛의 속력）

● 다음 설명 중 옳은 것은 ○표, 옳지 않은 것은 ×표 하시오.

1 물체와 같은 속도로 운동하는 관성계에서 측정한 물체의 질량이 정지 질량이다. ○ / ×
2 물체의 속력이 증가할수록 물체의 상대론적 질량은 커진다.
　　　　　　　　　　　　　　　　　　　　　　　○ / ×
3 물체는 빛의 속력보다 빠른 속력으로 운동할 수 있다. ○ / ×
4 정지해 있는 물체의 정지 에너지는 0이다. ○ / ×
5 운동하는 물체의 에너지는 정지 에너지보다 크다. ○ / ×

7 질량 에너지 동등성

특수 상대성 이론에 따르면, 질량 m에 해당하는 에너지 E는 다음과 같다.

$$E = mc^2 \ (c: \text{진공에서 빛의 속력})$$

● 다음 설명 중 옳은 것은 ○표, 옳지 <u>않은</u> 것은 ×표 하시오.

1 질량이 에너지로 변환될 수 있다. ○ / ×

2 에너지는 질량으로 변환되지 않는다. ○ / ×

3 정지 질량이 m_0인 물체의 정지 에너지는 m_0c이다. ○ / ×

4 물체에 에너지를 공급하면 공급된 에너지는 모두 물체의 속력 증가에 사용된다. ○ / ×

5 전자와 양전자가 만나 소멸될 때 질량이 에너지로 변환된다. ○ / ×

8 핵분열 반응

그림은 원자력 발전소의 원자로 내에서 일어나는 핵반응을 나타낸 것이다.

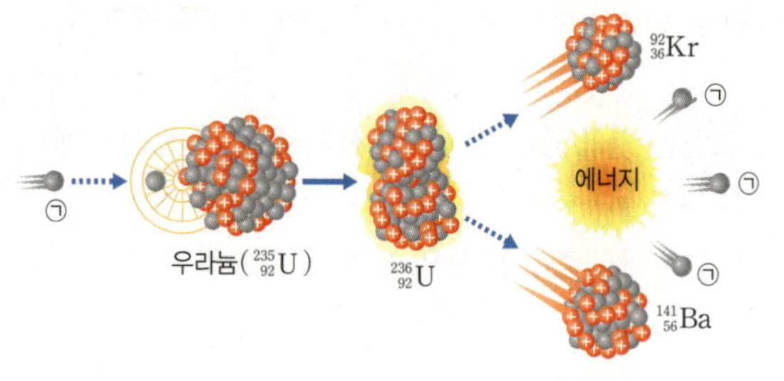

● 다음 설명 중 옳은 것은 ○표, 옳지 <u>않은</u> 것은 ×표 하시오.

1 원자로 내에서 일어나는 핵반응은 핵분열 반응이다. ○ / ×

2 우라늄 원자핵($^{235}_{92}\text{U}$)의 질량수는 92이다. ○ / ×

3 바륨 원자핵($^{141}_{56}\text{Ba}$)의 중성자수는 85이다. ○ / ×

4 ㉠은 중성자이다. ○ / ×

5 핵반응에서 방출되는 에너지는 질량 결손에 의한 것이다. ○ / ×

6 핵반응 전후 질량이 보존된다. ○ / ×

9 핵융합 반응

그림은 별에서 일어나는 핵반응을 나타낸 것이다.

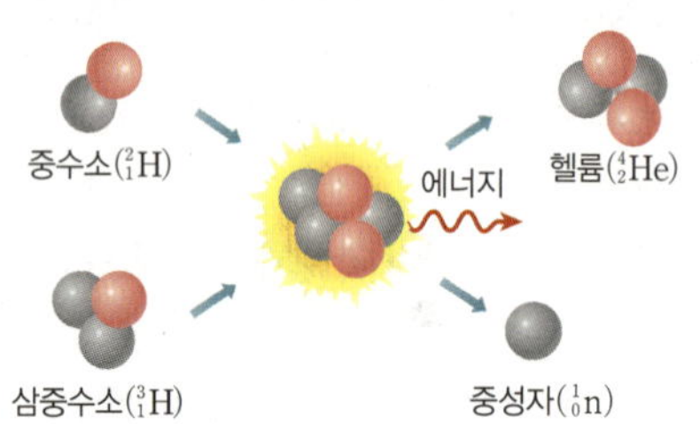

● 다음 설명 중 옳은 것은 ○표, 옳지 <u>않은</u> 것은 ×표 하시오.

1 삼중수소(^3_1H)는 수소(^1_1H)의 동위 원소이다. ○ / ×

2 헬륨 원자핵(^4_2He)의 양성자수는 2이다. ○ / ×

3 별에서 일어나는 핵반응은 핵융합 반응이다. ○ / ×

4 핵반응에서 질량수가 감소한다. ○ / ×

5 핵반응 전 중수소와 삼중수소의 질량의 합은 핵반응 후 헬륨과 중성자의 질량의 합보다 크다. ○ / ×

6 핵반응에서 질량 결손이 클수록 발생하는 에너지가 작다. ○ / ×

7 핵융합 반응에서 질량의 일부가 에너지로 변환된다. ○ / ×

학교 시험 대비 문제

대표 유형문제

기출 변형 | 교육청

01 그림은 지면에 정지해 있는 관찰자 B에 대해 기차가 일정한 속도로 운동하는 모습을 나타낸 것이다. 기차를 타고 있는 관찰자 A는 공을 가만히 놓았다.

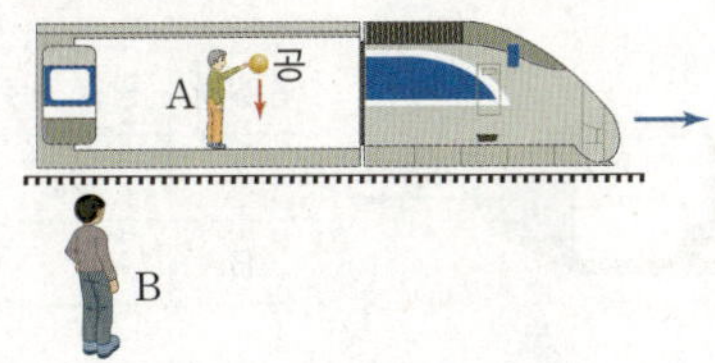

이에 대한 설명으로 옳은 것만을 |보기|에서 있는 대로 고른 것은?

---보기---
ㄱ. A의 관성계에서 B는 등속도 운동을 한다.
ㄴ. 공의 운동 경로는 A와 B가 관측했을 때 같다.
ㄷ. 공의 가속도와 공에 작용하는 힘의 관계식은 A의 관성계에서와 B의 관성계에서가 같다.

① ㄱ　　　　② ㄴ　　　　③ ㄱ, ㄴ
④ ㄱ, ㄷ　　　⑤ ㄴ, ㄷ

02 그림은 수평면에 정지해 있는 관찰자 A에 대해 관찰자 B가 탄 우주선이 수평 방향으로 광속에 가까운 속력으로 등속도 운동을 하는 모습을 나타낸 것이다. 수평면과 우주선 안에는 고유 길이가 같은 동일한 빛 시계가 놓여 있다. A의 관성계에서 우주선 안에 있는 빛 시계에서 빛이 한 번 왕복하는 데 걸린 시간은 t_0이다.

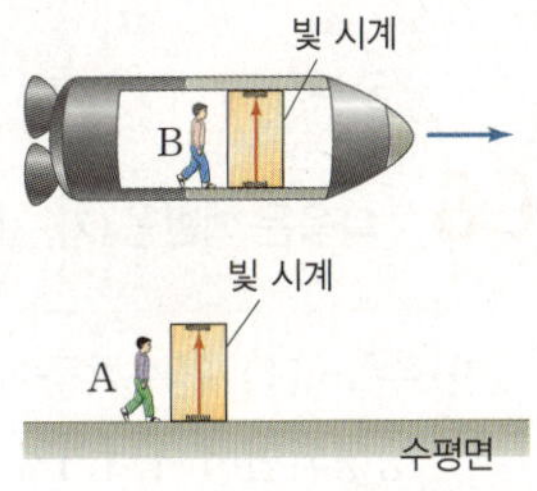

이에 대한 설명으로 옳은 것만을 |보기|에서 있는 대로 고른 것은? (단, c는 빛의 속력이다.)

---보기---
ㄱ. 빛 시계의 고유 길이는 ct_0이다.
ㄴ. B의 관성계에서 수평면에 놓인 빛 시계에서 빛이 한 번 왕복하는 데 걸린 시간은 t_0보다 크다.
ㄷ. A의 관성계에서 수평면에 놓인 빛 시계에서 빛이 한 번 왕복하는 데 걸린 시간은 t_0보다 작다.

① ㄱ　　　　② ㄴ　　　　③ ㄱ, ㄴ
④ ㄱ, ㄷ　　　⑤ ㄴ, ㄷ

03 그림과 같이 관찰자 A에 대해 관찰자 B가 탄 우주선이 광원과 검출기를 잇는 직선에 수직인 방향으로 $0.8c$의 속력으로 등속도 운동을 하고 있다. 광원과 검출기 사이의 고유 길이는 L이다. A의 관성계에서, 광원에서 방출된 빛이 검출기에 도달하는 데 걸린 시간은 T이다.

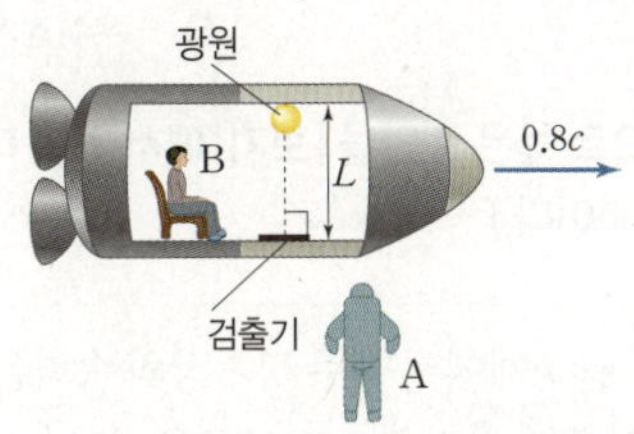

이에 대한 설명으로 옳은 것만을 |보기|에서 있는 대로 고른 것은? (단, c는 빛의 속력이다.)

---보기---
ㄱ. 광원에서 방출된 빛의 속력은 A의 관성계에서가 B의 관성계에서보다 크다.
ㄴ. A의 관성계에서 광원과 검출기 사이의 거리는 L이다.
ㄷ. $T > \dfrac{L}{c}$이다.

① ㄱ　　　　② ㄴ　　　　③ ㄱ, ㄷ
④ ㄴ, ㄷ　　　⑤ ㄱ, ㄴ, ㄷ

기출 변형 | 평가원

04 그림은 우주선 A, B가 우주 정거장 P에 대해 서로 반대 방향으로 직선 운동을 하는 모습을 나타낸 것이다. P에 대해 A, B의 속력은 각각 $0.6c$, $0.3c$이다. A에서는 B를 향해 레이저 빛을 쏘고 있고, P에서 측정할 때 A와 B의 길이는 L로 같다.

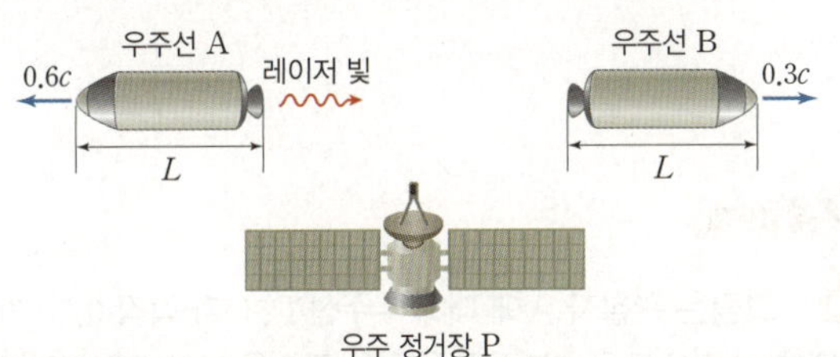

이에 대한 설명으로 옳은 것만을 |보기|에서 있는 대로 고른 것은? (단, c는 빛의 속력이다.)

---보기---
ㄱ. B의 관성계에서 레이저 빛의 속력은 c보다 작다.
ㄴ. 우주선의 고유 길이는 A가 B보다 크다.
ㄷ. P의 관성계에서 B에서의 시간이 A에서의 시간보다 느리게 간다.

① ㄱ　　　　② ㄴ　　　　③ ㄱ, ㄷ
④ ㄴ, ㄷ　　　⑤ ㄱ, ㄴ, ㄷ

05 그림과 같이 우주선이 우주 정거장에 대해 $0.8c$의 일정한 속도로 운동하며 우주 정거장을 향해 레이저 빛을 쏘고 있다.

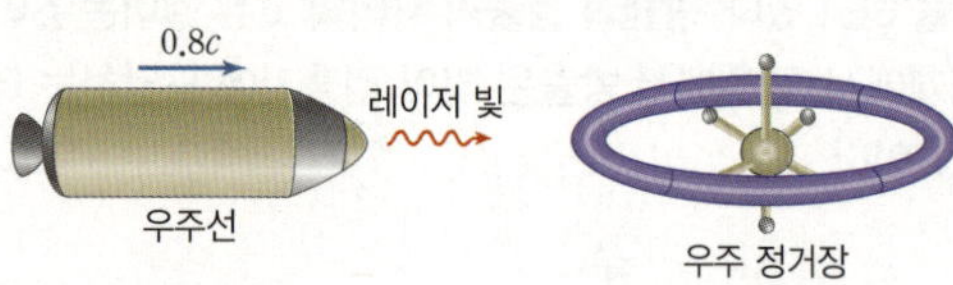

이에 대한 설명으로 옳은 것만을 |보기|에서 있는 대로 고른 것은? (단, c는 빛의 속력이다.)

───보기───
ㄱ. 우주선의 관성계에서 우주 정거장의 속력은 $0.8c$이다.
ㄴ. 우주선의 관성계에서 우주 정거장에서의 시간은 우주선에서의 시간보다 느리게 간다.
ㄷ. 우주 정거장의 관성계에서 빛의 속력은 c보다 크다.

① ㄱ   ② ㄴ   ③ ㄷ
④ ㄱ, ㄴ   ⑤ ㄱ, ㄴ, ㄷ

대표 유형 문제

06 그림은 관찰자 A에 대해 우주선 P, Q가 각각 $0.5c$, $0.9c$의 일정한 속력으로 등속도 운동을 하는 모습을 나타낸 것이다. P와 Q의 고유 길이는 L_0으로 같다.

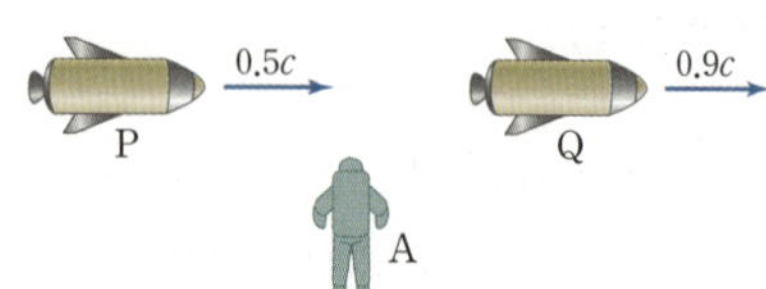

A의 관성계에서 P, Q의 길이를 각각 L_P, L_Q라고 할 때, L_0, L_P, L_Q를 옳게 비교한 것은? (단, c는 빛의 속력이다.)

① $L_0 > L_P > L_Q$ ② $L_0 > L_Q > L_P$ ③ $L_P > L_0 > L_Q$
④ $L_P > L_Q > L_0$ ⑤ $L_Q > L_P > L_0$

대표 유형 문제

07 그림은 관찰자 A가 탄 우주선이 관찰자 B에 대해 $0.5c$의 속력으로 등속도 운동을 하는 모습을 나타낸 것이다. 표는 A, B의 관성계에서, 광원에서 방출된 빛이 검출기 P, Q에 도달하는 데 걸린 시간을 나타낸 것이다.

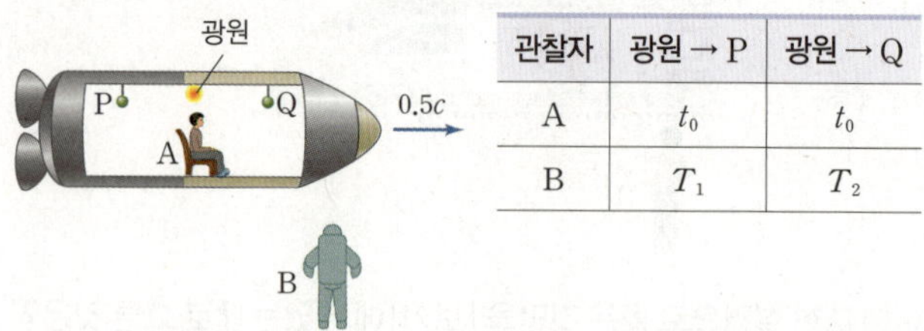

관찰자	광원 → P	광원 → Q
A	t_0	t_0
B	T_1	T_2

이에 대한 설명으로 옳은 것만을 |보기|에서 있는 대로 고른 것은? (단, c는 빛의 속력이고, P, 광원, Q는 동일 직선상에 있으며, P, Q, 광원의 크기는 무시한다.)

───보기───
ㄱ. A의 관성계에서 B의 속력은 $0.5c$이다.
ㄴ. 광원과 P 사이의 거리는 광원과 Q 사이의 거리보다 크다.
ㄷ. $T_1 > T_2$이다.

① ㄱ   ② ㄴ   ③ ㄱ, ㄴ
④ ㄱ, ㄷ   ⑤ ㄴ, ㄷ

기출 변형 · 교육청

08 다음은 핵반응 (가), (나)에 대한 설명이다.

(가) 수소(H) 원자핵들이 반응하여 헬륨(He) 원자핵이 생성되면서 에너지가 방출된다.
(나) 우라늄(U) 원자핵이 반응하여 바륨(Ba) 원자핵과 크립톤(Kr) 원자핵이 생성되면서 에너지가 방출된다.

이에 대한 설명으로 옳은 것만을 |보기|에서 있는 대로 고른 것은?

───보기───
ㄱ. (가)는 핵융합 반응이다.
ㄴ. (나)에서 우라늄(U) 원자핵의 질량수는 바륨(Ba) 원자핵의 질량수보다 크다.
ㄷ. (가), (나)에서 방출되는 에너지는 질량 결손에 의한 것이다.

① ㄱ   ② ㄷ   ③ ㄱ, ㄴ
④ ㄴ, ㄷ   ⑤ ㄱ, ㄴ, ㄷ

09 `기출 변형` `교육청`

다음은 핵반응 (가), (나)의 핵반응식을 나타낸 것이다. (가), (나)는 각각 핵분열, 핵융합 반응 중 하나이다.

$$(가) \; {}^{2}_{1}H + {}^{3}_{1}H \longrightarrow {}^{4}_{2}He + {}^{1}_{0}n + 17.6 \text{ MeV}$$
$$(나) \; {}^{235}_{92}U + {}^{1}_{0}n \longrightarrow {}^{141}_{56}Ba + {}^{92}_{36}Kr + 3{}^{1}_{0}n + 200 \text{ MeV}$$

이에 대한 설명으로 옳은 것만을 |보기|에서 있는 대로 고른 것은?

|보기|

ㄱ. (가)는 핵융합 반응이다.

ㄴ. (나)에서 입자들의 질량의 합은 반응 전이 반응 후보다 작다.

ㄷ. ${}^{1}_{0}n$의 정지 에너지는 0이다.

① ㄱ   ② ㄴ   ③ ㄱ, ㄷ

④ ㄴ, ㄷ   ⑤ ㄱ, ㄴ, ㄷ

10 그림은 정지 질량이 m_0으로 같은 동일한 입자 A, B가 관찰자 P에 대해 각각 $0.8c$, $0.9c$의 속력으로 등속도 운동을 하는 모습을 나타낸 것이다. A, B의 고유 수명은 T_0으로 같다.

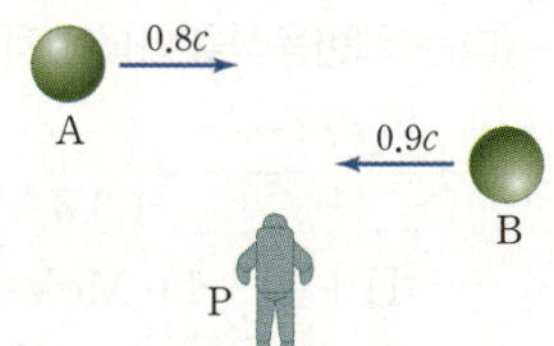

이에 대한 설명으로 옳은 것만을 |보기|에서 있는 대로 고른 것은? (단, c는 빛의 속력이다.)

|보기|

ㄱ. P의 관성계에서 A의 수명은 T_0보다 길다.

ㄴ. A의 관성계에서 B의 질량은 m_0이다.

ㄷ. P의 관성계에서 A의 질량은 B의 질량보다 작다.

① ㄱ   ② ㄴ   ③ ㄷ

④ ㄱ, ㄷ   ⑤ ㄴ, ㄷ

11 `대표` `유형 문제`

다음 (가), (나)는 핵반응식을 나타낸 것이다.

$$(가) \; {}^{2}_{1}H + \boxed{\;\text{㉠}\;} \longrightarrow {}^{4}_{2}He + {}^{1}_{1}H + 18.3 \text{ MeV}$$
$$(나) \; {}^{1}_{1}H + {}^{2}_{1}H \longrightarrow \boxed{\;\text{㉡}\;} + 5.5 \text{ MeV}$$

이에 대한 설명으로 옳은 것만을 |보기|에서 있는 대로 고른 것은?

|보기|

ㄱ. (가)는 핵분열 반응이다.

ㄴ. ㉠과 ㉡의 질량수는 같다.

ㄷ. 질량 결손은 (가)에서가 (나)에서보다 크다.

① ㄴ   ② ㄷ   ③ ㄱ, ㄴ

④ ㄱ, ㄷ   ⑤ ㄴ, ㄷ

12 `대표` `유형 문제`

다음은 별 내부에서 일어나는 핵반응을 나타낸 것이다.

$$3{}^{4}_{2}He \longrightarrow \boxed{\;X\;} + 7.28 \text{ MeV}$$

원자핵 X에 대한 설명으로 옳은 것만을 |보기|에서 있는 대로 고른 것은?

|보기|

ㄱ. X의 중성자수는 6이다.

ㄴ. X의 전하량은 ${}^{4}_{2}He$의 전하량의 2배이다.

ㄷ. X의 질량은 ${}^{4}_{2}He$의 질량의 3배이다.

① ㄱ   ② ㄴ   ③ ㄷ

④ ㄱ, ㄷ   ⑤ ㄴ, ㄷ

1등급 도전!
고난도 문제

13 그림은 수평면에 있는 관찰자 A에 대해 관찰자 B가 타고 있는 우주선이 광속에 가까운 속력으로 등속도 운동을 하는 모습을 나타낸 것이다. B의 관성계에서 측정한 수평면에 놓인 막대의 길이는 L이고, 막대의 왼쪽 끝 p가 지난 순간부터 오른쪽 끝 q가 지날 때까지 걸린 시간은 t_0이다.

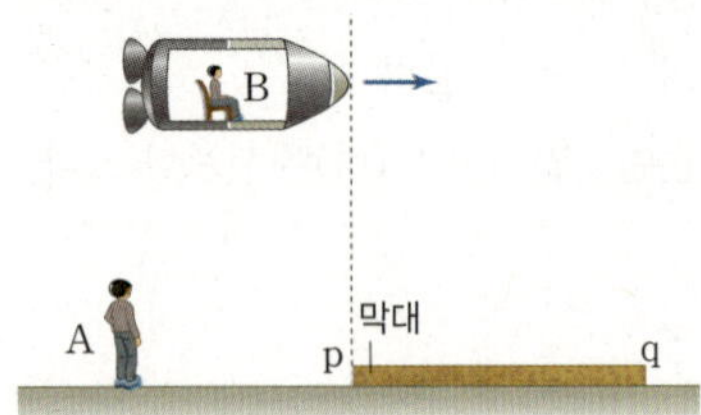

이에 대한 설명으로 옳은 것만을 |보기|에서 있는 대로 고른 것은?

| 보기 |
ㄱ. B의 관성계에서 A의 시간은 B의 시간보다 느리게 간다.
ㄴ. 막대의 고유 길이는 L보다 크다.
ㄷ. A의 관성계에서 우주선의 속력은 $\dfrac{L}{t_0}$보다 크다.

① ㄱ ② ㄷ ③ ㄱ, ㄴ
④ ㄴ, ㄷ ⑤ ㄱ, ㄴ, ㄷ

14 그림과 같이 관찰자 A가 탄 우주선이 관찰자 B에 대해 일정한 속도 $0.9c$로 운동하고 있다. 광원, 검출기는 B에 대해 정지해 있고, 광원에서 발생한 빛이 검출기에 도달한다. B가 측정할 때 우주선의 길이는 L이다.
이에 대한 설명으로 옳은 것만을 |보기|에서 있는 대로 고른 것은? (단, c는 빛의 속력이다.)

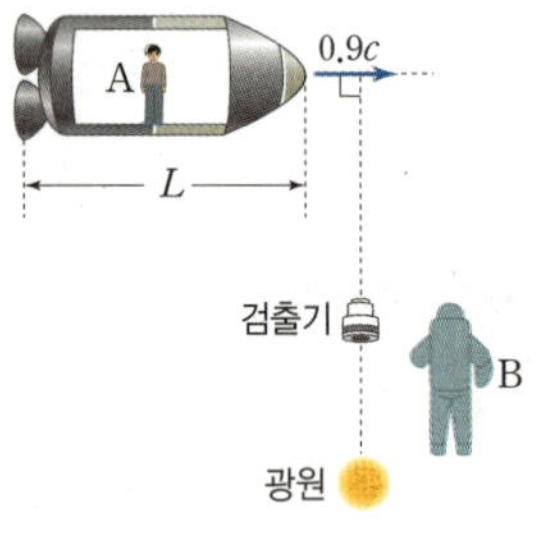

| 보기 |
ㄱ. A의 관성계에서 우주선의 길이는 L보다 작다.
ㄴ. A의 관성계에서 B의 시간은 A의 시간보다 느리게 간다.
ㄷ. 광원에서 발생한 빛이 검출기에 도달할 때까지 걸린 시간은 A의 관성계에서가 B의 관성계에서보다 크다.

① ㄱ ② ㄴ ③ ㄱ, ㄷ
④ ㄴ, ㄷ ⑤ ㄱ, ㄴ, ㄷ

15 그림은 원자로에서 일어나는 핵반응을 모식적으로 나타낸 것이고, 표는 그림의 우라늄(U), 바륨(Ba), 크립톤(Kr)의 양성자수, 중성자수를 나타낸 것이다. ㉠은 원자핵을 구성하는 입자 중 하나이다.

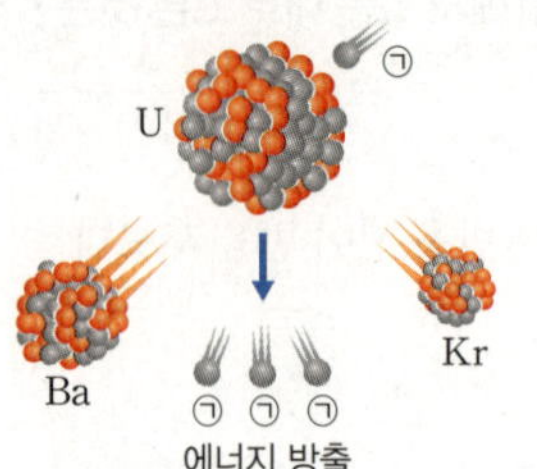

	양성자수	중성자수
우라늄(U)	92	143
바륨(Ba)	56	㉡
크립톤(Kr)	36	56

이에 대한 설명으로 옳은 것만을 |보기|에서 있는 대로 고른 것은?

| 보기 |
ㄱ. ㉠은 전하를 띠지 않는다.
ㄴ. ㉡은 85이다.
ㄷ. 핵반응에서 방출된 에너지는 질량 결손에 의한 것이다.

① ㄱ ② ㄷ ③ ㄱ, ㄴ
④ ㄴ, ㄷ ⑤ ㄱ, ㄴ, ㄷ

16 다음 (가) ~ (다)는 핵반응식을 나타낸 것이다.

(가) $^2_1\text{H} + ^2_1\text{H} \longrightarrow \boxed{㉠} + \boxed{㉡} + 3.3\,\text{MeV}$

(나) $^2_1\text{H} + \boxed{㉢} \longrightarrow ^3_1\text{H} + ^1_1\text{H} + 4.0\,\text{MeV}$

(다) $\boxed{㉢} + ^3_1\text{H} \longrightarrow ^4_2\text{He} + \boxed{㉡} + 17.6\,\text{MeV}$

이에 대한 설명으로 옳은 것만을 |보기|에서 있는 대로 고른 것은?

| 보기 |
ㄱ. ㉡은 중성자이다.
ㄴ. 질량수는 ㉠이 ㉢의 3배이다.
ㄷ. 질량 결손은 (다)에서가 (나)에서보다 크다.

① ㄱ ② ㄴ ③ ㄱ, ㄷ
④ ㄴ, ㄷ ⑤ ㄱ, ㄴ, ㄷ

17 그림은 수평면에 정지해 있는 관찰자 A에 대해 $0.9c$의 속력으로 등속도 운동을 하는 기차의 양쪽 끝 P, Q에 번개가 치는 모습을 나타낸 것이다. A는 기차의 가운데 있는 관찰자 B가 스쳐 지나가는 순간 P, Q에 번개가 동시에 치는 것을 관측했다.

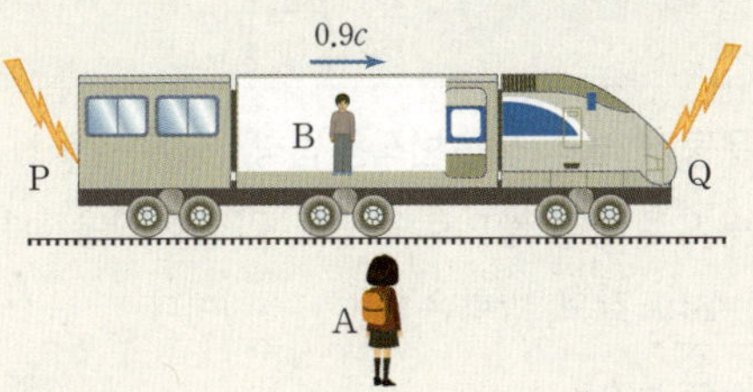

(1) A의 관성계와 B의 관성계에서 측정한 번개 빛의 속력을 비교하시오.

(2) B가 관측했을 때 P, Q 중 번개가 먼저 치는 곳은 어디인지 쓰고, 그 까닭을 서술하시오.

18 그림과 같이 점 O에 있는 광원에서 빛이 방출되어 수직으로 놓인 거울 P, Q에서 반사되어 되돌아온다. 광원, P, Q는 관찰자 A에 대해 정지해 있고, A의 관성계에서 O와 P, O와 Q 사이의 거리는 L로 같다. 관찰자 B는 A에 대해 광속에 가까운 속력으로 O와 Q를 잇는 직선과 나란한 방향으로 등속도 운동을 한다.

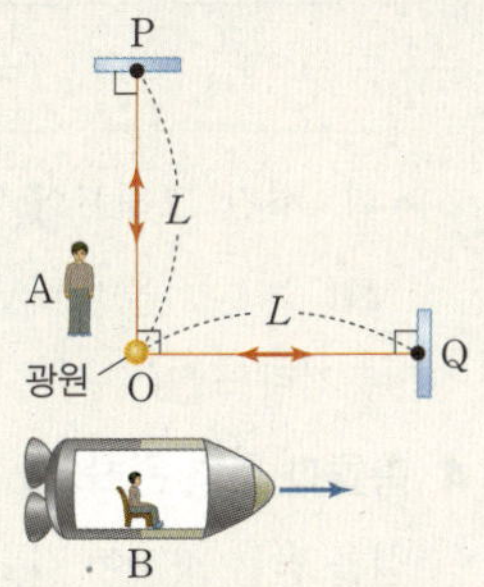

(1) B의 관성계에서 O와 P 사이의 거리와 O와 Q 사이의 거리를 비교하여 서술하시오.

(2) B의 관성계에서 O에서 방출된 빛이 P와 Q에 도달하는 데 걸린 시간을 비교하여 서술하시오.

19 특수 상대성 이론에 의하면 속력 v로 운동하는 물체의 질량은 $m = \dfrac{m_0}{\sqrt{1 - \dfrac{v^2}{c^2}}}$ (m_0: 정지 질량, c: 진공에서 빛의 속력)으로 주어진다.

(1) 물체의 속력 변화에 따른 물체의 질량 변화에 대해 서술하고, 그 까닭을 서술하시오.

(2) 물체의 속력이 빛의 속력에 도달할 수 없음을 특수 상대성 이론을 적용하여 서술하시오.

20 다음은 핵반응식 (가), (나)를 나타낸 것이고, 표는 원자핵의 질량을 나타낸 것이다. E_1, E_2는 각각 (가)와 (나)의 핵반응에서 방출된 에너지이다. (단, u는 원자 질량 단위이다.)

> (가) $^2_1\text{H} + ^2_1\text{H} \longrightarrow ^1_1\text{H} + ^3_1\text{H} + E_1$
> (나) $^1_1\text{H} + ^1_0\text{n} \longrightarrow ^2_1\text{H} + E_2$

원자핵	^1_1H	^1_0n	^2_1H	^3_1H
질량(u)	1.007	1.009	2.014	3.016

표의 자료를 이용하여 E_1과 E_2의 크기를 비교하여 서술하시오.

단원 한번에 정리하기

01 물체의 운동

1 이동 거리와 변위
- ❶(   ): 물체가 실제로 이동한 경로의 길이
- 변위: 처음 위치에서 나중 위치까지의 위치 변화량

2 속력과 속도
- 속력 $=\dfrac{\text{이동 거리}}{\text{걸린 시간}}$ [단위: m/s]
- 속도 $=\dfrac{❷(\qquad)}{\text{걸린 시간}}$ [단위: m/s]

3 가속도
- 가속도 $=\dfrac{\text{속도 변화량}}{\text{걸린 시간}}$ [단위: m/s^2]
- 가속도의 방향과 물체의 운동 방향이 같으면 물체의 속력이 ❸(   )하고, 가속도의 방향과 운동 방향이 반대이면 물체의 속력이 ❹(   )한다.

4 ❺(   ): 물체의 속도가 일정한 운동으로, 물체의 빠르기와 운동 방향이 변하지 않는다.

5 가속도 운동: ❻(   )가 변하는 운동이다. ➡ 속력만 변하는 운동, 운동 방향만 변하는 운동(등속 원운동), 속력과 운동 방향이 모두 변하는 운동(포물선 운동, 진자 운동) 등은 모두 가속도 운동이다.

6 ❼(   ): 직선상에서 운동하며, 물체의 가속도의 크기와 방향이 일정한 운동이다.

$$v=v_0+at,\ s=v_0t+\frac{1}{2}at^2,\ v^2-v_0^2=2as$$

02 뉴턴 운동 법칙

1 ❶(   ): 물체의 모양이나 운동 상태를 변화시키는 원인
- **힘의 표시:** 화살표를 이용하여 힘의 ❷(   ), 힘의 크기, 힘의 방향을 표시한다.
- **힘의 단위:** N(뉴턴)

2 힘의 합성: 물체에 여러 힘들이 작용할 때, 물체에 작용하는 모든 힘을 합한 것을 합력 또는 ❸(   )이라고 한다.
- **같은 방향으로 작용하는 두 힘의 합성:** 합력의 크기는 두 힘의 크기의 합과 같고, 방향은 두 힘의 방향과 같다.
- **반대 방향으로 작용하는 두 힘의 합성:** 합력의 크기는 두 힘의 크기의 차와 같고, 방향은 크기가 큰 힘의 방향과 같다.

3 힘의 평형: 한 물체에 작용하는 여러 힘들의 합력이 0일 때 힘의 평형을 이룬다고 한다.

4 뉴턴 운동 제1법칙(관성 법칙): 물체에 작용하는 알짜힘이 ❹(   )일 때, 물체는 계속 정지해 있거나 등속 직선 운동을 한다.

5 뉴턴 운동 제2법칙(가속도 법칙): 물체의 가속도(a)는 물체에 작용하는 알짜힘(F)에 ❺(   )하고, 물체의 질량(m)에 ❻(   )한다.

$$a=\frac{F}{m},\ F=ma$$

6 뉴턴 운동 제3법칙(작용 반작용 법칙): 힘은 두 물체 사이의 상호 작용으로 항상 쌍으로 작용하며, 상호 작용 하는 두 힘의 크기는 서로 같고, 방향은 ❼(   )이다.

➡ $F_{AB}=-F_{BA}$

03 운동량과 충격량

1 ❶(   ): 물체의 운동하는 정도를 나타낸 물리량으로, 물체의 질량과 속도의 곱이다.

$$p=mv \text{ [단위: kg·m/s]}$$

- 운동량 변화량(Δp) = 나중 운동량(p) − 처음 운동량(p_0)

2 ❷(   ): 물체가 충돌, 분열 등의 상호 작용 할 때 외부에서 힘이 작용하지 않으면 물체들의 운동량의 합은 일정하게 보존된다.

➡ 충돌 전 운동량의 합 = 충돌 후 운동량의 합

3 충격량: 물체가 충돌할 때 물체가 받는 충격의 정도를 나타낸 물리량으로, 물체에 작용한 힘과 힘이 작용한 시간의 곱이다.

$$I=F\Delta t \text{ [단위: N·s]}$$

- 힘−시간 그래프에서 그래프가 시간 축과 이루는 넓이는 ❸(   )을 나타낸다.
- 충격량 = ❹(   ) ➡ $I=\Delta p$

4 충돌과 충격 완화: 물체가 받는 충격량이 일정할 때, 물체가 힘을 받는 시간이 길수록 물체에 작용하는 평균 힘의 크기가 ❺(   )다. ➡ $F\propto\dfrac{1}{\Delta t}$ (단, $I=$일정)

- **충격을 감소시키는 장치:** 에어백, 자동차 범퍼, 소방용 에어 매트, 모서리 보호대, 안전 펜스 등

04 역학적 에너지 보존

1 ❶(   ): 물체의 이동 방향과 나란하게 작용한 힘의 크기(F)와 물체가 이동한 거리(s)를 곱한 값이다.

$$W=Fs \text{ [단위 : J(줄)]}$$

2 일과 에너지

- **운동 에너지**(E_k): 운동하는 물체가 가진 에너지이다.

  ➡ $E_k = \dfrac{1}{2}mv^2$

- **일·운동 에너지 정리**: 물체에 작용하는 알짜힘이 한 일은 물체의 ❷(　　　　　)과 같다. ➡ $W = \Delta E_k$

- ❸(　　　　　): 중력, 탄성력, 전기력 등이 작용하는 계에서 물체에 저장되는 에너지이다. ➡ 중력 퍼텐셜 에너지 $E_p = mgh$, 탄성 퍼텐셜 에너지 $E_p = \dfrac{1}{2}kx^2$

3 ❹(　　　　　): 마찰력, 공기 저항력 등과 같은 힘이 일을 하지 않으면 물체의 운동 에너지와 퍼텐셜 에너지의 합인 역학적 에너지는 일정하게 보존된다.

  ➡ $E = E_k + E_p = $ 일정, $\Delta E_k + \Delta E_p = 0$

05 열역학 법칙

1 기체가 하는 일(W): 기체가 일정한 압력을 유지하면서 팽창할 때, 기체가 외부에 한 일은 ❶(　　　　)(P)과 부피 변화(ΔV)의 곱이다. ➡ $W = P\Delta V$ [단위: J(줄)]

- **압력과 부피의 관계 그래프**: 기체가 한 일은 압력-부피 그래프에서 그래프의 넓이와 같다.

2 기체의 내부 에너지(U): 이상 기체의 내부 에너지는 기체 분자의 ❷(　　　　　)의 총합이므로 기체 분자수 N과 절대 온도 T에 ❸(　　　)한다. ➡ $U \propto N\overline{E_k} \rightarrow U \propto NT$

3 ❹(　　　　　): 외부에서 가해 준 열 Q는 기체의 내부 에너지 변화량 ΔU와 기체가 외부에 한 일 W의 합과 같다.

  ➡ $Q = \Delta U + W = \Delta U + P\Delta V$

4 열역학 과정: 기체가 외부와 상호 작용을 하면서 한 상태에서 다른 상태로 변하는 과정으로, 등압 과정, 등적 과정, 등온 과정, 단열 과정이 있다.

5 열역학 제2법칙: 자연 현상의 ❺(　　　)적인 방향성을 설명하는 법칙이다.

- 열은 고온의 물체에서 저온의 물체로 저절로 이동한다.

6 열기관: 열원으로부터 흡수하는 ❻(　　　)를 역학적 일로 전환하는 장치이다.

- **열기관의 열효율**: $e = \dfrac{W}{Q_H} = \dfrac{Q_H - Q_L}{Q_H} = 1 - \dfrac{Q_L}{Q_H}$

7 영구 기관

- **제1종 영구 기관**: 에너지를 공급하지 않아도 지속적으로 작동하여 외부에 일을 할 수 있는 기관이다. 열역학 제1법칙에 위배된다.

- ❼(　　　　　): 고온의 열원으로부터 공급받은 열을 모두 일로 바꿀 수 있는 기관으로, 열효율이 100 %인 열기관이다. 열역학 제2법칙에 위배된다.

06 특수 상대성 이론

1 상대 속도: 물체의 속도에서 관찰자의 속도를 ❶(　　　) 것을 상대 속도라고 한다.

2 마이컬슨·몰리 실험: 실험 결과 관찰자의 운동 상태에 따른 빛의 속력의 차는 없으며, 에테르는 존재하지 않는다는 것이 밝혀졌다.

3 특수 상대성 이론의 두 가지 가정

- ❷(　　　　　): 모든 관성계에서 물리 법칙은 동일하게 성립한다.

- ❸(　　　　　): 모든 관성계에서 측정했을 때 진공에서 진행하는 빛의 속력은 광원이나 관찰자의 속도에 관계없이 광속 c로 일정하다.

4 특수 상대성 이론에 의한 현상

- **동시성의 상대성**: 한 관성계에서 동시에 일어난 두 사건이 다른 관성계에서는 동시에 일어난 사건이 아닐 수 있다.

- ❹(　　　): 관찰자에 대해 운동하고 있는 관찰자를 관측하면 상대방의 시간이 느리게 간다.

- ❺(　　　): 관찰자에 대해 운동하고 있는 물체는 관찰자에 대해 운동 방향으로 길이가 줄어드는 것으로 측정된다.

07 질량과 에너지

1 질량 에너지 동등성: 특수 상대성 이론에 따르면 질량과 에너지는 본질적으로 같다는 것이다. 즉, 질량은 에너지의 또 다른 형태이다. ➡ 질량 m에 해당하는 에너지는 $E = mc^2$이다.

2 정지 질량과 상대론적 질량: 물체에 대해 정지해 있는 관성계에서 측정한 질량을 ❶(　　　), 물체에 대해 운동하는 관성계에서 측정한 질량을 ❷(　　　　　)이라고 한다.

- 정지 질량이 m_0인 물체의 정지 에너지는 $E = m_0c^2$이다.

3 핵반응: 핵이 분열하거나 융합하는 것을 말하며, 핵반응 전후 전하량과 ❸(　　　)는 보존되며, 질량 결손에 해당하는 에너지가 방출된다.

- **핵반응식**: $^a_w A + ^b_x B \longrightarrow ^c_y C + ^d_z D + $ 에너지

  ➡ 질량수 보존 : $a + b = c + d$, 전하량 보존 : $w + x = y + z$

- ❹(　　　): 핵자들이 결합하여 원자핵을 형성할 때 감소한 질량

4 핵융합과 핵분열

- **핵융합**: 가벼운 원자핵이 결합하여 무거운 원자핵이 되는 핵반응 ⓔ 태양 중심부에서 일어나는 수소 핵융합 반응

- ❺(　　　): 무거운 원자핵이 두 개의 가벼운 원자핵으로 분열되는 핵반응 ⓔ 원자로 내에서 일어나는 우라늄의 핵분열 반응

01 (3점)
그림은 직선 도로에 정지해 있던 자동차가 시간 $t=0$일 때 기준선 P에서 출발하여 $t=5$초일 때 기준선 Q를 통과하여 $t=7$초일 때 기준선 R에 속력 v로 도달한 모습을 나타낸 것이다. 자동차는 P에서 Q까지 등가속도 직선 운동을 하고, Q에서 R까지 등속 직선 운동을 한다. Q와 R 사이의 거리는 20 m이다.

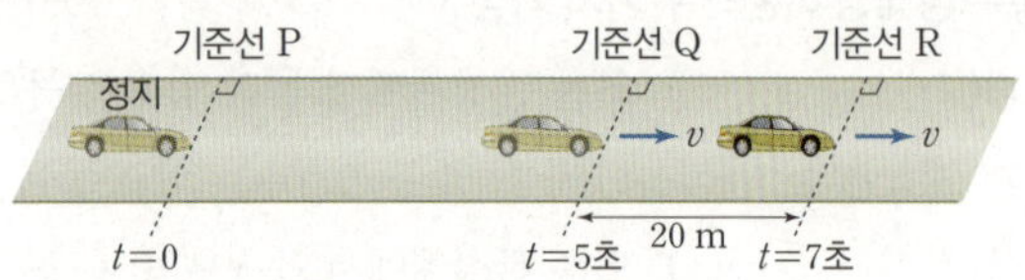

이에 대한 설명으로 옳은 것만을 |보기|에서 있는 대로 고른 것은? (단, 자동차의 크기는 무시한다.)

> |보기|
> ㄱ. $v=10$ m/s이다.
> ㄴ. P와 Q 사이의 거리는 25 m이다.
> ㄷ. $t=2$초일 때 자동차의 가속도의 크기는 1 m/s²이다.

① ㄱ
② ㄷ
③ ㄱ, ㄴ
④ ㄱ, ㄷ
⑤ ㄴ, ㄷ

02 (4점)
그림은 수평면에 정지해 있던 물체의 가속도를 시간에 따라 나타낸 것이다.

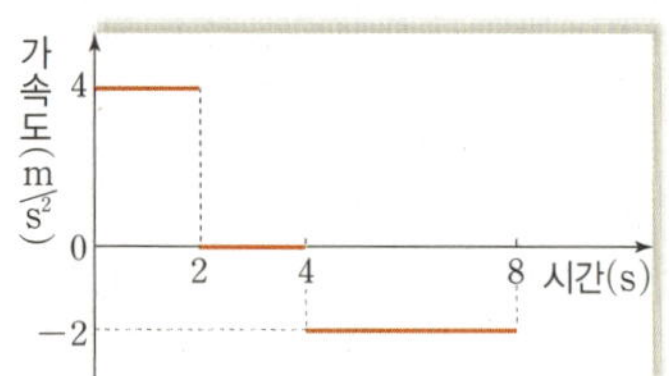

이 물체의 운동에 대한 설명으로 옳은 것만을 |보기|에서 있는 대로 고른 것은? (단, 물체의 크기는 무시한다.)

> |보기|
> ㄱ. 0초부터 2초까지 물체의 평균 속력은 8 m/s이다.
> ㄴ. 1초일 때와 6초일 때 물체의 속력은 같다.
> ㄷ. 4초부터 8초까지 물체가 이동한 거리는 20 m이다.

① ㄱ
② ㄴ
③ ㄱ, ㄷ
④ ㄴ, ㄷ
⑤ ㄱ, ㄴ, ㄷ

03 (3점)
그림 (가)와 같이 실로 연결된 물체 A, B가 수평면에서 운동한다. A의 질량은 2 kg이고, B에는 수평 방향으로 10 N의 일정한 힘이 작용한다. 그림 (나)는 B의 속도를 시간에 따라 나타낸 것이다. 3초일 때 실이 끊어졌다.

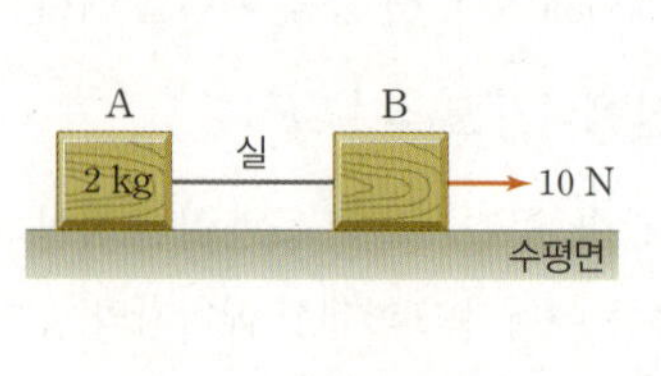

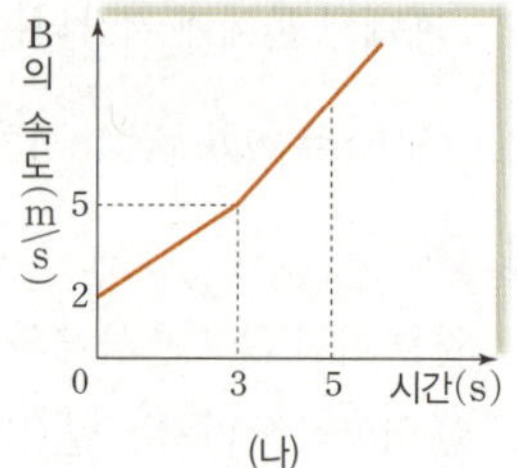

5초일 때 B의 운동량의 크기는? (단, 물체의 크기, 실의 질량, 공기 저항과 모든 마찰은 무시한다.)

① 56 kg·m/s
② 60 kg·m/s
③ 64 kg·m/s
④ 68 kg·m/s
⑤ 72 kg·m/s

04 (4점)
그림 (가)와 같이 물체 A, B가 실로 연결되어 등가속도 운동을 하고 있다. 그림 (나)는 A, B의 운동 에너지를 이동 거리에 따라 나타낸 것이다.

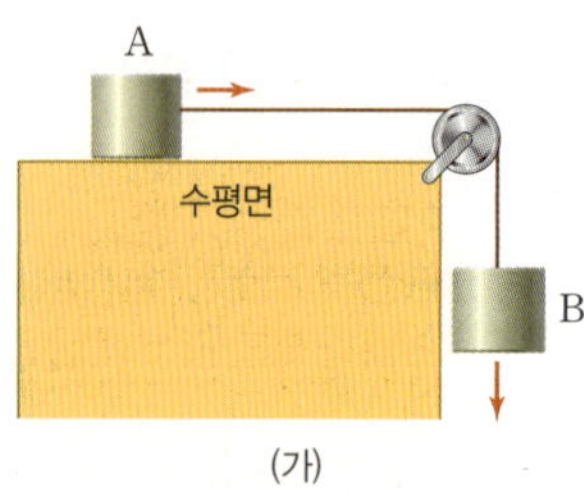

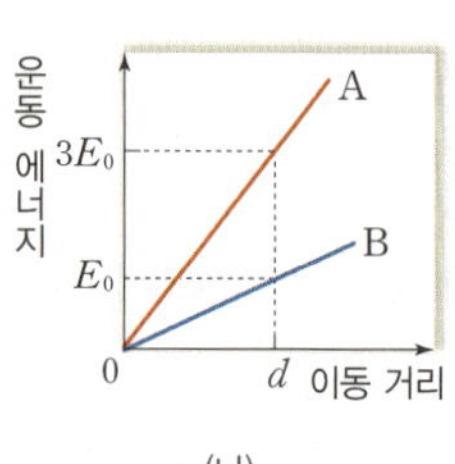

A의 가속도의 크기는? (단, 중력 가속도는 g이고, 실의 질량, 공기 저항과 모든 마찰은 무시한다.)

① $\frac{1}{5}g$
② $\frac{1}{4}g$
③ $\frac{1}{3}g$
④ $\frac{2}{5}g$
⑤ $\frac{1}{2}g$

05 ^{3점} 그림 (가)와 같이 물체 A와 B가 실로 연결되어 등가속도 운동을 하고 있다. A에는 수평 방향으로 크기가 F인 일정한 힘이 작용한다. 그림 (나)는 (가)에서 A와 B를 연결한 실이 끊어진 후 모습을 나타낸 것이다. (가)와 (나)에서 B의 가속도의 크기는 같고, A, B의 질량은 각각 $2m$, m이다.

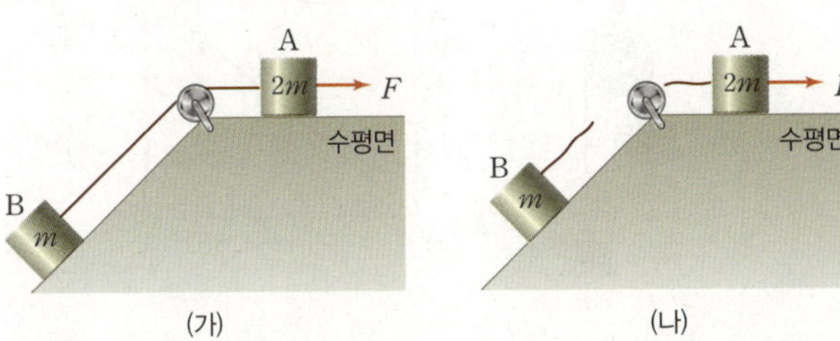

이에 대한 설명으로 옳은 것만을 |보기|에서 있는 대로 고른 것은? (단, 물체의 크기, 실의 질량, 공기 저항과 모든 마찰은 무시한다.)

> |보기|
> ㄱ. (가)에서 작용하는 알짜힘의 크기는 A가 B의 2배이다.
> ㄴ. (가)에서 실이 B에 작용하는 힘의 크기는 $\frac{1}{2}F$이다.
> ㄷ. (나)에서 가속도의 크기는 A가 B의 2배이다.

① ㄱ   ② ㄷ   ③ ㄱ, ㄴ
④ ㄴ, ㄷ   ⑤ ㄱ, ㄴ, ㄷ

06 ^{3점} 다음은 드론의 비행에 대한 내용이다.

> 그림과 같이 드론이 지면으로부터 일정한 높이에 정지해 있는 상태를 호버링이라고 한다. 호버링을 하고 있는 드론에는 ㉠공기가 날개에 작용하는 힘과 ㉡지구가 드론에 작용하는 힘이 작용한다.
>
> 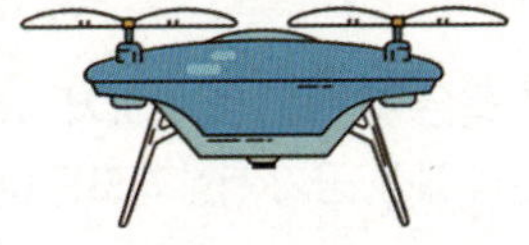

이에 대한 설명으로 옳은 것만을 |보기|에서 있는 대로 고른 것은?

> |보기|
> ㄱ. 호버링 하고 있는 드론은 힘의 평형 상태에 있다.
> ㄴ. ㉠의 크기는 ㉡의 크기보다 크다.
> ㄷ. ㉠의 반작용은 ㉡이다.

① ㄱ   ② ㄷ   ③ ㄱ, ㄴ
④ ㄱ, ㄷ   ⑤ ㄴ, ㄷ

07 ^{3점} 그림 (가)와 같이 체중계를 사용하여 몸무게를 측정하였다. A, B의 몸무게는 각각 600 N, 500 N이다. 그림 (나)는 A가 B에 연직 방향으로 힘을 작용할 때 체중계가 각각 w_0, 570 N의 힘을 가리키는 것을 나타낸 것이다.

이에 대한 설명으로 옳은 것만을 |보기|에서 있는 대로 고른 것은?

> |보기|
> ㄱ. 질량은 A가 B보다 크다.
> ㄴ. (나)에서 A가 B에 작용하는 힘의 크기는 70 N이다.
> ㄷ. (나)에서 w_0은 530 N이다.

① ㄱ   ② ㄷ   ③ ㄱ, ㄴ
④ ㄴ, ㄷ   ⑤ ㄱ, ㄴ, ㄷ

08 ^{4점} 그림 (가)는 수평면에 놓인 놀이 기구에 공을 떨어뜨렸더니, 공이 놀이 기구에서 튕겨져 나와 처음 놓은 높이까지 올라간 모습을 나타낸 것이다. 그림 (나)는 공이 놀이 기구에 닿아 있는 동안 놀이 기구가 공에 작용하는 힘의 크기를 시간에 따라 나타낸 것이다.

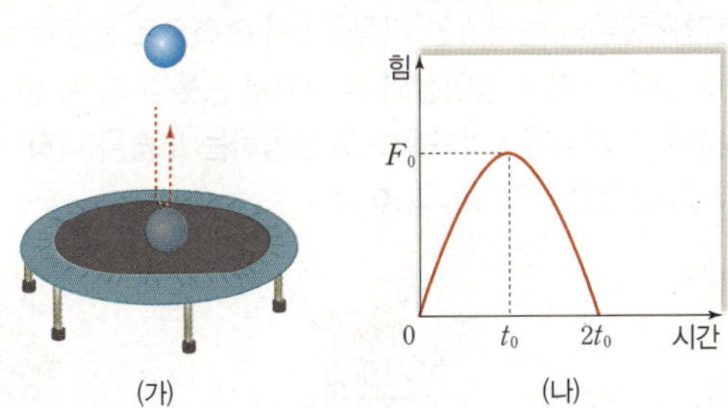

이에 대한 설명으로 옳은 것만을 |보기|에서 있는 대로 고른 것은?

> |보기|
> ㄱ. 공에 작용하는 중력의 크기는 F_0보다 작다.
> ㄴ. t_0일 때 공의 운동량의 크기가 최대이다.
> ㄷ. 0부터 $2t_0$까지 공의 운동량 변화량의 크기는 $2F_0t_0$이다.

① ㄱ   ② ㄴ   ③ ㄱ, ㄷ
④ ㄴ, ㄷ   ⑤ ㄱ, ㄴ, ㄷ

1등급 실전 문제

09 그림 (가)와 같이 수평면에서 물체 A가 정지해 있는 물체 B를 향해 3 m/s의 속력으로 등속도 운동을 하였다. 그림 (나)는 B와 벽 사이의 거리 x를 시간에 따라 나타낸 것이다. A의 질량은 2 kg이다. `4점`

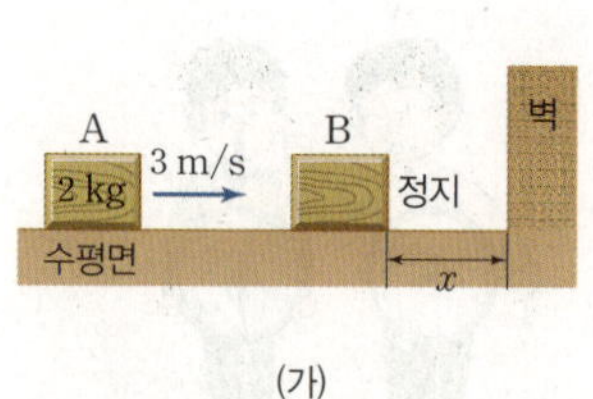

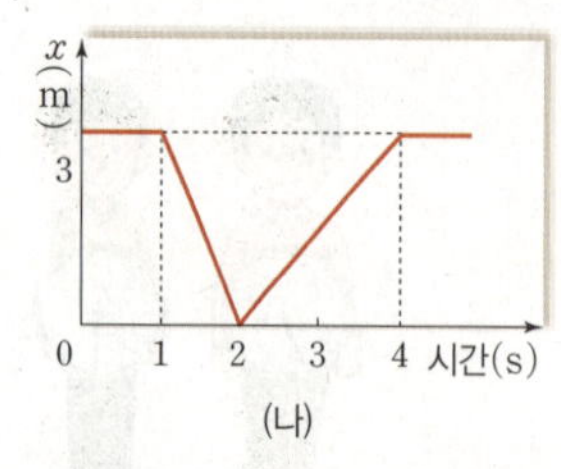

이에 대한 설명으로 옳은 것만을 |보기|에서 있는 대로 고른 것은? (단, A, B는 동일 직선상에서 운동하며, 물체의 크기는 무시한다.)

> **보기**
> ㄱ. B의 질량은 1 kg이다.
> ㄴ. B가 벽으로부터 받은 충격량의 크기는 9 N·s이다.
> ㄷ. 5초일 때 A의 속력은 2 m/s이다.

① ㄱ ② ㄴ ③ ㄱ, ㄴ
④ ㄴ, ㄷ ⑤ ㄱ, ㄴ, ㄷ

10 그림 (가)는 수평면에서 물체 A가 $3v$의 속력으로, 물체 B는 수평면으로부터 높이 h인 지점을 v의 속력으로 운동하는 모습을, (나)는 A와 B가 수평면상의 점 O에서 충돌한 후 한 덩어리가 되어 높이 h인 지점을 v의 속력으로 운동하는 모습을 나타낸 것이다. A, B의 질량은 각각 $2m$, m이다. `4점`

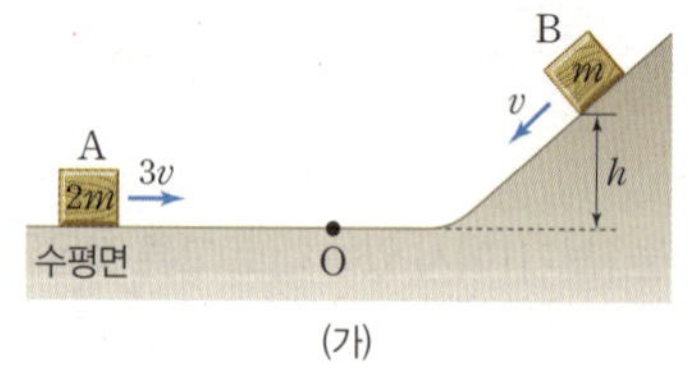

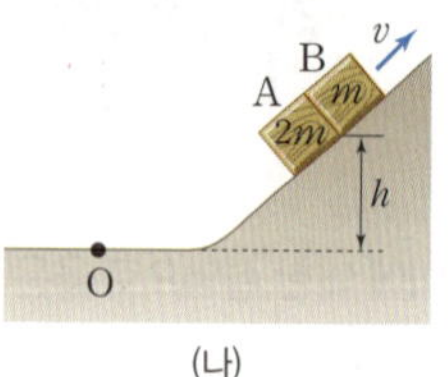

h는? (단, 중력 가속도는 g이고, 물체의 크기, 공기 저항과 마찰은 무시한다.)

① $\dfrac{v^2}{4g}$ ② $\dfrac{3v^2}{8g}$ ③ $\dfrac{v^2}{2g}$

④ $\dfrac{5v^2}{8g}$ ⑤ $\dfrac{3v^2}{4g}$

11 그림 (가)는 실로 연결하고 같은 높이에서 가만히 놓은 물체 A, B가 등가속도 운동을 하는 것을 나타낸 것이다. 그림 (나)는 A의 속력을 시간에 따라 나타낸 것이다. 2초일 때, A와 B의 높이 차는 h이다. `3점`

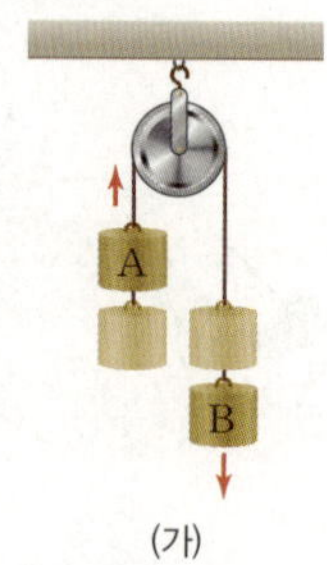

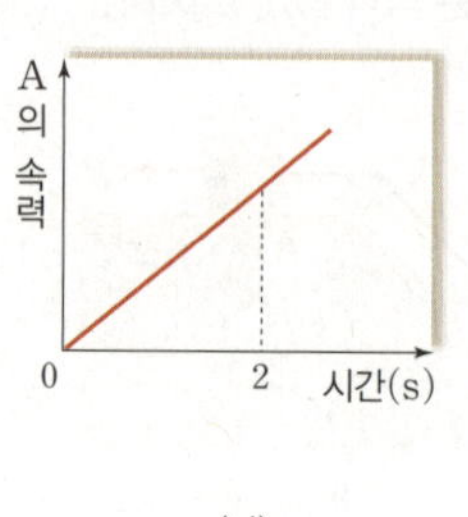

이에 대한 설명으로 옳은 것만을 |보기|에서 있는 대로 고른 것은? (단, 물체의 크기, 실의 질량, 공기 저항과 모든 마찰은 무시한다.)

> **보기**
> ㄱ. 0초부터 2초까지 A의 운동 에너지 증가량은 B의 중력 퍼텐셜 감소량보다 작다.
> ㄴ. B의 역학적 에너지는 1초일 때가 2초일 때보다 크다.
> ㄷ. 2초일 때 운동 에너지는 A와 B가 같다.

① ㄱ ② ㄷ ③ ㄱ, ㄴ
④ ㄴ, ㄷ ⑤ ㄱ, ㄴ, ㄷ

12 그림은 물체 A와 경사면에 놓인 물체 B가 실로 연결되어 등속도 운동을 하는 것을 나타낸 것이다. `4점`

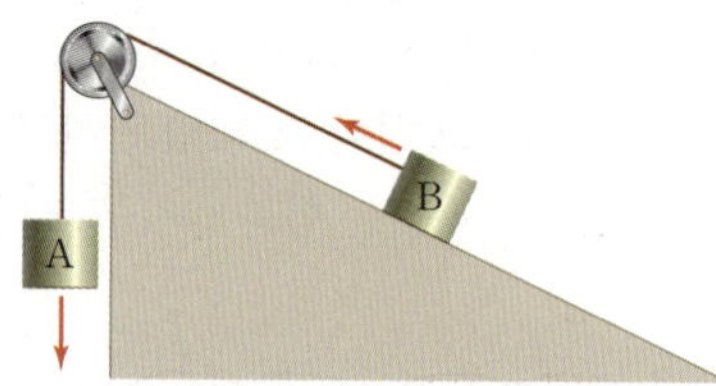

이에 대한 설명으로 옳은 것만을 |보기|에서 있는 대로 고른 것은? (단, 물체의 크기, 실의 질량, 공기 저항과 모든 마찰은 무시한다.)

> **보기**
> ㄱ. 실이 B를 당기는 힘의 크기는 A에 작용하는 중력의 크기와 같다.
> ㄴ. 중력이 A에 한 일은 B의 중력 퍼텐셜 에너지 증가량과 같다.
> ㄷ. 운동 에너지는 A와 B가 같다.

① ㄱ ② ㄷ ③ ㄱ, ㄴ
④ ㄴ, ㄷ ⑤ ㄱ, ㄴ, ㄷ

13 (4점) 그림 (가)는 마찰이 없는 수평면에서 물체 A가 정지해 있는 물체 B를 향해 속력 $2v$로 운동하는 것을 나타낸 것이다. 그림 (나)는 A와 B가 충돌한 후 A는 충돌 전 운동 방향과 반대 방향으로 속력 v로 운동하고, B는 용수철 상수가 k인 용수철과 충돌하여 용수철을 최대로 L만큼 압축시킨 순간을 나타낸 것이다. A, B의 질량은 각각 m, $2m$이다.

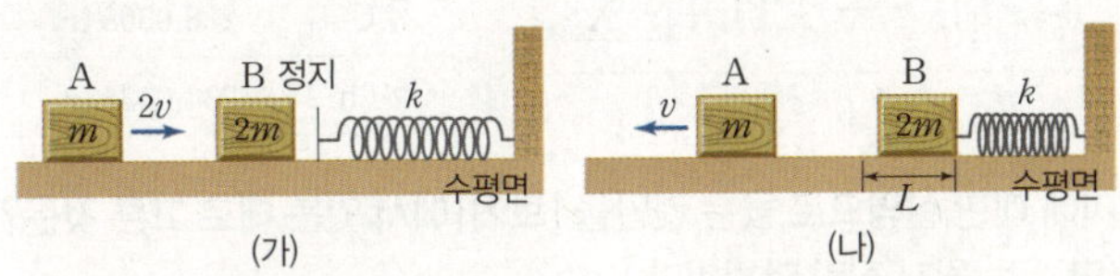

이에 대한 설명으로 옳은 것만을 |보기|에서 있는 대로 고른 것은? (단, 용수철의 질량, 물체의 크기, 공기 저항은 무시한다.)

|보기|
ㄱ. 충돌 과정에 A가 B로부터 받은 충격량의 크기는 mv이다.
ㄴ. 충돌 직후 운동 에너지는 A가 B의 $\frac{4}{9}$배이다.
ㄷ. (나)에서 L은 $\sqrt{\dfrac{9mv^2}{2k}}$이다.

① ㄱ 　② ㄴ 　③ ㄷ
④ ㄱ, ㄴ 　⑤ ㄴ, ㄷ

14 (3점) 그림 (가)는 단열된 실린더에 동일한 이상 기체 A, B가 고정된 피스톤에 의해 같은 부피로 나누어져 있는 것을 나타낸 것이다. 기체 분자의 수는 B가 A의 2배이고, 온도는 A와 B가 같다. 그림 (나)는 (가)에서 핀을 제거한 후, A의 부피가 (가)에서의 $\frac{1}{2}$배가 되었을 때 피스톤을 다시 핀으로 고정한 것을 나타낸 것이다.

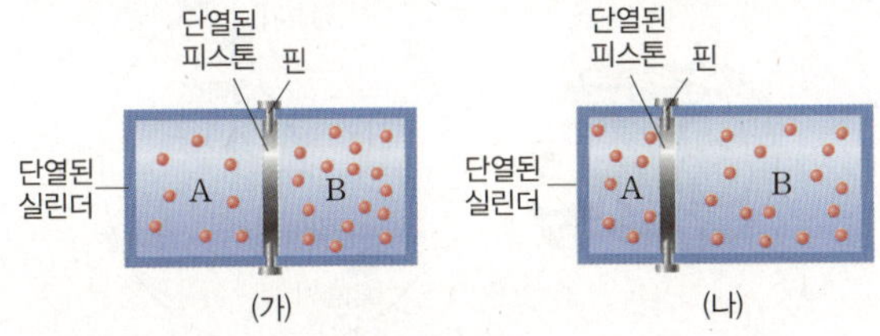

이에 대한 설명으로 옳은 것만을 |보기|에서 있는 대로 고른 것은? (단, 피스톤의 마찰은 무시한다.)

|보기|
ㄱ. (가)에서 기체의 내부 에너지는 B가 A의 2배이다.
ㄴ. (가) → (나) 과정에서 A의 온도는 일정하다.
ㄷ. (가) → (나) 과정에서 B가 한 일은 B의 내부 에너지 감소량과 같다.

① ㄱ 　② ㄴ 　③ ㄷ
④ ㄱ, ㄷ 　⑤ ㄴ, ㄷ

15 (3점) 그림 (가)는 일정량의 이상 기체 P가 채워진 실린더의 피스톤 위에 질량이 m인 물체 A가 정지해 있는 것을 나타낸 것이다. 그림 (나)는 P에 열량 Q를 가했더니 P는 압력을 일정하게 유지하며 부피가 증가하여 A가 (가)에서보다 h만큼 올라간 후 정지한 것을 나타낸 것이다.

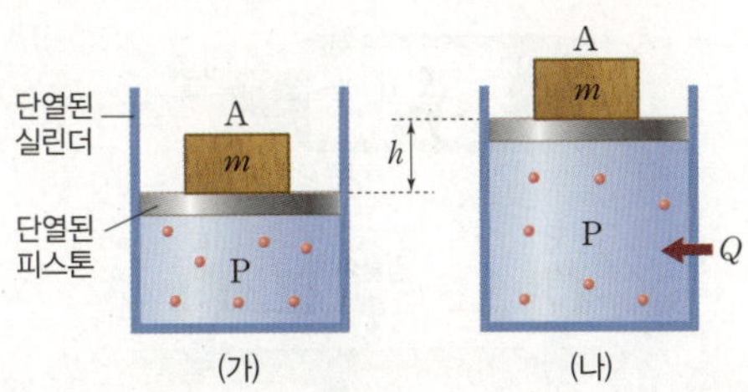

이에 대한 설명으로 옳은 것만을 |보기|에서 있는 대로 고른 것은? (단, 중력 가속도는 g이고, 물체의 크기, 피스톤의 질량과 마찰은 무시한다.)

|보기|
ㄱ. P의 온도는 (가)에서가 (나)에서보다 높다.
ㄴ. P의 분자의 평균 속력은 (가)에서가 (나)에서보다 작다.
ㄷ. $Q = mgh$이다.

① ㄱ 　② ㄴ 　③ ㄷ
④ ㄱ, ㄴ 　⑤ ㄴ, ㄷ

16 (4점) 그림 (가)는 이상 기체가 들어 있는 실린더에서 피스톤이 정지해 있는 모습을, (나)는 (가)의 피스톤 위에 물체를 올려놓았더니 피스톤이 아래로 이동하여 정지한 모습을, (다)는 (나)의 기체에 열량 Q를 공급하였더니 기체의 압력이 일정하게 유지되며 피스톤이 위로 이동하여 정지한 모습을 나타낸 것이다. 기체의 부피는 (가)와 (다)에서 같다.

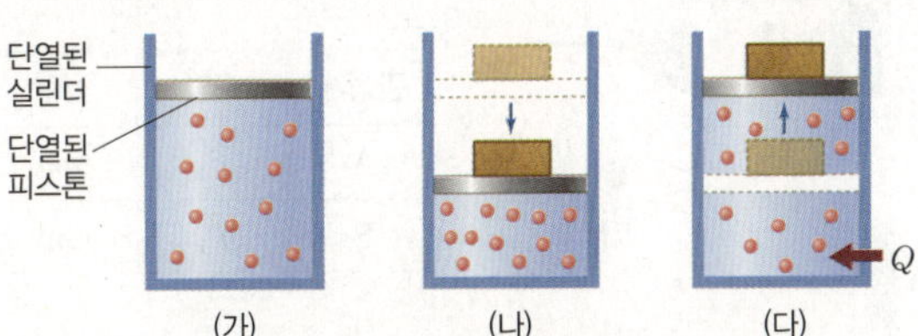

이에 대한 설명으로 옳은 것만을 |보기|에서 있는 대로 고른 것은? (단, 피스톤의 질량과 마찰은 무시한다.)

|보기|
ㄱ. 기체의 압력은 (가)에서가 (나)에서보다 작다.
ㄴ. 기체의 온도는 (나)와 (다)에서 같다.
ㄷ. Q는 (가)에서 (나)로 변하는 과정에서 기체가 받은 일보다 크다.

① ㄱ 　② ㄴ 　③ ㄱ, ㄷ
④ ㄴ, ㄷ 　⑤ ㄱ, ㄴ, ㄷ

17 (4점)

그림은 관찰자 A에 대해 관찰자 B가 탄 우주선이 $0.9c$의 일정한 속도로 운동하는 모습을 나타낸 것이다. 광원 P, Q, 검출기는 A에 대해 정지해 있고, A의 관성계에서 P, Q에서 동시에 방출된 빛은 검출기에 동시에 도달한다. B는 빛의 진행 방향과 나란하게 운동한다.

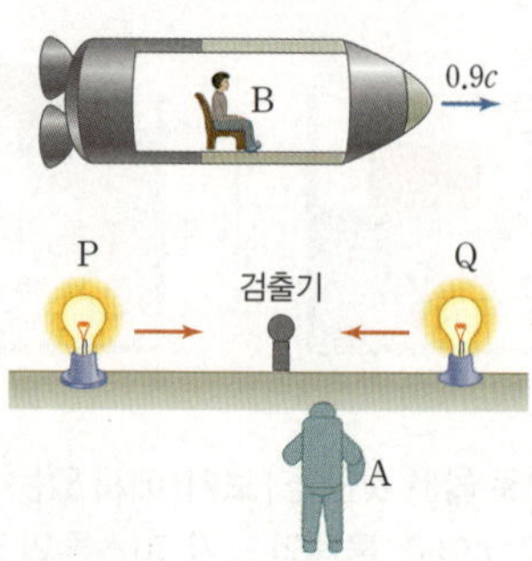

이에 대한 설명으로 옳은 것만을 |보기|에서 있는 대로 고른 것은? (단, c는 빛의 속력이다.)

|보기|
ㄱ. B의 관성계에서 P에서 방출된 빛의 속력은 Q에서 방출된 빛의 속력보다 작다.
ㄴ. P와 Q 사이의 거리는 A의 관성계에서가 B의 관성계에서보다 크다.
ㄷ. B의 관성계에서 빛은 Q에서가 P에서보다 먼저 방출되었다.

① ㄱ   ② ㄴ   ③ ㄱ, ㄷ
④ ㄴ, ㄷ   ⑤ ㄱ, ㄴ, ㄷ

18 (4점)

그림과 같이 관찰자 A에 대해 관찰자 B가 탄 우주선과 뮤온이 $0.6c$의 일정한 속도로 같은 방향으로 운동한다. 표는 A, B의 관성계에서 뮤온의 수명과 질량을 측정한 것을 나타낸 것이다.

관성계	수명	질량
A	T_A	$5m_0$
B	T_B	$4m_0$

이에 대한 설명으로 옳은 것만을 |보기|에서 있는 대로 고른 것은? (단, c는 빛의 속력이다.)

|보기|
ㄱ. $T_A > T_B$이다.
ㄴ. 뮤온의 정지 에너지는 m_0c^2이다.
ㄷ. A의 관성계에서 뮤온이 생성되어 소멸할 때까지 이동한 거리는 $0.6cT_A$이다.

① ㄱ   ② ㄴ   ③ ㄱ, ㄷ
④ ㄴ, ㄷ   ⑤ ㄱ, ㄴ, ㄷ

19 (3점)

다음 (가), (나)는 핵반응식이며, 핵반응에서 에너지가 방출된다. 표는 원자핵의 질량을 나타낸 것이다. X는 임의의 원자핵이다.

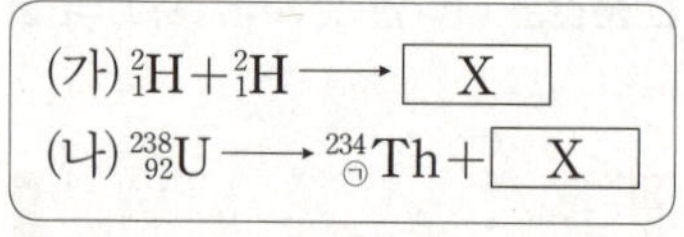

$$(가)\ {}_{1}^{2}H + {}_{1}^{2}H \longrightarrow \boxed{X}$$
$$(나)\ {}_{92}^{238}U \longrightarrow {}_{\ominus}^{234}Th + \boxed{X}$$

원자핵	질량
${}_{1}^{2}H$	2.0141 u
${}_{92}^{238}U$	238.0508 u
${}_{\ominus}^{234}Th$	234.0436 u

이에 대한 설명으로 옳은 것만을 |보기|에서 있는 대로 고른 것은? (단, u는 원자 질량 단위이다.)

|보기|
ㄱ. X의 중성자수는 2이다.
ㄴ. ㉠은 90이다.
ㄷ. 핵반응에서 방출되는 에너지는 (가)에서가 (나)에서보다 크다.

① ㄱ   ② ㄷ   ③ ㄱ, ㄴ
④ ㄴ, ㄷ   ⑤ ㄱ, ㄴ, ㄷ

20 (3점)

다음은 양전자 단층 촬영 장치(PET)에 대한 설명이다.

양전자 단층 촬영 장치(PET)는 양전자 방출을 이용하는 핵의학 검사 방법 중 하나이다. 인체에 투여된 양전자 방출 동위 원소가 체내에서 양전자 1개를 방출하면 양전자는 주위의 전자와 만나 소멸하고 한 쌍의 감마(γ)선을 생성한다. 이때 서로 반대 방향으로 진행하는 감마(γ)선을 검출하여 병을 진단한다.

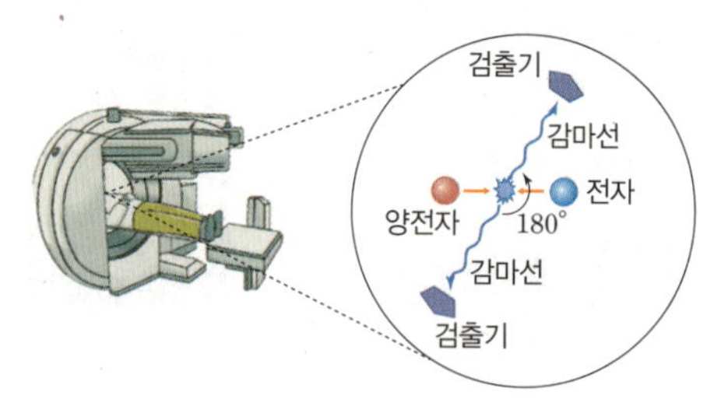

이에 대한 설명으로 옳은 것만을 |보기|에서 있는 대로 고른 것은?

|보기|
ㄱ. 양전자는 전자와 다른 종류의 전하를 띤다.
ㄴ. 질량이 에너지로 변환된다.
ㄷ. 한 쌍의 감마(γ)선 에너지는 양전자와 전자의 운동 에너지의 합과 같다.

① ㄱ   ② ㄴ   ③ ㄱ, ㄴ
④ ㄴ, ㄷ   ⑤ ㄱ, ㄴ, ㄷ

21 그림은 빗면상의 점 P에 가만히 놓은 물체가 등가속도 직선 운동을 하는 모습을 나타낸 것이다. 물체가 P에서 점 Q까지 이동하는 데 걸린 시간과 Q에서 점 R까지 이동하는 데 걸린 시간은 같고, Q에서 물체의 속력은 2 m/s이고, P에서 R까지의 거리는 4 m이다. (단, 물체의 크기, 공기 저항과 마찰은 무시한다.)

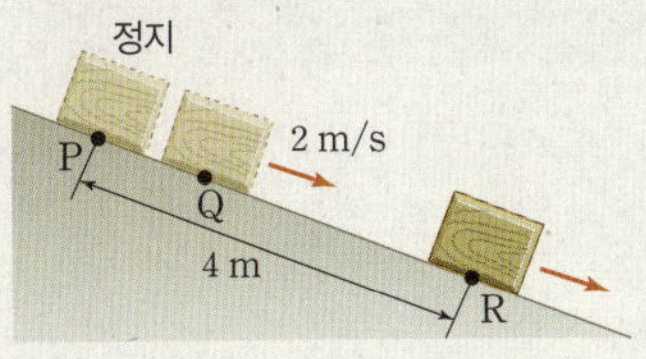

(1) R에서 물체의 속력을 풀이 과정과 함께 구하시오. 3점

____

____

(2) 빗면에서 운동하는 물체의 가속도의 크기를 풀이 과정과 함께 구하시오. 4점

____

____

22 그림 (가)는 물체 A와 B의 충돌 전과 후의 운동 상태를 나타낸 것이다. 충돌 전 A는 $3v$의 속력으로 등속도 운동을 하고, B는 정지해 있으며, 충돌 후 A는 v의 속력으로 등속도 운동을 한다. 그림 (나)는 A와 B 사이의 거리를 시간에 따라 나타낸 것이다. A의 질량은 m이다.

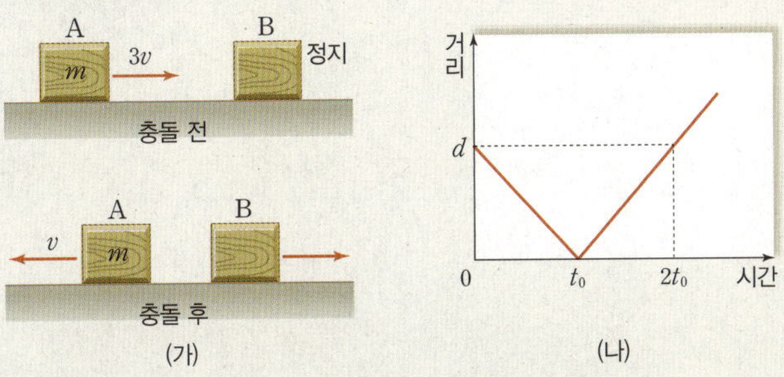

B의 질량을 풀이 과정과 함께 구하시오. (단, 물체의 크기는 무시한다.) 7점

____

____

23 그림은 높이가 $3h$인 점 p에서 질량이 m인 물체를 가만히 놓았더니 수평 구간 A를 지난 후 높이가 h인 점 q에서 정지한 순간의 모습을 나타낸 것이다. A의 길이는 h이고, A에서는 운동 방향과 반대 방향으로 크기가 F인 힘이 작용한다. (단, 중력 가속도는 g이고, 물체의 크기, 공기 저항과 마찰은 무시한다.)

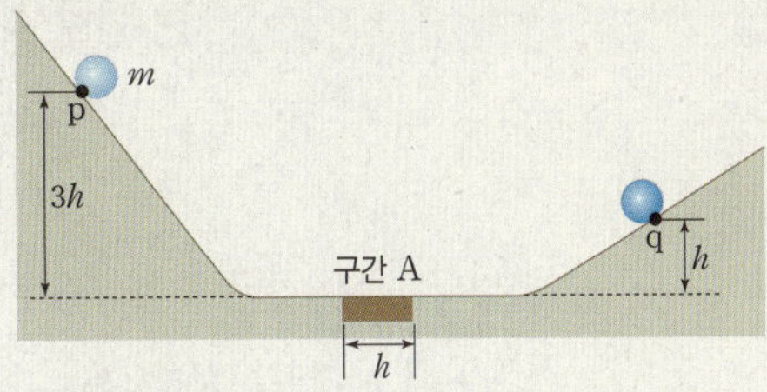

F를 풀이 과정과 함께 구하시오. 7점

____

____

24 그림은 이상 기체의 상태가 A → B를 따라 변할 때 압력과 부피를 나타낸 것이다. A → B 과정에서 기체가 흡수한 열은 100 J이다.
A → B 과정에서 기체의 온도 변화를 내부 에너지 변화와 관련지어 서술하시오. 4점

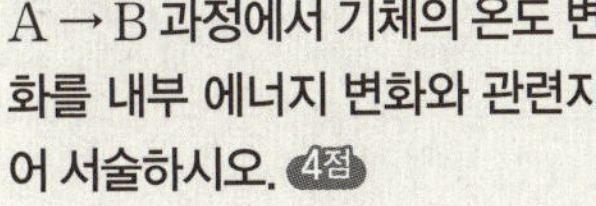
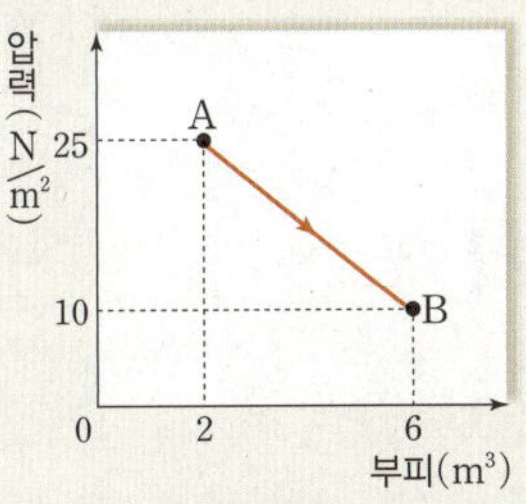

____

____

25 그림과 같이 수평면에 정지해 있는 관찰자 A에 대해 관찰자 B가 탄 우주선이 $0.8c$의 속력으로 등속도 운동을 하고 있다. B의 관성계에서 우주선의 길이는 L_0이다.

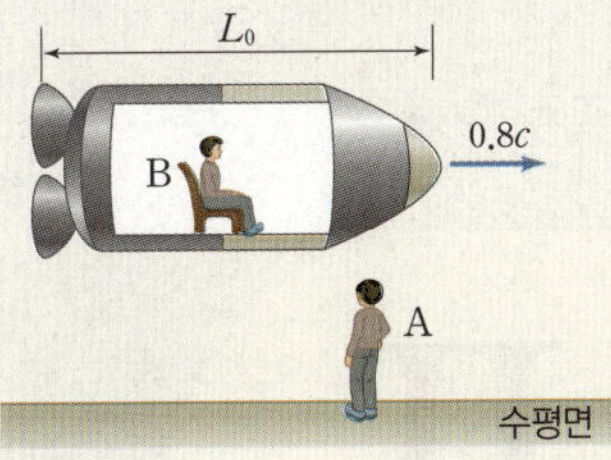

A의 관성계에서 우주선의 길이와 B의 관성계에서 우주선의 길이를 비교하시오. 5점

____

2 물질의 자기적 특성

1 물질의 전기적 특성

II 물질과 전자기장

1 물질의 전기적 특성

01 원자와 전기력, 스펙트럼

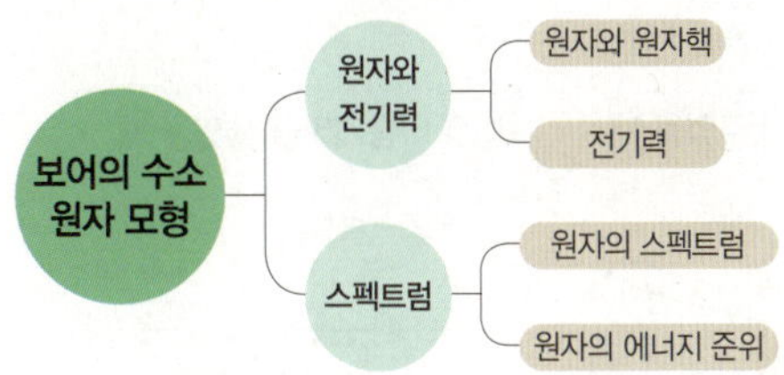

02 에너지띠와 반도체

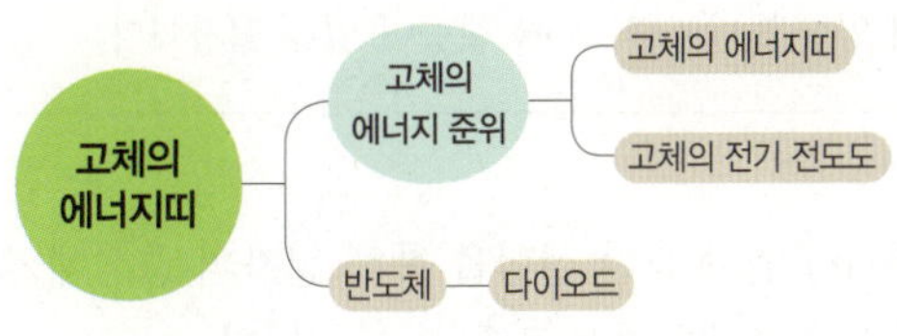

01 원자와 전기력, 스펙트럼

1 원자와 원자핵

개념 원자 모형은 계속 변천되어 왔으며, 원자는 전자와 원자핵으로 이루어져 있다.

1. 원자 모형의 변천: 원자 모형은 원자의 존재를 알게 된 이후부터 계속 변천되어 왔다.

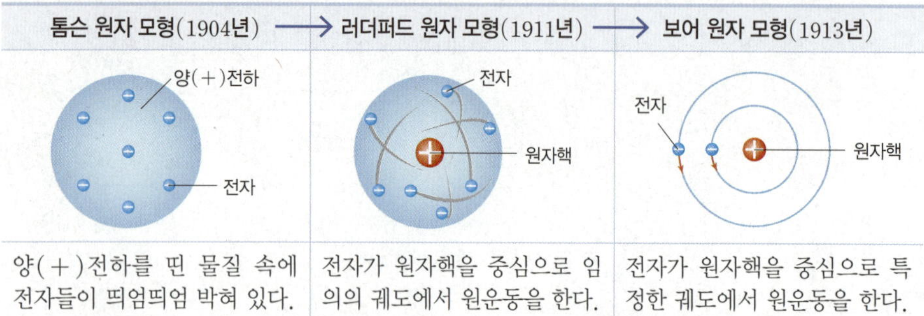

톰슨 원자 모형(1904년)	러더퍼드 원자 모형(1911년)	보어 원자 모형(1913년)
양(+)전하를 띤 물질 속에 전자들이 띄엄띄엄 박혀 있다.	전자가 원자핵을 중심으로 임의의 궤도에서 원운동을 한다.	전자가 원자핵을 중심으로 특정한 궤도에서 원운동을 한다.

원자의 구성

원자는 원자핵과 전자로 이루어져 있고, 원자핵은 양성자와 중성자로 이루어져 있다.

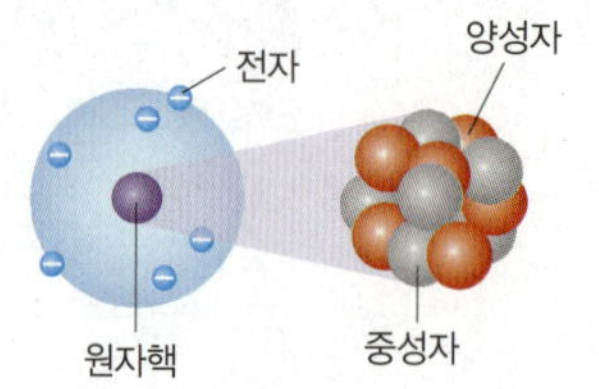

2. 원자의 구성 입자: 원자는 전자와 원자핵으로 이루어져 있다.

(1) 전자의 발견

❶ **음극선의 발견**: 1897년 톰슨은 진공 상태의 진공 방전관에 높은 전압을 걸어 주면 (−)극에서 (+)극 쪽으로 밝은 선이 나온다는 것을 발견하였고, 이 선을 음극선이라고 하였다.

❷ **음극선 실험**: 톰슨은 음극선 실험 결과를 통해 음극선이 음(−)전하를 띠고 질량을 가진 입자의 흐름이라는 것을 알아내었다. 이 입자가 전자이다.

- 전자의 전하량의 크기(e): $e = 1.6 \times 10^{-19}$ C(쿨롬)이고, e는 기본 전하량이라고 한다.
  전하량의 단위

톰슨의 음극선 실험 결과 음극선은 전기력과 자기력의 영향을 모두 받는다.

전기장을 걸어 주었을 때	자기장을 걸어 주었을 때	바람개비를 놓았을 때
음극선에 전기장을 걸어 주면 전기력에 의해 음극선은 (+)극 쪽으로 휘어진다. → 전기장의 영향을 받는다.	음극선에 자기장을 걸어 주면 음극선은 자기장에 의해 휘어진다. → 자기장의 영향을 받는다.	음극선이 지나가는 길에 바람개비를 놓으면 바람개비가 회전한다. → 질량이 있는 입자이다.

기본 전하량

모든 전자는 전자 전하량의 정수배로 존재하므로 전자의 전하량을 기본 전하량이라고 한다.

(2) 원자핵의 발견

❶ **원자핵의 발견**: 1910년 러더퍼드는 알파(α) 입자 산란 실험을 통해 원자의 중심에 밀도가 매우 크고 양(+)전하를 띠는 입자가 존재한다는 것을 알아내었다. 이 입자가 원자핵이다.

❷ **원자핵의 질량**: 전자의 질량에 비해 매우 크다. 원자 질량의 대부분은 원자핵의 질량이다.

❸ **원자핵의 전하량**: 양(+)전하를 띠며, 기본 전하량의 정수배이다.

암기 꼭!
원자핵의 특징
- 양(+)전하를 띠는 양성자와 전하를 띠지 않는 중성자로 구성되어 있다.
- 원자핵의 질량은 전자에 비해 매우 커서 원자 질량의 대부분을 차지한다.

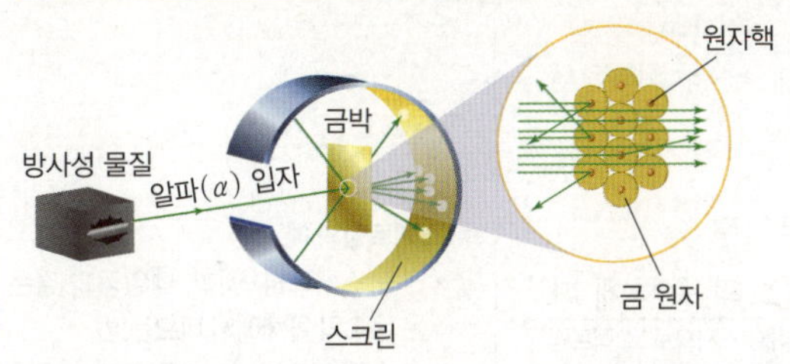

· 대부분의 알파(α) 입자는 금박을 통과하여 직진한다.
→ 원자 내부가 거의 빈 공간이다.
· 일부 알파(α) 입자가 큰 각도로 산란되거나 입사 방향에 대해 거의 정반대 방향으로 되돌아온다.
→ 원자의 중심에 양($+$)전하를 띤 입자가 좁은 공간에 존재한다.

알파(α) 입자
헬륨 원자핵으로 양($+$)전하를 띠고 있으며, 전자보다 매우 무겁다. 따라서 전자와 충돌하더라도 진행 경로에 영향을 받지 않는다.

산란: 한 입자가 다른 입자와 충돌하여 여러 방향으로 흩어지는 현상

② 전기력

개념 전하 사이에는 서로 밀어내거나 당기는 전기력이 작용한다.

1. 전기력: 전하 사이에 작용하는 힘이다.

(1) **전기력의 종류**: 다른 종류의 전하들 사이에는 서로 당기는 전기력(인력)이 작용하고, 같은 종류의 전하들 사이에는 서로 밀어내는 전기력(척력)이 작용한다.

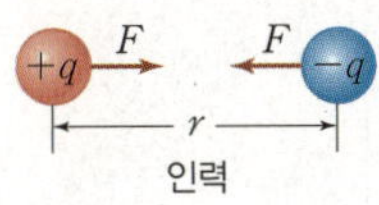

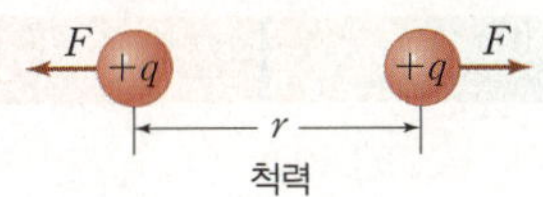

(2) **전기력의 크기(쿨롱 법칙)**: 두 전하 사이에 작용하는 전기력의 크기(F)는 두 전하의 전하량의 크기(q_1, q_2)의 곱에 비례하고, 두 전하 사이의 거리(r)의 제곱에 반비례한다.

$$F=k\frac{q_1 q_2}{r^2}\ (k=8.99\times10^9\ \text{N·m}^2/\text{C}^2: \text{진공 중에서 쿨롱 상수})$$

2. 원자에 속박된 전자

(1) **원자핵과 전자 사이에 작용하는 전기력**: 원자핵과 전자 사이에는 서로 끌어당기는 전기력이 작용하여 전자가 원자핵 주위를 벗어나지 않고 돌 수 있다.

(2) **전기력에 의한 전자의 속박**: 전자와 원자핵 사이에 작용하는 강한 전기적 인력은 전자를 원자 내에 묶어 두는 역할을 한다.

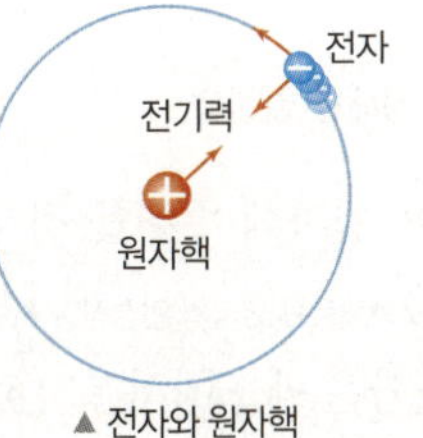

▲ 전자와 원자핵 사이의 전기력

전하
모든 전기 현상의 원인이 되는 물리적 특성을 전하라고 한다. 전하는 양($+$)전하, 음($-$)전하의 두 종류가 있다. 전하의 본질은 전자와 양성자이다.

원자의 구조
원자의 중심에는 양($+$)전하를 띠는 무거운 원자핵이 있고, 그 주위를 음($-$)전하를 띠는 전자가 돌고 있다.

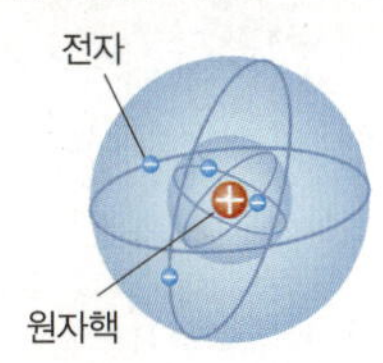

강의 포인트
원자의 구성 입자

구분	전자	원자핵
발견	톰슨의 음극선 실험	러더퍼드의 알파(α) 입자 산란 실험
전하	음($-$)전하	양($+$)전하

개념 익히기 문제

정답과 해설 p.035

🧠 교과서 문장으로 개념 익히기

01 원자핵은 러더퍼드가 ☐☐ ☐☐ 산란 실험을 통해 알아내었으며 양($+$)전하를 띤다.

02 같은 종류의 전하 사이에는 서로 ☐☐☐☐ 전기력이 작용하고, 다른 종류의 전하 사이에는 서로 ☐☐☐ 전기력이 작용한다.

03 두 전하 사이에 작용하는 전기력의 크기는 두 전하량의 크기의 곱에 ☐☐하고, 거리의 제곱에 ☐☐☐한다.

04 원자 내에서 원자핵과 전자 사이에는 서로 끌어당기는 ☐☐☐이 작용한다.

🧊 OX 문제로 개념 익히기

05 원자는 양($+$)전하를 띠는 원자핵과 음($-$)전하를 띠는 전자로 이루어져 있다. (O / x)

06 음극선은 전자기파의 일종이다. (O / x)

07 원자 내부의 공간은 대부분 원자핵으로 채워져 있다. (O / x)

08 원자 질량의 대부분은 전자의 질량이다. (O / x)

09 원자핵은 양($+$)전하를 띤다. (O / x)

10 전자와 원자핵 사이의 강한 전기력에 의해 전자는 원자에 속박되어 있다. (O / x)

3 원자의 스펙트럼

개념 원소의 종류에 따라 스펙트럼선의 위치와 수가 다르다.

1. **스펙트럼**: 빛이 파장에 따라 분리되어 나타나는 색의 띠이다.

2. **스펙트럼의 종류**

   (1) **연속 스펙트럼**: 색의 띠가 모든 파장에서 연속적으로 나타나는 스펙트럼이다.

   (2) **선 스펙트럼**: 빛의 띠가 불연속적인 선으로 나타나는 스펙트럼이다. 원소의 종류에 따라 밝은 선의 위치, 밝은 선의 개수가 다르다. 모든 원소는 각각 고유의 스펙트럼을 가지므로 스펙트럼을 분석하면 그 물질을 구성하는 원소들을 알아낼 수 있다.

방출 스펙트럼	• 고온의 기체에서 방출되는 빛의 선 스펙트럼이다. • 검은 바탕에 특정한 파장에 해당하는 선만 밝게 나타난다.
흡수 스펙트럼	• 백색광을 저온의 기체에 통과시켰을 때 나타나는 선 스펙트럼이다. • 특정한 파장의 빛들만 흡수되어 연속 스펙트럼에 검은 선으로 나타난다.

스펙트럼의 예
- 연속 스펙트럼: 햇빛, 백열등과 같은 높은 온도의 물체에서 나오는 빛
- 선 스펙트럼: 수소, 네온 등과 같은 기체가 채워진 방전관에서 나오는 빛

빛의 파장과 진동수
진공에서 빛의 속력은 파장과 진동수에 관계없이 일정하다. 이때 빛의 속력(c)은 진동수(f)와 파장(λ)의 곱과 같다. 파장과 진동수는 반비례한다.

$$c = f\lambda$$

4 원자의 에너지 준위

개념 원자 내 전자가 가지는 에너지 값 또는 상태를 말한다.

1. **보어 원자 모형**: 원자의 중심에 있는 원자핵 주위를 전자가 돌고 있으며, 전자는 특정 궤도에서 원운동을 한다. 러더퍼드 원자 모형으로는 원자의 안정성과 기체의 선 스펙트럼을 설명할 수 없었다.

   (1) **궤도와 양자수**: 원자핵에 가장 가까운 궤도에서부터 $n=1$, $n=2$, $n=3\cdots$인 궤도라 부르며, n을 양자수라고 한다.

   (2) **에너지의 양자화**: 전자는 양자수와 관련된 특정한 에너지 값만 가질 수 있다.

   (3) **에너지 준위**: 원자 내 전자가 가지는 에너지 값 또는 에너지 상태를 말한다. 양자수 n에 따라 불연속적인 값을 가지며, 양자수 n이 커질수록 에너지 준위도 커진다.

▲ 전자의 궤도
궤도와 궤도 사이에는 전자가 존재하지 않는다.

2. **전자의 전이**: 전자가 에너지 준위 사이를 이동할 때, 두 에너지 준위 차에 해당하는 에너지를 흡수하거나 방출한다. 이때 방출하는 빛의 에너지가 클수록 진동수가 크고 파장은 짧다.

에너지를 흡수할 때	에너지를 방출할 때
전자가 낮은 에너지 준위에서 높은 에너지 준위로 전이한다. ➡ 전자가 바깥쪽 궤도로 이동한다.	전자가 높은 에너지 준위에서 낮은 에너지 준위로 전이한다. ➡ 전자가 안쪽 궤도로 이동한다.

러더퍼드 원자 모형의 문제점
① 임의의 궤도에서 원운동을 하는 전자는 전자기파를 방출하면서 에너지가 감소하여 궤도가 점점 감소하므로 원자의 안정성을 설명할 수 없다.
② 전자의 회전 반지름이 감소하면서 연속적인 파장의 빛을 방출하므로 실제 기체에서의 불연속적인 선 스펙트럼을 설명하지 못한다.

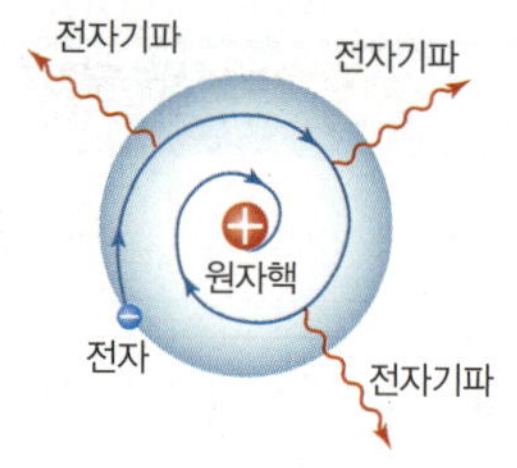

강의 포인트
수소 원자의 전자는 궤도 사이에서 빛에너지를 흡수하면 더 높은 궤도로 전이하고, 더 낮은 궤도로 전이할 때는 빛에너지를 방출한다.

3. **원자의 선 스펙트럼**: 원자의 에너지가 불연속적이므로 원자에서 방출되는 전자기파의 스펙트럼은 선이 띄엄띄엄 나타나는 선 스펙트럼이다.

(1) **광자의 에너지**: 진동수가 f인 광자 1개의 에너지 E는 다음과 같다.

$$E = hf = \frac{hc}{\lambda} \ (h: \text{플랑크 상수}, \ c: \text{진공에서 빛의 속력})$$

(2) **스펙트럼의 파장**: 양자수 m, n인 에너지 준위에 있는 전자의 에너지가 각각 E_m, E_n이라고 할 때, 전자가 양자수 m, n인 에너지 준위 사이를 전이할 때 방출 또는 흡수하는 빛의 파장 λ는 다음과 같다.

$$hf = \frac{hc}{\lambda} = |E_m - E_n| \ \rightarrow \ \lambda = \frac{hc}{|E_m - E_n|}$$

4. **수소의 선 스펙트럼**

(1) **수소 원자의 에너지 준위**: 수소 원자에서 전자의 에너지 준위는 불연속적이며 다음과 같다.

$$E_n = -\frac{13.6}{n^2} \text{ eV} \ (\text{단}, \ n = 1, 2, 3, \cdots)$$

$(-)$부호는 원자핵에 전자가 속박되어 있다는 것을 의미한다.

(2) **수소의 선 스펙트럼 계열**: 전자가 들뜬상태에서 안정된 상태로 전이할 때 선 스펙트럼이 나타나며, 라이먼 계열, 발머 계열, 파셴 계열 등으로 구분한다.

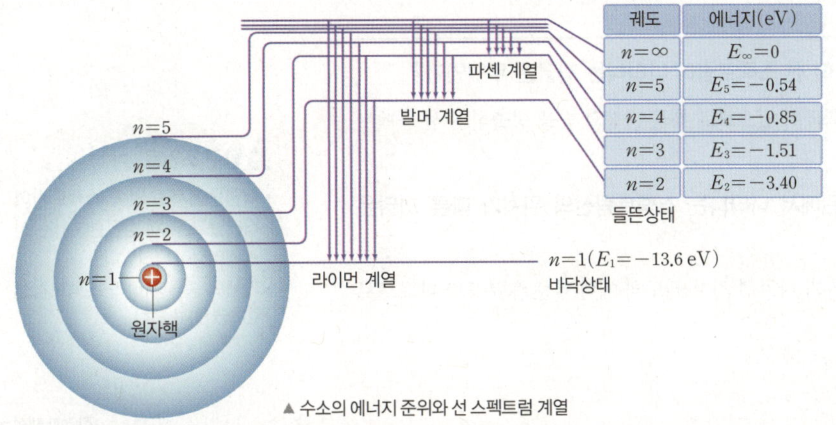

궤도	에너지(eV)
$n=\infty$	$E_\infty = 0$
$n=5$	$E_5 = -0.54$
$n=4$	$E_4 = -0.85$
$n=3$	$E_3 = -1.51$
$n=2$	$E_2 = -3.40$

▲ 수소의 에너지 준위와 선 스펙트럼 계열

구분	전자의 전이	방출되는 빛
라이먼 계열	전자가 $n \geq 2$인 궤도에서 $n=1$인 궤도로 전이할 때	자외선 영역
발머 계열	전자가 $n \geq 3$인 궤도에서 $n=2$인 궤도로 전이할 때	가시광선을 포함하는 영역
파셴 계열	전자가 $n \geq 4$인 궤도에서 $n=3$인 궤도로 전이할 때	적외선 영역

원자의 선 스펙트럼의 의미

원자의 선 스펙트럼은 원자의 에너지 준위가 양자화되어 있음을 의미한다. 원자의 종류에 따라 에너지 준위의 분포가 다르므로 선 스펙트럼을 분석하여 스펙트럼을 방출하는 원자의 종류를 알 수 있다.

eV(전자 볼트)

정지한 전자 1개를 1V의 전압으로 가속시켰을 때 전자가 얻는 운동 에너지를 1 eV라고 한다.

$$1 \text{ eV} = 1.6 \times 10^{-19} \text{ J}$$

발머 계열

전자가 $n \geq 3$인 상태에서 $n=2$인 상태로 전이할 때 방출하는 스펙트럼으로, 가시광선을 포함하는 영역이다. 가시광선은 사람 눈으로 볼 수 있는 전자기파 영역이다.

- 에너지의 비교
  라이먼 계열 > 발머 계열 > 파셴 계열
- 파장의 비교
  라이먼 계열 < 발머 계열 < 파셴 계열

암기 꼭!
스펙트럼의 파장

$$hf = \frac{hc}{\lambda} = |E_m - E_n|$$

$$\rightarrow \lambda = \frac{hc}{|E_m - E_n|}$$

개념 익히기 문제

정답과 해설 p.035

🧠 교과서 문장으로 개념 익히기

11 백열등과 같이 색의 띠가 모든 파장에서 연속적으로 나타나는 것을 □□ 스펙트럼이라고 한다.

12 낮은 에너지 준위에 있던 전자가 높은 에너지 준위로 전이할 때 에너지를 □□한다.

13 원자가 속박된 전자가 가지는 에너지 값 또는 에너지 상태를 □□□□□□라고 한다.

14 수소 원자에서 전자의 에너지 준위는 □□□□□이다.

📦 OX 문제로 개념 익히기

15 보어의 수소 원자 모형에서 양자수가 클수록 전자의 에너지는 크다. (O / X)

16 전자가 전이할 때, 에너지 준위 차가 클수록 방출되는 빛의 진동수는 크다. (O / X)

17 에너지 준위가 높은 궤도에서 낮은 궤도로 전이할 때 전자는 에너지를 흡수한다. (O / X)

18 광자 1개의 에너지가 클수록 방출되는 빛의 파장이 짧다. (O / X)

과정 & 결과

❶ 백열등 빛을 간이 분광기로 관찰하고 결과를 설명해 보자.

⋯ 백열등 빛의 스펙트럼은 무지개처럼 연속적으로 보이는 연속 스펙트럼이 나타난다.

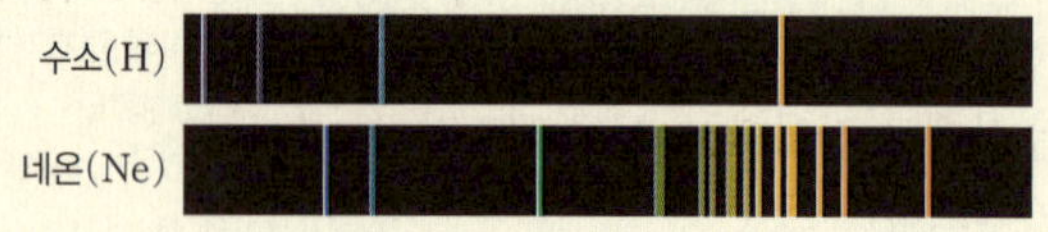

❷ 수소 기체 방전관과 네온 기체 방전관에서 나오는 빛을 간이 분광기로 관찰하고 결과를 설명해 보자.

⋯ 기체 방전관에서 나오는 빛의 스펙트럼은 선 스펙트럼이 나타나며, 스펙트럼선의 위치는 기체의 종류에 따라 다르게 나타난다.

분석

1. 기체 방전관에서 나오는 빛을 관찰할 때 선 스펙트럼이 나타나는 까닭은 무엇인가?

⋯ 기체가 가질 수 있는 에너지가 양자화되어 있으므로 특정 파장의 빛을 방출하여 선 스펙트럼이 나타난다.

2. 수소 기체 방전관과 네온 기체 방전관에서 나타나는 스펙트럼선의 위치가 다른 까닭은 무엇인가?

⋯ 기체 방전관에 들어 있는 기체의 종류가 다르면 전자 궤도의 에너지 준위 분포가 다르므로 스펙트럼선의 위치가 다르다.

탐구 목표
스펙트럼을 관찰하고, 스펙트럼이 나타나는 까닭을 설명할 수 있다.

분광기
빛을 파장에 따라 분리시키는 장치이다.

탐구 포인트
- 백열등에서는 연속 스펙트럼이 나타났고, 기체 방전관에서는 선 스펙트럼이 나타났다.
- 기체의 종류에 따라 스펙트럼선의 위치가 다르다.

정답과 해설 p.035

예제 ❶

그림 (가)는 백열등에서 나오는 빛, 저온 기체관을 통과한 백열등 빛, 수소 기체 방전관에서 나오는 빛을 분광기로 관찰하는 모습을 나타낸 것이다. 그림 (나)에서 스펙트럼 A, B, C는 (가)에서 분광기로 관찰한 빛을 순서 없이 나타낸 것이다.

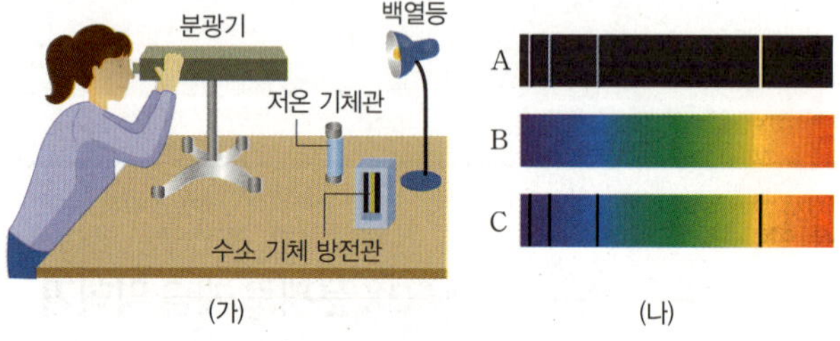

(가)에서의 관찰 결과를 (나)의 스펙트럼과 옳게 연결한 것은?

	백열등	저온 기체관	수소 기체 방전관
①	A	B	C
②	A	C	B
③	B	A	C
④	B	C	A
⑤	C	B	A

예제 ❷

그림 (가), (나)는 두 광원에서 나온 빛을 간이 분광기로 관찰한 결과를 나타낸 것이다.

이에 대한 설명으로 옳은 것만을 |보기|에서 있는 대로 고르시오.

|보기|
ㄱ. (가)는 흡수 스펙트럼이다.
ㄴ. (나)에서 오른쪽으로 갈수록 진동수가 크다.
ㄷ. 기체의 종류에 따라 (가)에 나타난 스펙트럼선의 위치가 다르다.

예제 ❸ 서술형

그림은 어떤 기체 방전관에서 방출되는 빛의 스펙트럼선 A, B, C를 파장에 따라 나타낸 것이다. A, B, C를 방출할 때 광자 1개의 에너지는 각각 E_A, E_B, E_C이다.
E_A, E_B, E_C의 크기를 비교하고 그 까닭을 서술하시오.

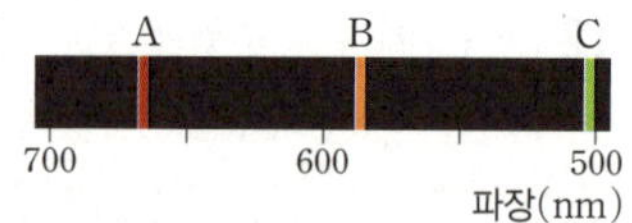

개념 다지기 문제

01 그림 (가), (나)는 톰슨의 음극선 실험 결과를 나타낸 것이다.

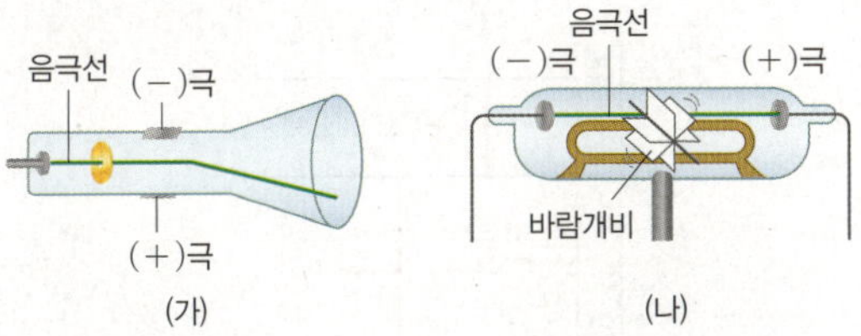

이에 대한 설명으로 옳은 것만을 |보기|에서 있는 대로 고른 것은?

보기
ㄱ. (가)에서 음극선은 전기장의 영향을 받는다.
ㄴ. (나)에서 음극선은 질량이 없다는 것을 알아냈다.
ㄷ. 음극선은 양(+)전하를 띤다는 것을 알아냈다.

① ㄱ   ② ㄴ   ③ ㄱ, ㄷ
④ ㄴ, ㄷ   ⑤ ㄱ, ㄴ, ㄷ

대표 유형 문제

02 다음은 러더퍼드 원자 모형에 대한 설명이다.

원자의 중심에 양(+)전하를 띠는 무거운 원자핵이 있고, 그 주위를 음(−)전하를 띠는 전자가 돌고 있다.

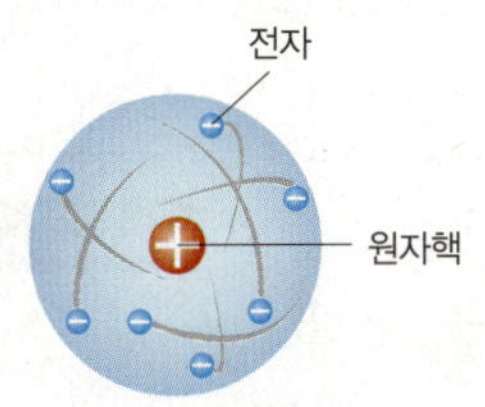

이에 대한 설명으로 옳은 것만을 |보기|에서 있는 대로 고른 것은?

보기
ㄱ. 원자핵의 부피는 원자의 부피에 비해 매우 작다.
ㄴ. 원자의 안정성을 잘 설명할 수 있다.
ㄷ. 수소 원자에서 방출되는 빛의 스펙트럼이 불연속이라는 것을 설명할 수 있다.

① ㄱ   ② ㄴ   ③ ㄷ
④ ㄱ, ㄴ   ⑤ ㄱ, ㄷ

03 보어의 수소 원자 모형에서 원자핵과 전자에 대한 설명으로 옳은 것만을 |보기|에서 있는 대로 고른 것은?

보기
ㄱ. 에너지 준위는 연속적이다.
ㄴ. 원자핵과 전자 사이에는 서로 밀어내는 전기력이 작용한다.
ㄷ. 원자핵과 전자 사이의 거리가 멀수록 전자에 작용하는 전기력의 크기는 작아진다.

① ㄱ   ② ㄴ   ③ ㄷ
④ ㄱ, ㄴ   ⑤ ㄱ, ㄷ

04 원자의 구조에 대한 설명으로 옳은 것만을 |보기|에서 있는 대로 고른 것은?

보기
ㄱ. 원자는 원자핵과 전자로 이루어져 있다.
ㄴ. 원자핵은 음(−)전하를 띤다.
ㄷ. 원자의 내부는 대부분 빈 공간이다.

① ㄱ   ② ㄴ   ③ ㄱ, ㄴ
④ ㄱ, ㄷ   ⑤ ㄴ, ㄷ

대표 유형 문제

05 그림과 같이 점전하 A, B, C가 일정한 간격만큼 떨어져 x축상에 고정되어 있다. A와 B는 양(+)전하이고, B에 작용하는 전기력은 0이다.

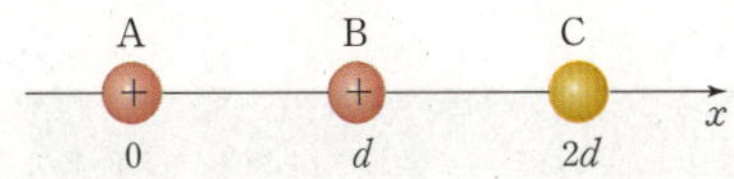

이에 대한 설명으로 옳은 것만을 |보기|에서 있는 대로 고른 것은?

보기
ㄱ. C는 음(−)전하이다.
ㄴ. A에 작용하는 전기력의 방향은 C에 작용하는 전기력의 방향과 서로 반대이다.
ㄷ. A에 작용하는 전기력의 크기는 C에 작용하는 전기력의 크기보다 크다.

① ㄱ   ② ㄴ   ③ ㄱ, ㄴ
④ ㄱ, ㄷ   ⑤ ㄴ, ㄷ

개념 다지기 문제

06 그림은 점전하 A가 고정되어 있는 x축상에 점전하 B를 점 p에 가만히 놓았더니 B가 점 q를 향해 $+x$ 방향으로 운동하는 것을 나타낸 것이다.

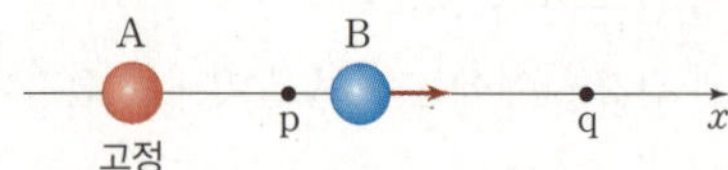

이에 대한 설명으로 옳은 것만을 |보기|에서 있는 대로 고른 것은?

> |보기|
> ㄱ. A와 B 사이에는 서로 밀어내는 전기력이 작용한다.
> ㄴ. A가 B에 작용하는 전기력의 크기는 p에서가 q에서보다 작다.
> ㄷ. B가 p에서 q까지 운동하는 동안 B는 등가속도 운동을 한다.

① ㄱ   ② ㄴ   ③ ㄱ, ㄷ
④ ㄴ, ㄷ   ⑤ ㄱ, ㄴ, ㄷ

[대표 유형 문제]

07 그림은 보어의 수소 원자 모형에서 전자가 $n=2$인 상태로 전이할 때 방출되는 빛 중 파장이 긴 것부터 순서 없이 스펙트럼선 A, B, C, D로 나타낸 것이다.

이에 대한 설명으로 옳은 것만을 |보기|에서 있는 대로 고른 것은?

> |보기|
> ㄱ. 파장은 A가 C보다 길다.
> ㄴ. 전자가 전이할 때 방출하는 광자 1개의 에너지는 B를 방출할 때가 D를 방출할 때보다 크다.
> ㄷ. $n=2$인 상태의 전자가 C를 흡수하면 $n=3$인 상태로 전이한다.

① ㄱ   ② ㄴ   ③ ㄷ
④ ㄱ, ㄴ   ⑤ ㄱ, ㄷ

[대표 유형 문제]

08 그림은 보어의 수소 원자 모형에서 양자수 n에 따른 에너지 준위의 일부와 전자의 전이 a, b, c를 나타낸 것이다. a, b에서 방출되는 빛의 파장은 각각 λ_a, λ_b이다.

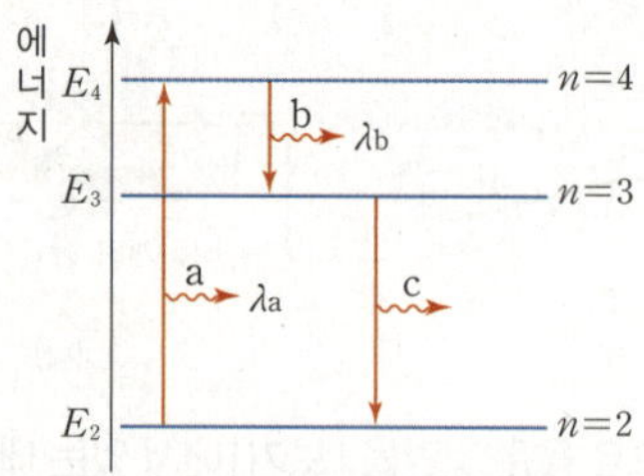

이에 대한 설명으로 옳은 것만을 |보기|에서 있는 대로 고른 것은?

> |보기|
> ㄱ. a에서 전자는 에너지를 흡수한다.
> ㄴ. b에서 방출되는 광자 1개의 에너지는 $\dfrac{E_4-E_3}{2}$이다.
> ㄷ. c에서 방출된 빛의 파장은 $|\lambda_a-\lambda_b|$이다.

① ㄱ   ② ㄴ   ③ ㄱ, ㄷ
④ ㄴ, ㄷ   ⑤ ㄱ, ㄴ, ㄷ

09 그림 (가)는 보어의 수소 원자 모형에서 양자수 n에 따른 에너지 준위의 일부와 전자의 전이에서 방출되는 빛 a, b를 나타낸 것이다. 그림 (나)는 수소 원자의 전자가 $n=2$인 상태로 전이할 때, 방출되는 빛 중에서 파장이 긴 것부터 차례대로 4개의 스펙트럼선을 나타낸 것이다.

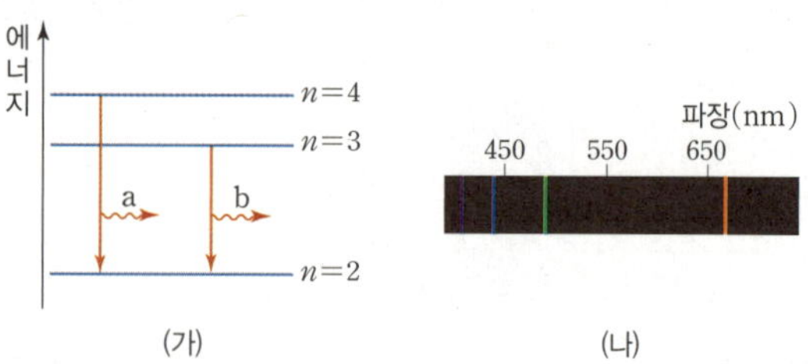

이에 대한 설명으로 옳은 것만을 |보기|에서 있는 대로 고른 것은?

> |보기|
> ㄱ. 진동수는 a가 b보다 크다.
> ㄴ. b의 파장은 650 nm보다 작다.
> ㄷ. $n=3$인 상태에 있는 전자가 a와 b의 에너지 차에 해당하는 빛을 흡수하면 $n=4$인 상태로 전이한다.

① ㄱ   ② ㄴ   ③ ㄷ
④ ㄱ, ㄴ   ⑤ ㄱ, ㄷ

10 그림 (가)는 동일한 도체구 A, B, C를 각각 대전시킨 후 x축상에 같은 간격만큼 떨어뜨려 고정시킨 것을 나타낸 것으로, A와 C는 같은 종류의 전하로 대전되어 있고, C에 작용하는 전기력은 0이다. 그림 (나)는 (가)에서 C를 A에 접촉시킨 후 다시 원래 지점에 고정시킨 것을 나타낸 것으로, C에 작용하는 전기력의 방향은 $+x$ 방향이다.

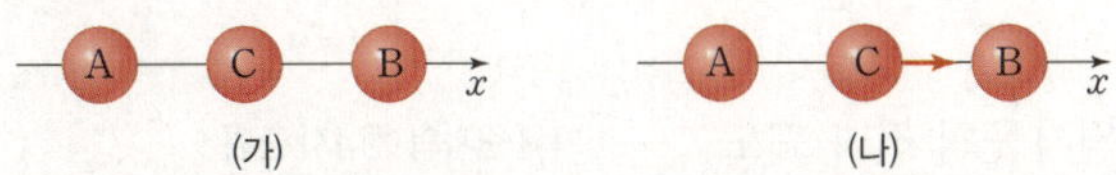

이에 대한 설명으로 옳은 것만을 |보기|에서 있는 대로 고른 것은?

> **보기**
> ㄱ. (가)에서 A와 B 사이에는 서로 당기는 전기력이 작용한다.
> ㄴ. C의 전하량의 크기는 (가)에서가 (나)에서보다 크다.
> ㄷ. B가 C에 작용하는 전기력의 방향은 (가)에서와 (나)에서가 반대이다.

① ㄱ   ② ㄴ   ③ ㄱ, ㄴ
④ ㄱ, ㄷ   ⑤ ㄴ, ㄷ

11 그림은 보어의 수소 원자 모형에서 양자수 n에 따른 에너지 준위와 $n=3$인 상태에 있는 전자를 나타낸 것이다.

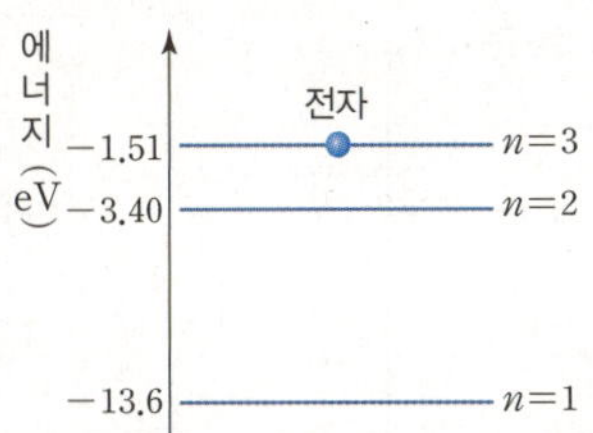

이에 대한 설명으로 옳은 것만을 |보기|에서 있는 대로 고른 것은?

> **보기**
> ㄱ. 양자수가 클수록 전자의 에너지 준위는 작다.
> ㄴ. $n=3$인 상태에 있는 전자가 $n=2$인 상태로 전이할 때 방출하는 빛의 에너지는 1.89 eV이다.
> ㄷ. $n=3$인 상태의 전자가 전이할 때 방출되는 빛의 파장은 $n=2$인 상태로 전이할 때가 $n=1$인 상태로 전이할 때보다 짧다.

① ㄱ   ② ㄴ   ③ ㄷ
④ ㄱ, ㄴ   ⑤ ㄱ, ㄷ

12 다음은 알파(α) 입자 산란 실험에서 알파(α) 입자의 진행 경로를 나타낸 것이다.

> 알파(α) 입자의 대부분은 금박을 통과하여 직진한다. 일부 알파(α) 입자는 큰 각도로 휘거나 튕겨 나온다.
>
> 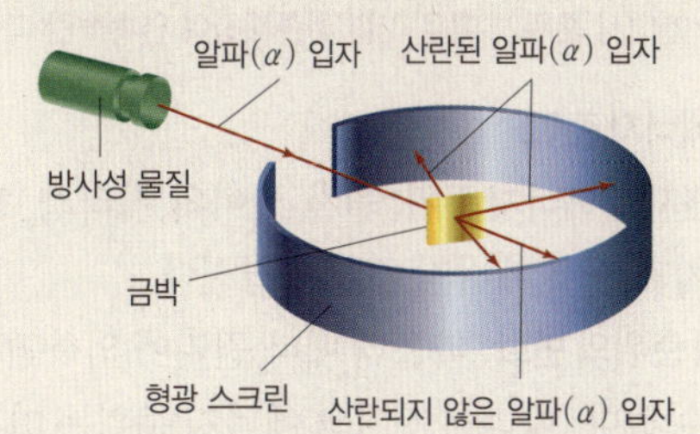
>

이를 통해 알 수 있는 원자의 특징 2가지를 서술하시오.

13 그림은 보어의 수소 원자 모형에서 양자수 n에 따른 에너지 준위와 전자의 전이 a, b, c를 나타낸 것이다.

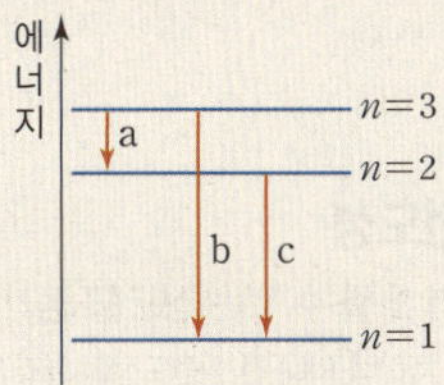

(1) a, b, c에서 방출되는 빛의 에너지를 각각 E_a, E_b, E_c라고 할 때, E_a, E_b, E_c의 크기를 비교해서 쓰시오.

(2) b, c에서 방출되는 빛의 파장을 각각 λ_b, λ_c라고 할 때, a에서 방출되는 빛의 파장을 λ_b, λ_c로 풀이 과정과 함께 나타내시오.

02 에너지띠와 반도체

1 고체의 에너지띠

개념 고체는 에너지 준위가 매우 가깝게 존재하여 연속적인 띠 모양을 이룬다.

1. 고체의 에너지 준위

(1) **고체 원자의 에너지 준위**: 원자 사이의 거리가 매우 가까워 인접한 원자들의 전자 궤도가 겹치게 되어 에너지 준위가 겹친다.

(2) **에너지 준위의 변화**: 파울리 배타 원리에 의하면 하나의 양자 상태에 동일한 전자 2개가 있을 수 없다. 따라서 전자의 에너지 준위는 미세한 차를 두면서 존재한다.

(3) **에너지띠**: 에너지 준위들이 모여 연속적인 띠 형태의 에너지 준위를 이루게 된 것이다.

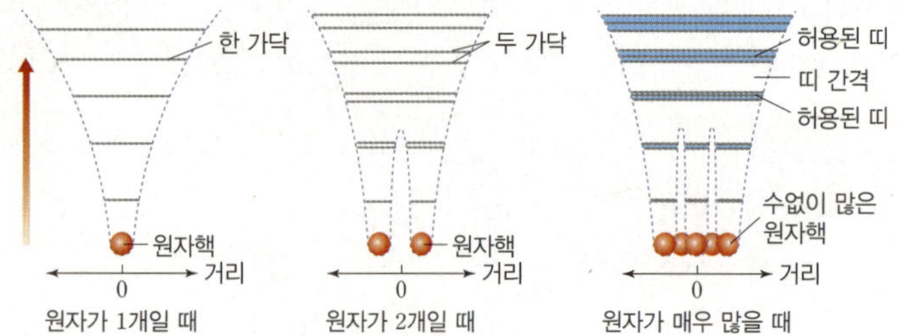

2. 에너지띠의 구조

(1) **허용된 띠**: 전자가 존재할 수 있는 영역으로, 온도가 0 K인 상태에서 원자 내부의 전자들은 허용된 띠의 에너지가 낮은 부분부터 채워 나간다.

(2) **띠 간격**: 에너지띠 사이의 간격으로, 전자는 이 영역의 에너지 준위를 가질 수 없다.

에너지띠의 구조

- **원자가 띠**: 전자가 존재하는 영역 중에서 에너지 준위가 가장 높은 상태의 에너지띠이다.
- **전도띠**: 원자가 띠 바로 위의 에너지띠로, 전자가 채워져 있지 않다. 원자가 띠에 있는 전자는 띠 간격 이상의 에너지를 흡수하여 전도띠로 전이할 수 있다.

2 고체의 전기 전도성

개념 물질 내에서 전류가 흐를 수 있는 정도를 전기 전도성이라고 한다.

┌ 에너지띠의 구조의 차이에 의해 전기 전도성이 달라진다.

1. 고체의 전기 전도성
전자가 모두 채워진 원자가 띠에 해당하는 에너지를 갖는 전자는 자유롭게 움직이지 못하지만, 비어 있는 전도띠로 전이된 전자는 전류를 흐르게 할 수 있다.

2. 자유 전자와 양공
고체에서는 자유 전자와 양공에 의해서 전류가 흐른다.

(1) **자유 전자**: 원자가 띠의 전자가 띠 간격 이상의 에너지를 얻어 전도띠로 전이된 전자이다. 작은 에너지만 얻어도 자유롭게 움직일 수 있다.

(2) **양공**: 원자가 띠에 전자가 채워질 수 있는 빈자리이다. 이웃한 전자가 채워지면서 움직일 수 있기 때문에 양(+)전하를 띤 입자와 같은 역할을 한다.

기체 원자의 에너지 준위
원자들이 서로 멀리 떨어져 있어 한 원자가 다른 원자에 영향을 주지 않으므로 같은 종류의 기체 원자는 에너지 분포가 같다.

파울리 배타 원리
한 원자에서 같은 양자 상태에 두 개 이상의 전자들이 함께 존재할 수 없으므로 전자들은 각각 다른 양자수 조합을 가져야 한다.

절대 온도 0 K
모든 원자의 에너지가 최소로 되는 온도이다. 전자의 에너지 준위는 원자의 온도가 0 K인 경우를 가정한 것이다.

강의 포인트
띠 간격과 전기 전도성
고체의 전기 전도성은 원자가 띠와 전도띠 사이의 띠 간격에 의해 주로 결정된다. 띠 간격이 좁을수록 전기 전도성이 좋다.

개념 에너지띠의 구조에 따라 고체의 전기 전도성이 결정된다.

1. 고체의 에너지띠 구조
└ 전자가 약간의 에너지만 흡수해도 전도띠로 이동하여 전류가 잘 흐른다.

구분	도체	절연체(부도체)	반도체
성질	전기가 잘 통하는 물질로, 전기 저항이 매우 작다.	전기가 잘 통하지 않는 물질로, 전기 저항이 매우 크다.	전기 저항이 절연체보다 작다.
에너지띠 구조	원자가 띠의 일부분만 전자로 채워져 있거나, 원자가 띠와 전도띠가 일부 겹쳐 있다.	원자가 띠가 모두 전자로 채워져 있고, 원자가 띠와 전도띠 사이의 띠 간격이 매우 크다.	원자가 띠가 모두 전자로 채워져 있고, 원자가 띠와 전도띠 사이의 띠 간격이 작다.
전기 전도도	전기 전도도가 크다. ➡ 전류가 잘 흐른다.	전기 전도도가 매우 작다. ➡ 전류가 잘 흐르지 않는다.	전기 전도도가 도체와 절연체의 중간이다. ➡ 경우에 따라 전류가 흐를 수 있다.
예	은, 구리, 알루미늄	나무, 고무, 유리	규소(Si), 저마늄(Ge)

2. 전기 전도도(σ)
물질의 전기 전도성을 정량적으로 나타낸 물리량으로, 외부 전압에 의해 물체에서 전자가 자유롭게 이동할 수 있는 정도를 의미한다.

(1) 비저항(ρ): 일정한 온도에서 물체의 저항값 R는 물체의 길이 l에 비례하고, 단면적 A에 반비례한다. 이때의 비례 상수 ρ를 비저항이라고 한다.

$$R = \rho \frac{l}{A} \text{ [단위: } \Omega\text{]}$$

(2) 전기 전도도(σ): 전기 전도도는 비저항의 역수와 같다.

$$\sigma = \frac{1}{\rho} = \frac{l}{RA} \text{ [단위: } \Omega^{-1}\cdot\text{m}^{-1}\text{]}$$

전류의 흐름과 양공

전류가 흐를 때 이동하는 것은 전자이지만, 전자가 이동하면서 생기는 빈자리인 양공이 전자의 이동 방향과 반대 방향으로 이동하는 것으로 생각할 수 있다. 전류의 방향은 양($+$)전하의 이동 방향으로 정의하므로 양공을 전하 운반자로 취급하여 양공의 이동 방향으로 정의한다.

전기 저항과 온도

도체는 온도가 올라가면 원자와 자유 전자가 충돌하는 횟수가 증가하여 전기 저항이 커진다. 반도체는 온도가 올라가면 전도띠로 전이하는 전자 수가 증가하여 전기 저항이 작아진다.

전기 전도도

외부 전기장의 작용으로 전자가 자유롭게 이동할 수 있는 정도를 말한다.

강의 포인트
도체, 절연체, 반도체

도체	전기 저항이 매우 작아 전기가 잘 통하는 물질
절연체	전기 저항이 매우 커 전기가 잘 통하지 않는 물질
반도체	전기를 통하는 정도가 도체와 절연체의 중간 정도인 물질

개념 익히기 문제

정답과 해설 p.037

🧠 교과서 문장으로 개념 익히기

01 원자가 띠 바로 위의 에너지띠로 전자가 채워지지 않은 에너지띠를 □□□라고 한다.

02 원자가 띠의 전자가 에너지를 얻어 전도띠로 전이된 전자를 □□□□라고 한다.

03 □□은 에너지띠 사이에서 전자의 전이로 생기는 빈자리로, 양($+$)전하와 같은 역할을 한다.

04 물질마다 전기 전도도가 다른 것은 물질마다 원자가 띠와 전도띠 사이의 □□□□이 다르기 때문이다.

05 □□□□□□는 물질 내에서 전류가 잘 흐르는 정도를 나타낸 물리량으로, 비저항의 역수와 같다.

📦 OX 문제로 개념 익히기

06 에너지띠는 기체 원자에서 나타난다. (O / X)

07 에너지띠 사이에 전자가 존재할 수 있다. (O / X)

08 양공은 원자가 띠에 전자가 채워질 수 있는 빈자리로, 양($+$)전하를 띤 입자와 같은 역할을 한다. (O / X)

09 도체는 원자가 띠가 모두 전자로 채워져 있고, 띠 간격이 매우 넓다. (O / X)

10 고체의 전기 전도도는 에너지띠의 구조에 따라 다르다. (O / X)

11 띠 간격은 절연체가 반도체보다 크다. (O / X)

12 물질의 전기 전도도가 클수록 비저항은 작다. (O / X)

1. 반도체

(1) 고유 반도체(순수 반도체)

❶ 원자가 전자가 4개인 규소(Si), 저마늄(Ge)과 같은 반도체로, 인접한 원자들과 공유 결합을 하여 안정된 구조를 이룬다.

❷ 낮은 온도에서 고유 반도체는 전하 운반자의 역할을 하는 양공이나 자유 전자의 수가 매우 적다.

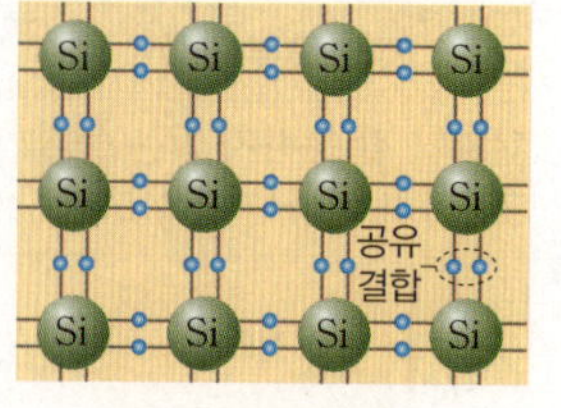

▲ 고유 반도체

(2) 불순물 반도체: 순수 반도체에 특정한 불순물을 도핑한 반도체이다.

❶ 도핑: 순수 반도체에 불순물을 첨가하는 과정으로, 도핑하는 원소의 종류에 따라 p형 반도체와 n형 반도체로 나눈다. 불순물의 농도를 조절하여 전기 전도성을 조절한다.

❷ p형 반도체: 원자가 전자가 4개인 규소(Si)에 원자가 전자가 3개인 붕소(B), 알루미늄(Al), 갈륨(Ga), 인듐(In) 등을 도핑하면 전자 1개가 부족하여 양공이 생긴다.

❸ n형 반도체: 원자가 전자가 4개인 규소(Si)에 원자가 전자가 5개인 인(P), 비소(As), 안티모니(Sb) 등을 도핑하면 1개의 전자가 남는다.

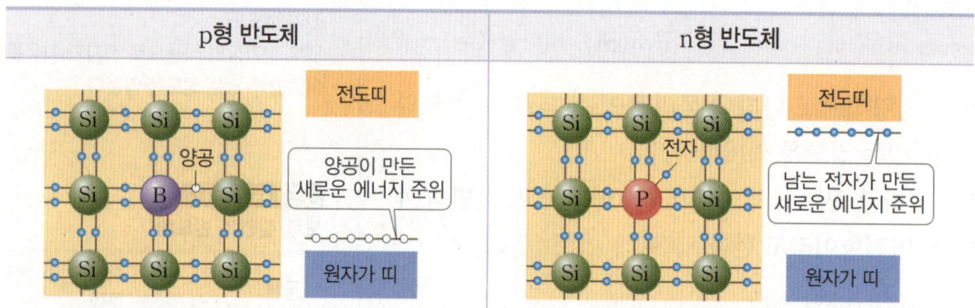

p형 반도체	n형 반도체
전도띠 / 양공 / 양공이 만든 새로운 에너지 준위 / 원자가 띠	전도띠 / 전자 / 남는 전자가 만든 새로운 에너지 준위 / 원자가 띠
• 주변의 전자가 양공을 채우면 전자가 빠져나간 자리에 새로운 양공이 생긴다. 양공이 주된 전하 운반자의 역할을 한다. • 원자가 띠 위에 양공에 의해 새로운 에너지 준위가 만들어진다.	• 남는 전자 1개가 원자에 약하게 속박되어 자유롭게 이동할 수 있다. 전자가 주된 전하 운반자의 역할을 한다. • 전도띠 아래에 남는 전자에 의해 새로운 에너지 준위가 만들어진다.

2. 다이오드

(1) p−n 접합 다이오드: p형 반도체와 n형 반도체를 접합시켜 양쪽에 전극을 붙인 것으로, 전류를 한쪽 방향으로만 흐르게 하는 정류 작용을 한다.

❶ 순방향 전압과 역방향 전압

순방향 전압	역방향 전압
p형 반도체에 전원의 (+)극을, n형 반도체에 전원의 (−)극을 연결한다.	p형 반도체에 전원의 (−)극을, n형 반도체에 전원의 (+)극을 연결한다.
(+) (−) / p형 반도체 n형 반도체 / 양공 공핍층 얇아짐 전자	(−) (+) / p형 반도체 n형 반도체 / 공핍층 두꺼워짐
p형 반도체의 양공은 n형 반도체 쪽으로 이동하고, n형 반도체의 전자는 p형 반도체 쪽으로 이동하므로, 전원에 의해 다이오드의 양 끝에서 양공과 전자가 계속 공급되어 전류가 지속적으로 흐른다. ➜ 전자와 양공들이 접합면 쪽으로 이동하여 공핍층이 점점 얇아진다.	p형 반도체에는 전자가 공급되어 전원의 (−)극 쪽으로 양공이 몰리고, n형 반도체에는 전자가 전원의 (+)극 쪽으로 몰린다. 따라서 p−n 접합면 쪽으로 전자가 이동할 수 없으므로 전류가 흐르지 않는다. ➜ 전자와 양공들이 접합면에서 멀어지면서 공핍층이 더욱 두꺼워진다.

원자가 전자

원자를 이루고 있는 전자들 가운데 가장 바깥 전자 껍질에 있는 전자이다. 원자 사이의 결합이나 반응에 참여하여 원자의 화학적 성질을 결정하는 데 중요한 역할을 한다.

공유 결합

원소들이 결합을 형성할 때 서로 원자가 전자를 내놓아 전자쌍을 만들고, 이 전자쌍을 서로 공유하여 안정된 전자 배치를 이루는 결합이다.

암기 꼭!

p형 반도체와 n형 반도체의 전하 나르개

p형 반도체	양공
n형 반도체	전자

p−n 접합 다이오드의 표시

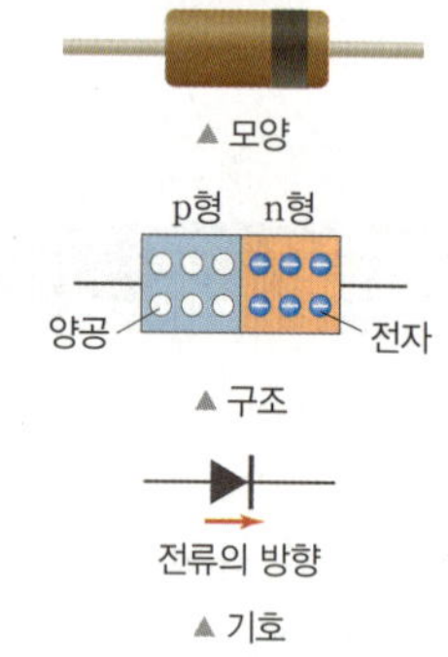

공핍층

p−n 접합 다이오드에 전압을 걸어 주지 않아도 p형 반도체의 양공은 n형 반도체 쪽으로, n형 반도체의 전자는 p형 반도체 쪽으로 확산되어 접합면 부분에서 p형 반도체 쪽에는 음(−)전하층이 형성되고 n형 반도체 쪽에는 양(+)전하층이 형성된다. 이때 n형 반도체에서 p형 반도체 쪽으로 양(+)전하가 받는 전기력이 작용하여 더 이상 전자나 양공이 이동할 수 없게 되는 영역을 공핍층이라고 한다.

❷ 정류 작용: 다이오드는 순방향 전압이 걸리면 전류가 흐르고, 역방향 전압이 걸리면 전류가 흐르지 않는다. 이렇게 전류를 한쪽 방향으로만 흐르게 하는 특성을 정류 작용이라고 한다.

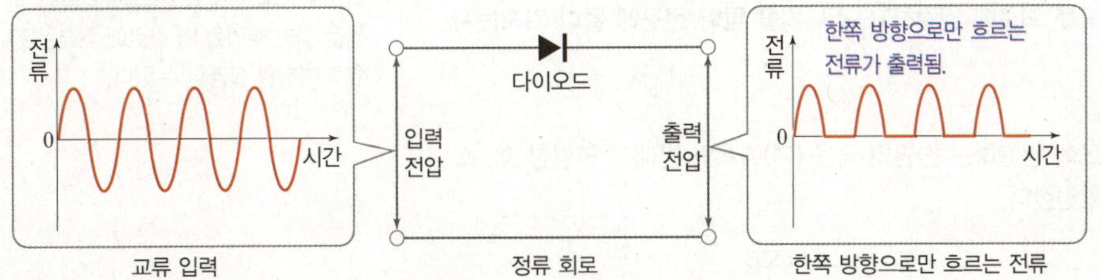

교류와 직류
교류는 시간에 따라 세기와 방향이 주기적으로 바뀌는 전류이고, 직류는 한쪽 방향으로만 흐르는 전류이다.

(2) 발광 다이오드(LED): 전류가 흐를 때 빛을 방출하는 다이오드이다.

❶ 원리: 순방향 전압에 의해 전류가 흐를 때 n형 반도체에서 p형 반도체에 도달한 전자가 에너지 준위가 낮은 양공의 자리로 전이하면서 띠 간격에 해당하는 만큼의 에너지가 빛으로 방출된다.

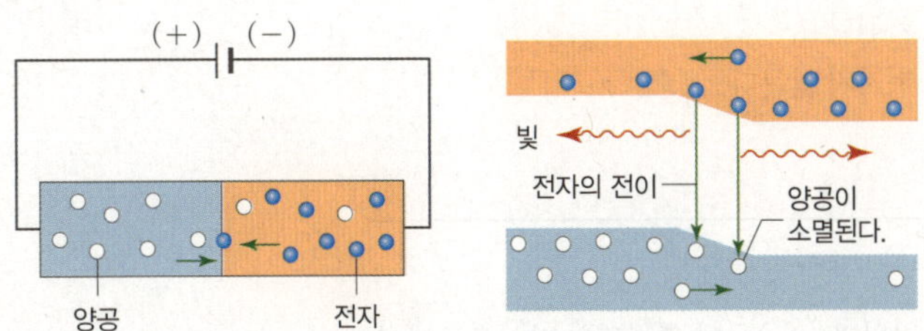

❷ 특징: LED의 띠 간격에 따라 방출되는 빛의 색이 다르다. 띠 간격이 큰 LED는 파장이 짧은 빛을 방출한다.

❸ 이용: 발광 다이오드는 소모 전력이 작고 수명이 길어 각종 영상 표시 장치나 리모컨, 조명 장치에 사용된다.

(3) 광 다이오드: 빛을 비추면 전류가 흐르는 다이오드

❶ 원리: 다이오드에 빛을 비출 때 생긴 양공과 전자가 접합면 부근의 전기장에 의해 전기력을 받아 각각 분리되면서 전류가 흐른다.

❷ 이용: 광센서, 화재 감지기, 광통신 등

강의 포인트

순방향 전압	역방향 전압
p형 반도체에 전원의 (+)극, n형 반도체에 (−)극 연결	p형 반도체에 전원의 (−)극, n형 반도체에 (+)극 연결
공핍층 얇아짐.	공핍층 두꺼워짐.

개념 익히기 문제

정답과 해설 p.037

🧠 교과서 문장으로 개념 익히기

13 고유 반도체에 불순물을 섞는 과정을 ☐☐이라고 한다.

14 p형 반도체는 고유 반도체에 원자가 전자가 ☐개인 원소를 도핑한 반도체로 주로 ☐☐이 전하를 운반한다.

15 n형 반도체는 고유 반도체에 원자가 전자가 ☐개인 원소를 도핑한 반도체로 주로 ☐☐가 전하를 운반한다.

16 다이오드는 전류를 한쪽 방향으로만 흐르게 하는 ☐☐ 작용을 한다.

17 다이오드에 ☐방향 전압을 걸어 주면 전류가 흐르고 ☐방향 전압을 걸어 주면 전류가 흐르지 않는다.

18 전류를 한쪽 방향으로만 흐르게 하는 특성을 ☐☐이라고 한다.

🎲 OX 문제로 개념 익히기

19 고유 반도체의 원자가 전자는 3개이다. (O / X)

20 p-n 접합 다이오드는 p형 반도체와 n형 반도체를 접합시켜 양쪽에 전극을 붙인 것이다. (O / X)

21 순방향 전압은 p형 반도체에 전원의 (+)극을 연결하고 n형 반도체에 (−)극을 연결하는 것이다. (O / X)

22 다이오드에 역방향 전압을 걸어 주면 접합면에서 전자와 양공이 결합한다. (O / X)

23 다이오드에 순방향 전압을 걸어 주면 공핍층은 얇아진다. (O / X)

24 발광 다이오드(LED)의 띠 간격이 클수록 방출하는 빛의 파장은 짧다. (O / X)

📋 과정 & 결과

❶ 그림 (가)와 같이 p-n 접합 다이오드를 회로에 연결하고, 스위치를 닫아 전구에 불이 켜지는지 확인한다.

❷ 그림 (나)와 같이 p-n 접합 다이오드에 연결하는 전원의 극을 (가)에서와 반대로 연결한 후, 스위치를 닫아 전구에 불이 켜지는지 확인한다.

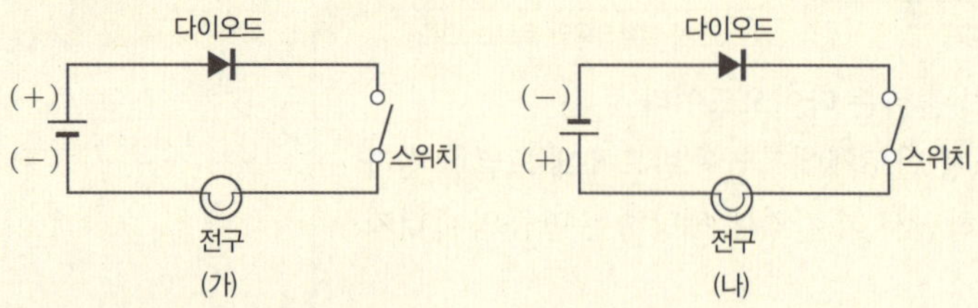

⋯➤ (가)에서는 순방향 전압이 걸리므로 전구에 불이 켜진다.
⋯➤ (나)에서는 역방향 전압이 걸리므로 전구에 불이 켜지지 않는다.

🔍 분석

1. (가)에서 전구에 불이 켜진 까닭은 무엇인가?

⋯➤ p형 반도체에 전원의 (+)극이, n형 반도체에 전원의 (−)극이 연결되어 다이오드에 순방향 전압이 걸리기 때문에 회로에 전류가 흘러 전구에 불이 켜진다.

2. (나)에서 전구에 불이 켜지지 않는 까닭은 무엇인가?

⋯➤ p형 반도체에 전원의 (−)극이, n형 반도체에 전원의 (+)극이 연결되어 다이오드에 역방향 전압이 걸리기 때문에 회로에 전류가 흐르지 않아 전구에 불이 켜지지 않는다.

⚙️ 탐구 목표
다이오드에 순방향 전압과 역방향 전압을 걸어 주었을 때 회로에 흐르는 전류의 변화를 설명할 수 있다.

🔬 탐구 포인트
순방향 전압은 p-n 접합 다이오드의 p형 반도체에 전원의 (+)극이, n형 반도체에 전원의 (−)극이 연결된 상태이다.

정답과 해설 p.038

예제 **1**

그림은 p-n 접합 다이오드와 전구를 전지에 연결하고 스위치 S를 a에 연결했을 때 전구에 불이 켜진 것을 나타낸 것이다. 다이오드의 A, B는 각각 p형 반도체와 n형 반도체를 순서 없이 나타낸 것이다.

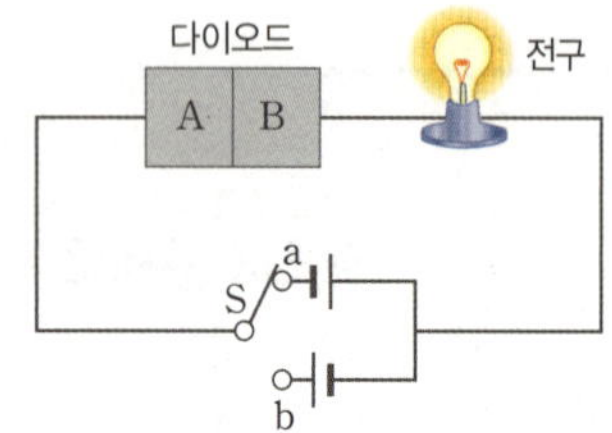

이에 대한 설명으로 옳은 것만을 |보기|에서 있는 대로 고른 것은?

|보기|
ㄱ. A는 n형 반도체이다.
ㄴ. S를 a에 연결했을 때, p-n 접합 다이오드의 p형 반도체에서 양공은 접합면 쪽으로 이동한다.
ㄷ. S를 b에 연결했을 때, 전구에는 불이 켜지지 않는다.

① ㄱ　　　　② ㄷ　　　　③ ㄱ, ㄴ
④ ㄴ, ㄷ　　　⑤ ㄱ, ㄴ, ㄷ

예제 2~3

그림과 같은 전기 회로에서 p-n 접합 다이오드에 순방향 전압을 걸어 주려고 한다.

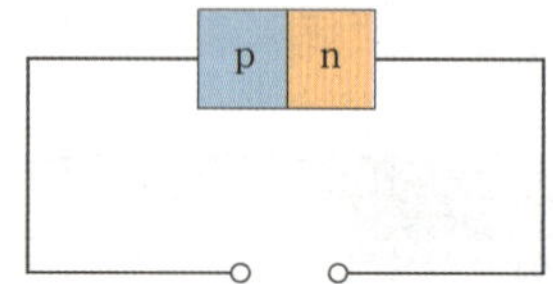

예제 **2**

전지의 (+)극, (−)극과 다이오드의 p형 반도체와 n형 반도체의 연결 방법을 쓰시오.

예제 **3** 서술형

다이오드에 순방향 전압을 걸어 주었을 때와 역방향 전압을 걸어 주었을 때 공핍층 두께의 변화를 서술하시오.

____

____

자료 ❶ 고체의 에너지띠

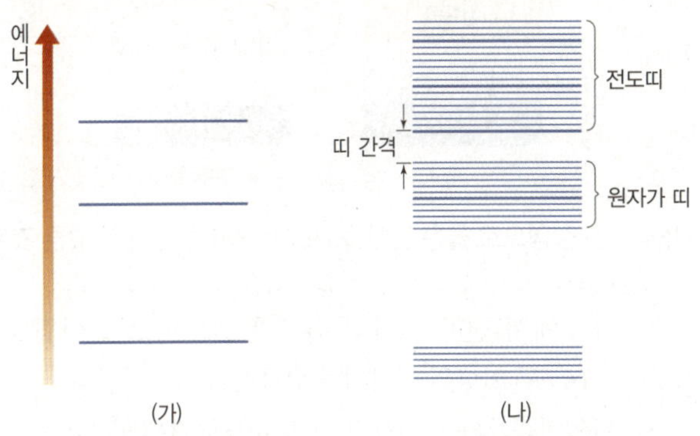

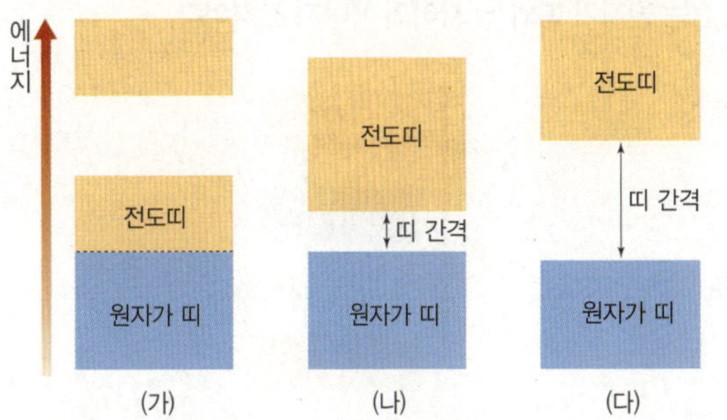

→ (가)는 기체의 에너지 준위를 나타낸 것으로, 같은 종류의 기체 원자는 에너지 분포가 같다.

→ (나)는 고체의 에너지띠를 나타낸 것으로, 인접한 원자들의 전자 궤도가 겹치게 되어 에너지 준위가 겹친다.

→ 원자가 띠는 전자가 채워진 에너지띠 중 가장 위의 띠이고, 전도띠는 원자가 띠 위에 있는 에너지띠이다.

→ 고체의 에너지띠에서 원자가 띠의 전자가 띠 간격 이상의 에너지를 흡수하여 전도띠로 전이한 전자를 자유 전자라고 한다.

→ (가)는 도체, (나)는 반도체, (다)는 절연체를 나타내는 에너지띠의 구조이다.

→ (가)에서 원자가 띠의 전자는 약간의 에너지만 흡수해도 전자가 쉽게 전도띠로 이동한다.

→ (나), (다)에서 원자가 띠의 전자가 전도띠로 전이하려면 띠 간격 이상의 에너지를 흡수해야 한다.

→ 전기 전도성이 큰 것부터 순서대로 나타내면 (가), (나), (다)이다.

→ 원자가 띠의 전자가 전도띠로 전이하기 위해 흡수해야 하는 최소 에너지는 (다)가 (나)보다 크다.

자료 ❷ p-n 접합 다이오드

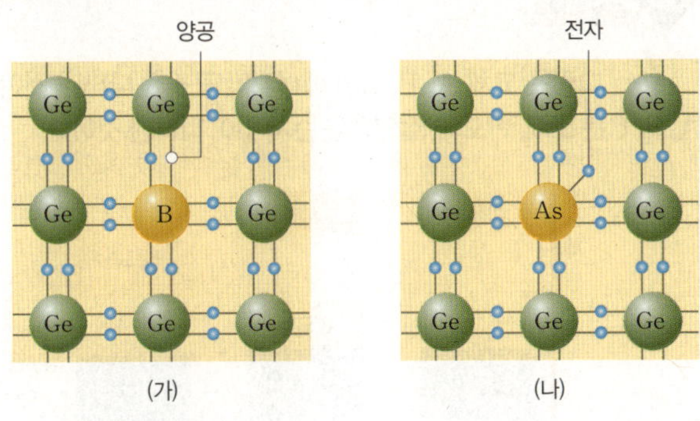

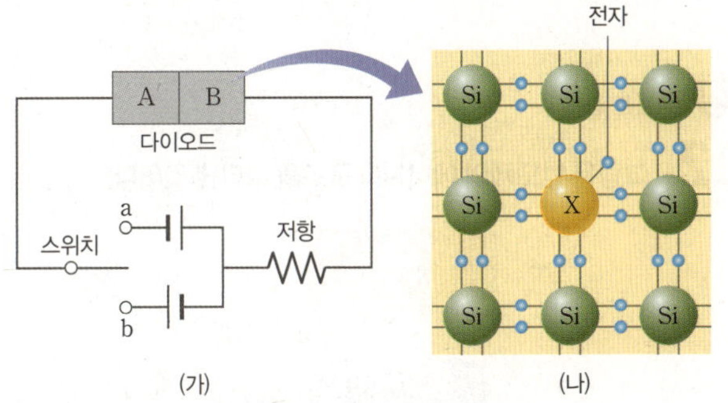

→ 순수한 저마늄(Ge) 반도체는 고체 내에서 주위의 저마늄 원자 4개와 공유 결합을 한다.

→ (가)는 p형 반도체이고, (나)는 n형 반도체이다.

→ (가)는 주로 양공이 전류를 흐르게 하고, (나)는 주로 전자가 전류를 흐르게 한다.

→ (가)는 순수 반도체에 원자가 전자가 3개인 원소를 도핑하여 만든 반도체이다.

→ (나)는 순수 반도체에 원자가 전자가 5개인 원소를 도핑하여 만든 반도체이다.

→ (나)는 불순물 첨가 후 전자 1개가 남으므로 n형 반도체이다. 따라서 B는 n형 반도체이고, A는 p형 반도체이다.

→ (나)에서 고유 반도체에 첨가한 불순물의 원자가 전자는 5개이다.

→ 스위치를 a에 연결하면 A에는 전원의 (−)극이, B에는 (+)극이 연결되므로 다이오드에는 역방향 전압이 걸린다. 스위치를 b에 연결하면 A에는 전원의 (+)극이, B에는 (−)극이 연결되므로 다이오드에는 순방향 전압이 걸린다.

→ 스위치를 b에 연결하면 다이오드의 p형 반도체에 있는 양공은 접합면 쪽으로 이동한다.

개념 다지기 문제

01 그림은 고체의 에너지띠 구조를 나타낸 것이다. ㉠은 원자가 띠보다 에너지가 높은 에너지띠이고, ㉡은 원자가 띠보다 에너지가 낮은 에너지띠이다. A는 원자가 띠와 ㉠ 사이의 에너지 간격이며, B는 원자가 띠와 ㉡ 사이의 에너지 간격이다.

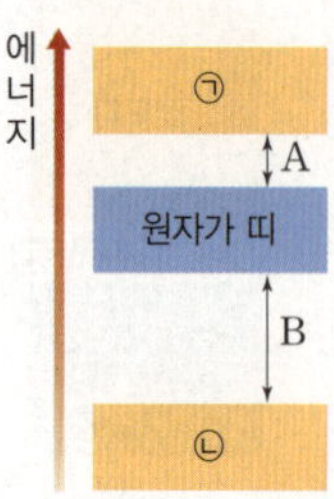

이에 대한 설명으로 옳은 것만을 |보기|에서 있는 대로 고른 것은?

보기
ㄱ. 전도띠는 ㉠이다.
ㄴ. A가 클수록 전기 전도성이 좋다.
ㄷ. 모든 고체에서 B는 같다.

① ㄱ 　　② ㄴ 　　③ ㄷ
④ ㄱ, ㄴ 　　⑤ ㄱ, ㄷ

02 그림은 반도체의 에너지띠 구조를 나타낸 것이다.

이에 대한 설명으로 옳은 것만을 |보기|에서 있는 대로 고른 것은?

보기
ㄱ. 전도띠와 원자가 띠는 허용된 띠이다.
ㄴ. 원자가 띠 내에서 에너지 준위는 연속적이다.
ㄷ. 원자가 띠의 전자가 전도띠로 전이하면 자유 전자가 된다.

① ㄱ 　　② ㄴ 　　③ ㄱ, ㄴ
④ ㄱ, ㄷ 　　⑤ ㄴ, ㄷ

03 그림은 규소와 다이아몬드의 에너지띠 구조를 나타낸 것이다.

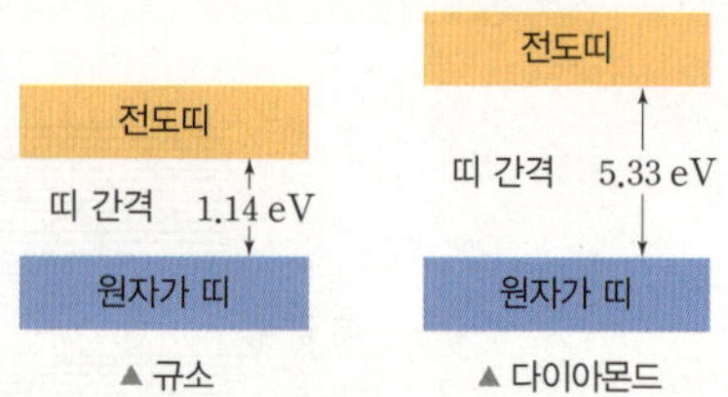

이에 대한 설명으로 옳은 것만을 |보기|에서 있는 대로 고른 것은?

보기
ㄱ. 규소에서 원자가 띠의 전자가 전도띠로 전이할 때 1.14 eV 이상의 에너지를 방출한다.
ㄴ. 다이아몬드에서 원자가 띠에 있는 전자의 에너지는 모두 같다.
ㄷ. 전기 전도성은 규소가 다이아몬드보다 좋다.

① ㄱ 　　② ㄴ 　　③ ㄷ
④ ㄱ, ㄴ 　　⑤ ㄱ, ㄷ

04 그림은 고체 A, B, C의 에너지띠 구조를 나타낸 것이다. A, B, C는 도체, 반도체, 절연체를 순서 없이 나타낸 것이다.

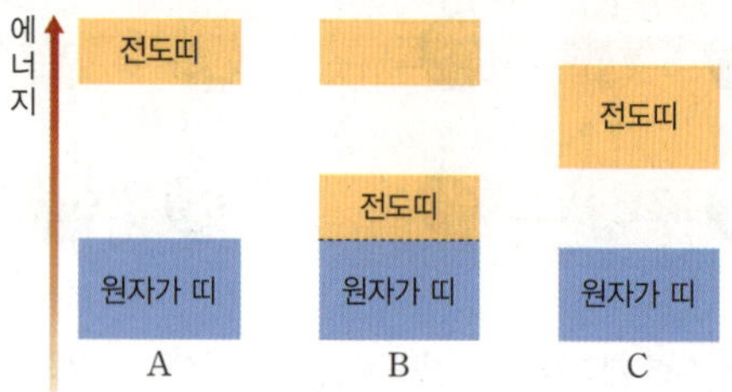

이에 대한 설명으로 옳은 것만을 |보기|에서 있는 대로 고른 것은?

보기
ㄱ. A는 도체이다.
ㄴ. 전기 전도성은 A가 B보다 좋다.
ㄷ. 원자가 띠의 전자가 전도띠로 전이하기 위해 필요한 최소 에너지는 A가 C보다 크다.

① ㄱ 　　② ㄷ 　　③ ㄱ, ㄴ
④ ㄴ, ㄷ 　　⑤ ㄱ, ㄴ, ㄷ

05
그림은 고체의 에너지띠 구조를 나타낸 것이고, 표는 고체 A, B, C의 띠 간격을 나타낸 것이다. B는 반도체이고, A와 C는 도체와 절연체 중 하나이다.

고체	띠 간격(eV)
A	㉠
B	E_0
C	$5E_0$

이에 대한 설명으로 옳은 것만을 |보기|에서 있는 대로 고른 것은?

> **보기**
> ㄱ. ㉠은 E_0보다 크다.
> ㄴ. B는 온도가 높을수록 양공의 수가 증가한다.
> ㄷ. 상온에서 전도띠의 전자는 A가 C보다 적다.

① ㄱ　　　　② ㄴ　　　　③ ㄷ
④ ㄱ, ㄴ　　　⑤ ㄴ, ㄷ

06
반도체에 대한 설명으로 옳은 것만을 |보기|에서 있는 대로 고른 것은?

> **보기**
> ㄱ. 원자가 띠와 전도띠 사이에 띠 간격이 존재한다.
> ㄴ. 상온에서 전기 전도성은 도체보다 좋다.
> ㄷ. p형 반도체는 양공이 많아지도록 도핑한 반도체이다.

① ㄱ　　　　② ㄴ　　　　③ ㄱ, ㄷ
④ ㄴ, ㄷ　　　⑤ ㄱ, ㄴ, ㄷ

07
다음은 반도체의 전기 전도성을 좋게 하는 방법에 대한 설명이다.

> n형 반도체는 ㉠ 순수한 규소(Si)에 원자가 전자가 (㉡)개인 원소를 도핑하고, ㉢ p형 반도체는 원자가 전자가 (㉣)개인 원소를 도핑하여 만든 반도체이다.

이에 대한 설명으로 옳은 것만을 |보기|에서 있는 대로 고른 것은?

> **보기**
> ㄱ. ㉡은 ㉣보다 2만큼 크다.
> ㄴ. ㉢은 주로 전자가 전류를 흐르게 한다.
> ㄷ. 상온에서 전기 전도성은 ㉢이 ㉠보다 좋다.

① ㄱ　　　　② ㄴ　　　　③ ㄷ
④ ㄱ, ㄷ　　　⑤ ㄴ, ㄷ

대표 유형 문제

08
그림은 순수한 저마늄(Ge) 반도체 X와 저마늄(Ge)에 불순물 A를 첨가한 반도체 Y의 원자 주변의 전자 배열을 나타낸 것이다.

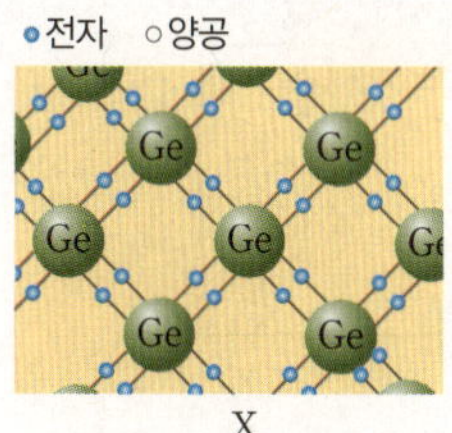
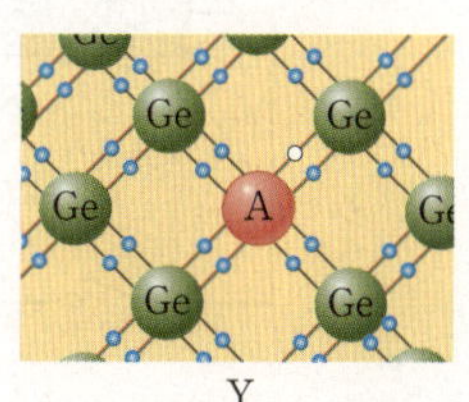

이에 대한 설명으로 옳은 것만을 |보기|에서 있는 대로 고른 것은?

> **보기**
> ㄱ. 전기 전도성은 X가 Y보다 좋다.
> ㄴ. A의 원자가 전자는 5개이다.
> ㄷ. Y에서 양공의 에너지 준위는 원자가 띠 바로 위에 만들어진다.

① ㄱ　　　　② ㄴ　　　　③ ㄷ
④ ㄱ, ㄴ　　　⑤ ㄴ, ㄷ

대표 유형문제

09 그림과 같이 p-n 접합 다이오드, 스위치 S, 전지를 이용하여 회로를 구성하였다. S를 a에 연결했을 때, 저항에는 전류가 흐른다. X, Y는 p형 반도체와 n형 반도체를 순서 없이 나타낸 것이다.

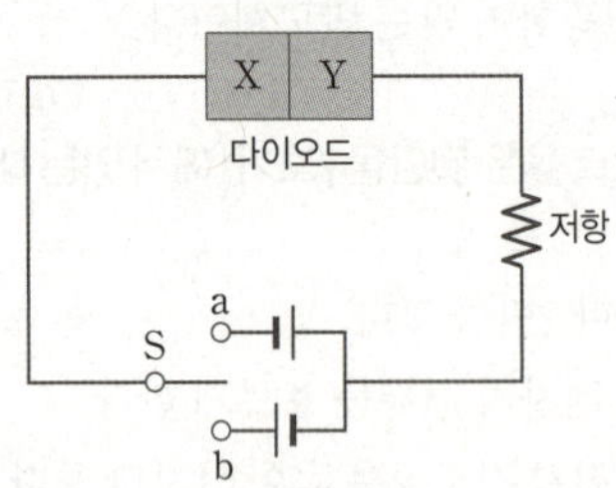

이에 대한 설명으로 옳은 것만을 |보기|에서 있는 대로 고른 것은?

> **보기**
> ㄱ. X는 p형 반도체이다.
> ㄴ. Y에서는 주로 전자가 전류를 흐르게 한다.
> ㄷ. S를 b에 연결하면 다이오드의 p형 반도체에 있는 양공은 접합면에서 멀어지는 쪽으로 이동한다.

① ㄱ　　　　② ㄴ　　　　③ ㄷ
④ ㄱ, ㄴ　　　⑤ ㄱ, ㄷ

10 그림은 p-n 접합 다이오드, 스위치 S, 전지로 구성한 회로를 나타낸 것이다.

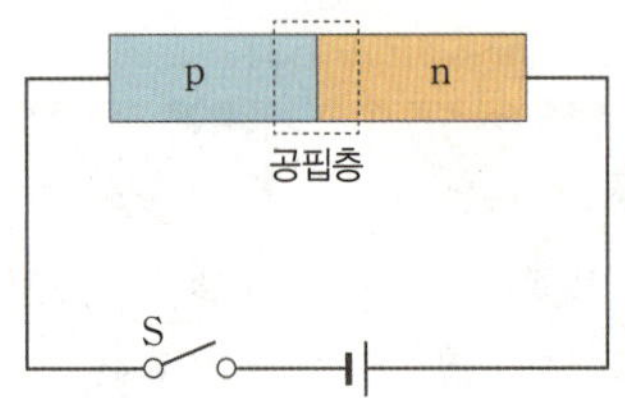

S를 닫았을 때, 이에 대한 설명으로 옳은 것만을 |보기|에서 있는 대로 고른 것은?

> **보기**
> ㄱ. 다이오드에는 순방향 전압이 걸린다.
> ㄴ. p형 반도체의 양공은 접합면에서 멀어지는 쪽으로 이동한다.
> ㄷ. 공핍층에서 n형 반도체 쪽에는 양공이 모인다.

① ㄱ　　　　② ㄴ　　　　③ ㄷ
④ ㄱ, ㄴ　　　⑤ ㄴ, ㄷ

11 그림과 같이 p-n 접합 발광 다이오드(LED) A, B, C를 이용해 회로를 구성하였다. X는 p형 반도체와 n형 반도체 중 하나이다. 표는 스위치 S를 a에 연결했을 때와 b에 연결했을 때 켜지는 LED의 개수를 나타낸 것이다.

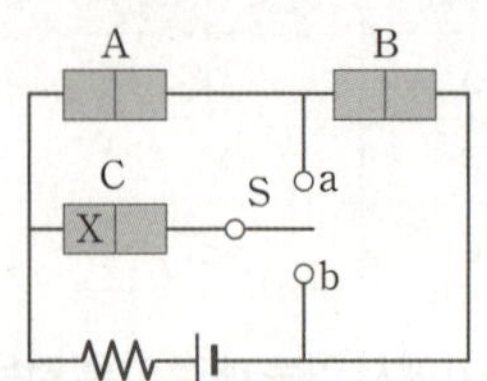

S의 연결	개수
a	2
b	1

이에 대한 설명으로 옳은 것만을 |보기|에서 있는 대로 고른 것은?

> **보기**
> ㄱ. X는 주로 양공이 전류를 흐르게 한다.
> ㄴ. S를 a에 연결했을 때, A는 켜지지 않는다.
> ㄷ. S를 b에 연결했을 때, C에서 p형 반도체의 양공은 접합면에서 멀어지는 쪽으로 이동한다.

① ㄱ　　　　② ㄷ　　　　③ ㄱ, ㄴ
④ ㄴ, ㄷ　　　⑤ ㄱ, ㄴ, ㄷ

12 그림과 같이 전원 장치에 연결된 p-n 접합 발광 다이오드(LED) A, B에서 각각 빨간색 빛, 노란색 빛이 방출되고 있다. X는 p형 반도체와 n형 반도체 중 하나이다.

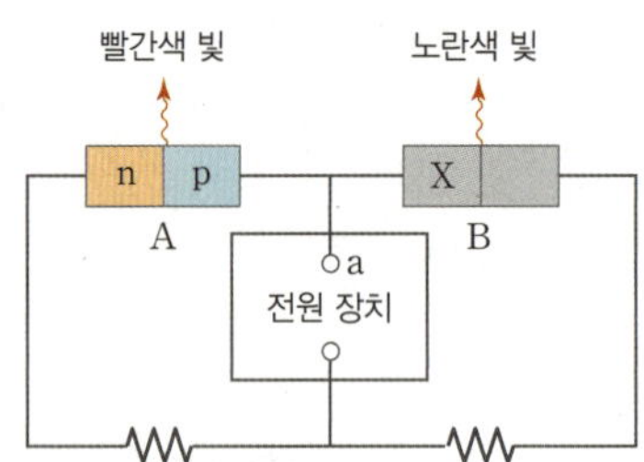

이에 대한 설명으로 옳은 것만을 |보기|에서 있는 대로 고른 것은?

> **보기**
> ㄱ. 전원 장치의 a는 (+)극이다.
> ㄴ. X는 주로 양공이 전류를 흐르게 한다.
> ㄷ. 띠 간격은 A가 B보다 작다.

① ㄱ　　　　② ㄴ　　　　③ ㄱ, ㄴ
④ ㄴ, ㄷ　　　⑤ ㄱ, ㄴ, ㄷ

13 그림은 동일한 p-n 접합 다이오드 A, B, C, D, E에 저항, 스위치 S, 전지를 연결한 회로를 나타낸 것이다. S를 열었을 때 저항에는 전류가 흐르지 않고, S를 닫았을 때 저항에 전류가 흐른다. X, Y, Z는 각각 p형 반도체 또는 n형 반도체이다.

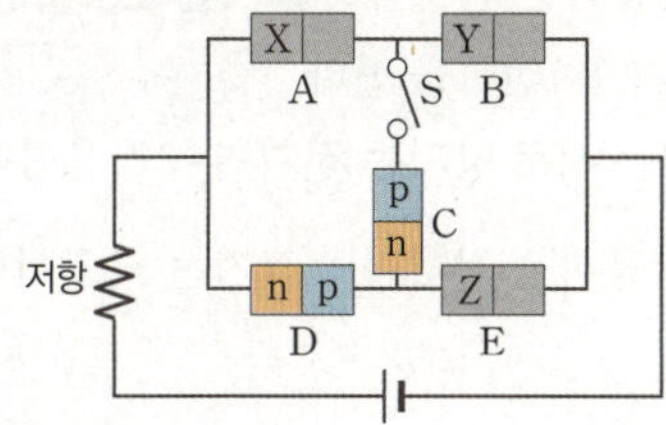

이에 대한 설명으로 옳은 것만을 |보기|에서 있는 대로 고른 것은?

> **보기**
> ㄱ. X는 p형 반도체이다.
> ㄴ. S를 닫았을 때, C에는 역방향 전압이 걸린다.
> ㄷ. Y와 Z는 모두 주로 전자가 전류를 흐르게 한다.

① ㄱ   ② ㄴ   ③ ㄷ
④ ㄱ, ㄴ   ⑤ ㄱ, ㄷ

14 그림은 p-n 접합 다이오드 A, B, C, D, 저항, 스위치를 전지에 연결한 회로를 나타낸 것이다.

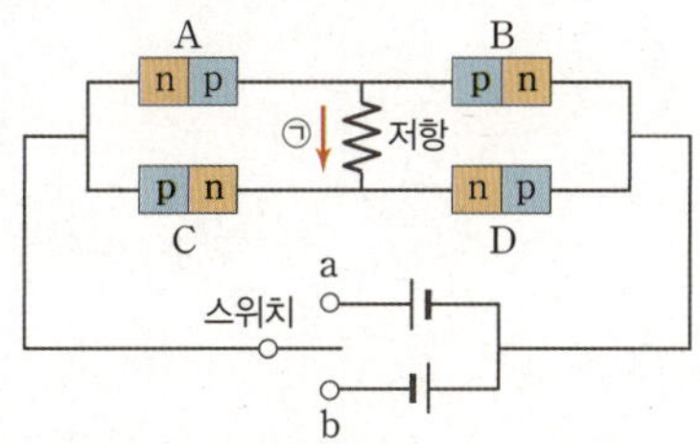

이에 대한 설명으로 옳은 것만을 |보기|에서 있는 대로 고른 것은?

> **보기**
> ㄱ. 스위치를 a에 연결했을 때, 저항에 흐르는 전류의 방향은 ㉠이다.
> ㄴ. 스위치를 b에 연결했을 때, C에서 p형 반도체의 양공은 접합면에서 멀어지는 쪽으로 이동한다.
> ㄷ. 저항에 흐르는 전류의 방향은 스위치를 a에 연결할 때와 b에 연결할 때가 같다.

① ㄱ   ② ㄴ   ③ ㄷ
④ ㄱ, ㄴ   ⑤ ㄴ, ㄷ

15 그림 (가)는 상온에서 고유 반도체의 에너지띠 구조를 나타낸 것이고, (나)는 (가)에서 불순물을 도핑한 불순물 반도체의 에너지띠 구조를 나타낸 것이다. (나)는 p형 반도체와 n형 반도체 중 하나이다.

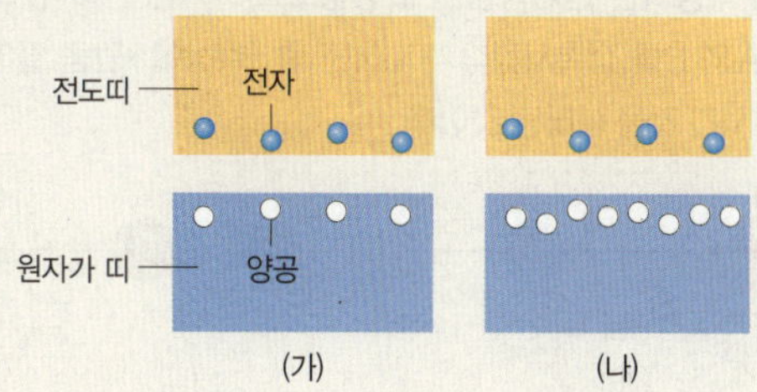

(나)의 반도체의 종류를 쓰고, 그 까닭을 서술하시오.

16 그림과 같이 스위치, p-n 접합 다이오드, 전지, 저항을 이용하여 회로를 구성하였다.

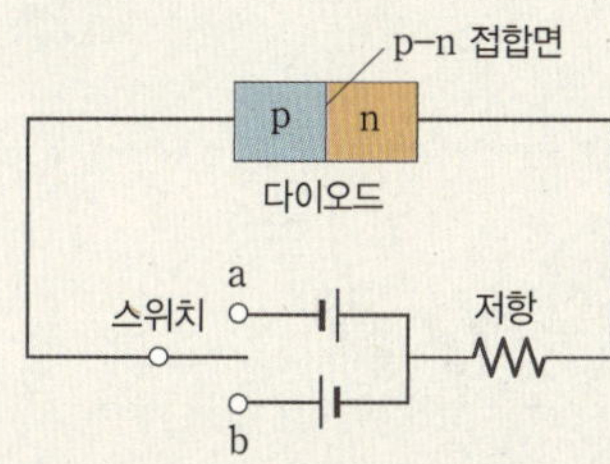

(1) 스위치를 a에 연결했을 때 저항에 전류가 흐르는지 쓰고, 그 까닭을 다이오드에 걸린 전압과 관련지어 서술하시오.

(2) 스위치를 b에 연결했을 때, p형 반도체에서 양공의 이동 방향을 접합면을 이용하여 서술하시오.

학교 시험 빈출 자료 MASTER

01 원자와 전기력, 스펙트럼

1 전기력

그림 (가)는 전하량이 각각 $+2Q$, $-Q$인 동일한 도체구 A, B를 $2r$만큼 떨어뜨려 x축상에 고정시킨 것을 나타낸 것이다. (가)에서 A에 작용하는 전기력은 $+x$ 방향으로 크기는 F이다. 그림 (나)는 A와 B를 접촉시켰다가 떼어낸 후 x축상에 r만큼 떨어뜨려 고정시킨 것을 나타낸 것이다.

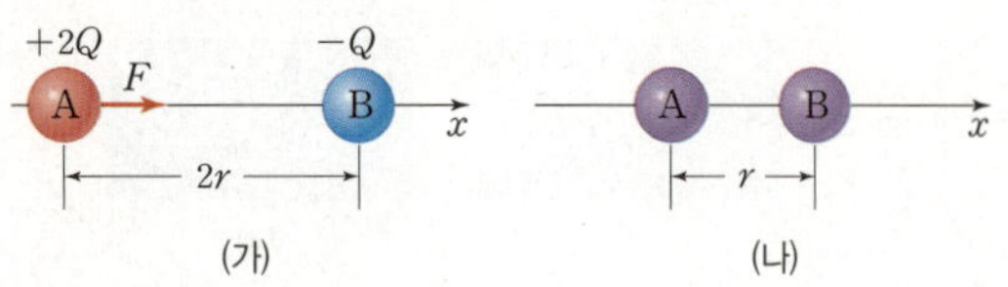

● 다음 설명 중 옳은 것은 ○표, 옳지 않은 것은 ×표 하시오.

1 (가)에서 B에 작용하는 전기력의 방향은 $-x$ 방향이다.　○ / ×

2 (가)에서 B에 작용하는 전기력의 크기는 $2F$이다.　○ / ×

3 (나)에서 A는 양$(+)$전하를 띤다.　○ / ×

4 (나)에서 A와 B는 서로 당기는 전기력이 작용한다.　○ / ×

5 (나)에서 A에 작용하는 전기력의 크기는 $\dfrac{1}{2}F$이다.　○ / ×

---

2 전자의 전이

그림은 보어의 수소 원자 모형에서 에너지 준위 사이에서 일어나는 전자의 전이 A, B, C를 나타낸 것이다. A, B, C에서 방출되는 빛의 파장은 각각 λ_A, λ_B, λ_C이다.

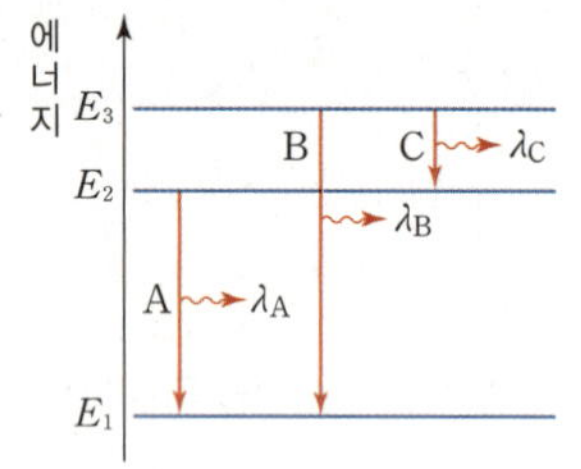

● 다음 설명 중 옳은 것은 ○표, 옳지 않은 것은 ×표 하시오.

1 진공에서의 파장은 λ_A가 λ_B보다 짧다.　○ / ×

2 전이 과정에서 방출되는 광자 1개의 에너지는 B에서가 C에서보다 크다.　○ / ×

3 수소 원자의 에너지 준위는 불연속적이다.　○ / ×

4 $\lambda_B = \lambda_A + \lambda_C$이다.　○ / ×

5 C에서 전자의 에너지는 증가한다.　○ / ×

---

3 보어의 수소 원자 모형

그림은 보어의 수소 원자 모형에서 양자수 n에 따른 전자의 궤도와 전자의 전이 a, b, c를 나타낸 것이다. 표는 n에 따른 전자의 에너지 준위 E_n을 나타낸 것이다.

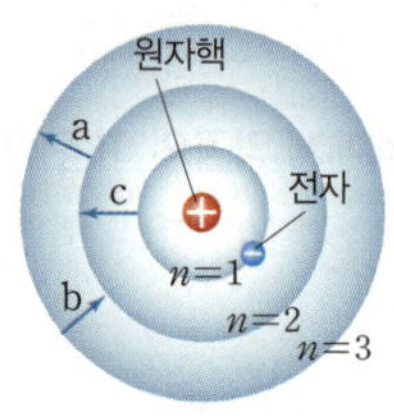

양자수(n)	E_n
1	$-13.6\,\text{eV}$
2	$-3.4\,\text{eV}$
3	$-1.5\,\text{eV}$

● 다음 설명 중 옳은 것은 ○표, 옳지 않은 것은 ×표 하시오.

1 원자핵과 전자 사이에 작용하는 전기력의 크기는 $n=1$에서가 $n=2$에서보다 크다.　○ / ×

2 전자가 $n=1$인 궤도에 머물러 있는 동안에는 빛이 방출되지 않는다.　○ / ×

3 전자의 에너지는 $n=1$인 상태가 $n=3$인 상태보다 크다.　○ / ×

4 b에서 전자가 방출하는 에너지는 $4.9\,\text{eV}$이다.　○ / ×

5 전자가 흡수하는 에너지는 a에서가 c에서보다 작다.　○ / ×

4 스펙트럼

그림 (가)는 보어의 수소 원자 모형에서 양자수 n에 따른 에너지 준위와 전자의 전이 a, b, c를 나타낸 것이고, (나)는 (가)에서 $n=2$인 상태로 전자가 전이할 때 방출되는 빛의 선 스펙트럼을 나타낸 것이다. p, q, r는 각각 a, b, c 중 하나에 의해 나타난 스펙트럼선이다.

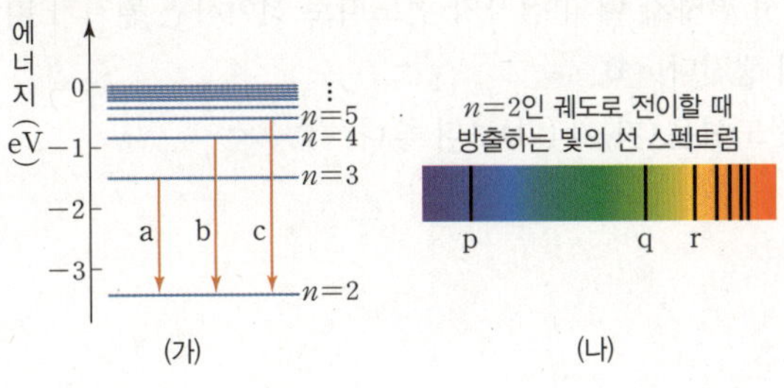

● 다음 설명 중 옳은 것은 ○표, 옳지 <u>않은</u> 것은 ×표 하시오.

1 전자의 에너지 준위는 양자화되어 있다. ○ / ×

2 전이 과정에서 방출되는 광자 1개의 에너지는 a에서가 b에서보다 크다. ○ / ×

3 r는 c에서 방출된 스펙트럼선이다. ○ / ×

4 (나)에서 파장은 p가 q보다 짧다. ○ / ×

5 a와 c에서 방출되는 빛의 진동수 차는 전자가 $n=5$인 상태에서 $n=3$인 상태로 전이할 때 방출되는 빛의 진동수와 같다. ○ / ×

---

02 에너지띠와 반도체

5 에너지띠

그림은 고체 A의 에너지띠 구조를 절대 온도에 따라 나타낸 것이다. 색칠한 부분은 0 K에서 전자가 채워진 에너지띠이다.

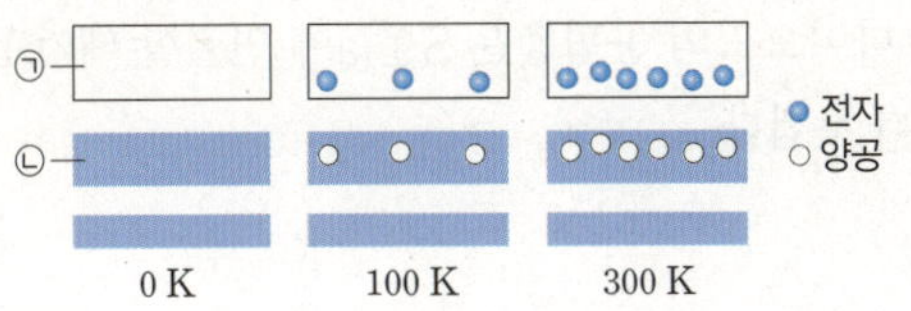

● 다음 설명 중 옳은 것은 ○표, 옳지 <u>않은</u> 것은 ×표 하시오.

1 ㉠은 전도띠이다. ○ / ×

2 ㉡은 원자가 띠이다. ○ / ×

3 에너지 준위는 ㉠이 ㉡보다 높다. ○ / ×

4 A는 도체이다. ○ / ×

5 A의 전기 전도성은 100 K일 때가 300 K일 때보다 좋다. ○ / ×

---

6 전기적 성질

그림은 고체의 에너지띠 구조를 나타낸 것이고, 표는 절대 온도가 0 K일 때 고체의 띠 간격과 전기적 성질을 나타낸 것이다.

구분	띠 간격(eV)	전기적 성질
저마늄	0.16	㉠
규소	1.14	반도체
다이아몬드	㉡	절연체

● 다음 설명 중 옳은 것은 ○표, 옳지 <u>않은</u> 것은 ×표 하시오.

1 ㉠은 절연체이다. ○ / ×

2 ㉡은 1.14 eV보다 크다. ○ / ×

3 원자가 띠의 전자가 에너지를 흡수하면 띠 간격으로 전이할 수 있다. ○ / ×

4 상온에서 전기 전도성은 저마늄이 다이아몬드보다 좋다. ○ / ×

5 원자가 띠에 있는 전자들의 에너지는 모두 같다. ○ / ×

7 에너지띠

그림 (가), (나)는 도체, 반도체의 에너지띠 구조를 순서 없이 나타낸 것이다. 색칠한 부분은 에너지띠에 전자가 차 있는 것을 나타낸다.

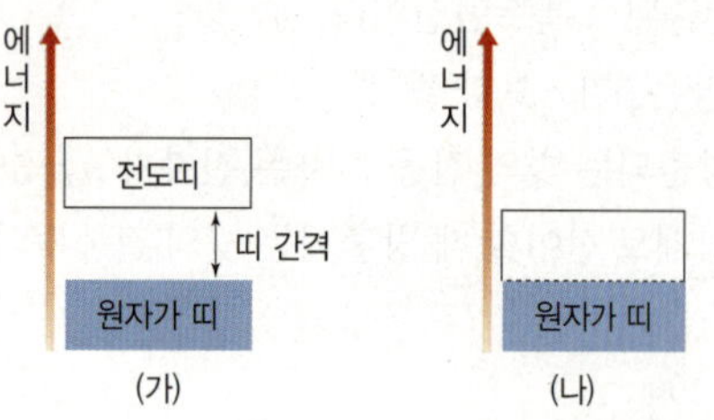

● 다음 설명 중 옳은 것은 ○표, 옳지 <u>않은</u> 것은 ×표 하시오.

1 원자가 띠에는 한 개의 전자만 존재한다. ○ / ×

2 (나)는 도체이다. ○ / ×

3 (가)에서 원자가 띠의 전자가 전도띠로 전이하려면 띠 간격 이상의 에너지를 방출해야 한다. ○ / ×

4 (가)에서 원자가 띠의 전자가 전도띠로 전이하면 원자가 띠에 양공이 생긴다. ○ / ×

5 전기 전도성은 (가)가 (나)보다 좋다. ○ / ×

8 p-n 접합 다이오드

그림과 같이 p-n 접합 다이오드를 이용하여 회로를 구성하였다. X는 p형 반도체와 n형 반도체 중 하나이다. 스위치 S를 a에 연결할 때에만 저항에 전압이 걸렸다.

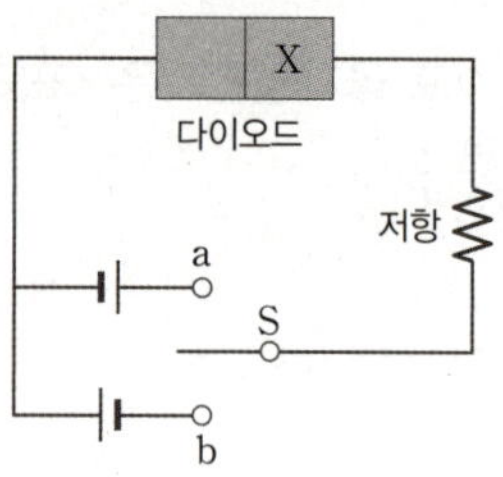

● 다음 설명 중 옳은 것은 ○표, 옳지 <u>않은</u> 것은 ×표 하시오.

1 X는 p형 반도체이다. ○ / ×

2 S를 a에 연결할 때, X에서는 주로 전자가 전류를 흐르게 한다. ○ / ×

3 S를 b에 연결할 때, n형 반도체의 전자는 접합면 쪽으로 이동한다. ○ / ×

4 S를 b에 연결할 때, 다이오드에는 역방향 전압이 걸린다. ○ / ×

5 p-n 접합 다이오드의 공핍층은 S를 a에 연결할 때가 b에 연결할 때보다 두껍다. ○ / ×

9 발광 다이오드

그림 (가)는 전원 장치, 저항에 연결된 p-n 접합 발광 다이오드(LED)에서 빛이 방출되는 것을 나타낸 것이다. (나)는 (가)의 X를 구성하는 원소와 전자의 배열을 나타낸 것이다. X와 Y는 각각 p형 반도체와 n형 반도체이다.

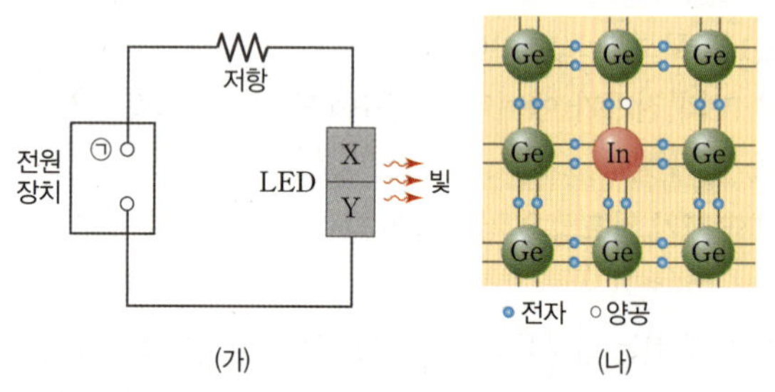

● 다음 설명 중 옳은 것은 ○표, 옳지 <u>않은</u> 것은 ×표 하시오.

1 X는 p형 반도체이다. ○ / ×

2 LED에는 순방향 전압이 걸린다. ○ / ×

3 ㉠은 (−)극이다. ○ / ×

4 X는 주로 양공이 전류를 흐르게 한다. ○ / ×

5 Y는 주로 전자가 전류를 흐르게 한다. ○ / ×

6 LED에서 n형 반도체에 있는 전자는 p-n 접합면에서 멀어지는 쪽으로 이동한다. ○ / ×

학교 시험 대비 문제

01 그림 (가), (나), (다)는 톰슨 원자 모형, 러더퍼드 원자 모형, 보어 원자 모형을 순서 없이 나타낸 것이다.

(가)	(나)	(다)
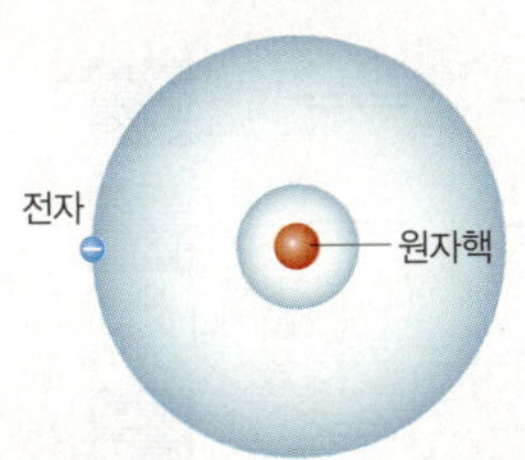		
중심에 원자핵이 있고, 전자는 원자핵 주위를 돌고 있다.	전자는 양(+)전하를 띤 물질에 박혀 있다.	전자는 특정한 상태의 궤도에서만 존재한다.

이에 대한 설명으로 옳은 것만을 |보기|에서 있는 대로 고른 것은?

> **보기**
> ㄱ. (가)는 보어 원자 모형이다.
> ㄴ. 원자 모형이 발표된 순서는 (나) → (가) → (다)이다.
> ㄷ. 수소 원자 모형에서 방출되는 빛의 선 스펙트럼을 설명할 수 있는 모형은 (나)이다.

① ㄱ　　　　② ㄴ　　　　③ ㄷ
④ ㄱ, ㄴ　　　⑤ ㄴ, ㄷ

02 그림은 보어의 수소 원자 모형에서 전자가 원자핵 주위를 원운동을 하는 것을 나타낸 것이다.

이에 대한 설명으로 옳은 것만을 |보기|에서 있는 대로 고른 것은?

> **보기**
> ㄱ. 원자핵은 양(+)전하를 띤다.
> ㄴ. 원자핵과 전자 사이에는 서로 끌어당기는 전기력이 작용한다.
> ㄷ. 전자와 원자핵 사이의 거리가 클수록 원자핵과 전자 사이에 작용하는 전기력의 크기는 크다.

① ㄱ　　　　② ㄷ　　　　③ ㄱ, ㄴ
④ ㄴ, ㄷ　　　⑤ ㄱ, ㄴ, ㄷ

---

03 그림 (가)는 점전하 A, B를 각각 x축상의 $x=0$, $x=d$에 고정시킨 것을 나타낸 것이다. 그림 (나)는 (가)에서 점전하 C를 $x=2d$에 고정시킨 것을 나타낸 것이다. A는 양(+)전하이다. (가)에서 A에 작용하는 전기력의 방향은 $+x$ 방향이고, (나)에서 A에 작용하는 전기력은 0이다.

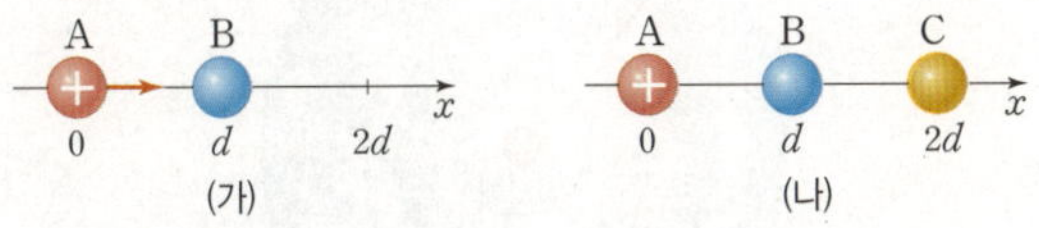

이에 대한 설명으로 옳은 것만을 |보기|에서 있는 대로 고른 것은?

> **보기**
> ㄱ. B는 양(+)전하이다.
> ㄴ. (나)에서 A와 C 사이에는 서로 밀어내는 전기력이 작용한다.
> ㄷ. 전하량의 크기는 C가 B의 4배이다.

① ㄱ　　　　② ㄴ　　　　③ ㄱ, ㄷ
④ ㄴ, ㄷ　　　⑤ ㄱ, ㄴ, ㄷ

04 그림 (가)는 보어의 수소 원자 모형에서 양자수 n에 따른 에너지 준위의 일부와 전자의 전이 a, b, c를 나타낸 것이다. 그림 (나)는 (가)에서 방출되는 빛의 스펙트럼을 나타낸 것으로, ㉠은 a, b, c 중 하나의 스펙트럼선이다.

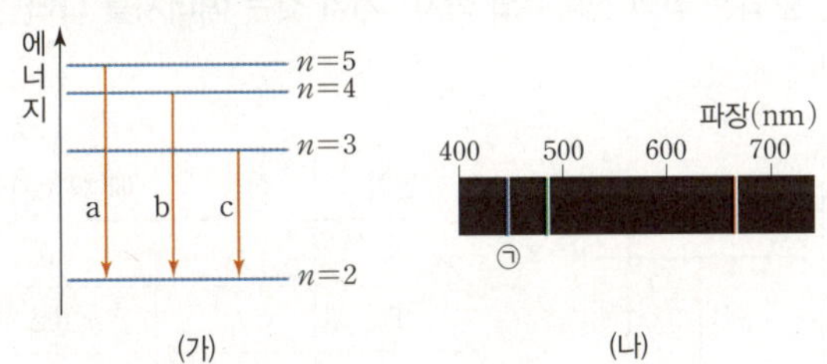

이에 대한 설명으로 옳은 것만을 |보기|에서 있는 대로 고른 것은?

> **보기**
> ㄱ. 수소 원자의 에너지 준위는 양자화되어 있다.
> ㄴ. 전이 과정에서 방출되는 광자 1개의 에너지는 b에서가 c에서보다 작다.
> ㄷ. ㉠은 a에서 방출된 빛의 스펙트럼선이다.

① ㄱ　　　　② ㄴ　　　　③ ㄷ
④ ㄱ, ㄴ　　　⑤ ㄱ, ㄷ

05

그림은 보어의 수소 원자 모형에서 전자의 전이 A, B를 나타낸 것이다. n은 양자수이다. A에서 전자는 $n=4$에서 $n=2$로, B에서 전자는 $n=3$에서 $n=2$로 전이한다.

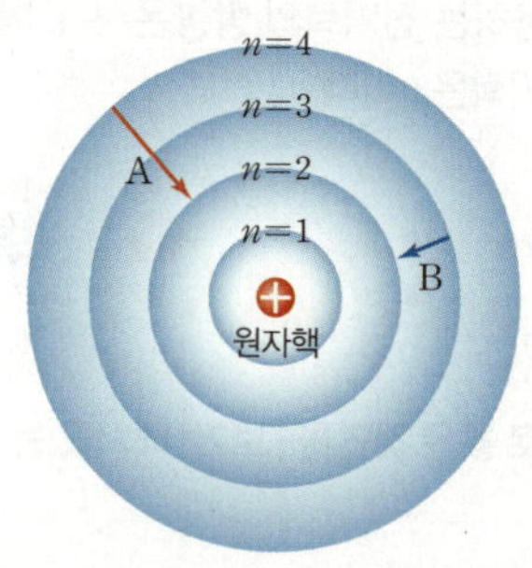

이에 대한 설명으로 옳은 것만을 |보기|에서 있는 대로 고른 것은?

> **보기**
> ㄱ. 전이 과정에서 방출되는 빛의 진동수는 A에서가 B에서보다 크다.
> ㄴ. 전자가 갖는 에너지 준위는 $n=2$에서가 $n=3$에서 보다 크다.
> ㄷ. n이 커질수록 이웃하는 에너지 준위 사이의 간격은 커진다.

① ㄱ 　② ㄷ 　③ ㄱ, ㄴ
④ ㄱ, ㄷ 　⑤ ㄴ, ㄷ

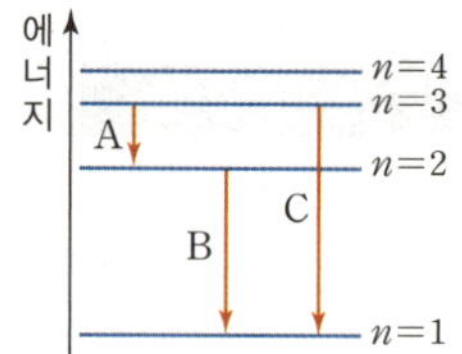

06

그림은 보어의 수소 원자 모형에서 양자수 n에 따른 에너지 준위와 전자의 전이 A, B, C를 나타낸 것이다. 표는 A, B, C에서 방출되는 빛의 진동수와 광자 1개가 갖는 에너지를 나타낸 것이다.

전이	진동수	에너지(eV)
A	f_A	1.9
B	f_B	10.2
C	f_C	㉠

이에 대한 설명으로 옳은 것만을 |보기|에서 있는 대로 고른 것은?

> **보기**
> ㄱ. $f_A > f_B$이다.
> ㄴ. ㉠은 12.1이다.
> ㄷ. $f_C = f_B - f_A$이다.

① ㄱ 　② ㄴ 　③ ㄷ
④ ㄱ, ㄴ 　⑤ ㄴ, ㄷ

07

다음은 고체의 에너지띠 구조에 대한 설명이다.

> 고체의 에너지띠 구조에서 원자가 띠와 　㉠　 사이에 전자가 존재할 수 없는 영역을 띠 간격이라 한다. 고체는 　㉡　 에 따라 도체, 반도체, 절연체로 나누고, 　㉡　 은 띠 간격이 좁은 고체일수록 좋다.

이에 대한 설명으로 옳은 것만을 있는 대로 고른 것은?

> **보기**
> ㄱ. ㉠은 전도띠이다.
> ㄴ. ㉡은 전기 전도성이다.
> ㄷ. 띠 간격은 반도체가 절연체보다 넓다.

① ㄱ 　② ㄷ 　③ ㄱ, ㄴ
④ ㄴ, ㄷ 　⑤ ㄱ, ㄴ, ㄷ

08

그림은 원자가 1개, 2개, 매우 많을 때 전자의 에너지를 나타낸 것이다. X는 에너지띠 사이의 간격이고, Y는 에너지가 가장 낮은 에너지띠이다.

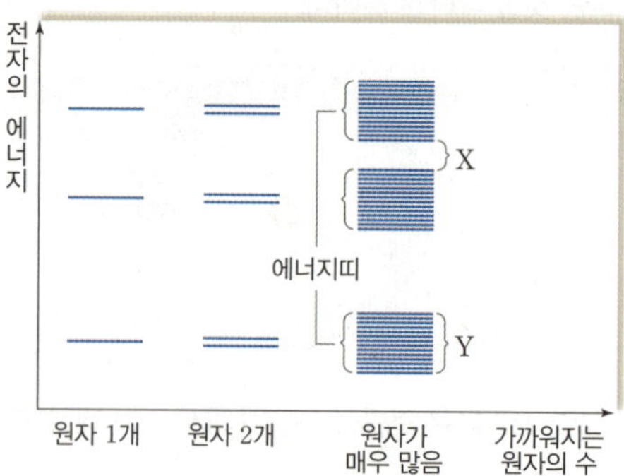

이에 대한 설명으로 옳은 것만을 |보기|에서 있는 대로 고른 것은?

> **보기**
> ㄱ. X에는 전자가 존재할 수 없다.
> ㄴ. Y에서 전자의 에너지는 모두 같다.
> ㄷ. 고체와 기체는 모두 에너지띠 구조를 가진다.

① ㄱ 　② ㄴ 　③ ㄱ, ㄷ
④ ㄴ, ㄷ 　⑤ ㄱ, ㄴ, ㄷ

09

그림은 고체 A, B의 에너지띠 구조를 나타낸 것이다. A, B는 각각 규소(Si)와 다이아몬드 중 하나이다.

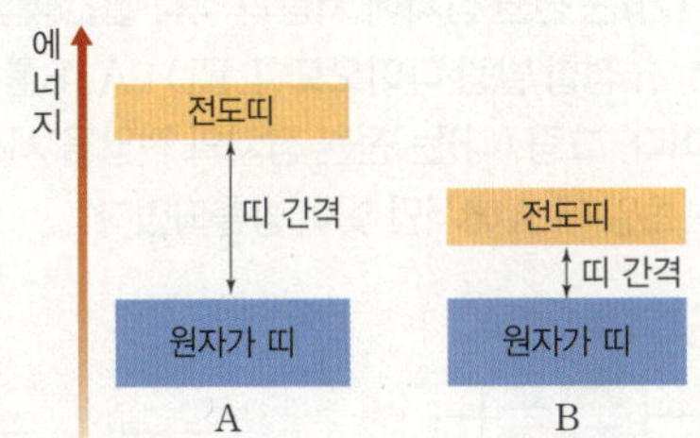

이에 대한 설명으로 옳은 것만을 |보기|에서 있는 대로 고른 것은?

보기
ㄱ. 전기 전도성은 B가 A보다 좋다.
ㄴ. A는 규소(Si)이다.
ㄷ. 원자가 띠의 전자가 에너지를 흡수하면 띠 간격으로 전이할 수 있다.

① ㄱ   ② ㄴ   ③ ㄷ
④ ㄱ, ㄷ   ⑤ ㄴ, ㄷ

10

그림은 반도체의 종류를 그 특성에 따라 분류한 것이다.

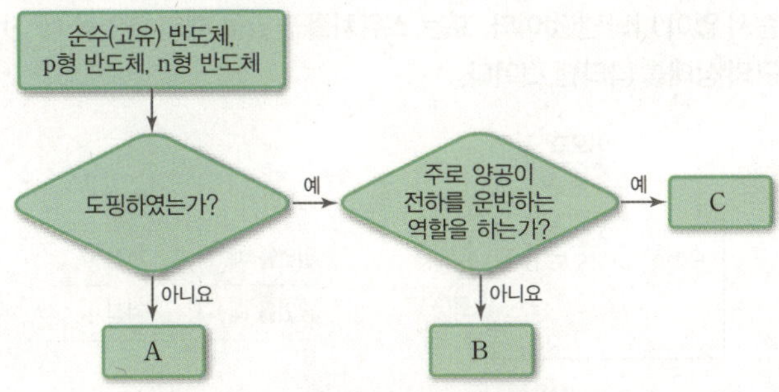

이에 대한 설명으로 옳은 것만을 |보기|에서 있는 대로 고른 것은?

보기
ㄱ. 전기 전도성은 A가 B보다 좋다.
ㄴ. 상온에서 B의 전도띠에는 전자가 존재한다.
ㄷ. C는 순수 반도체에 원자가 전자가 5개인 불순물을 첨가하여 만들어진다.

① ㄴ   ② ㄷ   ③ ㄱ, ㄴ
④ ㄱ, ㄷ   ⑤ ㄴ, ㄷ

11

그림 (가)는 저마늄(Ge)의 에너지띠 구조를 나타낸 것이고, (나)는 저마늄(Ge)에 불순물 A를 첨가한 반도체의 원자가 전자의 배열을 나타낸 것이다. (가)에서 원자가 띠와 전도띠 사이의 띠 간격은 0.67 eV이다.

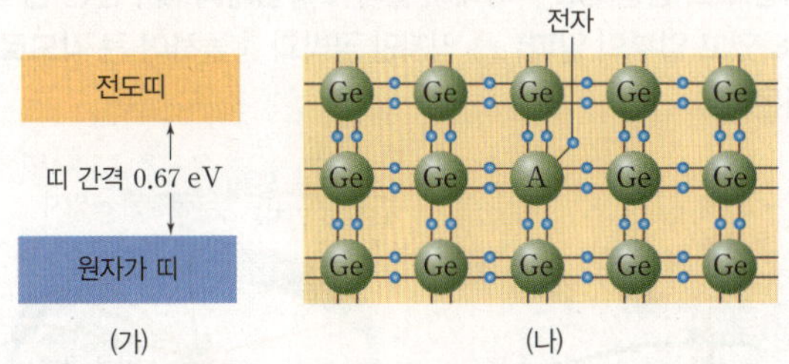

이에 대한 설명으로 옳은 것만을 |보기|에서 있는 대로 고른 것은?

보기
ㄱ. (가)에서 원자가 띠에 있는 전자가 0.67 eV 이하의 에너지를 흡수하면 띠 간격으로 전이한다.
ㄴ. A의 원자가 전자는 3개이다.
ㄷ. (나)에서는 A에 의해 전도띠 아래에 전자에 의한 에너지띠가 만들어진다.

① ㄱ   ② ㄴ   ③ ㄷ
④ ㄱ, ㄷ   ⑤ ㄴ, ㄷ

12

그림과 같이 p-n 접합 다이오드, 전구, 코일을 이용하여 회로를 구성하였다. 막대자석이 코일에 다가가는 동안 전구에 불이 켜졌다. 막대자석의 A쪽은 N극과 S극 중 하나이다.

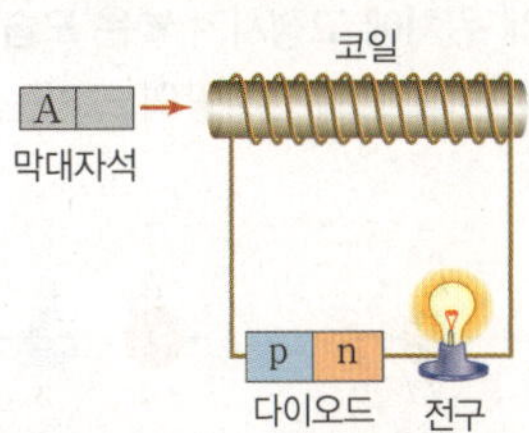

이에 대한 설명으로 옳은 것만을 |보기|에서 있는 대로 고른 것은?

보기
ㄱ. A는 S극이다.
ㄴ. 막대자석과 코일 사이에는 서로 밀어내는 자기력이 작용한다.
ㄷ. 다이오드 내에서 p형 반도체의 양공은 접합면에서 멀어지는 쪽으로 이동한다.

① ㄱ   ② ㄷ   ③ ㄱ, ㄴ
④ ㄴ, ㄷ   ⑤ ㄱ, ㄴ, ㄷ

13 그림 (가)는 음극선 실험을 나타낸 것이고, (나)는 알파(α) 입자 산란 실험을 나타낸 것이다. (가)에서 음극선은 (+)극을 향하는 방향으로 진행하고, (나)에서 알파(α) 입자의 대부분은 금박을 통과하였고 일부의 알파(α) 입자만 금박과 충돌하여 큰 각도로 튕겨 나온다.

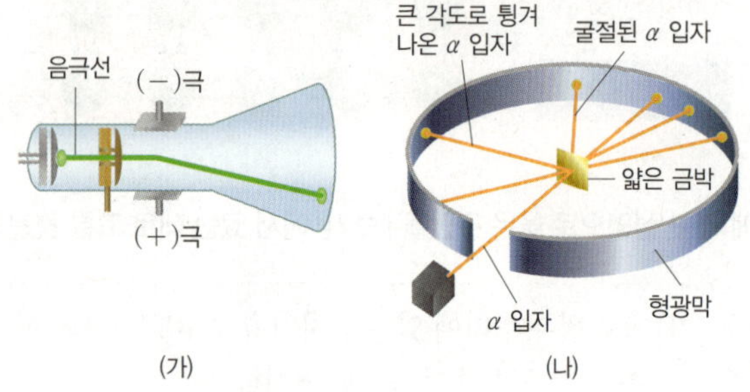

이에 대한 설명으로 옳은 것만을 |보기|에서 있는 대로 고른 것은?

보기
ㄱ. (가)에서 음극선은 음(−) 전하를 띤다.
ㄴ. (나)의 실험을 통해 원자핵의 존재를 확인하였다.
ㄷ. (나)에서 알파(α) 입자는 원자핵에 가깝게 입사할수록 튕겨 나오는 각이 커진다.

① ㄱ　　　　② ㄷ　　　　③ ㄱ, ㄴ
④ ㄴ, ㄷ　　　⑤ ㄱ, ㄴ, ㄷ

14 그림 (가)와 같이 대전된 동일한 도체구 A, B, C가 x축상에 고정되어 있다. A, B는 양(+)전하로 대전되어 있고, A에 작용하는 전기력의 크기는 F이다. 그림 (나)는 (가)의 B와 C를 서로 접촉시킨 후 다시 원래 위치에 고정시켜 놓은 모습을 나타낸 것으로, B는 음(−)전하를 띤다. B의 전하량의 크기는 (가)에서와 (나)에서가 같다.

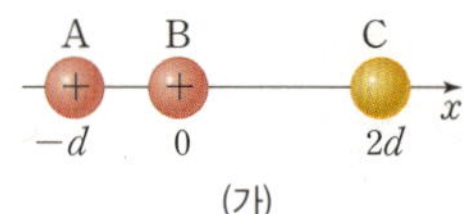
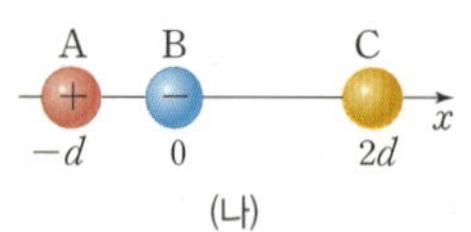

이에 대한 설명으로 옳은 것만을 |보기|에서 있는 대로 고른 것은?

보기
ㄱ. (가)에서 C는 양(+)전하로 대전되어 있다.
ㄴ. (나)에서 A에 작용하는 전기력의 크기는 $\frac{5}{3}F$이다.
ㄷ. A에 작용하는 전기력의 방향은 (가)에서와 (나)에서가 서로 반대이다.

① ㄱ　　　　② ㄷ　　　　③ ㄱ, ㄴ
④ ㄴ, ㄷ　　　⑤ ㄱ, ㄴ, ㄷ

15 그림 (가)는 전원 장치에 저항과 각각 빨간색 빛, 노란색 빛이 방출되는 p-n 접합 발광 다이오드(LED) A, B를 연결한 회로를 나타낸 것이다. 그림 (나)는 전원 장치의 전압을 시간에 따라 나타낸 것이고, 1초일 때 A에서만 빛이 방출되었다.

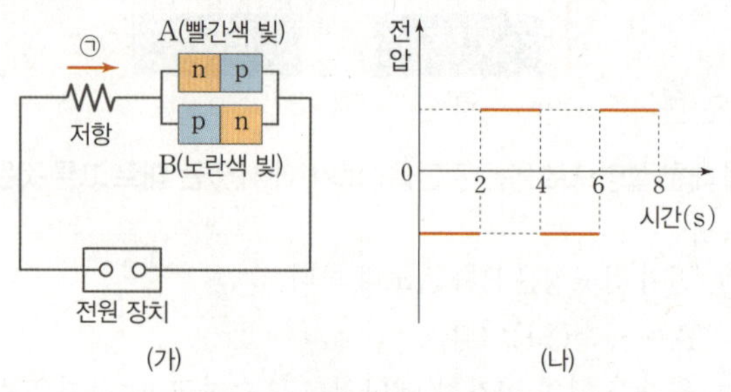

이에 대한 설명으로 옳은 것만을 |보기|에서 있는 대로 고른 것은?

보기
ㄱ. 1초일 때 저항에 흐르는 전류의 방향은 ㉠이다.
ㄴ. 7초일 때 B에서만 빛이 방출된다.
ㄷ. 원자가 띠와 전도띠 사이의 띠 간격은 A가 B보다 좁다.

① ㄱ　　　　② ㄴ　　　　③ ㄷ
④ ㄱ, ㄴ　　　⑤ ㄴ, ㄷ

16 그림은 전지, 전구, 동일한 p-n 접합 다이오드 A, B로 구성한 회로를 나타낸 것이다. X, Y는 p형 반도체와 n형 반도체를 순서 없이 나타낸 것이다. 표는 스위치를 닫았을 때와 열었을 때 전구의 상태를 나타낸 것이다.

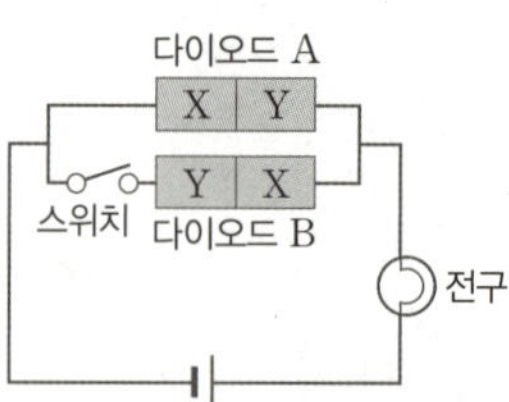

스위치	전구
열었을 때	꺼짐
닫았을 때	켜짐

이에 대한 설명으로 옳은 것만을 |보기|에서 있는 대로 고른 것은?

보기
ㄱ. X는 주로 양공이 전류를 흐르게 한다.
ㄴ. 스위치를 닫았을 때, 공핍층은 A가 B보다 얇다.
ㄷ. 스위치를 닫았을 때, B에서 p형 반도체의 양공은 접합면에서 멀어지는 쪽으로 이동한다.

① ㄱ　　　　② ㄴ　　　　③ ㄷ
④ ㄱ, ㄴ　　　⑤ ㄴ, ㄷ

17 그림 (가), (나), (다)는 톰슨 원자 모형, 러더퍼드 원자 모형, 보어 원자 모형을 순서 없이 나타낸 것이다. n은 양자수이다.

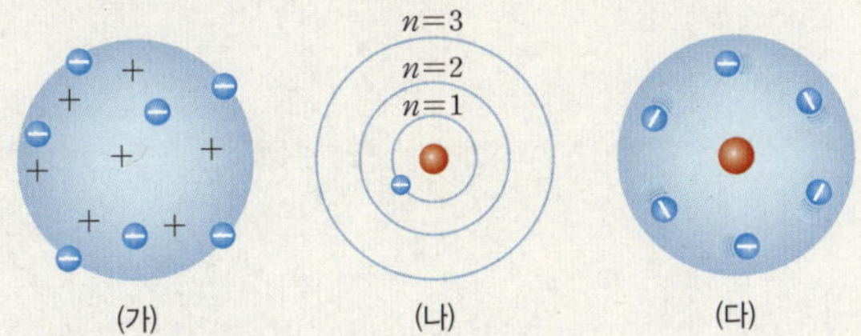

(1) (가), (나), (다)를 발표한 시기가 앞선 것부터 순서대로 쓰시오.

(2) (나) 모형의 특징을 서술하시오.

18 그림 (가)는 보어의 수소 원자 모형에서 양자수 n에 따른 에너지 준위와 전자의 전이 a, b를 나타낸 것이다. 그림 (나)는 (가)의 a, b에서 방출된 빛의 파장에 따른 스펙트럼선 p, q를 순서 없이 나타낸 것이다.

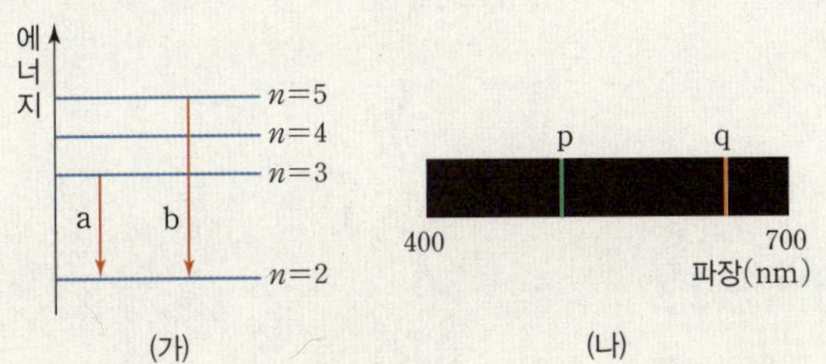

a, b에서 방출된 빛의 스펙트럼선은 p, q 중 어디에 각각 해당되는지 그 까닭과 함께 서술하시오.

19 그림은 상온에서 고체 A, B의 에너지띠 구조를 나타낸 것이다. A, B는 반도체와 도체를 순서 없이 나타낸 것이다.

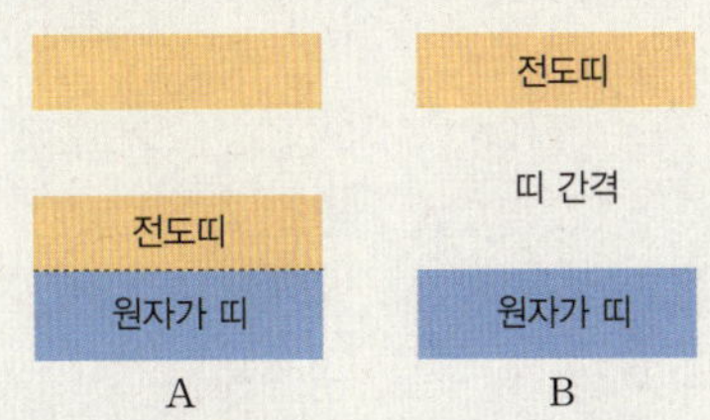

(1) A와 B의 전기 전도성을 비교하고, 그 까닭을 서술하시오.

(2) A와 B 중에서 도체는 무엇인지 쓰고, 그 까닭을 서술하시오.

20 그림과 같이 p-n 접합 발광 다이오드와 직류 전원 장치, 교류 전원 장치를 이용하여 회로를 구성하였다. 스위치를 a에 연결했더니, 발광 다이오드에서 빛이 방출되었다.

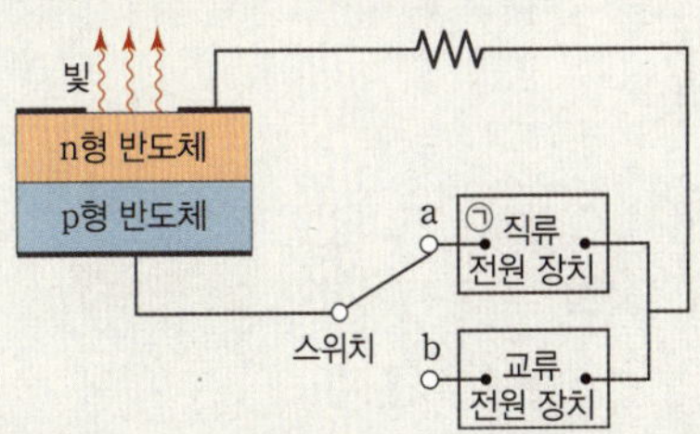

(1) 직류 전원 장치의 전극 ㉠의 종류를 쓰시오.

(2) 스위치를 a, b에 각각 연결했을 때, 발광 다이오드에서 관찰되는 빛의 차이에 대해서 서술하시오.

II 물질과 전자기장

2 물질의 자기적 특성

03 전류에 의한 자기 작용

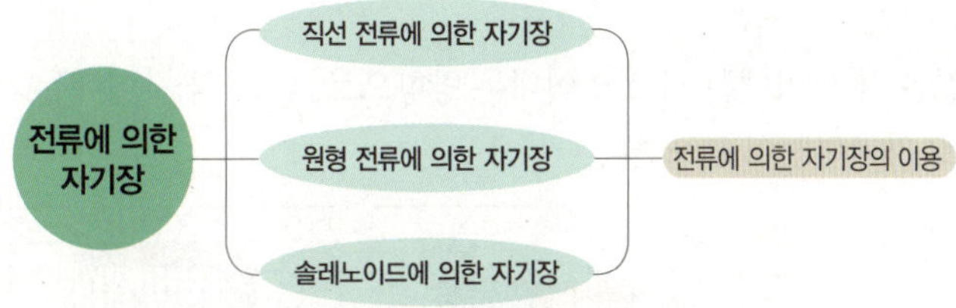
전류에 의한 자기장
직선 전류에 의한 자기장
원형 전류에 의한 자기장
솔레노이드에 의한 자기장
전류에 의한 자기장의 이용

04 물질의 자성과 전자기 유도

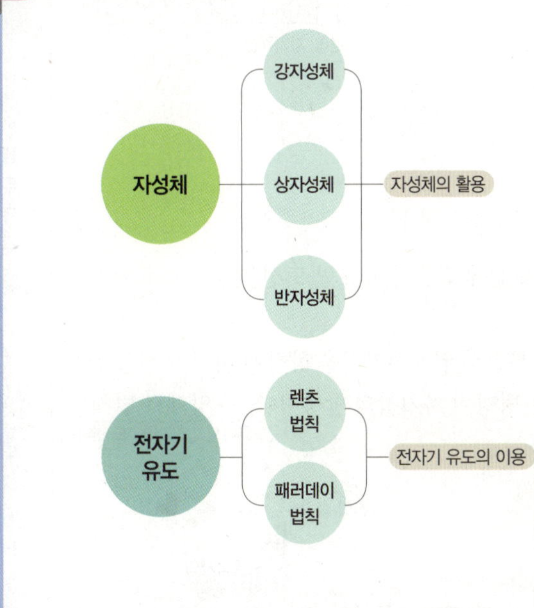
자성체
강자성체
상자성체
반자성체
자성체의 활용
전자기 유도
렌츠 법칙
패러데이 법칙
전자기 유도의 이용

전류에 의한 자기 작용

1 자기장과 자기력선

개념 자기력이 작용하는 공간인 자기장을 자기력선으로 나타낼 수 있다.

1. **자기장**: 자기력이 작용하는 공간을 의미하며, 전하를 띤 물체가 움직일 때 생긴다. 도선에 전류가 흐르는 경우 도선의 자유 전자가 움직이므로 도선 주변에는 자기장이 생기게 된다.

　(1) **자기장의 세기**: 자석의 자극에 가까울수록 자기장의 세기가 세고, 전류가 흐르는 직선 도선의 경우 도선에 가까울수록 자기장의 세기가 세다.

　(2) **자기장의 방향**: 어떤 지점에 나침반을 놓았을 때 나침반의 N극이 가리키는 방향이 그 지점에서의 자기장의 방향이다. 일반적으로 자석의 외부에서 자기장의 방향은 N극에서 나와서 S극으로 들어가는 방향이다.

2. **자기력선**: 자기장의 모양과 방향을 선으로 나타낸 것으로, 나침반의 N극이 가리키는 방향을 연속적으로 연결한 선이다.

　(1) **자기력선의 특징**: 간격이 좁을수록 자기장의 세기가 세고, 도중에 갈라지거나 끊어지지 않는다.

　(2) **자석 주위의 자기력선**: 같은 극 사이에는 서로 밀어내는 방향으로, 다른 극 사이에는 서로 끌어당기는 방향으로 자기력선이 분포한다.

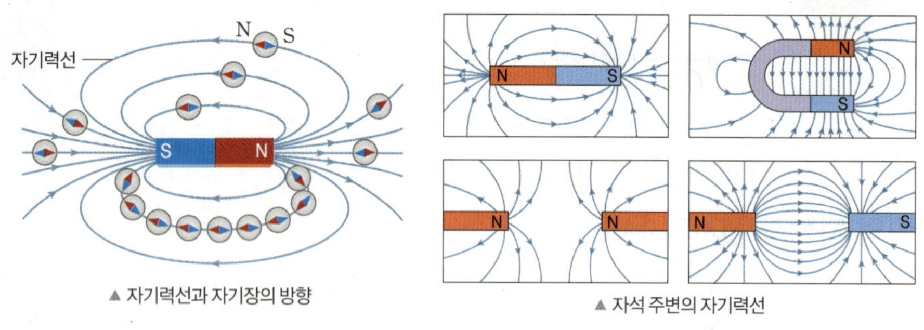

▲ 자기력선과 자기장의 방향

▲ 자석 주변의 자기력선

2 직선 전류에 의한 자기장

개념 직선 도선 주위에는 도선을 중심으로 동심원 형태의 자기장이 생긴다.

1. **직선 도선에 흐르는 전류에 의한 자기장**: 직선 도선에 전류가 흐르면 도선을 중심으로 동심원 모양의 자기장이 형성된다.

　(1) **자기장의 방향**: 전류가 흐르는 방향으로 오른손의 엄지손가락을 향하게 하며 도선을 감아쥐었을 때 나머지 네 손가락이 가리키는 방향이 자기장의 방향이다. → 앙페르 법칙

오른나사 법칙이라고도 한다.

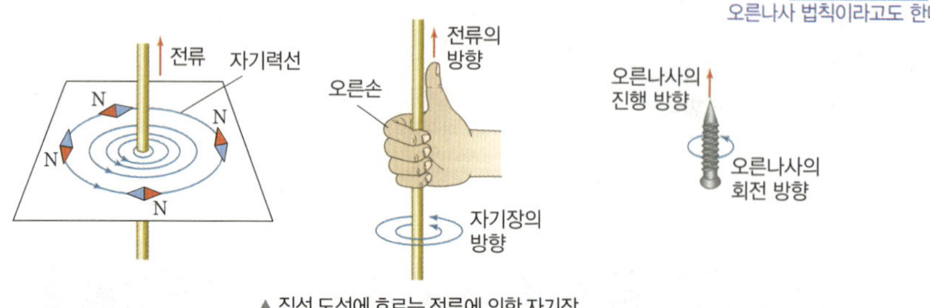

▲ 직선 도선에 흐르는 전류에 의한 자기장

자기력

자석 사이에 작용하는 힘을 자기력이라고 한다.
- **인력**: 자석의 서로 다른 극(N극과 S극) 사이에는 서로 끌어당기는 방향으로 자기력이 작용한다.
- **척력**: 자석의 같은 극(N극과 N극, S극과 S극) 사이에는 서로 밀어내는 자기력이 작용한다.

전류에 의한 자기장

움직이는 전하 주변에는 자기장이 형성된다. 전류가 흐를 때 자기장이 형성되는 까닭은 전류가 흐르는 도선 내부에는 자유 전자가 계속 움직이고 있기 때문이다.

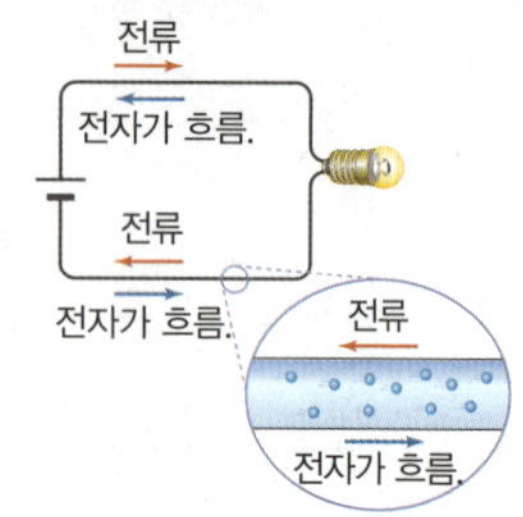

평행한 두 직선 도선에 의한 자기장

두 직선 도선에 흐르는 전류의 방향이 같을 때, 두 도선 사이에서 자기장이 0이 될 수 있다.

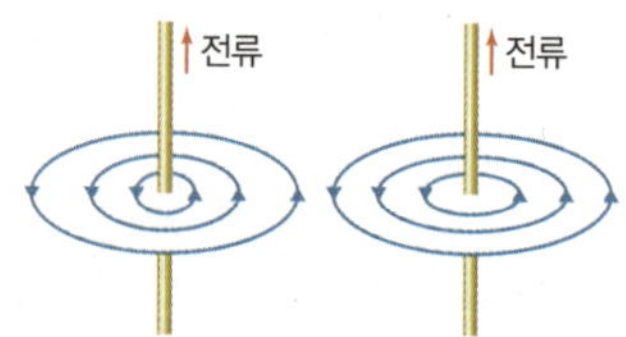

두 직선 도선에 흐르는 전류의 방향이 반대일 때, 두 도선 사이에서 자기장이 0이 될 수 없다.

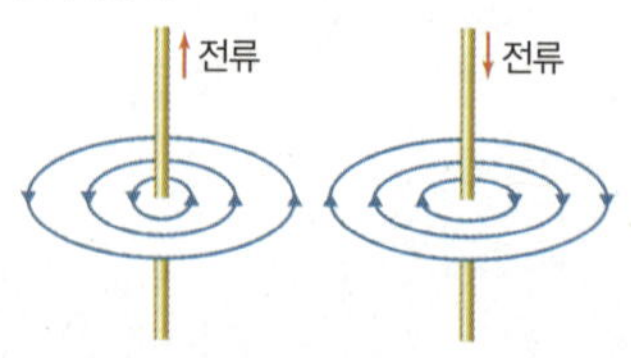

(2) **자기장의 세기**: 무한히 긴 직선 도선에 흐르는 전류에 의한 자기장의 세기(B)는 전류의 세기(I)에 비례하고 도선으로부터의 거리(r)에 반비례한다.

$$B \propto \frac{I}{r}$$ 전류의 세기가 클수록 세지고, 전류가 흐르는 도선에서 멀어질수록 약해진다.

직선 도선 주변에서 자기장의 세기

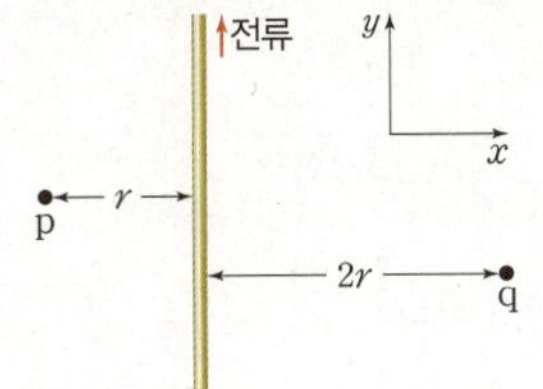

그림과 같이 직선 도선 주변에 화살표 방향으로 전류가 흐르고 있다.
- **자기장의 방향**: p점에서는 xy 평면에서 수직으로 나오는 방향의 자기장이, q점에서는 xy 평면에 수직으로 들어가는 방향의 자기장이 생긴다.
- **자기장의 세기**: 직선 도선으로부터 q점까지의 거리는 직선 도선으로부터 p점까지 거리의 2배이므로 자기장의 세기는 p점에서가 q점에서의 2배이다.

미니탐구 두 직선 도선에 흐르는 전류에 의한 자기장과 그래프

| 과정 |

그림 (가)는 두 직선 도선이 xy 평면에 고정되어 있는 것을 나타낸 것이고, (나)는 x축에 따른 자기장을 나타낸 것이다. A에는 화살표 방향으로 전류가 흐르고 있다.

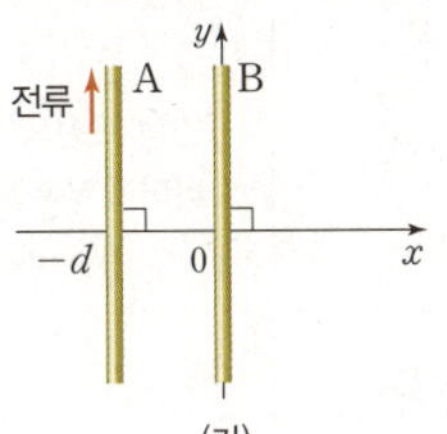
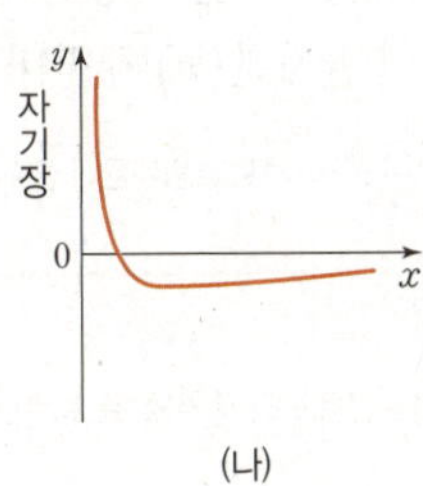

(가)   (나)

| 분석 |
- $x > 0$인 영역에서 자기장이 0인 지점이 존재하므로 B에 흐르는 전류의 방향은 A에 흐르는 전류의 방향과 반대 방향이고, 전류의 세기는 A에서가 B에서보다 크다.
- $-d < x < 0$인 영역에서 A와 B에 의한 자기장의 방향은 모두 xy 평면에 수직으로 들어가는 방향이므로 이 영역에서 자기장이 0인 지점은 존재하지 않는다.

도선 위아래에서 자기장

남북 방향으로 놓인 직선 도선에 전류가 흐르면 위아래에 놓인 나침반 자침은 서로 다른 방향으로 회전한다.

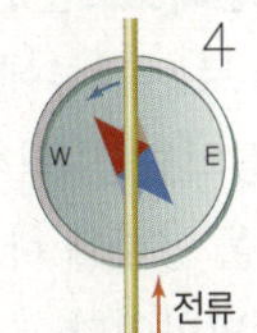

▲ 도선 아래의 나침반

▲ 도선 위의 나침반

강의 포인트

직선 전류에 의한 자기장

방향	직선 도선을 중심으로 하는 동심원 모양
세기	전류의 세기에 비례, 도선으로부터의 거리에 반비례

개념 익히기 문제

정답과 해설 p.044

교과서 문장으로 개념 익히기

01 자기력이 작용하는 공간을 □□□이라고 한다.

02 자기장의 모양과 방향을 선으로 나타낸 것을 □□□□이라고 한다.

03 직선 도선에 전류가 흐르는 방향으로 □□손의 엄지손가락을 향하게 하며 도선을 감아쥐었을 때, 나머지 네 손가락이 가리키는 방향이 자기장의 방향이다.

04 직선 도선에 전류가 흐르면 도선을 중심으로 □□□ 모양의 자기장이 형성된다.

05 무한히 긴 직선 도선에 흐르는 전류에 의한 자기장의 세기는 전류의 세기에 □□하고, 도선으로부터의 거리에 □□□한다.

OX 문제로 개념 익히기

06 자석의 자극에 가까울수록 자기장의 세기는 세다. (O / x)

07 어떤 지점에서 자기장의 방향은 그 지점에서 나침반의 S극이 가리키는 방향이다. (O / x)

08 자기장의 방향은 N극에서 나와서 S극으로 들어가는 방향이다. (O / x)

09 자기력선이 조밀할수록 자기장의 세기는 세다. (O / x)

10 자기력선은 도중에 끊어지거나 갈라지기도 한다. (O / x)

11 직선 도선에 전류가 흐를 때 도선으로부터 거리가 가까울수록 자기력선이 조밀하다. (O / x)

원형 전류에 의한 자기장

 직선 도선을 구부린 형태의 자기장이 형성된다.

1. 원형 도선에 흐르는 전류에 의한 자기장: 원형 도선에 흐르는 전류에 의한 자기장은 직선 도선에 흐르는 전류에 의한 자기장의 합으로 생각할 수 있다.

(1) **자기장의 방향**: 직선 도선에서와 마찬가지로 전류가 흐르는 방향으로 오른손의 엄지손가락을 향하게 하고 도선을 감아쥐었을 때 나머지 네 손가락이 가리키는 방향이 자기장의 방향이다.

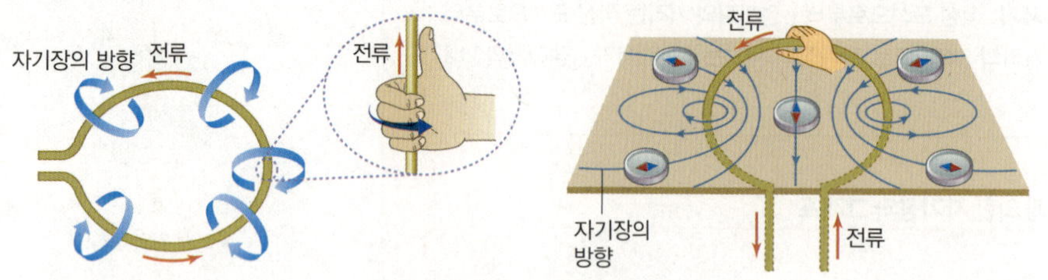

▲ 원형 도선에 흐르는 전류에 의한 자기장

(2) **원형 도선 중심에서의 자기장의 세기**: 원형 도선에 흐르는 전류에 의한 원형 도선 중심에서 자기장의 세기(B)는 전류의 세기(I)에 비례하고 도선의 반지름(r)에 반비례한다.

$$B \propto \frac{I}{r}$$ 전류의 세기가 클수록 세지고 반지름이 클수록 약해진다.

두 원형 도선에 의한 자기장

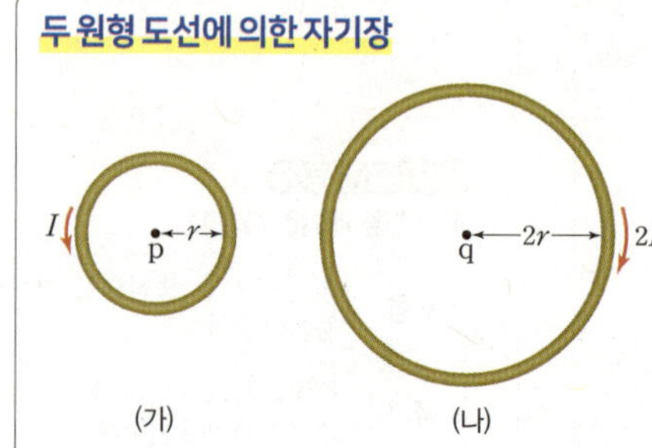

그림과 같이 원형 도선에 각각 화살표 방향으로 전류가 흐르고 있다.

- **자기장의 방향**: p점에서는 종이면에서 수직으로 나오는 방향, q점에서는 종이면에 수직으로 들어가는 방향이다.
- **자기장의 세기**: 원형 도선의 반지름은 q점에서가 p점에서의 2배이고 전류의 세기도 q점에서가 p점에서의 2배이므로 p점과 q점에서 자기장의 세기는 같다.

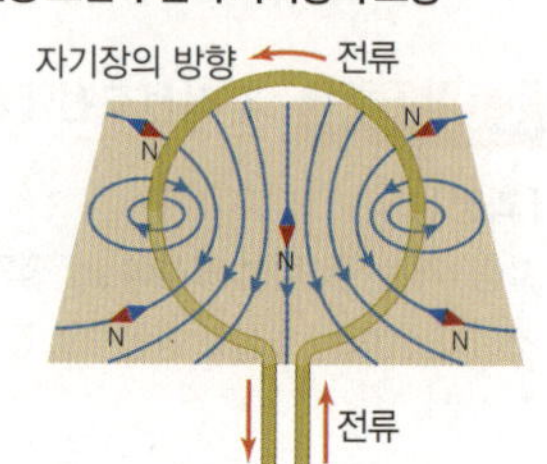

원형 도선의 중심에서는 직선 모양이고, 나머지 부분에서는 곡선 모양이다.

---

4 솔레노이드에서 전류에 의한 자기장

 원형 도선을 여러 개 합친 형태의 자기장이 형성된다.

1. 솔레노이드: 솔레노이드는 원형 도선을 여러 개 겹쳐 놓은 것과 같으므로 원형 도선에 흐르는 전류에 의한 자기장의 합으로 생각할 수 있다.

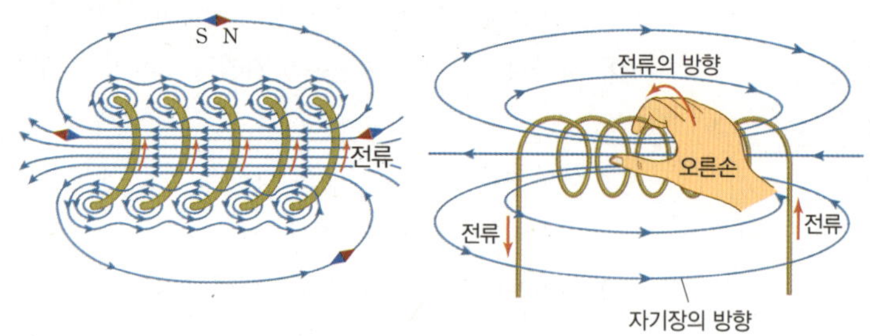

▲ 솔레노이드에 흐르는 전류에 의한 자기장

(1) **솔레노이드 내부에서 자기장의 방향**: 오른손의 네 손가락을 전류의 방향으로 감아쥘 때 엄지손가락이 가리키는 방향이다.

(2) **솔레노이드 내부에서 자기장의 세기**: 솔레노이드 내부에서는 균일한 자기장이 형성되며, 솔레노이드 내부에서 자기장의 세기(B)는 전류의 세기(I)와 단위 길이당 코일의 감은 수(n)에 비례한다.

$$B \propto nI$$ 전류의 세기가 클수록 세지고 단위 길이당 코일의 감은 수가 많을수록 세진다.

솔레노이드
도선을 촘촘하고 균일하게 원통형으로 감은 것

강의 포인트
솔레노이드에서 자기장의 방향 찾기
솔레노이드 내부에서 자기장의 방향도 직선 도선이나 원형 도선에서와 같이 찾을 수 있다. 솔레노이드의 한 원형 도선에 흐르는 전류의 방향을 오른손 엄지손가락이 가리키게 하고 감아쥐었을 때 나머지 네 손가락이 가리키는 방향이 자기장의 방향이다.

5 전류에 의한 자기장의 이용

개념 전류가 흐르는 도선은 자석처럼 자기력이 작용한다.

1. **전자석**: 코일 내부에 철심을 넣은 것을 전자석이라고 하며, 코일에 전류가 흐를 때만 자석의 성질을 갖는다.

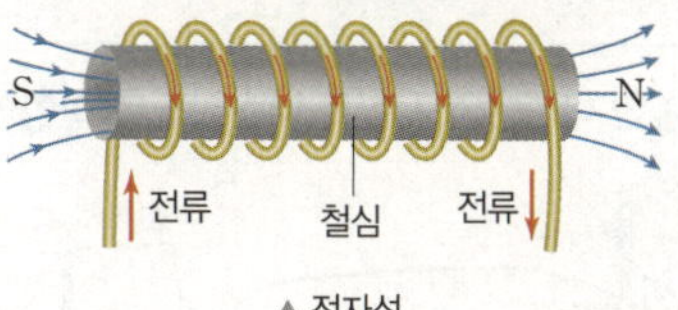

(1) **전자석의 원리**: 전류의 세기와 방향을 조절하여 자기장을 조절한다.

(2) **전자석의 이용**: 전자석 기중기, 스피커, 자기 부상 열차, 초인종 등

2. **전동기** 전류의 자기 작용을 이용하여 회전 운동을 하는 장치

(1) **전동기의 원리**: 자석 사이에 들어 있는 코일에 전류가 흐를 때 코일이 자기력을 받아 회전하게 만든 장치이다. 전기 에너지를 운동 에너지로 전환시키는 장치에 이용

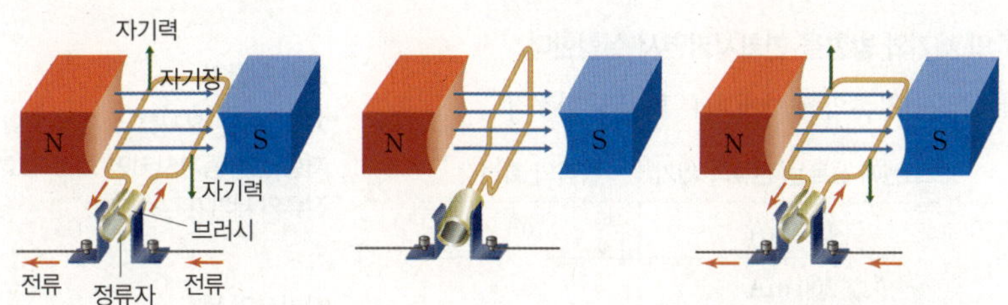

(2) **전동기의 이용**: 세탁기, 선풍기, 진공 청소기, 헤어드라이어, 전기 자동차 등

자기장 속에서 전류가 흐르는 도선이 받는 힘

- **자기력**: 자기장 속에 놓인 도선에 전류가 흐를 때 전류에 의한 자기장과 자석의 자기장의 상호 작용으로 도선은 자기력을 받는다.
- **자기력의 방향**: 오른손을 펴고 네 손가락을 자기장의 방향으로, 엄지손가락을 전류의 방향으로 향할 때 손바닥이 향하는 방향이 도선에 작용하는 자기력의 방향이다.

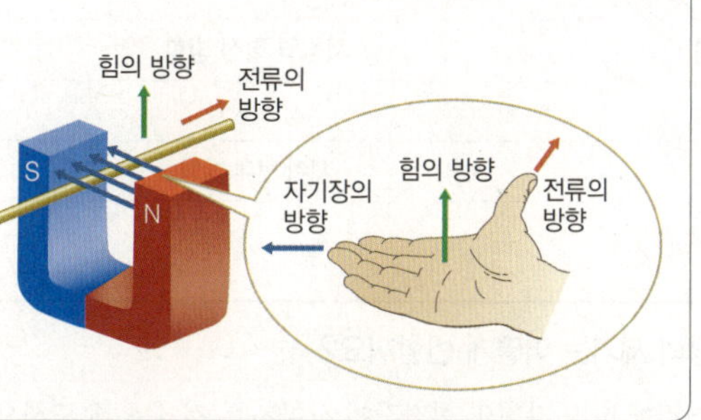

외르스테드

덴마크의 물리학자로, 도선에 흐르는 전류에 의해 자기장이 형성되는 것을 최초로 발견하였다.

스피커의 원리

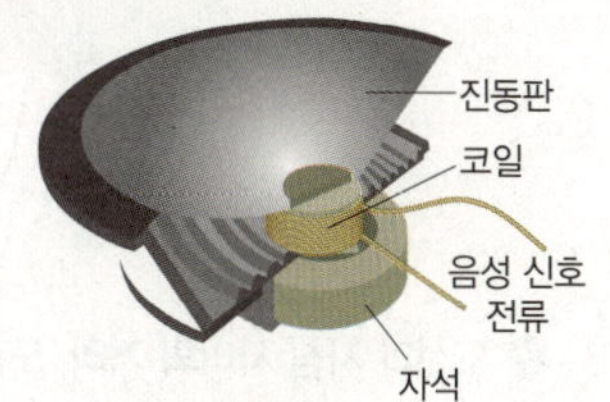

음성 신호 전류가 바뀌면 코일이 감긴 전자석의 세기나 극이 바뀌게 된다. 따라서 외부 자석과 코일이 감긴 전자석 사이에 작용하는 자기력이 변하게 되어 진동판이 진동하여 소리가 발생한다.

강의 포인트 ◎
자기장의 세기

원형 도선	원형 도선 중심에서의 자기장의 세기는 전류의 세기에 비례, 도선의 반지름에 반비례
솔레노이드	솔레노이드 내부에서 자기장의 세기는 전류의 세기와 단위 길이당 코일의 감은 수에 비례

개념 익히기 문제

정답과 해설 p.044

🧠 교과서 문장으로 개념 익히기

12 원형 도선에서 ☐☐☐의 방향은 전류의 방향으로 오른손 엄지손가락을 향하게 하고 도선을 감아쥐었을 때 나머지 네 손가락이 가리키는 방향이다.

13 원형 도선에 흐르는 전류에 의한 원형 도선 중심에서 자기장의 세기는 도선의 반지름에 ☐☐☐한다.

14 전류가 흐르는 솔레노이드 내부에서는 ☐☐☐ 자기장이 형성된다.

15 전자석은 ☐☐의 세기와 방향을 조절하여 자기장을 조절한다.

16 ☐☐☐는 자석 사이에 들어 있는 코일에 전류가 흐를 때 코일이 자기력을 받아 회전하게 만든 장치이다.

📦 OX 문제로 개념 익히기

17 전류가 흐르는 원형 도선의 중심에서 자기장의 모양은 직선이다. (O / X)

18 솔레노이드에 흐르는 전류의 세기를 2배로 하면 자기장의 세기는 절반으로 줄어든다. (O / X)

19 솔레노이드 내부에서 자기장의 세기는 코일의 총 감은 수에 비례한다. (O / X)

20 코일 내부에 철심을 넣은 것을 전자석이라고 하며, 전자석 기중기, 스피커, 자기 부상 열차, 초인종 등에 이용된다. (O / X)

21 전동기에 흐르는 전류의 방향을 바꾸면 전동기의 회전 방향도 바뀐다. (O / X)

📝 과정 & 결과

❶ 그림과 같이 직선 도선이 수평면에 놓인 나침반의 자침과 나란하도록 실험 장치를 구성한다.

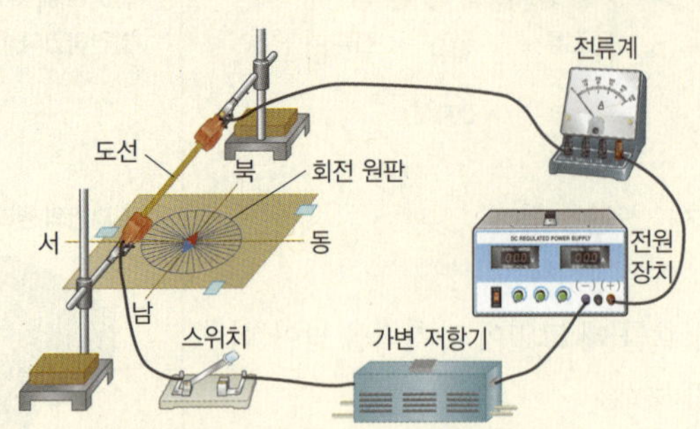

❷ 도선과 자침 사이의 거리, 도선에 흐르는 전류의 세기와 방향을 변화시키면서 실험한다.

··· 도선으로부터 거리에 따른 N극의 회전각

도선과 자침 사이의 거리	N극의 회전각
1 cm	20°
2 cm	14°
3 cm	10°

··· 전류의 세기에 따른 N극의 회전각

도선에 흐르는 전류의 세기	N극의 회전각
100 mA	10°
200 mA	16°
300 mA	20°

··· 도선에 흐르는 전류의 방향에 따른 나침반의 회전 방향

도선에 흐르는 전류의 방향	자침의 회전 방향
북쪽에서 남쪽 방향	시계 방향
남쪽에서 북쪽 방향	시계 반대 방향

🔍 분석

1. 도선으로부터 거리에 따른 자기장의 세기는 어떻게 변할까?

··· 도선과 자침 사이의 거리가 멀어짐에 따라 자침의 회전각이 작아지는 것을 통해 도선으로부터 거리가 멀수록 자기장의 세기는 약해지는 것을 알 수 있다.

2. 도선에 흐르는 전류의 세기에 따른 자기장의 세기는 어떻게 변할까?

··· 도선에 흐르는 전류의 세기가 증가함에 따라 자침의 회전각이 커지는 것을 통해 도선 주변의 자기장의 세기는 도선에 흐르는 전류의 세기가 커질수록 세지는 것을 알 수 있다.

3. 도선에 흐르는 전류의 방향에 따른 자기장의 방향은 어떻게 알 수 있을까?

··· 도선에 흐르는 전류의 방향이 반대가 되면 자침의 회전 방향도 반대가 되므로 도선에 흐르는 전류의 방향이 반대가 되면 자기장의 방향도 반대가 됨을 알 수 있다.

⚙️ 탐구 목표

직선 도선에 흐르는 전류에 의한 자기장의 세기와 방향을 구할 수 있다.

가변 저항기

저항값을 변화시킬 수 있는 저항기로, 저항값을 증가시키면 회로에 흐르는 전류의 세기가 감소한다.

자기장의 세기

나침반이 놓인 위치에서 자기장의 세기는 도선에 흐르는 전류에 의한 자기장과 지구 자기장의 합으로 구할 수 있다.

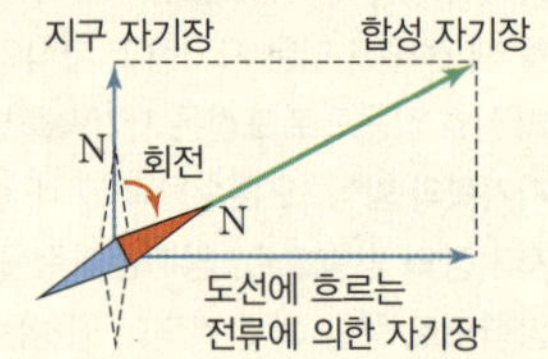

🔬 탐구 포인트

직선 도선에 흐르는 전류에 의한 자기장의 세기는 도선으로부터 거리가 가까울수록, 도선에 흐르는 전류의 세기가 클수록 세다.

정답과 해설 p.044

예제 ❶

위 실험에 대한 설명으로 옳은 것을 |보기|에서 모두 고른 것은?

┌ 보기 ┐

ㄱ. 도선에 흐르는 전류의 세기가 클수록 자기장의 세기는 커진다.

ㄴ. 자기장의 세기는 도선으로부터의 거리에 비례한다.

ㄷ. 도선에 북쪽에서 남쪽 방향으로 전류가 흐를 때 자침이 놓인 지점에서 도선에 흐르는 전류에 의한 자기장의 방향은 동쪽 방향이다.

① ㄱ ② ㄴ ③ ㄱ, ㄴ ④ ㄱ, ㄷ ⑤ ㄴ, ㄷ

예제 ❷ 서술형

그림은 북쪽을 향하고 있던 나침반 자침의 N극이 도선에 흐르는 전류에 의한 자기장에 의해 45°만큼 회전한 것을 나타낸 것이다.
나침반이 놓인 지점에서 지구 자기장과 도선에 흐르는 전류에 의한 자기장의 세기를 비교하여 서술하시오.

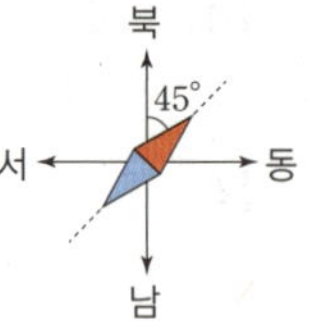

같은 **주제** 다른 **자료**

자료 ❶ 여러 직선 도선에 흐르는 전류에 의한 자기장

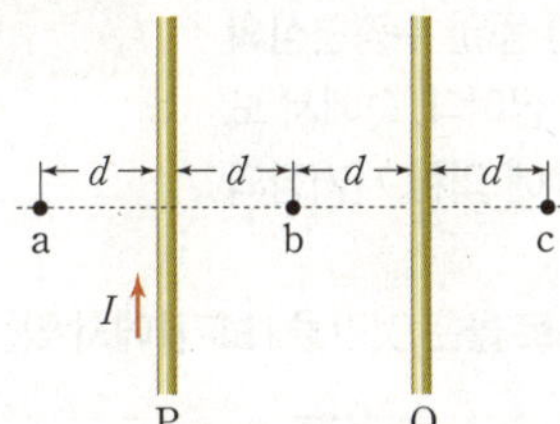

도선 P, Q에 흐르는 전류에 의한 점 c에서의 자기장이 0이다.

→ c에서 P와 Q에 흐르는 전류에 의한 자기장의 방향이 서로 반대이고, 자기장의 세기는 서로 같다.

→ 전류의 방향은 P와 Q에서 서로 반대이고 전류의 세기는 c로부터 멀리 떨어진 P에서가 Q에서보다 크다.

→ a에서 P에 흐르는 전류에 의한 자기장과 Q에 흐르는 전류에 의한 자기장의 방향은 반대이고, b에서 P에 의한 자기장과 Q에 의한 자기장의 방향은 같다.

→ Q에 흐르는 전류의 세기가 P에 흐르는 전류의 세기와 같다면 전류에 의한 자기장의 세기는 a에서가 b에서보다 작다.

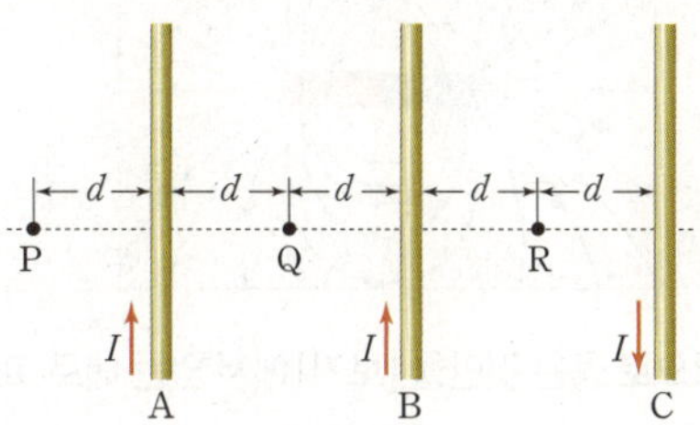

→ 직선 전류에 의한 자기장의 세기는 $B = k\dfrac{I}{r}$이므로 종이면으로부터 나오는 방향을 $+$로 하고 점 P, Q, R에서 자기장의 세기를 구해 보면 다음과 같다.

$$\text{P}: k\frac{I}{d} + k\frac{I}{3d} - k\frac{I}{5d} = k\frac{17I}{15d}$$

$$\text{Q}: -k\frac{I}{d} + k\frac{I}{d} - k\frac{I}{3d} = -k\frac{I}{3d}$$

$$\text{R}: -k\frac{I}{3d} - k\frac{I}{d} - k\frac{I}{d} = -k\frac{7I}{3d}$$

→ 자기장의 세기는 R에서 가장 크고, Q에서 가장 작다.

자료 ❷ 원형 도선과 솔레노이드에 흐르는 전류에 의한 자기장

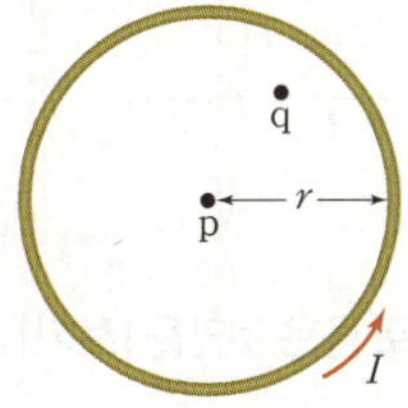

반지름이 r인 원형 도선에 세기가 I인 일정한 전류가 흐르고 있다.

→ 원형 도선의 중심점 p에서와 내부의 임의의 점 q에서의 자기장의 세기는 다르다.

→ r만 커지면 p에서의 자기장의 세기는 감소한다.

→ I만 커지면 p에서의 자기장의 세기는 증가한다.

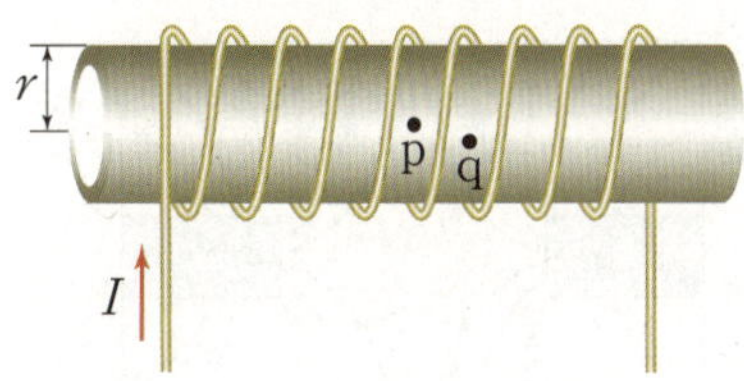

반지름이 r인 솔레노이드에 세기가 I인 일정한 전류가 흐르고 있다.

→ 솔레노이드의 중심점 p에서와 내부의 임의의 점 q에서의 자기장의 세기는 같다. 즉, 솔레노이드 내부에서는 방향과 세기가 균일한 자기장이 형성된다.

→ r만 커지면 p에서의 자기장의 세기는 변화가 없다. 즉, 솔레노이드의 굵기와 내부에서의 자기장의 세기는 관계가 없다.

→ I만 커지면 p에서의 자기장의 세기는 증가한다.

→ 솔레노이드의 단위 길이당 코일의 감은 수가 증가하면 솔레노이드 내부에서 자기장의 세기도 커진다.

개념 다지기 문제

01 그림은 막대자석 주변의 자기력선을 나타낸 것이다.

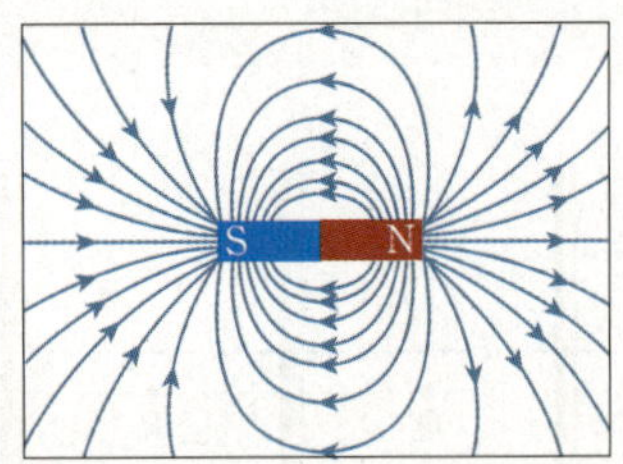

이에 대한 설명으로 옳은 것만을 |보기|에서 있는 대로 고른 것은?

> **보기**
> ㄱ. 자기력선의 방향은 나침반의 N극이 가리키는 방향이다.
> ㄴ. 자기력선이 조밀할수록 자기장의 세기가 세다.
> ㄷ. 자기력선은 서로 교차하기도 한다.

① ㄱ   ② ㄷ   ③ ㄱ, ㄴ
④ ㄱ, ㄷ   ⑤ ㄴ, ㄷ

대표 유형문제

02 그림은 두 자석의 극 ㉠과 ㉡ 사이에서 자기력선의 일부를 나타낸 것이다.

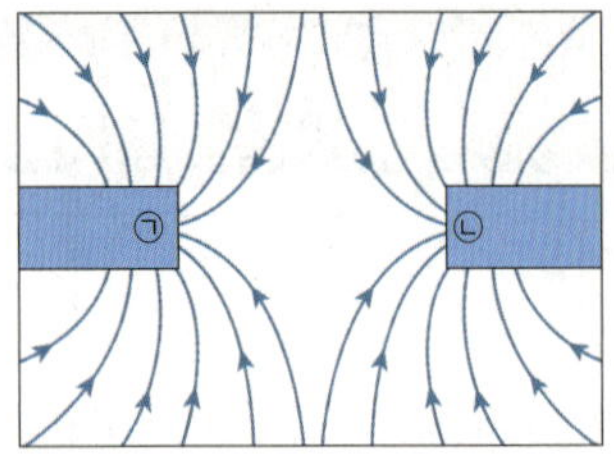

이에 대한 설명으로 옳은 것만을 |보기|에서 있는 대로 고른 것은?

> **보기**
> ㄱ. ㉠은 S극이다.
> ㄴ. 두 자석 사이에는 서로 밀어내는 자기력이 작용한다.
> ㄷ. 두 자석 사이의 가운데 지점에서는 자기장이 0이다.

① ㄱ   ② ㄷ   ③ ㄱ, ㄴ
④ ㄴ, ㄷ   ⑤ ㄱ, ㄴ, ㄷ

03 그림은 연직 위 방향으로 세기가 I인 일정한 전류가 흐르는 무한히 긴 직선 도선을 나타낸 것이다. 점 P와 Q는 각각 도선으로부터 r, $2r$만큼 떨어진 동일 수평면상의 일직선상에 있는 점이다. Q에서 도선에 흐르는 전류에 의한 자기장의 세기는 B이다.

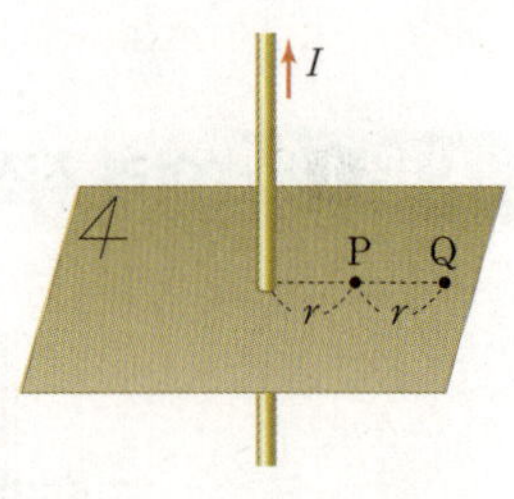

이에 대한 설명으로 옳은 것만을 |보기|에서 있는 대로 고른 것은?

> **보기**
> ㄱ. P에서 도선에 흐르는 전류에 의한 자기장의 방향은 남쪽이다.
> ㄴ. P에서 도선에 흐르는 전류에 의한 자기장의 세기는 $2B$이다.
> ㄷ. 도선에 흐르는 전류의 세기가 2배가 되면 Q에서 도선에 흐르는 전류에 의한 자기장의 세기는 $2B$가 된다.

① ㄱ   ② ㄴ   ③ ㄱ, ㄴ
④ ㄱ, ㄷ   ⑤ ㄴ, ㄷ

대표 유형문제

04 그림과 같이 xy 평면에서 y축과 나란하게 놓인 무한히 긴 직선 도선 A, B에 각각 일정한 전류가 흐르고 있다. A에는 세기가 I인 전류가 $+y$ 방향으로 흐르고, $x=0$에서 A, B에 흐르는 전류에 의한 자기장은 0이다.

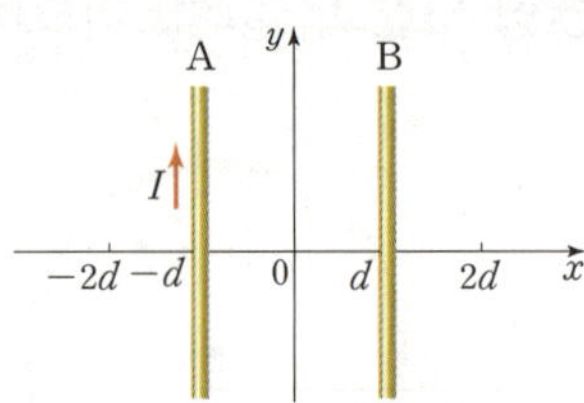

이에 대한 설명으로 옳은 것만을 |보기|에서 있는 대로 고른 것은?

> **보기**
> ㄱ. B에 흐르는 전류의 방향은 $-y$ 방향이다.
> ㄴ. $x=-2d$와 $x=2d$에서 A, B에 흐르는 전류에 의한 자기장의 세기는 같다.
> ㄷ. A에 흐르는 전류의 세기가 $2I$가 되면 $x=\dfrac{d}{2}$에서 A, B에 흐르는 전류에 의한 자기장이 0이 된다.

① ㄱ   ② ㄴ   ③ ㄷ
④ ㄱ, ㄷ   ⑤ ㄴ, ㄷ

05 그림 (가)는 종이면에 나란하게 고정된 무한히 긴 직선 도선 A, B에 위쪽으로 세기가 I인 전류가 흐르는 모습을 나타낸 것이다. 그림 (나)는 종이면에 나란하게 고정된 무한히 긴 직선 도선 C, D에 세기가 I인 일정한 전류가 흐르는 모습을 나타낸 것이다. (가)에서 점 P는 A, B로부터 각각 $2r$, r만큼 떨어진 종이면 위의 점이고, (나)에서 P는 C, D로부터 각각 r만큼 떨어진 종이면 위의 점이다.

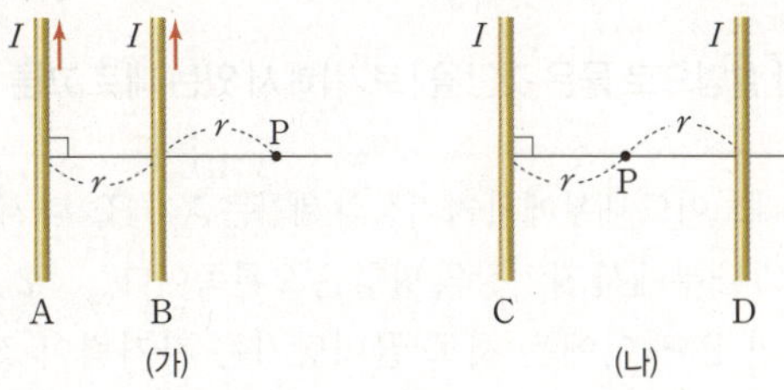

(가)와 (나)의 P에서 자기장의 방향은 서로 같고, (가)의 P에서 자기장의 세기는 B_0일 때, 이에 대한 설명으로 옳은 것만을 |보기|에서 있는 대로 고른 것은? (단, 지구 자기장은 무시한다.)

> |보기|
> ㄱ. C에는 위쪽으로 전류가 흐른다.
> ㄴ. (나)에서 D의 오른쪽에서 자기장의 방향은 종이면에서 수직으로 나오는 방향이다.
> ㄷ. (나)의 P에서 자기장의 세기는 $\dfrac{4}{3}B_0$이다.

① ㄱ   ② ㄴ   ③ ㄱ, ㄷ
④ ㄴ, ㄷ   ⑤ ㄱ, ㄴ, ㄷ

06 그림과 같이 종이면에 서로 수직으로 고정된 무한히 긴 직선 도선 A, B에 화살표 방향으로 세기가 같은 일정한 전류가 각각 흐르고 있다. 점 P는 A, B로부터 거리가 같은 종이면 위의 점으로 A에 흐르는 전류에 의한 P에서 자기장의 세기는 B이다.

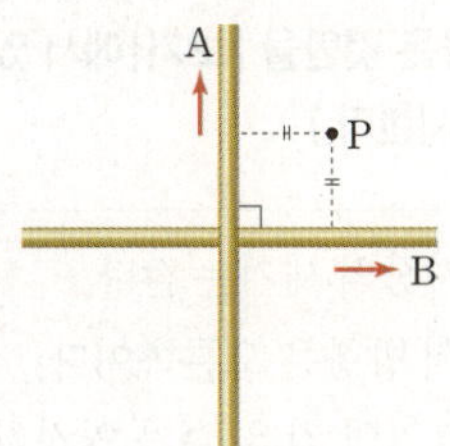

P에서 A와 B에 흐르는 전류에 의한 자기장의 세기는?

① 0   ② $\dfrac{1}{2}B$ ③ B
④ $\dfrac{3}{2}B$ ⑤ $2B$

07 그림과 같이 종이면에 서로 나란하게 고정된 무한히 긴 직선 도선 A, B에 각각 세기가 $3I$, I인 전류가 같은 방향으로 흐른다. 점 P에서 A와 B에 흐르는 전류에 의한 자기장의 세기는 B이다.

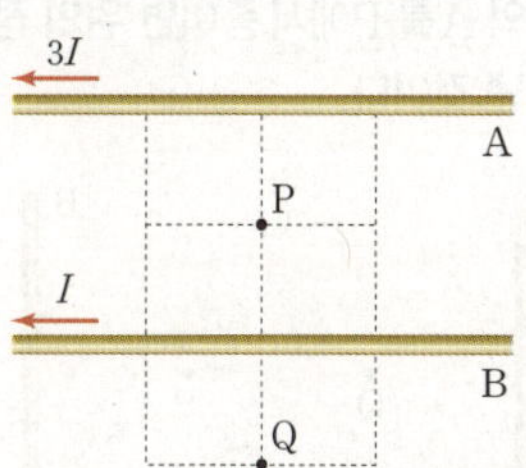

점 Q에서 A와 B에 흐르는 전류에 의한 자기장의 세기는? (단, 모눈 간격은 일정하고 P와 Q는 종이면에 고정된 점이다.)

① 0   ② $\dfrac{1}{2}B$ ③ B
④ $\dfrac{3}{2}B$ ⑤ $2B$

08 그림은 중심이 점 O로 같은 원형 도선 A, B가 종이면에 고정되어 있는 것을 나타낸 것이다. A, B의 반지름은 각각 r, $2r$이고 A에는 시계 반대 방향으로 세기가 I인 전류가 흐르고 있다. O에서 A에 흐르는 전류에 의한 자기장의 세기는 B_0이고, A, B에 흐르는 전류에 의한 자기장은 0이다.

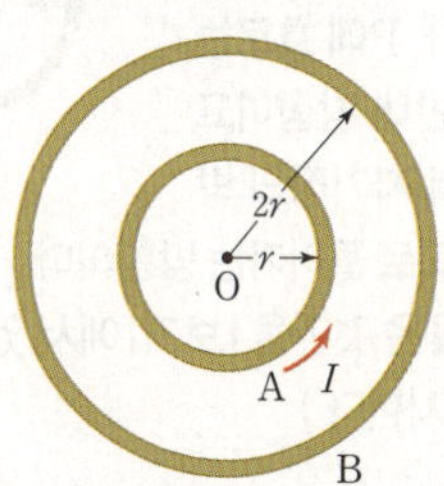

이에 대한 설명으로 옳은 것만을 |보기|에서 있는 대로 고른 것은?

> |보기|
> ㄱ. B에 흐르는 전류의 방향은 시계 방향이다.
> ㄴ. B에 흐르는 전류의 세기는 $2I$이다.
> ㄷ. B에 흐르는 전류의 방향만 반대가 되면 O에서 A, B에 흐르는 전류에 의한 자기장의 세기는 B_0이 된다.

① ㄱ   ② ㄴ   ③ ㄱ, ㄴ
④ ㄱ, ㄷ   ⑤ ㄴ, ㄷ

개념 다지기 문제

09 그림 (가)는 시계 반대 방향으로 세기가 I인 전류가 흐르고 있는 원형 도선 A와 무한히 긴 직선 도선 B가 종이면에 고정된 것을 나타낸 것으로, A의 중심인 종이면 위의 점 P에서 자기장은 0이다. 그림 (나)는 (가)의 A를 P에서 종이면 위의 점 Q로 중심을 옮겨 고정시킨 것을 나타낸 것이다.

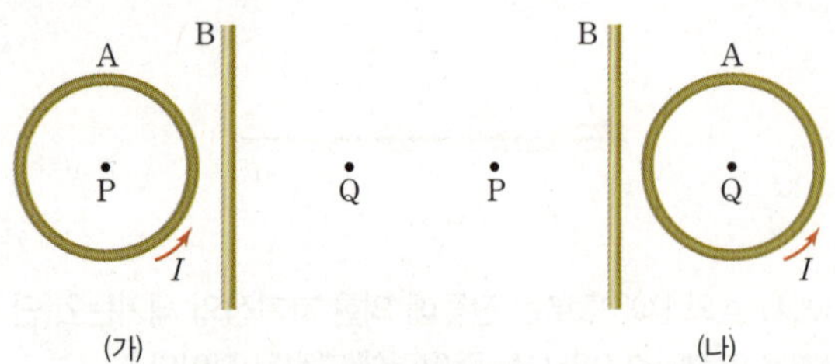

이에 대한 설명으로 옳은 것만을 |보기|에서 있는 대로 고른 것은? (단, 지구 자기장은 무시한다.)

> **보기**
> ㄱ. B에 흐르는 전류의 방향은 위쪽이다.
> ㄴ. Q에서 자기장의 세기는 (나)에서가 (가)에서보다 크다.
> ㄷ. (가)에서 A에 흐르는 전류의 세기가 I보다 커지면 P에서 자기장의 방향은 종이면에서 수직으로 나오는 방향이다.

① ㄱ   ② ㄷ   ③ ㄱ, ㄴ
④ ㄱ, ㄷ   ⑤ ㄴ, ㄷ

대표 유형문제

10 그림과 같이 xy 평면에 고정된 원형 도선 P와 y축에 나란한 무한히 긴 직선 도선 Q에 각각 일정한 전류가 흐르고 있다. P에 흐르는 전류의 방향은 시계 반대 방향이고 P의 중심인 점 O에서 자기장의 방향은 xy 평면에 수직으로 들어가는 방향이다.

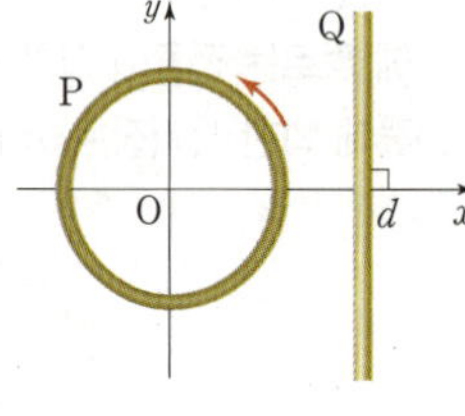

이에 대한 설명으로 옳은 것만을 |보기|에서 있는 대로 고른 것은? (단, 지구 자기장은 무시한다.)

> **보기**
> ㄱ. O에서 P에 흐르는 전류에 의한 자기장의 방향은 xy 평면에서 수직으로 나오는 방향이다.
> ㄴ. Q에 흐르는 전류의 방향은 $-y$ 방향이다.
> ㄷ. Q가 $x=-d$를 지나도록 y축에 나란하게 고정하면 O에서 자기장의 방향은 xy 평면에서 수직으로 나오는 방향이다.

① ㄱ   ② ㄴ   ③ ㄱ, ㄷ
④ ㄴ, ㄷ   ⑤ ㄱ, ㄴ, ㄷ

대표 유형문제

11 그림과 같이 단위 길이당 코일의 감은 수가 같은 솔레노이드 A, B에 같은 세기의 전류가 흐르며 일직선상에 놓여 있다. 솔레노이드의 지름은 B가 A보다 크다.

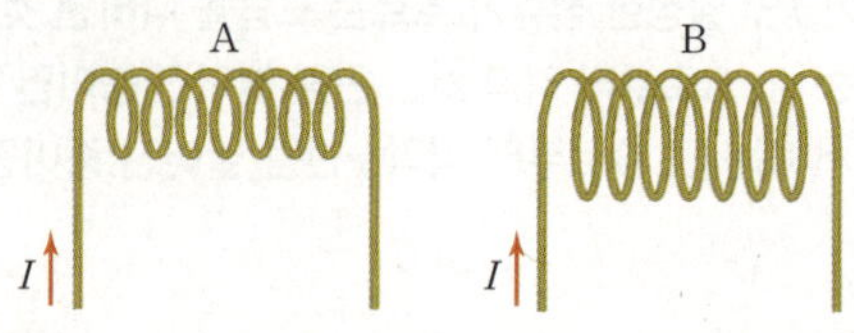

이에 대한 설명으로 옳은 것만을 |보기|에서 있는 대로 고른 것은?

> **보기**
> ㄱ. 솔레노이드 내부에서 자기장의 세기는 A가 B보다 세다.
> ㄴ. B의 내부에서 자기장의 방향은 오른쪽이다.
> ㄷ. A와 B 사이에는 서로 끌어당기는 자기력이 작용한다.

① ㄱ   ② ㄴ   ③ ㄱ, ㄷ
④ ㄴ, ㄷ   ⑤ ㄱ, ㄴ, ㄷ

12 그림과 같이 반지름이 r인 솔레노이드에 세기가 I인 일정한 전류가 흐르고 있다. 점 p, q는 솔레노이드 내부의 임의의 점으로, p에서 자기장의 세기는 B_0이다.

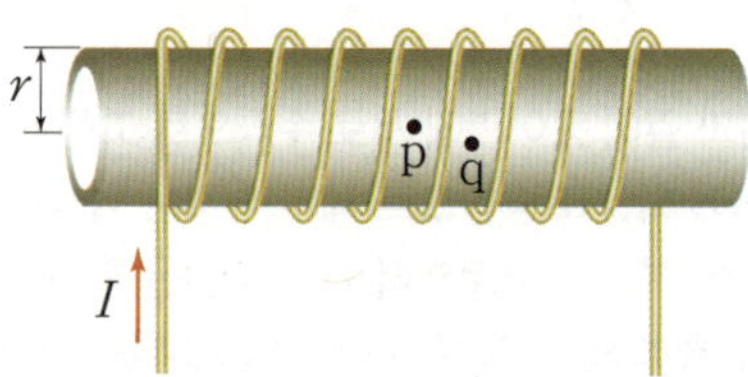

이에 대한 설명으로 옳은 것만을 |보기|에서 있는 대로 고른 것은? (단, 지구 자기장은 무시한다.)

> **보기**
> ㄱ. p와 q에서 자기장의 세기는 같다.
> ㄴ. p에서 자기장의 방향은 오른쪽이다.
> ㄷ. 단위 길이당 코일의 감은 수가 일정한 채로 솔레노이드의 반지름이 $2r$, 솔레노이드에 흐르는 전류의 세기가 $2I$가 되더라도 p에서 자기장의 세기는 B_0이다.

① ㄱ   ② ㄷ   ③ ㄱ, ㄴ
④ ㄱ, ㄷ   ⑤ ㄴ, ㄷ

13 그림과 같이 xy 평면에서 y축과 나란하게 고정된 도선 P, Q에 일정한 전류가 흐르고 있다. P에는 $+y$ 방향으로 세기가 I인 전류가 흐르고 있다. 점 a, b, c는 xy 평면상의 점으로 a에서 자기장은 0이다. a, b, c를 잇는 직선은 x축과 나란하고 a, P, b, Q, c 사이의 간격은 d로 같다.

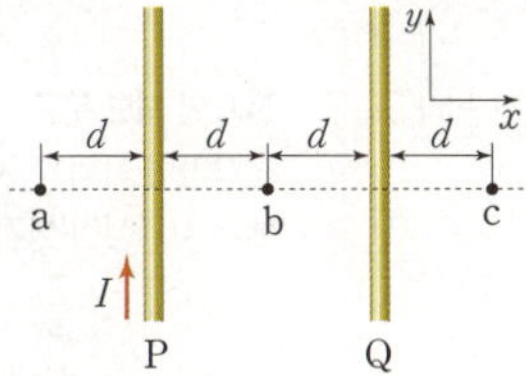

이에 대한 설명으로 옳은 것만을 |보기|에서 있는 대로 고른 것은?

|보기|
ㄱ. Q에 흐르는 전류의 방향은 $-y$ 방향이다.
ㄴ. Q에 흐르는 전류의 세기는 $3I$이다.
ㄷ. 자기장의 세기는 c에서가 b에서의 2배이다.

① ㄱ
② ㄷ
③ ㄱ, ㄴ
④ ㄴ, ㄷ
⑤ ㄱ, ㄴ, ㄷ

14 그림은 종이면에 고정된 반지름이 각각 r, $2r$인 원형 도선 A, B에 각각 일정한 전류가 흐르고 있는 모습을 나타낸 것으로, 점 O는 A, B의 공통 중심이다. A에 흐르는 전류의 세기는 I이고, O에서 자기장의 세기는 B_0이다.

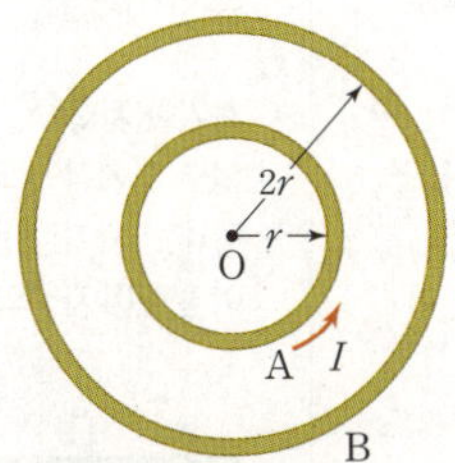

B에 흐르는 전류의 방향만을 반대로 하면, O에서 자기장의 방향은 반대가 되고 세기는 $4B_0$이 될 때, B에 흐르는 전류의 세기는? (단, 지구 자기장은 무시한다.)

① $\dfrac{3}{5}I$
② I
③ $\dfrac{6}{5}I$
④ $\dfrac{5}{3}I$
⑤ $\dfrac{10}{3}I$

15 그림은 xy 평면에서 y축과 나란하게 고정된 무한히 긴 두 직선 도선에 일정한 전류가 흐르고 있는 것을 나타낸 것이다.

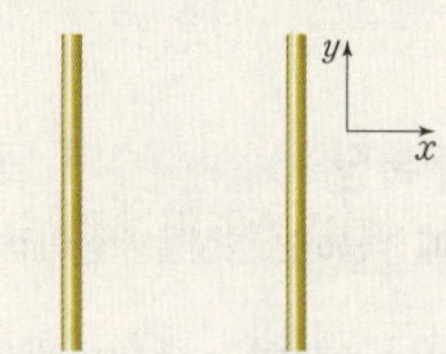

xy 평면상의 두 도선 사이에서 자기장이 0인 지점이 존재하지 않기 위한 조건을 두 도선에 흐르는 전류의 세기, 전류의 방향과 관련지어 서술하시오. (단, 지구 자기장은 무시한다.)

16 그림과 같이 솔레노이드, 자석, 용수철, 전원 장치, 스위치로 실험 장치를 구성하고 스위치를 닫아 솔레노이드에 전류를 흘려 주었더니, 용수철의 길이가 $b-a$만큼 늘어나 정지하였다.

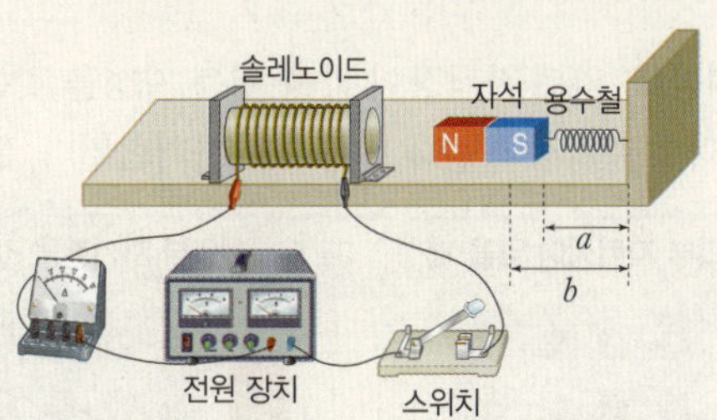

전원 장치의 극만 반대로 연결하여 솔레노이드에 전류를 흘려 주면, 용수철의 길이가 어떻게 될지 서술하시오.

04 물질의 자성과 전자기 유도

1 자성체의 종류와 특징

개념 물질이 외부 자기장에 반응하는 성질을 자성이라 하고 특징에 따라 강자성체, 상자성체, 반자성체로 구분한다.

1. 자성의 원인: 물질을 구성하는 원자 내의 전자의 궤도 운동과 자전(스핀)에 의해 나타난다.

2. 자성체의 종류: 원자 내의 전자들이 외부 자기장에 반응하는 특징에 따라 강자성체, 상자성체, 반자성체로 구분한다.

(1) **강자성체:** 외부 자기장의 방향과 같은 방향으로 자기화되는 비율이 높은 물질로, 외부 자기장이 없어지더라도 자성을 오래 유지할 수 있다. 예 철, 니켈, 코발트 등 — 자석에 잘 달라붙는다.

외부 자기장이 없을 때	외부 자기장을 걸 때	외부 자기장을 제거할 때
자기 구역의 자기장이 다양하게 분포한다.	자기 구역이 외부 자기장의 방향으로 정렬되어 강하게 자기화된다.	자기화된 상태가 오랫동안 유지된다.

(2) **상자성체:** 외부 자기장과 같은 방향으로 자기화되지만 그 비율이 일반적으로 강자성체보다 낮다. 외부 자기장이 사라지면 자성이 바로 사라진다. 예 종이, 알루미늄, 마그네슘 등 — 강한 자석을 가까이했을 때 약하게 끌려온다.

외부 자기장이 없을 때	외부 자기장을 걸 때 — 원자 자석들이 부분적으로 외부 자기장의 방향으로 약하게 자기화됨.	외부 자기장을 제거할 때
원자들의 자기장 방향이 불규칙하게 분포되어 자성을 나타내지 않는다.	외부 자기장의 방향으로 약하게 자기화된다.	원자들의 자기장 방향이 흐트러져 자기화된 상태가 바로 사라진다.

(3) **반자성체:** 외부 자기장이 없을 때는 자성을 갖는 원자가 없고, 외부 자기장을 걸어 주면 외부 자기장과 반대 방향으로 자기화된다. 예 구리, 유리, 물 등 — 강한 자석을 가까이했을 때 약하게 밀려난다.

외부 자기장이 없을 때	외부 자기장을 걸 때	외부 자기장을 제거할 때
자기장을 갖는 원자가 없어 자기장을 갖지 않는다.	외부 자기장과 반대 방향으로 약하게 자기화된다.	자기화된 상태가 바로 사라진다.

— 원자 자석이 없어서 총 자기장이 0이 되어 자성이 없음.

전자의 궤도 운동

전자가 원자핵 주위를 회전하면 회전 중심에서 자기장이 생긴다.

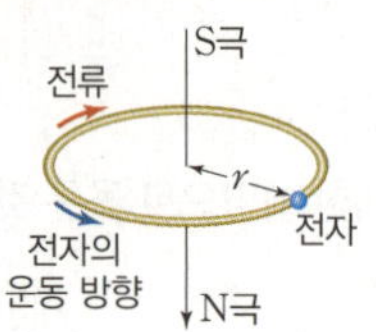

전자의 자전(스핀)

전자가 자전할 때 전자가 자전 운동을 하는 축에 나란한 방향의 자기장이 생긴다.

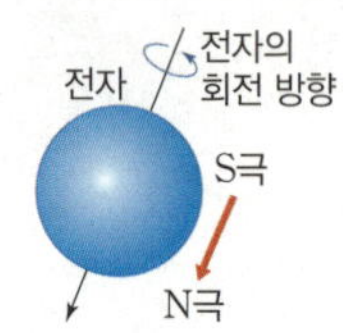

자기 구역

강자성체 내에서 같은 방향의 자기장을 갖는 원자의 집단으로, 모양과 크기가 다양하다.

원자 자석

원자 규모의 자석으로, 물질 내부에서 하나하나의 원자가 자석 역할을 한다.

자기화(자화)

외부 자기장에 의해 물질 내의 원자가 나타내는 자기장(원자 자석)의 배열이 바뀌어 물질이 자석의 성질을 갖게 되는 현상

강의 포인트
자기력이 작용하는 경우

인력 작용	• 자석과 자기화가 되어 있지 않은 강자성체 사이 • 자석과 상자성체 사이
척력 작용	• 자석과 자석의 자기장과 반대로 자기화가 되어 있는 강자성체 사이 • 자석과 반자성체 사이

개념 일상생활에서는 주로 외부 자기장을 제거해도 자성이 유지되는 강자성체가 많이 이용된다.

1. 자성체의 활용: 실생활에는 강자성체가 많이 이용된다.

전자석	액체 자석
전류가 흐르는 코일은 막대자석 모양의 자기장을 만드는데, 코일 안에 강자성체를 넣으면 강자성체가 코일에 흐르는 전류에 의한 자기장과 같은 방향으로 자기화되어 더 강한 자석이 된다.	액체 자석은 자석 성질을 갖고 있는 고운 알갱이를 액체에 넣어 서로 엉기지 않도록 만든 것이다. 액체 자석을 넣은 잉크를 사용하여 찍은 지폐를 자기장을 이용하여 분류한다.
네오디뮴 자석	하드 디스크
상용화된 자석 중 가장 강한 자기력을 지니고 있으며 가공성이 용이하다. 철(Fe)과 네오디뮴(Nd) 등의 강자성 물질을 배합해 만든다.	디스크(플래터)가 산화 철의 얇은 막으로 코팅되어 있다. 전류가 흐르는 헤드에 의해 강자성체인 산화 철이 자기화되면서 정보를 저장한다.

2. 반자성체의 이용

(1) **초전도체**: 특정 온도 이하에서 모든 전기 저항을 상실하는 물질을 초전도체라고 하며, 초전도체는 강력한 반자성을 나타낸다. 따라서 자석 위에 초전도체가 떠 있을 수 있다.

(2) **자기 부상 열차**: 초전도체의 성질을 이용하여 레일에서 열차를 띄우는 방식의 연구가 진행되고 있다.

고무 자석
고무에 강자성체 분말을 섞은 후 자기화시켜 만든 고무 자석은 제작 단가가 낮고 사용이 편리해 광고 전단지의 뒷면, 메모지 고정 등에 많이 사용된다.

퀴리 온도
물질이 자성을 잃게 되는 온도로, 자석이 퀴리 온도 이상으로 가열되면 자석은 자석의 성질을 잃게 된다. 네오디뮴 자석은 퀴리 온도가 낮은 것이 단점이다.

개념 익히기 문제

정답과 해설 p.047

🧠 교과서 문장으로 개념 익히기

01 물질이 외부 자기장에 반응하는 성질을 ▢▢이라고 한다.

02 ▢▢▢▢▢는 외부 자기장의 방향과 같은 방향으로 자기화되는 비율이 높은 물질로, 외부 자기장이 없어지더라도 자성을 오래 유지할 수 있다.

03 상자성체는 외부 ▢▢▢이 사라지면 자성이 바로 사라진다.

04 전자석과 같이 코일 안에 ▢▢▢▢▢를 넣으면 더 강한 자석이 된다.

05 초전도체는 강력한 ▢▢▢을 나타내므로 자석 위에 떠 있을 수 있다.

📦 OX 문제로 개념 익히기

06 물질에서 자성이 나타나는 까닭은 전자의 궤도 운동과 자전으로 설명할 수 있다. (O / X)

07 철, 니켈, 코발트 등은 대표적인 강자성체로 원자 자석이 외부 자기장과 같은 방향으로 정렬한다. (O / X)

08 상자성체에 외부 자기장을 가하면 원자 자석들이 외부 자기장의 방향으로 약하게 자기화된다. (O / X)

09 반자성체는 외부 자기장이 없을 때도 원자 자석에 의한 자성을 가지고 있으며, 외부 자기장과 반대 방향으로 원자 자석이 정렬한다. (O / X)

10 하드 디스크의 플래터에는 상자성체를 이용한다.
(O / X)

개념 코일을 통과하는 자기 선속의 변화에 의해 유도 전류가 흐르는 현상이다.

1. **전자기 유도**: 코일을 통과하는 자기 선속이 시간에 따라 변할 때, 코일에 유도 기전력이 발생하여 유도 전류가 흐르는 현상이다.

(1) **유도 기전력**: 전자기 유도에 의해 발생하는 전압

(2) **유도 전류**: 전자기 유도에 의해 흐르는 전류 — 코일을 통과하는 자기 선속이 변할 때만 발생

> **자기 선속**
> • 자기장에 수직인 단면을 통과하는 자기력선의 다발을 자기 선속 또는 자기력 선속이라고 한다.
> • 자기 선속(Φ)은 자기장의 세기(B)와 그 자기장이 통과하는 코일의 면적(S)을 곱한 것과 같다.
> 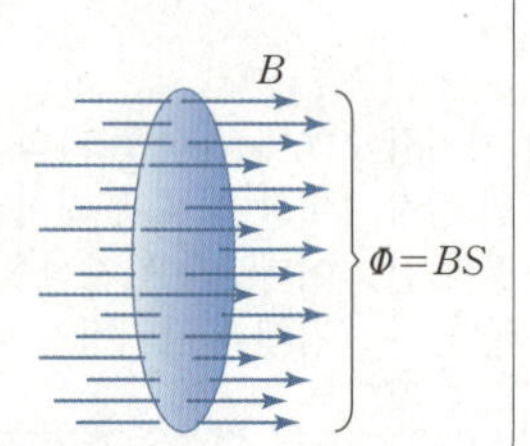
> $$\Phi = BS \, [\text{단위: Wb(웨버)}]$$

2. **렌츠 법칙**: 전자기 유도가 일어날 때 유도 전류에 의한 자기장이 자기 선속의 변화를 방해하는 방향으로 형성되도록 유도 전류가 흐른다.

→ : 자석에 의한 자기 선속, → : 유도 전류에 의한 자기 선속

N극이 접근할 때	N극이 멀어질 때	S극이 접근할 때	S극이 멀어질 때
N극이 접근하면 위쪽에 N극을 만들어 척력이 작용하도록 유도 전류가 흐른다.	N극이 멀어지면 위쪽에 S극을 만들어 인력이 작용하도록 유도 전류가 흐른다.	S극이 접근하면 위쪽에 S극을 만들어 척력이 작용하도록 유도 전류가 흐른다.	S극이 멀어지면 위쪽에 N극을 만들어 인력이 작용하도록 유도 전류가 흐른다.

3. **패러데이 법칙**

(1) **패러데이 법칙**: 유도 기전력(V)은 코일의 감은 수(N)가 많을수록, 자기 선속의 시간당 변화율$\left(\dfrac{\Delta\Phi}{\Delta t}\right)$이 클수록 크다. → 유도 전류에 의한 자기장의 방향이 자기 선속의 시간 변화율을 방해하는 방향으로 형성되는 것을 의미한다.

$$V = -N\frac{\Delta\Phi}{\Delta t} \, (\text{단위: V})$$

(2) **유도 기전력의 크기**: 코일 내부를 지나는 자기 선속이 빠르게 변할수록 커진다.

> ⏳**미니탐구** 원형 도선을 통과하는 자석의 운동
>
> **|과정|**
> 원형 도선 A, B, C가 각각 자석의 N극, 지면, 자석의 S극을 향해 낙하하고 있다.
>
> **|결과|**
> • 원형 도선이 낙하하는 동안 A와 C에는 유도 전류가 흐르며 전기 에너지가 발생하고 B에는 유도 전류가 발생하지 않는다.
> • 바닥에 닿을 때의 속력은 B가 A, C보다 빠르다.
>
> **|분석|**
> • 유도 전류가 흐르는 A, C에서 발생하는 전기 에너지는 에너지 보존 법칙에 의해 낙하하는 동안 역학적 에너지의 일부가 전기 에너지로 전환된 것이다.
> • 낙하하는 동안 A와 C에는 자석으로부터 척력이 작용하도록 유도 전류가 흐른다.

기전력
도체 내부에 전위차를 만들어 그 사이의 전기장에 의해 전하를 이동시켜 전류를 흐르게 하는 원인이다. 단위는 전압과 같은 V(볼트)를 사용한다.

렌츠 법칙
전자기 유도가 일어날 때 자기 선속의 변화에 따른 유도 전류의 방향을 찾는 법칙이다.

전자기 유도와 에너지 보존
자석이 구리 도선에 가까워지거나 멀어지면 자석의 역학적 에너지가 구리 도선에 흐르는 전류에 의한 전기 에너지로 전환되므로 자석의 역학적 에너지는 감소해야 한다.

• 자석이 구리 도선에 가까워지는 경우

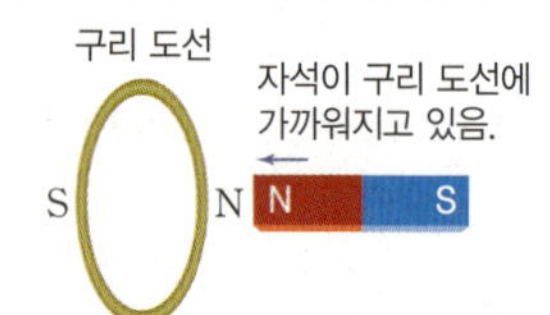

자석의 속력이 느려지는 방향(척력)으로 자석에 자기력이 작용해야 하므로 구리 도선의 오른쪽은 N극으로 자기화된다.

• 자석이 구리 도선에서 멀어지는 경우

자석의 속력이 느려지는 방향(인력)으로 자석에 자기력이 작용해야 하므로 구리 도선의 오른쪽은 S극으로 자기화된다.

4 전자기 유도의 이용

개념 전자기 유도 현상은 발전기, 다이나믹 마이크, 교통 카드 판독기 등에 이용된다.

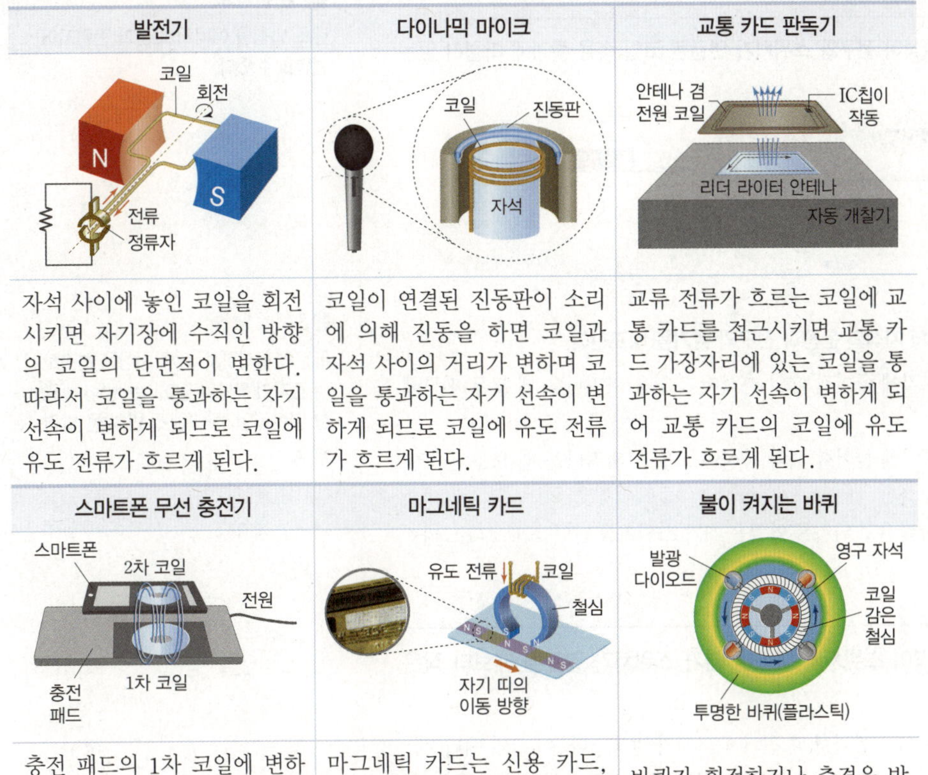

발전기	다이나믹 마이크	교통 카드 판독기
자석 사이에 놓인 코일을 회전시키면 자기장에 수직인 방향의 코일의 단면적이 변한다. 따라서 코일을 통과하는 자기 선속이 변하게 되므로 코일에 유도 전류가 흐르게 된다.	코일이 연결된 진동판이 소리에 의해 진동을 하면 코일과 자석 사이의 거리가 변하며 코일을 통과하는 자기 선속이 변하게 되므로 코일에 유도 전류가 흐르게 된다.	교류 전류가 흐르는 코일에 교통 카드를 접근시키면 교통 카드 가장자리에 있는 코일을 통과하는 자기 선속이 변하게 되어 교통 카드의 코일에 유도 전류가 흐르게 된다.
스마트폰 무선 충전기	마그네틱 카드	불이 켜지는 바퀴
충전 패드의 1차 코일에 변하는 전류가 흐르면, 이 전류에 의해 스마트폰 내부의 2차 코일을 통과하는 자기 선속이 변하고 2차 코일에 유도 전류가 흘러 스마트폰이 충전된다.	마그네틱 카드는 신용 카드, 통장 등의 뒷면에 검은색의 긴 띠 형태로 되어 있으며, 자기화되어 정보가 저장되어 있다. 이 정보를 읽을 때도 전자기 유도가 이용된다.	바퀴가 회전하거나 충격을 받으면 코일을 통과하는 자기 선속이 변해 전자기 유도가 일어나고 발광 다이오드에 불이 켜진다.

발전기에서의 에너지 전환

코일이 회전하면 코일을 통과하는 자기 선속이 변하게 되고 코일에 유도 전류가 흐르게 된다. 이때 바람의 힘으로 코일이 회전하면 풍력 발전, 물의 힘으로 코일이 회전하면 수력 발전, 화석 연료를 이용해 물을 끓여 수증기를 이용해 코일을 회전시키면 화력 발전이 된다. 발전기에서는 역학적 에너지가 전기 에너지로 전환된다.

도난 방지 장치

물건에 붙어 있는 자석이 출입구의 도난 방지 장치를 지나면 그 속에 들어 있는 코일에 유도 전류가 흘러 경보음이 울린다.

강의 포인트
전자기 유도의 이용
자석과 코일 사이의 상대적인 운동이 있거나 두 코일 중 하나의 코일에 변하는 전류가 흐를 때 유도 전류가 발생하는 것을 이용한다.

개념 익히기 문제

정답과 해설 p.047

교과서 문장으로 개념 익히기

11 ⬚⬚⬚ ⬚⬚는 코일을 통과하는 ⬚⬚⬚⬚이 시간에 따라 변할 때, 코일에 유도 기전력이 발생하여 유도 전류가 흐르는 현상이다.

12 전자기 유도에 의해 흐르는 전류를 ⬚⬚⬚⬚라고 한다.

13 자기장에 수직인 단면을 통과하는 자기력선의 다발을 ⬚⬚⬚⬚ 또는 자기력선속이라고 한다.

14 ⬚⬚ 법칙에 의하면 유도 전류는 자기 선속의 변화를 방해하는 방향으로 흐른다.

15 발전기는 ⬚⬚⬚⬚⬚를 이용하여 코일에 유도 전류가 흐르게 하는 장치이다.

OX 문제로 개념 익히기

16 코일을 통과하는 자기 선속의 시간당 변화율이 클수록 유도 기전력에 의한 코일에 흐르는 유도 전류의 세기도 커진다. (O / X)

17 다른 조건은 동일할 때, 코일의 감은 수가 많을수록 유도 기전력의 세기는 커진다. (O / X)

18 다이나믹 마이크는 전자기 유도 현상을 이용하는 전기 기구이다. (O / X)

19 발전기를 회전시키면 코일을 통과하는 자기 선속이 일정해서 유도 전류가 흐른다. (O / X)

20 전동기, 불이 켜지는 바퀴, 교통 카드 판독기는 전자기 유도를 이용한다. (O / X)

과정 & 결과

❶ 그림과 같이 속력이 v로 발사된 자석이 전구와 스위치가 연결된 코일 속을 통과해 마찰이 없는 레일을 따라 이동한다.

❷ 스위치가 열린 상태와 닫힌 상태에서 자석의 운동과 전구의 밝기를 비교한다.

- ⋯ **스위치가 열린 상태:** 자석이 코일에 들어갈 때와 자석이 코일을 빠져나올 때 모두 전구에 불이 켜지지 않는다.
- ⋯ **스위치가 닫힌 상태:** 자석이 코일에 들어갈 때와 자석이 코일을 빠져나올 때 모두 전구에 불이 켜진다.
- ⋯ 자석이 코일을 빠져나올 때의 속력은 스위치를 열었을 때가 스위치를 닫았을 때보다 크다.

분석

1. 코일에서 빠져나오는 자석의 속력이 스위치가 닫혔을 때가 스위치가 열렸을 때보다 작은 까닭은 무엇인가?

- ⋯ 스위치가 닫혔을 때는 자석이 코일을 통과할 때 전기 에너지가 발생한다. 이 전기 에너지는 자석의 역학적 에너지(운동 에너지)가 전기 에너지로 전환된 것이므로 스위치가 닫혔을 때, 자석이 코일을 지나는 동안 자석의 운동 에너지는 감소해야 한다. 따라서 스위치가 닫혔을 때가 스위치가 열렸을 때보다 코일을 빠져나오는 자석의 속력이 작다.

2. 스위치가 닫힌 상태에서 자석이 코일에 들어갈 때와 빠져나올 때 각각 전구에 흐르는 유도 전류의 방향은 어디인가?

- ⋯ 자석이 코일에 들어갈 때 자석의 왼쪽 방향으로 자기력이 작용하기 위해서는 코일의 왼쪽이 N극이 되도록 자기장이 형성되므로 전구에서 유도 전류의 방향은 왼쪽이다.
- ⋯ 자석이 코일에서 빠져나올 때 자석의 왼쪽 방향으로 자기력이 작용하기 위해서는 코일의 오른쪽이 N극이 되도록 자기장이 형성되므로 전구에서 유도 전류의 방향은 오른쪽이다.

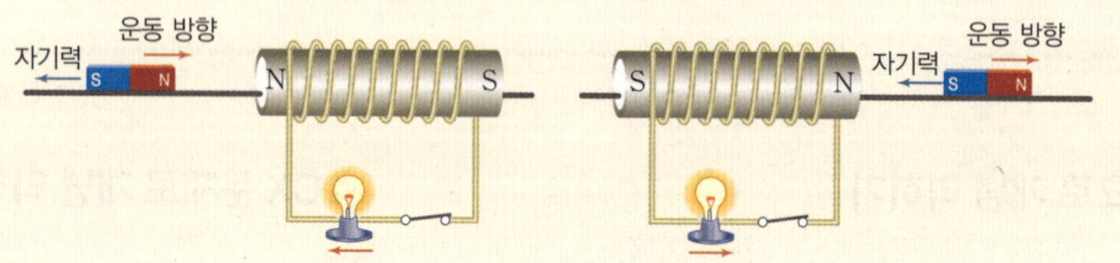

정답과 해설 p.047

예제 1

그림와 같이 원형으로 된 구리 도선에 자석의 N극을 가까이하였더니 구리 도선이 뒤로 밀려났다. 자석의 S극을 가까이할 때 구리 도선의 움직임으로 옳은 것은?

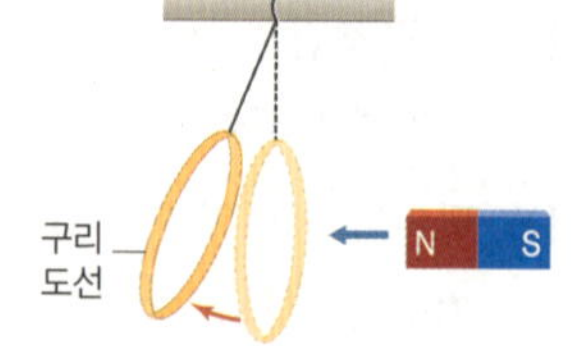

① 움직이지 않는다.
② 뒤로 밀려난다.
③ 자석 쪽으로 끌려온다.
④ 뒤로 밀려났다가 자석 쪽으로 끌려온다.
⑤ 자석 쪽으로 끌려오다가 뒤로 밀려난다.

예제 2 서술형

그림은 같은 높이에서 자석을 가만히 놓아 각각 플라스틱 원통과 구리 원통을 통과하게 하는 것을 나타낸 것이다.
원통을 통과한 자석의 바닥에 닿기 직전의 속력을 비교하고, 그 까닭을 서술하시오.

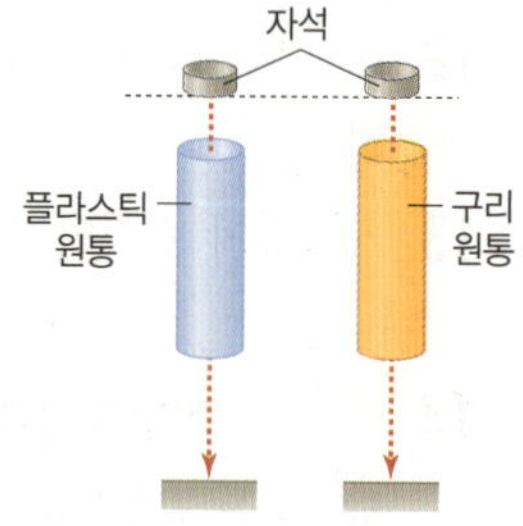

____

____

____

 **자료** 집중 분석 　균일한 자기장 영역을 일정한 속력으로 통과하는 원형 도선

🔎 **Point** 자기장 속에서 움직이는 원형 도선의 자기 선속 변화와 유도 전류의 방향에 대하여 알아보자.

그림과 같이 원형으로 된 구리 도선이 종이면으로부터 수직으로 나오는 방향의 균일한 자기장이 형성된 곳을 일정한 속도로 통과하고 있다.

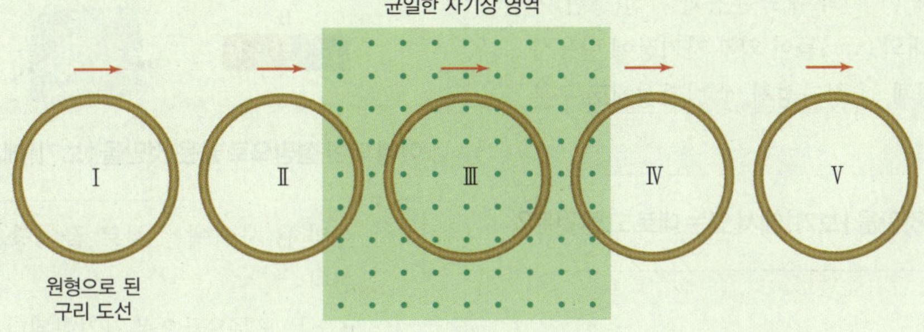

각 구간에서의 자기 선속과 유도 전류는 다음과 같다.

구간	I	II	III	IV	V
자기 선속	없음.	종이면에서 수직으로 나오는 방향의 자기 선속 증가	일정	종이면에서 수직으로 나오는 방향의 자기 선속 감소	없음.
유도 전류에 의한 자기장	없음.	종이면에 수직으로 들어가는 방향	없음	종이면에서 수직으로 나오는 방향	없음.
유도 전류의 방향	흐르지 않음.	시계 방향	흐르지 않음.	시계 반대 방향	흐르지 않음.

❶ 유도 전류는 구리 도선 내에서 자기장의 변화가 있는 경우에만 생긴다.

❷ 렌츠 법칙에 의해 유도 전류는 자기 선속의 변화를 방해하는 방향으로 생긴다.

❸ 유도 전류의 방향은 자기장의 변화를 방해하는 방향으로 오른손 엄지손가락을 향했을 때 네 손가락이 가리키는 방향이다.

　⋯ 구리 도선 내의 자기장이 증가하는 경우: 유도 전류에 의한 자기장은 기존 자기장의 반대 방향
　⋯ 구리 도선 내의 자기장이 감소하는 경우: 유도 전류에 의한 자기장은 기존 자기장과 같은 방향

정답과 해설 p.047

정답과 해설 p.047

예제 ❶

그림은 종이면에 수직으로 들어가는 방향의 균일한 자기장 속으로 정사각형 모양의 도선이 일정한 속도로 들어가는 모습을 나타낸 것이다.

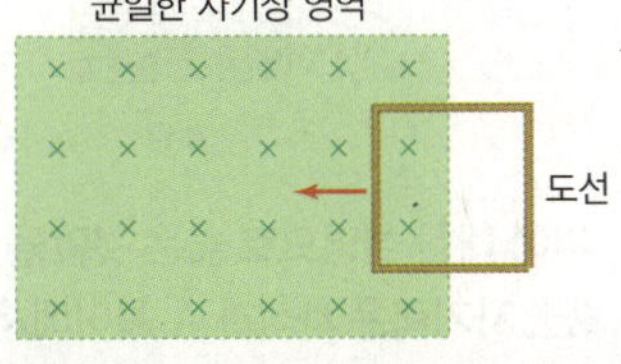

▶ **해결 전략**
1단계: 도선이 균일한 자기장 영역으로 들어감에 따라 자기장의 변화를 파악한다.
2단계: 도선이 균일한 자기장 영역으로 들어감에 따라 자기 선속이 증가함을 알고, 이를 감소시키기 위한 자기장의 방향을 파악해서 유도 전류의 방향을 알아낸다.

도선을 통과하는 자기 선속과 도선에 유도되는 전류에 대한 설명으로 옳은 것만을 |보기|에서 있는 대로 고른 것은?

┌─ 보기 ─
ㄱ. 도선을 통과하는 자기 선속은 증가한다.
ㄴ. 종이면 위에서 본 전류의 방향은 시계 방향이다.
ㄷ. 도선이 자기장 영역에 완전히 들어가면 전류의 세기는 최대가 된다.
└─

① ㄱ　　　② ㄷ　　　③ ㄱ, ㄴ　　　④ ㄴ, ㄷ　　　⑤ ㄱ, ㄴ, ㄷ

개념 다지기 문제

01 다음은 물질의 자성에 대한 설명이다.

> 물질이 외부 자기장에 반응하는 성질을 자성이라고 하며 이러한 자성은 원자 내 (㉠)의 궤도 운동과 자전(스핀)에 의해 나타난다. 원자 내의 (㉠)들이 외부 자기장에 반응하는 특징에 따라 강자성체, ㉡상자성체, ㉢반자성체로 구분한다.

이에 대한 설명으로 옳은 것만을 |보기|에서 있는 대로 고른 것은?

> **보기**
> ㄱ. ㉠은 전자이다.
> ㄴ. ㉡을 자석에 가까이 가져가면 ㉡과 자석 사이에는 끌어당기는 자기력이 작용한다.
> ㄷ. ㉢은 외부 자기장이 제거되더라도 자기화된 상태가 유지된다.

① ㄱ ② ㄷ ③ ㄱ, ㄴ
④ ㄱ, ㄷ ⑤ ㄴ, ㄷ

02 그림은 자석의 N극을 자기화되지 않은 물체 A의 P점 가까이 가져갔더니 자석과 A 사이에 서로 밀어내는 자기력이 작용하는 것을 나타낸 것이다.

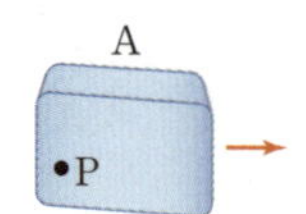

이에 대한 설명으로 옳은 것만을 |보기|에서 있는 대로 고른 것은?

> **보기**
> ㄱ. A는 반자성체이다.
> ㄴ. P는 S극으로 자기화되어 있다.
> ㄷ. 자석을 제거하더라도 A는 자기화된 상태를 유지한다.

① ㄱ ② ㄴ ③ ㄱ, ㄴ
④ ㄱ, ㄷ ⑤ ㄴ, ㄷ

03 그림은 상자성체 A와 A의 양 옆에 같은 거리만큼 떨어져 있는 같은 세기의 자석 B, C를 나타낸 것이다. 점 p, q는 각각 B, C와 가까운 A의 양 끝점이다.

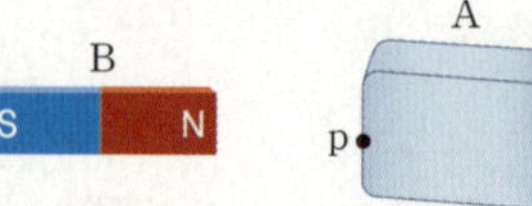
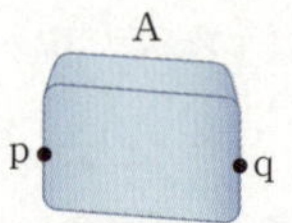
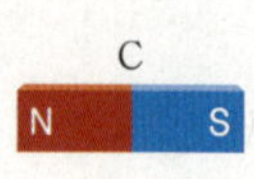

이에 대한 설명으로 옳은 것만을 |보기|에서 있는 대로 고른 것은?

> **보기**
> ㄱ. A와 B 사이에는 서로 끌어당기는 자기력이 작용한다.
> ㄴ. p, q는 모두 S극으로 자기화된다.
> ㄷ. C를 제거하면 A와 B 사이에 작용하는 자기력은 더 커진다.

① ㄱ ② ㄷ ③ ㄱ, ㄴ
④ ㄴ, ㄷ ⑤ ㄱ, ㄴ, ㄷ

04 그림 (가)는 저울 위에 A를 가만히 올려놓았더니 저울의 눈금이 20 N을 가리키고 있는 것을, (나)는 (가)에서 A의 연직 위에 자석을 가까이하였더니 저울의 눈금이 15 N을 가리키고 있는 것을 나타낸 것이다.

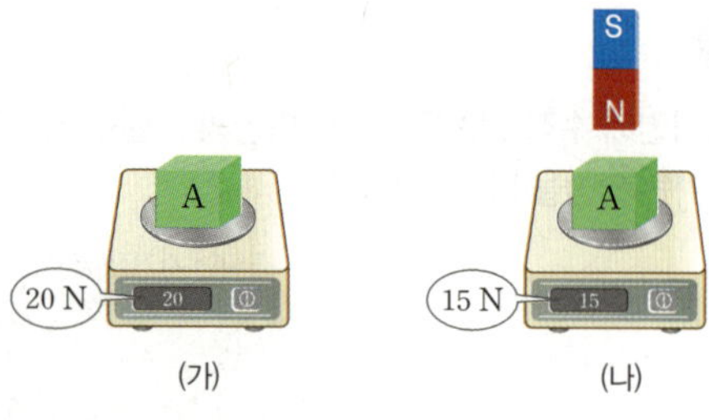

이에 대한 설명으로 옳은 것만을 |보기|에서 있는 대로 고른 것은? (단, 자기력은 자석과 A 사이에서만 작용한다.)

> **보기**
> ㄱ. A는 반자성체이다.
> ㄴ. (나)에서 자석과 A 사이에 작용하는 자기력의 크기는 5 N이다.
> ㄷ. (나)에서 A의 위쪽은 S극으로 자기화되어 있다.

① ㄱ ② ㄴ ③ ㄷ
④ ㄱ, ㄷ ⑤ ㄴ, ㄷ

05

그림은 어떤 자성체의 원자 자석의 배열을 외부 자기장에 대해 모식적으로 나타낸 것이다.

외부 자기장이 없을 때

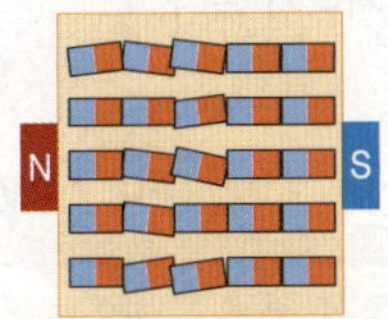
외부 자기장을 걸 때

외부 자기장을 제거했을 때

이에 대한 설명으로 옳은 것만을 |보기|에서 있는 대로 고른 것은?

보기
ㄱ. 원자 자석은 원자 내 양성자의 운동으로 나타난다.
ㄴ. 이 자성체는 상자성체이다.
ㄷ. 철과 니켈은 이 자성체에 해당한다.

① ㄱ   ② ㄴ   ③ ㄱ, ㄷ
④ ㄴ, ㄷ   ⑤ ㄱ, ㄴ, ㄷ

06

그림과 같이 세기가 B인 균일한 자기장 영역에 단면적이 A인 직사각형 코일이 (가)에서는 자기장에 수직으로, (나)에서는 자기장과 나란하게 가만히 놓여 있다.

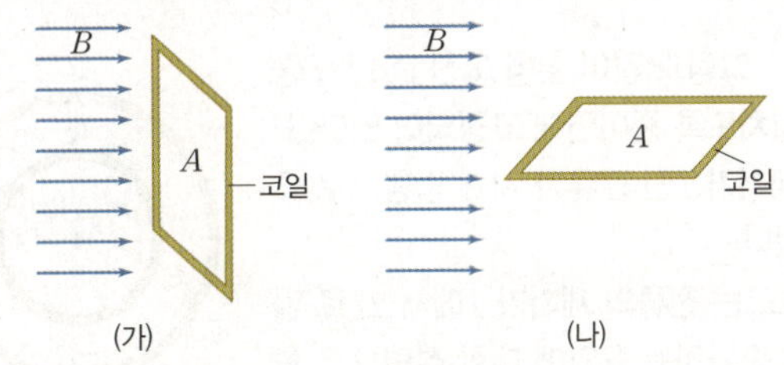
(가)   (나)

이에 대한 설명으로 옳은 것만을 |보기|에서 있는 대로 고른 것은?

보기
ㄱ. (가)에서 코일을 통과하는 자기 선속은 BA이다.
ㄴ. (가)에서 코일에는 유도 전류가 흐른다.
ㄷ. (나)에서 자기장의 세기만을 증가시키면 코일을 통과하는 자기 선속은 증가한다.

① ㄱ   ② ㄴ   ③ ㄱ, ㄷ
④ ㄴ, ㄷ   ⑤ ㄱ, ㄴ, ㄷ

07

그림 (가), (나)와 같이 종이면에서 수직으로 나오는 방향의 균일한 자기장 영역에 직사각형 도선이 일정한 속력 v로 오른쪽 방향으로 움직이고 있다.

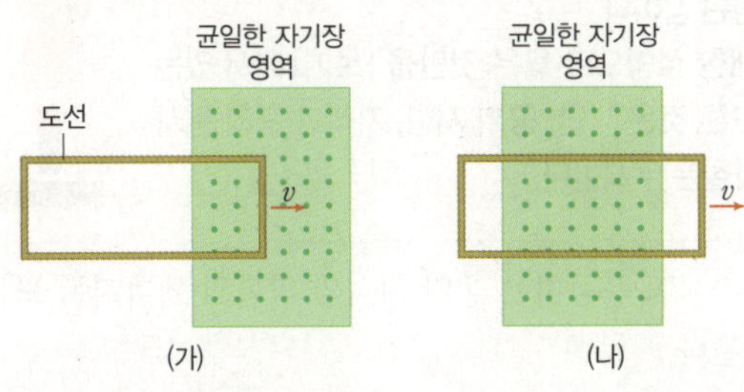

이에 대한 설명으로 옳은 것만을 |보기|에서 있는 대로 고른 것은?

보기
ㄱ. (가)에서 도선을 통과하는 자기 선속이 증가하고 있다.
ㄴ. (가)에서 도선에는 시계 반대 방향으로 유도 전류가 흐른다.
ㄷ. (나)에서 도선에 흐르는 유도 전류의 세기는 일정하다.

① ㄱ   ② ㄴ   ③ ㄱ, ㄷ
④ ㄴ, ㄷ   ⑤ ㄱ, ㄴ, ㄷ

08

그림 (가)는 종이면에 수직으로 들어가는 방향의 균일한 자기장 영역에 저항 R가 연결된 직사각형 도선이 가만히 놓여 있는 것을, (나)는 균일한 자기장의 세기를 시간에 따라 나타낸 것이다.

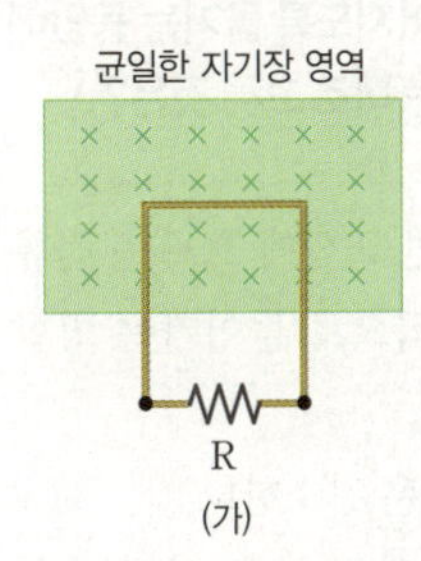

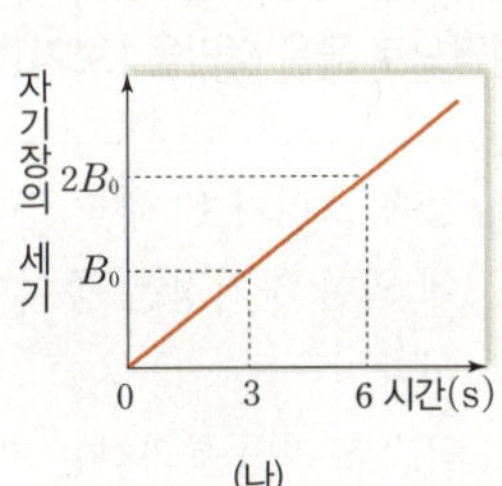

3초일 때 R에 흐르는 유도 전류의 세기가 I일 때, 6초일 때 R에 흐르는 유도 전류의 세기는?

① I ② $2I$ ③ $3I$
④ $4I$ ⑤ $5I$

개념 다지기 문제

09 그림과 같이 연직으로 세워져 고정된 구리관의 입구에 자석을 가만히 놓았더니 자석이 구리관을 통과한 후 지면에 닿았다. p점은 구리관 내부에 고정된 점이다.
이에 대한 설명으로 옳은 것만을 |보기|에서 있는 대로 고른 것은? (단, 공기 저항, 자석과 구리관 사이의 마찰은 무시한다.)

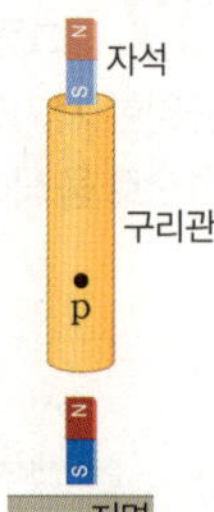

보기
ㄱ. 자석이 운동하는 동안 자석의 역학적 에너지는 보존된다.
ㄴ. 자석이 구리관을 통과하기 전과 통과 후 p에 흐르는 유도 전류의 방향은 일정하다.
ㄷ. 자석이 구리관을 빠져나올 때 구리관이 자석에 작용하는 자기력의 방향은 위 방향이다.

① ㄱ ② ㄴ ③ ㄷ
④ ㄴ, ㄷ ⑤ ㄱ, ㄴ, ㄷ

대표 유형문제

10 그림과 같이 화살표 방향으로 세기가 I인 일정한 전류가 흐르는 직선 도선과 금속 고리가 지면에 고정되어 있다.

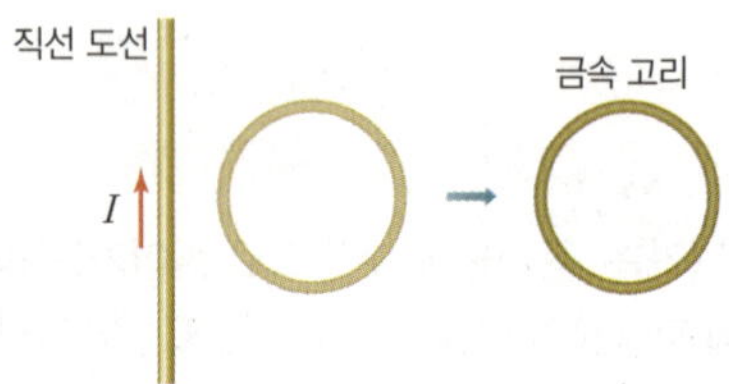

금속 고리를 직선 도선으로부터 멀리 떨어지도록 옮기는 동안에 대한 설명으로 옳은 것만을 |보기|에서 있는 대로 고른 것은?

보기
ㄱ. 금속 고리가 위치한 곳에서 직선 도선에 흐르는 전류에 의한 자기장은 종이면에 수직으로 들어가는 방향이다.
ㄴ. 금속 고리를 통과하는 자기 선속은 감소한다.
ㄷ. 금속 고리에 흐르는 유도 전류의 방향은 시계 방향이다.

① ㄱ ② ㄴ ③ ㄱ, ㄷ
④ ㄴ, ㄷ ⑤ ㄱ, ㄴ, ㄷ

대표 유형문제

11 그림과 같이 검류계가 연결된 솔레노이드에 자석이 일정한 속도로 통과하고 있다. 점 P, Q는 자석이 운동하는 경로상의 점으로 솔레노이드로부터 거리가 같다.

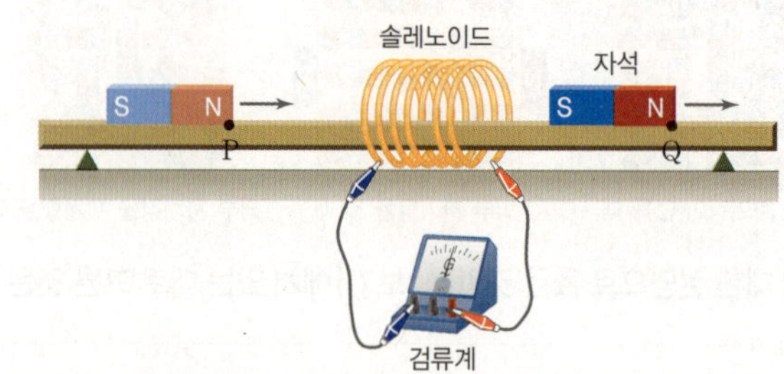

이에 대한 설명으로 옳은 것만을 |보기|에서 있는 대로 고른 것은?

보기
ㄱ. 자석이 P를 지날 때와 Q를 지날 때 자석에 작용하는 자기력의 방향은 같다.
ㄴ. 자석이 P를 지날 때와 Q를 지날 때 검류계에 흐르는 전류의 방향은 같다.
ㄷ. 자석이 P에서 솔레노이드에 접근하는 동안 검류계에 흐르는 전류의 세기는 일정하다.

① ㄱ ② ㄴ ③ ㄱ, ㄷ
④ ㄴ, ㄷ ⑤ ㄱ, ㄴ, ㄷ

12 그림과 같이 원형 도선 P, Q가 중심이 겹치도록 종이면에 고정되어 있다. P에는 세기가 I인 전류가 시계 방향으로 흐르고 있다.
P에 흐르는 전류의 세기가 I에서 $2I$로 일정하게 증가하는 동안에 대한 설명으로 옳은 것만을 |보기|에서 있는 대로 고른 것은?

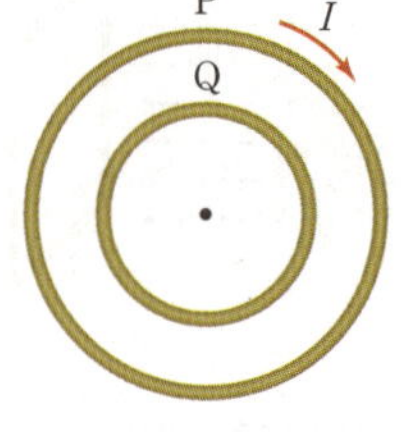

보기
ㄱ. Q의 중심에서 P에 흐르는 전류에 의한 자기장의 방향은 종이면에서 수직으로 나오는 방향이다.
ㄴ. Q를 통과하는 자기 선속은 증가한다.
ㄷ. Q에 흐르는 유도 전류의 방향은 시계 반대 방향이다.

① ㄱ ② ㄴ ③ ㄱ, ㄷ
④ ㄴ, ㄷ ⑤ ㄱ, ㄴ, ㄷ

13 그림 (가)는 저울 위에 물체 A를 가만히 올려놓았더니 저울의 눈금이 20 N을 가리키고 있는 것을, (나)는 (가)의 A의 연직 위에 자석을 가까이하였더니 저울의 눈금이 15 N을 가리키고 있는 것을, (다)는 (나)에서 자석을 제거한 후 자기화되지 않은 물체 B를 연직 위에 가까이 가져갔더니 저울의 눈금이 21 N을 가리키는 것을 나타낸 것이다.

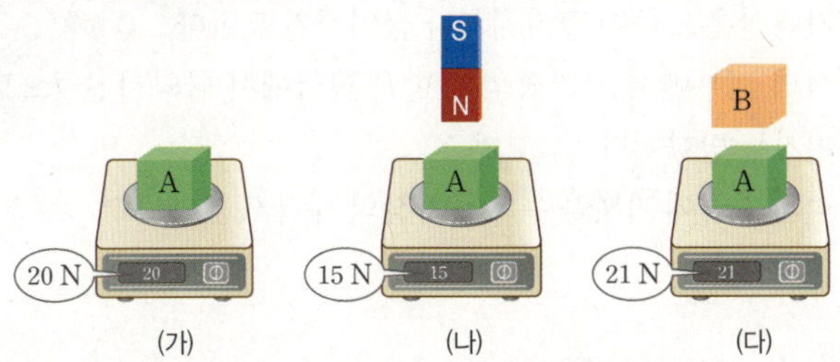

이에 대한 설명으로 옳은 것만을 |보기|에서 있는 대로 고른 것은? (단, 자기력은 자석과 A 사이, A와 B 사이에서만 작용한다.)

|보기|
ㄱ. A는 강자성체이다.
ㄴ. B는 외부 자기장에 대해 원자 자석이 반대 방향으로 정렬하는 성질을 갖고 있다.
ㄷ. (다)에서 B를 제거하면 A는 자기화된 상태를 유지하지 못한다.

① ㄱ   ② ㄷ   ③ ㄱ, ㄴ
④ ㄴ, ㄷ   ⑤ ㄱ, ㄴ, ㄷ

14 그림은 수평면에서 수직으로 들어가는 방향의 균일한 자기장 영역에 저항이 연결된 ㄷ자형 도선을 수평면 위에 올려놓고, 질량이 1 kg인 구리 막대를 걸쳐 놓은 다음 구리 막대를 2 m/s의 속력으로 이동시키는 모습을 나타낸 것이다. 구리 막대는 도선 위를 운동하다가 정지하였다.

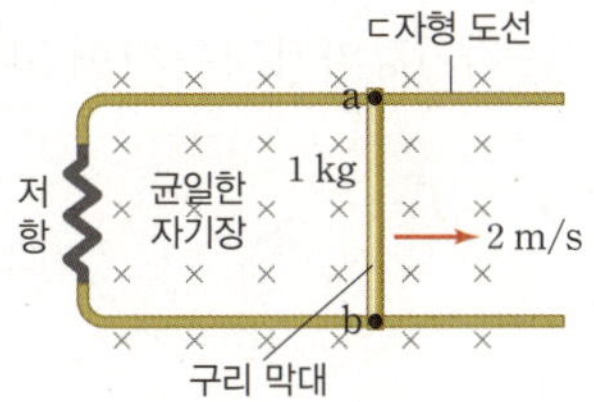

구리 막대가 운동하는 동안에 대한 설명으로 옳은 것만을 |보기|에서 있는 대로 고른 것은? (단, 구리 막대와 도선에서의 전기 저항은 없으며, 공기 저항, 도선과 구리 막대 사이의 마찰은 무시한다.)

|보기|
ㄱ. 저항에서 소모된 전기 에너지는 2 J이다.
ㄴ. 구리 막대에 흐르는 유도 전류의 방향은 a → b 방향이다.
ㄷ. 저항에 흐르는 유도 전류의 세기는 일정하다.

① ㄱ   ② ㄷ   ③ ㄱ, ㄴ
④ ㄴ, ㄷ   ⑤ ㄱ, ㄴ, ㄷ

15 그림은 하드 디스크의 구조를 나타낸 것으로, 하드 디스크의 플래터에 자성체 A로 된 막으로 코팅하고 여기에 헤드의 코일에 전류를 흐르게 해서 자기화시켜 정보를 저장한다.

A는 어떤 자성체인지 쓰고, 그 까닭을 서술하시오.

16 그림과 같이 네오디뮴 자석을 지면으로부터 같은 높이에서 플라스틱 원통, 알루미늄 원통, 구리 원통에 각각 낙하시키고 낙하 시간을 측정하였더니 플라스틱 원통을 지날 때가 가장 짧게 걸리고, 구리 원통을 지날 때가 가장 오래 걸렸다.

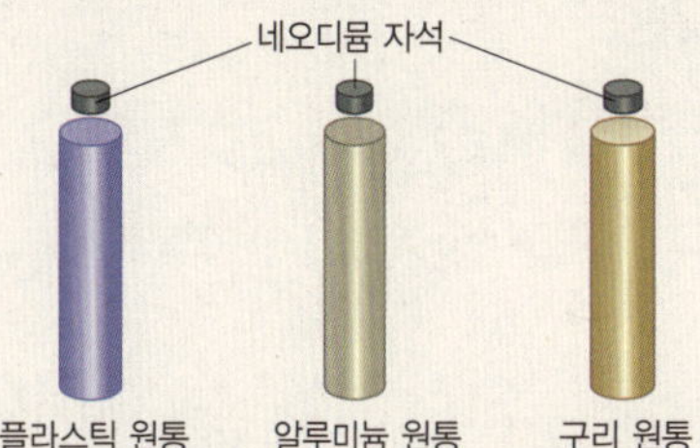

(1) 플라스틱 원통과 구리 원통에서 자석의 낙하 시간 차이가 나는 까닭을 서술하시오.

(2) 알루미늄 원통과 구리 원통에서 자석의 낙하 시간 차이가 나는 까닭을 각각 서술하시오.

03 전류에 의한 자기 작용

1 자기장과 자기력선

그림은 자석 주변의 자기력선을 나타낸 것이다.

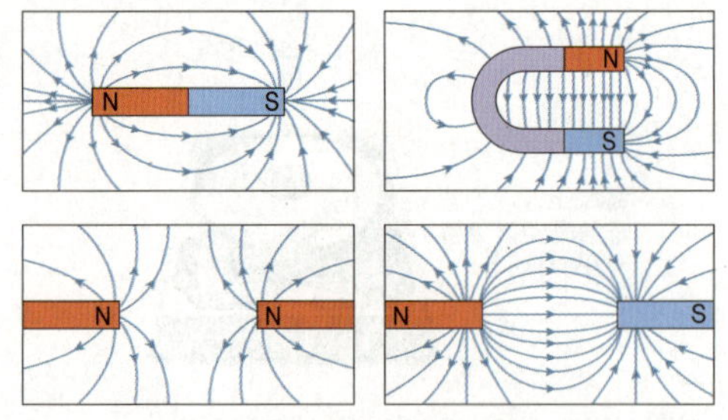

● 다음 설명 중 옳은 것은 ○표, 옳지 <u>않은</u> 것은 ×표 하시오.

1 자기력이 작용하는 공간을 자기장이라고 한다. ○ / ×

2 자기장의 방향은 나침반의 S극이 가리키는 방향이다.

○ / ×

3 자기력선의 간격이 좁을수록 자기장의 세기가 세다. ○ / ×

4 자기력선은 도중에 갈라지거나 끊어지기도 한다. ○ / ×

5 자석의 외부에서 자기장의 방향은 N극에서 나와서 S극으로 들어가는 방향이다. ○ / ×

6 자석의 자극에 가까울수록 자기장의 세기가 세다. ○ / ×

2 직선 전류에 의한 자기장

그림은 직선 도선에 전류가 흐를 때 도선 주변의 자기력선과 자기장의 방향을 구하는 방법을 나타낸 것이다.

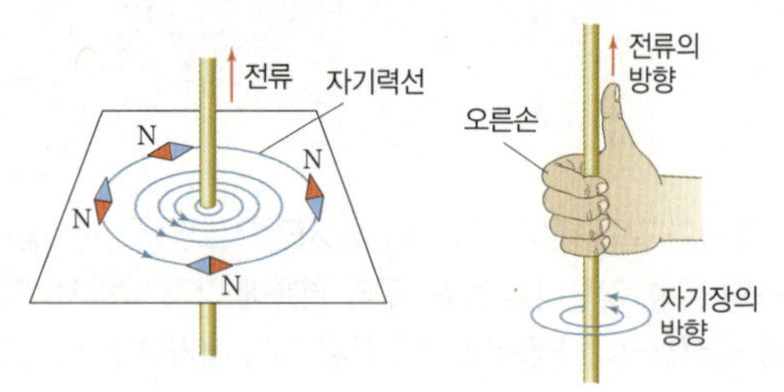

● 다음 설명 중 옳은 것은 ○표, 옳지 <u>않은</u> 것은 ×표 하시오.

1 직선 도선에 전류가 흐르면 도선을 중심으로 동심원 모양의 자기장이 형성된다. ○ / ×

2 전류가 흐르는 방향으로 오른손의 엄지손가락을 향하게 하여 도선을 감아쥐었을 때 나머지 네 손가락이 가리키는 방향이 자기장의 방향이다. ○ / ×

3 직선 도선으로부터의 거리가 가까울수록 자기장의 세기가 약하다. ○ / ×

4 직선 도선에 흐르는 전류의 세기가 셀수록 도선 주변에 형성되는 자기장의 세기는 약해진다. ○ / ×

3 원형 전류에 의한 자기장

그림은 두 원형 도선 (가), (나)에 각각 세기가 I, $2I$인 전류가 화살표 방향으로 흐르고 있는 것을 나타낸 것이다.

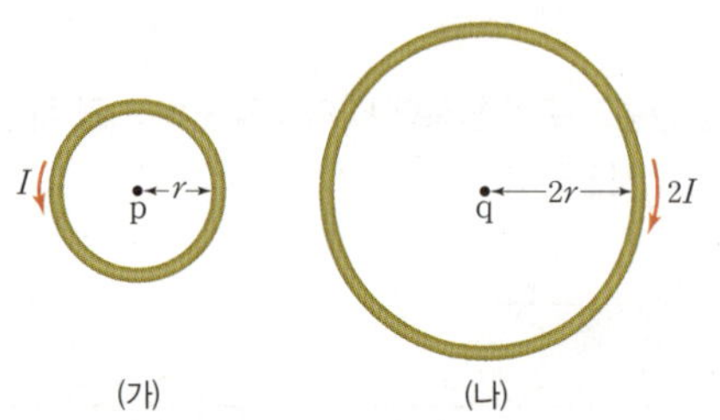

● 다음 설명 중 옳은 것은 ○표, 옳지 <u>않은</u> 것은 ×표 하시오.

1 원형 도선 중심에서는 자기장의 모양이 직선이다. ○ / ×

2 p에서 자기장의 방향은 종이면에서 수직으로 나오는 방향이다. ○ / ×

3 q에서 자기장의 방향은 종이면에 수직으로 들어가는 방향이다. ○ / ×

4 자기장의 세기는 p에서가 q에서의 2배이다. ○ / ×

4 솔레노이드에 의한 자기장

그림은 솔레노이드에 세기가 I인 일정한 전류가 화살표 방향으로 흐르고 있는 것을 나타낸 것이다.

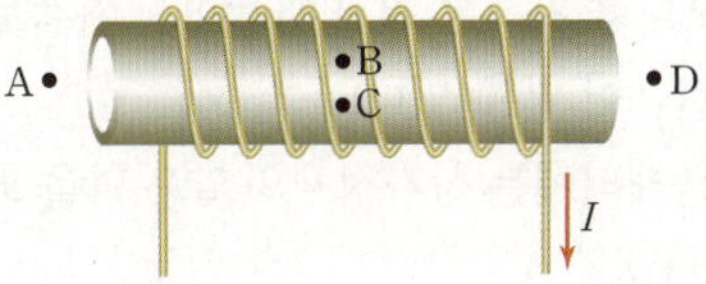

● 다음 설명 중 옳은 것은 ○표, 옳지 <u>않은</u> 것은 ×표 하시오.

1 A에서 자기장의 방향은 왼쪽이다. ○ / ×
2 B와 C에서 자기장의 세기는 같다. ○ / ×
3 D에서 자기장의 방향은 왼쪽이다. ○ / ×
4 전류의 세기가 $2I$가 되면 B에서 자기장의 세기는 2배가 된다.
　　　　　　　　　　　　　　　　　　　　　　○ / ×
5 솔레노이드 내부에서 자기장의 세기는 코일의 총 감은 수에 비례한다. ○ / ×

5 전류에 의한 자기장의 이용

다음은 전류에 의한 자기장을 이용하는 예이다.

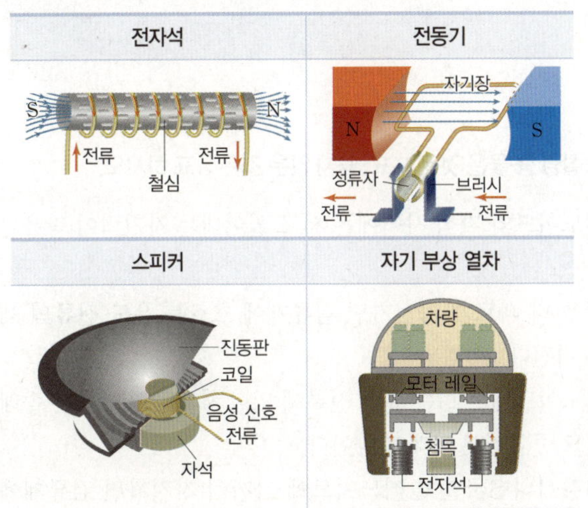

● 다음 설명 중 옳은 것은 ○표, 옳지 <u>않은</u> 것은 ×표 하시오.

1 전자석에 흐르는 전류의 세기가 약할수록 전자석의 양 끝에는 강한 자기장이 만들어진다. ○ / ×
2 전동기에서는 역학적 에너지가 전기 에너지로 전환된다.
　　　　　　　　　　　　　　　　　　　　　　○ / ×
3 스피커는 코일에 전류가 흐를 때 만들어지는 자기장과 외부 자석에 의한 자기장의 상호 작용으로 진동판이 떨리는 것을 이용한다. ○ / ×
4 자기 부상 열차는 코일에 전류를 흘려 주면 전자석이 되는 것을 이용한다. ○ / ×

04 물질의 자성과 전자기 유도

6 자성체의 종류와 특징

다음은 자성체 (가), (나), (다)가 외부 자기장에 반응하는 특징을 순서 없이 나타낸 것이다.

자성체	(가)	(나)	(다)
외부 자기장을 걸 때	N　　　S	N　　　S	N　　　S
외부 자기장을 제거할 때			

● 다음 설명 중 옳은 것은 ○표, 옳지 <u>않은</u> 것은 ×표 하시오.

1 (가)는 강자성체이다. ○ / ×
2 (나)를 자석 가까이 가져가면 (나)와 자석 사이에는 끌어당기는 자기력이 작용한다. ○ / ×
3 (다)의 원자 자석들은 외부 자기장에 대해 같은 방향으로 정렬한다. ○ / ×
4 철이나 니켈은 (나)에 해당한다. ○ / ×

7 자성체의 이용

다음은 자성체가 활용되는 예이다.

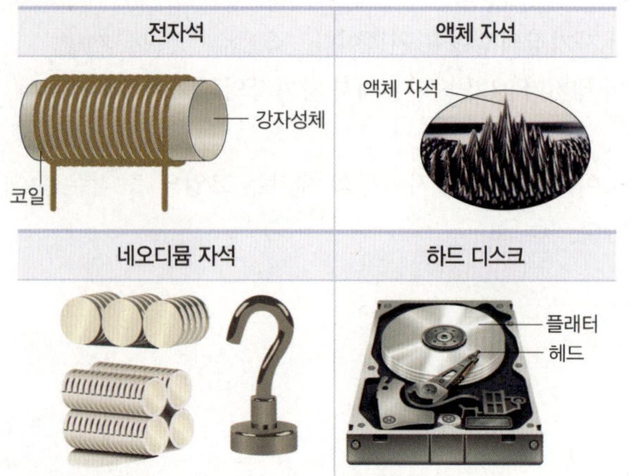

● 다음 설명 중 옳은 것은 ○표, 옳지 <u>않은</u> 것은 ×표 하시오.

1 코일 속에 강자성체를 넣으면 더 강한 전자석이 된다. ○ / ×

2 액체 자석은 반자성체 분말을 액체에 넣어 만든다. ○ / ×

3 일반적으로 네오디뮴 자석은 철로 만들어진 자석보다 주변에 강한 자기장을 만들어 낼 수 있다. ○ / ×

4 하드 디스크의 플래터에는 상자성체의 얇은 막을 코팅해 정보를 저장한다. ○ / ×

8 전자기 유도 법칙

그림과 같이 솔레노이드에 막대자석의 N극을 가까이하였더니 검류계에 전류가 흘렀다.

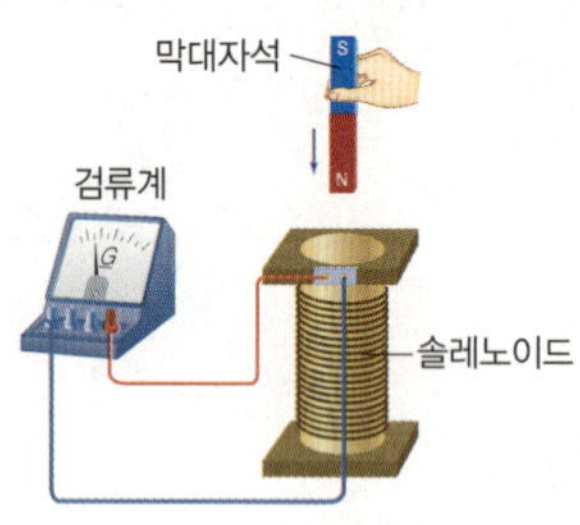

● 다음 설명 중 옳은 것은 ○표, 옳지 <u>않은</u> 것은 ×표 하시오.

1 솔레노이드와 자석 사이에는 서로 밀어내는 자기력이 작용한다. ○ / ×

2 자석을 더 빠르게 가져가면 검류계에 흐르는 유도 전류의 세기는 커진다. ○ / ×

3 솔레노이드에 흐르는 유도 전류에 의한 자기장의 방향은 솔레노이드 중심에서 아래 방향이다. ○ / ×

4 막대자석의 S극을 솔레노이드에 가까이 가져가면 검류계에 흐르는 전류의 방향은 반대가 된다. ○ / ×

5 막대자석의 S극을 솔레노이드에 가까이 가져가면 코일과 자석 사이에는 서로 끌어당기는 자기력이 작용한다. ○ / ×

9 전자기 유도의 이용

그림은 스마트폰이 충전 패드 위에서 무선 충전되고 있는 모습을 나타낸 것이다.

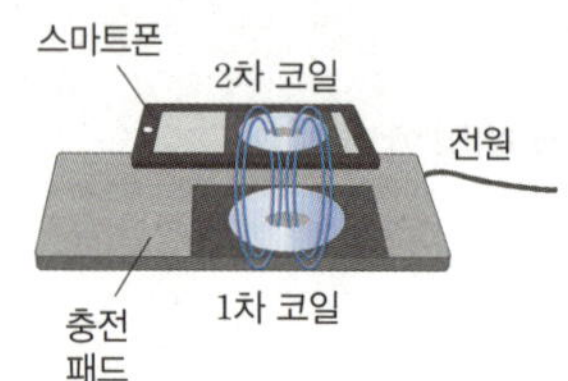

● 다음 설명 중 옳은 것은 ○표, 옳지 <u>않은</u> 것은 ×표 하시오.

1 1차 코일과 2차 코일은 직접 연결되어 있다. ○ / ×

2 충전 패드의 1차 코일에는 세기와 방향이 일정한 전류가 흐른다. ○ / ×

3 2차 코일을 통과하는 자기 선속은 항상 일정하게 유지된다. ○ / ×

4 스마트폰의 2차 코일에는 전자기 유도에 의해 유도 전류가 흐르게 된다. ○ / ×

학교 시험 대비 문제

01 그림은 종이면에 가만히 놓여 있는 막대자석 주변의 자기력선을 나타낸 것으로, 점 P와 Q는 종이면 위의 점이다.

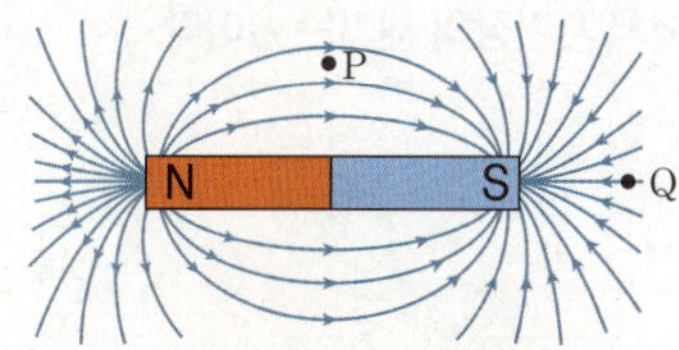

이에 대한 설명으로 옳은 것만을 |보기|에서 있는 대로 고른 것은?

> |보기|
> ㄱ. P와 Q에서 자기장의 방향은 같다.
> ㄴ. 자기력선의 간격이 좁을수록 자기장의 세기가 세다.
> ㄷ. 자기력선의 방향은 그 지점에서의 나침반의 N극이 가리키는 방향이다.

① ㄱ ② ㄷ ③ ㄱ, ㄴ
④ ㄴ, ㄷ ⑤ ㄱ, ㄴ, ㄷ

대표 유형 문제

03 그림은 종이면에 고정된 반지름이 r인 원형 도선에 세기가 I인 전류가 시계 반대 방향으로 흐르고 있는 것을 나타낸 것이다. 점 p는 원형 도선의 중심이고, 점 q는 원형 도선 밖의 종이면 위의 점이다.

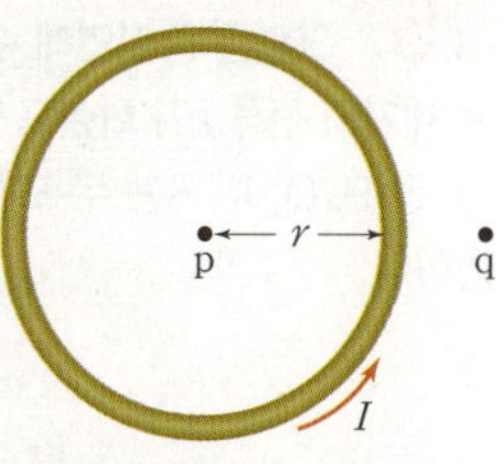

이에 대한 설명으로 옳은 것만을 |보기|에서 있는 대로 고른 것은?

> |보기|
> ㄱ. p에서 도선에 흐르는 전류에 의한 자기장의 방향은 종이면에서 수직으로 나오는 방향이다.
> ㄴ. q에서 도선에 흐르는 전류에 의한 자기장의 방향은 종이면에 수직으로 들어가는 방향이다.
> ㄷ. 도선의 반지름이 $2r$, 도선에 흐르는 전류의 세기가 $2I$가 되면 p에서 도선에 흐르는 전류에 의한 자기장의 세기는 4배가 된다.

① ㄱ ② ㄴ ③ ㄱ, ㄴ
④ ㄱ, ㄷ ⑤ ㄴ, ㄷ

대표 유형 문제

02 그림은 종이면에 고정된 무한히 긴 직선 도선에 세기가 I인 전류가 화살표 방향으로 흐르고 있는 것을 나타낸 것이다. 점 p, q는 각각 도선으로부터 왼쪽, 오른쪽으로 r, $2r$만큼 떨어져 있는 종이면 위의 점이다.

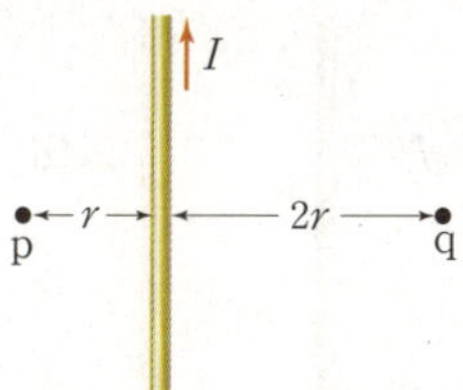

이에 대한 설명으로 옳은 것만을 |보기|에서 있는 대로 고른 것은?

> |보기|
> ㄱ. p와 q에서 도선에 흐르는 전류에 의한 자기장의 방향은 반대이다.
> ㄴ. 도선에 흐르는 전류에 의한 자기장의 세기는 q에서가 p에서의 2배이다.
> ㄷ. 도선에 흐르는 전류의 세기가 $2I$가 되면 p에서 도선에 흐르는 전류에 의한 자기장의 세기는 2배가 된다.

① ㄱ ② ㄴ ③ ㄱ, ㄷ
④ ㄴ, ㄷ ⑤ ㄱ, ㄴ, ㄷ

04 그림과 같이 직선 도선의 연직 아래에 나침반을 고정시키고 회로를 구성하였다.

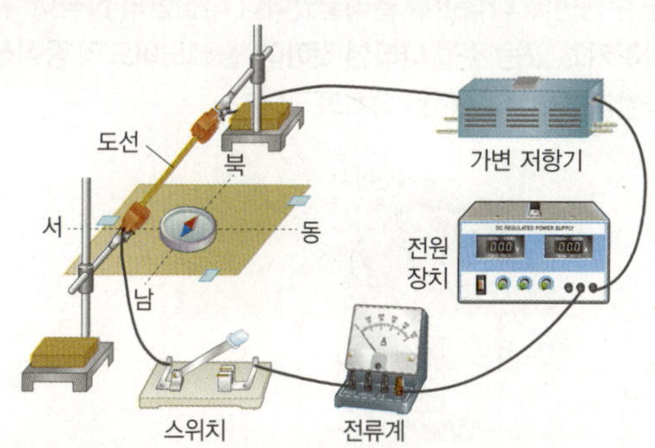

스위치를 닫으면 나침반의 N극이 북서쪽을 가리킬 때, 이에 대한 설명으로 옳은 것만을 |보기|에서 있는 대로 고른 것은?

> |보기|
> ㄱ. 직선 도선에 흐르는 전류의 방향은 북쪽이다.
> ㄴ. 도선에 흐르는 전류의 세기만 증가시키면 나침반은 북쪽으로 더 치우치게 된다.
> ㄷ. 도선에 흐르는 전류의 방향을 반대로 하면 나침반의 N극은 남동쪽을 가리키게 된다.

① ㄱ ② ㄴ ③ ㄷ
④ ㄱ, ㄷ ⑤ ㄴ, ㄷ

05 그림은 종이면에 수직으로 놓인 무한히 긴 직선 도선에 같은 세기의 전류 I가 화살표 방향으로 흐르고 있는 것을 나타낸 것이다. 점 P, Q, R, S는 두 도선으로부터 거리가 같은 종이면 위의 점들이다.

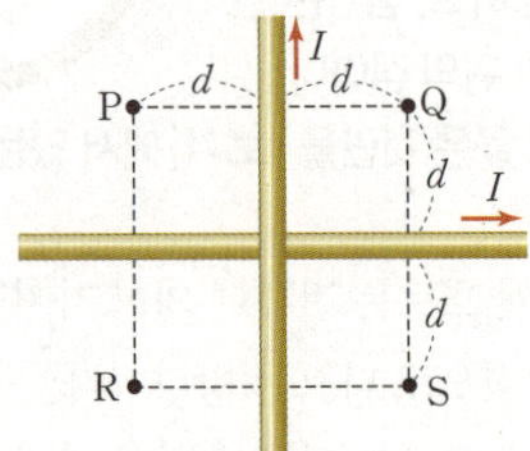

이에 대한 설명으로 옳은 것만을 |보기|에서 있는 대로 고른 것은?

보기
ㄱ. Q에서 자기장은 0이다.
ㄴ. P와 R에서 자기장의 세기는 같다.
ㄷ. S에서 자기장의 방향은 종이면에 수직으로 들어가는 방향이다.

① ㄱ   ② ㄷ   ③ ㄱ, ㄴ
④ ㄱ, ㄷ   ⑤ ㄴ, ㄷ

대표 유형 문제

06 그림은 일정한 전류가 흐르고 있는 솔레노이드의 오른쪽 중심 끝 수평면에 나침반을 올려놓았더니 나침반의 N극이 $+x$ 방향을 가리키고 있는 것을 나타낸 것이다. 솔레노이드의 중심선은 x축과 나란하고, a, b는 전원 장치의 극이다.

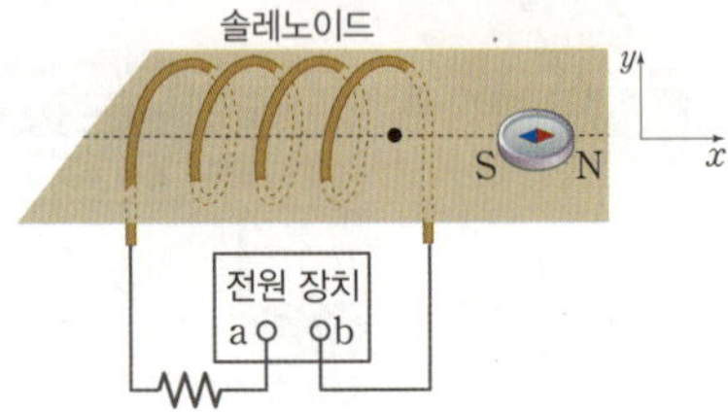

이에 대한 설명으로 옳은 것만을 |보기|에서 있는 대로 고른 것은? (단, 지구 자기장은 무시한다.)

보기
ㄱ. a는 (＋)극이다.
ㄴ. 솔레노이드에 흐르는 전류의 세기가 커지면 나침반이 놓인 지점에서 자기장의 세기는 커진다.
ㄷ. 솔레노이드의 단위 길이당 코일의 감은 수가 많아지면 나침반이 놓인 지점에서 자기장의 세기는 커진다.

① ㄱ   ② ㄴ   ③ ㄱ, ㄷ
④ ㄴ, ㄷ   ⑤ ㄱ, ㄴ, ㄷ

07 그림과 같이 종이면을 뚫고 지나가는 원형 도선 주변에 철가루들이 배열되어 있다. 원형 도선에는 세기가 I인 일정한 전류가 화살표 방향으로 흐르고 있고, 점 O는 원형 도선의 중심인 종이면 위의 점으로 O에서 자기장의 세기는 B이다.

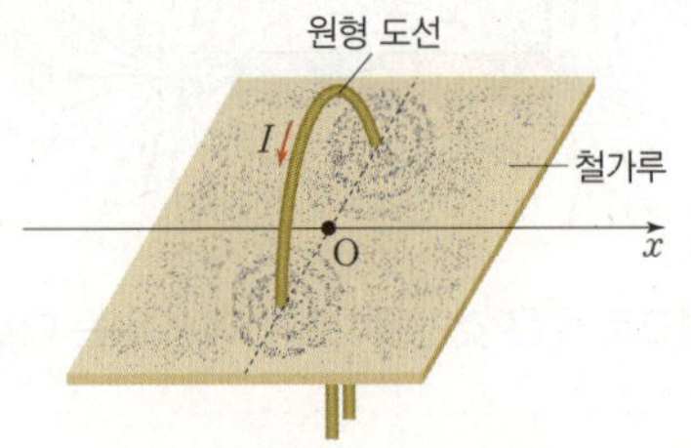

이에 대한 설명으로 옳은 것만을 |보기|에서 있는 대로 고른 것은? (단, 지구 자기장은 무시한다.)

보기
ㄱ. O 근처 철가루의 원자 자석은 $-x$ 방향으로 자기화된다.
ㄴ. 원형 도선에 흐르는 전류의 세기가 $2I$가 되면 O에서 원형 도선에 흐르는 전류에 의한 자기장의 세기는 $2B$가 된다.
ㄷ. 도선에 흐르는 전류가 0이 되면 O에서 자기장은 0이 된다.

① ㄱ   ② ㄴ   ③ ㄱ, ㄴ
④ ㄱ, ㄷ   ⑤ ㄴ, ㄷ

대표 유형 문제

08 그림은 무한히 긴 직선 도선 A, B가 종이면 위에서 나란하게 고정되어 있는 것을 나타낸 것이다. 점 p, q는 종이면 위의 점이고, q에서 자기장은 0이다.

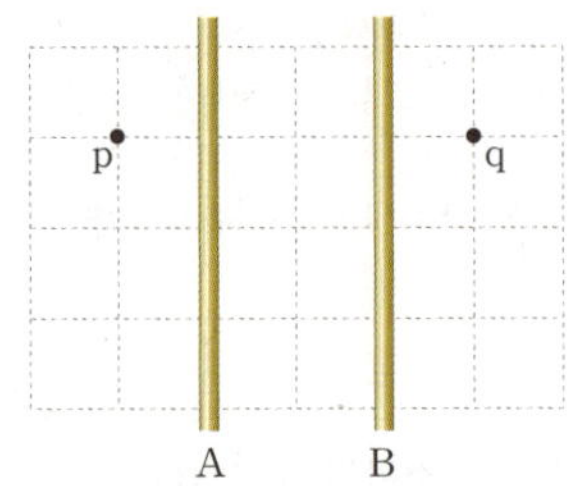

이에 대한 설명으로 옳은 것만을 |보기|에서 있는 대로 고른 것은? (단, 모눈 한 칸의 크기는 같고, 지구 자기장은 무시한다.)

보기
ㄱ. A와 B에 흐르는 전류의 방향은 반대이다.
ㄴ. p에서 자기장은 0이다.
ㄷ. A와 B 사이 종이면 위의 점에서 자기장이 0인 지점이 있다.

① ㄱ   ② ㄴ   ③ ㄷ
④ ㄱ, ㄷ   ⑤ ㄴ, ㄷ

09 그림은 각각 일정한 세기의 전류가 흐르는 종이면에 고정된 원형 도선 A와 직선 도선 B를 나타낸 것으로, A의 중심 P점에는 종이면에서 수직으로 나오는 방향으로 세기가 $2B$인 자기장이 형성되어 있다. B에 흐르는 전류의 방향만을 반대로 하였더니 P에서 자기장은 0이 되었다.

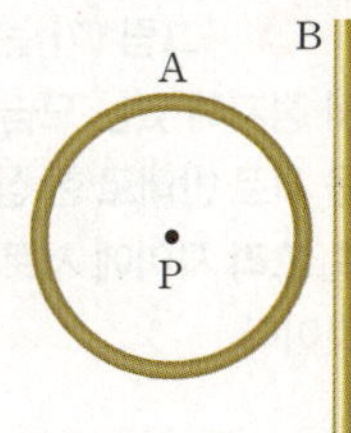

이에 대한 설명으로 옳은 것만을 |보기|에서 있는 대로 고른 것은? (단, 지구 자기장은 무시한다.)

> ─ 보기 ─
> ㄱ. B에 흐르는 전류의 방향을 반대로 하기 전 A와 B에 흐르는 전류에 의한 P에서 자기장의 방향은 서로 같다.
> ㄴ. A에는 시계 방향으로 전류가 흐르고 있다.
> ㄷ. B에 흐르는 전류에 의한 P에서 자기장의 세기는 B이다.

① ㄱ   ② ㄷ   ③ ㄱ, ㄴ
④ ㄱ, ㄷ   ⑤ ㄴ, ㄷ

10 그림과 같이 동일 직선상에 고정되어 있는 솔레노이드 A, B에 세기가 각각 $3I$, I인 일정한 전류가 흐르고 있다. A, B에 단위 길이당 코일이 감긴 수는 각각 n, $2n$이다. 점 P, Q는 솔레노이드의 중심을 통과하는 직선상의 양쪽 끝 점이다.

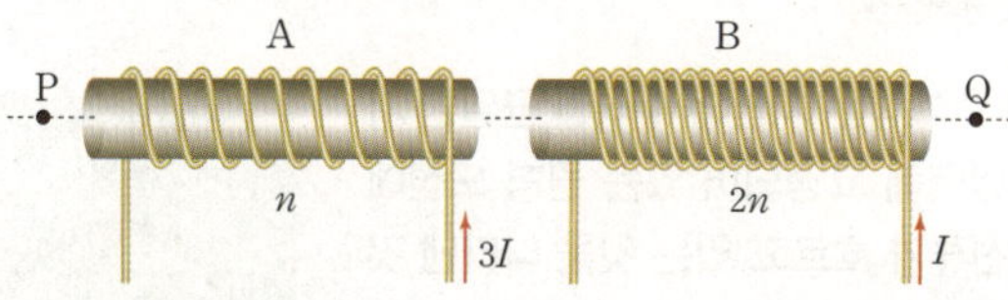

이에 대한 설명으로 옳은 것만을 |보기|에서 있는 대로 고른 것은? (단, 지구 자기장은 무시한다.)

> ─ 보기 ─
> ㄱ. A와 B 사이에는 서로 끌어당기는 자기력이 작용한다.
> ㄴ. 내부에서 자기장의 세기는 B가 A보다 크다.
> ㄷ. 자기장의 방향은 P에서와 Q에서가 같다.

① ㄱ   ② ㄴ   ③ ㄱ, ㄷ
④ ㄴ, ㄷ   ⑤ ㄱ, ㄴ, ㄷ

11 그림은 자기화되지 않은 어떤 물체에 외부 자기장을 가해 주었다가 제거하였을 때 물체의 원자 자석의 배열 변화를 나타낸 것이다.

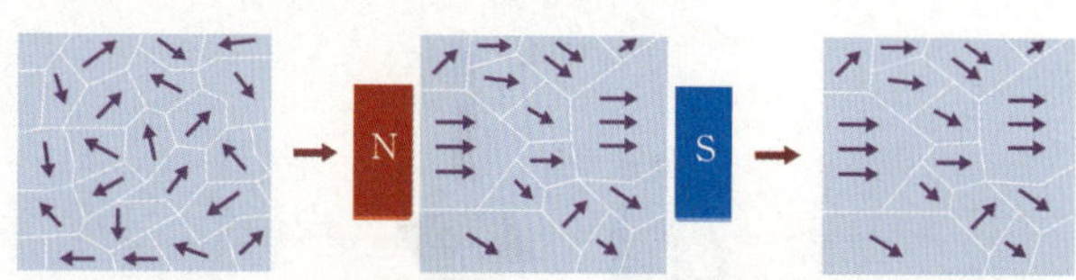

이에 대한 설명으로 옳은 것만을 |보기|에서 있는 대로 고른 것은?

> ─ 보기 ─
> ㄱ. 이 물체는 강자성체이다.
> ㄴ. 자기화되지 않은 이 물체에 자석을 가까이 가져가면 이 물체와 자석 사이에는 끌어당기는 자기력이 작용한다.
> ㄷ. 철과 니켈과 같은 물체는 이와 같은 자성을 가진다.

① ㄱ   ② ㄴ   ③ ㄱ, ㄷ
④ ㄴ, ㄷ   ⑤ ㄱ, ㄴ, ㄷ

12 그림 (가)는 물체 A와 B를 가까이했을 때 서로 끌어당기는 자기력이, (나)는 B와 C를 가까이했을 때 서로 밀어내는 자기력이 작용하는 것을 나타낸 것이다. A, B, C는 강자성체, 상자성체, 반자성체를 순서 없이 나타낸 것이다.

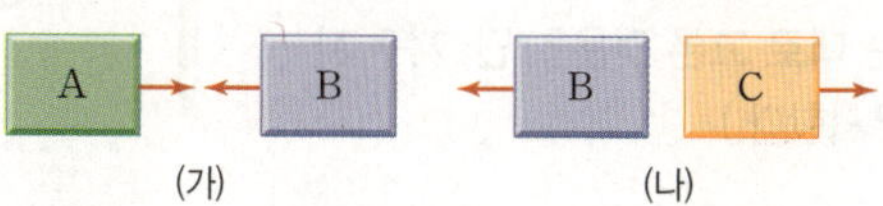

이에 대한 설명으로 옳은 것만을 |보기|에서 있는 대로 고른 것은?

> ─ 보기 ─
> ㄱ. C는 반자성체이다.
> ㄴ. B는 외부 자기장이 사라지더라도 자기화된 성질을 유지할 수 있다.
> ㄷ. A는 상자성체이다.

① ㄱ   ② ㄴ   ③ ㄱ, ㄷ
④ ㄴ, ㄷ   ⑤ ㄱ, ㄴ, ㄷ

13 그림은 솔레노이드에 막대자석의 N극을 아래로 하고 가까이할 때, 솔레노이드에 연결된 검류계에 유도 전류가 흐르고 있는 것을 나타낸 것이다.

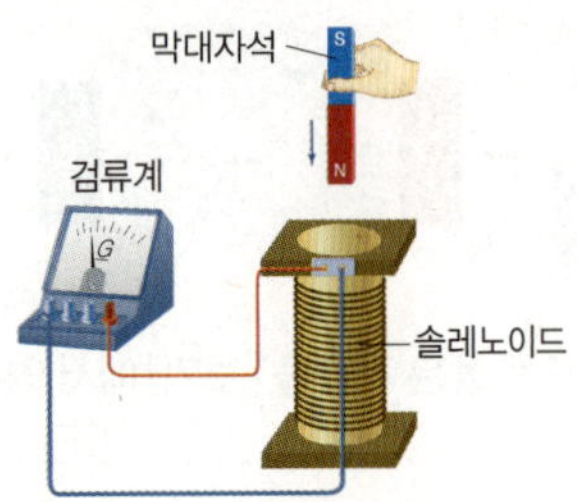

이에 대한 설명으로 옳은 것만을 |보기|에서 있는 대로 고른 것은?

보기
ㄱ. 자석이 솔레노이드에 가까이 접근하는 동안 솔레노이드 코일을 통과하는 자기 선속은 증가한다.
ㄴ. 막대자석을 솔레노이드에 넣은 채 가만히 있으면 검류계에 일정한 유도 전류가 흐른다.
ㄷ. 막대자석의 S극을 아래로 하고 자석을 솔레노이드에 가까이하면 검류계에 흐르는 전류의 방향은 반대가 된다.

① ㄱ
② ㄷ
③ ㄱ, ㄴ
④ ㄱ, ㄷ
⑤ ㄴ, ㄷ

15 그림 (가)는 막대자석이 실에 매달린 금속 고리의 왼쪽에서 정지해 있는 모습을 나타낸 것이고, (나)와 (다)는 막대자석의 극을 서로 반대로 한 상태에서 막대자석을 운동시킬 때 막대자석과 금속 고리 사이에 서로 끌어당기는 자기력이 작용하는 모습을 나타낸 것이다.

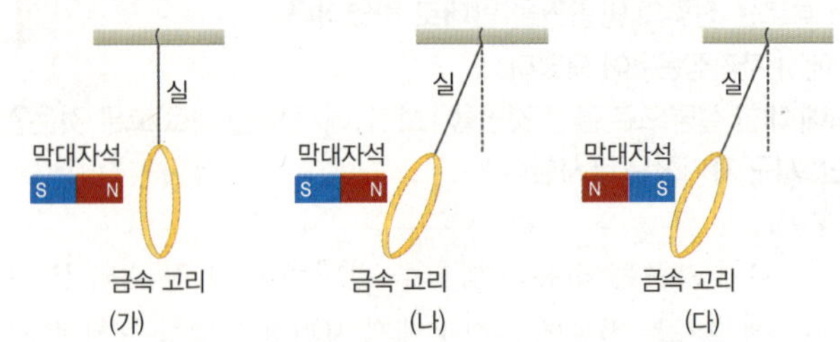

이에 대한 설명으로 옳은 것만을 |보기|에서 있는 대로 고른 것은?

보기
ㄱ. (가)에서 금속 고리에는 일정한 유도 전류가 흐른다.
ㄴ. (나)와 (다)에서 금속 고리에 흐르는 유도 전류의 방향은 같다.
ㄷ. (나)와 (다)에서 막대자석은 금속 고리로부터 모두 멀어지는 방향으로 운동하고 있다.

① ㄱ
② ㄷ
③ ㄱ, ㄴ
④ ㄱ, ㄷ
⑤ ㄴ, ㄷ

대표 유형 문제

14 그림은 xy 평면에 고정되어 있는 무한히 긴 직선 도선과 원형 도선을 나타낸 것이다. 직선 도선에는 $+y$ 방향으로 일정한 세기의 전류 I가 흐르고 있다. 이에 대한 설명으로 옳은 것만을 |보기|에서 있는 대로 고른 것은? (단, 지구 자기장은 무시한다.)

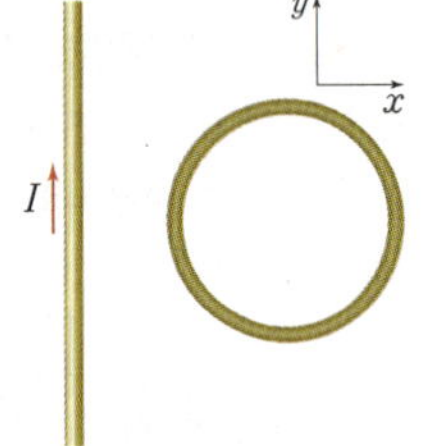

보기
ㄱ. I에 의해 원형 도선 내부에는 xy 평면에 수직으로 들어가는 방향으로 자기장이 형성되어 있다.
ㄴ. 원형 도선이 $+x$ 방향으로 움직이면 원형 도선을 통과하는 자기 선속은 감소한다.
ㄷ. 원형 도선을 $+y$ 방향으로 움직이면 원형 도선에는 시계 방향으로 유도 전류가 흐른다.

① ㄱ
② ㄷ
③ ㄱ, ㄴ
④ ㄱ, ㄷ
⑤ ㄴ, ㄷ

대표 유형 문제

16 그림은 지면에 수직인 균일한 자기장 영역에 고정되어 있는 원형 도선에 유도 전류가 흐르고 있는 것을 나타낸 것이다.
원형 도선에 시계 방향으로 일정한 유도 전류가 흐를 수 있는 자기장 영역의 방향과 세기의 변화로 옳은 것을 모두 고르면?

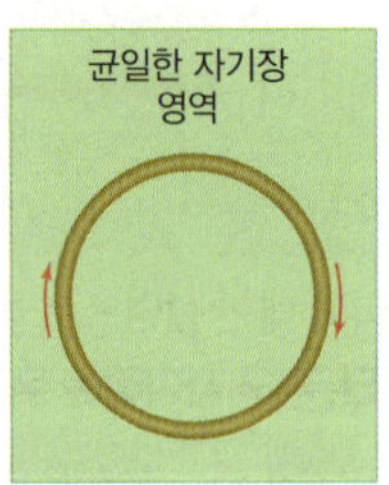

	자기장의 방향	자기장의 세기 변화
①	나오는 방향	세짐.
②	나오는 방향	약해짐.
③	들어가는 방향	세짐.
④	들어가는 방향	약해짐.
⑤	들어가는 방향	일정함.

고난도 문제

17 그림과 같이 xy 평면에 무한히 긴 직선 도선 A, 원형 도선 B, C가 고정되어 있다. A에는 $+y$ 방향으로 일정한 전류가 흐르고 B, C에는 일정한 세기의 전류가 각각 흐른다. 점 P는 B와 C의 공통 중심이다. 표는 B와 C에 흐르는 전류의 방향에 따른 P에서의 자기장을 나타낸 것이다.

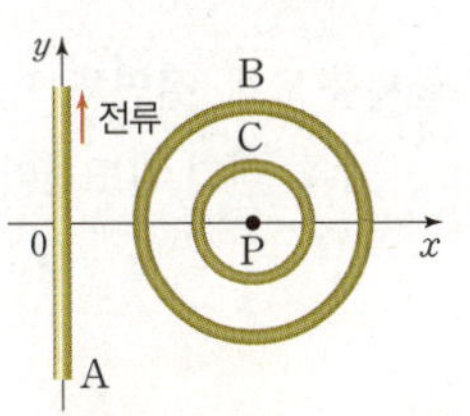

B에서 전류의 방향	C에서 전류의 방향	P에서 자기장	
		세기	방향
시계	시계	$5B_0$	㉠
시계	시계 반대	B_0	×
시계 반대	시계	$4B_0$	㉡

(×: xy 평면에 수직으로 들어가는 방향)

이에 대한 설명으로 옳은 것만을 |보기|에서 있는 대로 고른 것은? (단, 지구 자기장은 무시한다.)

> **보기**
> ㄱ. ㉠은 xy 평면에 수직으로 들어가는 방향이다.
> ㄴ. ㉡은 xy 평면에서 수직으로 나오는 방향이다.
> ㄷ. P에서 자기장의 세기는 A에 흐르는 전류에 의해서가 B에 흐르는 전류에 의해서보다 5배 크다.

① ㄱ   ② ㄴ   ③ ㄱ, ㄷ
④ ㄴ, ㄷ   ⑤ ㄱ, ㄴ, ㄷ

18 그림과 같이 xy 평면에 수직인 균일한 자기장 영역에 xy 평면에 놓인 원형 도선이 $+x$ 방향으로 들어가고 있다. 원형 도선이 자기장 영역에 완전히 들어가는 동안 균일한 자기장 영역의 자기장의 세기와

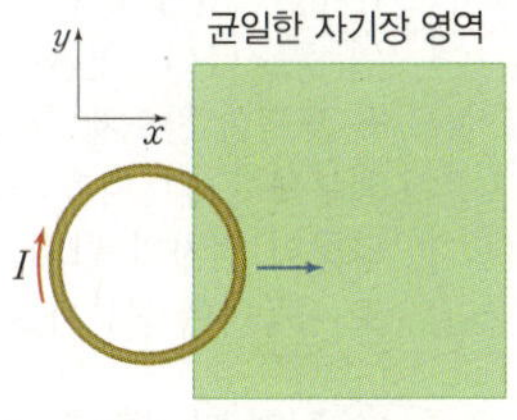

방향은 일정하며, 원형 도선에 흐르는 유도 전류는 시계 방향으로 I의 세기로 일정하게 흐른다.
원형 도선이 균일한 자기장 영역에 들어가고 있는 동안에 대한 설명으로 옳은 것만을 |보기|에서 있는 대로 고른 것은?

> **보기**
> ㄱ. 균일한 자기장 영역에서 자기장의 방향은 xy 평면에서 수직으로 나오는 방향이다.
> ㄴ. 원형 도선의 속력은 일정하다.
> ㄷ. 원형 도선에 작용하는 자기력의 방향은 $-x$ 방향이다.

① ㄱ   ② ㄴ   ③ ㄱ, ㄷ
④ ㄴ, ㄷ   ⑤ ㄱ, ㄴ, ㄷ

서술형 문제

19 그림과 같이 x축과 y축에 나란한 무한히 긴 두 도선이 평면에 고정되어 있다. 두 도선에는 각각 세기가 $2I$, I인 전류가 화살표 방향으로 흐르고 있다.

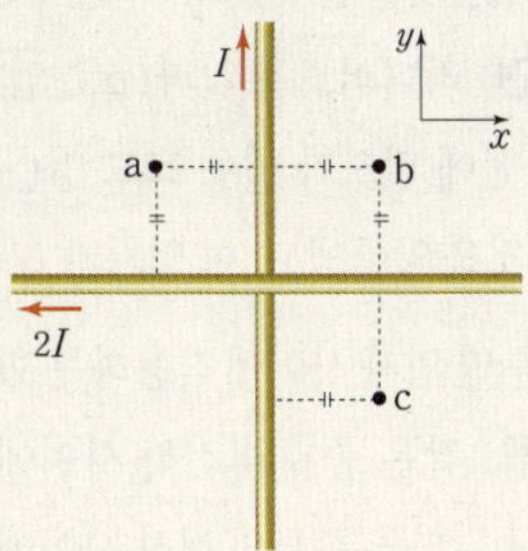

두 도선으로부터 각각 같은 거리만큼 떨어진 지점 a, b, c에서 자기장의 세기를 각각 B_a, B_b, B_c라 할 때, 자기장의 세기를 비교하고 그 까닭을 서술하시오.

20 그림과 같은 불이 켜지는 바퀴에는 영구 자석이 사용된다.

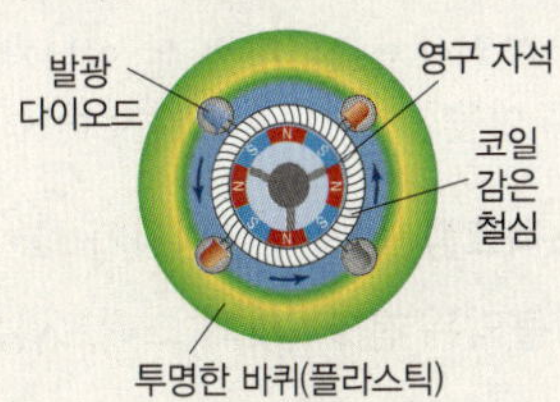

이러한 영구 자석은 어떤 자성체로 제작되어야 하는지 쓰고, 그 까닭을 서술하시오.

단원 한번에 정리하기

01 원자와 전기력, 스펙트럼

1 원자와 원자핵

- **전자의 발견**: 음극선은 질량을 가지며, 음(−)전하를 띤 입자의 흐름이라는 것을 알아냈고, 이 입자가 ❶( )이다.
- **원자핵의 발견**: 러더퍼드는 알파(α) 입자 산란 실험을 통해 원자의 중심에 밀도가 매우 크고 양(+)전하를 띠는 입자가 있다는 것을 알아냈고, 이 입자가 ❷( )이다.

2 전기력: 전하를 띤 입자 사이에 작용하는 힘

- **전기력의 종류**: 같은 종류의 전하 사이에는 서로 밀어내는 전기력(척력)이, 다른 종류의 전하 사이에는 서로 당기는 전기력(인력)이 작용한다.
- **전기력의 크기(F)**: 전기력의 크기는 두 전하의 전하량의 크기 q_1, q_2의 곱에 ❸( )하고, 두 전하 사이의 거리 r의 제곱에 ❹( )한다.

$$F = k\frac{q_1 q_2}{r^2}$$

- **원자핵과 전자 사이의 전기력**: 양(+)전하를 띠는 원자핵과 음(−)전하를 띠는 전자 사이에 서로 끌어당기는 전기력이 작용한다. 따라서 전자가 원자핵 주위를 벗어나지 않고 ❺( )을 한다.

3 원자의 스펙트럼: 빛이 프리즘이나 분광기를 통과할 때 파장에 따라 나누어진 빛의 띠로, 연속 스펙트럼과 선 스펙트럼이 있다.

4 보어의 원자 모형

- **에너지의 ❻( )**: 전자는 특정한 에너지 값만 가질 수 있다.
- **전자의 전이**: 전자가 에너지 준위 사이를 이동할 때, 두 에너지 준위의 ❼( )에 해당하는 에너지를 흡수하거나 방출한다.

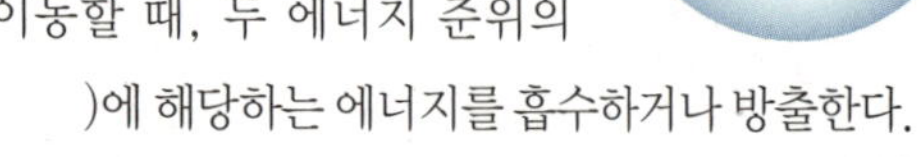

에너지를 흡수할 때	에너지를 방출할 때
낮은 에너지 준위에서 높은 에너지 준위로 이동	높은 에너지 준위에서 낮은 에너지 준위로 이동

- **원자의 선 스펙트럼**: 원자의 에너지가 ❽( )적이므로 원자에서 방출되는 전자기파의 스펙트럼은 선이 띄엄띄엄 나타나는 선 스펙트럼이다.
- **수소 원자의 에너지 준위**: 수소 원자에서 전자의 에너지 준위는 불연속적이다.

$$E_n = -\frac{13.6}{n^2}\text{ eV} \ (\text{단, } n=1, 2, 3 \cdots)$$

02 에너지띠와 반도체

1 고체의 에너지띠: 전자의 에너지 준위가 매우 가깝게 존재하여 띠의 형태로 존재하는 에너지 준위 영역

- ❶( ): 전자가 존재하는 영역 중에서 에너지 준위가 가장 높은 상태의 에너지띠
- **전도띠**: 원자가 띠 바로 위의 에너지띠
- ❷( ): 전자가 존재할 수 없는 영역으로, 원자가 띠와 전도띠 사이의 에너지 간격이다.

2 고체의 전기 전도성: 띠 간격에 따라 물체를 도체, 절연체, 반도체로 구분한다. 띠 간격이 ❸( )수록 전기 전도성이 좋다.

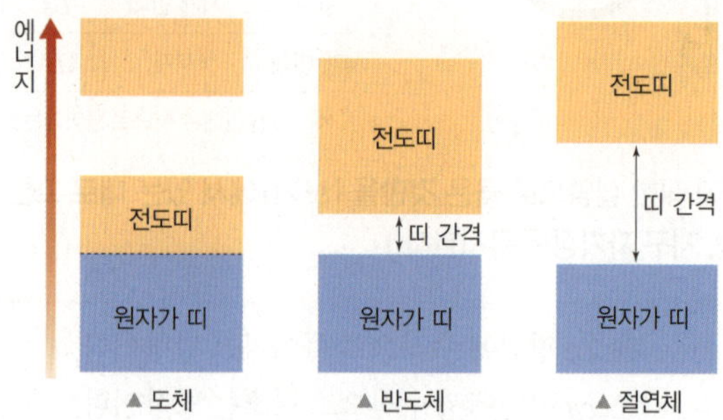

3 전기 전도도: 물질의 전기 전도성을 정량적으로 나타낸 물리량으로, 외부 전압에 의해 물체에서 전자가 자유롭게 이동할 수 있는 정도를 의미한다.

4 고유(순수) 반도체: Si(규소), Ge(저마늄)과 같은 반도체로, 인접한 원자들과 공유 결합을 한다.

5 불순물 반도체: 고유 반도체에 특정한 불순물을 도핑한 반도체이다.

❹( )	❺( )
• 원자가 전자가 4개인 규소(Si)에 원자가 전자가 3개인 붕소(B), 인듐(In) 등을 도핑한 반도체이다.	• 원자가 전자가 4개인 규소(Si)에 원자가 전자가 5개인 비소(As), 인(P) 등을 도핑한 반도체이다.
• 외부에서 에너지를 공급하면 양공이 전자와 반대 방향으로 이동하여 전류가 흐른다.	• 외부에서 에너지를 공급하면 남는 전자가 이동하여 전류가 흐른다.

6 p−n 접합 다이오드: p형 반도체와 n형 반도체를 접합시켜 양 끝에 전극을 붙인 전기 소자이다. ❻( ) 전압이 걸리면 전류가 흐른다.

❼( ) 전압	❽( ) 전압
p형 반도체에 전원의 (+)극을, n형 반도체에 전원의 (−)극을 연결한다.	p형 반도체에 전원의 (−)극을, n형 반도체에 전원의 (+)극을 연결한다.

7 발광 다이오드(LED): 순방향 전압이 걸리면 전류가 흐르고, ❾( )에 해당하는 만큼의 에너지가 빛으로 방출된다.

8 광 다이오드: 빛을 비추면 전류가 흐르는 다이오드로, 광센서, 화재 감지기, 광통신 등에 이용

03 전류에 의한 자기 작용

1 자기장과 자기력선: 자석이나 전류 주위에 자기력이 작용하는 공간을 자기장이라고 하며, 이러한 자기장의 모양을 나타낸 선을 ❶(　　　)이라고 한다.

- **자기력선의 특징**: 자기력선의 방향은 나침반의 N극이 가리키는 방향이며 서로 교차하거나 갈라지지 않고, 자기력선이 조밀할수록 자기장의 세기가 ❷(　　　).

2 직선 전류와 원형 전류에 의한 자기장

구분	직선 전류에 의한 자기장	원형 전류에 의한 자기장
방향	• 오른손 엄지손가락: ❸(　　　)의 방향 • 네 손가락: 자기장 방향	• 오른손 엄지손가락: 전류의 방향 • 네 손가락: 원형 도선 내부에서의 자기장 방향
세기	전류의 세기에 비례, 도선으로부터의 거리에 ❹(　　　)	원형 도선 중심에서 전류의 세기에 ❺(　　　), 도선의 반지름에 반비례

3 솔레노이드에 의한 자기장

- **내부에서 자기장의 세기**: 단위 길이당 코일의 감은 수에 비례하고, ❻(　　　　)에 비례한다.
- 솔레노이드 내부에는 균일한 세기의 자기장이 형성된다.
- **솔레노이드 내부에서 자기장의 방향**: 오른손 네 손가락을 전류의 방향으로 감아쥘 때 엄지손가락이 가리키는 방향이다.

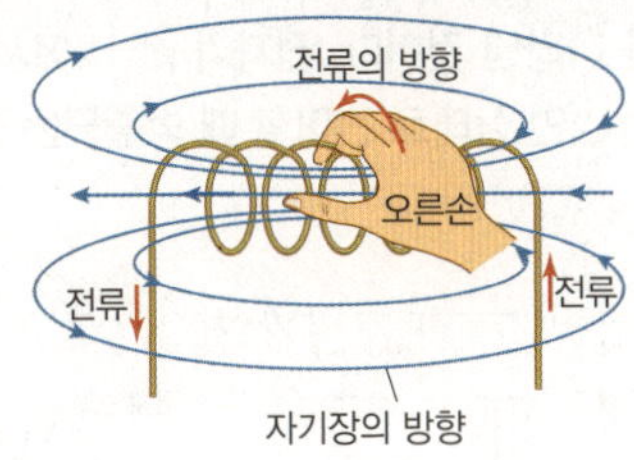

4 전류에 의한 자기장의 이용

- ❼(　　　): 코일 내부에 철심을 넣은 것으로, 전자석 기중기, 스피커, 자기 부상 열차, 초인종 등에 이용된다.
- **전동기**: 자석 사이에 들어 있는 코일에 전류가 흐를 때 코일이 자기력을 받아 회전하게 만든 장치로, 세탁기, 선풍기, 진공 청소기 등에 이용된다.

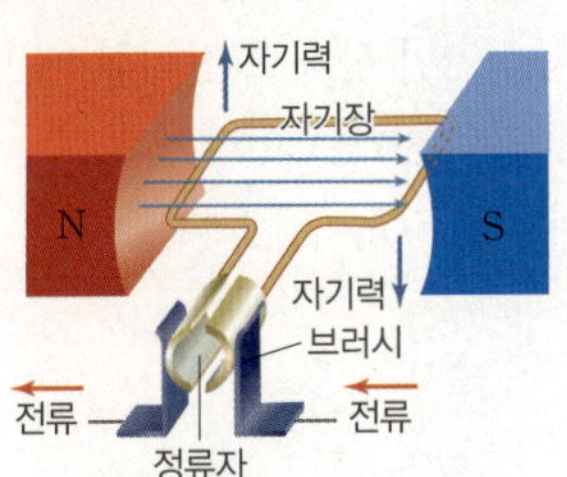

04 물질의 자성과 전자기 유도

1 자성의 원인: 전자의 ❶(　　　) 운동과 전자의 자전(스핀)에 의해 나타난다.

2 자성체의 종류

강자성체	상자성체	반자성체
외부 자기장의 방향과 ❷(　　　) 방향으로 자기화되는 비율이 높으며, 외부 자기장이 없어지더라도 자성을 오래 유지할 수 있다. 예 철, 니켈, 코발트 등	외부 자기장과 같은 방향으로 자기화되는 비율이 강자성체보다 낮으며, 외부 자기장이 사라지면 자성이 바로 사라진다. 예 종이, 알루미늄, 마그네슘 등	외부 자기장이 없을 때는 자성을 갖는 원자가 없고, 외부 자기장을 걸어 주면 외부 자기장과 ❸(　　　) 방향으로 자기화된다. 예 구리, 유리, 물 등

3 자성체의 활용: 실생활에는 주로 외부 자기장을 제거해도 자성이 유지되는 강자성체가 많이 이용된다.

예 전자석, 액체 자석, 네오디뮴 자석, 하드 디스크 등

4 전자기 유도: 자석과 코일의 상대적인 운동에 의해 코일 내부를 통과하는 자기 선속이 변할 때 코일에 유도 기전력이 발생하여 유도 전류가 흐르는 현상

- ❹(　　　): 전자기 유도가 일어날 때 자기 선속의 변화를 방해하는 방향으로 유도 전류에 의한 자기장이 형성되도록 유도 전류가 흐른다.

N극이 접근할 때	N극이 멀어질 때
위쪽에 ❺(　　　)을 만들어 척력이 작용하도록 유도 전류가 흐름.	위쪽에 ❻(　　　)을 만들어 인력이 작용하도록 유도 전류가 흐름.

- **패러데이 법칙**: 유도 기전력(V)은 코일의 ❼(　　　)(N)가 많을수록, 자기 선속의 시간 변화율이 클수록 크다.

$$V = -N\frac{\Delta \Phi}{\Delta t} \text{ (단위: V)}$$

- **유도 기전력의 크기**: 코일 내부를 통과하는 ❽(　　　)이 빠르게 변할수록 커진다.
- **전자기 유도의 이용**: 발전기, 다이나믹 마이크, 교통 카드 판독기 등에 이용

01 다음은 보어의 수소 원자 모형에 대한 설명이다. (2점)

보어는 원자 속 전자가 특정한 궤도에서만 운동할 수 있고, 궤도와 궤도 사이에는 존재할 수 없다는 원자 모형을 제안하였다.

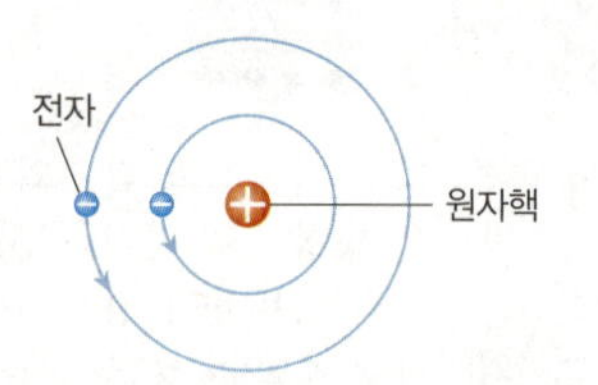

이에 대한 설명으로 옳은 것만을 |보기|에서 있는 대로 고른 것은?

보기
ㄱ. 전자가 가지는 에너지는 불연속적이다.
ㄴ. 전자가 전이할 때 방출하는 빛의 파장은 에너지에 비례한다.
ㄷ. 전자가 존재하는 궤도의 양자수가 커질수록 전자가 가지는 에너지가 크다.

① ㄱ   ② ㄴ   ③ ㄷ
④ ㄱ, ㄷ   ⑤ ㄴ, ㄷ

02 그림과 같이 점전하 A, B, C가 일정한 간격으로 떨어져 x축상에 고정되어 있다. B와 C는 모두 음($-$)전하이고, 전하량의 크기는 같다. B와 C가 받는 전기력의 방향은 $+x$ 방향이고, 크기는 F로 같다. (4점)

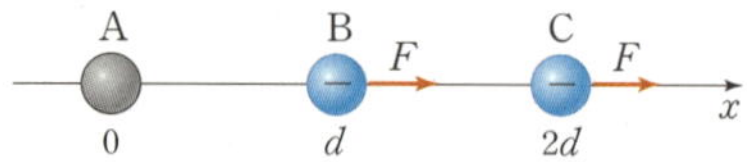

A의 전하의 종류와 A가 받는 전기력의 크기로 옳은 것은?

	전하의 종류	전기력의 크기
①	음($-$)전하	F
②	양($+$)전하	F
③	음($-$)전하	$2F$
④	양($+$)전하	$2F$
⑤	음($-$)전하	$3F$

03 그림과 같이 점전하 A, B가 x축상에 고정되어 있고, 점 p, q, r는 x축상의 점이다. 표는 양($+$)전하인 C를 p, q, r에 옮겨가며 고정시켜 놓았을 때, C가 받는 전기력의 방향과 크기를 나타낸 것이다. (4점)

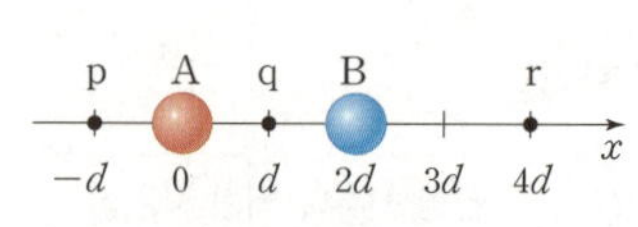

위치	전기력의 방향	전기력의 크기
p	$-x$	F_0
q	$+x$	㉠
r	없음	0

이에 대한 설명으로 옳은 것만을 |보기|에서 있는 대로 고른 것은?

보기
ㄱ. A와 B 사이에는 서로 당기는 전기력이 작용한다.
ㄴ. 전하량의 크기는 A가 B보다 작다.
ㄷ. ㉠은 F_0보다 크다.

① ㄱ   ② ㄴ   ③ ㄱ, ㄷ
④ ㄴ, ㄷ   ⑤ ㄱ, ㄴ, ㄷ

04 그림은 보어의 수소 원자 모형에서 양자수 n에 따른 전자의 에너지 준위를 나타낸 것이다. 전자가 $n=2$에서 $n=1$인 상태로, $n=3$에서 $n=2$인 상태로 전이할 때 방출되는 빛의 파장은 각각 λ_1, λ_2이다. (4점)

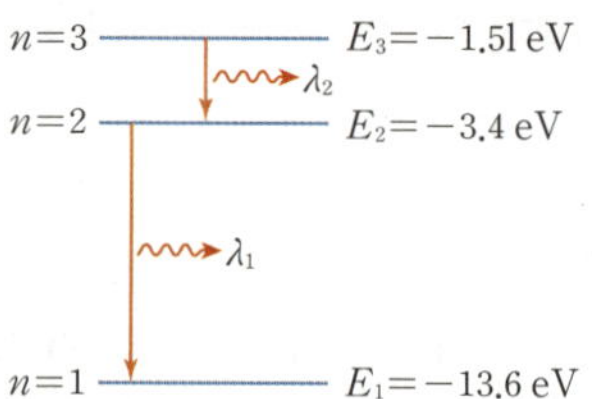

이에 대한 설명으로 옳은 것만을 |보기|에서 있는 대로 고른 것은?

보기
ㄱ. $n=1$인 상태의 전자가 파장이 $\lambda_1 + \lambda_2$인 빛을 흡수하면 $n=3$인 상태로 전이한다.
ㄴ. $n=3$에서 $n=2$인 상태로 전이할 때 방출되는 광자 1개의 에너지는 4.91 eV이다.
ㄷ. 진공에서의 파장은 λ_1이 λ_2보다 짧다.

① ㄱ   ② ㄴ   ③ ㄷ
④ ㄱ, ㄴ   ⑤ ㄴ, ㄷ

05 (4점)
그림 (가)는 가열된 수소 기체에서 방출된 선 스펙트럼에서 파장이 λ_1, λ_2인 스펙트럼선을 나타낸 것이다. 그림 (나)는 보어의 수소 원자 모형에서 양자수 n에 따른 에너지 준위의 일부를 나타낸 것으로, a, b, c는 (가)의 스펙트럼선을 만드는 전자의 전이이다.

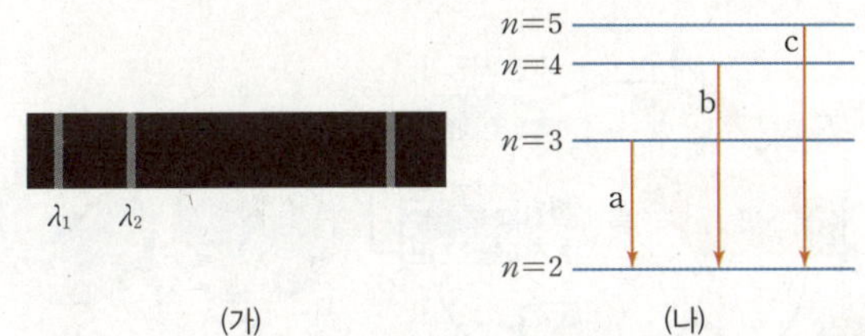

이에 대한 설명으로 옳은 것만을 |보기|에서 있는 대로 고른 것은?

> **보기**
> ㄱ. λ_1은 a에 의해 방출된 빛의 파장이다.
> ㄴ. $\lambda_1 > \lambda_2$이다.
> ㄷ. 전이 과정에서 방출된 빛의 에너지는 a에서가 b에서보다 작다.

① ㄱ 　② ㄴ 　③ ㄷ
④ ㄱ, ㄴ 　⑤ ㄴ, ㄷ

06 (4점)
그림은 고체 A, B의 에너지띠 구조를 나타낸 것이다. A와 B는 도체와 절연체를 순서 없이 나타낸 것이다.

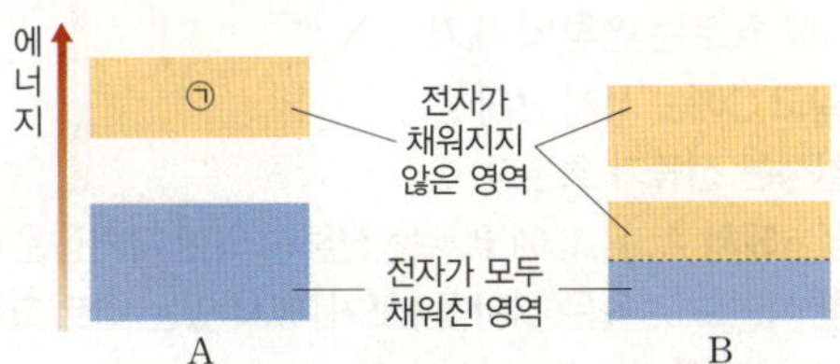

이에 대한 설명으로 옳은 것만을 |보기|에서 있는 대로 고른 것은?

> **보기**
> ㄱ. A의 ㉠은 원자가 띠이다.
> ㄴ. 온도가 높을수록 A의 ㉠에 존재하는 전자의 수는 증가한다.
> ㄷ. B는 도체이다.

① ㄱ 　② ㄴ 　③ ㄷ
④ ㄱ, ㄷ 　⑤ ㄴ, ㄷ

07 (2점)
그림은 고체 A와 B의 에너지띠 구조를 나타낸 것이다. A와 B는 각각 도체와 절연체 중 하나이고, 파란색 부분은 에너지띠에 전자가 차 있는 것을 나타낸다.

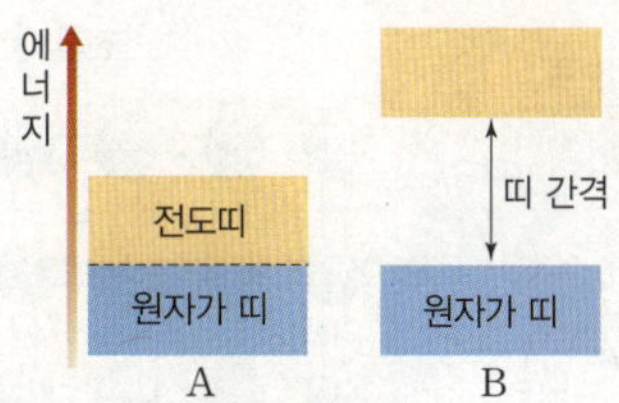

이에 대한 설명으로 옳은 것만을 |보기|에서 있는 대로 고른 것은?

> **보기**
> ㄱ. A는 도체이다.
> ㄴ. B에서 원자가 띠의 전자가 전도띠로 전이하려면 띠 간격 이상의 에너지를 흡수해야 한다.
> ㄷ. 상온에서 자유 전자의 밀도는 A가 B보다 크다.

① ㄱ 　② ㄷ 　③ ㄱ, ㄴ
④ ㄴ, ㄷ 　⑤ ㄱ, ㄴ, ㄷ

08 (4점)
그림과 같이 p-n 접합 다이오드를 이용하여 회로를 구성하였다. 스위치 S를 a에 연결했을 때 X와 Y가 접합면 쪽으로 이동하였고, 저항에는 전류가 흘렀다. X, Y는 전자와 양공을 순서 없이 나타낸 것이다.

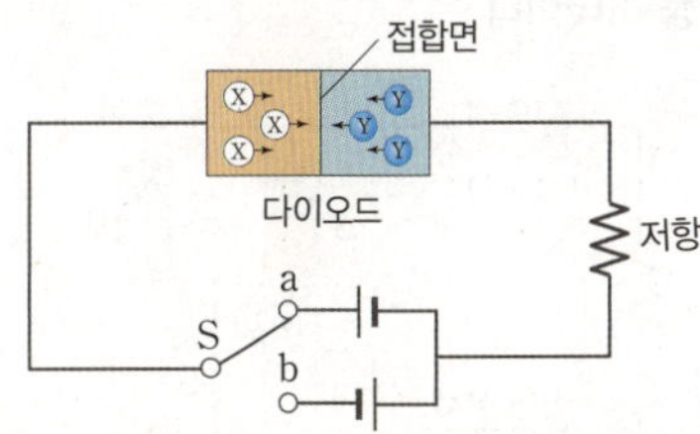

이에 대한 설명으로 옳은 것만을 |보기|에서 있는 대로 고른 것은?

> **보기**
> ㄱ. X는 전자이다.
> ㄴ. S를 b에 연결하면 Y는 접합면에서 멀어지는 방향으로 이동한다.
> ㄷ. 다이오드의 공핍층은 S를 a에 연결할 때가 b에 연결할 때보다 두껍다.

① ㄱ 　② ㄴ 　③ ㄷ
④ ㄱ, ㄴ 　⑤ ㄴ, ㄷ

09 (4점)
그림은 p-n 접합 다이오드, 전지, 저항이 연결된 회로와 순수한 저마늄(Ge)에 불순물 A를 첨가한 반도체 X를 구성하는 원소와 원자가 전자의 배열을 나타낸 것이다.

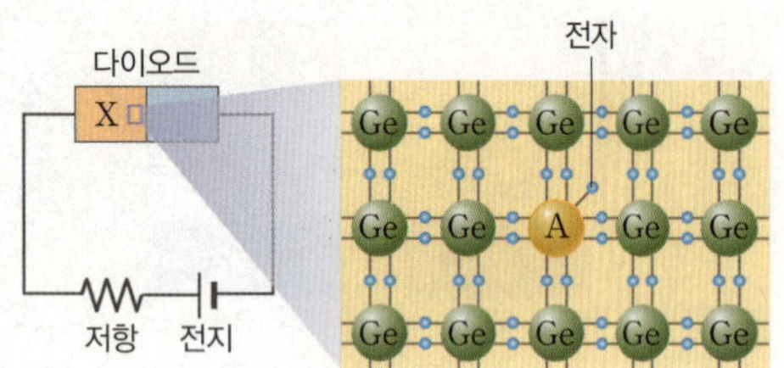

이에 대한 설명으로 옳은 것만을 |보기|에서 있는 대로 고른 것은?

> **보기**
> ㄱ. 원자가 전자는 A가 저마늄(Ge)보다 1개 더 많다.
> ㄴ. X는 n형 반도체이다.
> ㄷ. 다이오드에는 순방향 전압이 걸린다.

① ㄱ ② ㄷ ③ ㄱ, ㄴ
④ ㄴ, ㄷ ⑤ ㄱ, ㄴ, ㄷ

10 (4점)
그림과 같이 발광 다이오드(LED), p-n 접합 다이오드 A와 B를 전원 장치에 연결하여 회로를 구성하였다. 스위치 S를 a에 연결했을 때에만 LED에서 빛이 방출되었다. X는 p형 반도체와 n형 반도체 중 하나이다.

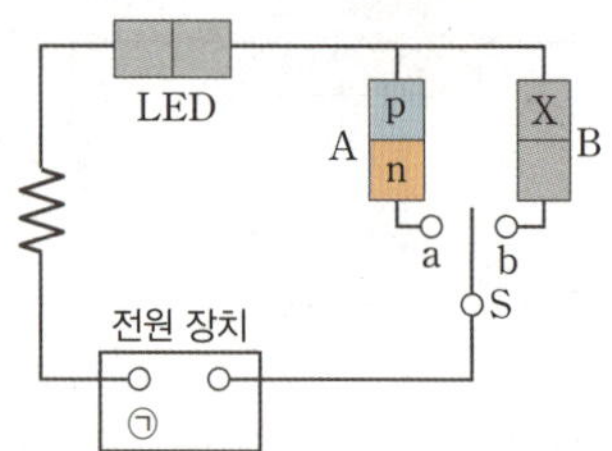

이에 대한 설명으로 옳은 것만을 |보기|에서 있는 대로 고른 것은?

> **보기**
> ㄱ. ㉠은 (−)극이다.
> ㄴ. S를 b에 연결할 때, B의 n형 반도체의 전자는 접합면에서 멀어지는 쪽으로 이동한다.
> ㄷ. X는 주로 양공이 전류를 흐르게 한다.

① ㄱ ② ㄴ ③ ㄷ
④ ㄱ, ㄴ ⑤ ㄴ, ㄷ

11 (2점)
그림 (가)는 직선 도선에 흐르는 전류에 의한 자기장을 알아보기 위한 실험 장치를 나타낸 것이다. 그림 (나)는 (가)에서 조건을 각각 달리하며 스위치를 닫아 도선에 일정한 전류를 흘려 줄 때, 나침반이 회전해 정지해 있는 것을 나타낸 것이다.

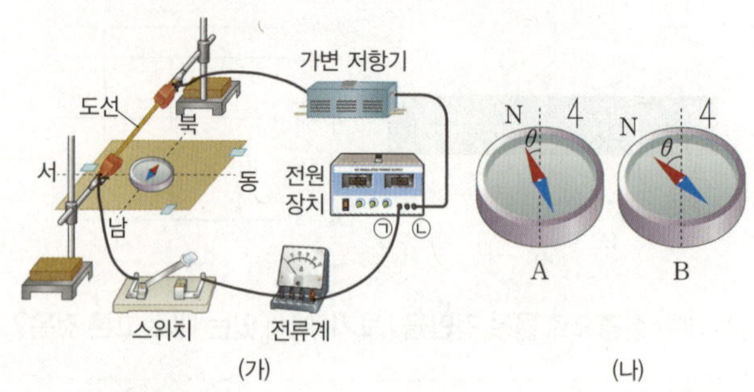

이에 대한 설명으로 옳은 것만을 |보기|에서 있는 대로 고른 것은?

> **보기**
> ㄱ. ㉠은 (−)극이다.
> ㄴ. 전류의 세기 조건만 다르다면, 전류의 세기는 B에서가 A에서보다 크다.
> ㄷ. 도선과 나침반 사이의 거리 조건만 다르다면, 도선과 나침반 사이의 거리는 A에서가 B에서보다 크다.

① ㄱ ② ㄷ ③ ㄱ, ㄴ
④ ㄴ, ㄷ ⑤ ㄱ, ㄴ, ㄷ

12 (4점)
그림은 xy 평면에서 x축, y축과 각각 나란하게 고정되어 있는 무한히 긴 직선 도선 A, B와 원형 도선 C를 나타낸 것이다. A, B에 흐르는 전류의 세기는 서로 같고 C에는 시계 반대 방향으로 일정한 전류가 흐른다. C의 중심점 p에서 A, B, C에 흐르는 전류에 의한 자기장은 0이다.

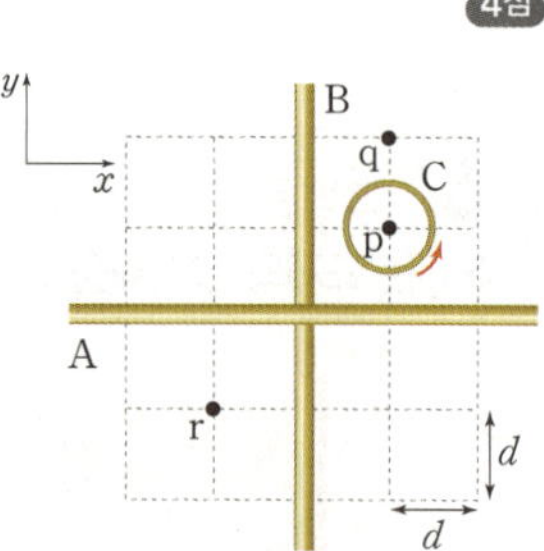

이에 대한 설명으로 옳은 것만을 |보기|에서 있는 대로 고른 것은? (단, 지구 자기장은 무시한다.)

> **보기**
> ㄱ. A에 흐르는 전류의 방향은 $-x$ 방향이다.
> ㄴ. C의 중심이 점 q가 되도록 C를 옮기면 q에서 자기장의 방향은 xy 평면에 수직으로 들어가는 방향이다.
> ㄷ. C의 중심이 점 r가 되도록 C를 옮기면 r에서 자기장의 방향은 xy 평면에서 수직으로 나오는 방향이다.

① ㄱ ② ㄷ ③ ㄱ, ㄴ
④ ㄱ, ㄷ ⑤ ㄴ, ㄷ

13 그림 (가)와 (나)는 xy 평면에 고정되어 있는 원형 도선 A와 무한히 긴 직선 도선 B를 나타낸 것이다. (가), (나)에서 B에 흐르는 전류의 방향만 반대이고 나머지 조건은 동일하다. A의 중심 p점에서 A, B에 흐르는 전류에 의한 의한 자기장의 방향은 반대이고 세기는 각각 $3B$, $9B$이다.

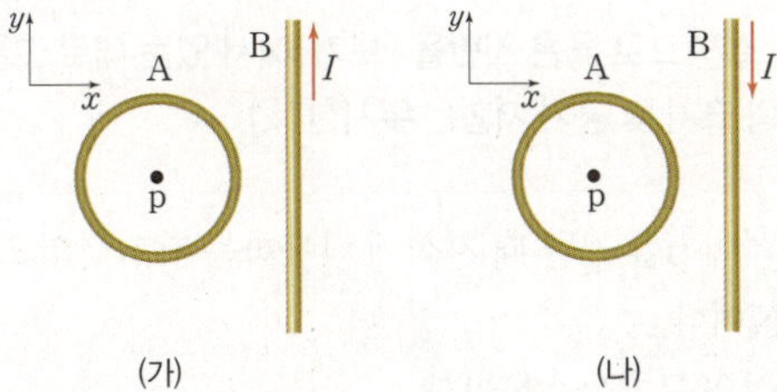

이에 대한 설명으로 옳은 것만을 |보기|에서 있는 대로 고른 것은?

보기
ㄱ. (가)의 p에서 자기장의 방향은 xy 평면에서 수직으로 나오는 방향이다.
ㄴ. A에는 시계 방향으로 전류가 흐른다.
ㄷ. p에서 B에 흐르는 전류에 의한 자기장의 세기는 A에 흐르는 전류에 의한 자기장의 세기의 2배이다.

① ㄱ 　② ㄷ 　③ ㄱ, ㄴ
④ ㄴ, ㄷ 　⑤ ㄱ, ㄴ, ㄷ

14 그림과 같이 y축과 나란한 무한히 긴 직선 도선 A, C와 반지름이 a인 원형 도선 B가 xy 평면에 고정되어 있다. A에는 일정한 전류 I가 화살표 방향으로 흐르고 있고 B, C에는 각각 세기가 I, I_0인 전류가 흐르고 있다. B의 중심 p에서 xy 평면에서 수직으로 나오는 방향으로 세기가 B_0인 자기장이 형성되어 있다. 다른 조건은 그대로이고 B에 흐르는 전류의 세기만 2배로 하였을 때, p에서 자기장의 방향은 그대로이고 자기장의 세기는 $2B_0$이 된다.

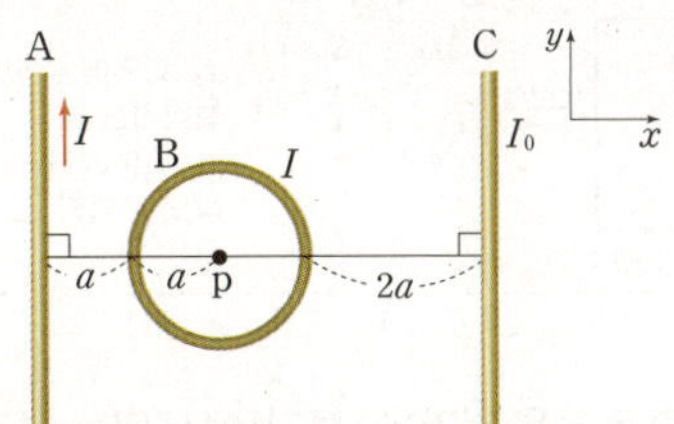

이에 대한 설명으로 옳은 것만을 |보기|에서 있는 대로 고른 것은? (단, 지구 자기장은 무시한다.)

보기
ㄱ. A와 C에 흐르는 전류의 방향은 서로 반대이다.
ㄴ. C에 흐르는 전류의 세기가 A에 흐르는 전류의 세기보다 크다.
ㄷ. B에 흐르는 전류의 방향은 시계 반대 방향이다.

① ㄱ 　② ㄷ 　③ ㄱ, ㄴ
④ ㄴ, ㄷ 　⑤ ㄱ, ㄴ, ㄷ

15 그림은 종이면에 놓인 중심이 점 O로 모두 같은 원형 도선 A, B, C에 같은 세기의 일정한 전류가 흐를 때, O에서 A, B, C에 의한 자기장이 0인 것을 나타낸 것이다. A에 흐르는 전류에 의한 O에서의 자기장의 세기는 B_0이다.

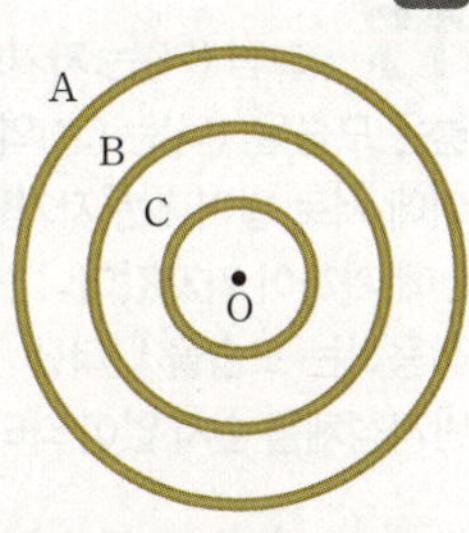

이에 대한 설명으로 옳은 것만을 |보기|에서 있는 대로 고른 것은?

보기
ㄱ. A와 B에 흐르는 전류의 방향은 반대이다.
ㄴ. C에 흐르는 전류에 의한 O에서의 자기장의 세기는 $2B_0$보다 크다.
ㄷ. A에 흐르는 전류의 방향만 반대가 되면 O에서 자기장의 세기는 $2B_0$이 된다.

① ㄱ 　② ㄷ 　③ ㄱ, ㄴ
④ ㄴ, ㄷ 　⑤ ㄱ, ㄴ, ㄷ

16 그림 (가), (나), (다)와 같이 질량이 같은 자성체 A, B, C를 저울에 매달고 A, B, C의 연직 아래에 동일한 자석을 가만히 놓았더니 (가), (나), (다)에서 측정된 저울의 눈금이 각각 11 N, 12 N, 9.8 N이었다. A, B, C는 강자성체, 상자성체, 반자성체를 순서 없이 나타낸 것이다.

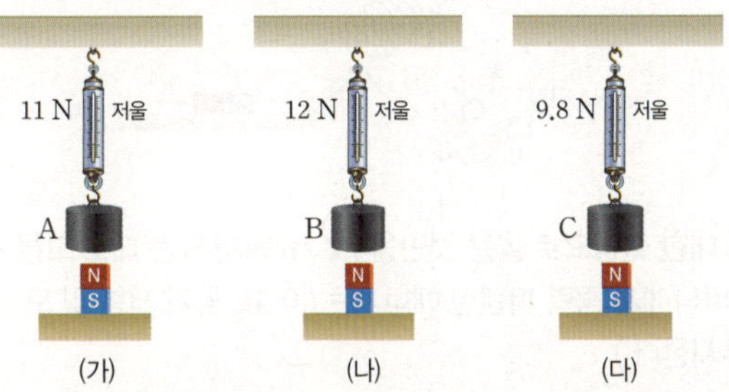

이에 대한 설명으로 옳은 것만을 |보기|에서 있는 대로 고른 것은?

보기
ㄱ. 자석과 A 사이에는 끌어당기는 자기력이 작용한다.
ㄴ. B의 아래에 자석을 제거하더라도 B가 매달린 저울의 눈금은 12 N을 유지한다.
ㄷ. C의 아래에 자석을 제거하면 C가 매달린 저울의 눈금은 11 N을 유지한다.

① ㄱ 　② ㄷ 　③ ㄱ, ㄴ
④ ㄴ, ㄷ 　⑤ ㄱ, ㄴ, ㄷ

17 (4점)

그림 (가)는 자기화되지 않은 물체 A를 외부 자기장 속에 놓은 모습을, (나)는 (가)의 A를 B에 가까이 가져갔더니 A와 B 사이에 서로 밀어내는 자기력이 작용하는 모습을, (다)는 (나)의 B를 C에 가까이 가져갔더니 B와 C 사이에 서로 끌어당기는 자기력이 작용하는 모습을 나타낸 것이다. A, B, C는 강자성체, 상자성체, 반자성체를 순서 없이 나타낸 것이다.

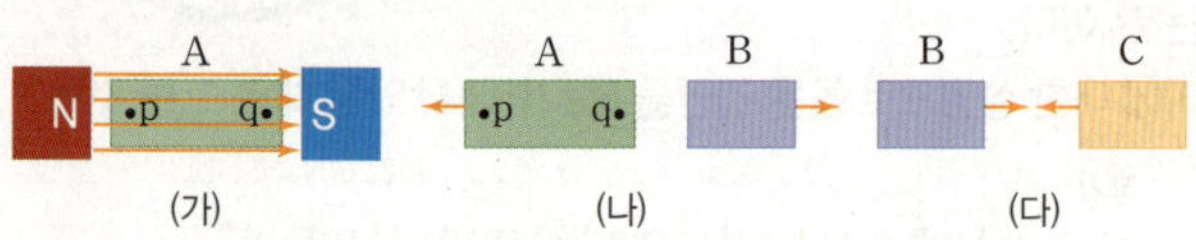

이에 대한 설명으로 옳은 것만을 |보기|에서 있는 대로 고른 것은?

> **보기**
> ㄱ. (가)에서 A의 p는 S극으로 자기화된다.
> ㄴ. B는 반자성체이다.
> ㄷ. C는 외부 자기장이 제거되면 자기화된 성질이 사라진다.

① ㄱ   ② ㄷ   ③ ㄱ, ㄴ
④ ㄴ, ㄷ   ⑤ ㄱ, ㄴ, ㄷ

18 (4점)

그림과 같이 스위치를 a에 연결하고 질량이 m인 자석을 기울어진 레일 위의 p점에서 가만히 놓았더니 자석이 p-n 접합 다이오드가 연결된 고정된 코일을 통과한 후 v의 속력으로 바닥에 도달하였다.

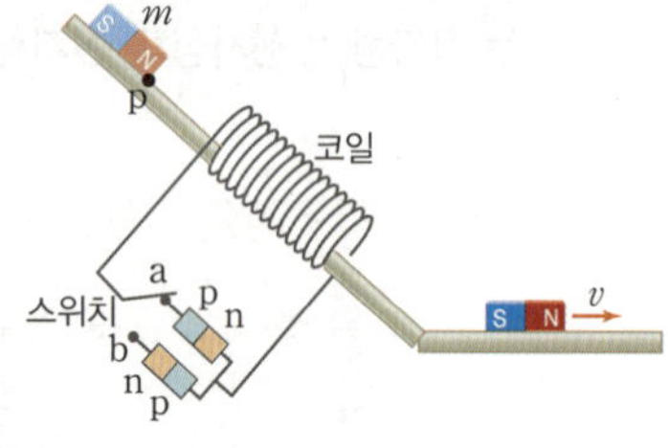

이에 대한 설명으로 옳은 것만을 |보기|에서 있는 대로 고른 것은? (단, 바닥에서 중력 퍼텐셜 에너지는 0이고, 공기 저항 및 모든 마찰은 무시한다.)

> **보기**
> ㄱ. 자석이 코일에 접근하는 동안 자석과 코일 사이에는 밀어내는 자기력이 작용한다.
> ㄴ. p점에서 자석의 중력 퍼텐셜 에너지는 $\frac{1}{2}mv^2$이다.
> ㄷ. 스위치를 b에 연결하고 자석을 가만히 놓으면 자석이 코일에 접근하는 동안 다이오드에는 순방향 전압이 걸린다.

① ㄱ   ② ㄷ   ③ ㄱ, ㄴ
④ ㄴ, ㄷ   ⑤ ㄱ, ㄴ, ㄷ

19 (2점)

그림은 저울 위에 연직으로 세워진 무게가 10 N인 구리관 위에 자석을 가만히 놓은 모습을 나타낸 것이다. 점 p, q는 자석이 지나가는 구리관 내부의 한 점이다. 자석이 p, q를 각각 지날 때 저울로 측정한 무게가 각각 12 N, 13 N이다.

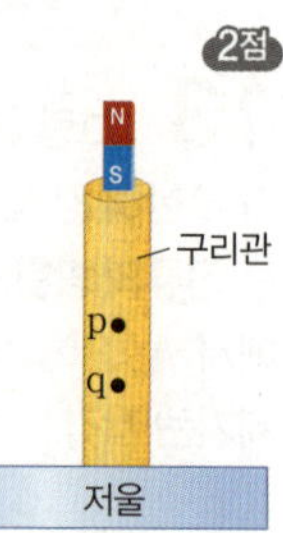

이에 대한 설명으로 옳은 것만을 |보기|에서 있는 대로 고른 것은? (단, 자석의 크기 및 공기 저항은 무시한다.)

> **보기**
> ㄱ. 자석이 p를 지날 때 자석에 작용하는 자기력의 크기는 2 N이다.
> ㄴ. 자석의 무게는 2 N이다.
> ㄷ. 자석이 p를 지나기 전과 후에 p에 흐르는 유도 전류의 방향은 반대이다.

① ㄱ   ② ㄷ   ③ ㄱ, ㄴ
④ ㄱ, ㄷ   ⑤ ㄴ, ㄷ

20 (4점)

그림과 같이 xy 평면에 놓여 있는 직사각형 구리 도선 P가 $+x$ 방향으로 1 cm/s의 일정한 속력으로 균일한 자기장 영역 1, 영역 2를 통과한다. 시간 $t=0$일 때, P의 위치는 $x=0$이다. 영역 1, 영역 2에서 자기장의 세기는 $2B_0$, B_0으로 일정하다.

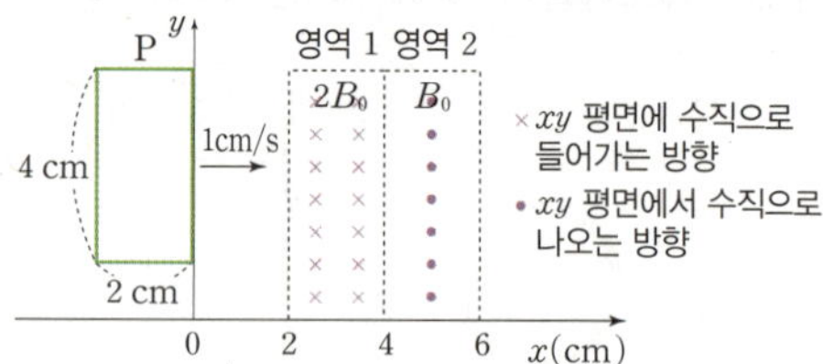

이에 대한 설명으로 옳은 것만을 |보기|에서 있는 대로 고른 것은?

> **보기**
> ㄱ. $t=3$초일 때 P에 흐르는 유도 전류의 방향은 시계 반대 방향이다.
> ㄴ. P에 흐르는 유도 전류의 세기는 $t=5$초일 때가 $t=7$초일 때의 2배이다.
> ㄷ. P에 작용하는 자기력의 방향은 $t=3$초일 때와 $t=5$초일 때가 같다.

① ㄱ   ② ㄴ   ③ ㄱ, ㄷ
④ ㄴ, ㄷ   ⑤ ㄱ, ㄴ, ㄷ

[21~22] 그림은 점전하 A, B가 각각 $x=0$, $x=2d$에, 양$(+)$ 전하인 점전하 C가 $x=-d$에 고정되어 있는 모습을 나타낸 것이다. C가 받는 전기력은 0이다.

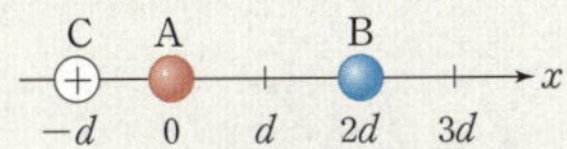

21 A가 B로부터 받는 전기력의 방향을 그 까닭과 함께 서술하시오. (4점)

22 A, B의 전하량의 크기를 각각 Q_A, Q_B라고 할 때, $\dfrac{Q_A}{Q_B}$를 풀이 과정과 함께 구하시오. (5점)

23 그림 (가)는 p-n 접합 다이오드, 직류 전원, 교류 전원, 저항을 이용하여 구성한 회로를 나타낸 것이다. 그림 (나)는 스위치를 각각 a에 연결했을 때와 b에 연결했을 때 저항에 흐르는 전류의 세기를 시간에 따라 나타낸 것이다. (가)의 A, B는 p형 반도체와 n형 반도체를 순서 없이 나타낸 것이다.

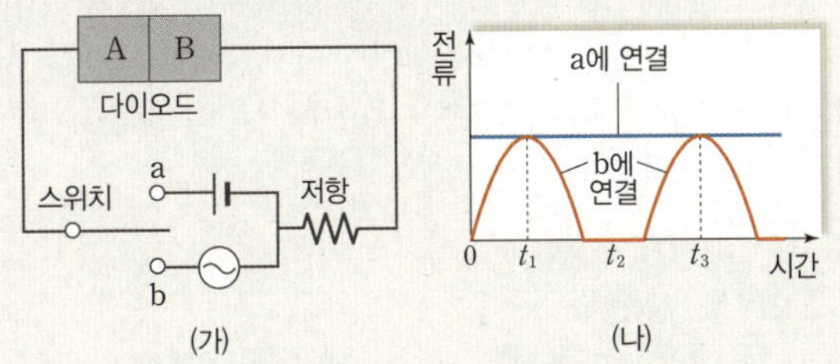

(1) A, B의 주요 전하 운반자를 각각 쓰시오. (2점)

(2) 스위치를 b에 연결한 후, t_1일 때와 t_2일 때 다이오드에서 양공의 이동 방향을 서술하시오. (5점)

24 그림 (가), (나)와 같이 xy 평면에 수직인 동일한 균일한 자기장 영역에 저항값이 R인 저항이 연결된 ㄷ자형 도선이 xy 평면 위에 고정되어 있다. 그 위에 올려진 금속 막대를 (가)에서는 도선에 수직인 채로, (나)에서는 도선과 θ의 각을 유지하며 $+x$ 방향으로 속력 v로 당기고 있다.

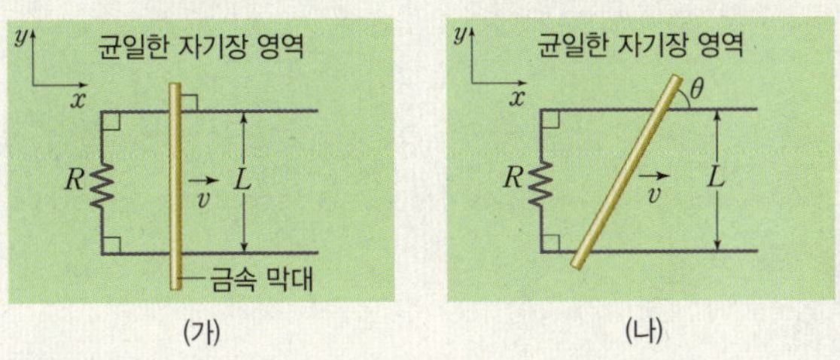

(가)와 (나)에서 저항에 흐르는 전류의 크기를 비교하고, 그 까닭을 서술하시오. (7점)

25 그림과 같이 솔레노이드의 연직 위 P점에서 자석의 N극이 아래를 향하게 하여 속력 v로 연직 아래로 운동시켰더니 솔레노이드에 연결된 검류계의 바늘이 오른쪽으로 θ만큼 회전하였다.

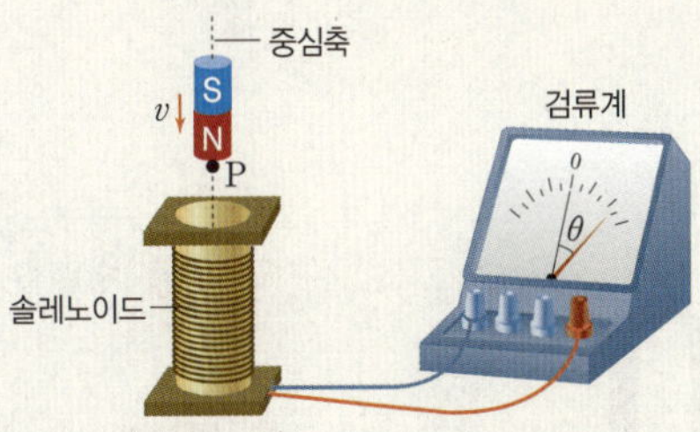

자석이 P점을 지나는 순간 검류계의 바늘이 왼쪽으로 θ보다 큰 각으로 회전하게 만들 수 있는 방법을 2가지 서술하시오. (7점)

III 파동과 정보 통신

1 파동의 성질과 이용

01 파동의 진행과 굴절

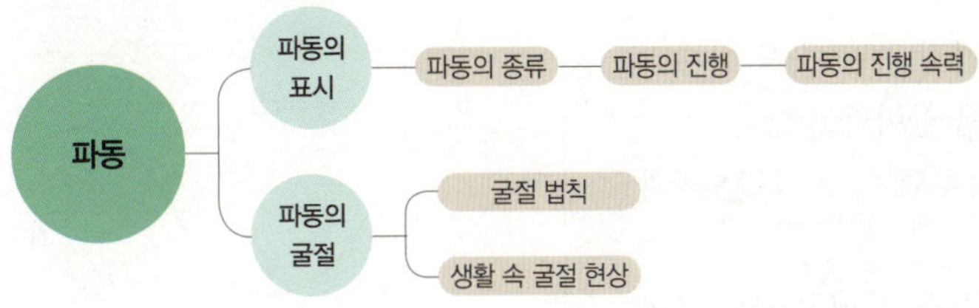

02 전반사와 전자기파

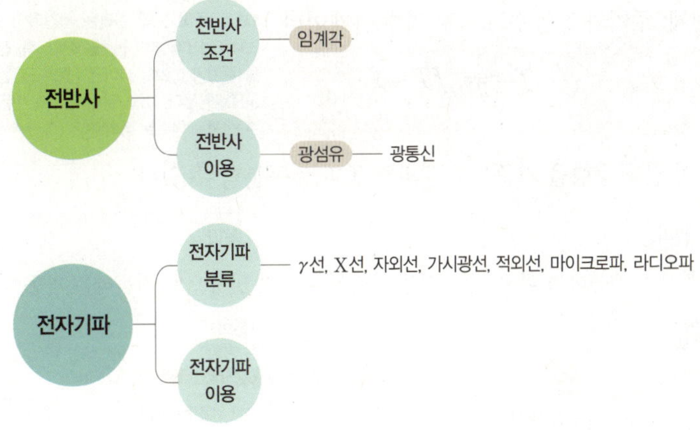

03 파동의 간섭

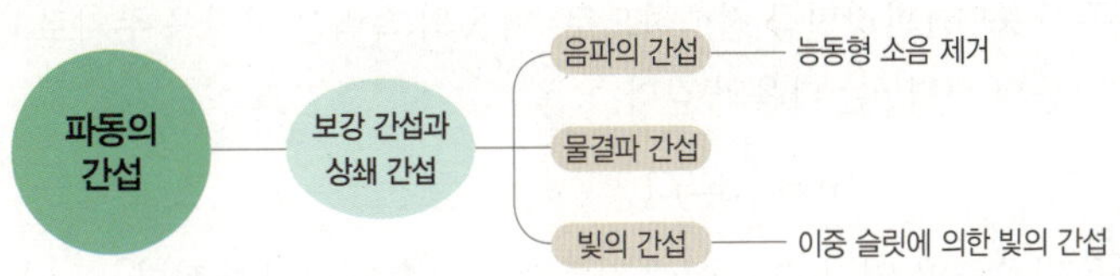

01 파동의 진행과 굴절

1 파동

개념 공간이나 물질의 한 부분에서 생긴 진동이 주위로 퍼져나가는 현상을 파동이라고 한다.

1. 파동의 진행과 표시

(1) **파원**: 파동이 처음 시작된 곳

(2) **매질**: 파동을 전달하는 물질

파동의 종류	물결파	지진파	소리(음파)	전자기파
매질	물	땅	공기, 물, 금속 등	필요 없음.

(3) **마루와 골**: 파동의 가장 높은 곳을 마루라 하고, 가장 낮은 곳을 골이라고 한다.

(4) **파장(λ)**: 이웃한 마루와 마루, 또는 골과 골 사이의 거리 매질이 1회 진동하는 동안 이동한 거리이다.

(5) **진폭(A)**: 진동 중심으로부터 마루나 골까지의 거리

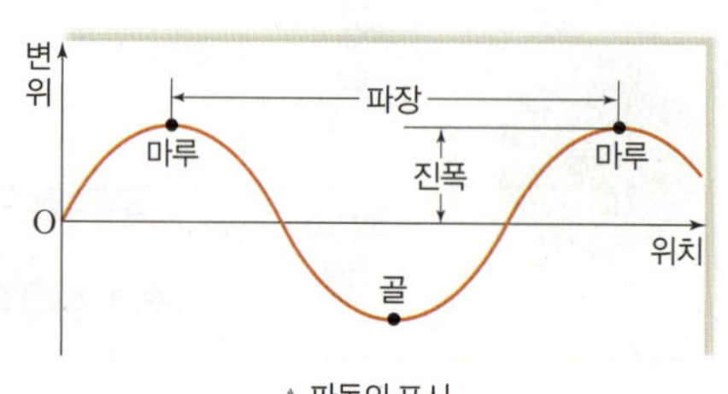

▲ 파동의 표시

(6) **주기(T)와 진동수(f)**

❶ 주기: 파동이 한 번 진동하는 데 걸리는 시간

❷ 진동수: 파동이 1초 동안 진동하는 횟수 [단위: Hz(헤르츠)]

❸ 주기와 진동수의 관계: 주기와 진동수는 서로 역수 관계이다. 1번 진동하는 데 걸리는 시간이 0.2초이면 1초에 5번 진동을 한다. 즉, 진동 주기가 0.2초(s)이면 진동수(f)는 5 Hz가 된다. 이와 같이 주기와 진동수는 서로 역수로 정의된다.

$$f=\frac{1}{T}, \ fT=1$$

2. 파동의 종류

(1) **횡파와 종파**: 파동의 진동 방향을 기준으로 횡파와 종파로 구분할 수 있다.

횡파	종파
진행 방향에 수직 방향으로 진동하는 파동	진행 방향에 나란한 방향으로 진동하는 파동
예 전자기파, 지진파의 S파	예 음파, 지진파의 P파

(2) **평면파와 구면파**: 파면이 평면이거나 직선인 파동을 평면파라 하고, 파면이 구면이거나 원형인 파동을 구면파라고 한다.

3. 파동의 속력

파동은 1주기 동안 1파장만큼 진행하므로, 파동의 속력은 파장을 주기로 나눈 값과 같다. 따라서 파동의 속력 v는 다음과 같다.

$$v=\frac{\lambda}{T}=f\lambda$$

(1) 동일한 매질에서 파동의 속력은 일정하다. 이때 진동수가 클수록 파장이 짧다.

(2) **매질에 따른 파동의 속력**

❶ 음파의 속력: 음파의 속력은 고체에서가 가장 빠르고, 기체에서 가장 느리다. 또 공기 중에서 전달될 때 공기의 온도가 높을수록 음파의 속력이 빠르다.

파동의 전파
파동이 전파할 때 에너지와 정보가 전달되며, 매질은 제자리에서 진동만 하고 이동하지 않는다.

파동과 매질
20세기 이전에는 파동이 전파되기 위해서는 반드시 매개 물질이 필요하다고 생각하였다. 그러나 20세기 이후, 전자기파와 같은 파동은 매질이 없는 진공에서도 전파된다는 것이 밝혀졌다.

종파의 파장
종파의 파장은 이웃한 밀한 곳과 밀한 곳, 또는 소한 곳과 소한 곳 사이의 거리와 같다.

음파의 속력
고체 > 액체 > 기체

❷ 물결파의 속력: 물의 깊이가 파장보다 짧은 영역에서는 물의 깊이가 깊을수록 물결파의 속력이 빠르다. 물의 깊이가 얕으면 바닥과의 마찰 때문에 물결파의 속력이 느려진다.

❸ 줄에서 파동의 속력: 줄이 가늘고 팽팽할수록 파동의 속력이 빠르다.

❷ 파동 그래프

개념 파동의 변위를 위치 또는 시간에 따라 나타낸 그래프로, 파동의 운동 상태를 파악한다.

1. **변위-위치 그래프**: 파동의 변위를 위치에 따라 나타낸 그래프로, 파동의 진폭과 파장을 알 수 있다.

2. **변위-시간 그래프**: 파동의 변위를 시간에 따라 나타낸 그래프로, 파동의 진폭, 주기, 진동수를 알 수 있다.

변위
위치의 변화량을 말한다. 파동의 변위는 진동 중심에서 위치가 얼마나 변했는지를 의미한다.

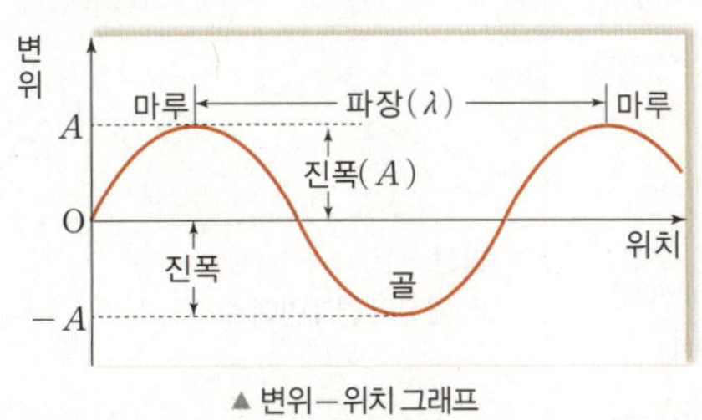

▲ 변위-위치 그래프

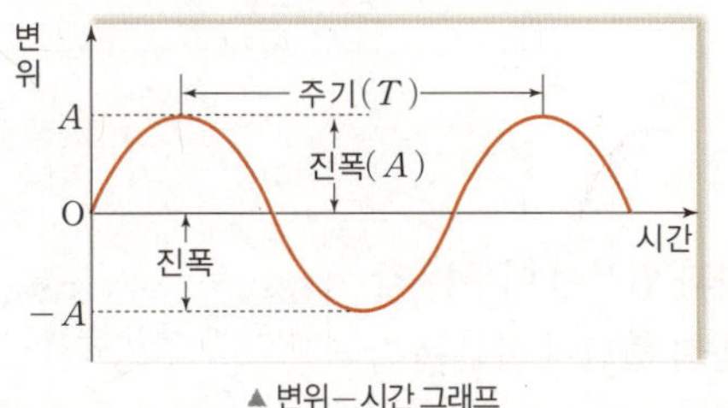

▲ 변위-시간 그래프

파동의 진행 방향과 매질의 운동 방향

실선으로 표시된 파동의 진행 방향이 오른쪽이면, 잠시 후 파동은 점선과 같은 모양으로 바뀐다.

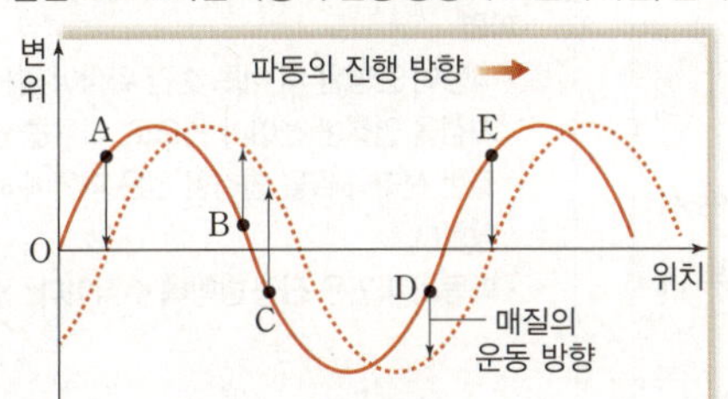

- A, D, E에서 매질의 운동 방향은 아래쪽이다.
- B, C에서 매질의 운동 방향은 위쪽이다.
- 마루와 골은 매질의 운동 방향이 바뀌는 점이므로, 매질의 순간 속력은 0이다. 따라서 마루나 골에서 매질의 운동 방향은 정해지지 않는다.

강의 포인트

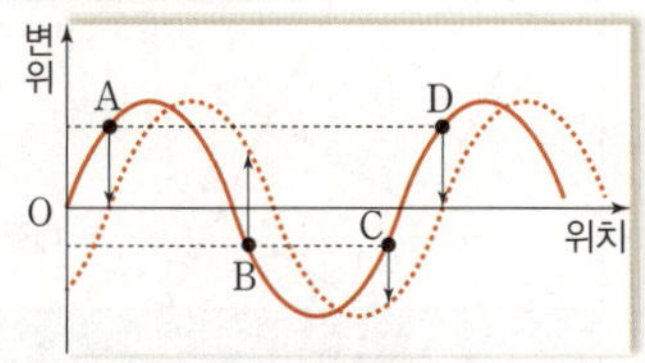

- A와 D는 매질의 변위와 운동 방향이 같으므로, 위상이 같다.
- B와 C는 매질의 변위는 같지만 운동 방향이 반대이므로, 위상이 다르다.

개념 익히기 문제

정답과 해설 p.057

🧠 교과서 문장으로 개념 익히기

01 파동을 전달하는 물질을 ☐☐이라고 한다.

02 이웃한 마루 사이의 거리 또는 이웃한 골 사이의 거리를 ☐☐이라고 한다.

03 파동이 한 번 진동하는 데 걸리는 시간을 ☐☐라고 한다.

04 진동수와 주기는 서로 ☐☐ 관계이다.

05 진행 방향에 수직 방향으로 진동하는 파동을 ☐☐라고 한다.

06 파동의 속력은 ☐☐을 주기로 나눈 값과 같다.

07 음파의 속력은 ☐☐에서 가장 빠르고, ☐☐에서 가장 느리다.

📦 OX 문제로 개념 익히기

[08~12] 그림은 $+x$ 방향으로 속력 10 cm/s로 진행하는 파동의 변위 y를 위치 x에 따라 나타낸 것이다.

08 파동의 파장은 2 cm이다.

(O / X)

09 파동의 진폭은 6 cm이다. (O / X)

10 파동의 주기는 0.4초이다. (O / X)

11 파동의 진동수는 2.5 Hz이다. (O / X)

12 그림의 순간 $x=3$ cm에서 매질의 운동 방향은 $+y$ 방향이다. (O / X)

3 파동의 굴절

개념 파동이 한 매질에서 다른 매질로 진행할 때, 경계면에서 진행 방향이 달라지는 현상을 굴절이라고 한다.

1. 굴절의 원인: 두 매질에서 파동의 속력이 서로 다르기 때문이다.

> **파동이 굴절하는 원리**
>
> 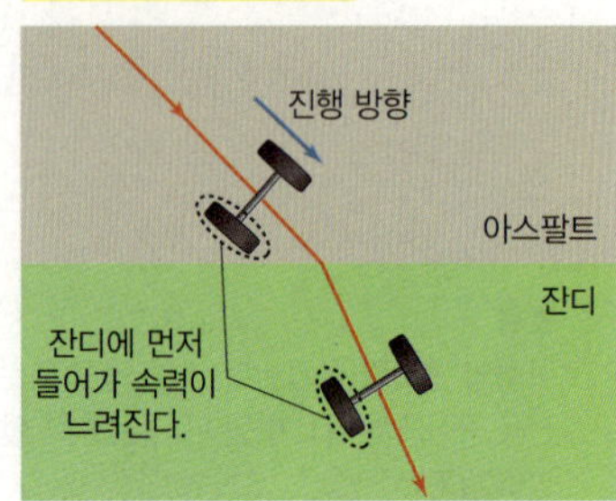
>
>
> 그림과 같이 바퀴가 이동 속력이 빠른 아스팔트에서 이동 속력이 느린 잔디로 이동하는 경우를 생각해 보자.
> - 바퀴가 아스팔트에서 잔디로 비스듬히 진행한다.
> - 오른쪽 바퀴가 잔디에 먼저 진입하면서 오른쪽 바퀴의 속력이 느려진다.
> - 이 순간부터 왼쪽 바퀴는 잔디에 진입할 때까지 오른쪽 바퀴보다 속력이 더 빠르다.
> - 따라서 바퀴의 진행 방향이 그림과 같이 꺾이게 된다.
>
> 이와 같이 두 매질에서 파동의 속력이 서로 다르기 때문에 두 매질의 경계면에서 파동의 진행 방향이 바뀌는 굴절이 일어난다.

2. 파동의 굴절

(1) 입사각과 굴절각

❶ 입사각(i): 입사한 파동의 진행 방향과 법선이 이루는 각

❷ 굴절각(r): 굴절한 파동의 진행 방향과 법선이 이루는 각

> 진행 방향과 파면이 이루는 각이 θ이면 입사각이나 굴절각은 $90° - \theta$이다.

> **입사각과 굴절각 사이의 관계식**
>
> 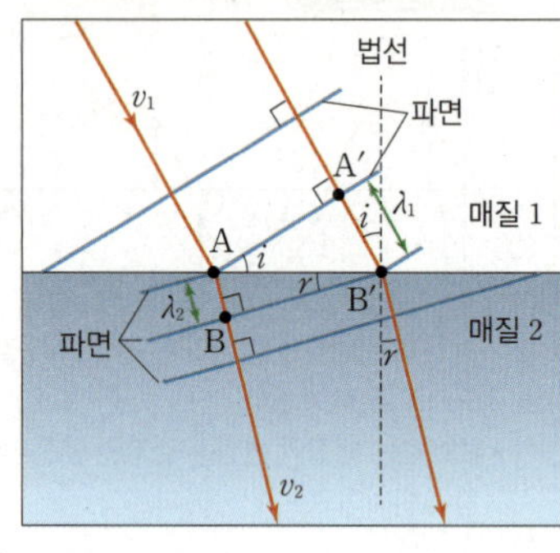
>
>
> 파면 $\overline{AA'}$이 파면 $\overline{BB'}$으로 이동하는 경우를 생각해 보자.
> - $\sin i = \dfrac{\lambda_1}{\overline{AB'}}$, $\sin r = \dfrac{\lambda_2}{\overline{AB'}}$이므로,
>
> $\dfrac{\sin i}{\sin r} = \dfrac{\lambda_1}{\lambda_2}$이 성립한다.
> - 파동이 A에서 B까지 이동한 시간과 A′에서 B′까지 이동한 시간이 같으므로 $\lambda_1 = \overline{A'B'} = v_1 t$, $\lambda_2 = \overline{AB} = v_2 t$에서 $\dfrac{\lambda_2}{\lambda_1} = \dfrac{v_2}{v_1}$가 성립한다.

(2) 파동의 굴절: $\dfrac{\sin i}{\sin r} = \dfrac{\lambda_1}{\lambda_2}$이고 $\dfrac{\lambda_2}{\lambda_1} = \dfrac{v_2}{v_1}$이므로, 다음 관계가 성립한다.

$$\frac{\sin i}{\sin r} = \frac{\lambda_1}{\lambda_2} = \frac{v_1}{v_2}$$

❶ 속력이 빠른 매질에서 속력이 느린 매질로 진행할 때에는 굴절각이 입사각보다 작다.

❷ 속력이 느린 매질에서 속력이 빠른 매질로 진행할 때에는 굴절각이 입사각보다 크다.

3. 빛의 굴절

(1) 굴절률: 매질에서 빛의 속력 v에 대한 진공에서 빛의 속력 c의 비를 그 매질의 굴절률이라고 한다. 매질의 굴절률 n은 다음과 같다.

진공 상태에서의 빛보다 빠른 경우는 없으므로, 굴절률은 항상 1보다 크다.

$$n = \frac{c}{v}$$

(2) 굴절 법칙(스넬 법칙): 빛이 굴절률이 n_1인 매질 1에서 굴절률이 n_2인 매질 2로 진행할 때 다음 관계가 성립한다.

❶ 파동이 매질 1에서 매질 2로 진행할 때 입사각(i)과 굴절각(r)의 사인값의 비는 일정하다.

❷ 매질 1과 2에서 파동의 속력과 파장의 비도 일정하다.

$$\frac{\sin i}{\sin r} = \frac{\lambda_1}{\lambda_2} = \frac{v_1}{v_2} = \frac{n_2}{n_1} = n_{12}$$

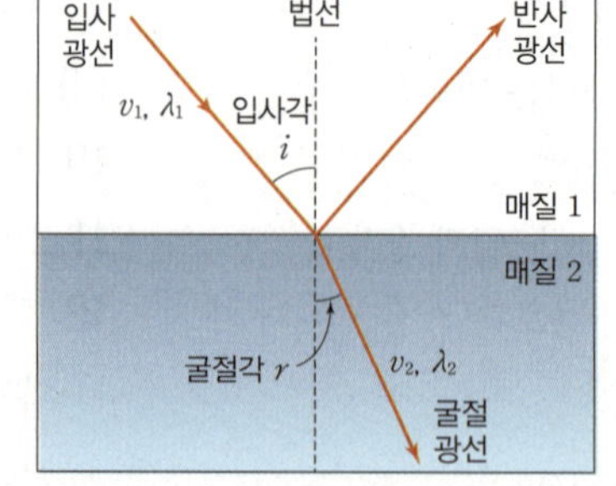

굴절과 진동수 및 주기
파동이 굴절하더라도 진동수와 주기는 변하지 않는다.

법선
두 매질의 경계면에 수직인 선

파면
- 파동이 진행할 때 어느 순간 위상이 같은 지점을 연결한 선이나 면으로, 마루를 연결한 선이나 골을 연결한 선은 파면에 해당한다.
- 파동의 파면은 진행 방향에 수직이다.

입사각이 0인 경우
입사각이 0이면 굴절각도 0이므로, 진행 방향이 꺾이지 않는다. 그렇지만 파장과 속력이 달라지므로, 파동의 굴절은 일어난다.

암기 꼭!
굴절률과 빛의 속력
매질의 굴절률이 클수록 매질에서 빛의 속력이 느리다.

❸ n_{12}를 매질 1에 대한 매질 2의 굴절률이라고 한다.

❹ 빛의 굴절 법칙은 17세기 스넬이 발견하였기 때문에 스넬 법칙이라고도 한다.

4. 생활 속 굴절 현상

(1) 신기루

❶ 햇볕이 강한 날, 지면에 가까울수록 기온이 높아서 빛의 속력이 빠르다.

❷ 빛이 위쪽으로 굴절되어 신기루가 발생한다.

❸ 신기루는 사막이나 뜨거운 아스팔트에서 관찰할 수 있다.

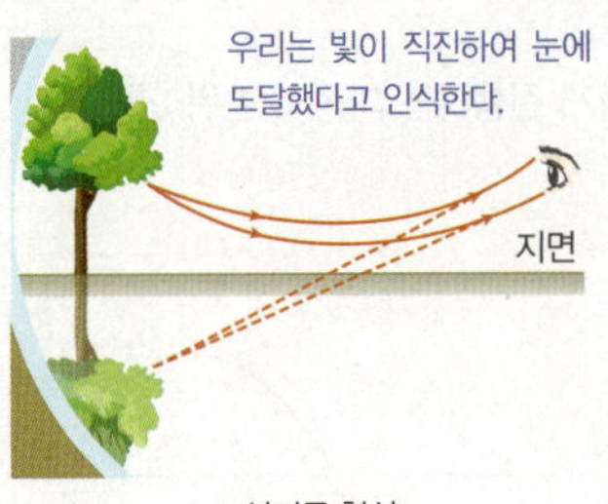

▲ 신기루 현상

(2) 볼록 렌즈와 오목 렌즈

❶ 평행하게 입사한 빛이 볼록 렌즈를 통과하면 한 점으로 모이고, 오목 렌즈를 통과하면 퍼져나간다. 빛의 속력: 공기 > 렌즈

❷ 이러한 특징은 카메라 렌즈, 망원경, 현미경, 안경 등에 사용된다.

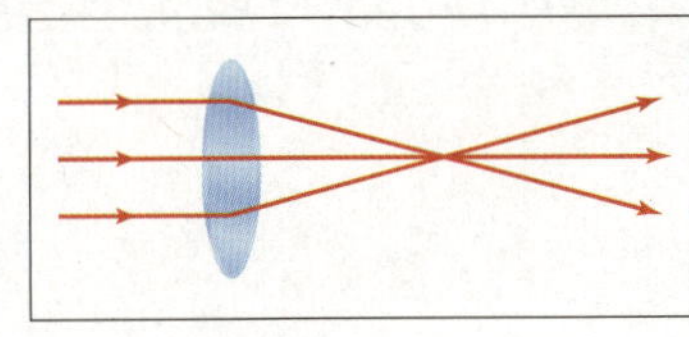
▲ 볼록 렌즈에서 빛의 굴절

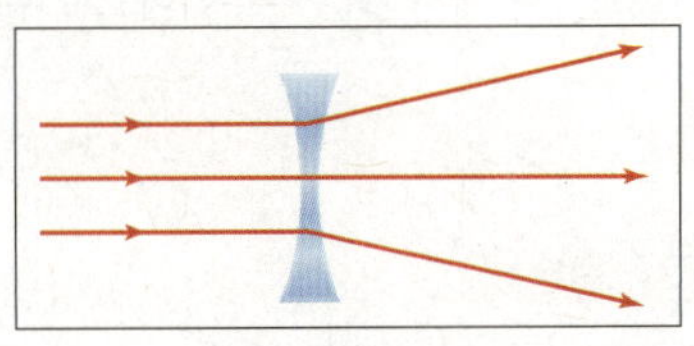
▲ 오목 렌즈에서 빛의 굴절

(3) 실제보다 얕아 보이는 강바닥

❶ 물속 물체에서 반사된 빛이 공기 중으로 나올 때 입사각보다 굴절각이 더 크다. 빛의 속력: 물속 < 공기 중

❷ 물 밖에서 물체를 볼 때 실제보다 더 위쪽에 있는 것처럼 보인다.

❸ 일부만 잠긴 물체는 수면에서 꺾여서 보인다.

신기루
신기루 현상은 굴절뿐만 아니라 전반사도 중요한 원인이다. 특히 신기루의 크기가 물체의 크기와 거의 같아 보이는 경우에는 굴절보다 전반사가 더 주요 원인이다.

소리의 굴절
소리는 낮에는 지면의 온도가 높고 위로 갈수록 온도가 낮아져 소리가 위로 휘어지고, 밤에는 지면의 온도가 낮고 위로 갈수록 온도가 높아져 소리가 아래로 휘어진다.

굴절 현상의 이용
지구 내부 물질의 종류와 상태에 따라 지진파의 굴절하는 정도가 달라지는 현상을 이용하여 지구 내부의 구조를 분석할 수 있다.

개념 익히기 문제

정답과 해설 p.057

🧠 교과서 문장으로 개념 익히기

13 파동이 속력이 빠른 매질에서 느린 매질로 진행할 때, 굴절각은 입사각보다 ▢▢.

14 굴절각은 굴절한 파동의 진행 방향이 ▢▢과 이루는 각이다.

15 파동이 굴절할 때, 입사각과 굴절각의 ▢▢값의 비는 일정하다.

16 물질의 굴절률이 클수록 물질에서 빛의 진행 속력이 ▢ ▢▢.

17 평행하게 입사한 빛이 ▢▢ 렌즈를 통과하면 한 점으로 모인다.

18 빛의 굴절 현상에 의해 강바닥은 실제 깊이보다 ▢▢ 보인다.

📦 OX 문제로 개념 익히기

[19~22] 그림은 매질 1에서 매질 2로 진행하는 빛의 진행 경로를 나타낸 것이다. 매질 1, 2에서 빛의 속력은 각각 v_1, v_2이다.

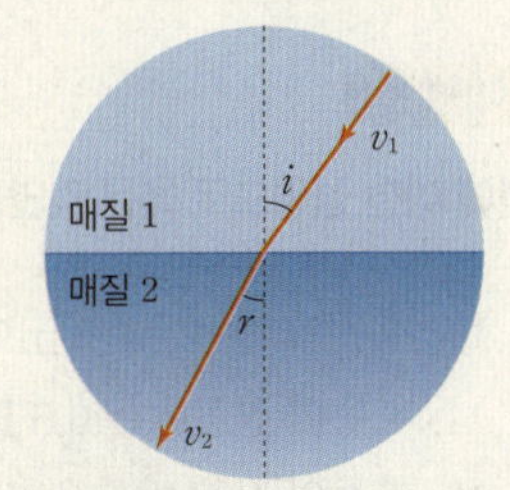

19 $v_2 > v_1$이다. (O / X)

20 빛의 파장은 매질 1에서가 매질 2에서보다 길다. (O / X)

21 빛의 진동수는 매질 1에서가 매질 2에서보다 크다.

(O / X)

22 $\dfrac{\cos i}{\cos r} = \dfrac{v_1}{v_2}$이다. (O / X)

Point 파동의 변위를 각각 위치와 시간에 따라 나타낸 변위–위치 그래프와 변위–시간 그래프를 해석하는 방법에 대해 알아보자.

그림 (가)는 $t=0$인 순간 x축에 나란하게 진행하는 파동의 변위 y를 위치 x에 따라 나타낸 것이고, (나)는 (가)의 P에서의 y를 시간 t에 따라 나타낸 것이다.

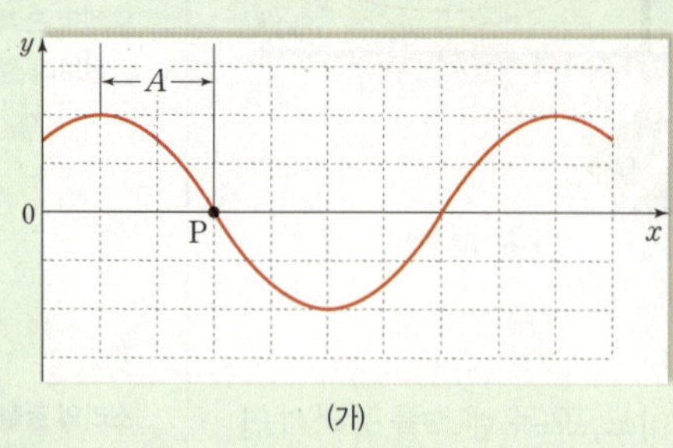

(가)

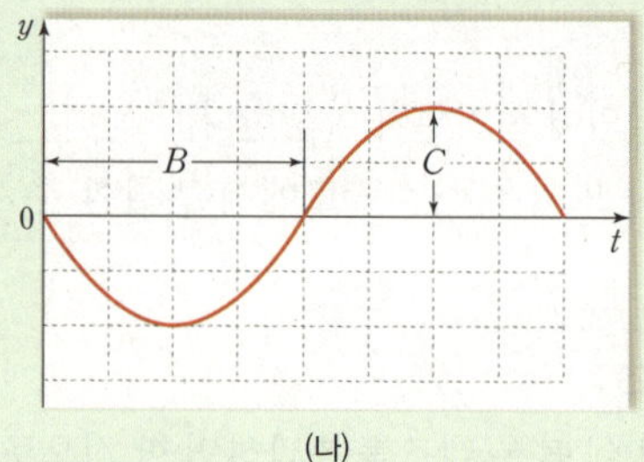

(나)

❶ 파동의 진행 속력을 구해 보자.

⋯ (가)에서 A는 $\dfrac{1}{4}$파장이므로 파장은 $\lambda=4A$이고, (나)에서 B는 $\dfrac{1}{2}$주기이므로 주기는 $T=2B$이다. 따라서 파동의 진행 속력 v는

$$v=\frac{\lambda}{T}=\frac{4A}{2B}=\frac{2A}{B}\text{이다.}$$

❷ 파동의 진동수와 진폭을 구해 보자.

⋯ 진동수는 주기의 역수와 같으므로 파동의 진동수는 $f=\dfrac{1}{T}=\dfrac{1}{2B}$이다.

⋯ 진폭은 진동 중심으로부터 마루나 골까지의 높이와 같으므로 파동의 진폭은 C이다.

❸ 파동의 진행 방향과 $t=0$일 때 P에서 매질의 운동 방향을 알아보자.

⋯ $t=0$ 이후 P에서는 마루보다 골이 먼저 나타나므로, 파동의 진행 방향은 $-x$ 방향이다. 따라서 $t=0$일 때 P에서 매질의 운동 방향은 $-y$ 방향이다.

정답과 해설 p.057

예제 1~2

그림 (가)는 $t=0$일 때, x축에 나란하게 진행하는 파동의 변위 y를 위치 x에 따라 나타낸 것이다. 그림 (나)는 (가)의 P에서의 y를 시간 t에 따라 나타낸 것이다.

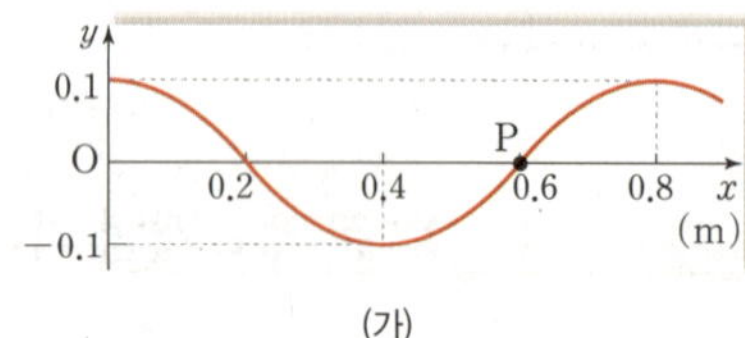

(가)

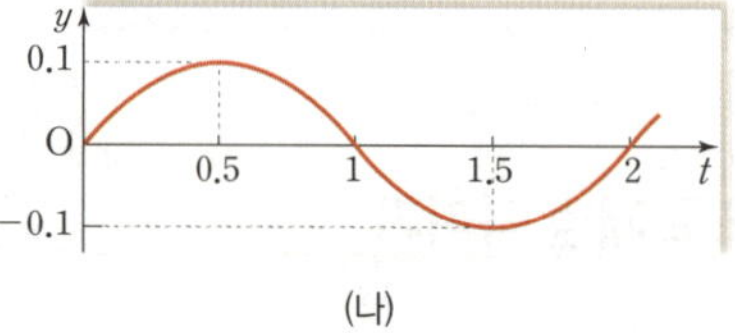

(나)

▶ **해결 전략**

1단계: 그림 (가)로부터 파동의 진폭과 파장을 구해야 하고, 그림 (나)로부터 파동의 주기와 진동수를 구해야 한다.

2단계: P점에서의 변위가 어떻게 변하는지 보면, 파동의 진행 방향을 알 수 있다.

3단계: 파장과 진동수를 이용하여 파동의 진행 속력을 계산한다.

예제 ❶

이에 대한 설명으로 옳은 것만을 |보기|에서 있는 대로 고른 것은?

─ 보기 ─
ㄱ. 파동의 진폭은 0.2 m이다.
ㄴ. 파동의 진동수는 0.5 Hz이다.
ㄷ. 파동의 진행 방향은 $+x$ 방향이다.

① ㄱ   ② ㄴ   ③ ㄷ   ④ ㄱ, ㄴ   ⑤ ㄴ, ㄷ

예제 ❷ 서술형

파동의 진행 속력은 몇 m/s인지 풀이 과정과 함께 구하시오.

📖 과정 & 결과

❶ 그림과 같이 기준선까지 물을 채운 물통 중심에 입사각 $i=30°$ 로 레이저 빛을 비추고 굴절각 r를 측정한다.

❷ 입사각 i를 45°, 60°로 변화시킨 후 각각 굴절각 r를 측정한다.

❸ 입사각과 굴절각의 관계로부터 사인값의 비를 구한다.

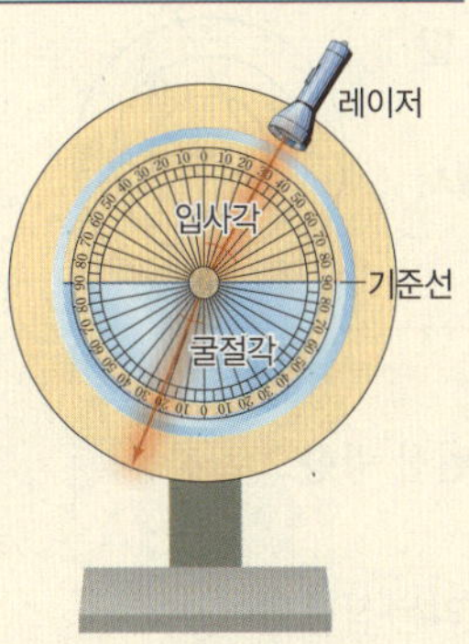

···▶ 입사각과 굴절각에 따른 사인값의 비

i(입사각)	r(굴절각)	$\sin i$	$\sin r$	$\dfrac{\sin i}{\sin r}$
30°	22.0°	0.5	0.37	1.3
45°	32.0°	$\dfrac{\sqrt{2}}{2}$	0.53	1.3
60°	40.5°	$\dfrac{\sqrt{3}}{2}$	0.65	1.3

🔍 분석

1. 입사각이 증가하면 굴절각은 어떻게 변하는가?

···▶ 입사각이 증가하면 굴절각도 증가한다.

2. 입사각과 굴절각 사이에 일정한 값을 갖는 것은 무엇인가?

···▶ 입사각을 i, 굴절각을 r라고 할 때, $\dfrac{\sin i}{\sin r}$가 일정하다.

3. 공기의 굴절률은 1이다. 물의 굴절률은 얼마인가?

···▶ 물의 굴절률은 $n_물=\dfrac{\sin i}{\sin r}=1.3$이다.

⚙ 탐구 목표

공기 중에서 물로 진행하는 빛의 입사각과 굴절각 사이의 관계를 설명할 수 있다.

주의점
- 수면이 물통의 중심을 지나도록 한다.
- 레이저 빛이 눈에 들어가지 않도록 주의한다.

🔬 탐구 포인트

입사각이 커지면 굴절각도 커지므로, 두 각의 사인값의 비는 일정하다.

정답과 해설 p.057

예제 1

그림은 공기에서 반원형 물체 P로 진행하는 빛의 진행 경로를 모눈종이에 나타낸 것이다. $\overline{AB}=4$ cm, $\overline{CD}=2$ cm이고, 입사각과 굴절각은 각각 i, r이다.
이에 대한 설명으로 옳은 것만을 |보기|에서 있는 대로 고른 것은? (단, 공기의 굴절률은 1이다.)

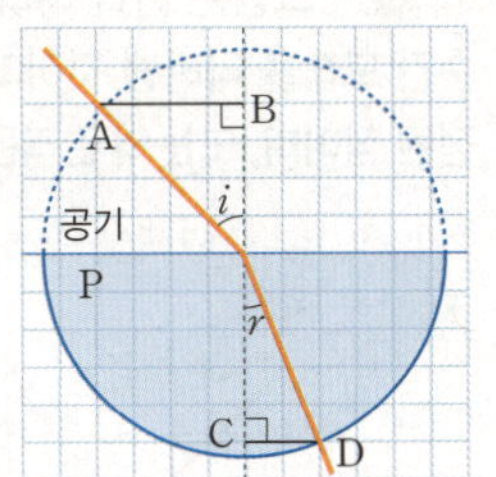

┌ 보기 ┐
ㄱ. 빛의 진행 속력은 공기에서가 P에서보다 빠르다.
ㄴ. i를 증가시키면 $\dfrac{\sin i}{\sin r}$도 증가한다.
ㄷ. P의 굴절률은 2이다.

① ㄱ ② ㄴ ③ ㄱ, ㄷ
④ ㄴ, ㄷ ⑤ ㄱ, ㄴ, ㄷ

예제 2~4

그림은 매질 A에서 매질 B로 진행하는 빛의 진행 경로를 나타낸 것이다.

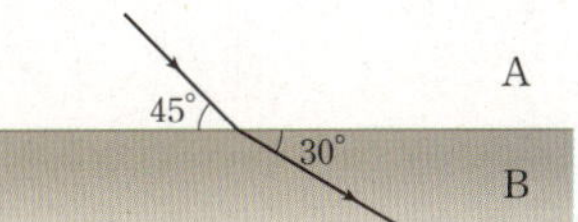

예제 2

입사각과 굴절각을 각각 쓰시오.

예제 3 서술형

A와 B에서 빛의 진행 속력의 크기를 비교하여 쓰시오.

예제 4

A에 대한 B의 굴절률은 얼마인지 구하시오.

개념 다지기 문제

01 그림과 같이 코르크 마개 A, B가 떠 있는 호수에서 진동수가 일정한 물결파를 발생시켰다.
이에 대한 설명으로 옳은 것만을 |보기|에서 있는 대로 고른 것은?

> **보기**
> ㄱ. 진폭은 A가 B보다 크다.
> ㄴ. A, B는 물결파의 진행 방향에 나란한 방향으로 진동한다.
> ㄷ. 시간이 지남에 따라 A, B 사이의 거리는 점점 멀어진다.

① ㄱ   ② ㄴ   ③ ㄷ
④ ㄱ, ㄴ   ⑤ ㄱ, ㄷ

02 그림과 같이 평면파 발생 장치를 이용하여 물결파의 진동수 f를 변화시키면서 물결파의 파장 λ를 측정하였다.
f와 λ의 관계로 옳은 것은? (단, 물결파의 진행 속력은 일정하다.)

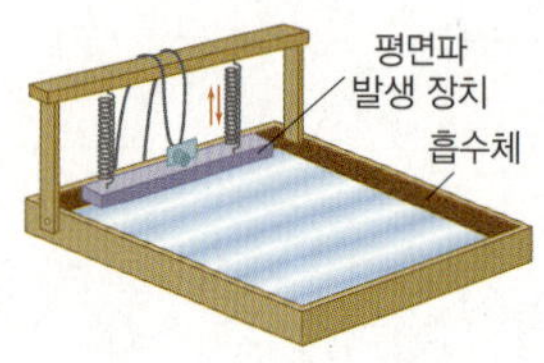

① $\lambda \propto f$ ② $\lambda \propto f^2$ ③ $\lambda \propto \sqrt{f}$
④ $\lambda \propto \dfrac{1}{f}$ ⑤ $\lambda \propto \dfrac{1}{f^2}$

03 그림과 같이 줄 A와 B를 연결한 후 A의 한쪽 끝을 일정한 진폭과 진동수로 위아래로 흔들었더니, $+x$ 방향으로 진행하는 파동이 만들어졌다. P는 B에 고정된 점이다.

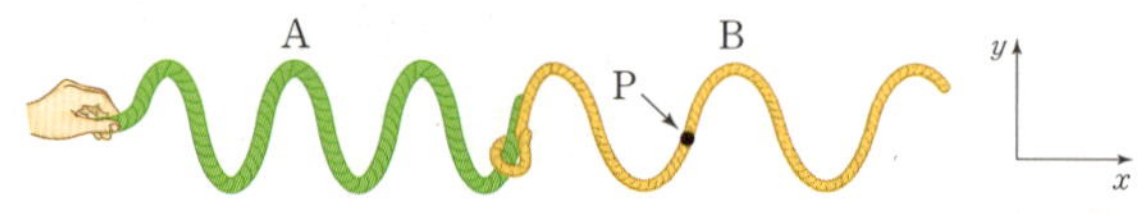

이에 대한 설명으로 옳은 것만을 |보기|에서 있는 대로 고른 것은?

> **보기**
> ㄱ. 줄의 파동은 횡파이다.
> ㄴ. 그림의 순간 P는 $+y$ 방향으로 운동한다.
> ㄷ. 파동의 속력은 B에서가 A에서보다 빠르다.

① ㄱ   ② ㄷ   ③ ㄱ, ㄴ
④ ㄱ, ㄷ   ⑤ ㄴ, ㄷ

04 그림 (가)는 스피커에서 나오는 음파를 오실로스코프에 연결한 마이크로 측정하는 것을, (나)는 오실로스코프에 나타난 음파의 파형을 나타낸 것이다.

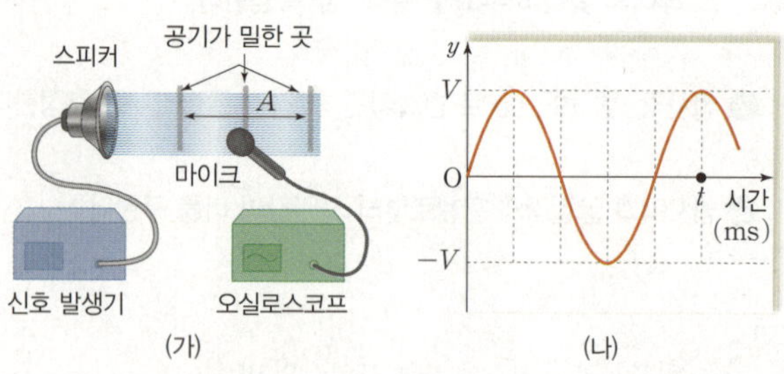

이에 대한 설명으로 옳은 것만을 |보기|에서 있는 대로 고른 것은?

> **보기**
> ㄱ. 음파의 파장은 A이다.
> ㄴ. 음파의 진행 속력은 $\dfrac{A}{2T}$이다.
> ㄷ. 공기 입자는 음파의 진행 방향에 나란하게 진동한다.

① ㄱ   ② ㄴ   ③ ㄷ
④ ㄱ, ㄷ   ⑤ ㄴ, ㄷ

대표 유형문제

05 그림은 줄을 따라 속력 v로 오른쪽으로 진행하는 파동의 순간 모습을 나타낸 것이다. 파동의 주기는 T이고, p, q는 줄에 고정된 점이며, 모눈의 간격은 d로 일정하다.

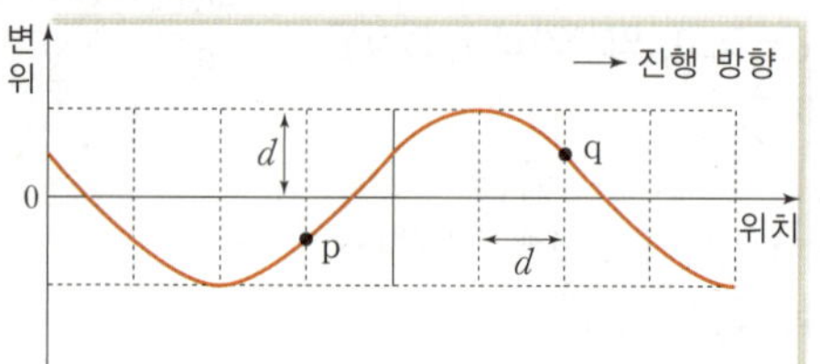

이에 대한 설명으로 옳은 것만을 |보기|에서 있는 대로 고른 것은?

> **보기**
> ㄱ. 파동의 진동수는 $\dfrac{v}{3d}$이다.
> ㄴ. $t = \dfrac{1}{3}T$일 때, q는 골이 된다.
> ㄷ. p의 변위가 0이 되는 순간, q의 변위도 0이 된다.

① ㄱ   ② ㄷ   ③ ㄱ, ㄴ
④ ㄱ, ㄷ   ⑤ ㄴ, ㄷ

06

그림 (가)는 $t=0$일 때 x축에 나란하게 진행하는 파동의 변위 y를 위치 x에 따라 나타낸 것을, (나)는 매질 위의 점 P의 변위 y를 시간 t에 따라 나타낸 것이다.

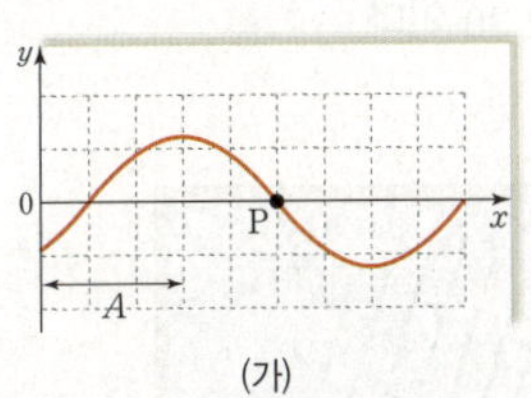
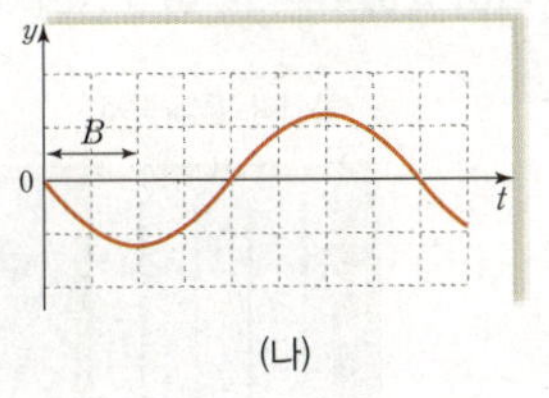

(가)　　　　　(나)

이에 대한 설명으로 옳은 것만을 |보기|에서 있는 대로 고른 것은?

보기
ㄱ. 파동의 주기는 $\dfrac{1}{4B}$이다.
ㄴ. 파동의 진행 방향은 $+x$ 방향이다.
ㄷ. 파동의 진행 속력은 $\dfrac{2A}{3B}$이다.

① ㄱ　　　　② ㄷ　　　　③ ㄱ, ㄴ
④ ㄱ, ㄷ　　　⑤ ㄴ, ㄷ

07

밀폐된 용기에 칸막이를 설치하여 두 종류의 기체 A와 B가 서로 섞이지 않도록 넣은 후 A가 들어 있는 칸에서 스피커를 이용하여 진동수가 700 Hz인 음파를 발생시켰다. 그림은 음파를 발생시킨 후 A, B 입자의 분포를 나타낸 것이다.

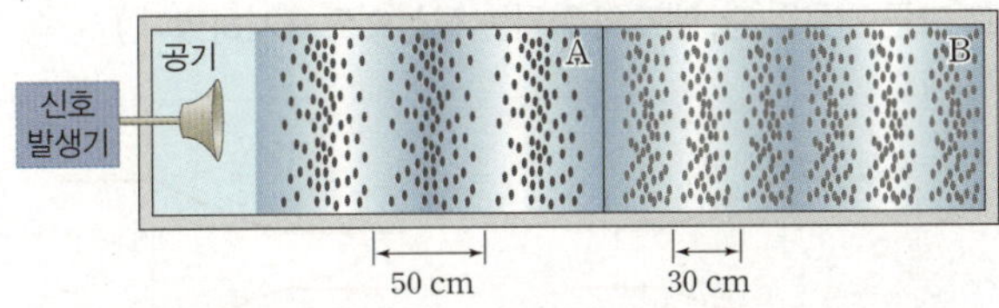

이에 대한 설명으로 옳은 것을 |보기|에서 있는 대로 고른 것은?

보기
ㄱ. 음파는 종파이다.
ㄴ. A에서 음파의 진행 속력은 350 m/s이다.
ㄷ. 음파의 진동수는 B에서가 A에서보다 크다.

① ㄱ　　　　② ㄴ　　　　③ ㄷ
④ ㄱ, ㄴ　　　⑤ ㄴ, ㄷ

08

그림은 매질 A에서 매질 B로 진행하는 빛의 진행 경로를 나타낸 것이다. 입사 광선과 굴절 광선이 법선과 이루는 각은 각각 α, β이다. 이에 대한 설명으로 옳은 것만을 |보기|에서 있는 대로 고른 것은?

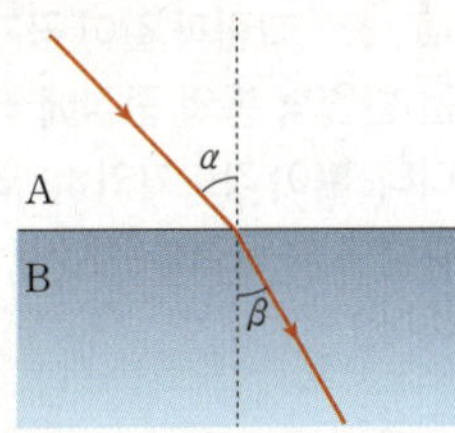

보기
ㄱ. 굴절률은 A가 B보다 크다.
ㄴ. 빛의 속력은 A에서가 B에서보다 크다.
ㄷ. 빛의 파장은 A에서가 B에서보다 길다.

① ㄱ　　　　② ㄴ　　　　③ ㄷ
④ ㄱ, ㄴ　　　⑤ ㄴ, ㄷ

09

그림은 매질 A에서 매질 B, 매질 C로 진행하는 빛의 경로를 나타낸 것이다. A, C에서 빛의 속력을 각각 v_A, v_C라고 할 때, $\dfrac{v_A}{v_C}$는?

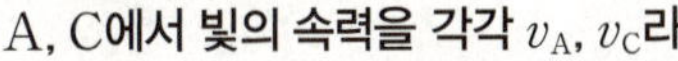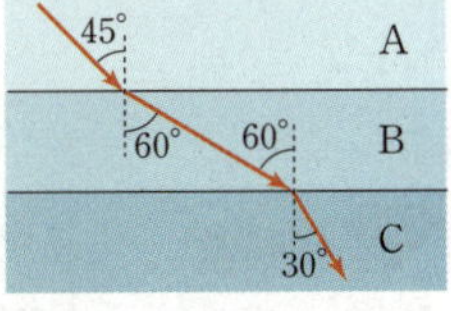

① $\dfrac{1}{2}$　　② $\sqrt{2}$　　③ 2　　④ $\dfrac{\sqrt{2}}{2}$　　⑤ $\dfrac{\sqrt{6}}{2}$

10

그림은 단색광이 두께가 일정한 물체 A를 통과하여 진행하는 것을 나타낸 것이다. p, q는 A의 경계와 빛의 경로가 만나는 점이고, a, b는 공기 중에서 빛이 진행하는 경로상의 점이다.

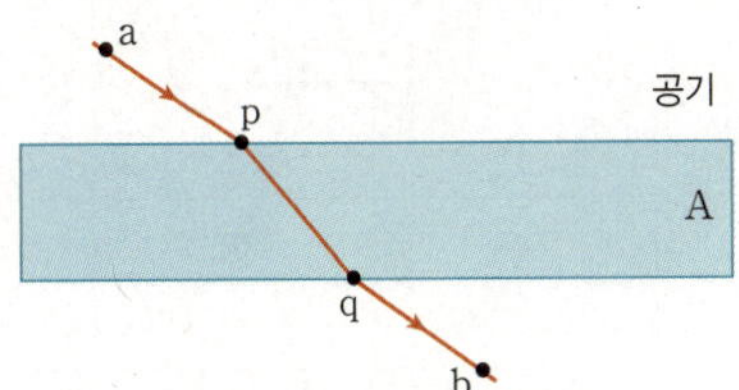

이에 대한 설명으로 옳은 것만을 |보기|에서 있는 대로 고른 것은?

보기
ㄱ. p에서 굴절각과 q에서 입사각은 같다.
ㄴ. a와 b에서 단색광의 진행 방향은 같다.
ㄷ. 단색광의 속력은 A에서가 공기에서보다 크다.

① ㄴ　　　　② ㄷ　　　　③ ㄱ, ㄴ
④ ㄱ, ㄷ　　　⑤ ㄴ, ㄷ

개념 다지기 문제

11 그림과 같이 공기에서 액체 A를 채운 반원형 통의 중심에 레이저 빛을 비추었더니, 빛이 각도기의 $45°$와 $210°$를 지났다. 이때 A의 굴절률은? (단, 공기의 굴절률은 1이다.)

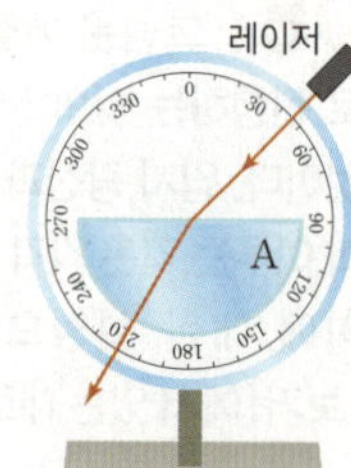

① $\sqrt{2}$

② $\sqrt{3}$

③ $\dfrac{\sqrt{2}}{2}$

④ $\dfrac{\sqrt{6}}{2}$

⑤ $\dfrac{\sqrt{6}}{3}$

12 다음은 빛의 굴절 실험이다.

[실험 과정]

㈎ 그림과 같이 모눈종이에 x축, y축, 원을 그리고, 반원 모양의 물통에 물을 채운다.

㈏ 반원의 중심에 레이저 빛을 비추고, 빛의 진행 경로와 원이 만나는 점으로부터 y축까지의 거리 a, b를 측정한다.

㈐ 레이저 빛의 방향을 변화시키면서 ⑵를 반복한다.

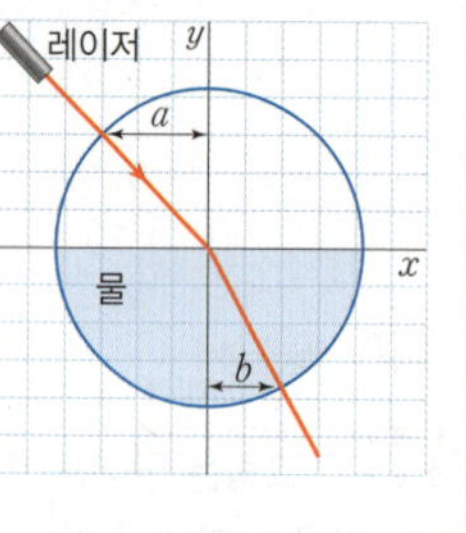

[실험 결과]

실험 과정	a	b	$\dfrac{b}{a}$
㈏	a_0	b_0	㉠
㈐	$2a_0$	㉡	㉢

이에 대한 설명으로 옳은 것만을 |보기|에서 있는 대로 고른 것은?

보기

ㄱ. ㉡은 b_0보다 크다.

ㄴ. ㉢은 ㉠보다 크다.

ㄷ. 빛의 속력은 물에서가 공기에서보다 작다.

① ㄱ

② ㄴ

③ ㄱ, ㄷ

④ ㄴ, ㄷ

⑤ ㄱ, ㄴ, ㄷ

13 그림은 물결파 발생 장치에서 발생한 진동수가 10 Hz인 물결파가 매질 A에서 매질 B로 진행하는 모습을 나타낸 것이다. A에서 물결파의 파장은 2 cm이고, A, B의 경계면과 파면이 이루는 각이 A에서는 $45°$이고 B에서는 $30°$이다.

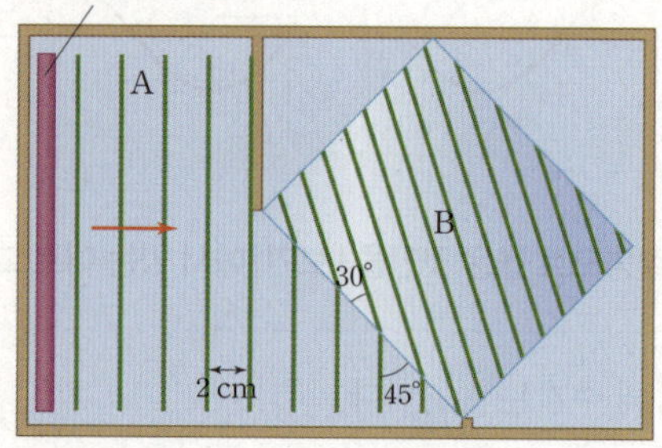

이에 대한 설명으로 옳은 것만을 |보기|에서 있는 대로 고른 것은?

보기

ㄱ. 물결파의 굴절각은 $60°$이다.

ㄴ. A에 대한 B의 굴절률은 $\sqrt{2}$이다.

ㄷ. B에서 물결파의 속력은 $10\sqrt{2}$ cm/s이다.

① ㄱ

② ㄷ

③ ㄱ, ㄴ

④ ㄴ, ㄷ

⑤ ㄱ, ㄴ, ㄷ

14 볼록 렌즈 1개와 오목 렌즈 1개를 사용하여 평행 광선의 폭을 변화시킬 때 빛의 진행 경로로 가능한 것만을 |보기|에서 있는 대로 고른 것은? (단, 렌즈의 위치는 점선으로 표시하였다.)

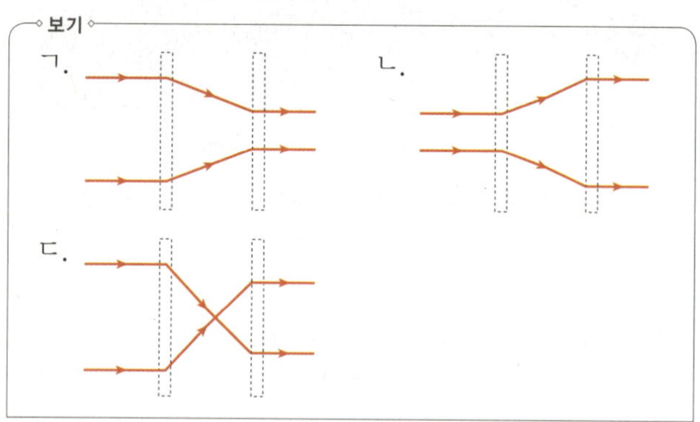

① ㄱ

② ㄷ

③ ㄱ, ㄴ

④ ㄴ, ㄷ

⑤ ㄱ, ㄴ, ㄷ

15 그림은 xy 평면에서 용수철을 진동시켜 x축 방향으로 진행하는 파동을 발생시킬 때 용수철에 있는 한 점의 x축 방향의 변위, y축 방향의 변위를 시간 t에 따라 나타낸 것이다. 이 파동의 파장은 0.5 m이다.

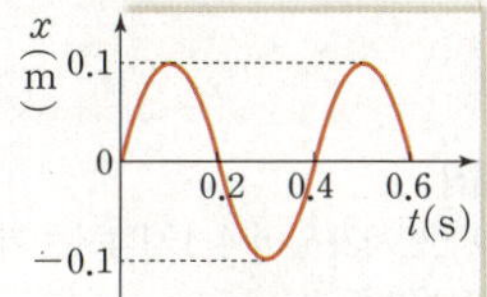 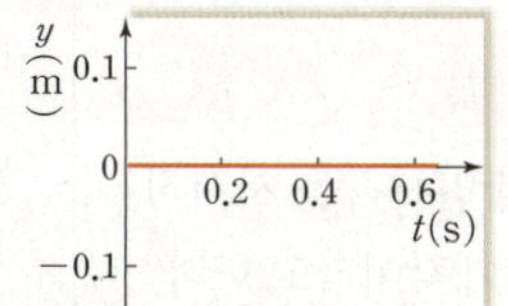

이에 대한 설명으로 옳은 것만을 |보기|에서 있는 대로 고른 것은?

> 보기
> ㄱ. 이 파동은 종파이다.
> ㄴ. 파동의 진동수는 2 Hz이다.
> ㄷ. 파동의 속력은 1.25 m/s이다.

① ㄴ ② ㄷ ③ ㄱ, ㄴ
④ ㄱ, ㄷ ⑤ ㄱ, ㄴ, ㄷ

16 그림 (가), (나)는 단색광이 진공에서 각각 매질 A, B로 진행하는 것을 나타낸 것이다. (가), (나)에서 입사 광선이 경계면과 이루는 각은 θ로 같고, 굴절 광선이 경계면과 이루는 각은 각각 θ_A, θ_B이다.

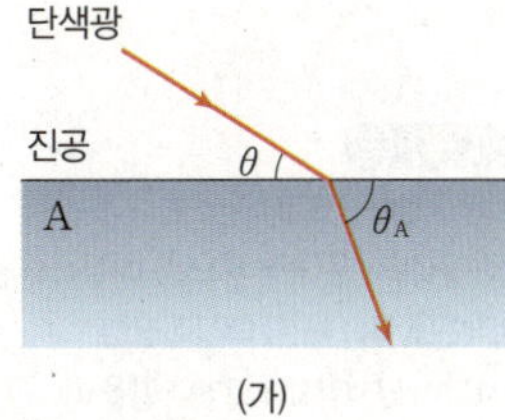 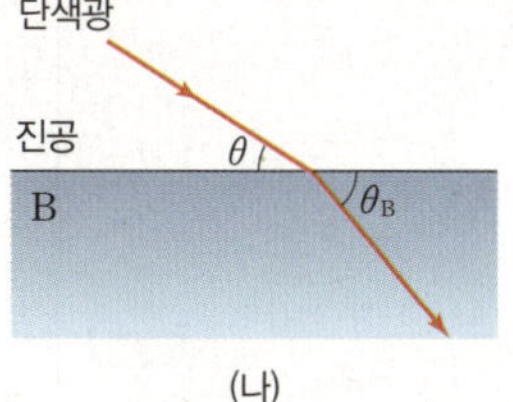

이에 대한 설명으로 옳은 것만을 |보기|에서 있는 대로 고른 것은? (단, $\theta_A > \theta_B$이다.)

> 보기
> ㄱ. A의 굴절률은 $\dfrac{\cos\theta}{\cos\theta_A}$이다.
> ㄴ. 단색광의 속력은 A에서가 B에서보다 작다.
> ㄷ. (가)에서 굴절한 단색광의 진동수는 입사한 단색광의 진동수보다 크다.

① ㄱ ② ㄴ ③ ㄷ
④ ㄱ, ㄴ ⑤ ㄴ, ㄷ

17 그림 (가), (나)는 진동수가 각각 f_1, f_2로 일정한 음파가 공기 분자의 진동에 의해 진행하는 것을 나타낸 것이다. (가), (나)에서 음파의 진행 속력은 v로 같고, A, B, C, D는 공기 분자가 밀한 지점이다.

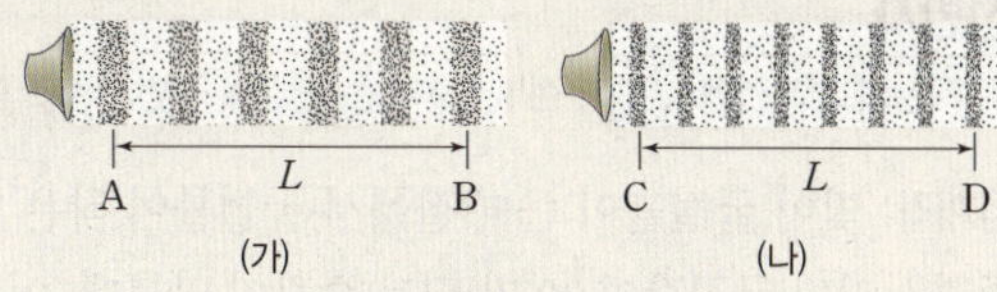

(1) 음파가 종파인지, 횡파인지 쓰고 그 까닭을 서술하시오.

(2) $f_1 : f_2$를 풀이 과정과 함께 구하시오.

18 그림 (가)는 매질 A에서 매질 B로 진행하는 빛의 진행 방향을, (나)는 낮에 발생한 소리의 진행 방향을, (다)는 신기루가 보일 때 빛의 진행 방향을 각각 나타낸 것이다.

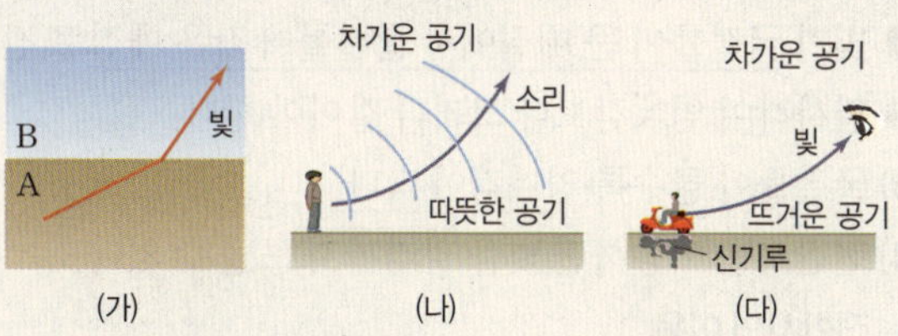

(1) A와 B의 굴절률을 비교하고, 그 까닭을 서술하시오.

(2) 공기에서 진행하는 소리와 빛의 속력이 공기의 온도에 따라 어떻게 변하는지 서술하시오.

02 전반사와 전자기파

1 전반사

개념 두 매질의 경계면에서 빛이 전부 반사하는 현상을 전반사라고 한다.

1. 임계각: 빛이 굴절률이 큰 매질에서 굴절률이 작은 매질로 진행할 때 입사각을 서서히 증가시키면 굴절각이 90°가 되는 순간이 있는데, 이때의 입사각을 임계각이라고 한다.

(1) 빛이 굴절률이 n_1인 매질에서 굴절률이 n_2인 매질로 진행할 때 입사각과 굴절각을 각각 i, r라고 하면 다음 식이 성립한다.

$$\frac{n_2}{n_1} = \frac{\sin i}{\sin r}$$

(2) **임계각**: 굴절각이 90°일 때의 입사각이 임계각이므로, $\frac{n_2}{n_1} = \frac{\sin i_c}{\sin 90°}$에서 전반사의 임계각 i_c는 다음과 같다.

$$\sin i_c = \frac{n_2}{n_1}$$

2. 전반사: 한 매질에서 다른 매질로 빛이 진행할 때 굴절하지 않고 전부 반사하는 현상을 전반사라고 한다.

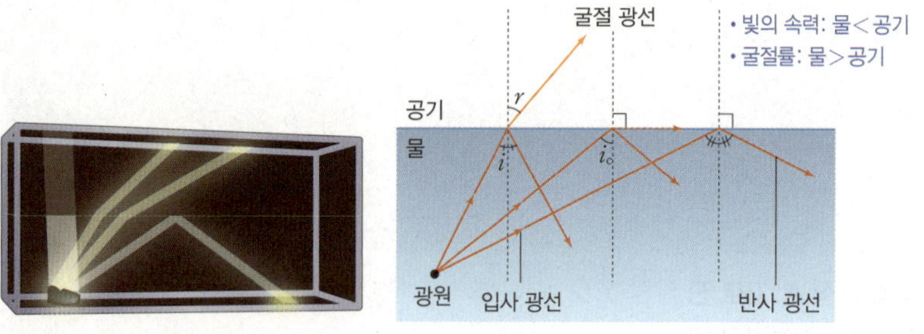

(1) 빛의 전반사

❶ 입사각 < 임계각: 빛의 일부는 반사하고 일부는 굴절한다.

❷ 입사각 ≥ 임계각: 빛이 전반사한다.

(2) 전반사 조건

❶ 빛이 굴절률이 큰 매질에서 굴절률이 작은 매질로 진행해야 한다.

❷ 입사각이 임계각보다 크거나 같아야 한다. └ 속력이 느린 매질에서 속력이 빠른 매질로

(3) 굴절률이 클수록 임계각이 작다. └ 전반사가 잘 일어난다.

(4) 전반사를 이용하면 빛을 멀리까지 보낼 수 있다.

3. 전반사의 이용

쌍안경	내시경	잠망경
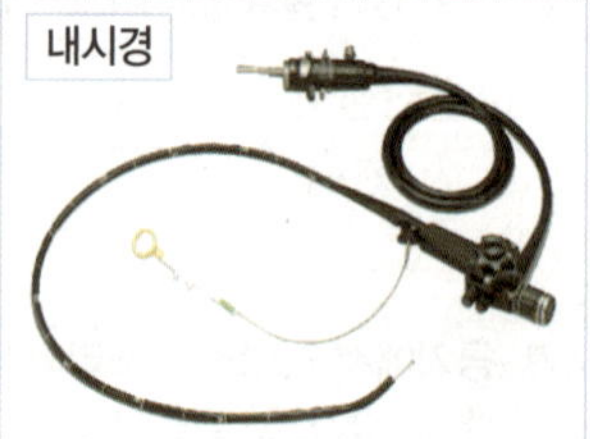		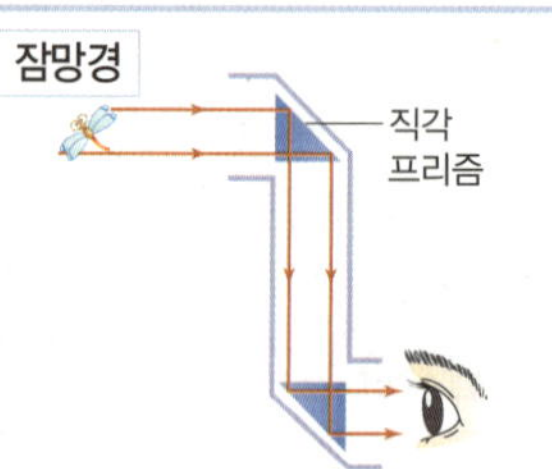
쌍안경은 직각 프리즘의 빗변에서 빛이 전반사하는 성질을 이용한다.	인체 내부를 관찰할 수 있는 내시경은 빛이 광섬유 내에서 전반사하는 성질을 이용한다.	잠수함에 사용되는 잠망경은 직각 프리즘의 빗변에서 빛이 전반사하는 성질을 이용한다.

임계각
빛의 전반사가 일어나기 시작하는 가장 작은 입사각이다.

매질과 공기 사이의 임계각
굴절률이 n인 매질에서 굴절률이 약 1인 공기로 빛이 진행할 때, 입사각이 임계각 i_c일 경우 굴절각이 90°이므로 $\sin i_c = \frac{1}{n}$이다.

입사각이 임계각과 같을 때
입사각에 따라 굴절하는 빛의 세기를 계산해 보면, 입사각이 임계각일 때 굴절하는 빛의 세기가 0이다. 따라서 입사각이 임계각과 같은 경우에도 빛은 전반사한다.

암기 꼭!
전반사가 일어날 조건
• 빛이 굴절률이 큰(속력이 느린) 매질에서 굴절률이 작은(속력이 빠른) 매질로 진행
• 입사각이 임계각보다 크거나 같을 때

쌍안경과 잠망경에서 직각 프리즘을 사용하는 까닭
• 빛이 유리면에 비스듬히 입사하면서 굴절할 때 빛의 진동수에 따라 굴절률이 다르기 때문에 색이 나누어지는 현상이 나타나는데, 이러한 현상을 색수차라고 한다.
• 직각 프리즘을 사용하면 색수차가 거의 발생하지 않기 때문에 일반 거울 대신 직각 프리즘을 사용한다.

② 광통신

 광섬유 내에서 빛이 전반사하는 원리를 이용하여 정보를 전달하는 통신 방식을 광통신이라고 한다.

1. 광섬유: 전반사를 통해 빛의 손실 없이 전달시키는 섬유로, 머리카락 정도의 굵기이다. 광섬유는 코어와 클래딩의 이중 구조로 되어 있다.

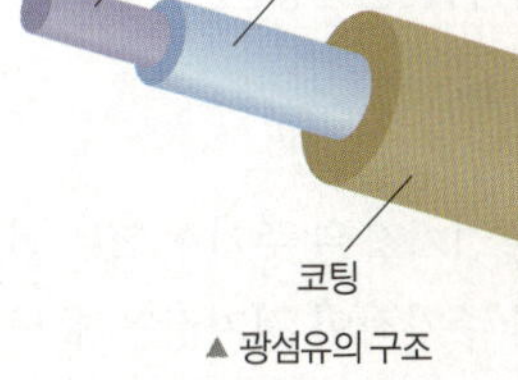

(1) 코어: 광섬유의 중심부로, 빛은 광섬유 내에서 코어를 따라 진행한다.

(2) 클래딩: 광섬유에서 코어의 둘레를 이루는 부분이다.

(3) 광섬유와 전반사

❶ 코어에서 클래딩으로 진행하는 빛이 코어와 클래딩의 경계면에서 전반사한다.

❷ 코어의 굴절률이 클래딩의 굴절률보다 크다.
　　　빛의 속력: 코어 < 클래딩

2. 광통신

(1) 송신기: 음성, 영상 등의 정보를 담은 전기 신호를 빛 신호로 변환한다.

(2) 광섬유: 빛 신호를 전송한다.

(3) 수신기: 빛 신호를 다시 전기 신호로 변환하여 원래 정보를 재생한다.

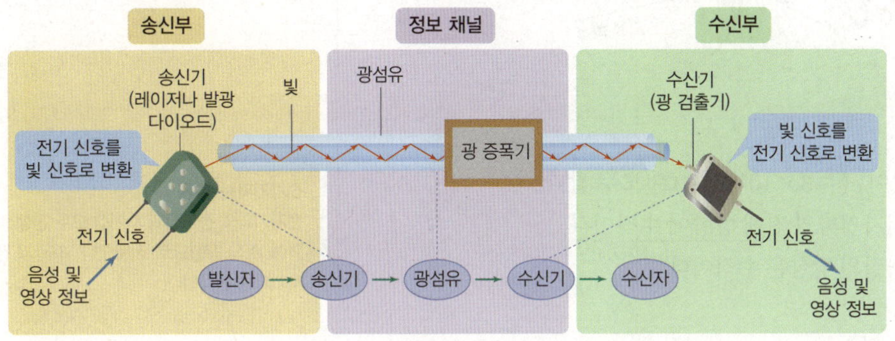

광통신의 장점
- 대용량의 정보를 멀리 전송할 수 있다.
- 외부 전자기파에 의한 간섭을 받지 않아 잡음이나 혼선이 없다.

광통신의 단점
- 광섬유는 한번 끊어지면 연결이 어렵다.
- 광섬유의 연결 부위에 틈이 생기거나 먼지가 끼면 광통신이 불가능하다.
- 전기 통신에 비해 설치비와 관리비가 많이 든다.

광 증폭기
광섬유 내에서 전반사를 하더라도 빛의 일부는 산란되어 세기가 약해지므로, 광 증폭기를 사용하여 빛을 증폭한다.

개념 익히기 문제

정답과 해설 p.060

🧠 교과서 문장으로 개념 익히기

01 빛이 한 매질에서 다른 매질로 진행할 때, 굴절이 일어나지 않고 전부 반사하는 현상을 ☐☐☐라고 한다.

02 전반사는 빛이 굴절률이 ☐ 매질에서 굴절률이 ☐☐ 매질로 진행하는 경우에만 일어날 수 있다.

03 빛이 굴절률이 큰 매질에서 굴절률이 작은 매질로 진행할 때, 굴절각이 90°일 때의 입사각을 ☐☐☐이라고 한다.

04 입사각이 임계각보다 ☐☐☐ ☐☐☐ 전반사가 일어난다.

05 광섬유는 빛의 ☐☐☐를 이용하여 정보를 주고받는 광통신에 이용한다.

06 광섬유는 코어와 클래딩의 이중 구조로 되어 있으며, 코어의 굴절률은 클래딩의 굴절률보다 ☐☐.

🎲 OX 문제로 개념 익히기

[07~09] 그림은 매질 A에서 매질 B로 진행하는 단색광이 전반사의 임계각 θ로 입사하는 것을 나타낸 것이다.

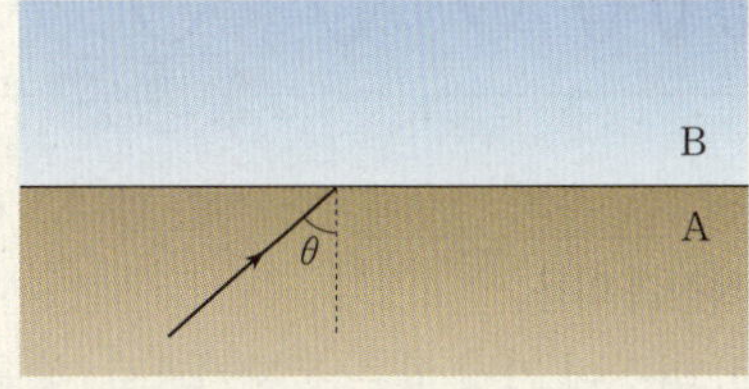

07 단색광의 속력은 A에서가 B에서보다 빠르다. (O / X)

08 입사각이 θ보다 작으면, 단색광은 A와 B의 경계면에서 전반사한다. (O / X)

09 단색광을 B에서 A로 진행시킬 때, 입사각을 조절하여 빛을 전반사시킬 수 있다. (O / X)

10 광통신의 송신부에서 전기 신호를 빛 신호로 변환하는 과정이 있다. (O / X)

3 전자기파

 전자기파는 전기장과 자기장의 세기가 시간에 따라 변하면서 공간으로 퍼져나가는 파동이다.

1. 전자기파의 발생과 진행

(1) 전기장과 자기장의 유도: 시간에 따라 변하는 전기장은 자기장을 유도하고, 시간에 따라 변하는 자기장은 전기장을 유도한다.

(2) 전자기파의 발생과 진행

❶ 전자기파의 발생: 주기적으로 진동하는 전기장은 주기적으로 진동하는 자기장을 유도하며, 주기적인 자기장의 진동은 다시 주기적인 전기장을 유도하면서 공간으로 진행한다.

❷ 전자기파의 진행: 전자기파는 전기장과 자기장의 진동 방향에 각각 수직으로 진행한다.

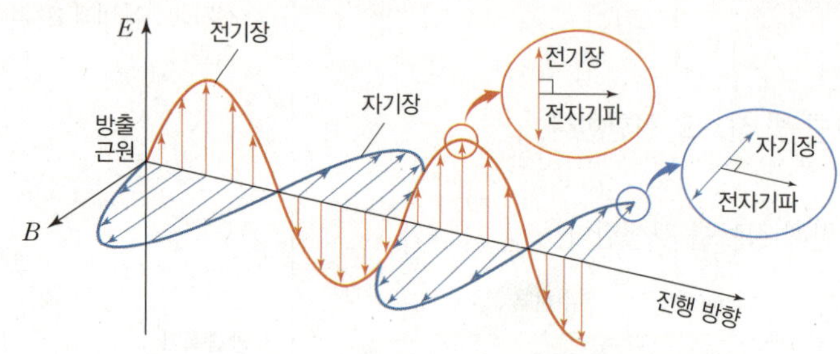

2. 전자기파의 특징

(1) 매질이 없는 진공에서도 진행한다.

(2) 진공에서 속력은 진동수에 관계없이 $c(≒3×10^8\,\mathrm{m/s})$로 모두 같다.

(3) 전기장과 자기장의 방향은 모두 전자기파의 진행 방향에 수직이다.

(4) 한 지점에서 전기장의 방향과 자기장의 방향은 수직이다. 전자기파는 횡파이다.

4 전자기파의 종류와 이용

 전자기파는 파장(또는 진동수)에 따라 종류를 구분한다.

1. 전자기파의 종류

(1) 전자기파를 파장이 짧은 것부터 순서대로 나열하면 다음과 같다.

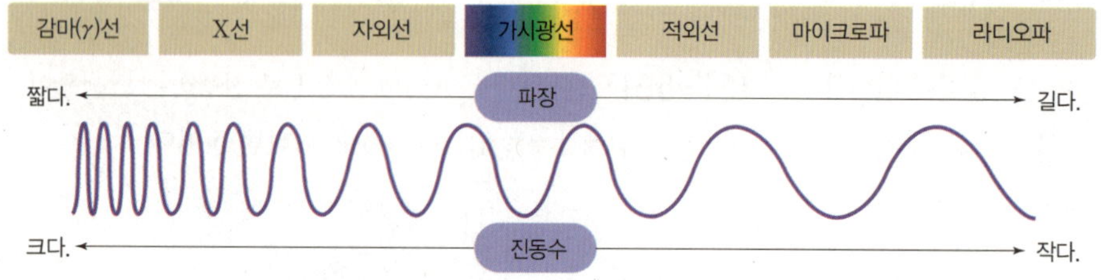

(2) 전자기파의 진동수가 클수록 전달하는 에너지가 크다. 파장이 짧을수록

2. 전자기파의 특징과 이용

(1) **감마(γ)선**: 파장이 가장 짧은 전자기파로, 핵융합, 핵분열, 방사성 붕괴와 같이 주로 원자핵이 변환될 때 발생한다. γ선은 진동수가 매우 커서 광자의 에너지가 크므로, 투과력과 전리 작용이 매우 크다.

❶ γ선의 투과력은 비파괴 검사에 이용된다.

❷ γ선의 전리 작용은 암세포를 파괴하는 암 치료에 이용된다.

(2) **X선**: γ선보다는 파장이 길고 자외선보다는 파장이 짧은 전자기파로, 고속의 전자가 금속과 충돌할 때 발생한다.

❶ X선은 진동수가 커서 투과력이 크므로, 인체 내부의 골격 사진을 찍거나 공항에서 수하물을 검사하는 데 이용된다.

전자기파의 예측과 확인

• 맥스웰은 전자기학 이론을 정리하여 맥스웰 방정식을 만들었으며, 이로부터 전기장과 자기장이 파동이라는 것을 이론적으로 예측하였다.

• 헤르츠는 전자기파를 실험으로 입증하였으며, 빛이 전자기파의 한 종류라는 것을 밝혔다.

전자기파는 횡파

전자기파의 전기장과 자기장 모두 진행 방향에 수직 방향으로 진동한다. 따라서 전자기파는 횡파이다.

전리 작용

분자에 충돌할 때 전자를 떼어 내는 성질로, 이러한 성질을 이용하여 세포를 파괴할 수 있다.

❷ X선은 파장이 짧아 회절이 잘 일어나지 않으므로, DNA의 X선 회절 사진과 같이 작은 물질의 구조를 파악하는 데 이용된다.

(3) **자외선**: 보라색 빛보다 파장이 짧은 전자기파이다.

❶ 살균 작용이 강해 자외선 소독기에 이용된다.

❷ 자외선을 흡수한 형광 물질이 가시광선을 방출하는 성질은 위조지폐 감별에 이용된다.

(4) **가시광선**: 파장이 380 nm~780 nm 범위의 사람의 눈에 보이는 전자기파이다.
파장이 가시광선보다 길거나 짧으면 볼 수 없다.

(5) **적외선**: 빨간색 빛보다 파장이 긴 전자기파이다.

❶ 온도가 낮은 물체에서도 방출된다.

❷ 온도에 따라 방출되는 적외선의 파장이 다른데, 이러한 성질은 비접촉식 온도계나 열화상 카메라 등에 이용된다.

(6) **마이크로파**: 적외선보다 파장이 긴 전자기파로 전자의 진동에 의해 발생한다. 전자레인지, 와이파이, 블루투스, 위성 통신 등에 이용된다.

(7) **라디오파**: 파장이 가장 긴 전자기파로, 라디오의 AM, FM 방송 등에 이용된다.
회절이 잘 일어나 건물과 같은 장애물의 뒤까지 잘 전달된다.

형광
물질이 에너지를 흡수하여 들뜬상태로 올라갔다가 다시 에너지가 낮은 상태로 떨어지면서 빛을 내는 현상이다.

전자기파의 전파
전자기파의 파장이 짧을수록 직진성은 강하고, 파장이 길수록 회절이 잘 일어나므로, 장애물 뒤까지 잘 전달된다.

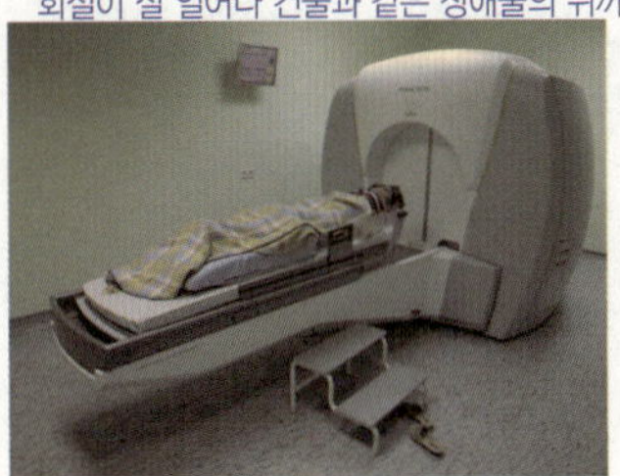

▲ 감마(γ) 나이프 치료

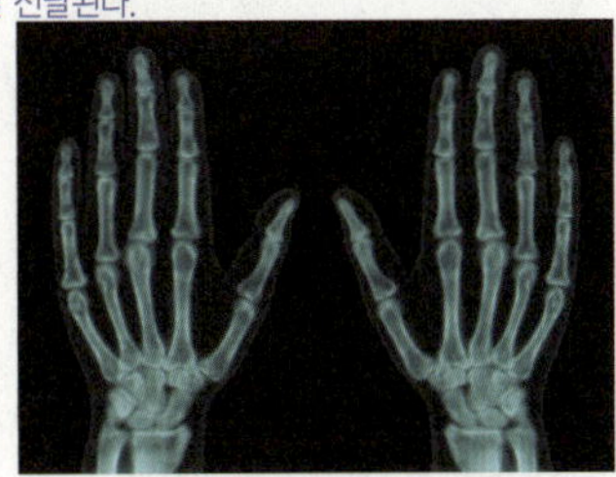

▲ X선을 이용한 골격 사진

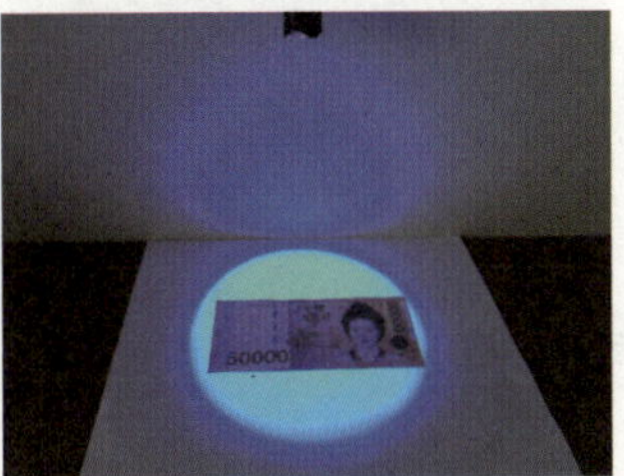

▲ 자외선을 이용한 위조지폐 감별

▲ 적외선을 이용한 열화상 카메라

암기 꼭!
- 감마(γ)선: 암세포 파괴(암 치료)
- X선: 뼈 사진, 공항의 수하물 검사
- 자외선: 살균 작용(식기 소독기), 위조지폐 감별
- 적외선: 비접촉식 체온계, 열화상 카메라
- 마이크로파: 전자레인지, 위성 통신
- 라디오파: 라디오의 AM, FM 방송

개념 익히기 문제

정답과 해설 p.060

교과서 문장으로 개념 익히기

11 전기장과 자기장의 진동이 공간으로 퍼져나가는 파동을 ☐☐☐☐☐라고 한다.

12 전자기파는 전기장과 자기장 모두 진행 방향에 ☐☐으로 진동하는 ☐☐이다.

13 전자기파의 전기장과 자기장의 방향은 서로 ☐☐이다.

14 파장이 가장 짧은 전자기파는 ☐☐☐이다.

15 공항에서 수하물 검사에 이용되는 전자기파는 ☐☐이다.

16 물질의 형광 작용을 이용하여 위조지폐 감별에 이용되는 전자기파는 ☐☐☐이다.

OX 문제로 개념 익히기

[17~18] 그림은 어느 순간 $+x$ 방향으로 진행하는 전자기파의 전기장과 자기장을 x에 따라 나타낸 것이다.

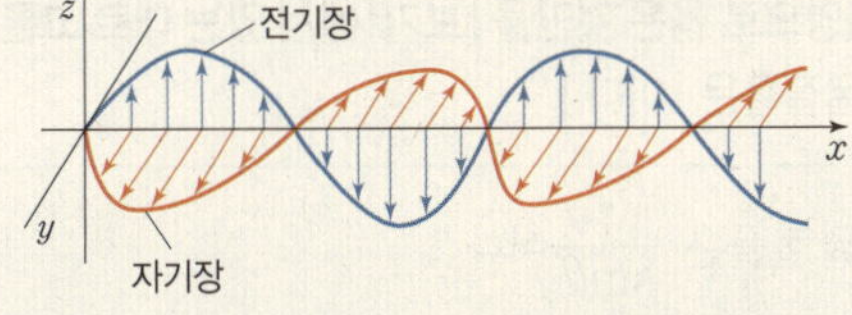

17 전기장은 xy 평면에서 진동한다. (O / X)

18 전기장의 세기가 최대일 때 자기장은 0이다. (O / X)

19 감마(γ)선은 암 치료에 이용된다. (O / X)

20 X선은 적외선보다 진동수가 작다. (O / X)

21 자외선은 식기 소독기에 이용된다. (O / X)

📝 과정 & 결과

❶ 그림 (가)와 같이 각도기 판 위에 반원형 유리판을 놓고, 레이저 빛이 유리판의 둥근면을 지나 원의 중심을 향하도록 비춘다.

❷ 레이저 빛의 입사각을 서서히 변화시키면서 굴절한 빛의 세기를 관찰한다.

❸ 그림 (나)와 같이 레이저 빛을 공기에서 유리판의 중심을 향하도록 비추고, 레이저 빛의 입사각을 서서히 증가시키면서 전반사가 일어나는지 관찰한다.

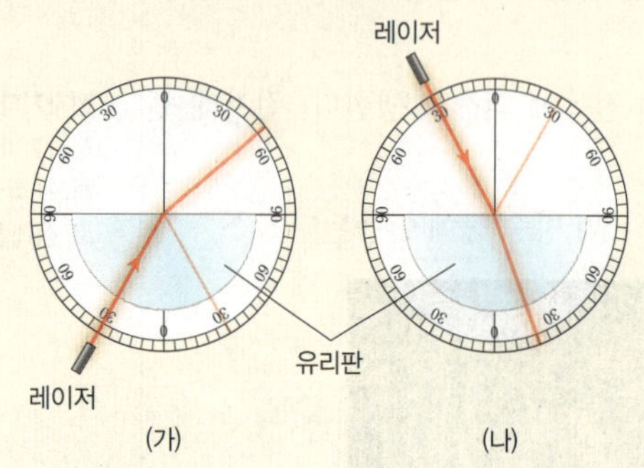

⋯▸ ❷의 결과: 레이저 빛의 입사각이 42°보다 작을 때에는 입사각이 증가할수록 굴절한 빛의 세기가 약해지고, 입사각이 42°보다 크면 굴절한 빛이 존재하지 않는다.

⋯▸ ❸의 결과: 레이저 빛의 입사각을 증가시켜도 전반사가 일어나지 않는다.

🔍 분석

1. 유리에서 공기로 진행하는 빛의 임계각은 얼마인가?

   ⋯▸ 입사각이 42°보다 클 때 전반사가 일어나므로, 임계각은 42°이다.

2. 빛이 굴절률이 작은 매질에서 굴절률이 큰 매질로 진행할 때, 전반사가 일어날 수 있는가?

   ⋯▸ ❸의 결과로부터 전반사가 일어날 수 없다.

3. 빛이 전반사가 일어나기 위한 조건은 무엇인가?

   ⋯▸ 굴절률이 큰 매질에서 작은 매질로 진행해야 하고, 입사각이 임계각보다 크거나 같아야 한다.

⚙ 탐구 목표

전반사가 일어나는 조건을 파악할 수 있다.

주의점

레이저 빛이 눈에 들어가지 않도록 주의한다.

🔬 탐구 포인트

입사각이 임계각과 같은 경우에는 굴절 광선을 관찰할 수 없다. 입사각이 증가할수록 굴절하는 빛의 세기가 약해지다가 입사각이 임계각이 되는 순간, 굴절하는 빛의 세기가 0이 되기 때문이다. 따라서 입사각이 임계각과 같은 경우 레이저 빛은 전반사한다.

정답과 해설 p.060

예제 **1**

그림은 매질 A와 공기의 경계면에 단색광이 임계각 θ로 입사하는 것을 나타낸 것이다.

이에 대한 설명으로 옳은 것만을 |보기|에서 있는 대로 고른 것은? (단, 공기의 굴절률은 1이다.)

> ─ 보기 ─
> ㄱ. A의 굴절률은 $\dfrac{1}{\sin\theta}$이다.
> ㄴ. 단색광의 속력은 A에서가 공기에서보다 크다.
> ㄷ. 입사각을 0.5θ로 변화시키면 단색광은 경계면에서 전반사한다.

① ㄱ　　　　② ㄴ　　　　③ ㄷ
④ ㄱ, ㄴ　　　⑤ ㄱ, ㄷ

예제 **2~3**

그림과 같이 물질 X, Y로 만든 광섬유의 코어에 단색광을 입사각 θ_0으로 입사시켰더니, X와 Y의 경계면에 임계각 θ_1로 입사하였다.

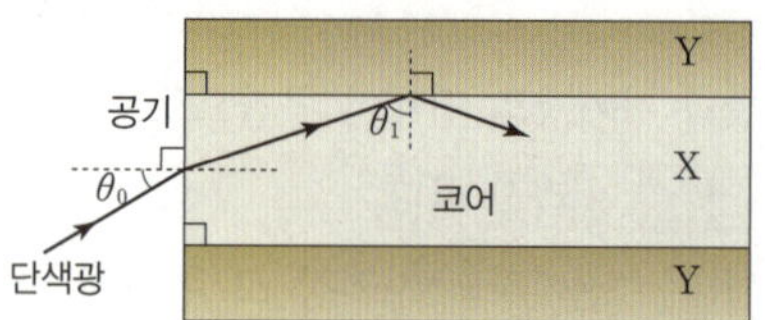

예제 **2**　서술형

X와 Y의 굴절률을 비교하고, 그 까닭을 서술하시오.

예제 **3**　서술형

코어에 입사하는 단색광의 입사각을 θ_0보다 크게 하면, X와 Y의 경계면에서 전반사가 일어나는지 서술하시오.

개념 다지기 문제

대표 유형 문제

01 그림은 단색광 X가 매질 A에서 매질 B로 임계각 θ_0으로 입사하여 진행하는 것을 나타낸 것이다.

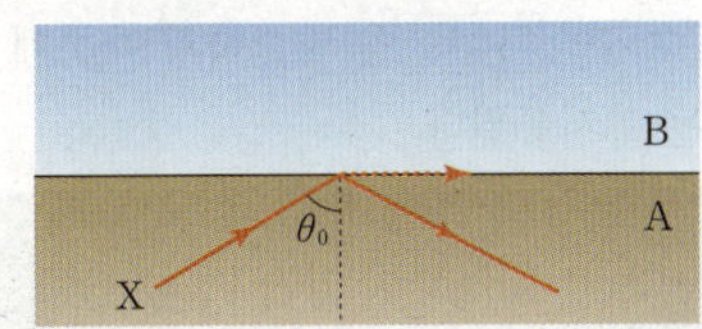

이에 대한 설명으로 옳은 것만을 |보기|에서 있는 대로 고른 것은?

> **보기**
> ㄱ. 굴절률은 A가 B보다 크다.
> ㄴ. A에 대한 B의 굴절률은 $\dfrac{1}{\sin\theta_0}$이다.
> ㄴ. X를 A에서 B로 입사각 $\dfrac{2}{3}\theta_0$으로 입사시키면, A, B의 경계면에서 전반사한다.

① ㄱ   ② ㄷ   ③ ㄱ, ㄴ
④ ㄱ, ㄷ   ⑤ ㄴ, ㄷ

대표 유형 문제

02 그림은 단색광이 광섬유 내에서 전반사하면서 진행하는 것을 나타낸 것이다. 점 p, q에서 입사각은 각각 θ_1, θ_2이고, $\theta_1 > \theta_2$이다.

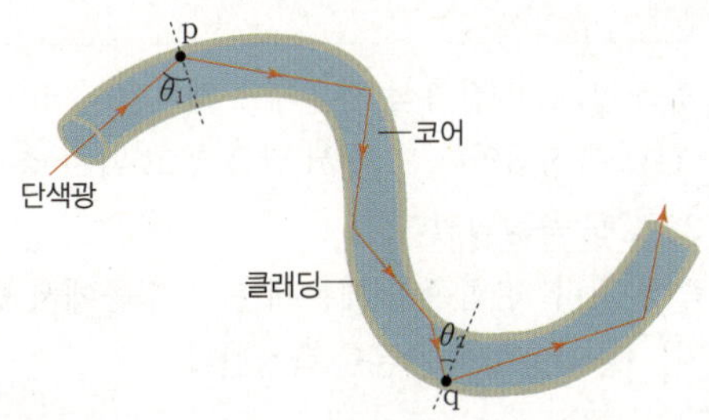

이에 대한 설명으로 옳은 것만을 |보기|에서 있는 대로 고른 것은?

> **보기**
> ㄱ. 굴절률은 클래딩이 코어보다 크다.
> ㄴ. 단색광의 속력은 코어에서가 클래딩에서보다 느리다.
> ㄷ. 임계각은 θ_2보다 크고 θ_1보다 작다.

① ㄱ   ② ㄴ   ③ ㄷ
④ ㄱ, ㄴ   ⑤ ㄱ, ㄷ

03 그림 (가)는 공기에서 매질 A에 입사한 단색광의 진행 경로를 나타낸 것이다. θ_1, θ_2는 p에서 단색광의 진행 방향과 경계면이 이루는 각이고, q에서 단색광은 전반사한다. 그림 (나)는 A와 매질 B로 만든 광섬유 내에서 단색광이 전반사하면서 진행하는 것을 나타낸 것이다.

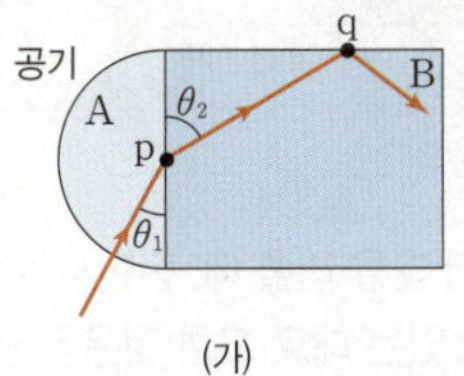

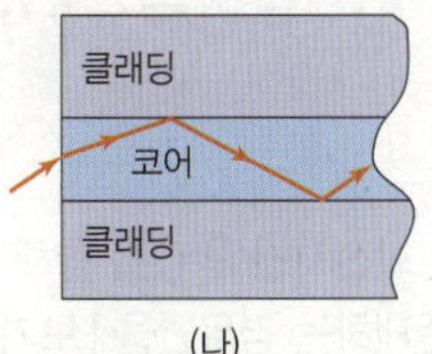

이에 대한 설명으로 옳은 것만을 |보기|에서 있는 대로 고른 것은?

> **보기**
> ㄱ. 단색광의 속력은 A에서가 B에서보다 크다.
> ㄴ. B에서 공기로 진행하는 단색광의 임계각은 θ_2보다 크다.
> ㄷ. (나)에서 코어는 B로 만들었다.

① ㄱ   ② ㄴ   ③ ㄱ, ㄷ
④ ㄴ, ㄷ   ⑤ ㄱ, ㄴ, ㄷ

04 그림 (가)는 매질 A에 수직으로 입사한 단색광의 진행 경로를 나타낸 것이다. 단색광은 q에서 전반사한다. 그림 (나)는 A, 매질 B로 만든 광섬유 내에서 단색광이 전반사하면서 진행하는 것을 나타낸 것이다.

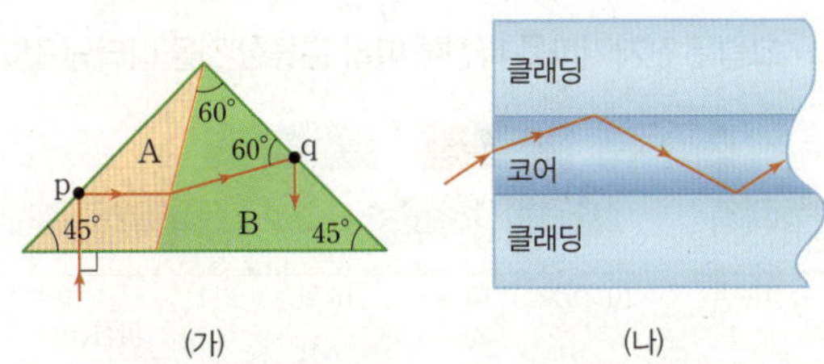

이에 대한 설명으로 옳은 것만을 |보기|에서 있는 대로 고른 것은?

> **보기**
> ㄱ. 굴절률은 A가 B보다 크다.
> ㄴ. 단색광은 p에서 전반사한다.
> ㄷ. (나)에서 코어는 B로 만들어졌다.

① ㄱ   ② ㄴ   ③ ㄱ, ㄴ
④ ㄱ, ㄷ   ⑤ ㄴ, ㄷ

개념 다지기 문제

05 그림은 회전 원판에 반원형의 투명한 물체를 고정시키고 원의 중심 O에 레이저 빛을 비출 때, 입사한 빛과 굴절한 빛의 진행 경로를 나타낸 것이다.

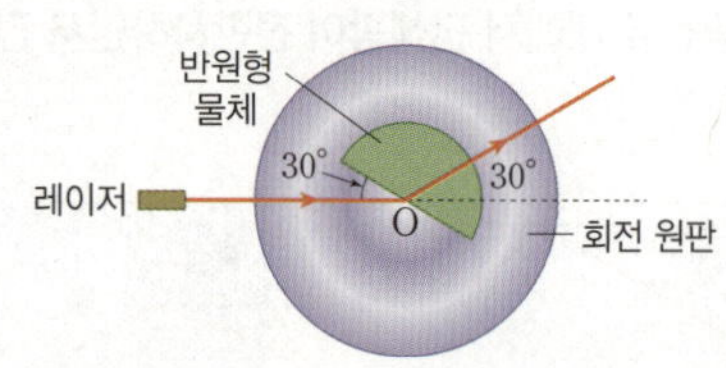

원판을 회전시킨 후 O를 향해 레이저 빛을 비출 때, 전반사하는 지점이 존재하는 경우만을 |보기|에서 있는 대로 고른 것은? (단, 공기의 굴절률은 1이다.)

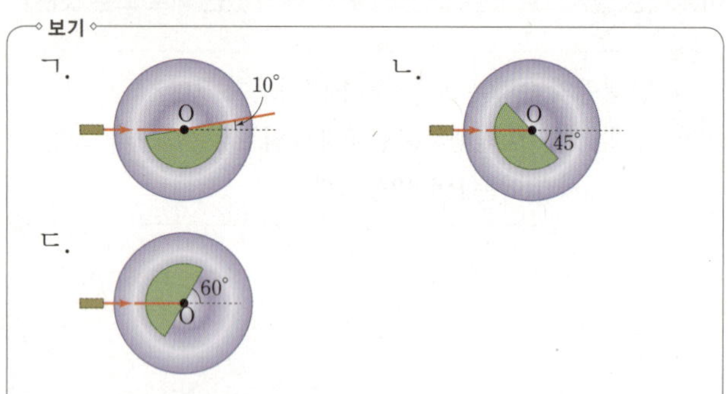

① ㄴ ② ㄷ ③ ㄱ, ㄴ
④ ㄱ, ㄷ ⑤ ㄴ, ㄷ

 유형문제

06 그림은 전자기파를 파장에 따라 분류한 것을 나타낸 것이다.

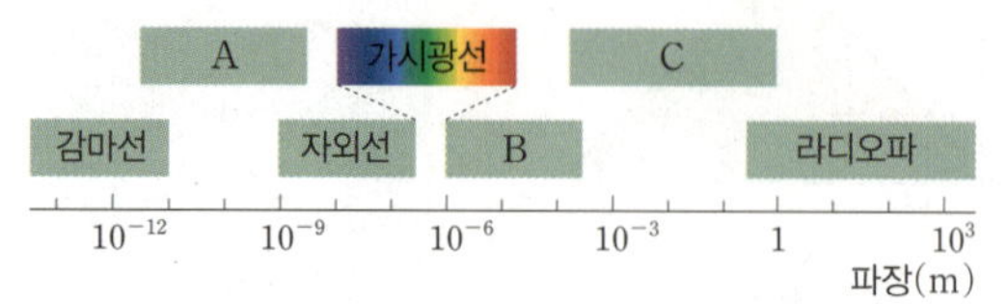

이에 대한 설명으로 옳은 것만을 |보기|에서 있는 대로 고른 것은?

┌ 보기 ┐
ㄱ. 진동수는 A가 C보다 크다.
ㄴ. B는 비접촉식 온도계에 사용된다.
ㄷ. 진공에서 속력은 C가 B보다 크다.

① ㄱ ② ㄴ ③ ㄷ
④ ㄱ, ㄴ ⑤ ㄱ, ㄷ

 유형문제

07 다음은 일상생활에서 전자기파가 이용되는 사례를 설명한 것이다.

의료 기구나 식기를 살균하는 데 사용하는 　⊙　은 형광 물질에 흡수되면 　ⓒ　을 방출하기 때문에 지폐의 진위를 판별하는 데 사용된다.

이에 대한 설명으로 옳은 것만을 |보기|에서 있는 대로 고른 것은?

┌ 보기 ┐
ㄱ. ⊙은 맨 눈으로 볼 수 있다.
ㄴ. ⓒ은 ⊙보다 파장이 길다.
ㄷ. 적외선의 진동수는 ⓒ의 진동수보다 크다.

① ㄴ ② ㄷ ③ ㄱ, ㄴ
④ ㄱ, ㄷ ⑤ ㄴ, ㄷ

08 다음은 학생 A가 체온을 측정하면서 겪은 일화와 체온 측정 원리에 대한 설명이다.

• 일화: 등교할 때 비접촉식 체온계로 체온을 측정했더니, ⊙ 30 ℃로 측정되었다. 그래서 땀을 닦고 다시 측정했더니 ⓒ 36 ℃로 측정되었다.
• 체온 측정 원리: 비접촉식 체온계는 우리 몸에서 방출되는 　(가)　을 이용하여 체온을 측정한다.

이에 대한 설명으로 옳은 것만을 |보기|에서 있는 대로 고른 것은?

┌ 보기 ┐
ㄱ. (가)는 자외선이다.
ㄴ. (가)는 암세포를 파괴하여 암을 치료하는 데 이용한다.
ㄷ. ⊙일 때가 ⓒ일 때보다 (가)의 파장이 길다.

① ㄱ ② ㄷ ③ ㄱ, ㄴ
④ ㄱ, ㄷ ⑤ ㄴ, ㄷ

09 다음은 전자기파에 대한 설명이다.

- 그림과 같이 전자기파는 전기장과 ⎡(가)⎤ 이 진동하면서 공간으로 퍼져나가는 파동이다.
- 전기장과 ⎡(가)⎤ 의 진동 방향은 ⎡(나)⎤ 방향이다.
- 전기장의 진동 방향과 전자기파의 진행 방향은 ⎡(다)⎤ 방향이다.

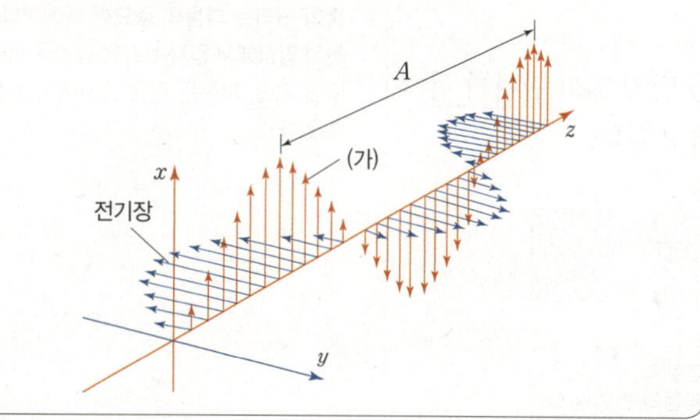

이에 대한 설명으로 옳은 것만을 |보기|에서 있는 대로 고른 것은?

┌─ 보기 ─────────────────────────┐
ㄱ. (가)는 자기장이다.
ㄴ. (나)와 (다)는 같다.
ㄷ. 진공에서 A는 자외선이 적외선보다 크다.
└────────────────────────────┘

① ㄱ   ② ㄷ   ③ ㄱ, ㄴ
④ ㄴ, ㄷ   ⑤ ㄱ, ㄴ, ㄷ

10 그림은 공기에서 직각 삼각형 모양의 프리즘의 변 BC에 나란하게 입사한 단색광이 변 AB 위의 점 p를 지나 변 BC 위의 점 q에 도달한 것을 나타낸 것이다.

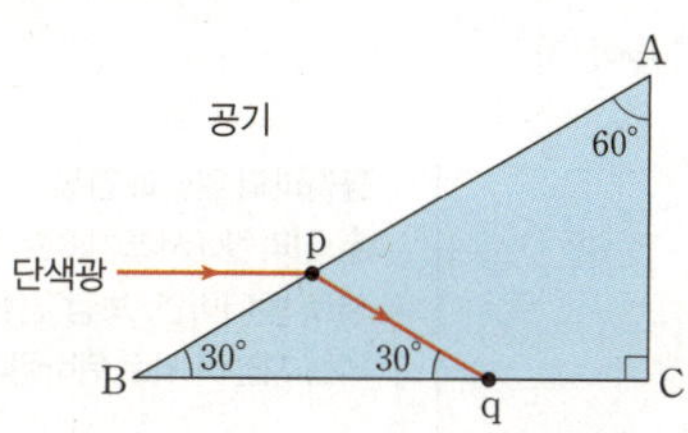

이에 대한 설명으로 옳은 것만을 |보기|에서 있는 대로 고른 것은? (단, 공기의 굴절률은 1이다.)

┌─ 보기 ─────────────────────────┐
ㄱ. p에서 입사각은 $60°$이다.
ㄴ. 프리즘의 굴절률은 $\sqrt{2}$이다.
ㄷ. q에서 단색광은 전반사한다.
└────────────────────────────┘

① ㄴ   ② ㄷ   ③ ㄱ, ㄴ
④ ㄱ, ㄷ   ⑤ ㄱ, ㄴ, ㄷ

11 그림은 광섬유 X에서 코어 또는 클래딩으로 사용되는 물질 A, B로 만든 직각 프리즘에 입사한 단색광의 진행 경로의 일부를 나타낸 것이다.

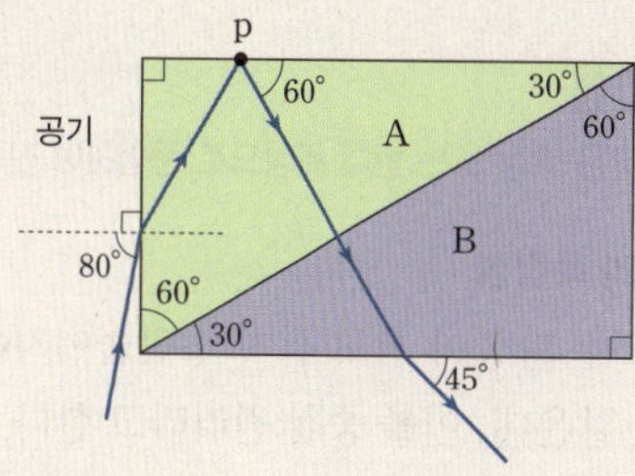

(1) A와 B의 굴절률을 근거로 제시하여 비교하시오.

____

____

(2) p에서 단색광이 전반사하는지 여부를 쓰고, 그 까닭을 서술하시오.

____

____

12 그림은 전자기파를 진동수에 따라 분류한 것이다.

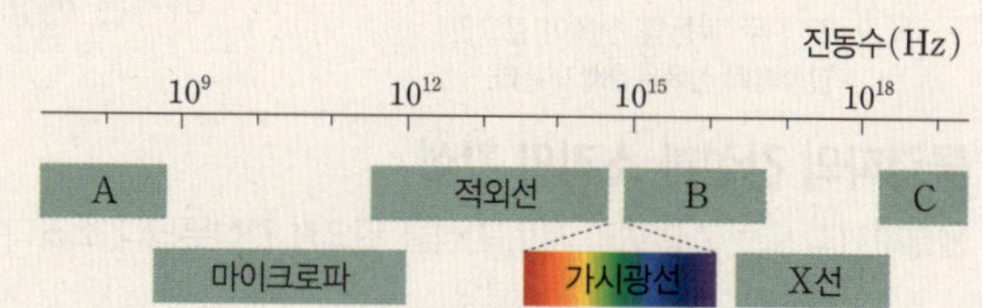

(1) A, B의 파장을 비교하고, 그 까닭을 서술하시오.

____

____

(2) C가 사용되는 예를 한 가지 서술하시오.

____

03 파동의 간섭

1 파동의 간섭

개념 두 파동이 같은 위상 또는 반대 위상으로 중첩하여 진폭이 커지거나 작아지는 현상을 간섭이라고 한다.

1. 파동의 중첩과 독립성

(1) **중첩 원리**: 두 파동이 서로 겹쳐서 만들어지는 합성파의 변위 y는 각 파동의 변위 y_1과 y_2의 합과 같은데, 이를 중첩 원리라고 한다.

(2) **파동의 독립성**: 중첩이 끝난 뒤 각각의 파동은 다른 파동의 영향을 받지 않고 만나기 전과 같은 성질을 유지하면서 진행하는데, 이를 파동의 독립성이라고 한다.

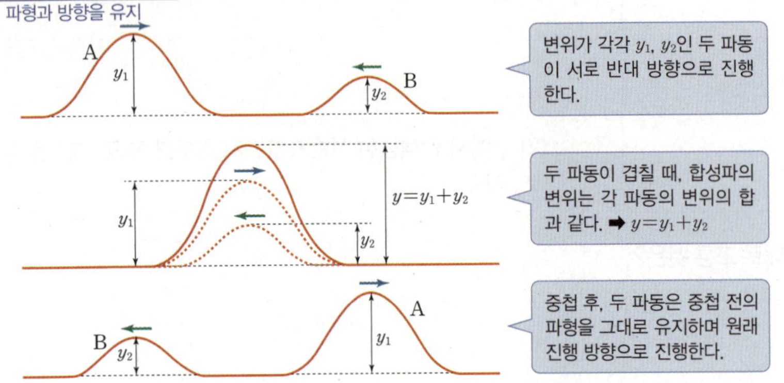

2. 파동의 간섭: 파동이 중첩되어 진폭이 커지거나 작아지는 현상이다.

보강 간섭	상쇄 간섭
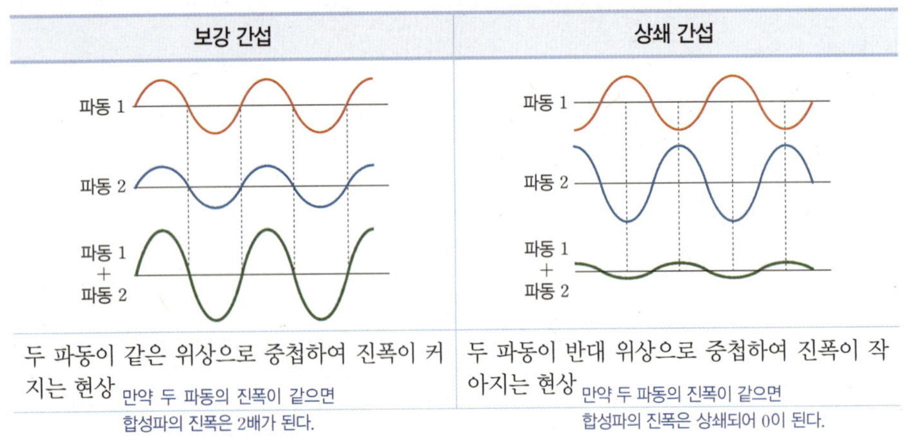	
두 파동이 같은 위상으로 중첩하여 진폭이 커지는 현상 만약 두 파동의 진폭이 같으면 합성파의 진폭은 2배가 된다.	두 파동이 반대 위상으로 중첩하여 진폭이 작아지는 현상 만약 두 파동의 진폭이 같으면 합성파의 진폭은 상쇄되어 0이 된다.

2 물결파의 간섭과 소리의 간섭

개념 물결파끼리 또는 소리끼리 서로 간섭을 일으켜 간섭무늬나 소리의 크기가 달라지는 현상이다.

1. 물결파의 간섭: (가)는 물결파의 간섭을 알아보기 위한 실험 장치, (나)는 스크린에 나타난 간섭무늬를 찍은 사진, (다)는 간섭무늬가 생기는 원리를 설명하기 위한 모식도이다.

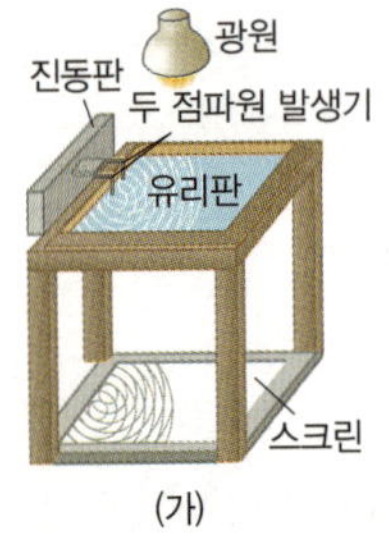

(가)

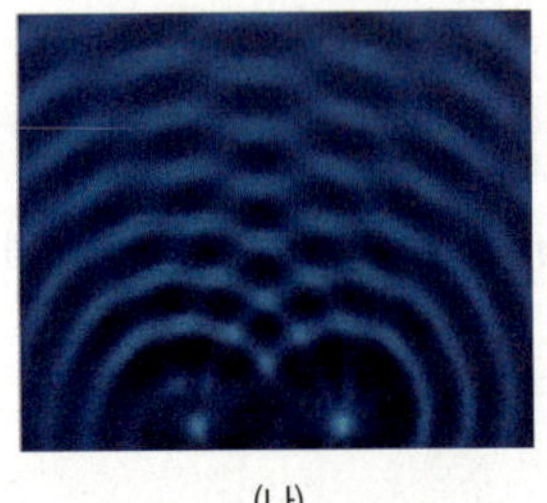
(나)

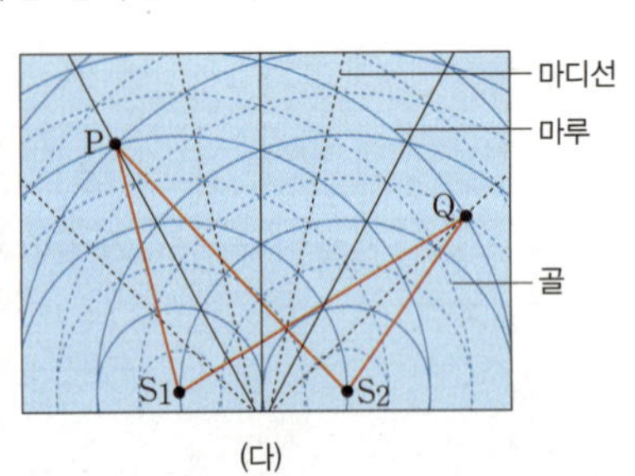

(다)

중첩 원리와 파동
중첩 원리는 파동의 중요한 특징이다. 고전적 입장에서 입자는 같은 공간을 점유할 수 없지만, 파동은 같은 공간에서 중첩할 수 있다.

위상
한 파동에 있는 마루는 위상이 서로 같고, 마루와 골은 위상이 서로 반대이다.

물결파의 위상과 간섭
두 점파원에서 발생하는 물결파의 위상이 서로 반대이면, 보강 간섭과 상쇄 간섭을 하는 지점이 서로 뒤바뀐다.

마루와 골에서의 간섭무늬
• 마루 근처는 볼록 렌즈와 같이 빛을 모으므로, 마루 아래에는 밝은 무늬가 나타난다.
• 골 근처는 오목 렌즈와 같이 빛을 분산시키므로, 골 아래에는 빛이 거의 도달하지 않아 어두운 무늬가 나타난다.

(1) **보강 간섭**: (다)의 P에서는 마루와 마루가 중첩하였으며, $\frac{1}{2}$주기 후에는 점선과 점선이 만나므로 골과 골이 중첩한다. 이와 같이 P에서는 S_1, S_2에서 발생한 두 물결파가 항상 같은 위상으로 중첩하여 보강 간섭이 일어난다.

❶ 보강 간섭이 일어나는 지점에서는 마루와 골이 번갈아 생기므로 <u>밝은 무늬와 어두운 무늬</u>가 번갈아 나타난다.
간섭무늬

❷ (다)에서 검은색 실선으로 연결한 지점이 보강 간섭을 일으키는 지점이다.

(2) **상쇄 간섭**: (다)의 Q에서는 S_1의 마루와 S_2의 골이 중첩하였으며, $\frac{1}{2}$주기 후에는 S_1의 골과 S_2의 마루가 중첩한다. 이와 같이 Q에서는 S_1, S_2에서 발생한 두 물결파가 항상 반대 위상으로 중첩하여 상쇄 간섭이 일어난다.

❶ 상쇄 간섭이 일어나는 지점에서는 물결파의 진폭이 거의 0이어서 희미한 무늬가 나타나며, 밝기가 변하지 않는다.

❷ (다)에서 검은색 점선으로 연결한 지점이 상쇄 간섭을 일으키는 지점이다.

2. 소리의 간섭

소리의 간섭 실험

그림은 스피커 A, B에서 같은 위상으로 동일한 음파를 발생시키고, 소리의 마루는 실선으로, 골은 점선으로 나타낸 것이다.

· 물결파와 같이 보강 간섭을 일으키는 지점과 상쇄 간섭을 일으키는 지점이 나타난다.
· 보강 간섭을 일으키는 지점에서는 소리의 진폭이 크므로 큰 소리가 측정되고, 상쇄 간섭을 일으키는 지점에서는 소리의 진폭이 거의 0이므로 작은 소리가 측정된다.
· 직선 L을 따라 서서히 이동하면, 보강 간섭이 일어나는 지점에서는 소리가 크게 들리고, 상쇄 간섭이 일어나는 지점에서는 소리가 작게 들린다.

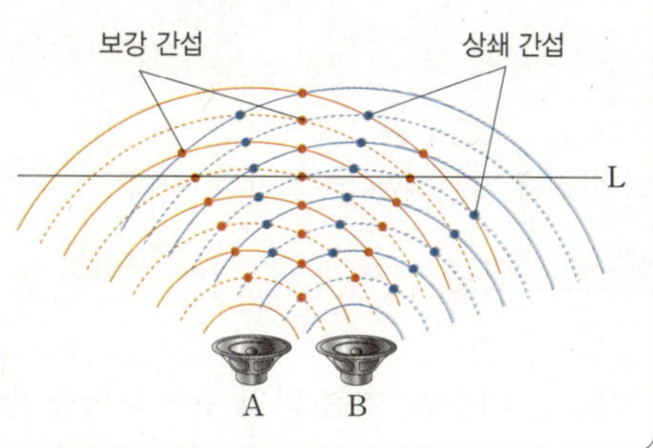

물결파의 중첩
두 물결파가 중첩하여 밝은 무늬와 어두운 무늬인 간섭무늬가 만들어진다.

마디선
상쇄 간섭을 일으키는 지점을 연결한 선을 마디선이라고 한다.

강의 포인트
보강 간섭과 상쇄 간섭이 일어나는 지점
· 보강 간섭: 두 파원으로부터 경로차가 반파장의 짝수 배이다. ➡ $0, \lambda, 2\lambda, 3\lambda, \cdots$
· 상쇄 간섭: 두 파원으로부터 경로차가 반파장의 홀수 배이다. ➡ $\frac{1}{2}\lambda, \frac{3}{2}\lambda, \frac{5}{2}\lambda, \cdots$

개념 익히기 문제

정답과 해설 p.062

🧠 교과서 문장으로 개념 익히기

01 변위가 각각 y_1, y_2인 두 파동이 중첩하면 합성파의 변위는 ☐이다.

02 두 파동이 중첩한 후, 각각의 파동이 다른 파동의 영향을 받지 않고 중첩하기 이전의 성질을 유지하면서 진행하는 현상을 파동의 ☐☐☐이라고 한다.

03 두 파동이 ☐☐☐하는 지점에서는 두 파동이 같은 위상으로 중첩한다.

04 두 파동이 ☐☐☐을 하면 진폭이 작아진다.

05 두 점파원에서 발생한 두 물결파가 ☐☐☐☐을 하는 지점에서는 밝은 무늬와 어두운 무늬가 번갈아 나타난다.

06 동일한 두 음파가 서로 겹쳐 보강 간섭을 일으키는 지점에서는 소리가 ☐게 들리고, 상쇄 간섭을 일으키는 지점에서는 소리가 ☐게 들린다.

📦 OX 문제로 개념 익히기

07 두 파동이 상쇄 간섭을 할 때, 두 파동이 같은 위상으로 중첩한다. (O / X)

08 두 점파원에서 발생한 물결파의 간섭 실험에서 물결파의 마루 부분은 볼록 렌즈와 같은 역할을 하여 스크린에 빛을 모은다. (O / X)

09 두 점파원에서 발생한 물결파의 간섭을 알아보는 실험에서 스크린에 나타난 보강 간섭을 하는 지점에는 항상 밝은 무늬가 나타난다. (O / X)

10 두 스피커에서 발생한 동일한 음파가 보강 간섭을 하는 지점에서는 큰 소리와 작은 소리가 번갈아 측정된다.
(O / X)

11 두 스피커에서 발생한 동일한 음파의 간섭 실험에서 보강 간섭을 일으키는 지점을 연결한 선을 마디선이라고 한다. (O / X)

1. 이중 슬릿을 이용한 빛의 간섭

(1) 단색 광원 앞에 단일 슬릿을 놓아 점광원을 만들고 그 앞에 이중 슬릿을 놓으면 스크린에는 간격이 일정한 밝고 어두운 간섭무늬가 생긴다.

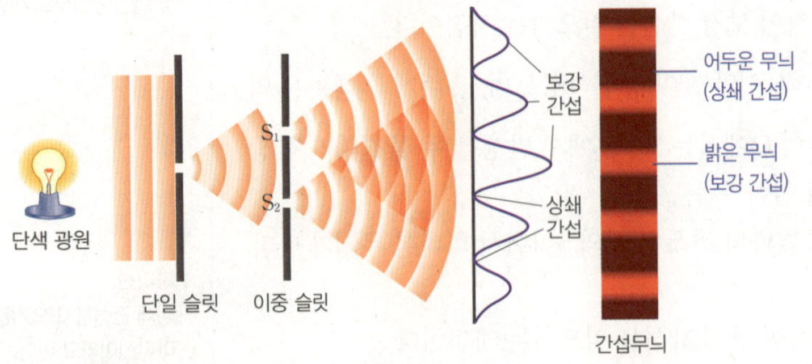

(2) 보강 간섭: 밝은 무늬의 중심은 S_1을 통과한 빛과 S_2를 통과한 빛이 보강 간섭하는 지점이다. 빛의 보강 간섭이 일어나는 지점에는 항상 밝은 무늬가 나타난다.

(3) 상쇄 간섭: 어두운 무늬의 중심은 S_1을 통과한 빛과 S_2를 통과한 빛이 상쇄 간섭하는 지점이다.

(4) 빛의 간섭 실험의 의의

❶ 간섭은 파동의 중요한 특성이다.

❷ 빛의 간섭 실험을 통해 빛이 파동의 성질을 갖는다는 것을 알 수 있다.

2. 얇은 막에 의한 빛의 간섭

(1) 물 위에 떠 있는 얇은 기름 막에 단색광을 비추면, 기름 막의 윗면과 아랫면에서 반사한 단색광이 간섭을 일으킨다.

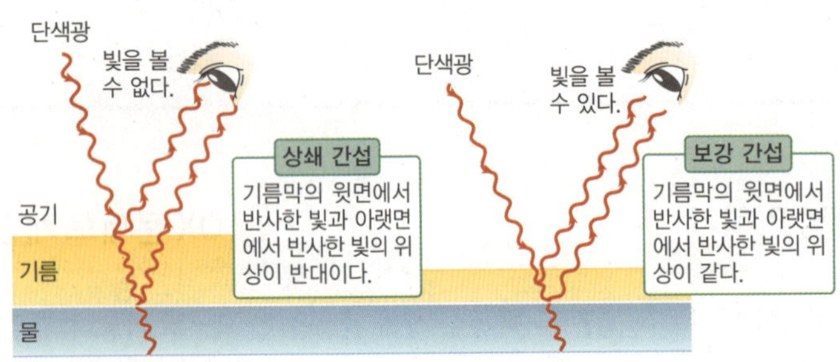

❶ 기름 막의 윗면과 아랫면에서 반사한 단색광이 같은 위상으로 중첩하면 보강 간섭을 일으켜 밝게 보인다.

❷ 기름 막의 윗면과 아랫면에서 반사한 단색광이 반대 위상으로 중첩하면 상쇄 간섭을 일으켜 어둡게 보이거나, 거의 보이지 않는다.

(2) 얇은 막에 의한 빛의 간섭의 예

비눗방울의 겉면과 안쪽면에서 반사한 빛이 간섭을 일으켜 알록달록한 색이 보인다.

모르포나비의 날개는 여러 겹의 얇은 막으로 되어 있어서 얇은 막 간섭에 의해 날개가 파란색으로 보인다.

단일 슬릿을 설치하는 이유

• 이중 슬릿만 있을 때 큰 광원에서 방출된 빛이 사방으로 진행하면, 하나의 슬릿을 통과한 빛이 스크린에서 넓게 퍼지므로 간섭무늬를 관찰하기 어렵다. 따라서 단일 슬릿을 설치하여 점광원이 되도록 해야 한다.

• 직진성이 강한 레이저 빛을 사용하는 경우에는 단일 슬릿을 설치하지 않아도 간섭무늬를 또렷하게 관찰할 수 있다.

간섭무늬 간격

• 파장이 길수록, 슬릿의 간격이 좁을수록 파동의 성질이 잘 나타나므로 간섭무늬 간격이 넓다.

• 기하학적 특성에 따라 이중 슬릿과 스크린 사이의 거리가 멀수록 간섭무늬 간격이 넓다.

빛의 입자성과 파동성

• 17세기 뉴턴은 그림자가 생기는 것을 근거로 빛이 입자의 흐름일 것이라고 추정하였다.

• 영, 프레넬 등이 빛의 간섭이나 회절 현상을 입증함으로써 빛이 파동임을 밝혔다.

• 20세기 아인슈타인은 다시 빛이 입자의 성질을 갖는다고 주장하여 열띤 논쟁을 벌인 끝에, 빛은 파동의 성질과 입자의 성질을 모두 갖는다는 결론에 도달하게 되었다.

비누 막에 의한 빛의 간섭
비눗방울은 중력 때문에 비누 막의 아랫부분이 더 두껍다. 따라서 비누 막의 두께에 따라 빛의 경로차가 달라져 알록달록한 색이 보인다.

4 간섭의 활용

개념 파동의 상쇄 간섭과 보강 간섭을 활용한 장치를 알아본다.

1. **능동 소음 제거**: 큰 소음이 발생하는 곳에서 사용하는 능동 소음 제거 헤드폰은 외부 소음과 위상이 반대인 소리를 발생시켜 원래 소음과 <u>인위적으로 발생한 소리</u>가 상쇄 간섭하도록 하여 소음을 제거한다.
소음의 파형과 위상이 반대

악기에서 소리의 간섭
악기에서 발생한 소리가 악기의 울림통에서 보강 간섭을 하면 더 큰 소리가 난다.

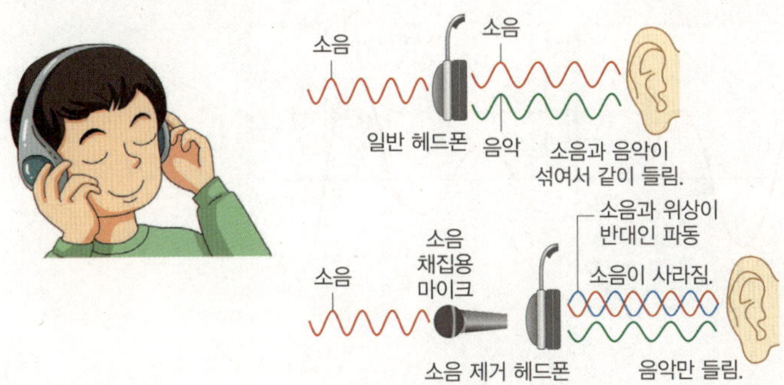

2. **렌즈의 코팅**: 카메라 렌즈나 안경 렌즈에서는 <u>빛의 반사를 최소화</u>하여 자연광과 동일한 빛이 필름이나 망막에 도달하게 하기 위해서 렌즈에 얇은 막으로 코팅한다.
빛의 상쇄 간섭 이용

카메라 렌즈의 색
카메라 렌즈는 가시광선의 중간 진동수인 550 nm 근처의 빛을 거의 반사하지 않도록 코팅되어 있다. 따라서 렌즈는 파장이 가장 짧은 가시광선과 가장 긴 가시광선 영역을 주로 반사시켜 희미한 자주색으로 보인다.

▲ 코팅을 하지 않은 경우   ▲ 코팅을 한 경우

개념 익히기 문제

정답과 해설 p.062

🧠 교과서 문장으로 개념 익히기

[12~14] 그림은 빛의 간섭 현상을 알아보기 위한 실험을 나타낸 것이다. 스크린상의 점 O는 밝은 무늬의 중심이고, 점 P는 어두운 무늬의 중심이다.

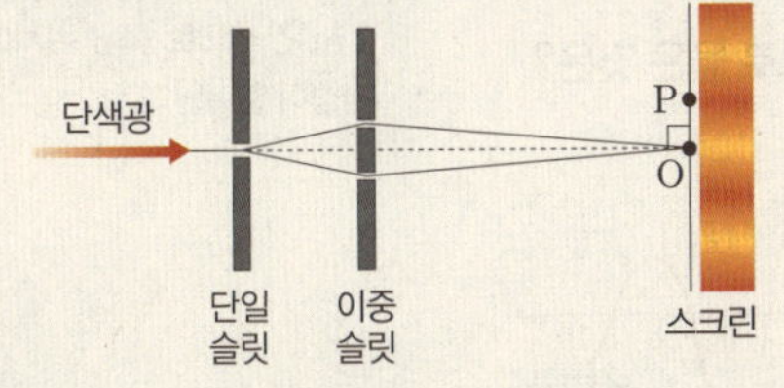

12 O에서는 ☐☐☐☐이 일어난다.

13 P에서는 이중 슬릿의 위쪽 슬릿과 아래쪽 슬릿을 통과한 빛이 ☐☐ 위상으로 중첩한다.

14 간섭은 빛의 ☐☐☐을 보여 주는 현상이다.

15 얇은 비누 막에 백색광을 비출 때 알록달록한 무늬가 보이는 현상은 빛의 ☐☐으로 설명할 수 있다.

16 능동 소음 제거 헤드폰은 소리의 ☐☐ 간섭을 이용하여 소음을 제거한다.

🧊 OX 문제로 개념 익히기

17 이중 슬릿에 의한 빛의 간섭 실험에서 스크린상에 나타난 보강 간섭을 일으키는 지점에서는 밝은 무늬와 어두운 무늬가 번갈아 나타난다. (O / X)

18 이중 슬릿에 의한 빛의 간섭 실험에서 단색광의 파장이 길수록 간섭무늬 간격이 더 넓다. (O / X)

19 이중 슬릿의 슬릿 간격이 좁을수록 스크린에 생기는 간섭무늬의 간격이 더 넓다. (O / X)

20 이중 슬릿을 이용한 빛의 간섭 실험을 통해 빛이 입자의 성질을 갖는다는 것을 알 수 있다. (O / X)

21 능동 소음 제거 헤드폰에서는 외부 소음과 위상이 같은 소리를 발생시켜 소음을 제거한다. (O / X)

22 안경 렌즈에 빛이 반사하지 않도록 하는 코팅은 빛의 회절을 이용한다. (O / X)

23 렌즈에서 빛이 반사하지 않도록 코팅할 때, 코팅의 앞면과 뒷면에서 반사한 빛은 보강 간섭을 한다. (O / X)

🔖**Point** 진행하는 두 파동이 중첩하여 만들어지는 합성파를 그려 보고, 이로부터 보강 간섭과 상쇄 간섭을 하는 지점을 알아보자.

그림 (가)는 파장과 속력이 같고 연속적으로 발생되는 두 파동 A, B가 서로 반대 방향으로 진행할 때 시간 $t=0$인 순간의 모습을 나타낸 것이다. 그림 (나)는 (가)에서 $t=1$초일 때, A, B가 중첩된 모습을 나타낸 것이다.

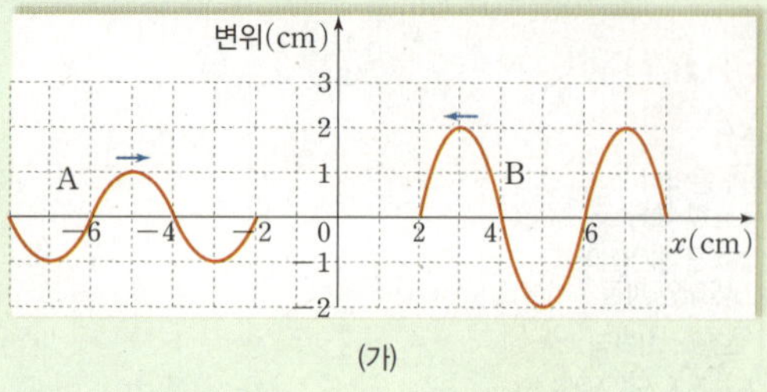
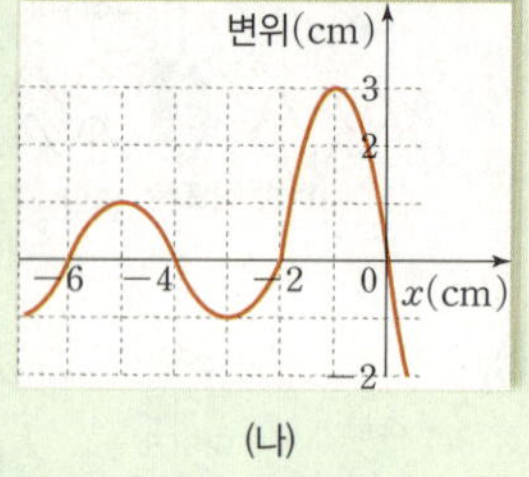

(가)　　　　(나)

❶ A, B의 진행 속력을 구해 보자.

⚭ (나)에서 $x\geq-2$ cm 영역에서 A, B가 중첩되었으므로, $t=0$일 때 $x=2$ cm에 있던 B의 왼쪽 끝이 $t=1$초일 때 $x=-2$ cm로 이동했다. 따라서 A, B의 진행 속력은 $v=4$ cm/s이다.

❷ $t=1$초일 때, A, B 각각의 모습과 합성파의 모습을 그려 보자.

⚭ 1초 동안 A, B는 각각 $+x$ 방향과 $-x$ 방향으로 4 cm씩 이동한다. 따라서 $t=1$초일 때, A, B 각각의 모습과 합성파의 모습은 오른쪽 그림과 같다.

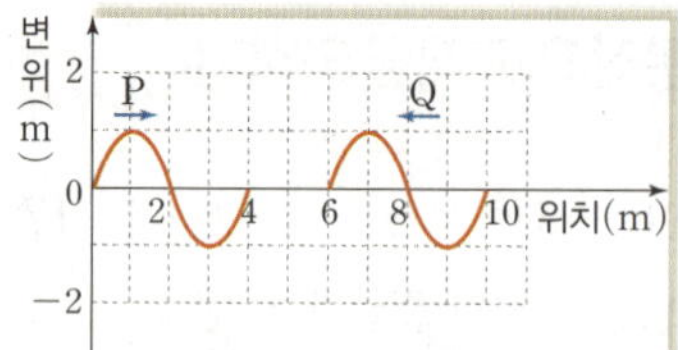

❸ 보강 간섭과 상쇄 간섭을 하는 지점에서의 진폭을 알아보자.

⚭ $x=\cdots$, -7, -5, -3, -1, 1, 3, 5, 7 cm, $\cdots$에서는 A와 B가 보강 간섭하므로, 진폭은 $2+1=3$(cm)이다.

⚭ $x=\cdots$, -6, -4, -2, 0, 2, 4, 6 cm, $\cdots$에서는 A와 B가 상쇄 간섭하므로, 진폭은 $2-1=1$(cm)이다.

정답과 해설 p.063

예제 1~2

그림은 파장과 진폭이 같고 연속적으로 발생하는 두 파동 P, Q가 서로 반대 방향으로 진행할 때, 두 파동이 만나기 전 어느 순간의 모습을 나타낸 것이다. P와 Q의 속력은 1 m/s로 같다.

▶ **해결 전략**

1단계: 3초일 때 P의 오른쪽 끝 위치와 Q의 왼쪽 끝 위치를 찾는다.
2단계: 3초일 때 P, Q 각각의 모습을 그린 후, 합성파의 모습을 그린다.
3단계: 5 m 위치에서 간섭의 종류를 알아내면, P, Q의 파장이 4 m이므로 2 m 간격으로 5 m 위치에서와 같은 간섭이 일어난다.

예제 ❶

이 순간으로부터 3초가 지났을 때, 두 파동이 만나서 부분적으로 중첩된 파동의 모습으로 옳은 것은?

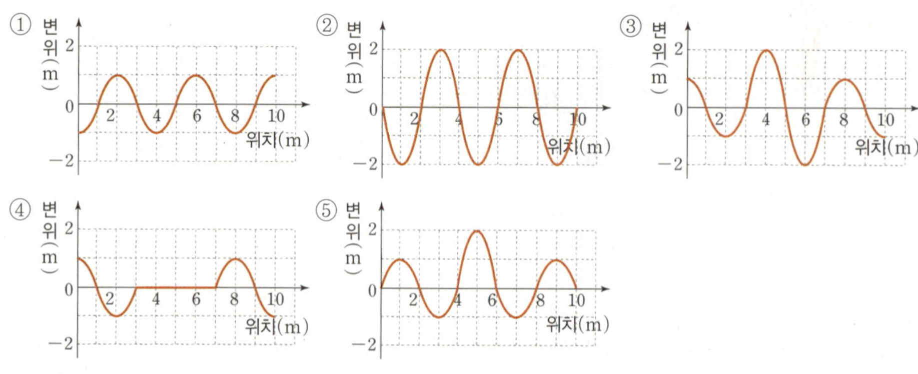

예제 ❷

P, Q가 0 m와 10 m 사이에서 완전히 중첩된 후, 0 m와 10 m 사이에서 상쇄 간섭이 일어나는 지점을 모두 쓰시오.

과정 & 결과

❶ 그림과 소리 발진 앱을 설치한 스마트폰에 스피커 A, B를 연결하여 나란하게 놓는다.

❷ A, B를 연결한 직선으로부터 1 m 떨어진 지점에 수직선 L을 그린다.

❸ 스마트폰에서 진동수가 340 Hz인 소리를 발생시킨다.

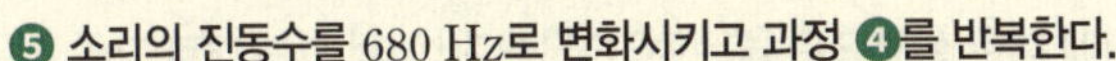

❹ L을 따라 이동하면서 소리의 세기가 크게 측정되는 지점을 기록한다.

❺ 소리의 진동수를 680 Hz로 변화시키고 과정 ❹를 반복한다.

⋯➤ 진동수의 크기에 따라 소리의 세기가 크게 측정되는 지점

진동수(Hz)	소리의 세기가 크게 측정되는 지점(m)				
340	−2	0	2		
680	−2	−1	0	1	2

분석

1. 어떤 지점에서 큰 소리가 측정되는가?

⋯➤ A, B에서 발생한 소리가 보강 간섭을 일으키는 지점에서 큰 소리가 측정된다.

2. 소리의 진동수가 커지면, 보강 간섭을 일으키는 지점 사이의 간격은 어떻게 되는가?

⋯➤ 보강 간섭을 일으키는 지점 사이의 간격이 작아진다.

탐구 목표

두 개의 스피커에서 발생한 소리가 크게 또는 작게 측정되는 지점을 찾아보고, 그 까닭을 소리의 보강 간섭과 상쇄 간섭으로 설명할 수 있다.

탐구 포인트

진동수가 증가하면 파장이 짧아지므로, 파면과 파면 사이의 간격이 감소한다. 따라서 직선 L에서 측정할 때, 소리가 크게 측정되는 지점 사이의 간격은 소리의 진동수가 클수록 작다.

정답과 해설 p.063

예제 ❶

그림 (가)는 두 스피커 A, B에 진동수가 f인 소리를 발생시키고, x축을 따라 소리의 세기를 측정하는 것을 나타낸 것이다. 그림 (나), (다)는 각각 $f=f_1$, $f=f_2$일 때의 결과이다.

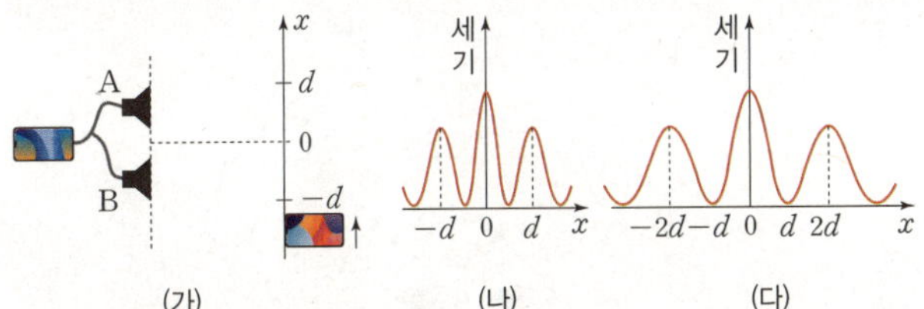

이에 대한 설명으로 옳은 것만을 |보기|에서 있는 대로 고른 것은?

> ─ 보기 ─
> ㄱ. $f_2>f_1$이다.
> ㄴ. $f=f_1$일 때, $x=d$에서 보강 간섭이 일어난다.
> ㄷ. $f=f_2$일 때, $x=d$에 A에서 발생한 소리의 마루가 도달하는 순간, B에서 발생한 소리의 골이 도달한다.

① ㄱ　　　② ㄴ　　　③ ㄷ
④ ㄱ, ㄴ　　　⑤ ㄴ, ㄷ

예제 2~4

그림은 스피커 A, B에서 세기가 같고 진동수가 f_0인 소리를 발생시킬 때, 마루를 실선으로, 골을 점선으로 나타낸 것이다.

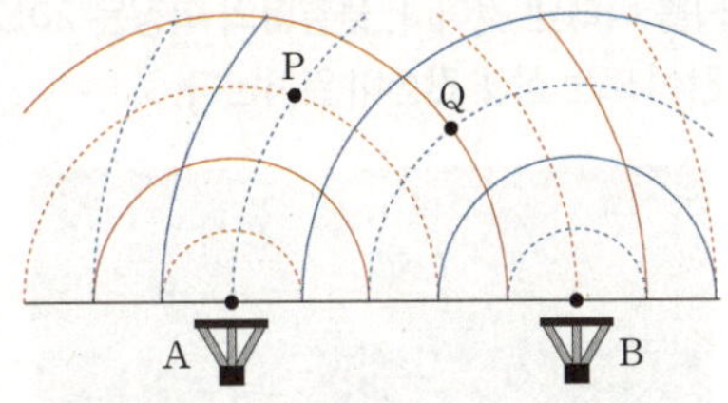

예제 ❷

P, Q 중에서 보강 간섭이 일어나는 지점을 모두 고르시오.

예제 ❸

P, Q 중에서 큰 소리가 측정되는 지점을 모두 고르시오.

예제 ❹

소리의 진동수를 $2f_0$으로 변화시킬 때, P, Q 중에서 보강 간섭이 일어나는 지점을 모두 고르시오.

개념 다지기 문제

01 그림은 두 스피커에서 발생한 파장과 진폭이 같은 음파 A, B가 x축을 따라 서로 반대 방향으로 진행하는 것을 나타낸 것이다.

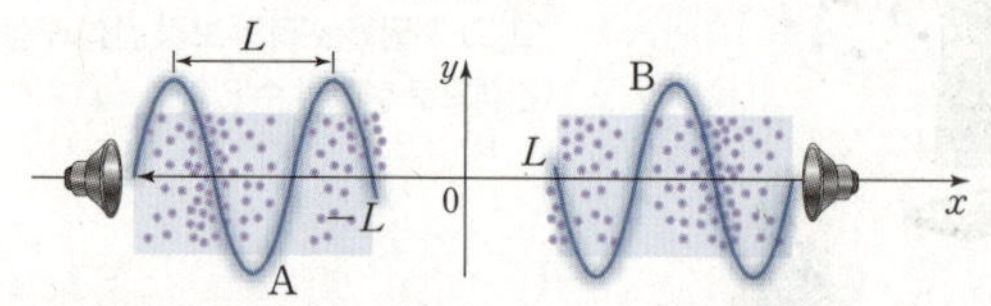

A, B가 완전히 중첩한 후, $x=-L$과 $x=L$ 사이에 만들어지는 합성파에 대한 설명으로 옳은 것만을 |보기|에서 있는 대로 고른 것은?

ㄱ. $x=0$에서 큰 소리가 측정된다.

ㄴ. 진폭은 $x=\dfrac{1}{2}L$에서가 $x=\dfrac{1}{4}L$에서보다 크다.

ㄷ. 보강 간섭이 일어나는 지점은 4곳이다.

① ㄱ   ② ㄷ   ③ ㄱ, ㄴ

④ ㄱ, ㄷ   ⑤ ㄴ, ㄷ

02 그림은 두 점파원 S_1, S_2에서 동일한 위상으로 발생한 물결파의 간섭무늬를 나타낸 것이다. 물결파의 파장은 λ이고, A, B, C에서는 보강 간섭 또는 상쇄 간섭이 일어난다.

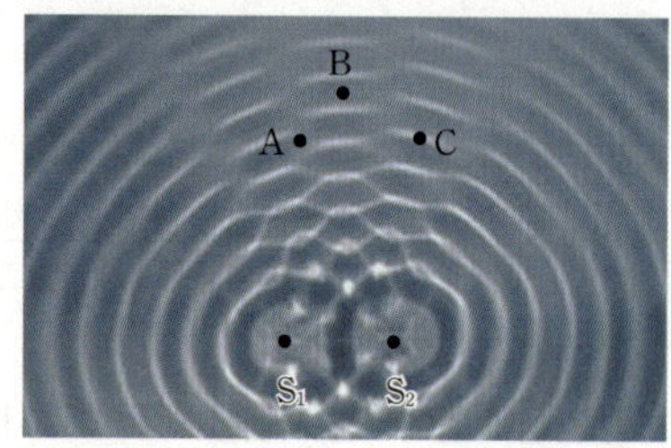

이에 대한 설명으로 옳은 것만을 |보기|에서 있는 대로 고른 것은?

ㄱ. A에서는 상쇄 간섭이 일어난다.

ㄴ. 무늬의 밝기는 B에서가 A에서보다 크게 변한다.

ㄷ. $\overline{S_1 C} - \overline{S_2 C} = \lambda$이다.

① ㄱ   ② ㄷ   ③ ㄱ, ㄴ

④ ㄴ, ㄷ   ⑤ ㄱ, ㄴ, ㄷ

03 그림은 두 점 S_1, S_2에서 같은 진폭과 위상으로 발생시킨 두 물결파의 모습을 평면상에 모식적으로 나타낸 것이다. 두 물결파의 파장과 진동수는 같다. 실선과 점선은 각각 물결파의 마루와 골의 위치를 나타내고, 점 P, Q, R는 평면상에 고정된 지점을 나타낸 것이다.

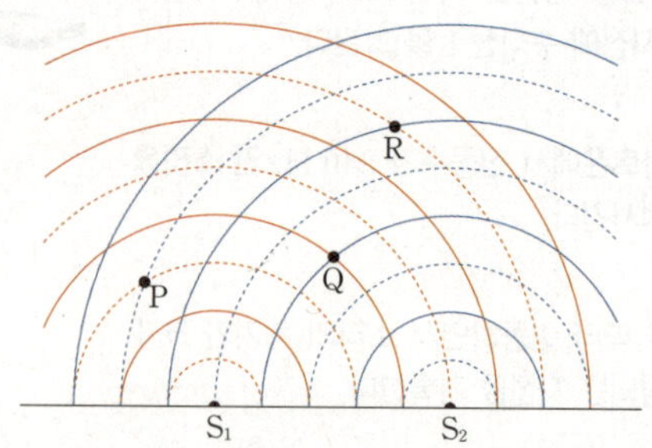

이에 대한 설명으로 옳은 것만을 |보기|에서 있는 대로 고른 것은?

ㄱ. P에서는 상쇄 간섭이 일어난다.

ㄴ. 진폭은 Q에서가 R에서보다 크다.

ㄷ. S_1, S_2로부터의 경로차는 R에서가 P에서보다 크다.

① ㄱ   ② ㄴ   ③ ㄷ

④ ㄱ, ㄴ   ⑤ ㄴ, ㄷ

대표 유형문제

04 그림은 스피커 A, B에서 같은 진폭과 파장으로 발생한 두 음파의 어느 순간의 모습을 나타낸 것이다. 실선과 점선은 각각 음파의 마루와 골의 위치를 나타내고, 점 P와 Q는 공간상에 고정된 두 지점을 나타낸 것이다.

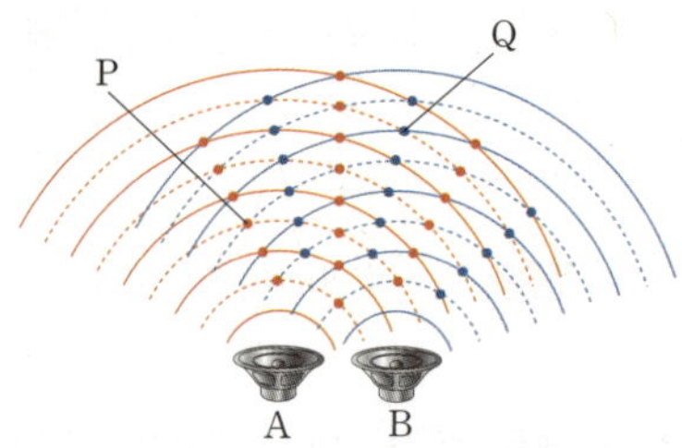

이에 대한 설명으로 옳은 것만을 |보기|에서 있는 대로 고른 것은?

ㄱ. P에는 항상 골이 만들어진다.

ㄴ. P에서는 보강 간섭이 일어난다.

ㄷ. P에서 들을 때보다 Q에서 들을 때, 소리가 더 크게 들린다.

① ㄴ   ② ㄷ   ③ ㄱ, ㄴ

④ ㄱ, ㄷ   ⑤ ㄴ, ㄷ

05 다음은 소리의 간섭을 알아보기 위한 실험이다.

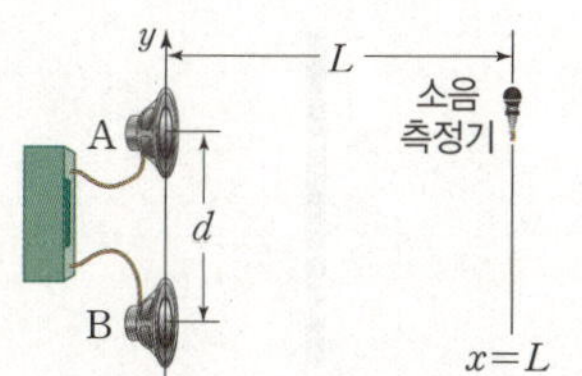

[실험 과정]

(가) y축에 스피커 A, B를 설치하고, 진폭과 진동수가 일정한 소리를 발생시킨다.

(나) 소음 측정기를 $x=L$인 직선 위에서 이동시키면서 소리의 크기를 측정한다.

[실험 결과]

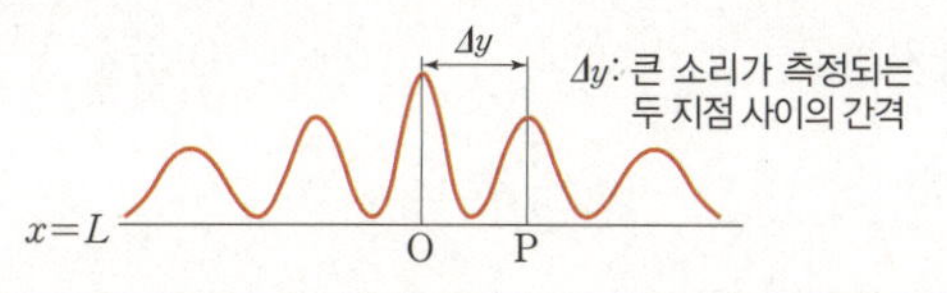

이에 대한 설명으로 옳은 것만을 |보기|에서 있는 대로 고른 것은?

┌ 보기 ┐
ㄱ. O에서는 보강 간섭이 일어난다.
ㄴ. P에는 A에서 발생한 음파의 마루가 도달하는 순간, B에서 발생한 음파의 골이 도달한다.
ㄷ. 소리의 진동수만 증가시키면 Δy도 증가한다.
└────┘

① ㄱ　　　② ㄴ　　　③ ㄷ
④ ㄱ, ㄷ　　⑤ ㄱ, ㄴ, ㄷ

06 그림 A, B, C는 파동의 성질을 활용한 예를 나타낸 것이다.

A. 소음 제거 이어폰　　B. 돋보기　　C. 악기의 울림통

이에 대한 설명으로 옳은 것만을 |보기|에서 있는 대로 고른 것은?

┌ 보기 ┐
ㄱ. A, C는 파동의 간섭을 이용한다.
ㄴ. B를 사용하여 평행하게 입사한 빛을 한 지점으로 모을 수 있다.
ㄷ. C에서는 파동이 반대 위상으로 중첩하는 현상을 이용한다.
└────┘

① ㄱ　　　② ㄷ　　　③ ㄱ, ㄴ
④ ㄱ, ㄷ　　⑤ ㄴ, ㄷ

07 그림과 같이 스피커 A, B에서 동일한 진동수의 소리가 같은 위상으로 발생한다. 점 P에서는 보강 간섭이, 점 Q에서는 상쇄 간섭이 일어난다. 이에 대한 설명으로 옳은 것만을 |보기|에서 있는 대로 고른 것은?

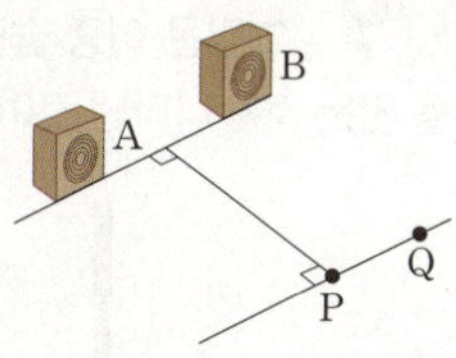

┌ 보기 ┐
ㄱ. 소리의 세기는 P에서가 Q에서보다 크다.
ㄴ. Q에서는 A에서 발생한 소리와 B에서 발생한 소리가 반대 위상으로 중첩한다.
ㄷ. 소리의 진동수만 2배로 하면, Q에서 보강 간섭이 일어난다.
└────┘

① ㄱ　　　② ㄷ　　　③ ㄱ, ㄴ
④ ㄴ, ㄷ　　⑤ ㄱ, ㄴ, ㄷ

08 그림과 같이 정사각형의 두 꼭짓점에 놓인 스피커 A, B에서 진동수가 440 Hz인 소리가 같은 세기, 같은 위상으로 발생한다. 점 O는 두 꼭짓점 P, Q를 잇는 선분 $\overline{PQ}$의 중점이다. A, B에서 발생한 소리는 P에서 상쇄 간섭한다.

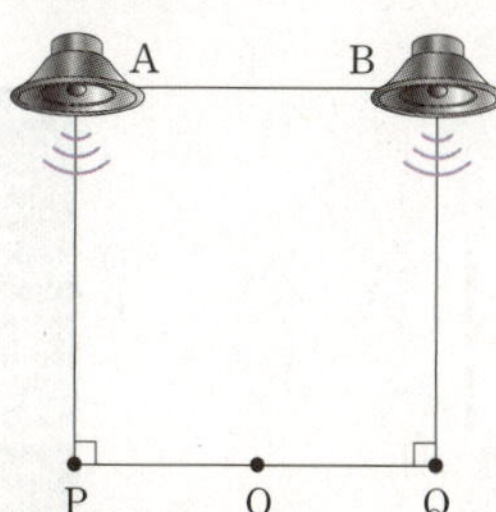

이에 대한 설명으로 옳은 것만을 |보기|에서 있는 대로 고른 것은?

┌ 보기 ┐
ㄱ. O에서는 보강 간섭이 일어난다.
ㄴ. Q에서는 A에서 발생한 소리의 마루가 도달하는 순간, B에서 발생한 소리의 골이 도달한다.
ㄷ. 진동수를 880 Hz로 증가시키면, P에서 보강 간섭이 일어난다.
└────┘

① ㄴ　　　② ㄷ　　　③ ㄱ, ㄴ
④ ㄱ, ㄷ　　⑤ ㄱ, ㄴ, ㄷ

09 그림은 이중 슬릿을 통과한 단색광이 스크린에 간섭무늬를 만든 것을 나타낸 것이다.

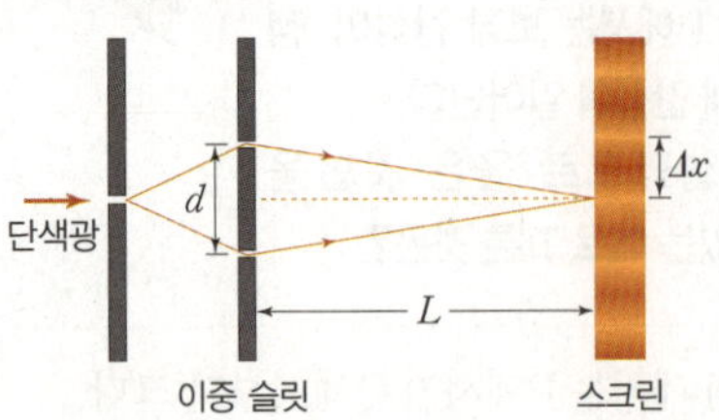

표는 이중 슬릿의 슬릿 간격 d, 단색광의 파장 λ, 이중 슬릿과 스크린 사이의 거리 L에 따른 간섭무늬 간격 Δx를 측정한 자료이다.

d	λ	L	Δx
d_0	λ_0	L_0	Δx_0
$2d_0$	λ_0	L_0	㉠
d_0	$2\lambda_0$	L_0	㉡
d_0	λ_0	$2L_0$	㉢

㉠, ㉡, ㉢ 중에서 Δx_0보다 큰 것만을 있는 대로 고른 것은?

① ㉠
② ㉡
③ ㉠, ㉢
④ ㉡, ㉢
⑤ ㉠, ㉡, ㉢

10 그림은 파장이 λ인 레이저 빛이 이중 슬릿을 통과한 후 스크린에 간섭무늬를 만든 것을 나타낸 것이다. 간섭무늬는 y축에 대칭이고, P, Q는 각각 y축으로부터 첫 번째 밝은 무늬와 세 번째 어두운 무늬가 생긴 위치이다.

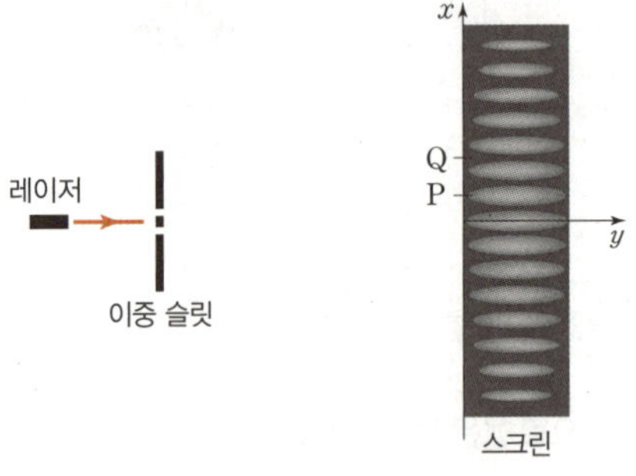

이에 대한 설명으로 옳은 것만을 |보기|에서 있는 대로 고른 것은?

> **보기**
> ㄱ. P에서는 보강 간섭이 일어난다.
> ㄴ. 두 슬릿에서 Q까지의 경로차는 $\frac{3}{2}\lambda$이다.
> ㄷ. 밝고 어두운 무늬는 빛의 입자성으로 설명할 수 있다.

① ㄱ
② ㄴ
③ ㄷ
④ ㄱ, ㄴ
⑤ ㄱ, ㄷ

11 그림은 이중 슬릿에 파장이 λ인 단색광을 비추었을 때, 스크린에 간섭무늬가 생긴 것을 나타낸 것이다. P는 가장 밝은 무늬로부터 두 번째 어두운 무늬의 중심이다.

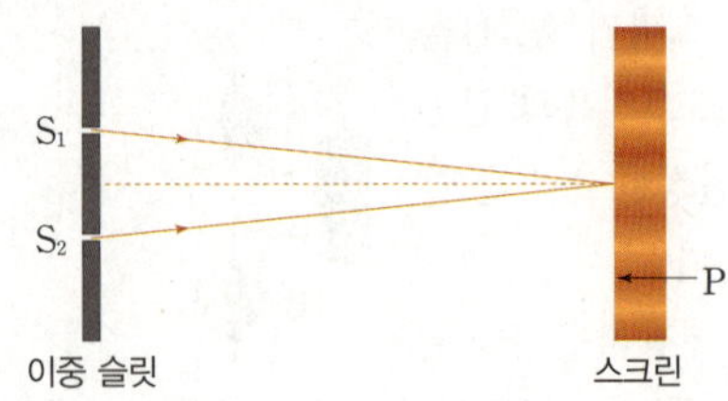

두 슬릿 S_1, S_2로부터 P까지의 경로차 $|S_1P - S_2P|$는?

① $\frac{1}{2}\lambda$
② λ
③ $\frac{3}{2}\lambda$
④ 2λ
⑤ $\frac{5}{2}\lambda$

12 다음은 무반사 코팅을 한 안경과 하지 않은 안경을 이용한 실험이다.

> **[실험 과정]**
> (가) 무반사 코팅을 한 ㉠오목 렌즈로 만든 안경을 끼고, 형광등을 바라보는 모습을 촬영한다.
> (나) 무반사 코팅을 하지 않은 오목 렌즈로 만든 안경을 끼고, (가)를 반복한다.
>
> **[실험 결과]**
>
> 
> 
>
>
> **[결과 해석 및 정리]**
> 무반사 코팅을 한 렌즈는 코팅의 바깥 면에서 반사한 빛과 안쪽 면에서 반사한 빛의 　㉣　을 이용하여 반사하는 빛의 세기를 최소화한다.

이에 대한 설명으로 옳은 것만을 |보기|에서 있는 대로 고른 것은?

> **보기**
> ㄱ. ㉠을 이용하여 평행하게 입사한 빛을 한 지점에 모을 수 있다.
> ㄴ. ㉡은 (나)의 결과이다.
> ㄷ. ㉣은 '상쇄 간섭'이 적절하다.

① ㄴ
② ㄷ
③ ㄱ, ㄴ
④ ㄱ, ㄷ
⑤ ㄴ, ㄷ

13 그림은 연속적으로 발생하여 각각 $+x$ 방향과 $-x$ 방향으로 속력 20 m/s로 진행하는 파동 A, B의 시간 $t=0$일 때의 모습을 나타낸 것이다.

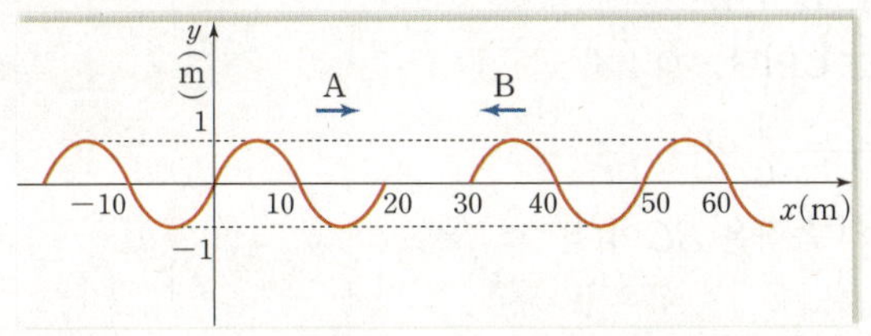

$t=3$초일 때, $x=0$과 $x=20$ m 사이에서 합성파의 모습으로 옳은 것은?

① 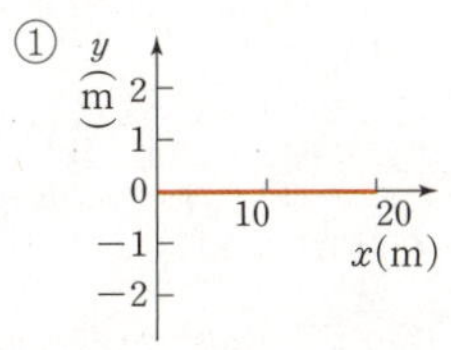

② 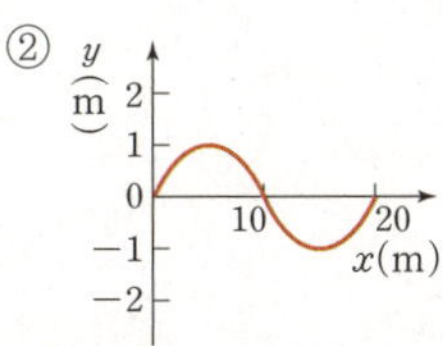

③ 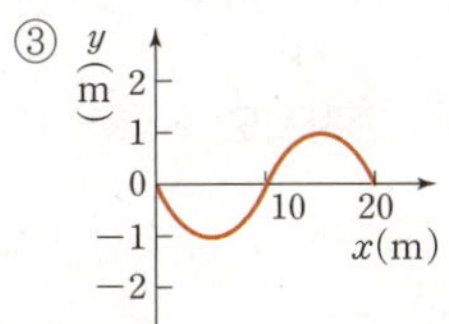

④ 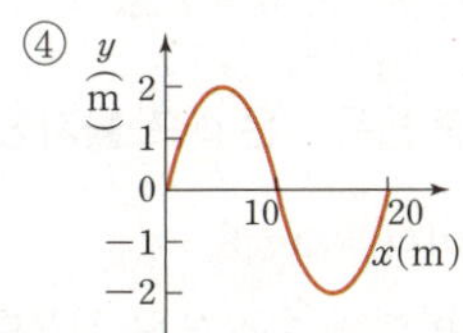

⑤ 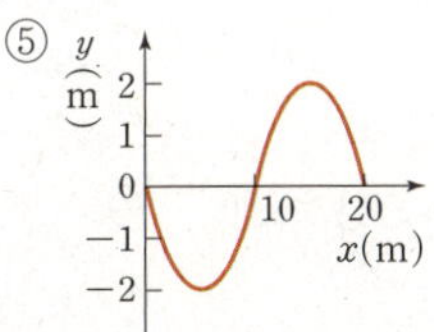

14 그림은 스마트폰에 연결된 두 스피커에서 발생한 음파의 어느 순간의 모습을 나타낸 것이다. 실선과 점선은 각각 음파의 밀한 곳과 소한 곳의 위치이고, a, b, p, q는 직선 L에 고정된 점이다. 이에 대한 설명으로 옳은 것만을 |보기|에서 있는 대로 고른 것은?

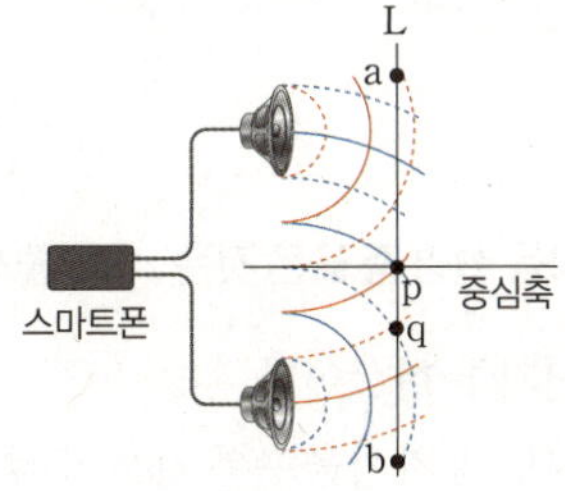

> **보기**
>
> ㄱ. p에서는 보강 간섭이 일어난다.
> ㄴ. q에서는 두 음파가 같은 위상으로 중첩한다.
> ㄷ. L의 a와 b 사이에서 보강 간섭이 일어나는 지점은 5군데이다.

① ㄴ   ② ㄷ   ③ ㄱ, ㄴ

④ ㄱ, ㄷ   ⑤ ㄱ, ㄴ, ㄷ

15 그림은 시간 $t=0$일 때, 진폭이 1 cm, 파장이 10 cm, 속력이 5 cm/s로 같은 두 물결파를 나타낸 것이다. 실선과 점선은 각각 물결파의 마루와 골이고, P, Q, R는 평면상의 고정된 점이다.

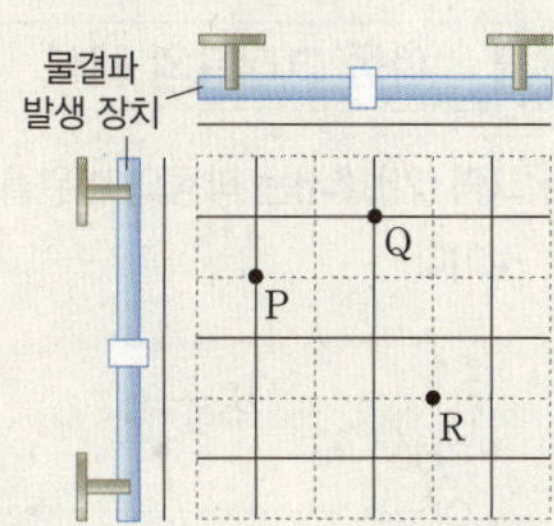

(1) P, Q, R에서 각각 어떤 간섭을 하는지 서술하시오.

____

____

(2) R에서 시간에 따른 합성파의 변위를 그래프로 그리시오.

16 그림은 슬릿 간격이 d인 이중 슬릿을 통과한 파장이 λ인 단색광에 의해 슬릿에서 거리 L만큼 떨어진 스크린에 간격이 Δx인 간섭무늬가 생긴 것을 나타낸 것이다.

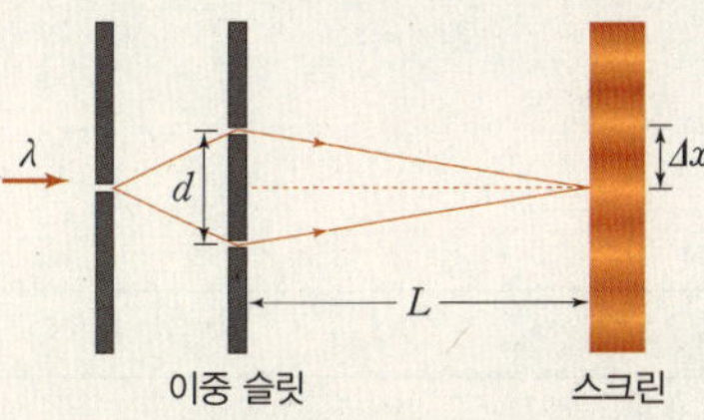

(1) 파장이 λ보다 큰 단색광을 사용할 때, Δx가 어떻게 달라지는지를 그 까닭과 함께 서술하시오.

____

(2) 슬릿과 스크린 사이의 거리를 L보다 증가시킬 때, Δx가 어떻게 달라지는지 쓰시오.

____

01 파동의 진행과 굴절

1 파동 그래프의 해석

그림 (가), (나)는 파동의 변위를 각각 위치와 시간에 따라 나타낸 것이다.

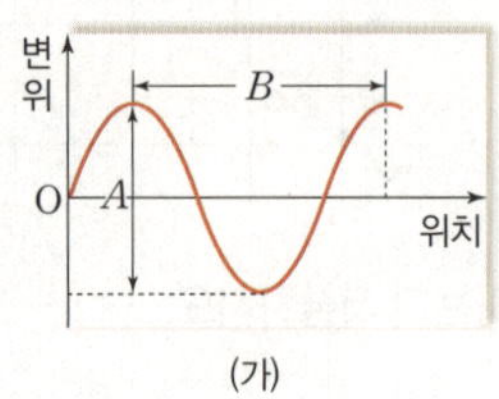
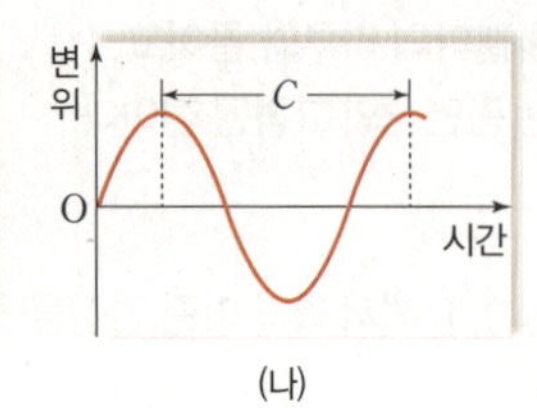

● 다음 설명 중 옳은 것은 ○표, 옳지 않은 것은 ×표 하시오.

1 진폭은 A이다. ○ / ×

2 파장은 B이다. ○ / ×

3 주기는 C이다. ○ / ×

4 진동수는 $\dfrac{1}{C}$이다. ○ / ×

5 파동의 속력은 BC이다. ○ / ×

2 횡파와 종파

그림은 용수철을 흔들어서 만든 파동 P, Q를 나타낸 것이다.

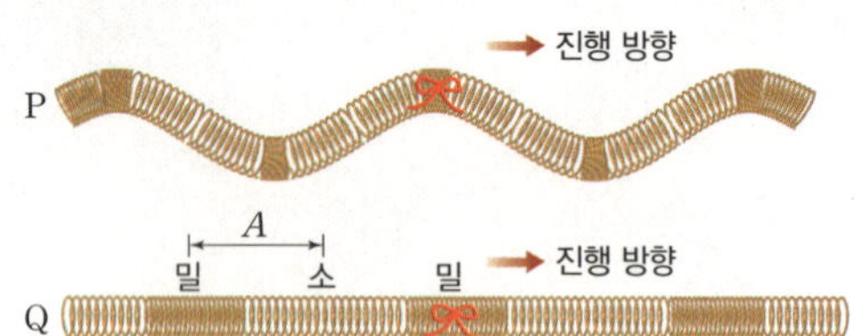

● 다음 설명 중 옳은 것은 ○표, 옳지 <u>않은</u> 것은 ×표 하시오.

1 P는 횡파이다. ○ / ×

2 P는 진행 방향에 수직으로 진동한다. ○ / ×

3 Q는 횡파이다. ○ / ×

4 Q는 진행 방향에 나란하게 진동한다. ○ / ×

5 전자기파는 Q와 같이 진동하는 파동이다. ○ / ×

6 Q의 파장은 A이다. ○ / ×

3 신기루

그림은 사막에서 실제로 존재하지 않는 야자수가 보이는 원리를 나타낸 것이다.

● 다음 설명 중 옳은 것은 ○표, 옳지 <u>않은</u> 것은 ×표 하시오.

1 신기루 현상이다. ○ / ×

2 지면에 가까울수록 기온이 낮다. ○ / ×

3 기온이 높을수록 빛의 속력이 빠르다. ○ / ×

4 기온이 높을수록 공기의 굴절률이 크다. ○ / ×

5 빛의 굴절과 관계있는 현상이다. ○ / ×

02 전반사와 전자기파

4 광섬유의 구조와 원리

그림은 광섬유 내에서 빛이 진행하는 것을 나타낸 것이다.

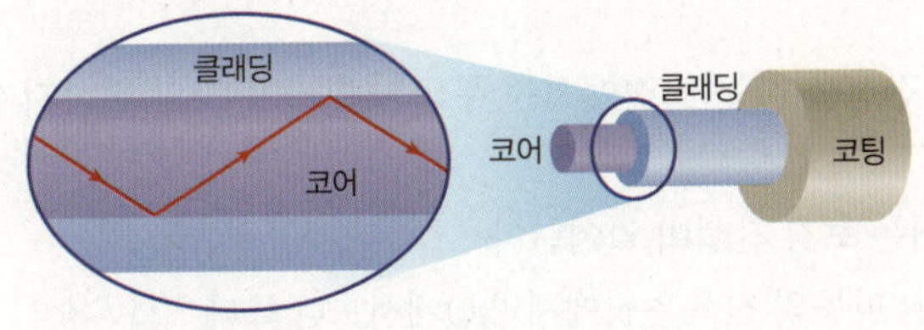

● 다음 설명 중 옳은 것은 ○표, 옳지 않은 것은 ×표 하시오.

1 빛은 코어와 클래딩의 경계면에서 전반사하면서 진행한다.
(○ / ×)

2 굴절률은 클래딩이 코어보다 크다. (○ / ×)

3 빛의 속력은 코어에서가 클래딩에서보다 빠르다. (○ / ×)

4 전반사는 입사각이 임계각보다 작은 경우에 일어난다.
(○ / ×)

5 광통신 과정

그림은 광섬유를 통해 정보를 주고받는 광통신 과정을 나타낸 것이다.

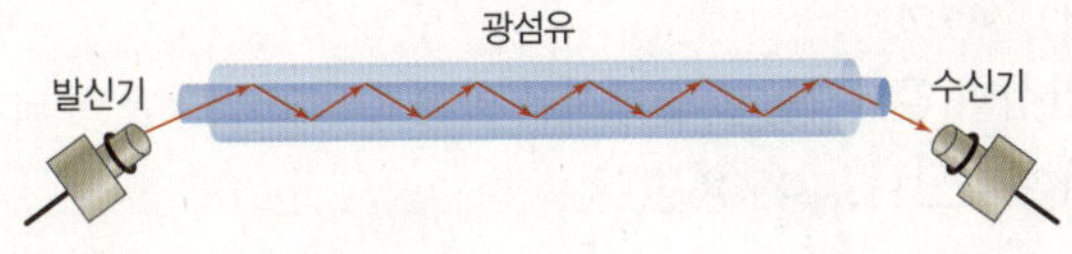

● 다음 설명 중 옳은 것은 ○표, 옳지 않은 것은 ×표 하시오.

1 발신기에서는 전기 신호를 빛 신호로 변환한다. (○ / ×)

2 광섬유 내에서는 빛의 전반사를 이용한다. (○ / ×)

3 수신기에서는 전기 신호를 음성이나 영상 신호로 변환한다.
(○ / ×)

6 전자기파의 분류와 이용

그림은 전자기파를 파장에 따라 분류한 것이다.

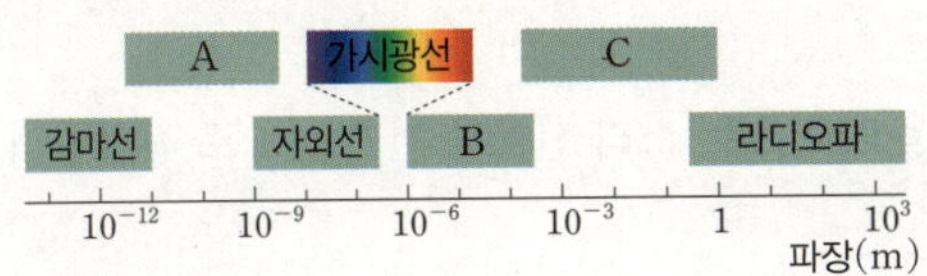

● 다음 설명 중 옳은 것은 ○표, 옳지 않은 것은 ×표 하시오.

1 A는 X선이다. (○ / ×)

2 진동수는 A가 C보다 작다. (○ / ×)

3 B는 형광 물질에 흡수되는 성질이 있어 위조지폐 감별에 이용된다. (○ / ×)

4 진공에서 속력은 C가 A보다 크다. (○ / ×)

03 파동의 간섭

7 물결파의 간섭

그림 (가)는 두 점파원에서 발생한 물결파가 간섭하는 모습을, (나)는 각 파동의 마루를 실선으로, 골을 점선으로 나타낸 것이다.

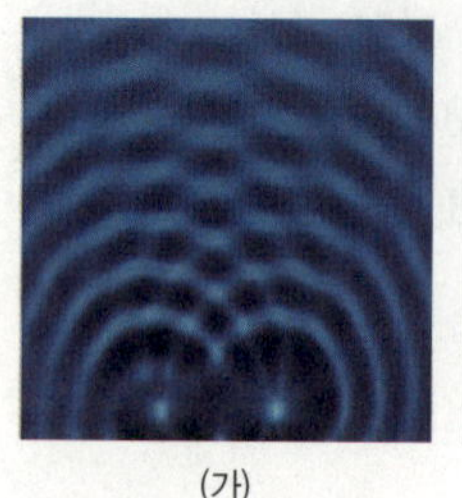

(가)

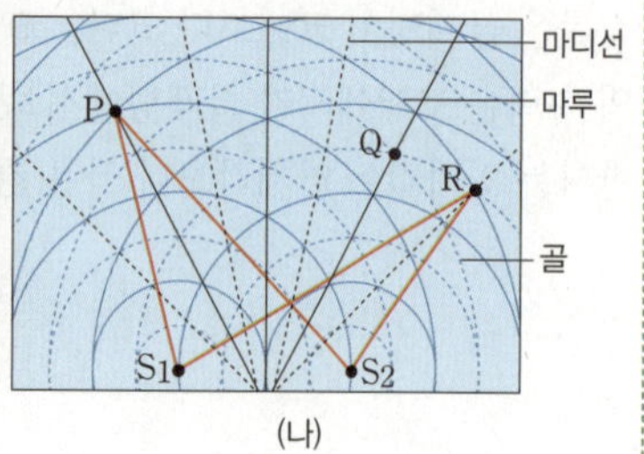

(나)

● 다음 설명 중 옳은 것은 ○표, 옳지 <u>않은</u> 것은 ×표 하시오.

1 보강 간섭을 하는 지점에서는 항상 밝은 무늬만 보인다.
　　　　　　　　　　　　　　　　　　　　　　○ / ×

2 상쇄 간섭을 하는 지점에서는 무늬의 밝기가 거의 변하지 않는다.　○ / ×

3 P에서는 보강 간섭이 일어난다.　○ / ×

4 중첩된 파동의 진폭은 R에서가 Q에서보다 크다.　○ / ×

5 마디선은 보강 간섭을 하는 지점을 연결한 선이다.　○ / ×

8 이중 슬릿에 의한 빛의 간섭

그림은 파장이 λ인 단색광이 단일 슬릿과 이중 슬릿을 통과한 후, 스크린에 간섭무늬를 만든 것을 나타낸 것이다.

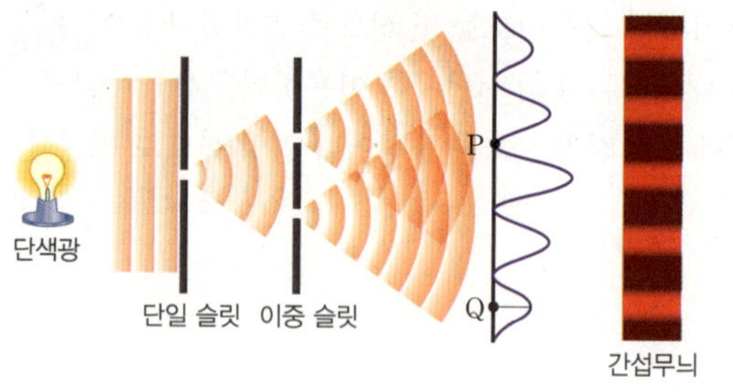

● 다음 설명 중 옳은 것은 ○표, 옳지 <u>않은</u> 것은 ×표 하시오.

1 빛의 입자성에 의한 현상이다.　○ / ×

2 P에서는 상쇄 간섭이 일어난다.　○ / ×

3 이중 슬릿의 두 슬릿에서 Q까지 경로차는 2λ이다.　○ / ×

4 파장이 더 긴 단색광을 사용하면, 밝은 무늬 사이의 간격이 증가한다.　○ / ×

5 보강 간섭이 일어나는 지점에서는 밝은 무늬와 어두운 무늬가 번갈아 나타난다.　○ / ×

9 능동 소음 제거

그림은 소음 제거 이어폰에서 소음을 제거하는 방법을 나타낸 것이다.

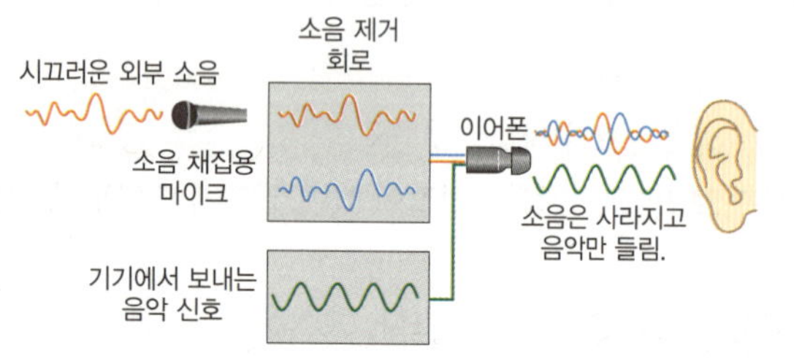

● 다음 설명 중 옳은 것은 ○표, 옳지 <u>않은</u> 것은 ×표 하시오.

1 소리의 보강 간섭을 이용한다.　○ / ×

2 소음 제거 회로에서는 외부 소음과 위상이 반대인 소리를 만든다.　○ / ×

3 음악 신호와 소음 제거 회로에서 만든 소리가 상쇄 간섭을 한다.　○ / ×

4 소음 채집용 마이크는 소리 신호를 전기 신호로 전환한다.
　　　　　　　　　　　　　　　　　　　　　　○ / ×

학교 시험 대비 문제

01 그림은 파장이 같은 파동 P, Q의 한 점의 변위를 시간에 따라 각각 나타낸 것이다.

이에 대한 설명으로 옳은 것만을 |보기|에서 있는 대로 고른 것은?

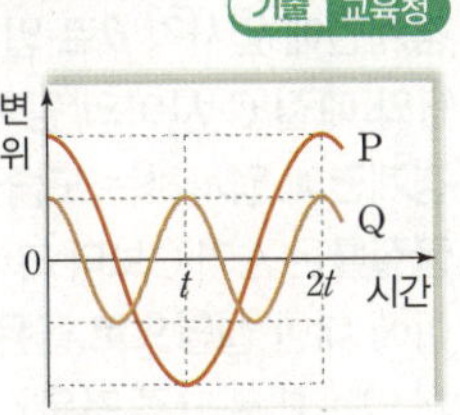

보기
ㄱ. Q의 진동수는 $\dfrac{1}{2t}$이다.
ㄴ. 진폭은 P가 Q보다 크다.
ㄷ. 진행 속력은 P가 Q의 $\dfrac{1}{2}$배이다.

① ㄱ 　② ㄴ 　③ ㄱ, ㄷ
④ ㄴ, ㄷ 　⑤ ㄱ, ㄴ, ㄷ

대표 유형 문제

기출 변형 평가원

02 그림 (가)는 공기에서 물로 진행하는 빛의 방향을, (나)는 낮에 발생한 소리의 진행 방향을 나타낸 것이다.

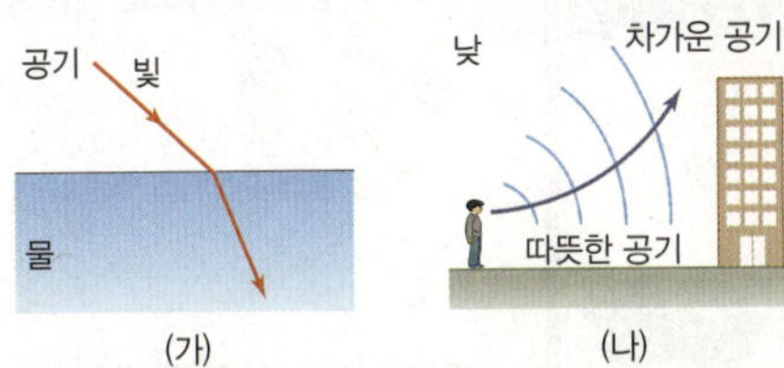

이에 대한 설명으로 옳은 것만을 |보기|에서 있는 대로 고른 것은?

보기
ㄱ. (가)에서 공기에서 물로 진행하는 빛의 굴절각이 입사각보다 작다.
ㄴ. (가)에서 빛의 속력은 물에서가 공기에서보다 크다.
ㄷ. (나)에서 소리의 속력은 차가운 공기에서가 따뜻한 공기에서보다 크다.

① ㄱ 　② ㄴ 　③ ㄱ, ㄷ
④ ㄴ, ㄷ 　⑤ ㄱ, ㄴ, ㄷ

---

03 그림과 같이 단색광이 물질 A, B, C를 지나면서 점 p, q에서 굴절한다. 표는 각 점에서 입사각과 굴절각을 나타낸 것이다.

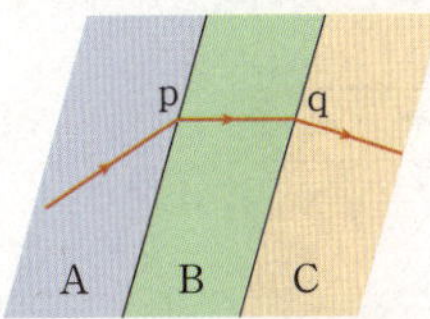

점	입사각	굴절각
p	θ_0	θ_1
q	θ_1	θ_2

이에 대한 설명으로 옳은 것만을 |보기|에서 있는 대로 고른 것은?

보기
ㄱ. $\theta_0 > \theta_2$이다.
ㄴ. 단색광의 진동수는 A에서와 B에서가 같다.
ㄷ. 단색광의 파장은 C에서가 B에서보다 짧다.

① ㄱ 　② ㄷ 　③ ㄱ, ㄴ
④ ㄴ, ㄷ 　⑤ ㄱ, ㄴ, ㄷ

기출 변형 평가원

04 그림 (가)는 파동이 매질 A에서 매질 B로 진행하는 모습을, (나)는 (가)의 파동이 매질 Ⅰ에서 매질 Ⅱ로 진행하는 경로를 나타낸 것이다. Ⅰ, Ⅱ는 각각 A, B 중 하나이다.

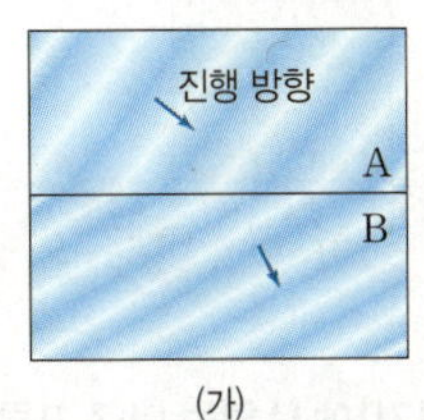
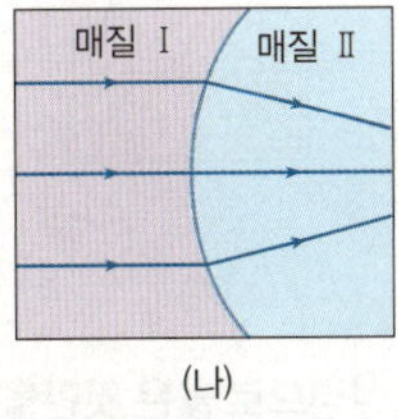

이에 대한 설명으로 옳은 것만을 |보기|에서 있는 대로 고른 것은?

보기
ㄱ. (가)에서 파동의 속력은 B에서가 A에서보다 크다.
ㄴ. Ⅱ는 A이다.
ㄷ. (나)에서 파동의 파장은 Ⅱ에서가 Ⅰ에서보다 짧다.

① ㄱ 　② ㄷ 　③ ㄱ, ㄴ
④ ㄴ, ㄷ 　⑤ ㄱ, ㄴ, ㄷ

05 그림은 매질 A와 B의 경계면에 입사각 θ로 입사한 단색광 P가 전반사한 후, 매질 A와 C의 경계면에서 일부는 굴절하고 일부는 반사하여 진행하는 모습을 나타낸 것이다.

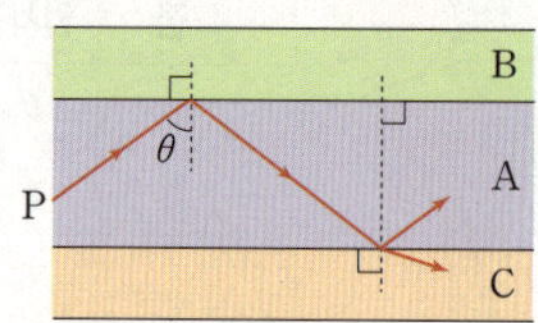

이에 대한 설명으로 옳은 것만을 |보기|에서 있는 대로 고른 것은?

> 보기
> ㄱ. P의 속력은 A에서가 B에서보다 작다.
> ㄴ. θ는 A와 C 사이의 임계각보다 작다.
> ㄷ. B를 코어로 사용한 광섬유에 C를 클래딩으로 사용할 수 있다.

① ㄱ ② ㄷ ③ ㄱ, ㄴ
④ ㄴ, ㄷ ⑤ ㄱ, ㄴ, ㄷ

대표 유형문제

06 그림 (가)는 공기에서 매질 A로 입사한 단색광 P가 A와 매질 C의 경계면에서 일부는 굴절하고 일부는 반사하는 모습을, (나)는 공기에서 매질 B로 입사한 P가 B와 C의 경계면에 입사하는 모습을 나타낸 것이다.

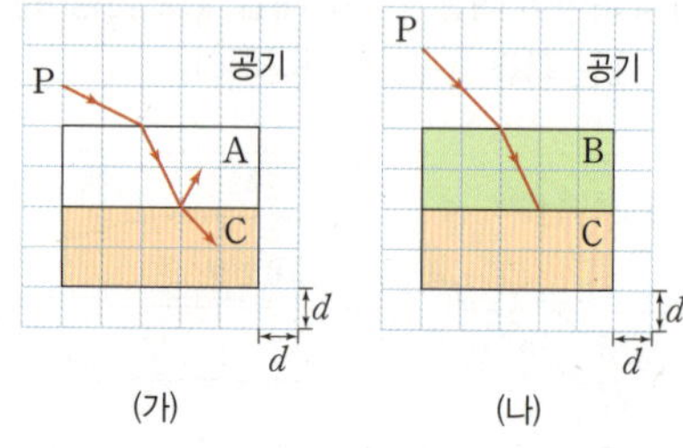

(가) (나)

이에 대한 설명으로 옳은 것만을 |보기|에서 있는 대로 고른 것은?

> 보기
> ㄱ. 굴절률은 A가 C보다 크다.
> ㄴ. (나)에서 P는 B와 C의 경계면에서 전반사하지 않는다.
> ㄷ. 코어에 B를 사용한 광섬유의 클래딩으로 A를 사용할 수 있다.

① ㄱ ② ㄷ ③ ㄱ, ㄴ
④ ㄴ, ㄷ ⑤ ㄱ, ㄴ, ㄷ

07 그림은 단색광 P가 매질 A와 B의 경계면에 입사각 θ로 입사하여 굴절한 후, B와 매질 C 사이의 임계각으로 B와 C의 경계면에 입사하는 모습을 나타낸 것이다. 굴절률은 A가 C보다 크다.
이에 대한 설명으로 옳은 것만을 |보기|에서 있는 대로 고른 것은?

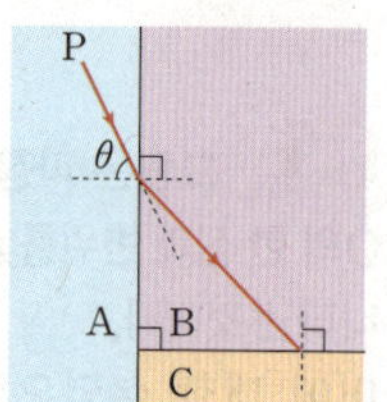

> 보기
> ㄱ. P의 속력은 A에서가 B에서보다 작다.
> ㄴ. 굴절률은 B가 C보다 크다.
> ㄷ. P가 θ보다 크고 90°보다 작은 입사각으로 A에서 B로 입사하면 B와 C의 경계면에서 전반사한다.

① ㄱ ② ㄴ ③ ㄱ, ㄷ
④ ㄴ, ㄷ ⑤ ㄱ, ㄴ, ㄷ

08 그림은 스마트폰에서 쓰이는 파동 A, B, C를 나타낸 것이다.

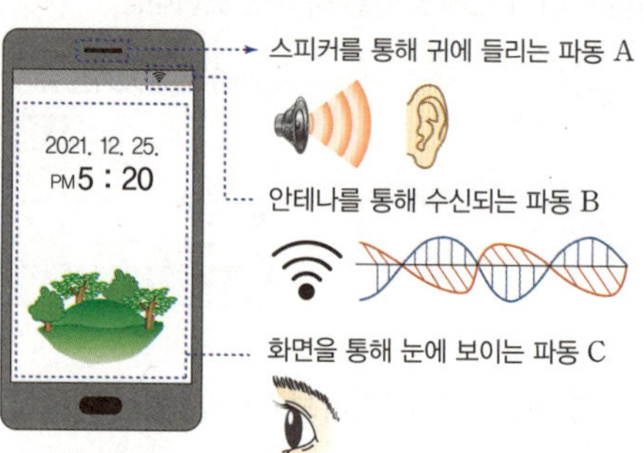

이에 대한 설명으로 옳은 것만을 |보기|에서 있는 대로 고른 것은?

> 보기
> ㄱ. A는 진공에서도 전달된다.
> ㄴ. 파장은 B가 C보다 길다.
> ㄷ. 공기에서 속력은 A가 C보다 크다.

① ㄱ ② ㄴ ③ ㄱ, ㄷ
④ ㄴ, ㄷ ⑤ ㄱ, ㄴ, ㄷ

09

다음은 파동의 간섭에 대한 설명이다.

> 둘 이상의 파동이 중첩되어 진폭이 변하는 현상을 파동의 간섭이라고 한다.

간섭 현상을 이용한 것으로 옳은 것만을 |보기|에서 있는 대로 고른 것은?

① ㄱ   ② ㄴ   ③ ㄱ, ㄷ
④ ㄴ, ㄷ   ⑤ ㄱ, ㄴ, ㄷ

10 대표 유형문제

그림은 시간 $t=0$일 때, 주기가 T, 파장이 λ, 진폭이 A인 두 수면파가 진행하는 모습을 평면상에 모식적으로 나타낸 것이다. 실선과 점선은 각각 수면파의 마루와 골의 위치를, 점 P, Q는 평면상의 고정된 지점을 나타낸 것이다.

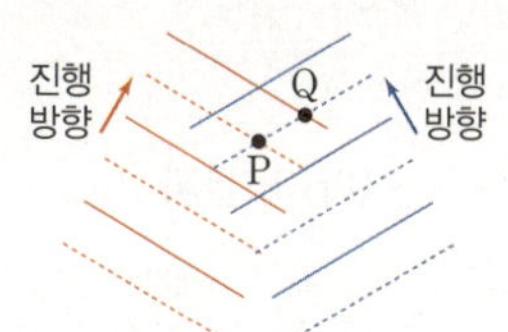

중첩된 수면파에 대한 설명으로 옳은 것만을 |보기|에서 있는 대로 고른 것은?

> ㄱ. 진폭은 P에서가 Q에서보다 크다.
>
> ㄴ. $t=\frac{1}{2}T$일 때, P에서 변위의 크기는 $2A$이다.
>
> ㄷ. P에서 수면의 운동 방향은 $t=\frac{1}{4}T$일 때와 $t=\frac{3}{4}T$일 때가 같다.

① ㄱ   ② ㄴ   ③ ㄷ
④ ㄱ, ㄴ   ⑤ ㄴ, ㄷ

11 대표 유형문제

그림과 같이 스피커 A, B에서 진폭과 진동수가 동일한 소리를 같은 위상으로 발생시키고, x축상에서 중첩된 소리의 세기를 측정한다. A, B 사이의 간격은 $5d$, A, B에서 발생하는 소리의 파장은 $3d$이고 x축의 $x=3d$에서 보강 간섭이 일어난다.

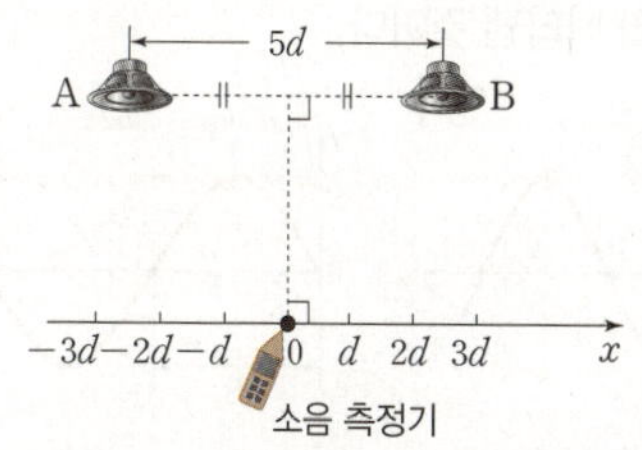

x축상에서 중첩된 소리에 대한 설명으로 옳은 것만을 |보기|에서 있는 대로 고른 것은?

> ㄱ. $x=-3d$에서 상쇄 간섭이 일어난다.
>
> ㄴ. 상쇄 간섭이 일어나는 지점의 개수는 4개이다.
>
> ㄷ. 보강 간섭된 소리의 진동수는 스피커에서 발생한 소리의 진동수보다 크다.

① ㄱ   ② ㄴ   ③ ㄱ, ㄷ
④ ㄴ, ㄷ   ⑤ ㄱ, ㄴ, ㄷ

12

다음은 일상생활에서 소리의 간섭 현상을 이용한 예이다.

> 길에서 친구를 보고 큰 소리로 불렀으나 들은 척을 안 한다. 가까이 가서 툭 친 후 "왜 들은 척을 안 하냐?" 했더니 "헤드폰에 ㉠노이즈 캔슬링을 켜서 안 들렸어."라고 한다. 무슨 소린가 싶어 친구의 헤드폰을 착용하였더니, 주변 소음은 전혀 들리지 않고 ㉡노랫소리만 들렸다.

이에 대한 설명으로 옳은 것만을 |보기|에서 있는 대로 고른 것은?

> ㄱ. ㉠은 보강 간섭을 이용한다.
>
> ㄴ. 헤드폰에서는 ㉡과 위상이 반대인 소리를 발생시킨다.
>
> ㄷ. 소리의 간섭 현상은 파동적 성질 때문에 나타난다.

① ㄱ   ② ㄴ   ③ ㄷ
④ ㄱ, ㄷ   ⑤ ㄴ, ㄷ

13 그림 (가)는 $t=0$일 때 x축에 나란하게 진행하는 파동의 변위 y를 위치 x에 따라 나타낸 것을, (나)는 매질 위의 점 P의 변위 y를 시간 t에 따라 나타낸 것이다.

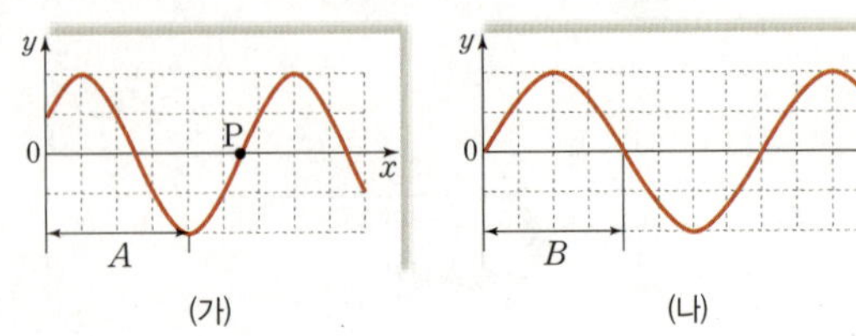

이에 대한 설명으로 옳은 것만을 |보기|에서 있는 대로 고른 것은?

보기
ㄱ. 파동은 $+x$ 방향으로 진행한다.
ㄴ. 파동의 진행 속력은 $\dfrac{3A}{4B}$이다.
ㄷ. $t=\dfrac{2}{3}B$일 때, P는 $+y$ 방향으로 운동한다.

① ㄱ   ② ㄴ   ③ ㄷ
④ ㄱ, ㄴ   ⑤ ㄴ, ㄷ

14 그림 (가)는 단색광 P를 입사각 θ로 매질 A, B의 경계면에 입사시켰더니 굴절각 θ_1로 굴절하는 것을, (나)는 P를 입사각 θ로 매질 A, C의 경계면에 입사시켰더니 굴절각 θ_2로 굴절하는 것을 나타낸 것이다. $\theta_1 > \theta_2$이다.

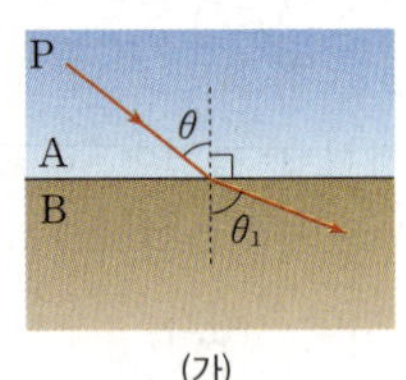
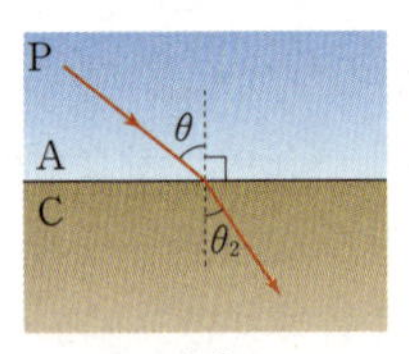

이에 대한 설명으로 옳은 것만을 |보기|에서 있는 대로 고른 것은?

보기
ㄱ. (가)에서 P의 파장은 A에서가 B에서보다 짧다.
ㄴ. (나)에서 P의 진동수는 A에서가 C에서보다 크다.
ㄷ. P의 속력은 B에서가 C에서보다 크다.

① ㄱ   ② ㄴ   ③ ㄱ, ㄷ
④ ㄴ, ㄷ   ⑤ ㄱ, ㄴ, ㄷ

15 그림과 같이 매질 A와 B의 경계면에 $50°$로 입사한 단색광 P가 전반사하여 A와 매질 C의 경계면에서 굴절한 후, C와 B의 경계면에 입사한다. A와 B 사이의 임계각은 $45°$이다.

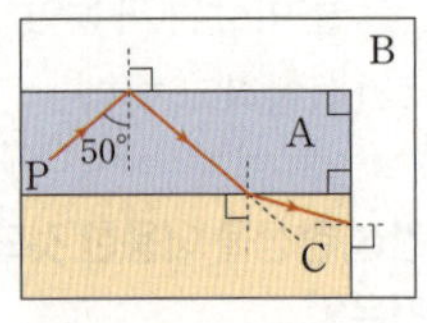

이에 대한 설명으로 옳은 것만을 |보기|에서 있는 대로 고른 것은?

보기
ㄱ. 굴절률은 C가 B보다 크다.
ㄴ. P의 속력은 A에서가 C에서보다 크다.
ㄷ. B와 C 사이의 임계각은 $45°$보다 작다.

① ㄱ   ② ㄴ   ③ ㄱ, ㄷ
④ ㄴ, ㄷ   ⑤ ㄱ, ㄴ, ㄷ

16 다음은 소리의 간섭에 대한 실험이다.

[실험 과정]
(가) 스마트폰 A에 두 개의 스피커를 연결한 후, 직선 l 위의 두 지점에 놓는다.
(나) A에 연결된 스피커에서 진동수가 f_1인 소리를 발생시킨 후, 스마트폰 B를 l로부터 L만큼 떨어진 직선을 따라 이동시키면서 소리의 세기를 측정한다.
(다) 소리의 진동수를 f_2로 변화시켜 (나)를 반복한다.

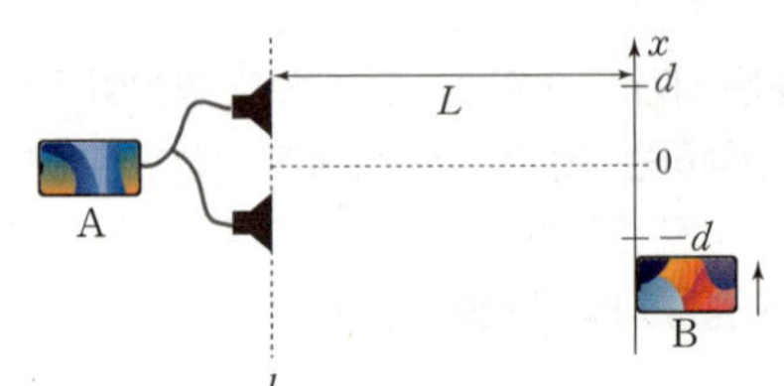

[실험 결과]
• (나)의 결과   • (다)의 결과

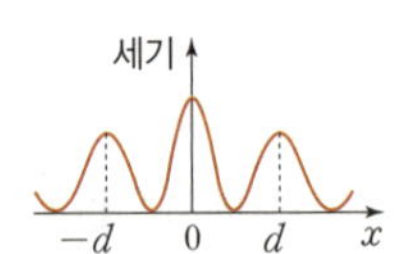

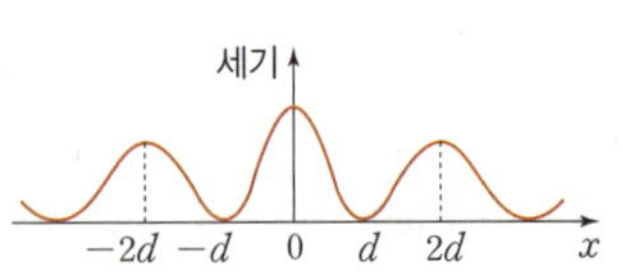

이에 대한 설명으로 옳은 것만을 |보기|에서 있는 대로 고른 것은?

보기
ㄱ. $f_2 > f_1$이다.
ㄴ. (나)의 결과 $x=d$에서 보강 간섭이 일어난다.
ㄷ. (다)의 결과 $x=d$에서 일어나는 간섭은 소음 제거 헤드폰에 이용된다.

① ㄱ   ② ㄷ   ③ ㄱ, ㄴ
④ ㄴ, ㄷ   ⑤ ㄱ, ㄴ, ㄷ

17 그림은 시간 $t=0$일 때 $+x$ 방향으로 속력 v로 진행하는 파동의 변위 y를 위치 x에 따라 나타낸 것이다. p, q는 매질 위의 점이다.

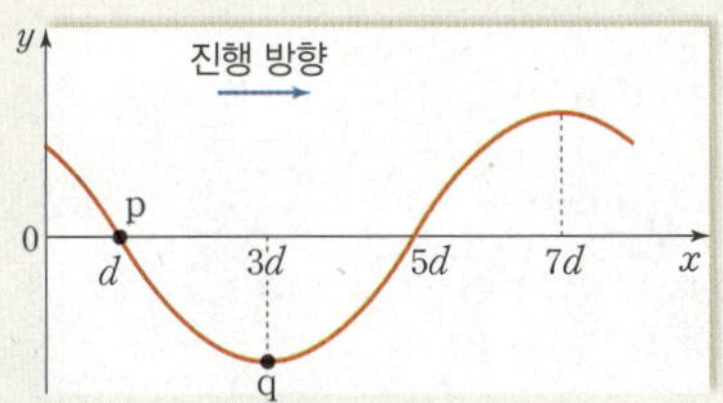

(1) 파동의 주기를 풀이 과정과 함께 구하시오.

(2) $t=\dfrac{5d}{v}$일 때, p, q의 운동 방향에 대해 서술하시오.

18 그림 (가)는 단색광이 매질 A와 B의 경계면에서 전반사한 후, A와 매질 C의 경계면에서 반사와 굴절하는 모습을, (나)는 (가)의 A, B, C 중 두 매질로 만든 광섬유의 구조를 나타낸 것이다.

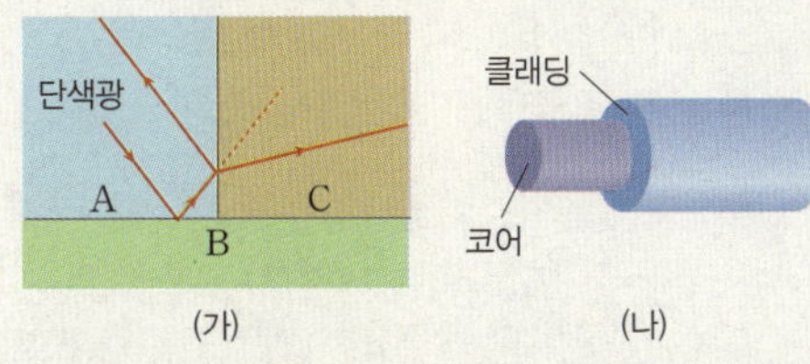

(1) A, B, C의 굴절률을 부등호를 이용해 비교하시오.

(2) (나)에서 코어와 클래딩의 짝으로 가능한 조합을 모두 쓰시오.

19 다음은 학생이 전자기파 ㉠, ㉡에 대해 조사한 내용이다.

- 형광등 내부의 수은에서 방출된 ㉠ 이 형광등 내부에 발라놓은 형광 물질에 흡수되면 형광 물질에서 ㉡ 이 방출된다.

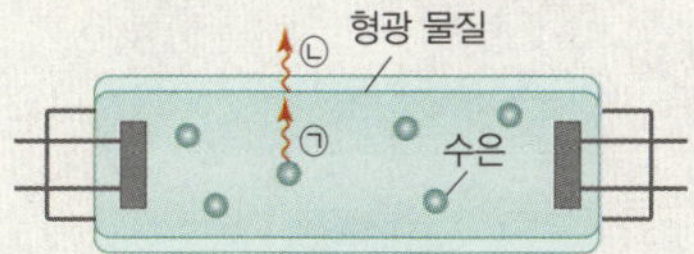

- ㉠ 은 살균 기능이 있어 식기 소독기에 이용된다.
- ㉡ 은 광학 현미경에 이용된다.

(1) ㉠과 ㉡의 전자기파의 종류를 쓰고, 진동수를 비교하시오.

(2) 진공에서 ㉠과 ㉡의 속력을 비교하시오.

20 그림 (가), (나)는 무반사 코팅을 한 안경과 하지 않은 안경을 순서 없이 나타낸 것이다. 안경에서 반사한 형광등 빛이 (가)에서는 또렷이 보이고 (나)에서는 거의 보이지 않는다.

(1) 무반사 코팅을 한 안경과 하지 않은 안경을 구분하여 쓰시오.

(2) 무반사 코팅 안경에서 빛이 거의 반사하지 않는 까닭을 서술하시오.

III

파동과 정보 통신

04 빛과 물질의 이중성

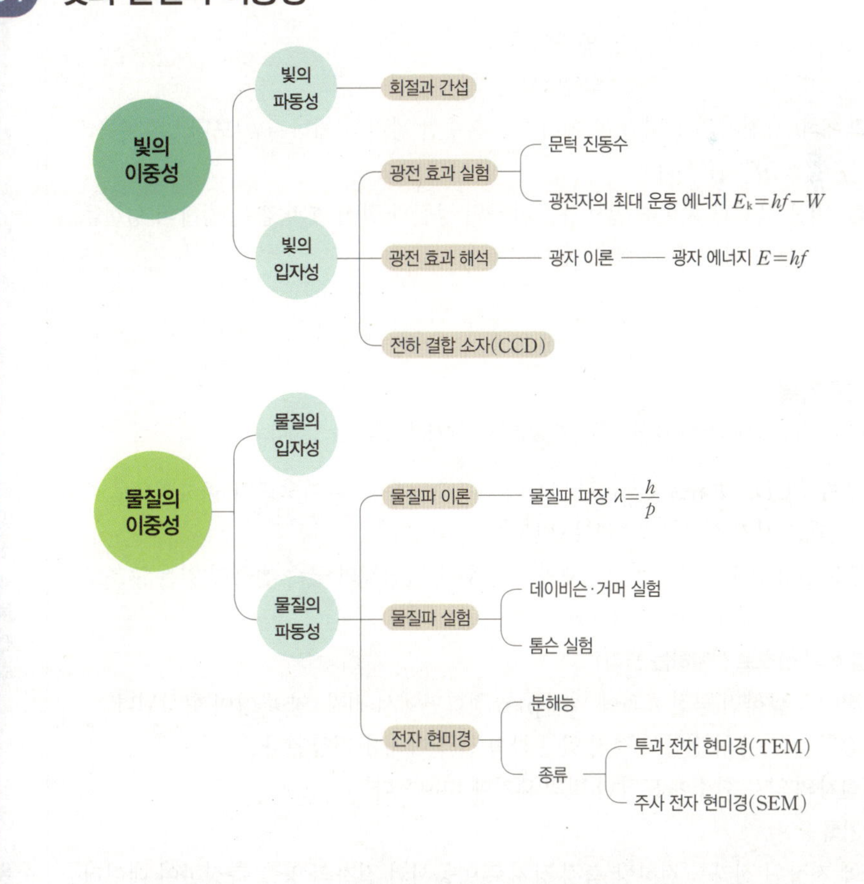

빛의 이중성
빛의 파동성
회절과 간섭
빛의 입자성
광전 효과 실험
문턱 진동수
광전자의 최대 운동 에너지 $E_k = hf - W$
광전 효과 해석
광자 이론
광자 에너지 $E = hf$
전하 결합 소자(CCD)
물질의 이중성
물질의 입자성
물질의 파동성
물질파 이론
물질파 파장 $\lambda = \dfrac{h}{p}$
물질파 실험
데이비슨·거머 실험
톰슨 실험
전자 현미경
분해능
종류
투과 전자 현미경(TEM)
주사 전자 현미경(SEM)

04 빛과 물질의 이중성

1 빛의 이중성

개념 빛이 파동의 성질과 입자의 성질을 동시에 갖는 현상을 빛의 이중성이라고 한다.

1. 광전 효과: 금속 표면에 특정 진동수보다 진동수가 큰 빛을 비출 때 금속으로부터 전자가 방출되는 현상이다.

(1) **문턱 진동수(한계 진동수)**

❶ 금속에서 전자가 방출되기 위한 빛의 최소 진동수

❷ 문턱 진동수보다 진동수가 큰 빛을 비출 때에만 광전자가 방출되며, 빛의 진동수가 문턱 진동수보다 작으면 빛의 세기가 아무리 커도 광전자가 방출되지 않는다.

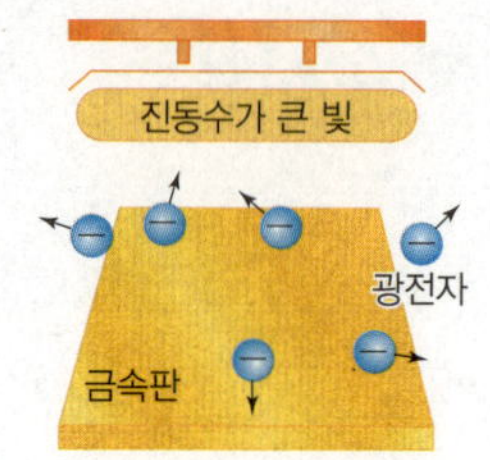

(2) **일함수**: 금속판으로부터 전자를 떼어내기 위해 필요한 에너지 금속의 종류에 따라 다르다.

(3) **광전자의 최대 운동 에너지**: 일함수가 W인 금속판에 진동수가 f인 빛을 비출 때, 금속으로부터 방출되는 광전자의 최대 운동 에너지 E_k는 다음과 같다.

$$E_k = hf - W \ (h: \text{플랑크 상수})$$

2. 광자 이론: 아인슈타인이 광전 효과를 설명하기 위해 제안한 이론

(1) 진동수가 f인 빛은 에너지가 hf인 입자이다.

$$\text{빛에너지 } E = hf$$

(2) **광전 효과 해석**: 광전자의 최대 운동 에너지는 흡수한 광자의 에너지 hf보다 일함수 W 만큼 작은 $E_k = hf - W$이다.

3. 빛의 이중성: 빛은 간섭과 회절을 일으키는 파동의 성질과 광전 효과 같은 입자의 성질을 함께 갖는데, 이를 빛의 이중성이라고 한다.

2 영상 정보 기록

개념 영상 정보 기록이란 빛에 의해 이루어진 물체의 상을 어떤 장치에 저장하는 일이다.

1. 전하 결합 소자(CCD, Charge Coupled Device): 수많은 광 다이오드가 규칙적으로 배열되어 빛 신호를 전기 신호로 전환하는 반도체 소자이다.

(1) **화소의 구조**: p형 반도체와 n형 반도체의 기판 위에 절연체와 금속 전극이 있는 구조로 되어 있다. 화소는 영상을 표현하는 최소 단위이다.

(2) **빛 신호를 전기 신호로 전환하는 원리**

❶ 화소에 빛이 도달하면 광전 효과에 의해 p-n 접합면에서 전자·양공 쌍이 형성된다.

❷ 생성된 전자는 (+)의 전압이 걸려 있는 금속 전극 아래에 저장된다.

❸ 저장된 전자의 양은 화소에 도달한 빛의 세기에 비례한다.

2. 영상 정보 기록

(1) 각 화소에 저장된 전자를 전하량 측정 장치로 이동시켜 전자의 양을 측정하여 데이터로 저장한다.

(2) CCD는 색을 구별하지 못하므로 색 필터를 CCD 위에 배열하여 컬러 영상을 얻는다.

광전자

광전 효과에 의해 방출되는 전자를 광전자라고 한다.

빛의 세기와 광전자의 수

진동수가 같은 빛을 비추는 경우, 빛의 세기가 클수록 단위 시간당 방출되는 광전자의 개수가 많다.

광전 효과를 빛의 파동성으로 설명할 수 없는 까닭

- 빛이 파동이라면 진동수가 작아도 시간이 충분히 지나면 전자가 방출되어야 한다.
- 빛이 파동이라면 전자의 에너지가 금속 표면을 탈출할 수 있을 만큼 증가하기 위해서는 반드시 시간이 필요하다. 따라서 빛을 비출 때 광전자가 즉시 방출될 수 없다.
- 빛이 파동이라면 광전자의 최대 운동 에너지가 빛의 세기가 클수록 커야 한다.

광 다이오드

빛 신호를 전기 신호로 전환시키는 광전 소자의 한 종류로, p형 반도체와 n형 반도체를 접합시켜 만든다. 광 다이오드에 빛을 비추면 광전 효과에 의해 빛에너지가 전기 에너지로 변환된다. 광 다이오드는 태양 전지에 이용된다.

색 필터

빛의 3원색에 해당하는 R(Red, 빨강), G(Green, 초록), B(Blue, 파랑) 색필터를 이용한다.

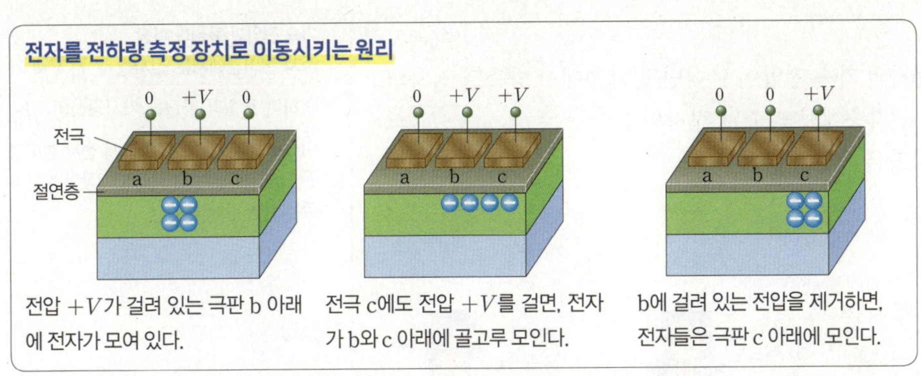

화소의 구조

보통 광 다이오드 한 개가 하나의 화소를 이루며, 화소의 구조는 다음과 같다.

③ 물질의 이중성

개념 물질 입자가 입자의 성질과 파동의 성질을 동시에 갖는 현상을 물질의 이중성이라고 한다.

1. **물질파**: 물질 입자가 갖는 파동을 물질파 또는 드브로이파라고 한다.

(1) **광자의 운동량**: 특수 상대성 이론으로부터 파장이 λ인 광자의 운동량 p는 $p=\dfrac{h}{\lambda}$이다.

(2) **물질파 파장**: 1923년 드브로이는 $p=\dfrac{h}{\lambda}$가 빛뿐만 아니라 입자에도 그대로 성립한다는 물질파 이론을 제안하였다. 따라서 운동량이 p인 입자의 물질파 파장은 다음과 같다.

$$\lambda=\frac{h}{p}\,(h: \text{플랑크 상수})$$

2. **물질파의 실험적 증거**

(1) **데이비슨·거머 실험**: 데이비슨과 거머는 니켈 결정에 전자선을 쏘고, 입사선과 이루는 각 ϕ에 따른 산란된 전자의 개수를 측정하여 니켈 결정에서 회절한 전자의 간섭을 확인하였다.

특정한 각도에서 보강 간섭이 일어난다.

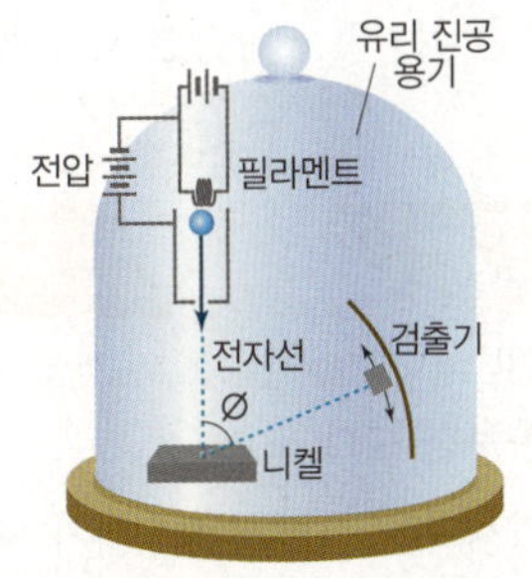

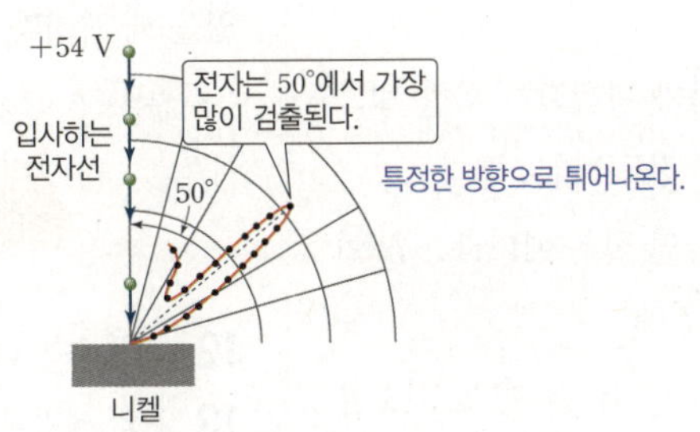

(2) **톰슨 실험**: 톰슨은 알루미늄 박막에 X선과 전자선을 쪼이고 형광판에 나타난 회절 무늬를 비교하여 전자가 X선과 같이 파동의 성질을 갖는다는 것을 확인하였다.

물질파의 존재를 확인

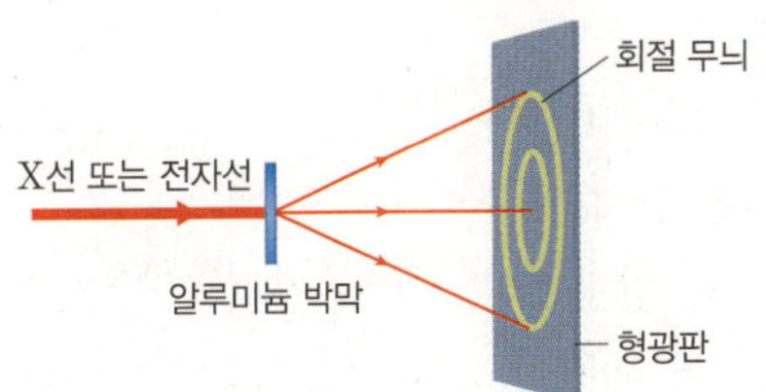

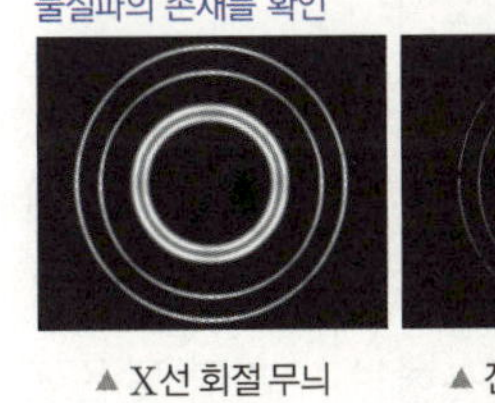
▲ X선 회절 무늬

▲ 전자선 회절 무늬

광자의 운동량

특수 상대성 이론에 의하면 에너지는
$$E=\sqrt{(pc)^2+(m_0c^2)^2}$$
으로 표현된다. 빛의 경우 정지 질량이 0이므로 $m_0=0$에서 $E=pc$이다. 따라서 $E=hf=pc$에서 빛의 운동량 p는 다음과 같다.

$$p=\frac{hf}{c}=\frac{h}{\lambda}$$

암기 꼭!

물질파 파장

물질파 파장은 질량과 속도의 곱인 운동량에 반비례한다.

$$\lambda=\frac{h}{mv}=\frac{h}{p}$$

전자선의 보강 간섭

데이비슨과 거머는 전자의 물질파 파장을 X선의 파장과 같도록 하여 $\phi=50°$ 방향에서 전자선의 보강 간섭을 확인하였다.

회절 무늬

파동이 장애물이나 좁은 틈을 지나면서 휘어지거나 넓게 퍼지는 것을 회절이라고 하는데, 이로 인해 생기는 명암에 의한 무늬를 회절 무늬라고 한다.

④ 전자 현미경

개념 전자빔과 자기렌즈를 이용하여 광학 현미경보다 분해능이 훨씬 뛰어나도록 만든 현미경이다.

1. **분해능과 파장**

(1) **분해능**: 광학기구를 사용할 때 빛의 회절 때문에 가까이 있는 두 점을 구분하는 데 한계가 있는데, 이 한계를 분해능이라고 한다.

(2) **분해능과 파장**: 파장이 짧을수록 회절이 잘 일어나지 않으므로 분해능이 좋다.

분해능

분해능은 구분할 수 있는 최소 거리 또는 각으로 값을 나타내므로, 분해능을 나타내는 값이 작을수록 분해능이 좋다.

2. 전자 현미경

(1) 가속 전압과 전자의 물질파 파장: 전자의 가속 전압이 V이면 전자총에서 방출된 전자의 운동 에너지는 $E_k = eV$이므로, 전자총에서 방출된 전자의 운동량은 $p = \sqrt{2mE_k} = \sqrt{2meV}$가 되어 전자의 물질파 파장은 다음과 같다.

$$\lambda = \frac{h}{p} = \frac{h}{\sqrt{2meV}}$$

(2) 전자 현미경의 종류

❶ 투과 전자 현미경(TEM): 전자선을 시료에 투과시켜 상을 얻는다. 전자가 시료를 통과하는 동안 속력이 느려지는 것을 방지하기 위해 시료를 얇게 만들어야 한다.

❷ 주사 전자 현미경(SEM): 시료 표면에 전자선을 주사한 후, 반사되어 나오는 전자선으로부터 상을 얻는다. 시료의 3차원 표면 구조를 관찰할 수 있으며, 전자가 모이지 않도록 시료를 전기 전도성이 좋은 금속 등으로 얇게 코팅하여 관찰한다.

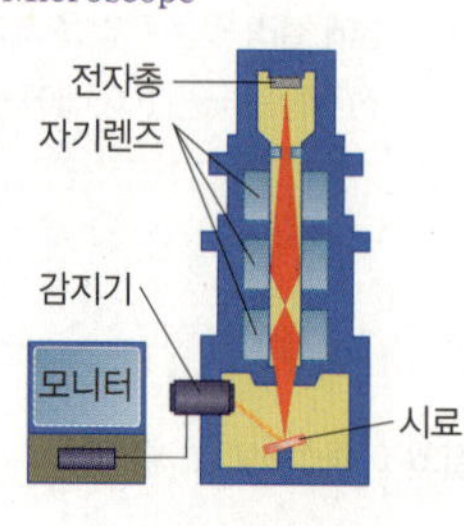
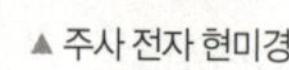

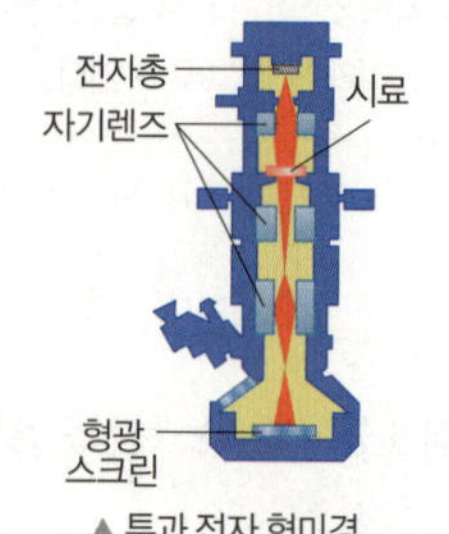

가속 전압과 물질파 파장

전자 현미경에서는 전자를 수 천 V로 가속하여 물질파 파장을 가시광선의 $\frac{1}{100}$ 이하로 줄일 수 있다. 따라서 전자 현미경은 광학 현미경보다 100배 이상 분해능이 좋은 상을 얻을 수 있다.

강의 포인트 〇

- 투과 전자 현미경(TEM): 전자선이 시료를 투과한 후 확대된 영상을 얻는다.
- 주사 전자 현미경(SEM): 전자선을 쪼일 때 시료에서 튀어나오는 전자를 측정하여 시료의 영상을 얻는다.

개념 익히기 문제

정답과 해설 p.069

🧠 교과서 문장으로 개념 익히기

01 금속 표면에 특정 진동수보다 진동수가 큰 빛을 비출 때, 금속으로부터 전자가 방출되는 현상을 □□ □□ 라고 한다.

02 금속 표면에 빛을 비출 때, 전자가 방출되기 위한 빛의 최소 진동수를 □□(□□) 진동수라고 한다.

03 1905년 아인슈타인은 진동수가 f인 빛은 에너지가 hf인 □□라는 광자 이론을 제안하였다.

04 수많은 광 다이오드들이 규칙적으로 배열되어 빛 신호를 전기 신호로 전환하는 전기 소자는 □□ □□ □□(□□□□)이다.

05 화소에 빛이 도달하여 생성된 전자는 (□)의 전압이 걸려 있는 전극 아래에 저장된다.

06 물질 입자가 갖는 파동을 □□□라고 한다.

07 운동량이 p인 입자의 물질파 파장은 □이다.

08 현미경에 사용하는 파동의 파장이 □□□□ 분해능이 좋다.

09 전자 현미경에서 가속 전압이 클수록 전자의 물질파 파장이 □□.

10 □□ 전자 현미경을 사용할 때에는 시료를 얇게 만들어야 한다.

11 □□ 전자 현미경은 시료의 3차원 구조를 관찰할 수 있다.

📦 OX 문제로 개념 익히기

[12~13] 그림 (가)는 금속판 A에 단색광 P를 비추었을 때 광전자가 방출되지 않는 것을, (나)는 A에 단색광 Q를 비추었을 때 광전자가 방출되는 것을 나타낸 것이다.

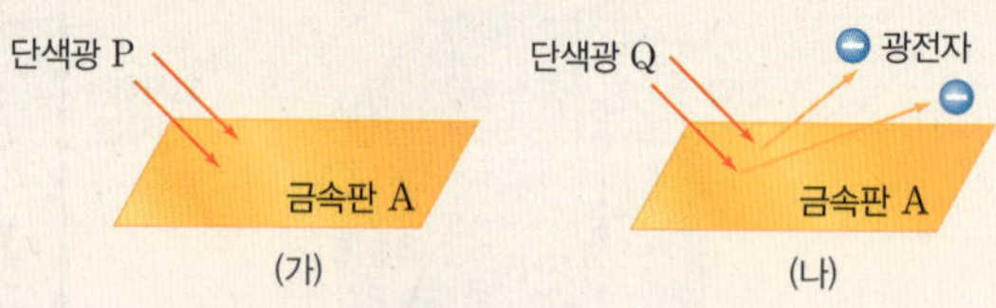

12 진동수는 Q가 P보다 크다. (○ / ×)

13 P의 세기를 증가시키면, A에서 광전자가 방출될 수 있다. (○ / ×)

14 전하 결합 소자(CCD)는 빛의 파동성을 이용한다. (○ / ×)

[15~17] 그림은 데이비슨과 거머가 수행한 실험 장치를 나타낸 것으로, $\phi = 50°$ 방향에서 가장 많은 전자가 검출되었다.

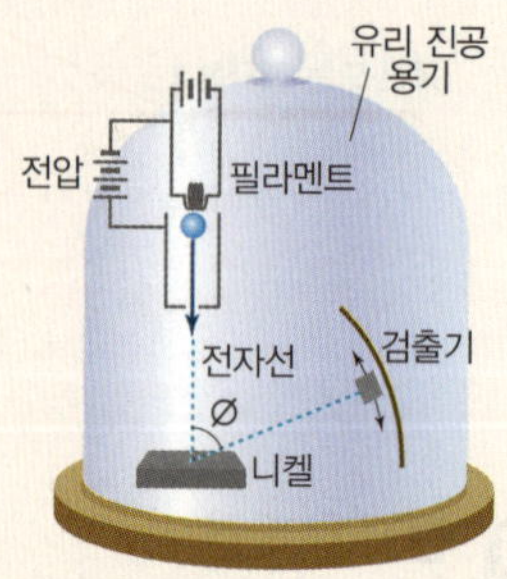

15 이 실험으로부터 전자가 파동의 성질을 갖는다는 것을 확인할 수 있다. (○ / ×)

16 $\phi = 50°$ 방향에서 보강 간섭이 일어난다. (○ / ×)

17 전압이 증가하면 전자의 물질파 파장이 증가한다. (○ / ×)

18 전자 현미경은 광학 현미경보다 분해능을 나타내는 값이 크다. (○ / ×)

탐구 집중 분석 광전 효과

📝 과정 & 결과

❶ 그림 (가)와 같이 광전관의 (−)극 K에 전원의 (+)극을, (+)극 P에 전원의 (−)극을 연결한 후 전압을 서서히 증가시키면서 전류계에 흐르는 전류를 측정한다.

❷ 그림 (나)와 같이 전원의 극을 바꿔 연결한 후 ❶을 반복한다.

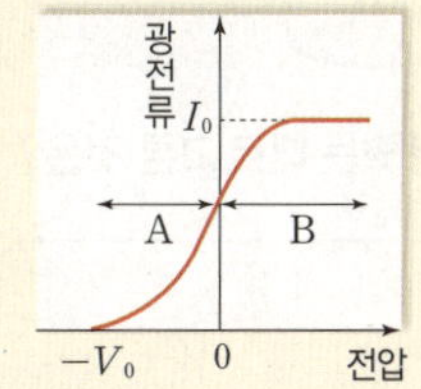

❸ 단색광의 진동수는 변화시키지 않고, 단색광의 세기를 더 크게 하여 ❶, ❷를 반복한다.

❹ 진동수가 더 큰 단색광을 사용하여 ❶, ❷를 반복한다.

⋯→ 실험 결과를 정리하면 다음과 같다.

❶의 결과: 구간 B처럼 광전류의 세기가 점점 증가하다 일정해진다.

❷의 결과: 구간 A처럼 광전류의 세기가 점점 감소하다가 0이 된다.

❸의 결과: 광전류의 최댓값 I_0이 증가한다.

❹의 결과: 정지 전압 V_0이 증가한다.

🔍 분석

1. 광전류의 최댓값 I_0은 금속판으로부터 단위 시간 동안 방출되는 광전자의 개수에 비례한다. 따라서 단색광의 진동수가 같을 때, 단색광의 세기가 클수록 I_0이 크다.

2. 정지 전압 V_0은 금속판으로부터 방출되는 광전자의 최대 운동 에너지에 비례한다.

⋯→ 동일한 금속판이면 V_0이 클수록 단색광의 진동수가 크다.

⋯→ 단색광의 진동수가 같으면, V_0이 클수록 금속판의 일함수가 작다.

⚙ 탐구 목표

광전관의 음극과 양극 사이의 전압에 따른 광전류를 분석하여, 단색광의 진동수와 세기를 설명할 수 있다.

- 광전류: 광전 효과에 의해 전류계에 흐르는 전류
- 정지 전압: 광전류가 0이 되는 순간 전압의 크기

🔬 탐구 포인트

금속판에서 방출되는 광전자의 개수나 최대 운동 에너지는 전원의 전압과 무관하다. 전압은 금속판에서 방출된 전자가 양극에 잘 도달하도록 돕거나, 잘 도달하지 못하도록 방해하는 역할을 한다.

정답과 해설 p.069

예제 1

그림 (가)와 같이 장치하고 광전관의 금속판에 비추는 단색광이 각각 A, B, C일 때, 전압계와 전류계가 가리키는 값 V, I를 측정하였다. 그림 (나)는 측정 결과이다.

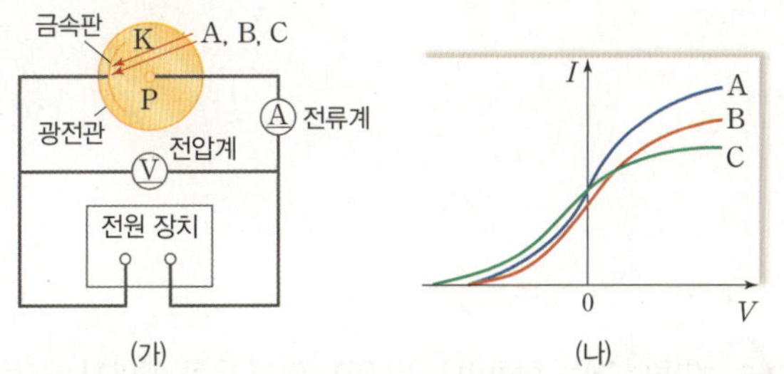

이에 대한 설명으로 옳은 것만을 |보기|에서 있는 대로 고른 것은?

> |보기|
> ㄱ. 단색광의 세기는 A가 B보다 크다.
> ㄴ. 단색광의 진동수는 C가 A보다 크다.
> ㄷ. 단위 시간당 금속판에서 방출되는 광전자의 개수는 C를 비출 때가 B를 비출 때보다 크다.

① ㄱ   ② ㄷ   ③ ㄱ, ㄴ

④ ㄴ, ㄷ   ⑤ ㄱ, ㄴ, ㄷ

예제 2~4

그림 (가)와 같이 장치하고 광전관의 금속판에 진동수가 각각 f_A, f_B인 단색광 A 또는 B를 비추었다. 그림 (나)는 전류계의 측정값 I를 전압계의 측정값 V에 따라 나타낸 것이다.

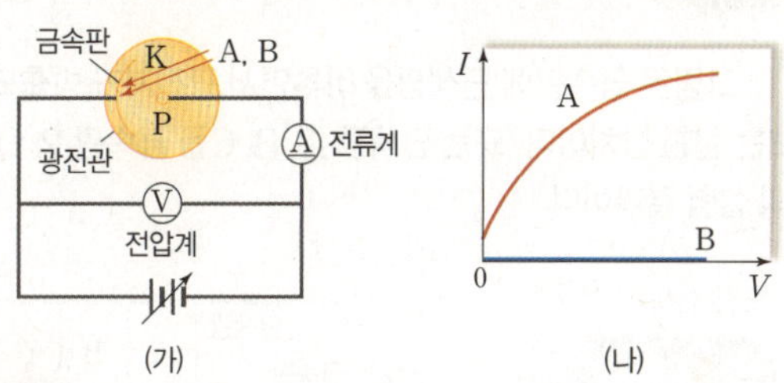

예제 2

A와 B의 진동수를 비교하시오.

예제 3 서술형

B의 세기를 2배로 하면, 전류계에 전류가 흐르는지 서술하시오.

예제 4 서술형

금속판의 문턱 진동수의 범위에 대해 서술하시오.

개념 다지기 문제

대표 유형문제

01
그림은 금속박 검전기 위에 아연판을 올려놓고 수은등을 비출 때, 금속박이 점점 벌어지는 것을 나타낸 것이다.

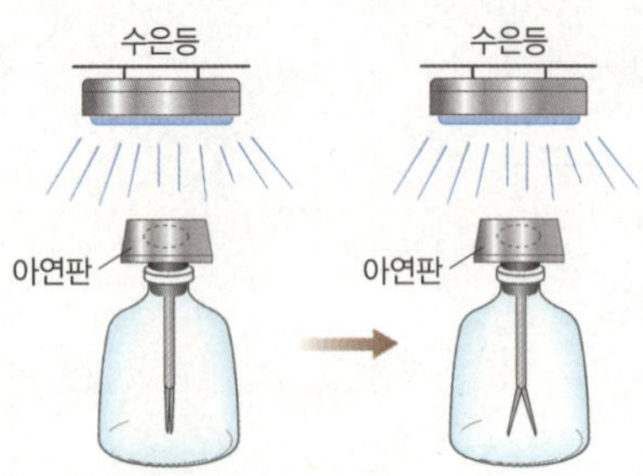

이에 대한 설명으로 옳은 것만을 |보기|에서 있는 대로 고른 것은?

| 보기 |
ㄱ. 아연판으로부터 전자가 방출된다.
ㄴ. 금속박은 음(−)전하로 대전된다.
ㄷ. 수은등에서 아연판의 문턱 진동수보다 진동수가 큰 빛이 방출된다.

① ㄱ   ② ㄷ   ③ ㄱ, ㄴ
④ ㄱ, ㄷ   ⑤ ㄴ, ㄷ

대표 유형문제

02
그림은 금속판에 단색광을 비추면서 광전자가 방출되는지 알아보는 실험 장치이다. 표는 단색광 A, B, C를 금속판 P, Q에 비출 때의 실험 결과이다.

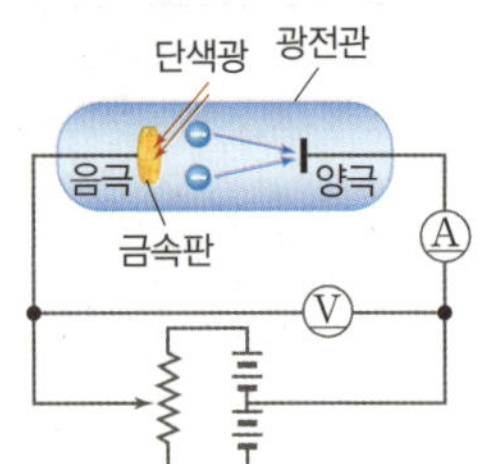

단색광 / 금속판	A	B	C
P	×	○	㉠
Q	○	○	×

○: 전자가 방출됨.
×: 전자가 방출되지 않음.

이에 대한 설명으로 옳은 것만을 |보기|에서 있는 대로 고른 것은?

| 보기 |
ㄱ. 진동수는 A가 B보다 크다.
ㄴ. 일함수는 P가 Q보다 크다.
ㄷ. ㉠은 ×이다.

① ㄱ   ② ㄴ   ③ ㄱ, ㄷ
④ ㄴ, ㄷ   ⑤ ㄱ, ㄴ, ㄷ

03
그림은 학생 A, B, C가 전하 결합 소자(CCD)의 각각의 광센서 위에 빨강(R), 초록(G), 파랑(R) 컬러 필터가 배열되어 있는 그림을 보고 대화하는 모습을 나타낸 것이다.

제시한 내용이 옳은 학생만을 있는 대로 고른 것은?

① A   ② B   ③ A, C
④ B, C   ⑤ A, B, C

04
그림 (가)는 질량이 m인 입자 A가 운동 에너지 $2E$로 운동하는 것을, (나)는 질량이 $4m$인 물체 B가 운동 에너지 E로 운동하는 것을 나타낸 것이다.

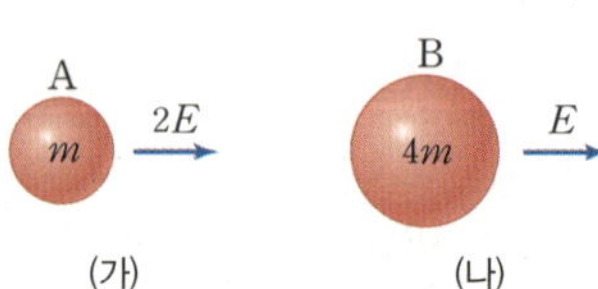

A, B의 드브로이 파장을 각각 λ_A, λ_B라고 할 때, $\dfrac{\lambda_A}{\lambda_B}$는?

① 1   ② $\sqrt{2}$ ③ 2
④ $\dfrac{1}{\sqrt{2}}$ ⑤ $\dfrac{1}{2}$

05 그림과 같이 입자 가속 장치에서 발생한 입자를 단일 슬릿과 이중 슬릿에 통과시킨 후, 스크린에 만들어지는 간섭무늬의 간격 Δx를 측정하였다. 표는 입자 A, B의 운동량과 운동 에너지에 따른 Δx를 나타낸 것이다.

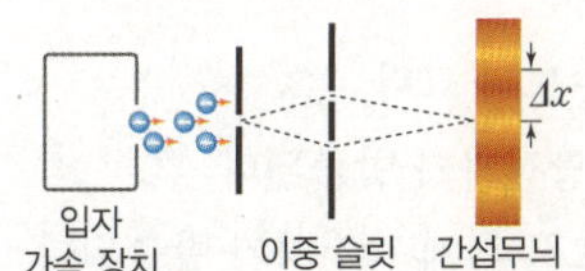

입자	운동량	운동 에너지	Δx
A	p	E	l
B	$\frac{1}{2}p$	$2E$	$\bigcirc$

이에 대한 설명으로 옳은 것만을 |보기|에서 있는 대로 고른 것은?

보기
ㄱ. 물질파 파장은 A가 B보다 길다.
ㄴ. 질량은 A가 B의 8배이다.
ㄷ. $\bigcirc$은 $2l$이다.

① ㄱ ② ㄴ ③ ㄷ
④ ㄱ, ㄷ ⑤ ㄴ, ㄷ

 유형 문제

06 다음은 전자 현미경에 대한 설명이다.

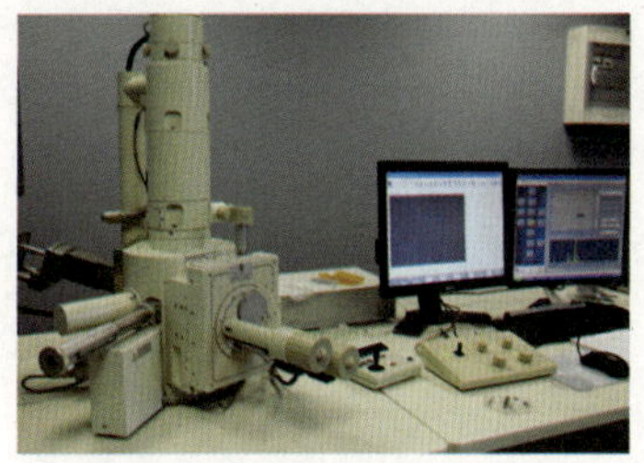

• 수십 킬로볼트의 전압으로 가속된 전자를 사용하는 전자 현미경은 광학 현미경보다 $\boxed{\bigcirc}$ 이 좋은 상을 얻는다.
• $\boxed{\bigcirc}$ 은 서로 가까이 붙어 있는 두 점을 구분해낼 수 있는 능력이다.
• $\bigcirc$ 전압 V로 가속된 전자의 운동 에너지는 eV이다.

이에 대한 설명으로 옳은 것만을 |보기|에서 있는 대로 고른 것은?

보기
ㄱ. $\bigcirc$은 배율이다.
ㄴ. $\bigcirc$이 클수록 전자의 물질파 파장이 길다.
ㄷ. $\bigcirc$을 좋게 하기 위해서는 $\bigcirc$을 증가시켜야 한다.

① ㄱ ② ㄷ ③ ㄱ, ㄴ
④ ㄱ, ㄷ ⑤ ㄴ, ㄷ

 문제

07 그림은 입자 A, B의 물질파 파장을 운동 에너지에 따라 나타낸 것이다.

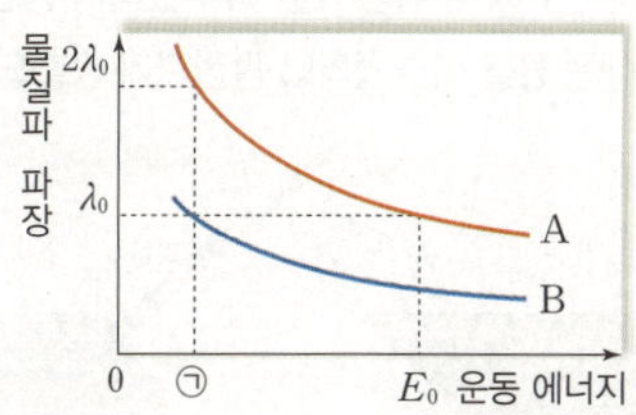

이에 대한 설명으로 옳은 것만을 |보기|에서 있는 대로 고른 것은?

보기
ㄱ. $\bigcirc$은 $\frac{1}{5}E_0$이다.
ㄴ. 질량은 B가 A의 4배이다.
ㄷ. 물질파 파장이 λ_0일 때, 운동량은 A가 B보다 크다.

① ㄴ ② ㄷ ③ ㄱ, ㄴ
④ ㄱ, ㄷ ⑤ ㄴ, ㄷ

 문제

08 다음은 광전 효과에 대한 실험이다.

[실험 과정]
(가) 금속박 검전기 위에 금속판 A를 올려놓고 $\boxed{\bigcirc}$ 전하로 대전시킨다.
(나) A에 단색광 P를 비추고 금속박의 변화를 관찰한다.
(다) (가)의 상태에서, A에 단색광 Q를 비추고 금속박의 변화를 관찰한다.

[실험 결과]
• (나)의 결과: 금속박이 오므라든다.
• (다)의 결과: 금속박에 변화가 없다.

(1) $\bigcirc$에 알맞은 말을 쓰시오

(2) P, Q의 진동수를 비교하고, 그 까닭을 서술하시오.

학교 시험 빈출 자료 MASTER

04 빛과 물질의 이중성

1 광전 효과

그림과 같이 금속판 P에 단색광 A를 비추었더니 광전자가 방출되지 않았고, 단색광 B를 비추었더니 광전자가 방출되었다.

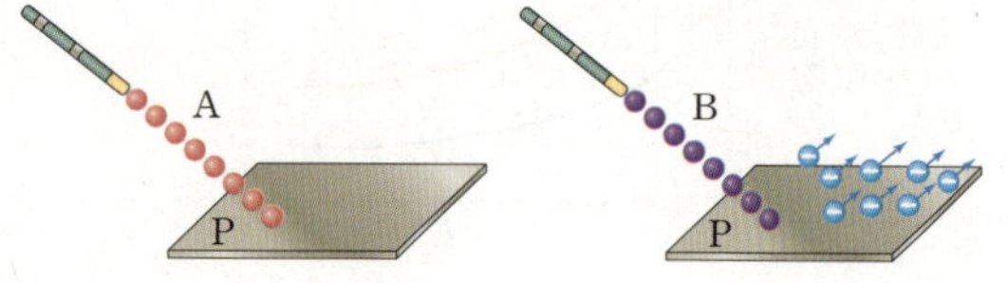

● 다음 설명 중 옳은 것은 ○표, 옳지 <u>않은</u> 것은 ×표 하시오.

1 진동수는 B가 A보다 크다. ○ / ×

2 A의 광자의 에너지는 P의 일함수보다 크다. ○ / ×

3 A의 세기를 증가시키면, P에서 광전자가 방출된다. ○ / ×

4 B를 비출 때, 어느 정도 시간이 흐른 후에 광전자가 방출된다. ○ / ×

5 B의 세기를 증가시키면, 단위 시간 동안 방출되는 광전자의 개수가 증가한다. ○ / ×

2 광전 효과 그래프

그림은 금속판 A, B에 비추는 빛의 진동수를 변화시킬 때, A, B에서 방출되는 광전자의 최대 운동 에너지 E_k를 나타낸 것이다.

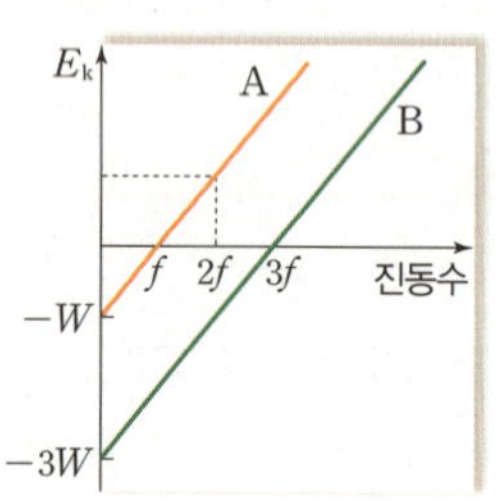

● 다음 설명 중 옳은 것은 ○표, 옳지 <u>않은</u> 것은 ×표 하시오.

1 일함수는 A가 B보다 크다. ○ / ×

2 A의 문턱 진동수는 f이다. ○ / ×

3 플랑크 상수는 $\dfrac{W}{f}$이다. ○ / ×

4 진동수가 f인 광자의 에너지는 hf이다. ○ / ×

5 진동수가 $2f$인 빛을 비추면, 광전자가 A에서는 방출되고 B에서는 방출되지 않는다. ○ / ×

3 CCD의 구조 및 원리

그림은 전하 결합 소자(CCD)의 광 다이오드에 빛을 비출 때, 금속 전극 아래 ㉠이 저장되는 것을 나타낸 것이다.

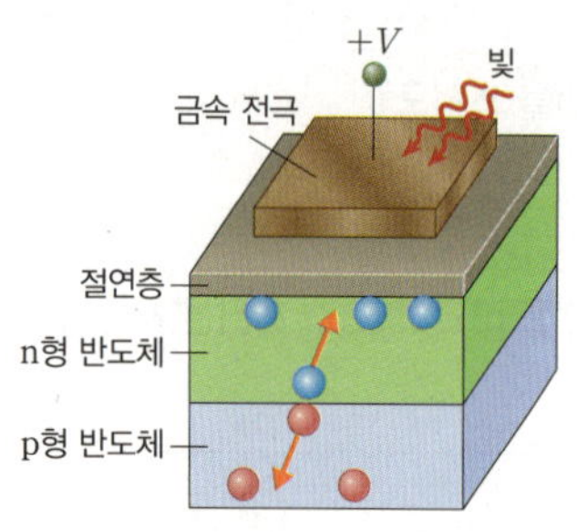

● 다음 설명 중 옳은 것은 ○표, 옳지 <u>않은</u> 것은 ×표 하시오.

1 ㉠은 양공이다. ○ / ×

2 금속 전극은 (＋)으로 대전되어 있다. ○ / ×

3 광 다이오드에 도달한 빛에 의해 전자와 양공의 쌍이 생성된다. ○ / ×

4 빛의 세기를 증가시키면, 금속 전극 아래 저장되는 ㉠이 증가한다. ○ / ×

5 CCD의 광 다이오드는 색을 구별할 수 있다. ○ / ×

4 물질파 실험(데이비슨·거머 실험)

그림과 같이 니켈 결정에 전자선을 쪼였더니, 입사하는 전자선과 각 ϕ 방향에서 전자가 가장 많이 검출되었다.

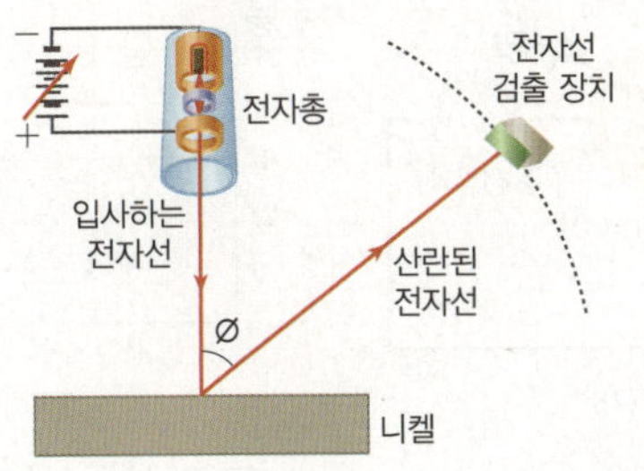

● 다음 설명 중 옳은 것은 ○표, 옳지 않은 것은 ×표 하시오.

1 전자의 파동성을 확인할 수 있다. ○ / ×

2 각 ϕ 방향에서 보강 간섭이 일어난다. ○ / ×

3 전자의 가속 전압을 증가시키면, 전자의 물질파 파장이 길어진다. ○ / ×

5 물질파 실험(톰슨 실험)

그림은 알루미늄 박막에 전자선을 쪼일 때, 사진 건판에 둥근 무늬가 생긴 것을 나타낸 것이다.

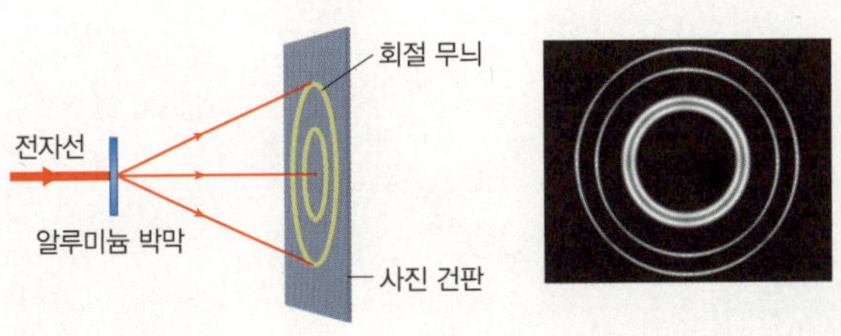

● 다음 설명 중 옳은 것은 ○표, 옳지 않은 것은 ×표 하시오.

1 전자의 입자성으로 설명할 수 있다. ○ / ×

2 전자의 속력이 빠를수록 물질파 파장이 길다. ○ / ×

3 전자의 속력이 빠를수록 무늬의 간격이 좁다. ○ / ×

4 전자선의 물질파 파장과 파장이 같은 X선을 사용하면, 동일한 무늬가 나타난다. ○ / ×

6 전자 현미경

그림 (가), (나)는 주사 전자 현미경(SEM)과 투과 전자 현미경(TEM)을 순서 없이 나타낸 것이다.

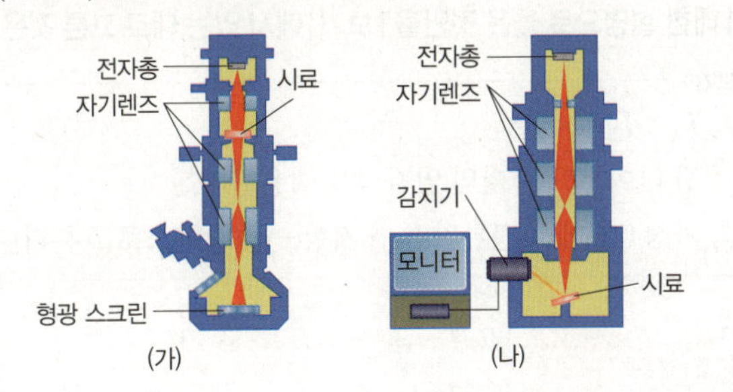

● 다음 설명 중 옳은 것은 ○표, 옳지 않은 것은 ×표 하시오.

1 (가)는 주사 전자 현미경이다. ○ / ×

2 (가), (나) 모두 광학 현미경보다 분해능이 우수하다. ○ / ×

3 (가)의 시료는 얇게 만들어야 한다. ○ / ×

4 (나)는 시료 표면의 3차원 구조를 확인할 수 있다. ○ / ×

5 전자총에서 전자를 가속시키는 전압이 클수록, 전자 현미경의 분해능이 우수하다. ○ / ×

학교 시험 대비 문제

대표 유형문제

01 그림과 같이 금속판 P에 단색광 A를 비추었더니 광전자가 방출되었고, P에 단색광 B를 비추었더니 광전자가 방출되지 않았다. A를 비출 때 방출되는 광전자 중 속력이 최대인 광전자 a의 운동 에너지는 E_a이다.

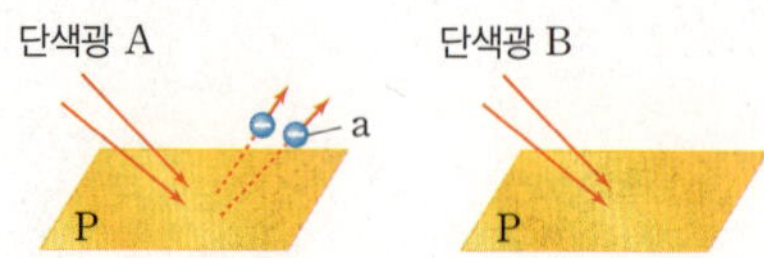

이에 대한 설명으로 옳은 것만을 |보기|에서 있는 대로 고른 것은?

> **보기**
> ㄱ. A의 광자의 에너지는 E_a보다 크다.
> ㄴ. B의 진동수는 P의 문턱 진동수보다 크다.
> ㄷ. B의 세기를 증가시키면 P에서 광전자가 방출된다.

① ㄱ   ② ㄴ   ③ ㄱ, ㄷ
④ ㄴ, ㄷ   ⑤ ㄱ, ㄴ, ㄷ

대표 유형문제

03 그림 (가)는 광전관의 금속판에 단색광을 비추는 것을, (나)는 단색광의 진동수를 시간에 따라 나타낸 것이다. t일 때 금속판에서 방출되는 광전자의 최대 운동 에너지는 $2.5hf$이다.

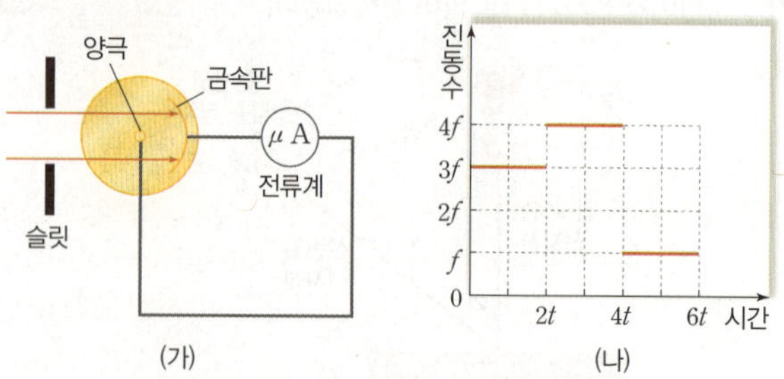

이에 대한 설명으로 옳은 것만을 |보기|에서 있는 대로 고른 것은? (단, h는 플랑크 상수이다.)

> **보기**
> ㄱ. 금속판의 일함수는 hf이다.
> ㄴ. $3t$일 때 금속판에서 방출되는 광전자의 최대 운동 에너지는 $3.5hf$이다.
> ㄷ. 금속판에 비추는 단색광의 광자 1개의 에너지는 t일 때가 $5t$일 때의 3배이다.

① ㄱ   ② ㄷ   ③ ㄱ, ㄴ
④ ㄱ, ㄷ   ⑤ ㄴ, ㄷ

02 그림은 광전 효과를 알아보기 위한 실험 장치이다. 표는 금속판 X 또는 Y에 진동수가 각각 f, $2f$인 단색광을 비출 때, X, Y로부터 방출되는 광전자의 최대 운동 에너지를 나타낸 것이다.

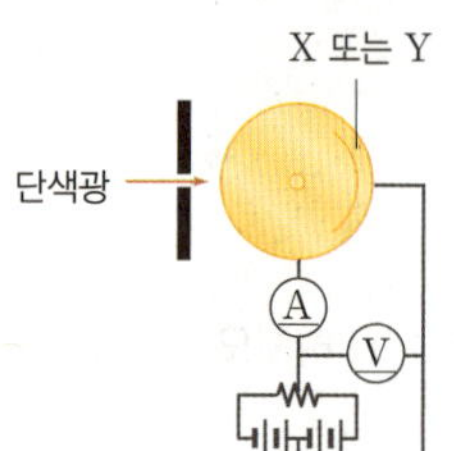

	진동수	최대 운동 에너지
X	f	E_0
	$2f$	$3E_0$
Y	f	$1.5E_0$
	$2f$	㉠

이에 대한 설명으로 옳은 것만을 |보기|에서 있는 대로 고른 것은?

> **보기**
> ㄱ. 플랑크 상수는 $\dfrac{2E_0}{f}$이다.
> ㄴ. X의 일함수는 E_0이다.
> ㄷ. ㉠은 $4.5E_0$이다.

① ㄱ   ② ㄷ   ③ ㄱ, ㄴ
④ ㄴ, ㄷ   ⑤ ㄱ, ㄴ, ㄷ

기출 변형 교육청

04 그림은 광 다이오드에 단색광을 비추었을 때 광 다이오드의 p-n 접합면에서 광전자가 방출되어 n형 반도체 쪽으로 이동하는 모습을 나타낸 것이다. 표는 단색광의 세기만을 다르게 하여 광 다이오드에 비추었을 때 단위 시간당 방출되는 광전자의 수를 나타낸 것이다.

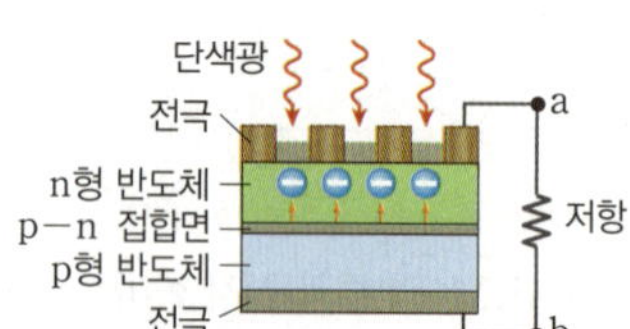

과정	단색광의 세기	광전자의 수
(가)	I_A	$2N_0$
(나)	I_B	N_0

이에 대한 설명으로 옳은 것만을 |보기|에서 있는 대로 고른 것은?

> **보기**
> ㄱ. $I_A < I_B$이다.
> ㄴ. 광 다이오드는 빛의 입자성을 이용한다.
> ㄷ. 과정 (가)에서 전류가 b → 저항 → a 방향으로 흐른다.

① ㄱ   ② ㄷ   ③ ㄱ, ㄴ
④ ㄴ, ㄷ   ⑤ ㄱ, ㄴ, ㄷ

05

그림과 같이 질량이 $2m$인 물체 A와 질량이 m인 물체 B가 각각 운동 에너지 $9E$, $2E$로 운동하다가 충돌한다. 충돌 전 A의 드브로이 파장은 λ이고, 충돌 후 B의 드브로이 파장은 $\dfrac{9}{5}\lambda$이다.

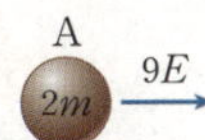 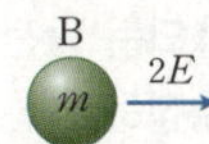

충돌 후 A의 드브로이 파장은? (단, 충돌 전과 후 A, B는 동일한 직선상에서 운동한다.)

① $\dfrac{5}{3}\lambda$　　② $\dfrac{7}{5}\lambda$　　③ $\dfrac{9}{7}\lambda$

④ $\dfrac{5}{7}\lambda$　　⑤ $\dfrac{7}{9}\lambda$

대표 유형 문제

06

그림 (가)와 같이 전자총에서 발사한 전자가 이중 슬릿을 통과한 후 스크린에 도달한다. 전자의 운동 에너지는 E_0, 물질파 파장은 λ_0이고, S_1, S_2는 슬릿이다. 그림 (나)는 스크린에 도달한 전자의 개수를 위치 x에 따라 나타낸 것이다.

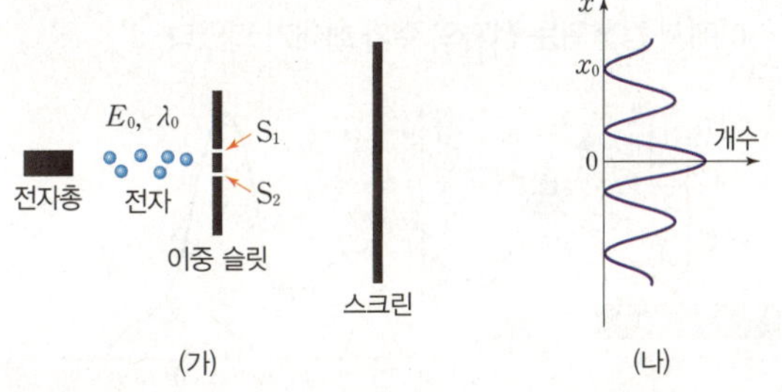

이에 대한 설명으로 옳은 것만을 |보기|에서 있는 대로 고른 것은?

> **보기**
> ㄱ. 각각의 전자는 S_1과 S_2 중 하나의 슬릿만 통과한다.
> ㄴ. $x = x_0$에서 S_1을 통과한 물질파와 S_2를 통과한 물질파가 보강 간섭을 한다.
> ㄷ. 전자의 운동 에너지를 $2E_0$으로 변화시키면, 전자의 물질파 파장은 $\dfrac{1}{\sqrt{2}}\lambda_0$이 된다.

① ㄱ　　② ㄷ　　③ ㄱ, ㄴ

④ ㄴ, ㄷ　　⑤ ㄱ, ㄴ, ㄷ

07

그림은 투과 전자 현미경(TEM) 또는 주사 전자 현미경(SEM)의 구조를 나타낸 것이다.

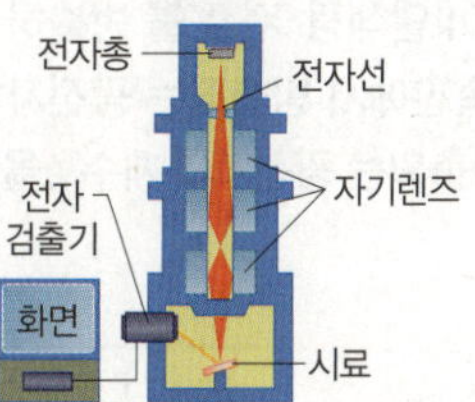

이에 대한 설명으로 옳은 것만을 |보기|에서 있는 대로 고른 것은?

> **보기**
> ㄱ. 주사 전자 현미경이다.
> ㄴ. 전자의 속력이 클수록 전자의 물질파 파장은 짧아진다.
> ㄷ. 시료 표면의 3차원 구조를 관찰할 수 있다.

① ㄱ　　② ㄴ　　③ ㄱ, ㄷ

④ ㄴ, ㄷ　　⑤ ㄱ, ㄴ, ㄷ

대표 유형 문제

08

그림 (가), (나)는 각각 광학 현미경과 전자 현미경을 사용하여 동일한 시료를 촬영한 사진을 순서 없이 나타낸 것이다. 시료의 상은 (가)에서가 (나)에서보다 선명하다.

 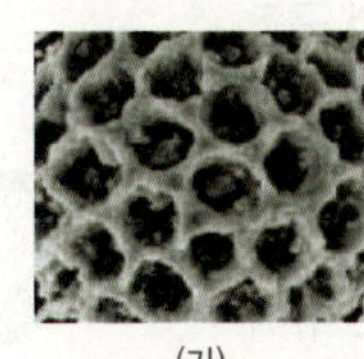 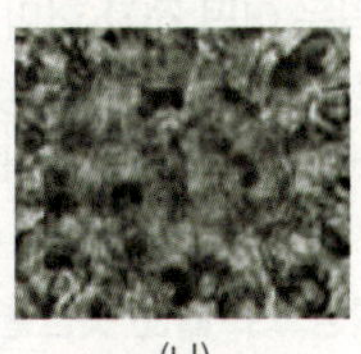

이에 대한 설명으로 옳은 것만을 |보기|에서 있는 대로 고른 것은?

> **보기**
> ㄱ. 현미경의 분해능은 (가)에서가 (나)에서보다 좋다.
> ㄴ. (가)는 전자 현미경을 이용하여 촬영한 것이다.
> ㄷ. 전자 현미경은 전자의 입자성을 이용한다.

① ㄱ　　② ㄷ　　③ ㄱ, ㄴ

④ ㄴ, ㄷ　　⑤ ㄱ, ㄴ, ㄷ

09 그림과 같이 단색광 X, Y를 방출하는 전등을 켜거나 끄면서, 광전관의 금속판에서 방출되는 광전자의 최대 운동 에너지 E_{max}와 1분 동안 방출되는 광전자의 개수 n을 측정하였다. 표는 측정 결과이다.

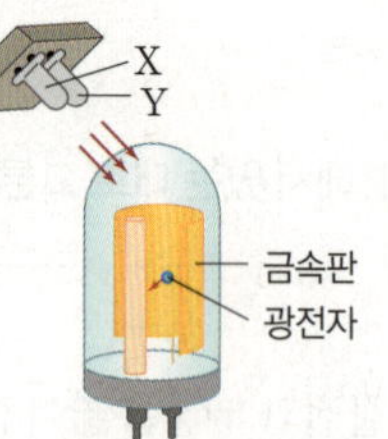

X	Y	E_{max}	n
on	on	㉠	$3n_0$
on	off	$2E_0$	n_0
off	on	E_0	㉡

- on: 전등을 켬.
- off: 전등을 끔.

이에 대한 설명으로 옳은 것만을 |보기|에서 있는 대로 고른 것은?

보기
ㄱ. 진동수는 X가 Y보다 크다.
ㄴ. ㉠은 $2E_0$보다 크다.
ㄷ. ㉡은 n_0보다 작다.

① ㄱ 　　② ㄷ 　　③ ㄱ, ㄴ
④ ㄱ, ㄷ 　　⑤ ㄴ, ㄷ

10 그림은 어떤 전자 현미경의 구조를 나타낸 것이다. 전자총에서 방출된 전자의 운동 에너지가 E_0이면 물질파 파장은 λ_0이다.
이에 대한 설명으로 옳은 것만을 |보기|에서 있는 대로 고른 것은?

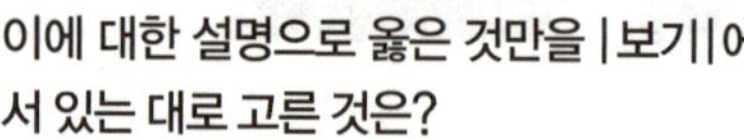
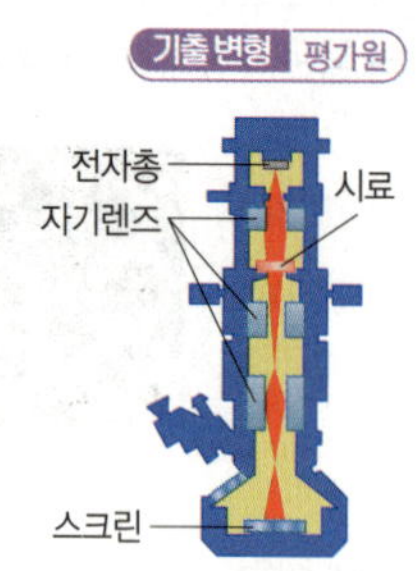

보기
ㄱ. 주사 전자 현미경(SEM)이다.
ㄴ. 자기장을 이용하여 전자선을 제어하고 초점을 맞춘다.
ㄷ. 운동 에너지가 $2E_0$인 전자의 물질파 파장은 $\frac{1}{2}\lambda_0$이다.

① ㄱ 　　② ㄴ 　　③ ㄱ, ㄷ
④ ㄴ, ㄷ 　　⑤ ㄱ, ㄴ, ㄷ

11 그림과 같이 단색광 A 또는 B를 금속판 P 또는 Q에 비추고, 금속판으로부터 방출되는 광전자의 최대 운동 에너지를 측정하였다. 표는 실험 결과이다.

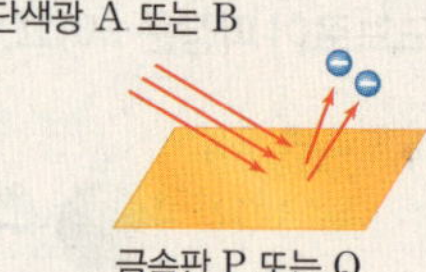

단색광	금속판	광전자의 최대 운동 에너지
A	P	E
A	Q	$2E$
B	P	$2E$
B	Q	㉠

(1) A와 B의 진동수를 비교하고, 그 까닭을 서술하시오.

(2) P, Q의 문턱 진동수를 비교하고, 그 까닭을 서술하시오.

(3) ㉠에 해당하는 값 또는 범위를 쓰시오.

12 그림 (가)와 같이 질량이 m인 전자를 운동 에너지 E_0으로 니켈 결정에 입사시키고 입사하는 전자선과 이루는 각 θ를 변화시키면서 검출되는 전자의 수를 측정하였다. 그림 (나)는 측정 결과로, $\theta=50°$에서 검출되는 전자의 수가 최대가 되었다.

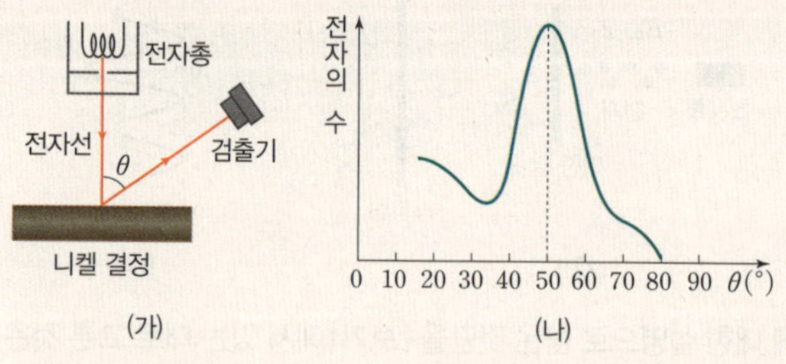

(1) 실험 결과가 전자의 입자성을 뒷받침하는지, 파동성을 뒷받침하는지 서술하시오.

(2) $\theta=50°$에서 어떤 간섭이 일어났는지 서술하시오.

단원 한번에 정리하기

01 파동의 진행과 굴절

1 횡파와 종파
- **횡파**: 진행 방향에 ❶(　　　) 방향으로 진동하는 파동
- **종파**: 진행 방향에 ❷(　　　) 방향으로 진동하는 파동

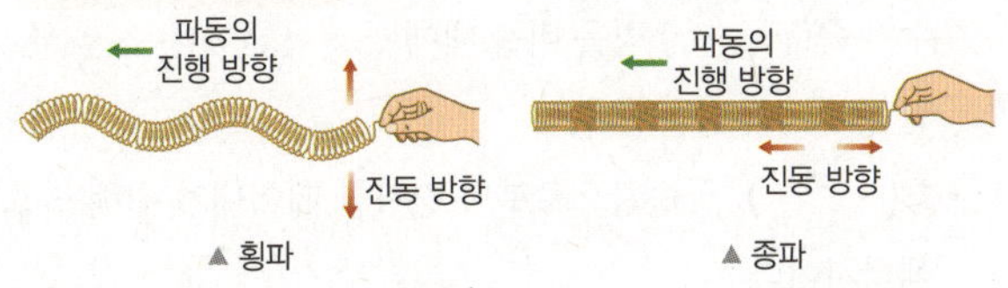

2 파동의 속력: 주기가 T, 진동수가 f, 파장이 λ인 파동의 속력 v는 다음과 같다.

$$v = \frac{\lambda}{T} = ❸(\quad)$$

3 파동 그래프

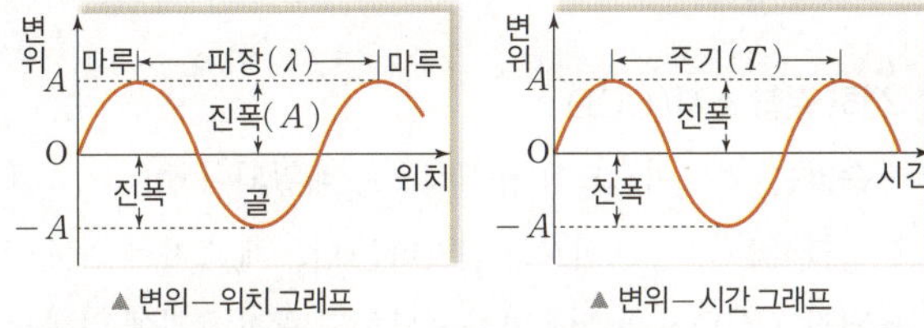

- **변위 — 위치 그래프**: 파동의 진폭과 ❹(　　　)을 알 수 있다.
- **변위 — 시간 그래프**: 파동의 진폭, 주기, 진동수를 알 수 있다.

4 파동의 ❺(　　　): 파동이 한 매질에서 다른 매질로 진행할 때 진행 방향이 꺾이는 현상 ➡ 두 매질에서 파동의 속력이 서로 다르기 때문에 일어난다.

5 빛의 굴절률: 진공에서 빛의 속력을 c, 물질에서 빛의 속력을 v라고 하면, 물질의 굴절률 n은 다음과 같다.

$$n = \frac{c}{v}$$

6 빛의 굴절 법칙(스넬 법칙): 빛이 굴절률이 n_1인 매질 1에서 굴절률이 n_2인 매질 2로 진행할 때 다음 관계가 성립한다.

$$\frac{n_2}{n_1} = \frac{\sin i}{\sin r} = \frac{\lambda_1}{\lambda_2} = \frac{v_1}{v_2} = n_{12}$$

여기서 i, r는 각각 입사각과 굴절각, λ_1, λ_2는 매질 1, 2에서의 파장, v_1, v_2는 매질 1, 2에서의 속력이고, n_{12}는 매질 1에 대한 매질 2의 굴절률이다.

7 생활 속 굴절 현상
- **신기루**: 빛의 ❻(　　　)과 전반사에 의해 보인다.
- **볼록 렌즈와 오목 렌즈**: 평행하게 입사한 빛이 ❼(　　　) 렌즈를 통과하면 한 점으로 모이고, ❽(　　　) 렌즈를 통과하면 퍼져나간다.
- **강바닥이 실제보다 ❾(　　　) 보인다.

02 전반사와 전자기파

1 임계각: 굴절각이 90°일 때의 입사각으로, 굴절률이 n_1인 매질에서 n_2인 매질로 진행할 때, 임계각 i_c는 다음 식을 만족한다.

$$\sin i_c = \frac{n_2}{n_1}$$

2 ❶(　　　): 빛이 한 매질에서 다른 매질로 진행할 때, 굴절하지 않고 전부 반사하는 현상

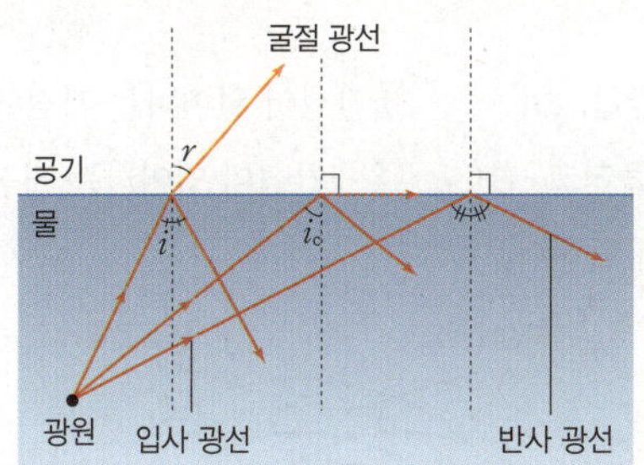

3 전반사 조건
- 빛이 굴절률이 ❷(　　　) 매질에서 굴절률이 ❸(　　　) 매질로 진행해야 한다.
- 입사각이 ❹(　　　)보다 크거나 같아야 한다.

4 광섬유: 전반사를 통해 에너지 손실 없이 빛을 전달시키는 섬유로, 굴절률이 ❺(　　　) 중심부의 코어를 굴절률이 ❻(　　　) 클래딩이 감싸는 이중 구조로 되어 있다.

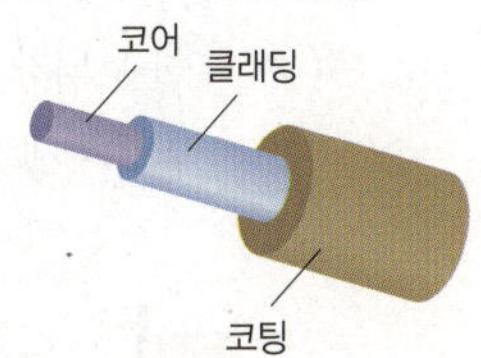

- 빛은 광섬유 내에서 ❼(　　　)를 따라 진행한다.
- 코어에서 클래딩으로 진행하는 빛이 경계면에서 전반사한다.

5 전자기파: 전기장과 자기장의 진동이 공간으로 퍼져나가는 파동
- 전기장과 자기장은 진행 방향에 ❽(　　　)으로 진동한다. 따라서 전자기파는 ❾(　　　)이다.
- 한 순간, 한 지점에서 전기장의 방향과 자기장의 방향은 서로 ❿(　　　)이다.

6 전자기파의 종류와 이용

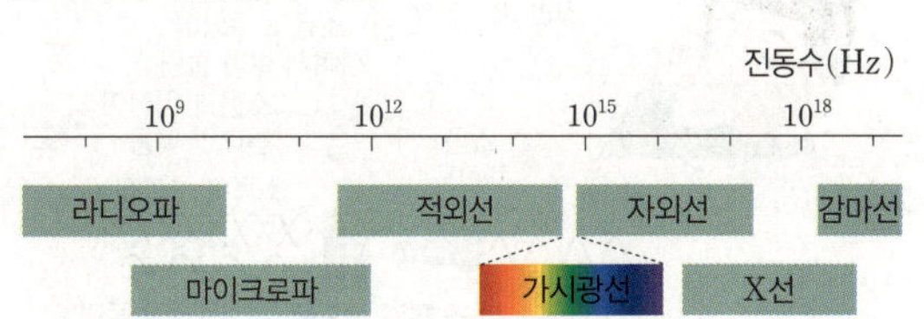

- **감마(γ)선**: 암세포를 파괴하는 암 치료
- **X선**: 뼈 사진, 공항에서 수하물 검사
- **⓫(　　　)**: 식기 소독기
- **적외선**: 비접촉식 체온계, 열화상 카메라

1 파동의 중첩과 독립성
- ❶(　　　) 원리: 두 파동이 서로 겹쳐서 만들어지는 합성파의 변위 y는 각 파동의 변위 y_1과 y_2의 합과 같다.
- 파동의 ❷(　　　): 중첩이 끝난 뒤 각각의 파동은 다른 파동의 영향을 받지 않고 만나기 전과 같은 성질을 유지하면서 진행한다.

2 소리의 간섭: ❸(　　　) 간섭이 일어나는 지점에서는 소리가 크게 들리고, ❹(　　　) 간섭이 일어나는 지점에서는 소리가 작게 들린다.

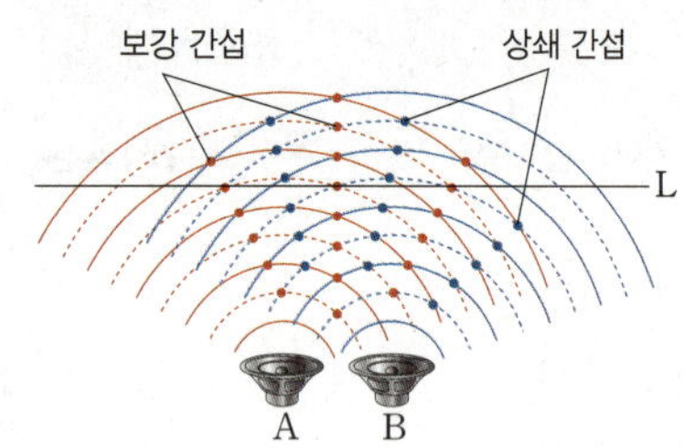

3 이중 슬릿을 이용한 빛의 간섭: 보강 간섭을 하는 지점에서는 ❺(　　　) 무늬가 생기고, 상쇄 간섭을 하는 지점에서는 ❻(　　　) 무늬가 생긴다.

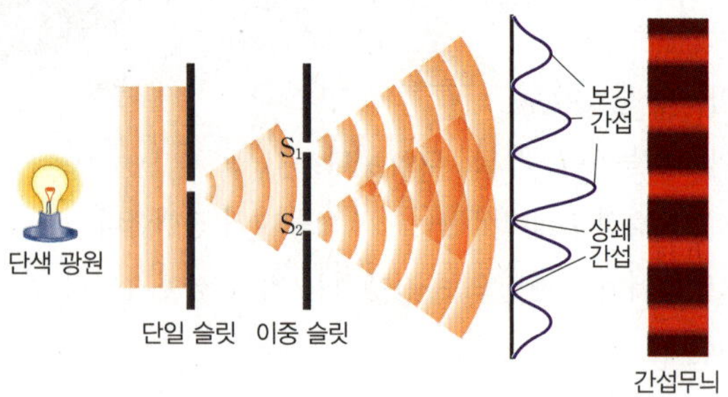

4 능동 소음 제거: 큰 소음이 발생하는 곳에서 사용하는 능동 소음 제거 헤드폰은 외부 소음과 ❼(　　　)이 반대인 소리를 발생시켜, 원래 소음과 인위적으로 발생한 소리가 ❽(　　　) 간섭하도록 하여 소음을 제거한다.

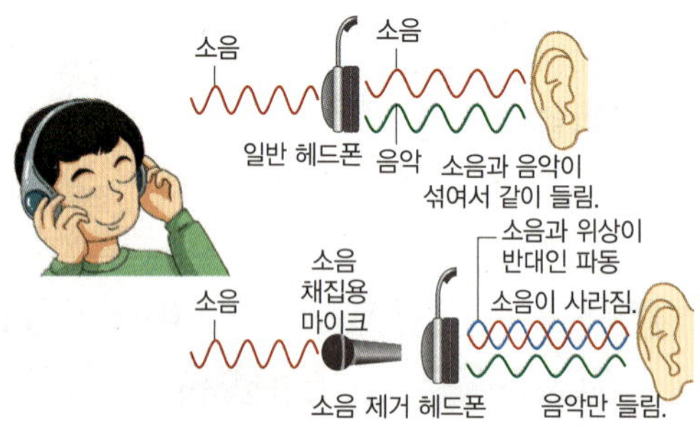

5 렌즈의 코팅: 막의 바깥 면에서 반사한 빛과 안쪽 면에서 반사한 빛이 ❾(　　　) 간섭하도록 렌즈에 얇은 막을 코팅하여 빛의 ❿(　　　)를 최소화한다.

---

1 ❶(　　　): 금속 표면에 특정 진동수보다 진동수가 ❷(　　　) 빛을 비출 때 금속으로부터 전자가 방출되는 현상이다.

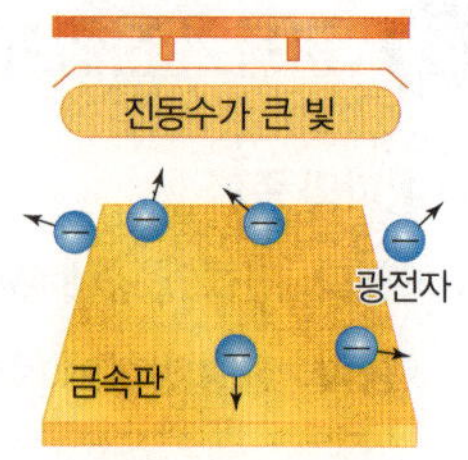

- 금속판에 문턱 진동수보다 진동수가 ❸(　　　) 빛을 비출 때에만 광전자가 방출된다.
- ❹(　　　): 금속판으로부터 전자를 떼어내기 위해 필요한 에너지이다.
- 광전자의 최대 운동 에너지: 일함수가 W인 금속판에 진동수가 f인 빛을 비출 때, 금속으로부터 방출되는 광전자의 최대 운동 에너지는 $E_k=hf-W$ (h: 플랑크 상수)이다.

2 광자 이론: 진동수가 f인 빛은 에너지가 hf인 입자이다.
➡ $E=hf$

3 전하 결합 소자(CCD)
- 수많은 광 다이오드가 규칙적으로 배열되어 ❺(　　　) 신호를 ❻(　　　) 신호로 전환하는 반도체 소자
- 원리: CCD의 화소에 빛이 도달하면 광전 효과에 의해 p-n 접합면에서 전자·양공 쌍이 형성된다. 이때 생성된 전자는 (＋)의 전압이 걸려 있는 금속 전극 아래에 저장된다. 저장된 전자의 양은 빛의 세기에 ❼(　　　)한다.

4 물질파: 물질 입자가 갖는 파동으로, 운동량이 p인 입자의 물질파 파장은 $\lambda=\dfrac{h}{p}$ (h: 플랑크 상수)이다.

5 전자 현미경: 전자의 물질파를 이용하여 광학 현미경보다 훨씬 좋은 ❽(　　　)을 갖는 현미경으로, 전자 현미경에서 전자를 가속하는 전압이 V이면 전자의 물질파 파장은 다음과 같다.

$$\lambda=\frac{h}{p}=\frac{h}{\sqrt{2meV}}$$

6 전자 현미경의 종류

❾(　　　) 전자 현미경	❿(　　　) 전자 현미경
전자선을 시료에 ⓫(　　　)시켜 상을 얻는다.	시료 표면에 전자선을 주사한 후, ⓬(　　　)되어 나오는 전자선으로부터 상을 얻는다.

01 (3점) 그림 (가)는 스피커에서 발생한 파장이 λ_1인 음파가 공기 중으로 진행하는 것을, (나)는 파장이 λ_2인 물결파가 진행하는 물 위에 장난감 배가 떠서 출렁거리는 것을 나타낸 것이다.

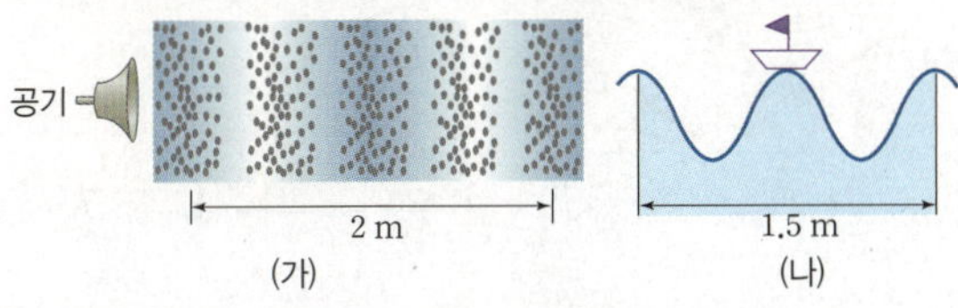

이에 대한 설명으로 옳은 것만을 |보기|에서 있는 대로 고른 것은?

┌ 보기 ┐
ㄱ. 음파는 종파이다.
ㄴ. $\lambda_1 : \lambda_2 = 4 : 3$이다.
ㄷ. 물결파의 진동 방향은 진행 방향에 나란하다.
└────┘

① ㄱ   ② ㄴ   ③ ㄷ
④ ㄱ, ㄴ   ⑤ ㄴ, ㄷ

02 (5점) 그림 (가)는 $t=0$일 때, 일정한 속력으로 x축과 나란하게 진행하는 파동의 변위 y를 위치 x에 따라 나타낸 것이다. 그림 (나)는 $x=5$ cm에서 y를 시간 t에 따라 나타낸 것이다.

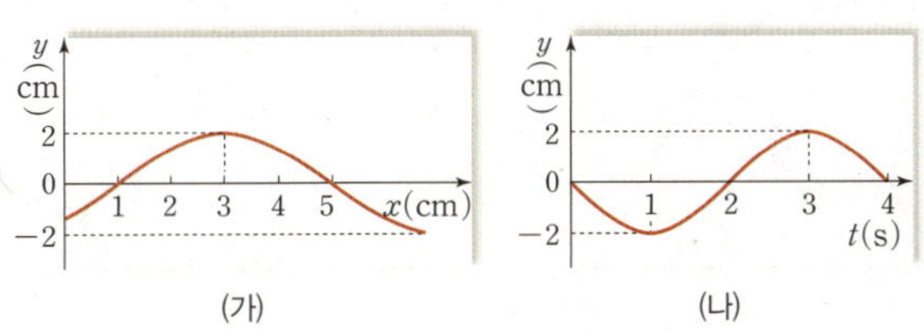

이에 대한 설명으로 옳은 것만을 |보기|에서 있는 대로 고른 것은?

┌ 보기 ┐
ㄱ. 파동의 진행 방향은 $+x$ 방향이다.
ㄴ. 파동의 진행 속력은 2 cm/s이다.
ㄷ. $x=1$ cm에서 $y=1$ cm인 순간, $x=5$ cm에서는 $y=-1$ cm이다.
└────┘

① ㄴ   ② ㄷ   ③ ㄱ, ㄴ
④ ㄱ, ㄷ   ⑤ ㄴ, ㄷ

03 (3점) 그림과 같이 평면파 발생기에서 발생한 물결파가 매질 A에서 매질 B로 진행한다. A에서 파면 사이의 간격이 2 cm이고, 파면과 경계면이 이루는 각이 A에서는 $45°$이고 B에서는 $30°$이다.

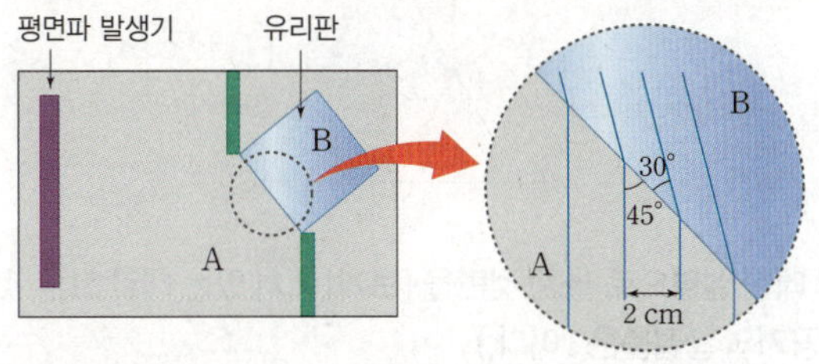

물결파에 대한 설명으로 옳은 것만을 |보기|에서 있는 대로 고른 것은?

┌ 보기 ┐
ㄱ. B에서 파장은 $\sqrt{2}$ cm이다.
ㄴ. 속력은 A에서가 B에서보다 크다.
ㄷ. 진동수는 B에서가 A에서보다 크다.
└────┘

① ㄱ   ② ㄴ   ③ ㄱ, ㄴ
④ ㄱ, ㄷ   ⑤ ㄴ, ㄷ

04 (4점) 그림은 직각 이등변 삼각형 프리즘의 점 P에 입사한 빛이 굴절하여 입사 방향과 $15°$ 방향으로 진행하는 것을 나타낸 것이다.

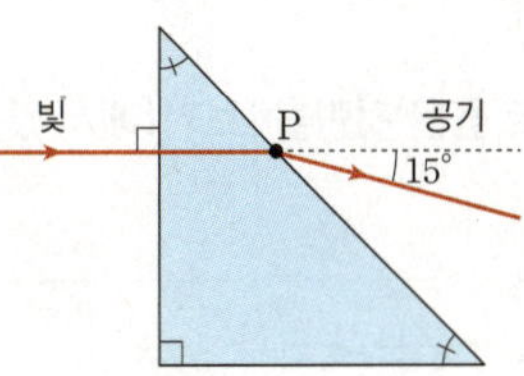

프리즘의 굴절률은? (단, 공기의 굴절률은 1이다.)

① $\dfrac{3}{2}$ ② $\dfrac{4}{3}$ ③ $\dfrac{5}{3}$

④ $\dfrac{\sqrt{5}}{2}$ ⑤ $\dfrac{\sqrt{6}}{2}$

05 (4점) 그림은 공기에서 정삼각형 모양의 프리즘의 점 p에 입사한 단색광이 점 q를 향해 진행하는 것을 나타낸 것이다. p에서 입사각은 60°, 굴절각은 30°이다.

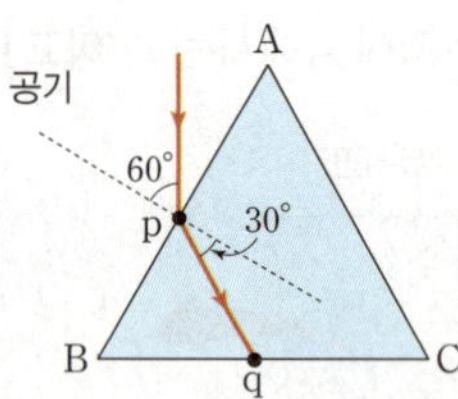

이에 대한 설명으로 옳은 것만을 |보기|에서 있는 대로 고른 것은? (단, 공기의 굴절률은 1이다.)

―[보기]―
ㄱ. 프리즘의 굴절률은 $\sqrt{3}$이다.
ㄴ. q에서 단색광은 전반사한다.
ㄷ. 단색광의 속력은 공기에서가 프리즘에서보다 크다.

① ㄱ
② ㄴ
③ ㄷ
④ ㄱ, ㄷ
⑤ ㄱ, ㄴ, ㄷ

07 (3점) 그림 (가)는 단색광이 매질 A에서 매질 B로 입사각 θ로 입사할 때 전반사하는 것을 나타낸 것이다. 그림 (나)는 동일한 단색광이 A에서 매질 C로 입사각 θ로 진행하여, B와 C의 경계에 있는 점 p에 입사하는 것을 나타낸 것이다.

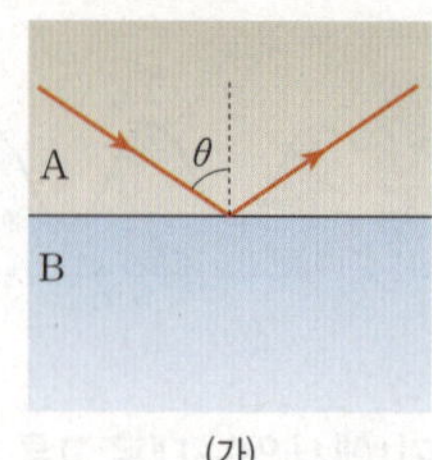
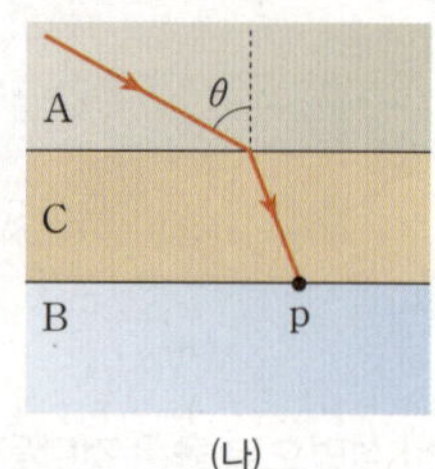

(가)　　　(나)

이에 대한 설명으로 옳은 것만을 |보기|에서 있는 대로 고른 것은? (단, 경계면은 나란하다.)

―[보기]―
ㄱ. 굴절률은 C가 B보다 작다.
ㄴ. 단색광은 p에서 전반사한다.
ㄷ. 단색광의 진행 속력은 A에서가 C에서보다 크다.

① ㄱ
② ㄷ
③ ㄱ, ㄴ
④ ㄴ, ㄷ
⑤ ㄱ, ㄴ, ㄷ

06 (3점) 그림 (가), (나)와 같이 매질 X, Y, Z 중 두 물질을 이용하여 만든 광섬유의 코어에 단색광 A를 각각 입사각 θ_1, θ_2로 입사시켰더니, Y와의 경계면에 입사각 θ로 입사한다. θ는 X와 Y 사이의 임계각이다.

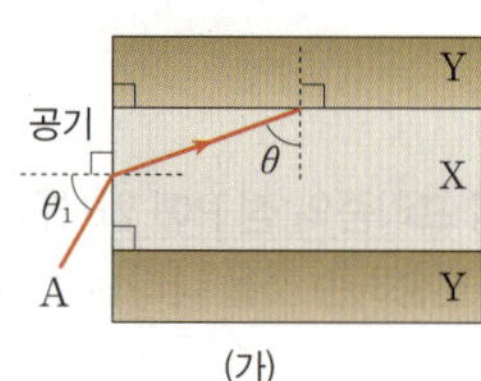
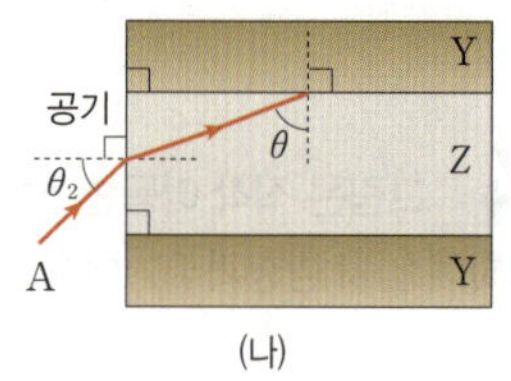

(가)　　　(나)

이에 대한 설명으로 옳은 것만을 |보기|에서 있는 대로 고른 것은? (단, $\theta_1 > \theta_2$이다.)

―[보기]―
ㄱ. 굴절률은 X가 Y보다 크다.
ㄴ. A의 진행 속력은 Z에서가 X에서보다 빠르다.
ㄷ. (나)에서 A는 Z와 Y의 경계면에서 전반사한다.

① ㄱ
② ㄷ
③ ㄱ, ㄴ
④ ㄴ, ㄷ
⑤ ㄱ, ㄴ, ㄷ

08 (5점) 그림 (가)는 공기 중에서 파장이 λ, 진동수가 f인 단색광을 반원형 물체의 점 P에 입사각 45°로 비출 때 진행 경로를 나타낸 것이다. 그림 (나)는 물체를 거꾸로 하여 P에 동일한 단색광을 입사각 50°로 비추는 것을 나타낸 것이다.

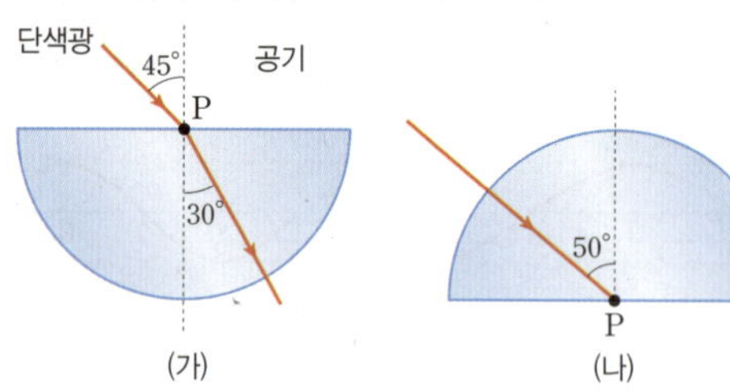

(가)　　　(나)

이에 대한 설명으로 옳은 것만을 |보기|에서 있는 대로 고른 것은?

―[보기]―
ㄱ. 물체 내에서 단색광의 파장은 $\sqrt{2}\lambda$이다.
ㄴ. 물체 내에서 단색광의 진동수는 $\dfrac{1}{\sqrt{2}}f$이다.
ㄷ. (나)에서 단색광이 P에서 전반사한다.

① ㄱ
② ㄴ
③ ㄷ
④ ㄱ, ㄷ
⑤ ㄴ, ㄷ

09   그림은 광섬유에 입사한 레이저 빛이 전반사하면서 진행하는 것을 나타낸 것이다. 코어와 클래딩의 굴절률은 각각 n_1, n_2이고, 입사각은 각각 θ_1, θ_2이다.

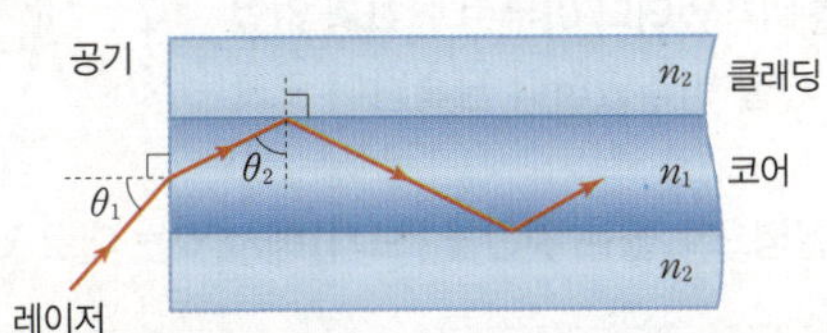

이에 대한 설명으로 옳은 것만을 |보기|에서 있는 대로 고른 것은? (단, 공기의 굴절률은 1이다.)

> **⎯보기⎯**
> ㄱ. $n_1 > n_2$이다.
> ㄴ. $n_1 = \dfrac{\sin\theta_1}{\cos\theta_2}$이다.
> ㄷ. 코어와 클래딩 사이의 임계각은 θ_2보다 크다.

① ㄴ ② ㄷ ③ ㄱ, ㄴ
④ ㄱ, ㄷ ⑤ ㄱ, ㄴ, ㄷ

10 그림은 전자기파를 진동수에 따라 분류한 것이다.

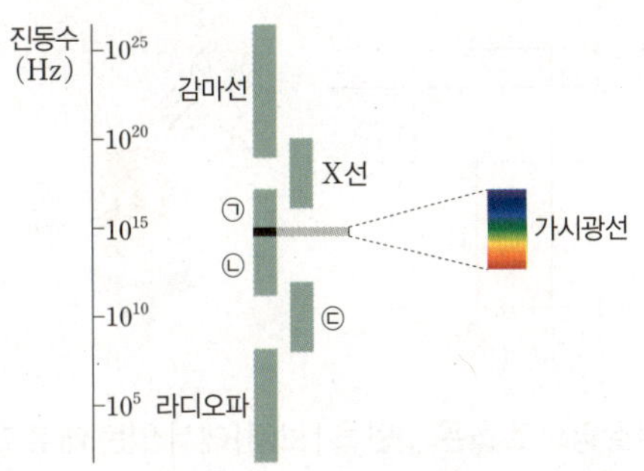

이에 대한 설명으로 옳은 것만을 |보기|에서 있는 대로 고른 것은?

> **⎯보기⎯**
> ㄱ. 파장은 ㉠이 ㉡보다 길다.
> ㄴ. ㉠은 비접촉식 체온계에 사용된다.
> ㄷ. 전자레인지에 이용되는 마이크로파는 ㉢에 속한다.

① ㄱ ② ㄴ ③ ㄷ
④ ㄱ, ㄷ ⑤ ㄴ, ㄷ

11 그림과 같이 x축의 $x = -3L$과 $x = 3L$에서 파장이 L인 소리를 같은 위상으로 발생시킨다.

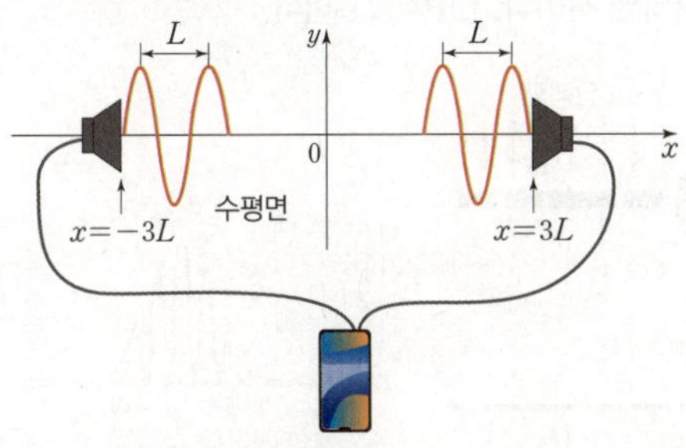

x축에서 소리의 세기를 측정할 때, 이에 대한 설명으로 옳은 것만을 |보기|에서 있는 대로 고른 것은?

> **⎯보기⎯**
> ㄱ. $x = 0$에서 보강 간섭이 일어난다.
> ㄴ. $-3L < x < 3L$ 구간에서 상쇄 간섭이 일어나는 지점은 8곳이다.
> ㄷ. 보강 간섭이 일어나는 지점에서는 큰 소리와 작은 소리가 번갈아 측정된다.

① ㄱ ② ㄴ ③ ㄱ, ㄴ
④ ㄱ, ㄷ ⑤ ㄴ, ㄷ

12 그림은 두 스피커에서 같은 위상으로 발생한 소리의 어느 순간의 모습을 평면상에 나타낸 것이다. 실선과 점선은 각각 음파의 밀한 곳과 소한 곳의 위치를, a, b, p, q는 직선 L에 고정된 점이다. p는 중심축상에 있으며, q에서는 두 스피커에서 발생한 음파의 골이 중첩한다.

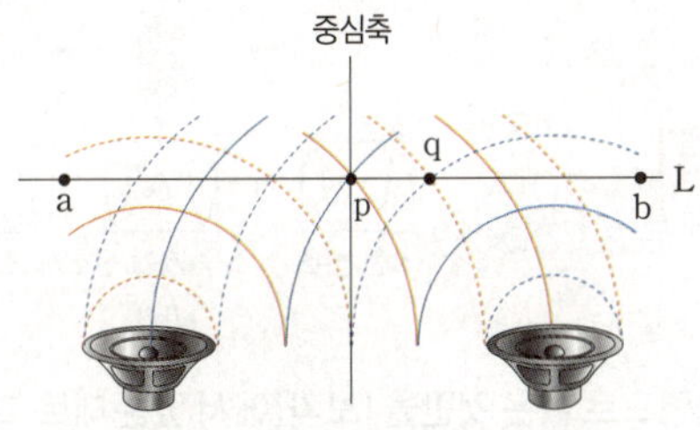

이에 대한 설명으로 옳은 것만을 |보기|에서 있는 대로 고른 것은?

> **⎯보기⎯**
> ㄱ. p에서는 보강 간섭이 일어난다.
> ㄴ. q에서는 두 음파가 반대 위상으로 중첩한다.
> ㄷ. L의 a와 b 사이에서 큰 소리가 측정되는 지점은 5군데이다.

① ㄴ ② ㄷ ③ ㄱ, ㄴ
④ ㄱ, ㄷ ⑤ ㄱ, ㄴ, ㄷ

13 그림 (가)는 슬릿 간격이 d인 이중 슬릿에 파장이 λ_0인 단색광을 비추는 것을, (나)는 스크린에서 빛의 상대적 세기를 위치 x에 따라 나타낸 것이다. $\overline{OP}=2x_0$이다. 〔4점〕

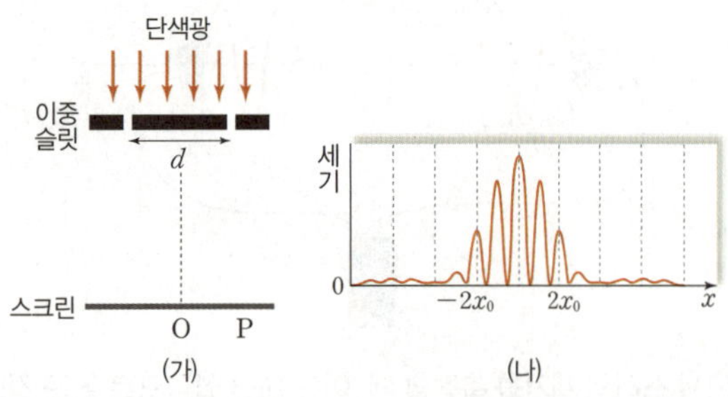

이에 대한 설명으로 옳은 것만을 |보기|에서 있는 대로 고른 것은?

|보기|

ㄱ. P에서 보강 간섭이 일어난다.

ㄴ. 두 슬릿에서 P까지의 경로차는 $2\lambda_0$이다.

ㄷ. 파장이 $2\lambda_0$인 단색광을 비추면 P에 어두운 무늬가 만들어진다.

① ㄱ　　　　② ㄷ　　　　③ ㄱ, ㄴ

④ ㄴ, ㄷ　　　⑤ ㄱ, ㄴ, ㄷ

14 그림 (가)는 유리에 얇은 코팅을 하여 단색광이 코팅과 유리의 윗면을 100 % 투과하는 것을, (나)는 소음을 제거하는 헤드폰의 원리를 나타낸 것이다. (가)에서 굴절률은 코팅이 유리보다 크다. 〔2.5점〕

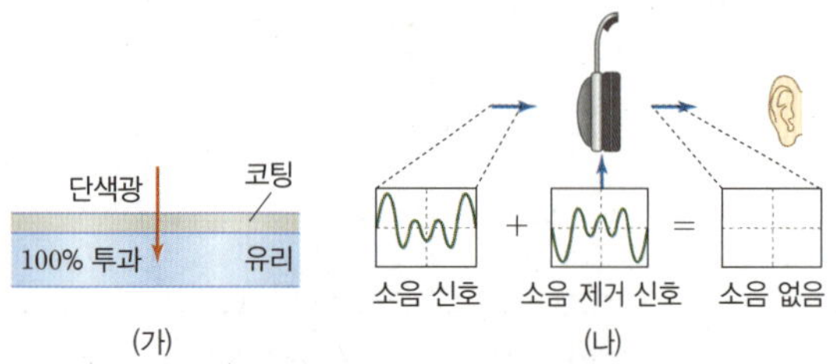

이에 대한 설명으로 옳은 것만을 |보기|에서 있는 대로 고른 것은?

|보기|

ㄱ. (가)에서 보강 간섭을 이용한다.

ㄴ. (가)에서 단색광의 속력은 코팅에서가 유리에서보다 크다.

ㄷ. (나)에서 소음 신호와 소음 제거 신호가 반대 위상으로 중첩한다.

① ㄱ　　　　② ㄷ　　　　③ ㄱ, ㄴ

④ ㄱ, ㄷ　　　⑤ ㄴ, ㄷ

15 그림은 금속박 검전기 위에 올려놓은 금속판 A를 대전시킬 때, 금속박이 벌어진 모습을 나타낸 것이다. 이 상태에서 A에 단색광 P를 비추었더니 아무런 변화가 없었고, 단색광 Q를 비추었더니 금속박이 오므라들었다. 〔2.5점〕

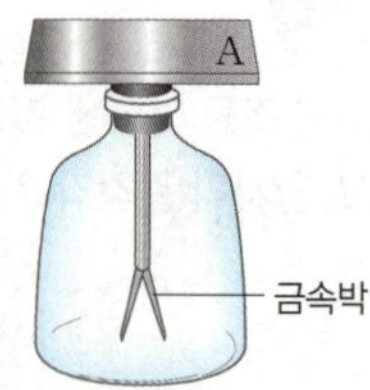

이에 대한 설명으로 옳은 것만을 |보기|에서 있는 대로 고른 것은?

|보기|

ㄱ. A는 양(+)전하로 대전되어 있다.

ㄴ. 진동수는 Q가 P보다 크다.

ㄷ. A의 문턱(한계) 진동수는 Q의 진동수보다 크다.

① ㄴ　　　　② ㄷ　　　　③ ㄱ, ㄴ

④ ㄱ, ㄷ　　　⑤ ㄴ, ㄷ

16 그림 (가)와 같이 어떤 원소의 에너지 준위 사이에서 일어나는 전자의 전이 A, B, C에서 파장이 각각 λ_A, λ_B, λ_C인 빛이 방출된다. 그림 (나)와 같이 A, B, C를 광전관의 금속판에 비추었더니, B를 비출 때에는 광전자가 방출되지 않았고, C를 비출 때에는 광전자가 방출되었다. 〔5점〕

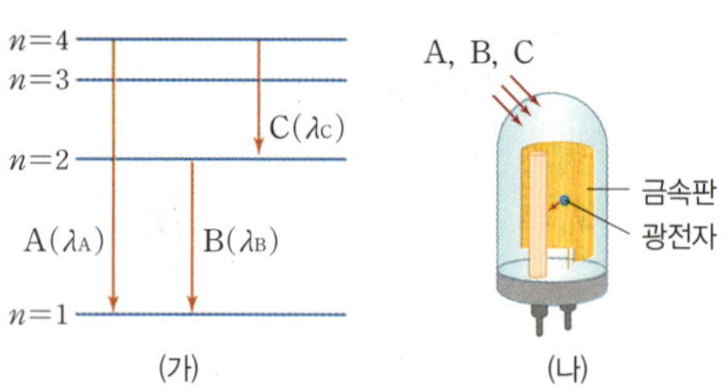

이에 대한 설명으로 옳은 것만을 |보기|에서 있는 대로 고른 것은? (단, c는 빛의 속력이다.)

|보기|

ㄱ. $\lambda_B < \lambda_C$이다.

ㄴ. A를 비출 때, 광전자가 방출된다.

ㄷ. 금속판의 문턱 진동수는 $\dfrac{c}{\lambda_C}$보다 크다.

① ㄱ　　　　② ㄴ　　　　③ ㄱ, ㄴ

④ ㄱ, ㄷ　　　⑤ ㄴ, ㄷ

17 (2.5점)

그림 (가)~(다)는 전하 결합 소자(CCD)에서 금속 전극 P 아래에 쌓여 있던 입자 a들이 금속 전극 Q 아래로 이동하는 과정을 순서대로 나타낸 것이다.

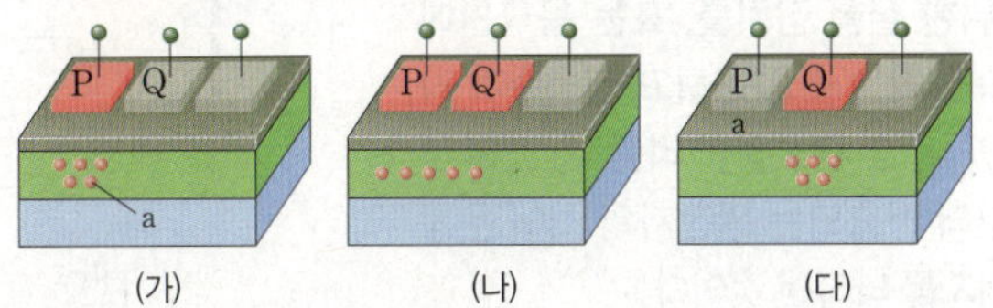

이에 대한 설명으로 옳은 것만을 |보기|에서 있는 대로 고른 것은?

보기
ㄱ. a는 양(＋)전하이다.
ㄴ. (나)에서 P, Q 모두 (＋)전압이 걸려 있다.
ㄷ. CCD는 빛의 파동성을 이용하여 영상 정보를 기록한다.

① ㄱ ② ㄴ ③ ㄱ, ㄴ
④ ㄱ, ㄷ ⑤ ㄴ, ㄷ

18 (3점)

그림은 이중 슬릿에 전자를 쪼였을 때, 스크린에 밝고 어두운 무늬가 생기는 것을 나타낸 것이다.

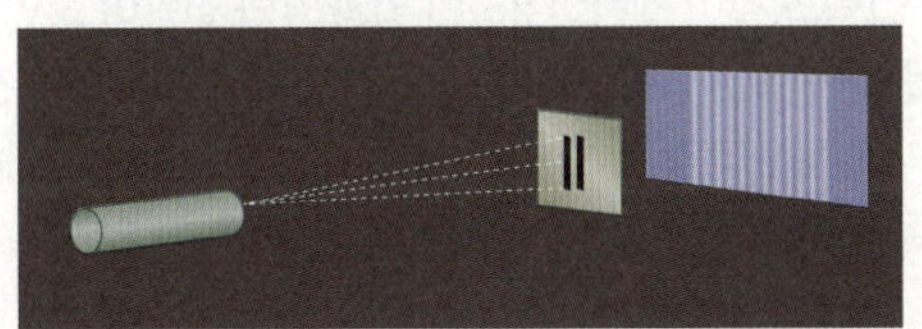

이에 대한 설명으로 옳은 것만을 |보기|에서 있는 대로 고른 것은?

보기
ㄱ. 전자가 파동의 성질을 갖는다는 것을 알 수 있다.
ㄴ. 전자의 속력을 증가시키면 전자의 드브로이 파장이 증가한다.
ㄷ. 전자의 속력을 증가시키면 밝은 무늬 사이의 간격이 증가한다.

① ㄱ ② ㄴ ③ ㄷ
④ ㄱ, ㄴ ⑤ ㄴ, ㄷ

19 (3점)

그림과 같이 질량이 m인 입자 A, B가 각각 운동 에너지 $16E$, E로 운동하다가 정면으로 충돌한다. 충돌 전 A의 물질파 파장과 충돌 후 B의 물질파 파장은 λ로 같다.

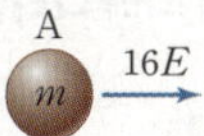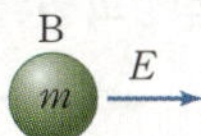

충돌 후 A의 드브로이 파장은? (단, A, B는 충돌 전후 같은 직선상에서 운동한다.)

① λ ② 2λ ③ 4λ
④ $\dfrac{1}{2}\lambda$ ⑤ $\dfrac{1}{4}\lambda$

20 (3점)

다음은 전자 현미경에 대한 설명이다.

• 전자 현미경에서 사용되는 전자선의 물질파 파장은 광학 현미경에서 사용되는 가시광선의 파장보다 훨씬 (가) . 따라서 전자 현미경은 광학 현미경보다 ⊙분해능이 우수하여, 해상도가 훨씬 좋은 상을 얻을 수 있다.

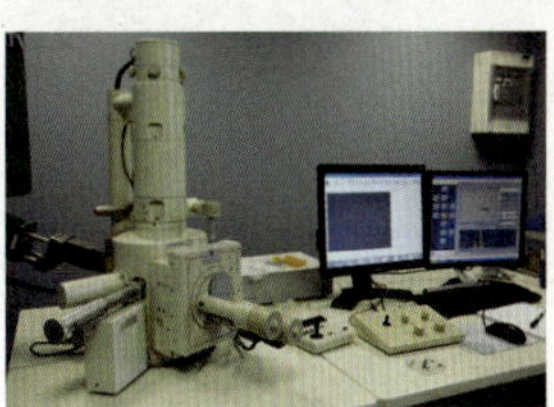

• ⓒ전압 V로 가속된 질량이 m인 전자의 운동 에너지는 eV이다.

이에 대한 설명으로 옳은 것만을 |보기|에서 있는 대로 고른 것은? (단, h는 플랑크 상수이다.)

보기
ㄱ. '짧다'는 (가)에 적절하다.
ㄴ. 현미경에서 사용하는 파동의 회절이 잘 일어날수록 ⊙이 우수하다.
ㄷ. ⓒ의 물질파 파장은 $\sqrt{\dfrac{h}{2meV}}$이다.

① ㄱ ② ㄴ ③ ㄱ, ㄷ
④ ㄴ, ㄷ ⑤ ㄱ, ㄴ, ㄷ

21 그림 (가)는 시간 $t=0$일 때 어떤 파동의 변위 y를 위치 x에 따라, (나)는 점 P의 변위 y를 시간 t에 따라 나타낸 것이다.

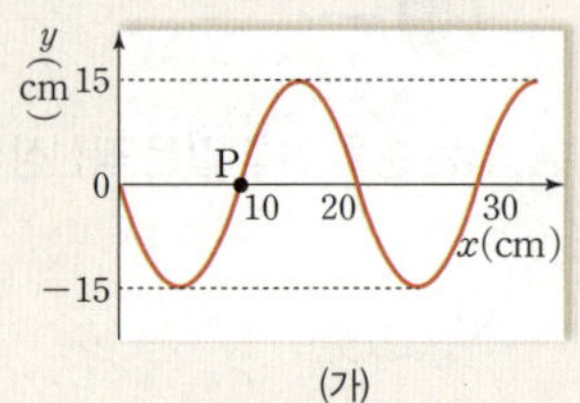
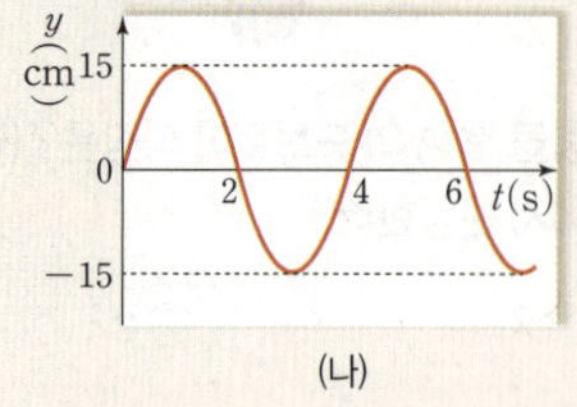

(가) (나)

(1) 파동의 진행 방향을 그 까닭과 함께 서술하시오. **2점**

(2) 파동의 속력을 풀이 과정과 함께 구하시오. **4점**

22 그림은 공기에서 굴절률이 1.5인 정삼각형 프리즘에 수직으로 입사한 단색광이 변의 점 P에 입사하는 것을 나타낸 것이다.

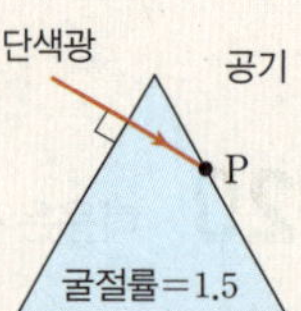

(1) P에서 단색광의 입사각은 몇 °인지 쓰시오. **2점**

(2) P에서 단색광이 전반사하는지 까닭과 함께 서술하시오. **4점**

23 그림은 시간 $t=0$일 때 연속적으로 발생하여 반대 방향으로 진행하는 두 파동을 나타낸 것이다. 두 파동의 진폭은 1 cm이고 속력은 1 cm/s이다.

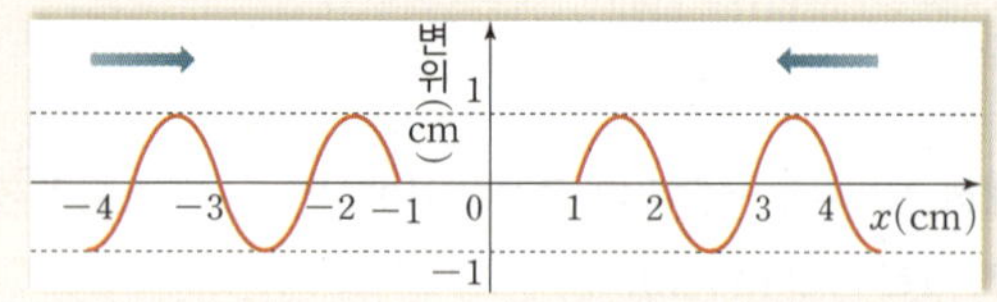

(1) 두 파동이 중첩한 후, $x=0$에서 합성파의 진폭을 구하시오. **2점**

(2) 두 파동이 중첩한 후, $-3\,\text{cm}<x<3\,\text{cm}$ 영역에서 상쇄 간섭이 일어나는 지점을 모두 쓰고, 그 까닭을 서술하시오. **4점**

24 그림은 광전 효과를 알아보기 위한 실험 장치를, 표는 음극판에 금속 X와 Y를 사용하고 진동수가 각각 f, $2f$인 단색광을 비출 때, X와 Y로부터 방출되는 광전자의 최대 운동 에너지를 나타낸 것이다.

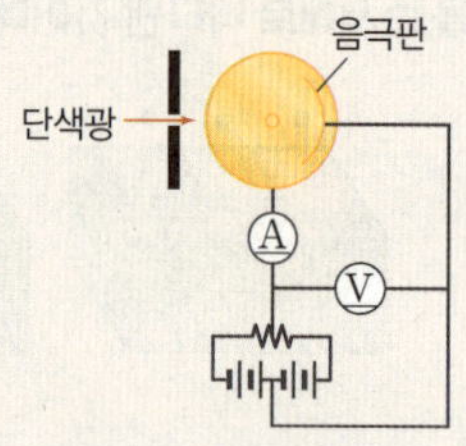

	진동수	최대 운동 에너지
X	f	E_0
	$2f$	$3E_0$
Y	f	$2E_0$
	$2f$	㉠

(1) X와 Y의 일함수를 비교하고, 그 까닭을 서술하시오. **4점**

(2) ㉠ 해당하는 값을 쓰고, 그 까닭을 서술하시오. **2점**

25 그림과 같이 질량이 $2m$인 입자 A와 질량이 m인 입자 B가 x축을 따라 $+x$ 방향으로 운동하다가 충돌한다. 충돌 전 A, B의 물질파 파장은 각각 λ, 5λ이고, 충돌 후 A, B는 x축상에서 운동하며 물질파 파장은 λ'으로 같다.

(1) 충돌 후 A, B의 운동 방향이 같은지, 반대인지를 운동량 보존 법칙을 이용하여 서술하시오. **4점**

(2) $\dfrac{\lambda'}{\lambda}$은 얼마인지 구하시오. **2점**

투플러스 T2+

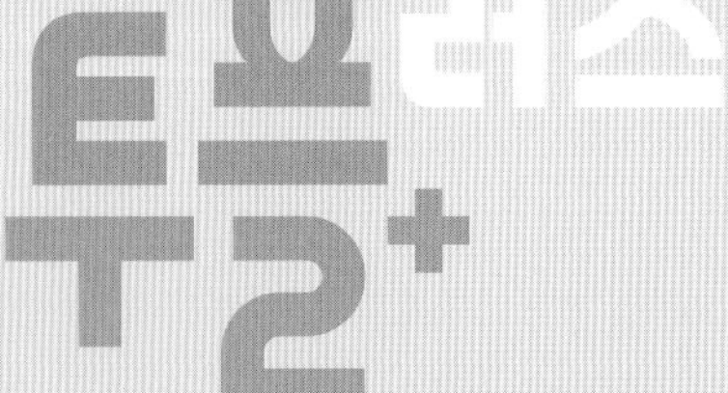

메가스터디
고등과학 기본서

투플러스 2+

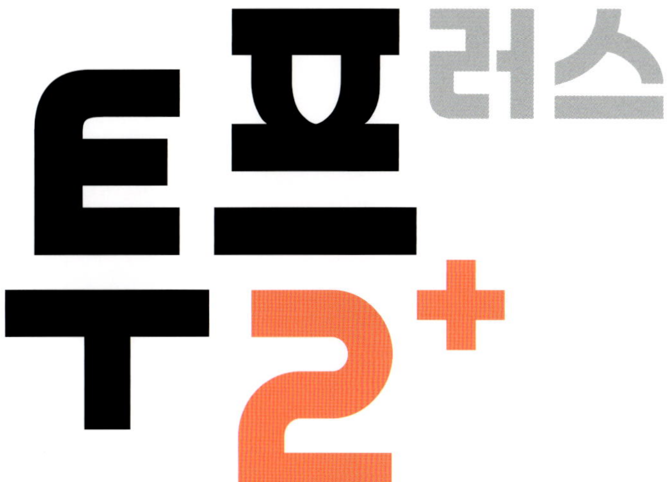

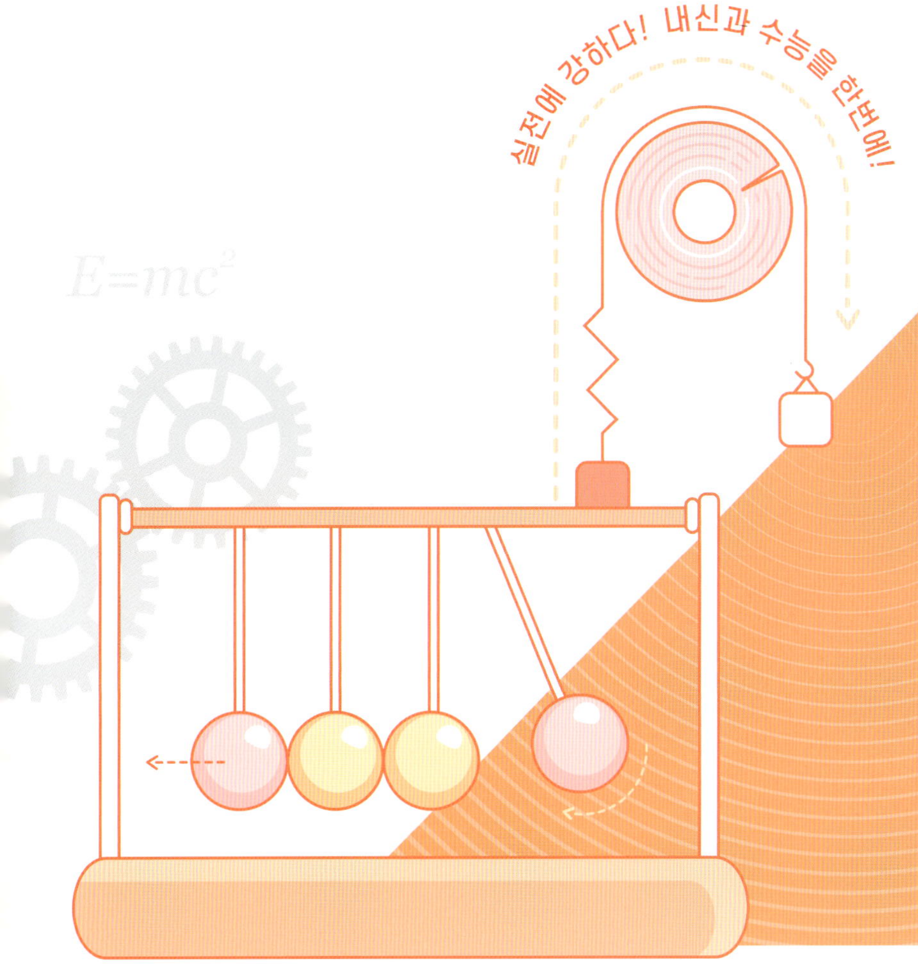

물리학 I

수능 대비

최신 수능 빈출 자료 ⁝ 수능 대비 실전 문제

진짜 공부 챌린지 내/가/스/터/디

메가스터디BOOKS

2+

물리학 Ⅰ 수능 대비서의 **수능 1등급으로 가는 지름길!**

교육청 기출 분석 + 평가원 기출 분석 + 수능 기출 분석 → 수능 빈출 자료 분석 / 수능 실전 문제 → 수능 1등급의 지름길!

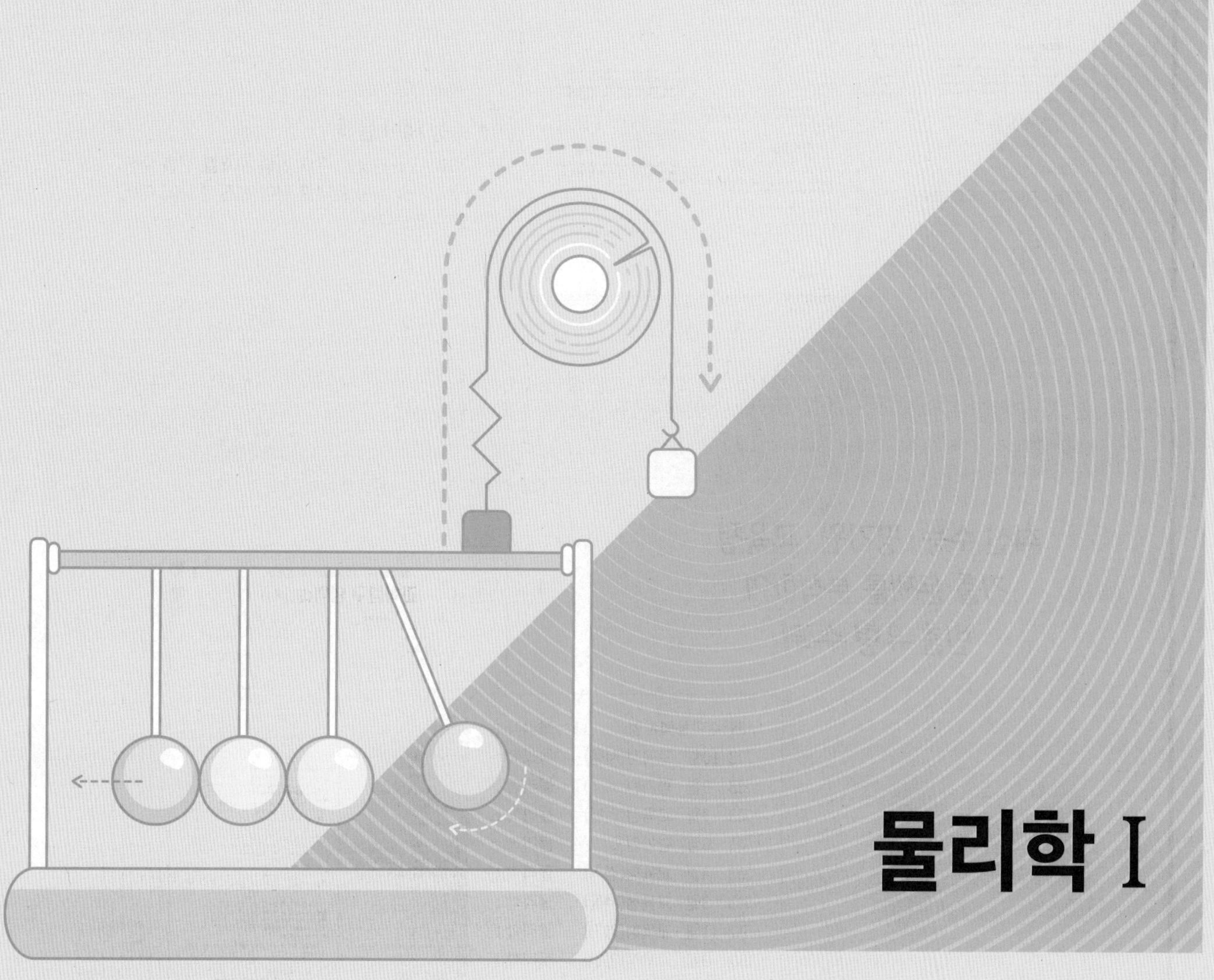
탑플러스
투2+
물리학 I
수능 대비

구성과 특징

최신 수능 기출 문제 분석을 통한 "수능 기초 다지기"

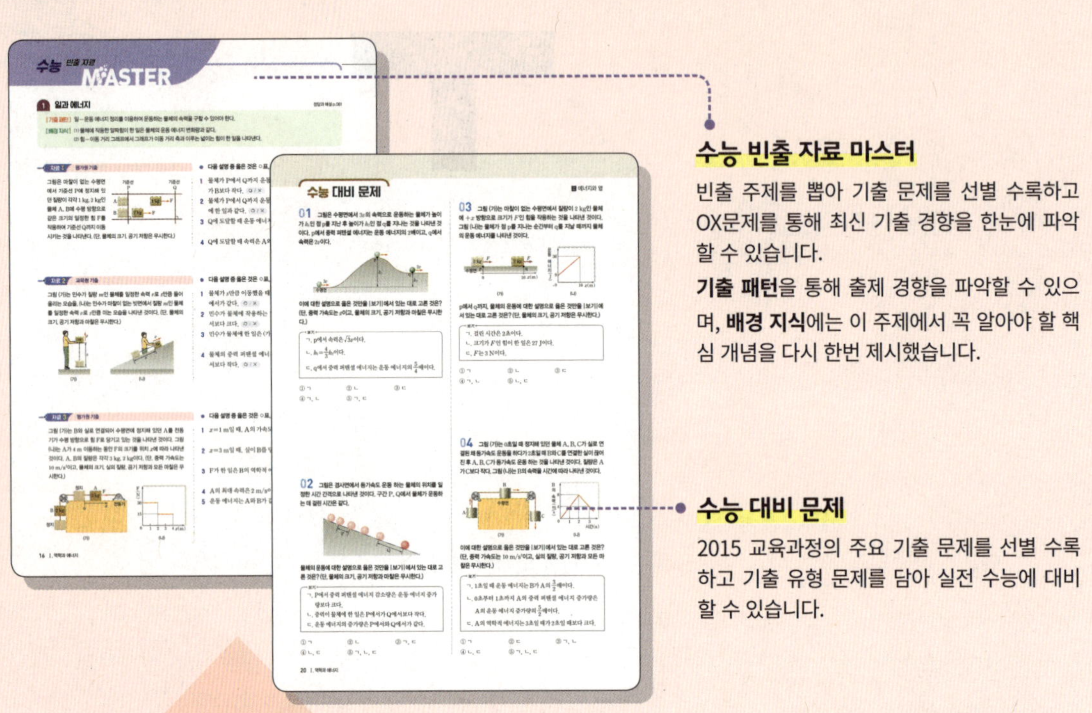

수능 빈출 자료 마스터

빈출 주제를 뽑아 기출 문제를 선별 수록하고 OX문제를 통해 최신 기출 경향을 한눈에 파악할 수 있습니다.

기출 패턴을 통해 출제 경향을 파악할 수 있으며, **배경 지식**에는 이 주제에서 꼭 알아야 할 핵심 개념을 다시 한번 제시했습니다.

수능 대비 문제

2015 교육과정의 주요 기출 문제를 선별 수록하고 기출 유형 문제를 담아 실전 수능에 대비할 수 있습니다.

최신 수능·평가원·교육청
기출 문제를 분석하여
빈출 유형 수록!

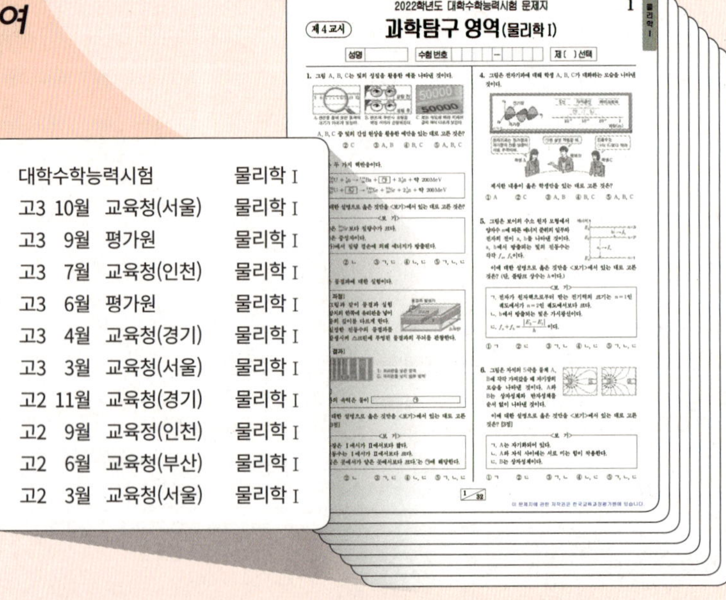

대학수학능력시험		물리학 I
고3 10월	교육청(서울)	물리학 I
고3 9월	평가원	물리학 I
고3 7월	교육청(인천)	물리학 I
고3 6월	평가원	물리학 I
고3 4월	교육청(경기)	물리학 I
고3 3월	교육청(서울)	물리학 I
고2 11월	교육청(경기)	물리학 I
고2 9월	교육정(인천)	물리학 I
고2 6월	교육청(부산)	물리학 I
고2 3월	교육청(서울)	물리학 I

차례

Contents

최신 수능 기출 문제 분석을 통한 수능 시험 대비
"한권으로 내신부터 수능 대비까지"

I 역학과 에너지

1 운동의 표현과 분류

정답과 해설 p.076

[기출 패턴] 물체의 이동 거리와 변위를 이용하여 속력과 속도를 구하고, 등가속도 직선 운동을 하는 물체의 가속도와 속도, 변위의 관계를 정량적으로 분석할 수 있어야 한다.

[배경 지식] (1) 속력과 가속도: 속력은 $v=\dfrac{s}{t}$이고, 가속도는 $a=\dfrac{\Delta v}{t}$이다.

(2) 위치−시간 그래프에서 기울기는 속도를 나타내고, 속도−시간 그래프에서 기울기는 가속도, 넓이는 변위를 나타낸다.

(3) 등가속도 직선 운동 관계식: $v=v_0+at$, $s=v_0t+\dfrac{1}{2}at^2$, $v^2-v_0^2=2as$

(v_0: 처음 속도, v: 나중 속도, a: 가속도, t: 걸린 시간, s: 변위)

자료 1 ⟩ 평가원 기출

그림은 동일 직선상에서 운동하는 물체 A, B의 위치를 시간에 따라 나타낸 것이다.

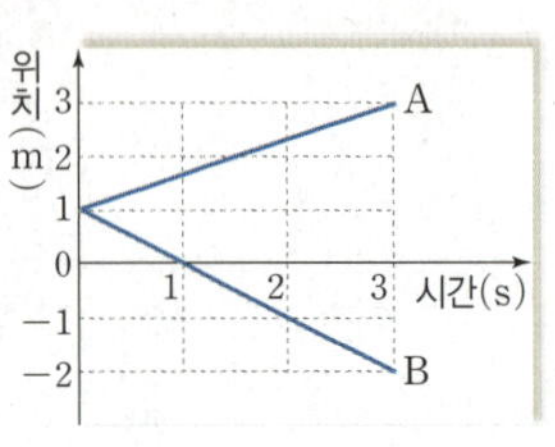

● 다음 설명 중 옳은 것은 ○표, 옳지 않은 것은 ×표 하시오.

1 A와 B는 서로 반대 방향으로 운동한다. ○ / ×

2 1초일 때 B의 운동 방향이 바뀐다. ○ / ×

3 2초일 때 속도의 크기는 A가 B보다 작다. ○ / ×

4 0초부터 3초까지 이동한 거리는 A가 B보다 작다.

○ / ×

5 0초부터 3초까지 B의 평균 속도의 크기는 1 m/s이다.

○ / ×

자료 2 ⟩ 수능 기출

표는 물체의 운동 A, B, C에 대한 자료이다.

특징	A	B	C
물체의 속력이 일정하다.	×	○	×
물체에 작용하는 알짜힘의 방향이 일정하다.	○	×	○
물체에 작용하는 알짜힘의 방향이 물체의 운동 방향과 같다.	○	×	×

(○: 예, ×: 아니요)

● 다음 설명 중 옳은 것은 ○표, 옳지 않은 것은 ×표 하시오.

1 A는 속력이 증가하는 운동을 한다. ○ / ×

2 자유 낙하 하는 공의 등가속도 직선 운동은 A에 해당한다. ○ / ×

3 등속 원운동을 하는 인공위성의 운동은 B에 해당한다.

○ / ×

4 수평면에 대해 비스듬히 던진 공의 포물선 운동은 C에 해당한다. ○ / ×

5 놀이 공원에서 바이킹의 왕복 운동은 B에 해당한다.

○ / ×

자료 3 ⟩ 교육청 기출

그림은 직선 도로에서 정지해 있던 자동차가 시간 $t=0$일 때 기준선 P에서 출발하여 기준선 R까지 등가속도 직선 운동을 하는 모습을 나타낸 것이다. $t=6$초일 때 기준선 Q를 통과하고 $t=8$초일 때 R를 통과한다. Q와 R 사이의 거리는 21 m이다.

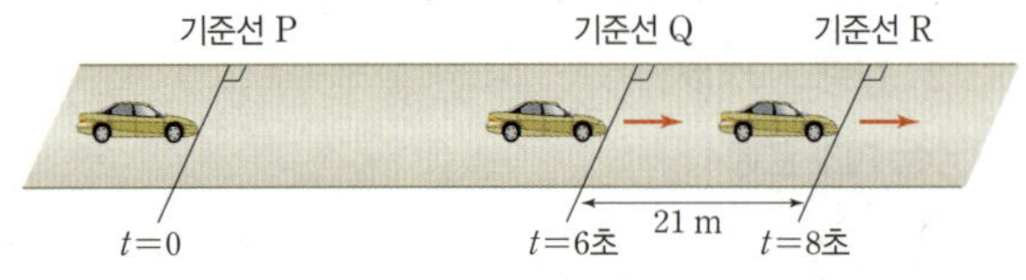

● 다음 설명 중 옳은 것은 ○표, 옳지 않은 것은 ×표 하시오.

1 6초부터 8초까지 자동차의 평균 속력은 21 m/s이다.

○ / ×

2 $t=7$초일 때 자동차의 속력은 10.5 m/s이다. ○ / ×

3 자동차의 가속도의 크기는 1.5 m/s²이다. ○ / ×

4 $t=4$초일 때 자동차의 속력은 7 m/s이다. ○ / ×

5 $t=2$초부터 $t=6$초까지 자동차의 이동 거리는 24 m이다. ○ / ×

2 힘과 뉴턴 운동 법칙

정답과 해설 p.076

[기출패턴] 물체에 작용하는 알짜힘과 질량, 가속도의 관계를 정량적으로 분석하고, 두 물체가 함께 운동하는 경우 운동 방정식을 적용하여 물체의 운동을 분석할 수 있어야 한다.

[배경 지식] (1) 알짜힘: 물체에 작용하는 모든 힘을 합한 것이다.

(2) 알짜힘의 방향과 가속도의 방향은 같다.

(3) 뉴턴 운동 제2법칙(가속도 법칙): 물체의 가속도는 작용하는 알짜힘에 비례하고, 질량에 반비례한다. → $a = \dfrac{F}{m}$, $F = ma$

자료 1 — 평가원 기출

그림 (가)는 물체 A와 B를, (나)는 물체 A와 C를 각각 실로 연결하고 수평 방향의 일정한 힘 F로 당기는 모습을 나타낸 것이다. 질량은 C가 B의 3배이고, 실은 수평면과 나란하다. 등가속도 직선 운동을 하는 A의 가속도의 크기는 (가)에서가 (나)에서의 2배이다.

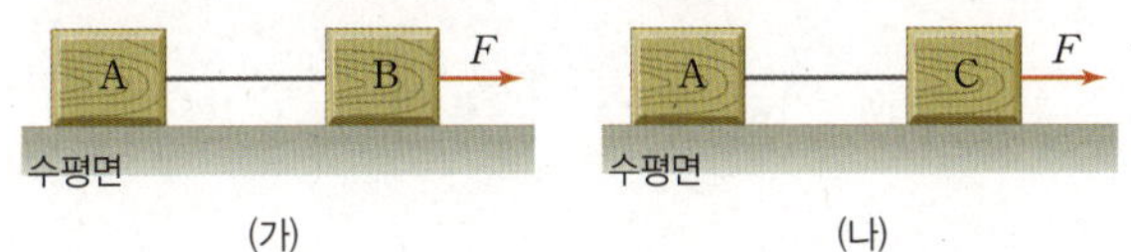

● 다음 설명 중 옳은 것은 ○표, 옳지 않은 것은 ×표 하시오.

1 A에 작용하는 알짜힘의 크기는 (가)에서가 (나)에서의 2배이다. ○ / ×

2 A의 질량은 B의 질량과 같다. ○ / ×

3 C에 작용하는 알짜힘의 크기는 B에 작용하는 알짜힘의 크기의 3배이다. ○ / ×

4 (가)에서 실이 A에 작용하는 힘의 크기는 (나)에서 실이 C를 당기는 힘의 크기와 같다. ○ / ×

자료 2 — 평가원 기출

그림 (가), (나)는 물체 A, B, C가 수평 방향으로 24 N의 힘을 받아 함께 등가속도 직선 운동을 하는 모습을 나타낸 것이다. A, B, C의 질량은 각각 4 kg, 6 kg, 2 kg이고, (가)와 (나)에서 A가 B에 작용하는 힘의 크기는 각각 F_1, F_2이다.

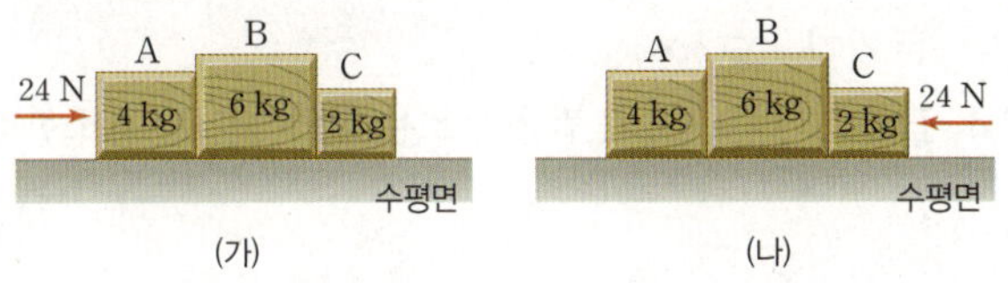

● 다음 설명 중 옳은 것은 ○표, 옳지 않은 것은 ×표 하시오.

1 (가)에서 A의 가속도의 크기는 6 m/s²이다. ○ / ×

2 (가)와 (나)에서 B에 작용하는 알짜힘의 크기는 같다. ○ / ×

3 F_1은 16 N이다. ○ / ×

4 F_2는 N이다. ○ / ×

자료 3 — 평가원 기출

그림 (가)는 수평면 위의 질량이 $8m$인 수레와 질량이 각각 m인 물체 2개를 실로 연결하고 수레를 잡아 정지한 모습을, (나)는 (가)에서 수레를 가만히 놓은 뒤 시간에 따른 수레의 속도를 나타낸 것이다. 1초일 때, 물체 사이의 실 p가 끊어졌다. (단, 중력 가속도는 10 m/s²이고, 실의 질량 및 모든 마찰과 공기 저항은 무시한다.)

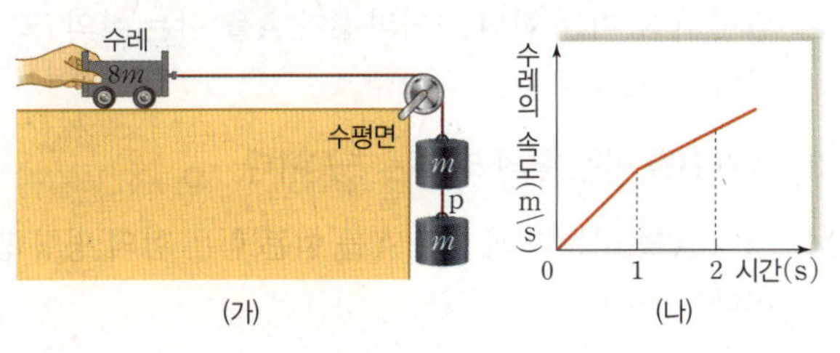

● 다음 설명 중 옳은 것은 ○표, 옳지 않은 것은 ×표 하시오.

1 p가 끊어지기 전 수레의 가속도의 크기는 2 m/s²이다. ○ / ×

2 1초일 때, 수레의 속도의 크기는 1 m/s이다. ○ / ×

3 2초일 때 수레의 가속도의 크기는 $\dfrac{10}{9}$ m/s²이다. ○ / ×

4 0초부터 2초까지 수레가 이동한 거리는 $\dfrac{32}{9}$ m이다. ○ / ×

3 작용 반작용 법칙

정답과 해설 p.076

[기출패턴] 힘은 두 물체 사이의 상호 작용임을 이해하고, 두 힘의 평형 관계와 작용 반작용 관계의 힘을 구분할 수 있어야 한다.

[배경 지식] (1) 힘은 두 물체 사이의 상호 작용으로, 항상 쌍으로 작용한다.
(2) 작용 반작용 관계: 두 힘의 크기는 같고, 방향은 반대이며 작용점은 상호 작용 하는 각각의 물체에 있다.
(3) 두 힘의 평형 관계: 한 물체에 작용하는 힘으로, 두 힘의 크기가 같고 방향은 반대이다.

자료 1 　교육청 기출

그림은 드론에 연결된 질량 m인 상자가 공중에 정지해 있는 모습을 나타낸 것이다.

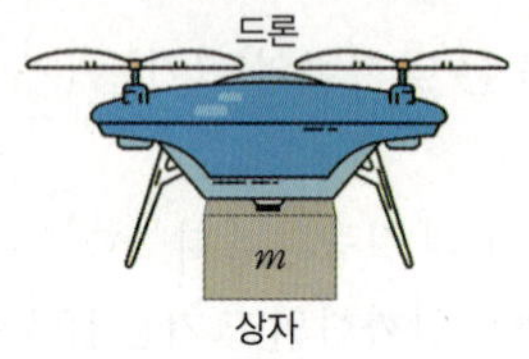

● 다음 설명 중 옳은 것은 ○표, 옳지 **않은** 것은 ×표 하시오.

1 드론에 작용하는 중력은 0이다. ○ / ×

2 상자에 작용하는 알짜힘의 크기는 mg이다. ○ / ×

3 상자에 작용하는 중력과 드론이 상자에 작용하는 힘은 힘의 평형 관계이다. ○ / ×

4 드론이 상자에 작용하는 힘과 상자가 드론에 작용하는 힘은 작용 반작용 관계이다. ○ / ×

자료 2 　평가원 기출

그림은 자석 A와 B가 수평면에 놓인 플라스틱 컵의 바닥면을 사이에 두고 정지해 있는 모습을 나타낸 것이다.

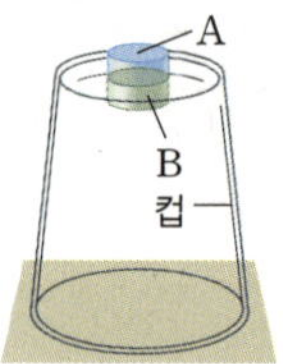

● 다음 설명 중 옳은 것은 ○표, 옳지 **않은** 것은 ×표 하시오.

1 A에 작용하는 알짜힘은 0이다. ○ / ×

2 A가 B에 작용하는 자기력과 B가 A에 작용하는 자기력은 작용 반작용 관계이다. ○ / ×

3 A가 컵을 누르는 힘의 크기와 B에 작용하는 중력의 크기는 같다. ○ / ×

4 B를 제거하면 A가 컵을 누르는 힘의 크기는 감소한다.

○ / ×

자료 3 　평가원 기출

그림은 수평면과 나란하고 크기가 F인 힘으로 물체 A, B를 벽을 향해 밀어 정지한 모습을 나타낸 것이다. A, B의 질량은 각각 $2m$, m이다.

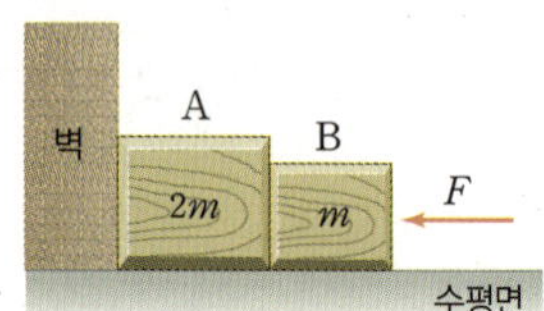

● 다음 설명 중 옳은 것은 ○표, 옳지 **않은** 것은 ×표 하시오.

1 벽이 A를 미는 힘의 반작용은 A가 B를 미는 힘이다.

○ / ×

2 벽이 A를 미는 힘의 크기와 B가 A를 미는 힘의 크기는 같다. ○ / ×

3 A가 B를 미는 힘의 크기는 $\frac{2}{3}F$이다. ○ / ×

4 벽이 A를 미는 힘과 B가 A를 미는 힘은 힘의 평형 관계이다. ○ / ×

4 운동량과 충격량

정답과 해설 p.076

[기출 패턴] 운동량과 충격량의 관계를 이해하고, 다양한 충돌 상황에서 운동량 보존 법칙을 적용할 수 있어야 한다.

배경 지식
(1) 물체가 받은 충격량은 물체의 운동량 변화량과 같다.
(2) 충돌 과정에서 두 물체가 받은 충격량의 크기는 같고, 방향은 반대이다.
(3) 외부에서 힘이 작용하지 않으면, 충돌 전후 운동량의 합은 보존된다.
(4) 같은 충격량을 받을 때, 힘을 받는 시간이 길수록 물체에 작용하는 평균 힘의 크기는 작다.

자료 1 · 수능 기출

그림과 같이 질량이 2 kg인 물체 A가 3 m/s의 속력으로 등속도 운동을 하다가 물체 B와 0.2초 동안 충돌한 후 반대 방향으로 1 m/s의 속력으로 등속도 운동을 한다.

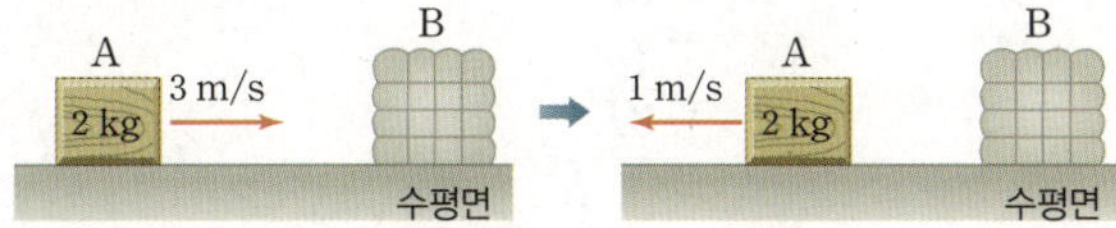

● 다음 설명 중 옳은 것은 ○표, 옳지 않은 것은 ×표 하시오.

1 충돌 전 A의 운동량의 크기는 6 kg·m/s이다. ○ / ×

2 충돌 전후 A의 운동량 변화량의 크기는 4 kg·m/s이다.
○ / ×

3 B가 A로부터 받은 충격량의 크기는 8 N·s이다.
○ / ×

4 A가 B로부터 받은 평균 힘의 크기는 80 N이다. ○ / ×

자료 2 · 교육청 기출

그림 (가)와 같이 수평면에서 물체 A가 정지해 있는 물체 B를 향해 등속 직선 운동을 한다. 그림 (나)는 A가 $x=0$을 통과한 순간부터 A와 B의 위치 x를 시간에 따라 나타낸 것이다.

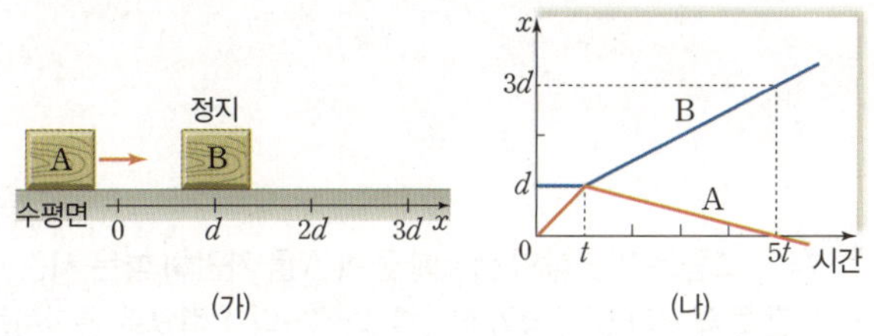

● 다음 설명 중 옳은 것은 ○표, 옳지 않은 것은 ×표 하시오.

1 A의 운동량의 크기는 충돌 전이 충돌 후의 4배이다.
○ / ×

2 충돌 후 속력은 B가 A의 2배이다. ○ / ×

3 충돌 전 A의 운동량은 충돌 후 A와 B의 운동량의 합과 같다. ○ / ×

4 B의 질량은 A의 질량의 $\frac{5}{2}$배이다. ○ / ×

자료 3 · 평가원 기출

그림 A, B, C는 충격량과 관련된 예를 나타낸 것이다.

A. 골프채를 휘두르는 속도를 더 크게 하여 공을 친다.

B. 글러브를 뒤로 빼면서 공을 받는다.

C. 사람을 안전하게 구조하기 위해 낙하 지점에 에어 매트를 설치한다.

● 다음 설명 중 옳은 것은 ○표, 옳지 않은 것은 ×표 하시오.

1 A에서 공이 받는 충격량이 커진다. ○ / ×

2 B에서는 충돌 시간이 늘어나 글러브가 받는 평균 힘이 커진다. ○ / ×

3 C에서는 사람의 운동량 변화량과 사람이 받는 충격량이 같다. ○ / ×

4 C에서는 사람이 에어 매트로부터 힘을 받는 시간이 늘어나 사람이 받는 평균 힘이 작아진다. ○ / ×

수능 대비 문제

01 그림은 직선상에서 운동하는 물체의 위치를 시간에 따라 나타낸 것이다. 물체는 0초부터 2초까지 가속도의 크기가 a로 일정한 등가속도 운동을 하고, 2초부터 5초까지 가속도의 크기가 a로 일정한 등가속도 운동을 한다.

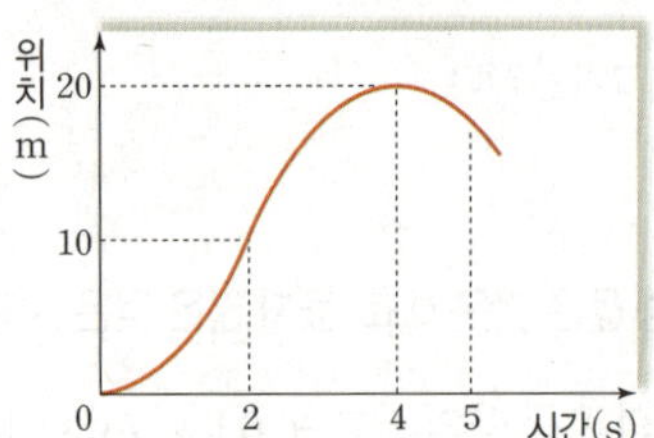

이에 대한 설명으로 옳은 것만을 |보기|에서 있는 대로 고른 것은?

|보기|
ㄱ. 가속도의 방향은 1초일 때와 3초일 때가 반대이다.
ㄴ. a는 5 m/s²이다.
ㄷ. 2초부터 5초까지 평균 속력은 4 m/s이다.

① ㄱ ② ㄷ ③ ㄱ, ㄴ
④ ㄴ, ㄷ ⑤ ㄱ, ㄴ, ㄷ

02 그림과 같이 수평면에서 간격 L을 유지하며 일정한 속력 $3v$로 운동하던 물체 A, B가 빗면을 따라 운동한다. A가 점 p를 속력 $2v$로 지나는 순간에 B는 점 q를 속력 v로 지난다.

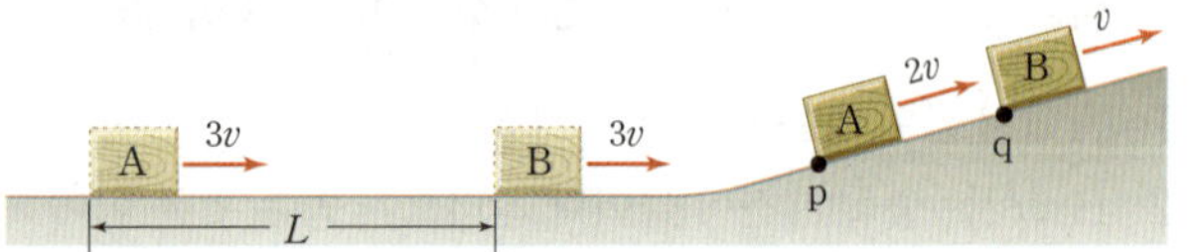

p와 q 사이의 거리는? (단, A, B는 동일 연직면에서 운동하며, 물체의 크기, 모든 마찰은 무시한다.)

① $\dfrac{2}{5}L$ ② $\dfrac{1}{2}L$ ③ $\dfrac{\sqrt{3}}{3}L$
④ $\dfrac{\sqrt{2}}{2}L$ ⑤ $\dfrac{3}{4}L$

03 그림과 같이 등가속도 직선 운동을 하는 자동차 A, B가 기준선 P, R를 각각 v, $2v$의 속력으로 동시에 지난 후, 기준선 Q를 동시에 지난다. P에서 Q까지 A의 이동 거리는 L이고, R에서 Q까지 B의 이동 거리는 $3L$이다. A, B의 가속도의 크기와 방향은 서로 같다.

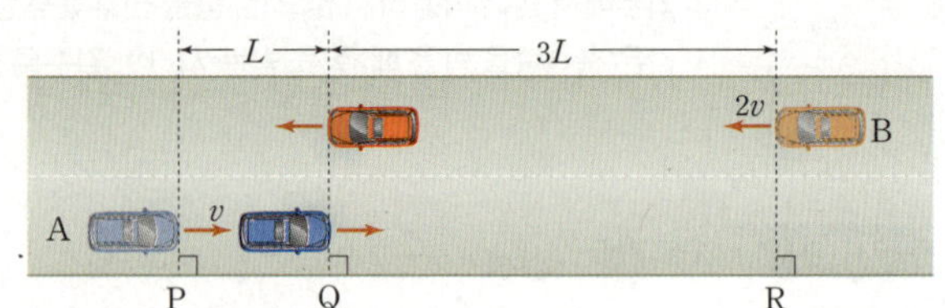

A의 가속도의 크기는?

① $\dfrac{3v^2}{16L}$ ② $\dfrac{3v^2}{8L}$ ③ $\dfrac{3v^2}{4L}$
④ $\dfrac{9v^2}{8L}$ ⑤ $\dfrac{4v^2}{3L}$

04 그림은 빗면상의 점 p에 물체 A를 가만히 놓은 시간 $t=0$인 순간 물체 B가 빗면상의 점 q를 3 m/s의 속력으로 통과하는 모습을 나타낸 것이다. $t=2$초일 때, A와 B는 q에서 충돌한다.

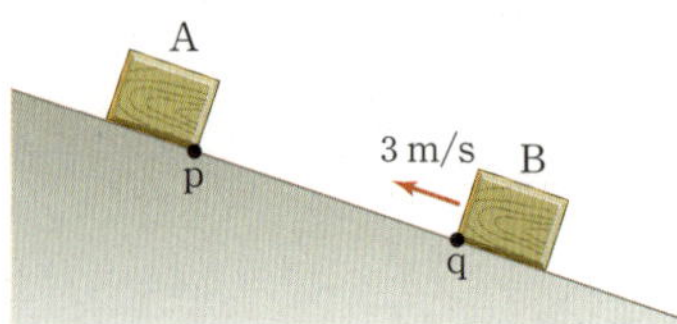

이에 대한 설명으로 옳은 것만을 |보기|에서 있는 대로 고른 것은? (단, 물체의 크기, 공기 저항과 모든 마찰은 무시한다.)

|보기|
ㄱ. 0초부터 2초까지 B의 평균 속력은 3 m/s이다.
ㄴ. 1초일 때 A의 가속도의 크기는 3 m/s²이다.
ㄷ. p와 q 사이의 거리는 6 m이다.

① ㄱ ② ㄴ ③ ㄷ
④ ㄱ, ㄷ ⑤ ㄴ, ㄷ

05 기출 평가원

그림 (가)~(다)는 각각 뜀틀을 넘는 사람, 그네를 타는 아이, 직선 레일에서 속력이 느려지는 기차를 나타낸 것이다.

(가)　　　(나)　　　(다)

이에 대한 설명으로 옳은 것만을 |보기|에서 있는 대로 고른 것은?

> **보기**
> ㄱ. (가)에서 사람의 운동 방향은 변한다.
> ㄴ. (나)에서 아이는 등속도 운동을 한다.
> ㄷ. (다)에서 기차의 운동 방향과 가속도 방향은 서로 같다.

① ㄱ　　　　② ㄴ　　　　③ ㄱ, ㄷ
④ ㄴ, ㄷ　　　⑤ ㄱ, ㄴ, ㄷ

06 기출 변형 교육청

그림은 물체 A, B, C의 운동에 대한 설명이다.

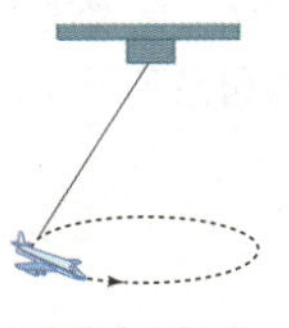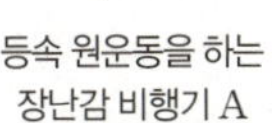

등속 원운동을 하는 장난감 비행기 A　　연직 아래로 떨어지는 사과 B　　포물선 운동을 하는 축구공 C

이에 대한 설명으로 옳은 것만을 |보기|에서 있는 대로 고른 것은?

> **보기**
> ㄱ. A의 운동 방향과 가속도의 방향은 서로 같다.
> ㄴ. B와 C의 가속도의 방향은 같다.
> ㄷ. C는 속력과 운동 방향이 모두 변하는 운동을 한다.

① ㄴ　　　　② ㄷ　　　　③ ㄱ, ㄷ
④ ㄱ, ㄷ　　　⑤ ㄴ, ㄷ

07 기출 수능

그림과 같이 질량이 각각 $2m$, m인 물체 A, B가 동일 직선상에서 크기와 방향이 같은 힘을 받아 각각 등가속도 운동을 하고 있다. A가 점 p를 지날 때, A와 B의 속력은 v로 같고 A와 B 사이의 거리는 d이다. A가 p에서 $2d$만큼 이동했을 때, B의 속력은 $\dfrac{v}{2}$이고 A와 B 사이의 거리는 x이다.

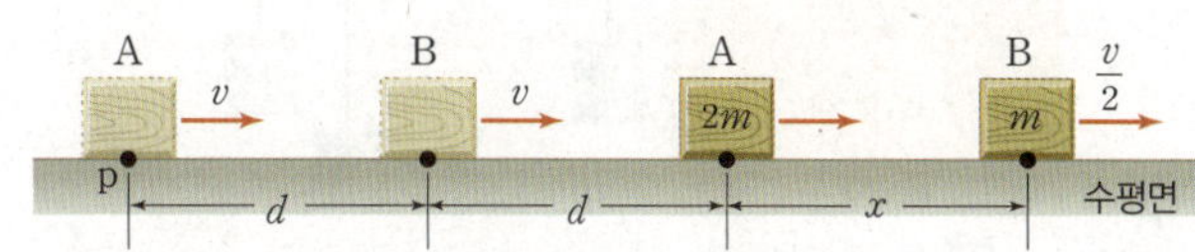

x는? (단, 물체의 크기는 무시한다.)

① $\dfrac{1}{2}d$　　　　② $\dfrac{3}{5}d$　　　　③ $\dfrac{2}{3}d$

④ $\dfrac{5}{7}d$　　　　⑤ $\dfrac{3}{4}d$

08

그림 (가)와 같이 실로 연결된 물체 A, B, C가 등가속도 운동을 한다. 그림 (나)는 실이 A에 작용하는 힘의 크기를 시간에 따라 나타낸 것으로, 1초일 때 B와 C를 연결한 실이 끊어졌다. B의 질량은 3 kg이다.

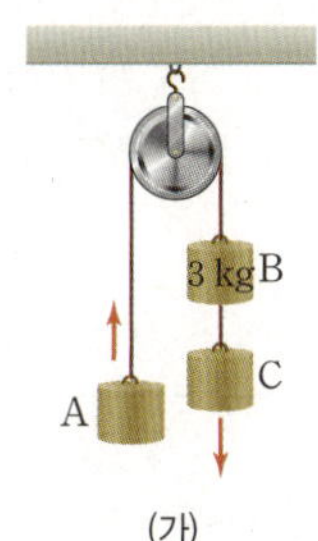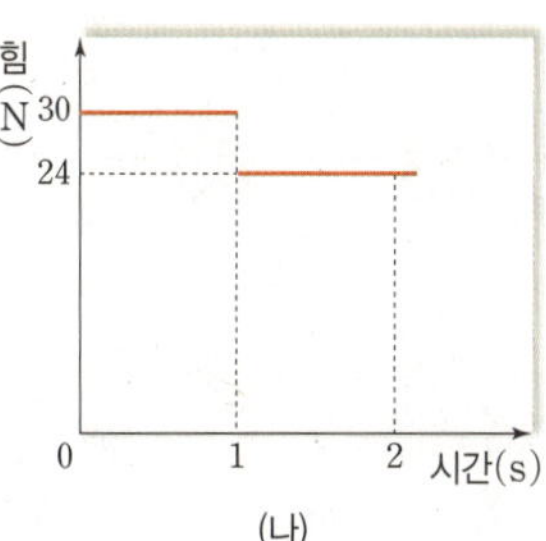

(가)　　　　　(나)

이에 대한 설명으로 옳은 것만을 |보기|에서 있는 대로 고른 것은? (단, 중력 가속도는 10 m/s²이며, 물체의 크기, 실의 질량, 공기 저항과 모든 마찰은 무시한다.)

> **보기**
> ㄱ. 2초일 때 B의 가속도의 크기는 2 m/s²이다.
> ㄴ. 0.5초일 때 A와 B의 운동 에너지는 서로 같다.
> ㄷ. C의 질량은 3 kg이다.

① ㄱ　　　　② ㄴ　　　　③ ㄷ
④ ㄱ, ㄷ　　　⑤ ㄴ, ㄷ

09 그림 (가), (나)와 같이 물체 A, B가 실로 연결되어 각각 등가속도 운동을 한다. B의 가속도의 크기는 (가)에서가 (나)에서의 2배이고, 방향은 반대이다.

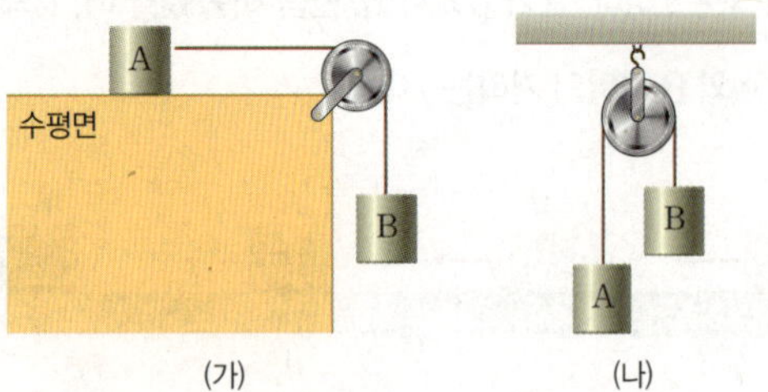

A, B의 질량을 각각 m_A, m_B라고 할 때, $\dfrac{m_B}{m_A}$는? (단, 물체의 크기, 실의 질량, 공기 저항과 모든 마찰은 무시한다.)

① $\dfrac{1}{2}$
② $\dfrac{2}{3}$
③ $\dfrac{3}{4}$

④ $\dfrac{3}{2}$
⑤ 2

10 그림 (가)와 같이 물체 A, B에 크기가 각각 F, $4F$인 힘이 수평 방향으로 작용한다. 실로 연결된 A, B는 함께 등가속도 직선 운동을 하다가 실이 끊어진 후 각각 등가속도 직선 운동을 한다. 그림 (나)는 B의 속력을 시간에 따라 나타낸 것이다. A의 질량은 $1\ \mathrm{kg}$이다.

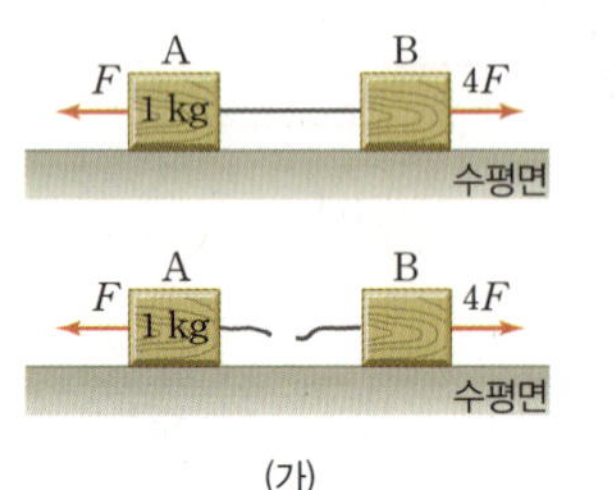

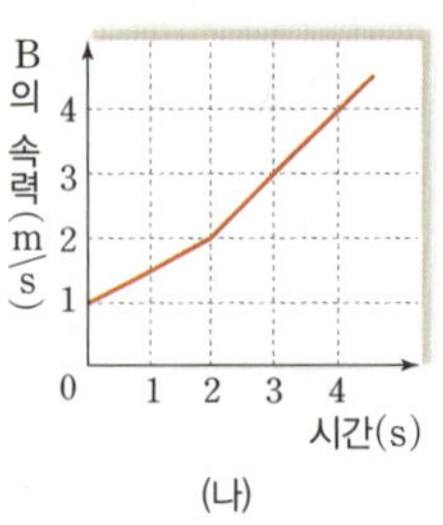

이에 대한 설명으로 옳은 것만을 |보기|에서 있는 대로 고른 것은? (단, 실의 질량과 모든 마찰은 무시한다.)

|보기|
ㄱ. B의 질량은 3 kg이다.
ㄴ. 3초일 때 A의 속력은 1.5 m/s이다.
ㄷ. A와 B 사이의 거리는 4초일 때가 3초일 때보다 2.5 m 만큼 크다.

① ㄱ
② ㄴ
③ ㄱ, ㄷ
④ ㄴ, ㄷ
⑤ ㄱ, ㄴ, ㄷ

11 그림 (가)와 같이 물체 A, B, C가 실로 연결되어 C가 점 p에 정지해 있다. 그림 (나)는 (가)에서 A와 B를 연결한 실을 끊었을 때, 빗면에서 등가속도 직선 운동을 하는 C의 속력을 이동 거리에 따라 나타낸 것이다. B, C의 질량은 각각 m, $3m$이다.

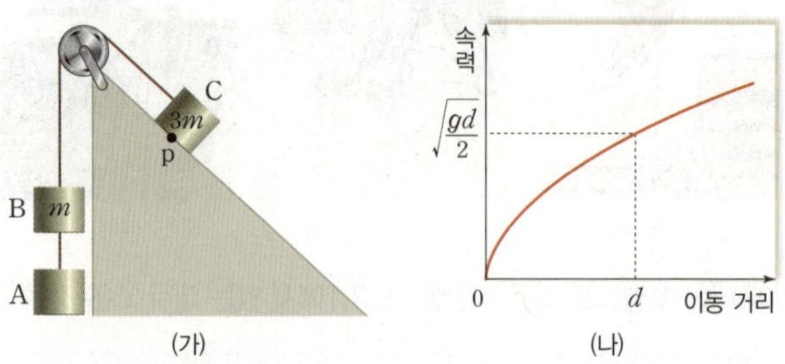

이에 대한 설명으로 옳은 것만을 |보기|에서 있는 대로 고른 것은? (단, 중력 가속도는 g이고, 물체의 크기, 실의 질량, 공기 저항과 모든 마찰은 무시한다.)

|보기|
ㄱ. 운동하는 B의 가속도의 크기는 $\dfrac{1}{4}g$이다.
ㄴ. A의 질량은 m이다.
ㄷ. C가 p에서 d만큼 이동하는 동안, C의 중력 퍼텐셜 에너지 감소량은 $3mgd$이다.

① ㄱ
② ㄷ
③ ㄱ, ㄴ
④ ㄱ, ㄷ
⑤ ㄱ, ㄴ, ㄷ

12 그림은 물체 A, B, C, D가 실로 연결되어 가속도의 크기가 a_1인 등가속도 운동을 하고 있는 것을 나타낸 것이다. 실 p를 끊으면 A는 등속도 운동을 하고, 이후 실 q를 끊으면 A는 가속도의 크기가 a_2인 등가속도 운동을 한다. p를 끊은 후 C와, q를 끊은 후 D의 가속도의 크기는 서로 같다. A, B, C, D의 질량은 각각 $4m$, $3m$, $2m$, m이다.

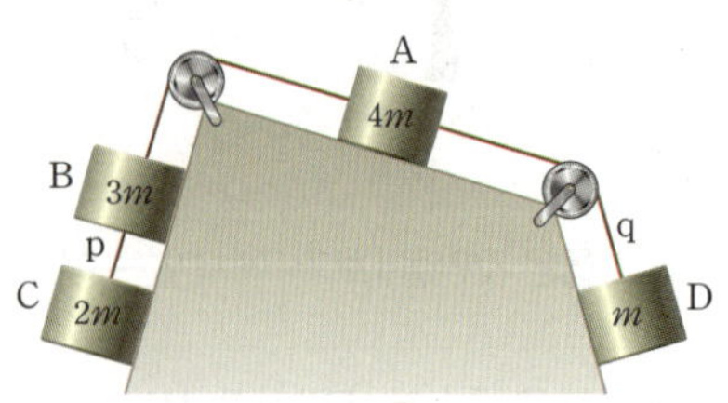

$\dfrac{a_1}{a_2}$은? (단, 실의 질량 및 모든 마찰은 무시한다.)

① 2
② $\dfrac{9}{5}$
③ $\dfrac{8}{5}$
④ $\dfrac{7}{5}$
⑤ $\dfrac{6}{5}$

13 그림 (가)는 물체 A와 질량이 2 kg인 물체 B를 실로 연결한 후, 손이 A에 연직 아래 방향으로 크기가 F인 힘을 가해 A, B가 정지해 있는 모습을 나타낸 것으로, 실이 A를 당기는 힘의 크기는 $3F$이다. 그림 (나)는 (가)에서 A를 놓은 순간부터 B의 위치를 시간에 따라 나타낸 것이다.

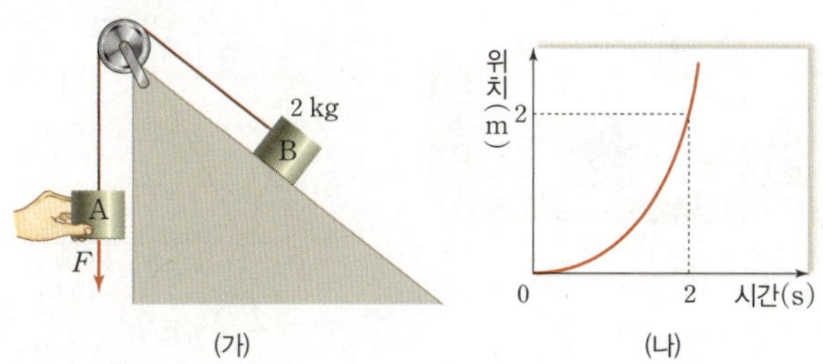

2초일 때 실이 B를 당기는 힘의 크기는? (단, 중력 가속도는 10 m/s^2이고, 물체의 크기, 실의 질량, 공기 저항과 모든 마찰은 무시한다.)

① 2.5 N   ② 3.5 N   ③ 4.5 N
④ 5.5 N   ⑤ 6.5 N

14 그림 (가)는 물체 A, B, C를 실 p, q로 연결하여 C를 손으로 잡아 정지시킨 모습을, (나)는 C를 가만히 놓은 후 시간에 따른 C의 속력을 나타낸 것이다. 1초일 때 p가 끊어졌다. A, B의 질량은 각각 2 kg, 1 kg이다.

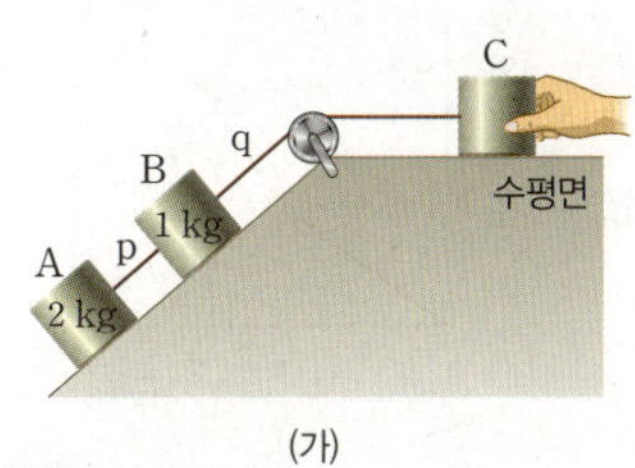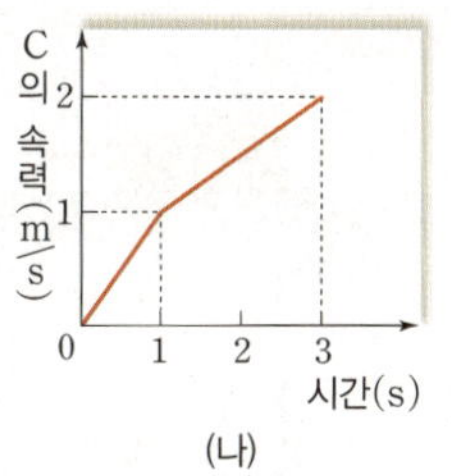

이에 대한 설명으로 옳은 것만을 |보기|에서 있는 대로 고른 것은? (단, 실의 질량, 모든 마찰을 무시한다.)

> **보기**
> ㄱ. 1초부터 3초까지 C가 이동한 거리는 3 m이다.
> ㄴ. C의 질량은 1 kg이다.
> ㄷ. q가 B를 당기는 힘의 크기는 0.5초일 때가 2초일 때의 3배이다.

① ㄱ   ② ㄴ   ③ ㄱ, ㄴ
④ ㄴ, ㄷ   ⑤ ㄱ, ㄴ, ㄷ

15 다음은 질량이 m인 추, 질량이 $2m$인 수레를 이용하여 힘, 질량, 가속도 사이의 관계를 알아보는 실험이다.

[실험 과정]
(가) 수레와 추를 도르래를 통해 실로 연결한 후 추를 가만히 놓고 수레의 속도를 측정한다.

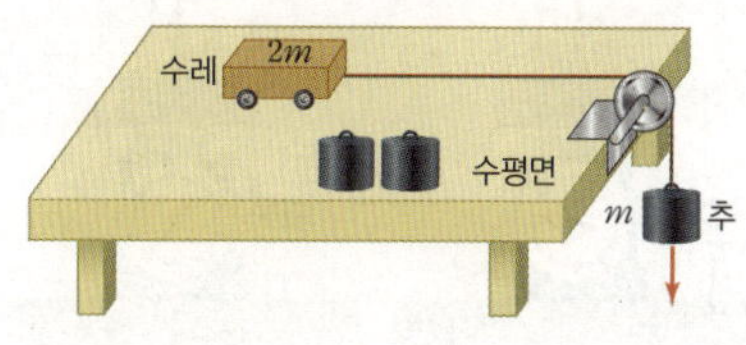

(나) 수레 위의 추와 실에 매달린 추의 수를 바꾸어 가며 과정 (가)를 반복한다.

실험	수레 위의 추의 수	실에 매달린 추의 수
A	0	1
B	0	2
C	1	2

[실험 결과]
그래프의 ㉠, ㉡, ㉢은 표의 실험 A, B, C의 결과를 순서 없이 나타낸 것이다.

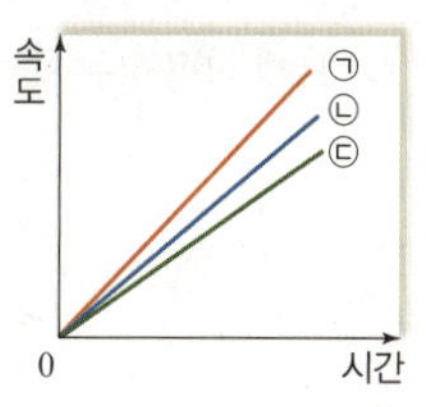

실험 A, B, C의 결과로 옳은 것은?

	A	B	C		A	B	C
①	㉠	㉡	㉢	②	㉠	㉢	㉡
③	㉡	㉠	㉢	④	㉢	㉠	㉡
⑤	㉢	㉡	㉠				

16 그림과 같이 수평면에 물체 A, B가 실 p, q로 연결되어 정지해 있다. p는 벽에 연결되어 있고, B에는 수평 방향으로 크기가 F인 힘이 작용한다.

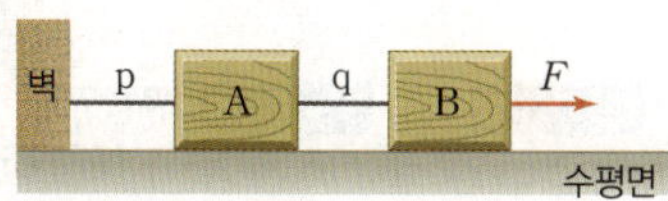

이에 대한 설명으로 옳은 것만을 |보기|에서 있는 대로 고른 것은? (단, 실의 질량과 모든 마찰은 무시한다.)

> **보기**
> ㄱ. A에 작용하는 알짜힘은 0이다.
> ㄴ. p가 벽을 당기는 힘의 반작용은 q가 B를 당기는 힘이다.
> ㄷ. p가 A를 당기는 힘의 크기와 q가 B를 당기는 힘의 크기는 F로 같다.

① ㄱ   ② ㄴ   ③ ㄱ, ㄴ
④ ㄱ, ㄷ   ⑤ ㄴ, ㄷ

17 그림 (가)는 저울 위에 놓인 물체 A에 연직 위 방향으로 크기가 F인 힘을 가할 때 A, B가 정지해 있는 모습을, (나)는 A에 연직 아래 방향으로 크기가 F인 힘을 가할 때 A, B가 정지해 있는 모습을 나타낸 것이다. 저울에 측정된 힘의 크기는 (나)에서가 (가)에서의 2배이다.

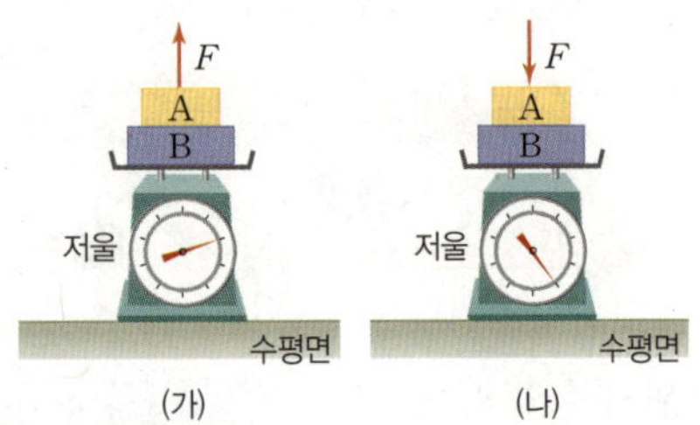

이에 대한 설명으로 옳은 것만을 |보기|에서 있는 대로 고른 것은?

|보기|
ㄱ. (가)에서 A에 작용하는 중력과 저울이 B에 작용하는 힘은 작용 반작용 관계이다.
ㄴ. (나)에서 저울이 B에 작용하는 힘의 크기는 $4F$이다.
ㄷ. B에 작용하는 중력의 크기는 $2F$보다 크다.

① ㄱ ② ㄴ ③ ㄱ, ㄷ
④ ㄱ, ㄷ ⑤ ㄴ, ㄷ

18 그림과 같이 마찰이 없는 수평면에 자석 A가 고정되어 있고, 용수철에 연결된 자석 B는 정지해 있다.

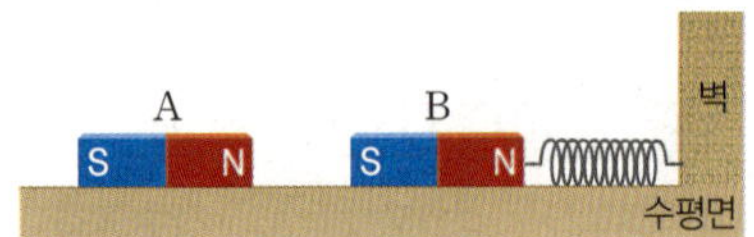

이에 대한 설명으로 옳은 것만을 |보기|에서 있는 대로 고른 것은?

|보기|
ㄱ. A가 B에 작용하는 자기력은 B가 A에 작용하는 자기력과 작용 반작용 관계이다.
ㄴ. 벽이 용수철에 작용하는 힘의 방향과 A가 B에 작용하는 자기력의 방향은 서로 반대이다.
ㄷ. B에 작용하는 알짜힘은 0이다.

① ㄱ ② ㄴ ③ ㄱ, ㄷ
④ ㄴ, ㄷ ⑤ ㄱ, ㄴ, ㄷ

19 그림 (가)는 마찰이 없는 수평면에서 물체 A가 정지해 있는 물체 B를 향하여 등속도 운동을 하는 모습을, (나)는 (가)에서 A와 B 사이의 거리를 시간에 따라 나타낸 것이다. 벽에 충돌 직후 B의 속력은 충돌 직전과 같다. A, B는 질량이 각각 m_A, m_B이고, 동일 직선상에서 운동한다.

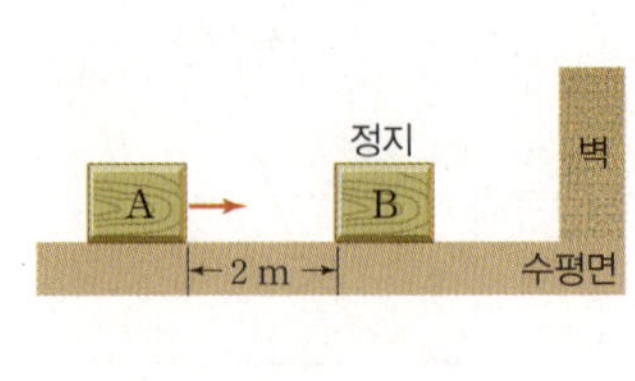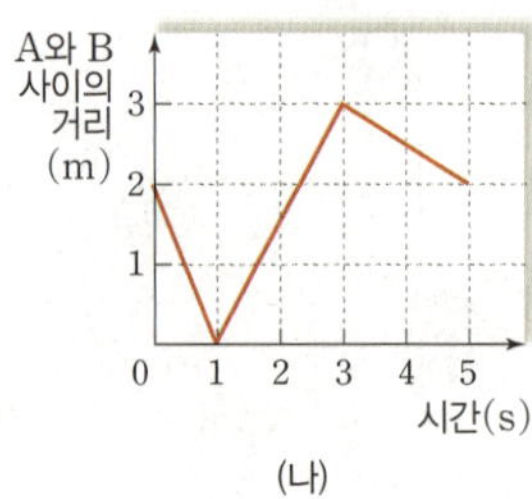

$m_A : m_B$는?

① 5 : 3 ② 3 : 2 ③ 1 : 1
④ 2 : 5 ⑤ 1 : 3

20 그림 (가)와 같이 물체 A, B가 한 덩어리가 되어 등속도 운동을 한다. 그림 (나)는 B의 위치를 시간에 따라 나타낸 것이다. 2초일 때 A와 B가 분리되었다. A, B의 질량은 각각 $3m$, m이다.

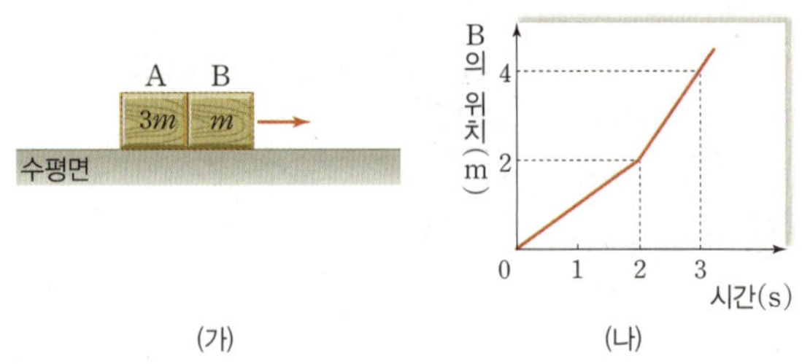

이에 대한 설명으로 옳은 것만을 |보기|에서 있는 대로 고른 것은? (단, 물체의 크기는 무시한다.)

|보기|
ㄱ. 분리될 때 A가 B에 작용하는 힘의 크기는 B가 A에 작용하는 힘의 크기보다 크다.
ㄴ. 3초일 때 A와 B의 운동량의 방향은 서로 같다.
ㄷ. 3초일 때 A와 B 사이의 거리는 1.5 m이다.

① ㄱ ② ㄴ ③ ㄱ, ㄷ
④ ㄴ, ㄷ ⑤ ㄱ, ㄴ, ㄷ

21

그림과 같이 우주 공간에서 점 R에 정지해 있는 우주인을 향해 물체 A, B가 각각 v_0의 일정한 속도로 운동한다. P와 Q 사이의 거리와 Q와 R 사이의 거리는 d_0으로 같고, A, B, 우주인의 질량은 각각 $m, 2m, 2m$이며, 우주인은 A, B를 순서대로 받아 운동한다.

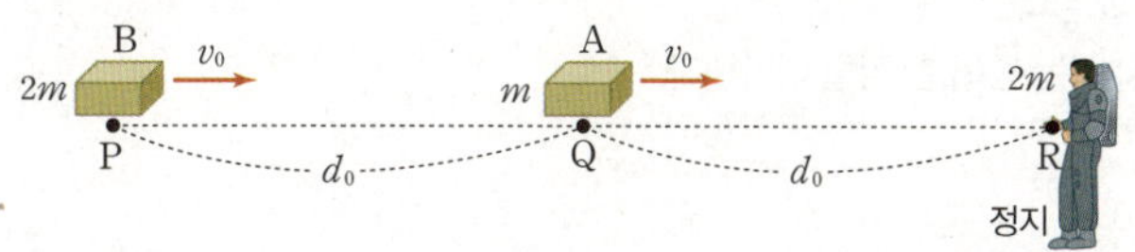

A와 B를 모두 받은 후 우주인의 속력은? (단, A, B, 우주인의 크기는 무시한다.)

① $\dfrac{1}{3}v_0$ ② $\dfrac{2}{3}v_0$ ③ $\dfrac{5}{3}v_0$

④ $\dfrac{1}{5}v_0$ ⑤ $\dfrac{3}{5}v_0$

22

다음은 역학 수레를 이용한 실험이다.

[실험 과정]

(가) 그림과 같이 질량이 1 kg인 수레 A에 달린 용수철을 압축시켜 고정시킨 후 질량이 2 kg인 수레 B를 가만히 접촉시킨다.

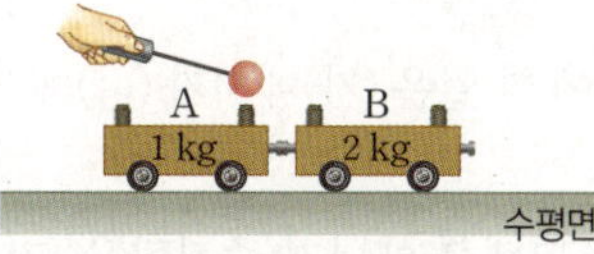

(나) A의 용수철 고정 장치를 해제하여, 정지해 있던 A와 B가 서로 반대 방향으로 운동하게 한다.

(다) A와 B가 분리된 이후부터 시간에 따라 이동한 거리를 측정한다.

[실험 결과]

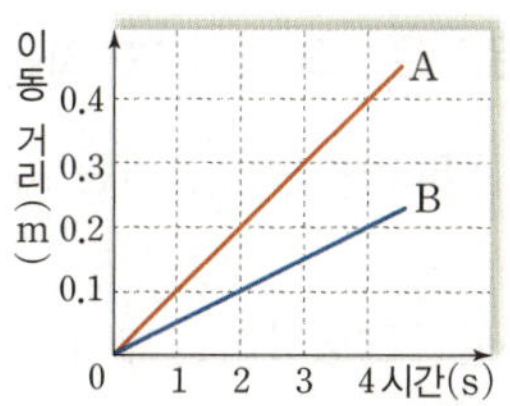

이에 대한 설명으로 옳은 것만을 |보기|에서 있는 대로 고른 것은?

|보기|

ㄱ. 2초일 때, A의 속력은 0.2 m/s이다.

ㄴ. 3초일 때, B의 운동량의 크기는 0.4 kg·m/s이다.

ㄷ. 4초일 때, 운동량의 크기는 A와 B가 같다.

① ㄱ   ② ㄷ   ③ ㄱ, ㄴ

④ ㄴ, ㄷ   ⑤ ㄱ, ㄴ, ㄷ

23

그림 (가)와 같이 수평면에서 자동차 A, B가 각각 $v, 2v$의 속력으로 벽을 향해 등속도 운동을 한다. 그림 (나)는 A, B가 벽에 충돌한 순간부터 정지할 때까지 운동량을 시간에 따라 나타낸 것이다.

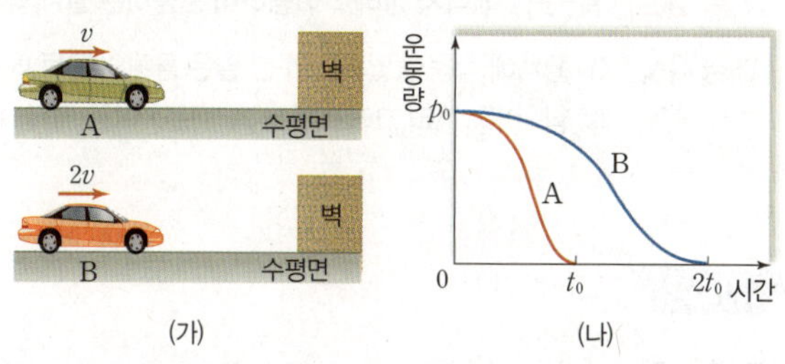

이에 대한 설명으로 옳은 것만을 |보기|에서 있는 대로 고른 것은?

|보기|

ㄱ. 질량은 A가 B보다 크다.

ㄴ. 벽으로부터 받은 충격량의 크기는 A가 B보다 작다.

ㄷ. 벽으로부터 받은 평균 힘의 크기는 A가 B의 4배이다.

① ㄱ   ② ㄴ   ③ ㄱ, ㄴ

④ ㄱ, ㄷ   ⑤ ㄴ, ㄷ

24

그림 (가)는 수평면에서 $+x$ 방향으로 속력 v로 운동하던 물체 A가 정지해 있던 물체 B와 충돌 후 $-x$ 방향으로 운동하여 높이가 0.2 m인 최고점까지 올라가 정지한 모습을 나타낸 것이다. B는 충돌 후 3 m/s의 속력으로 운동한다. 그림 (나)는 A와 B의 충돌에서 B가 A로부터 받은 힘을 시간에 따라 나타낸 것이다. 그래프가 시간 축과 이루는 넓이는 18 N·s이고, A의 질량은 2 kg이다.

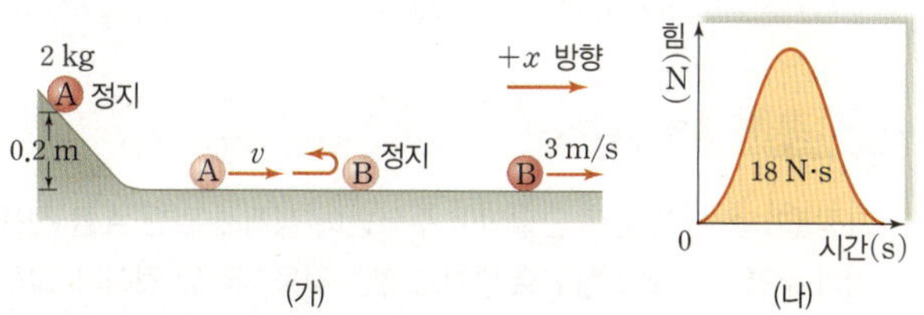

이에 대한 설명으로 옳은 것만을 |보기|에서 있는 대로 고른 것은? (단, 중력 가속도는 10 m/s²이고, 물체의 크기, 모든 마찰과 공기 저항은 무시한다.)

|보기|

ㄱ. A가 B로부터 받은 충격량의 크기는 18 N·s이다.

ㄴ. B의 질량은 6 kg이다.

ㄷ. v는 7 m/s이다.

① ㄱ   ② ㄴ   ③ ㄱ, ㄷ

④ ㄴ, ㄷ   ⑤ ㄱ, ㄴ, ㄷ

1 일과 에너지

정답과 해설 p.081

[기출 패턴] 일·운동 에너지 정리를 이용하여 운동하는 물체의 속력을 구할 수 있어야 한다.

[배경 지식] (1) 물체에 작용한 알짜힘이 한 일은 물체의 운동 에너지 변화량과 같다.
(2) 힘-이동 거리 그래프에서 그래프가 이동 거리 축과 이루는 넓이는 힘이 한 일을 나타낸다.

▶ 자료 1 평가원 기출

그림은 마찰이 없는 수평면에서 기준선 P에 정지해 있던 질량이 각각 1 kg, 2 kg인 물체 A, B에 수평 방향으로 같은 크기의 일정한 힘 F를 작용하여 기준선 Q까지 이동시키는 것을 나타낸다. (단, 물체의 크기, 공기 저항은 무시한다.)

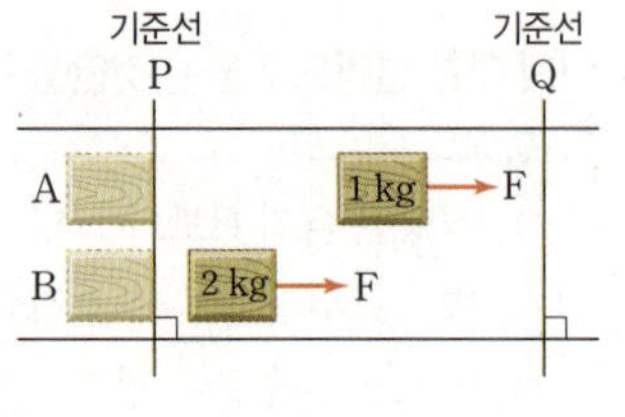

● 다음 설명 중 옳은 것은 ○표, 옳지 <u>않은</u> 것은 ×표 하시오.

1 물체가 P에서 Q까지 운동하는 동안 가속도의 크기는 A가 B보다 작다. ○ / ×

2 물체가 P에서 Q까지 운동하는 동안 F가 A에 한 일은 B에 한 일과 같다. ○ / ×

3 Q에 도달할 때 운동 에너지는 B가 A의 2배이다.
○ / ×

4 Q에 도달할 때 속력은 A와 B가 같다. ○ / ×

▶ 자료 2 교육청 기출

그림 (가)는 민수가 질량 m인 물체를 일정한 속력 v로 s만큼 들어 올리는 모습을, (나)는 민수가 마찰이 없는 빗면에서 질량 m인 물체를 일정한 속력 v로 s만큼 미는 모습을 나타낸 것이다. (단, 물체의 크기, 공기 저항과 마찰은 무시한다.)

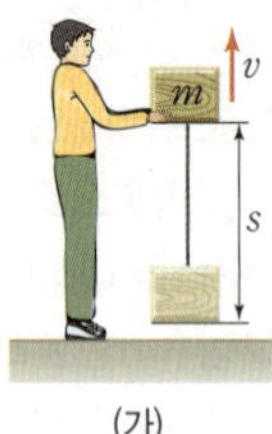

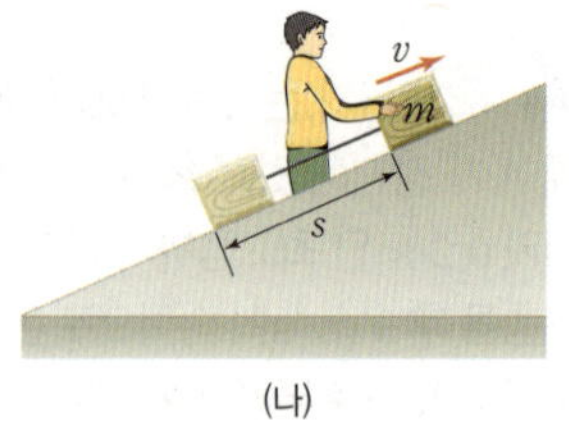

(가)   (나)

● 다음 설명 중 옳은 것은 ○표, 옳지 <u>않은</u> 것은 ×표 하시오.

1 물체가 s만큼 이동했을 때 운동 에너지는 (가)에서와 (나)에서가 같다. ○ / ×

2 민수가 물체에 작용하는 힘의 크기는 (가)에서가 (나)에서보다 크다. ○ / ×

3 민수가 물체에 한 일은 (가)에서가 (나)에서보다 작다.
○ / ×

4 물체의 중력 퍼텐셜 에너지 증가량은 (가)에서가 (나)에서보다 작다. ○ / ×

▶ 자료 3 평가원 기출

그림 (가)는 B와 실로 연결되어 수평면에 정지해 있던 A를 전동기가 수평 방향으로 힘 F로 당기고 있는 것을 나타낸 것이다. 그림 (나)는 A가 4 m 이동하는 동안 F의 크기를 위치 x에 따라 나타낸 것이다. A, B의 질량은 각각 3 kg, 2 kg이다. (단, 중력 가속도는 10 m/s²이고, 물체의 크기, 실의 질량, 공기 저항과 모든 마찰은 무시한다.)

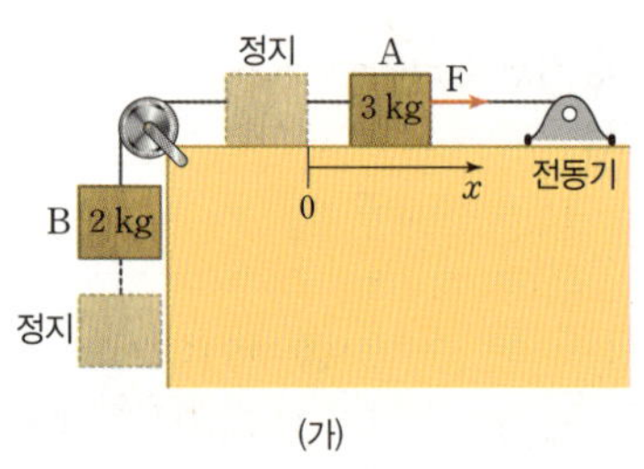

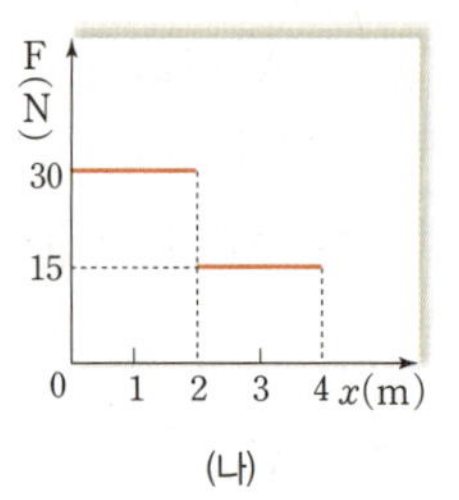

(가)   (나)

● 다음 설명 중 옳은 것은 ○표, 옳지 <u>않은</u> 것은 ×표 하시오.

1 $x=1$ m일 때, A의 가속도의 크기는 10 m/s²이다.
○ / ×

2 $x=3$ m일 때, 실이 B를 당기는 힘의 크기는 20 N이다.
○ / ×

3 F가 한 일은 B의 역학적 에너지 증가량보다 크다.
○ / ×

4 A의 최대 속력은 $2\sqrt{2}$ m/s이다. ○ / ×

5 운동 에너지는 A와 B가 같다. ○ / ×

2 역학적 에너지 보존

정답과 해설 p.081

[기출패턴] 운동 에너지, 중력 퍼텐셜 에너지, 탄성 퍼텐셜 에너지의 합을 역학적 에너지라고 한다. 역학적 에너지 보존 법칙을 이용하여 물체의 운동을 분석할 수 있어야 한다.

[배경지식] (1) 역학적 에너지 보존 법칙: $E_p + E_k = $ 일정

(2) 중력에 의한 역학적 에너지 보존 법칙: $mgh_1 + \dfrac{1}{2}mv_1^2 = mgh_2 + \dfrac{1}{2}mv_2^2$

(3) 탄성력에 의한 역학적 에너지 보존 법칙: $\dfrac{1}{2}kx_1^2 + \dfrac{1}{2}mv_1^2 = \dfrac{1}{2}kx_2^2 + \dfrac{1}{2}mv_2^2$

(4) 역학적 에너지가 보존되지 않는 경우: 공기 저항이나 마찰이 작용하는 경우 역학적 에너지의 일부가 열에너지로 전환되어 역학적 에너지가 손실된다.

자료 1 수능 기출

그림은 수평면에 놓인 물체 A와 빗면 위의 물체 B를 실로 연결한 후 A를 가만히 놓았더니, A와 B가 등가속도 운동을 하여 속력이 v가 된 순간을 나타낸 것이다. 이때 B의 높이가 h만큼 줄어드는 동안 B의 중력에 의한 퍼텐셜 에너지 감소량은 B의 운동 에너지 증가량의 4배이다. A, B의 질량은 각각 M, m이다. (단, 중력 가속도는 g이고, 실의 질량, 공기 저항과 모든 마찰은 무시한다.)

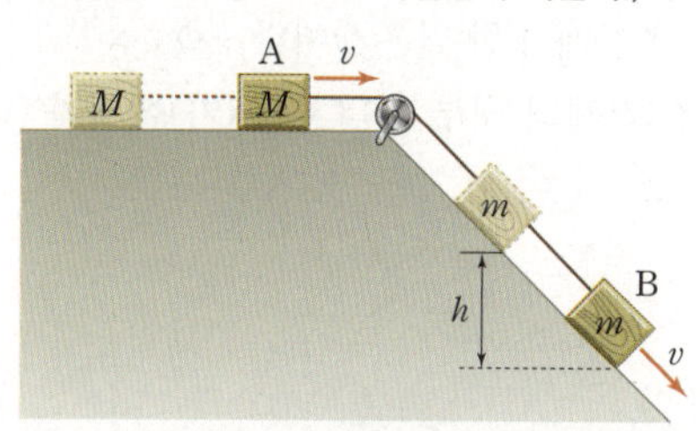

● 다음 설명 중 옳은 것은 ○표, 옳지 **않은** 것은 ×표 하시오.

1 B의 높이가 h만큼 감소하는 동안, A의 운동 에너지 증가량은 B의 중력에 의한 퍼텐셜 에너지 감소량보다 크다. ○ / ×

2 $h = \dfrac{2v^2}{g}$ 이다. ○ / ×

3 $M = 2m$ 이다. ○ / ×

4 운동 에너지는 A가 B보다 크다. ○ / ×

자료 2 교육청 기출

그림과 같이 질량이 m인 물체가 빗면을 따라 운동하여 점 p, q를 지나 최고점 r에 도달한다. 물체의 역학적 에너지는 p에서 q까지 운동하는 동안 감소하고, q에서 r까지 운동하는 동안 일정하다. 물체의 속력은 p에서가 q에서의 2배이고, p와 q의 높이 차는 h이다. 물체가 p에서 q까지 운동하는 동안, 물체의 운동 에너지 감소량은 물체의 중력 퍼텐셜 에너지 증가량의 3배이다. (단, 중력 가속도는 g이다.)

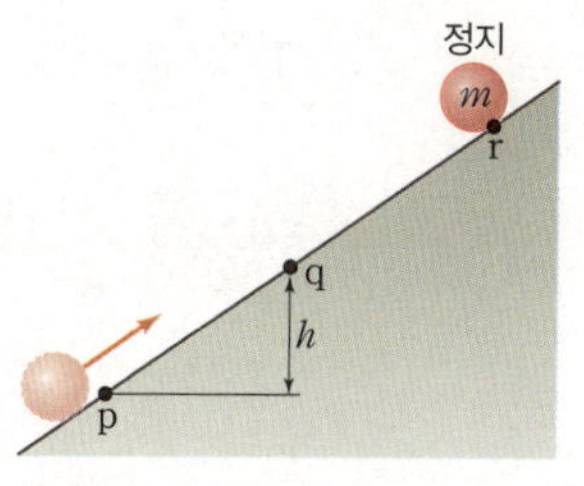

● 다음 설명 중 옳은 것은 ○표, 옳지 **않은** 것은 ×표 하시오.

1 물체의 운동 에너지는 p에서가 q에서의 4배이다. ○ / ×

2 q에서 물체의 속력은 $\sqrt{2gh}$ 이다. ○ / ×

3 q와 r의 높이 차는 h이다. ○ / ×

4 물체가 p에서 q까지 운동하는 동안 물체의 역학적 에너지 감소량은 mgh이다. ○ / ×

3 열역학 법칙

정답과 해설 p.081

[기출 패턴] 열역학 과정에서 기체가 하는 일, 내부 에너지 변화, 열 사이의 관계를 열역학 제1법칙을 이용해 구할 수 있어야 한다.

[배경 지식] (1) 열역학 제1법칙: $Q = W + \Delta U$ (Q: 기체가 흡수한 열량, W: 기체가 외부에 한 일, ΔU: 기체의 내부 에너지 변화량)

(2) 열역학 과정에서 기체가 한 일, 내부 에너지 변화, 열의 관계

구분	W	ΔU	Q	구분	W	ΔU	Q
등압 팽창	일을 함	증가	흡수	등적 가열	0	증가	흡수
등압 압축	일을 받음	감소	방출	등적 냉열	0	감소	방출
등온 팽창	일을 함	0	흡수	단열 팽창	일을 함	감소	0
등온 압축	일을 받음	0	방출	단열 압축	일을 받음	증가	0

자료 1 · 평가원 기출

그림 (가)와 (나)는 단열된 용기에 들어 있는 같은 양의 이상 기체를 각각 부피와 압력을 일정하게 유지하면서 가열하는 모습을 나타낸 것이다. (가)와 (나)에서 동일한 열량 Q를 공급하였더니 기체의 내부 에너지가 서로 같아졌다.

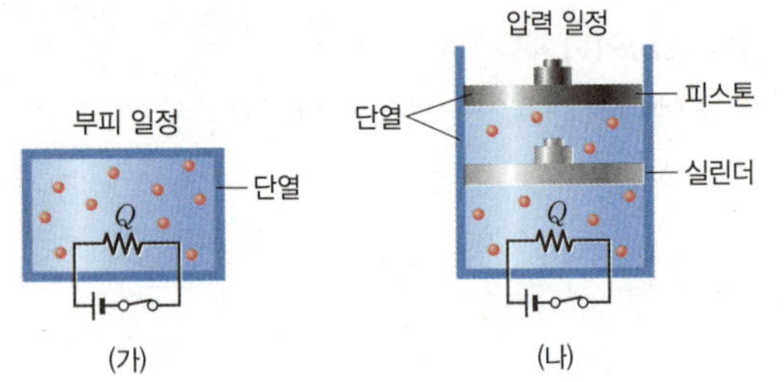

● 다음 설명 중 옳은 것은 ○표, 옳지 않은 것은 ×표 하시오.

1 (가)에서 기체의 내부 에너지 증가량은 Q이다. ○ / ×

2 (가)에서 기체의 압력은 증가한다. ○ / ×

3 (가)에서 기체가 한 일은 0이다. ○ / ×

4 (나)에서 기체 분자의 평균 속력은 증가한다. ○ / ×

5 (나)에서 기체 분자의 내부 에너지는 감소한다. ○ / ×

6 (나)에서 기체가 한 일은 Q이다. ○ / ×

7 가열 전 기체의 내부 에너지는 (가)에서가 (나)에서보다 크다. ○ / ×

자료 2 · 평가원 기출

그림 (가)의 Ⅰ은 이상 기체가 들어 있는 실린더에 피스톤이 정지해 있는 모습을, Ⅱ는 Ⅰ에서 기체에 열을 서서히 가했을 때 기체가 팽창하여 피스톤이 정지한 모습을, Ⅲ은 Ⅱ에서 피스톤에 모래를 서서히 올려 피스톤이 내려가 정지한 모습을 나타낸 것이다. Ⅰ과 Ⅲ에서 기체의 부피는 같다. 그림 (나)는 (가)의 기체 상태가 변화할 때 압력과 부피를 나타낸 것이다. A, B, C는 각각 Ⅰ, Ⅱ, Ⅲ에서의 기체의 상태 중 하나이다.

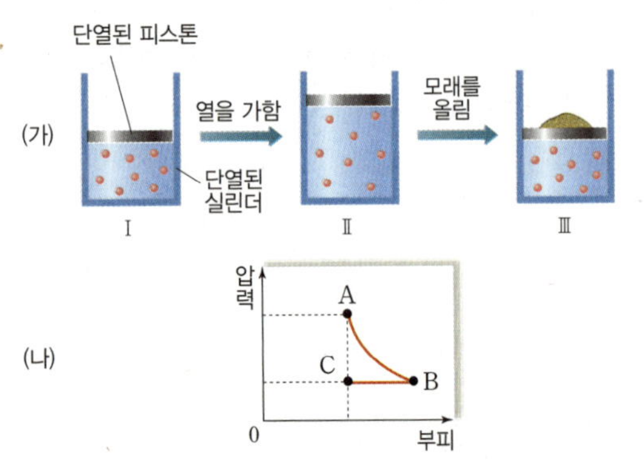

● 다음 설명 중 옳은 것은 ○표, 옳지 않은 것은 ×표 하시오.

1 Ⅰ → Ⅱ 과정에서 기체는 외부에 일을 한다. ○ / ×

2 Ⅰ → Ⅱ 과정에서 기체의 내부 에너지는 감소한다. ○ / ×

3 기체의 온도는 Ⅲ에서가 Ⅰ에서보다 높다. ○ / ×

4 Ⅱ → Ⅲ 과정은 B → C 과정에 해당한다. ○ / ×

5 Ⅱ → Ⅲ 과정에서 기체가 받은 일은 내부 에너지 증가량과 같다. ○ / ×

4 열기관과 열효율

정답과 해설 p.081

[기출 패턴] 열기관의 순환 그래프를 해석하여 열효율을 구할 수 있어야 한다.

배경 지식

(1) 열기관에서 열역학 제1법칙: $Q_H - Q_L = W$

(2) 열기관의 열효율(e): $e = \dfrac{W}{Q_H} = \dfrac{Q_H - Q_L}{Q_H} = 1 - \dfrac{Q_L}{Q_H}$

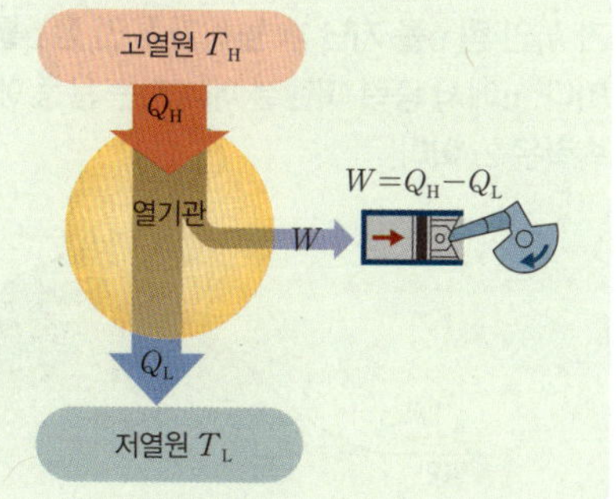

자료 1 평가원 기출

그림은 온도가 T_1인 열원에서 $10\ kJ$의 열을 흡수하여 W의 일을 하고, 온도가 T_2인 열원으로 $6\ kJ$의 열을 방출하는 열기관을 모식적으로 나타낸 것이다.

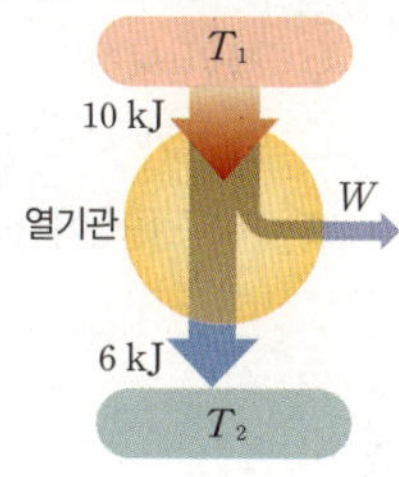

● 다음 설명 중 옳은 것은 ○표, 옳지 <u>않은</u> 것은 ×표 하시오.

1 열기관은 열에너지를 일로 바꾸는 장치이다. ○ / ×

2 $T_1 > T_2$이다. ○ / ×

3 $W = 4\ kJ$이다. ○ / ×

4 열기관의 열효율은 0.6이다. ○ / ×

5 $W = 10\ kJ$인 열기관을 만들 수 있다. ○ / ×

자료 2 교육청 기출

그림은 고열원으로부터 열을 흡수하여 $4W$의 일을 하고 저열원으로 Q_0의 열을 방출하는 열기관 A와, Q_0의 열을 흡수하여 $3W$의 일을 하는 열기관 B를 나타낸 것이다. A와 B의 열효율은 e로 같다.

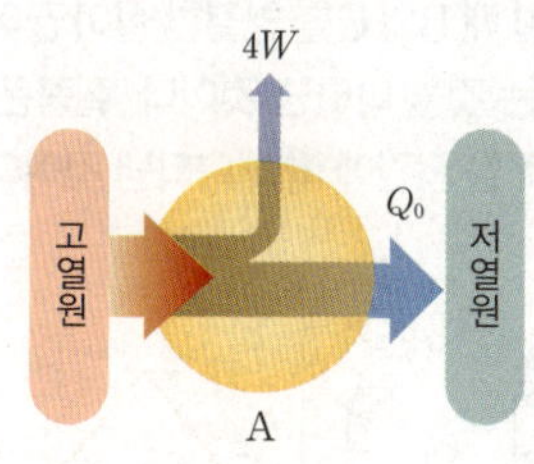

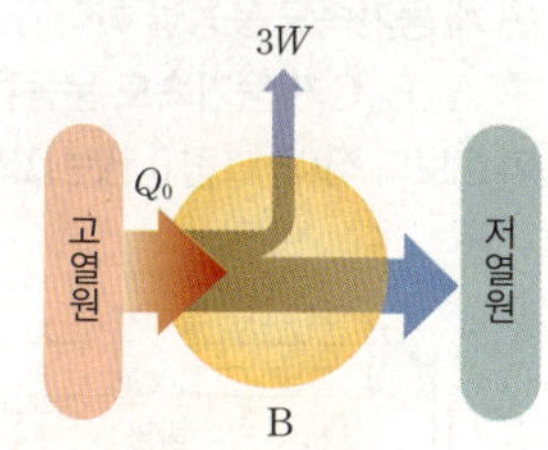

● 다음 설명 중 옳은 것은 ○표, 옳지 <u>않은</u> 것은 ×표 하시오.

1 A가 고열원에서 흡수한 열은 $4W + Q_0$이다. ○ / ×

2 B가 저열원으로 방출한 열은 $Q_0 - 3W$이다. ○ / ×

3 $Q_0 = 10W$이다. ○ / ×

4 $e = \dfrac{1}{4}$이다. ○ / ×

5 열효율이 $100\ \%$인 열기관은 만들 수 있다. ○ / ×

자료 3 평가원 기출

그림은 열기관에서 일정량의 이상 기체의 상태가 $A \rightarrow B \rightarrow C \rightarrow D \rightarrow A$를 따라 변할 때 기체의 압력과 부피를, 표는 각 과정에서 기체가 외부에 한 일 또는 외부로부터 받은 일을 나타낸 것이다. 기체는 $A \rightarrow B$ 과정에서 $250\ J$의 열량을 흡수하고, $B \rightarrow C$ 과정과 $D \rightarrow A$ 과정은 열 출입이 없는 단열 과정이다.

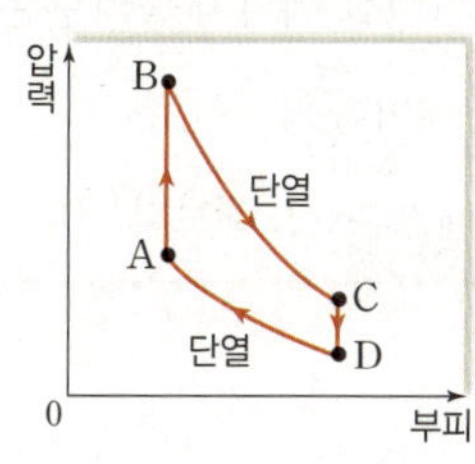

과정	외부에 한 일 또는 외부로부터 받은 일(J)
$A \rightarrow B$	0
$B \rightarrow C$	100
$C \rightarrow D$	0
$D \rightarrow A$	50

● 다음 설명 중 옳은 것은 ○표, 옳지 <u>않은</u> 것은 ×표 하시오.

1 $A \rightarrow B$ 과정에서 기체는 열을 흡수한다. ○ / ×

2 $B \rightarrow C$ 과정에서 기체의 온도는 올라간다. ○ / ×

3 $C \rightarrow D$ 과정에서 기체가 방출한 열량은 $150\ J$이다. ○ / ×

4 열기관의 열효율은 0.4이다. ○ / ×

5 $B \rightarrow C$ 과정에서 기체가 한 일은 $D \rightarrow A$ 과정에서 기체가 받은 일보다 크다. ○ / ×

수능 대비 문제

01 그림은 수평면에서 $3v$의 속력으로 운동하는 물체가 높이가 h_1인 점 p를 지난 후 높이가 h_2인 점 q를 지나는 것을 나타낸 것이다. p에서 중력 퍼텐셜 에너지는 운동 에너지의 2배이고, q에서 속력은 $2v$이다.

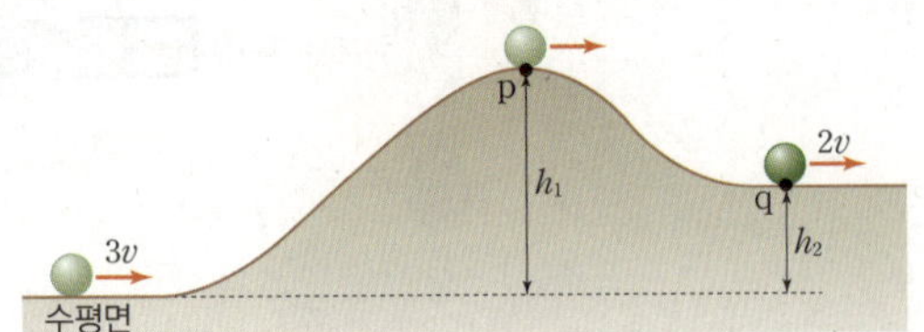

이에 대한 설명으로 옳은 것만을 |보기|에서 있는 대로 고른 것은? (단, 중력 가속도는 g이고, 물체의 크기, 공기 저항과 마찰은 무시한다.)

> **보기**
> ㄱ. p에서 속력은 $\sqrt{3}v$이다.
> ㄴ. $h_1 = \dfrac{4}{3}h_2$이다.
> ㄷ. q에서 중력 퍼텐셜 에너지는 운동 에너지의 $\dfrac{5}{4}$배이다.

① ㄱ   ② ㄴ   ③ ㄷ
④ ㄱ, ㄴ   ⑤ ㄱ, ㄷ

02 그림은 경사면에서 등가속도 운동을 하는 물체의 위치를 일정한 시간 간격으로 나타낸 것이다. 구간 P, Q에서 물체가 운동하는 데 걸린 시간은 같다.

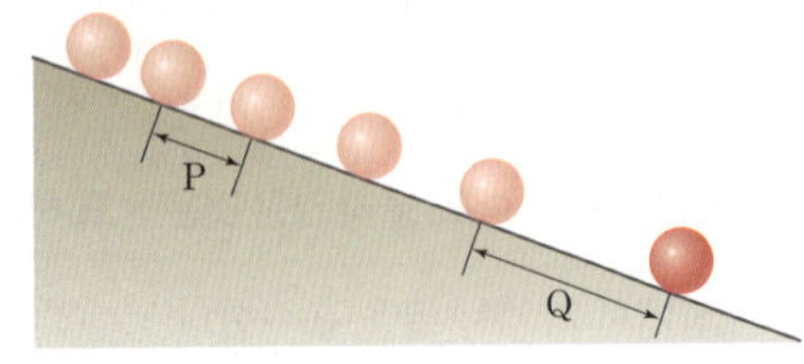

물체의 운동에 대한 설명으로 옳은 것만을 |보기|에서 있는 대로 고른 것은? (단, 물체의 크기, 공기 저항과 마찰은 무시한다.)

> **보기**
> ㄱ. P에서 중력 퍼텐셜 에너지 감소량은 운동 에너지 증가량보다 크다.
> ㄴ. 중력이 물체에 한 일은 P에서가 Q에서보다 작다.
> ㄷ. 운동 에너지의 증가량은 P에서와 Q에서가 같다.

① ㄱ   ② ㄴ   ③ ㄱ, ㄷ
④ ㄴ, ㄷ   ⑤ ㄱ, ㄴ, ㄷ

03 그림 (가)는 마찰이 없는 수평면에서 질량이 $2\ \mathrm{kg}$인 물체에 $+x$ 방향으로 크기가 F인 힘을 작용하는 것을 나타낸 것이다. 그림 (나)는 물체가 점 p를 지나는 순간부터 점 q를 지날 때까지 물체의 운동 에너지를 나타낸 것이다.

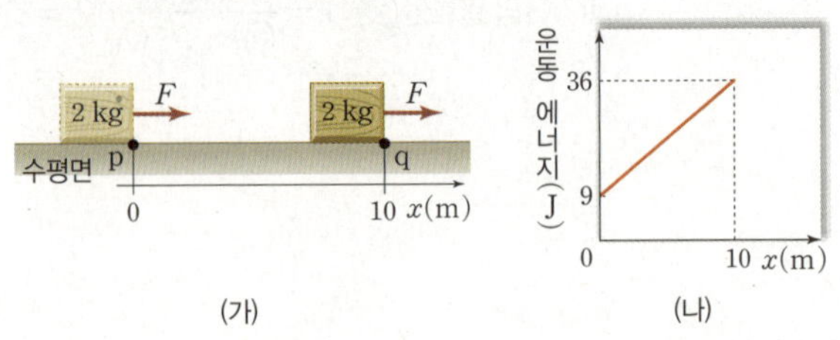

p에서 q까지, 물체의 운동에 대한 설명으로 옳은 것만을 |보기|에서 있는 대로 고른 것은? (단, 물체의 크기, 공기 저항은 무시한다.)

> **보기**
> ㄱ. 걸린 시간은 2초이다.
> ㄴ. 크기가 F인 힘이 한 일은 27 J이다.
> ㄷ. F는 3 N이다.

① ㄱ   ② ㄴ   ③ ㄷ
④ ㄱ, ㄴ   ⑤ ㄴ, ㄷ

04 그림 (가)는 0초일 때 정지해 있던 물체 A, B, C가 실로 연결된 채 등가속도 운동을 하다가 2초일 때 B와 C를 연결한 실이 끊어진 후 A, B, C가 등가속도 운동을 하는 것을 나타낸 것이다. 질량은 A가 C보다 작다. 그림 (나)는 B의 속력을 시간에 따라 나타낸 것이다.

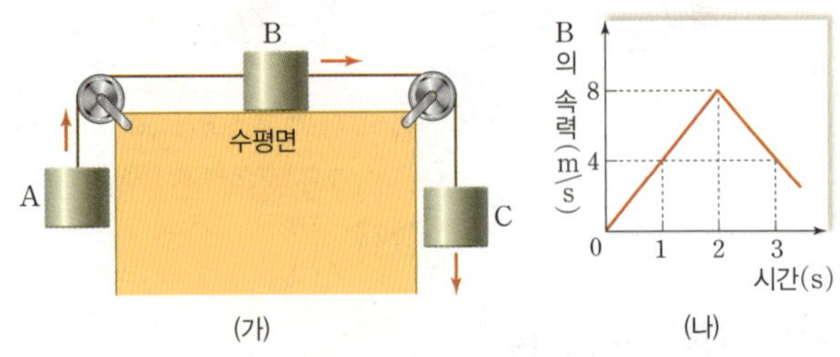

이에 대한 설명으로 옳은 것만을 |보기|에서 있는 대로 고른 것은? (단, 중력 가속도는 $10\ \mathrm{m/s^2}$이고, 실의 질량, 공기 저항과 모든 마찰은 무시한다.)

> **보기**
> ㄱ. 1초일 때 운동 에너지는 B가 A의 $\dfrac{3}{2}$배이다.
> ㄴ. 0초부터 1초까지 A의 중력 퍼텐셜 에너지 증가량은 A의 운동 에너지 증가량의 $\dfrac{5}{2}$배이다.
> ㄷ. A의 역학적 에너지는 3초일 때가 2초일 때보다 크다.

① ㄱ   ② ㄷ   ③ ㄱ, ㄴ
④ ㄴ, ㄷ   ⑤ ㄱ, ㄴ, ㄷ

05

그림은 실로 물체 B와 연결되어 점 p에 정지해 있던 물체 A를 가만히 놓았더니 A가 점 q를 지나며 등가속도 운동을 하는 것을 나타낸 것이다. A가 p에서 q까지 연직 방향으로 h만큼 올라가는 동안 B는 연직 방향으로 $2h$만큼 내려간다. A가 p에서 q까지 운동하는 동안 A의 중력 퍼텐셜 에너지 증가량은 E_0이고, A가 q를 지나는 순간 운동 에너지는 B가 A의 2배이다.

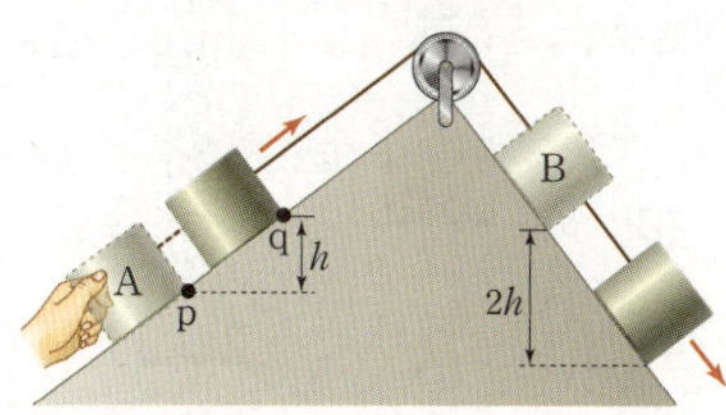

A가 p에서 q까지 운동하는 동안, 이에 대한 설명으로 옳은 것만을 |보기|에서 있는 대로 고른 것은? (단, 물체의 크기, 실의 질량, 공기 저항과 모든 마찰은 무시한다.)

|보기|
- ㄱ. 질량은 A가 B의 2배이다.
- ㄴ. A가 q를 지나는 순간 A와 B의 운동 에너지의 합은 $3E_0$이다.
- ㄷ. 실이 A를 당기는 힘이 한 일은 $2E_0$이다.

① ㄱ ② ㄷ ③ ㄱ, ㄴ
④ ㄱ, ㄷ ⑤ ㄴ, ㄷ

06

그림은 수평면에서 $4v$의 속력으로 운동하는 질량이 m인 물체가 레일을 따라 운동하는 것을 나타낸 것이다. 구간 A, B에서 역학적 에너지 감소량은 각각 E, $2E$이고, 수평면으로부터 높이가 각각 $3h$, h인 수평 구간에서 물체의 속력은 v로 같다.

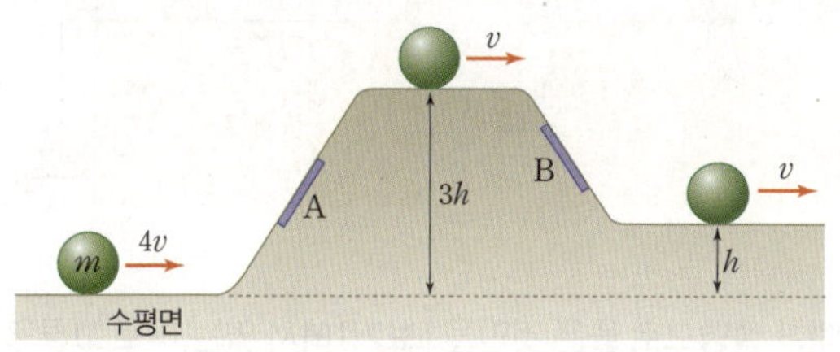

이에 대한 설명으로 옳은 것만을 |보기|에서 있는 대로 고른 것은? (단, 수평면에서 중력 퍼텐셜 에너지는 0이고, 중력 가속도는 g이며, 공기 저항과 마찰은 무시한다.)

|보기|
- ㄱ. $E = \dfrac{mgh}{2}$이다.
- ㄴ. $v = \sqrt{\dfrac{8}{15}gh}$이다.
- ㄷ. 높이가 h인 수평 구간에서 물체의 중력 퍼텐셜 에너지는 운동 에너지의 3배이다.

① ㄱ ② ㄴ ③ ㄷ
④ ㄱ, ㄴ ⑤ ㄴ, ㄷ

07

그림 (가)는 정지해 있는 질량이 1 kg인 물체를 전동기가 힘 F로 당기는 것을 나타낸 것이다. 그림 (나)는 F의 크기를 시간에 따라 나타낸 것이다.

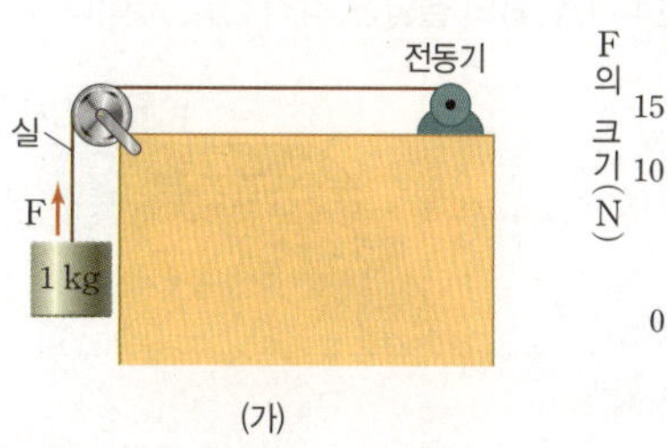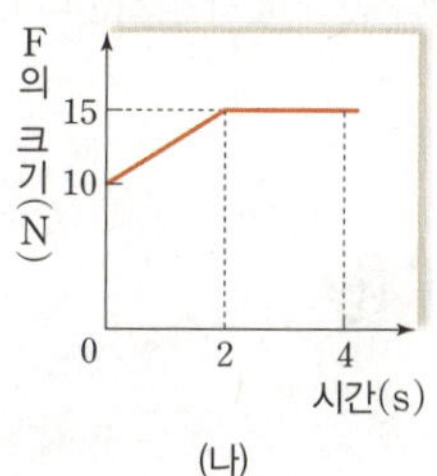

이에 대한 설명으로 옳은 것만을 |보기|에서 있는 대로 고른 것은? (단, 중력 가속도는 10 m/s^2이고, 물체의 크기, 실의 질량, 공기 저항과 모든 마찰은 무시한다.)

|보기|
- ㄱ. 0초부터 2초까지 물체의 가속도의 크기는 증가한다.
- ㄴ. 물체의 운동 에너지는 2초일 때와 4초일 때가 같다.
- ㄷ. 2초부터 4초까지 물체의 역학적 에너지 증가량은 200 J이다.

① ㄱ ② ㄴ ③ ㄷ
④ ㄱ, ㄴ ⑤ ㄱ, ㄷ

08

기출 변형 평가원

그림과 같이 마찰이 없는 궤도를 따라 운동하는 물체 A, B가 각각 높이 $2h_0$, h_0인 지점을 v_0, $2v_0$의 속력으로 지난다. 높이가 $2h_0$인 지점에서 A의 중력 퍼텐셜 에너지는 운동 에너지의 2배이다. 궤도의 구간 I, II는 각각 수평면, 경사면이다.

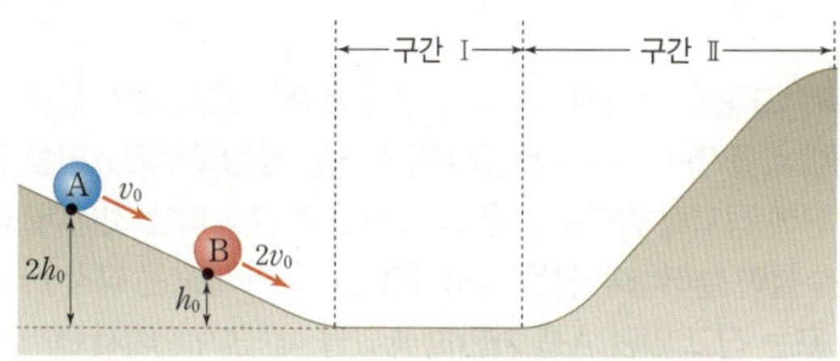

이에 대한 설명으로 옳은 것만을 |보기|에서 있는 대로 고른 것은? (단, I에서 중력 퍼텐셜 에너지는 0이고, 물체는 동일 연직면상에서 운동하며, 물체의 크기, 공기 저항은 무시한다.)

|보기|
- ㄱ. h_0인 지점에서 A의 운동 에너지는 중력 퍼텐셜 에너지의 2배이다.
- ㄴ. I에서 속력은 A가 B의 $\dfrac{3}{5}$배이다.
- ㄷ. II에서 B의 운동 에너지와 중력 퍼텐셜 에너지가 같은 지점의 높이는 $3h_0$이다.

① ㄱ ② ㄴ ③ ㄷ
④ ㄱ, ㄴ ⑤ ㄱ, ㄷ

09 그림과 같이 수평 구간 Ⅰ에서 물체 A, B를 용수철의 양 끝에 접촉하여 용수철을 압축시킨 후 동시에 가만히 놓으면, A는 높이가 h인 지점에서 속력이 0이고, B는 높이가 $3h$인 마찰이 있는 수평 구간 Ⅱ에서 정지한다. A, B의 질량은 각각 $2m$, m이다.

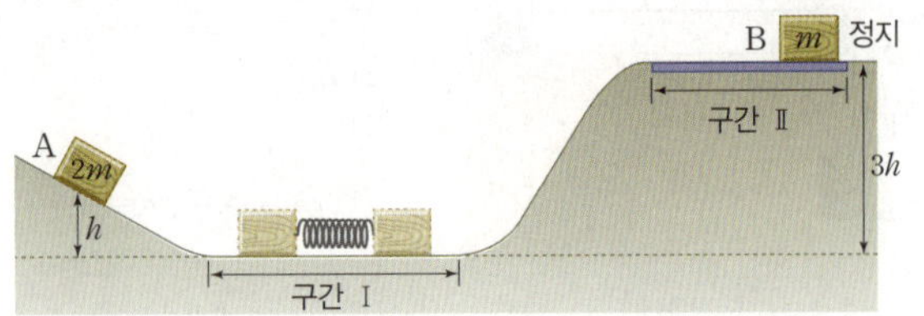

이에 대한 설명으로 옳은 것만을 |보기|에서 있는 대로 고른 것은? (단, 중력 가속도는 g이고, 물체의 크기, 용수철의 질량, 구간 Ⅱ의 마찰을 제외한 모든 마찰과 공기 저항은 무시한다.)

보기

ㄱ. 용수철에서 분리되었을 때, Ⅰ에서 속력은 A가 B의 $\frac{1}{2}$배이다.

ㄴ. 높이가 $\frac{1}{2}h$인 지점에서 운동 에너지는 A가 B의 $\frac{2}{7}$배이다.

ㄷ. Ⅱ에서 B의 역학적 에너지 감소량은 $\frac{1}{2}mgh$이다.

① ㄱ ② ㄷ ③ ㄱ, ㄴ
④ ㄴ, ㄷ ⑤ ㄱ, ㄴ, ㄷ

10 그림은 수평면에서 용수철과 연결된 물체 B와 실로 연결된 물체 A를 연직 방향으로 잡아당겨 B를 점 O로부터 d만큼 떨어진 점 P에 정지해 있도록 A를 잡고 있는 것을 나타낸 것이다. 점 O는 용수철이 늘어나지 않은 지점이다. A, B의 질량은 각각 m, $2m$이다. 표는 잡고 있던 A를 가만히 놓았을 때, B가 P에서 O까지 운동하는 동안 탄성 퍼텐셜 에너지 감소량과 A의 운동 에너지 증가량을 나타낸 것이다.

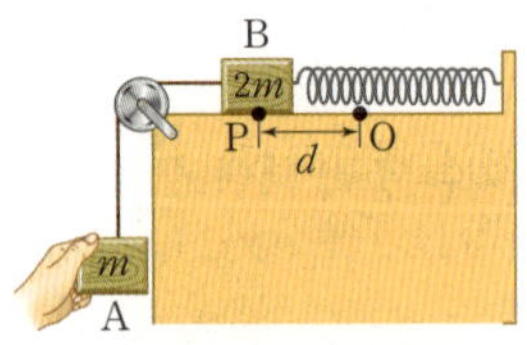

탄성 퍼텐셜 에너지 감소량	A의 운동 에너지 증가량
$5E_0$	E_0

d는? (단, 중력 가속도는 g이고, 용수철과 실의 질량, 공기 저항과 모든 마찰은 무시한다.)

① $\dfrac{E_0}{4mg}$ ② $\dfrac{E_0}{2mg}$ ③ $\dfrac{E_0}{mg}$

④ $\dfrac{2E_0}{mg}$ ⑤ $\dfrac{4E_0}{mg}$

11 그림 (가)는 용수철에 물체를 매달았더니, 용수철이 원래 길이로부터 L만큼 늘어난 상태로 기준선 p에 정지해 있는 것을 나타낸 것이다. 그림 (나)는 (가)에서 물체를 L만큼 당긴 후 잡고 있는 것을 나타낸 것이다. 이때 용수철에 저장된 탄성 퍼텐셜 에너지는 E_0이다.

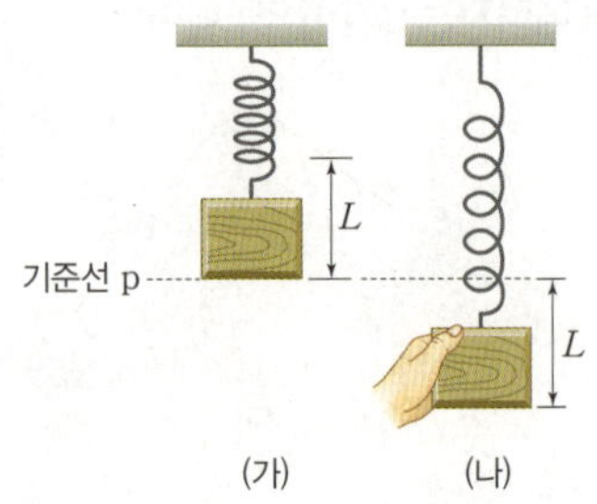

(나)에서 물체를 가만히 놓았을 때, p에서 물체의 운동 에너지는? (단, 물체의 크기, 용수철의 질량, 공기 저항과 마찰은 무시한다.)

① $\dfrac{1}{7}E_0$ ② $\dfrac{1}{6}E_0$ ③ $\dfrac{1}{5}E_0$

④ $\dfrac{1}{4}E_0$ ⑤ $\dfrac{1}{3}E_0$

12 그림 (가)는 물체 A를 물체 B와 실로 연결하였더니 용수철이 원래 길이에서 L_0만큼 늘어나 수평면의 점 P에 정지해 있는 것을 나타낸 것이다. A, B의 질량은 각각 m, $2m$이다. 그림 (나)는 (가)에서 B를 연직 방향으로 당겨 용수철이 원래 길이에서 $2L_0$만큼 늘어나도록 잡고 있는 모습을 나타낸 것이다. (나)에서 B를 가만히 놓으면 A는 P를 속력 v로 지난다.

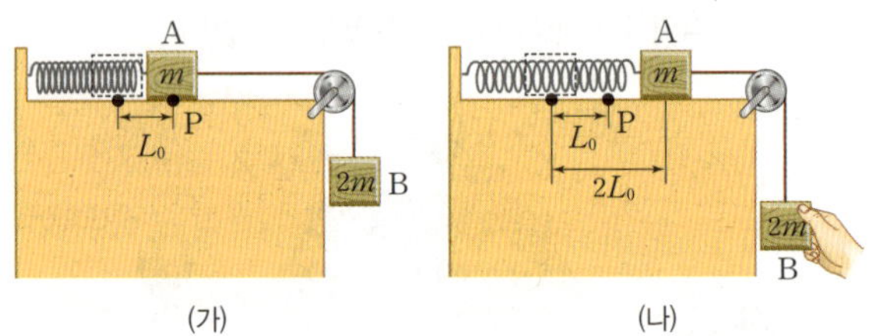

이에 대한 설명으로 옳은 것만을 |보기|에서 있는 대로 고른 것은? (단, 중력 가속도는 g이고, 물체의 크기, 용수철과 실의 질량, 공기 저항과 모든 마찰은 무시한다.)

보기

ㄱ. 용수철 상수는 $\dfrac{mg}{L_0}$이다.

ㄴ. (나)에서 B를 가만히 놓는 순간부터 A가 P를 지날 때까지, B의 중력 퍼텐셜 에너지 증가량은 A의 탄성 퍼텐셜 에너지 감소량보다 작다.

ㄷ. v는 $\sqrt{\dfrac{2}{3}gL_0}$이다.

① ㄱ ② ㄷ ③ ㄱ, ㄴ
④ ㄱ, ㄷ ⑤ ㄴ, ㄷ

13 그림 (가)는 일정량의 이상 기체가 들어 있는 실린더에서 피스톤이 정지해 있는 것을 나타낸 것이다. 그림 (나)는 (가)의 피스톤에 추를 올려놓았더니 기체의 부피가 서서히 감소하여 피스톤이 정지해 있는 모습을 나타낸 것이다.

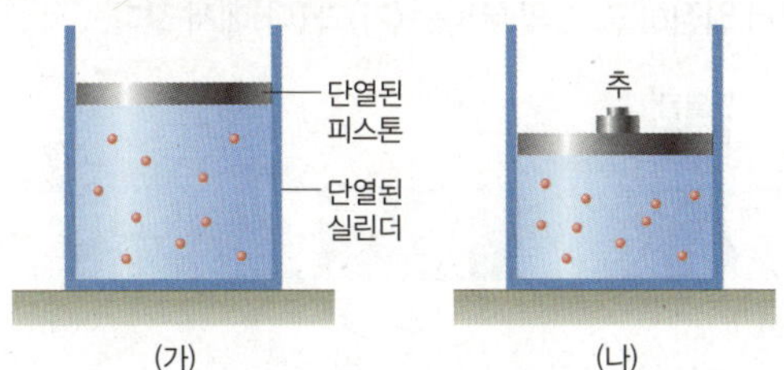

이에 대한 설명으로 옳은 것만을 |보기|에서 있는 대로 고른 것은? (단, 피스톤의 질량, 피스톤의 마찰은 무시한다.)

|보기|
ㄱ. 기체의 온도는 (가)에서와 (나)에서가 같다.
ㄴ. (가) → (나) 과정에서 기체는 외부로부터 일을 받는다.
ㄷ. (가) → (나) 과정에서 추의 중력 퍼텐셜 에너지 감소량은 기체의 내부 에너지 증가량과 같다.

① ㄱ ② ㄴ ③ ㄷ
④ ㄱ, ㄴ ⑤ ㄴ, ㄷ

---

14 그림은 일정량의 이상 기체의 상태가 $A \rightarrow B \rightarrow C$를 따라 변할 때 압력과 부피를 나타낸 것이다.

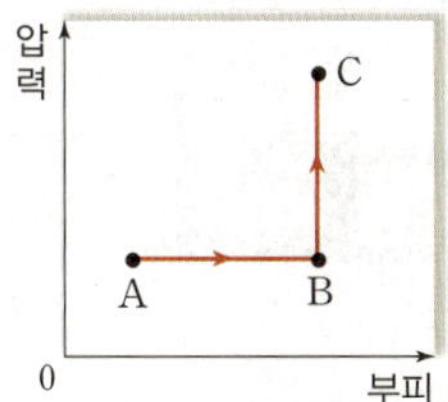

이에 대한 설명으로 옳은 것만을 |보기|에서 있는 대로 고른 것은?

|보기|
ㄱ. $A \rightarrow B$ 과정에서 기체는 외부에 일을 한다.
ㄴ. $B \rightarrow C$ 과정에서 기체는 열을 방출한다.
ㄷ. 기체의 내부 에너지는 A에서와 C에서가 같다.

① ㄱ ② ㄴ ③ ㄷ
④ ㄱ, ㄷ ⑤ ㄴ, ㄷ

---

15 그림은 일정량의 이상 기체의 상태가 $A \rightarrow C$로 변하는 과정 Ⅰ과 $A \rightarrow B \rightarrow C$로 변하는 과정 Ⅱ에서 기체의 압력과 부피를 나타낸 것이다. 표는 Ⅰ, Ⅱ에서 기체가 흡수한 열과 한 일을 나타낸 것이다.

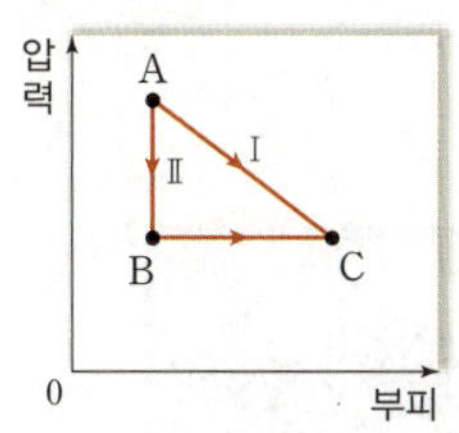

과정	열량(J)	일(J)
Ⅰ	80	60
Ⅱ	60	40

이에 대한 설명으로 옳은 것만을 |보기|에서 있는 대로 고른 것은?

|보기|
ㄱ. 기체의 내부 에너지는 증가량은 Ⅰ에서와 Ⅱ에서가 같다.
ㄴ. 기체의 압력은 A에서가 B에서의 $\frac{3}{2}$배이다.
ㄷ. $B \rightarrow C$ 과정에서 기체의 내부 에너지 증가량은 10 J이다.

① ㄱ ② ㄴ ③ ㄷ
④ ㄱ, ㄴ ⑤ ㄴ, ㄷ

---

16 그림 (가)는 고정된 칸막이에 의해 두 부분으로 나누어진 실린더 내부에 같은 양의 이상 기체 A, B가 들어 있고 피스톤은 정지해 있는 모습을 나타낸 것이다. 실린더와 피스톤은 단열되어 있다. 그림 (나)는 (가)에서 A에 열량 Q를 가했더니 피스톤이 천천히 이동하여 정지한 모습을 나타낸 것이다.

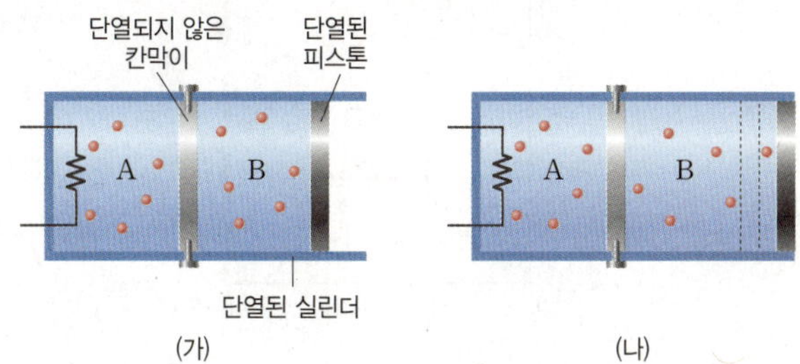

이에 대한 설명으로 옳은 것만을 |보기|에서 있는 대로 고른 것은? (단, 대기압은 일정하고, 피스톤과 실린더 사이의 마찰은 무시한다.)

|보기|
ㄱ. A의 내부 에너지는 (가)보다 (나)에서 Q만큼 크다.
ㄴ. (나)에서 A와 B의 온도는 같다.
ㄷ. B의 온도는 (나)일 때가 (가)일 때보다 높다.

① ㄱ ② ㄴ ③ ㄱ, ㄷ
④ ㄴ, ㄷ ⑤ ㄱ, ㄴ, ㄷ

17 그림 (가)와 같이 피스톤과 금속판으로 나누어진 상자 내부에 같은 양의 동일한 이상 기체 A, B, C가 같은 부피만큼 들어 있고, 피스톤은 힘의 평형을 이루며 정지해 있다. 그림 (나)는 (가)의 B에 열량 Q를 가했을 때 피스톤이 서서히 이동해 정지한 모습을 나타낸 것으로, B와 C는 열평형 상태이다.

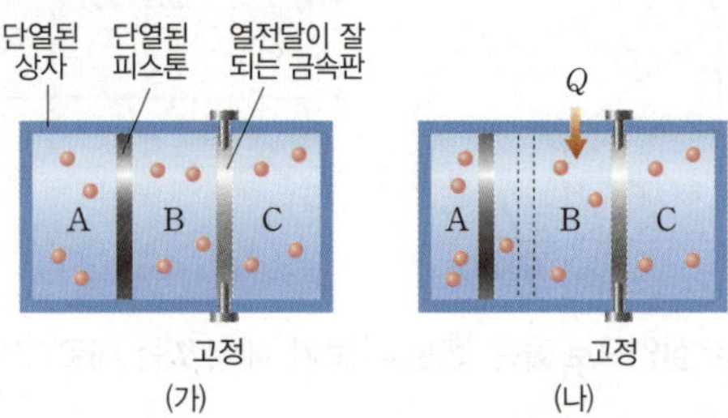

이에 대한 설명으로 옳은 것만을 |보기|에서 있는 대로 고른 것은? (단, 피스톤의 마찰, 금속판이 흡수한 열량은 무시한다.)

|보기|
ㄱ. A의 내부 에너지는 (가)에서가 (나)에서보다 작다.
ㄴ. B가 한 일은 Q이다.
ㄷ. (나)에서 압력은 B가 C보다 크다.

① ㄱ　　　② ㄴ　　　③ ㄷ
④ ㄱ, ㄴ　　　⑤ ㄱ, ㄷ

18 그림은 일정한 양의 이상 기체의 상태가 $A \to B \to C \to A$를 따라 변할 때, 압력과 부피를 나타낸 것이다. $B \to C$ 과정은 등온 과정이다.

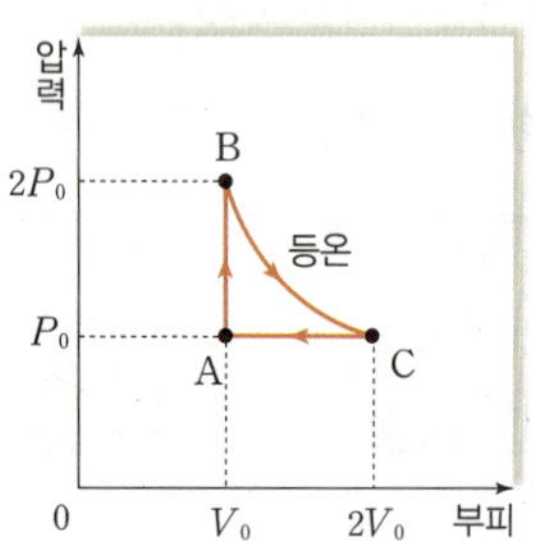

이에 대한 설명으로 옳은 것만을 |보기|에서 있는 대로 고른 것은?

|보기|
ㄱ. $A \to B$ 과정에서 기체가 흡수한 열은 기체의 내부 에너지 증가량과 같다.
ㄴ. $B \to C$ 과정에서 기체가 한 일은 $\frac{3}{2}P_0 V_0$이다.
ㄷ. 기체의 내부 에너지는 A에서가 C에서보다 작다.

① ㄱ　　　② ㄴ　　　③ ㄷ
④ ㄱ, ㄴ　　　⑤ ㄱ, ㄷ

19 그림 (가)는 이상 기체 A가 들어 있는 실린더에서 피스톤이 정지해 있는 모습을, (나)는 (가)의 A에 열량 Q를 가하여 피스톤이 이동해 정지한 모습을, (다)는 (나)의 A에 일 W를 하여 피스톤을 이동시킨 후 고정한 모습을 나타낸 것이다. A의 압력은 (가) → (나) 과정에서 일정하고, A의 부피는 (가)와 (다)에서 같다.

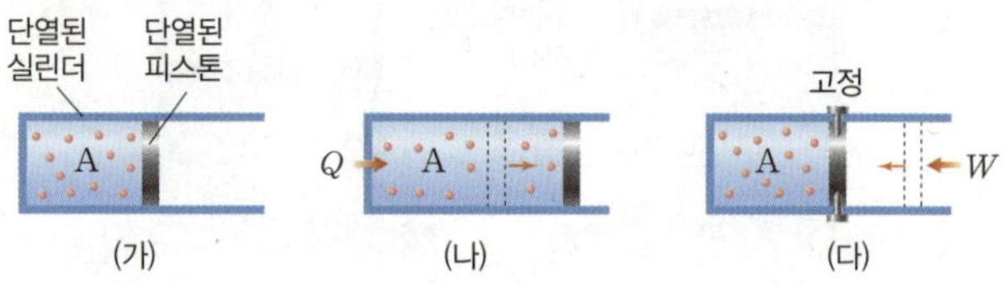

이에 대한 설명으로 옳은 것만을 |보기|에서 있는 대로 고른 것은? (단, 피스톤의 마찰은 무시한다.)

|보기|
ㄱ. A의 온도는 (가)에서가 (다)에서보다 낮다.
ㄴ. (나) → (다) 과정에서 A의 압력은 일정하다.
ㄷ. (가) → (나) 과정에서 A가 한 일은 (나) → (다) 과정에서 A의 내부 에너지 변화량과 같다.

① ㄱ　　　② ㄴ　　　③ ㄱ, ㄷ
④ ㄴ, ㄷ　　　⑤ ㄱ, ㄴ, ㄷ

20 그림 (가)와 같이 단열된 실린더와 단열되지 않은 실린더에 각각 같은 양의 동일한 이상 기체 A, B가 들어 있고, 단면적이 같은 단열된 두 피스톤이 정지해 있다. B의 온도를 일정하게 유지하면서 A에 열을 공급하였더니 피스톤이 천천히 이동하여 정지하였다. 그림 (나)는 시간에 따른 A와 B의 온도를 나타낸 것이다.

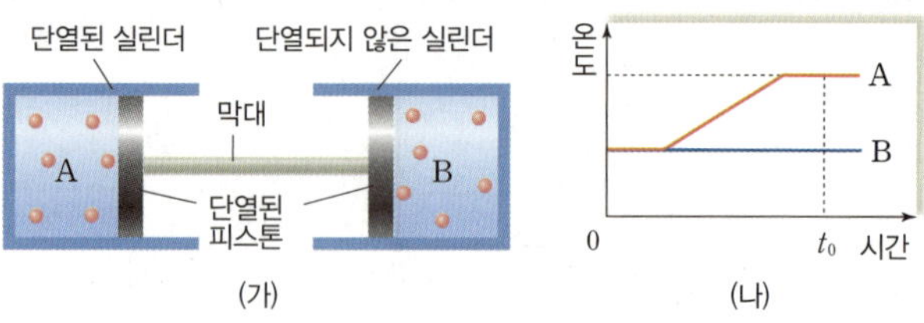

이에 대한 설명으로 옳은 것만을 |보기|에서 있는 대로 고른 것은? (단, 실린더는 고정되어 있고, 피스톤의 마찰은 무시한다.)

|보기|
ㄱ. t_0일 때 내부 에너지는 A가 B보다 크다.
ㄴ. t_0일 때 부피는 B가 A보다 크다.
ㄷ. A의 온도가 높아지는 동안 B는 열을 방출한다.

① ㄱ　　　② ㄷ　　　③ ㄱ, ㄷ
④ ㄴ, ㄷ　　　⑤ ㄱ, ㄴ, ㄷ

21

그림 (가)와 같이 실린더 안의 동일한 이상 기체 A와 B가 열전달이 잘되는 고정된 금속판에 의해 분리되어 열평형 상태에 있다. A, B의 압력과 부피는 각각 P, V로 같다. 그림 (나)는 (가)에서 피스톤에 힘을 가하여 B의 부피가 감소한 상태로 A와 B가 열평형을 이룬 모습을 나타낸 것이다.

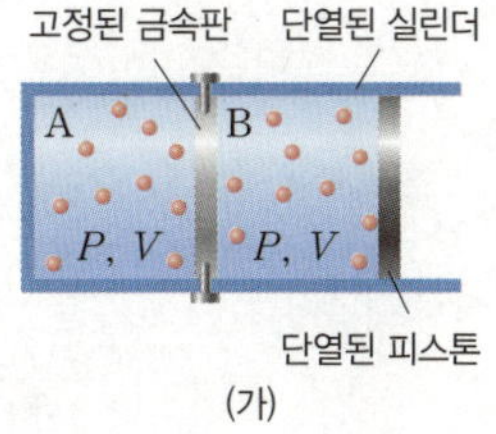

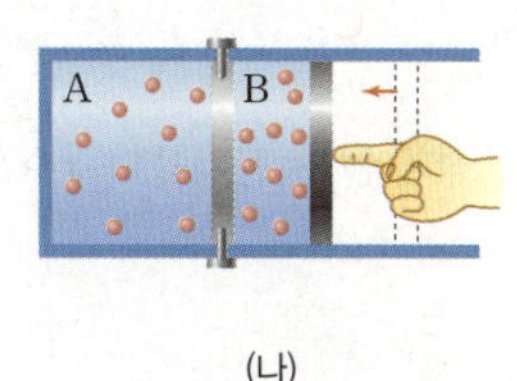

이에 대한 설명으로 옳은 것만을 |보기|에서 있는 대로 고른 것은? (단, 피스톤의 마찰, 금속판이 흡수한 열량은 무시한다.)

|보기|
ㄱ. A의 온도는 (가)에서가 (나)에서보다 높다.
ㄴ. (나)에서 기체의 압력은 A가 B보다 작다.
ㄷ. (가) → (나) 과정에서 B가 받은 일은 B의 내부 에너지 증가량과 같다.

① ㄱ　　　　② ㄴ　　　　③ ㄱ, ㄷ
④ ㄴ, ㄷ　　　⑤ ㄱ, ㄴ, ㄷ

22

그림 (가)는 열효율이 0.4인 열기관이 고열원에서 Q_1의 열을 흡수하여 W의 일을 하고, 저열원으로 Q_2의 열을 방출하는 것을 모식적으로 나타낸 것이다. 그림 (나)는 (가)의 열기관에서 일정량의 이상 기체가 상태 $A \to B \to C \to D \to A$를 따라 순환하는 동안 기체의 압력과 부피를 나타낸 것이다. $A \to B$ 과정과 $C \to D$ 과정은 등온 과정이다.

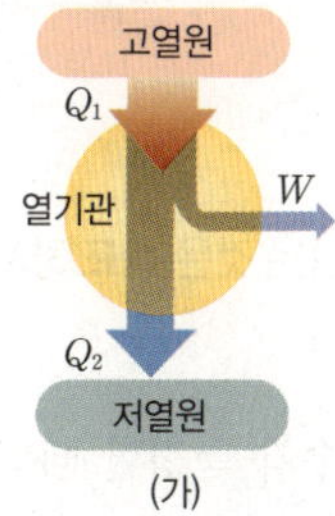

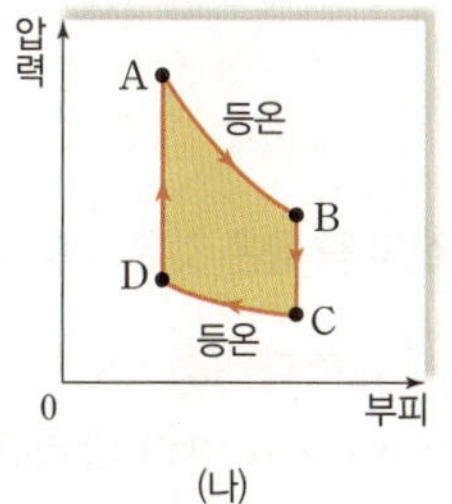

이에 대한 설명으로 옳은 것만을 |보기|에서 있는 대로 고른 것은?

|보기|
ㄱ. $W = \dfrac{2}{5}Q_1$이다.
ㄴ. $A \to B$ 과정에서 기체가 흡수한 열은 $C \to D$ 과정에서 기체가 방출한 열보다 크다.
ㄷ. 기체의 내부 에너지는 A에서가 C에서보다 크다.

① ㄱ　　　　② ㄷ　　　　③ ㄱ, ㄴ
④ ㄴ, ㄷ　　　⑤ ㄱ, ㄴ, ㄷ

23

그림은 온도가 T_1인 열원에서 $4Q$의 열을 흡수하여 Q의 일을 하고, 온도가 T_2인 열원으로 열을 방출하는 열기관을 나타낸 것이다.

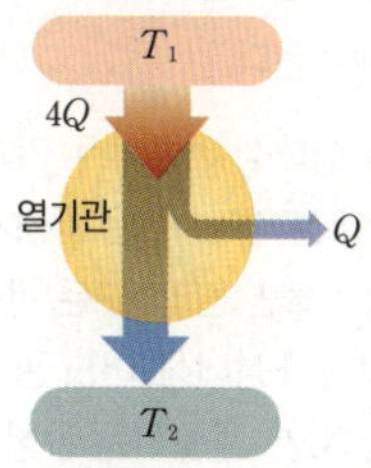

이에 대한 설명으로 옳은 것만을 |보기|에서 있는 대로 고른 것은?

|보기|
ㄱ. $T_1 > T_2$이다.
ㄴ. 열효율은 $\dfrac{3}{4}$이다.
ㄷ. T_2인 열원으로 방출하는 열은 $3Q$이다.

① ㄱ　　　　② ㄴ　　　　③ ㄷ
④ ㄱ, ㄴ　　　⑤ ㄱ, ㄷ

24

그림은 열효율이 0.3인 열기관에서 일정량의 이상 기체가 상태 $A \to B \to C \to D \to A$를 따라 순환하는 동안 기체의 압력과 부피를, 표는 각 과정에서 기체가 흡수 또는 방출하는 열량을 나타낸 것이다.

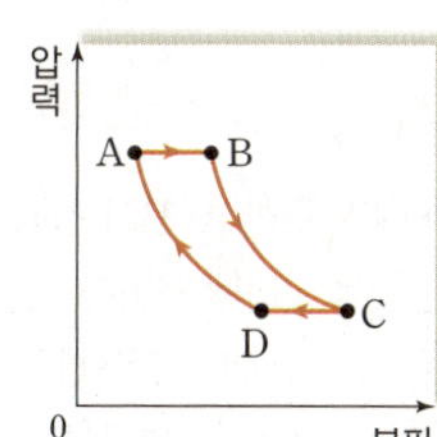

과정	흡수 또는 방출하는 열량(J)
$A \to B$	㉠
$B \to C$	0
$C \to D$	140
$D \to A$	0

이에 대한 설명으로 옳은 것만을 |보기|에서 있는 대로 고른 것은?

|보기|
ㄱ. ㉠은 200이다.
ㄴ. $A \to B$ 과정에서 기체의 내부 에너지는 감소한다.
ㄷ. $C \to D$ 과정에서 기체는 외부로부터 열을 흡수한다.

① ㄱ　　　　② ㄷ　　　　③ ㄱ, ㄴ
④ ㄴ, ㄷ　　　⑤ ㄱ, ㄴ, ㄷ

1 특수 상대성 이론

정답과 해설 p.086

[기출 패턴] 특수 상대성 이론의 두 가지 가정을 알고, 특수 상대성 이론에 의한 현상인 동시성의 상대성, 시간 지연, 길이 수축에 대해 이해하고 있어야 한다.

[배경 지식] (1) 특수 상대성 이론의 두 가지 가정
- 상대성 원리: 모든 관성계에서 물리 법칙은 동일하게 성립한다.
- 광속 불변 원리: 모든 관성계에서 빛의 속력은 동일하다.

(2) 동시성의 상대성: 어느 관성계에서 동시에 일어난 사건이 다른 관성계에서는 동시가 아닐 수 있다.

(3) 시간 지연: 운동하는 관성계의 시간은 느리게 간다.

(4) 길이 수축: 운동하는 물체의 길이는 수축된다.

자료 1 교육청 기출

그림은 관찰자 A가 탄 우주선이 정지해 있는 관찰자 B에 대해 $+x$ 방향으로 $0.6c$의 일정한 속력으로 운동하는 모습을 나타낸 것이다. 광원과 점 P, Q는 B에 대해 정지해 있다. A가 관측할 때, 광원과 P 사이의 거리는 L이고 광원에서 방출된 빛은 P, Q에 동시에 도달하였다.

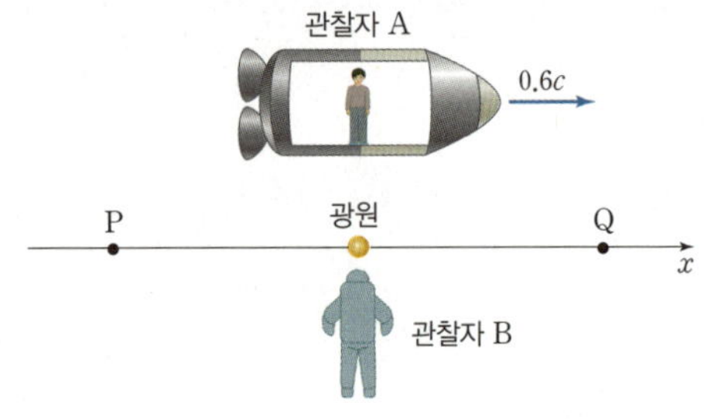

● 다음 설명 중 옳은 것은 ○표, 옳지 <u>않은</u> 것은 ×표 하시오.

1 A가 관측할 때 B의 속력은 $0.6c$보다 크다. ○ / ×

2 A가 관측할 때 광원과 Q 사이의 거리는 L이다. ○ / ×

3 B가 관측할 때 빛은 Q보다 P에 먼저 도달한다. ○ / ×

4 B가 관측할 때 A의 시간은 B의 시간보다 빠르게 간다. ○ / ×

5 광원에서 P로 진행하는 빛의 속력은 A가 관측할 때가 B가 관측할 때보다 크다. ○ / ×

자료 2 교육청 기출

그림은 우주 정거장에 대해 철수와 영희가 탄 우주선 A, B가 각각 일정한 속력 $0.8c$, $0.9c$로 직선 운동을 하는 것을 나타낸 것이다. A, B의 고유 길이는 서로 같다. 철수와 영희는 각각 B 안의 광원에서 나온 빛이 P에 도달할 때까지 걸리는 시간을 $t_{철수}$, $t_{영희}$로 측정한다.

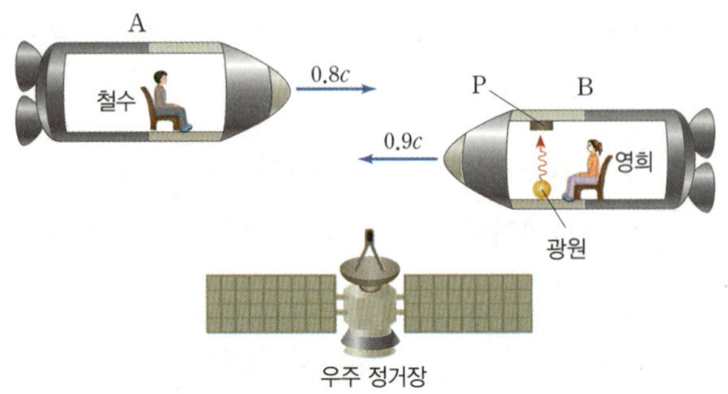

● 다음 설명 중 옳은 것은 ○표, 옳지 <u>않은</u> 것은 ×표 하시오.

1 $t_{철수} > t_{영희}$이다. ○ / ×

2 광원에서 나온 빛의 속력은 철수가 측정할 때와 영희가 측정할 때가 서로 같다. ○ / ×

3 철수가 측정한 B의 길이는 영희가 측정한 A의 길이보다 짧다. ○ / ×

4 A가 측정한 B의 속력은 B가 측정한 A의 속력보다 크다. ○ / ×

5 우주 정거장의 길이는 A가 측정할 때가 B가 측정할 때보다 길다. ○ / ×

자료 3 평가원 기출

그림과 같이 점 O에는 광원이, 점 P, Q, R에는 거울이 있다. 광원과 거울에 대해 정지해 있는 영희가 측정한 O에서 각 거울까지의 거리는 L로 같다. 철수는 영희에 대해 일정한 속도 $0.9c$로 P, O, R를 잇는 직선과 나란하게 운동하는 우주선에 타고 있다.

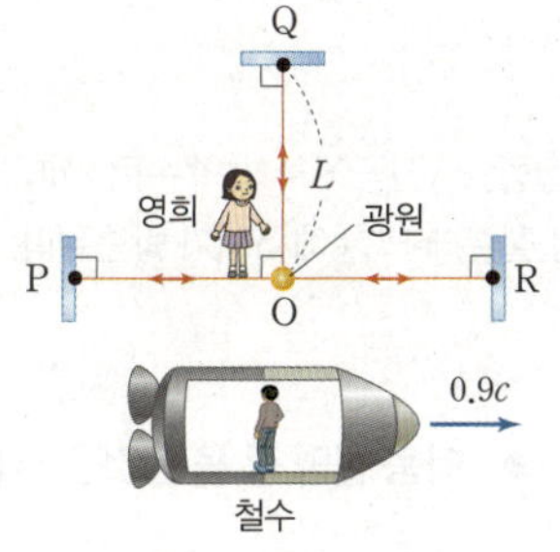

● 다음 설명 중 옳은 것은 ○표, 옳지 <u>않은</u> 것은 ×표 하시오.

1 철수가 측정할 때, P와 R 사이의 거리는 O와 Q 사이의 거리의 2배이다. ○ / ×

2 영희가 측정할 때, 광원에서 방출된 빛은 P와 Q에 동시에 도달한다. ○ / ×

3 철수가 측정할 때, O에서 P와 R를 향해 동시에 출발한 빛은 P보다 R에 먼저 도달한다. ○ / ×

4 철수가 측정할 때, O와 Q 사이를 빛이 한 번 왕복하는 데 걸리는 시간은 $\dfrac{2L}{c}$이다. ○ / ×

자료 4 교육청 기출

그림과 같이 관찰자 A, B가 탄 우주선이 수평면에 있는 관찰자 C에 대해 수평면과 나란한 방향으로 각각 일정한 속도 v_A, v_B로 운동한다. 광원에서 방출된 빛이 거울에 반사되어 돌아오는 데 걸린 시간은 A가 측정할 때가 B가 측정할 때보다 작다. 광원, 거울은 C에 대해 정지해 있다.

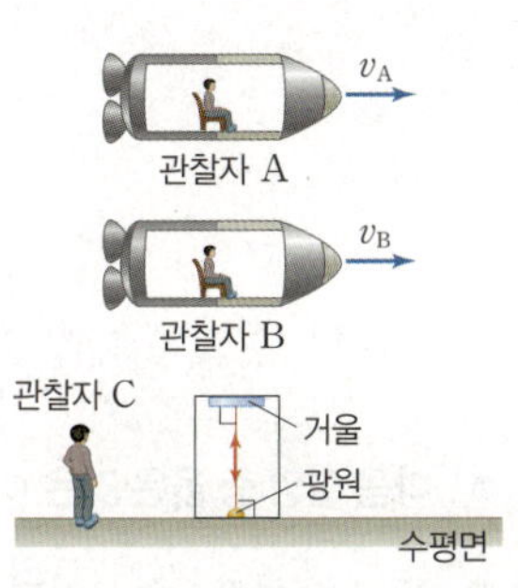

● 다음 설명 중 옳은 것은 ○표, 옳지 <u>않은</u> 것은 ×표 하시오.

1 광원에서 방출된 빛의 속력은 B가 측정할 때가 C가 측정할 때보다 크다. ○ / ×

2 $v_A < v_B$이다. ○ / ×

3 C가 측정할 때 B의 시간은 A의 시간보다 느리게 간다. ○ / ×

4 B가 측정할 때 A의 시간은 C의 시간보다 빠르게 간다. ○ / ×

자료 5 평가원 기출

그림은 관찰자 A에 대해 관찰자 B가 탄 우주선이 x축과 나란하게 광속에 가까운 속력으로 등속도 운동을 하고 있는 모습을 나타낸 것이다. B의 관성계에서 빛은 광원으로부터 각각 $+x$ 방향, $-y$ 방향으로 동시에 방출된 후 거울 p, q에서 반사하여 광원에 동시에 도달하며 광원과 q 사이의 거리는 L이다. 표는 A의 관성계에서 빛이 광원에서 p까지, p에서 광원까지 가는 데 걸린 시간을 나타낸 것이다. c는 빛의 속력이다.

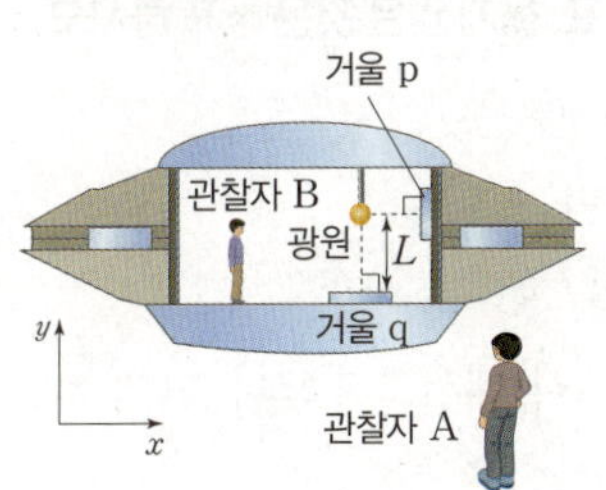

빛의 경로	시간
광원 → p	$0.4t_0$
p → 광원	$0.6t_0$

● 다음 설명 중 옳은 것은 ○표, 옳지 <u>않은</u> 것은 ×표 하시오.

1 우주선의 운동 방향은 $+x$ 방향이다. ○ / ×

2 $t_0 > \dfrac{2L}{c}$이다. ○ / ×

3 B의 관성계에서 광원과 p 사이의 거리는 L이다. ○ / ×

4 A의 관성계에서 광원과 p 사이의 거리는 L보다 작다. ○ / ×

5 B의 관성계에서 빛이 광원과 p 사이를 한 번 왕복하는 데 걸린 시간은 t_0이다. ○ / ×

2 질량과 에너지

정답과 해설 p.086

[기출 패턴] 핵반응 시 질량수와 전하량은 보존되지만 질량은 보존되지 않으며, 질량 결손에 해당하는 에너지가 방출된다는 것을 알아야 한다.

[배경 지식] (1) 질량은 에너지로 변환될 수 있고, 에너지는 질량으로 변환될 수 있다.
(2) 물체의 상대론적 질량은 물체의 속력이 증가할수록 크다.
(3) 정지해 있는 물체의 정지 에너지는 $E_0 = m_0 c^2$ (m_0: 정지 질량, c: 진공에서 빛의 속력)이다.
(4) 핵반응에서 질량수와 전하량은 보존되며, 핵반응에서 질량 결손에 의한 에너지가 방출된다.

자료 1 　교육청 기출

그림은 우라늄($^{235}_{92}$U) 핵분열 반응의 두 가지 예를 모식적으로 나타낸 것이다. x, y는 각각 Ba과 Xe의 질량수이고, A는 각 핵분열 반응에서 방출되는 입자이다.

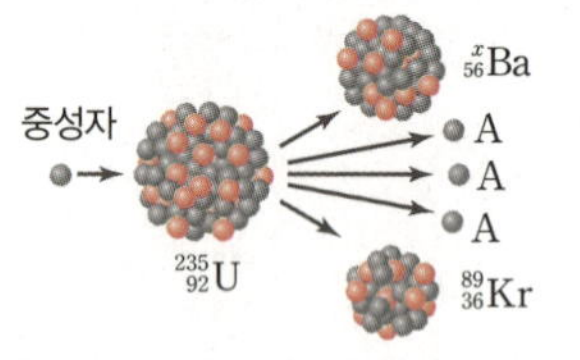
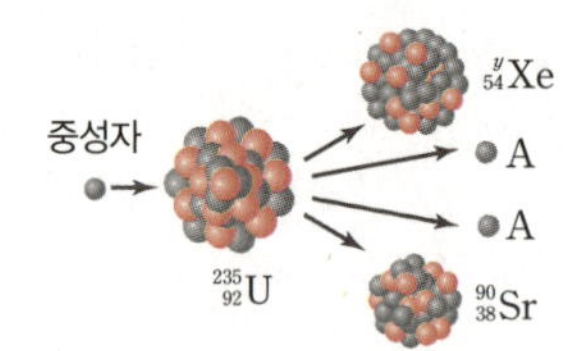

● 다음 설명 중 옳은 것은 ○표, 옳지 <u>않은</u> 것은 ×표 하시오.

1 A는 양성자이다. ○ / ×

2 핵분열 과정에서 질량의 일부가 에너지로 변환된다.
○ / ×

3 x는 y보다 작다. ○ / ×

4 핵분열 반응에서 질량 결손에 의해 에너지가 발생한다.
○ / ×

자료 2 　평가원 기출

다음 (가)와 (나)는 원자핵 X를 생성하며 에너지를 방출하는 두 가지 핵반응식이다. 표는 (가), (나)와 관련된 원자핵의 질량을 나타낸 것이다.

(가) $^2_1$H + $^2_1$H ⟶ ⎡ X ⎤ + 24 MeV

(나) $^{226}_{88}$Ra ⟶ $^{222}_{86}$Rn + ⎡ X ⎤ + 5 MeV

원자핵	질량
$^2_1$H	M_1
$^{226}_{88}$Ra	M_2
$^{222}_{86}$Rn	M_3

● 다음 설명 중 옳은 것은 ○표, 옳지 <u>않은</u> 것은 ×표 하시오.

1 X의 중성자수는 2이다. ○ / ×

2 (나)에서 핵반응 전후 질량수의 합은 같다. ○ / ×

3 핵반응에서 질량 결손은 (가)에서가 (나)에서보다 작다.
○ / ×

4 $2M_1 > M_2 - M_3$이다. ○ / ×

자료 3 　수능 기출

다음은 두 가지 핵반응식이다.

(가) $^2_1$H + $^3_1$H ⟶ $^4_2$He + $^1_0$n + 17.6 MeV

(나) $^{15}_7$N + $^1_1$H ⟶ ⎡ ㉠ ⎤ + $^4_2$He + 4.96 MeV

● 다음 설명 중 옳은 것은 ○표, 옳지 <u>않은</u> 것은 ×표 하시오.

1 (가)는 핵융합 반응이다. ○ / ×

2 $^2_1$H는 $^1_1$H의 동위 원소이다. ○ / ×

3 $^{15}_7$N의 중성자수는 7이다. ○ / ×

4 질량 결손은 (가)에서가 (나)에서보다 크다. ○ / ×

5 ㉠의 질량수는 10이다. ○ / ×

수능 대비 문제

01 그림은 관찰자 A, B가 탄 우주선이 우주 정거장 P에 대해 각각 $0.7c$, $0.8c$의 일정한 속도로 우주 정거장 Q를 향해 운동하는 모습을 나타낸 것이다. Q는 P에 대해 정지해 있고, A, B가 탄 우주선의 고유 길이는 같다.

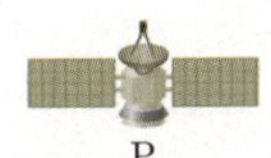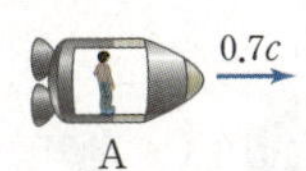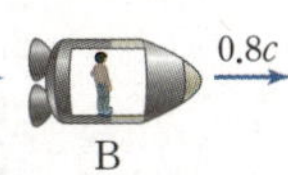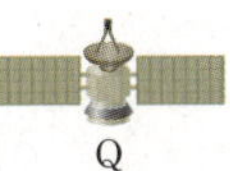

이에 대한 설명으로 옳은 것만을 |보기|에서 있는 대로 고른 것은? (단, c는 빛의 속력이다.)

> ─ 보기 ─
> ㄱ. A의 관성계에서 P의 속력은 $0.7c$이다.
> ㄴ. A의 관성계에서 B의 시간은 P의 시간보다 느리게 간다.
> ㄷ. P와 Q 사이의 거리는 A의 관성계에서가 B의 관성계에서보다 크다.

① ㄱ 　　② ㄴ 　　③ ㄱ, ㄷ
④ ㄴ, ㄷ 　　⑤ ㄱ, ㄴ, ㄷ

02 그림과 같이 지표면에 정지해 있는 관찰자가 측정할 때, 지표면으로부터 높이 h인 곳에서 뮤온 A, B가 생성되어 각각 연직 방향의 일정한 속도 $0.88c$, $0.99c$로 지표면을 향해 움직인다. A, B 중 하나는 지표면에 도달하는 순간 붕괴하고, 다른 하나는 지표면에 도달하기 전에 붕괴한다. 정지 상태의 뮤온이 생성된 순간부터 붕괴하는 순간까지 걸리는 시간은 t_0이다.

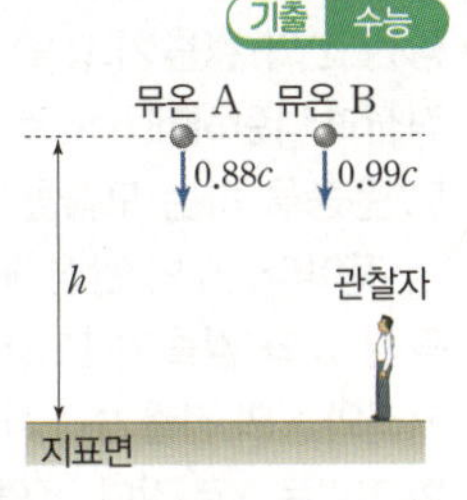

이에 대한 설명으로 옳은 것만을 |보기|에서 있는 대로 고른 것은? (단, c는 빛의 속력이다.)

> ─ 보기 ─
> ㄱ. 관찰자가 측정할 때 A가 생성된 순간부터 붕괴하는 순간까지 걸리는 시간은 t_0이다.
> ㄴ. 지표면에 도달하는 순간 붕괴하는 뮤온은 B이다.
> ㄷ. 관찰자가 측정할 때 h는 $0.99ct_0$이다.

① ㄱ 　　② ㄴ 　　③ ㄱ, ㄷ
④ ㄴ, ㄷ 　　⑤ ㄱ, ㄴ, ㄷ

---

03 그림과 같이 관찰자 A에 대해 우주선 P, Q가 각각 v_P, v_Q의 일정한 속도로 운동한다. P, Q에서는 각각 광원에서 방출된 빛이 검출기에 도달하고, 광원과 검출기 사이의 고유 길이는 같다. 광원과 검출기는 운동 방향과 나란하다. A의 관성계에서 빛이 광원에서 검출기까지 가는 데 걸린 시간은 P에서는 t_0, Q에서는 $1.2t_0$이다.

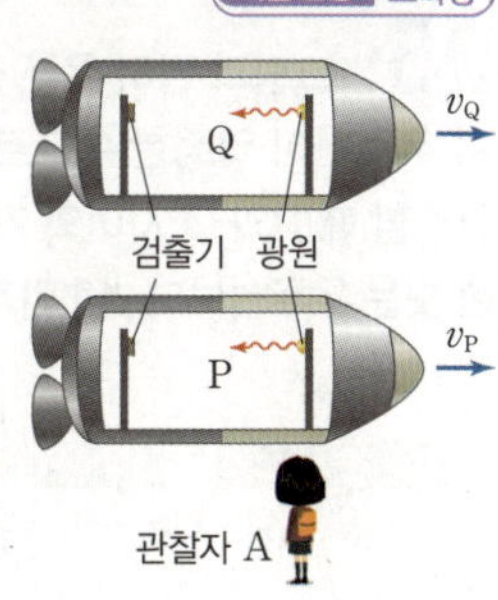

이에 대한 설명으로 옳은 것만을 |보기|에서 있는 대로 고른 것은? (단, c는 빛의 속력이다.)

> ─ 보기 ─
> ㄱ. v_P는 v_Q보다 크다.
> ㄴ. A의 관성계에서 검출기로 진행하는 빛의 속력은 P에서가 Q에서의 1.2배이다.
> ㄷ. A의 관성계에서 광원과 검출기 사이의 거리는 P에서가 Q에서의 $\frac{5}{6}$배이다.

① ㄱ 　　② ㄴ 　　③ ㄱ, ㄷ
④ ㄴ, ㄷ 　　⑤ ㄱ, ㄴ, ㄷ

04 그림과 같이 관찰자 P에 대해 관찰자 Q가 탄 우주선이 $0.5c$의 속력으로 직선 운동을 하고 있다. P의 관성계에서, Q가 P를 스쳐 지나는 순간 Q로부터 같은 거리만큼 떨어져 있는 광원 A, B에서 빛이 동시에 발생한다.

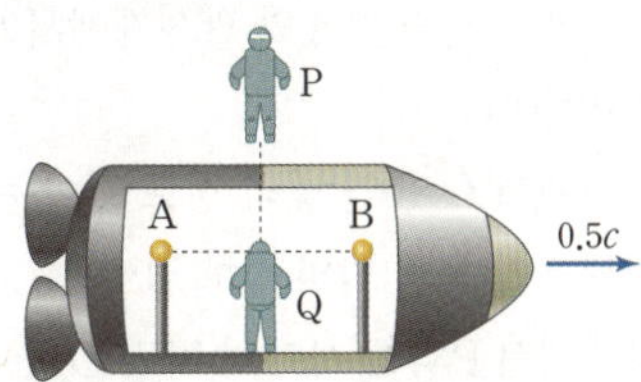

이에 대한 설명으로 옳은 것만을 |보기|에서 있는 대로 고른 것은? (단, c는 빛의 속력이다.)

> ─ 보기 ─
> ㄱ. P의 관성계에서, A와 B에서 발생한 빛은 동시에 P에 도달한다.
> ㄴ. P의 관성계에서, A와 B에서 발생한 빛은 동시에 Q에 도달한다.
> ㄷ. B에서 발생한 빛이 Q에 도달할 때까지 걸리는 시간은 Q의 관성계에서가 P의 관성계에서보다 크다.

① ㄱ 　　② ㄷ 　　③ ㄱ, ㄴ
④ ㄱ, ㄷ 　　⑤ ㄱ, ㄴ, ㄷ

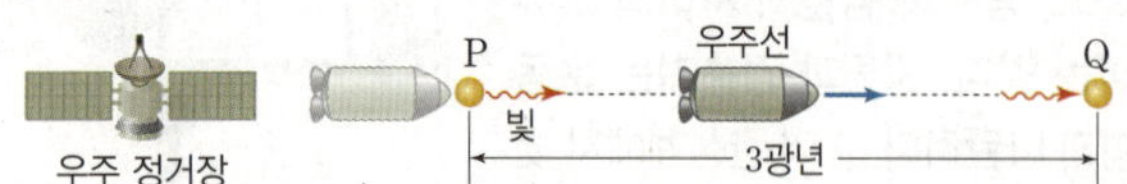

05 그림과 같이 우주 정거장에 대해 정지한 두 점 P에서 Q까지 우주선이 일정한 속도로 운동한다. 우주 정거장의 관성계에서 관측할 때 P와 Q 사이의 거리는 3광년이고, 우주선이 P에서 방출한 빛은 우주선보다 2년 먼저 Q에 도달한다.

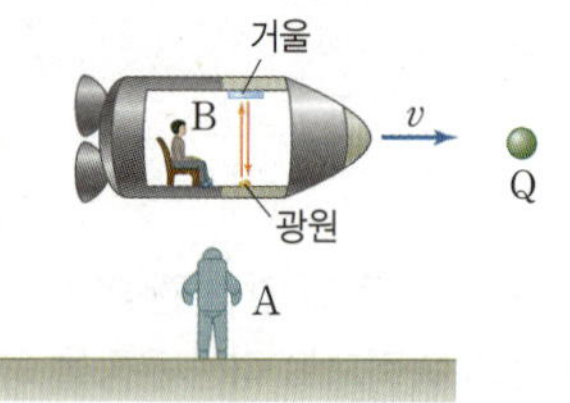

우주선의 관성계에서 관측할 때에 대한 설명으로 옳은 것만을 |보기|에서 있는 대로 고른 것은? (단, 빛의 속력은 c이고, 1광년은 빛이 1년 동안 진행하는 거리이다.)

> ― 보기 ―
> ㄱ. Q의 속력은 $0.6c$이다.
> ㄴ. P와 Q 사이의 거리는 3광년이다.
> ㄷ. 우주선의 시간은 우주 정거장의 시간보다 빠르게 간다.

① ㄱ   ② ㄴ   ③ ㄱ, ㄷ
④ ㄴ, ㄷ   ⑤ ㄱ, ㄴ, ㄷ

06 다음은 특수 상대성 이론에 대한 사고 실험의 일부이다.

> 가설 Ⅰ: 모든 관성계에서 물리 법칙은 동일하다.
> 가설 Ⅱ: 모든 관성계에서 빛의 속력은 c로 일정하다.
>
> 관찰자 A에 대해 정지해 있는 두 천체 P, Q 사이를 관찰자 B가 탄 우주선이 광속에 가까운 속력 v로 등속도 운동을 하고 있다. B의 관성계에서 광원으로부터 우주선의 운동 방향에 수직으로 방출된 빛은 거울에서 반사되어 되돌아온다.
>
> (가) 빛이 1회 왕복한 시간은 A의 관성계에서 t_A이고, B의 관성계에서 t_B이다.
> (나) A의 관성계에서 t_A 동안 빛의 경로 길이는 L_A이고, B의 관성계에서 t_B 동안 빛의 경로 길이는 L_B이다.
> (다) A의 관성계에서 P와 Q 사이의 거리 D_A는 P에서 Q까지 우주선의 이동 시간과 v를 곱한 값이다.
> (라) B의 관성계에서 P와 Q 사이의 거리 D_B는 P가 B를 지날 때부터 Q가 B를 지날 때까지 걸린 시간과 v를 곱한 값이다.

이에 대한 설명으로 옳은 것만을 |보기|에서 있는 대로 고른 것은?

> ― 보기 ―
> ㄱ. $t_A > t_B$이다.   ㄴ. $L_A > L_B$이다.
> ㄷ. $\dfrac{D_A}{D_B} = \dfrac{L_A}{L_B}$이다.

① ㄱ   ② ㄷ   ③ ㄱ, ㄴ
④ ㄴ, ㄷ   ⑤ ㄱ, ㄴ, ㄷ

07 그림과 같이 우주선을 탄 관찰자 A, B가 우주선 P에 대해 서로 수직 방향으로 각각 $0.9c$, $0.7c$의 일정한 속도로 운동한다. P에서는 광원에서 방출된 빛이 거울에 반사되어 되돌아온다.

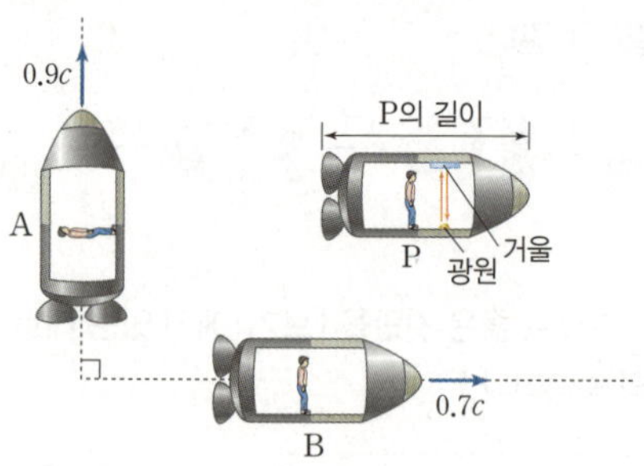

A의 관성계에서가 B의 관성계에서보다 큰 물리량만을 |보기|에서 있는 대로 고른 것은? (단, c는 빛의 속력이다.)

> ― 보기 ―
> ㄱ. 빛의 속력
> ㄴ. P의 길이
> ㄷ. 빛이 1회 왕복하는 데 걸린 시간

① ㄴ   ② ㄷ   ③ ㄱ, ㄴ
④ ㄱ, ㄷ   ⑤ ㄴ, ㄷ

08 그림은 관찰자 A가 탄 우주선이 관찰자 B에 대해 광원 Y와 검출기 R를 잇는 직선과 나란하게 $0.8c$로 등속도 운동을 하는 모습을 나타낸 것이다. A의 관성계에서 광원 X와 검출기 P 사이의

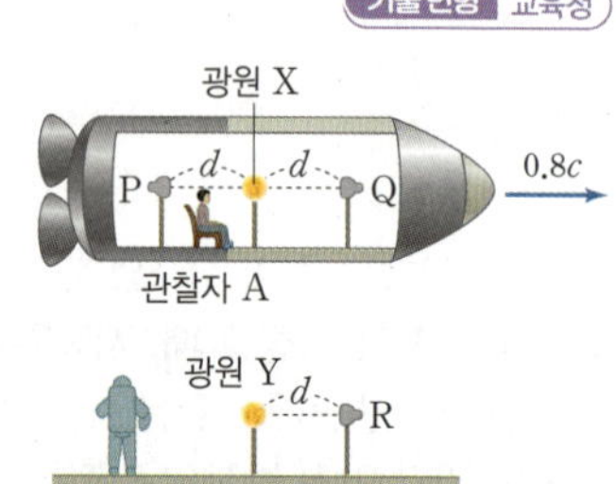

거리와 X와 검출기 Q 사이의 거리와, B의 관성계에서 Y와 R 사이의 거리는 d로 같다. Y와 R는 B에 대해 정지해 있다.

이에 대한 설명으로 옳은 것만을 |보기|에서 있는 대로 고른 것은? (단, c는 빛의 속력이다.)

> ― 보기 ―
> ㄱ. B의 관성계에서 X에서 방출된 빛은 Q보다 P에 먼저 도달한다.
> ㄴ. A의 관성계에서 Y에서 방출된 빛이 R에 도달하는 데 걸리는 시간은 $\dfrac{d}{0.8c}$이다.
> ㄷ. B의 관성계에서 P와 Q 사이의 거리는 A의 관성계에서 Y와 R 사이의 거리의 2배이다.

① ㄱ   ② ㄴ   ③ ㄱ, ㄷ
④ ㄴ, ㄷ   ⑤ ㄱ, ㄴ, ㄷ

09

그림은 관찰자 A에 대해 관찰자 B가 탄 우주선이 구간 Ⅰ에서는 $0.6c$의 속력으로, 구간 Ⅱ에서 $0.8c$의 속력으로 직선 운동을 하는 모습을 나타낸 것이다. B의 관성계에서 광원과 거울 사이의 거리는 L이고, 광원에서 우주선의 운동 방향과 수직으로 발생시킨 빛은 거울에서 반사되어 되돌아온다.

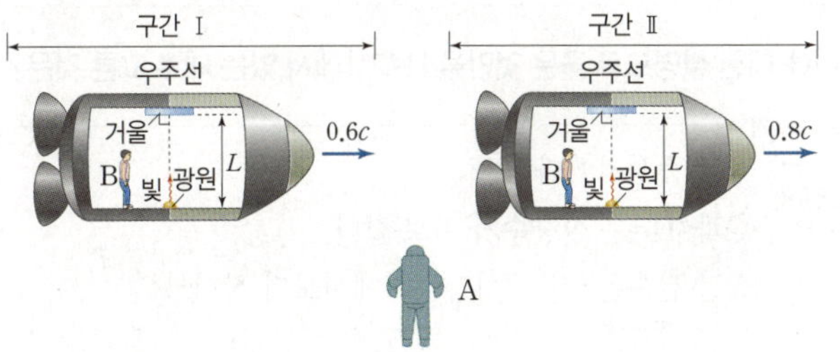

A의 관성계에서 관측한 것으로 옳은 것만을 |보기|에서 있는 대로 고른 것은? (단, c는 빛의 속력이다.)

|보기|
ㄱ. 우주선이 Ⅰ에서 운동할 때, 광원과 거울 사이의 거리는 L이다.
ㄴ. 광원에서 거울로 진행하는 빛의 속력은 Ⅰ에서가 Ⅱ에서보다 작다.
ㄷ. 빛이 1회 왕복하는 데 걸린 시간은 Ⅰ에서가 Ⅱ에서보다 크다.

① ㄱ 　② ㄴ 　③ ㄱ, ㄷ
④ ㄴ, ㄷ 　⑤ ㄱ, ㄴ, ㄷ

10

다음은 핵융합 발전에 대한 내용이다.

태양에서 방출되는 에너지의 대부분은 　A　 원자핵들의 ㉠핵융합 반응으로 　B　 원자핵이 생성되는 과정에서 발생한다. 핵융합을 이용한 발전은 ㉡핵분열을 이용한 발전보다 안정성과 지속성이 높고 방사성 폐기물 발생량이 적어 미래 에너지 기술로 기대되고 있다. 우리나라 과학자들은 핵융합 발전의 상용화에 필수적인 초고온 플라즈마 발생 기술과 핵융합로 제작 기술을 활발하게 연구하고 있다.

이에 대한 설명으로 옳은 것만을 |보기|에서 있는 대로 고른 것은?

|보기|
ㄱ. 원자핵 1개의 질량은 A가 B보다 크다.
ㄴ. ㉠ 과정에서 질량 결손에 의해 에너지가 발생한다.
ㄷ. ㉡ 과정에서 질량수가 큰 원자핵이 반응하여 질량수가 작은 원자핵들이 생성된다.

① ㄱ 　② ㄴ 　③ ㄱ, ㄷ
④ ㄴ, ㄷ 　⑤ ㄱ, ㄴ, ㄷ

11

다음은 두 가지 핵반응식이다.

(가) $^{235}_{92}\text{U} + ^{1}_{0}\text{n} \longrightarrow \boxed{㉠} + ^{141}_{56}\text{Ba} + 3^{1}_{0}\text{n} + 200\ \text{MeV}$

(나) $^{2}_{1}\text{H} + ^{3}_{1}\text{H} \longrightarrow \boxed{㉡} + ^{1}_{0}\text{n} + 17.6\ \text{MeV}$

이에 대한 설명으로 옳은 것만을 |보기|에서 있는 대로 고른 것은?

|보기|
ㄱ. (가)는 핵융합 반응이다.
ㄴ. 질량수는 ㉠이 ㉡의 23배이다.
ㄷ. 질량 결손은 (가)에서가 (나)에서보다 크다.

① ㄱ 　② ㄷ 　③ ㄱ, ㄴ
④ ㄴ, ㄷ 　⑤ ㄱ, ㄴ, ㄷ

12

다음은 두 가지 핵반응이고, 표는 입자 또는 원자핵의 질량을 나타낸 것이다.

(가) $^{2}_{1}\text{H} + ^{2}_{1}\text{H} \longrightarrow ^{3}_{2}\text{He} + \boxed{㉠} + 3.27\ \text{MeV}$

(나) $^{2}_{1}\text{H} + ^{2}_{1}\text{H} \longrightarrow ^{3}_{1}\text{H} + \boxed{㉡} + 4.03\ \text{MeV}$

입자 또는 원자핵	질량
㉠	m_1
㉡	m_2
$^{1}_{1}\text{H}$	m_3
$^{3}_{2}\text{He}$	m_4

이에 대한 설명으로 옳은 것만을 |보기|에서 있는 대로 고른 것은?

|보기|
ㄱ. $^{3}_{2}\text{He}$에 들어 있는 ㉠의 수는 2이다.
ㄴ. $^{2}_{1}\text{H}$는 ㉡의 동위 원소이다.
ㄷ. $m_1 + m_4 > m_2 + m_3$이다.

① ㄱ 　② ㄴ 　③ ㄷ
④ ㄱ, ㄷ 　⑤ ㄴ, ㄷ

13 다음은 핵반응식을 나타낸 것이다. ΔE는 핵반응에서 방출된 에너지이다.

$$_1^2\text{H} + \boxed{\ \ \bigcirc\ \ } \longrightarrow {}_2^4\text{He} + {}_0^1\text{n} + \Delta E$$

이에 대한 설명으로 옳은 것만을 |보기|에서 있는 대로 고른 것은? (단, c는 빛의 속력이다.)

보기
ㄱ. 핵융합 반응이다.
ㄴ. ㉠의 중성자수는 2이다.
ㄷ. 핵반응에서 결손된 질량은 $\dfrac{\Delta E}{c^2}$이다.

① ㄱ　　　　② ㄷ　　　　③ ㄱ, ㄴ
④ ㄴ, ㄷ　　　⑤ ㄱ, ㄴ, ㄷ

14 다음은 핵융합로와 양전자 방출 단층 촬영 장치에 대한 설명이다.

(가) 핵융합로에서 중수소($_1^2\text{H}$)와 삼중수소($_1^3\text{H}$)가 핵융합하여 헬륨($_2^4\text{He}$), 입자 ㉠을 생성하며 에너지를 방출한다.
(나) 인체에 투입한 물질에서 방출된 양전자*가 전자와 만나 함께 소멸할 때 발생한 감마선을 양전자 방출 단층 촬영 장치로 촬영하여 질병을 진단한다.

*양전자: 전자와 전하의 종류는 다르고 질량은 같은 입자

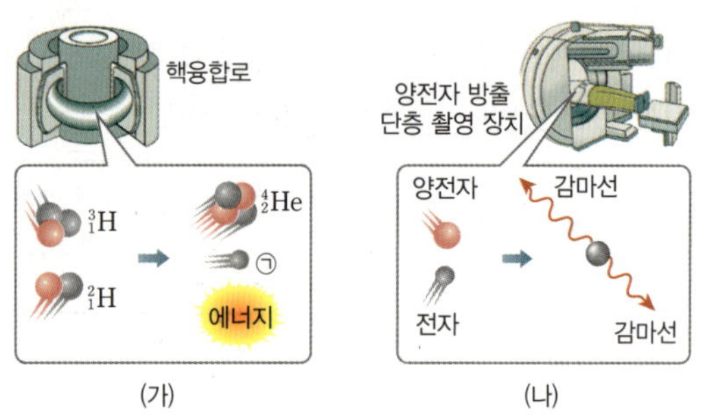

이에 대한 설명으로 옳은 것만을 |보기|에서 있는 대로 고른 것은?

보기
ㄱ. ㉠은 양성자이다.
ㄴ. (가)에서 핵융합 전후 입자들의 질량수 합은 같다.
ㄷ. (나)에서 양전자와 전자의 질량이 감마선의 에너지로 전환된다.

① ㄱ　　　　② ㄷ　　　　③ ㄱ, ㄴ
④ ㄴ, ㄷ　　　⑤ ㄱ, ㄴ, ㄷ

15 다음은 핵융합 반응로에서 일어날 수 있는 수소 핵융합 반응식이다.

(가) $_1^2\text{H} + _1^3\text{H} \longrightarrow {}_2^4\text{He} + \boxed{\ \ \bigcirc\ \ } + 17.6\ \text{MeV}$
(나) $_1^2\text{H} + _1^2\text{H} \longrightarrow \boxed{\ \ \bigcirc\!\bigcirc\ \ } + \boxed{\ \ \bigcirc\ \ } + 3.27\ \text{MeV}$

이에 대한 설명으로 옳은 것만을 |보기|에서 있는 대로 고른 것은?

보기
ㄱ. ㉠은 중성자이다.
ㄴ. ㉡과 $_2^4\text{He}$은 질량수가 서로 같다.
ㄷ. 질량 결손은 (가)에서가 (나)에서보다 작다.

① ㄱ　　　　② ㄴ　　　　③ ㄱ, ㄷ
④ ㄴ, ㄷ　　　⑤ ㄱ, ㄴ, ㄷ

16 그림은 관찰자 A에 대해 양성자와 빛이 점 P에서 점 Q로 각각 일정한 속도로 진행하고, 우주선을 탄 관찰자 B와 양성자는 A에 대해 $0.6c$의 속도로 빛의 진행 방향과 같은 방향으로 운동하는 모습을 나타낸 것이다. 빛이 P에서 Q까지 진행하는 데 걸린 시간을 A의 관성계와 B의 관성계에서 측정했을 때 각각 t_0, T_0이다.

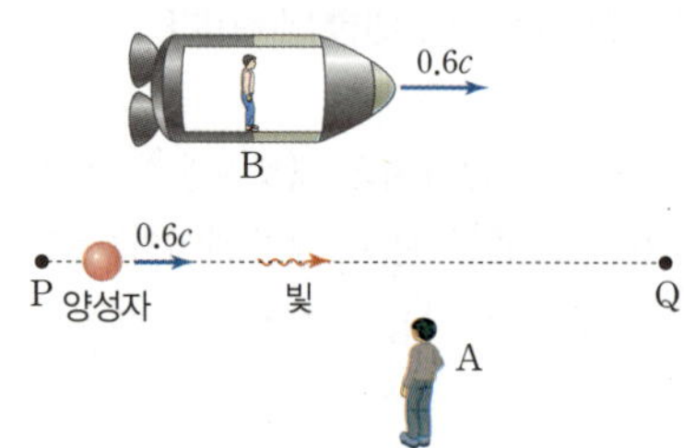

이에 대한 설명으로 옳은 것만을 |보기|에서 있는 대로 고른 것은? (단, c는 빛의 속력이다.)

보기
ㄱ. A의 관성계에서 양성자가 P에서 Q까지 이동하는 데 걸린 시간은 $\dfrac{5}{3}t_0$이다.
ㄴ. B의 관성계에서 양성자의 정지 에너지는 0이다.
ㄷ. P와 Q 사이의 거리는 A의 관성계에서가 B의 관성계에서의 $\dfrac{t_0}{T_0}$배이다.

① ㄱ　　　　② ㄴ　　　　③ ㄱ, ㄷ
④ ㄴ, ㄷ　　　⑤ ㄱ, ㄴ, ㄷ

Ⅱ 물질과 전자기장

1 물질의 전기적 특성

2 물질의 자기적 특성

1 전기력

정답과 해설 p.088

[기출 패턴] 점전하 사이에 작용하는 전기력을 구할 수 있어야 한다.

[배경 지식] (1) 같은 종류의 전하를 띤 전하들 사이에는 서로 밀어내는 전기력이 작용하고, 다른 종류의 전하를 띤 전하들 사이에는 서로 당기는 전기력이 작용한다.

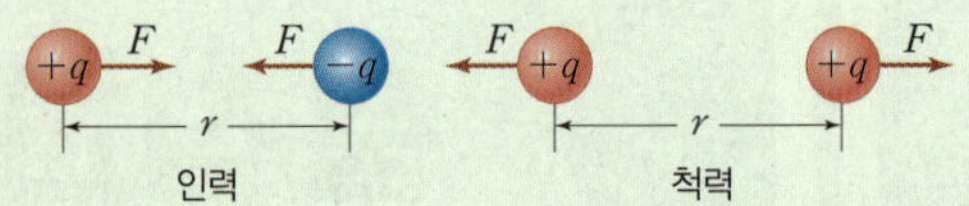

(2) 두 점전하 q_1, q_2 사이에 작용하는 전기력(F)은 두 전하량의 크기의 곱에 비례하고 두 전하 사이의 거리(r)의 제곱에 반비례한다.

$$\rightarrow F = k\frac{q_1 q_2}{r^2}\ (k = 8.99 \times 10^9\ \text{N·m/C}^2 \text{: 진공 중에서 쿨롱 상수})$$

자료 1 　수능 기출

그림 (가)와 같이 x축상에 점전하 A, B, C를 같은 간격으로 고정시켰더니 양($+$)전하 A에 작용하는 전기력이 0이 되었다. 그림 (나)와 같이 (가)의 C를 $-x$ 방향으로 옮겨 고정시켰더니 B에 작용하는 전기력이 0이 되었다.

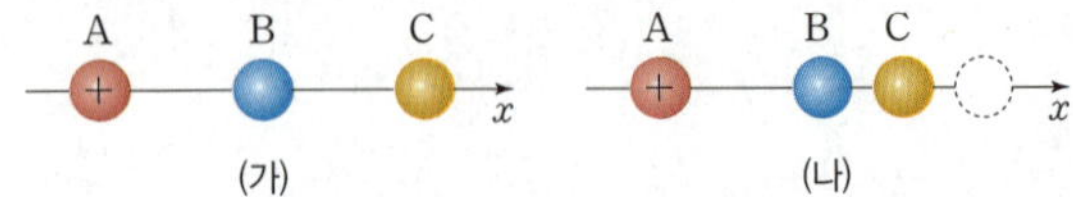

● 다음 설명 중 옳은 것은 ○표, 옳지 <u>않은</u> 것은 ×표 하시오.

1 (가)에서 B가 A에 작용하는 전기력의 크기는 C가 A에 작용하는 전기력의 크기와 같다.　○ / ×

2 전하량의 크기는 B가 C보다 크다.　○ / ×

3 전하량의 크기는 A가 C보다 크다.　○ / ×

4 A와 C 사이에는 서로 밀어내는 전기력이 작용한다.　○ / ×

5 (가)에서 A와 B 사이에 작용하는 전기력의 크기는 B와 C 사이에 작용하는 전기력의 크기보다 작다.　○ / ×

자료 2 　평가원 기출

그림과 같이 x축상에 점전하 A, B, C가 같은 거리만큼 떨어져 고정되어 있다. 양($+$)전하 A에 작용하는 전기력은 0이고, B에 작용하는 전기력의 방향은 $-x$ 방향이다.

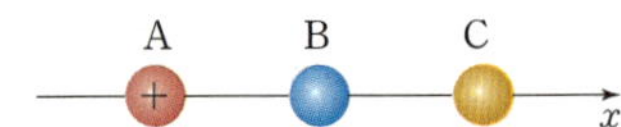

● 다음 설명 중 옳은 것은 ○표, 옳지 <u>않은</u> 것은 ×표 하시오.

1 B와 C의 전하의 종류는 같다.　○ / ×

2 B는 음($-$)전하이다.　○ / ×

3 전하량의 크기는 C가 A보다 크다.　○ / ×

4 C에 작용하는 전기력의 방향은 $+x$ 방향이다.　○ / ×

자료 3 　교육청 기출

그림은 x축상에서 같은 간격으로 고정되어 있는 네 개의 점전하 A, B, C, D를 나타낸 것이다. A, D의 전하량은 $+Q$로 같고, B가 A, C, D로부터 받는 전기력의 합력과 C가 A, B, D로부터 받는 전기력의 합력은 모두 0이다.

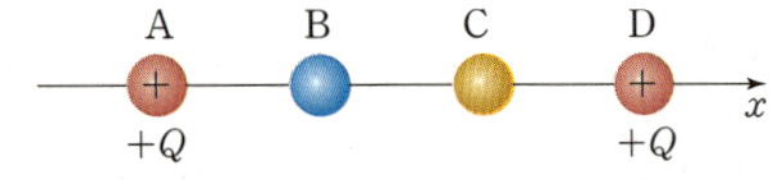

● 다음 설명 중 옳은 것은 ○표, 옳지 <u>않은</u> 것은 ×표 하시오.

1 A와 D 사이에는 서로 밀어내는 전기력이 작용한다.　○ / ×

2 B는 양($+$)전하이다.　○ / ×

3 C의 전하량의 크기는 Q보다 크다.　○ / ×

4 D가 A, B, C로부터 받는 전기력의 합력의 방향은 $+x$ 방향이다.　○ / ×

2 스펙트럼과 에너지 준위

정답과 해설 p.088

[기출 패턴] 전자의 전이 과정에서 방출하는 빛의 진동수, 에너지, 파장을 구할 수 있어야 한다.

[배경 지식] (1) 전자가 전이할 때 두 에너지 준위 차에 해당하는 빛을 방출하거나 흡수한다.
(2) 전자가 에너지를 흡수하면 낮은 에너지 준위에서 높은 에너지 준위로 전이하고, 전자가 에너지를 방출하면 높은 에너지 준위에서 낮은 에너지 준위로 전이한다.
(3) 진동수가 f인 광자 1개의 에너지는 $E=hf=\dfrac{hc}{\lambda}$(h: 플랑크 상수, c: 진공에서 빛의 속력)이다.

자료 1   평가원 기출

그림은 보어의 수소 원자 모형에서 에너지가 E_1, E_2, E_3인 세 준위 사이에 전자가 전이하는 세 가지 경우를 나타낸 것이다. 세 가지 전이 과정에서 나오는 빛의 진동수를 각각 f_A, f_B, f_C라고 할 때, $f_A > f_B > f_C$이다. (단, h는 플랑크 상수이다.)

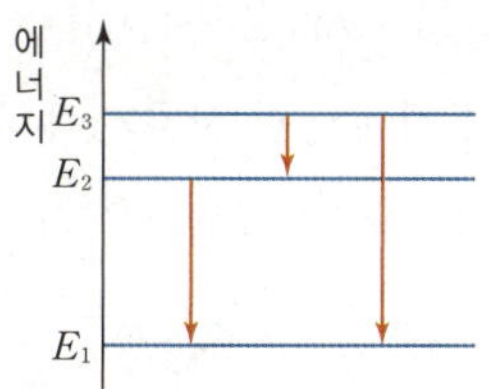

● 다음 설명 중 옳은 것은 ○표, 옳지 않은 것은 ×표 하시오.

1 진공에서의 파장은 진동수가 f_A인 빛이 진동수가 f_B인 빛보다 길다. ○ / ×

2 에너지가 E_2인 준위에 있던 전자가 에너지가 E_1인 준위로 전이하는 과정에서 방출하는 빛의 진동수는 f_B이다. ○ / ×

3 $f_C = \dfrac{E_3 - E_2}{h}$이다. ○ / ×

4 E_3에서 E_2로 전이할 때, 전자의 에너지는 증가한다. ○ / ×

5 $f_A - f_B = f_C$이다. ○ / ×

자료 2   평가원 기출

그림은 보어의 수소 원자 모형에서 양자수 n에 따른 전자의 궤도와 전자의 전이 a, b, c를 나타낸 것이다. a, b, c에서 흡수하거나 방출하는 빛의 파장은 각각 λ_a, λ_b, λ_c이며, n에 따른 에너지 준위는 E_n이다.

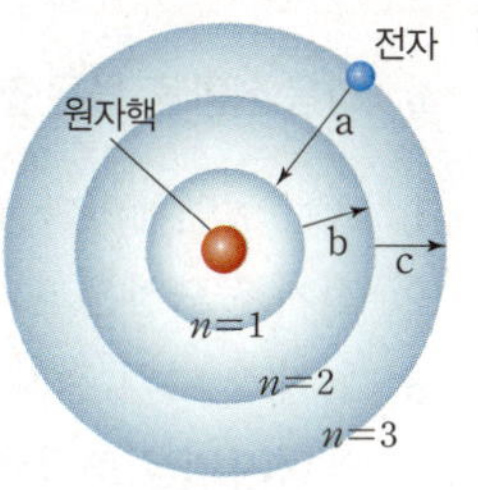

● 다음 설명 중 옳은 것은 ○표, 옳지 않은 것은 ×표 하시오.

1 a에서 전자는 에너지를 방출한다. ○ / ×

2 전자와 원자핵 사이에 작용하는 전기력은 $n=1$인 상태에서가 $n=3$인 상태에서보다 작다. ○ / ×

3 $\dfrac{1}{\lambda_a} = \dfrac{1}{\lambda_b} + \dfrac{1}{\lambda_c}$이다. ○ / ×

4 $\dfrac{\lambda_a}{\lambda_b} = \dfrac{E_3 - E_2}{E_3 - E_1}$이다. ○ / ×

5 a에서 방출한 빛의 진동수는 c에서 흡수한 빛의 진동수보다 크다. ○ / ×

자료 3   수능 기출

그림 (가)는 보어의 수소 원자 모형에서 양자수 n에 따른 에너지 준위의 일부와 전자의 전이 a, b, c를 나타낸 것이다. a, b, c에서 방출되는 빛의 파장은 각각 λ_a, λ_b, λ_c이다. 그림 (나)는 (가)의 a, b, c에서 방출되는 빛의 선 스펙트럼을 파장에 따라 나타낸 것이다.

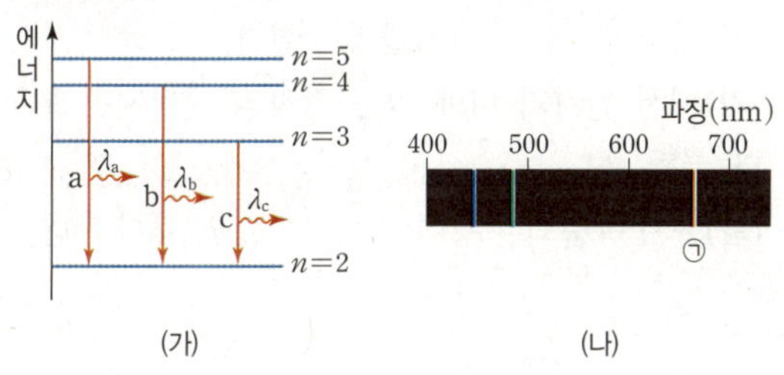

● 다음 설명 중 옳은 것은 ○표, 옳지 않은 것은 ×표 하시오.

1 수소 원자에서 방출되는 빛의 스펙트럼은 불연속적이다. ○ / ×

2 $\lambda_a > \lambda_b > \lambda_c$이다. ○ / ×

3 (나)의 ㉠은 c에 의해 나타난 스펙트럼선이다. ○ / ×

4 전자가 $n=5$에서 $n=3$인 상태로 전이할 때 방출되는 빛의 파장은 $|\lambda_a - \lambda_c|$이다. ○ / ×

5 $n=2$인 궤도에 있는 전자가 파장이 λ_b인 빛을 흡수하면 $n=4$인 궤도로 전이할 수 있다. ○ / ×

3. 에너지띠와 전기 전도성

정답과 해설 p.088

[기출 패턴] 고체의 전기 전도성을 고체의 에너지띠를 이용하여 설명할 수 있어야 한다.

[배경 지식] (1) 고체의 전기 전도성: 물질 내에서 전류가 얼마나 잘 흐르는지를 나타내는 성질이며, 전기 전도성에 따라 도체, 절연체(부도체), 반도체로 구분한다.

(2) 고체의 에너지띠: 거의 연속적인 띠를 이루는 에너지 준위의 모임을 에너지띠라고 하며, 고체 원자를 이루는 전자들은 특정 구간의 에너지띠를 형성한다.

① 원자가 띠와 전도띠: 원자가 띠는 전자가 채워진 에너지띠 중에서 에너지 준위가 가장 높은 상태의 에너지띠이고, 전도띠는 원자가 띠 바로 위의 에너지띠이다.

② 자유 전자와 양공: 자유 전자는 원자가 띠의 전자가 에너지를 얻어 전도띠로 전이된 전자이고, 양공은 전자가 전도띠로 전이하여 원자가 띠에 생기는 전자의 빈자리이다.

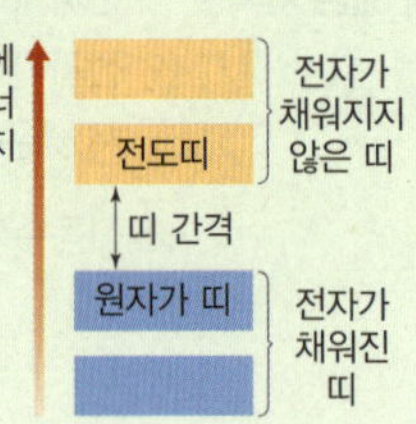

자료 1 평가원 기출

그림은 고체 A, B, C의 에너지띠 구조를 나타낸 것이다. A, B, C는 도체, 반도체, 절연체를 순서 없이 나타낸 것이다. 파란색 부분은 에너지띠에 전자가 차 있는 것을 나타낸다.

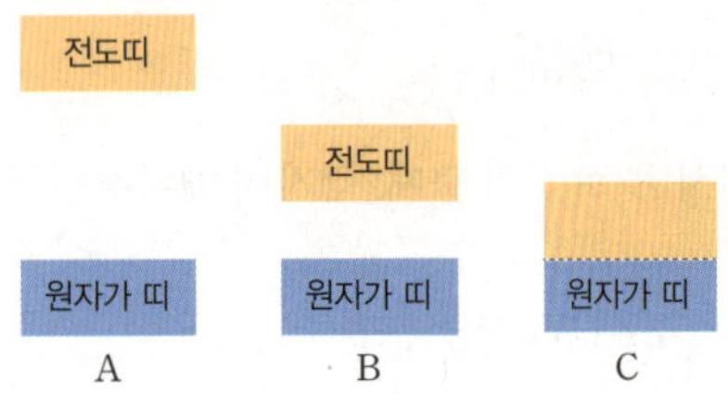

● 다음 설명 중 옳은 것은 ○표, 옳지 않은 것은 ×표 하시오.

1. A는 도체이다. ○ / ×
2. 띠 간격은 A가 B보다 넓다. ○ / ×
3. 상온에서 전기 전도성은 C가 B보다 좋다. ○ / ×
4. 온도가 높을수록 B의 양공의 수는 줄어든다. ○ / ×
5. B에서 원자가 띠에 있던 전자가 에너지를 방출하며 전도띠로 전이한다. ○ / ×

자료 2 수능 기출

그림은 상온에서 고체 A와 B의 에너지띠 구조를 나타낸 것이다. A와 B는 반도체와 절연체를 순서 없이 나타낸 것이다.

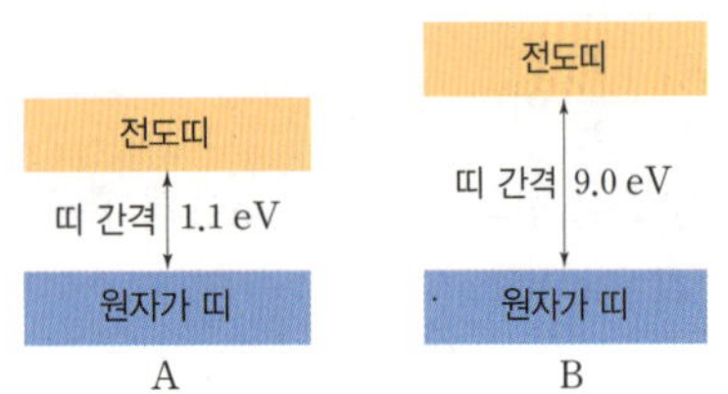

● 다음 설명 중 옳은 것은 ○표, 옳지 않은 것은 ×표 하시오.

1. A는 절연체이다. ○ / ×
2. 전기 전도성은 A가 B보다 좋다. ○ / ×
3. 원자가 띠의 전자가 전도띠로 전이할 때 흡수해야 하는 에너지의 최솟값은 A가 B보다 작다. ○ / ×
4. 상온에서 단위 부피당 전도띠에 있는 전자 수는 A가 B보다 많다. ○ / ×

자료 3 평가원 기출

그림 (가), (나)는 반도체의 원자가 띠와 전도띠 사이에서 전자가 전이하는 과정을 나타낸 것이다. (나)에서는 광자가 방출된다.

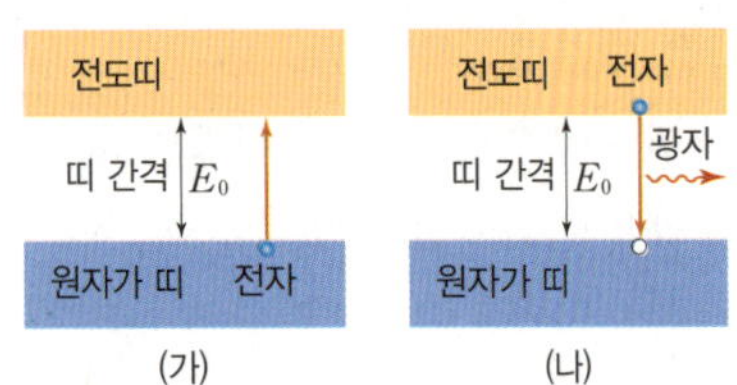

● 다음 설명 중 옳은 것은 ○표, 옳지 않은 것은 ×표 하시오.

1. 전자는 띠 간격에 존재할 수 있다. ○ / ×
2. (가)에서 전자는 에너지를 흡수한다. ○ / ×
3. (가)에서 원자가 띠에 있는 전자의 에너지는 모두 다르다. ○ / ×
4. (나)에서 방출되는 광자의 에너지는 E_0보다 작다. ○ / ×

4 반도체와 p-n 접합 다이오드

정답과 해설 p.088

[기출패턴] p형 반도체, n형 반도체, p-n 접합 다이오드의 전기적 특징을 비교할 수 있어야 한다.

[배경 지식] ⑴ 불순물 반도체: 순수 반도체에 불순물을 도핑하여 전기 전도성을 증가시킨 반도체이다.

　① p형 반도체: 순수 반도체에 원자가 전자가 3개인 원소를 도핑

　② n형 반도체: 순수 반도체에 원자가 전자가 5개인 원소를 도핑

⑵ p-n 접합 다이오드: p형 반도체와 n형 반도체를 접합하여 양 끝에 전극을 붙인 소자로, 정류 작용을 한다.

순방향 전압		역방향 전압	
p형 반도체에 전원의 (＋)극을, n형 반도체에 전원의 (－)극을 연결 ➔ 전자가 접합면을 통과하여 전류가 흐른다.	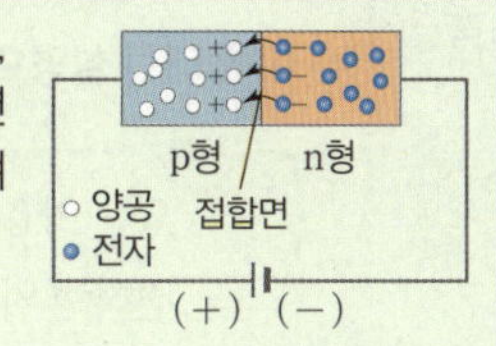	p형 반도체에 전원의 (－)극을, n형 반도체에 전원의 (＋)극을 연결 ➔ 전류가 흐르지 않는다.	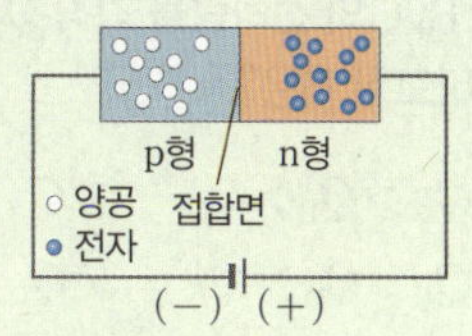

⑶ p-n 접합 발광 다이오드(LED): p형 반도체와 n형 반도체를 접합하여 양 끝에 전극을 붙인 소자로, n형 반도체의 전도띠의 가장 낮은 에너지를 가진 전자가 p형 반도체의 원자가 띠에 있는 양공으로 전이하면서 빛에너지를 방출한다.

자료 1 수능 기출

그림 (가)는 규소(Si) 결정의 에너지띠 구조를, (나)는 규소(Si)에 갈륨(Ga)을 첨가한 반도체와 불순물 a를 첨가한 반도체를 접합한 p-n 접합 다이오드의 원자가 전자의 배열을 나타낸 것이다. (가)의 원자가 띠에는 전자가 가득 차 있다.

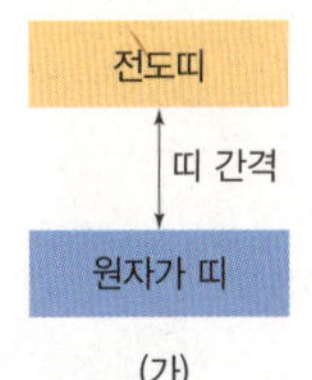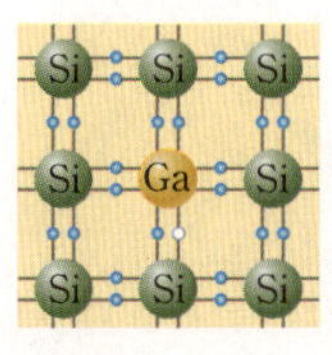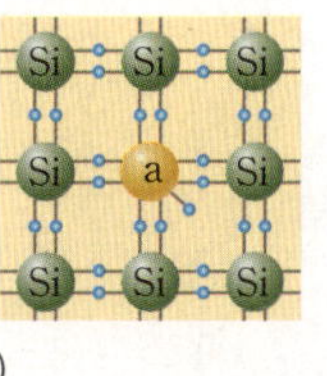

(가)　　　　　　　　(나)

● 다음 설명 중 옳은 것은 ○표, 옳지 <u>않은</u> 것은 ×표 하시오.

1 (가)의 전기 전도성은 도체보다 좋다. ○ / ×

2 (나)에서 규소(Si)에 갈륨(Ga)을 첨가한 반도체는 p형 반도체이다. ○ / ×

3 (나)에서 a의 원자가 전자는 5개이다. ○ / ×

4 (나)에서 p-n 접합 다이오드에 순방향 전압을 걸면 p형 반도체에 있는 양공은 p-n 접합면에서 멀어지는 쪽으로 이동한다. ○ / ×

자료 2 평가원 기출

그림은 동일한 전지, 동일한 전구 P와 Q, 전기 소자 X와 Y를 이용하여 구성한 회로를 나타낸 것이고, 표는 스위치를 연결하는 위치에 따라 P, Q가 켜지는지를 나타낸 것이다. X, Y는 저항, 다이오드를 순서 없이 나타낸 것이다.

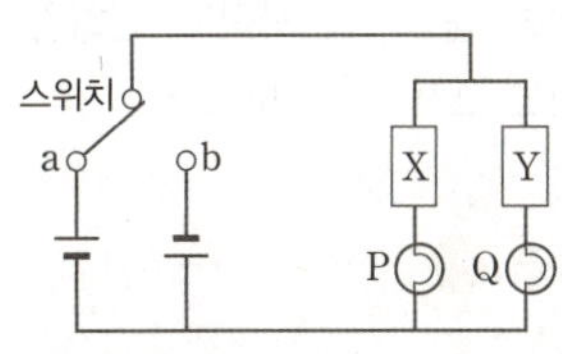

스위치 연결 위치	전구	
	P	Q
a	○	○
b	○	×

(○: 켜짐, ×: 켜지지 않음)

● 다음 설명 중 옳은 것은 ○표, 옳지 <u>않은</u> 것은 ×표 하시오.

1 X는 다이오드이다. ○ / ×

2 P에 흐르는 전류의 방향은 스위치를 a에 연결했을 때와 b에 연결했을 때가 같다. ○ / ×

3 Y는 정류 작용을 하는 소자이다. ○ / ×

4 스위치를 b에 연결했을 때 Y에서 양공과 전자는 서로 멀어지는 쪽으로 이동한다. ○ / ×

자료 3 평가원 기출

그림은 p형, n형 반도체를 접합하여 만든 발광 다이오드(LED)를 직류 전원 장치에 연결했을 때, 빨간색 빛이 나오고 있는 것을 모식적으로 나타낸 것이다.

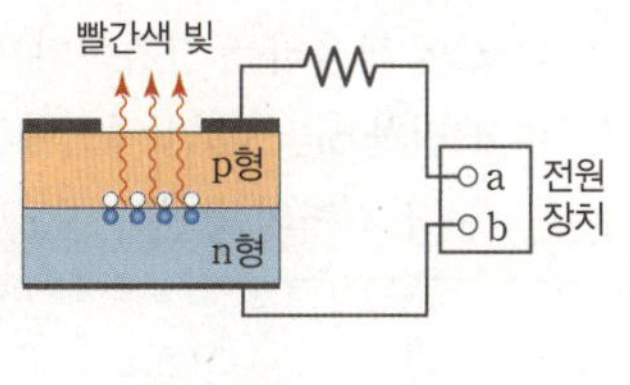

● 다음 설명 중 옳은 것은 ○표, 옳지 <u>않은</u> 것은 ×표 하시오.

1 발광 다이오드에는 순방향 전압이 걸려 있다. ○ / ×

2 전원 장치의 단자 a는 (－)극이다. ○ / ×

3 n형 반도체의 전도띠에 있는 전자가 접합면에서 멀어지는 쪽으로 이동한다. ○ / ×

4 띠 간격이 더 좁은 발광 다이오드를 연결하면 파장이 더 긴 빛이 나온다. ○ / ×

수능 대비 문제

01 그림과 같이 점전하 A, B, C가 각각 $x=-d$, $x=0$, $x=2d$에 고정되어 있다. A와 C가 B에 작용하는 전기력은 0이고, B가 A에 작용하는 전기력의 크기는 C가 A에 작용하는 전기력의 크기보다 작다. A, B, C는 양($+$)전하이다.

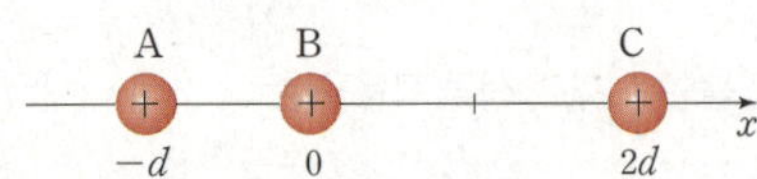

A, B, C의 전하량을 각각 Q_A, Q_B, Q_C라 할 때, Q_A, Q_B, Q_C를 옳게 비교한 것은?

① $Q_A > Q_B > Q_C$ ② $Q_A > Q_C > Q_B$ ③ $Q_B > Q_A > Q_C$
④ $Q_C > Q_A > Q_B$ ⑤ $Q_C > Q_B > Q_A$

02 그림 (가)는 x축상에 양($+$)전하 A, B가 고정되어 있는 것을 나타낸 것이다. 그림 (나)는 (가)에서 A와 B의 중간 지점에 음($-$)전하 C를 고정시킨 것을 나타낸 것이다. A, B, C의 전하량의 크기는 같다.

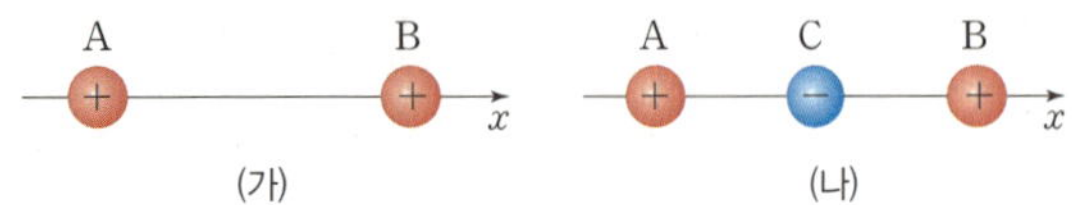

이에 대한 설명으로 옳은 것만을 |보기|에서 있는 대로 고른 것은?

> **보기**
> ㄱ. (가)에서 B에 작용하는 전기력의 방향은 $+x$ 방향이다.
> ㄴ. A에 작용하는 전기력의 크기는 (나)에서가 (가)에서의 3배이다.
> ㄷ. (나)에서 B에 작용하는 전기력은 0이다.

① ㄱ ② ㄷ ③ ㄱ, ㄴ
④ ㄴ, ㄷ ⑤ ㄱ, ㄴ, ㄷ

03 그림과 같이 점전하 A, B가 x축상에 고정되어 있다. B는 양($+$)전하이고, 점 p, q, r는 x축상의 점이다. 표는 양($+$)전하인 C를 p, q에 옮겨 가며 고정시켜 놓았을 때, C가 받는 전기력의 방향과 크기를 나타낸 것이다. $F_P > F_Q$이다.

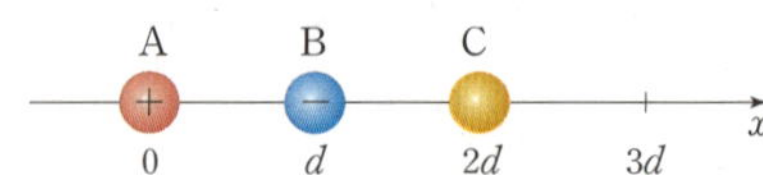

위치	전기력의 방향	전기력의 크기
p	$-x$	F_P
q	$-x$	F_Q

이에 대한 설명으로 옳은 것만을 |보기|에서 있는 대로 고른 것은?

> **보기**
> ㄱ. A는 양($+$)전하이다.
> ㄴ. 전하량의 크기는 A가 B보다 크다.
> ㄷ. C를 r에 놓았을 때, C에 작용하는 전기력의 크기는 F_Q보다 크다.

① ㄱ ② ㄴ ③ ㄷ
④ ㄱ, ㄴ ⑤ ㄱ, ㄷ

04 그림은 x축상에 점전하 A, B, C를 고정시킨 것을 나타낸 것이다. A, B는 각각 양($+$)전하, 음($-$)전하이고, 전하량의 크기는 A와 B가 같다. B에 작용하는 전기력은 0이다.

이에 대한 설명으로 옳은 것만을 |보기|에서 있는 대로 고른 것은?

> **보기**
> ㄱ. C는 양($+$)전하이다.
> ㄴ. C에 작용하는 전기력의 방향은 $-x$ 방향이다.
> ㄷ. B만을 $x=3d$인 지점에 고정시켰을 때, A에 작용하는 전기력의 방향은 $+x$ 방향이다.

① ㄱ ② ㄷ ③ ㄱ, ㄴ
④ ㄴ, ㄷ ⑤ ㄱ, ㄴ, ㄷ

05 그림과 같이 점전하 A, B, C가 각각 $x=0$, $x=2d$, $x=3d$에 고정되어 있다. A가 받는 전기력은 0이고, B가 받는 전기력의 방향은 $-x$ 방향이다. B는 음($-$)전하이다.

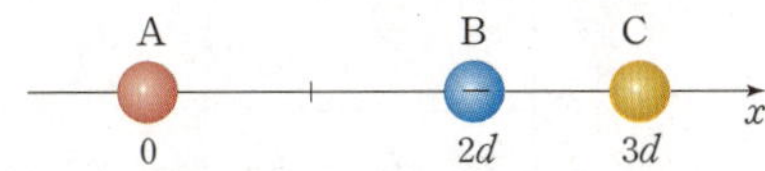

이에 대한 설명으로 옳은 것만을 |보기|에서 있는 대로 고른 것은?

> 보기
> ㄱ. A는 양($+$)전하이다.
> ㄴ. 전하량의 크기는 A가 C보다 크다.
> ㄷ. C가 받는 전기력의 방향은 $+x$ 방향이다.

① ㄱ   ② ㄷ   ③ ㄱ, ㄴ
④ ㄴ, ㄷ   ⑤ ㄱ, ㄴ, ㄷ

06 그림 (가), (나), (다)는 점전하 A, B, C가 x축상에 고정되어 있는 세 가지 상황을 나타낸 것이다. (가)에서는 양($+$)전하인 C에 $+x$ 방향으로 크기가 F인 전기력이, A에는 크기가 $2F$인 전기력이 작용한다. (나)에서는 C에 $+x$ 방향으로 크기가 $2F$인 전기력이 작용한다.

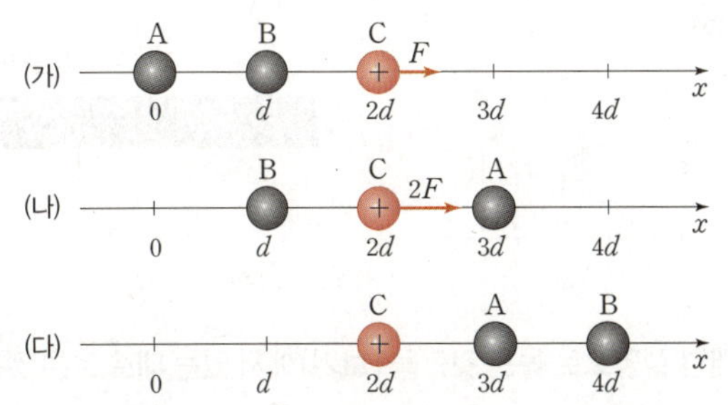

(다)에서 A에 작용하는 전기력의 크기와 방향으로 옳은 것은?

	크기	방향		크기	방향
①	$\dfrac{F}{2}$	$+x$	②	$\dfrac{F}{2}$	$-x$
③	F	$+x$	④	F	$-x$
⑤	$2F$	$+x$			

07 그림과 같이 x축상에 점전하 A, B가 고정되어 있다. 표는 x축상에 점전하 C를 놓았을 때, C의 위치에 따라 C에 작용하는 전기력의 크기를 나타낸 것이다.

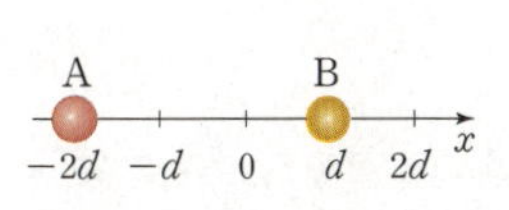

위치	전기력의 방향	전기력의 크기
$x=-d$	㉠	㉡
$x=0$	없음	0
$x=2d$	$+x$	F

이에 대한 설명으로 옳은 것만을 |보기|에서 있는 대로 고른 것은?

> 보기
> ㄱ. 전하의 종류는 A와 C가 같다.
> ㄴ. ㉠은 $-x$이다.
> ㄷ. ㉡은 $3F$이다.

① ㄱ   ② ㄴ   ③ ㄷ
④ ㄱ, ㄷ   ⑤ ㄴ, ㄷ

08 그림 (가)는 수소 기체 방전관에서 나오는 빛을 분광기로 관찰하는 것을 나타낸 것이고, (나)는 (가)에서 관찰한 가시광선 영역의 선 스펙트럼을 파장에 따라 나타낸 것이다. p는 전자가 양자수 $n=5$에서 $n=2$로 전이할 때 나타난 스펙트럼선이다.

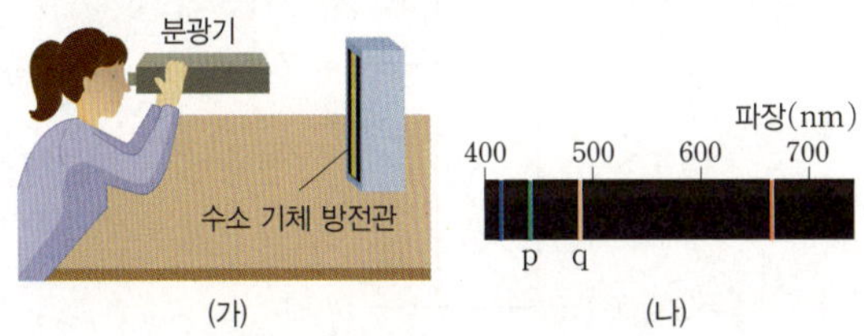

이에 대한 설명으로 옳은 것만을 |보기|에서 있는 대로 고른 것은?

> 보기
> ㄱ. 수소 원자의 에너지 준위는 불연속적이다.
> ㄴ. 광자 1개의 에너지는 p에 해당하는 빛이 q에 해당하는 빛보다 크다.
> ㄷ. q는 전자가 $n=4$에서 $n=2$로 전이할 때 나타난 스펙트럼선이다.

① ㄱ   ② ㄷ   ③ ㄱ, ㄴ
④ ㄴ, ㄷ   ⑤ ㄱ, ㄴ, ㄷ

09 그림은 보어의 수소 원자 모형에서 양자수 n에 따른 에너지 준위의 일부와 전자의 전이 a, b, c, d를 나타낸 것이다.

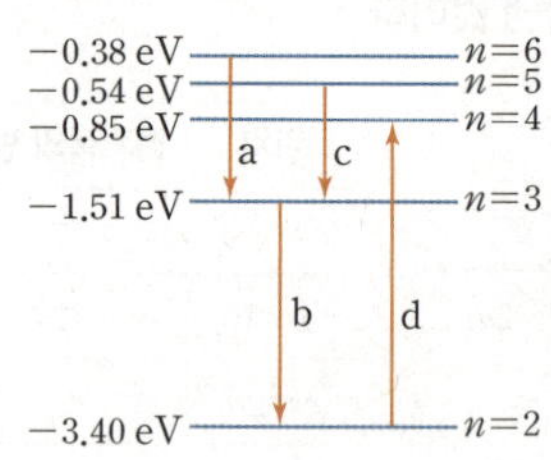

이에 대한 설명으로 옳은 것만을 |보기|에서 있는 대로 고른 것은?

> **보기**
> ㄱ. 방출되는 빛의 파장은 a에서가 b에서보다 길다.
> ㄴ. 방출되는 빛의 진동수는 a에서가 c에서보다 크다.
> ㄷ. d에서 흡수되는 광자 1개의 에너지는 2.55 eV이다.

① ㄱ ② ㄴ ③ ㄱ, ㄷ
④ ㄴ, ㄷ ⑤ ㄱ, ㄴ, ㄷ

11 그림은 보어의 수소 원자 모형에서 양자수 n에 따른 에너지 준위 E_n을 나타낸 것이다. $n=1$인 상태의 전자가 진동수가 f인 빛을 흡수하였더니 $n=2$인 상태로 전이한다.

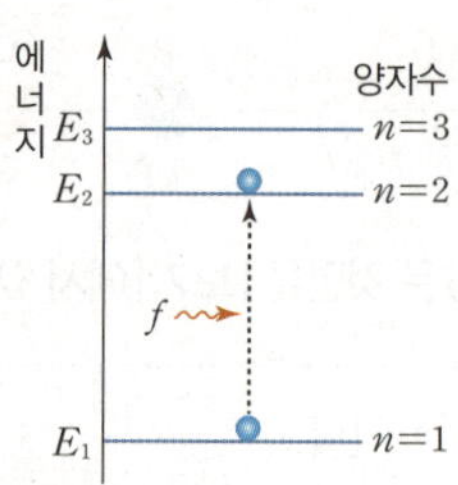

이에 대한 설명으로 옳은 것만을 |보기|에서 있는 대로 고른 것은? (단, h는 플랑크 상수이다.)

> **보기**
> ㄱ. $E_2 - E_1 = hf$이다.
> ㄴ. $n=2$인 상태의 전자가 $n=3$인 상태로 전이하기 위해 흡수하는 빛의 진동수는 f보다 크다.
> ㄷ. $n=2$인 상태의 전자가 $n=1$인 상태로 전이할 때, 방출하는 빛의 진동수는 f보다 작다.

① ㄱ ② ㄴ ③ ㄷ
④ ㄱ, ㄴ ⑤ ㄱ, ㄷ

10 그림은 보어의 수소 원자 모형에서 양자수 n에 따른 에너지 준위를 나타낸 것이다. 전자가 $n=2$인 상태에서 $n=1$인 상태로, $n=3$인 상태에서 $n=1$인 상태로 전이할 때 방출되는 빛의 진동수는 각각 f_1, f_2이다. $f_1 < f_2$이다.

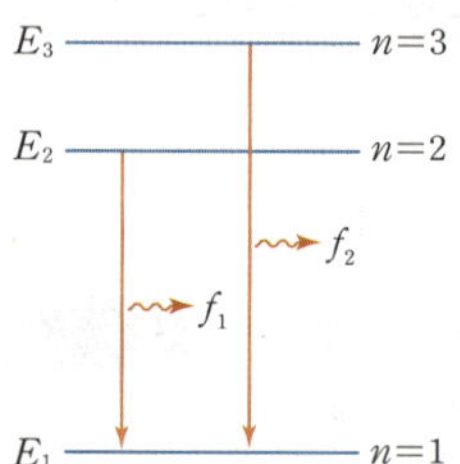

이에 대한 설명으로 옳은 것만을 |보기|에서 있는 대로 고른 것은?

> **보기**
> ㄱ. 에너지 준위는 불연속적이다.
> ㄴ. $n=3$인 상태에서 $n=1$인 상태로 전이할 때, 전자의 에너지는 감소한다.
> ㄷ. $n=2$인 상태의 전자가 진동수가 $f_2 - f_1$인 빛을 흡수하면 $n=3$인 상태로 전이한다.

① ㄱ ② ㄷ ③ ㄱ, ㄴ
④ ㄴ, ㄷ ⑤ ㄱ, ㄴ, ㄷ

12 그림 (가)는 보어의 수소 원자 모형에서 양자수 n에 따른 에너지 준위의 일부와 전자의 전이 a~d를 나타낸 것이다. 그림 (나)는 (가)의 b, c, d에서 방출되는 빛의 스펙트럼을 파장에 따라 나타낸 것이고, ㉠은 c에 의해 나타난 스펙트럼선이다.

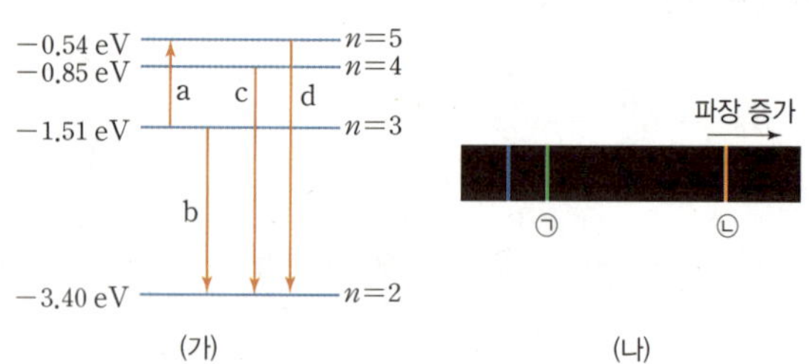

이에 대한 설명으로 옳은 것만을 |보기|에서 있는 대로 고른 것은?

> **보기**
> ㄱ. a에서 흡수되는 광자 1개의 에너지는 1.51 eV이다.
> ㄴ. 방출되는 빛의 진동수는 c에서가 b에서보다 크다.
> ㄷ. ㉡은 d에 의해 나타난 스펙트럼선이다.

① ㄱ ② ㄴ ③ ㄱ, ㄷ
④ ㄴ, ㄷ ⑤ ㄱ, ㄴ, ㄷ

13

그림은 고체 A와 B의 에너지띠 구조를 모식적으로 나타낸 것이다. A와 B는 각각 도체와 반도체 중 하나이고, 파란색 부분은 전자가 차 있는 에너지 준위를 나타낸다.

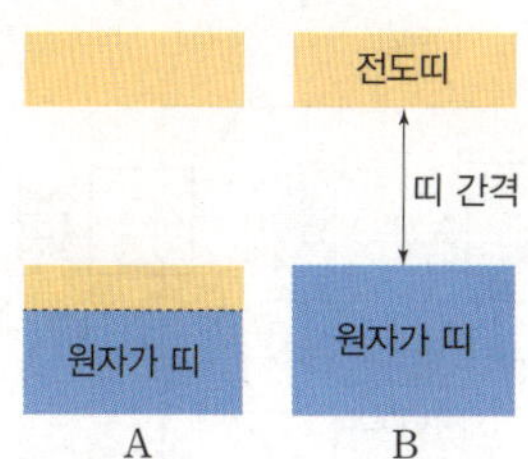

이에 대한 설명으로 옳은 것만을 |보기|에서 있는 대로 고른 것은?

─ 보기 ─
ㄱ. A는 도체이다.
ㄴ. B에서 전자가 원자가 띠에서 전도띠로 전이하면 양공이 생긴다.
ㄷ. B에서 원자가 띠에 있던 전자가 에너지를 방출하며 전도띠로 전이한다.

① ㄴ　　　　② ㄷ　　　　③ ㄱ, ㄴ
④ ㄱ, ㄷ　　　⑤ ㄱ, ㄴ, ㄷ

14

그림 (가)와 같이 물체 A, B를 이용하여 회로를 구성하였다. 스위치를 닫자 전구가 켜졌다. 그림 (나)의 X, Y는 A, B의 에너지띠 구조를 순서에 관계없이 나타낸 것이다.

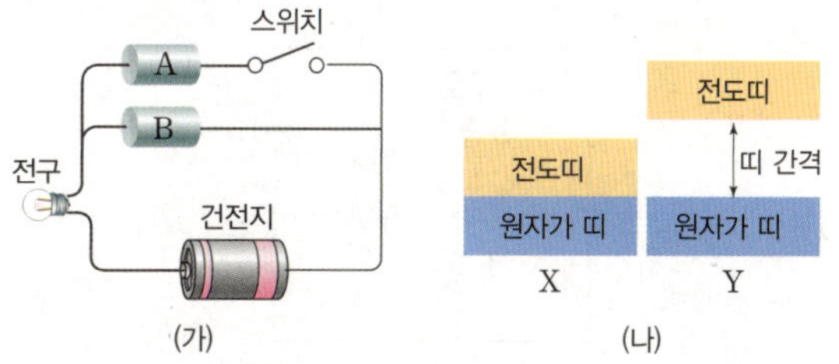

이에 대한 설명으로 옳은 것만을 |보기|에서 있는 대로 고른 것은?

─ 보기 ─
ㄱ. 전기 전도성은 A가 B보다 좋다.
ㄴ. A의 에너지띠 구조는 Y이다.
ㄷ. 스위치가 닫혀 있을 때, 전도띠에 있는 전자의 수는 A가 B보다 적다.

① ㄱ　　　　② ㄴ　　　　③ ㄱ, ㄴ
④ ㄱ, ㄷ　　　⑤ ㄴ, ㄷ

15

다음은 고체의 전기 전도성에 대한 실험이다.

[실험 과정]
(가) 그림과 같이 고체 A, 전구, 전지, 스위치를 이용하여 회로를 구성한다.

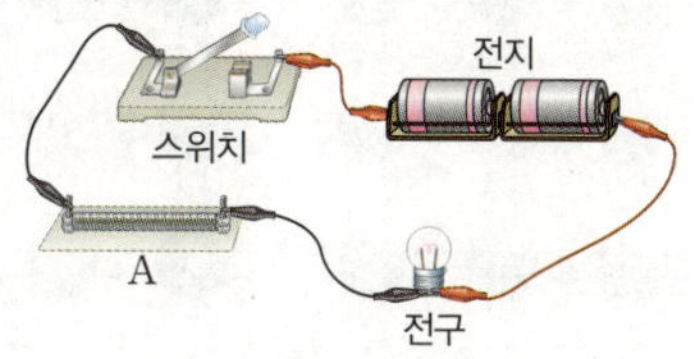

(나) 스위치를 닫아 전구에 불이 켜지는지 관찰한다.
(다) A 대신 고체 B를 사용하여 과정 (나)를 반복한다.

[실험 결과]

고체	A	B
전구	켜짐.	켜지지 않음.

이에 대한 설명으로 옳은 것만을 |보기|에서 있는 대로 고른 것은? (단, A와 B의 길이의 단면적은 같다.)

─ 보기 ─
ㄱ. A의 원자가 띠에 있는 전자의 에너지는 모두 같다.
ㄴ. 전기 전도성은 A가 B보다 좋다.
ㄷ. 원자가 띠와 전도띠 사이의 띠 간격은 A가 B보다 넓다.

① ㄱ　　　　② ㄴ　　　　③ ㄷ
④ ㄱ, ㄴ　　　⑤ ㄴ, ㄷ

16

그림은 각각 순수한 규소(Si) 반도체 X와 규소에 붕소(B)를 도핑한 반도체 Y의 원자 주변의 전자 배열을 나타낸 것이다.

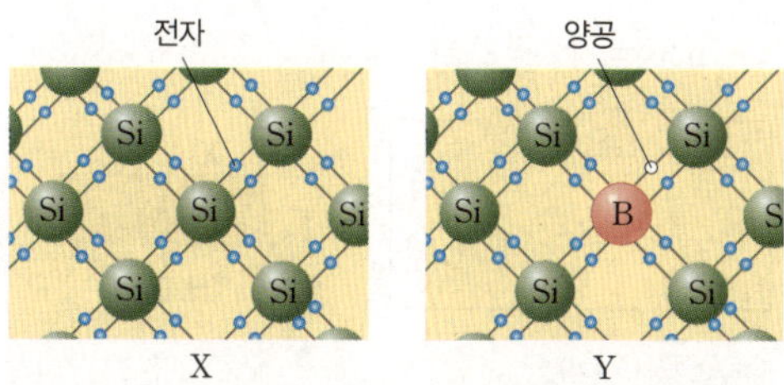

이에 대한 설명으로 옳은 것만을 |보기|에서 있는 대로 고른 것은?

─ 보기 ─
ㄱ. 붕소의 원자가 전자는 5개이다.
ㄴ. Y는 n형 반도체이다.
ㄷ. Y는 X보다 전기 전도성이 좋다.

① ㄱ　　　　② ㄴ　　　　③ ㄷ
④ ㄱ, ㄴ　　　⑤ ㄴ, ㄷ

17 그림은 p-n 접합 다이오드, 전원 장치, 스위치 S, 저항으로 구성된 회로에서 반도체 X, Y를 구성하는 원소와 원자 주변 전자의 배열을 나타낸 것이다. X, Y는 저마늄(Ge)에 각각 붕소(B), 인(P)을 첨가하였다.

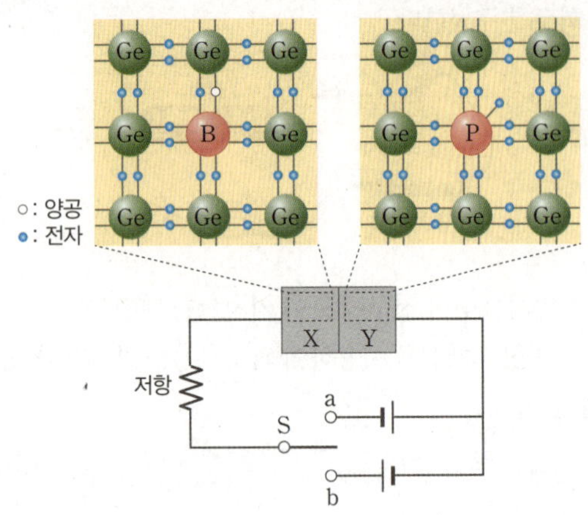

이에 대한 설명으로 옳은 것만을 |보기|에서 있는 대로 고른 것은?

|보기|
ㄱ. 원자가 전자는 붕소(B)가 인(P)보다 적다.
ㄴ. S를 a에 연결하면 저항에는 전류가 흐른다.
ㄷ. S를 b에 연결하면 다이오드에서 p형 반도체의 양공은 접합면에서 멀어지는 쪽으로 이동한다.

① ㄱ　　　　② ㄴ　　　　③ ㄷ
④ ㄱ, ㄴ　　　⑤ ㄱ, ㄷ

18 그림 (가)는 p-n 접합 다이오드, 저항, 전지를 연결하여 구성한 회로를 나타낸 것이다. 그림 (나)는 (가)의 반도체 X, Y에서 주로 전류를 흐르게 하는 전하 운반자의 이동 방향을 나타낸 것이다.

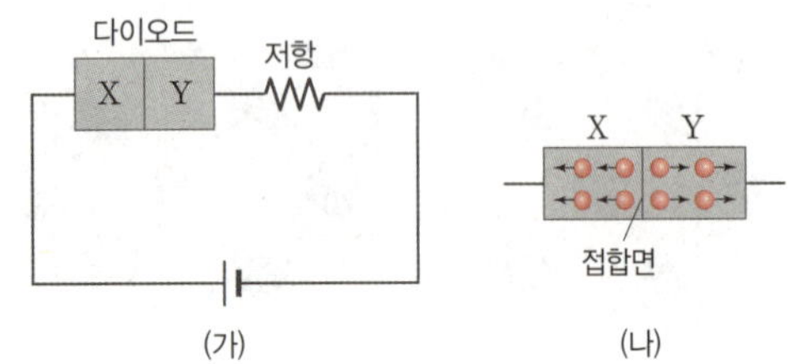

이에 대한 설명으로 옳은 것만을 |보기|에서 있는 대로 고른 것은?

|보기|
ㄱ. 다이오드에는 순방향 전압이 걸린다.
ㄴ. X는 n형 반도체이다.
ㄷ. Y의 전하 운반자는 전자이다.

① ㄱ　　　　② ㄴ　　　　③ ㄷ
④ ㄱ, ㄴ　　　⑤ ㄴ, ㄷ

19 그림과 같이 p-n 접합 발광 다이오드(LED) A, B와 p-n 접합 다이오드를 연결하여 회로를 구성하였다. 집게를 a에 연결할 때, A와 B에서 빛이 방출된다. A의 X는 p형 반도체와 n형 반도체 중 하나이다.

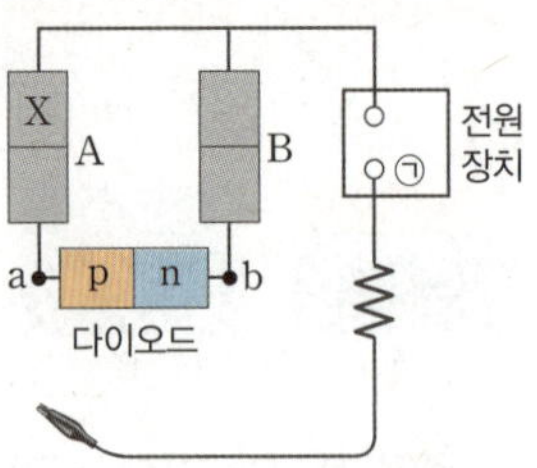

이에 대한 설명으로 옳은 것만을 |보기|에서 있는 대로 고른 것은?

|보기|
ㄱ. 전원 장치의 ⓗ은 (−)극이다.
ㄴ. X는 n형 반도체이다.
ㄷ. 집게를 b에 연결하면 B에서 p형 반도체의 양공은 접합면 쪽으로 이동한다.

① ㄱ　　　　② ㄴ　　　　③ ㄷ
④ ㄱ, ㄴ　　　⑤ ㄴ, ㄷ

20 그림은 동일한 p-n 접합 다이오드 A, B를 동일한 저항 a, b, c와 전지에 연결한 회로를 나타낸 것이다. X와 Y는 p형 반도체와 n형 반도체를 순서 없이 나타낸 것이다. a에는 화살표 방향으로 전류가 흐른다.

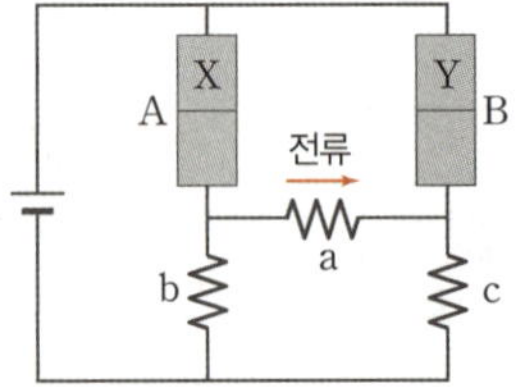

이에 대한 설명으로 옳은 것만을 |보기|에서 있는 대로 고른 것은?

|보기|
ㄱ. X는 p형 반도체이다.
ㄴ. Y는 주로 전자가 전류를 흐르게 한다.
ㄷ. B에서 n형 반도체의 전자는 접합면에서 멀어지는 쪽으로 이동한다.

① ㄱ　　　　② ㄷ　　　　③ ㄱ, ㄴ
④ ㄴ, ㄷ　　　⑤ ㄱ, ㄴ, ㄷ

21

그림 (가)와 같이 p-n 접합 다이오드, 직류 전원, 교류 전원을 이용하여 회로를 구성하였다. 그림 (나)는 스위치를 a에 연결할 때와 b에 연결할 때 저항에 흐르는 전류를 시간에 따라 나타낸 것이다.

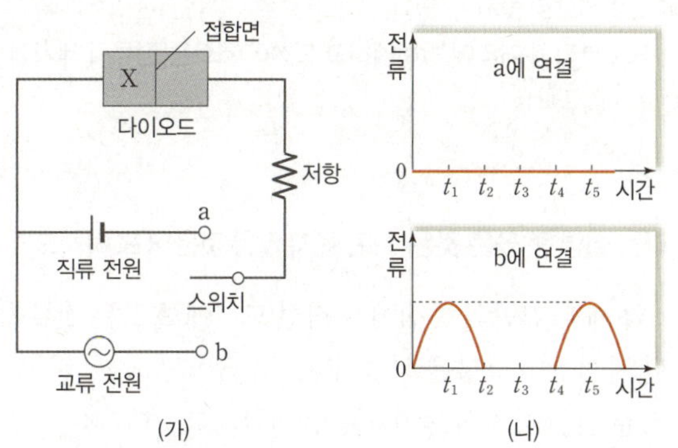

이에 대한 설명으로 옳은 것만을 |보기|에서 있는 대로 고른 것은?

|보기|
ㄱ. X는 주로 전자가 전류를 흐르게 한다.
ㄴ. 스위치를 b에 연결하고 t_3일 때, 다이오드에서 p형 반도체의 양공은 접합면 쪽으로 이동한다.
ㄷ. 스위치를 b에 연결했을 때, 저항에 흐르는 전류의 방향은 t_1일 때와 t_5일 때가 같다.

① ㄱ ② ㄴ ③ ㄷ
④ ㄱ, ㄷ ⑤ ㄴ, ㄷ

22

그림과 같이 발광 다이오드(LED)를 이용하여 회로를 구성하였다. X, Y는 p형 반도체와 n형 반도체를 순서 없이 나타낸 것이다. 스위치 S를 a에 연결했을 때 LED에서 빛이 방출되었다.

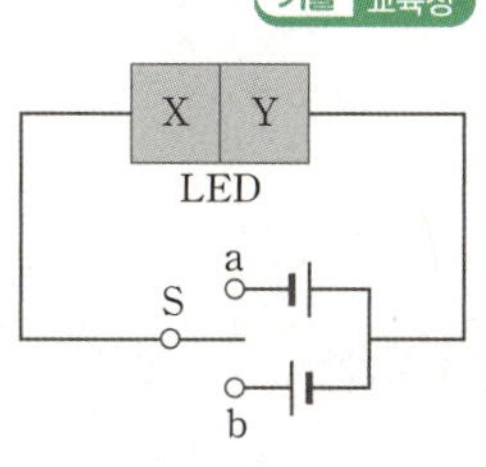

이에 대한 설명으로 옳은 것만을 |보기|에서 있는 대로 고른 것은?

|보기|
ㄱ. X는 p형 반도체이다.
ㄴ. Y에서는 주로 양공이 전류를 흐르게 한다.
ㄷ. S를 b에 연결할 때, n형 반도체에 있는 전자의 이동 방향은 p-n 접합면에서 멀어지는 방향이다.

① ㄱ ② ㄴ ③ ㄷ
④ ㄱ, ㄷ ⑤ ㄴ, ㄷ

23

그림과 같이 전원 장치, 저항, p-n 접합 발광 다이오드(LED) A, B를 연결하여 회로를 구성하였다. A, B는 각각 빨간색, 파란색 발광 다이오드이고, X는 p형 반도체와 n형 반도체 중 하나이다. 스위치를 닫았더니 A에서만 빛이 방출되었다.

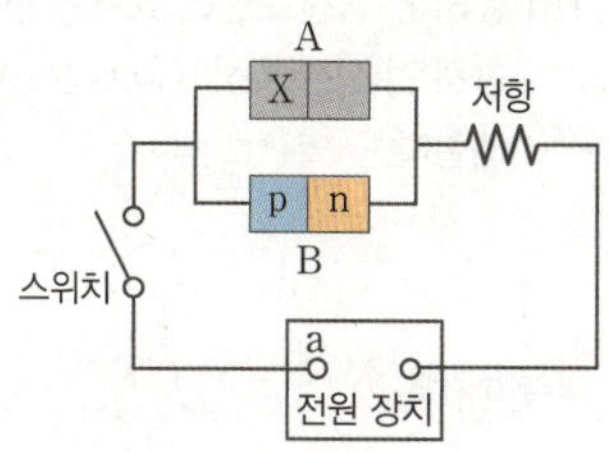

이에 대한 설명으로 옳은 것만을 |보기|에서 있는 대로 고른 것은?

|보기|
ㄱ. X는 주로 전자가 전류를 흐르게 한다.
ㄴ. 띠 간격은 A가 B보다 넓다.
ㄷ. 전원 장치의 a는 (−)극이다.

① ㄱ ② ㄴ ③ ㄷ
④ ㄱ, ㄷ ⑤ ㄴ, ㄷ

24

그림은 p-n 접합 발광 다이오드(LED) A, B를 전원 장치에 연결하였더니 A, B에서 각각 빨간색, 초록색 빛이 방출되는 것을 나타낸 것이다. A의 띠 간격은 E_0이다.

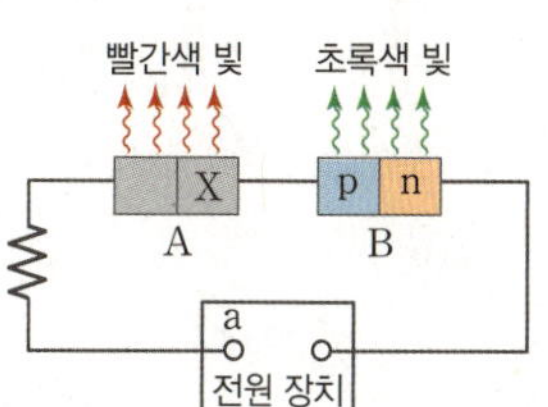

이에 대한 설명으로 옳은 것만을 |보기|에서 있는 대로 고른 것은?

|보기|
ㄱ. X는 p형 반도체이다.
ㄴ. 전원 장치의 a는 (＋)극이다.
ㄷ. B에서 방출되는 광자 1개의 에너지는 E_0보다 크다.

① ㄱ ② ㄴ ③ ㄷ
④ ㄱ, ㄴ ⑤ ㄴ, ㄷ

1 직선 전류에 의한 자기장

정답과 해설 p.093

[기출 패턴] 직선 도선 주변의 자기장의 방향과 여러 직선 도선에 흐르는 전류에 의한 자기장을 합성할 수 있어야 한다.

[배경 지식] (1) 무한히 긴 직선 도선에 흐르는 전류에 의한 자기장의 방향은 앙페르 법칙으로 찾을 수 있다.
(2) 무한히 긴 직선 도선에 흐르는 전류에 의한 자기장의 세기는 도선으로부터의 거리에 반비례하고 도선에 흐르는 전류의 세기에 비례한다.

자료 1 교육청 기출

그림 (가)와 같이 수평면에 놓인 나침반의 연직 위에 자침과 나란하도록 직선 도선을 고정시킨다. 그림 (나)는 직선 도선에 흐르는 전류를 시간에 따라 나타낸 것이다. t_1일 때 자침의 N극은 북서쪽을 가리킨다.

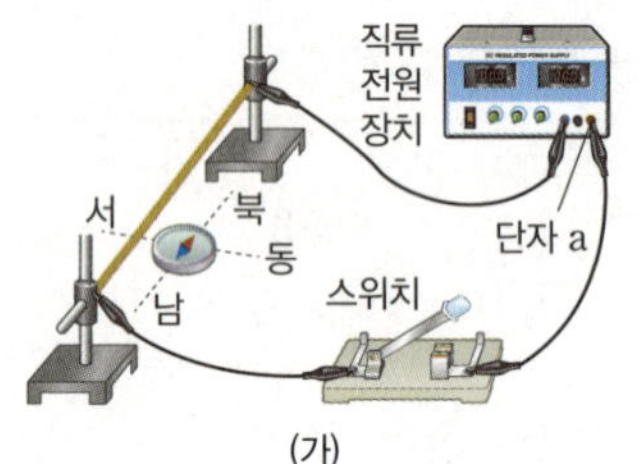

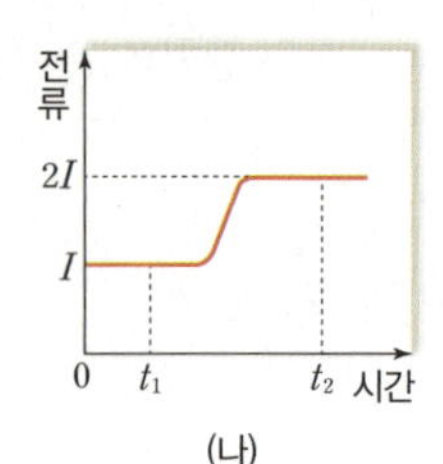

(가) (나)

● 다음 설명 중 옳은 것은 ○표, 옳지 <u>않은</u> 것은 ×표 하시오.

1 t_1일 때 나침반의 중심에서 직선 도선에 흐르는 전류에 의한 자기장의 방향은 서쪽이다. ○ / ×

2 직류 전원 장치의 단자 a는 (+)극이다. ○ / ×

3 자침의 N극이 북쪽과 이루는 각은 t_2일 때가 t_1일 때보다 크다. ○ / ×

4 도선과 나침반 사이의 거리를 더 크게 하면 자침의 N극이 북쪽과 이루는 각은 더 커진다. ○ / ×

5 도선에 흐르는 전류의 방향을 반대로 하면 자침의 N극은 남동쪽을 가리킨다. ○ / ×

자료 2 교육청 기출

그림과 같이 일정한 세기의 전류가 흐르는 무한히 긴 직선 도선 A, B, C가 xy 평면에 고정되어 있다. A, B에 흐르는 전류는 방향이 각각 $+y$ 방향, $-y$ 방향이고, 세기가 I로 같다. p, q는 x축상의 점이고, p에서 A, B, C에 흐르는 전류에 의한 자기장은 0이다.

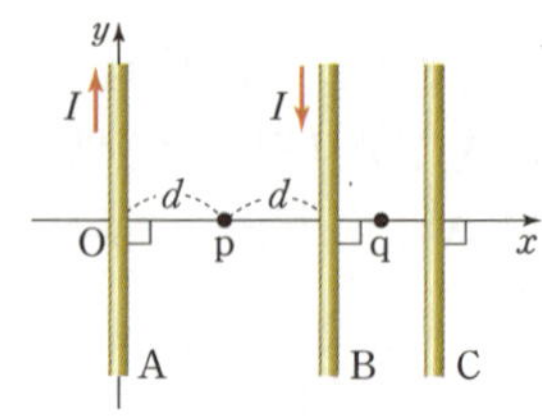

● 다음 설명 중 옳은 것은 ○표, 옳지 <u>않은</u> 것은 ×표 하시오.

1 C에 흐르는 전류의 방향은 $+y$ 방향이다. ○ / ×

2 C에 흐르는 전류의 세기는 $2I$보다 크다. ○ / ×

3 q에서 A, B, C에 흐르는 전류에 의한 자기장의 방향은 xy 평면에 수직으로 들어가는 방향이다. ○ / ×

자료 3 교육청 기출

그림은 일정한 전류가 흐르는 무한히 긴 직선 도선 A, B, C가 종이면에 수직으로 고정되어 있는 모습을 나타낸 것이다. A에는 종이면에 수직으로 들어가는 방향으로 전류가 흐른다. x축상의 점 p에서 A와 B에 의한 자기장은 0이고, B와 C에 의한 자기장도 0이다.

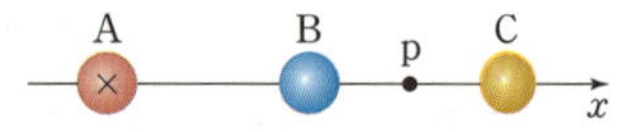

● 다음 설명 중 옳은 것은 ○표, 옳지 <u>않은</u> 것은 ×표 하시오.

1 B에 흐르는 전류의 방향은 종이면에서 수직으로 나오는 방향이다. ○ / ×

2 전류의 세기는 A에서와 B에서가 같다. ○ / ×

3 전류의 방향은 B와 C에서 같다. ○ / ×

2 원형 도선과 직선 도선에 의한 자기장

정답과 해설 p.093

[기출패턴] 원형 도선과 직선 도선에 흐르는 전류에 의해 원형 도선 중심에 형성되는 자기장의 세기와 방향을 구할 수 있어야 한다.

[배경지식] (1) 원형 도선에 전류가 흐를 때, 원형 도선 중심에서 자기장의 방향은 오른손을 이용해 찾을 수 있다.
(2) 원형 도선 중심에서 자기장의 세기는 도선에 흐르는 전류의 세기에 비례하고 도선의 반지름에 반비례한다.

자료 1 · 평가원 기출

그림 (가)와 같이 중심이 원점 O인 원형 도선 P와 무한히 긴 직선 도선 Q, R가 xy 평면에 고정되어 있다. P에는 세기가 일정한 전류가 흐르고, Q에는 세기가 I_0인 전류가 $-x$ 방향으로 흐르고 있다. 그림 (나)는 (가)의 O에서 P, Q, R의 전류에 의한 자기장의 세기 B를 R에 흐르는 전류의 세기 I_R에 따라 나타낸 것으로, $I_R = I_0$일 때 O에서 자기장의 방향은 xy 평면에서 수직으로 나오는 방향이고 세기는 B_1이다.

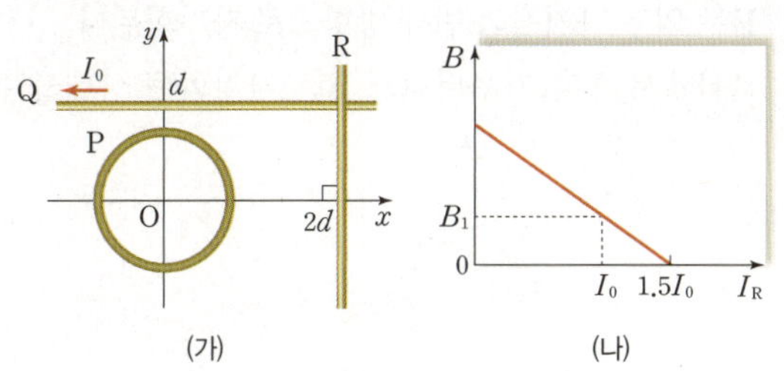

● 다음 설명 중 옳은 것은 ○표, 옳지 <u>않은</u> 것은 ×표 하시오.

1 Q에 흐르는 전류에 의한 O에서의 자기장의 방향은 xy 평면에서 수직으로 나오는 방향이다. ○ / ×

2 R에 흐르는 전류의 방향은 $-y$ 방향이다. ○ / ×

3 O에서 P에 흐르는 전류에 의한 자기장의 방향은 xy 평면에서 수직으로 나오는 방향이다. ○ / ×

4 O에서 P의 전류에 의한 자기장의 세기는 B_1이다. ○ / ×

자료 2 · 교육청 기출

그림과 같이 원형 도선 P와 무한히 긴 직선 도선 Q가 xy 평면에 고정되어 있다. Q에는 세기가 I인 전류가 $-y$ 방향으로 흐른다. 원점 O는 P의 중심이다. 표는 O에서 P, Q에 흐르는 전류에 의한 자기장의 세기를 P에 흐르는 전류에 따라 나타낸 것이다.

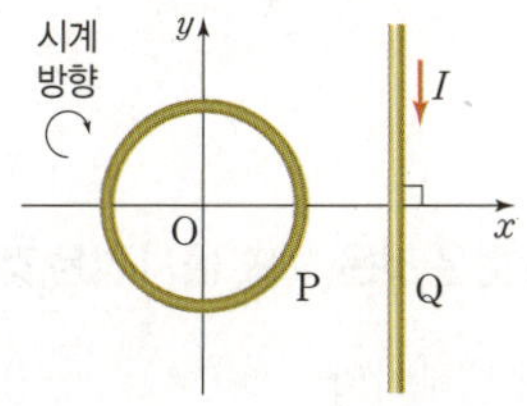

P에 흐르는 전류		O에서 P, Q에 흐르는 전류에 의한 자기장의 세기
세기	방향	
0	없음	B_0
I_0	㉠	0
$2I_0$	시계 방향	㉡

● 다음 설명 중 옳은 것은 ○표, 옳지 <u>않은</u> 것은 ×표 하시오.

1 O에서 Q에 흐르는 전류에 의한 자기장의 방향은 xy 평면에 수직으로 들어가는 방향이다. ○ / ×

2 ㉠은 시계 방향이다. ○ / ×

3 ㉡은 $2B_0$보다 크다. ○ / ×

4 P에 시계 방향으로 전류가 흐를 때 O에서 P에 흐르는 전류에 의한 자기장의 방향과 Q에 흐르는 전류에 의한 자기장의 방향은 같다. ○ / ×

5 P에 시계 반대 방향으로 크기가 $2I_0$인 전류가 흐를 때 O에서 P와 Q에 흐르는 전류에 의한 자기장의 세기는 ㉡과 같다. ○ / ×

3 자성체의 종류와 특징

정답과 해설 p.093

[기출 패턴] 자성체의 종류와 특징을 이해하고 각 자성체를 구분할 수 있어야 한다.

[배경 지식] (1) 강자성체: 외부 자기장의 방향과 같은 방향으로 자기화되는 비율이 높은 물체로, 외부 자기장이 없어지더라도 자성을 오래 유지할 수 있다.

(2) 상자성체: 외부 자기장과 같은 방향으로 자기화되지만 그 비율이 일반적으로 강자성체보다 낮다. 외부 자기장이 사라지면 자성이 바로 사라진다.

(3) 반자성체: 외부 자기장이 없을 때는 자성을 갖는 원자가 없고, 외부 자기장을 걸어 주면 외부 자기장과 반대 방향으로 자기화된다.

자료 1 교육청 기출

그림 (가)와 같이 천장에 실로 연결된 자석의 연직 아래 수평면에 자기화되지 않은 물체 A를 놓았더니 A가 정지해 있다. 그림 (나)와 같이 (가)에서 자석을 자기화되지 않은 물체 B로 바꾸어 연결하고 A를 이동시켰더니 B가 A쪽으로 기울어져 정지해 있다. B는 상자성체, 반자성체 중 하나이다.

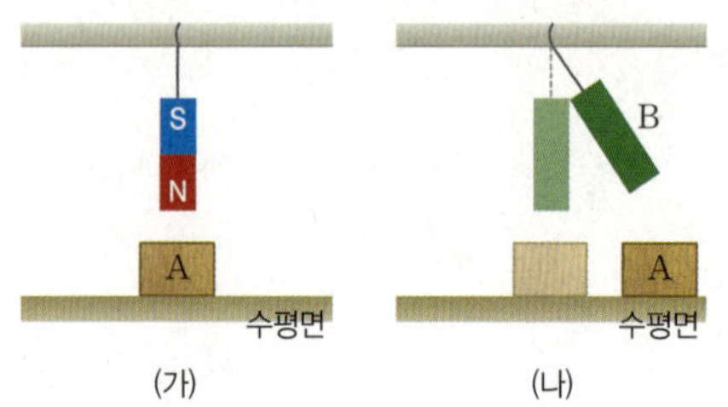

● 다음 설명 중 옳은 것은 ○표, 옳지 않은 것은 ×표 하시오.

1 A는 외부 자기장과 반대 방향으로 자기화된다. ○ / ×
2 (가)에서 실이 자석에 작용하는 힘의 크기는 자석의 무게보다 크다. ○ / ×
3 B는 상자성체이다. ○ / ×
4 B는 외부 자기장과 반대 방향으로 자기화된다. ○ / ×
5 (나)에서 A를 치우더라도 B는 자기화된 상태를 유지한다. ○ / ×

자료 2 교육청 기출

그림 (가)와 같이 자석 주위에 자기화되어 있지 않은 자성체 A, B를 놓았더니 자석으로부터 각각 화살표 방향으로 자기력을 받았다. 그림 (나)는 (가)에서 자석을 치운 후 A와 B를 가까이 놓은 모습을 나타낸 것으로, B는 A로부터 자기력을 받는다.

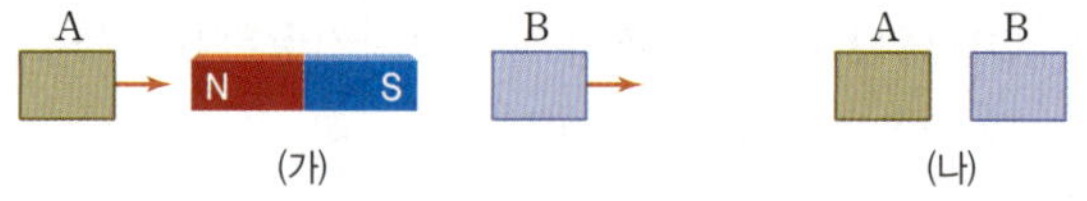

● 다음 설명 중 옳은 것은 ○표, 옳지 않은 것은 ×표 하시오.

1 B는 반자성체이다. ○ / ×
2 (가)에서 A와 B는 다른 방향으로 자기화되어 있다. ○ / ×
3 (나)에서 A, B 사이에는 서로 당기는 자기력이 작용한다. ○ / ×
4 (나)에서 A를 치우더라도 B는 자기화된 상태를 유지한다. ○ / ×

자료 3 수능 기출

그림 (가)는 전류가 흐르는 전자석에 철못이 달라붙어 있는 모습을, (나)는 (가)의 철못에 클립이 달라붙은 모습을 나타낸 것이다.

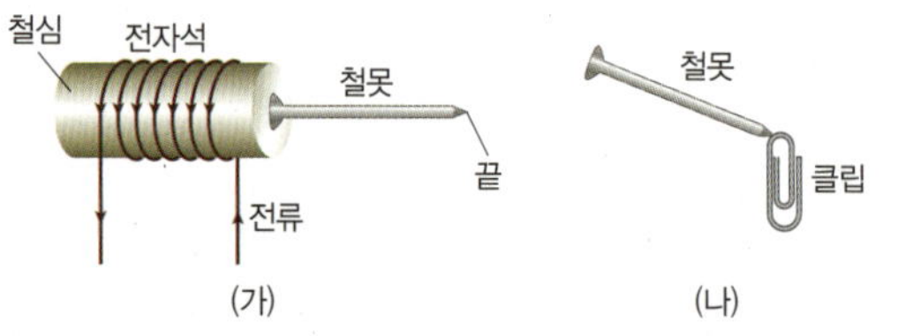

● 다음 설명 중 옳은 것은 ○표, 옳지 않은 것은 ×표 하시오.

1 철못은 강자성체이다. ○ / ×
2 (가)에서 철못의 끝은 S극을 띤다. ○ / ×
3 (나)에서 클립은 자기화되어 있다. ○ / ×

4 전자기 유도

정답과 해설 p.093

[기출패턴] 자기 선속이 변할 때 유도 기전력이 발생함을 이해하고, 이때 유도 전류의 세기와 방향에 대해 설명할 수 있어야 한다.

[배경 지식] 시간당 코일을 통과하는 자기 선속이 변할 때, 코일에는 유도 기전력이 발생하고 유도 전류가 흐르게 된다.

(1) 유도 기전력의 크기는 코일의 감은 수와 자기 선속의 시간당 변화율에 비례한다.

(2) 유도 전류의 방향은 유도 전류에 의한 유도 자기장의 방향이 자기 선속의 변화를 방해하는 방향으로 흐른다.

(3) 유도 전류가 흐를 때 코일이나 자석의 상대적인 운동을 방해하는 방향으로 자기력이 작용한다.

자료 1 　교육청 기출

그림은 xy 평면에 수직인 방향의 균일한 자기장 영역 Ⅰ, Ⅱ의 경계에서 변의 길이가 $4d$인 동일한 정사각형 도선 A, B, C가 각각 일정한 속력 v, v, $2v$로 직선 운동하는 어느 순간의 모습을 나타낸 것이다. A, B, C는 각각 $-y$, $+x$, $+y$ 방향으로 운동한다. Ⅰ과 Ⅱ에서 자기장의 방향은 서로 반대이고, A와 B에 흐르는 유도 전류의 세기는 같다.

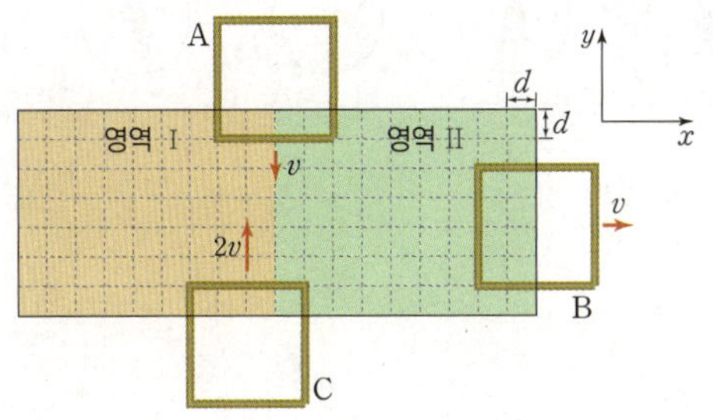

● 다음 설명 중 옳은 것은 ○표, 옳지 않은 것은 ×표 하시오.

1 자기장의 세기는 Ⅰ에서가 Ⅱ에서의 3배이다.　○ / ×

2 유도 전류의 방향은 A에서와 B에서가 같다.　○ / ×

3 유도 전류의 세기는 C에서가 A에서의 4배이다.　○ / ×

4 A와 C에 흐르는 유도 전류의 방향은 같다.　○ / ×

5 A와 C에 작용하는 자기력의 방향은 같다.　○ / ×

6 B에 작용하는 자기력의 방향은 $-x$ 방향이다.　○ / ×

자료 2 　수능 기출

그림 (가)는 자기장 B가 균일한 영역에 금속 고리가 고정되어 있는 것을 나타낸 것이고, (나)는 B의 세기를 시간에 따라 나타낸 것이다. B의 방향은 종이면에 수직으로 들어가는 방향이다.

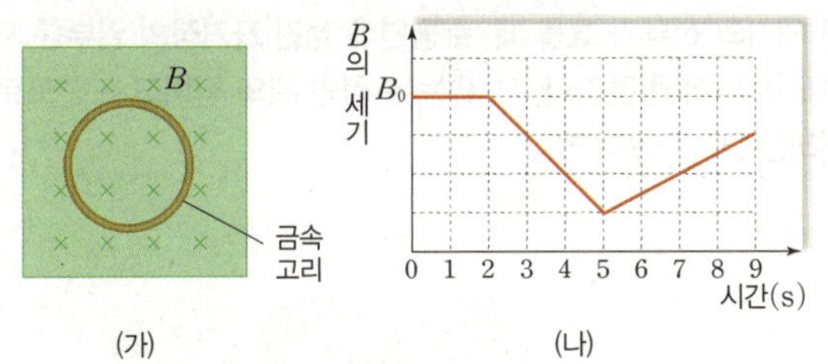

● 다음 설명 중 옳은 것은 ○표, 옳지 않은 것은 ×표 하시오.

1 1초일 때 유도 전류는 흐르지 않는다.　○ / ×

2 유도 전류의 방향은 3초일 때와 6초일 때가 서로 반대이다.　○ / ×

3 유도 전류의 세기는 7초일 때가 4초일 때보다 크다.
　○ / ×

4 4초일 때 금속 고리에 흐르는 유도 전류의 방향은 시계 반대 방향이다.　○ / ×

자료 3 　교육청 기출

그림은 xy 평면에 수직인 방향의 자기장 영역에서 정사각형 금속 고리 A, B, C가 각각 $+x$ 방향, $-y$ 방향, $+y$ 방향으로 직선 운동하고 있는 순간의 모습을 나타낸 것이다. 자기장 영역에서 자기장은 일정하고 균일하다.

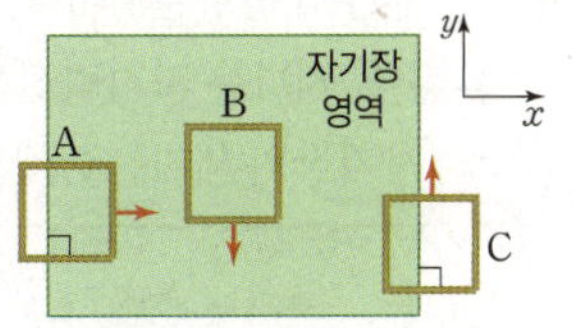

● 다음 설명 중 옳은 것은 ○표, 옳지 않은 것은 ×표 하시오.

1 A에는 유도 전류가 흐른다.　○ / ×

2 B가 가속도 운동을 한다면 B에는 유도 전류가 흐른다.
　○ / ×

3 C에는 유도 전류가 흐른다.　○ / ×

수능 대비 문제

01

그림은 수평면에서 자석의 두 극 A, B 사이의 자기력선을 나타낸 것이다. 점, P, Q, R는 수평면상의 점이고, P에서 A, B까지의 거리는 같다.

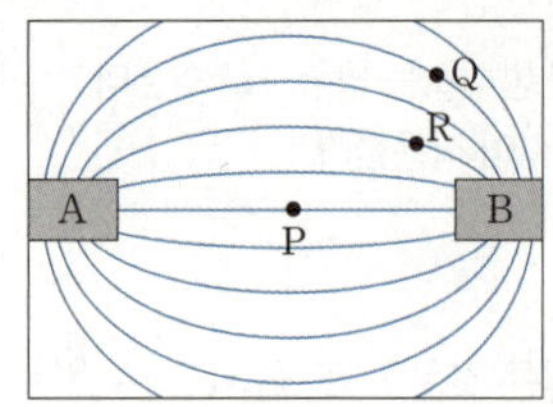

이에 대한 설명으로 옳은 것만을 |보기|에서 있는 대로 고른 것은?

보기
ㄱ. A와 B 사이에는 서로 당기는 자기력이 작용한다.
ㄴ. P에서 자기장은 0이다.
ㄷ. 자기장의 세기는 Q와 R에서 같다.

① ㄱ   ② ㄷ   ③ ㄱ, ㄴ
④ ㄱ, ㄷ   ⑤ ㄴ, ㄷ

02

기출 | 평가원

그림 (가)는 강자성체 X가 솔레노이드에 의해 자기화된 모습을, (나)는 (가)의 X를 자기화되어 있지 않은 강자성체 Y에 가져간 모습을 나타낸 것이다.

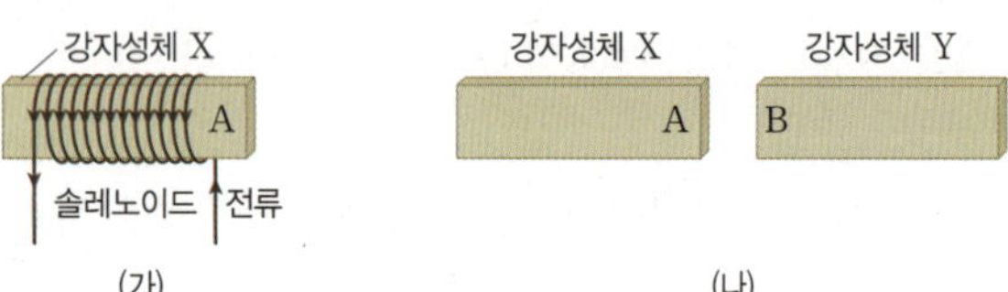

(나)에서 자기장의 모습을 나타낸 것으로 가장 적절한 것은?

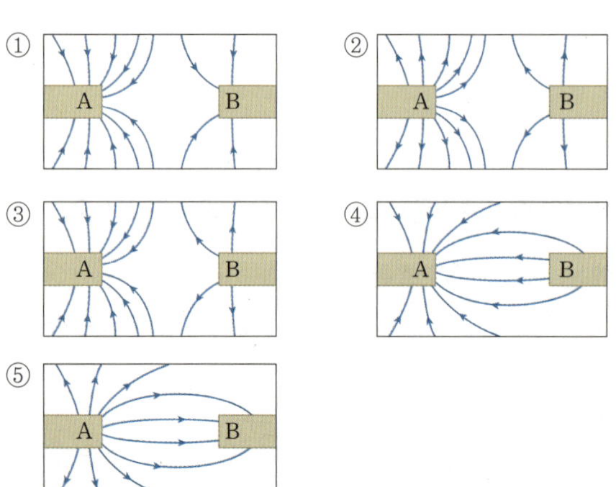

03

그림 (가)는 xy 평면에 수직으로 원점 O를 통과하는 무한히 긴 직선 도선에 일정한 전류가 흐르고 있는 모습을 나타낸 것이다. 점 a, b는 x축 위의 점이고 점 c는 y축 위의 점이다. 그림 (나)는 나침반을 a, b에 놓았을 때, 나침반의 모습을 나타낸 것으로 자침이 y축과 나란하다.

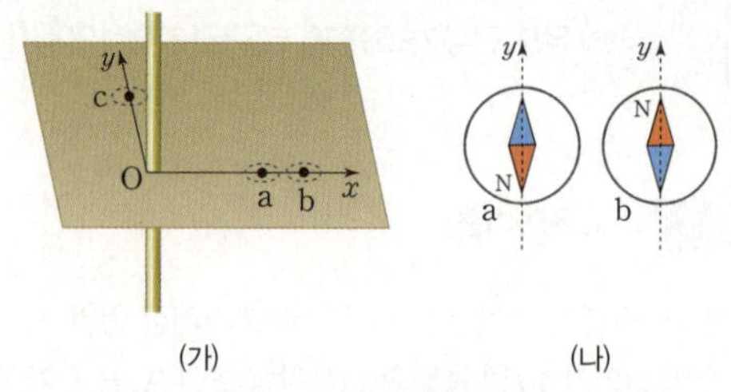

나침반을 c에 놓았을 때, 나침반 자침의 모습으로 가장 적절한 것은?

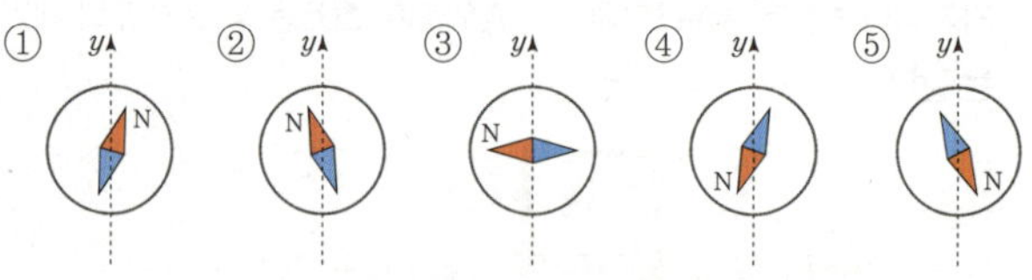

04

기출 변형 | 교육청

그림은 수평면을 수직으로 통과하는 긴 직선 도선에 일정한 세기의 전류가 흐를 때, 수평면에 생긴 자기장의 일부를 자기력선으로 나타낸 것이다. P, Q는 수평면 위의 점이고 도선으로부터 거리는 Q가 P보다 크다.

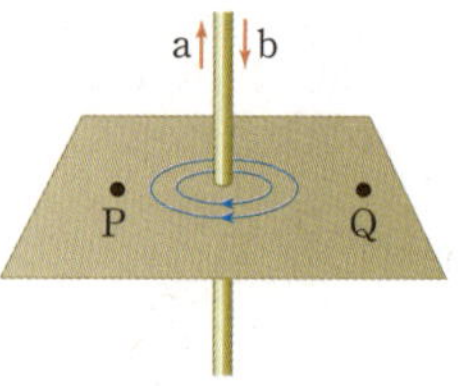

이에 대한 설명으로 옳은 것만을 |보기|에서 있는 대로 고른 것은?

보기
ㄱ. 전류의 방향은 b이다.
ㄴ. P를 지나는 자기력선은 Q를 지난다.
ㄷ. 자기장의 세기는 Q에서가 P에서보다 크다.

① ㄱ   ② ㄴ   ③ ㄷ
④ ㄱ, ㄷ   ⑤ ㄴ, ㄷ

05 그림과 같이 xy 평면에 고정된 무한히 긴 직선 도선 A, B, C에 각각 세기가 I_A, I_B, I_C로 일정한 전류가 흐르고 있다. B에 흐르는 전류의 방향은 $+y$ 방향이고, x축상의 점 p에서 세 도선의 전류에 의한 자기장은 0이다. C에 흐르는 전류의 방향을 반대로 바꾸었더니 p에서 세 도선의 전류에 의한 자기장의 방향은 xy 평면에 수직으로 들어가는 방향이 되었다.

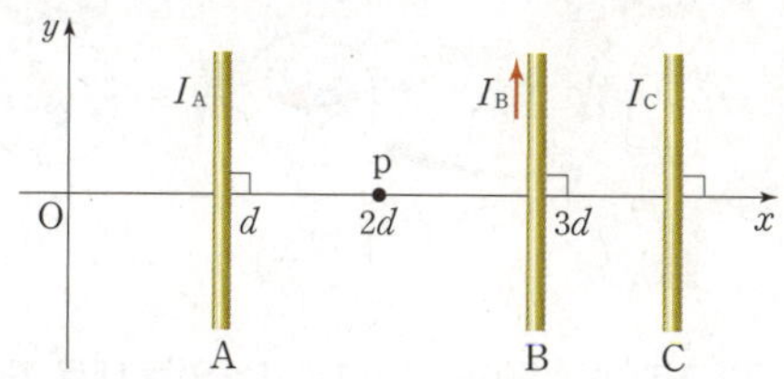

이에 대한 설명으로 옳은 것만을 |보기|에서 있는 대로 고른 것은?

보기
ㄱ. A에 흐르는 전류의 방향은 $+y$ 방향이다.
ㄴ. $I_A < I_B + I_C$이다.
ㄷ. 원점 O에서 세 도선의 전류에 의한 자기장의 방향은 C에 흐르는 전류의 방향을 바꾸기 전과 후가 같다.

① ㄱ   ② ㄴ   ③ ㄱ, ㄷ
④ ㄴ, ㄷ   ⑤ ㄱ, ㄴ, ㄷ

06 그림과 같이 xy 평면에서 x축과 y축에 나란한 무한히 긴 두 직선 도선 A, B에 일정한 전류가 각각 흐르고 있다. 점 p, q는 A, B로부터 거리가 같은 xy 평면상의 점이다. p, q에서 자기장의 세기는 각각 $4B$, $2B$이고, 자기장의 방향은 서로 반대이다.

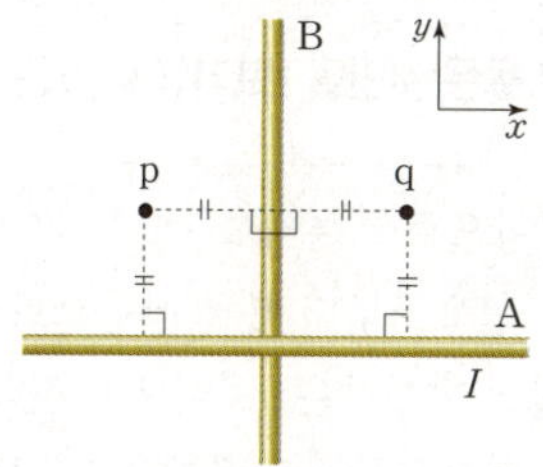

A에 흐르는 전류의 세기가 I일 때, B에 흐르는 전류의 세기는?

① $\frac{1}{3}I$ ② $\frac{1}{2}I$ ③ I
④ $2I$ ⑤ $3I$

07 그림과 같이 xy 평면에서 x축과 y축에 나란한 무한히 긴 두 직선 도선 A, B에 일정한 전류가 각각 흐르고 있다. 점 p, q, r는 xy 평면상의 점으로 p에서 자기장은 0, q에서 자기장의 세기는 B이다. A에는 $+x$ 방향으로 세기가 I인 전류가 흐르고 있다.

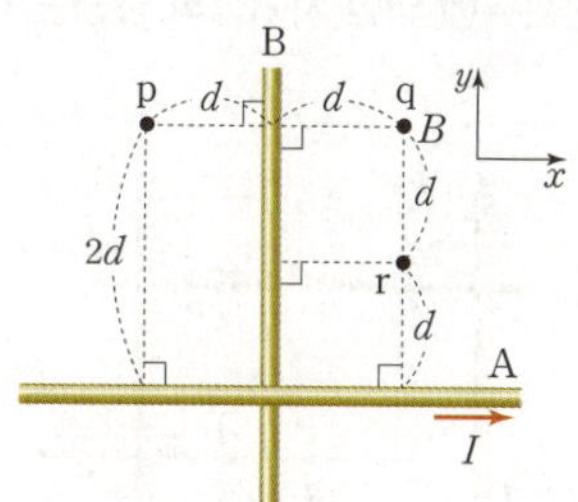

이에 대한 설명으로 옳은 것만을 |보기|에서 있는 대로 고른 것은?

보기
ㄱ. q에서 A와 B에 흐르는 전류에 의한 자기장의 방향은 xy 평면에서 수직으로 나오는 방향이다.
ㄴ. B에 흐르는 전류의 세기는 $2I$이다.
ㄷ. r에서 A, B에 흐르는 전류에 의한 자기장의 세기는 $\frac{3B}{2}$이다.

① ㄱ   ② ㄴ   ③ ㄱ, ㄴ
④ ㄱ, ㄷ   ⑤ ㄴ, ㄷ

08 그림 (가)는 원형 도선 P와 무한히 긴 직선 도선 Q가 xy 평면에 고정되어 있는 모습을, (나)는 (가)에서 Q만 옮겨 고정시킨 모습을 나타낸 것이다. P, Q에는 각각 화살표 방향으로 세기가 일정한 전류가 흐른다. (가), (나)의 원점 O에서 자기장의 세기는 같고 방향은 반대이다.

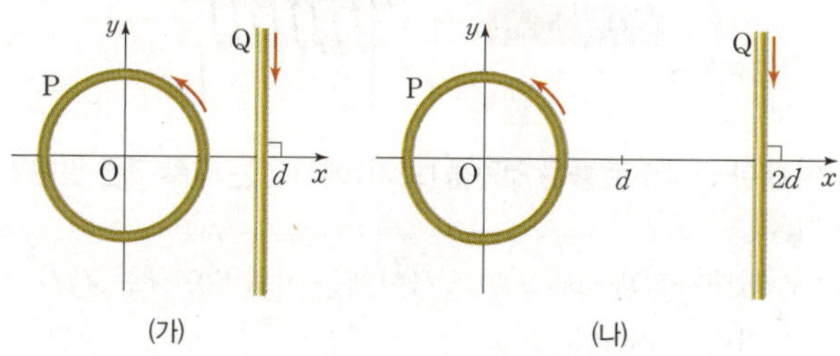

(가)의 O에서 P, Q의 전류에 의한 자기장의 세기를 각각 B_P, B_Q라고 할 때 $\dfrac{B_Q}{B_P}$는? (단, 지구 자기장은 무시한다.)

① $\frac{4}{3}$ ② $\frac{3}{2}$ ③ $\frac{8}{5}$
④ $\frac{5}{3}$ ⑤ $\frac{7}{4}$

09 기출 평가원

그림과 같이 xy 평면에 무한히 긴 직선 도선 A, B, C가 고정되어 있다. A, B에는 서로 반대 방향으로 세기 I_0인 전류가, C에는 세기 I_C인 전류가 각각 일정하게 흐르고 있다. xy 평면에서 수직으로 나오는 자기장의 방향을 (+)로 할 때, x축상의 점 P, Q에서 세 도선에 흐르는 전류에 의한 자기장의 방향은 각각 (+), (−)이다.

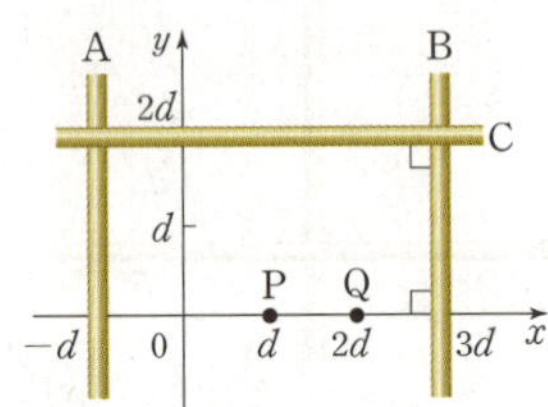

이에 대한 설명으로 옳은 것만을 | 보기 |에서 있는 대로 고른 것은?

> **보기**
> ㄱ. A에 흐르는 전류의 방향은 $+y$ 방향이다.
> ㄴ. C에 흐르는 전류의 방향은 $-x$ 방향이다.
> ㄷ. $I_C < 2I_0$이다.

① ㄱ ② ㄷ ③ ㄱ, ㄴ
④ ㄴ, ㄷ ⑤ ㄱ, ㄴ, ㄷ

10

그림과 같이 막대자석과 솔레노이드를 중심축이 같도록 놓고 솔레노이드에 일정한 세기의 전류를 흐르게 하였더니 막대자석과 솔레노이드의 가운데 지점인 중심축상의 점 a에서 자기장이 0이 되었다. 점 b는 솔레노이드의 오른쪽에 위치한 중심축상의 점이다.

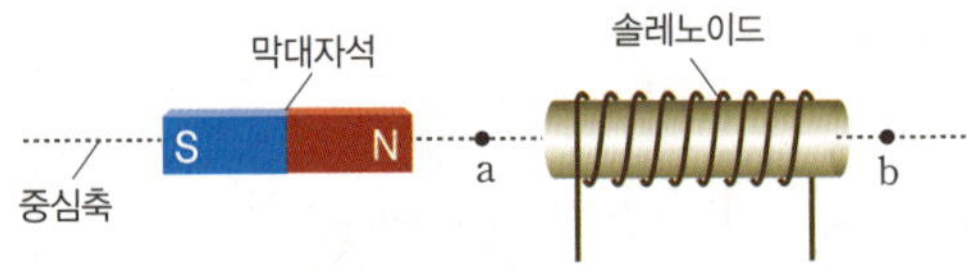

이에 대한 설명으로 옳은 것만을 | 보기 |에서 있는 대로 고른 것은?

> **보기**
> ㄱ. 막대자석과 솔레노이드 사이에는 서로 밀어내는 자기력이 작용한다.
> ㄴ. 솔레노이드 내부에서 솔레노이드에 흐르는 전류에 의한 자기장의 방향은 왼쪽이다.
> ㄷ. b에서 자기장은 0이다.

① ㄱ ② ㄷ ③ ㄱ, ㄴ
④ ㄴ, ㄷ ⑤ ㄱ, ㄴ, ㄷ

11

그림과 같이 원형 도선을 xy 평면에 대해 수직으로 놓고, 원형 도선에 a 또는 b 방향으로 같은 세기의 전류가 흐르게 하였다. P, Q는 원형 도선에 a 또는 b 방향으로 같은 세기의 전류가 흐를 때, 원형 도선의 중심 O점에 놓인 xy 평면 위 나침반의 모습을 순서 없이 나타낸 것이다.

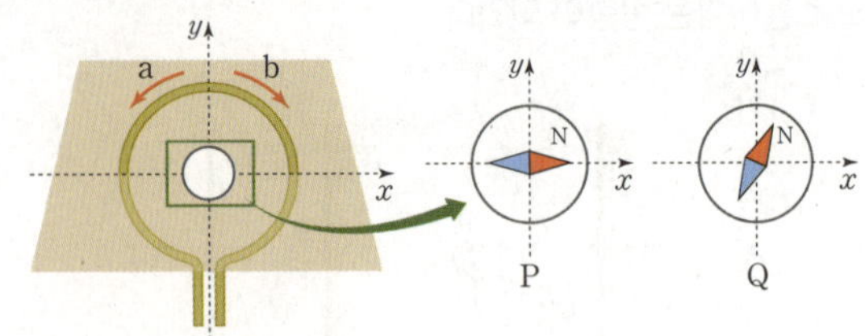

이에 대한 설명으로 옳은 것만을 | 보기 |에서 있는 대로 고른 것은?

> **보기**
> ㄱ. a 방향으로 원형 도선에 전류가 흐를 때 나침반의 모습은 P이다.
> ㄴ. 지구 자기장의 방향은 $+x$ 방향이다.
> ㄷ. P의 결과가 나왔을 때보다 전류의 세기를 증가시켜도 나침반의 모습은 P로 유지된다.

① ㄱ ② ㄴ ③ ㄱ, ㄴ
④ ㄱ, ㄷ ⑤ ㄴ, ㄷ

12 기출 변형 교육청

그림은 직선 도선 주위에 나침반 P와 Q를 수평면 위에 놓고 전류를 흘렸을 때의 모습을 나타낸 것이다. P는 직선 도선으로부터 북쪽에, Q는 직선 도선으로부터 동쪽에 고정되어 있다. P의 자침은 각 θ만큼 회전하였고, Q의 자침은 변화가 없었다.

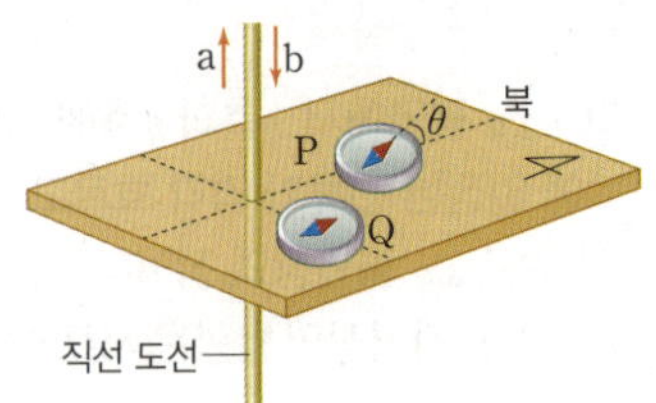

이에 대한 설명으로 옳은 것만을 | 보기 |에서 있는 대로 고른 것은?

> **보기**
> ㄱ. 전류는 b 방향으로 흐른다.
> ㄴ. P를 직선 도선으로부터 북쪽 방향으로 더 먼 곳에 고정하면 자침의 회전각은 θ보다 작아진다.
> ㄷ. Q를 직선 도선으로부터 남쪽에 놓고 고정하면 Q의 자침은 P의 자침과 같은 방향으로 회전한다.

① ㄱ ② ㄴ ③ ㄷ
④ ㄱ, ㄴ ⑤ ㄴ, ㄷ

13 그림과 같이 xy 평면에 일정한 전류가 흐르고 있는 무한히 가늘고 긴 직선 도선 A, B가 $x=d$, $x=3d$를 지나며 y축과 나란하게 고정되어 있다. A에는 $+y$ 방향으로 세기가 I인 전류가 흐르고 있고, 점 p, q, r는 xy 평면상의 점이다. xy 평면상의 $x<3d$인 영역에서 A와 B에 의한 자기장이 0인 지점이 없을 때, 이에 대한 설명으로 옳은 것만을 |보기|에서 있는 대로 고른 것은?

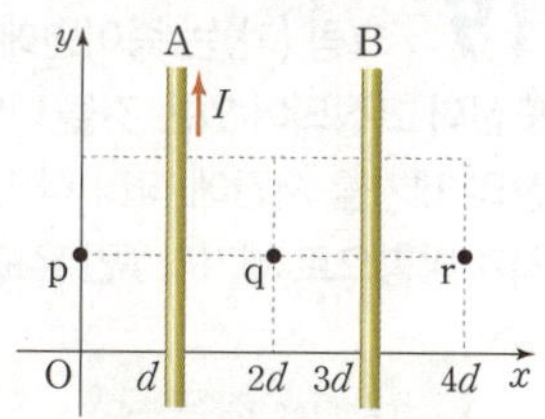

┌─ 보기 ─
ㄱ. B에 흐르는 전류의 방향은 $-y$ 방향이다.
ㄴ. p와 r에서 A와 B에 흐르는 전류에 의한 자기장의 방향은 같다.
ㄷ. A와 B에 흐르는 전류에 의한 자기장의 세기는 q에서가 r에서의 3배이다.
└─

① ㄱ   ② ㄴ   ③ ㄱ, ㄷ
④ ㄴ, ㄷ   ⑤ ㄱ, ㄴ, ㄷ

14 그림 (가)와 같이 무한히 긴 직선 도선 A, B, C가 같은 종이면에 있다. A, B, C에는 세기가 각각 $4I_0$, $2I_0$, $5I_0$인 전류가 일정하게 흐른다. A와 B는 고정되어 있고, A와 B에 흐르는 전류의 방향은 서로 반대이다. 그림 (나)는 C를 $x=-d$와 $x=d$ 사이의 위치에 놓을 때, C의 위치에 따른 점 p에서의 A, B, C에 흐르는 전류에 의한 자기장을 나타낸 것이다. 자기장의 방향은 종이면에서 수직으로 나오는 방향이 $(+)$이다.

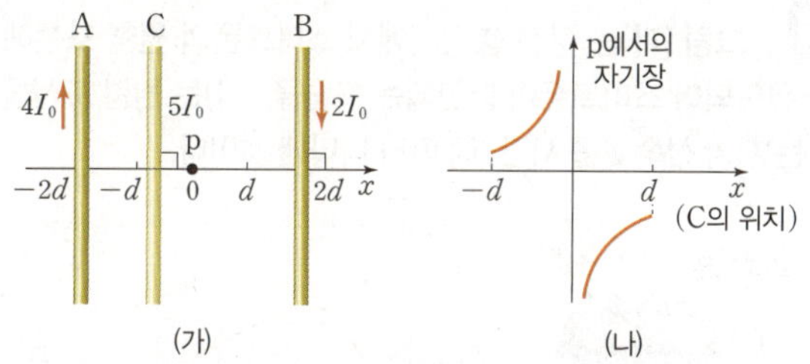

이에 대한 설명으로 옳은 것만을 |보기|에서 있는 대로 고른 것은?

┌─ 보기 ─
ㄱ. 전류의 방향은 B와 C에서 서로 같다.
ㄴ. p에서 자기장의 세기는 C의 위치가 $x=\dfrac{d}{5}$에서가 $x=-\dfrac{d}{5}$에서보다 크다.
ㄷ. p에서 자기장이 0이 되는 C의 위치는 $x=-2d$와 $x=-d$ 사이에 있다.
└─

① ㄱ   ② ㄷ   ③ ㄱ, ㄴ
④ ㄴ, ㄷ   ⑤ ㄱ, ㄴ, ㄷ

---

15 그림 (가)는 자석에 붙여 놓았던 알루미늄 클립들이 서로 달라붙지 않는 모습을, (나)는 자석에 붙여 놓았던 철 클립들이 서로 달라붙는 모습을 나타낸 것이다.

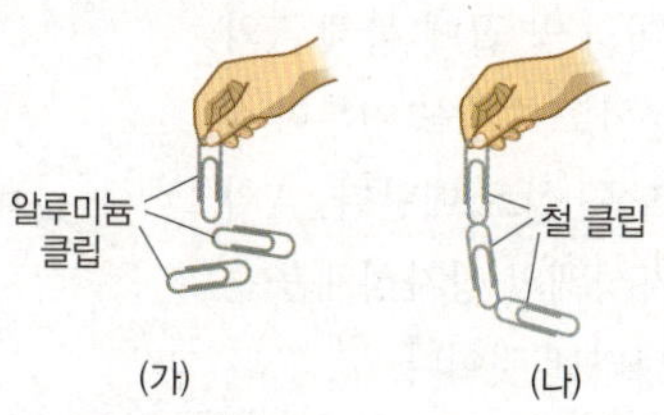

이에 대한 설명으로 옳은 것만을 |보기|에서 있는 대로 고른 것은?

┌─ 보기 ─
ㄱ. (가)의 알루미늄 클립은 강자성체이다.
ㄴ. (나)의 철 클립은 상자성체이다.
ㄷ. (나)의 철 클립은 자기화되어 있다.
└─

① ㄴ   ② ㄷ   ③ ㄱ, ㄴ
④ ㄱ, ㄷ   ⑤ ㄱ, ㄴ, ㄷ

16 그림은 상자성 막대와 자기화되어 있지 않은 강자성 막대에 같은 방향으로 코일을 감아 회로를 구성한 후 스위치 S를 닫았을 때 일정한 세기의 전류 I가 흐르는 모습을 나타낸 것이다. 점 a는 두 막대의 중심축을 통과하는 두 막대로부터 거리가 같은 지점이다.

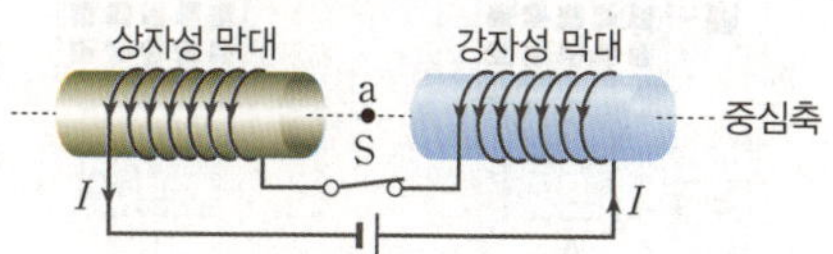

이에 대한 설명으로 옳은 것만을 |보기|에서 있는 대로 고른 것은?

┌─ 보기 ─
ㄱ. 두 막대 사이에는 당기는 자기력이 작용한다.
ㄴ. a에서 자기장의 방향은 오른쪽 방향이다.
ㄷ. S를 열어 전류가 흐르지 않으면, 두 막대 사이에는 척력이 작용한다.
└─

① ㄱ   ② ㄷ   ③ ㄱ, ㄴ
④ ㄴ, ㄷ   ⑤ ㄱ, ㄴ, ㄷ

17

다음은 물질의 자성에 대한 실험이다.

[실험 과정]

(가) 나무 막대의 양 끝에 물체 A와 B를 고정하고 수평을 이루며 정지해 있도록 실로 매단다. A와 B는 반자성체와 상자성체를 순서없이 나타낸 것이다.

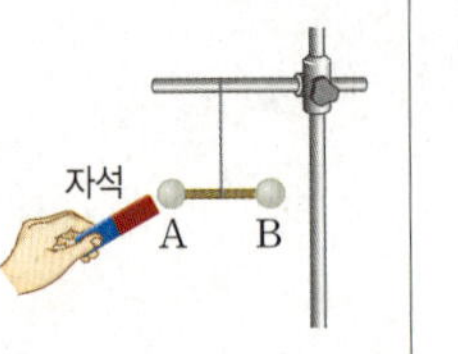

(나) 자석을 A에 천천히 가져가며 자석과 A 사이에 작용하는 힘의 방향을 찾는다.

(다) (나)에서 자석의 극을 반대로 하여 (나)를 반복한다.

(라) 자석을 B에 천천히 가져가며 자석과 B 사이에 작용하는 힘의 방향을 찾는다.

[실험 결과]

• (나)에서 자석과 A 사이에 작용하는 힘의 방향은 서로 미는 방향이다.

이에 대한 설명으로 옳은 것만을 |보기|에서 있는 대로 고른 것은?

ㄱ. (나)에서 A는 외부 자기장과 반대 방향으로 자기화된다.

ㄴ. (다)에서 자석과 A 사이에 작용하는 힘의 방향은 서로 당기는 방향이다.

ㄷ. (라)에서 자석과 B 사이에 작용하는 힘의 방향은 서로 미는 방향이다.

① ㄱ ② ㄴ ③ ㄱ, ㄷ

④ ㄴ, ㄷ ⑤ ㄱ, ㄴ, ㄷ

18

그림은 $+x$ 방향의 균일한 자기장이 형성되어 있는 xy 평면에 고정되어 있는 자성체 A, B 내부의 원자 자석을 모식적으로 나타낸 것이다.

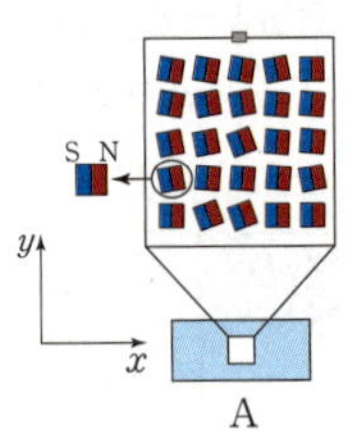

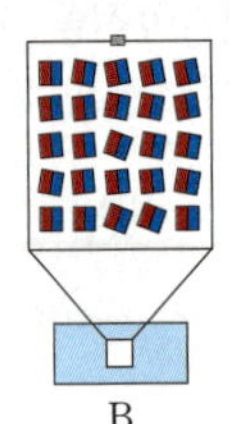

이에 대한 설명으로 옳은 것만을 |보기|에서 있는 대로 고른 것은?

ㄱ. A와 B 사이에는 서로 밀어내는 자기력이 작용한다.

ㄴ. A는 외부 자기장과 반대 방향으로 자기화된다.

ㄷ. B는 외부 자기장을 제거하여도 자기화된 성질을 유지할 수 있다.

① ㄱ ② ㄴ ③ ㄷ

④ ㄱ, ㄷ ⑤ ㄴ, ㄷ

19

그림 (가)는 종이면에 수직인 균일한 자기장 영역에 원형 도선이 고정되어 있는 것을 나타낸 것이다. 그림 (나)는 (가)의 자기장의 세기를 시간에 따라 나타낸 것으로, 2초일 때 원형 도선에는 시계 방향으로 세기가 I인 유도 전류가 흐른다.

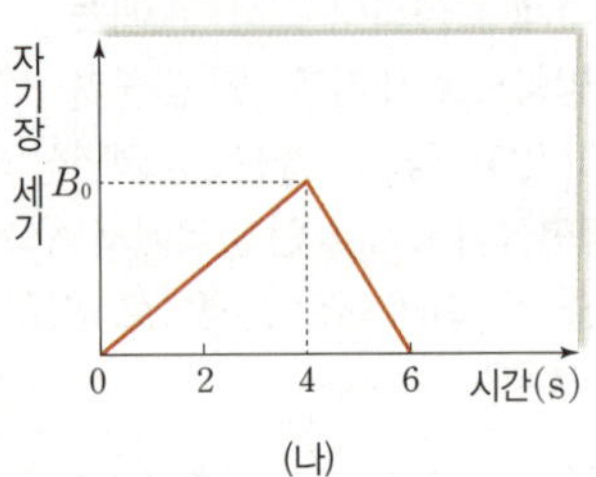

이에 대한 설명으로 옳은 것만을 |보기|에서 있는 대로 고른 것은?

ㄱ. 균일한 자기장 영역에서 자기장의 방향은 종이면에서 수직으로 나오는 방향이다.

ㄴ. 3초일 때와 5초일 때 원형 도선에 흐르는 유도 전류의 방향은 같다.

ㄷ. 5초일 때 원형 도선에 흐르는 유도 전류의 세기는 $2I$이다.

① ㄱ ② ㄴ ③ ㄱ, ㄴ

④ ㄱ, ㄷ ⑤ ㄴ, ㄷ

20

그림 (가)는 무선 충전기에서 스마트폰의 원형 도선에 전류가 유도되어 스마트폰이 충전되는 모습을, (나)는 원형 도선을 통과하는 자기 선속 $\varnothing$를 시간 t에 따라 나타낸 것이다.

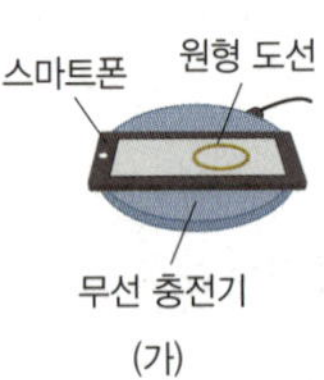

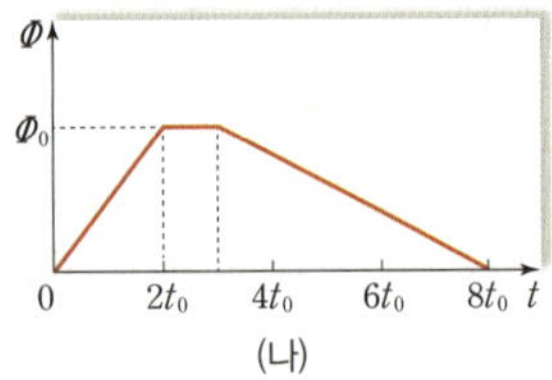

원형 도선에 흐르는 유도 전류에 대한 설명으로 옳은 것만을 |보기|에서 있는 대로 고른 것은?

ㄱ. 유도 전류의 세기는 $0 < t < 2t_0$에서 증가한다.

ㄴ. 유도 전류의 세기는 t_0일 때가 $5t_0$일 때보다 크다.

ㄷ. 유도 전류의 방향은 t_0일 때와 $6t_0$일 때가 서로 같다.

① ㄱ ② ㄴ ③ ㄱ, ㄷ

④ ㄴ, ㄷ ⑤ ㄱ, ㄴ, ㄷ

21

다음은 전자기 유도에 대한 실험이다.

[실험 과정]

(가) 그림과 같이 플라스틱 관에 감긴 코일, 저항, p-n 접합 다이오드, 스위치, 검류계가 연결된 회로를 구성한다. 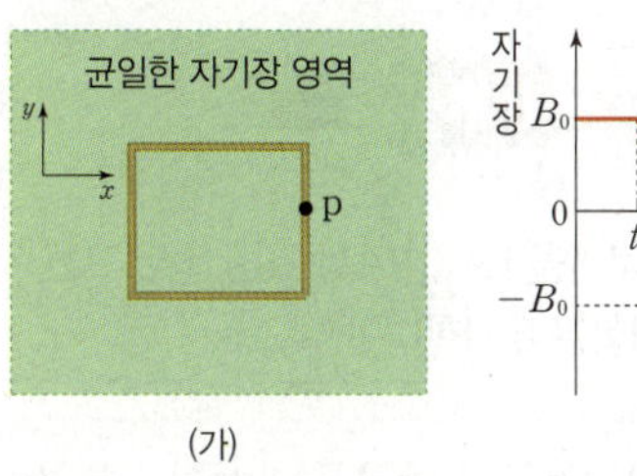

(나) 스위치를 a에 연결하고, 자석의 N극을 아래로 한다.

(다) 관의 중심축을 따라 통과하도록 자석을 점 q에서 가만히 놓고, 자석을 놓은 순간부터 시간에 따른 전류를 측정한다.

(라) 스위치를 b에 연결하고, 자석의 S극을 아래로 한다.

(마) (다)를 반복한다.

[실험 결과]

(다)의 결과	(마)의 결과
㉠	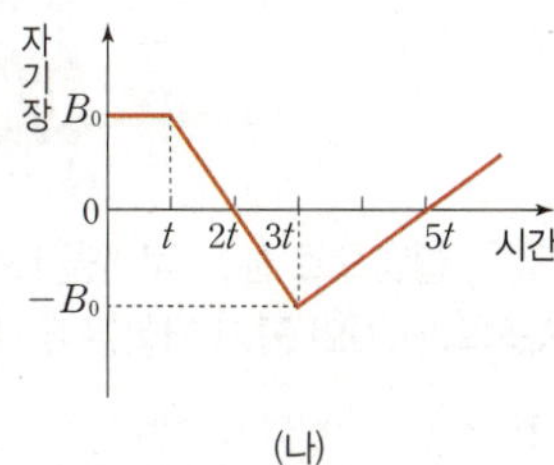

㉠으로 가장 적절한 것은?

① 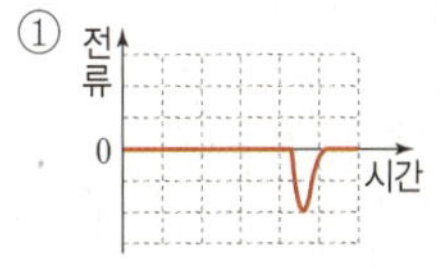

② 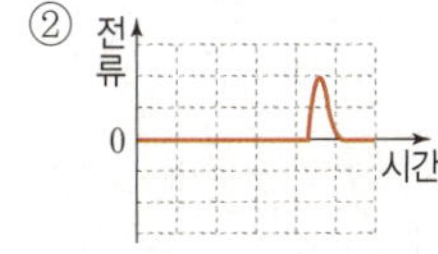

③ 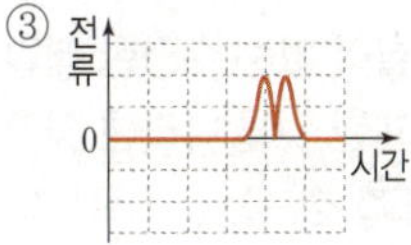

④ 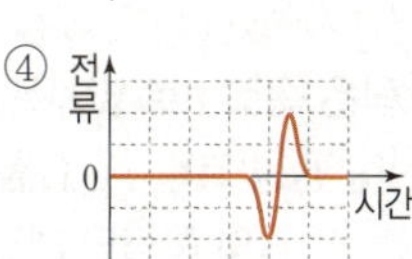

⑤ 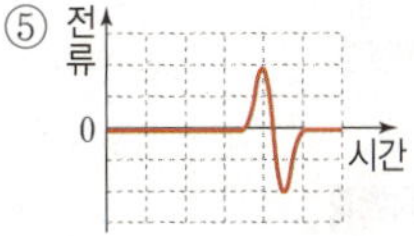

22

그림은 자기장 영역 Ⅰ, Ⅱ가 있는 xy 평면에서 정사각형 금속 고리 a, b, c, d가 운동하고 있는 어느 순간의 모습을 나타낸 것이다. a와 b는 $+x$ 방향으로, c는 $-x$ 방향으로, d는 $-y$ 방향으로 각각 일정한 속도로 운동한다. 영역 Ⅰ, Ⅱ에서 자기장은 세기가 각각 B, $2B$로 균일하며 xy 평면에 수직으로 들어가는 방향이다.

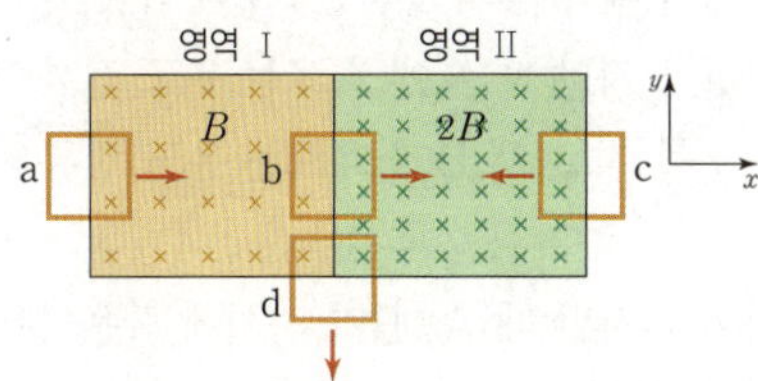

이 순간 금속 고리에 흐르는 유도 전류의 방향이 a와 같은 것만을 b, c, d 중에서 있는 대로 고른 것은?

① c   ② d   ③ b, c   ④ b, d   ⑤ b, c, d

23 그림 (가)는 xy 평면에 수직인 균일한 자기장 영역에 직사각형 도선이 고정되어 있는 모습을 나타낸 것으로, 점 p가 속한 도선의 한 변은 y축과 나란하다. 그림 (나)는 xy 평면에서 수직으로 나오는 자기장의 방향을 (+)로 했을 때 균일한 자기장을 시간에 따라 나타낸 것이다.

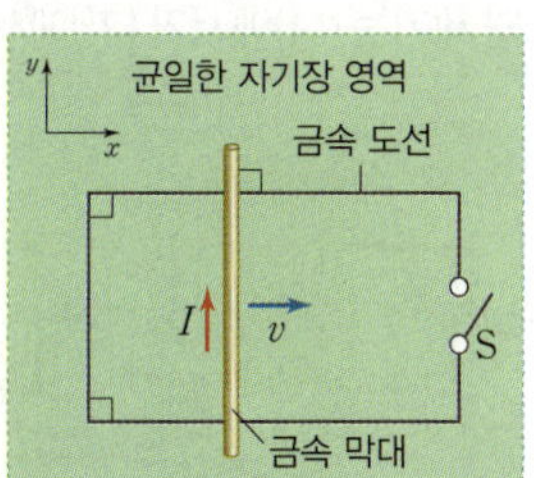

이에 대한 설명으로 옳은 것만을 |보기|에서 있는 대로 고른 것은?

|보기|

ㄱ. $0.5t$일 때 p에는 $+y$ 방향으로 유도 전류가 흐른다.

ㄴ. $1.5t$일 때와 $2.5t$일 때 p에 흐르는 유도 전류의 방향은 같다.

ㄷ. $5t$일 때 p에는 유도 전류가 흐르지 않는다.

① ㄱ   ② ㄴ   ③ ㄷ

④ ㄱ, ㄷ   ⑤ ㄴ, ㄷ

24 그림은 xy 평면에 수직인 균일한 자기장 영역에 스위치 S가 달린 직사각형 금속 도선이 고정되어 있고 도선 위에서 금속 막대가 $+x$ 방향의 속력 v로 등속도 운동을 하고 있는 것을 나타낸 것이다. 금속 막대에는 $+y$ 방향으로 세기가 I인 일정한 유도 전류가 흐르고 있다.

이에 대한 설명으로 옳은 것만을 |보기|에서 있는 대로 고른 것은?

|보기|

ㄱ. 균일한 자기장 영역에서 자기장의 방향은 xy 평면에서 수직으로 나오는 방향이다.

ㄴ. 금속 막대의 속력이 v보다 커지면 막대에 흐르는 유도 전류의 세기는 I보다 커진다.

ㄷ. S를 닫으면 금속 막대에는 유도 전류가 흐르지 않는다.

① ㄱ   ② ㄴ   ③ ㄷ

④ ㄱ, ㄷ   ⑤ ㄴ, ㄷ

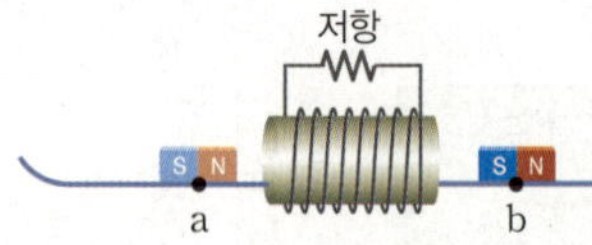

수능 대비 문제

25 그림은 빗면을 따라 내려와 등속도로 움직이던 자석이 마찰이 없고 수평인 직선 레일을 따라 솔레노이드를 통과하는 것을 나타낸 것이다. a, b는 고정된 솔레노이드의 중심에서 같은 거리만큼 떨어진 중심축상의 점이다.

이에 대한 설명으로 옳은 것만을 |보기|에서 있는 대로 고른 것은? (단, 자석의 크기와 공기 저항은 무시한다.)

> **보기**
> ㄱ. 저항에 흐르는 유도 전류의 방향은 자석이 a를 지날 때와 b를 지날 때가 서로 같다.
> ㄴ. 저항에 흐르는 유도 전류의 세기는 자석이 a를 지날 때가 b를 지날 때보다 크다.
> ㄷ. 자석에 작용하는 자기력의 방향은 자석이 a를 지날 때와 b를 지날 때가 서로 같다.

① ㄱ ② ㄴ ③ ㄷ
④ ㄱ, ㄷ ⑤ ㄴ, ㄷ

26 그림 (가), (나), (다)와 같이 한 변의 길이가 $2d$인 정사각형 도선이 v의 속력으로 $+x$ 방향으로 등속도 운동을 하며 xy 평면에 수직인 균일한 자기장 영역 Ⅰ, Ⅱ에 들어오고 있다. (가), (나)에서 정사각형 도선에 흐르는 유도 전류의 방향은 반대이고, 유도 전류의 세기는 (나)에서가 (가)에서의 2배이다.

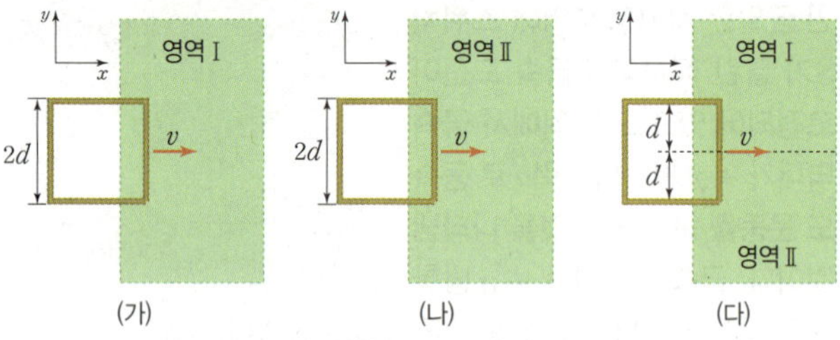

이에 대한 설명으로 옳은 것만을 |보기|에서 있는 대로 고른 것은?

> **보기**
> ㄱ. Ⅰ과 Ⅱ에서 자기장의 방향은 같다.
> ㄴ. 정사각형 도선에 흐르는 유도 전류의 세기는 (가)에서와 (다)에서가 같다.
> ㄷ. 정사각형 도선에 흐르는 유도 전류의 방향은 (나)에서와 (다)에서가 같다.

① ㄱ ② ㄴ ③ ㄷ
④ ㄱ, ㄷ ⑤ ㄴ, ㄷ

27 그림 (가)는 종이면에 놓인 한 변의 길이가 8 cm인 정사각형 도선이 균일한 자기장 영역을 $+x$ 방향으로 통과하는 것을 나타낸 것이다. 자기장의 방향은 종이면에 수직으로 들어가는 방향이고 자기장 영역의 폭은 16 cm이다. 점 p는 도선에 고정된 점이다. 그림 (나)는 p의 위치 x를 시간에 따라 나타낸 것이다.

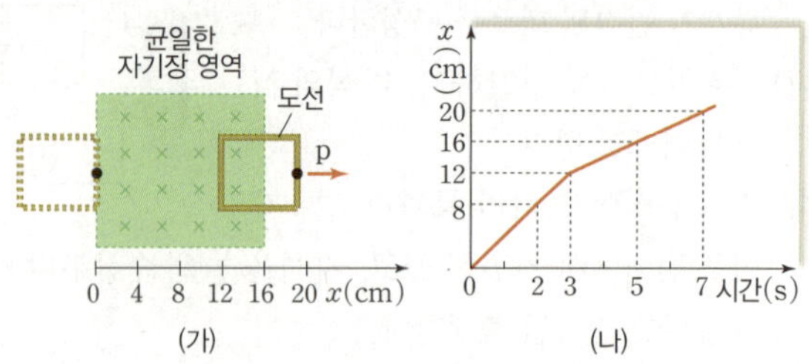

도선에 유도되는 전류에 대한 설명으로 옳은 것만을 |보기|에서 있는 대로 고른 것은? (단, 도선은 회전하지 않는다.)

> **보기**
> ㄱ. 4초일 때 전류는 0이다.
> ㄴ. 전류의 세기는 1초일 때가 6초일 때보다 크다.
> ㄷ. p에서 전류의 방향은 1초일 때와 6초일 때가 반대이다.

① ㄱ ② ㄴ ③ ㄱ, ㄷ
④ ㄴ, ㄷ ⑤ ㄱ, ㄴ, ㄷ

28 그림은 속력 v로 발사된 자석이 마찰이 없는 수평한 레일 위를 운동하며 원형 코일 A, B를 차례로 통과한 것을 나타낸 것이다. 점 a, b는 A, B의 중심인 레일 위의 점이고, 점 p는 a, b로부터 거리가 같은 레일 위의 점이다.

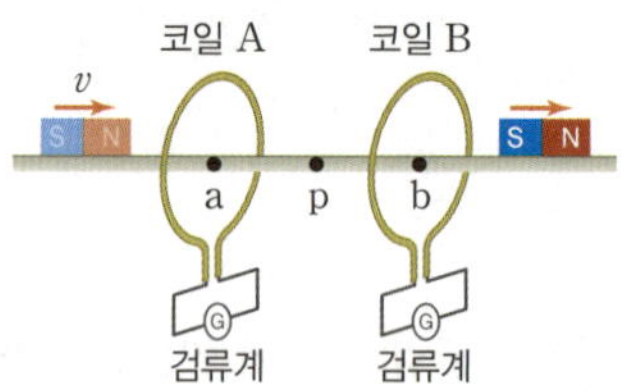

이에 대한 설명으로 옳은 것만을 |보기|에서 있는 대로 고른 것은? (단, 공기 저항과 자석의 크기는 무시한다.)

> **보기**
> ㄱ. B를 통과할 때 자석의 속력은 v보다 작다.
> ㄴ. 자석이 a를 지날 때 A에 흐르는 유도 전류의 세기와 자석이 b를 지날 때 B에 흐르는 유도 전류의 세기는 같다.
> ㄷ. 자석이 p를 지날 때 A, B가 자석에 작용하는 자기력의 합력은 0이다.

① ㄱ ② ㄴ ③ ㄱ, ㄷ
④ ㄴ, ㄷ ⑤ ㄱ, ㄴ, ㄷ

III 파동과 정보 통신

1 파동 그래프의 해석

정답과 해설 p.099

[기출 패턴] 파동 그래프를 분석할 수 있어야 하고, 횡파와 종파의 특징과 종류를 알아야 한다.

[배경 지식] (1) 파동의 변위–위치 그래프와 변위–시간 그래프에서 각각 파장, 주기를 파악하여 속력을 구한다.
(2) 횡파는 파동의 진행 방향에 수직으로 진동하며, 종파는 파동의 진행 방향에 나란하게 진동한다.

자료 1 평가원 기출

그림은 주기가 같은 파동 A, B의 어느 순간의 변위를 위치에 따라 나타낸 것이다.

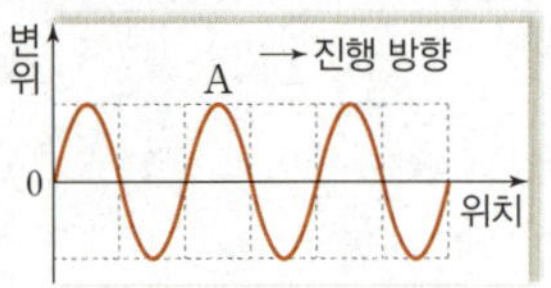

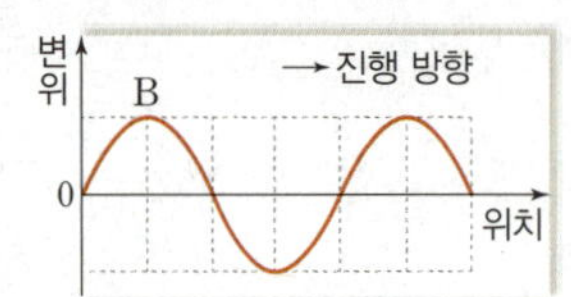

● 다음 설명 중 옳은 것은 ○표, 옳지 <u>않은</u> 것은 ×표 하시오.

1 진동수는 A가 B의 2배이다. ○ / ×
2 파장은 B가 A의 2배이다. ○ / ×
3 속력은 B가 A의 2배이다. ○ / ×

자료 2 평가원 기출

그림 (가)는 $t=0$일 때, 일정한 속력으로 x축과 나란하게 진행하는 파동의 변위 y를 위치 x에 따라 나타낸 것이다. 그림 (나)는 $x=2$ cm에서 y를 시간 t에 따라 나타낸 것이다.

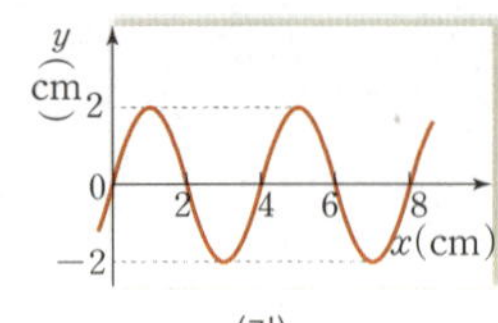

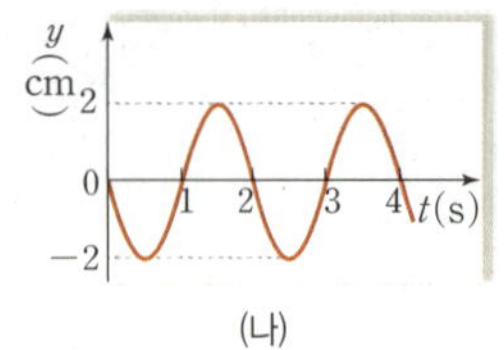

● 다음 설명 중 옳은 것은 ○표, 옳지 <u>않은</u> 것은 ×표 하시오.

1 파장은 4 cm이다. ○ / ×
2 주기는 2초이다. ○ / ×
3 속력은 2 cm/s이다. ○ / ×
4 진폭은 4 cm이다. ○ / ×
5 $+x$ 방향으로 진행한다. ○ / ×

자료 3 평가원 기출

그림 (가)는 줄에서 x축과 나란하게 진행하는 파동의 어느 순간의 모습을 나타낸 것이다. 점 P는 줄에 고정된 한 점이다. 그림 (나)는 (가)의 순간부터 y축과 나란하게 진동하는 P의 변위를 시간에 따라 나타낸 것이다.

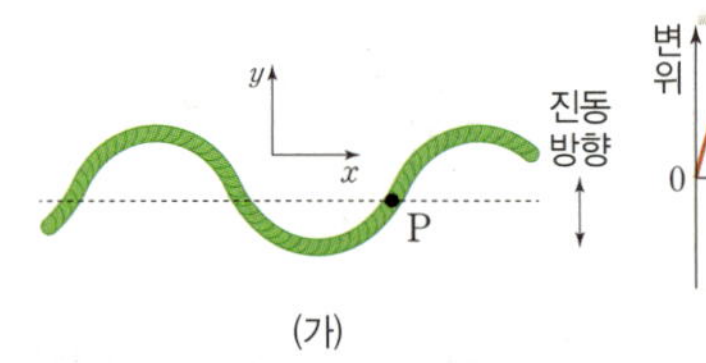

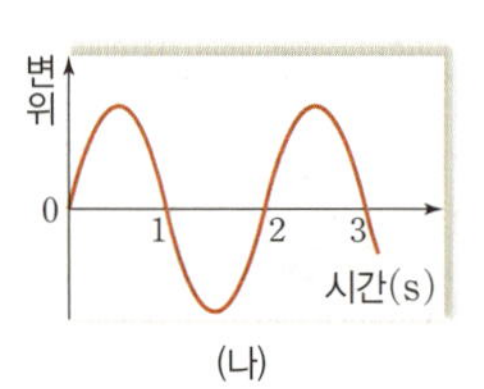

● 다음 설명 중 옳은 것은 ○표, 옳지 <u>않은</u> 것은 ×표 하시오.

1 이 파동은 종파이다. ○ / ×
2 파동의 진행 방향은 $+x$ 방향이다. ○ / ×
3 (가)에서 P의 운동 방향은 $+y$ 방향이다. ○ / ×
4 (가)의 순간부터 1.5초 후, P는 마루가 된다. ○ / ×

2 굴절 법칙

정답과 해설 p.099

[기출패턴] 입사각과 굴절각으로부터 굴절률을 구할 수 있어야 하고, 굴절률에 따른 파동의 파장, 속력을 비교할 수 있어야 한다.

[배경지식] 굴절 법칙: 빛이 굴절률이 n_1인 매질에서 n_2인 매질로 진행할 때, 입사각이 i이고 굴절각이 r이면 다음 관계가 성립한다.

$$n_{12} = \frac{n_2}{n_1} = \frac{\sin i}{\sin r} = \frac{\lambda_1}{\lambda_2} = \frac{v_1}{v_2}$$ → 굴절률이 클수록 파장이 짧고 속력이 느리다.

자료 1 평가원 기출

다음은 빛의 성질을 알아보는 실험이다.

[실험 과정]

(가) 반원 Ⅰ, Ⅱ로 구성된 원이 그려진 종이면의 Ⅰ에 반원형 유리 A를 올려놓는다.

(나) 레이저 빛을 점 p에서 유리 면에 수직으로 입사시킨다.

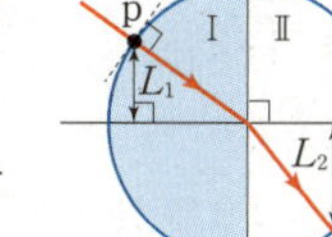

(다) 그림과 같이 빛이 진행하는 경로를 종이면에 그린다.

(라) p와 x축 사이의 거리 L_1, 빛의 경로가 Ⅱ의 호와 만나는 점과 x축 사이의 거리 L_2를 측정한다.

(마) (가)에서 Ⅰ의 A를 반원형 유리 B로 바꾸고, (나)~(라)를 반복한다.

(바) (마)에서 Ⅱ에 A를 올려놓고, (나)~(라)를 반복한다.

[실험 결과]

과정	Ⅰ	Ⅱ	L_1(cm)	L_2(cm)
(라)	A	공기	3.0	4.5
(마)	B	공기	3.0	5.1
(바)	B	A	3.0	㉠

● 다음 설명 중 옳은 것은 ○표, 옳지 <u>않은</u> 것은 ×표 하시오.

1 굴절률은 A가 B보다 크다. ○ / ×

2 레이저 빛의 속력은 A에서가 B에서보다 크다. ○ / ×

3 ㉠은 3.4이다. ○ / ×

4 그림에서 빛이 Ⅰ에서 Ⅱ로 진행할 때, 입사각이 굴절각보다 크다. ○ / ×

5 그림에서 빛이 Ⅰ에서 Ⅱ로 진행하는 빛의 굴절각을 r라고 하면, $L_2 \propto \cos r$가 성립한다. ○ / ×

자료 2 교육청 기출

다음은 액체의 굴절률을 알아보기 위한 실험이다.

[실험 과정]

(가) 수조의 액체 A 표면 위 30 cm 위치에서 액체 표면 위의 점 p를 본다.

(나) (가)에서 자를 액체의 표면에 수직으로 넣으면서 p와 자의 끝이 겹쳐 보이는 순간 자의 액체에 잠긴 부분의 길이 h를 측정한다.

(다) (가)에서 A를 다른 액체로 바꾸어 (나)를 반복한다.

[실험 결과]

액체의 종류	A	물	B	C
h(cm)	17	19	21	24

● 다음 설명 중 옳은 것은 ○표, 옳지 <u>않은</u> 것은 ×표 하시오.

1 굴절률은 C가 A보다 크다. ○ / ×

2 빛의 속력은 B에서가 C에서보다 크다. ○ / ×

3 B에 대한 C의 굴절률은 $\frac{8}{7}$이다. ○ / ×

4 물로 실험할 때, p에서 굴절각이 입사각보다 크다. ○ / ×

③ 전반사와 광통신

정답과 해설 p.099

[기출 패턴] 전반사가 일어나기 위한 조건과 광섬유의 원리와 구조를 이해해야 한다.

[배경 지식] (1) 빛이 굴절률이 n_1인 매질에서 n_2인 매질로 진행할 때, 전반사의 임계각을 θ_c라고 하면 다음 관계가 성립한다.

$$\sin\theta_c = \frac{n_2}{n_1}$$

(2) $\sin\theta_c = \dfrac{n_2}{n_1} \le 1$이므로, 전반사는 굴절률이 큰 매질에서 굴절률이 작은 매질로 진행하는 경우에만 일어날 수 있다.

(3) 입사각이 임계각보다 크거나 같으면 빛이 전반사한다.

자료 1 ㅤ교육청 기출

그림은 반원형 매질 A 또는 B의 경계면을 따라 점 P, Q 사이에서 광원의 위치를 변화시키며 중심 O를 향해 빛을 입사시키는 모습을 나타낸 것이다. 표는 매질이 A 또는 B일 때, O에서의 전반사 여부에 따라 입사각 θ의 범위를 Ⅰ, Ⅱ로 구분한 것이다.

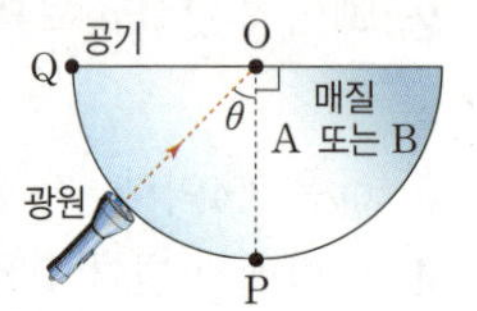

매질	Ⅰ	Ⅱ
A	$0 < \theta < 42°$	$42° < \theta < 90°$
B	$0 < \theta < 34°$	$34° < \theta < 90°$

● 다음 설명 중 옳은 것은 ○표, 옳지 않은 것은 ×표 하시오.

1 전반사가 일어나는 범위는 Ⅰ이다. ㅤ○ / ×

2 굴절률은 A가 B보다 크다. ㅤ○ / ×

3 A와 공기 사이의 임계각은 42°이다. ㅤ○ / ×

4 A와 B로 광섬유를 만든다면, A를 클래딩으로 사용해야 한다. ㅤ○ / ×

자료 2 ㅤ평가원 기출

그림 (가)는 매질 A에 매질 B와 C로 만든 광섬유를 넣고, 단색광 a를 A와 B의 경계면에 입사각 θ로 입사시켰을 때 B와 C의 경계면에서 a가 전반사하는 모습을 나타낸 것이다. 그림 (나)는 (가)에서 A를 매질 D로 바꾸었을 때 a가 B와 C의 경계면에서 굴절하는 모습을 나타낸 것이다.

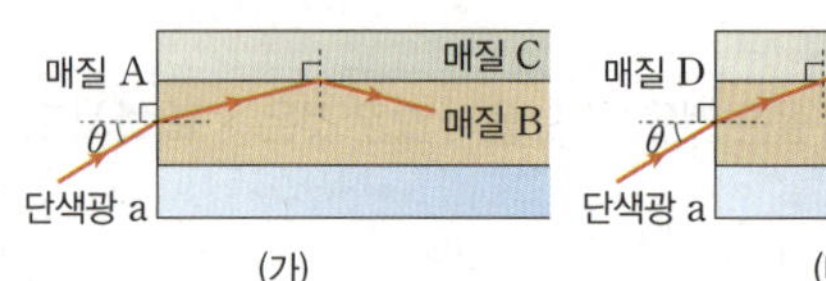

● 다음 설명 중 옳은 것은 ○표, 옳지 않은 것은 ×표 하시오.

1 굴절률은 B가 C보다 크다. ㅤ○ / ×

2 a의 속력은 A에서가 D에서보다 크다. ㅤ○ / ×

3 (나)에서 B와 C의 경계면에서 a가 전반사하기 위해서는 D에서 B로 진행시키는 빛의 입사각을 θ보다 크게 해야 한다. ㅤ○ / ×

자료 3 ㅤ평가원 기출

그림 (가)는 클래딩이 코어를 감싸고 있는 광섬유에서 레이저 빛이 전반사하여 진행하는 모습을 나타낸 것이다. 그림 (나)는 동일한 레이저 빛이 광섬유에 사용되는 물질 A, B, C에서 진행하는 모습을 나타낸 것이다.

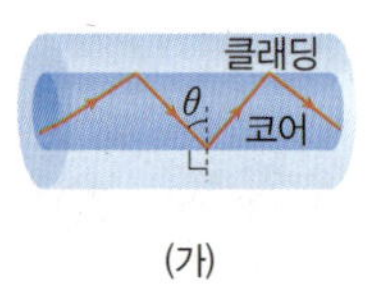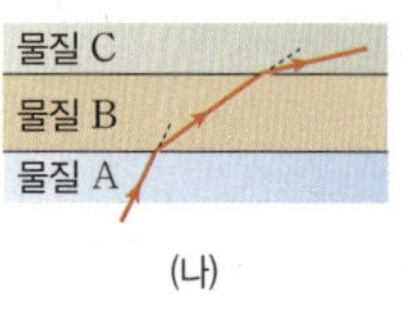

● 다음 설명 중 옳은 것은 ○표, 옳지 않은 것은 ×표 하시오.

1 θ는 코어와 클래딩 사이의 임계각보다 작다. ㅤ○ / ×

2 A, B, C의 굴절률을 각각 n_A, n_B, n_C라고 하면, $n_A > n_B > n_C$이다. ㅤ○ / ×

3 코어를 B로 만들면, 클래딩은 A로 만들어야 한다. ㅤ○ / ×

4 파동의 간섭

정답과 해설 p.099

[기출패턴] 보강 간섭과 상쇄 간섭을 이해해야 하고, 물결파, 음파, 빛의 간섭에 적용할 수 있어야 한다.

배경 지식 (1) 보강 간섭: 두 파동이 같은 위상으로 중첩하여 진폭이 커지는 현상
(2) 상쇄 간섭: 두 파동이 반대 위상으로 중첩하여 진폭이 작아지는 현상

자료 1 평가원 기출

그림 (가)는 두 점 S_1, S_2에서 같은 진폭과 위상으로 발생시킨 두 물결파의 어느 순간의 모습이고, (나)는 (가)의 모습을 평면상에 모식적으로 나타낸 것이다. 두 물결파의 파장은 λ로 같고 속력은 일정하다. 실선과 점선은 각각 물결파의 마루와 골의 위치를, 점 p, q, r는 평면상에 고정된 지점을 나타낸 것이다.

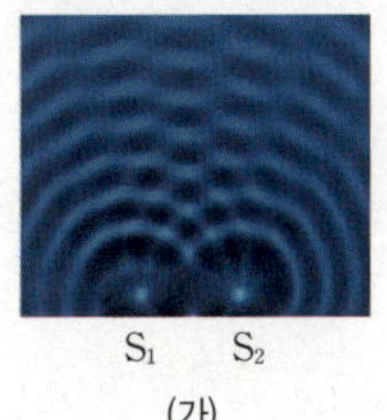
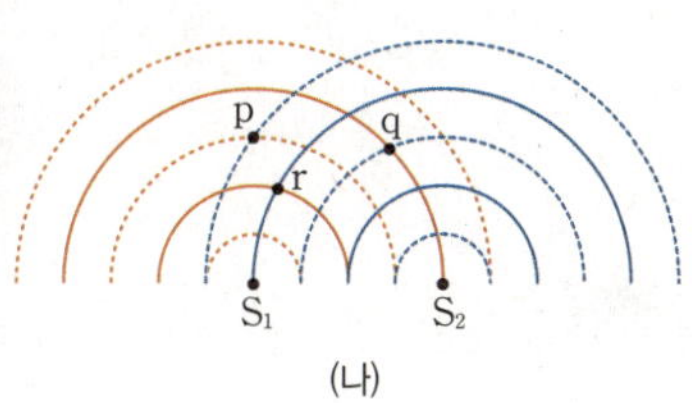

● 다음 설명 중 옳은 것은 ○표, 옳지 <u>않은</u> 것은 ×표 하시오.

1 p에서 보강 간섭이 일어난다. ○ / ×

2 (나)의 순간, 수면의 높이는 q에서가 p에서보다 낮다.
   ○ / ×

3 S_1, S_2에서 경로차는 p까지가 r까지보다 크다. ○ / ×

자료 2 교육청 기출

그림은 0초일 때 진동수가 f이고 진폭이 1 cm인 두 파동이 줄을 따라 서로 반대 방향으로 진행하는 모습을 나타낸 것이다. 두 파동의 속력은 같고, 줄 위의 점 p는 5초일 때 처음으로 변위의 크기가 2 cm가 된다.

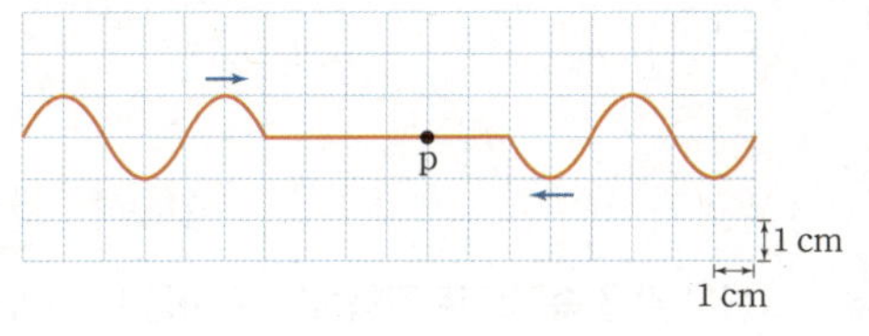

● 다음 설명 중 옳은 것은 ○표, 옳지 <u>않은</u> 것은 ×표 하시오.

1 파동의 속력은 1 cm/s이다. ○ / ×

2 5초일 때 p에서 보강 간섭이 일어난다. ○ / ×

3 6초일 때 p에서 상쇄 간섭이 일어난다. ○ / ×

4 $f = 0.25$ Hz이다. ○ / ×

자료 3 평가원 기출

그림은 빛의 간섭 현상을 알아보기 위한 실험을 나타낸 것이다. 스크린상의 점 O는 밝은 무늬의 중심이고 점 P는 어두운 무늬의 중심이다.

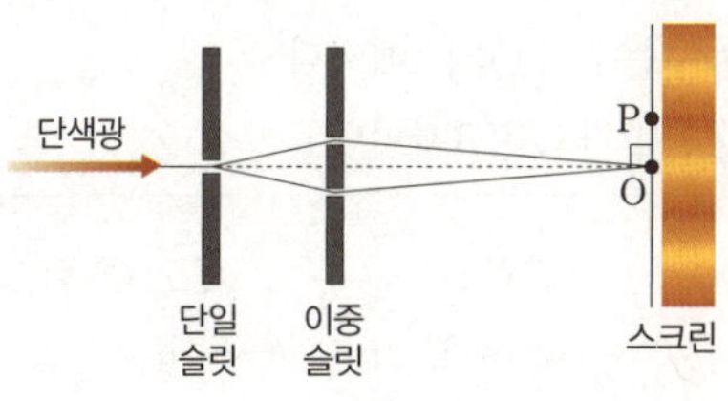

● 다음 설명 중 옳은 것은 ○표, 옳지 <u>않은</u> 것은 ×표 하시오.

1 O에서 보강 간섭이 일어난다. ○ / ×

2 이중 슬릿을 통과한 빛은 P에서 같은 위상으로 중첩한다. ○ / ×

3 실험을 통해 빛의 입자성을 확인할 수 있다. ○ / ×

수능 대비 문제

01 그림은 소리 분석기로 분석한 소리 A, B의 파형을 나타낸 것이다.

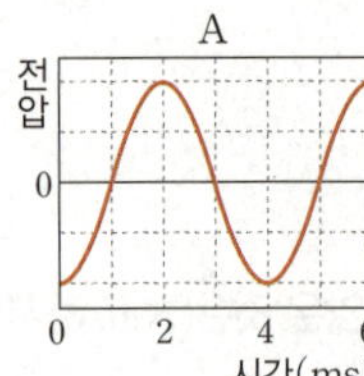
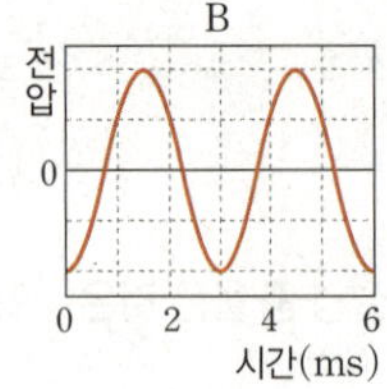

이에 대한 설명으로 옳은 것만을 |보기|에서 있는 대로 고른 것은?

| 보기 |
ㄱ. A의 주기는 4 ms이다.
ㄴ. 진동수는 B가 A의 $\frac{4}{3}$배이다.
ㄷ. 같은 온도의 공기에서 진행 속력은 A가 B보다 크다.

① ㄱ ② ㄷ ③ ㄱ, ㄴ
④ ㄴ, ㄷ ⑤ ㄱ, ㄴ, ㄷ

02 그림은 시간 $t=0$일 때, 매질 A에서 매질 B로 x축과 나란하게 진행하는 파동의 변위를 위치 x에 따라 나타낸 것이다. A에서 파동의 진행 속력은 2 m/s이다.

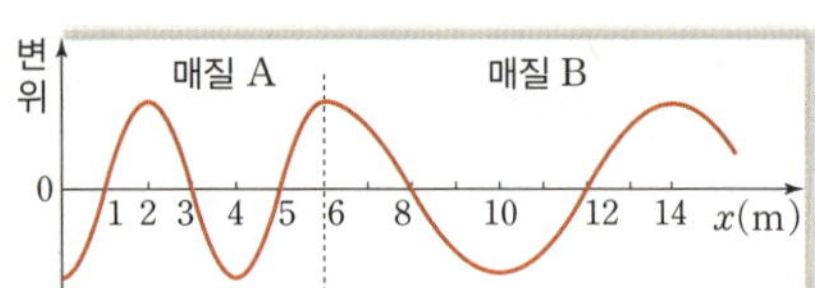

이에 대한 설명으로 옳은 것만을 |보기|에서 있는 대로 고른 것은?

| 보기 |
ㄱ. 파동의 진동수는 A에서가 B에서보다 크다.
ㄴ. $t=1$초일 때, $x=12$ m에서의 변위는 0이다.
ㄷ. $x=8$ m에 마루가 생기는 순간 $x=12$ m에 골이 생긴다.

① ㄱ ② ㄴ ③ ㄱ, ㄷ
④ ㄴ, ㄷ ⑤ ㄱ, ㄴ, ㄷ

03 그림 (가)는 매질 A와 매질 B에서 $+x$ 방향으로 진행하는 파동의 어느 순간의 변위를 위치 x에 따라 나타낸 것이다. 그림 (나)는 (가)의 순간부터 매질 위의 점 P의 변위를 시간 t에 따라 나타낸 것이다.

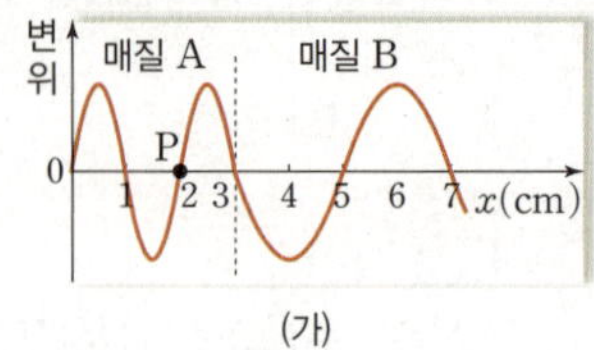
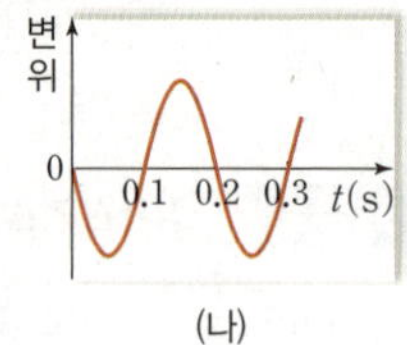

(가)   (나)

B에서 파동의 속력은?

① 5 cm/s ② 10 cm/s ③ 15 cm/s
④ 20 cm/s ⑤ 30 cm/s

04 그림은 같은 속력으로 진행하는 두 파동 P, Q의 어떤 지점에서의 변위를 시간에 따라 각각 나타낸 것이다.

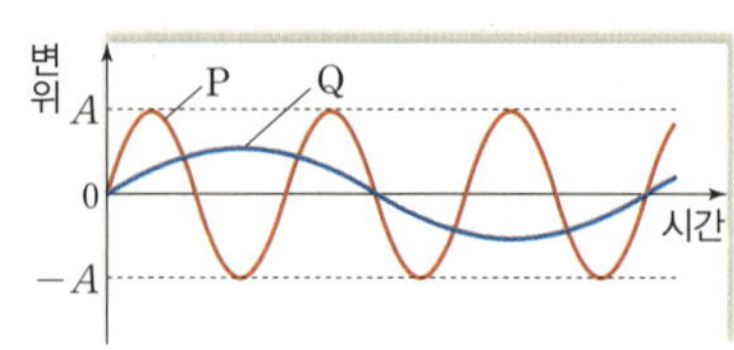

이에 대한 설명으로 옳은 것만을 |보기|에서 있는 대로 고른 것은?

| 보기 |
ㄱ. P의 진폭은 $2A$이다.
ㄴ. 진동수는 P가 Q의 3배이다.
ㄷ. 파장은 P가 Q의 3배이다.

① ㄱ ② ㄴ ③ ㄱ, ㄴ
④ ㄱ, ㄷ ⑤ ㄴ, ㄷ

05 다음은 물결파의 굴절 실험이다.

[실험 과정]

(가) 그림과 같이 물결파 투영 장
치를 설치하고 유리판을 물
속에 넣은 후, 진동수가 f_0인
평면파를 발생시켜 스크린에
투영된 모습을 관찰한다.

(나) 영역 A에서 평면파의 파장
과 입사각을, 영역 B에서 평
면파의 파장과 굴절각을 측정한다.

(다) (가)에서 진동수를 $2f_0$으로 바꾼 후 (나)를 반복한다.

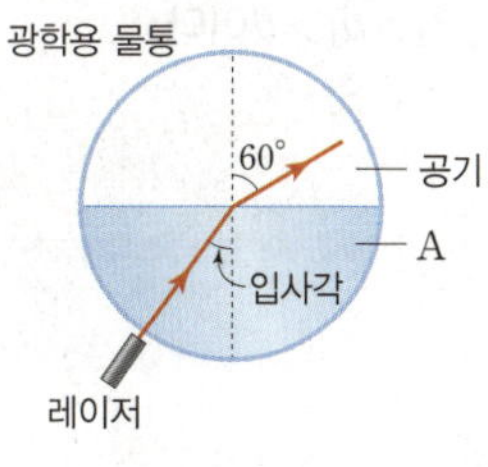

[실험 결과]

진동수	영역 A		영역 B	
	파장	입사각	파장	굴절각
f_0	λ_0	θ_A	$\frac{3}{2}\lambda_0$	θ_B
$2f_0$	$\frac{1}{2}\lambda_0$	θ_A	㉠	θ_B

이에 대한 설명으로 옳은 것만을 |보기|에서 있는 대로 고른 것은?

보기

ㄱ. 물의 깊이가 달라지는 곳에서 물결파의 굴절이 일어난다.

ㄴ. $\theta_A < \theta_B$이다.

ㄷ. ㉠은 $\frac{3}{4}\lambda_0$이다.

① ㄱ ② ㄷ ③ ㄱ, ㄴ
④ ㄴ, ㄷ ⑤ ㄱ, ㄴ, ㄷ

06 그림과 같이 단색광이 공기 중에서 매질 I에 입사각 $60°$로 입사하여 매질 II에서 공기 중으로 굴절각 $45°$로 진행한다.

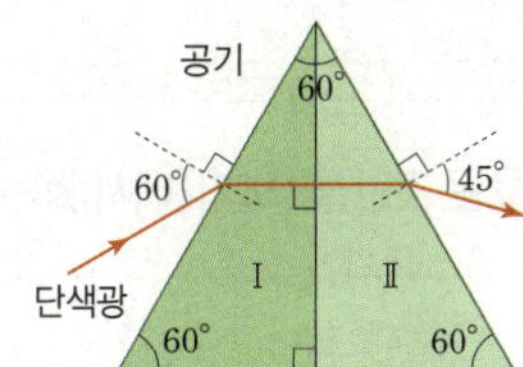

I에 대한 II의 굴절률은?

① $\frac{\sqrt{3}}{2}$ ② $\frac{\sqrt{6}}{2}$ ③ $\frac{\sqrt{3}}{3}$

④ $\frac{\sqrt{6}}{3}$ ⑤ $\frac{\sqrt{6}}{6}$

07 다음은 빛의 굴절에 대한 실험이다.

[실험 과정]

(가) 그림과 같이 광학용 물통의
절반을 액체 A로 채운 후
레이저를 물통의 둥근 부분
쪽에서 중심을 향해 비추어
빛이 A에서 공기로 진행하
도록 한다.

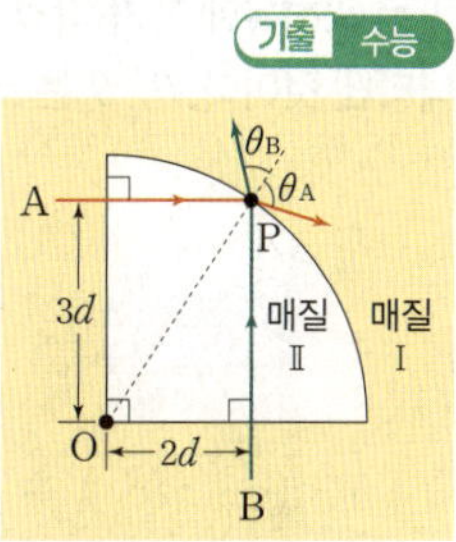

(나) (가)에서 입사각을 변화시키면서 굴절각이 $60°$가 되는
입사각을 측정한다.

(다) (가)에서 A를 액체 B로 바꾼 후 (나)를 반복한다.

[실험 결과]

액체	굴절률	입사각	굴절각
A	㉠	$38°$	$60°$
B	㉡	$35°$	$60°$

이에 대한 설명으로 옳은 것만을 |보기|에서 있는 대로 고른 것은?

보기

ㄱ. $\dfrac{㉠}{㉡} = \dfrac{\cos 35°}{\cos 38°}$이다.

ㄴ. 빛의 파장은 A에서가 B에서보다 길다.

ㄷ. 공기와 액체 사이의 임계각은 A일 때가 B일 때보다
크다.

① ㄴ ② ㄷ ③ ㄱ, ㄴ
④ ㄱ, ㄷ ⑤ ㄴ, ㄷ

08 그림과 같이 동일한 단색광 A, B를 각각 매질 I에서 부채꼴 모양의 매질 II에 수직으로 입사시켰더니 A, B가 점 P에서 각각 굴절각 θ_A, θ_B로 굴절한다. A, B가 II로 입사되는 지점과 점 O까지의 거리는 각각 $3d$, $2d$이다.

이에 대한 설명으로 옳은 것만을 |보기|에서 있는 대로 고른 것은?

보기

ㄱ. A의 파장은 I에서가 II에서보다 길다.

ㄴ. B의 진동수는 I에서와 II에서가 같다.

ㄷ. $\dfrac{\sin\theta_A}{\sin\theta_B} = \dfrac{3}{2}$이다.

① ㄱ ② ㄴ ③ ㄱ, ㄷ
④ ㄴ, ㄷ ⑤ ㄱ, ㄴ, ㄷ

09
그림은 광섬유에 사용되는 물질 A, B, C 중 A와 B의 경계면과 B와 C의 경계면에 각각 입사시킨 동일한 단색광 X가 굴절하는 모습을 나타낸 것이다. θ는 입사각이고, θ_1과 θ_2는 굴절각이며, $\theta_2 > \theta_1 > \theta$이다.

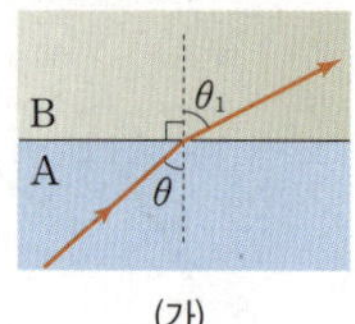

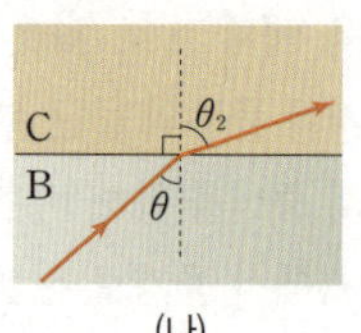

이에 대한 설명으로 옳은 것만을 |보기|에서 있는 대로 고른 것은?

> |보기|
> ㄱ. X의 진동수는 A에서가 B에서보다 크다.
> ㄴ. A와 B 사이의 임계각은 θ보다 크다.
> ㄷ. 클래딩에 A를 사용한 광섬유의 코어로 C를 사용할 수 있다.

① ㄱ ② ㄴ ③ ㄷ
④ ㄱ, ㄴ ⑤ ㄴ, ㄷ

10
그림 (가)는 단색광 X가 광섬유에 사용되는 물질 A, B, C를 지나는 모습을 나타낸 것이다. 그림 (나)는 A, B, C를 이용하여 만든 광섬유에 X가 각각 입사각 i_1, i_2로 입사하여 진행하는 모습을 나타낸 것이다. θ_1, θ_2는 코어와 클래딩 사이의 임계각이다.

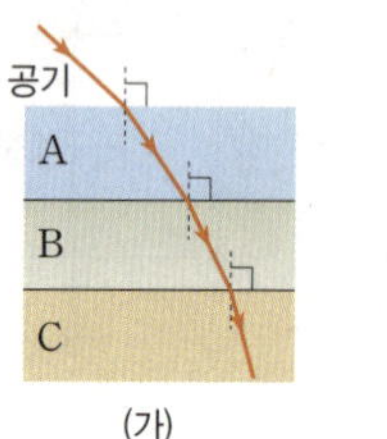

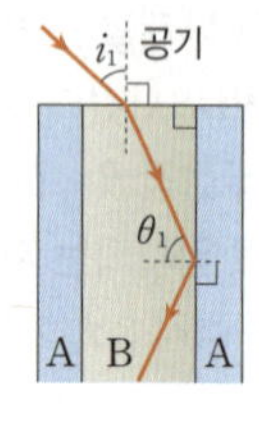

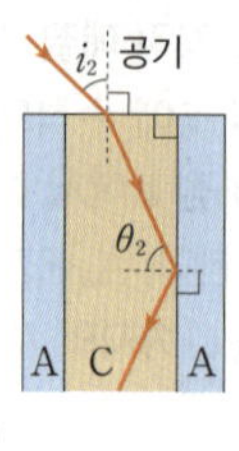

(가)　　　　(나)

이에 대한 설명으로 옳은 것만을 |보기|에서 있는 대로 고른 것은?

> |보기|
> ㄱ. 굴절률은 C가 A보다 크다.
> ㄴ. $\theta_1 < \theta_2$이다.
> ㄷ. $i_1 > i_2$이다.

① ㄱ ② ㄴ ③ ㄱ, ㄷ
④ ㄴ, ㄷ ⑤ ㄱ, ㄴ, ㄷ

11
그림은 단색광 P가 매질 A와 중심이 O인 원형 매질 B의 경계면에 입사각 θ로 입사하여 굴절한 후, B와 매질 C의 경계면에 임계각 i_c로 입사하는 모습을 나타낸 것이다.

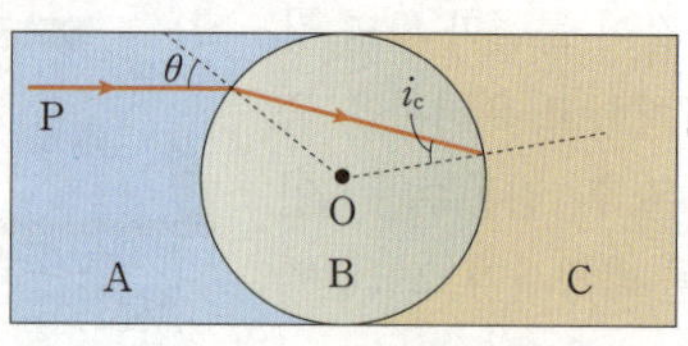

이에 대한 설명으로 옳은 것만을 |보기|에서 있는 대로 고른 것은? (단, A, B, C는 광섬유에 사용되는 물질이다.)

> |보기|
> ㄱ. P의 파장은 A에서가 B에서보다 길다.
> ㄴ. θ가 작아지면 P는 B와 C의 경계면에서 전반사한다.
> ㄷ. 클래딩에 A를 사용한 광섬유의 코어로 C를 사용할 수 있다.

① ㄱ ② ㄴ ③ ㄱ, ㄷ
④ ㄴ, ㄷ ⑤ ㄱ, ㄴ, ㄷ

12
그림과 같이 공기로부터 매질 A에 θ_i로 입사한 단색광 P가 A와 매질 C의 경계면에서 입사각 θ_C로 입사한 후 전반사하여 매질 B로 입사한다. 굴절률은 A가 B보다 크고, P가 A에서 B로 진행할 때 굴절각은 θ_B이다.

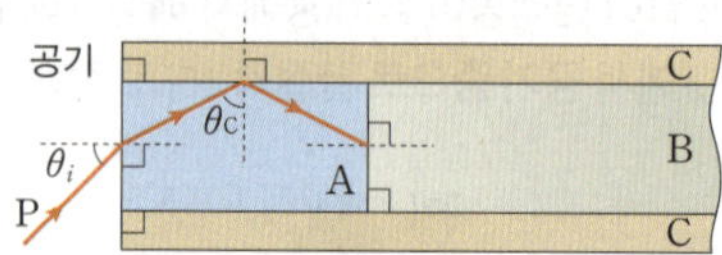

이에 대한 설명으로 옳은 것만을 |보기|에서 있는 대로 고른 것은?

> |보기|
> ㄱ. 굴절률은 A가 C보다 크다.
> ㄴ. $\theta_B > 90° - \theta_C$이다.
> ㄷ. B와 C의 경계면에서 P는 전반사한다.

① ㄴ ② ㄷ ③ ㄱ, ㄴ
④ ㄱ, ㄷ ⑤ ㄱ, ㄴ, ㄷ

13

그림은 단색광 A가 광섬유의 코어로 입사하여 코어와 클래딩의 경계면상의 점 p에 θ로 입사한 후, 전반사하면서 진행하는 것을 나타낸 것이다. A는 적외선 영역에 속한다.

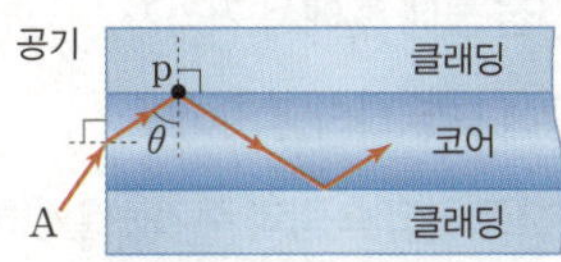

이에 대한 설명으로 옳은 것만을 |보기|에서 있는 대로 고른 것은?

보기
ㄱ. 파장은 A가 가시광선보다 짧다.
ㄴ. 굴절률은 코어가 클래딩보다 크다.
ㄷ. 코어와 클래딩 사이의 임계각은 θ보다 크다.

① ㄱ 　② ㄴ 　③ ㄱ, ㄴ
④ ㄱ, ㄷ 　⑤ ㄴ, ㄷ

14

그림은 전자기파에 대해 학생 A, B, C가 대화하는 모습을 나타낸 것이다.

제시한 내용이 옳은 학생만을 있는 대로 고른 것은?

① A 　② C 　③ A, B
④ B, C 　⑤ A, B, C

15

그림은 파장에 따른 전자기파의 분류를 나타낸 것이다.

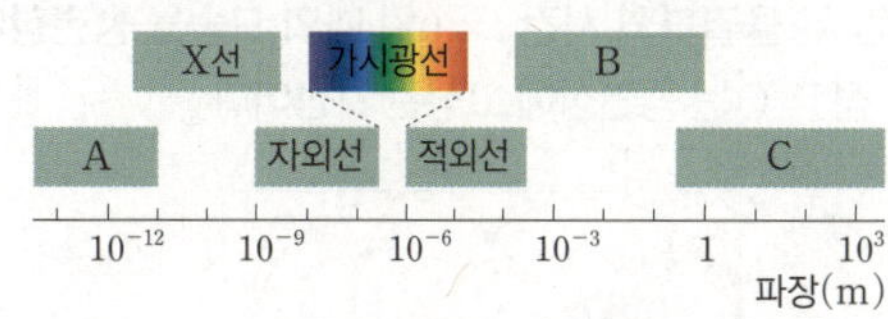

A, B, C에 대한 설명으로 옳은 것만을 |보기|에서 있는 대로 고른 것은?

보기
ㄱ. A는 라디오에 이용된다.
ㄴ. 진동수는 A가 C보다 크다.
ㄷ. 진공에서 속력은 C가 B보다 크다.

① ㄱ 　② ㄴ 　③ ㄷ
④ ㄱ, ㄴ 　⑤ ㄴ, ㄷ

16

그림은 전자기파 A~D를 파장에 따라 분류하여 나타낸 것이다. B는 인체 내부의 뼈 사진을 촬영하는 데 사용된다.

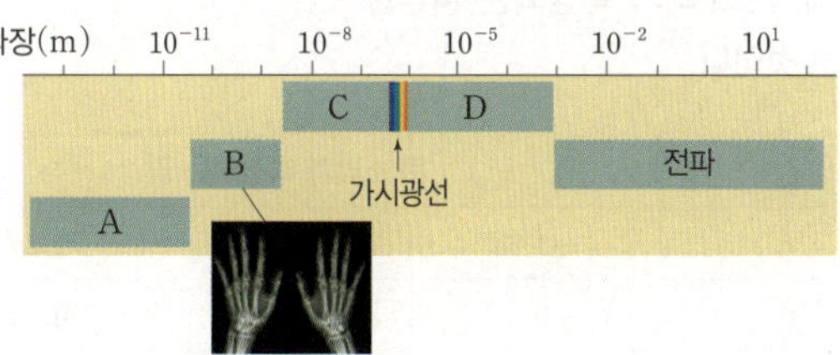

A~D에 대한 설명으로 옳은 것만을 |보기|에서 있는 대로 고른 것은?

보기
ㄱ. A는 투과력이 가장 강하고 암 치료에 사용된다.
ㄴ. C는 컵을 소독하는 데 사용된다.
ㄷ. 진공에서 전자기파의 속력은 B가 D보다 크다.

① ㄱ 　② ㄷ 　③ ㄱ, ㄴ
④ ㄴ, ㄷ 　⑤ ㄱ, ㄴ, ㄷ

17 그림은 x축의 $x=0$과 $x=4$ m에서 같은 진폭과 파장으로 발생시킨 두 물결파의 시간 $t=0$일 때의 모습을 평면상에 나타낸 것이다. 점 P, Q는 평면상에 고정된 지점이다.

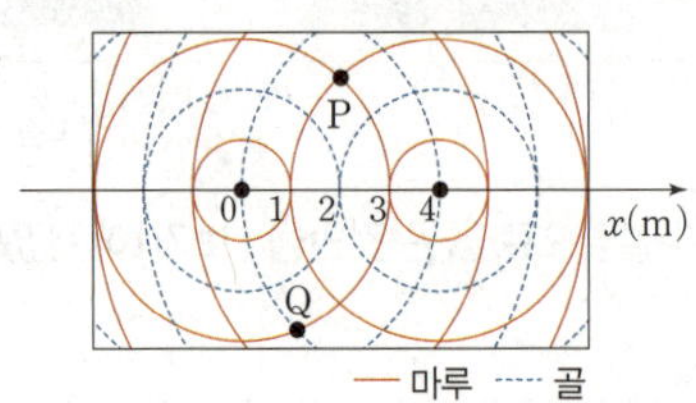

이에 대한 설명으로 옳은 것만을 |보기|에서 있는 대로 고른 것은?

─ 보기 ─
ㄱ. 진폭은 P에서가 Q에서보다 크다.
ㄴ. x축의 $x=4.5$ m에서는 상쇄 간섭이 일어난다.
ㄷ. x축의 $x=0$과 $x=4$ m 사이에서 상쇄 간섭이 일어나는 지점의 개수는 4개이다.

① ㄱ　　　　② ㄴ　　　　③ ㄱ, ㄷ
④ ㄴ, ㄷ　　　⑤ ㄱ, ㄴ, ㄷ

18 그림과 같이 진동수가 일정한 동일한 소리가 발생하는 스피커를 연결한 직선으로부터 거리 L만큼 떨어진 x축에서 소리의 세기를 측정하였다. 표는 소리의 진동수가 각각 f_1, f_2일 때, 큰 소리가 측정되는 지점을 나타낸 것이다.

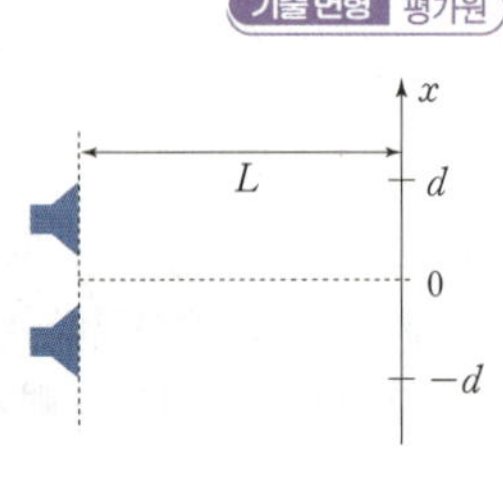

	큰 소리가 측정되는 값		
f_1	$-1.2d$	0	$1.2d$
f_2	$-0.8d$	0	$0.8d$

이에 대한 설명으로 옳은 것만을 |보기|에서 있는 대로 고른 것은?

─ 보기 ─
ㄱ. $f_2 > f_1$이다.
ㄴ. f_1일 때 $x=1.2d$에서 상쇄 간섭이 일어난다.
ㄷ. 소음 제거 헤드폰은 보강 간섭을 이용하여 소음을 제거한다.

① ㄱ　　　　② ㄴ　　　　③ ㄷ
④ ㄱ, ㄴ　　　⑤ ㄱ, ㄷ

19 그림은 거리가 L만큼 떨어진 점파원 S_1, S_2에서 같은 진폭과 위상으로 발생시킨 두 수면파의 마루와 마루가 만나서 보강 간섭이 일어난 지점 중에 S_2에서 거리가 $\dfrac{L}{2}$인 지점을 평면상에 모두 나타낸 것이다.

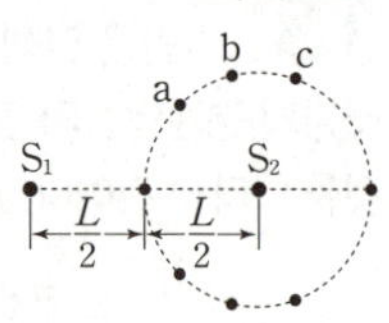

두 수면파의 파장은 λ로 같고 속력과 주기는 일정하다.
이에 대한 설명으로 옳은 것만을 |보기|에서 있는 대로 고른 것은?

─ 보기 ─
ㄱ. S_1에서 a까지 거리는 S_1에서 b까지 거리보다 λ만큼 짧다.
ㄴ. $L=4\lambda$이다.
ㄷ. S_1, S_2에서 c까지 경로차는 3λ이다.

① ㄱ　　　　② ㄷ　　　　③ ㄱ, ㄴ
④ ㄴ, ㄷ　　　⑤ ㄱ, ㄴ, ㄷ

20 다음은 소리의 간섭 실험이다.

[실험 과정]
(가) 그림과 같이 나란하게 놓인 스피커 S_1과 S_2 사이의 중앙 지점에서 수직 방향으로 2 m 떨어진 점 O를 표시한다.

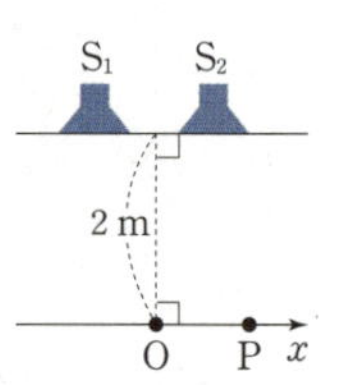

(나) S_1, S_2에서 진동수가 340 Hz이고 위상과 진폭이 동일한 소리를 발생시킨다.
(다) O에서 $+x$ 방향으로 이동하며 소리의 세기를 측정하여 처음으로 보강 간섭하는 지점과 상쇄 간섭하는 지점을 표시한다.

[실험 결과]
• (다)의 결과

지점	보강 간섭	상쇄 간섭
	O	P

• O에서 P까지의 거리는 1 m이다.

이에 대한 설명으로 옳은 것만을 |보기|에서 있는 대로 고른 것은?

─ 보기 ─
ㄱ. S_1, S_2에서 발생한 소리의 위상은 O에서 서로 반대이다.
ㄴ. O에서 $-x$ 방향으로 1 m만큼 떨어진 지점에서는 S_1, S_2에서 발생한 소리가 상쇄 간섭한다.
ㄷ. S_1에서 발생하는 소리의 위상만을 반대로 하면 S_1, S_2에서 발생한 소리가 O에서 보강 간섭한다.

① ㄱ　　　　② ㄴ　　　　③ ㄷ
④ ㄱ, ㄴ　　　⑤ ㄴ, ㄷ

21

그림은 이중 슬릿을 통과한 레이저 빛이 스크린에 간섭무늬를 만든 것을 나타낸 것이다. λ는 레이저 빛의 파장, d는 슬릿의 간격, y는 간섭무늬 간격이다. 표는 λ와 d를 변화시키면서 y를 측정한 자료이다.

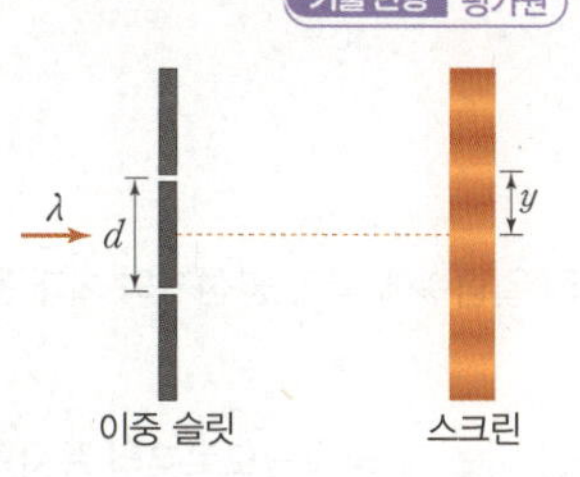

	λ	d	y
실험 I	λ_0	d_0	y_0
실험 II	λ_0	$2d_0$	㉠

이에 대한 설명으로 옳은 것만을 |보기|에서 있는 대로 고른 것은? (단, 이중 슬릿과 스크린 사이의 간격은 일정하다.)

⊙보기⊙
ㄱ. ㉠은 y_0보다 크다.
ㄴ. 간섭무늬는 빛의 파동성 때문에 생긴다.
ㄷ. 밝은 무늬가 생긴 지점에서는 보강 간섭이 일어난다.

① ㄱ 　② ㄷ 　③ ㄱ, ㄴ
④ ㄴ, ㄷ 　⑤ ㄱ, ㄴ, ㄷ

22

다음은 물리 수업 시간에 실시한 서술형 평가 문제와 학생 A가 제출한 답안이다.

[문제]

그림과 같이 슬릿에 파장이 λ인 단색광을 비추었더니 스크린에 간섭무늬가 생겼다. 단일 슬릿과 이중 슬릿 사이의 거리가 D, 이중 슬릿의 간격이 d, 이중 슬릿에서 스크린까지의 거리가 L일 때, 스크린의 이웃한 밝은 무늬 사이의 간격이 Δx였다. 한 가지 물리량만을 변화시켜 이웃한 밝은 무늬 사이의 간격이 Δx보다 커지게 하기 위한 방법을 모두 기술하시오.

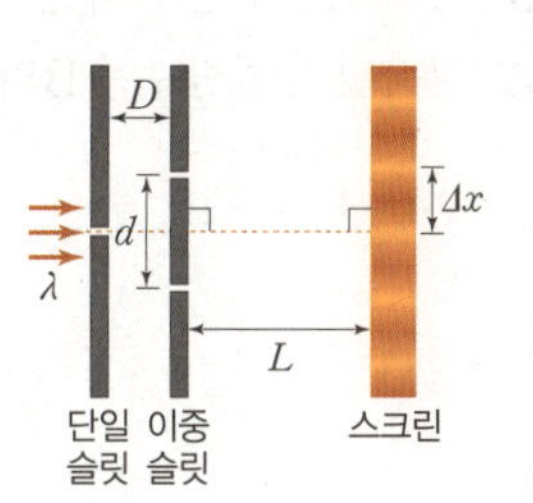

[답안]
• 파장이 λ보다 큰 단색광을 사용한다.
• 이중 슬릿의 간격을 d보다 작게 한다.
• 이중 슬릿에서 스크린까지의 거리를 L보다 크게 한다.
• 단일 슬릿과 이중 슬릿 사이의 거리를 D보다 크게 한다.

학생 A가 기술한 4개의 답 중 옳은 답의 개수는?

① 0개 　② 1개 　③ 2개
④ 3개 　⑤ 4개

23

다음은 빛의 간섭 실험이다.

[실험 과정]
(가) 그림과 같이 단색광 레이저, 수조, 이중 슬릿, 스크린을 설치하고 고정한다.
(나) 레이저 빛이 이중 슬릿을 통과하여 스크린에 생긴 간섭무늬를 관찰한다.
(다) 이중 슬릿과 스크린이 완전히 잠기도록 수조에 물을 채우고, 레이저 빛이 이중 슬릿을 통과하여 스크린에 생긴 간섭무늬를 관찰한다.

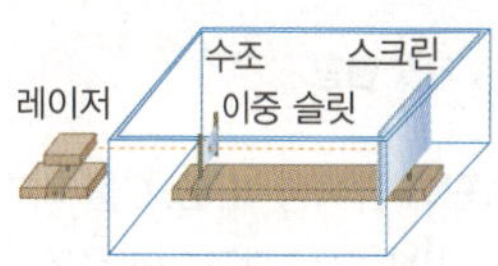

[실험 결과]

과정	간섭무늬
㉠	1 cm
㉡	1 cm

• ㉠과 ㉡은 각각 과정 (나)와 (다) 중 하나이다.

이에 대한 설명으로 옳은 것만을 |보기|에서 있는 대로 고른 것은?

⊙보기⊙
ㄱ. 간섭무늬의 밝은 부분은 빛의 보강 간섭에 의해 생긴다.
ㄴ. ㉡은 과정 (나)이다.
ㄷ. 빛의 진동수는 물에서가 공기에서보다 작다.

① ㄱ 　② ㄷ 　③ ㄱ, ㄴ
④ ㄴ, ㄷ 　⑤ ㄱ, ㄴ, ㄷ

24

그림은 비눗방울에 백색광을 비출 때 알록달록한 색이 보이는 것을 나타낸 것이다.
이에 대한 설명으로 옳은 것만을 |보기|에서 있는 대로 고른 것은?

⊙보기⊙
ㄱ. 빛의 굴절로 설명할 수 있다.
ㄴ. 빛의 입자성 때문에 나타나는 현상이다.
ㄷ. 이 원리는 렌즈의 무반사 코팅에 적용된다.

① ㄱ 　② ㄷ 　③ ㄱ, ㄴ
④ ㄱ, ㄷ 　⑤ ㄴ, ㄷ

1 광전 효과

정답과 해설 p.102

[기출 패턴] 광전 효과의 특징을 알고 있어야 하며, 빛의 진동수와 금속판의 일함수에 따라 광전자의 최대 운동 에너지가 어떻게 달라지는지 이해해야 한다.

[배경 지식] (1) 광전 효과: 금속판에 문턱(한계) 진동수보다 진동수가 큰 빛을 비출 때, 금속판으로부터 즉시 전자가 방출되는 현상이다.
(2) 광전자의 최대 운동 에너지: 금속판에 비추는 빛의 진동수를 f, 금속판의 일함수를 W라고 하면 금속판에서 방출되는 광전자의 최대 운동 에너지 E_k는 다음과 같다.

$$E_k = hf - W \ (h: \text{플랑크 상수})$$

자료 1 수능 기출 변형

그림과 같이 금속판에 단색광 A, B, C를 비추고, 광전류의 최댓값 $I_{최대}$와 금속판에서 방출되는 광전자의 운동 에너지의 최댓값 $E_{최대}$를 측정하였다. 표는 측정 결과이다.

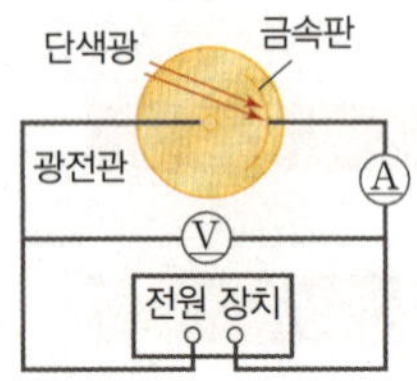

단색광	$I_{최대}$	$E_{최대}$
A	I_0	$2E_0$
B	I_0	E_0
C	$2I_0$	E_0

● 다음 설명 중 옳은 것은 ○표, 옳지 **않은** 것은 ×표 하시오.

1 진동수는 A가 B보다 크다. ○ / ×
2 빛의 세기는 C가 B보다 크다. ○ / ×
3 B, C의 진동수는 같다. ○ / ×
4 금속판의 문턱 진동수는 B의 진동수보다 크다. ○ / ×

자료 2 평가원 기출

그림은 광전관에 같은 세기의 단색광 A, B, C를 비추는 모습을 나타낸 것이다. 표는 금속판에 비춘 빛에 따라 측정된 전류의 세기를 나타낸 것이다.

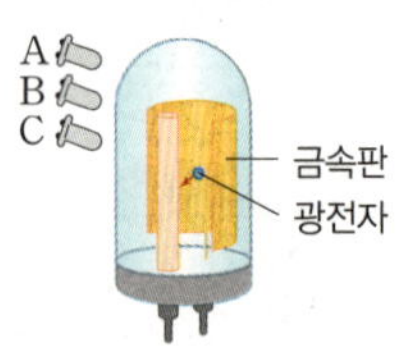

금속판에 비춘 빛	전류의 세기
A, B	I_0
B, C	I_0
A, C	0
A	㉠

● 다음 설명 중 옳은 것은 ○표, 옳지 **않은** 것은 ×표 하시오.

1 진동수는 B가 C보다 크다. ○ / ×
2 ㉠은 I_0이다. ○ / ×
3 A의 진동수는 금속판의 문턱 진동수보다 작다. ○ / ×
4 금속판의 일함수는 B의 광자의 에너지보다 크다. ○ / ×

자료 3 수능 기출 변형

그림 (가)는 광전 효과 실험 장치를, (나)는 단색광 A, B, C를 동일한 금속판에 비출 때, 전류계의 측정값 I를 전압계의 측정값 V에 따라 나타낸 것이다. $I=0$이 되는 순간의 전압 V_1, V_2는 광전자의 최대 운동 에너지에 비례한다.

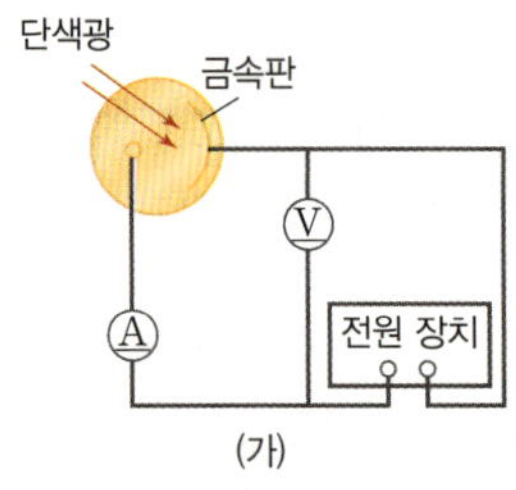

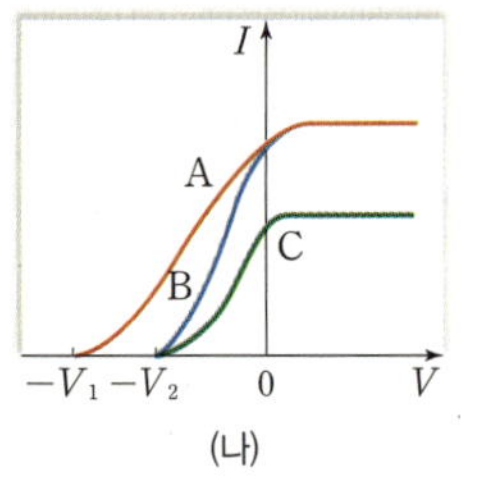

● 다음 설명 중 옳은 것은 ○표, 옳지 **않은** 것은 ×표 하시오.

1 진동수는 A가 B보다 크다. ○ / ×
2 빛의 세기는 B가 C보다 크다. ○ / ×
3 광전자의 최대 운동 에너지는 A를 비출 때가 B를 비출 때보다 크다. ○ / ×
4 B를 비추고 전압계의 측정값을 $-V_1$이 되도록 전원 장치를 조절하면, 금속판에서 광전자가 방출되지 않는다. ○ / ×

② 물질파

정답과 해설 p.102

[기출 패턴] 물질파 파장과 운동량의 관계를 알아야 하며, 물질파 파장이 변할 때 간섭무늬 간격이 어떻게 달라지는지 이해해야 한다.

[배경 지식] (1) 물질파 파장: 운동량이 p인 입자의 물질파 파장 λ는 다음과 같다.

$$\lambda = \frac{h}{p} \ (h: \text{플랑크 상수})$$

(2) 물질파 파장이 길수록 파동의 성질이 잘 나타나므로 간섭무늬 간격이 넓다.

자료 1 평가원 기출

그림은 입자 A, B, C의 물질파 파장을 속력에 따라 나타낸 것이다.

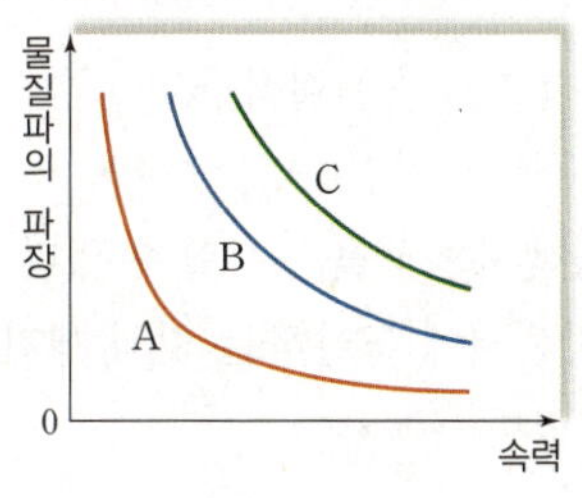

● 다음 설명 중 옳은 것은 ○표, 옳지 <u>않은</u> 것은 ×표 하시오.

1 A, B의 운동량이 같으면, 물질파 파장은 B가 A보다 크다. ○ / ×

2 B, C의 물질파 파장이 같으면, 속력은 C가 B보다 크다. ○ / ×

3 질량은 C가 A보다 크다. ○ / ×

자료 2 수능 기출

그림은 속력이 v인 전자가 단일 슬릿과 이중 슬릿을 통과하여 형광판에 나타낸 간섭무늬를 관찰하는 실험을 모식적으로 나타낸 것이다. Δx는 이웃한 밝은 무늬 사이 간격이다.

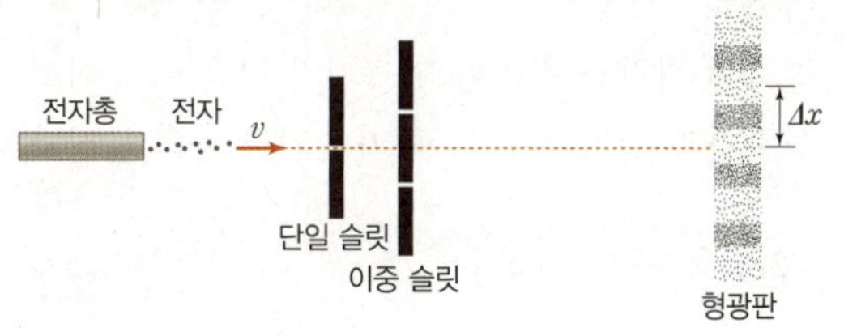

● 다음 설명 중 옳은 것은 ○표, 옳지 <u>않은</u> 것은 ×표 하시오.

1 간섭무늬는 전자의 파동성 때문에 나타난다. ○ / ×

2 v를 증가시키면 Δx도 증가한다. ○ / ×

3 형광판이 이중 슬릿으로부터 멀어질수록 Δx가 증가한다. ○ / ×

자료 3 평가원 기출

그림과 같이 금속판에 초록색 빛을 비추어 방출된 광전자를 가속하여 이중 슬릿에 입사시켰더니 형광판에 간섭무늬가 나타났다. 금속판에 빨간색 빛을 비추었을 때는 광전자가 방출되지 않았다.

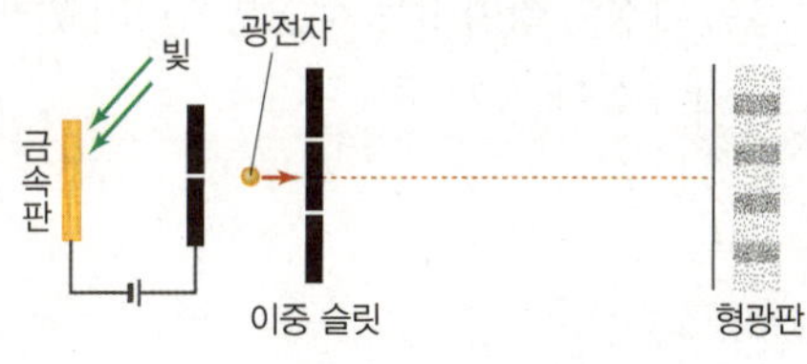

● 다음 설명 중 옳은 것은 ○표, 옳지 <u>않은</u> 것은 ×표 하시오.

1 진동수는 초록색 빛이 빨간색 빛보다 크다. ○ / ×

2 빛의 입자성과 입자의 파동성이 모두 나타난다. ○ / ×

3 광전자의 속력을 증가시키면 광전자의 물질파 파장이 증가한다. ○ / ×

3 전하 결합 소자(CCD)와 전자 현미경

정답과 해설 p.102

[기출 패턴] 전하 결합 소자(CCD)의 원리를 알아야 하고, 전자 현미경의 분해능과 물질파 파장의 관계를 파악해야 하며, 투과 전자 현미경과 주사 전자 현미경의 특징을 구별하여 이해해야 한다.

[배경 지식] (1) 전하 결합 소자(CCD): 광전 효과를 이용하는 CCD의 광센서에는 도달한 빛의 세기에 비례하는 광전자가 저장된다.
(2) 전자 현미경: 전자의 물질파를 이용하는 전자 현미경은 가시광선보다 파장이 훨씬 짧은 물질파 파장을 이용하므로, 분해능이 광학 현미경보다 훨씬 우수하다.
(3) 전자 현미경의 전자총의 가속 전압이 V이면 방출되는 전자의 운동 에너지가 $E_k = eV$이므로, 물질파 파장 λ는 다음과 같다.

$$\lambda = \frac{h}{\sqrt{2mE_k}} = \frac{h}{\sqrt{2meV}}$$

자료 1 교육청 기출

다음은 전하 결합 소자(CCD)에 대한 설명이다.

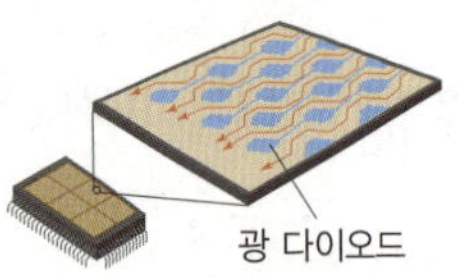

디지털카메라의 한 부품인 전하 결합 소자는 영상 정보를 기록하는 소자로, 광 다이오드로 구성된 전하 결합 소자에 빛을 비추면 전자가 발생하는 $\boxed{\ ㉠\ }$ 에 의해 전류가 흐르므로 빛의 $\boxed{\ ㉡\ }$ 을 이용하는 장치이다.

● 다음 설명 중 옳은 것은 ○표, 옳지 않은 것은 ×표 하시오.

1 ㉠에는 광전 효과가 적절하다. ○ / ×
2 ㉡에는 파동성이 적절하다. ○ / ×
3 CCD의 광센서는 색을 구분할 수 있다. ○ / ×
4 CCD의 광센서에 도달하는 빛의 세기가 클수록 저장되는 전자가 많다. ○ / ×

자료 2 평가원 기출

다음은 전자의 파동성을 이용하여 미세 물체를 관찰하는 전자 현미경의 사진과 이에 관한 설명이다.

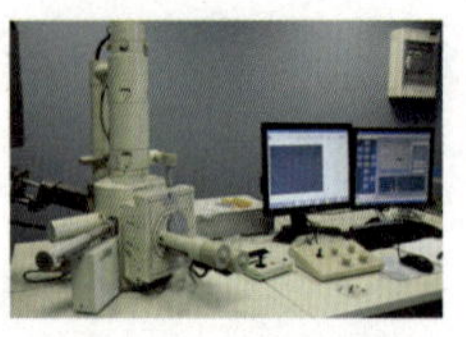

• 수십 킬로볼트의 전압으로 가속된 전자를 이용하는 전자 현미경은 광학 현미경보다 높은 분해능의 상을 얻는다.
• 서로 가까이 붙어 있는 두 점을 구분해 낼 수 있는 능력을 나타내는 분해능은 현미경에서 사용하는 빛이나 물질파의 파장이 짧을수록 증가한다.
• 전압 V로 가속된 전자의 운동 에너지는 eV이다.

● 다음 설명 중 옳은 것은 ○표, 옳지 않은 것은 ×표 하시오.

1 전자 현미경에서 사용하는 전자의 물질파 파장은 가시광선의 파장보다 짧다. ○ / ×
2 분해능을 향상시키기 위해서는 전자의 속력을 증가시켜야 한다. ○ / ×
3 전자의 질량과 전하량의 크기가 각각 m, e이고 플랑크 상수가 h이면, 전압 V로 가속된 전자의 물질파 파장은 $\dfrac{h}{\sqrt{2meV}}$ 이다. ○ / ×

자료 3 교육청 기출

그림은 전자 현미경 A의 구조를, 표는 A로 시료를 관찰할 때 사용하는 전자의 드브로이 파장과 운동 에너지를 나타낸 것이다.

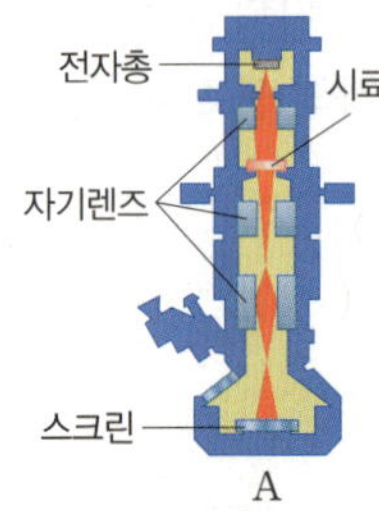

	드브로이 파장	운동 에너지
실험 I	λ_0	E_0
실험 II	$2\lambda_0$	㉠

● 다음 설명 중 옳은 것은 ○표, 옳지 않은 것은 ×표 하시오.

1 ㉠은 $\dfrac{1}{2}E_0$이다. ○ / ×
2 A는 투과 전자 현미경이다. ○ / ×
3 시료의 3차원 표면 구조를 파악할 수 있다. ○ / ×
4 드브로이 파장이 짧아지는 것을 방지하기 위해 시료를 얇게 만들어야 한다. ○ / ×

수능 대비 문제

01 〔기출 변형〕〔수능〕

그림과 같이 금속박 검전기 위에 대전시킨 금속판 A를 올려놓고 단색광 P 또는 Q를 비추었더니, P를 비출 때는 금속박이 오므라들었고 Q를 비출 때는 금속박에 아무런 변화가 없었다.

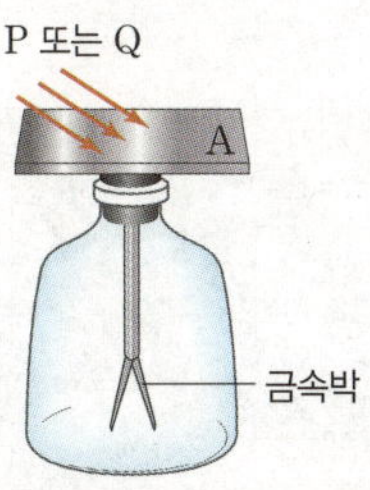

이에 대한 설명으로 옳은 것만을 |보기|에서 있는 대로 고른 것은?

|보기|
ㄱ. 진동수는 P가 Q보다 크다.
ㄴ. P를 비추는 동안, 전자가 A에서 금속박으로 이동한다.
ㄷ. 금속박이 오므라드는 동안, 금속박은 양($+$)전하로 대전되어 있다.

① ㄱ　　　　② ㄴ　　　　③ ㄷ
④ ㄱ, ㄴ　　　⑤ ㄱ, ㄷ

02 〔기출〕〔평가원〕

표는 서로 다른 금속판 X, Y에 진동수가 각각 f, $2f$인 빛 A, B를 비추었을 때 방출되는 광전자의 최대 운동 에너지를 나타낸 것이다.

빛	진동수	광전자의 최대 운동 에너지	
		X	Y
A	f	$3E_0$	$2E_0$
B	$2f$	$7E_0$	㉠

이에 대한 설명으로 옳은 것만을 |보기|에서 있는 대로 고른 것은?

|보기|
ㄱ. ㉠은 $7E_0$보다 작다.
ㄴ. 광전 효과가 일어나는 빛의 최소 진동수는 X가 Y보다 크다.
ㄷ. A와 B를 X에 함께 비추었을 때 방출되는 광전자의 최대 운동 에너지는 $10E_0$이다.

① ㄱ　　　　② ㄴ　　　　③ ㄱ, ㄷ
④ ㄴ, ㄷ　　　⑤ ㄱ, ㄴ, ㄷ

03 〔기출〕〔수능〕

표는 서로 다른 금속판 A, B에 진동수가 각각 f_X, f_Y인 단색광 X, Y 중 하나를 비추었을 때 방출되는 광전자의 최대 운동 에너지를 나타낸 것이다.

금속판	광전자의 최대 운동 에너지	
	X를 비춘 경우	Y를 비춘 경우
A	E_0	광전자가 방출되지 않음.
B	$3E_0$	E_0

이에 대한 설명으로 옳은 것만을 |보기|에서 있는 대로 고른 것은? (단, h는 플랑크 상수이다.)

|보기|
ㄱ. $f_X > f_Y$이다.
ㄴ. $E_0 = hf_X$이다.
ㄷ. Y의 세기를 증가시켜 A에 비추면 광전자가 방출된다.

① ㄱ　　　　② ㄴ　　　　③ ㄱ, ㄷ
④ ㄴ, ㄷ　　　⑤ ㄱ, ㄴ, ㄷ

04 〔기출 변형〕〔평가원〕

그림 (가)는 광전 효과 실험 장치를 나타낸 것이고, (나)는 진동수가 $2f_0$인 단색광을 금속판 A와 B에, 진동수가 $3f_0$인 단색광을 A와 B 중 하나에 비추었을 때, 금속판에서 방출되는 최대 운동 에너지 $E_{최대}$를 측정한 자료이다. 금속판의 일함수는 A가 B보다 크다.

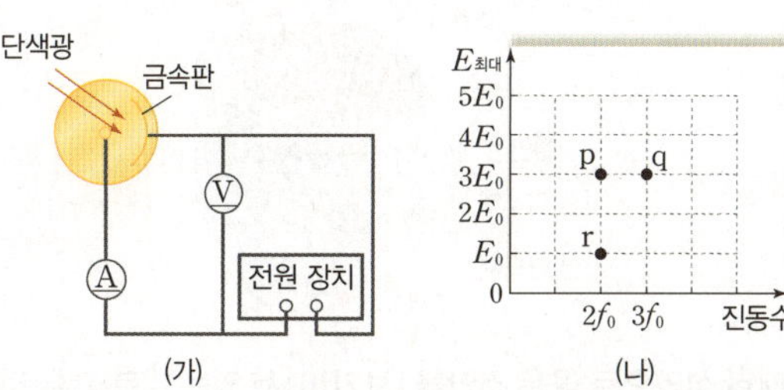

이에 대한 설명으로 옳은 것만을 |보기|에서 있는 대로 고른 것은?

|보기|
ㄱ. 점 p와 q는 같은 금속판에서 측정한 실험 결과이다.
ㄴ. q는 A에서 측정한 실험 결과이다.
ㄷ. B의 일함수는 $3E_0$이다.

① ㄱ　　　　② ㄴ　　　　③ ㄱ, ㄷ
④ ㄴ, ㄷ　　　⑤ ㄱ, ㄴ, ㄷ

05 기출 변형 수능

그림 (가)는 광전 효과 실험 장치를, (나)는 금속판에서 방출되는 광전자의 최대 운동 에너지 E_k를 단색광의 광자의 에너지 E에 따라 나타낸 것이다.

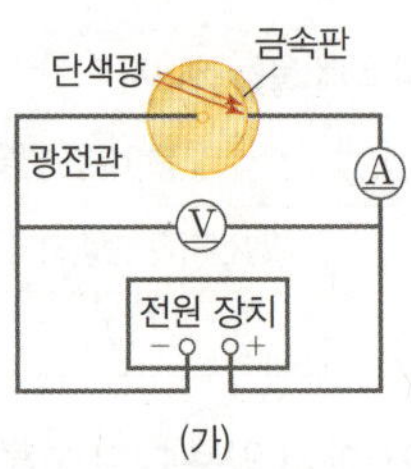

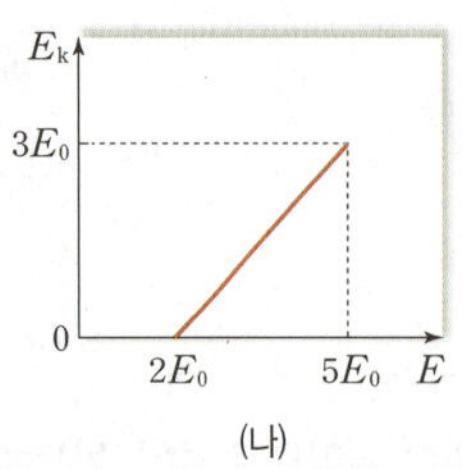

이에 대한 설명으로 옳은 것만을 |보기|에서 있는 대로 고른 것은? (단, h는 플랑크 상수이다.)

|보기|
ㄱ. 금속판의 일함수는 $2E_0$이다.

ㄴ. $E_k = E_0$일 때, 단색광의 진동수는 $\dfrac{3E_0}{h}$이다.

ㄷ. 금속판에 진동수가 $\dfrac{E_0}{h}$인 빛을 비추면 광전자가 방출되지 않는다.

① ㄴ ② ㄷ ③ ㄱ, ㄴ
④ ㄱ, ㄷ ⑤ ㄱ, ㄴ, ㄷ

06 기출 변형 교육청

그림은 전하 결합 소자(CCD)의 화소의 구조와 원리를 나타낸 것이다.

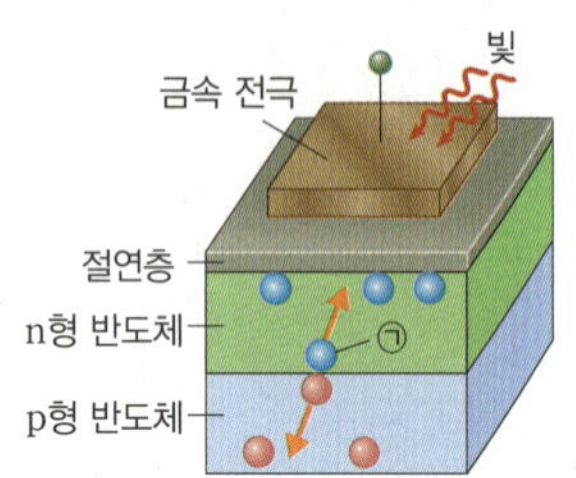

이에 대한 설명으로 옳은 것만을 |보기|에서 있는 대로 고른 것은?

|보기|
ㄱ. ㉠은 양공이다.

ㄴ. 금속 전극에는 양(+)의 전압이 걸린다.

ㄷ. 금속 전극 아래 저장되는 ㉠의 양은 빛의 진동수에 비례한다.

① ㄱ ② ㄴ ③ ㄷ
④ ㄱ, ㄴ ⑤ ㄴ, ㄷ

07 기출 변형 교육청

다음은 전하 결합 소자(CCD)의 화소에서 기록된 빛 정보를 전기 정보로 저장하는 과정을 비유적으로 설명한 것이다.

마당에 양동이를 일정한 간격으로 배열해 놓았다고 생각해 보자.

비가 온 후 양동이들은 컨베이어 벨트에 의해 측정 장치로 보내지고, 컴퓨터에 ㉠각각의 양동이에 내린 비의 양이 기록된다.

이에 대한 설명으로 옳은 것만을 |보기|에서 있는 대로 고른 것은?

|보기|
ㄱ. CCD는 빛의 입자성을 이용한다.

ㄴ. ㉠은 화소에 도달한 빛의 세기를 비유한다.

ㄷ. CCD의 화소에 도달한 빛의 진동수가 클수록 화소에 저장된 전자의 개수가 많다.

① ㄱ ② ㄷ ③ ㄱ, ㄴ
④ ㄴ, ㄷ ⑤ ㄱ, ㄴ, ㄷ

08 기출 변형 교육청

그림과 같이 전하 결합 소자(CCD)의 광센서 위에는 빨강(R), 초록(G), 파랑(B)의 색 필터가 배열되어 있다.

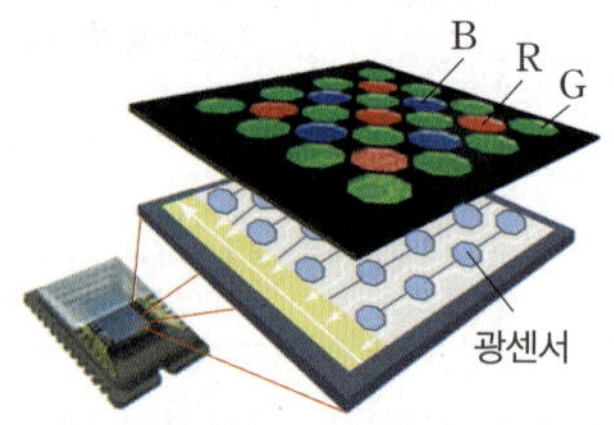

이에 대한 설명으로 옳은 것만을 |보기|에서 있는 대로 고른 것은?

|보기|
ㄱ. CCD는 입자의 파동성을 이용한다.

ㄴ. 파란색 빛은 초록색 필터를 통과하지 못한다.

ㄷ. CCD의 광센서는 방출되는 광전자의 최대 운동 에너지를 분석하여 빛의 색을 구분한다.

① ㄴ ② ㄷ ③ ㄱ, ㄴ
④ ㄱ, ㄷ ⑤ ㄱ, ㄴ, ㄷ

09

그림은 질량이 각각 m_A, m_B인 입자 A, B의 드브로이 파장을 운동 에너지에 따라 나타낸 것이다.

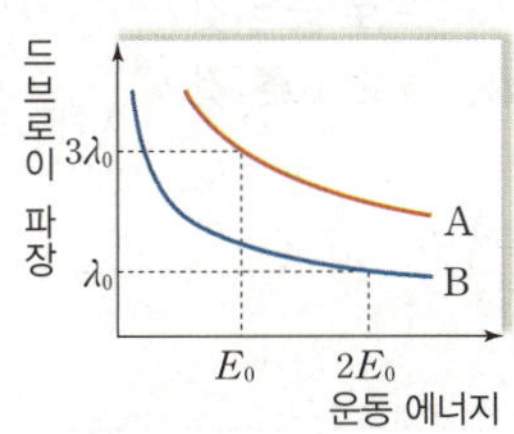

이에 대한 설명으로 옳은 것만을 |보기|에서 있는 대로 고른 것은?

> **보기**
> ㄱ. 입자의 운동량의 크기가 클수록 드브로이 파장이 짧아진다.
> ㄴ. $m_A : m_B = 2 : 9$이다.
> ㄷ. B의 운동 에너지가 E_0일 때 드브로이 파장은 $\sqrt{2}\lambda_0$이다.

① ㄱ   ② ㄷ   ③ ㄱ, ㄴ
④ ㄴ, ㄷ   ⑤ ㄱ, ㄴ, ㄷ

10

그림은 전압 V로 가속된 전자가 단일 슬릿과 이중 슬릿을 통과하여 형광판에 간섭무늬를 만드는 것을 나타낸 것이다. Δx는 형광판에서 이웃한 밝은 무늬의 간격이다.

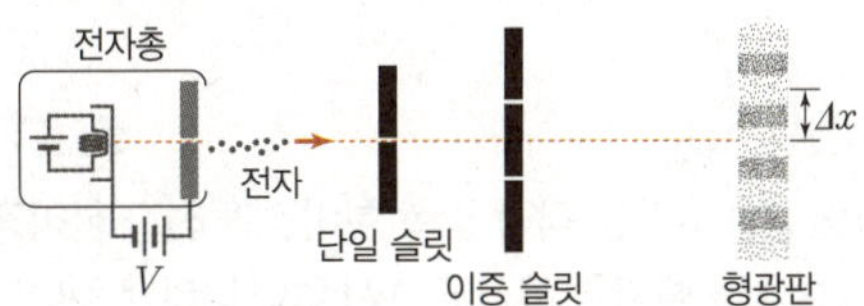

Δx와 V의 관계를 나타낸 것으로 가장 적절한 것은?

① 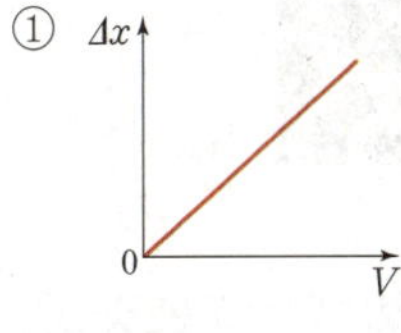
② 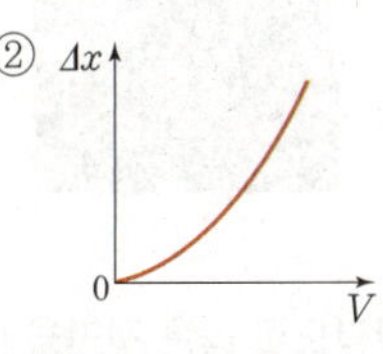
③ 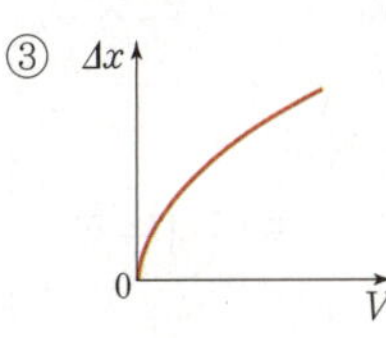
④ 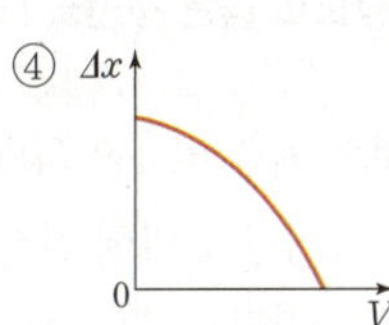
⑤ 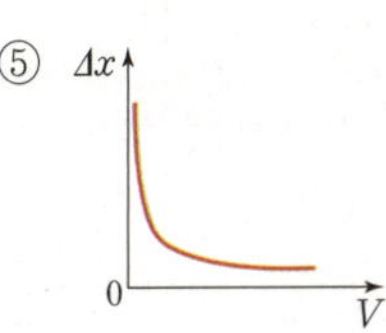

11

그림 (가)와 같이 이중 슬릿에 전자를 1초에 한 개씩 발사하고 스크린에 나타나는 무늬를 관찰하였다. 그림 (나), (다)는 발사한 전자의 개수가 각각 100개, 10000개일 때 스크린에 나타난 모습니다.

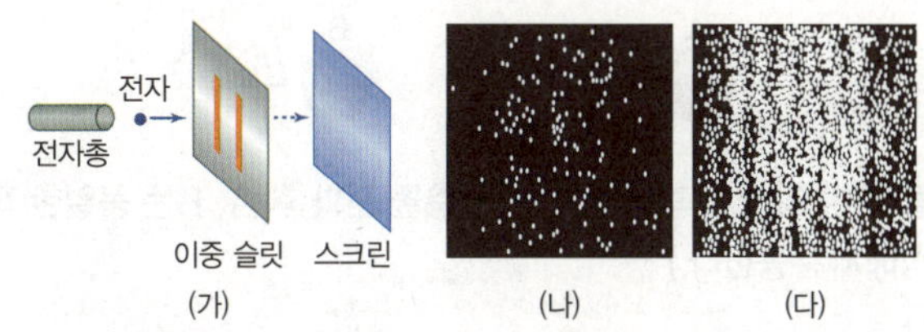

이에 대한 설명으로 옳은 것만을 |보기|에서 있는 대로 고른 것은?

> **보기**
> ㄱ. 전자 한 개는 스크린의 한 지점에 도달한다.
> ㄴ. (나), (다)를 통해 전자의 입자성과 파동성을 모두 확인할 수 있다.
> ㄷ. (다)의 밝고 어두운 무늬는 왼쪽 슬릿을 통과한 전자와 오른쪽 슬릿을 통과한 또 다른 전자가 충돌하여 생긴다.

① ㄱ   ② ㄷ   ③ ㄱ, ㄴ
④ ㄴ, ㄷ   ⑤ ㄱ, ㄴ, ㄷ

12

그림과 같이 장치하고 알루미늄 박막에 파장이 λ인 X선과 운동 에너지가 E인 전자선을 쪼였더니, 사진 건판에 생긴 원형 무늬의 간격이 같았다.

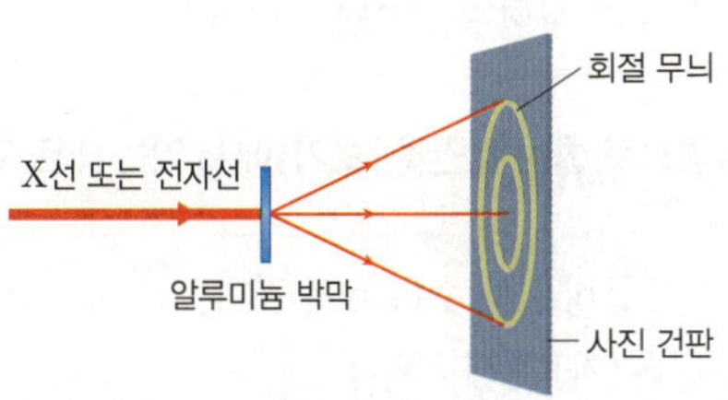

전자의 질량은? (단, h는 플랑크 상수이다.)

① $\dfrac{h^2}{E\lambda^2}$ ② $\dfrac{2h^2}{E\lambda^2}$ ③ $\dfrac{h^2}{2E\lambda^2}$

④ $\dfrac{h^2}{3E\lambda^2}$ ⑤ $\dfrac{h^2}{4E\lambda^2}$

정답과 해설 p.103

13 기출 변형 평가원

그림과 같이 질량이 $2m$인 입자 A와 질량이 m인 입자 B가 각각 운동 에너지 $8E$, E로 직선 운동하다가 충돌한다. 충돌 전 A의 물질파 파장은 λ이고, 충돌 후 물질파 파장은 B가 A의 1.5배이다.

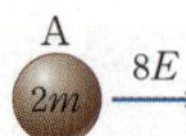
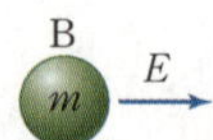

충돌 후 A의 물질파 파장은? (단, 충돌 전과 후 A, B는 동일한 직선상에서 운동한다.)

① $\frac{4}{3}\lambda$ ② $\frac{5}{3}\lambda$ ③ $\frac{3}{5}\lambda$

④ $\frac{7}{5}\lambda$ ⑤ $\frac{5}{7}\lambda$

14 기출 교육청

다음은 전자 현미경에 대한 설명이다.

> 전자 현미경은 전자를 이용하여 시료를 관찰하는 장치이다. 전자 현미경에서 이용하는 ⊙전자의 물질파 파장은 가시광선의 파장보다 짧으므로 전자 현미경은 가시광선을 이용하여 시료를 관찰하는 광학 현미경보다   (가)   이/가 좋다.
> 전자 현미경에는 시료를 투과하는 전자를 이용하는 투과 전자 현미경(TEM)과 시료 표면에서 반사되는 전자를 이용하는 주사 전자 현미경(SEM)이 있다.

이에 대한 설명으로 옳은 것만을 |보기|에서 있는 대로 고른 것은?

보기
ㄱ. 전자의 운동량이 클수록 ⊙은 길다.
ㄴ. '분해능'은 (가)에 해당된다.
ㄷ. 주사 전자 현미경(SEM)을 이용하면 시료의 표면을 관찰할 수 있다.

① ㄱ   ② ㄷ   ③ ㄱ, ㄴ

④ ㄴ, ㄷ   ⑤ ㄱ, ㄴ, ㄷ

15 기출 교육청

그림은 전자 현미경의 구조를 나타낸 것이다. 전자 현미경에 대한 설명으로 옳은 것만을 |보기|에서 있는 대로 고른 것은?

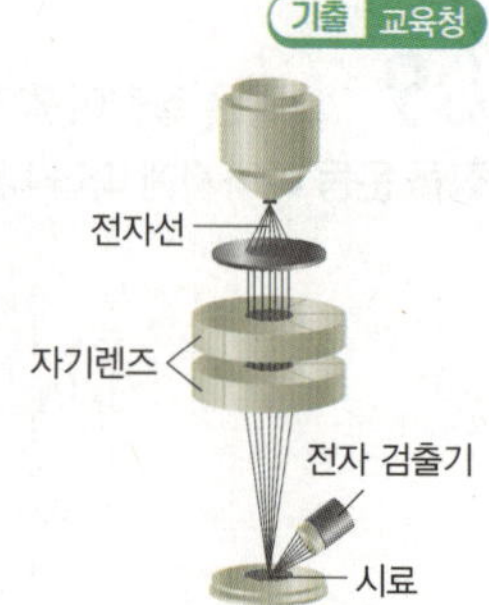

보기
ㄱ. 전자의 파동성을 이용하여 시료를 관찰한다.
ㄴ. 분해능은 전자 현미경이 광학 현미경보다 뛰어나다.
ㄷ. 자기렌즈는 전자의 진행 경로를 휘게 하여 전자들을 모으는 역할을 한다.

① ㄱ   ② ㄴ   ③ ㄱ, ㄷ

④ ㄴ, ㄷ   ⑤ ㄱ, ㄴ, ㄷ

16 기출 변형 평가원

그림 (가), (나)는 각각 광학 현미경과 전자 현미경을 이용하여 동일한 물체를 촬영한 사진을 순서 없이 나타낸 것이다.

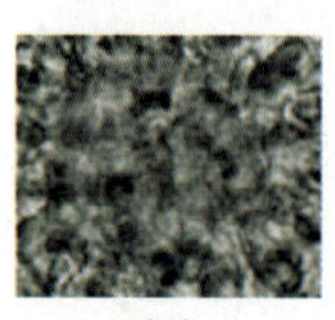
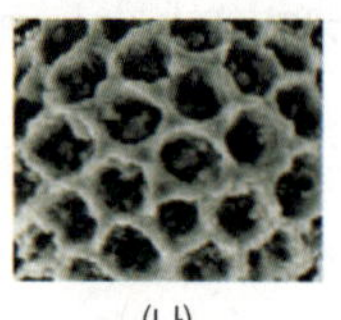

(가)   (나)

이에 대한 설명으로 옳은 것만을 |보기|에서 있는 대로 고른 것은?

보기
ㄱ. 현미경의 최대 비율은 (가)가 (나)보다 작다.
ㄴ. (가)는 자기장에 의해 전자의 진행 경로가 휘어지는 현상을 이용한다.
ㄷ. (나)는 전자의 파동성을 이용한다.

① ㄱ   ② ㄴ   ③ ㄷ

④ ㄱ, ㄴ   ⑤ ㄱ, ㄷ

최신 기출 *All* × 우수 기출 *Pick*

수능 기출 올픽

수능 만점을 위한
새로운 기출 학습의 시작

수능 대비에 꼭 필요한 기출문제만 담았다!
BOOK 1 × **BOOK 2** 효율적인 학습 구성

BOOK 1 최신 3개년 수능·평가원 등 기출 전체 수록
BOOK 2 최신 3개년 이전 기출 중 우수 문항 선별 수록

국어 문학 | 독서
수학 수학Ⅰ | 수학Ⅱ | 확률과 통계 | 미적분
영어 독해

메가스터디BOOKS

진짜 공부 챌린지 내!/가/스/터/디

공부는 스스로 해야 실력이 됩니다.
아무리 뛰어난 스타강사도, 아무리 좋은 참고서도
학습자의 실력을 바로 높여 줄 수는 없습니다.

내가 무엇을 공부하고 있는지, 아는 것과 모르는 것은 무엇인지
스스로 인지하고 학습할 때 진짜 실력이 만들어집니다.

메가스터디북스는 스스로 하는 공부, **내가스터디**를 응원합니다.
메가스터디북스는 여러분의 **내가스터디**를 돕는 좋은 책을 만듭니다.

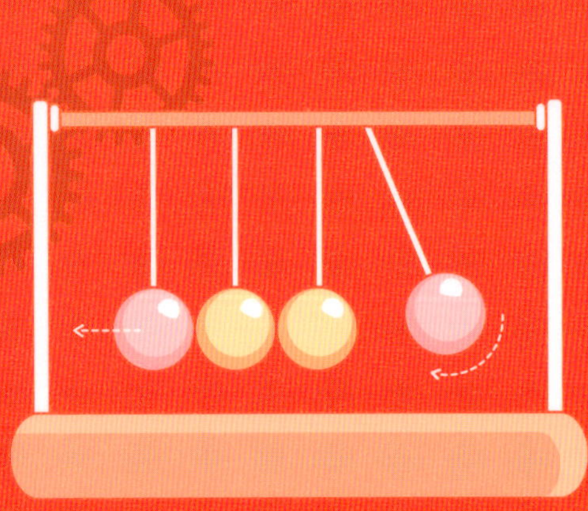

메가스터디**BOOKS**

www.megastudybooks.com

내용 문의 | 02-6984-6915   구입 문의 | 02-6984-6868,9

값 22,000원

53420

9 791129 708175
ISBN 979-11-297-0817-5

투플러스 2+

$E=mc^2$

메가스터디BOOKS

물리학 I

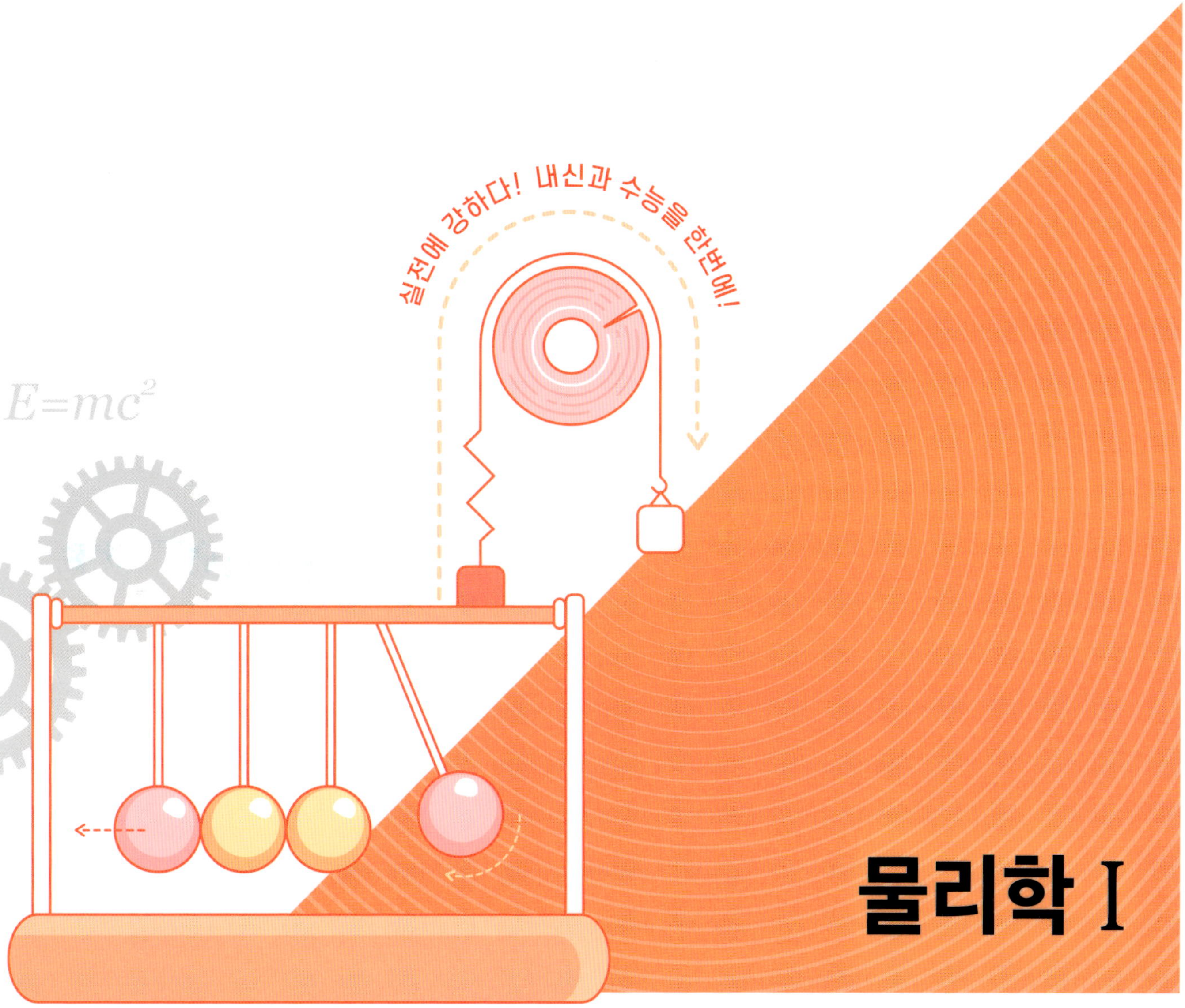

정답과 해설

정답과 해설
내신 대비

정답과 해설
수능 대비

투^{플러스}2⁺

물리학 Ⅰ

정답과 해설

I. 역학과 에너지

1 힘과 운동

01 물체의 운동

개념 익히기 문제 p.011, 013

01 운동	**02** 이동 거리, 변위	**03** 변위의 크기	**04** 속력
05 속도	**06** 가속도	**07** ○	**08** ×	**09** ○	**10** ×
11 ○	**12** ○	**13** 등속 직선 운동	**14** 등가속도 직선 운동
15 증가	**16** 일정	**17** 속력, 운동 방향	**18** ○	**19** ×
20 ○	**21** ×	**22** ○	

01 물체의 위치가 시간에 따라 변하는 것을 운동이라고 한다.

02 물체가 이동한 경로가 달라도 처음 위치가 같고 나중 위치가 같으면 변위는 같다.

04 속력은 물체가 이동한 거리를 걸린 시간으로 나눈 값으로, 물체의 빠르기를 나타낸다.

05 속도는 물체의 변위를 걸린 시간으로 나눈 값으로, 빠르기와 방향을 함께 갖는 물리량이다.

06 가속도는 속도 변화량을 걸린 시간으로 나눈 값으로, 속도 변화량의 방향이 가속도의 방향이 된다.

08 물체가 P점에서 출발하여 다시 P점으로 되돌아왔으므로 위치 변화가 없어 변위는 0이다. 이때 물체의 이동 거리가 50 m 이다.

10 위치-시간 그래프에서 두 점을 이은 직선의 기울기는 평균 속도를 나타내고, 한 점에 접하는 접선의 기울기는 순간 속도를 나타낸다.

11 가속도$=\dfrac{\text{속도 변화량}}{\text{걸린 시간}}=\dfrac{6 \text{ m/s}}{3 \text{ s}}=2 \text{ m/s}^2$이다.

12 물체의 운동 방향과 가속도의 방향이 같으면 속력이 증가하고, 물체의 운동 방향과 가속도의 방향이 반대이면 속력이 감소한다.

15 가만히 놓은 공에는 연직 아래 방향으로 일정한 크기의 중력이 작용한다. 따라서 물체의 운동 방향은 변하지 않고 속력은 증가한다.

17 비스듬히 던져 올린 공은 연직 아래 방향으로 일정한 힘(중력)을 받기 때문에 속력과 운동 방향이 모두 변한다. 따라서 속도가 변하는 가속도 운동을 한다.

18 등속 직선 운동은 물체의 속도가 일정한 운동으로, 시간에 따라 물체의 이동 거리가 일정하게 증가한다.

19 속도-시간 그래프에서 그래프가 시간 축과 이루는 넓이는 변위를 나타낸다.

20 속도는 $v=v_0+at=2 \text{ m/s}+1 \text{ m/s}^2\times 3 \text{ s}=5 \text{ m/s}$이다.

21 빗면에 가만히 놓은 물체는 빗면과 나란한 아래 방향으로 일정한 힘을 받는다. 따라서 물체는 속도가 일정하게 증가하는 등가속도 직선 운동을 한다.

탐구 집중 분석 p.014

예제 1

정답 ④

해설 | 빗면에 가만히 놓은 물체는 빗면과 나란한 아래 방향으로 일정한 힘을 받아 속도가 일정하게 증가하는 등가속도 직선 운동을 한다. 따라서 단위 시간당 속도 변화량, 즉 가속도는 일정하다. 빗면의 경사각이 클수록 가속도의 크기가 크다.

예제 2

모범 답안 | 경사각이 θ_1일 때 가속도의 크기는 2 m/s^2이고, 경사각이 θ_2일 때 가속도의 크기는 1 m/s^2이다. 빗면의 경사각이 클수록 가속도의 크기가 크므로 θ_1이 θ_2보다 크다.

해설 | 경사각이 θ_1일 때 구간 속도와 구간별 속도 변화량은 다음과 같다. 따라서 0.1초 동안 속도 변화량이 20 cm/s이므로 가속도의 크기는 $\dfrac{20 \text{ cm/s}}{0.1 \text{ s}}=200 \text{ cm/s}^2=2 \text{ m/s}^2$이다.

시간(s)	0	0.1	0.2	0.3	0.4
위치(cm)	1	5	11	19	29
구간 속도(cm/s)		40	60	80	100	
속도 변화량(cm/s)			20	20	20	

경사각이 θ_2일 때 구간 속도와 구간별 속도 변화량은 다음과 같다. 따라서 0.1초 동안 속도 변화량이 10 cm/s이므로 가속도의 크기는 $\dfrac{10 \text{ cm/s}}{0.1 \text{ s}}=100 \text{ cm/s}^2=1 \text{ m/s}^2$이다.

시간(s)	0	0.1	0.2	0.3	0.4
위치(cm)	2.5	6	10.5	16	22.5
구간 속도(cm/s)		35	45	55	65	
속도 변화량(cm/s)			10	10	10	

자료 집중 분석 p.015

예제 1

정답 ④

해설 | ㄱ, ㄷ. (가)는 등속 원운동을 하므로 속력은 일정하고 운동 방향은 계속 변한다. (나)는 진자 운동을 하므로 속력과 운동 방향이 모두 변한다. 따라서 (가), (나)는 모두 속도가 변하는 가속도 운동을 한다.

🔍**바로알기** ㄴ. (가)는 속력은 일정하지만 원을 그리는 운동을 하므로 운동 방향이 변하고 있어 속도가 일정하지 않다.

개념 다지기 문제   p.016~019

| 01 ③ | 02 ① | 03 ③ | 04 ③ | 05 ⑤ | 06 ① |
| 07 ④ | 08 ③ | 09 ④ | 10 ② | 11 ④ | 12 ⑤ |

고난도 13 ⑤   14 ②

서술형 15~16 해설 참조

01 ㄱ. A의 위치는 증가하고 B의 위치는 감소하므로 A와 B는 서로 반대 방향으로 운동한다.

ㄴ. 그래프를 보면 0초부터 2초까지 B의 이동 거리는 20 m임을 알 수 있다.

🔍**바로알기** ㄷ. 위치-시간 그래프에서 기울기는 속도를 나타낸다. 따라서 A의 속력은 $\dfrac{10\,\text{m}}{2\,\text{s}}=5$ m/s이고, B의 속력은 $\dfrac{20\,\text{m}}{2\,\text{s}}=10$ m/s이므로 속력은 B가 A의 2배이다.

02 ㄴ. 사람이 곡선 경로를 따라 운동하므로 운동 방향이 변한다. 따라서 사람의 이동 거리는 변위의 크기보다 크다.

🔍**바로알기** ㄱ. 속력은 일정하지만 운동 방향이 변하므로 속도가 변하는 운동을 한다.

ㄷ. P와 Q에서 운동 방향은 곡선에 접하는 방향이므로 운동 방향은 다르다.

03 ㄱ. 자동차의 속력이 증가하고 있으므로 자동차의 운동 방향과 가속도의 방향은 같다.

ㄴ. 0초일 때 속력은 20 km/h이고, 10초일 때 속력은 60 km/h이며 자동차는 등가속도 직선 운동을 하고 있다. 등가속도 직선 운동을 할 경우 평균 속력은 처음 속력과 나중 속력의 중간 값이므로 0초부터 10초까지 평균 속력은 $\dfrac{20\,\text{km/h}+60\,\text{km/h}}{2}=40$ km/h이다.

🔍**바로알기** ㄷ. 자동차는 5초마다 속력이 20 km/h$=\dfrac{50}{9}$ m/s만큼 증가하므로 가속도의 크기는 $\dfrac{\frac{50}{9}\,\text{m/s}}{5\,\text{s}}=\dfrac{10}{9}$ m/s²이다.

04 ㄱ. 속도-시간 그래프에서 그래프가 시간 축과 이루는 넓이는 변위를 나타낸다. 따라서 0초부터 2초까지 A의 이동 거리는 $\dfrac{1}{2}\times 4\,\text{m/s}\times 2\,\text{s}=4$ m이다.

ㄷ. 속도-시간 그래프에서 기울기는 가속도를 나타낸다. 따라서 A의 가속도의 크기는 2 m/s²으로 일정하고, B의 가속도의 크기는 0.5 m/s²으로 일정하다.

🔍**바로알기** ㄴ. 0초부터 4초까지 B의 변위의 크기는 그래프가 시간 축과 이루는 넓이와 같으므로, $\dfrac{1}{2}\times 2\,\text{m/s}\times 4\,\text{s}=4$ m이다.

따라서 B의 평균 속도의 크기는 $\dfrac{4\,\text{m}}{4\,\text{s}}=1$ m/s이다.

05 ㄱ. 빗면에서 직선 경로를 따라 아래로 내려가는 운동을 하므로 Ⅰ에서 물체의 운동 방향은 일정하고 속력은 증가한다.

ㄴ. 빗면을 따라 아래로 내려갈수록 속력이 빠르므로 물체의 평균 속력은 Ⅱ에서가 Ⅰ에서보다 크다.

ㄷ. 수평면을 떠난 후 물체에는 연직 아래 방향으로 중력이 작용하므로 Ⅲ에서 물체의 가속도의 방향은 연직 아래 방향으로 일정하다.

06 ㄱ. 5초 동안 속도 변화량이 10 m/s이므로 가속도의 크기는 $\dfrac{10\,\text{m/s}}{5\,\text{s}}=2$ m/s²이다.

🔍**바로알기** ㄴ. 가속도가 2 m/s²이므로 2초 동안 속력은 4 m/s만큼 증가한다. 따라서 2초일 때 속력은 2 m/s+4 m/s=6 m/s이다.

ㄷ. 3초일 때 속력은 2 m/s+6 m/s=8 m/s이므로 0초부터 3초까지 평균 속력은 $\dfrac{2\,\text{m/s}+8\,\text{m/s}}{2}=5$ m/s이다. 따라서 0초부터 3초까지 이동한 거리는 5 m/s×3 s=15 m이다.

07 ㄱ. 속력-시간 그래프에서 그래프가 시간 축과 이루는 넓이는 이동 거리를 나타내므로, 0초부터 3초까지 이동 거리는 9 m이다.

ㄷ. 속력-시간 그래프의 기울기는 가속도를 나타내며, 빗면에서 운동하는 물체의 가속도는 일정하다. 따라서 4초일 때 가속도의 크기는 0초부터 3초까지의 가속도의 크기와 같은 2 m/s²이다.

🔍**바로알기** ㄴ. 0초부터 3초까지 속력이 감소하므로 0초부터 3초까지 물체의 운동 방향과 가속도의 방향은 반대이다.

08 ㄱ. 물체는 등가속도 직선 운동을 하므로 Q에서 R까지 물체의 평균 속력은 $\dfrac{10\,\text{m/s}+20\,\text{m/s}}{2}=15$ m/s이다.

ㄴ. Q에서 R까지 이동하는 데 걸린 시간은 $\dfrac{30\,\text{m}}{15\,\text{m/s}}=2$초이고 속도 증가량은 10 m/s이므로 가속도의 크기는 $\dfrac{10\,\text{m/s}}{2\,\text{s}}=5$ m/s²이다.

🔍**바로알기** ㄷ. P에서 Q까지의 거리를 s라고 하면, $v^2-v_0{}^2=2as$에서 $(10\,\text{m/s})^2-0=2\times 5\,\text{m/s}^2\times s$이므로 $s=10$ m이다.

09 ㄱ. A는 운동 방향은 변하지 않고 속력이 증가하는 운동을 한다.

ㄷ. A는 속력이 일정하게 증가하고, B는 속력과 운동 방향이 모두 변한다. 속도는 크기와 방향을 모두 가지는 물리량이므로 A와 B는 모두 속도가 변하는 가속도 운동을 한다.

🔍**바로알기** ㄴ. B는 속력과 운동 방향이 모두 변하는 운동을 한다.

10 ㄴ. B는 일정한 속력으로 회전하는 등속 원운동을 한다. 따라서 B의 속력은 일정하지만 운동 방향은 계속 변한다.

ㄷ. C는 운동 방향과 가속도의 방향이 같지 않아 속력과 운동 방향이 모두 변한다.

11

| 자료 분석 |

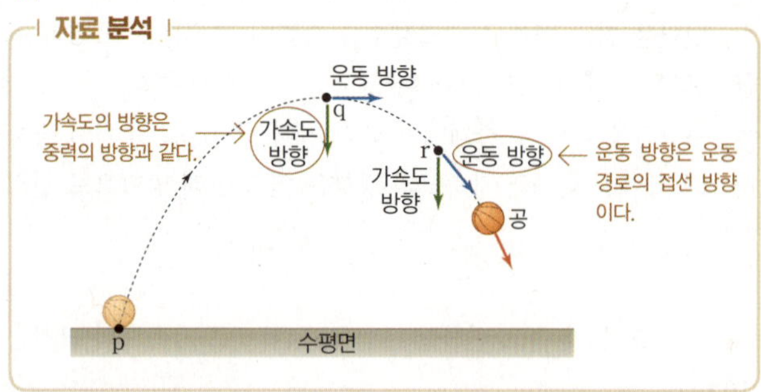

ㄱ. 공이 곡선 경로를 따라 운동하므로 공의 이동 거리는 변위의 크기보다 크다. 공의 평균 속력은 평균 속도의 크기보다 크다.

ㄷ. 공의 운동 방향과 공의 가속도의 방향이 나란하지 않아 공은 속력과 운동 방향이 모두 변하는 운동을 한다. 이때 운동 방향은 포물선 경로에 접하는 방향이고, 가속도의 방향은 연직 아래 방향이다.

 ㄴ. p에서 q까지 공의 속력은 감소하고, q에서 r까지 공의 속력은 증가한다. 즉, q에서 공의 속력이 최소이므로 공의 속력은 q에서가 r에서보다 작다.

12 ㄱ. A는 운동 방향이 변하지 않고 속력이 일정한 운동을 하므로 등속 직선 운동을 한다.

ㄴ. B는 등가속도 직선 운동을 한다. 따라서 가속도의 방향과 속도의 방향이 같으므로 운동 방향은 변하지 않는다.

ㄷ. C는 등속 원운동을 한다. 선풍기의 날개는 속력이 일정하면서 원 궤도를 따라 운동하므로 C와 같은 등속 원운동을 한다.

13

| 자료 분석 |

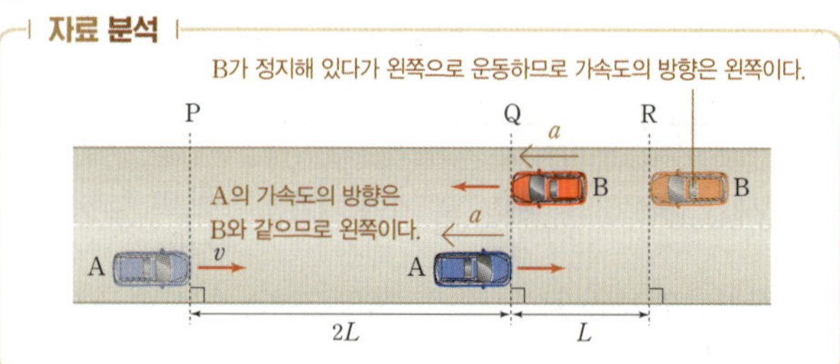

ㄱ. A, B의 가속도를 a, P에서 Q까지 이동하는 데 걸린 시간을 t라고 하면, $2L=vt-\frac{1}{2}at^2$, $L=\frac{1}{2}at^2$이므로 $3L=vt$이다. 따라서 $t=\frac{3L}{v}$이다.

ㄴ, ㄷ. A는 P에서 Q까지 $t=\frac{3L}{v}$ 동안 $2L$만큼 이동하였으므로 평균 속력은 $\frac{2}{3}v$이다. 따라서 Q를 통과하는 A의 속력은 $\frac{1}{3}v$이고, $t=\frac{3L}{v}$ 동안 A의 속력은 $\frac{2}{3}v$만큼 감소하므로 A의 가속도의 크기는 $\frac{2v^2}{9L}$이다. B의 가속도의 크기는 A와 같은 $\frac{2v^2}{9L}$이므로 Q를 통과할 때 B의 속력은 $\frac{2v^2}{9L}\times\frac{3L}{v}=\frac{2}{3}v$이다.

14

| 자료 분석 |

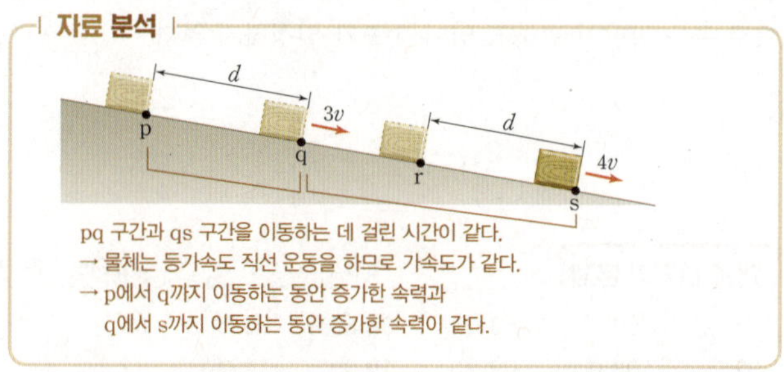

② 물체는 빗면에서 일정한 가속도로 운동한다. q에서 s까지 이동하는 동안 물체의 속력이 v만큼 증가하였으므로 p에서 q까지 이동하는 동안에도 물체의 속력이 v만큼 증가하여 p에서 물체의 속력은 $2v$이다. 따라서 p에서 q까지 평균 속력은 $\frac{5}{2}v$이고 이동 거리가 d이므로 걸린 시간은 $\frac{2d}{5v}$이고, q에서 s까지 평균 속력은 $\frac{7}{2}v$이므로 이동 거리는 $\frac{7}{5}d$이다. 그러므로 q와 r 사이의 거리는 $\frac{7}{5}d-d=\frac{2}{5}d$이다.

15 서술형

(1) **모범 답안** | 실에 연결되어 물체가 원 궤도를 따라 운동하므로 물체의 운동 방향은 매 순간 변한다. (나)에서 시간에 따라 이동 거리가 일정하게 증가하므로 물체의 속력은 일정하다.

채점 기준	배점
운동 방향과 속력의 변화를 모두 옳게 서술한 경우	100 %
운동 방향 또는 속력의 변화 한 가지만 옳게 서술한 경우	50 %

(2) **모범 답안** | 이동 거리–시간 그래프에서 그래프의 기울기는 속력을 나타낸다. 따라서 물체의 속력은 $\frac{12\ \text{m}}{3\ \text{s}}=4\ \text{m/s}$이다.

채점 기준	배점
(나)의 그래프를 이용하여 속력을 옳게 구한 경우	100 %
속력은 옳게 구했으나 풀이가 미흡한 경우	50 %

16 서술형

모범 답안 | 0초부터 0.2초까지 이동 거리는 20 cm이므로 평균 속력은 $\frac{20\ \text{cm}}{0.2\ \text{s}}=1\ \text{m/s}$이고, 0.1초일 때 속력은 1 m/s이다. 0.2초부터 0.4초까지 이동 거리는 30 cm이므로 평균 속력은 $\frac{30\ \text{cm}}{0.2\ \text{s}}=1.5\ \text{m/s}$이고, 0.3초일 때 속력은 1.5 m/s이다. 따라서 0.2초 동안 물체의 속력은 0.5 m/s만큼 증가하므로 물체의 가속도의 크기는 $\frac{0.5\ \text{m/s}}{0.2\ \text{s}}=2.5\ \text{m/s}^2$이다.

채점 기준	배점
가속도의 크기를 풀이 과정과 함께 옳게 구한 경우	100 %
가속도의 크기는 옳게 구했으나 풀이가 미흡한 경우	50 %

개념 익히기 문제   p.021, 023

01 힘	**02** 합	**03** 차, 큰	**04** 힘의 평형	**05** 관성
06 등속 직선	**07** ○	**08** ○	**09** ×	**10** ○
11 ×	**12** ○	**13** 2	**14** $\frac{1}{2}$	**15** 알짜힘, 질량
16 크기, 방향		**17** 작용 반작용, 힘의 평형		**18** ○
19 ×	**20** ○	**21** ×	**22** ×	

02 한 물체에 같은 방향으로 두 힘이 작용하는 경우 물체에 작용하는 두 힘의 합력의 크기는 두 힘의 크기의 합과 같고, 합력의 방향은 두 힘의 방향과 같다.

03 한 물체에 반대 방향으로 두 힘이 작용하는 경우 물체에 작용하는 두 힘의 합력의 크기는 두 힘의 크기의 차와 같고, 합력의 방향은 크기가 큰 힘의 방향과 같다.

04 한 물체에 작용하는 여러 힘들의 합력이 0일 때 이 힘들이 서로 평형을 이룬다고 하며, 물체는 힘의 평형 상태에 있다고 한다. 정지해 있거나 등속 직선 운동을 하는 물체는 힘의 평형 상태에 있다.

05 물체가 자신의 운동 상태를 계속 유지하려는 성질을 관성이라 하고, 물체의 질량이 클수록 관성이 크다.

09 한 물체에 작용하는 두 힘의 크기와 방향이 같을 때에는 두 힘의 합력이 0이 아니기 때문에 물체는 힘의 평형 상태에 있지 않다. 한 물체에 작용하는 두 힘의 크기가 같고 방향이 반대이며, 일직선상에서 작용할 때 두 힘이 평형 상태에 있다.

11 운동하는 물체에 작용하는 알짜힘이 0이면 물체의 빠르기와 운동 방향이 변하지 않는다. 따라서 물체는 등속 직선 운동을 계속 한다.

12 계속 운동하려는 관성에 의해 승객이 앞으로 넘어지려는 것이다.

13 물체의 질량이 일정할 때, 물체의 가속도는 물체에 작용하는 알짜힘에 비례하므로, 알짜힘이 2배가 되면 물체의 가속도는 2배가 된다.

14 물체에 작용하는 알짜힘이 일정할 때, 물체의 가속도는 물체의 질량에 반비례하므로, 질량이 2배가 되면 물체의 가속도는 $\frac{1}{2}$배가 된다.

17 두 물체 사이의 상호 작용으로 나타나는 두 힘은 서로 크기가 같고 방향이 반대이며, 두 힘의 작용점은 상호 작용 하는 각각의 물체에 있다. 이 두 힘은 작용 반작용 관계이다. 한 물체에 작

용하는 두 힘의 합력이 0일 때, 두 힘의 크기는 같고 방향은 반대이며 두 힘의 작용점은 한 물체에 있으므로 이 두 힘은 힘의 평형 관계에 있다.

19 운동하는 물체의 가속도의 방향은 물체에 작용하는 알짜힘의 방향과 같다.

21 질량이 다르더라도 두 사람이 상호 작용 하여 밀어내므로 두 사람이 서로를 미는 힘은 작용 반작용 관계이다. 따라서 서로를 밀어내는 두 힘의 크기는 같고 방향은 반대이다.

22 달이 지구 주위를 공전할 때, 지구가 달에 작용하는 힘과 달이 지구에 작용하는 힘은 작용 반작용 관계이므로 두 힘의 크기는 같다.

🔍 탐구 집중 분석   p.024

예제 1

정답 4 kg

해설 | A에 작용하는 알짜힘의 크기가 8 N이고, 질량이 2 kg이므로 A의 가속도의 크기는 $\frac{8\,\text{N}}{2\,\text{kg}}=4\,\text{m/s}^2$이다. B에 작용하는 알짜힘의 크기는 8 N이고, 가속도의 크기는 A의 $\frac{1}{2}$배이므로 2 m/s²이다. 따라서 B의 질량은 4 kg이다.

예제 2

모범 답안 | 수레를 당기는 힘의 크기를 증가시킨다. 수레에 실은 추의 개수를 줄인다.

해설 | 수레가 p에서 q까지 이동하는 데 걸리는 시간은 수레의 가속도의 크기가 클수록 짧다. 따라서 수레의 가속도의 크기를 크게 하면 된다. 가속도의 크기를 크게 하려면 수레를 당기는 힘의 크기를 증가시키거나, 수레에 실은 추의 개수를 줄여 질량을 감소시킨다.

🧭 자료 집중 분석   p.025

예제 1

정답 (1) 50 N (2) 50 N

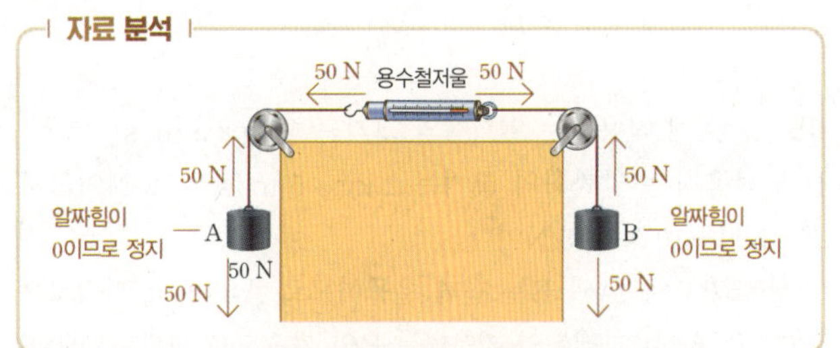

해설 | (1) A가 정지해 있으므로 실이 A를 당기는 힘이 50 N이다. 실이 용수철저울을 왼쪽으로 당기는 힘이 50 N이고, 용수철저울이 정지해 있으므로 실이 용수철저울을 오른쪽으로 당기는 힘도

50 N이다. 따라서 실이 B를 당기는 힘이 50 N이므로 B의 무게
는 50 N이다.

(2) 용수철저울 양쪽으로 실이 50 N의 힘으로 당기고 있으므로
용수철저울에 측정되는 힘의 크기는 50 N이다.

개념 다지기 문제   p.026~029

01 ③	02 ③	03 ⑤	04 ④	05 ②	06 ④
07 ⑤	08 ①	09 ②	10 ③	11 ②	12 ⑤

고난도 **13 ②**   **14 ⑤**

서술형 **15~16 해설 참조**

---

01 ㄱ. 물체에 오른쪽으로 작용하는 힘의 크기가 더 크므로 알
짜힘의 방향은 오른쪽이다.

ㄴ. 물체에 작용하는 알짜힘의 크기는 8 N−4 N=4 N이다.

🔍 **바로알기** ㄷ. 질량이 2 kg이고, 물체에 작용하는 알짜힘의 크
기가 4 N이므로 가속도의 크기는 $\dfrac{4\ \text{N}}{2\ \text{kg}}=2\ \text{m/s}^2$이다.

02 (가) 걸어가던 사람이 돌에 걸려 넘어지는 것은 걸어가는 운
동 상태를 계속 유지하려는 관성에 의한 것이다.

(다) 이불을 털면 이불에 붙어 있던 먼지는 계속 정지해 있으려고
하는 관성에 의해 이불과 분리되어 떨어지게 된다.

🔍 **바로알기** (나) 벽을 밀면 반작용으로 벽이 사람을 밀기 때문에
사람이 뒤로 밀려난다.

03 ㄱ. 속도-시간 그래프에서 그래프가 시간 축과 이루는 넓이
는 이동 거리를 나타낸다. 따라서 0초부터 3초까지 A의 이동 거
리는 9 m이고, B의 이동 거리는 4.5 m이다.

ㄴ. A는 등속도 운동을 하므로 A에 작용하는 합력은 0이다.

ㄷ. 속도-시간 그래프에서 기울기는 가속도를 나타낸다. B의
가속도의 크기는 $\dfrac{3\ \text{m/s}}{3\ \text{s}}=1\ \text{m/s}^2$이므로 B에 작용하는 알짜힘
의 크기는 $3\ \text{kg}\times1\ \text{m/s}^2=3\ \text{N}$이다.

04 ④ 가속도의 크기는 알짜힘의 크기에 비례하고 질량에 반비
례하므로 A, B, C의 가속도의 크기 비는 $\dfrac{1}{1}:\dfrac{1}{2}:\dfrac{3}{2}=2:1:3$
이다. 등가속도 직선 운동의 식 $s=\dfrac{1}{2}at^2$에서 정지해 있던 물체가
같은 시간 동안 이동한 거리는 가속도의 크기에 비례하므로
$s_\text{A}:s_\text{B}:s_\text{C}=2:1:3$이다.

05 ㄴ. A에 작용하는 알짜힘의 크기는 $1\ \text{kg}\times5\ \text{m/s}^2=5\ \text{N}$,
B에 작용하는 알짜힘의 크기는 $2\ \text{kg}\times5\ \text{m/s}^2=10\ \text{N}$이므로
$F=5\ \text{N}+10\ \text{N}=15\ \text{N}$이다.

🔍 **바로알기** ㄱ. A와 B는 함께 운동하므로 A와 B의 가속도는
같다. (나)에서 그래프의 기울기는 B의 가속도를 나타내므로 B
의 가속도의 크기는 $5\ \text{m/s}^2$이다. 따라서 A의 가속도의 크기도
$5\ \text{m/s}^2$이다.

ㄷ. B가 A에 작용하는 힘의 크기는 작용 반작용에 의해 A

가 B에 작용하는 힘의 크기와 같으며, A가 B에 작용하는 힘
은 B에 작용하는 알짜힘이다. B에 작용하는 알짜힘의 크기는
$2\ \text{kg}\times5\ \text{m/s}^2=10\ \text{N}$이므로 B가 A에 작용하는 힘의 크기는
10 N이다.

06 ㄱ. 작용하는 알짜힘은 A가 B보다 크고, 질량은 A가 B보다
작으므로 충돌 전 가속도의 크기는 A가 B보다 크다.

ㄷ. 충돌 전까지 B의 가속도의 크기는 $5=\dfrac{1}{2}a_\text{B}(2)^2$에서
$a_\text{B}=\dfrac{5}{2}\ \text{m/s}^2$이고, 충돌할 때까지 걸린 시간은 2초이므로 충돌 직
전 B의 속력은 $\dfrac{5}{2}\ \text{m/s}^2\times2\ \text{s}=5\ \text{m/s}$이다.

🔍 **바로알기** ㄴ. A와 B의 가속도의 크기 비는 $\dfrac{2}{2}:\dfrac{1}{3}=3:1$이고,
$s=\dfrac{1}{2}at^2$에 의해 정지해 있던 물체가 같은 시간 동안 이동한 거
리는 가속도의 크기에 비례하므로 2초 동안 A가 이동한 거리는
15 m이고 B가 이동한 거리는 5 m이다. 따라서 A의 가속도의
크기는 $15=\dfrac{1}{2}a_\text{A}(2)^2$에서 $a_\text{A}=\dfrac{15}{2}\ \text{m/s}^2$이므로
$2F=2\ \text{kg}\times\dfrac{15}{2}\ \text{m/s}^2$에서 $F=7.5\ \text{N}$이다.

07

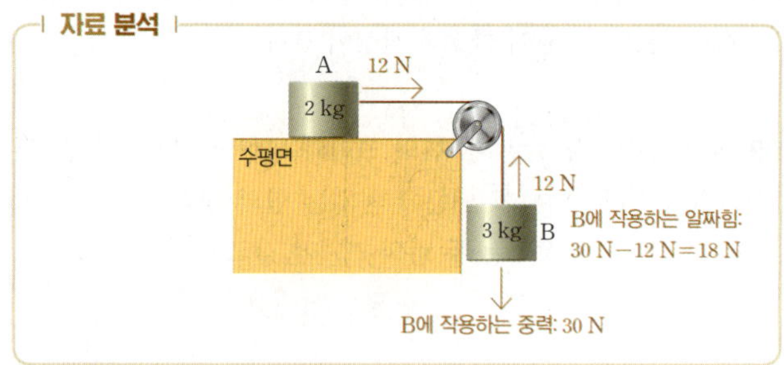

ㄴ. B의 가속도의 크기가 $6\ \text{m/s}^2$이므로 B에 작용하는 알짜힘의
크기는 $3\ \text{kg}\times6\ \text{m/s}^2=18\ \text{N}$이다.

ㄷ. 실이 A에 작용하는 힘의 크기는 A에 작용하는 알짜힘의 크
기와 같다. A에 작용하는 알짜힘의 크기는 $2\ \text{kg}\times6\ \text{m/s}^2=12\ \text{N}$
이다.

🔍 **바로알기** ㄱ. A와 B의 질량의 합은 5 kg이고, B에 작용하는
중력의 크기는 30 N이므로 A, B의 가속도의 크기는
$\dfrac{30\ \text{N}}{5\ \text{kg}}=6\ \text{m/s}^2$이다.

08 ㄱ. A가 일정한 속력으로 운동하므로 A에 작용하는 알짜힘
은 0이다. A에 작용하는 중력의 크기가 $3mg$이므로 p가 A에 작
용하는 힘의 크기는 $3mg$이다.

🔍 **바로알기** ㄴ. B와 C의 무게의 합은 $3mg$이어야 하므로 B의 질
량은 $2m$이다.

ㄷ. q를 끊으면, C에 작용하는 알짜힘의 크기는 mg이므로 가속
도의 크기는 g이고, B는 A와 함께 운동하는데 질량의 합은 $5m$
이고, 합력은 mg이므로 A와 B의 가속도의 크기는 $\dfrac{1}{5}g$이다. 따
라서 가속도의 크기는 C가 B의 5배이다.

09 ㄴ. A와 B가 정지해 있으므로 F_1과 F_2는 같다.

바로알기 ㄱ. 실이 A에 작용하는 힘의 반작용은 A가 실에 작용하는 힘이고, 실이 B에 작용하는 힘의 반작용은 B가 실에 작용하는 힘이다.

ㄷ. 실을 끊으면, A와 B에 작용하는 알짜힘의 크기는 같고, 질량은 A가 B보다 크므로 가속도의 크기는 A가 B보다 작다.

10 ㄱ. (가)에서 A는 정지해 있으므로 A에 작용하는 합력이 0인 힘의 평형 상태에 있다. 이때 실이 A에 작용하는 힘과 A에 작용하는 중력이 힘의 평형을 이루고 있다.

ㄴ. (나)에서 A와 B가 정지해 있으므로 A와 B에 작용하는 중력의 크기는 같다. 즉, A와 B의 질량은 같다.

바로알기 ㄷ. A, B에 작용하는 중력의 크기는 w_0으로 같으므로 (나)에서 용수철저울에 측정되는 힘의 크기는 w_0이다.

11 ㄷ. 미는 동안 가속도의 크기는 A가 B보다 작으므로 밀려난 후, 속력은 A가 B보다 작다.

바로알기 ㄱ. A가 B를 미는 힘과 B가 A를 미는 힘은 작용 반작용 관계로 크기가 같다.

ㄴ. 서로 미는 동안 작용하는 힘의 크기는 같고 질량은 A가 B보다 크므로 가속도의 크기는 A가 B보다 작다.

12 ㄱ. 사과가 정지해 있으므로 사과에 작용하는 알짜힘은 0이다.

ㄴ. 사과가 손에 작용하는 힘과 손이 사과에 작용하는 힘은 크기가 같고 방향이 반대이며, 작용점이 각각 손과 사과에 있으므로 작용 반작용 관계이다.

ㄷ. 정지해 있는 사과에는 지구가 사과에 작용하는 힘과 손이 사과에 작용하는 힘이 평형을 이루고 있다. 따라서 두 힘의 크기는 같다.

13 ② (가)에서 A와 B의 질량이 같으므로 A와 B에 작용하는 알짜힘의 크기는 $\frac{1}{2}F$로 같다. 따라서 (가)에서 실이 A에 작용하는 힘의 크기는 $\frac{1}{2}F$이므로 (나)에서 실이 A에 작용하는 힘의 크기는 $\frac{1}{4}F$이다. 그러므로 (나)에서 A에 작용하는 알짜힘은 $F-\frac{1}{4}F=\frac{3}{4}F$이므로 (가)와 (나)에서 A에 작용하는 알짜힘의 크기 비는 2 : 3이고, (가)와 (나)에서 A의 가속도의 크기 비는 2 : 3이다. 따라서 A와 B의 질량의 합은 A와 C의 질량의 합의 $\frac{3}{2}$배이므로 C의 질량은 $\frac{1}{3}m$이다.

14

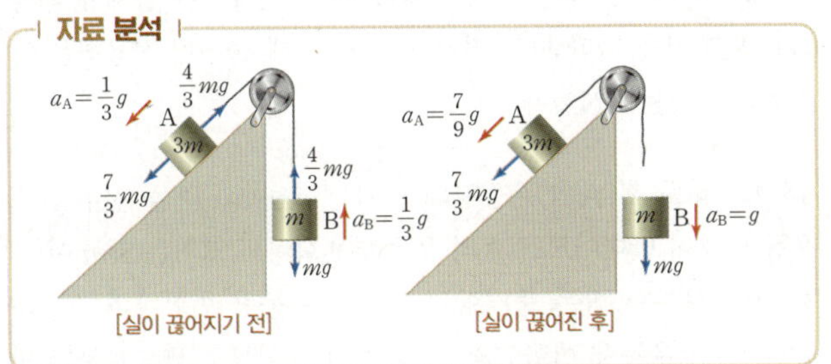

⑤ 실이 끊어진 후 B에는 중력만 작용하므로 B의 가속도의 크기는 g이다. 0에서 $3t$까지 속도 변화량의 크기와 $3t$에서 $4t$까지 속도 변화량의 크기는 같으므로 실이 끊어지기 전 B의 가속도의 크기는 실이 끊어진 후 B의 가속도의 크기의 $\frac{1}{3}$배이다. 따라서 실이 끊어지기 전 B의 가속도의 크기는 $\frac{1}{3}g$이다. 0에서 $3t$까지 A에 작용하는 알짜힘의 크기가 $3m\times\frac{1}{3}g=mg$이고 실이 A에 작용하는 힘의 크기가 $\frac{4}{3}mg$이므로 A에 빗면 아래 방향으로 작용하는 힘의 크기는 $\frac{7}{3}mg$이다. 따라서 $4t$일 때 A에 작용하는 알짜힘의 크기는 $\frac{7}{3}mg$이므로 A의 가속도의 크기는 $\frac{7}{9}g$이다.

15 서술형

(1) **모범 답안** 물체에 작용하는 힘의 크기는 8 N이고, 가속도의 크기는 2 m/s²이므로 물체의 질량은 $\frac{8\,\mathrm{N}}{2\,\mathrm{m/s^2}}=4\,\mathrm{kg}$이다.

채점 기준	배점
알짜힘과 가속도의 관계를 이용하여 질량을 옳게 구한 경우	100 %
질량은 옳게 구했으나 풀이가 미흡한 경우	50 %

(2) **모범 답안** 물체는 등가속도 직선 운동을 하며, 0초부터 4초까지 속도 증가량은 8 m/s이므로 0초부터 4초까지 물체의 평균 속력은 4 m/s이다. 따라서 0초부터 4초까지 이동한 거리는 $4\,\mathrm{m/s}\times4\,\mathrm{s}=16\,\mathrm{m}$이다.

채점 기준	배점
평균 속력을 이용하여 이동 거리를 옳게 구한 경우	100 %
이동 거리만 옳게 쓴 경우	50 %

16 서술형

(1) **모범 답안** F와 힘의 평형 관계에 있는 힘은 실이 공에 작용하는 힘이며, 이 힘은 공에 작용하는 힘으로 작용점이 공에 있고, F와 크기가 같고 방향이 반대이다.

채점 기준	배점
F와 힘의 평형 관계에 있는 힘을 옳게 쓰고, 작용점, 크기, 방향을 모두 옳게 서술한 경우	100 %
힘의 평형 관계에 있는 힘을 옳게 썼으나 작용점, 크기, 방향이 부분적으로 옳은 경우	70 %
힘의 평형 관계에 있는 힘만 옳게 쓴 경우	50 %

(2) **모범 답안** F와 작용 반작용 관계에 있는 힘은 공이 지구에 작용하는 힘이며, 이 힘은 지구에 작용하는 힘으로 작용점이 지구에 있고, F와 크기가 같고 방향이 반대이다.

채점 기준	배점
F와 작용 반작용 관계에 있는 힘을 옳게 쓰고, 작용점, 크기, 방향에 대해 모두 옳게 서술한 경우	100 %
작용 반작용 관계에 있는 힘을 옳게 썼으나 작용점, 크기, 방향이 부분적으로 옳은 경우	70 %
작용 반작용 관계에 있는 힘만 옳게 쓴 경우	50 %

모범 답안 | 분리된 후 속력은 A가 B보다 크다.

해설 | 분리되는 과정에서 A, B가 받는 충격량의 크기가 같고, 방향은 반대이므로 분리된 후 A, B의 운동량의 크기는 같다. 분리된 후 A, B의 운동량의 크기는 같고 질량은 A가 B보다 작으므로 속력은 A가 B보다 크다.

---

03 운동량과 충격량

개념 익히기 문제　　　　　　　　　　　p.031, 033

01 운동량　　　　**02** kg, m/s, kg·m/s
03 나중, 처음　　**04** 알짜힘　　　**05** 운동량 보존
06 ○　**07** ○　**08** ×　**09** ×　**10** ○　**11** 충격량
12 힘, 힘　**13** 충격량　**14** 운동량　**15** 길어　**16** 길게　**17** ○
18 ×　**19** ○　**20** ×　**21** ○

04 운동량-시간 그래프에서 기울기는 시간에 따른 운동량 변화량이다. 즉, $\dfrac{\Delta p}{\Delta t}=m\left(\dfrac{\Delta v}{\Delta t}\right)=ma$이므로 기울기는 물체에 작용하는 알짜힘을 나타낸다.

07 운동량＝질량×속도＝3 kg×2 m/s＝6 kg·m/s이다.

08 물체의 운동량이 증가하면 물체의 속력이 증가하므로 물체에 작용하는 알짜힘의 방향과 운동 방향은 같다.

09 정지해 있는 상태에서는 운동량이 0이고, 두 물체로 분열되면 두 물체는 서로 반대 방향으로 운동하게 되며, 이때 두 물체의 운동량의 크기는 같다. 따라서 분열 후 속력은 질량이 작은 물체가 더 크다.

10 두 물체가 충돌할 때, 두 물체가 받는 힘은 작용 반작용 관계이므로 두 힘의 크기는 같고 방향은 반대이다.

13 힘-시간 그래프에서 그래프가 시간 축과 이루는 넓이는 힘과 시간의 곱이므로 충격량을 나타낸다.

14 물체가 받은 충격량은 $I=F\Delta t$이고, $F=m\left(\dfrac{\Delta v}{\Delta t}\right)$이므로 $I=m\left(\dfrac{\Delta v}{\Delta t}\right)\Delta t=m(\Delta v)=mv-mv_0=\Delta p$이다. 즉, 물체가 받은 충격량은 물체의 운동량 변화량과 같다.

18 같은 크기의 힘을 받을 때, 힘을 받는 시간을 길게 할수록 물체가 받는 충격량이 크다. 따라서 힘을 받는 시간을 길게 할수록 물체의 운동량 변화량이 크다.

20 $I=F\Delta t$이므로 같은 크기의 충격량을 받을 때, 평균 힘과 힘을 받는 시간은 서로 반비례한다.

탐구 집중 분석　　　　　　　　　　　p.034

예제 1

정답 1 m/s

해설 | 분열 전 물체의 운동량은 0이고, 분열 후 A의 운동량의 크기는 3 kg·m/s, 방향은 왼쪽이다. 운동량 보존 법칙에 의해 분열 후 A, B의 운동량의 합은 0이어야 하므로 분열 후 B의 운동량의 크기는 3 kg·m/s, 방향은 오른쪽이다. 따라서 B의 속력은 1 m/s이다.

개념 다지기 문제　　　　　　　　　　　p.036~039

01 ③　**02** ④　**03** ③　**04** ⑤　**05** ③　**06** ②
07 ④　**08** ①　**09** ①　**10** ⑤　**11** ④　**12** ④
고난도 **13** ②　**14** ③
서술형 **15~16** 해설 참조

01 ㄱ. 운동량의 방향은 물체의 운동 방향, 즉 속도의 방향과 같으므로 A와 B의 운동량의 방향은 왼쪽으로 같다.
ㄴ. 운동량은 질량과 속도의 곱이다. A와 B의 질량은 같고 A의 속력은 B의 2배이므로 운동량의 크기는 A가 B의 2배이다.
바로알기 ㄷ. 운동량은 크기와 방향을 모두 갖는 물리량이다. A와 C의 운동량의 크기는 같지만 운동량의 방향은 반대이므로 A와 C의 운동량은 같지 않다.

02 ㄱ. 운동량은 질량과 속도의 곱이므로 a를 지날 때 자동차의 운동량의 크기는 2000 kg×18 m/s＝36000 kg·m/s이다.
ㄷ. b에서 운동량의 크기는 2000 kg×8 m/s＝16000 kg·m/s이므로 a에서 b까지 운동하는 동안 자동차의 운동량 변화량의 크기는 36000 kg·m/s－16000 kg·m/s＝20000 kg·m/s이다.
바로알기 ㄴ. 자동차의 속력이 감소하므로 자동차에 작용하는 알짜힘의 방향은 운동 방향과 반대이다.

03

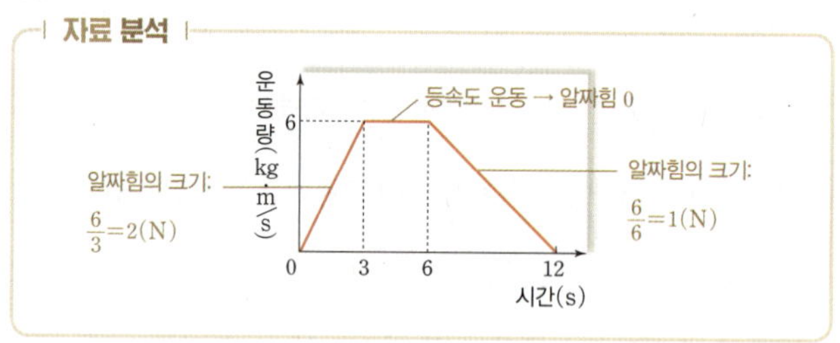

ㄱ. 4초일 때 운동량은 6 kg·m/s이고 질량은 2 kg이므로 속력은 $\dfrac{6\ \mathrm{kg\cdot m/s}}{2\ \mathrm{kg}}=3$ m/s이다.
ㄴ. 0초부터 3초까지 물체의 운동량이 증가하므로 물체에 작용하는 알짜힘의 방향과 운동량의 방향은 같다.
바로알기 ㄷ. 운동량-시간 그래프에서 기울기는 물체에 작용하는 알짜힘을 나타낸다. 따라서 10초일 때 물체에 작용하는 알짜힘의 크기는 1 N이다.

04 ㄴ. 충돌 후 A의 운동량의 크기는 mv이고 충돌 전후 A의 운동 방향이 반대이므로 A의 운동량 변화량의 크기는 $5mv$이다.
ㄷ. 벽으로부터 받는 충격량의 크기는 운동량 변화량의 크기와 같다. B의 운동량 변화량의 크기는 $10mv$이므로 벽으로부터 받

는 충격량의 크기는 B가 A의 2배이다.

🔍**바로알기** ㄱ. 벽에 충돌 전 A의 운동량의 크기는 $4mv$이고, B의 운동량의 크기는 $6mv$이다.

05 ③ 충돌 전 A, B의 운동량의 합은 $16\ \text{kg}\cdot\text{m/s}+6\ \text{kg}\cdot\text{m/s}=22\ \text{kg}\cdot\text{m/s}$이고, 충돌 후 A의 운동량의 크기는 $10\ \text{kg}\cdot\text{m/s}$이다. 충돌 과정에서 운동량의 합은 보존되므로 충돌 후 B의 운동량의 크기는 $12\ \text{kg}\cdot\text{m/s}$이다. 따라서 충돌 후 B의 속력은 $4\ \text{m/s}$이다.

06 ㄷ. 충돌 과정에서 A, B는 같은 크기의 충격량을 받으므로 운동량 변화량의 크기는 A와 B가 같다.

🔍**바로알기** ㄱ. 충돌 과정에서 A는 운동 반대 방향으로 힘을 받으므로 속력이 감소한다. 따라서 $v_0 > v$이다.
ㄴ. 충돌 과정에서 A가 B에 작용하는 힘과 B가 A에 작용하는 힘은 작용 반작용 관계이므로 크기가 같다.

07 ㄱ. 충돌 전 A와 B의 운동량은 같고, A와 B가 충돌했으므로 속력은 A가 B보다 크다. 따라서 질량은 A가 B보다 작다.
ㄷ. 충돌 후 A와 B의 운동량의 합은 충돌 전 운동량의 합 $2p_0$과 같으므로 충돌 후 A의 운동량의 크기는 $0.5p_0$이다.

🔍**바로알기** ㄴ. 충돌 전후 B의 운동량 변화량의 크기가 $0.5p_0$이므로 B가 받은 충격량의 크기는 $0.5p_0$이다.

08 ㄱ. 충돌 전 운동량의 크기는 같고 질량은 A가 B보다 크므로 속력은 B가 A보다 크다.

🔍**바로알기** ㄴ. 작용 반작용 법칙에 의해 충돌할 때 받는 힘의 크기는 같다.
ㄷ. 충돌 과정에서 받는 충격량의 크기가 같으므로 충돌 전후 운동량 변화량의 크기가 같다.

09 ㄱ. 물체에 작용하는 힘의 방향은 운동 방향과 같으므로 물체의 속력은 증가한다. 따라서 속력은 1초일 때가 2초일 때보다 작다.

🔍**바로알기** ㄴ. 힘-시간 그래프에서 그래프가 시간 축과 이루는 넓이는 충격량을 나타낸다. 따라서 0초부터 2초까지 물체가 받은 충격량의 크기는 $20\ \text{N}\cdot\text{s}$이다.
ㄷ. 충격량은 운동량 변화량과 같으며, 0초부터 1초까지 받은 충격량의 크기는 $5\ \text{N}\cdot\text{s}$이고, 0초부터 3초까지 받은 충격량의 크기는 $40\ \text{N}\cdot\text{s}$이다. 따라서 운동량의 크기는 3초일 때가 1초일 때의 8배이다.

10 ㄱ. 작용 반작용 법칙에 의해 서로 밀어내는 힘의 크기는 같다.
ㄴ. 같은 크기의 힘을 같은 시간 동안 작용하므로 충격량의 크기가 같다.
ㄷ. A와 B가 받은 충격량의 크기가 같으므로 밀려난 후 운동량의 크기도 같다.

11 ㄴ. 시멘트 바닥에 닿아 깨진 경우가 바닥으로부터 큰 힘을 받는 경우이므로 X는 A가 받는 힘을 시간에 따라 나타낸 것이다.
ㄷ. 충돌 시간는 B가 길고 A가 짧으므로 충돌할 때 받는 평균

힘의 크기는 A가 B보다 크다.

🔍**바로알기** ㄱ. (나)에서 그래프가 시간 축과 이루는 넓이가 같으므로 바닥으로부터 받은 충격량의 크기는 A와 B가 같다.

12 ㄱ. 공에 작용하는 힘이 키지므로 공이 받은 충격량이 커서 공의 운동량 변화량이 커진다.
ㄷ. 구슬이 힘을 받는 시간을 길게 하여 구슬이 받는 충격량을 크게 하는 것이다. 충격량은 운동량 변화량과 같으므로 구슬이 빨대를 떠난 순간 운동량이 커진다.

🔍**바로알기** ㄴ. 바닥에 충돌하는 시간을 길게 하여 평균 힘을 줄이기 위해서 무릎을 굽혔다가 펴는 것이다. 이때 충격량의 크기는 변하지 않는다.

13 ② 충돌할 때 A가 받은 충격량의 크기가 $5mv$이므로 B가 받은 충격량의 크기도 $5mv$이다. 따라서 B의 운동량 변화량의 크기는 $5mv$이므로 충돌 후 B의 운동량의 크기는 $2mv$이고, B의 속력은 $\dfrac{2}{3}v$이다.

14. ㄱ. A의 속도가 2초 전후 다르므로 A와 B는 2초일 때 충돌하였음을 알 수 있다.
ㄷ. 2초부터 6초까지 A가 이동한 거리는 $4\ \text{m}$이고, B가 이동한 거리는 $1.5\ \text{m/s} \times 4\ \text{s} = 6\ \text{m}$이다. 따라서 6초일 때 A와 B 사이의 거리는 $2\ \text{m}$이다.

🔍**바로알기** ㄴ. A, B의 질량을 각각 m_A, m_B, 충돌 후 B의 속력을 v라고 하면, $m_A \times 4 = m_A \times 1 + m_B \times v$이고, $m_B = 2m_A$이므로 $v = 1.5\ \text{m/s}$이다. 따라서 운동량의 크기는 B가 A의 3배이다.

15 서술형

모범 답안 | 충돌 후 B는 오른쪽으로 속력 v로 등속도 운동을 한다.
해설 | 충돌 전후 운동량의 합은 보존된다. 충돌 전 운동량의 합은 $2mv$이고, 충돌 후 A의 운동량은 $-mv$이므로 충돌 후 B의 운동량은 $3mv$이다. 따라서 B의 질량은 $3m$이므로 충돌 후 B는 오른쪽으로 속력 v로 등속도 운동을 한다.

채점 기준	배점
B의 속력과 운동 방향을 모두 옳게 서술한 경우	100 %
B의 속력만 옳게 서술한 경우	50 %
B의 운동 방향만 옳게 서술한 경우	50 %

16 서술형

모범 답안 | 벽에 충돌하기 전 운동량은 A와 B가 같고, 충돌 후 운동량은 0으로 정지하므로 벽으로부터 받은 충격량의 크기는 같다. 충돌할 때 힘을 받는 시간이 B가 A보다 길므로 벽으로부터 받는 평균 힘의 크기는 A가 B보다 크다.

채점 기준	배점
충격량이 같다는 조건을 포함하여 평균 힘과 충돌 시간의 관계를 이용하여 평균 힘의 크기를 옳게 비교한 경우	100 %
충격량이 같다는 언급 없이 평균 힘과 충돌 시간의 관계로 평균 힘을 옳게 비교한 경우	75 %
충격량과 힘을 받는 시간은 옳게 비교하였으나 평균 힘의 크기를 옳게 비교하지 못한 경우	25 %

①	1 ○	2 ×	3 ×	4 ○	5 ×	6 ○	
②	1 ○	2 ○	3 ×	4 ×	5 ○	6 ○	7 ×
③	1 ○	2 ×	3 ○	4 ○	5 ×	6 ○	
④	1 ○	2 ×	3 ○	4 ○	5 ×	6 ○	
⑤	1 ○	2 ○	3 ×	4 ×	5 ×	6 ○	
⑥	1 ○	2 ×	3 ×	4 ○			
⑦	1 ○	2 ×	3 ×	4 ○	5 ○	6 ×	
⑧	1 ○	2 ×	3 ○	4 ×	5 ○		
⑨	1 ○	2 ○	3 ×	4 ○	5 ○	6 ×	

①-1 변위는 처음 위치에서 나중 위치까지의 위치 변화량이므로 40 m이다.

①-2 2초일 때와 6초일 때 위치-시간 그래프에서 기울기의 부호가 반대이므로, 2초일 때와 6초일 때 물체의 운동 방향은 서로 반대이다.

①-3 이동 거리는 물체가 이동한 경로의 총 길이이므로 40 m+40 m=80 m이다.

①-4 4초부터 10초까지 위치-시간 그래프의 기울기가 일정하므로 물체의 속도는 일정하다.

①-5 0초부터 10초까지 물체의 운동 방향은 4초일 때 한 번 바뀌었다.

①-6 위치-시간 그래프의 기울기는 속도를 나타내는데, 접선의 기울기가 1초일 때가 3초일 때보다 크므로 물체의 속력은 1초일 때가 3초일 때보다 크다.

②-1 (가)는 등속 원운동을 하므로 속력은 일정하고 운동 방향이 변한다.

②-2 (나)는 낙하하면서 속력이 증가하고 운동 방향은 변하지 않는다.

②-3 (나)는 운동 방향은 변하지 않고 속력만 증가하는 운동을 하고, (라)는 운동 방향과 속력이 모두 변하는 운동을 한다.

②-4 (다)는 운동 방향과 가속도 방향이 나란하지 않아 속력과 운동 방향이 모두 변하는 운동을 한다.

②-6 속도는 물체의 빠르기와 운동 방향을 함께 나타낸다. 따라서 (가)에서는 운동 방향, (나)에서는 속력, (다)와 (라)에서는 속력과 운동 방향이 모두 변하므로, (가)~(라)는 모두 속도가 변하는 운동을 한다.

②-7 (라)에서 운동하는 사람은 곡선 경로를 따라 운동하므로 이동 거리는 변위의 크기보다 크다.

③-1 물체는 직선상에서 운동하므로 운동 방향이 변하지 않는다.

③-2 물체는 직선상에서 등가속도 운동을 하므로 a와 b에서 가속도는 같다.

③-4 a와 b에서 속력은 각각 4 m/s, 8 m/s이므로 a에서 b까지 물체의 평균 속력은 $\dfrac{4\,\text{m/s}+8\,\text{m/s}}{2}=6\,\text{m/s}$이다.

③-5 a와 b 사이의 거리는 24 m이고 a에서 b까지 평균 속력이 6 m/s이므로, a에서 b까지 이동하는 데 걸린 시간은 $\dfrac{24\,\text{m}}{6\,\text{m/s}}=$ 4초이다.

③-6 8 m/s=4 m/s+a×4 s에서 a=1 m/s²이다.

④-2 힘의 3요소는 힘의 크기, 힘의 방향, 힘의 작용점이다.

④-4 A에 작용하는 합력의 크기는 3 N+5 N=8 N이다.

④-5 B에 오른쪽으로 작용하는 힘이 왼쪽으로 작용하는 힘보다 크므로 B에 작용하는 합력의 방향은 오른쪽이다.

④-6 두 힘의 크기가 같고 방향이 반대이므로 C에 작용하는 알짜힘은 0이다.

⑤-2 (가)에서 A의 질량이 2 kg이고 A에 작용하는 알짜힘이 6 N이므로, A의 가속도의 크기는 $\dfrac{6\,\text{N}}{2\,\text{kg}}=3\,\text{m/s}^2$이다.

⑤-3 (나)에서 A와 B가 함께 운동하므로 가속도의 크기는 같지만 질량이 B가 A보다 크므로 알짜힘의 크기는 B가 A보다 크다.

⑤-4 (나)에서 A와 B의 질량의 합은 5 kg이고 알짜힘은 10 N이므로 A, B의 가속도의 크기는 $\dfrac{10\,\text{N}}{5\,\text{kg}}=2\,\text{m/s}^2$이다.

⑤-5 (다)에서 실이 A에 작용하는 힘은 A에 작용하는 알짜힘과 같다. 가속도의 크기는 2 m/s²이고, A의 질량은 2 kg이므로 실이 A에 작용하는 힘의 크기는 4 N이다.

⑤-6 A의 가속도의 크기는 (가)에서는 3 m/s²이고, (나), (다)에서는 2 m/s²이다.

⑥-2 A에 작용하는 중력과 얼음판이 A를 떠받치는 힘은 크기가 같고 방향은 반대이며 작용점은 모두 A에 있다. 따라서 이 두 힘은 힘의 평형 관계이다.

⑥-3 A가 B를 미는 힘과 B가 A를 미는 힘은 작용 반작용 관계이므로 두 힘의 크기는 같다.

⑦-1 운동량은 물체의 운동하는 정도를 나타낸 물리량으로, 크기와 방향을 갖는다.

⑦-2 (가)에서 물체의 질량은 2 kg이고, 속력은 2 m/s이므로 운동량의 크기는 4 kg·m/s이다.

⑦-4 3초일 때 물체의 운동량이 6 kg·m/s이므로 물체의 속력은 3 m/s이다.

⑦-6 운동량-시간 그래프의 기울기는 물체에 작용하는 알짜힘을 나타낸다. (나)에서 0초부터 5초까지 운동량 변화량의 크기가 10 kg·m/s이므로 물체에 작용하는 알짜힘의 크기는 $\dfrac{10\,\text{kg·m/s}}{5\,\text{s}}=2\,\text{N}$이다.

⑧-1 A와 B가 충돌하게 되므로 A의 속력이 B보다 크다는 것을 알 수 있다.

⑧-2 충돌 순간 A가 B에 작용하는 힘과 B가 A에 작용하는 힘은 작용 반작용 관계이므로 두 힘의 크기는 같다.

⑧-4 충돌할 때 B는 운동 방향으로 힘을 받고, A는 운동 반대 방향으로 힘을 받는다. 따라서 A와 B가 받는 힘의 방향은 반대이다.

⑨-2 충격량은 운동량 변화량과 같다. 따라서 물체가 받는 충격량만큼 물체의 운동량이 변한다.

9-3 (가)에서 공이 라켓으로부터 힘을 받는 시간을 길게 할수록 공이 받는 충격량이 커진다.

9-4 힘-시간 그래프에서 그래프가 시간 축과 이루는 넓이는 충격량을 나타내고, 충격량은 운동량 변화량과 같다. 따라서 공의 운동량 변화량의 크기는 S이다.

9-6 물체가 받는 충격량이 같을 때, 평균 힘과 힘을 받는 시간은 반비례한다. 따라서 힘이 작용하는 시간이 길어질수록 평균 힘의 크기는 작아진다.

학교 시험 대비 문제   p.043~047

| 01 ④ | 02 ③ | 03 ⑤ | 04 ⑤ | 05 ⑤ | 06 ④ |
| 07 ③ | 08 ③ | 09 ① | 10 ① | 11 ② | 12 ② |

고난도 **13 ②** **14 ④** **15 ③** **16 ②**

서술형 **17~20 해설 참조**

01 ㄱ. 물체가 곡선 경로를 따라 운동하므로 이동 거리는 변위의 크기보다 크다.

ㄷ. 물체에는 중력이 연직 아래 방향으로 작용하므로 p와 q에서 가속도의 방향은 연직 아래 방향으로 같다.

바로알기 ㄴ. 물체의 운동 방향과 속력이 모두 변하고 있으므로 운동 방향과 가속도의 방향이 같지 않다.

02 ③ A는 10 m/s의 속력으로 등속도 운동을 하므로 A가 5초 동안 이동한 거리는 50 m이다. 그리고 5초일 때 A가 B보다 20 m 앞서 있으므로 B가 5초 동안 이동한 거리는 30 m이다. 따라서 B의 속력은 $\dfrac{30\ \text{m}}{5\ \text{s}} = 6$ m/s이다.

03 ㄱ. 속도-시간 그래프에서 기울기는 가속도를 나타낸다. 0초부터 4초까지 그래프의 기울기가 일정하므로 물체는 등가속도 운동을 한다.

ㄴ. 0초부터 2초까지 평균 속도의 크기는 $\dfrac{20\ \text{m/s}+0}{2} = 10$ m/s이므로 이동 거리는 10 m/s×2 s=20 m이다.

ㄷ. 4초부터 8초까지 속도 변화량의 크기는 20 m/s이므로 가속도의 크기는 $\dfrac{20\ \text{m/s}}{4\ \text{s}} = 5$ m/s²이다.

04 ㄱ. 속도-시간 그래프에서 기울기는 가속도를 나타낸다. 따라서 A의 가속도의 크기는 2 m/s²이고, B의 가속도의 크기는 1 m/s²이다.

ㄴ. A의 질량은 1 kg이고 가속도의 크기는 2 m/s²이므로 A에 작용하는 알짜힘은 1 kg×2 m/s²=2 N이다. 즉, $F=2$ N이다.

ㄷ. B의 가속도의 크기는 1 m/s²이고, 작용하는 알짜힘은 4 N이므로 B의 질량은 $m=\dfrac{4\ \text{N}}{1\ \text{m/s}^2} = 4$ kg이다.

05 ⑤ 중력 가속도를 g라고 하면, (가)에서 A와 B의 질량의 합은 $3m$이고 B에 작용하는 중력의 크기는 $2mg$이므로, 가속도의 크기는 $a_{(가)} = \dfrac{2mg}{3m} = \dfrac{2}{3}g$이다. (나)에서 A와 B의 질량의 합은 $3m$이고, A와 B에 작용하는 중력의 차는 mg이므로 가속도의 크기는 $a_{(나)} = \dfrac{mg}{3m} = \dfrac{1}{3}g$이다. 따라서 $\dfrac{a_{(가)}}{a_{(나)}} = 2$이다.

06 ㄴ. 가속도가 같으므로 알짜힘의 크기는 질량에 비례한다. 질량은 A가 B의 3배이므로 작용하는 알짜힘의 크기는 A가 B의 3배이다.

ㄷ. B가 A에 작용하는 힘의 크기는 A가 B에 작용하는 힘의 크기와 같고, 이 힘은 B에 작용하는 알짜힘이다. B에 작용하는 알짜힘의 크기가 3 N이므로 B가 A에 작용하는 힘의 크기는 3 N이다.

바로알기 ㄱ. A와 B는 함께 운동하므로 가속도가 같다. A와 B의 질량의 합은 4 kg이고, 알짜힘은 12 N이므로 가속도의 크기는 $\dfrac{12\ \text{N}}{4\ \text{kg}} = 3$ m/s²으로 같다.

07 ③ (나)에서보다 (다)에서 도르래 아래 매단 추가 1개 더 많으므로 가속도의 크기는 $a_2>a_1$이고, 전체 질량은 (나)에서보다 (라)에서가 더 크므로 가속도의 크기는 $a_1>a_3$이다. 따라서 $a_2>a_1>a_3$이다.

08 ㄱ, ㄴ. 물체가 정지해 있으므로 물체에 작용하는 알짜힘은 0이다. 물체에 작용하는 중력이 50 N이고 손으로 미는 힘이 60 N이므로 물체에 작용하는 알짜힘이 0이려면 천장이 물체를 미는 힘의 크기는 10 N이어야 한다.

바로알기 ㄷ. 손이 물체를 미는 힘은 60 N이고, 물체에 작용하는 중력의 크기는 50 N이어서 작용 반작용 관계가 아니다.

09 ㄱ. A가 정지해 있으므로 A에 작용하는 알짜힘은 0이다.

바로알기 ㄴ. 수평면이 A를 떠받치는 힘의 크기는 A와 B에 작용하는 중력의 합과 같다.

ㄷ. A가 B를 떠받치는 힘과 힘의 평형을 이루는 힘은 B에 작용하는 중력이다.

10 ㄱ. 위치-시간 그래프의 기울기는 속력을 나타낸다. 따라서 2초일 때 A의 속력이 1 m/s이므로 운동량의 크기는 3 kg×1 m/s=3 kg·m/s이다.

바로알기 ㄴ. 충돌 후 A의 속력은 $\dfrac{1}{3}$ m/s이므로 충돌 후 A의 운동량의 크기는 1 kg·m/s이다. 따라서 충돌 전후 A의 운동량 변화량은 2 kg·m/s이고, 충격량은 운동량 변화량과 같으므로 A가 받은 충격량의 크기는 2 N·s이다.

ㄷ. 충돌 후 B의 속력은 $\dfrac{4}{3}$ m/s이고, 운동량의 크기는 2 kg·m/s이므로 B의 질량은 1.5 kg이다.

11 ② 충돌 전후 운동량이 보존된다. 오른쪽 방향을 (＋)으로 하면 충돌 전 A, B, C의 운동량의 합은 $3mv_0-2mv_0=mv_0$이고, 충돌 후 운동량의 합은 $-0.5mv_0+4mv$이므로 $4mv=1.5mv_0$에서 $v=\dfrac{3}{8}v_0$이다.

12 ⓐ는 관성에 의한 현상이며, ㄱ은 관성을 이용한 경우이다. ⓑ는 힘을 받는 시간을 길게 하여 충격력을 감소시키는 경우이고, ㄷ은 무릎을 굽히면서 힘을 받는 시간을 길게 하여 충격력을 감소시키는 예이다.

🔍**바로알기** ㄴ은 힘을 받는 시간을 길게 하여 충격량을 크게 하는 예이다.

13 ② 자동차는 등가속도 직선 운동을 하므로 같은 시간 동안 속도 변화량이 같다. 자동차가 p에서 q까지 운동하는 데 걸린 시간이 q에서 r까지 운동하는 데 걸린 시간의 2배이므로 속도 변화량은 p에서 q까지가 q에서 r까지의 2배이다. p에서 q까지 속도 증가량은 $2v$이므로 q에서 r까지의 속도 증가량은 v이다. 따라서 r에서 자동차의 속력은 $4v$이다. p와 r에서 자동차의 속력은 각각 v, $4v$이고, p와 r 사이의 거리는 L이므로 $(4v)^2-v^2=2aL$에서 가속도의 크기 $a=\dfrac{15v^2}{2L}$이다.

14

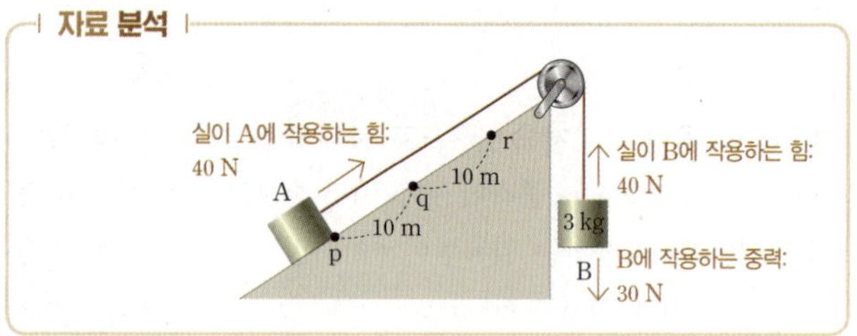

④ p에서 q까지 10 m를 이동하는 데 1초가 걸렸으므로 평균 속력은 10 m/s이고, A는 등가속도 직선 운동을 하므로 0.5초일 때 속력은 10 m/s이다. q에서 r까지 10 m를 이동하는 데 2초가 걸렸으므로 평균 속력은 5 m/s이고, 2초일 때 속력은 5 m/s이다. A는 0.5초에서 2초까지 1.5초 동안 속력이 5 m/s만큼 감소했으므로 A의 가속도는 빗면 아래 방향으로 $\dfrac{10}{3}$ m/s²이다. 따라서 B의 가속도는 연직 위 방향으로 $\dfrac{10}{3}$ m/s²이므로 B에 작용하는 알짜힘은 연직 위 방향으로 $3\text{ kg}\times\dfrac{10}{3}$ m/s²$=10$ N이다. 즉, 실이 B에 작용하는 힘의 크기가 40 N이므로 실이 A에 작용하는 힘의 크기는 40 N이다.

15 ㄱ. (가)에서 C에 작용하는 중력의 크기가 $3mg$이므로 p가 A에 작용하는 힘의 크기는 $2mg$이다.

ㄷ. (나)에서 가속도의 크기는 $\dfrac{2}{5}g$이다. 따라서 C에 작용하는 알짜힘의 크기는 $3m\times\dfrac{2}{5}g=\dfrac{6}{5}mg$이므로 실이 C에 작용하는 힘의 크기는 $3mg-\dfrac{6}{5}mg=\dfrac{9}{5}mg$이다.

🔍**바로알기** ㄴ. (나)에서 A, B, C의 질량의 총합은 $5m$이고, A와 C의 중력의 크기 차는 $2mg$이므로 A, B, C의 가속도의 크기는 $\dfrac{2mg}{5m}=\dfrac{2}{5}g$이다.

16

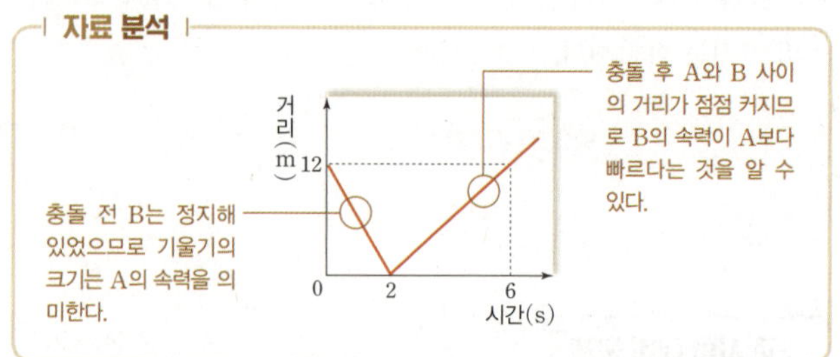

② 충돌 전 A의 속력은 6 m/s이므로 충돌 전 A와 B의 운동량의 합은 12 kg·m/s이다. 충돌 후 A, B의 속력을 v_A, v_B라고 하면, 충돌 후 4초 동안 A와 B 사이의 거리는 12 m만큼 멀어지므로 $v_B-v_A=3$이고, 충돌 후 A와 B의 운동량의 합은 $2v_A+v_B=12$이다. 따라서 $v_B=6$ m/s이므로 6초일 때 B의 운동량의 크기는 6 kg·m/s이다.

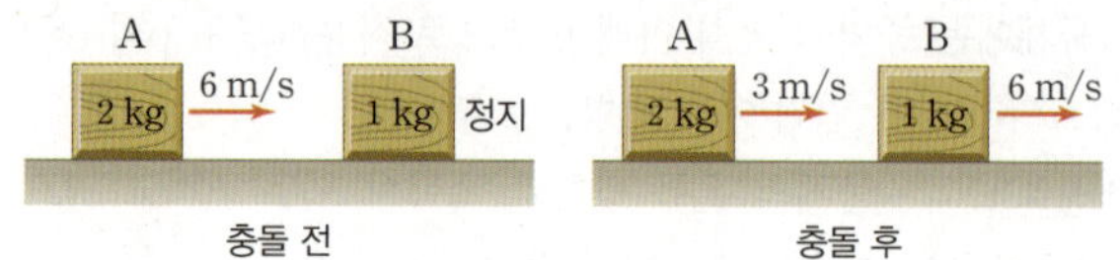

17 서술형

(1) 모범 답안 처음 속력이 10 m/s, 나중 속력이 30 m/s이고 자동차는 등가속도 직선 운동을 하므로 평균 속력은 $\dfrac{10\text{ m/s}+30\text{ m/s}}{2}=20$ m/s이다.

채점 기준	배점
풀이 과정과 함께 평균 속력을 옳게 구한 경우	100 %
평균 속력만 옳게 구한 경우	50 %

(2) 모범 답안 터널을 들어가서 빠져나오는 동안 평균 속력이 20 m/s이고, 자동차가 이동한 거리는 400 m이므로 걸린 시간은 $\dfrac{400\text{ m}}{20\text{ m/s}}=20$초이다.

채점 기준	배점
풀이 과정과 함께 걸린 시간을 옳게 구한 경우	100 %
걸린 시간만 옳게 구한 경우	50 %

(3) 모범 답안 터널에서 운동하는 20초 동안 자동차의 속력은 20 m/s만큼 증가하였으므로 자동차의 가속도의 크기는 $\dfrac{20\text{ m/s}}{20\text{ s}}=1$ m/s²이다.

채점 기준	배점
풀이 과정과 함께 가속도를 옳게 구한 경우	100 %
가속도만 옳게 구한 경우	50 %

18 서술형

모범 답안 | A와 B의 질량은 합은 5 kg이고, B에 오른쪽으로 20 N 의 힘이 작용하므로 A, B의 가속도의 크기는 $\dfrac{20\,\text{N}}{5\,\text{kg}}=4\,\text{m/s}^2$이다. 따라서 B에 작용하는 알짜힘의 크기가 12 N이므로 실이 B에 작용하는 힘의 크기는 8 N이다.

채점 기준	배점
B에 작용하는 알짜힘을 이용하여 실이 B에 작용하는 힘의 크기를 옳게 구한 경우	100 %
풀이 과정이 미흡하나 실이 B에 작용하는 힘의 크기는 옳게 구한 경우	50 %

19 서술형

(1) 정답 | 오른쪽

해설 | 우주인과 공의 운동량의 합은 0이고, 우주인이 공을 왼쪽으로 던졌으므로 공의 운동량 방향은 왼쪽이다. 따라서 우주인의 운동량 방향은 오른쪽이므로 우주인은 오른쪽으로 운동한다.

(2) 모범 답안 | 공을 왼쪽으로 던질 때 우주인이 공에 작용하는 힘의 방향은 왼쪽이므로 작용 반작용 법칙에 의해 공은 우주인에게 오른쪽으로 힘을 작용한다. 따라서 우주인은 오른쪽으로 운동한다.

채점 기준	배점
작용 반작용 관계의 힘은 방향이 반대인 것을 이용하여 서술한 경우	100 %
작용 반작용 관계의 힘의 방향을 이용하지 않은 경우	50 %

(3) 모범 답안 | 공을 던지기 전 공과 우주인은 정지해 있었으므로 운동량의 합은 0이다. 공을 왼쪽으로 던지면 공의 운동량 방향은 왼쪽이므로 우주인의 운동량 방향은 오른쪽이어야 한다. 따라서 우주인은 오른쪽으로 운동한다.

채점 기준	배점
운동량 보존 법칙을 옳게 적용하여 서술한 경우	100 %
운동량 방향이 반대인 것만으로 우주인의 방향을 서술한 경우	50 %

20 서술형

(1) 모범 답안 | 같은 높이에서 떨어져 바닥에 닿아 정지하므로 유리컵이 받은 충격량의 크기는 (가)에서와 (나)에서가 같다.

채점 기준	배점
같은 높이에서 떨어진 조건과 정지한 조건을 이용하여 충격량의 크기를 옳게 비교한 경우	100 %
충격량의 크기 비교는 옳으나 서술 과정이 미흡한 경우	50 %

(2) 모범 답안 | 유리컵이 바닥으로부터 힘을 받는 시간이 단단한 바닥에서보다 푹신한 방석에서가 더 길다. 따라서 유리컵이 받은 평균 힘의 크기는 단단한 바닥에서보다 푹신한 방석에서가 더 작아 (나)에서는 유리컵이 깨지지 않은 것이다.

채점 기준	배점
평균 힘과 힘을 받는 시간의 관계를 이용하여 옳게 서술한 경우	100 %
평균 힘의 크기는 옳게 비교했으나 힘을 받는 시간을 이용하지 않은 경우	50 %

---

2 에너지와 열

04 역학적 에너지 보존

개념 익히기 문제 p.051, 053

01 이동 거리	**02** 한 일	**03** 운동	**04** 증가	**05** 퍼텐셜
06 ×	**07** ○	**08** ×	**09** ○	**10** ×	**11** 운동
12 퍼텐셜	**13** 증가	**14** 증가	**05** 열	**16** ○	**17** ×
18 ○	**19** ○	**20** ×			

01 힘이 물체에 한 일(W)은 물체의 이동 방향과 나란하게 작용한 힘의 크기(F)와 물체가 이동한 거리(s)를 곱한 값이다.
→ $W=Fs$

04 물체에 작용하는 알짜힘의 방향과 물체의 운동 방향이 같으면 물체의 속력이 증가한다. 따라서 물체의 운동 에너지도 증가한다. 또한 물체에 작용하는 알짜힘의 방향과 물체의 운동 방향이 반대이면 물체의 속력이 감소한다. 따라서 물체의 운동 에너지도 감소한다.

06 물체에 작용하는 힘의 방향과 물체의 이동 방향이 서로 수직이면 물체에 한 일이 0이다. 따라서 물체의 에너지는 변하지 않는다.

07 운동 에너지는 속력의 제곱에 비례하므로 속력이 증가하면 운동 에너지도 증가한다.

08 물체가 연직 위로 운동하는 동안 물체의 운동 방향과 물체에 작용하는 중력의 방향은 서로 수직이 아니므로 중력이 물체에 한 일은 0이 아니다. 이때 중력은 물체에 ($-$)의 일을 한 것이다.

09 탄성 퍼텐셜 에너지는 $E_\text{p}=\dfrac{1}{2}kx^2$이므로 용수철의 변형된 길이가 클수록 탄성 퍼텐셜 에너지도 크다.

10 퍼텐셜 에너지는 기준면으로부터의 위치에 대해 저장된 에너지이다. 따라서 퍼텐셜 에너지는 ($+$)의 값을 가질 수도 있고, ($-$)의 값을 가질 수도 있다.

12 역학적 에너지는 물체의 퍼텐셜 에너지와 운동 에너지의 합으로, 역학적 에너지가 보존될 때 운동 에너지 변화량과 퍼텐셜 에너지 변화량의 합은 0이다.

13 중력만을 받으며 자유 낙하 하는 물체의 속력은 증가하므로 운동 에너지는 증가한다. 반면 높이는 낮아지므로 중력 퍼텐셜 에너지는 감소한다.

14 탄성력만을 받으며 운동하는 물체의 운동 에너지는 평형점에서 최대이고, 양 끝점에서 0이다.

15 역학적 에너지가 보존되지 않을 때, 물체의 역학적 에너지는 열, 빛, 소리 등과 같은 에너지로 전환된다. 따라서 물체의 역학적 에너지는 감소하지만, 마찰에 의한 열에너지를 포함한 전체 에너지는 보존된다.

16 자유 낙하 하는 동안 물체의 중력 퍼텐셜 에너지는 감소하고 운동 에너지는 증가한다. 이때 물체의 중력 퍼텐셜 에너지와 운동 에너지의 합인 역학적 에너지는 일정하게 보존된다.

17 연직 위로 던진 물체가 올라가는 동안 속력이 감소하므로 운동 에너지는 감소하고 중력 퍼텐셜 에너지는 증가한다. 역학적 에너지는 보존되므로 중력 퍼텐셜 에너지가 운동 에너지보다 항상 큰 것은 아니다.

18 용수철이 최대로 변형된 곳에서 물체의 운동 에너지는 0이다. 따라서 용수철이 평형점에서 양 끝의 최대로 변형된 길이까지 늘어나거나 압축되는 동안 용수철에 매단 물체의 운동 에너지는 감소한다.

20 역학적 에너지는 운동 에너지와 퍼텐셜 에너지의 합이다. 따라서 열에너지는 역학적 에너지에 포함되지 않는다.

예제 1
정답 ⑤

해설 ㄱ. 물체가 O에서 B까지 운동하는 동안 물체의 속력은 감소하므로 물체의 운동 에너지는 감소한다.

ㄴ. 물체가 O에 B까지 운동하는 동안 열에너지가 발생하므로 용수철과 물체로 이루어진 계의 역학적 에너지는 감소한다. 따라서 용수철과 물체로 이루어진 계의 역학적 에너지는 물체가 O를 지날 때가 B에 정지할 때보다 크다.

ㄷ. 물체는 A에서와 B에서 정지해 있으므로 A, B에서 물체의 운동 에너지는 0이다. 따라서 물체가 A, B에 정지해 있을 때 용수철과 물체로 이루어진 계의 역학적 에너지는 용수철에 저장된 탄성 퍼텐셜 에너지와 같다. 물체가 A에서 B까지 운동하는 동안 계의 역학적 에너지는 감소하므로, 용수철에 저장된 탄성 퍼텐셜 에너지는 물체가 A에 정지해 있을 때가 B에 정지해 있을 때보다 크다.

예제 2

(1) **모범 답안** | 속력은 A가 B보다 작다.

해설 | 물체를 가만히 놓은 순간부터 수평면에 도달할 때까지 물체의 이동 거리는 A가 B보다 작고 걸린 시간은 A와 B가 같으므로 평균 속력은 A가 B보다 작다. 따라서 수평면에 도달하는 순간 물체의 속력은 B가 A보다 크다.

(2) **모범 답안** | 역학적 에너지 감소량은 A가 B보다 크다.

해설 | 물체를 가만히 놓는 순간 역학적 에너지는 A와 B가 같고,

수평면에 도달하는 순간 역학적 에너지는 A가 B보다 작으므로 역학적 에너지 감소량은 A가 B보다 크다.

예제 1
정답 ④

해설 | 힘-이동 거리 그래프에서 그래프가 이동 거리 축과 이루는 넓이는 힘이 한 일을 나타내므로, 물체가 0~2 m인 지점까지 이동하는 동안 힘이 물체에 한 일은 $10 \text{ N} \times 2 \text{ m} = 20 \text{ J}$이다. 물체가 $x = 2 \text{ m}$를 지날 때 속력을 v라고 하면, 실이 물체를 당기는 힘이 한 일은 물체의 운동 에너지 변화량과 같으므로

$$20 \text{ J} = \frac{1}{2} \times 1 \text{ kg} \times v^2 \text{에서 } v = 2\sqrt{10} \text{ m/s이다.}$$

01 ④	**02** ①	**03** ⑤	**04** ①	**05** ③	**06** ①
07 ⑤	**08** ①	**09** ②	**10** ③	**11** ③	**12** ④
13 ①					

고난도 　14 ③　　15 ③

서술형 　16~17 해설 참조

01 ④ 물체의 운동 에너지는 $\frac{1}{2} \times 2 \text{ kg} \times (5 \text{ m/s})^2 = 25 \text{ J}$이다.

02 ① A와 B의 운동 에너지는 같으므로 $\frac{1}{2}(2m)v_A^2 = \frac{1}{2}mv_B^2$이다. 이를 정리하면 $v_A : v_B = 1 : \sqrt{2}$이다.

03 ⑤ 중력 퍼텐셜 에너지는 A가 $E_A = 1 \text{ kg} \times 10 \text{ m/s}^2 \times 3 \text{ m} = 30 \text{ J}$이고, B가 $E_B = 2 \text{ kg} \times 10 \text{ m/s}^2 \times 1 \text{ m} = 20 \text{ J}$이다.

04 ㄱ. 물체는 높이가 10 m인 지점에서 속력이 0이므로 물체의 역학적 에너지는 $1 \text{ kg} \times 10 \text{ m/s}^2 \times 10 \text{ m} = 100 \text{ J}$이다.

🔍**바로알기** ㄴ. 높이가 4 m인 p에서 중력 퍼텐셜 에너지는 $1 \text{ kg} \times 10 \text{ m/s}^2 \times 4 \text{ m} = 40 \text{ J}$이고, 중력 퍼텐셜 에너지가 감소한 것만큼 운동 에너지가 증가하므로 운동 에너지는 $100 \text{ J} - 40 \text{ J} = 60 \text{ J}$이다. 따라서 p에서 중력 퍼텐셜 에너지는 운동 에너지보다 작다.

ㄷ. 지면에 닿는 순간 물체의 속력을 v라고 하면, $100 \text{ J} = \frac{1}{2} \times 1 \text{ kg} \times v^2$에서 $v = 10\sqrt{2} \text{ m/s}$이다.

05 ㄱ. 물체의 가속도의 크기는 $\dfrac{\text{힘의 크기}}{\text{질량}} = \dfrac{10 \text{ N}}{5 \text{ kg}} = 2 \text{ m/s}^2$이다.

ㄴ. 물체를 수평 방향으로 당기는 힘이 한 일은 $10 \text{ N} \times 2 \text{ m} = 20 \text{ J}$이다.

🔍**바로알기** ㄷ. P에서 물체의 속력을 v라고 하면, 물체에 작용한 알짜힘이 한 일은 물체의 운동 에너지 변화량과 같으므로, $\frac{1}{2} \times 5 \text{ kg} \times v^2 = 20 \text{ J}$이다. 이를 정리하면 $v = 2\sqrt{2} \text{ m/s}$이다.

06

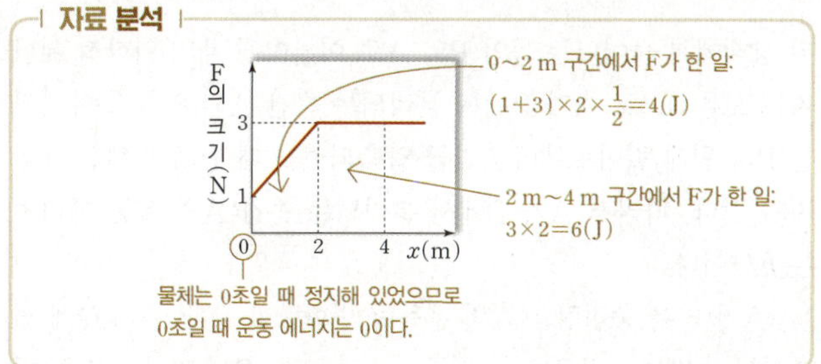

ㄱ. 힘-이동 거리 그래프에서 그래프가 이동 거리 축과 이루는 넓이는 힘이 한 일과 같다. 따라서 $x=0$에서부터 $x=2$ m까지 F가 한 일은 $(1\,\mathrm{N}+3\,\mathrm{N})\times\frac{1}{2}\times2\,\mathrm{m}=4$ J이다.

바로알기) ㄴ. $x=0$에서부터 $x=2$ m까지 F가 한 일은 4 J이므로 $x=2$ m에서 물체의 속력을 v라고 하면, $\frac{1}{2}\times2\,\mathrm{kg}\times v^2=4$ J이다. 이를 정리하면 $v=2$ m/s이다.

ㄷ. 물체에 작용한 알짜힘이 한 일은 물체의 운동 에너지 변화량과 같다. $x=0$에서 물체는 정지해 있었으므로 $x=2$ m에서 물체의 운동 에너지는 4 J이고, $x=4$ m에서 물체의 운동 에너지는 $4\,\mathrm{J}+(3\,\mathrm{N}\times2\,\mathrm{m})=10$ J이다. 따라서 물체의 운동 에너지는 $x=4$ m에서가 $x=2$ m에서의 $\frac{5}{2}$배이다.

07

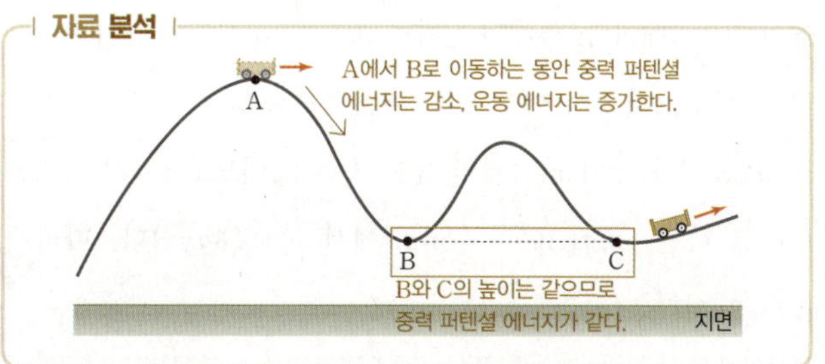

ㄴ. 높이는 A에서가 B에서보다 높으므로 중력 퍼텐셜 에너지는 A에서가 B에서보다 크다.

ㄷ. 역학적 에너지는 B에서와 C에서가 같고, 중력 퍼텐셜 에너지는 B에서와 C에서가 같으므로 운동 에너지도 B에서와 C에서가 같다.

바로알기) ㄱ. 공기 저항 및 마찰이 없으므로 물체의 역학적 에너지는 보존된다. 따라서 A, B, C에서 역학적 에너지는 같다.

08

ㄱ. 물체는 등속도 운동을 하므로 작용하는 알짜힘은 0이다.

바로알기) ㄴ. 물체가 5 m 이동하므로 물체의 중력 퍼텐셜 에너지 증가량은 $2\,\mathrm{kg}\times10\,\mathrm{m/s^2}\times5\,\mathrm{m}=100$ J이다.

ㄷ. 물체는 지면에서부터 p까지 등속도 운동을 하므로 물체의 운동 에너지는 일정하다. 따라서 물체의 역학적 에너지 증가량은 물체의 중력 퍼텐셜 에너지 증가량과 같다.

09

ㄴ. A, B의 역학적 에너지는 각각 A, B를 가만히 놓은 지점에서의 중력 퍼텐셜 에너지와 같다. 중력 가속도를 g라고 하면, A의 역학적 에너지는 $3mgh$이고, B의 역학적 에너지는 $mg(2h)$이다. 따라서 낙하하는 동안 역학적 에너지는 A가 B의

$\frac{3}{2}$배이다.

바로알기) ㄱ. A, B에 작용하는 알짜힘의 크기는 각각 물체에 작용하는 중력의 크기이다. 따라서 A, B의 가속도의 크기는 중력 가속도로 같다.

ㄷ. 물체가 낙하하는 동안 역학적 에너지는 보존되므로 지면에 도달하는 순간 A, B의 속력을 각각 v_A, v_B라고 하면

$3mgh=\frac{1}{2}(3m)v_\mathrm{A}^2$에서 $v_\mathrm{A}=\sqrt{2gh}$이고, $mg(2h)=\frac{1}{2}mv_\mathrm{B}^2$에서 $v_\mathrm{B}=2\sqrt{gh}$이다. 따라서 지면에 도달하는 순간 물체의 속력은 B가 A의 $\sqrt{2}$배이다.

10

③ 수평면에서 물체의 속력을 v_0, 경사면을 오르는 동안 물체의 가속도의 크기를 a라고 하면, 경사면을 오르는 동안 시간 t에 따른 물체의 속력은 v_0-at이다. 따라서 물체의 질량을 m이라고 하면, 경사면을 오르는 동안 물체의 운동 에너지는

$\frac{1}{2}m(v_0-at)^2=\frac{1}{2}mv_0^2-mav_0t+\frac{1}{2}ma^2t^2$이다.

물체가 경사면을 오르는 동안 지면으로부터 높이는 일정하게 증가하므로 중력 퍼텐셜 에너지는 일정하게 증가한다. 수평면에서 물체의 운동 에너지는 E_0이므로 물체의 역학적 에너지는 E_0이다. 경사면을 오르는 동안 물체의 역학적 에너지는 일정하므로 물체의 운동 에너지는 이동 거리에 따라 일정하게 감소한다.

11

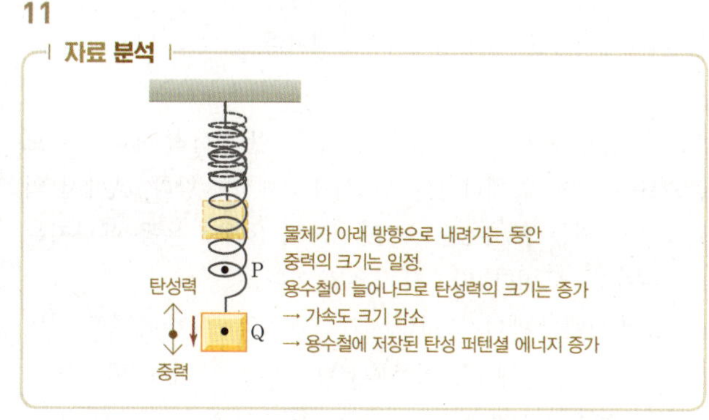

ㄱ. 물체에 작용하는 알짜힘은 물체의 중력과 탄성력의 차이다. 물체의 가속도의 크기를 a라고 하면, $ma=mg-kx$이다. 용수철이 늘어나면 x가 증가하므로 가속도의 크기는 감소한다.

ㄴ. 물체가 P에서 Q까지 이동하는 동안 용수철의 길이는 증가하므로 용수철에 저장된 탄성 퍼텐셜 에너지는 증가한다.

바로알기) ㄷ. '물체의 역학적 에너지=중력 퍼텐셜 에너지+운동 에너지+탄성 퍼텐셜 에너지'이다. 따라서 '물체의 중력 퍼텐셜 에너지 감소량=탄성 퍼텐셜 에너지 변화량+운동 에너지 변화량'이다.

12

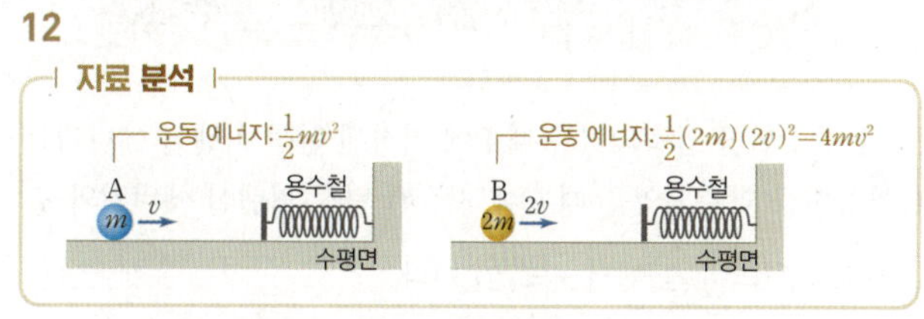

④ 용수철이 최대로 압축되었을 때 물체의 속력은 0이다. 용수철

에 충돌하기 전 물체의 운동 에너지는 용수철이 최대로 압축되었을 때 용수철에 저장된 탄성 퍼텐셜 에너지와 같다. 용수철 상수를 k라고 하면, $\frac{1}{2}mv^2=\frac{1}{2}kx_A{}^2$에서 $x_A=\sqrt{\dfrac{mv^2}{k}}$이고, $\frac{1}{2}(2m)(2v)^2=\frac{1}{2}kx_B{}^2$에서 $x_B=\sqrt{\dfrac{8mv^2}{k}}$이다.

따라서 $\dfrac{x_B}{x_A}=2\sqrt{2}$이다.

13 ㄱ. 물체를 수평 방향으로 크기가 F인 힘으로 당겼을 때 물체는 $x=0.2$ m에서 정지해 있으므로 F는 용수철이 물체를 당기는 탄성력의 크기와 같다. 따라서 $F=50$ N/m$\times 0.2$ m$=10$ N이다.

🔍 **바로알기** ㄴ. 물체가 $x=-0.1$ m를 지날 때, 용수철이 물체에 작용하는 탄성력의 크기는 50 N/m$\times 0.1$ m$=5$ N이다. 따라서 물체의 가속도의 크기는 $\dfrac{5\,\text{N}}{1\,\text{kg}}=5$ m/s^{2}이다.

ㄷ. F를 제거한 후 물체가 왕복 운동을 하는 동안 물체의 역학적 에너지는 보존된다. $x=0.2$ m에서 용수철과 물체로 이루어진 계의 역학적 에너지는 $\frac{1}{2}\times 50$ N/m$\times(0.2$ m$)^2=1$ J이다.

$x=0.1$ m에서 물체의 운동 에너지를 E_1이라고 하면, 1 J$=\frac{1}{2}\times 50$ N/m$\times(0.1$ m$)^2+E_1=\frac{1}{4}$ J$+E_1$에서 $E_1=\frac{3}{4}$ J이다. $x=0$에서 용수철에 저장된 탄성 퍼텐셜 에너지는 0이므로, 이때 물체의 운동 에너지는 1 J이다. 따라서 물체의 운동 에너지는 $x=0$에서가 $x=0.1$ m에서의 $\frac{4}{3}$배이다.

14 ㄱ. 물체가 궤도를 따라 운동하는 동안 역학적 에너지는 보존되므로, 역학적 에너지는 A에서와 B에서가 같다. A에서 역학적 에너지는 $E_0+2E_0=3E_0$이므로 B에서 운동 에너지는 $3E_0-2E_0=E_0$이다. 따라서 ㉠은 E_0이다.

ㄴ. 중력 퍼텐셜 에너지는 B에서가 A에서의 2배이다. 중력 퍼텐셜 에너지는 높이에 비례하므로 B의 높이는 $2h$이다. 따라서 A와 B의 높이 차는 h이다.

🔍 **바로알기** ㄷ. 운동 에너지는 A에서가 B에서의 2배이므로 속력은 A에서가 B에서의 $\sqrt{2}$배이다.

15

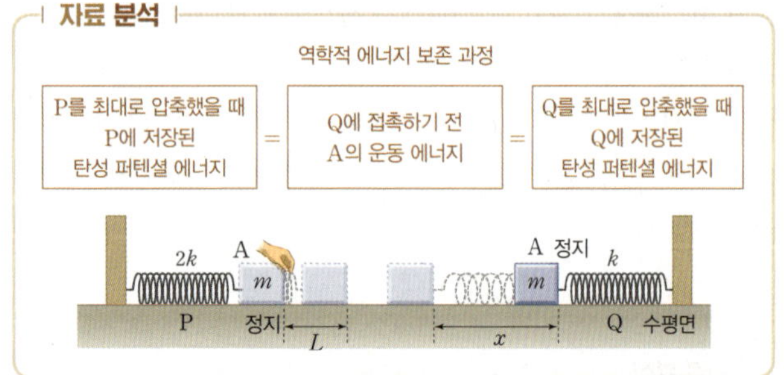

ㄷ. P가 L만큼 압축되었을 때 P에 저장된 탄성 퍼텐셜 에너지는 Q가 x만큼 압축되었을 때 Q에 저장된 탄성 퍼텐셜 에너지와 같으므로 $kL^2=\frac{1}{2}kx^2$에서 $x=\sqrt{2}L$이다.

🔍 **바로알기** ㄱ. A를 P에 접촉시켜 L만큼 압축시켰을 때, 용수철

에 저장된 탄성 퍼텐셜 에너지는 $\frac{1}{2}(2k)L^2=kL^2$이다. P가 압축된 상태에서 늘어나는 동안 P와 A로 이루어진 계의 역학적 에너지는 보존되므로 A가 P에서 분리되는 순간 A의 역학적 에너지는 P가 원래 길이로부터 L만큼 압축되었을 때 탄성 퍼텐셜 에너지와 같다. 따라서 A가 P에서 분리되는 순간 A의 운동 에너지는 kL^2이다.

ㄴ. A가 받은 충격량은 A의 운동량 변화량과 같다. A가 Q에 접촉하는 순간의 운동량의 크기를 p라고 하면, P에 저장된 탄성 퍼텐셜 에너지의 최댓값은 A가 Q에 접촉하는 순간의 운동 에너지와 같으므로 $kL^2=\dfrac{p^2}{2m}$에서 $p=L\sqrt{2mk}$이다. 따라서 A가 Q에 접촉하는 순간부터 정지할 때까지 A가 받은 충격량의 크기는 $L\sqrt{2mk}$이다.

16 서술형

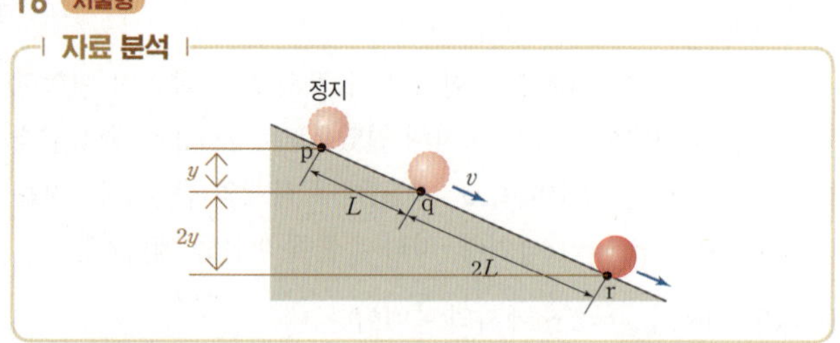

모범 답안 | 빗면의 경사각은 일정하고 q와 r 사이의 거리는 p와 q 사이의 거리의 2배이므로 q와 r 사이의 높이 차는 p와 q 사이의 높이 차의 2배이다. 물체의 질량을 m, p와 q 사이의 높이 차를 y라고 하면, 역학적 에너지는 보존되므로 $mgy=\frac{1}{2}mv^2$에서 $v=\sqrt{2gy}$이다. p와 r 사이의 높이 차는 $3y$이므로 r에서 속력을 v_r라고 하면, $mg(3y)=\frac{1}{2}mv_r{}^2$에서 $v_r=\sqrt{6gy}$이다. 따라서 $v_r=\sqrt{3}v$이다.

채점 기준	배점
풀이 과정과 함께 r에서 물체의 속력을 옳게 구한 경우	100 %
풀이 과정은 미흡하였으나 r에서 물체의 속력을 옳게 구한 경우	50 %

17 서술형

모범 답안 | 물체의 질량을 m이라고 하면, 용수철에 충돌하기 전 물체의 운동 에너지는 $\frac{1}{2}m(3v)^2=\frac{9}{2}mv^2$이고, 물체가 용수철에 충돌하여 속력이 v일 때 물체의 운동 에너지는 $\frac{1}{2}mv^2$이다. 따라서 $E_k=\frac{1}{2}mv^2$이다. 물체와 용수철로 이루어진 계의 역학적 에너지는 보존되므로 $\frac{9}{2}mv^2=\frac{1}{2}mv^2+E_p$에서 $E_p=4mv^2$이다. 따라서 $\dfrac{E_p}{E_k}=\dfrac{4mv^2}{\frac{1}{2}mv^2}=8$이다.

채점 기준	배점
풀이 과정과 함께 $\dfrac{E_p}{E_k}$를 옳게 구한 경우	100 %
풀이 과정은 미흡하였으나 $\dfrac{E_p}{E_k}$를 옳게 구한 경우	50 %

04 등적 과정은 기체의 부피가 일정하게 유지되며 온도와 압력이 변하는 과정이다. 등적 과정에서 기체가 흡수한 열은 기체의 내부 에너지 증가량과 같고, 기체가 방출한 열은 기체의 내부 에너지 감소량과 같다. 이때 기체가 열을 흡수하면 기체의 압력이 증가하고 열을 방출하면 기체의 압력이 감소한다.

05 단열 과정은 외부와의 열 교환 없이 기체의 온도, 압력, 부피가 변하는 과정으로, 열의 출입이 없다. 단열 과정에서 기체가 외부에 한 일은 기체의 내부 에너지 감소량과 같고, 기체가 외부로부터 받은 일은 기체의 내부 에너지 증가량과 같다.

07 기체의 압력이 일정할 때 기체의 부피가 감소하면 절대 온도는 내려간다.

08 이상 기체는 분자들 사이에 작용하는 힘을 무시할 수 있으므로 퍼텐셜 에너지가 0이다. 따라서 이상 기체의 내부 에너지는 기체 분자들의 운동 에너지의 총합과 같다. 이상 기체의 온도가 같을 경우 기체 분자의 수가 적을수록 이상 기체의 내부 에너지는 작다.

09 기체가 일정한 압력을 유지하면서 팽창할 때 기체가 한 일은 기체의 압력과 부피의 곱이다.

10 등온 팽창 과정에서 기체가 한 일은 기체가 흡수한 열과 같다. 이때 기체의 내부 에너지 변화량은 0이다.

11 가역 현상은 주변을 변화시키지 않고 처음 상태로 돌아갈 수 있는 현상을 말하고, 비가역 현상은 주변의 변화 없이는 스스로 처음 상태로 돌아갈 수 없는 현상을 말한다. 자연계에서 일어나는 대부분의 현상은 비가역 현상이다.

16 열이 모두 일로 전환되는 열기관의 열효율은 100 %이므로 이는 열역학 제2법칙에 위배된다. 즉, 열이 모두 일로 전환되는 것은 불가능하다.

18 열은 항상 온도가 높은 물체에서 온도가 낮은 물체로 이동한다.

19 에너지 보존 법칙의 다른 표현은 열역학 제1법칙이다.

20 열을 모두 일로 바꿀 수 있는 영구 기관은 제2종 영구 기관이다. 제1종 영구 기관은 에너지를 공급하지 않아도 외부에 일을 할 수 있는 기관이다.

예제 1

정답 ⑤

해설 | ㄴ. 입자의 궤적이 만들어지는 과정은 단열 팽창 과정이므로 A 부분의 알코올은 열을 방출한다.

ㄷ. 피스톤을 당겼을 때 A 부분의 온도가 내려가므로 A 부분의 내부 에너지는 감소한다.

바로알기 ㄱ. A 부분의 공기는 단열 팽창하므로 A 부분의 온도는 내려간다.

예제 2

모범 답안 | 타이어에 공기를 넣는 과정에서 공기 주입기의 공기는 단열 압축하므로 공기의 온도는 올라간다.

01 ② 기체가 한 일은 $W = P\Delta V = 50 \text{ N/m}^2 \times 0.2 \text{ m} \times 0.2 \text{ m}^2 = 2 \text{ J}$이다.

02 ㄱ. 이상 기체의 경우 분자 사이에 작용하는 힘을 무시하므로 퍼텐셜 에너지는 0이다. 따라서 이상 기체의 내부 에너지는 분자의 운동 에너지의 총합이다.

ㄴ. 이상 기체의 온도가 높을수록 내부 에너지는 증가한다.

바로알기 ㄷ. 이상 기체의 분자 수가 많을수록 내부 에너지는 증가한다.

03 ① 압력-부피 그래프에서 그래프로 둘러싸인 부분의 넓이는 기체가 한 일을 나타낸다. 따라서 A → B → C → D → A 과정에서 기체가 한 일은 $(1 \times 10^5 \text{ N/m}^2) \times (1 \times 10^{-3} \text{ m}^3) = 100 \text{ J}$이다.

04 ㄴ. 기체의 온도는 높아지므로 기체의 내부 에너지는 증가한다.

ㄷ. 기체가 흡수한 열은 기체가 외부에 한 일과 내부 에너지 증가량의 합이다. 따라서 기체가 흡수한 열량은 기체가 외부에 한 일보다 크다.

바로알기 ㄱ. 등압 팽창 과정에서 기체의 온도는 높아진다. 따라서 기체 분자의 평균 운동 에너지는 증가한다.

05 ㄱ. 풍선 공이 팽팽해지므로 풍선 내부에 있는 기체의 압력은 증가한다.

ㄷ. 기체가 흡수한 열은 기체의 내부 에너지를 증가시키고 일부
는 외부에 일을 한다. 따라서 기체가 흡수한 열은 기체가 한 일보
다 크다.

바로알기 ㄴ. 풍선 공은 따뜻한 물로부터 열을 흡수하므로 기
체의 내부 에너지는 증가한다.

06 ㄴ. B가 들어 있는 실린더의 피스톤은 고정되어 있으므로 기
체가 흡수한 열은 기체의 내부 에너지 증가량과 같다. B가 흡수
한 열량 Q는 모두 내부 에너지를 증가시키므로 기체의 온도는 B
가 A보다 높다. 따라서 기체 분자의 평균 운동 에너지는 A가 B
보다 작다.

ㄷ. Q를 공급했을 때, 부피는 A가 B보다 크고 온도는 A가 B보
다 낮으므로 압력은 A가 B보다 작다.

바로알기 ㄱ. A가 들어 있는 피스톤은 고정되어 있지 않으므
로 기체의 부피가 증가하고 온도가 올라간다. 즉, 기체가 흡수한
열은 기체가 한 일과 내부 에너지 증가량의 합이다. 따라서 A의
내부 에너지 증가량은 Q보다 작다.

07 ㄱ. A → B 과정에서 기체가 한 일은 0이고, 기체의 온도는
높아지므로 내부 에너지는 증가한다. 따라서 A → B 과정에서
기체는 열을 흡수한다.

ㄴ. B → C 과정은 등온 과정이므로 기체의 내부 에너지 변화량
은 0이다. 기체의 부피는 증가하므로 B → C 과정에서 기체가
흡수한 열은 기체가 외부에 한 일과 같다.

ㄷ. 기체의 온도는 B에서와 C에서가 같고, C에서가 D에서보다
높다. 따라서 기체의 내부 에너지는 B에서가 D에서보다 크다.

08

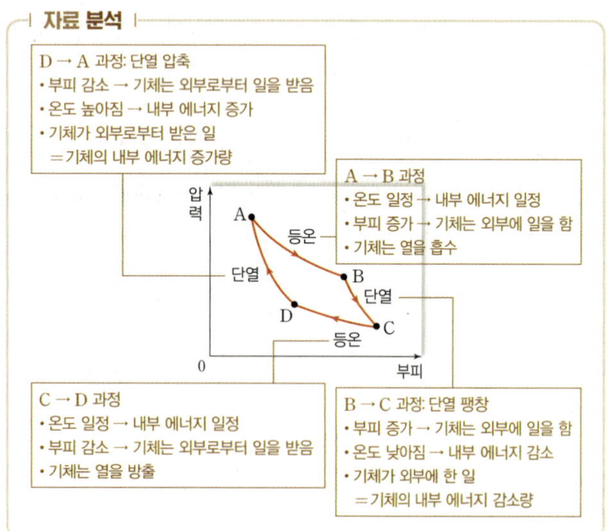

ㄱ. A → B 과정에서 기체의 온도는 일정하므로 내부 에너지는
일정하다.

ㄴ. C → D 과정에서 기체의 부피는 감소하므로 기체는 외부로
부터 일을 받고, 기체의 내부 에너지는 일정하므로 기체는 열을
방출한다.

ㄷ. B → C 과정에서 기체가 한 일은 내부 에너지 감소량과 같
고, D → A 과정에서 기체가 받은 일은 내부 에너지 증가량과

같다. 기체의 온도는 A에서와 B에서가 같고, C에서와 D에서가
같으므로 B → C 과정에서 기체의 내부 에너지 감소량은 D →
A 과정에서 기체의 내부 에너지 증가량과 같다. 따라서 B → C
과정에서 기체가 한 일은 D → A 과정에서 기체의 내부 에너지
증가량과 같다.

09 ㄱ. A → B 과정에서 기체는 단열 팽창하므로 기체의 온도
는 낮아진다. 따라서 온도는 A에서가 B에서보다 높다.

ㄷ. 단열 팽창 과정에서 기체가 외부에 한 일은 기체의 내부 에너
지 감소량과 같다. 따라서 A → B 과정에서 기체의 내부 에너지
변화량은 S이다.

바로알기 ㄴ. A → B 과정에서 기체의 부피는 증가하므로 기
체는 외부에 일을 한다. 압력-부피 그래프에서 그래프 아랫부분
의 넓이는 기체가 한 일이므로 기체가 한 일은 S이다.

10 ㄱ. 열역학 제2법칙은 자연 현상에서 일어난 변화의 비가역
적인 방향성을 설명하는 법칙이다. 모든 자연 현상은 무질서도가
증가하는 방향으로 일어난다.

ㄷ. 열은 고온에서 저온으로 자발적으로 이동하며, 스스로 저온
에서 고온으로는 이동하지 않는다.

바로알기 ㄴ. 기체가 흡수한 열량은 내부 에너지 증가량과 외
부에 한 일의 합이라는 표현은 열역학 제1법칙을 나타낸다.

11 ㄴ. 자연 현상은 무질서도가 증가하는 방향으로 자발적으로
일어난다.

바로알기 ㄱ. 가역 현상은 처음 상태로 완전히 되돌아갈 수 있
는 현상이다. 연기가 퍼지는 현상은 비가역 현상이다.

ㄷ. 연기가 한 지점에 모이는 것은 무질서도가 감소하는 현상이
므로 자발적으로 일어나지 않는다.

12 자연 현상에서 자발적으로 일어나는 현상은 엔트로피(무질서
도)가 증가하는 방향으로 일어난다.

13

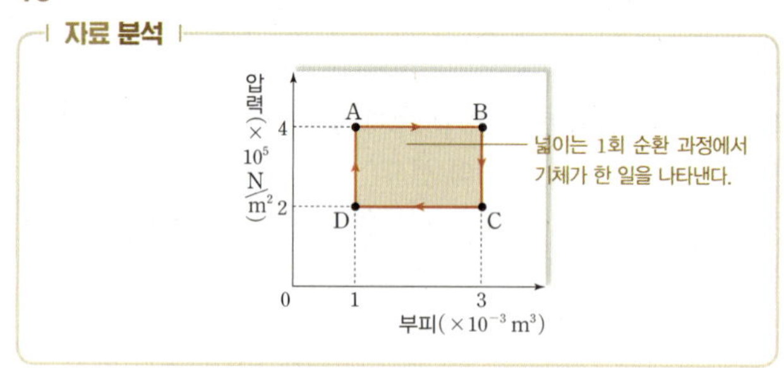

④ 압력-부피 그래프의 넓이는 기체가 한 일을 나타내므로 1회
의 순환 과정에서 기체가 한 일은
$(2 \times 10^5 \text{ N/m}^2) \times (2 \times 10^{-3} \text{ m}^3) = 400 \text{ J}$이다.

따라서 열효율$= \dfrac{\text{한 일}}{\text{흡수한 열}} = \dfrac{400 \text{ J}}{1600 \text{ J}} = \dfrac{1}{4}$이다.

14 ㄴ. (가)에서 부피는 일정하므로 기체에 공급된 열량 Q는
모두 내부 에너지를 증가시킨다. 따라서 (가)에서 기체의 온
도는 높아진다. (나)에서 기체의 온도는 일정하고, Q를 공급

하기 전 기체의 온도는 (가)에서와 (나)에서가 같았으므로 Q 를 공급했을 때 내부 에너지는 (가)에서가 (나)에서보다 크다.

ㄷ. (가)에서 기체의 내부 에너지 증가량은 Q이다. (나)에서 기체의 온도는 일정하므로 기체가 한 일은 Q이다. 따라서 (가)에서 기체의 내부 에너지 증가량은 (나)에서 기체가 한 일과 같다.

🔍 **바로알기** ㄱ. (나)에서 기체의 온도는 일정하므로 기체의 부피가 2배가 되면 압력은 $\frac{1}{2}$배가 된다. 따라서 기체의 압력은 $\frac{1}{2}P$이다.

15 ㄱ. 열기관에서 에너지는 보존되므로 $Q_H = W + Q_L$이다. A에서 ㉠$=2Q+4Q$이므로 ㉠은 $6Q$이고, B에서 $5Q=Q+$㉡이므로 ㉡은 $4Q$이다.

ㄴ. A의 열효율은 $\frac{2Q}{6Q}=\frac{1}{3}$이고, B의 열효율은 $\frac{Q}{5Q}=\frac{1}{5}$이다. 따라서 열효율은 A가 B의 $\frac{5}{3}$배이다.

🔍 **바로알기** ㄷ. 열기관은 열에너지를 일로 전환한다.

16 서술형

모범 답안 | A → B 과정은 등온 과정이므로 기체가 흡수한 열은 기체가 한 일과 같고, A → C 과정은 단열 과정이므로 기체의 내부 에너지 감소량은 기체가 한 일과 같다. 기체가 한 일은 A → B 과정에서가 A → C 과정에서보다 크므로 $Q>\Delta U$이다.

해설 | 압력-부피 그래프에서 그래프의 넓이는 기체가 한 일을 나타낸다.

채점 기준	배점
기체가 한 일을 언급하여 옳게 서술하고, $Q>\Delta U$라고 쓴 경우	100 %
$Q>\Delta U$만 옳게 쓴 경우	50 %

17 서술형

(1) 모범 답안 | 추가 진동하는 동안 추의 역학적 에너지가 기체와 추의 충돌 과정에서 열에너지로 전환되었기 때문에 추가 정지한다.

해설 | 열역학 제1법칙은 에너지의 총량은 보존된다는 법칙이다. 추가 진동하면서 추의 역학적 에너지가 기체와 추의 충돌 과정에서 발생하는 열에너지로 전환되어 실에 매달린 추가 정지한 것이다.

채점 기준	배점
추의 역학적 에너지가 기체의 열에너지로 전환되었다고 서술한 경우	100 %
그 외의 경우	0 %

(2) 모범 답안 | 기체의 열에너지가 추의 역학적 에너지로 전환되는 것은 무질서도(엔트로피)가 감소하는 과정이므로 저절로 일어나지 않는다.

해설 | 열역학 제2법칙은 자연 현상에서 일어나는 변화의 비가역적인 방향성을 설명하는 법칙이다. 자연 현상에서 일어나는 변화는 무질서도(엔트로피)가 증가하는 방향으로 일어난다.

채점 기준	배점
추가 저절로 다시 진동하지 못하는 까닭을 열역학 제2법칙으로 옳게 서술한 경우	100 %
자연 현상은 열역학 제2법칙에서 무질서도(엔트로피)가 증가하는 방향으로 진행된다는 것만 서술한 경우	50 %

① 1 ×　2 ○　3 ×　4 ○　5 ×　6 ×
② 1 ×　2 ×　3 ○　4 ○　5 ○
③ 1 ○　2 ×　3 ○　4 ×　5 ○
④ 1 ○　2 ○　3 ○　4 ○　5 ×
⑤ 1 ○　2 ○　3 ×　4 ○
⑥ 1 ○　2 ×　3 ○　4 ○
⑦ 1 ○　2 ×　3 ○　4 ○　5 ○
⑧ 1 ○　2 ×　3 ×　4 ○　5 ○
⑨ 1 ○　2 ○　3 ○　4 ○　5 ×

①-1 1초일 때 물체에 작용하는 알짜힘의 크기는 1 N이다. 따라서 1초일 때 물체의 가속도 크기는 $\frac{1\,\text{N}}{2\,\text{kg}}=\frac{1}{2}$ m/s²이다.

①-2 힘-시간 그래프에서 그래프가 시간 축과 이루는 넓이는 충격량, 즉 운동량 변화량을 나타낸다.
0초일 때 물체는 정지해 있었으므로 2초일 때 물체의 운동량의 크기는 2 kg·m/s이다. 따라서 2초일 때 물체의 속력은 $\frac{2\,\text{kg·m/s}}{2\,\text{kg}}=1$ m/s이다.

①-3 2초일 때 물체의 속력은 1 m/s이므로 물체의 운동 에너지는 $\frac{1}{2}\times2\,\text{kg}\times(1\,\text{m/s})^2=1$ J이다.

①-4 6초일 때 물체의 운동량의 크기는 $\frac{1}{2}\times2\,\text{N}\times6\,\text{s}=6$ kg·m/s이므로 속력은 $\frac{6\,\text{kg·m/s}}{2\,\text{kg}}=3$ m/s이다.

①-5 물체에 작용하는 알짜힘의 방향과 물체의 운동 방향이 같으므로 0초부터 6초까지 물체의 속력은 계속 증가한다. 따라서 물체의 속력은 3초일 때가 5초일 때보다 작다.

①-6 6초일 때 물체의 운동 에너지는 $\frac{1}{2}\times2\,\text{kg}\times(3\,\text{m/s})^2=9$ J이다. 물체에 작용한 알짜힘이 한 일은 물체의 운동 에너지 변화량과 같으므로 0초부터 6초까지 수평 방향으로 작용한 힘이 한 일은 9 J이다.

②-1 힘-이동 거리 그래프 아래의 넓이는 힘이 한 일을 나타낸다. $x=0$에서 $x=2$ m까지 그래프 아래의 넓이는 $(8\,\text{N}+14\,\text{N})\times\frac{1}{2}\times2\,\text{m}=22$ J이므로 F가 한 일은 22 J이다.

②-2 $x=2$ m에서 물체의 운동 에너지는 22 J이므로 $x=2$ m에서 물체의 속력을 v라고 하면, $\frac{1}{2}\times2\,\text{kg}\times v^2=22$ J에서 $v=\sqrt{22}$ m/s이다.

②-3 $x=0$에서부터 $x=4$ m까지 힘-이동 거리 그래프 아래의 넓이는 힘이 한 일, 즉 물체의 운동 에너지 변화량과 같다. 따라서 4 m에서 운동 에너지는 44 J이다.

②-4 물체에 작용하는 중력의 방향과 물체의 이동 방향은 수직을 이루므로 물체에 작용하는 중력이 한 일은 0이다.

②-5 $x=2$ m에서 물체의 운동 에너지는 22 J이고, $x=4$ m에서 물체의 운동 에너지는 44 J이다. 따라서 $x=2$ m에서 $x=4$ m까지 물체의 운동 에너지 변화량은 22 J이다.

③-1 공기 저항과 마찰을 무시하므로 수레가 운동하는 동안 수레의 역학적 에너지는 보존된다. 따라서 A, B, C에서 역학적 에너지는 모두 같다.

③-2 운동 에너지는 속력의 제곱에 비례한다. 따라서 운동 에너지는 B에서가 C에서의 $\dfrac{4}{9}$배이다.

③-3 지면으로부터의 높이는 B에서가 C에서보다 높으므로 물체의 중력 퍼텐셜 에너지는 B에서가 C에서보다 크다.

③-4 물체에 작용한 중력이 한 일은 물체의 중력 퍼텐셜 에너지 감소량과 같다. 물체의 역학적 에너지는 보존되므로 중력 퍼텐셜 에너지 감소량은 물체의 운동 에너지 증가량과 같다. 물체의 질량을 m이라고 하면, A에서 B까지 운동하는 동안 물체의 운동 에너지 증가량은 $\dfrac{1}{2}m(2v)^2=2mv^2$이고, B에서 C까지 운동하는 동안 물체의 운동 에너지 증가량은 $\dfrac{1}{2}m(3v)^2-\dfrac{1}{2}m(2v)^2=\dfrac{5}{2}mv^2$이다. 따라서 물체가 A에서 B까지 운동하는 동안 중력이 한 일은 B에서 C까지 운동하는 동안 중력이 한 일보다 작다.

③-5 B의 높이를 h_B라고 하면, B에서 중력에 의한 퍼텐셜 에너지는 운동 에너지의 2배이므로 $mgh_B=2\left[\dfrac{1}{2}m(2v)^2\right]=4mv^2$에서 $v^2=\dfrac{1}{4}gh_B$ ⋯ ①이다. 역학적 에너지는 A에서와 B에서가 같으므로 $3mgh=mgh_B+2mv^2$ ⋯ ②이다. 따라서 ①, ②를 정리하면 $3mgh=\dfrac{3}{2}mgh_B$이므로 $h_B=2h$이다.

④-1 용수철에 충돌하기 전 물체의 운동 에너지는 4 J이고, t_1일 때 물체의 운동 에너지는 1 J이다. 따라서 t_1일 때 용수철에 저장된 탄성 퍼텐셜 에너지는 4 J－1 J＝3 J이다.

④-2 물체가 용수철에 닿는 순간부터 용수철이 최대로 압축되는 t_2까지 물체의 속력은 감소하므로 물체에 작용하는 탄성력의 방향은 물체의 운동 방향과 반대이다.

④-3 물체의 운동 에너지는 t_4일 때가 t_3일 때의 4배이므로, 속력은 t_4일 때가 t_3일 때의 2배이다.

④-4 t_2일 때, 용수철이 원래 길이로부터 압축된 길이를 x라고 하면 $4\,\text{J}=\dfrac{1}{2}\times200\,\text{N/m}\times x^2$에서 $x=0.2\,\text{m}$이다.

④-5 t_2일 때 용수철이 압축되어 탄성력이 작용하므로 물체의 가속도는 0이 아니다.

⑤-1 물체를 접촉시켜 지면에 있는 용수철이 $2A$만큼 압축되었을 때 용수철에 저장된 탄성 퍼텐셜 에너지는 용수철에서 분리된 물체의 운동 에너지와 같다. 따라서 운동 에너지는 $\dfrac{1}{2}k(2A)^2=2kA^2$이다.

⑤-2 높이가 H인 수평면에서 물체의 운동 에너지는 수평면의 용수철을 A만큼 압축시켰을 때 용수철에 저장된 탄성 퍼텐셜 에너지와 같다. 수평면에서 용수철과 충돌하기 직전 물체의 속력을 v라고 하면 $\dfrac{1}{2}mv^2=\dfrac{1}{2}kA^2$에서 $v=A\sqrt{\dfrac{k}{m}}$이다.

⑤-3 물체가 운동하는 동안 역학적 에너지는 보존되므로 물체의 중력 퍼텐셜 에너지 증가량은 용수철에 저장된 탄성 퍼텐셜 에너지 감소량과 같다.

⑤-4 역학적 에너지는 보존되므로 $\dfrac{1}{2}k(2A)^2=mgH+\dfrac{1}{2}k(A)^2$에서 $H=\dfrac{3kA^2}{2mg}$이다.

⑥-1 마찰이 있는 면에 들어가기 전 물체의 속력은 4 m/s이므로 물체의 운동 에너지는 $\dfrac{1}{2}\times1\,\text{kg}\times(4\,\text{m/s})^2=8\,\text{J}$이다.

⑥-2 용수철이 최대로 압축된 길이는 0.2 m이다. 이때 용수철에 저장된 탄성 퍼텐셜 에너지는 $\dfrac{1}{2}\times100\,\text{N/m}\times(0.2\,\text{m})^2=2\,\text{J}$이다.

⑥-3 마찰이 있는 면을 지난 물체의 운동 에너지는 용수철을 최대로 압축했을 때 용수철에 저장된 탄성 퍼텐셜 에너지와 같으므로, 용수철에 충돌하기 전의 속력을 v라고 하면 $\dfrac{1}{2}\times1\,\text{kg}\times v^2=2\,\text{J}$에서 $v=2\,\text{m/s}$이다.

⑥-4 마찰이 있는 면에 들어가기 전 물체의 운동 에너지는 8 J이고, 마찰이 있는 면을 지난 물체의 운동 에너지는 2 J이므로, 마찰이 있는 면에서 손실된 물체의 역학적 에너지는 8 J－2 J＝6 J이다.

⑦-1 일정한 압력을 유지하면서 부피가 증가하므로 기체의 온도는 높아진다. 기체의 온도가 높아지므로 기체 분자의 평균 속력은 증가한다.

⑦-2 기체의 온도가 높아지므로 기체의 내부 에너지는 증가한다.

⑦-3 일정한 압력을 유지하면서 기체의 부피가 증가하므로 기체는 외부에 일을 한 것이다.

⑦-4 기체가 흡수한 열은 기체가 외부에 한 일과 기체의 내부 에너지 증가량의 합이다. 따라서 기체가 흡수한 열은 기체의 내부 에너지 증가량보다 크다.

⑦-5 기체가 흡수한 열은 기체가 외부에 한 일과 기체의 내부 에너지 증가량의 합이다. 따라서 기체가 외부에 한 일은 기체가 흡수한 열보다 작다.

⑧-1 압력－부피 그래프 아래의 넓이는 기체가 한 일을 나타내므로, A → B 과정에서 기체가 한 일은 PV이다.

⑧-2 A → B → C 과정에서 기체의 압력은 일정하게 유지되면서 부피가 증가하므로 이상 기체의 내부 에너지는 증가한다. 따라서 기체의 내부 에너지는 B에서가 A에서보다 크다.

⑧-3 A → B 과정에서 기체가 외부에 한 일과 내부 에너지 증가량의 합은 Q이다. 즉, A → B 과정에서 기체의 내부 에너지 변화량은 Q보다 작다.

⑧-4 내부 에너지는 B에서가 C에서보다 작으므로 기체의 온도도 B에서가 C에서보다 낮다.

8-5 A → B 과정에서 기체가 한 일은 PV이고, B → C 과정에서 기체가 한 일은 $2PV$이다. 따라서 기체가 한 일은 B → C 과정에서가 A → B 과정에서의 2배이다.

9-1 열기관에서 에너지는 보존되므로 $Q_1=W+Q_2$에서 $Q_1-Q_2=W$이다.

9-2 열효율은 고열원으로부터 흡수하는 열(Q_1)에 대하여 열기관이 하는 일(W)의 비율이다. 열기관의 열효율은 0.2이므로 $\dfrac{W}{Q_1}=0.2$에서 $W=0.2Q_1$이다. 따라서 $Q_1-Q_2=W$에서 $W=0.2Q_1$이므로 $Q_2=4W$이다.

9-3 A → B 과정에서 기체의 부피는 일정하므로 기체가 한 일은 0이고, 기체의 온도는 높아지므로 기체의 내부 에너지는 증가한다. 따라서 A → B 과정에서 기체는 열을 흡수한다.

9-4 B → C 과정은 단열 팽창 과정이므로 기체가 외부에 한 일은 기체의 내부 에너지 감소량과 같다.

9-5 B → C 과정에서 기체의 내부 에너지는 감소하므로 기체의 온도는 B에서가 C에서보다 높다.

---

01 ①	**02** ③	**03** ③	**04** ④	**05** ③	**06** ⑤
07 ②	**08** ①	**09** ①	**10** ①	**11** ④	**12** ③
고난도	**13** ⑤	**14** ②	**15** ③	**16** ③	
서술형	**17~20** 해설 참조				

---

01 ㄱ. A는 위로 올라가면서 속력이 증가하므로 중력 퍼텐셜 에너지와 운동 에너지가 모두 증가한다. 따라서 A가 p에서 q까지 운동하는 동안 A의 역학적 에너지는 증가한다.

바로알기 ㄴ. 위 방향으로 올라간 거리는 A와 B가 같고, 질량은 A가 B보다 작으므로 중력 퍼텐셜 에너지 증가량은 A가 B보다 작다.

ㄷ. 위로 올라간 거리는 A와 B가 같으므로 크기가 F인 힘이 한 일은 A에서와 B에서가 같다.

02 ㄷ. 물체의 질량을 m이라고 하면 수평면에서 물체의 운동 에너지는 $\dfrac{1}{2}m(2v)^2=2mv^2$이고, 높이 h인 P에서 역학적 에너지는 $mgh+\dfrac{1}{2}mv^2$이다. 수평면과 빗면에서 물체의 역학적 에너지는 보존되므로 이를 정리하면 $2mv^2=mgh+\dfrac{1}{2}mv^2$에서 $v^2=\dfrac{2}{3}gh$이다. Q의 높이를 H라고 하면 $mgH=2mv^2=\dfrac{4}{3}mgh$이므로 $H=\dfrac{4}{3}h$이다.

바로알기 ㄱ. 물체가 빗면에서 운동하는 동안에는 속력이 감소한다. 따라서 P에서 물체에 작용하는 알짜힘의 방향은 운동 방향과 반대이다.

ㄴ. 공기 저항과 마찰을 무시하므로 물체의 역학적 에너지는 보존된다.

03 ㄱ. A와 B는 실로 연결되어 함께 운동하므로 A와 B의 속력과 가속도는 같다. (나)에서 B의 가속도의 크기는 속력-시간 그래프의 기울기와 같으므로 $\dfrac{4\ \text{m/s}}{2\ \text{s}}=2\ \text{m/s}^2$이다. 따라서 A와 B의 질량의 합은 4 kg이므로 $F=4\ \text{kg}\times2\ \text{m/s}^2=8\ \text{N}$이다.

ㄴ. 실이 B를 당기는 힘은 B에 작용하는 알짜힘이므로 크기는 $3\ \text{kg}\times2\ \text{m/s}^2=6\ \text{N}$이다.

바로알기 ㄷ. 속력-시간 그래프에서 그래프와 시간 축이 이루는 넓이는 이동 거리를 나타내므로, 0초부터 2초까지 A와 B가 이동한 거리는 4 m이다. 따라서 크기가 F인 힘이 한 일은 $8\ \text{N}\times4\ \text{m}=32\ \text{J}$이다.

04 ④ 물체의 질량은 B가 A의 2배이고, A와 B가 용수철에서 분리되는 과정에서 운동량은 보존되므로 용수철에서 분리된 순간의 속력은 A가 B의 2배이다. 즉, A의 속력을 $2v$라고 하면 B의 속력은 v이다. 용수철에서 분리된 A, B가 각각 P, Q를 압축시키는 과정에서 물체와 용수철로 이루어진 계에서 역학적 에너지는 보존되므로 $\dfrac{1}{2}kx_P^2=\dfrac{1}{2}m(2v)^2$에서 $x_P=\sqrt{\dfrac{4mv^2}{k}}$이고, $\dfrac{1}{2}(2k)x_Q^2=\dfrac{1}{2}(2m)v^2$에서 $x_Q=\sqrt{\dfrac{mv^2}{k}}$이다. 따라서 $\dfrac{x_P}{x_Q}=2$이다.

05

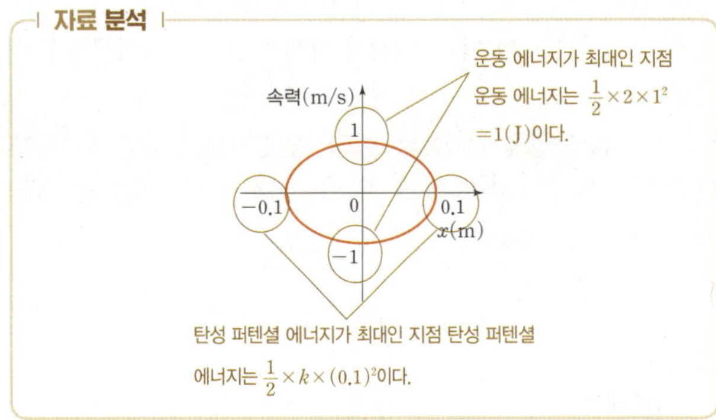

ㄷ. $x=0.05$ m에서 용수철에 저장된 탄성 퍼텐셜 에너지는 $\dfrac{1}{2}\times200\ \text{N/m}\times(0.05\ \text{m})^2=0.25\ \text{J}$이다. 물체의 역학적 에너지는 1 J이므로 $x=0.05$ m에서 운동 에너지는 $1\ \text{J}-0.25\ \text{J}=0.75\ \text{J}$이다. 따라서 $x=0.05$ m에서 물체의 운동 에너지는 용수철에 저장된 탄성 퍼텐셜 에너지보다 크다.

바로알기 ㄱ. 물체의 가속도의 크기는 물체에 작용하는 탄성력의 크기에 비례한다. 용수철의 원래 길이로부터 변형된 길이가 클수록 탄성력의 크기가 크므로 물체의 가속도의 크기는 $x=0.1$ m에서가 $x=0.05$ m에서보다 크다.

ㄴ. 물체가 수평면에서 운동하는 동안 물체와 용수철로 이루어진 계의 역학적 에너지는 보존된다. 용수철 상수를 k라고 하면 $\dfrac{1}{2}\times k\times(0.1\ \text{m})^2=\dfrac{1}{2}\times2\ \text{kg}\times(1\ \text{m/s})^2=1\ \text{J}$이다. 이를 정리하면 $k=200\ \text{N/m}$이다.

06 ㄴ. 한 덩어리가 된 직후 A의 속력은 $\frac{2}{3}\sqrt{\frac{E}{m}}$이므로 A의 운동 에너지는 $\frac{1}{2}m\left(\frac{2}{3}\sqrt{\frac{E}{m}}\right)^2=\frac{2}{9}E$이다.

ㄷ. 한 덩어리가 된 A와 B의 운동 에너지의 합은 $\frac{2}{9}E+\frac{4}{9}E=\frac{2}{3}E$이다. 용수철의 최대 압축 길이를 x라고 하면, 한 덩어리가 된 A와 B의 운동 에너지의 합은 용수철이 최대로 압축되었을 때 용수철에 저장된 탄성 퍼텐셜 에너지와 같으므로 $\frac{1}{2}kx^2=\frac{2}{3}E$에서 $x=\sqrt{\frac{4E}{3k}}$이다.

🔍 **바로알기** ㄱ. 정지한 A와 충돌하기 전 B의 속력을 v_B라고 하면, $\frac{1}{2}(2m)v_\text{B}^2=E$에서 $v_\text{B}=\sqrt{\frac{E}{m}}$이다. A와 B가 충돌한 후 한 덩어리가 되었을 때 속력을 v라고 하면, A와 B의 충돌 과정에서 운동량은 보존되므로 $2mv_\text{B}=3mv$에서 $v=\frac{2}{3}v_\text{B}=\frac{2}{3}\sqrt{\frac{E}{m}}$이다. 따라서 한 덩어리가 된 후 B의 운동 에너지는 $\frac{1}{2}(2m)v^2=\frac{4}{9}E$이므로 B의 역학적 에너지 감소량은 $E-\frac{4}{9}E=\frac{5}{9}E$이다.

07 ㄴ. 기체의 온도는 C에서와 A에서가 같으므로 A → B 과정에서 내부 에너지 증가량은 B → C 과정에서 내부 에너지 감소량과 같다.
단열 과정인 B → C 과정에서 기체가 한 일은 기체의 내부 에너지 감소량과 같으므로 A → B 과정에서 내부 에너지 증가량은 B → C 과정에서 기체가 한 일과 같다.

🔍 **바로알기** ㄱ. 기체의 압력은 A에서와 B에서가 같고, 부피는 A에서가 B에서보다 작다. 따라서 기체의 온도는 A에서가 B에서보다 낮다.

ㄷ. C → A 과정에서 기체의 온도는 일정하므로 내부 에너지는 일정하고, 부피는 감소하므로 기체는 외부로부터 일을 받는다. 따라서 C → A 과정에서 기체는 열을 방출한다.

08

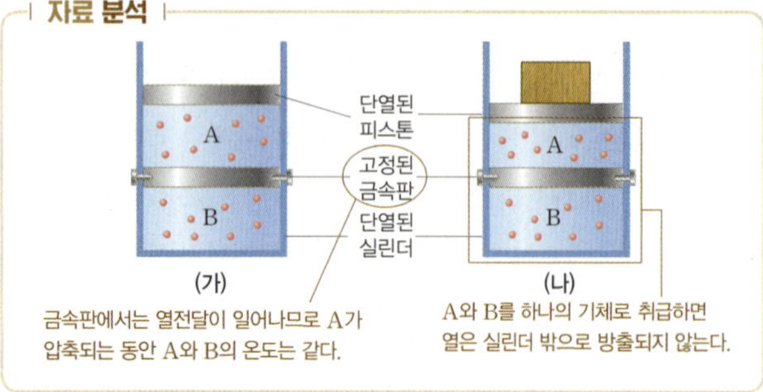

ㄱ. (가) → (나) 과정에서 A와 B를 하나의 계로 생각하면 단열된 실린더 내에서 부피가 감소하는 단열 압축 과정이라고 볼 수 있다. A와 B는 금속판으로 분리되어 있으므로 A와 B 사이에서 열이 전달된다.
단열 압축 과정에서 기체의 온도는 높아지므로 (가) → (나) 과정에서 A와 B의 온도는 높아진다. 따라서 A의 내부 에너지는 (가)에서가 (나)에서보다 작다.

🔍 **바로알기** ㄴ. (가) → (나) 과정에서 B의 부피는 일정하고 온도는 높아지므로 B의 압력은 증가한다.

ㄷ. (나)에서 A의 부피가 감소하는 동안 A의 온도는 높아지고, 금속판을 통해 B로 열이 전달되어 B의 온도는 A와 같아질 때까지 높아진다.

09 ㄱ. (나)에서 압력은 A와 B가 같고, 부피는 A가 B보다 크다. 따라서 기체의 온도는 A가 B보다 높으므로 기체의 내부 에너지는 A가 B보다 크다.

🔍 **바로알기** ㄴ. (가)에서 압력은 A와 B가 같고, (나)에서 압력은 A와 B가 같다. 그리고 (가) → (나) 과정에서 A의 부피 증가량은 B의 부피 감소량과 같다. 따라서 (가) → (나) 과정에서 A가 한 일은 B가 받은 일과 같다.

ㄷ. A와 B를 하나의 계로 생각하면 (가) → (나) 과정에서 A와 B의 전체 부피의 합는 일정하므로 기체가 열을 흡수하는 동안 기체가 한 일의 합은 0이다. 따라서 (가) → (나) 과정에서 $\Delta U_\text{A}+\Delta U_\text{B}=Q$이다.

10 ㄱ. A → B 과정에서 기체는 일정한 압력을 유지하면서 부피가 증가하므로 내부 에너지가 증가한다. 기체는 외부에 일을 하고 내부 에너지는 증가하므로 열을 흡수한다.

🔍 **바로알기** ㄴ. 모래의 양이 적을수록 기체의 압력은 감소한다. B → C 과정은 기체의 압력이 감소하는 단열 팽창 과정이므로 모래의 양은 감소한다.

ㄷ. B → C 과정에서 기체가 외부에 한 일은 내부 에너지 감소량과 같다.

11 ㄱ. 한 지점에 모여 있는 기체가 시간이 흐르면 저절로 퍼져 나간다. 그러나 기체가 저절로 한쪽 부분에 모이지는 않는다. 따라서 (가) → (나) 과정은 비가역 현상이다.

ㄴ. 기체의 부피가 팽창했지만 진공에서 기체가 퍼져나갔으므로 기체가 힘을 가하는 대상이 없어 기체는 일을 하지 않는다. 따라서 기체가 한 일은 0이다.

🔍 **바로알기** ㄷ. 용기는 단열되어 있으므로 외부와의 열의 출입이 없고, 기체의 내부 에너지는 일정하다. 따라서 기체의 온도는 (가)에서와 (나)에서가 같다.

12 ㄱ. 열기관에서 에너지는 보존되므로 $Q_1-Q_2=W$ … ①이다. 따라서 $Q_1>Q_2$이다.

ㄴ. 열기관의 열효율은 0.3이므로 $\frac{W}{Q_1}=0.3$에서 $Q_1=\frac{10}{3}W$ … ②이다. ①, ②를 정리하면 $\frac{10}{3}W-Q_2=W$이므로 $\frac{W}{Q_2}=\frac{3}{7}$이다.

🔍 **바로알기** ㄷ. 열역학 제2법칙에 의하면 열은 고온에서 저온으로 이동하고 절대 온도가 0 K인 물체는 존재할 수 없으므로 $Q_2=0$인 열기관은 존재할 수 없다.

[별해]
ㄷ. $Q_2=0$이라면 열기관의 열효율은 1이다. 열효율이 1인 열기관은 존재할 수 없으므로 $Q_2=0$인 열기관은 존재할 수 없다.

13 ㄱ. A가 p에서 q까지 운동하는 동안 등가속도 운동을 하므로 A의 가속도의 크기를 a라고 하면 $mg=(3m+m)a$에서 $a=\frac{1}{4}g$이다.

A를 p에 가만히 놓은 순간부터 A가 q까지 운동하는 데 걸린 시간을 t라고 하면 $\frac{1}{2}\left(\frac{1}{4}g\right)t^2=L$에서 $t=\sqrt{\frac{8L}{g}}$이다.

ㄷ. A가 p에서 q까지 운동하는 동안 B의 중력 퍼텐셜 에너지 감소량은 A와 B의 운동 에너지 증가량의 합과 같다. A가 q를 지날 때, A와 B의 속력을 v라고 하면, $mgL=\frac{1}{2}(3m+m)v^2$에서 $v=\sqrt{\frac{gL}{2}}$이다.

바로알기 ㄴ. A가 p에서 q까지 운동하는 동안 A와 B의 역학적 에너지의 합은 일정하다. A는 수평면에서 운동하므로 A의 중력 퍼텐셜 에너지는 변하지 않고, A에 작용하는 알짜힘은 실이 A를 당기는 힘이므로 A의 속력은 증가한다. 따라서 A의 운동 에너지는 증가하므로 A의 역학적 에너지는 증가한다. A가 p에서 q까지 운동하는 동안 A의 역학적 에너지는 증가하므로 B의 역학적 에너지는 감소한다.

14 ② 용수철을 L만큼 압축시켰을 때, 용수철에 저장된 탄성 퍼텐셜 에너지는 $\frac{1}{2}kL^2$이다. 이때 물체와 용수철로 이루어진 계의 역학적 에너지는 $\frac{1}{2}kL^2+3mgL$이다. p에서 운동 에너지를 E_0이라고 하면, q에서 운동 에너지는 $3E_0$이다. 물체가 용수철에서 분리된 후 물체의 역학적 에너지는 보존되므로 $\frac{1}{2}kL^2+3mgL=3mgL+E_0=3E_0=mgy$이다. 이를 정리하면 $\frac{1}{2}kL^2=E_0$이고, $3mgL=2E_0$이다. 따라서 $\frac{1}{2}kL^2=\frac{3}{2}mgL$에서 $k=\frac{3mg}{L}$이므로 $y=\frac{9}{2}L$이다.

15

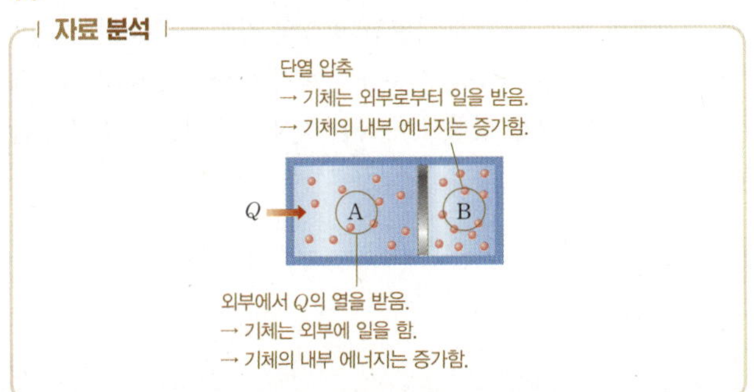

| 자료 분석 |

ㄱ. A의 부피가 증가하는 동안 B는 단열된 상태에서 부피가 감소한다. 따라서 B가 받은 일은 B의 내부 에너지 증가량과 같다. (가) → (나) 과정에서 B의 내부 에너지는 증가하므로 B의 온도는 높아진다. 따라서 B의 온도는 (가)에서가 (나)에서보다 낮다.

ㄴ. (가) → (나) 과정에서 A의 부피가 증가한 만큼 B의 부피가 감소하므로 A와 B의 부피의 총합은 일정하다. 따라서 A가 한 일은 B가 받은 일과 같다.

바로알기 ㄷ. (가) → (나) 과정에서 A가 한 일은 B가 받은 일과 같으므로 B가 받은 일은 $\frac{1}{5}Q$이다. B는 단열 압축하므로 B의 내부 에너지 증가량은 $\frac{1}{5}Q$이다.

(가) → (나) 과정에서 'A가 흡수한 열량=A의 내부 에너지 증가량+A가 한 일−B가 받은 일+B의 내부 에너지 증가량'이다. 따라서 A의 내부 에너지 증가량을 U_A라고 하면 $Q=U_A+\frac{1}{5}Q-\frac{1}{5}Q+\frac{1}{5}Q$에서 $U_A=\frac{4}{5}Q$이다.

16 ㄱ. 압력-부피 그래프 아래의 넓이는 기체가 한 일을 나타내므로, A → B 과정에서 기체가 한 일은 $\frac{3}{2}P_0V_0$이고, B → C 과정에서 기체가 한 일은 $2P_0V_0$이다. 따라서 기체가 한 일은 A → B 과정에서가 B → C 과정에서의 $\frac{3}{4}$배이다.

ㄴ. B → C 과정은 기체의 부피가 증가하는 등압 과정이므로 기체의 온도는 높아진다. 따라서 B → C 과정에서 기체의 내부 에너지는 증가한다.

바로알기 ㄷ. C → D 과정은 기체의 압력이 감소하는 등적 과정이므로 기체가 한 일은 0이고, 내부 에너지는 감소한다. 따라서 C → D 과정에서 기체는 열을 방출한다.

17 서술형

모범 답안 ㅣ 물체의 질량을 m, 중력 가속도를 g라고 하면, 높이가 $4h$인 지점에서 물체의 중력 퍼텐셜 에너지는 $4mgh$이다. 이 지점에서 물체를 가만히 놓았으므로 물체의 역학적 에너지는 $4mgh$이다. p의 높이는 $3h$이므로 $E_p=3mgh$이다. q에서 중력 퍼텐셜 에너지는 $2mgh$이므로 $4mgh=K_q+2mgh$에서 $K_q=2mgh$이다. 따라서 $\frac{E_p}{K_q}=\frac{3}{2}$이다.

채점 기준	배점
풀이 과정과 함께 $\frac{E_p}{K_q}$를 옳게 구한 경우	100 %
풀이 과정은 미흡하였으나 $\frac{E_p}{K_q}$를 옳게 구한 경우	50 %

18 서술형

(1) **모범 답안** ㅣ 용수철 상수 $k=\frac{3mg}{d}$이고, p를 끊었을 때 평형 지점의 위치에서 용수철이 원래 길이로부터 늘어난 길이를 d'라고 하면, $kd'=mg$에서 $d'=\frac{mg}{k}=\frac{1}{3}d$이다. 따라서 A가 올라간 높이는 $d-\frac{1}{3}d=\frac{2}{3}d$이다.

해설 ㅣ 용수철에 A, B에 매달았을 때, 용수철이 d만큼 늘어난 상태로 정지해 있으므로 용수철 상수를 k라고 하면 $kd=(m+2m)g$에서 $k=\frac{3mg}{d}$ ⋯ ①이다.

p를 끊었을 때, 용수철에는 A만 매달려 있다. 이때 평형 지점의 위치에서 용수철이 원래 길이로부터 늘어난 길이를 d'라고 하면, $kd'=mg$에서 $d'=\dfrac{mg}{k}=\dfrac{1}{3}d$ … ②이다.

즉, p를 끊은 순간부터 A의 속력이 최대인 지점까지 A가 올라간 높이는 $d-\dfrac{1}{3}d=\dfrac{2}{3}d$이다.

채점 기준	배점
풀이 과정과 함께 A가 올라간 높이를 옳게 구한 경우	100 %
풀이 과정은 미흡하였으나 A가 올라간 높이를 옳게 구한 경우	50 %

(2) **모범 답안** | $\dfrac{1}{2}kd^2-\dfrac{1}{2}kd'^2=mg\left(\dfrac{2}{3}d\right)+\dfrac{1}{2}mv^2$에 $k=\dfrac{3mg}{d}$, $d'=\dfrac{1}{3}d$를 대입해 정리하면 $\dfrac{2}{3}mgd=\dfrac{1}{2}mv^2$이다. 따라서 $v=\sqrt{\dfrac{4}{3}gd}$이다.

해설 | A가 위로 올라가는 동안 A와 용수철로 이루어진 계의 역학적 에너지는 보존되므로 '탄성 퍼텐셜 에너지 감소량=A의 중력 퍼텐셜 에너지 증가량+A의 운동 에너지 증가량'이다. $\dfrac{1}{2}kd^2-\dfrac{1}{2}kd'^2=mg\left(\dfrac{2}{3}d\right)+\dfrac{1}{2}mv^2$에 ①, ②를 대입하여 정리하면 $\dfrac{2}{3}mgd=\dfrac{1}{2}mv^2$이다. 따라서 $v=\sqrt{\dfrac{4}{3}gd}$이다.

채점 기준	배점
풀이 과정과 함께 v를 옳게 구한 경우	100 %
풀이 과정은 미흡하였으나 v를 옳게 구한 경우	50 %

19 서술형

모범 답안 | A → B 과정과 D → A 과정, A → B 과정은 부피가 증가하는 등온 과정이므로 기체가 열을 흡수하고, D → A 과정은 압력이 증가하는 등적 과정이므로 기체가 열을 흡수한다.

해설 | A → B 과정은 등온 과정으로 기체의 내부 에너지는 일정하고, 부피가 증가하므로 기체는 외부에 일을 한다. 따라서 기체가 열을 흡수하는 과정이다. D → A 과정은 등적 과정으로 기체가 한 일은 0이고, 압력이 증가하므로 온도가 높아져서 내부 에너지가 증가한다. 따라서 기체가 열을 흡수하는 과정이다.

채점 기준	배점
열역학 제1법칙으로 까닭을 옳게 서술하고 A → B 과정과 D → A 과정임을 제시한 경우	100 %
A → B 과정과 D → A 과정이라고만 쓴 경우	50 %

20 서술형

모범 답안 | 탄산 음료 병을 열 때 주위의 공기가 단열 팽창하여 병뚜껑 주변의 온도가 급격히 낮아지기 때문이다. 따라서 주위의 수증기가 응결하여 김이 생긴다.

채점 기준	배점
김이 생기는 현상을 단열 팽창과 관련지어 옳게 서술한 경우	100 %
단열 팽창하기 때문이라고만 쓴 경우	40 %

---

3 시간과 공간

06 특수 상대성 이론

개념 익히기 문제 p.081

01 상대성 원리 **02** 광속 불변 원리 **03** 동시성의 상대성
04 시간 지연 **05** 길이 수축 **06** ○ **07** ×
08 ○ **09** ○ **10** ×

02 모든 관성계에서 측정했을 때 진공에서 진행하는 빛의 속력은 광원이나 관찰자의 속도에 관계없이 광속 c로 일정하다. 이를 광속 불변 원리라고 한다.

04 특수 상대성 이론의 기본 가정인 광속 불변 원리를 운동하는 관성계에 적용하면 운동하는 관성계에서의 시간은 느리게 간다. 이를 시간 지연이라고 한다.

05 물체에 대해 정지한 관성계에서 측정한 물체의 길이를 고유 길이라고 한다. 이 물체에 대해 운동하는 관성계에서 물체의 길이를 측정하면 물체가 운동하는 방향의 길이가 수축되는데, 이를 길이 수축이라고 한다.

07 진공에서 빛의 속력은 빛의 진행 방향으로 운동하는 관찰차가 측정하든 빛의 진행 방향과 반대 방향으로 운동하는 관찰자가 측정하든 동일하다. 이를 광속 불변 원리라고 한다.

09 한 장소에서 두 사건이 일어났을 때 사건이 일어난 장소에 대해 정지해 있는 관찰자가 측정한 두 사건 사이의 시간 간격을 고유 시간이라고 한다. 관찰자에 대해 운동하고 있는 다른 관찰자를 보면 상대방의 시간이 느리게 가는 것으로 측정된다. 즉, 운동하는 관성계에서 일어난 두 사건 사이의 시간 간격은 고유 시간보다 길다.

10 물체에 대해 정지해 있는 관찰자가 측정한 물체의 길이는 고유 길이이고, 이 물체에 대해 운동하는 관찰자가 물체의 길이를 측정하면 운동 방향과 나란한 방향의 길이는 수축되어 고유 길이보다 짧다. 길이 수축은 운동 방향과 나란한 방향의 길이에서만 일어나며, 운동 방향과 수직인 방향의 길이는 수축되지 않는다.

자료 집중 분석 p.082

예제 1

정답 ③

해설 | ㄱ. 뮤온의 입장에서는 관찰자가 운동하므로 관찰자의 속력은 v이다.
ㄷ. 뮤온의 관성계에서는 지표면이 운동하므로 길이가 수축되어 h보다 짧다.

에서보다 관찰자의 관성계에서 더 길다.

개념 다지기 문제
p.083~085

01 ④	02 ③	03 ③	04 ⑤	05 ⑤	06 ②
07 ③	08 ③				
고난도	09 ③	10 ⑤			
서술형	11~12 해설 참조				

01 ㄱ. A가 측정할 때 B의 속력은 B의 속력에서 A의 속력을
뺀 값이므로 20 m/s−10 m/s=10 m/s이다.
ㄷ. B와 C는 같은 속도로 운동하므로 C가 측정할 때 B는 정지
해 있다.

A는 서쪽으로 운동한다.

02 ③ A: 모든 관성계에서 물리 법칙이 동일하게 성립한다는 상
대성 원리는 특수 상대성 이론의 기본 가정이다.
C: 운동하는 관성계의 시간은 느리게 간다. 이를 시간 지연이라
고 한다.

동일하다. 이를 광속 불변 원리라고 한다.

03 ㄱ. (가)에서 기차가 A에 대해 v의 속력으로 운동하므로 B
가 측정한 A의 속력은 v이다.
ㄴ. (가)에서 화살이 B에 대해 $2v$의 속력으로 운동하므로 A가
측정한 화살의 속력은 $2v+v=3v$이다.

정하므로 A가 측정한 빛의 속력은 c이다.

04 ⑤ (가)는 모든 관성계에서 물리 법칙은 동일하게 성립한다
는 상대성 원리이고, (나)는 빛의 속력은 광원의 속력이나 관찰자
의 속력에 관계없이 동일하다는 광속 불변 원리이다.

05

| 자료 분석 |

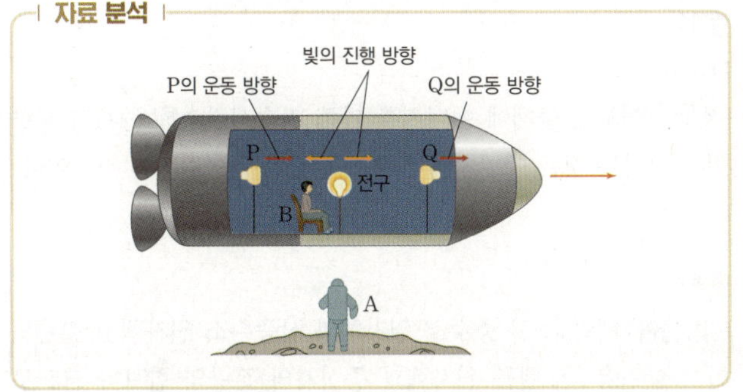

ㄱ. 전구에서 P, Q까지의 거리가 같으므로 B의 관성계에서는 빛
이 P와 Q에 동시에 도달한다.

ㄴ. A의 관성계에서 우주선이 오른쪽으로 운동하므로 P는 빛의
진행 방향과 반대 방향으로 운동하게 되고, Q는 빛의 진행 방향
으로 운동하게 된다. 따라서 A의 관성계에서 빛은 Q보다 P에
먼저 도달한다.
ㄷ. 광속 불변 원리에 의해 빛의 속력은 A의 관성계에서와 B의 관
성계에서가 같다.

06

| 자료 분석 |

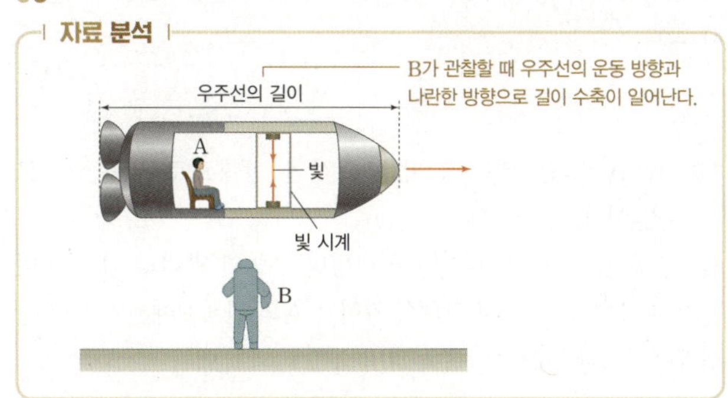

ㄷ. B에 대해 우주선이 운동하므로 B의 관성계에서 우주선의 길
이는 수축된다.

ㄴ. 빛 시계 속의 빛이 1회 왕복하는 동안 빛이 진행한 거리는 A
의 관성계에서가 B의 관성계에서보다 작다. 따라서 빛이 1회 왕
복하는 데 걸린 시간은 A의 관성계에서가 B의 관성계에서보다
작다.

07

| 자료 분석 |

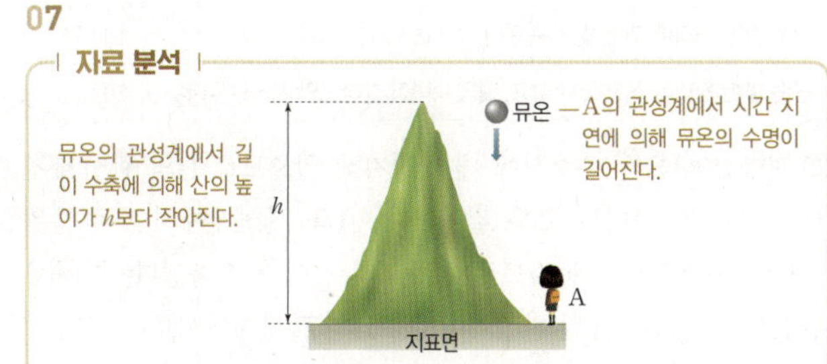

ㄱ. 산에 대해 정지해 있는 A가 측정한 산의 높이가 고유 높이이
므로 산의 고유 높이는 h이다.
ㄴ. A의 관성계에서 뮤온은 광속에 가까운 속력으로 운동하므로
뮤온의 시간이 느리게 간다. 따라서 A의 관성계에서 뮤온의 수
명은 고유 수명 T보다 길다.

운동하므로 산의 높이는 수축되어 고유 높이 h보다 작다.

08 ㄱ. A가 탄 우주선이 수평면에 대해 $0.9c$의 속력으로 운동하
므로 A의 관성계에서 P의 속력은 $0.9c$이다.
ㄴ. A의 관성계에서 B는 운동하므로 B의 시간은 A의 시간보다
느리게 간다.

수축은 A의 관성계에서가 더 크다. 따라서 P와 Q 사이의 거리
는 A의 관성계에서가 B의 관성계에서보다 작다.

09 ㄱ. A가 측정한 거리가 고유 거리이다. 빛이 지구에서 행성까지 진행하는 데 걸린 시간이 10년이므로 지구와 행성 사이의 고유 거리는 10광년이다.

ㄴ. A에 대해 B는 $0.5c$의 속력으로 운동하므로 B가 지구에서 행성까지 가는 데 걸린 시간은 $\dfrac{10광년}{0.5c}=20$년이다.

🔍 **바로알기** ㄷ. B에서 측정한 시간이 고유 시간이다. 고유 시간은 A가 측정한 시간보다 작으므로 B의 관성계에서 지구가 B를 스친 순간부터 행성이 B를 스치는 순간까지 걸린 시간은 20년보다 작다.

10 ㄱ. A가 관측할 때 빛은 대각선 방향으로 이동하므로 $L_A > L_B$이다.

ㄴ. 우주선의 속력이 빠를수록 수평면에 놓인 막대의 길이가 더 많이 수축된다. 따라서 막대의 길이가 A의 관성계에서가 B의 관성계에서보다 크므로 우주선의 속력은 $v_A < v_B$이다.

ㄷ. 빛의 속력은 A, B의 관성계에서 같으므로 $\dfrac{L_A}{t_A}=\dfrac{L_B}{t_B}$이다.

따라서 $\dfrac{L_A}{L_B}=\dfrac{t_A}{t_B}$이다.

11 (서술형)

(1) **모범 답안** | 광속 불변 원리에 의해 A의 관성계에서 빛의 속력과 B의 관성계에서 빛의 속력은 c로 같다.

채점 기준	배점
광속 불변 원리에 의해 빛의 속력이 같다고 서술한 경우	100 %
광속 불변 원리를 적용하지 않고, 빛의 속력이 같다고만 서술한 경우	80 %

(2) **모범 답안** | B는 우주선에 대해 정지해 있으므로 B의 관성계에서 우주선의 길이는 고유 길이이다. A의 관성계에서 우주선은 $0.9c$의 속력으로 운동하므로 우주선의 길이가 수축된다. 따라서 우주선의 길이는 A의 관성계에서가 B의 관성계에서보다 작다.

채점 기준	배점
우주선의 고유 길이를 이용하여 우주선의 길이를 옳게 비교한 경우	100 %
고유 길이를 이용하지 않고 우주선의 길이를 옳게 비교한 경우	80 %

12 (서술형)

모범 답안 | 뮤온의 관성계에서는 지구가 $0.99c$의 속력으로 운동하기 때문에 길이가 수축되어 지표면에 도달할 수 있는 것이다. 지표면의 관성계에서는 뮤온이 $0.99c$의 속도로 운동하므로 시간이 느리게 간다. 즉, 지표면의 관성계에서 뮤온의 수명은 2×10^{-6} s 보다 길기 때문에 지표면에 도달할 수 있는 것이다.

채점 기준	배점
뮤온의 관성계와 지표면의 관성계에서 뮤온이 지표면에 도달할 수 있는 까닭을 모두 옳게 서술한 경우	100 %
뮤온의 관성계 또는 지표면의 관성계 중 하나의 경우에만 뮤온이 지표면에 도달할 수 있는 까닭을 옳게 서술한 경우	50 %

07 질량과 에너지

01 질량 에너지 동등성　**02** 정지, 상대론적　**03** 질량 결손, 질량 결손
04 핵융합　　　　　　　**05** 핵분열　　　　　**06** ✕
07 ◯　**08** ✕　**09** ✕　**10** ◯

02 물체의 질량은 관성계마다 다르게 측정된다. 물체에 대해 정지해 있는 관성계에서 측정한 물체의 질량을 정지 질량이라 하고, 물체에 대해 운동하는 관성계에서 측정한 질량을 상대론적 질량이라고 한다. 물체의 속력이 빠를수록 상대론적 질량이 크다.

03 핵반응에서 질량수가 큰 원자핵이 질량수가 작은 원자핵으로 분열되거나 질량수가 작은 원자핵이 융합하여 질량수가 더 큰 원자핵이 생성될 때 질량 결손이 생긴다. 이때 결손된 질량은 에너지로 방출된다.

06 질량과 에너지는 본질적으로 같으므로 질량이 에너지로 변환될 수도 있고, 에너지가 질량으로 변환될 수도 있다. 즉, 질량은 에너지의 또 다른 형태이다.

07 상대론적 질량은 물체에 대해 운동하는 관성계에서 측정한 물체의 질량을 말하고, 물체의 속력이 빠를수록 상대론적 질량이 크다.

08 핵반응 전후 입자들의 질량수와 전하량은 보존되지만 질량은 보존되지 않는다. 핵반응 과정에서 핵반응 후의 질량이 핵반응 전의 질량보다 작아지는 질량 결손이 생기고, 이때 질량 결손에 해당하는 에너지가 방출된다.

09 정지해 있는 물체는 정지 질량에 해당하는 에너지를 가지고 있다. 정지 질량이 m_0인 물체의 정지 에너지는 $E=m_0c^2$(c: 진공에서 빛의 속력)이다.

🔍 탐구 집중 분석

예제 1

정답 ②

🔍 **바로알기** ② 물체에 에너지를 가해 가속시킬수록 물체의 질량이 증가하는 것은 에너지의 일부가 질량으로 변환되는 경우이다.

예제 2

모범 답안 | 핵반응 전 중수소 원자핵과 삼중수소 원자핵의 질량의 합이 핵반응 후 헬륨 원자핵과 중성자의 질량의 합보다 크므로 핵융합 반응에서 질량이 결손된다. 이 결손된 질량이 에너지로 방출되기 때문이다.

01 ③	02 ⑤	03 ②	04 ⑤	05 ⑤	06 ④
07 ①	08 ③	09 ③			

고난도 10 ③   11 ④

서술형 12~13 해설 참조

01 ㄱ. 질량 에너지 동등성에 따르면 질량은 에너지의 또 다른 형태이다.

ㄴ. 질량과 에너지는 서로 변환될 수 있다.

바로알기 ㄷ. 정지해 있는 물체는 정지 질량에 해당하는 에너지를 가지고 있다.

02 ㄱ. 물체의 질량은 물체의 속력이 증가할수록 커지므로 '속력'은 X로 적절하다.

ㄴ. 물체의 질량이 가장 작을 때는 정지해 있을 때이므로 정지 질량은 m_0이다.

ㄷ. X는 속력으로, 속력이 클수록 질량이 크므로 물체의 에너지가 크다.

03 ② 질량 m과 에너지 E의 관계식은 $E=mc^2$(c: 진공 중에서 빛의 속력)이다. 따라서 m과 E의 관계 그래프로 ②가 가장 적절하다.

04 ㄱ. B에 대해 A와 입자의 속도가 같으므로 입자의 속력은 A의 관성계에서는 0이고, B의 관성계에서는 $0.9c$이다.

ㄴ. 입자의 질량은 속력이 빠를수록 크다. 입자의 속력은 B의 관성계에서 더 크므로 입자의 질량은 B의 관성계에서 더 크다.

ㄷ. 입자의 질량이 B의 관성계에서가 더 크므로 입자의 에너지도 B의 관성계에서 더 크다.

05 ㄱ. 원자 번호는 같고 질량수가 다르므로 $^{235}_{92}\text{U}$는 $^{238}_{92}\text{U}$의 동위원소이다.

ㄴ. 두 원자핵의 양성자수가 92로 같으므로 전하량이 같다.

ㄷ. '중성자수＝질량수－양성자수'이므로 중성자수는 $^{235}_{92}\text{U}$가 $^{238}_{92}\text{U}$보다 작다.

06

자료 분석

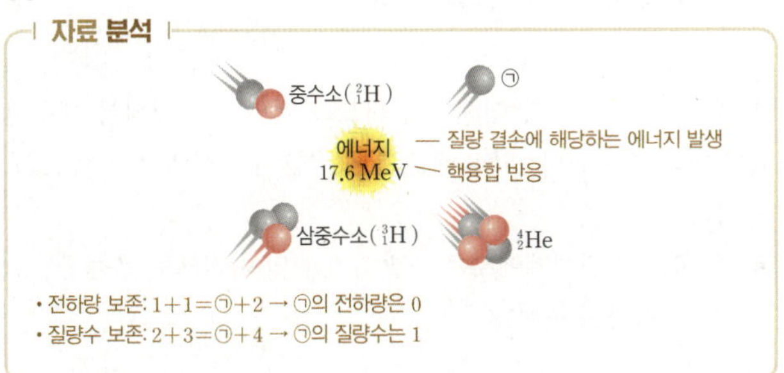

ㄴ. ⊙은 전하량이 0이고, 질량수는 1이므로 중성자($^1_0$n)이다. 핵반응식은 $^2_1\text{H}+^3_1\text{H} \longrightarrow ^4_2\text{He}+^1_0\text{n}+17.6 \text{ MeV}$이다.

ㄷ. 핵반응에서 발생하는 에너지는 질량 결손에 의한 것이다. 이때 질량 결손에 해당하는 에너지가 방출된다.

바로알기 ㄱ. 가벼운 원자핵이 충돌하여 무거운 원자핵을 형성하므로 핵융합 반응이다.

07

자료 분석

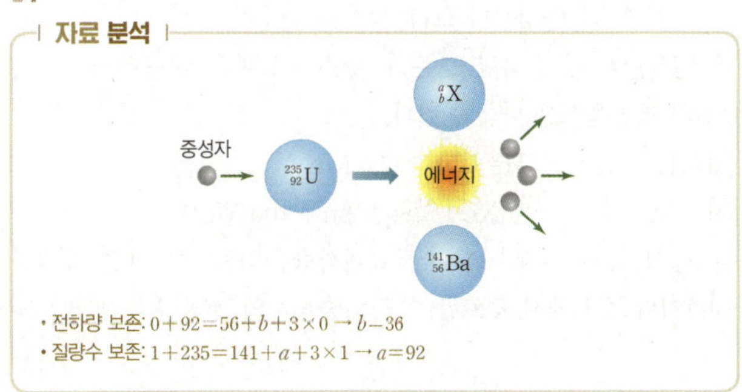

ㄱ. 무거운 원자핵이 두 개의 원자핵으로 쪼개지므로 핵분열 반응이다.

바로알기 ㄴ. $a=92$, $b=36$이므로 $a-b=56$이다.

ㄷ. 핵반응에서 발생하는 에너지는 질량 결손에 의한 것이므로 핵반응 전후 질량은 보존되지 않고 감소한다.

08 ③ 핵반응 전후 전하량과 질량수가 보존된다.

(가)에서 핵반응 전 질량수의 합은 13이므로 ⊙의 질량수는 1이고, 핵반응 전 전하량의 합은 6이므로 ⊙의 전하량은 0이다. 따라서 ⊙은 중성자($^1_0$n)이다.

(나)에서 핵반응 전 전하량의 합은 7이므로 ⓒ의 전하량은 1이고, 핵반응 전 질량수의 합은 15이므로 ⓒ의 질량수는 1이다. 따라서 ⓒ은 양성자($^1_1$H)이다.

(가), (나)의 핵반응식은 다음과 같다.

(가) $^9_4\text{Be}+^4_2\text{He} \longrightarrow ^{12}_6\text{C}+^1_0\text{n}$

(나) $^{14}_7\text{N}+^1_0\text{n} \longrightarrow ^{14}_6\text{C}+^1_1\text{H}$

09 ㄱ. A → B 과정에서 질량수는 4만큼 감소하고 양성자수는 2만큼 감소하므로 방출되는 입자는 헬륨 원자핵($^4_2$He)이고, $^4_2$He의 중성자수는 2이다.

ㄴ. B → C 과정에서 질량수는 변하지 않고 양성자수가 1만큼 증가하므로 방출되는 입자는 음($-$)전하를 띠는 전자이다.

바로알기 ㄷ. 핵변환이 되면서 원자핵은 더욱 안정된 상태가 되므로 핵변환 과정에서 에너지가 방출되며 질량은 감소한다. 따라서 질량은 B가 D보다 크다.

10 ㄱ. 양성자수와 중성자수의 합이 질량수이므로 A의 질량수는 2이다.

ㄴ. B의 질량수는 3이고, C는 양성자수 1, 중성자수 0인 수소 원자핵이므로 질량수는 1이다. 즉, A는 $^2_1$H, B는 $^3_1$H, C는 $^1_1$H이므로 핵반응식은 다음과 같다.

$$^2_1\text{H}+^2_1\text{H} \longrightarrow ^3_1\text{H}+^1_1\text{H}+4.03 \text{ MeV}$$

바로알기 ㄷ. 핵반응에서 발생하는 에너지는 질량 결손에 의한 것이므로 핵반응 후 질량의 합은 핵반응 전 질량의 합보다 작다. 따라서 C의 질량은 $2m_A-m_B$보다 작다.

11 ㄴ. (나)는 무거운 원자핵이 두 개의 가벼운 원자핵으로 분열했으므로 핵분열 반응이다.

ㄷ. (가), (나)에서 방출되는 에너지는 질량 결손에 의한 것이다. 방출되는 에너지는 (나)에서가 (가)에서보다 크므로 질량 결손은 (나)에서가 (가)에서보다 크다.

🔍 **바로알기** ㄱ. 전하량 보존과 질량수 보존을 적용하면, (가), (나)의 핵반응식은 다음과 같다.

(가) $^2_1H + ^3_1H \longrightarrow ^4_2He + ^1_0n + 17.6\,MeV$

(나) $^{235}_{92}U + ^1_0n \longrightarrow ^{140}_{54}Xe + ^{94}_{38}Sr + 2^1_0n + 200\,MeV$

(나)에서 ㉠의 질량수는 1이고, 전하량은 0이므로 ㉠은 중성자(^1_0n)이다. (가)에서 X는 ^3_1H이므로 중성자인 ㉠의 수는 2이다.

---

12 서술형

(1) **정답** | 2

해설 | 핵반응 전후 질량수와 전하량이 보존되므로 ㉠의 질량수는 4이고, 전하량은 +2이므로 ㉠의 양성자수는 2이다. 따라서 ㉠의 중성자수는 4−2=2이다.

(2) **모범 답안** | 핵반응 전 질량의 합은 2.0141 u+3.0160 u=5.0301 u이고, 핵반응 후 질량의 합은 4.0026 u+1.0087 u=5.0113 u이다. 질량의 합은 핵반응 전이 핵반응 후보다 크므로 핵반응에서 질량이 감소하였다. 감소된 질량이 에너지로 변환되므로 핵반응에서는 에너지가 방출된다.

채점 기준	배점
핵반응 전후 입자의 질량의 합을 비교하여 옳게 서술한 경우	100 %
질량 결손을 언급하지 않고 에너지가 방출된다고 서술한 경우	50 %

---

13 서술형

(1) **모범 답안** | $^{235}_{92}U + ㉠ \longrightarrow ^{236}_{92}U$에서 ㉠은 질량수가 1이고, 전하량이 0이므로 중성자(^1_0n)이다. $^{236}_{92}U \longrightarrow ^{92}_{ⓐ}Kr + ^{ⓑ}_{56}Ba + 3^1_0n$의 핵반응에서 전하량이 보존되므로 92=ⓐ+56에서 ⓐ는 36이다. 또한 질량수가 보존되므로 236=92+ⓑ+3에서 ⓑ는 141이다. 즉, ㉠은 중성자(^1_0n), ⓐ는 36, ⓑ는 141이다.

채점 기준	배점
㉠, ⓐ, ⓑ를 모두 풀이 과정과 함께 옳게 구한 경우	100 %
㉠을 옳게 구한 경우	50 %
ⓐ, ⓑ를 옳게 구한 경우	50 %

(2) **모범 답안** | 핵반응에서 방출된 에너지는 질량 결손에 의한 것이므로 핵반응 전 우라늄 원자핵($^{236}_{92}U$)과 중성자 1개의 질량의 합은 핵반응 후 바륨 원자핵($^{141}_{56}Ba$), 크립톤 원자핵($^{92}_{36}Kr$), 중성자 3개의 질량의 합보다 크다.

채점 기준	배점
핵반응에서 에너지가 방출된 것을 근거로 핵반응 전과 후 질량을 옳게 비교한 경우	100 %
핵반응에서 에너지 방출에 대해 설명하지 않고 질량만 옳게 비교한 경우	50 %

①	1 ○	2 ×	3 ×	4 ○		
②	1 ○	2 ○	3 ×	4 ×	5 ○	
③	1 ○	2 ×	3 ×	4 ○	5 ×	
④	1 ○	2 ×	3 ○	4 ○	5 ○	
⑤	1 ○	2 ○	3 ×	4 ×	5 ○	6 ○
⑥	1 ○	2 ○	3 ×	4 ×	5 ○	
⑦	1 ○	2 ×	3 ×	4 ×	5 ○	
⑧	1 ○	2 ×	3 ○	4 ○	5 ○	6 ×
⑨	1 ○	2 ○	3 ○	4 ×	5 ○	6 ×	7 ○

①-2 광속 불변 원리에 의해 기차에서 방출된 빛의 속력은 A의 관성계에서와 B의 관성계에서가 같다.

①-3 B가 관측할 때 공의 운동 경로는 직선 경로이고, A가 관측할 때 공의 운동 경로는 포물선 경로이다.

①-4 상대성 원리에 의해 모든 관성계에서 운동 법칙은 동일하게 성립한다.

②-1, 2 A의 관성계에서 광원에서 방출된 빛이 P와 Q에 동시에 도달하므로 광원은 P와 Q의 중간에 있으며, 진행 거리가 같다.

②-3 A의 관성계에서든 B의 관성계에서든 광원에서 방출된 빛의 속력은 같다. 또한 빛의 진행 방향에 관계없이 빛의 속력은 같다.

②-4, 5 B의 관성계에서 Q는 빛의 진행 방향으로 운동하고, P는 빛의 진행 방향과 반대 방향으로 운동하므로 빛이 P에 먼저 도달한다. 따라서 빛이 P에 도달하는 데 걸린 시간은 Q에 도달하는 데 걸린 시간보다 작다.

③-1, 3 B의 관성계에서 빛은 위아래로 진행하지만 A의 관성계에서는 빛이 대각선 방향으로 진행하므로 빛의 진행하는 경로의 길이는 A의 관성계에서가 B의 관성계에서보다 크다. 따라서 빛이 한 번 왕복하는 데 걸린 시간은 A의 관성계에서가 B의 관성계에서보다 크다.

③-2 빛 시계에 대해 정지해 있는 관찰자가 측정한 시간이 고유 시간이므로 B의 관성계에서 측정한 시간이 고유 시간이다.

③-4, 5 A의 관성계에서는 B가 운동하므로 B의 시간은 A의 시간보다 느리게 가고, B의 관성계에서는 A가 운동하므로 A의 시간은 B의 시간보다 느리게 간다.

④-2 우주선이 A에 대해 운동하므로 A의 관성계에서 우주선의 길이는 수축된다. 따라서 A가 측정한 우주선의 길이는 L_0보다 작다.

④-3, 4 B의 관성계에서는 깃발이 $0.8c$의 속력으로 운동하므로 깃발의 길이가 수축된다.

⑤-3 뮤온의 관성계에서 측정한 뮤온의 수명이 고유 수명이고, 지표면의 관성계에서 뮤온은 운동하므로 뮤온의 수명은 고유 수명보다 길다.

⑤-4, 5 뮤온의 관성계에서 산은 광속에 가까운 속력으로 운동

하므로 산의 높이는 수축되며, 지표면의 관성계에서 측정한 산의 높이가 고유 길이이다.

⑥-1 물체에 대해 정지해 있는 관성계에서 측정한 질량이 정지 질량이다.

⑥-3 물체의 속력이 빛의 속력에 가까워질수록 물체의 질량이 급격하게 증가하므로 질량이 있는 물체는 빛의 속력보다 빠른 속력으로 운동할 수 없다.

⑥-4 정지해 있는 물체는 정지 질량에 해당하는 에너지를 가진다.

⑥-5 운동하는 물체의 질량은 정지 질량보다 크므로 운동하는 물체의 에너지는 정지 에너지보다 크다.

⑦-2 질량이 에너지로 변환되는 것처럼 에너지도 질량으로 변환될 수 있다.

⑦-3 정지 질량이 m_0인 물체의 정지 에너지는 m_0c^2이다.

⑦-4 물체에 에너지를 공급하면 공급된 에너지의 일부는 물체의 질량을 증가시키는 데 이용된다.

⑦-5 전자와 양전자가 만나 소멸될 때 질량이 에너지로 변환되면서 감마선이 방출된다.

⑧-2 우라늄 원자핵($^{235}_{92}U$)의 질량수는 235이다.

⑧-3 바륨 원자핵($^{141}_{56}Ba$)의 중성자수는 $141-56=85$이다.

⑧-4 ㉠은 전하량이 0, 질량수가 1인 중성자(^1_0n)이다.

⑧-6 핵반응에서 질량수는 보존되지만 질량은 보존되지 않는다.

⑨-4 핵반응에서 전하량과 질량수는 보존된다.

⑨-6 핵반응에서 질량 결손이 클수록 발생하는 에너지가 크다.

학교 시험 대비 문제
p.095~099

| 01 ④ | 02 ② | 03 ④ | 04 ② | 05 ④ | 06 ① |
| 07 ① | 08 ⑤ | 09 ① | 10 ④ | 11 ⑤ | 12 ① |

고난도 13 ③ 14 ④ 15 ⑤ 16 ③

서술형 17~20 해설 참조

01 ㄱ. 기차가 B에 대해 일정한 속도로 운동하므로 A의 관성계에서 B는 등속도 운동을 한다.

ㄷ. A와 B의 관성계에서 물리 법칙은 동일하게 성립하므로 가속도와 힘의 관계식은 A, B의 관성계에서 같다.

🔍 **바로알기** ㄴ. A가 관측할 때에는 공이 연직 아래 방향으로 운동하지만 B가 관측할 때에는 공이 포물선 경로를 따라 운동한다.

02 ㄷ. 수평면에 놓인 빛 시계에서 고유 시간은 A가 측정한 것이므로 t_0보다 작다.

🔍 **바로알기** ㄱ. A의 관성계에서 우주선 안에 있는 빛 시계에서 빛이 한 번 왕복하는 동안 진행한 거리는 빛 시계의 고유 길이의 2배보다 크므로 빛 시계의 고유 길이는 ct_0보다 작다.

ㄴ. B에 대해 A가 운동하므로 B의 관성계에서 수평면에 놓인 빛 시계에서 빛이 한 번 왕복하는 데 걸린 시간은 t_0이다.

03 ㄴ. 검출기와 광원을 잇는 직선이 우주선의 운동 방향과 수직이므로 길이 수축이 일어나지 않는다. 따라서 A의 관성계에서 광원과 검출기 사이의 거리는 L이다.

ㄷ. A의 관성계에서 빛의 진행 거리는 L보다 크므로 $T>\dfrac{L}{c}$이다.

🔍 **바로알기** ㄱ. 빛의 속력은 A와 B의 관성계에서 같다.

04 ㄴ. 수축된 우주선의 길이가 같고, 우주선의 속력은 A가 B보다 크므로 우주선의 고유 길이는 A가 B보다 크다.

🔍 **바로알기** ㄱ. 광속 불변 원리에 의해 B의 관성계에서 레이저 빛의 속력은 c이다.

ㄷ. P의 관성계에서 우주선의 속력은 A가 B보다 크므로 A에서의 시간이 B에서의 시간보다 느리게 간다.

05 ㄱ. 우주선의 관성계에서는 우주 정거장이 $0.8c$의 속력으로 운동한다.

ㄴ. 우주선의 관성계에서는 우주 정거장이 운동하므로 우주 정거장에서의 시간은 우주선에서의 시간보다 느리게 간다.

🔍 **바로알기** ㄷ. 광속 불변 원리에 의해 우주 정거장에서 측정할 때 빛의 속력은 c이다.

06 ① A에 대해 P, Q가 운동하므로 우주선의 길이는 수축된다. 우주선의 속력은 Q가 P보다 크므로 우주선의 길이는 Q가 P보다 더 많이 수축된다. 따라서 $L_0>L_P>L_Q$이다.

07

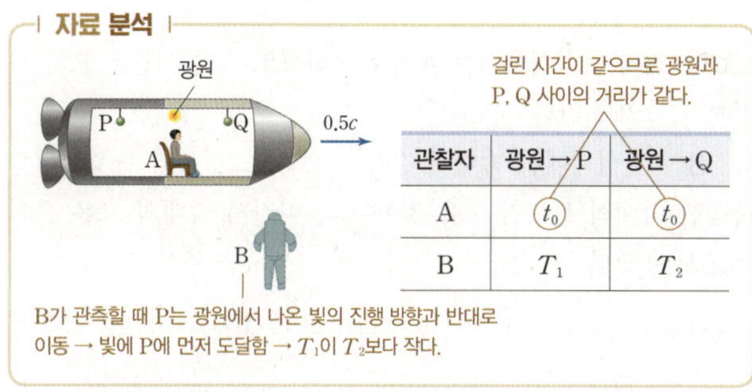

관찰자	광원→P	광원→Q
A	t_0	t_0
B	T_1	T_2

ㄱ. A의 관성계에서는 B가 $0.5c$의 속력으로 운동한다.

🔍 **바로알기** ㄴ. A의 관성계에서 빛은 P와 Q에 동시에 도달하므로 광원에서 P, Q까지의 거리는 같다.

ㄷ. 우주선이 오른쪽으로 운동하므로 B의 관성계에서 빛은 Q보다 P에 먼저 도달한다. 따라서 $T_1<T_2$이다.

08 ㄱ. (가)는 수소 원자핵들이 반응하여 더 큰 원자핵이 되므로 핵융합 반응이다.

ㄴ. (나)에서 우라늄이 핵분열하여 바륨 원자핵과 크립톤 원자핵이 생성되므로 질량수는 우라늄 원자핵이 바륨 원자핵보다 크다.

ㄷ. 핵반응에서 방출되는 에너지는 질량 결손에 의한 것이다.

09 ㄱ. (가)는 핵반응 후 질량수가 더 큰 원자핵이 생성되므로 핵융합 반응이다.

🔍 **바로알기** ㄴ. 핵반응에서 에너지가 방출되므로 질량이 결손되었다. 따라서 (나)에서 입자들의 질량의 합은 반응 전이 반응 후

보다 크다.

ㄷ. 중성자($_0^1$n)의 정지 질량이 0이 아니므로 정지 에너지도 0이
아니다.

10 ㄱ. P의 관성계에서 A는 운동하므로 시간 지연에 의해 수명
은 T_0보다 길다.

ㄷ. 속력이 A가 B보다 작으므로 P의 관성계에서 질량은 A가 B
보다 작다.

🔍**바로알기** ㄴ. A의 관성계에서 B가 운동하므로 B의 질량은 m_0
보다 크다.

11 ㄴ. ㉠은 $_2^3$He이고, ㉡은 $_2^3$He이므로 질량수는 3으로 같다.
(가), (나)의 핵반응식은 다음과 같다.

(가) $_1^2$H$+_2^3$He $\longrightarrow$ $_2^4$He$+_1^1$H$+18.3$ MeV

(나) $_1^1$H$+_1^2$H $\longrightarrow$ $_2^3$He$+5.5$ MeV

ㄷ. 방출되는 에너지가 (가)에서가 (나)에서보다 크므로 질량 결
손은 (가)에서가 (나)에서보다 크다.

🔍**바로알기** ㄱ. (가)에서 질량수가 작은 원자핵이 융합하여 질량
수가 더 큰 원자핵이 되므로 핵융합 반응이다.

12 ㄱ. X는 탄소 원자핵($_6^{12}$C)으로 중성자수는 6이다.

🔍**바로알기** ㄴ. $_6^{12}$C의 양성자수는 6이고, $_2^4$He의 양성자수는 2이
므로 전하량은 $_6^{12}$C이 $_2^4$He의 3배이다.

ㄷ. 핵반응에서 에너지가 방출되므로 X의 질량은 $_2^4$He의 질량의
3배보다 작다.

13 ㄱ. B의 관성계에서는 A가 운동하므로 A의 시간은 B의 시
간보다 느리게 간다.

ㄴ. B의 관성계에서 막대의 길이는 수축되고, A의 관성계에서
측정한 막대의 길이가 고유 길이이다. 따라서 막대의 고유 길이
는 L보다 크다.

🔍**바로알기** ㄷ. B의 관성계에서 막대의 속력이 $\frac{L}{t_0}$이므로 우주선
의 속력은 $\frac{L}{t_0}$이다. 따라서 A의 관성계에서 우주선의 속력도 $\frac{L}{t_0}$
이다.

14 ㄴ. A의 관성계에서는 B가 운동하므로 B의 시간이 A의 시
간보다 느리게 간다.

ㄷ. 광원에서 방출된 빛이 검출기에 도달할 때까지 빛이 진행하
는 경로는 A의 관성계에서는 대각선 방향이고, B의 관성계에서
는 직선 방향이므로 빛이 진행하는 거리는 A의 관성계에서가 B
의 관성계에서보다 크다. 빛의 속력은 A, B의 관성계에서 서로
같으므로 빛이 광원에서 검출기에 도달할 때까지 걸린 시간은 A
의 관성계에서가 B의 관성계에서보다 크다.

🔍**바로알기** ㄱ. A는 우주선에 대해 정지해 있으므로 A가 측정한
우주선의 길이는 고유 길이이다. 우주선이 B에 대해 운동하므로
B의 관성계에서 우주선의 길이는 수축된다. 따라서 B의 관성계
에서 우주선의 길이는 A의 관성계에서 우주선의 길이보다 작으
므로 A의 관성계에서 우주선의 길이는 L보다 크다.

15 ㄱ. 원자로에서 일어나는 우라늄의 핵분열 반응식을 나타내
면 다음과 같다.

$$U+㉠ \longrightarrow Ba+Kr+3㉠+에너지$$

우라늄의 양성자수(92)는 바륨의 양성자수(56)와 크립톤의 양
성자수(36)의 합과 같으므로 ㉠은 양성자수가 0인 입자이다. ㉠
은 원자핵을 구성하는 입자 중 하나인 중성자($_0^1$n)로 전하를 띠
지 않는다.

ㄴ. 질량수는 양성자수와 중성자수의 합이다. ㉠의 질량수는 1,
우라늄의 질량수는 235, 크립톤의 질량수는 92이다. 핵반응에서
질량수가 보존되므로 235$+1=$바륨의 질량수$+92+3$에서 바륨
의 질량수는 141이다. 따라서 바륨의 중성자수는 ㉡$=141-56$
$=85$이다.

ㄷ. 핵반응에서 방출되는 에너지는 질량 결손에 의한 것이다.

16 ㄱ. (나)에서 ㉢은 질량수가 2이고, 양성자수가 1이므로 ㉢은
$_1^2$H이고, (다)에서 ㉡은 질량수가 1, 전하량이 0인 중성자($_0^1$n)이
다. 핵반응식은 다음과 같다.

(가) $_1^2$H$+_1^2$H $\longrightarrow$ $_2^3$He$+_0^1$n$+3.3$ MeV

(나) $_1^2$H$+_1^2$H $\longrightarrow$ $_1^3$H$+_1^1$H$+4.0$ MeV

(다) $_1^2$H$+_1^3$H $\longrightarrow$ $_2^4$He$+_0^1$n$+17.6$ MeV

ㄷ. 핵반응에서 방출되는 에너지는 (다)에서가 (나)에서보다 크
므로 질량 결손은 (다)에서가 (나)에서보다 크다.

🔍**바로알기** ㄴ. (가)에서 ㉠의 질량수는 3, 양성자수는 2이므로
㉠은 $_2^3$He이다. ㉢의 질량수는 3이고, ㉡의 질량수는 2이다.

17 서술형

(1) **모범 답안** | 광속 불변 원리에 의해 A의 관성계와 B의 관성계에
서 측정한 번개 빛의 속력은 같다.

채점 기준	배점
광속 불변 원리를 이용하여 번개 빛의 속력이 같다고 서술한 경우	100 %
번개 빛의 속력이 같다고만 서술한 경우	60 %

(2) **모범 답안** | Q, 광속 불변 원리에 의해 P, Q에 친 빛이 이동하
는 속력은 같고, 빛이 진행한 거리는 Q에서 온 빛이 P에서 온 빛
보다 짧다. 따라서 Q에 먼저 친 것으로 관측한다.

해설 | P와 Q에 친 번개 빛이 B로 진행하는 속력은 광속 불변 원
리에 의해 같고, B는 P에서 오는 빛의 진행 방향과 같은 방향으
로 이동하고 Q에서 오는 빛의 진행 방향과는 반대 방향으로 이동
하므로 빛이 진행한 거리는 Q에서 온 빛이 P에서 온 빛보다 짧
다. 따라서 번개 빛이 B에 도달하는 데 걸리는 시간은 Q에서 온
빛이 P에서 온 빛보다 짧으므로 번개는 P보다 Q에 먼저 친 것으
로 관측한다.

채점 기준	배점
Q를 고르고, 그 까닭을 옳게 서술한 경우	100 %
Q를 골랐으나, 그 까닭에 대한 서술이 미흡한 경우	50 %

18 서술형

(1) **모범 답안** | B의 운동 방향과 수직인 O와 P 사이의 거리는 수축

되지 않는다. 그러나 B의 운동 방향과 나란한 O와 Q 사이의 거리는 수축된다. 따라서 B의 관성계에서 O와 P 사이의 거리가 O와 Q 사이의 거리보다 크다.

채점 기준	배점
운동 방향과 나란한 방향의 길이가 수축되고, 수직인 방향의 길이는 수축되지 않는다는 것을 이용하여 옳게 서술한 경우	100 %
거리 비교는 옳으나 서술이 미흡한 경우	50 %

(2) **모범 답안** | B의 관성계에서 P, Q로 진행하는 빛의 속력은 같고, P와 Q는 B가 운동하는 방향과 반대 방향으로 이동한다. 따라서 빛이 P에 도달하는 동안 진행한 거리는 빛이 Q에 도달하는 동안 진행한 거리보다 크므로 빛이 P에 도달하는 데 걸린 시간이 Q에 도달하는 데 걸린 시간보다 길다.

채점 기준	배점
광속 불변 원리를 적용하여 빛이 도달하는 데 걸린 시간을 옳게 비교한 경우	100 %
도달하는 데 걸린 시간은 옳게 비교하였으나 서술이 미흡한 경우	50 %

19 서술형

(1) **모범 답안** | 물체의 속력이 증가하면 물체의 질량이 증가한다. 물체의 속력을 증가시키기 위해 가해 준 에너지의 일부가 질량으로 변환되기 때문이다.

채점 기준	배점
속력에 따른 질량 변화를 옳게 서술하고, 에너지가 질량으로 변환되는 것을 이용하여 까닭을 옳게 서술한 경우	100 %
속력에 따른 질량 변화는 옳게 서술했으나, 그 까닭에 대한 서술이 미흡한 경우	50 %

(2) **모범 답안** | 물체에 에너지를 가해 가속시키면 에너지의 일부가 질량으로 변환되어 물체의 질량이 증가한다. 물체의 속력이 빛의 속력에 가까워지면 질량이 무한대로 증가하게 되어 물체의 속력을 증가시키는 데 무한의 에너지가 필요하기 때문에 물체의 속력은 빛의 속력에 도달할 수 없다.

채점 기준	배점
질량 에너지 동등성과 상대론적 질량을 이용하여 옳게 서술한 경우	100 %
상대론적 질량만을 이용하여 서술한 경우	50 %

20 서술형

모범 답안 | (가)에서 질량 결손은
$2 \times (2.014 \, u) - (1.007 \, u + 3.016 \, u) = 0.005 \, u$이고, (나)에서 질량 결손은 $(1.007 \, u + 1.009 \, u) - 2.014 \, u = 0.002 \, u$이다. 질량 결손이 (가)에서가 (나)에서보다 크므로 방출되는 에너지는 E_1이 E_2보다 크다.

채점 기준	배점
(가)와 (나)에서의 질량 결손을 정확하게 계산하여 방출된 에너지를 옳게 비교한 경우	100 %
방출된 에너지 비교는 옳지만, 질량 결손을 정확하게 계산하지 못한 경우	50 %

01 물체의 운동
❶ 이동 거리 ❷ 변위 ❸ 증가 ❹ 감소 ❺ 등속 직선 운동 ❻ 속도 ❼ 등가속도 직선 운동

02. 뉴턴 운동 법칙
❶ 힘 ❷ 작용점 ❸ 알짜힘 ❹ 0 ❺ 비례 ❻ 반비례 ❼ 반대

03 운동량과 충격량
❶ 운동량 ❷ 운동량 보존 법칙 ❸ 충격량 ❹ 운동량 변화량 ❺ 작

04 역학적 에너지 보존
❶ 일 ❷ 운동 에너지 변화량 ❸ 퍼텐셜 에너지 ❹ 역학적 에너지 보존 법칙

05 열역학 법칙
❶ 압력 ❷ 운동 에너지 ❸ 비례 ❹ 열역학 제1법칙 ❺ 비가역 ❻ 열에너지 ❼ 제2종 영구 기관

06 특수 상대성 이론
❶ 뺀 ❷ 상대성 원리 ❸ 광속 불변 원리 ❹ 시간 지연 ❺ 길이 수축

07 질량과 에너지
❶ 정지 질량 ❷ 상대론적 질량 ❸ 질량수 ❹ 질량 결손 ❺ 핵분열

1등급 실전 문제
p.102~107

01 ③	02 ②	03 ②	04 ②	05 ⑤	06 ①
07 ⑤	08 ①	09 ②	10 ④	11 ③	12 ③
13 ③	14 ④	15 ②	16 ③	17 ④	18 ③
19 ⑤	20 ③				

서술형 **21~25 해설 참조**

01 ㄱ. Q에서 R까지 이동한 거리는 20 m이고, 걸린 시간은 2초이므로 속력은 $v = 10 \, \text{m/s}$이다.

ㄴ. P에서 Q까지는 등가속도 직선 운동을 하므로 P에서 Q까지의 평균 속력은 $\dfrac{0 + 10 \, \text{m/s}}{2} = 5 \, \text{m/s}$이고, 걸린 시간은 5초이므로 P와 Q 사이의 거리는 25 m이다.

바로알기 ㄷ. 0초부터 5초까지 속력이 10 m/s만큼 증가하므로 가속도의 크기는 $\dfrac{10 \, \text{m/s}}{5 \, \text{s}} = 2 \, \text{m/s}^2$이다.

02 ㄴ. 0초부터 1초까지 속도 변화량은 4 m/s이고, 0초부터 6초까지 속도 변화량도 4 m/s이므로 1초일 때와 6초일 때 물체의 속력은 4 m/s로 같다.

바로알기 ㄱ. 물체는 0초부터 2초까지 등가속도 운동을 하며, 2초일 때 물체의 속력은 8 m/s이므로 0초부터 2초까지 물체의 평균 속력은 $\dfrac{0 + 8 \, \text{m/s}}{2} = 4 \, \text{m/s}$이다.

ㄷ. 4초일 때 속력은 8 m/s, 8초일 때 속력은 0이므로 4초부터 8초까지 평균 속력은 4 m/s이다. 따라서 이동한 거리는 16 m이다. 물체의 속도를 시간에 따라 나타내면 다음과 같다.

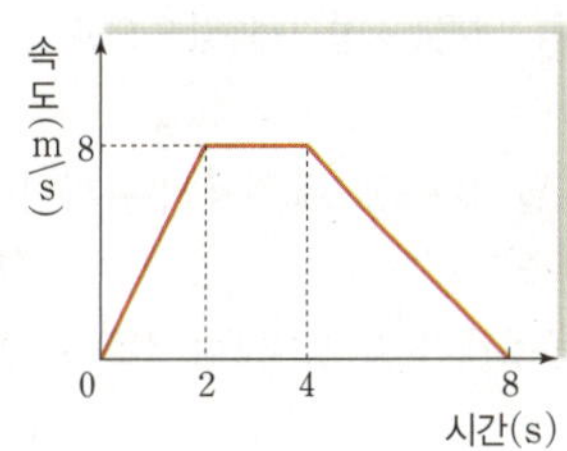

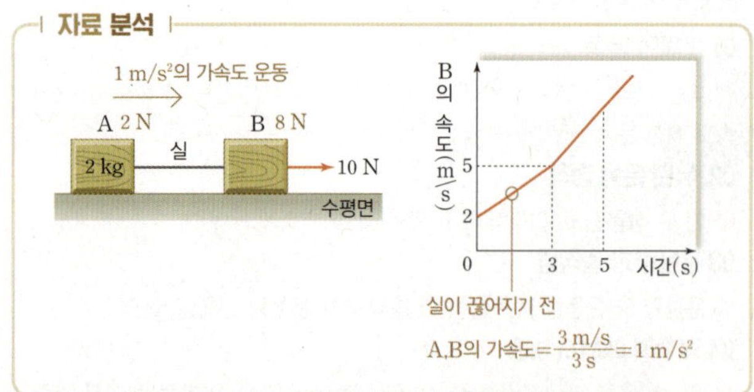

② 실이 끊어지기 전 A의 가속도는 1 m/s²이므로 A에 작용하는 알짜힘의 크기는 2 N이고, B에 작용하는 알짜힘의 크기는 8 N이므로 B의 질량은 8 kg이다. 실이 끊어진 후 B의 가속도의 크기는 $\dfrac{10\,\text{N}}{8\,\text{kg}}$=1.25 m/s²이므로 5초일 때 속력은 5 m/s+1.25 m/s²×2 s=7.5 m/s이다. 따라서 5초일 때 B의 운동량의 크기는 8 kg×7.5 m/s=60 kg·m/s이다.

04 ② A와 B는 같은 속력으로 운동하며, 같은 거리를 이동하는 동안 운동 에너지 증가량은 A가 B의 3배이므로 질량은 A가 B의 3배이다. B의 질량을 m이라고 하면, $mg=(3m+m)a$에서 A의 가속도의 크기는 $a=\dfrac{1}{4}g$이다.

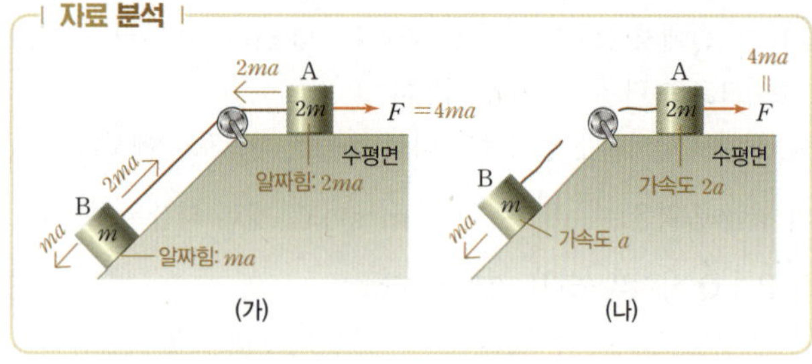

ㄱ. (가)에서 A, B의 가속도의 크기가 같고, 질량은 A가 B의 2배이므로 알짜힘의 크기는 A가 B의 2배이다.

ㄴ. (나)에서 B에 작용하는 알짜힘을 ma라고 하면, (가)에서 실이 A에 작용하는 힘의 크기는 $2ma$이므로 $F=4ma$이다. (가)에서 실이 A에 작용하는 힘의 크기와 실이 B에 작용하는 힘의 크기는 $2ma=\dfrac{1}{2}F$로 같다.

ㄷ. (나)에서 작용하는 알짜힘의 크기가 A가 B의 4배이므로 가속도의 크기는 A가 B의 2배이다.

06 ㄱ. 드론이 정지해 있으므로 작용하는 힘들이 평형을 이루고 있다.

 ㄴ. ㉠은 연직 위 방향으로 작용하고, ㉡은 연직 아래 방향으로 작용하며, 드론은 정지해 있으므로 ㉠과 ㉡의 크기가 같고 방향이 반대이다.

ㄷ. ㉠의 반작용은 날개가 공기에 작용하는 힘이다.

07 ㄱ. (가)에서 몸무게가 A가 B보다 크므로 질량은 A가 B보다 크다.

ㄴ. (나)에서 B가 올라선 체중계에 570 N의 힘이 측정되므로 A가 B에 작용하는 힘의 크기는 70 N이다.

ㄷ. A가 B에 작용하는 힘의 크기가 70 N이므로 B가 A에 작용하는 힘의 크기는 연직 위 방향으로 70 N이다. 따라서 w_0은 530 N이다.

08 ㄱ. 놀이 기구로부터 중력과 반대 방향인 연직 위 방향으로 힘을 받아 공이 올라가는 것이다. 따라서 놀이 기구로부터 받는 최대 힘이 F_0이므로 공에 작용하는 중력은 F_0보다 작다.

 ㄴ. t_0일 때 놀이 기구가 공에 작용하는 힘이 최대이며 공의 순간 속력은 0이다. 따라서 공의 운동량은 0이다.

ㄷ. (나)에서 그래프가 시간 축과 이루는 넓이는 공이 놀이 기구로부터 받은 충격량의 크기로 $2F_0t_0$보다 작고, 놀이 기구에 충돌하는 동안 공에 작용하는 중력에 의한 충격량의 크기도 $2F_0t_0$보다 작으므로 '공의 운동량 변화량의 크기=놀이 기구로부터 받은 충격량의 크기−놀이 기구에 충돌하는 동안 중력에 의한 충격량의 크기'는 $2F_0t_0$보다 작다.

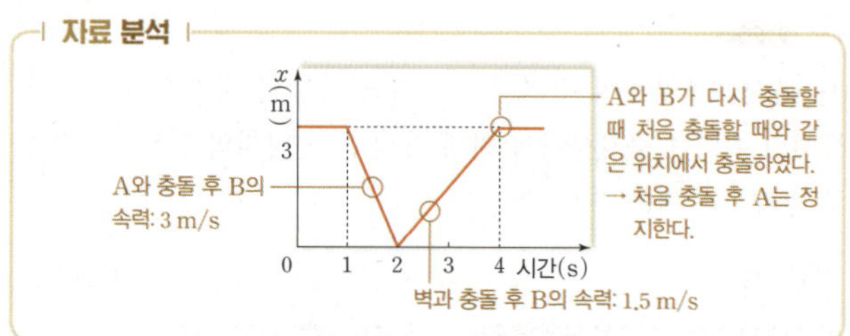

ㄴ. 벽에 충돌 전 B의 운동량의 크기는 6 kg·m/s, 충돌 후 B의 속력은 1.5 m/s이므로 B의 운동량의 크기는 3 kg·m/s이다. 따라서 벽에 충돌 전후 B의 운동량 변화량의 크기가 9 kg·m/s이므로 B가 벽으로부터 받은 충격량의 크기는 9 N·s이다.

 ㄱ. 1초일 때 A와 B가 충돌하고, 4초일 때 A와 B가 다시 충돌한다. 1초일 때 A와 B가 충돌한 직후 B는 3 m/s의 속력으로 운동하고 A는 정지한다. 충돌 전 A와 B의 운동량의 합은 6 kg·m/s이므로 충돌 직후 A와 B의 운동량의 합도 6 kg·m/s이다. 충돌 후 A는 정지하고 B의 속력은 3 m/s이므로 B의 질량은 2 kg이다.

ㄷ. B가 A에 다시 충돌하기 전 속력이 1.5 m/s이고, 충돌 후 B는 정지하므로 5초일 때 A의 속력은 1.5 m/s이다.

10 ④ 충돌 전과 충돌 후 높이 h에서 속력이 v로 같으므로 O에서 충돌 직전 B의 속력과 충돌 직후 한 덩어리가 된 물체의 속력은 같다. 충돌 직후 속력을 V라고 하면 $6mv-mV=3mV$에서 $V=\dfrac{3}{2}v$이다. 충돌 전까지 B의 역학적 에너지는 보존되므로 $\dfrac{1}{2}mv^2+mgh=\dfrac{1}{2}m\left(\dfrac{3}{2}v\right)^2$에서 $h=\dfrac{5v^2}{8g}$이다.

11 ㄱ. A, B가 등가속도 운동을 하는 동안 A와 B의 역학적 에너지의 합은 보존된다. 'B의 중력 퍼텐셜 에너지 감소량=A의 중력 퍼텐셜 에너지 증가량+A의 운동 에너지 증가량+B의 운동 에너지 증가량'이므로 0초부터 2초까지 A의 운동 에너지 증

가량은 B의 중력 퍼텐셜 감소량보다 작다.

ㄴ. A는 위 방향으로 운동하면서 속력이 증가하므로 A의 역학적 에너지는 증가한다. A와 B의 역학적 에너지의 합은 일정하므로 B의 역학적 에너지는 감소한다.

 ㄷ. A와 B를 가만히 놓았을 때 A는 위 방향으로 운동하고 B는 아래 방향으로 운동했으므로 질량은 A가 B보다 작다. A와 B는 실로 연결되어 운동하므로 A와 B의 속력은 같다. 따라서 2초일 때 운동 에너지는 A가 B보다 작다.

12 ㄱ. A, B는 등속도 운동을 하므로 A, B에 작용하는 알짜힘은 0이다. 실이 B를 당기는 힘의 크기는 실이 A를 당기는 힘의 크기와 같으므로 A에 작용하는 중력의 크기는 실이 B를 당기는 힘의 크기와 같다.

ㄴ. A와 B의 역학적 에너지의 합은 일정하다. 즉, 'A의 중력 퍼텐셜 에너지 감소량=B의 중력 퍼텐셜 에너지 증가량+A, B의 운동 에너지 변화량'이다. A, B는 등속도 운동을 하므로 A와 B의 운동 에너지 변화량은 0이다. 따라서 A의 중력 퍼텐셜 에너지 감소량은 중력이 A에 한 일과 같으므로 중력이 A에 한 일은 B의 중력 퍼텐셜 에너지 증가량과 같다.

 ㄷ. A, B는 등속도 운동을 하므로 A에 작용하는 중력의 크기는 경사면과 나란한 아래 방향으로 B에 작용하는 힘(B에 작용하는 중력의 경사면과 나란한 성분)의 크기와 같다. 따라서 질량은 A가 B보다 작다. 속력은 A와 B가 같으므로 운동 에너지는 A가 B보다 작다.

13

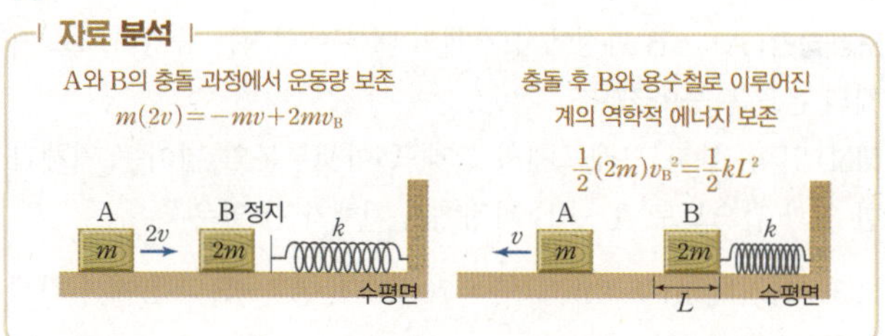

ㄷ. 충돌 직후 B의 운동 에너지는 용수철을 최대로 압축시켰을 때 용수철에 저장된 탄성 퍼텐셜 에너지와 같으므로, $\frac{9}{4}mv^2=\frac{1}{2}kL^2$에서 $L=\sqrt{\frac{9mv^2}{2k}}$이다.

 ㄱ. A가 B로부터 받은 충격량의 크기는 A의 운동량 변화량의 크기와 같다. 따라서 A가 B로부터 받은 충격량의 크기는 $2mv-(-mv)=3mv$이다.

ㄴ. A와 B의 충돌 과정에서 A와 B의 운동량의 총합은 보존되므로 충돌 직후 B의 속력을 v_B라고 하면 $2mv=-mv+2mv_B$에서 $v_B=\frac{3}{2}v$이다. 따라서 충돌 직후 A의 운동 에너지는 $\frac{1}{2}mv^2$이고, B의 운동 에너지는 $\frac{1}{2}(2m)\left(\frac{3}{2}v\right)^2=\frac{9}{4}mv^2$이다. 즉, 충돌 직후 운동 에너지는 A가 B의 $\frac{2}{9}$배이다.

14 ㄱ. (가)에서 기체의 온도는 A와 B가 같고, 기체 분자의 수는 B가 A의 2배이므로 기체의 내부 에너지는 B가 A의 2배이다.

ㄷ. (가) → (나) 과정에서 B는 단열된 상태에서 부피가 증가하므로 단열 팽창한다. 따라서 B가 한 일은 B의 내부 에너지 감소량과 같다.

 ㄴ. (가) → (나) 과정에서 A는 단열된 상태에서 부피가 감소하므로 A의 온도는 높아진다.

15

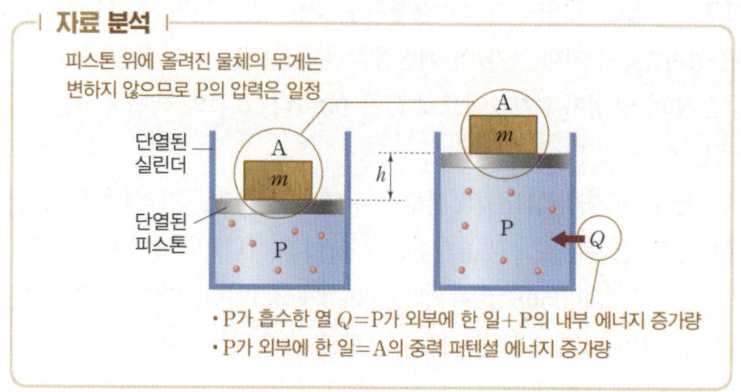

ㄴ. 기체의 온도가 높을수록 기체 분자의 평균 속력은 크다. 따라서 P의 온도는 (가)에서가 (나)에서보다 낮으므로 P의 분자의 평균 속력은 (가)에서가 (나)에서보다 작다.

 ㄱ. P는 일정한 압력을 유지하며 부피가 증가하므로 P의 온도는 높아진다. 따라서 P의 온도는 (가)에서가 (나)에서보다 낮다.

ㄷ. P가 흡수한 열은 P가 한 일과 P의 내부 에너지 증가량의 합이다. P가 한 일은 A의 중력 퍼텐셜 에너지 증가량과 같으므로 Q는 mgh보다 크다.

16 ㄱ. (가) → (나) 과정에서 기체는 단열 압축되었으므로 기체의 압력은 증가한다. 따라서 기체의 압력은 (가)에서가 (나)에서보다 작다.

ㄷ. (가) → (나) 과정에서 기체가 받은 일을 W_1, (나) → (다) 과정에서 기체가 한 일을 W_2라고 할 때, 기체의 부피 변화량은 (가) → (나) 과정과 (나) → (다) 과정에서 같지만, 기체의 압력은 (가) → (나) 과정에서가 (나) → (다) 과정에서보다 작으므로 W_1은 W_2보다 작다. Q는 (나) → (다) 과정에서 기체의 내부 에너지 증가량과 W_2의 합이므로 Q는 W_1보다 크다.

 ㄴ. (나) → (다) 과정에서 기체는 압력이 일정하게 유지되며 부피가 증가하였으므로 기체의 온도는 높아진다.

17 ㄴ. P와 Q 사이의 거리는 길이 수축이 일어나 B의 관성계에서가 A의 관성계에서보다 작다.

ㄷ. B의 관성계에서 빛은 검출기에 동시에 도달하므로 빛은 Q에서가 P에서보다 먼저 방출되었다.

 ㄱ. 광속 불변 원리에 의해 P와 Q에서 방출된 빛의 속력은 같다.

18 ㄱ. 뮤온과 B의 속도는 같으므로 B의 관성계에서 뮤온은 정지해 있다. 따라서 B의 관성계에서 뮤온의 수명은 고유 수명이다. 뮤온은 A에 대해 운동하므로 A의 관성계에서 뮤온의 수명은 고유 수명보다 길다. 따라서 뮤온의 수명은 A의 관성계에서가 B의 관성계에서보다 길다. 즉, $T_A>T_B$이다.

ㄷ. A의 관성계에서 뮤온은 $0.6c$의 속도로 T_A 동안 이동하므로 이동한 거리는 $0.6cT_A$이다.

🔍**바로알기** ㄴ. B의 관성계에서 뮤온은 정지해 있으므로 B의 관성계에서 측정한 뮤온의 질량이 정지 질량이다. 따라서 정지 질량이 $4m_0$이므로 정지 에너지는 $4m_0c^2$이다.

19 ㄱ. X는 질량수가 4, 양성자수 2인 헬륨 원자핵($^4_2$He)으로 중성자수는 2이다. (가)의 핵반응식은 $^2_1$H$+^2_1$H $\longrightarrow$ $^4_2$He이다.

ㄴ. X의 양성자수가 2이므로 ㉠은 90이다. (나)의 핵반응식은 $^{238}_{92}$U $\longrightarrow$ $^{234}_{90}$Th$+^4_2$He이다.

ㄷ. 헬륨 원자핵($^4_2$He)의 질량을 m이라고 하면, (가)의 핵반응에서 질량 결손은 $2 \times (2.0141 \text{ u}) - m$이고, (나)의 핵반응에서 질량 결손은 $238.0508 \text{ u} - (234.0436 \text{ u} + m)$이다. 따라서 질량 결손은 (가)에서가 (나)에서보다 크므로 방출되는 에너지는 (가)에서가 (나)에서보다 크다.

20 ㄱ. 양전자는 양($+$)전하, 전자는 음($-$)전하를 띤다.

ㄴ. 양전자와 전자가 만나 소멸하여 감마(γ)선을 방출하므로 질량이 에너지로 전환된 것이다.

🔍**바로알기** ㄷ. 양전자와 전자의 정지 에너지가 있으므로 한 쌍의 감마(γ)선 에너지는 양전자와 전자의 운동 에너지의 합보다 크다.

21 서술형

(1) **모범 답안** P에서 Q까지 속도 증가량이 2 m/s이고, Q에서 R까지 속도 증가량도 2 m/s이므로 R에서 물체의 속력은 4 m/s이다.

채점 기준	배점
속력을 옳게 구하고, 풀이 과정이 정확한 경우	100 %
속력은 옳게 구했으나 풀이 과정이 미흡한 경우	50 %

(2) **모범 답안** P에서 R까지 물체가 이동한 거리는 4 m이고, R에서 속력이 4 m/s이므로 물체의 가속도의 크기는 $(4 \text{ m/s})^2 = 2 \times a \times (4 \text{ m})$에서 $a = 2 \text{ m/s}^2$이다.

채점 기준	배점
가속도를 옳게 구하고, 풀이 과정이 정확한 경우	100 %
가속도는 옳게 구했으나 풀이 과정이 미흡한 경우	50 %

22 서술형

┌ **자료 분석** ┐

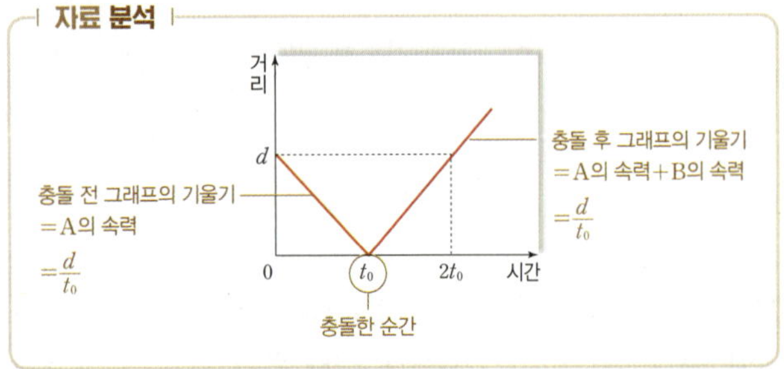

모범 답안 충돌 전 A의 속력은 $3v = \dfrac{d}{t_0}$이므로 충돌 전 A와 B의 운동량의 합은 $\dfrac{md}{t_0}$이다. 충돌 후 A의 속력은 $\dfrac{d}{3t_0}$이고, B의 속

력은 $\dfrac{2d}{3t_0}$이므로 운동량의 합은 $\dfrac{-md}{3t_0} + \dfrac{2m_Bd}{3t_0}$이다. 운동량 보존 법칙에서 $\dfrac{md}{t_0} = \dfrac{-md}{3t_0} + \dfrac{2m_Bd}{3t_0}$이므로 B의 질량은 $m_B = 2m$이다.

채점 기준	배점
운동량 보존 법칙을 옳게 적용하여 B의 질량을 옳게 구한 경우	100 %
B의 질량은 옳게 구했으나 풀이 과정이 미흡한 경우	50 %

23 서술형

모범 답안 A에서는 물체의 운동 방향과 반대 방향으로 크기가 F인 힘이 작용하므로 $Fh = 3mgh - mgh = 2mgh$에서 $F = 2mg$이다.

해설 p, q에서 물체의 속력은 0이므로 p에서 물체의 역학적 에너지는 $3mgh$이고, q에서 물체의 역학적 에너지는 mgh이다. A에서는 물체의 운동 방향과 반대 방향으로 크기가 F인 힘이 작용하므로 A에서 역학적 에너지가 감소한다. 따라서 물체의 역학적 에너지 감소량은 $3mgh - mgh = 2mgh$이고, $Fh = 2mgh$이므로 $F = 2mg$이다.

채점 기준	배점
F를 옳게 구하고, 풀이 과정이 정확한 경우	100 %
F는 옳게 구했으나 풀이 과정이 미흡한 경우	50 %

24 서술형

모범 답안 A → B 과정에서 기체의 내부 에너지는 증가하므로 기체의 온도는 높아진다.

해설 압력-부피 그래프에서 그래프 아랫부분의 넓이는 기체가 한 일과 같으므로 A → B 과정에서 기체가 한 일은 $(25 + 10) \text{ N/m}^2 \times 4 \text{ m}^3 \times \dfrac{1}{2} = 70 \text{ J}$이다. A → B 과정에서 기체가 흡수한 열은 100 J이고, 기체가 한 일은 70 J이므로 기체의 내부 에너지 변화량은 $100 \text{ J} - 70 \text{ J} = 30 \text{ J}$이다. 따라서 A → B 과정에서 기체의 내부 에너지는 증가하므로 기체의 온도는 높아진다.

채점 기준	배점
내부 에너지가 증가하여 온도가 높아진다고 서술한 경우	100 %
온도가 높아진다고만 서술한 경우	50 %

25 서술형

모범 답안 우주선의 고유 길이는 B의 관성계에서 측정한 길이이므로 우주선의 고유 길이는 L_0이고, A의 관성계에서 우주선이 $0.8c$의 속도로 운동하므로 길이 수축이 일어난다. 따라서 A의 관성계에서 우주선의 길이는 L_0보다 작다.

채점 기준	배점
우주선의 길이 비교가 옳고, 길이 수축을 적용하여 옳게 서술한 경우	100 %
우주선의 길이 비교는 옳으나 설명이 미흡한 경우	50 %

II. 물질과 전자기장

1 물질의 전기적 특성

01 원자와 전기력, 스펙트럼

개념 익히기 문제　　　　　　　　　　　p.111, 113

01 알파 입자	**02** 밀어내는, 당기는	**03** 비례, 반비례
04 전기력	**05** ○　**06** ×	**07** ×　**08** ×
09 ○　**10** ○	**11** 연속　**12** 흡수	**13** 에너지 준위
14 불연속적	**15** ○　**16** ○	**17** ×　**18** ○

01 러더퍼드는 알파(α) 입자 산란 실험을 통해 원자의 중심에 밀도가 매우 크고 양($+$)전하를 띠는 원자핵이 존재한다는 것을 알아내었다.

03 두 전하 사이에 작용하는 전기력의 크기(F)는 두 전하의 전하량의 크기(q_1, q_2)의 곱에 비례하고, 두 전하 사이의 거리(r)의 제곱에 반비례한다. → $F=k\dfrac{q_1q_2}{r^2}$ (k: 쿨롱 상수)

04 원자핵은 양($+$)전하를 띠고, 전자는 음($-$)전하를 띠므로 원자핵과 전자 사이에는 서로 당기는 전기력이 작용한다.

06 음극선은 음($-$)전하를 띠고 질량을 가진 전자의 흐름이다.

07 원자 내부는 거의 빈 공간이다.

08 원자 질량의 대부분은 원자핵의 질량이다.

10 전자와 원자핵 사이에 작용하는 강한 전기적 인력은 전자를 원자 내에 묶어 두는 역할을 한다.

11 연속 스펙트럼은 색의 띠가 모든 파장에서 연속적으로 나타나는 스펙트럼이고, 선 스펙트럼은 빛의 띠가 불연속적인 선으로 나타나는 스펙트럼이다.

12 전자가 낮은 에너지 준위에서 높은 에너지 준위로 전이할 때는 에너지를 흡수하고, 높은 에너지 준위에서 낮은 에너지 준위로 전이할 때는 에너지를 방출한다.

14 보어의 수소 원자 모형에서 전자의 궤도는 불연속적이다.

16 전자의 전이 과정에서 에너지 준위 차가 클수록 방출하는 빛의 에너지는 크다. 따라서 방출되는 빛의 진동수가 크다.

17 에너지 준위가 높은 궤도에서 낮은 궤도로 전이할 때 전자는 에너지를 방출하고, 에너지 준위가 낮은 궤도에서 높은 궤도로 전이할 때 전자는 에너지를 흡수한다.

18 전자가 전이할 때 에너지 준위 차에 해당하는 빛에너지를 흡수하거나 방출한다. 전자가 전이할 때 방출하는 빛의 에너지가 클수록 진동수는 크고 파장은 짧다.

예제 1

정답 ④

해설 | 백열등에서 나오는 빛을 관찰하면 모든 파장의 빛이 방출되므로 B와 같은 연속 스펙트럼이 나타난다.

저온 기체관을 통과한 빛을 관찰하면 흡수 스펙트럼이 나타난다. 흡수 스펙트럼은 C와 같이 연속 스펙트럼에서 특정한 파장의 빛이 검은 선으로 나타나는 스펙트럼이다.

수소 기체 방전관을 통과한 빛을 관찰하면 방출 스펙트럼이 나타난다. 방출 스펙트럼은 A와 같이 특정한 파장의 빛만 밝은 선으로 띄엄띄엄 나타나는 스펙트럼이다.

예제 2

정답 ㄱ, ㄷ

해설 | ㄱ. (가)는 특정한 파장의 빛들만 흡수되어 연속 스펙트럼에 검은 선으로 나타난 흡수 스펙트럼이다.

ㄷ. 기체의 종류에 따라 스펙트럼선의 위치가 다르게 나타난다.

바로알기 ㄴ. (나)에서 오른쪽 끝이 빨간색이므로 오른쪽으로 갈수록 진동수는 작다.

예제 3

모범 답안 | $E_A<E_B<E_C$, 방출되는 광자 1개의 에너지는 빛의 파장에 반비례하는데, 파장은 A가 가장 길고, C가 가장 짧기 때문이다.

해설 | 전자가 궤도 사이에서 전이할 때 방출되는 광자 1개의 에너지는 빛의 파장에 반비례한다. 파장은 C가 가장 짧고 A가 가장 길므로 방출되는 광자 1개의 에너지를 비교하면 $E_A<E_B<E_C$이다.

개념 다지기 문제　　　　　　　　　　p.115~117

01 ①	**02** ①	**03** ③	**04** ④	**05** ②	**06** ①
07 ②	**08** ①	**09** ⑤			
고난도 **10** ②	**11** ②				
서술형 **12~13** 해설 참조					

01

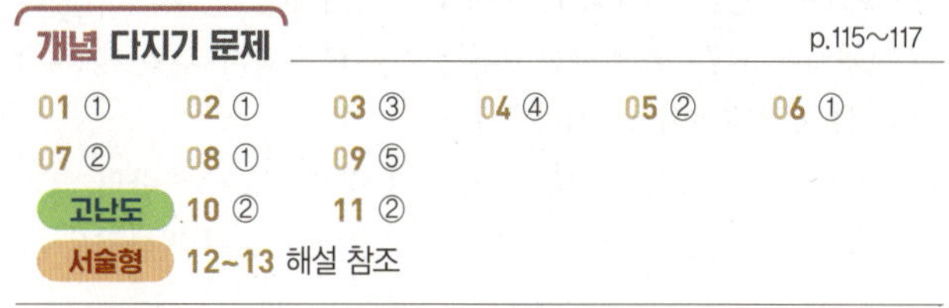

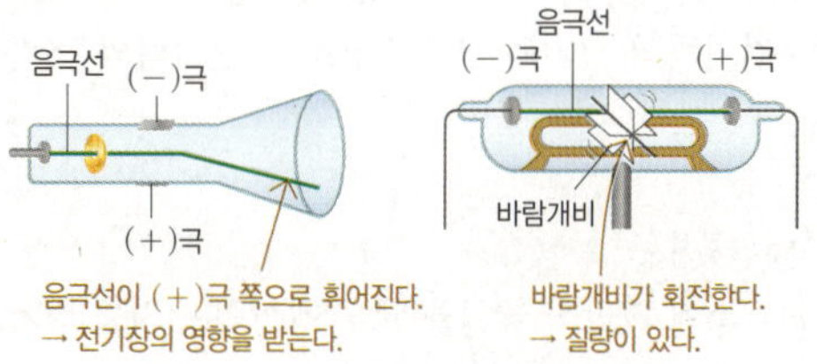

ㄱ. (가)에서 음극선은 ($+$)극 쪽으로 휘어지므로 전기장의 영향을 받는다.

바로알기 ㄴ. (나)에서 음극선은 질량을 가진 입자라는 것을 알아냈다.

ㄷ. 음극선은 음($-$)전하를 띤다는 것을 알아냈다.

02 ㄱ. 러더퍼드의 원자 모형은 알파(α) 입자 산란 실험을 통해 제안되었다. 이 실험에서 대부분의 알파(α) 입자가 금박을 통과한 것으로 보아 원자의 대부분은 빈 공간이고, 원자핵은 원자 중심의 매우 작은 공간에 밀집되어 있다는 것을 알 수 있다.

🔍 **바로알기** ㄴ. 러더퍼드 원자 모형에서는 전자가 원자핵 주위에서 운동하며 전자기파를 방출하게 되므로 원자핵과 충돌하여 소멸된다. 따라서 원자의 안정성을 설명할 수 없다.

ㄷ. 러더퍼드 원자 모형에서 전자는 원자핵으로 빨려들어가면서 에너지를 연속적으로 발생하므로 연속 스펙트럼이 나타난다. 러더퍼드 원자 모형에서는 불연속 스펙트럼을 설명할 수 없다.

03 ㄷ. 전기력의 크기는 전하 사이의 거리의 제곱에 반비례하므로 전하 사이의 거리가 멀어질수록 전하에 작용하는 전기력의 크기는 작아진다.

🔍 **바로알기** ㄱ. 보어의 수소 원자 모형에서 전자는 특정 에너지 준위에만 존재할 수 있으며, 에너지 준위는 불연속적이다.

ㄴ. 원자핵은 양($+$)전하를 띠고 전자는 음($-$)전하를 띠므로, 원자핵과 전자 사이에는 서로 당기는 전기력이 작용한다.

04 ㄱ. 원자는 양($+$)전하를 띠는 원자핵과 음($-$)전하를 띠는 전자로 이루어져 있다.

ㄷ. 원자에 비해 원자핵의 크기는 매우 작고, 원자의 내부는 대부분 빈 공간이다.

🔍 **바로알기** ㄴ. 원자핵은 양($+$)전하를 띤다.

05 ㄴ. A, B, C는 모두 양($+$)전하이므로 A에 작용하는 전기력의 방향은 $-x$ 방향이고, C에 작용하는 전기력의 방향은 $+x$ 방향이다.

🔍 **바로알기** ㄱ. B는 A와 C 사이에 고정되어 있고, B에 작용하는 전기력은 0이므로 전하의 종류는 A와 C가 같다. A는 양($+$)전하이므로 C도 양($+$)전하이다.

ㄷ. B로부터 떨어진 거리는 A와 C가 같으므로 전하량의 크기는 A와 C가 서로 같다. A와 C의 전하량을 q, B의 전하량을 q_B라고 하면, A에 작용하는 전기력의 크기는 $k\dfrac{qq_B}{d^2}+k\dfrac{q^2}{4d^2}$이고 C에 작용하는 전기력의 크기는 $k\dfrac{q^2}{4d^2}+k\dfrac{qq_B}{d^2}$이다. 따라서 A에 작용하는 전기력의 크기와 C에 작용하는 전기력의 크기는 서로 같다.

06 ㄱ. B를 p에 가만히 놓았을 때 A에서 멀어지는 방향으로 운동하므로 A와 B 사이에는 서로 밀어내는 전기력이 작용한다.

🔍 **바로알기** ㄴ. 두 전하 사이의 거리가 멀어질수록 두 전하 사이에 작용하는 전기력의 크기는 감소하므로 A가 B에 작용하는 전기력의 크기는 p에서가 q에서보다 크다.

ㄷ. B가 p에서 q까지 운동하는 동안 B에 작용하는 전기력의 크기는 감소하므로 B의 가속도의 크기는 감소한다.

07

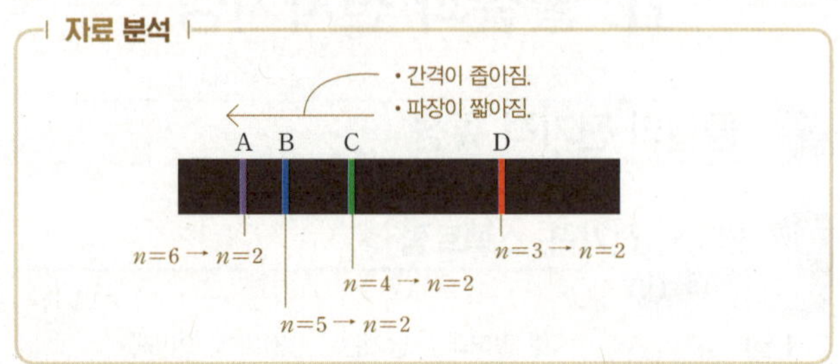

ㄴ. B는 $n=5$인 상태에서 $n=2$인 상태로 전이할 때 방출되는 빛의 스펙트럼선이고 D는 $n=3$인 상태에서 $n=2$인 상태로 전이할 때 방출되는 빛의 스펙트럼선이다. 따라서 전자가 전이할 때 방출하는 광자 1개의 에너지는 B를 방출할 때가 D를 방출할 때보다 크다.

🔍 **바로알기** ㄱ. 양자수가 클수록 이웃한 준위의 에너지 차이는 감소한다. 따라서 들뜬상태의 $n=2$인 궤도로 전이하면서 방출하는 빛의 진동수가 커지는 정도는 점점 감소한다. 즉, 스펙트럼선 사이의 간격이 좁을수록 양자수가 더 큰 궤도에서 전이할 때 방출되는 빛으로, 진동수는 크고 파장이 짧다. A는 $n=6$인 상태에서 $n=2$인 상태로 전이할 때 방출되는 빛의 스펙트럼선이고, C는 $n=4$인 상태에서 $n=2$인 상태로 전이할 때 방출되는 빛의 스펙트럼선이다. 따라서 파장은 A가 C보다 짧다.

ㄷ. C는 $n=4$인 상태에서 $n=2$인 상태로 전이할 때 방출되는 빛의 스펙트럼선이므로 $n=2$인 상태의 전자가 C를 흡수하면 $n=4$인 상태로 전이한다.

08

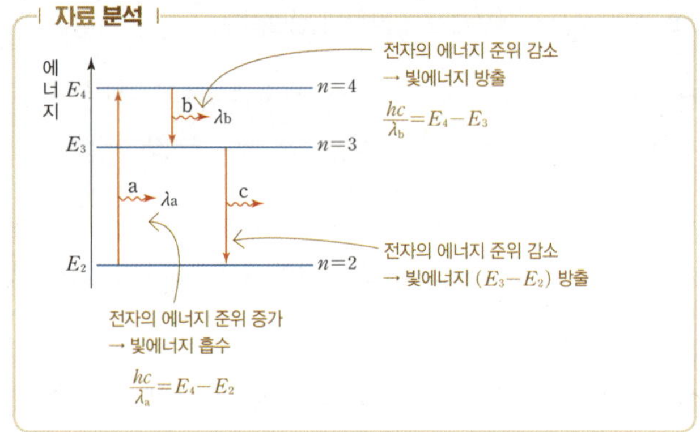

ㄱ. a에서 전자는 에너지 준위가 높은 궤도로 전이하므로 a에서 전자는 에너지를 흡수한다.

🔍 **바로알기** ㄴ. b에서 방출되는 광자 1개의 에너지는 에너지 준위 차와 같으므로 E_4-E_3이다.

ㄷ. c에서 방출되는 빛의 에너지는

$E_3-E_2=(E_4-E_2)-(E_4-E_3)=\dfrac{hc}{\lambda_a}-\dfrac{hc}{\lambda_b}$이므로 c에서 방출되는 빛의 파장을 λ라고 하면, $\dfrac{hc}{\lambda}=\dfrac{hc}{\lambda_a}-\dfrac{hc}{\lambda_b}$이다. 따라서

$\lambda=\dfrac{\lambda_a\lambda_b}{\lambda_b-\lambda_a}$이다.

09 ㄱ. 전자의 전이 과정에서 에너지 준위의 차는 a가 방출될 때가 b가 방출될 때보다 크므로 진동수는 a가 b보다 크다.

ㄷ. a와 b의 에너지 차는 $n=3$인 궤도와 $n=4$인 궤도의 에너지

준위 차와 같으므로 $n=3$인 상태에 있는 전자가 a와 b의 에너지 차에 해당하는 빛을 흡수하면 $n=4$인 상태로 전이한다.

🔍 **바로알기** ㄴ. b는 $n=2$인 상태로 전이하는 빛 중에서 에너지가 가장 작으므로 파장이 가장 긴 빛이다. 따라서 b의 파장은 650 nm보다 길다.

10 ㄴ. (가)에서 C에 작용하는 전기력은 0이고, A와 C는 같은 종류의 전하로 대전되어 있다. (나)에서 C에 작용하는 전기력의 방향은 $+x$ 방향이므로 A와 C를 접촉하는 과정에서 A의 전하량의 크기는 증가하였고 C의 전하량의 크기는 감소하였다. 따라서 C의 전하량의 크기는 (가)에서가 (나)에서보다 크다.

🔍 **바로알기** ㄱ. (가)에서 A와 B 사이에 놓여진 C에 작용하는 전기력은 0이므로 A와 B는 같은 종류의 전하로 대전되어 있다. 따라서 A와 B 사이에는 서로 밀어내는 전기력이 작용한다.

ㄷ. A, B, C는 모두 같은 종류의 전하로 대전되어 있으므로 B가 C에 작용하는 전기력의 방향은 (가)에서와 (나)에서가 같다.

11 ㄴ. $n=3$인 상태의 에너지 준위와 $n=2$인 상태의 에너지 준위의 차는 $-1.51-(-3.4)=1.89(\text{eV})$이다.

🔍 **바로알기** ㄱ. 양자수가 큰 상태일수록 에너지 준위가 크다.

ㄷ. $n=3$인 상태의 전자가 전이할 때 방출되는 광자 1개의 에너지는 $n=2$인 상태로 전이할 때가 $n=1$인 상태로 전이할 때보다 작다. 에너지가 클수록 파장은 짧으므로 $n=3$인 상태의 전자가 전이할 때 방출되는 빛의 파장은 $n=2$인 상태로 전이할 때가 $n=1$인 상태로 전이할 때보다 길다.

12 서술형

모범 답안 | 원자의 내부는 거의 빈 공간이다. 원자의 중심에는 양$(+)$전하를 띤 매우 작고 무거운 입자가 있다.

해설 | 알파(α) 입자의 대부분이 금속박을 통과하였으므로 원자의 대부분은 빈 공간이며, 일부 알파(α) 입자가 큰 각도로 휘거나 튕겨 나왔으므로 원자 내부에 양$(+)$전하를 띠는 매우 작고 무거운 입자가 있음을 알 수 있다.

채점 기준	배점
원자의 특징을 2가지 모두 옳게 서술한 경우	100 %
원자의 특징을 1가지만 옳게 서술한 경우	50 %

13 서술형

(1) **정답** | $E_b>E_c>E_a$

해설 | 전이 과정에서 에너지 준위 차가 클수록 방출되는 빛의 에너지가 크다.

(2) **모범 답안** | a에서 방출되는 빛의 파장을 λ라고 하면,

$E_a=E_b-E_c$이므로 $\dfrac{hc}{\lambda}=\dfrac{hc}{\lambda_b}-\dfrac{hc}{\lambda_c}$이다. 따라서 $\lambda=\dfrac{\lambda_b\lambda_c}{\lambda_c-\lambda_b}$이다.

해설 | 전자가 에너지 준위 사이를 이동할 때, 두 에너지 준위의 차에 해당하는 에너지를 흡수하거나 방출한다.

채점 기준	배점
풀이 과정과 답을 모두 옳게 쓴 경우	100 %
풀이 과정 없이 답만 옳게 쓴 경우	40 %

02 에너지띠와 반도체

개념 익히기 문제　　　　　　　p.119, 121

01 전도띠	**02** 자유 전자	**03** 양공	**04** 띠 간격
05 전기 전도도	**06** ×	**07** ×	**08** ○　**09** ×
10 ○	**11** ○	**12** ○	**13** 도핑　**14** 3, 양공　**15** 5, 전자
16 정류	**17** 순, 역	**18** 정류 작용	**19** ×　**20** ○
21 ○	**22** ×	**23** ○	**24** ○

01 전도띠는 원자가 띠 바로 위의 에너지띠로, 전자가 채워져 있지 않다.

02 자유 전자는 원자가 띠의 전자가 띠 간격 이상의 에너지를 얻어 전도띠로 전이된 전자이다. 작은 에너지만 얻어도 자유롭게 움직일 수 있다.

04 띠 간격은 에너지띠 사이의 간격으로, 전자는 이 영역의 에너지 준위를 가질 수 없다.

05 물질 내에서 전류가 잘 흐르는 정도를 나타낸 물리량을 전기 전도도라고 한다. 전기 전도도는 비저항의 역수이다.

06 에너지띠는 원자 사이의 간격이 가까운 고체에서 나타난다. 같은 종류의 기체 원자는 에너지 분포가 같으므로 에너지띠가 나타나지 않는다.

07 전자는 원자 주위에서 양자화된 궤도를 갖는다. 인접한 허용된 띠 사이에는 에너지 간격이 있으며 전자들은 이곳에 존재할 수 없다.

09 원자가 띠가 모두 전자로 채워져 있고, 띠 간격이 매우 넓은 것은 절연체이다.

12 전기 전도도는 비저항의 역수와 같으므로 전기 전도도가 클수록 비저항은 작다.

13 도핑은 고유 반도체에 불순물을 첨가하는 과정으로, 도핑하는 물질의 종류에 따라 p형 반도체와 n형 반도체로 나눈다.

17 다이오드에 순방향 전압을 걸어 주면 전류가 흐르고, 역방향 전압을 걸어 주면 전류가 흐르지 않는다.

19 고유 반도체의 원자가 전자는 4개이다. p형 반도체는 고유 반도체에 원자가 전자가 3개인 원소를 도핑한 반도체이고, n형 반도체는 고유 반도체에 원자가 전자가 5개인 원소를 도핑한 반도체이다.

22 다이오드에 순방향 전압을 걸어 주면 접합면에서 전자와 양공이 결합한다.

24 발광 다이오드(LED)의 띠 간격에 따라 방출되는 빛의 색이 다르고, 띠 간격이 큰 LED는 파장이 짧은 빛을 방출한다.

예제 1

정답 ⑤

해설 ㄱ. S를 a에 연결했을 때, 전구에 불이 켜졌으므로 다이오드에는 순방향 전압이 걸린다. 따라서 A는 n형 반도체이고, B는 p형 반도체이다.

ㄴ. p-n 접합 다이오드에 순방향 전압이 걸리면 p형 반도체의 양공과 n형 반도체의 전자는 접합면 쪽으로 이동한다.

ㄷ. S를 b에 연결하면 다이오드에는 역방향 전압이 걸리므로 전구에는 불이 켜지지 않는다.

예제 2

정답 전지의 (＋)극은 p형 반도체에 연결하고, (－)극은 n형 반도체에 연결한다.

예제 3

모범 답안 다이오드의 공핍층 두께는 순방향 전압을 걸어 줄 때가 역방향 전압을 걸어 줄 때보다 얇다.

해설 순방향 전압을 걸어 주면 전자와 양공들이 접합면 쪽으로 이동하여 공핍층이 점점 얇아진다. 역방향 전압을 걸어 주면 전자와 양공들이 접합면에서 멀어지면서 공핍층이 더욱 두꺼워진다.

개념 다지기 문제   p.124~127

01 ①	**02** ④	**03** ③	**04** ②	**05** ②	**06** ③
07 ④	**08** ③	**09** ③	**10** ⑤	**11** ③	**12** ⑤

고난도 **13** ①   **14** ⑤

서술형 **15~16** 해설 참조

01

┤ **자료 분석** ├

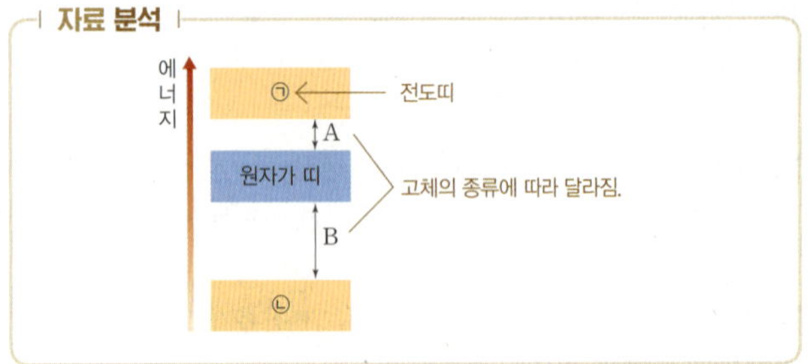

ㄱ. ㉠은 원자가 띠보다 에너지 준위가 큰 전도띠이다.

바로알기 ㄴ. A는 띠 간격이다. 띠 간격이 작을수록 전기 전도성이 좋다.

ㄷ. 고체의 종류에 따라 인접한 에너지띠 사이의 간격이 달라진다.

02 ㄱ. 전도띠와 원자가 띠에는 전자가 존재할 수 있으므로 허용된 띠이다.

ㄷ. 전도띠는 전자가 채워지지 않았으므로 전도띠로 전이된 전자는 자유롭게 움직일 수 있는 자유 전자가 된다.

바로알기 ㄴ. 고체는 원자가 매우 가깝게 인접해 있으므로 에

너지 준위가 미세하게 겹쳐 있다. 따라서 원자가 띠 내에서 에너지 준위는 연속적이지 않다.

03 ㄷ. 띠 간격이 좁을수록 전기 전도성이 좋다. 따라서 전기 전도성은 규소가 다이아몬드보다 좋다.

바로알기 ㄱ. 원자가 띠의 전자가 전도띠로 전이하려면 띠 간격 이상의 에너지를 흡수해야 하므로, 규소에서 원자가 띠의 전자가 전도띠로 전이할 때 1.14 eV 이상의 에너지를 흡수해야 한다.

ㄴ. 원자가 띠 내에서도 에너지 준위에 따라 전자의 에너지가 다르다.

04

┤ **자료 분석** ├

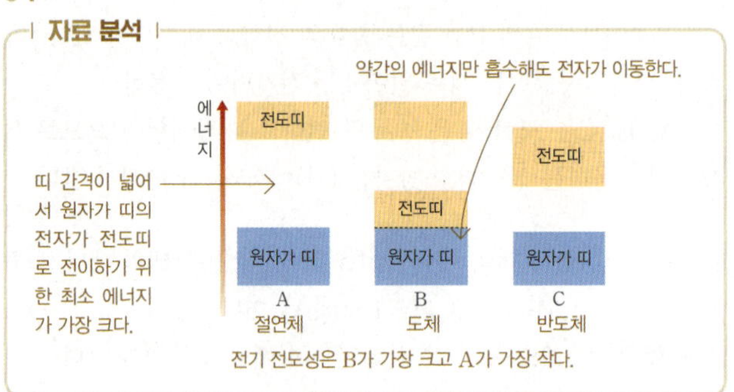

ㄷ. 절연체인 A가 반도체인 C보다 띠 간격이 넓으므로 원자가 띠의 전자가 전도띠로 전이하기 위해서는 A가 C보다 큰 에너지가 필요하다.

바로알기 ㄱ. A, B, C 중에서 A가 전도띠와 원자가 띠 사이의 띠 간격이 가장 넓으므로 A는 절연체이다.

ㄴ. 띠 간격이 좁을수록 전기 전도성이 좋으므로, 전기 전도성은 B가 A보다 좋다.

05 ㄴ. 반도체는 온도가 높을수록 원자가 띠의 전자가 전도띠로 이동하여 자유 전자와 양공의 수가 증가한다.

바로알기 ㄱ. B는 반도체이고, 띠 간격은 C가 B보다 크므로 C는 절연체이다. 따라서 A는 도체이다. 도체의 띠 간격은 반도체보다 작으므로 ㉠은 E_0보다 작다.

ㄷ. C(절연체)에서 원자가 띠의 전자가 전도띠로 전이하기 위해 흡수하는 에너지는 매우 크므로, 전도띠에는 전자가 거의 존재하지 않는다. 따라서 상온에서 전도띠의 전자는 A가 C보다 많다.

06 ㄱ. 도체는 원자가 띠와 전도띠가 겹쳐 있고, 반도체는 원자가 띠와 전도띠 사이에 띠 간격이 존재한다.

ㄷ. p형 반도체는 순수 반도체에 원자가 전자가 3개인 불순물을 도핑하여 양공이 많아지도록 만들어진 반도체이다.

바로알기 ㄴ. 상온에서 전기 전도성은 도체가 반도체보다 좋다.

07 ㄱ. n형 반도체는 고유 반도체에 원자가 전자가 5개인 원소를 첨가한 반도체이고, p형 반도체는 고유 반도체에 원자가 전자가 3개인 원소를 첨가한 반도체이다. 따라서 ㉡은 5, ㉣은 3이므로 ㉡은 ㉣보다 2만큼 크다.

ㄷ. 불순물 반도체는 고유 반도체에 전자 또는 양공이 많아지도록 도핑한 반도체이다. 따라서 상온에서 전기 전도성은 ㉢이 ㉠

보다 좋다.

〈바로알기〉 ㄴ. p형 반도체는 주로 양공이 전류를 흐르게 하고, n형 반도체는 주로 전자가 전류를 흐르게 한다.

08

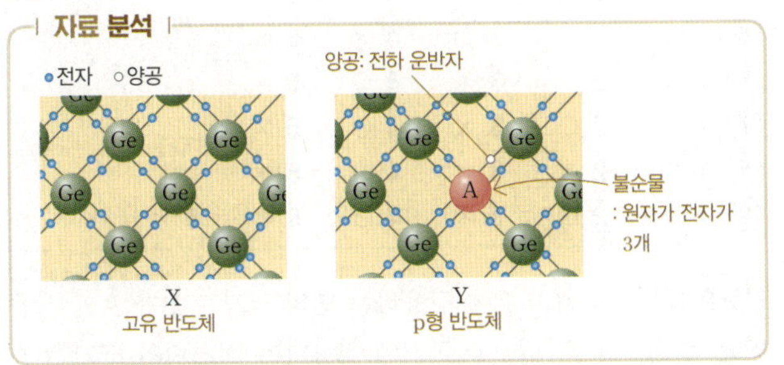

ㄷ. Y는 p형 반도체이므로 양공의 에너지 준위는 원자가 띠 바로 위에 만들어진다.

〈바로알기〉 ㄱ. X는 고유 반도체이고 Y는 불순물 반도체이다. 불순물 반도체는 고유 반도체에 불순물을 도핑하여 전기 전도성을 좋게 만든 반도체이므로 전기 전도성은 Y가 X보다 좋다.

ㄴ. Y에는 양공이 존재하므로 p형 반도체이다. 따라서 A의 원자가 전자는 3개이다.

09 ㄷ. S를 b에 연결하면 다이오드에는 역방향 전압이 걸리므로 다이오드의 p형 반도체에 있는 양공은 접합면에서 멀어지는 쪽으로 이동한다.

〈바로알기〉 ㄱ. S를 a에 연결했을 때 저항에 전류가 흘렀으므로 다이오드에는 순방향 전압이 걸린다. 따라서 X는 n형 반도체이다.

ㄴ. Y는 p형 반도체이다. 따라서 Y에서는 주로 양공이 전류를 흐르게 한다.

10 ㄴ. 다이오드에는 역방향 전압이 걸리므로 p형 반도체의 양공은 접합면에서 멀어지는 쪽으로 이동한다.

ㄷ. 다이오드에 역방향 전압이 걸릴 때 공핍층 영역에는 n형 반도체 쪽에는 양공이, p형 반도체 쪽에는 전자가 모인다.

〈바로알기〉 ㄱ. 스위치를 닫으면 p형 반도체에는 전원 장치의 (−)극이 연결되고, n형 반도체에는 전원 장치의 (+)극이 연결되므로 다이오드에는 역방향 전압이 걸린다.

11 ㄱ. S를 b에 연결했을 때 LED는 1개가 켜졌으므로, 이때 켜지는 LED는 C이다. 즉, C에는 순방향 전압이 걸린다. 따라서 X는 p형 반도체이므로 양공이 전류를 흐르게 한다.

ㄴ. S를 a에 연결했을 때 B가 켜지지 않는다면 A와 C도 켜지지 않는다. S를 a에 연결했을 때 LED 2개가 켜졌으므로, 이때 켜지는 LED는 C와 B이다. 따라서 A에는 역방향 전압이 걸려 불이 켜지지 않는다.

〈바로알기〉 ㄷ. S를 b에 연결했을 때 C에 순방향 전압이 걸리므로 C에서 p형 반도체의 양공은 접합면 쪽으로 이동한다.

12 ㄱ. A에서 빨간색 빛이 방출되고 있으므로 A에는 순방향 전압이 걸린다. 따라서 p형 반도체와 연결된 전원 장치의 a는 (+)

극이다.

ㄴ. B에는 순방향 전압이 걸리므로 X는 p형 반도체이다. 따라서 X는 주로 양공이 전류를 흐르게 한다.

ㄷ. 띠 간격이 작을수록 LED에서 방출되는 빛의 파장이 길다. 빨간색 빛은 노란색 빛보다 파장이 길므로 띠 간격은 A가 B보다 작다.

13 ㄱ. D는 역방향 전압이 걸려 있으므로 X와 Y 둘 중에 하나는 n형 반도체이어야 한다. 만일 X가 n형 반도체라면 S를 닫을 때 A에는 역방향 전압이 걸리므로 저항에 전류가 흐르지 않는다. 따라서 X는 p형 반도체이다.

〈바로알기〉 ㄴ. 만일 X, Y가 p형 반도체라면 S를 열었을 때 저항에 전류가 흐르므로 Y는 n형 반도체이다. X가 p형 반도체이고 Y가 n형 반도체이므로 Z는 p형 반도체이어야 S를 닫았을 때 저항에 전류가 흐른다. 따라서 S를 닫으면 C에는 순방향 전압이 걸린다.

ㄷ. Y는 n형 반도체이므로 주로 전자가 전류를 흐르게 하고, Z는 p형 반도체이므로 주로 양공이 전류를 흐르게 한다.

14

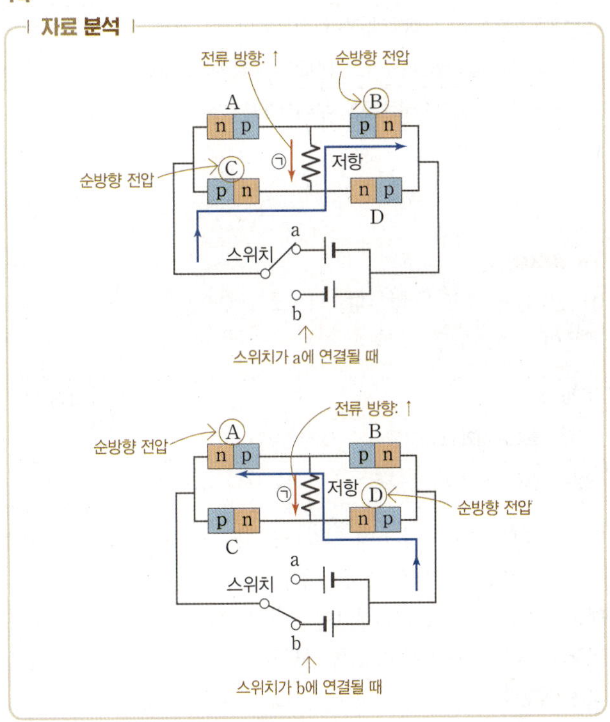

ㄴ. 스위치를 b에 연결했을 때, C에는 역방향 전압이 걸리므로 C에서 p형 반도체의 양공은 접합면에서 멀어지는 쪽으로 이동한다.

ㄷ. 스위치를 b에 연결했을 때, 순방향 전압이 걸리는 다이오드는 A와 D이다. 따라서 저항에 흐르는 전류의 방향은 ㉠과 반대이므로 저항에 흐르는 전류의 방향은 스위치를 a에 연결할 때와 b에 연결할 때가 같다.

〈바로알기〉 ㄱ. 스위치를 a에 연결했을 때, 순방향 전압이 걸리는 다이오드는 B와 C이다. 따라서 저항에 흐르는 전류의 방향은 ㉠과 반대이다.

15 서술형

모범 답안 | p형 반도체, (나)는 상온에서 원자가 띠에 양공의 수가 많아지도록 도핑되었기 때문이다.

해설 | p형 반도체는 원자가 띠 위에 양공에 의한 새로운 에너지 준위가 만들어진다.

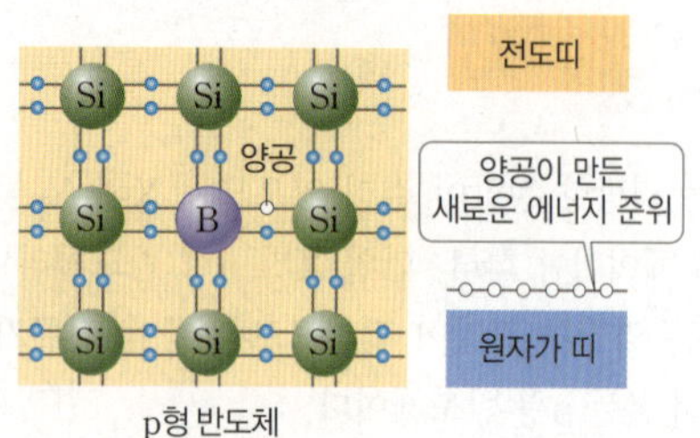

또한 n형 반도체는 전도띠 아래에 남는 전자에 의해 새로운 에너지 준위가 만들어진다.

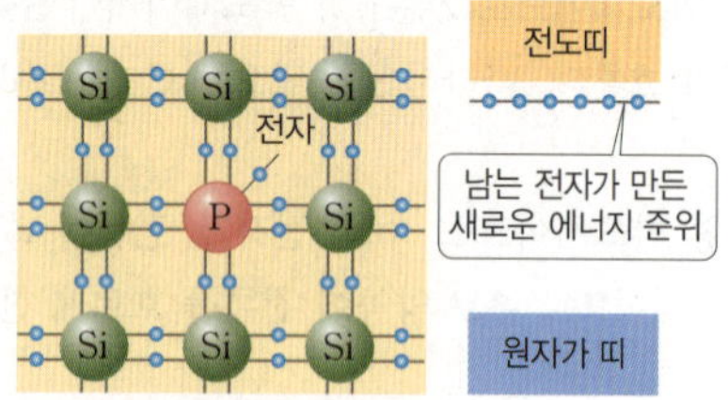

채점 기준	배점
p형 반도체를 쓰고, 그 까닭을 옳게 서술한 경우	100 %
p형 반도체를 쓰고, 양공의 수가 많기 때문이라고만 서술한 경우	60 %
p형 반도체를 쓰고, 그 까닭을 옳게 서술하지 못한 경우	30 %

16 서술형

(1) **모범 답안** | 흐르지 않는다. 다이오드에 역방향 전압이 걸리기 때문이다.

채점 기준	배점
전류가 흐르는지와 그 까닭을 옳게 서술한 경우	100 %
전류가 흐르는지만 옳게 쓴 경우	40 %

(2) **모범 답안** | 스위치를 b에 연결하면 다이오드에 순방향 전압이 걸리므로 p형 반도체의 양공은 접합면 쪽으로 이동한다.

해설 | 다이오드에 순방향 전압이 걸리면 p형 반도체의 양공은 n형 반도체 쪽으로 이동하고, n형 반도체의 전자는 p형 반도체 쪽으로 이동한다.

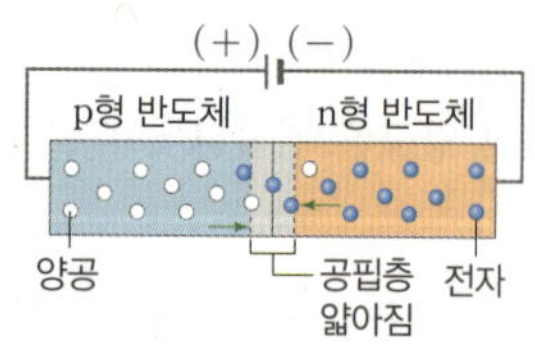

채점 기준	배점
순방향 전압이 걸리는 것과 양공의 이동 방향을 접합면을 이용하여 옳게 서술한 경우	100 %
양공의 이동 방향만 옳게 서술한 경우	50 %

	1	2	3	4	5	6
①	1 ○	2 ×	3 ○	4 ×	5 ○	
②	1 ×	2 ○	3 ○	4 ×	5 ×	
③	1 ○	2 ○	3 ×	4 ×	5 ○	
④	1 ○	2 ×	3 ○	4 ×	5 ○	
⑤	1 ○	2 ○	3 ○	4 ×	5 ×	
⑥	1 ×	2 ×	3 ×	4 ○	5 ×	
⑦	1 ×	2 ○	3 ×	4 ×	5 ×	
⑧	1 ○	2 ×	3 ×	4 ○	5 ×	
⑨	1 ○	2 ○	3 ×	4 ○	5 ○	6 ×

①-2 (가)에서 A가 B에 작용하는 힘의 크기는 B가 A에 작용하는 힘의 크기와 같으므로 B에 작용하는 전기력의 크기는 F 이다.

①-4 (나)에서 A와 B를 접촉하면 A와 B는 A와 B의 전체 전하량을 똑같이 나눠 가지므로 A, B의 전하량은 $+\frac{1}{2}Q$로 같다. 따라서 서로 밀어내는 전기력이 작용한다.

①-5 (가)에서 $F=k\dfrac{2Q^2}{4r^2}=k\dfrac{Q^2}{2r^2}$이다. (나)에서 A에 작용하는 전기력의 크기는 $k\dfrac{\left(\frac{1}{2}Q\right)^2}{r^2}=k\dfrac{Q^2}{4r^2}=\dfrac{1}{2}F$이다.

②-1 전이 과정에서 에너지 준위의 차가 클수록 방출되는 빛의 파장은 짧다. 따라서 λ_A가 λ_B보다 길다.

②-4 $\dfrac{hc}{\lambda_B}=\dfrac{hc}{\lambda_A}+\dfrac{hc}{\lambda_C}$이므로 $\lambda_B=\dfrac{\lambda_A\lambda_C}{\lambda_A+\lambda_C}$이다.

②-5 C에서 빛이 방출되므로 전자의 에너지는 감소한다.

③-1 전자와 원자핵 사이의 거리가 짧을수록 전자에 작용하는 전기력의 크기는 크다.

③-3 양자수가 클수록 에너지 준위가 높다.

③-4 b에서 전자가 방출하는 에너지는 $(-1.5\,\text{eV})-(-3.4\,\text{eV})=1.9\,\text{eV}$이다.

④-2 전이 과정에서 에너지 준위 차는 a가 b보다 작으므로 전이 과정에서 방출되는 광자 1개의 에너지는 a에서가 b에서보다 작다.

④-3 (나)에서 p와 q 사이의 에너지 차는 q와 r 사이의 에너지 차보다 크다. (가)에서 a와 b의 에너지 차는 b와 c의 에너지 차보다 크므로 r는 c에서 방출된 스펙트럼선이다.

④-4 p는 a에서 방출되는 스펙트럼선이고 q는 b에서 방출되는 스펙트럼선이므로 (나)에서 파장은 p가 q보다 길다.

⑤-4 A는 전도띠와 원자가 띠 사이에 띠 간격이 있으므로 도체는 아니다.

⑤-5 전도띠에 전자가 많을수록 전기 전도성이 좋다. 따라서 전기 전도성은 300 K일 때가 100 K일 때보다 좋다.

⑥-1 ㉠의 띠 간격은 반도체인 규소보다 작다. 고체의 띠 간격은 절연체가 반도체보다 크므로 ㉠은 절연체가 아니다.

⑥-3 띠 간격은 금지된 띠로 전자가 존재할 수 없다.

⑥-5 원자가 띠는 여러 개의 에너지 준위가 겹쳐 있으므로 원자가 띠에 있는 전자들의 에너지는 모두 다르다.

⑦-1 원자가 띠에는 여러 개의 에너지 준위가 겹쳐 있으므로 한 개의 전자만 존재하는 것은 아니다.

⑦-2 (가)는 원자가 띠와 전도띠 사이에 띠 간격이 있으므로 반도체이고, (나)는 도체이다.

⑦-3 에너지 준위는 전도띠가 원자가 띠보다 높으므로 원자가 띠의 전자가 전도띠로 전이하려면 띠 간격 이상의 에너지를 흡수해야 한다.

⑦-5 띠 간격이 좁을수록 전기 전도성이 좋으므로 전기 전도성은 (나)가 (가)보다 좋다.

⑧-1 S를 a에 연결할 때 저항에 전압이 걸렸으므로 회로에는 전류가 흐른다. 즉, 다이오드는 순방향 전압이 걸렸으므로 X는 p형 반도체이다.

⑧-2 p형 반도체는 주로 양공이 전류를 흐르게 한다.

⑧-3 S를 b에 연결할 때, 다이오드에는 역방향 전압이 걸리므로 n형 반도체의 전자는 접합면에서 멀어지는 쪽으로 이동한다.

⑧-5 p-n 접합 다이오드의 공핍층은 다이오드에 순방향 전압(S를 a에 연결)을 걸어 주었을 때가 역방향 전압(S를 b에 연결)을 걸어 주었을 때보다 얇다.

⑨-1 (나)는 저마늄(Ge)에 원자가 전자가 3개인 불순물 인듐(In)을 첨가하였으므로, X는 p형 반도체이다.

⑨-2 LED에서 빛이 방출되었으므로 LED는 순방향 전압이 걸려 있다.

⑨-3 LED에는 순방향 전압이 걸렸으므로 ㉠은 (＋)극이다.

⑨-4 X는 p형 반도체이다. p형 반도체는 주로 양공이 전류를 흐르게 한다.

⑨-5 Y는 n형 반도체이다. n형 반도체는 주로 전자가 전류를 흐르게 한다.

⑨-6 LED는 순방향 전압이 걸려 있으므로 n형 반도체에 있는 전자는 p-n 접합면 쪽으로 이동한다.

01 ㄴ. 원자 모형은 원자의 존재를 알게 된 이후 계속 변천되어 왔다. 원자 모형이 발표된 순서는 (나) → (가) → (다)이다.

바로알기 ㄱ. (가)는 러더퍼드 원자 모형, (나)는 톰슨 원자 모형, (다)는 보어 원자 모형이다.

ㄷ. 수소 원자 모형에서 전자는 특정한 궤도에만 있을 수 있어 전자는 특정한 에너지 값만을 갖는다. 따라서 (다) 모형으로부터 수소 원자에서 방출되는 빛의 선 스펙트럼을 설명할 수 있다.

02 ㄱ, ㄴ. 전자는 음(－)전하를 띠고, 원자핵은 양(＋)전하를 띤다. 따라서 원자핵과 전자 사이에는 서로 끌어당기는 전기력이 작용한다.

바로알기 ㄷ. 전기력의 크기는 두 전하 사이의 거리의 제곱에 반비례한다. 따라서 전자와 원자핵 사이의 거리가 클수록 원자핵과 전자 사이에 작용하는 전기력의 크기는 작다.

03
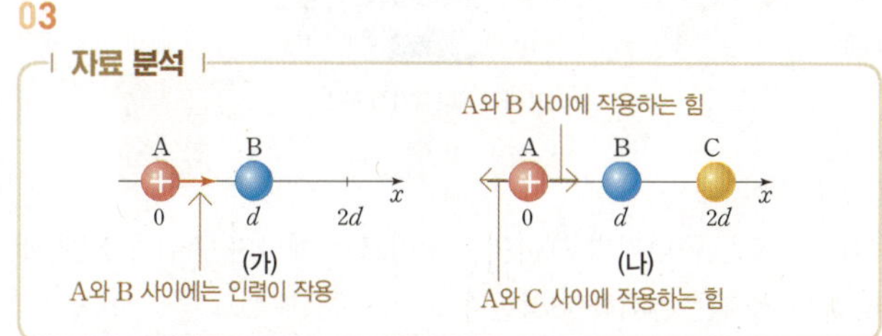

ㄴ. (가)에서 A에 작용하는 전기력의 방향은 $+x$ 방향이고 (나)에서 A에 작용하는 전기력은 0이므로 A와 C 사이에 작용하는 전기력의 방향은 $-x$ 방향이다. 따라서 (나)에서 A와 C 사이에는 서로 밀어내는 전기력이 작용한다.

ㄷ. 두 전하 사이에 작용하는 전기력의 크기는 두 전하 사이의 거리의 제곱에 반비례한다. (나)에서 A로부터 떨어진 거리는 C가 B의 2배이고, A에 작용하는 전기력은 0이므로 전하량의 크기는 C가 B의 4배이다.

바로알기 ㄱ. (가)에서 A와 B 사이에는 서로 당기는 전기력이 작용하고, A는 양(＋)전하이므로 B는 음(－)전하이다.

04 ㄱ. 수소 원자의 전자가 갖는 에너지는 양자화되어 있어 불연속적이다.

ㄷ. ㉠은 (가)에서 방출된 빛 중에서 파장이 가장 짧은 스펙트럼선이므로 (가)의 a에서 방출된 빛의 스펙트럼선이다.

바로알기 ㄴ. 전이 과정에서 에너지 준위의 차가 클수록 방출되는 광자 1개의 에너지가 크다. 따라서 방출되는 광자 1개의 에너지는 b에서가 c에서보다 크다.

05 ㄱ. 전이 과정에서 에너지 준위 차가 클수록 방출되는 빛의 에너지와 진동수가 크다. 따라서 전이 과정에서 방출되는 빛의 진동수는 A에서가 B에서보다 크다.

바로알기 ㄴ. 양자수가 클수록 전자가 갖는 에너지 준위가 크다. 따라서 전자가 갖는 에너지 준위는 $n=2$에서가 $n=3$에서보다 작다.

ㄷ. n이 커질수록 이웃하는 에너지 준위 사이의 간격은 작아진다.

06 ㄴ. A에서 방출된 빛의 에너지와 B에서 방출된 빛의 에너지의 합은 C에서 방출된 빛의 에너지와 같다. 따라서 ㉠$=1.9+10.2=12.1$이다.

바로알기 ㄱ. 전이 과정에서 방출된 빛의 에너지는 B에서가 A에서보다 크므로 $f_A<f_B$이다.

ㄷ. 전이 과정에서 방출된 빛의 진동수는 에너지에 비례하므로 $f_C=f_A+f_B$이다.

07 ㄱ. 띠 간격은 원자가 띠와 전도띠 사이의 간격이다. ㉠은 전도띠이다.

ㄴ. 띠 간격이 좁은 고체일수록 전기 전도성이 좋다. ㉡은 전기 전도성이다.

바로알기 ㄷ. 전기 전도성은 반도체가 절연체보다 좋으므로 띠 간격은 반도체가 절연체보다 좁다.

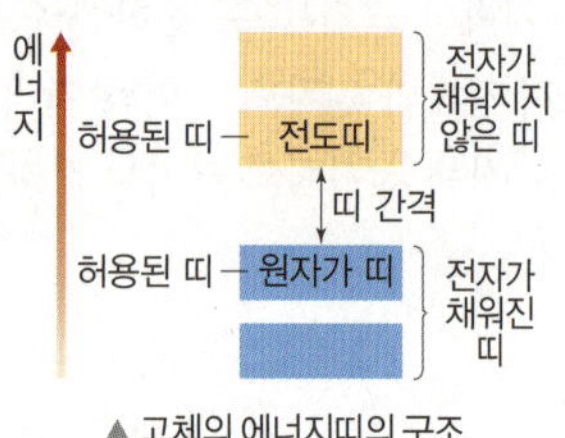

08 ㄱ. X는 에너지띠 사이의 간격이므로 에너지 준위가 X에 해당하는 전자는 존재하지 않는다.

바로알기 ㄴ. 같은 에너지띠에 있는 전자의 에너지 준위는 모두 다르므로 에너지는 같지 않다.

ㄷ. 에너지띠는 원자 사이의 간격이 좁은 고체에서 원자의 에너지 준위가 미세하게 갈라져 있어 에너지띠로 나타난다. 기체는 원자 사이의 간격이 멀어 에너지띠로 나타나지 않는다.

09

| 자료 분석 |

절연체	반도체
A − 다이아몬드	B − 규소(Si)
띠 간격이 비교적 넓고, 원자가 띠에 전자가 가득 채워져 있다.	띠 간격이 비교적 좁고, 원자가 띠에 전자가 가득 채워져 있다.
전자가 전도띠로 이동할 수 없기 때문에 전류가 거의 흐르지 않는다.	원자가 띠의 전자가 띠 간격 이상의 에너지를 흡수하면 전도띠로 이동하여 자유 전자가 될 수 있다.
전기 전도도가 매우 작다.	전기 전도도가 도체와 절연체의 중간이다.

ㄱ. 띠 간격이 좁을수록 전기 전도성이 좋으므로 전기 전도성은 띠 간격이 좁은 B가 A보다 좋다.

바로알기 ㄴ. 규소(Si)는 반도체이고, 다이아몬드는 절연체이다. 띠 간격은 A가 B보다 크므로 A는 다이아몬드이고 B는 반도체인 규소(Si)이다.

ㄷ. 띠 간격은 금지된 띠이다. 즉, 띠 간격에는 전자가 존재할 수 없다.

10 ㄴ. C는 주로 양공이 전하를 운반하므로 p형 반도체이다. 따라서 B는 n형 반도체이다. n형 반도체는 상온에서 전도띠에 전자가 있다.

바로알기 ㄱ. A는 순수 반도체이고 B는 순수 반도체에 불순물을 첨가하여 전기 전도성을 좋게 한 불순물 반도체이다. 따라서 전기 전도성은 B가 A보다 좋다.

ㄷ. p형 반도체인 C는 순수 반도체에 원자가 전자가 3개인 불순물을 첨가하여 만들어진다.

11

| 자료 분석 |

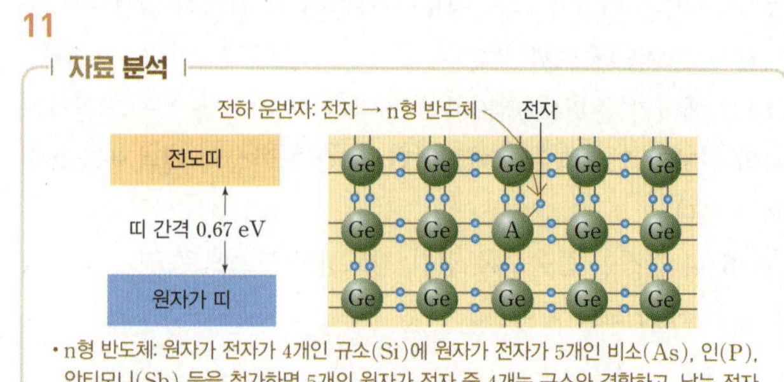

• n형 반도체: 원자가 전자가 4개인 규소(Si)에 원자가 전자가 5개인 비소(As), 인(P), 안티모니(Sb) 등을 첨가하면 5개의 원자가 전자 중 4개는 규소와 결합하고, 남는 전자가 존재한다. 이 전자가 전하 운반자가 되어 전류가 흐르는 반도체이다.
• 저마늄(Ge)에 A를 첨가하면 남는 전자에 의해 전도띠 바로 아래에 새로운 에너지띠가 만들어져서 전자가 작은 에너지로도 전도띠로 쉽게 올라가 전류가 흐를수 있다.

ㄷ. (나)는 주로 전자가 전류를 흐르게 하는 n형 반도체이다. n형 반도체에서는 도핑에 의해 남는 전자가 전도띠 바로 아래에 새로운 에너지 준위를 만들며, 새롭게 만들어진 에너지 준위에 채워진 전자는 쉽게 전도띠로 전이할 수 있다.

바로알기 ㄱ. 띠 간격에는 전자가 존재할 수 없다.

ㄴ. (나)에서는 4개의 전자가 공유 결합을 하고 전자 1개가 남았다. 따라서 A의 원자가 전자는 5개이다.

12 ㄱ. 막대자석이 코일에 다가가는 동안 전구에 불이 켜졌으므로 다이오드에는 순방향 전압이 걸린다. 따라서 p형 반도체 쪽으로 전류가 흘러 들어와야 하므로 코일의 왼쪽은 N극에 해당한다. 코일에 흐르는 유도 전류는 자기 선속의 변화를 방해하는 방향으로 흐르므로 코일과 가까운 쪽의 막대자석의 극은 N극이다. 따라서 A는 S극이다.

ㄴ. 막대자석이 코일에 다가가는 동안 코일을 통과하는 자기 선속이 증가하므로 막대자석과 코일 사이에는 서로 밀어내는 자기력이 작용한다.

바로알기 ㄷ. 다이오드에는 순방향 전압이 걸렸으므로 다이오드 내에서 p형 반도체의 양공은 접합면에 가까워지는 쪽으로 이동한다.

13

| 자료 분석 |

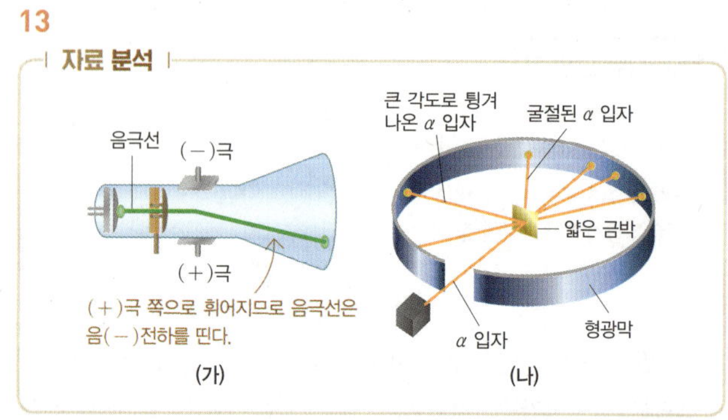

ㄱ. (가)에서 음극선은 (+)극 쪽으로 휘어져 진행하므로 음(−)전하를 띤다.

ㄴ. (나)에서 일부의 알파(α) 입자만 큰 각도로 튕겨 나오므로 원자 내에는 양($+$)전하를 띠는 입자가 있으며, 이 입자가 바로 원자핵이다.

ㄷ. (나)에서 알파(α) 입자는 원자핵에 가깝게 입사하면 전기적인 척력을 크게 받게 되므로 산란각이 커진다.

14 ㄴ. (가)에서 B의 전하량을 $+q$, C의 전하량을 q_C라고 하면, (나)에서 B의 전하량은 $-q$이므로 $\dfrac{q+q_C}{2}=-q$에서 $q_C=-3q$이다. A의 전하량을 q_A라고 하면

$F=\left|-k\dfrac{qq_A}{d^2}+k\dfrac{3qq_A}{9d^2}\right|=k\dfrac{2qq_A}{3d^2}$이다. (나)에서 B와 C의 전하량은 $-q$로 같으므로 A에 작용하는 전기력의 크기는

$k\dfrac{qq_A}{d^2}+k\dfrac{qq_A}{9d^2}=k\dfrac{10qq_A}{9d^2}=\dfrac{5}{3}F$이다.

ㄷ. (가)에서 전하량의 크기는 C가 B의 3배이고, A로부터의 거리는 C가 B의 3배이므로 B가 A에 작용하는 전기력의 크기는 C가 A에 작용하는 전기력의 크기보다 크다. A와 B 사이에는 서로 밀어내는 전기력이 작용하므로 (가)에서 A에 작용하는 전기력의 방향은 $-x$ 방향이다. (나)에서 B와 C는 음($-$)전하로 대전되어 있으므로 A에 작용하는 전기력의 방향은 $+x$ 방향이다. 따라서 A에 작용하는 전기력의 방향은 (가)에서와 (나)에서가 서로 반대이다.

 ㄱ. 양($+$)전하로 대전되었던 B가 C와 접촉한 후 음($-$)전하로 대전되었으므로 (가)에서 C는 음($-$)전하로 대전되어 있다.

15 ㄴ. 7초일 때 B에는 순방향 전압이 걸리고, A에는 역방향 전압이 걸리므로 B에서만 빛이 방출된다.

ㄷ. 띠 간격이 넓을수록 LED에서 방출되는 빛의 파장이 짧다. 방출되는 빛의 파장은 A가 B보다 길므로 띠 간격은 A가 B보다 좁다.

 ㄱ. 1초일 때 A에는 순방향 전압이 걸렸고, B에는 역방향 전압이 걸렸으므로 저항에 흐르는 전류의 방향은 ㉠과 반대 방향이다.

16 ㄱ. 스위치를 열었을 때 전구는 켜지지 않았으므로 A에는 역방향 전압이 걸린다. A의 X는 전지의 ($-$)극과 연결되어 있으므로 X는 p형 반도체이다. p형 반도체는 주로 양공이 전류를 흐르게 한다.

 ㄴ. 스위치를 닫았을 때 전구가 켜졌으므로 이때 B에는 순방향 전압이 걸린다. 다이오드의 공핍층의 두께는 순방향 전압이 걸릴 때가 역방향 전압이 걸릴 때보다 얇으므로 스위치를 닫았을 때 공핍층은 B가 A보다 얇다.

ㄷ. 스위치를 닫았을 때 B에는 순방향 전압이 걸리므로 B에서 p형 반도체의 양공은 접합면 쪽으로 이동한다.

17
(1) 정답 | (가), (다), (나)

해설 | (가)는 톰슨 원자 모형, (나)는 보어 원자 모형, (다)는 러더퍼드 원자 모형이다.

(2) 모범 답안 | 전자가 원자핵을 중심으로 특정한 원궤도에서 원운동을 한다.

채점 기준	배점
(나) 모형의 특징을 옳게 서술한 경우	100 %
원운동을 한다라고만 쓴 경우	50 %

18
모범 답안 | (가)에서 에너지는 b가 a보다 크고 파장이 길수록 에너지는 작으므로 (나)에서 에너지는 p가 q보다 크다. 따라서 p는 b, q는 a에서 방출된 스펙트럼선이다.

해설 | (가)에서 전자의 전이 과정에서 방출된 에너지는 b가 a보다 크다. 파장이 길수록 에너지는 작으므로 (나)에서 에너지는 p가 q보다 크다. 따라서 p는 b에서 방출된 스펙트럼선이고, q는 a에서 방출된 스펙트럼선이다.

채점 기준	배점
a, b에 해당하는 스펙트럼선을 그 까닭과 함께 옳게 서술한 경우	100 %
a, b에 해당하는 스펙트럼선은 찾았지만 까닭은 제대로 서술하지 못한 경우	40 %

19
(1) 모범 답안 | 전기 전도성은 A가 B보다 좋다. 띠 간격이 좁을수록 전기 전도성이 좋기 때문이다.

채점 기준	배점
전기 전도성을 비교하고 그 까닭을 옳게 서술한 경우	100 %
전기 전도성만 옳게 비교한 경우	40 %

(2) 모범 답안 | A, 전기 전도성은 도체가 절연체보다 좋기 때문이다.

채점 기준	배점
도체를 고르고 그 까닭을 옳게 서술한 경우	100 %
도체만 옳게 고른 경우	40 %

20
(1) 정답 | ($+$)극

해설 | 스위치를 a에 연결했을 때 발광 다이오드에서 빛이 방출되었으므로 발광 다이오드에는 순방향 전압이 걸린다. 이때 p형 반도체는 ㉠과 연결되므로 ㉠은 ($+$)극이다.

(2) 모범 답안 | 스위치를 a에 연결했을 때 발광 다이오드에는 순방향 전압이 걸리므로 빛이 계속 방출되고, 스위치를 b에 연결했을 때 발광 다이오드에는 순방향 전압과 역방향 전압이 주기적으로 번갈아가며 걸리므로 발광 다이오드에서는 빛이 켜졌다 꺼졌다를 반복한다.

채점 기준	배점
빛의 차이를 a, b에 각각 연결했을 때로 구분하여 옳게 서술한 경우	100 %
빛의 차이를 a, b로 각각 구분하지 않고 서술한 경우	50 %

03　전류에 의한 자기 작용

개념 익히기 문제　　　　　　　　　　　　　　p.139, 141

01 자기장	**02** 자기력선	**03** 오른	**04** 동심원	
05 비례, 반비례	**06** ○	**07** ×	**08** ○	**09** ○
10 ×	**11** ○	**12** 자기장	**13** 반비례	**14** 균일한	**15** 전류
16 전동기	**17** ○	**18** ×	**19** ×	**20** ○	**21** ○

01 자기장은 자기력이 작용하는 공간을 의미하며, 자기력선으로 나타낼 수 있다.

02 자기력선은 자기장의 모양과 방향을 선으로 나타낸 것으로, 나침반의 N극이 가리키는 방향을 연속적으로 연결한 선이다.

03 앙페르 법칙에 의하면 직선 도선에 전류가 흐르는 방향으로 오른손의 엄지손가락을 향하게 하고 도선을 감아쥐었을 때, 나머지 네 손가락이 가리키는 방향이 자기장의 방향이다.

05 무한히 긴 직선 도선에 흐르는 전류에 의한 자기장의 세기는 도선에 흐르는 전류의 세기에 비례하고, 도선으로부터 떨어진 거리에 반비례한다.

07 어떤 지점에서 자기장의 방향은 그 지점에서 나침반의 N극이 가리키는 방향으로 정의된다.

09 자기장의 세기가 셀수록 자기력선을 조밀하게 그린다.

10 자기력선은 도중에 끊어지거나 갈라지지 않는다. 만약 자기력선이 갈라진다면 그 지점에서 나침반의 N극이 가리키는 방향이 2개 이상이 된다는 것인데 이것은 불가능하다.

11 직선 도선에 전류가 흐를 때 도선으로부터 거리가 가까울수록 자기장의 세기가 세므로 자기력선도 도선에 가까울수록 조밀하다.

13 원형 도선에 흐르는 전류에 의한 원형 도선 중심에서 자기장의 세기는 도선의 반지름에 반비례하고 도선에 흐르는 전류의 세기에 비례한다.

14 촘촘하게 감긴 솔레노이드의 내부에서는 자기장의 방향과 세기가 균일하다.

15 코일 내부에 철심을 넣은 것을 전자석이라 하고, 전자석은 전류의 세기와 방향을 조절하여 자기장을 조절한다.

18 솔레노이드에 흐르는 전류의 세기가 2배가 되면 자기장의 세기도 2배가 된다.

19 솔레노이드 내부에서 자기장의 세기는 코일의 총 감은 수가 아니라 단위 길이당 코일의 감은 수에 비례한다.

21 전동기에 흐르는 전류의 방향을 바꾸면 코일이 받는 자기력의 방향이 바뀌므로 회전 방향도 바뀐다.

🔍 탐구 집중 분석　　　　　　　　　　　　p.142

예제 1

정답 ④

해설 | ㄱ. 직선 도선에 흐르는 전류의 세기가 클수록 도선 주변의 자기장의 세기도 커진다.

ㄷ. 오른손 엄지손가락을 전류의 방향으로 향하고 도선을 감아쥐면 나머지 네 손가락은 동쪽을 가리키므로, 자침이 놓인 지점에서 도선에 흐르는 전류에 의한 자기장의 방향은 동쪽 방향이다.

바로알기 ㄴ. 도선으로부터의 거리가 커질수록 자기장의 세기는 작아진다.

예제 2

모범 답안 | 지구 자기장과 도선에 흐르는 전류에 의한 자기장의 세기는 같다.

해설 | 나침반이 정확하게 북쪽과 동쪽의 가운데를 향하고 있으므로 북쪽 방향인 지구 자기장과 동쪽 방향인 도선에 흐르는 전류에 의한 자기장의 세기가 같다.

개념 다지기 문제　　　　　　　　　　　p.144~147

01 ③	**02** ⑤	**03** ⑤	**04** ②	**05** ⑤	**06** ①
07 ③	**08** ③	**09** ⑤	**10** ⑤	**11** ④	**12** ①
고난도	**13** ③	**14** ⑤			
서술형	**15~16** 해설 참조				

01 ㄱ. 자기력선의 방향은 나침반의 N극이 가리키는 방향으로 정한다.

ㄴ. 자기력선이 조밀할수록 자기장의 세기가 세다.

바로알기 ㄷ. 자기력선은 서로 만나거나 교차하지 않으며 갈라지지 않는다.

02 ㄱ. ㉠ 주변에서 자기력선이 ㉠을 향해 들어오고 있으므로 ㉠은 S극이다.

ㄴ. ㉡을 향해서도 자기력선이 들어오고 있으므로 ㉡도 S극이다. 따라서 두 자석의 같은 극 사이에는 서로 밀어내는 자기력이 작용하고 있다.

ㄷ. ㉠과 ㉡은 모두 S극이고, 자기력선이 두 자석 사이의 가운데 지점을 중심으로 완전히 대칭을 이루므로 두 극에 의한 자기장의 세기는 같다. 따라서 두 극으로부터 거리가 같은 지점에서 자기장은 0이다.

03

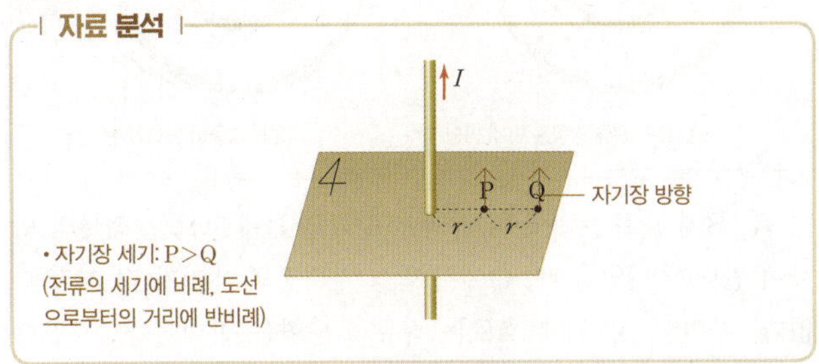

ㄴ. 도선으로부터의 거리가 Q가 P의 2배이므로 자기장의 세기는 P에서가 Q에서의 2배이다. 따라서 P에서 도선에 흐르는 전류에 의한 자기장의 세기는 $2B$이다.

ㄷ. 도선에 흐르는 전류의 세기가 2배가 되면 자기장의 세기도 2배가 되므로 Q에서 도선에 흐르는 전류에 의한 자기장의 세기는 $2B$가 된다.

바로알기 ㄱ. 자기장의 방향은 오른손 엄지손가락을 전류의 방향이 되도록 도선을 감아쥐었을 때 나머지 네 손가락이 가리키는 방향이다. 따라서 P에서 도선에 흐르는 전류에 의한 자기장의 방향은 북쪽이다.

04

ㄴ. A와 B에 흐르는 전류의 세기와 방향이 같으므로 $x=-2d$와 $x=2d$에서 A, B에 흐르는 전류에 의한 자기장의 세기는 같고, 자기장의 방향은 반대이다.

바로알기 ㄱ. $x=0$에서 A, B에 의한 자기장이 0이므로 A와 B에 흐르는 전류의 세기와 방향은 서로 같다. 따라서 B에 흐르는 전류의 방향은 $+y$ 방향이다.

ㄷ. $x=\dfrac{d}{2}$에서 A까지의 거리가 B까지의 거리의 3배이므로 A에 흐르는 전류의 세기가 $2I$가 되더라도 $x=\dfrac{d}{2}$에서 A, B에 흐르는 전류에 의한 자기장은 0이 아니다.

05

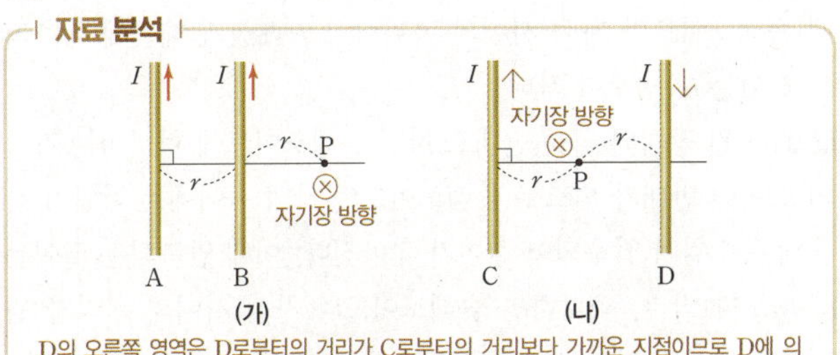

ㄱ. (나)의 P에서 자기장의 방향이 (가)의 P에서와 같이 종이면에 수직으로 들어가는 방향이므로 C에 흐르는 전류의 방향은 위쪽, D에 흐르는 전류의 방향은 아래쪽이다.

ㄴ. (나)에서 D의 오른쪽은 D에 의한 자기장이 C에 의한 자기장보다 세므로, (나)에서 D의 오른쪽에서 자기장의 방향은 종이면에서 수직으로 나오는 방향이다.

ㄷ. (가)의 P에서 자기장의 세기는 $k\dfrac{I}{2r}+k\dfrac{I}{r}=k\dfrac{3I}{2r}=B_0$이고, (나)의 P에서 자기장의 세기는 $k\dfrac{I}{r}+k\dfrac{I}{r}=k\dfrac{2I}{r}$이므로 (나)의 P에서 자기장의 세기는 $\dfrac{4}{3}B_0$이다.

06

① P에서 A에 흐르는 전류에 의한 자기장의 방향은 종이면에 수직으로 들어가는 방향이고, B에 흐르는 전류에 의한 자기장의 방향은 종이면에서 수직으로 나오는 방향이다. 또 P에서는 A, B로부터의 거리가 같으므로 P에서 A와 B에 흐르는 전류에 의한 자기장은 0이다.

07

③ B에 흐르는 전류에 의한 P, Q에서의 자기장의 세기를 B_0이라고 하면, P에서 자기장의 세기는 $3B_0-B_0=2B_0$이고, Q에서 자기장의 세기는 $B_0+B_0=2B_0$이므로 P와 Q에서 자기장의 세기는 서로 같다.

08

ㄱ. O에서 A, B에 흐르는 전류에 의한 자기장이 0이므로 B에 흐르는 전류의 방향은 A에 흐르는 전류의 방향과 반대이다.

ㄴ. 원형 도선 중심에서 자기장의 세기는 원형 도선의 반지름에 반비례하고 도선에 흐르는 전류의 세기에 비례하므로 B에 흐르는 전류의 세기는 $2I$이다.

바로알기 ㄷ. A에 흐르는 전류와 B에 흐르는 전류에 의한 O에서 자기장의 세기가 각각 B_0으로 같은데, B에 흐르는 전류의 방향만 반대가 되면 A와 B에는 같은 방향으로 전류가 흐르게 되므로 O에서 자기장의 세기는 $2B_0$이 된다.

09

ㄴ. (나)의 Q에서 A에 흐르는 전류와 B에 흐르는 전류에 의한 자기장이 모두 종이면에서 수직으로 나오는 방향이므로 Q에서 자기장의 세기는 (나)에서가 (가)에서보다 크다.

ㄷ. (가)에서 A에 흐르는 전류의 세기가 I보다 커지면 P에서 A에 흐르는 전류에 의한 자기장이 B에 흐르는 전류에 의한 자기장보다 세기가 커지므로 P에서 자기장의 방향은 종이면에서 수직으로 나오는 방향이다.

바로알기 ㄱ. P에서 A에 흐르는 전류에 의한 자기장의 방향이 종이면에서 수직으로 나오는 방향이므로 B에 흐르는 전류에 의한 자기장의 방향은 종이면에 수직으로 들어가는 방향이다. 따라서 B에 흐르는 전류의 방향은 아래쪽이다.

10

ㄱ. P에 시계 반대 방향으로 전류가 흐르고 있으므로 점 O에서 P에 흐르는 전류에 의한 자기장의 방향은 xy 평면에서 수직으로 나오는 방향이다.

ㄴ. 점 O에서 자기장의 방향은 xy 평면에 수직으로 들어가는 방향이므로 O에서 Q에 흐르는 전류에 의한 자기장의 방향은 xy 평면에 수직으로 들어가는 방향이다. 따라서 Q에 흐르는 전류의 방향은 $-y$ 방향이다.

ㄷ. Q가 $x=-d$를 지나도록 y축에 나란하게 고정하면 점 O에서 P, Q에 흐르는 전류에 의한 자기장의 방향은 모두 xy 평면에서 수직으로 나오는 방향이다.

11 ㄴ. 오른손 엄지손가락을 전류의 방향으로 감아쥐면 엄지손가락은 오른쪽을 가리키므로 오른쪽이 N극에 해당한다. 따라서 솔레노이드 내부에서 자기장의 방향은 오른쪽이다.

ㄷ. A와 B 내부에서 자기장의 방향이 오른쪽이므로 A의 오른쪽은 N극, B의 왼쪽은 S극에 해당한다. 따라서 A와 B 사이에는 서로 끌어당기는 자기력이 작용한다.

(바로알기) ㄱ. 솔레노이드 내부에서 자기장의 세기는 단위 길이당 코일의 감은 수와 솔레노이드에 흐르는 전류의 세기에 비례한다. 솔레노이드의 지름과는 관계가 없다.

12

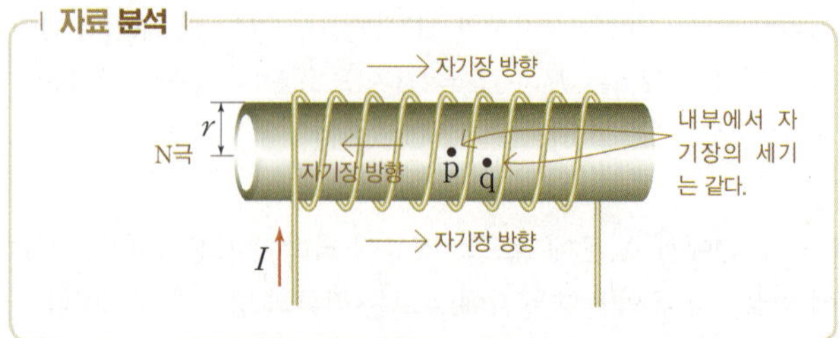

ㄱ. 솔레노이드 내부에서는 균일한 자기장이 형성되므로 p와 q에서 자기장의 세기와 방향은 같다.

(바로알기) ㄴ. 오른손 엄지손가락을 전류의 방향으로 감아쥐면 엄지손가락은 왼쪽을 가리키므로 솔레노이드 내부에서 자기장의 방향은 왼쪽이다.

ㄷ. 솔레노이드 내부에서 자기장의 세기는 단위 길이당 코일의 감은 수와 솔레노이드에 흐르는 전류의 세기에 비례하고 솔레노이드의 반지름에는 관계가 없다. 따라서 단위 길이당 코일의 감은 수가 일정한 채로 솔레노이드의 반지름이 $2r$, 솔레노이드에 흐르는 전류의 세기가 $2I$가 되면 p에서 자기장의 세기는 $2B_0$이 된다.

13 ㄱ. a에서 자기장이 0이므로 Q에는 P에 흐르는 전류와 반대 방향의 전류가 흘러야 한다. 따라서 Q에 흐르는 전류의 방향은 $-y$ 방향이다.

ㄴ. a로부터 Q까지의 거리가 a로부터 P까지 거리의 3배이므로 Q에 흐르는 전류의 세기는 P에 흐르는 전류의 세기의 3배인 $3I$이다.

(바로알기) ㄷ. b에서 P에 흐르는 전류에 의한 자기장의 세기를 B라고 하면, b, c에서 Q에 흐르는 전류에 의한 자기장의 세기는 각각 $3B$이고, c에서 P에 흐르는 전류에 의한 자기장의 세기는 $\frac{1}{3}B$이다. 따라서 b에서 P, Q에 흐르는 전류에 의한 자기장의 세기는 $B+3B=4B$이고, c에서 P, Q에 흐르는 전류에 의한 자기장의 세기는 $3B-\frac{1}{3}B=\frac{8}{3}B$이다. 따라서 자기장의 세기는 c에서가 b에서의 2배가 아니다.

14

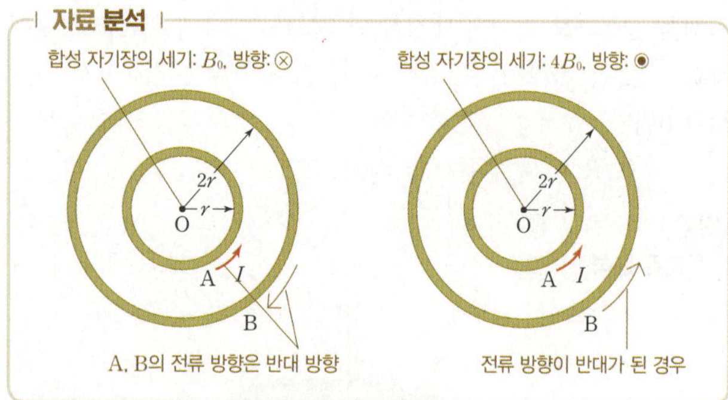

⑤ A, B에 흐르는 전류의 방향이 같다면 B에 흐르는 전류의 방향이 반대가 되었을 때, O에서 합성 자기장의 세기가 더 커질 수 없다. 따라서 A, B에 흐르는 전류의 방향은 반대이다. 또 B에 흐르는 전류의 방향이 반대가 되었을 때 O에서 자기장의 방향도 반대가 되므로 O에서 B에 흐르는 전류에 의한 자기장의 세기가 A에 흐르는 전류에 의한 자기장의 세기보다 크다. O에서 A, B에 흐르는 전류에 의한 자기장의 세기를 각각 B_1, B_2라고 하면, $B_0=B_2-B_1$이므로 $4(B_2-B_1)=B_1+B_2$가 성립한다. 따라서 $B_2=\frac{5}{3}B_1$이다. $k\frac{I}{r}=B_1$이고, B에 흐르는 전류의 세기를 I'라고 하면, $k\frac{I'}{2r}=B_2$이므로 $k\frac{I'}{2r}=\frac{5}{3}k\frac{I}{r}$이다. 따라서 $I'=\frac{10}{3}I$이다.

15 (서술형)

모범 답안 | 두 도선에 흐르는 전류의 방향이 반대이면 두 도선 사이에서 항상 자기장의 방향이 같으므로 자기장이 0이 될 수 없다. 이때 전류의 세기는 관계가 없다.

해설 | 도선 사이에서 두 도선에 흐르는 전류에 의한 자기장의 방향이 같으면 자기장이 0이 될 수 없다. 따라서 두 도선에 흐르는 전류의 방향이 반대인 경우에 가능하다.

채점 기준	배점
전류의 방향과 세기를 모두 옳게 서술한 경우	100%
전류의 방향과 세기 중 한 가지만 옳게 서술한 경우	50%

16 (서술형)

모범 답안 | 전원 장치의 극을 반대로 연결하면 솔레노이드와 자석 사이에는 척력이 작용해 용수철이 압축되어 길이가 짧아진다. 이때 솔레노이드와 자석 사이의 자기력이 약해졌기 때문에 압축되는 길이는 $b-a$보다 작다.

해설 | 전원 장치의 극을 반대로 하면 솔레노이드에 형성되는 자극의 방향이 반대가 되므로 솔레노이드와 자석 사이에는 척력이 작용해 용수철이 압축되어 길이가 짧아진다. 이때 압축되는 길이는 $b-a$보다 작다. 왜냐하면 솔레노이드와 자석 사이의 거리가 원래보다 멀어져 자기력이 약해졌기 때문이다.

채점 기준	배점
용수철이 압축되어 길이가 짧아지고 압축된 길이가 $b-a$보다 작다는 것을 그 까닭과 함께 옳게 서술한 경우	100%
결과는 맞지만 그 까닭을 서술하지 못한 경우	60%
용수철이 압축된다고만 서술한 경우	30%

04 물질의 자성과 전자기 유도

개념 익히기 문제 p.149, 151

01 자성	**02** 강자성체	**03** 자기장	**04** 강자성체
05 반자성	**06** ○	**07** ○	**08** ○ **09** × **10** ×
11 전자기 유도, 자기 선속		**12** 유도 전류	**13** 자기 선속
14 렌츠	**15** 전자기 유도	**16** ○ **17** ○	**18** ○
19 ×	**20** ×		

03 상자성체는 외부 자기장이 생기면 원자 자석이 외부 자기장과 같은 방향으로 정렬하지만 그 비율이 일반적으로 강자성체보다 낮다. 따라서 자석을 가까이했을 때 작용하는 인력도 강자성체보다 약하다. 또한 외부 자기장이 사라지면 자성이 바로 사라지기 때문에 영구 자석 재료로 사용되지 않는다.

04 코일 안에 강자성체를 넣으면 강자성체가 코일에 흐르는 전류에 의한 자기장과 같은 방향으로 자기화되므로 더 강한 자석이 된다.

05 특정 온도 이하에서 모든 전기 저항을 상실하는 물질을 초전도체라고 하며, 초전도체는 강력한 반자성을 나타낸다.

06 움직이는 전하는 자기장을 만든다. 원자에서도 원자 내부의 전자의 운동으로 자기장이 생긴다. 즉, 전자의 궤도 운동과 자전으로 자기장이 만들어진다.

09 반자성체는 외부 자기장이 없을 때는 전자들이 짝을 이루고 있어 원자 자석에 의한 자성을 가지고 있지 않다.

10 하드 디스크의 플래터에는 강자성체인 얇은 산화 철 막을 코팅해 자기화시켜 정보를 저장한다.

11 패러데이 전자기 유도 법칙에 의하면 유도 기전력의 크기는 자기 선속의 시간 변화율에 비례한다. 자기 선속이 일정하면 유도 기전력은 생기지 않는다.

14 전자기 유도 현상이 발생할 때 유도 전류에 의한 자기장이 자기 선속의 변화를 방해하는 방향으로 형성되도록 유도 전류가 흐른다.

18 다이나믹 마이크는 진동판에 연결된 코일과 자석 사이의 상대적인 운동에 의해 발생하는 유도 전류를 이용하는 것이다. 즉, 전자기 유도 현상을 이용한다.

19 발전기를 회전시키면 코일을 통과하는 자기 선속이 변하게 되므로 코일에 유도 전류가 흐른다.

20 전동기는 코일에 전류가 흐르면 코일을 회전시켜 자기장 속의 코일이 힘을 받는 원리를 이용한 것이다.

탐구 집중 분석 p.152

예제 1

정답 ②

해설 | 렌츠 법칙에 의해 자석의 운동을 방해하는 방향으로 자석에 자기력이 작용하므로 자석이 가까이 올 때는 극에 관계없이 구리 도선과 자석 사이에는 척력이 작용하고 자석이 멀어질 때는 극에 관계없이 자석과 구리 도선 사이에는 인력이 작용한다.

예제 2

모범 답안 | 구리 원통을 통과하는 동안 자석에는 자석의 운동 방향과 반대 방향으로 자기력이 작용하기 때문에 플라스틱 원통을 통과한 자석의 속력이 구리 원통을 통과한 자석의 속력보다 크다.

해설 | 에너지 보존 법칙에 의해 구리 원통에서는 전기 에너지가 발생하므로 자석의 역학적 에너지가 낙하하는 동안 감소한다. 따라서 구리 원통을 통과하는 동안 자석에는 연직 위로 자기력이 계속 작용하므로 바닥에 닿기 직전 속력은 플라스틱 원통을 통과하는 자석이 구리 원통을 통과하는 자석보다 크다.

자료 집중 분석 p.153

예제 1

정답 ①

해설 | ㄱ. 도선이 균일한 자기장 영역 속으로 들어가고 있으므로 도선을 통과하는 자기 선속은 증가한다.

바로알기 ㄴ. 도선 내의 자기장이 증가하고 있으므로 종이면에서 수직으로 나오는 방향의 자기장이 생기도록 유도 전류가 흐른다. 따라서 도선에는 시계 반대 방향으로 유도 전류가 흐른다.

ㄷ. 도선이 자기장 영역에 완전히 들어가면 자기 선속의 변화가 없으므로 도선에는 유도 전류가 흐르지 않는다.

개념 다지기 문제 p.154~157

01 ③	**02** ①	**03** ⑤	**04** ⑤	**05** ②	**06** ①
07 ①	**08** ①	**09** ③	**10** ⑤	**11** ①	**12** ④
고난도 **13** ③	**14** ①				
서술형 **15~16** 해설 참조					

01 ㄱ. 물질의 자성은 원자 내 전자의 궤도 운동과 자전(스핀)에 의해서 나타난다. ⊙은 전자이다.

ㄴ. 상자성체는 외부 자기장에 대해 원자 자석이 같은 방향으로 정렬하기 때문에 상자성체와 자석 사이에는 끌어당기는 자기력이 작용한다.

바로알기 ㄷ. 반자성체는 외부 자기장이 사라지면 자기화된 상태가 곧바로 사라진다.

02 ㄱ. 외부 자기장을 걸어 주었을 때 서로 밀어내므로 A는 반자성체이다. 즉, 반자성체에 자석을 가까이하면 자석과 반자성체 사이에는 서로 밀어내는 자기력이 작용한다.

🔍**바로알기** ㄴ. A와 자석 사이에는 서로 밀어내는 자기력이 작용하므로 P는 N극으로 자기화되어 있다.

ㄷ. 반자성체는 외부 자기장을 제거하면 자기화된 상태가 곧바로 사라진다.

03 ㄱ. 상자성체의 원자 자석은 외부 자기장과 같은 방향으로 정렬하므로 A와 B 사이에 끌어당기는 자기력이 작용한다.

ㄴ. p, q는 세기가 같고 거리가 같은 외부 자석의 N극에 가까운 지점이므로 모두 S극으로 자기화된다.

ㄷ. C를 제거하면 A의 내부를 지나는 오른쪽 방향의 자기장이 더 세지므로 A의 원자 자석에 의한 자기장도 오른쪽 방향으로 더 세진다. 따라서 C를 제거하면 A와 B 사이에 작용하는 자기력은 더 커진다.

04 ㄴ. (나)에서 저울의 눈금이 5 N 줄어들었으므로 연직 위에 있는 자석이 A를 연직 위로 당기는 힘의 크기는 5 N이다.

ㄷ. (나)에서 A와 자석 사이에는 서로 끌어당기는 자기력이 작용하므로 A의 위쪽은 S극으로 자기화된다.

🔍**바로알기** ㄱ. 저울의 눈금이 (나)에서 줄어들었으므로 자석과 A 사이에는 끌어당기는 힘이 작용한다. 따라서 A는 강자성체나 상자성체 중 하나이다.

05 ㄴ. 외부 자기장에 대해 원자 자석이 같은 방향으로 정렬하고 외부 자기장이 제거되었을 때 자기화된 성질을 유지하지 못하는 물질은 상자성체이다.

🔍**바로알기** ㄱ. 원자 자석은 원자 내 전자의 궤도 운동이나 자전(스핀)에 의해 나타난다.

ㄷ. 철과 니켈은 외부 자기장을 제거해도 자기화된 성질이 유지되는 강자성체이다.

06 ㄱ. 자기 선속은 자기장의 세기와 자기장에 수직인 단면적의 곱이므로 (가)에서 코일을 통과하는 자기 선속은 BA이다.

🔍**바로알기** ㄴ. (가)에서는 자기 선속의 변화가 없으므로 코일에 유도 전류가 흐르지 않는다.

ㄷ. (나)에서 코일은 자기장에 나란하므로 코일을 통과하는 자기 선속은 0이다. 따라서 자기장의 세기가 증가하더라도 코일을 통과하는 자기 선속은 0이다.

07

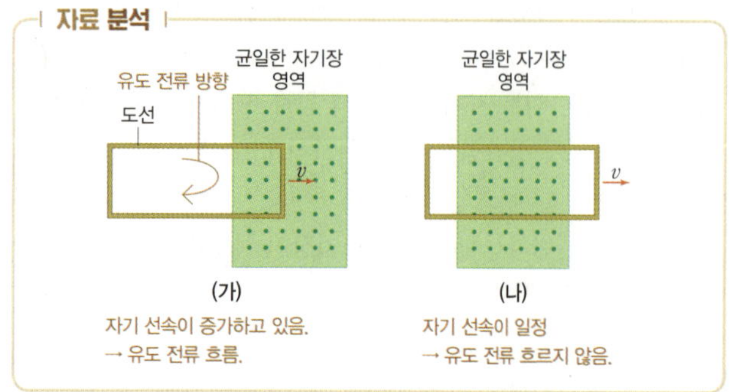

ㄱ. (가)에서 자기장을 통과하는 도선의 단면적이 증가하고 있으므로 도선을 통과하는 자기 선속이 증가하고 있다.

🔍**바로알기** ㄴ. (가)에서 자기 선속의 변화를 방해하기 위해 유도 전류에 의한 자기장의 방향이 도선의 내부에 수직으로 들어가는 방향이므로, 도선에는 시계 방향으로 전류가 흐른다.

ㄷ. (나)에서 도선을 통과하는 자기 선속은 변화가 없으므로 도선에는 유도 전류가 흐르지 않는다.

08 ① 유도 기전력의 크기는 자기 선속의 시간당 변화율에 비례한다. 3초일 때와 6초일 때 그래프의 기울기가 같으므로 직사각형 도선을 통과하는 자기 선속의 시간당 변화율은 같다. 따라서 3초일 때와 6초일 때 R에 흐르는 유도 전류의 세기는 I로 같다.

09

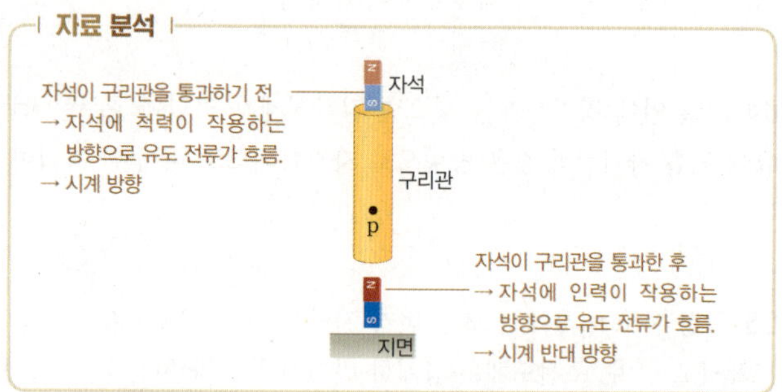

ㄷ. 자석이 구리관을 빠져나올 때는 자석에 인력이 작용하는 방향으로 유도 전류가 흐르므로, 자석에는 위 방향으로 자기력이 작용한다.

🔍**바로알기** ㄱ. 자석이 낙하하는 동안 구리관에 유도 전류가 흐르게 되므로 자석의 역학적 에너지의 일부가 전기 에너지로 전환된다. 따라서 자석의 역학적 에너지는 자석이 낙하하는 동안 감소한다.

ㄴ. 자석이 구리관을 통과하기 전과 통과하고 난 후 p에 흐르는 유도 전류의 방향은 반대이다.

10 ㄱ. 앙페르 법칙에 의해 오른손 엄지손가락이 전류의 방향이 되도록 직선 도선을 감아쥐면 네 손가락의 방향에 따라 금속 고리가 놓인 지점에서 자기장의 방향은 종이면에 수직으로 들어가는 방향이다.

ㄴ. 직선 도선에 흐르는 전류에 의한 자기장의 세기는 도선으로부터 거리가 멀수록 작아지므로, 금속 고리가 멀어질수록 금속 고리를 통과하는 자기 선속은 감소한다.

ㄷ. 금속 고리가 멀어지는 동안 금속 고리를 통과하는 자기 선속이 감소하므로 금속 고리 내부에 수직으로 들어가는 방향의 자기장이 생기도록 유도 전류가 흐른다. 따라서 금속 고리에 흐르는 유도 전류의 방향은 시계 방향이다.

11 ㄱ. 자석의 운동을 방해하는 방향으로 자기력이 작용하므로 자석이 P를 지날 때와 Q를 지날 때 자석에 작용하는 자기력의 방향은 왼쪽으로 같다.

🔍**바로알기** ㄴ. 자석이 P를 지날 때 솔레노이드에 의한 유도 자기장은 솔레노이드의 왼쪽이 N극이 되도록 형성되고, 자석이 Q를 지날 때 솔레노이드에 의한 유도 자기장은 솔레노이드의 오른쪽이 N극이 되도록 형성되므로, 자석이 P, Q를 지날 때 검류계

에 흐르는 유도 전류의 방향은 반대이다.

ㄷ. 자석이 솔레노이드에 접근하는 동안 솔레노이드 근처에서의 자석에 의한 자기장의 세기가 커지므로 일정한 속력으로 접근하는 자석에 의한 시간당 자기 선속 변화율은 커진다. 따라서 자석이 P에서 솔레노이드에 접근하는 동안 검류계에 흐르는 전류의 세기는 증가한다.

12 ㄴ. P에 흐르는 전류의 세기가 증가하면 P에 흐르는 전류에 의한 자기장의 세기가 증가하므로 Q를 통과하는 자기 선속은 증가한다.

ㄷ. P에 흐르는 전류의 세기가 증가하면 Q 내부를 통과하는 종이면에 들어가는 방향의 자기장의 세기가 커지므로 Q에 흐르는 유도 전류에 의한 자기장은 Q의 내부에서는 종이면에서 수직으로 나오는 방향으로 생긴다. 따라서 Q에 흐르는 유도 전류의 방향은 시계 반대 방향이다.

🔍 **바로알기** ㄱ. 앙페르 법칙에 의해 오른손 엄지손가락을 전류의 방향이 되도록 한 후 P를 감아쥐면 네 손가락 방향이 P의 안쪽에서 종이면에 수직으로 들어가는 방향이다. 따라서 Q의 중심에서 P에 흐르는 전류에 의한 자기장의 방향은 종이면에 수직으로 들어가는 방향이다.

13

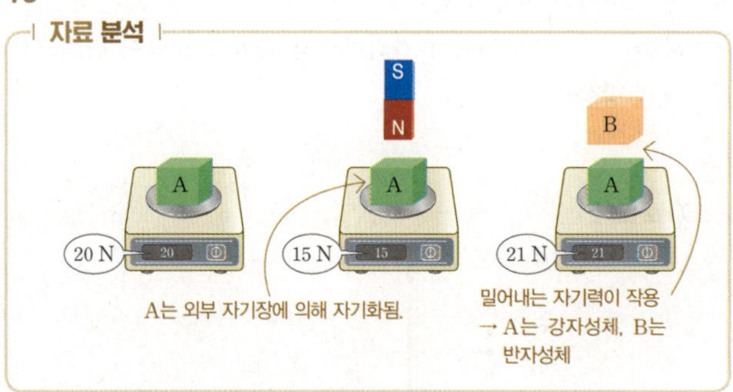

ㄱ. 자석을 제거하더라도 A는 자기화된 상태를 유지하고 있으므로 A는 강자성체이다.

ㄴ. (다)에서 A와 B 사이에는 서로 밀어내는 자기력이 작용하므로 B는 반자성체이다. 따라서 B는 외부 자기장과 반대 방향으로 자기화된다.

🔍 **바로알기** ㄷ. A는 강자성체이므로 외부 자기장이 사라져도 자기화된 상태가 유지된다.

14 ㄱ. 구리 막대가 운동을 시작할 때 가지고 있던 운동 에너지 $2\,J\left(=\dfrac{1}{2}\times1\times2^2\right)$이 전기 에너지로 전환되기 때문에 구리 막대는 운동하다가 정지한다.

🔍 **바로알기** ㄴ. 구리 막대를 포함한 ㅁ자형 도선에 수직으로 들어가는 방향의 자기장의 세기가 커지고 있으므로 ㅁ자형 도선의 내부에서 유도 전류에 의한 자기장의 방향은 수평면에서 수직으로 나오는 방향이다. 따라서 ㅁ자형 도선에는 시계 반대 방향으로 유도 전류가 흐르고, 구리 막대에는 b → a 방향으로 유도 전류가 흐른다.

ㄷ. 구리 막대의 속력이 점점 느려지므로 자기 선속의 시간당 변화율도 점점 감소한다. 따라서 저항에 흐르는 유도 전류의 세기도 점점 감소한다.

15 서술형

모범 답안 | 강자성체, 코일에 흐르는 전류가 사라지더라도 자기화된 성질을 계속 유지할 수 있어야 하기 때문이다.

해설 | 하드 디스크의 플래터는 강자성체인 산화 철의 얇은 막으로 코팅되어 있다. 강자성체이기 때문에 외부 자기장에 의해 자기화되고 외부 자기장이 사라지더라도 자기화된 성질이 유지된다.

채점 기준	배점
강자성체와 그 까닭을 모두 옳게 서술한 경우	100%
강자성체만 옳게 쓴 경우	40%

16 서술형

(1) **모범 답안** | 자석이 낙하하는 동안 플라스틱 원통에는 유도 전류가 흐르지 않고, 구리 원통에는 유도 전류가 흘러 자석의 운동을 방해하기 때문이다.

채점 기준	배점
유도 전류의 흐름 유무로 옳게 서술한 경우	100%
유도 전류의 발생 유무 때문이라고만 쓴 경우	40%

(2) **모범 답안** | 자석이 낙하하는 동안 구리 원통에 흐르는 유도 전류의 세기가 알루미늄 원통에 흐르는 유도 전류의 세기보다 세기 때문이다.

해설 | 절연체인 플라스틱 원통에는 유도 전류가 흐르지 않지만 도체인 알루미늄 원통과 구리 원통에서는 유도 전류가 흐른다. 알루미늄보다 구리의 전기 저항이 더 작으므로 구리 원통에서 더 센 유도 전류가 흘러 자석의 운동을 방해하는 정도가 더 커진다.

채점 기준	배점
유도 전류의 세기 차이를 옳게 서술한 경우	100%
유도 전류의 세기 차이 때문이라고만 쓴 경우	40%

학교 시험 빈출 자료 MASTER p.158~160

① 1 ○   2 ×   3 ○   4 ×   5 ○   6 ○
② 1 ○   2 ○   3 ×   4 ×
③ 1 ○   2 ○   3 ○   4 ×
④ 1 ×   2 ○   3 ×   4 ○   5 ×
⑤ 1 ×   2 ×   3 ○   4 ○
⑥ 1 ○   2 ○   3 ×   4 ×
⑦ 1 ○   2 ×   3 ○   4 ×
⑧ 1 ○   2 ○   3 ×   4 ○   5 ×
⑨ 1 ×   2 ×   3 ×   4 ○

①-2 어떤 지점에서 자기장의 방향은 그 지점에 나침반을 놓았을 때 나침반의 N극이 가리키는 방향이다.

①-4 자기력선은 도중에 갈라지거나 끊어지지 않는다.

②-3 직선 도선으로부터의 거리가 가까울수록 자기장의 세기가 세다.

②-4 직선 도선에 흐르는 전류의 세기가 셀수록 도선 주변에 형성되는 자기장의 세기는 세진다.

③-2 전류가 흐르는 방향으로 오른손의 엄지손가락이 향하게 하며 도선을 감아쥐었을 때 나머지 네 손가락이 가리키는 방향이 자기장의 방향이다.

③-4 원형 도선 중심에서 자기장의 세기는 전류의 세기에 비례하고 도선의 반지름에 반비례한다. (나) 원형 도선은 (가) 원형 도선에 비해 반지름이 2배이고 전류의 세기가 2배이므로 p와 q에서 자기장의 세기는 같다.

④-1 A에서 자기장의 방향은 오른쪽이다.

④-2 솔레노이드 내부에서는 균일한 자기장이 생기므로 B와 C에서 자기장의 세기는 같다.

④-3 D에서 자기장의 방향은 오른쪽이다.

④-5 솔레노이드 내부에서 자기장의 세기는 단위 길이당 코일의 감은 수에 비례한다.

⑤-1 전자석에 흐르는 전류의 세기가 셀수록 전자석의 양 끝에는 강한 자기장이 만들어진다.

⑤-2 전동기에서는 전기 에너지가 역학적 에너지로 전환된다.

⑥-1 (가)는 강자성체, (나)는 상자성체, (다)는 반자성체이다.

⑥-3 (다)는 반자성체로, 원자 자석들은 외부 자기장에 대해 반대 방향으로 정렬한다.

⑥-4 철이나 니켈은 강자성체이므로 (가)에 해당한다.

⑦-2 액체 자석도 강자성체를 이용해 만든다.

⑦-4 하드 디스크의 플래터에는 외부 자기장을 제거하더라도 자기화된 성질을 유지할 수 있는 강자성체의 얇은 막을 코팅해 정보를 저장한다.

⑧-3 자석이 아래로 내려옴에 따라 솔레노이드 내부에서 자석에 의한 아래 방향의 자기 선속이 강해지므로 솔레노이드에 흐르는 유도 전류에 의한 자기장의 방향은 솔레노이드 중심에서 위 방향이다.

⑧-5 막대자석의 S극을 솔레노이드에 가까이 가져가면 솔레노이드와 자석 사이에는 렌츠 법칙에 의해 서로 밀어내는 자기력이 작용한다.

⑨-1 1차 코일과 2차 코일은 직접 연결되어 있지 않고 분리되어 있다.

⑨-2 충전 패드의 1차 코일에는 세기와 방향이 변하는 전류가 흘러야 전자기 유도가 일어날 수 있다.

⑨-3 1차 코일에 흐르는 전류가 일정하지 않기 때문에 2차 코일을 통과하는 자기 선속도 변하고 2차 코일에 유도 전류가 흐르게 된다.

01 ④	02 ③	03 ③	04 ①	05 ④	06 ④
07 ②	08 ①	09 ④	10 ③	11 ⑤	12 ⑤
13 ④	14 ③	15 ②	16 ①, ④		

고난도 **17** ③ **18** ③

서술형 **19~20** 해설 참조

01 ㄴ. 자기력선은 자기장을 나타내는 한 방법으로, 자기력선의 간격이 좁을수록 자기장의 세기가 세다.

ㄷ. 자기력선의 방향은 자기장의 방향으로 그 지점에서 나침반의 N극이 가리키는 방향이다.

바로알기 ㄱ. P와 Q에서 자기력선의 화살표 방향이 다르므로 자기장의 방향도 다르다.

02

자료 분석

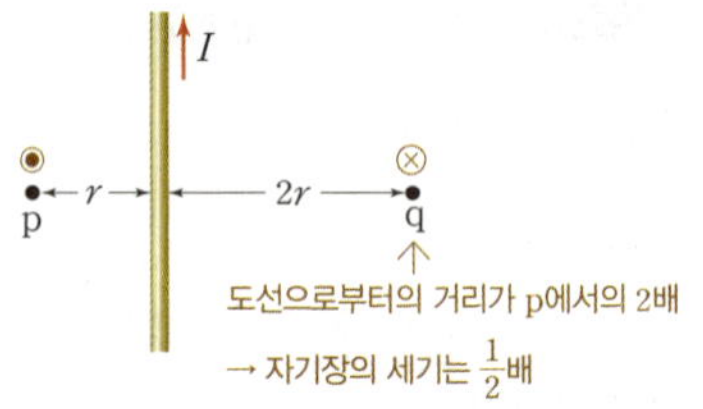

ㄱ. 앙페르 법칙에 의해 p에서 자기장의 방향은 종이면에서 수직으로 나오는 방향, q에서 자기장의 방향은 종이면에 수직으로 들어가는 방향이다.

ㄷ. 직선 도선 주변의 자기장의 세기는 직선 도선에 흐르는 전류의 세기에 비례한다. 따라서 도선에 흐르는 전류의 세기가 $2I$가 되면 p에서 도선에 흐르는 전류에 의한 자기장의 세기는 2배가 된다.

바로알기 ㄴ. 도선에 흐르는 전류에 의한 자기장의 세기는 도선으로부터의 거리에 반비례하므로, 자기장의 세기는 p에서가 q에서의 2배이다.

03 ㄱ. 앙페르 법칙에 의해 p에서 도선에 흐르는 전류에 의한 자기장의 방향은 종이면에서 수직으로 나오는 방향이다.

ㄴ. 앙페르 법칙에 의해 q에서 도선에 흐르는 전류에 의한 자기장의 방향은 종이면에 수직으로 들어가는 방향이다.

바로알기 ㄷ. 전류가 흐르는 원형 도선 중심에서 자기장의 세기는 도선의 반지름에 반비례하고 도선에 흐르는 전류의 세기에 비례한다. 따라서 도선의 반지름이 2배, 도선에 흐르는 전류가 2배가 되면 p에서 도선에 흐르는 전류에 의한 자기장의 세기는 변하지 않는다.

04 ㄱ. 스위치를 닫으면 나침반의 N극이 북서쪽을 가리키므로 나침반이 놓인 지점에서 도선에 흐르는 전류에 의한 자기장의 방향은 서쪽이다. 따라서 직선 도선에 흐르는 전류의 방향은 북쪽이다.

바로알기 ㄴ. 도선에 흐르는 전류의 세기를 증가시키면 지구 자기장의 세기는 그대로인데, 도선에 흐르는 전류에 의한 자기장의 세기는 증가하므로 나침반은 서쪽으로 더 치우치게 된다.

ㄷ. 도선에 흐르는 전류의 방향을 반대로 하면 나침반이 놓인 지점에서 도선에 흐르는 전류에 의한 자기장의 방향은 동쪽이므로 지구 자기장과의 합성 자기장은 북동쪽이 되고 나침반의 N극은 북동쪽을 가리키게 된다.

05 ㄱ. Q는 두 도선으로부터 거리가 같고 두 도선에 흐르는 전류에 의한 자기장의 방향이 서로 반대인 지점이므로 Q에서 자기장은 0이다.

ㄷ. S에서 두 도선에 흐르는 전류에 의한 자기장의 방향은 모두 종이면에 수직으로 들어가는 방향이므로 S에서 자기장의 방향은 종이면에 수직으로 들어가는 방향이다.

바로알기 ㄴ. P는 두 도선으로부터 거리가 같고 두 도선에 흐르는 전류에 의한 자기장의 방향이 같으므로 P에서의 자기장의 세기는 0이 아니다. 그러나 R는 두 도선으로부터 거리가 같고 두 도선에 흐르는 전류에 의한 자기장의 방향이 반대이므로 R에서의 자기장은 0이다.

06 ㄴ. 솔레노이드 중심에서 자기장의 세기는 솔레노이드에 흐르는 전류의 세기에 비례하므로 전류의 세기가 커지면 나침반이 놓인 지점에서 자기장의 세기는 커진다.

ㄷ. 솔레노이드의 단위 길이당 코일의 감은 수가 많아지면 나침반이 놓인 지점에서 자기장의 세기는 커진다.

바로알기 ㄱ. 솔레노이드의 오른쪽 끝이 자석의 N극에 해당하므로 전원 장치의 a는 (−)극, b는 (＋)극이다.

07 ㄴ. 원형 도선 중심에서 자기장의 세기는 도선에 흐르는 전류의 세기에 비례하므로 원형 도선에 흐르는 전류의 세기가 $2I$가 되면 원형 도선 중심에서 원형 도선에 흐르는 전류에 의한 자기장의 세기는 $2B$가 된다.

바로알기 ㄱ. O 근처에서 원형 도선에 흐르는 전류에 의한 자기장의 방향은 $+x$ 방향이므로 강자성체인 철가루도 $+x$ 방향으로 자기화된다.

ㄷ. 도선에 흐르는 전류가 0이면 도선에 흐르는 전류에 의한 자기장은 0이 되지만, 철가루는 강자성체이기 때문에 철가루에 의한 자기장이 남아 있어 O에서 자기장은 0이 아니다.

08

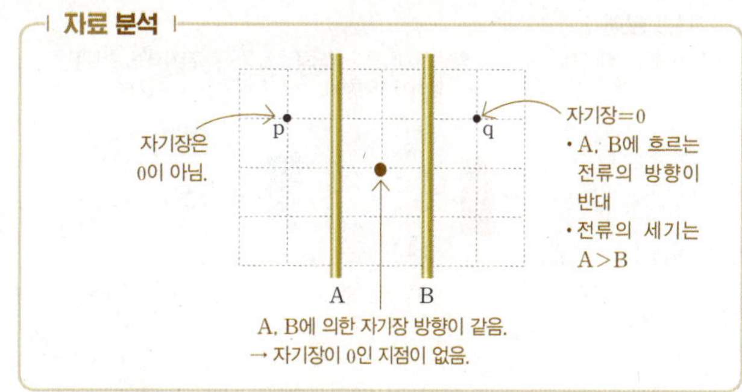

ㄱ. q에서 A에 흐르는 전류에 의한 자기장과 B에 흐르는 전류에 의한 자기장의 방향이 반대이므로 A와 B에 흐르는 전류의 방향은 반대이다.

바로알기 ㄴ. q에서 A, B에 흐르는 전류에 의한 자기장의 세기가 같으므로 전류의 세기는 q로부터 거리가 더 먼 A에서가 B에서보다 크다. 또한 p는 A로부터 거리가 B로부터 거리보다 짧기 때문에 p에서는 A에 흐르는 전류에 의한 자기장의 세기가 B에 흐르는 전류에 의한 자기장의 세기보다 크다. 따라서 p에서 자기장은 0이 아니다.

ㄷ. A와 B에 흐르는 전류의 방향이 반대이므로 A와 B 사이 종이면 위의 점에서 A에 흐르는 전류에 의한 자기장과 B에 흐르는 전류에 의한 자기장은 방향이 같다. 따라서 A와 B 사이 종이면 위의 점에서 자기장이 0인 지점은 존재하지 않는다.

09 ㄱ. B에 흐르는 전류의 방향이 반대가 될 때 P에서 자기장이 0이므로 전류의 방향이 반대가 되기 전에는 A와 B에 흐르는 전류에 의한 P에서 자기장의 방향은 서로 같다.

ㄷ. B에 흐르는 전류의 방향만 반대로 하였더니 P에서 자기장이 0이 되므로, B에 흐르는 전류에 의한 P에서 자기장은 A에 흐르는 전류에 의한 자기장과 세기는 같고 방향은 반대이어야 한다. 따라서 B에 흐르는 전류에 의한 P에서 자기장의 세기는 B이다.

바로알기 ㄴ. B에 흐르는 전류의 방향이 반대가 되기 전 A, B에 흐르는 전류에 의한 P에서 자기장의 방향은 서로 같다. 이때 P에서 합성 자기장이 종이면에서 수직으로 나오는 방향이므로 P에서 A에 흐르는 전류에 의한 자기장의 방향은 종이면에서 수직으로 나오는 방향이다. 따라서 A에는 시계 반대 방향으로 전류가 흐르고 있다.

10 ㄱ. A, B에 흐르는 전류의 방향이 같으므로 A에 흐르는 전류에 의해 A의 내부에는 오른쪽에서 왼쪽 방향의 자기장이, B에 흐르는 전류에 의해 B의 내부에도 오른쪽에서 왼쪽 방향의 자기장이 형성되므로 A, B 사이에는 서로 끌어당기는 자기력이 작용한다.

ㄷ. P, Q에서 자기장의 방향은 왼쪽 방향으로 같다.

바로알기 ㄴ. 솔레노이드 내부에서 자기장의 세기는 단위 길이당 코일의 감긴 수와 전류의 세기의 곱에 비례하므로, 내부에서 자기장의 세기는 A가 B보다 크다.

11

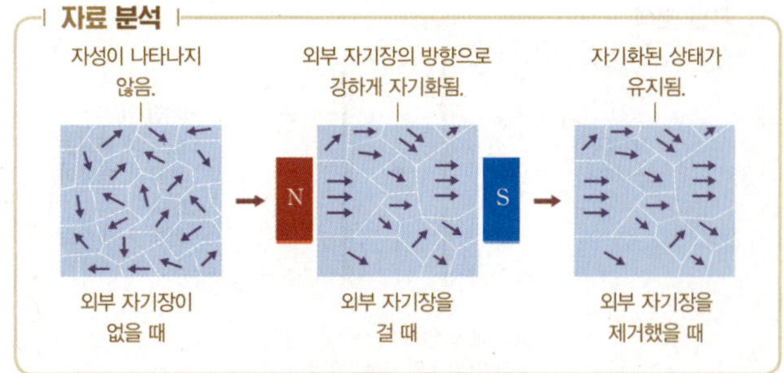

ㄱ. 외부 자기장에 대해 원자 자석들이 같은 방향으로 정렬하고, 외부 자기장이 제거되더라도 자기화된 성질을 유지하는 물체는 강자성체이다.

ㄴ. 강자성체에 자석을 가까이 가져가면 강자성체의 원자 자석이 외부 자기장과 같은 방향으로 정렬하므로 강자성체와 자석 사이에는 끌어당기는 자기력이 작용한다.

ㄷ. 철과 니켈은 강자성체이다.

12 ㄱ. A와 B 사이에는 서로 끌어당기는 자기력이 작용하므로 A와 B는 반자성체일 수 없다. 따라서 C가 반자성체이다.

ㄴ. A와 B 중 하나가 강자성체인데, (나)에서 B와 반자성체인 C 사이에 서로 밀어내는 자기력이 작용하므로 B가 강자성체이고, 강자성체는 외부 자기장이 사라지더라도 자기화된 성질을 유지할 수 있다.

ㄷ. B가 강자성체, C가 반자성체이므로 A는 상자성체이다.

13 ㄱ. 자석이 솔레노이드에 가까이 접근하는 동안 솔레노이드 내부를 통과하는 자기장의 세기가 증가하므로, 솔레노이드 코일을 통과하는 자기 선속은 증가한다.

ㄷ. 자극을 바꾸어 가까이하면 렌츠 법칙에 의해 유도 전류의 방향은 반대가 된다.

 ㄴ. 막대자석을 솔레노이드에 넣은 채 가만히 있으면 자기 선속이 변하지 않기 때문에 유도 전류는 흐르지 않는다.

14 ㄱ. I에 의한 자기장은 앙페르 법칙에 의해 원형 도선이 놓인 지점에서 xy 평면에 수직으로 들어가는 방향이므로 I에 의해 원형 도선 내부에는 xy 평면에 수직으로 들어가는 방향으로 자기장이 형성되어 있다.

ㄴ. 원형 도선이 $+x$ 방향으로 움직이면 직선 도선으로부터 원형 도선까지의 거리가 멀어지므로 I에 의한 원형 도선 내부에서의 자기장의 세기가 약해진다. 따라서 원형 도선이 $+x$ 방향으로 움직이면 원형 도선을 통과하는 자기 선속은 감소한다.

 ㄷ. 원형 도선을 $+y$ 방향으로 움직이면 원형 도선을 통과하는 자기 선속이 변하지 않으므로 원형 도선에는 유도 전류가 흐르지 않는다.

15 ㄷ. 금속 고리와 막대자석 사이에 서로 끌어당기는 자기력이 작용하므로 렌츠 법칙에 의해 자석과 금속 고리는 서로 멀어지고 있는 상황이다.

 ㄱ. (가)에서는 자석과 금속 고리의 상대적인 운동이 없기 때문에 자기 선속의 변화가 없어 금속 고리에는 유도 전류가 흐르지 않는다.

ㄴ. (나)와 (다) 모두에서 자석과 금속 고리는 인력이 작용하므로 금속 고리에 흐르는 유도 전류에 의해 (나)에서는 금속 고리의 왼쪽이 S극으로, (다)에서는 금속 고리의 왼쪽이 N극으로 자기화된다. 따라서 (나)와 (다)에서 금속 고리에 흐르는 유도 전류의 방향은 서로 반대이다.

16 ①, ④ 원형 도선에 흐르는 유도 전류에 의한 원형 도선 내부에서 유도 자기장의 방향이 종이면에 수직으로 들어가는 방향이다. 따라서 균일한 자기장 영역의 자기장은 종이면에 수직으로 들어가는 방향의 자기장의 세기가 약해지고 있거나 종이면에서 수직으로 나오는 방향의 자기장의 세기가 점점 세지고 있는 경우이다.

17 ㄱ. B, C에서 전류의 방향이 시계 방향이면 P에서 A, B, C에 흐르는 전류에 의한 자기장의 방향이 모두 xy 평면에 수직으로 들어가는 방향이다. 따라서 ㉠은 xy 평면에 수직으로 들어가는 방향이다.

ㄷ. ①, ②, ③′에 의해 $x=\dfrac{5}{2}B_0$, $y=\dfrac{1}{2}B_0$, $z=2B_0$이다. 따라서 P에서 자기장의 세기는 A에 흐르는 전류에 의해서가 B에 흐르는 전류에 의해서보다 5배 크다.

 ㄴ. A, B, C에 흐르는 전류에 의한 P에서의 자기장의 세기를 각각 x, y, z라 하고 xy 평면에 수직으로 들어가는 방향을 $(+)$로 한 후 방정식을 세우면, $x+y+z=5B_0 \cdots$ ①, $x+y-z=B_0 \cdots$ ②이 성립하고 ①, ②에 의해 $z=2B_0$이다. 만약 ㉡이 $(-)$방향이면 $x-y+z=-4B_0 \cdots$ ③이므로 ①, ③에 의해 $y=\dfrac{9}{2}B_0$이다. 그런데 ①에서 $x+y=3B_0$이므로 $y=3B_0$보다 작아야 하므로 $y=\dfrac{9}{2}B_0$이 될 수 없다. 따라서 $x-y+z=4B_0 \cdots$ ③′이므로 ㉡은 $(+)$방향, 즉 xy 평면에 수직으로 들어가는 방향이다.

18

ㄱ. 원형 도선이 자기장 영역에 들어가는 동안 원형 도선에 흐르는 유도 전류에 의한 원형 도선 중심에서 유도 자기장의 방향이 xy 평면에 수직으로 들어가는 방향이므로, 균일한 자기장 영역에서 자기장의 방향은 xy 평면에서 수직으로 나오는 방향이다.

ㄷ. 유도 전류가 흐르는 동안 원형 도선의 운동을 방해하는 방향으로 자기력이 작용하므로 원형 도선에 작용하는 자기력의 방향은 $-x$ 방향이다.

19 서술형

모범 답안 | $B_b > B_a = B_c$, b에서 두 도선에 흐르는 전류에 의한
자기장의 방향이 같으므로 b에서 자기장의 세기가 가장 크고, a
와 c에서는 두 도선에 흐르는 전류에 의한 자기장의 세기는 같고
방향만 반대이므로 자기장의 세기는 같다.

해설 | 무한히 긴 직선 도선에 흐르는 전류에 의한 자기장의 세기
는 전류의 세기에 비례하고 도선으로부터의 거리에 반비례한다.

채점 기준	배점
자기장의 세기를 비교하고, 그 까닭을 옳게 서술한 경우	100 %
자기장의 세기만 비교한 경우	40 %

20 서술형

모범 답안 | 강자성체, 외부 자기장이 없을 때도 원자 자석이 정렬
된 상태를 유지할 수 있어야 하기 때문이다.

해설 | 강자성체와 상자성체의 공통점은 모두 외부 자기장에 대해
원자 자석들이 같은 방향으로 정렬하는 성질이 있다는 것이다.
차이점은 외부 자기장이 제거되었을 때 강자성체는 원자 자석이
정렬된 상태를 유지할 수 있어 자기화된 상태를 유지할 수 있고
상자성체는 원자 자석이 다시 방향성을 띠지 않게 되어 자기화된
상태를 잃어 버린다는 것이다. 따라서 외부 자기장이 없을 때도
원자 자석이 정렬된 상태를 유지할 수 있는 강자성체가 영구 자
석 제작에 이용될 수 있다.

채점 기준	배점
자성체의 종류를 쓰고, 그 까닭을 옳게 서술한 경우	100%
자성체의 종류만 옳게 쓴 경우	40%

단원 한번에 정리하기
p.166~167

01 원자와 전기력, 스펙트럼

❶ 전자 ❷ 원자핵 ❸ 비례 ❹ 반비례 ❺ 원운동 ❻ 양자화 ❼ 차
❽ 불연속

02 에너지띠와 반도체

❶ 원자가 띠 ❷ 띠 간격 ❸ 좁을 ❹ p형 반도체 ❺ n형 반도체 ❻ 순
방향 ❼ 순방향 ❽ 역방향 ❾ 띠 간격

03 전류에 의한 자기 작용

❶ 자기력선 ❷ 세다 ❸ 전류 ❹ 반비례 ❺ 비례 ❻ 전류의 세기 ❼ 전
자석

04 물질의 자성과 전자기 유도

❶ 궤도 ❷ 같은 ❸ 반대 ❹ 렌츠 법칙 ❺ N극 ❻ S극 ❼ 감은 수
❽ 자기 선속

1등급 실전 문제
p.168~173

01 ④	02 ③	03 ③	04 ③	05 ③	06 ⑤
07 ⑤	08 ②	09 ③	10 ②	11 ④	12 ④
13 ⑤	14 ④	15 ④	16 ①	17 ②	18 ②
19 ④	20 ③				

서술형 **21~25 해설 참조**

01 ㄱ. 전자가 돌고 있는 궤도와 전자가 가질 수 있는 에너지는
양자수에 따라 결정되므로 전자가 가지는 에너지는 불연속적이다.
ㄷ. 양자수가 커질수록 전자의 에너지 준위가 높아진다.

🔍**바로알기**) ㄴ. 전자가 전이할 때 흡수하거나 방출하는 빛의 파
장은 에너지에 반비례한다.

02 ③ B와 C는 음($-$)전하이므로 B가 C로부터 받는 전기력
의 방향은 $-x$ 방향이다. 그런데 B에 작용하는 전기력의 방향은
$+x$ 방향이므로 A는 음($-$)전하이다.
A가 B에 작용하는 전기력(F_{AB})과 C가 B에 작용하는 전기력
(F_{CB})의 합의 크기는 F이므로 $F_{AB} - F_{CB} = F$ … ①이다. A
가 C에 작용하는 전기력(F_{AC})과 B가 C에 작용하는 전기력
(F_{BC})의 합의 크기는 F이므로 $F_{AC} + F_{BC} = F$ … ②이다. A
에 작용하는 전기력은 B가 A에 작용하는 전기력(F_{BA})과 C
가 A에 작용하는 전기력(F_{CA})의 합의 크기인 $F_{BA} + F_{CA}$이
다. $|F_{BC}| = |F_{CB}|$이므로 ①+②$= F_{AB} + F_{AC} = 2F$이고,
$|F_{AC}| = |F_{CA}|$, $|F_{AB}| = |F_{BA}|$이므로 A가 받는 전기력의 크
기는 $2F$이다.

03 ㄱ. r에서 C가 받는 전기력은 0이므로 전하의 종류는 A와 B
가 같지 않다. 따라서 A와 B 사이에는 서로 당기는 전기력이 작
용한다.
ㄷ. 전하량의 크기는 A가 B보다 크고 q에서 C가 받는 전기력의
방향은 $+x$ 방향이므로 A는 양($+$)전하이다. A와 B는 서로 다
른 종류의 전하이므로 B는 음($-$)전하이다. A의 전하량을 $4Q$
라고 하면 B의 전하량은 $-Q$이다. C의 전하량을 Q_C라고 하면,
$F_0 = k\dfrac{4QQ_C}{d^2} - k\dfrac{QQ_C}{9d^2} = k\dfrac{35QQ_C}{9d^2}$이다. q에서 C가 받는 전기
력의 크기는 ㉠$= k\dfrac{4QQ_C}{d^2} + k\dfrac{QQ_C}{d^2} = k\dfrac{5QQ_C}{d^2} = \dfrac{9}{7}F_0$이다. 따
라서 ㉠은 F_0보다 크다.

🔍**바로알기**) ㄴ. r에서 C가 받는 전기력은 0이고, r로부터의 거리
는 A가 B의 2배이므로 전하량의 크기는 A가 B의 4배이다. 따
라서 전하량의 크기는 A가 B보다 크다.

04 ㄷ. 전이 과정에서 방출되는 빛의 에너지가 클수록 파장은
짧다. 방출되는 빛의 에너지는 $n=2$인 상태에서 $n=1$인 상태로
전이하는 과정에서가 $n=3$인 상태에서 $n=2$인 상태로 전이하는
과정에서보다 크므로 진공에서의 파장은 λ_1이 λ_2보다 짧다.

🔍**바로알기**) ㄱ. $n=1$인 상태의 전자가 $n=3$인 상태로 전이하기
위해 흡수하는 에너지는 $\dfrac{hc}{\lambda_1} + \dfrac{hc}{\lambda_2}$이다. $n=1$인 상태의 전자가
$n=3$인 상태로 전이하기 위해 흡수하는 빛의 파장을 λ라고 하

면, $\dfrac{hc}{\lambda}=\dfrac{hc}{\lambda_1}+\dfrac{hc}{\lambda_2}$이므로 $\lambda=\dfrac{\lambda_1\lambda_2}{\lambda_1+\lambda_2}$이다.

ㄴ. 전이 과정에서 방출되는 광자 1개의 에너지는 에너지 준위 차이다. 따라서 $n=3$에서 $n=2$인 상태로 전이할 때 방출되는 광자 1개의 에너지는 $-1.51-(-3.4)=1.89(\text{eV})$이다.

05

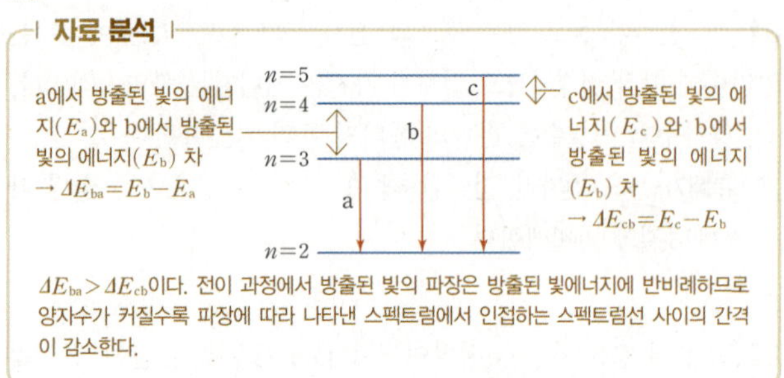

ㄷ. 전이 과정에서 에너지 준위의 차가 클수록 방출되는 빛의 에너지가 크다. 따라서 전이 과정에서 방출된 빛의 에너지는 a에서가 b에서보다 작다.

바로알기) ㄱ. b, c에서 방출된 빛의 에너지 차는 a, b에서 방출된 빛의 에너지 차보다 작다. 따라서 c에서 방출된 빛의 파장은 λ_1이다.

ㄴ. 전이 과정에서 방출된 빛의 파장은 에너지에 반비례하므로 $\lambda_1<\lambda_2$이다.

06 ㄴ. 원자가 띠에 있던 전자가 에너지를 흡수하면 전도띠로 전이한다. 온도가 높을수록 원자가 띠의 전자는 에너지를 흡수하여 전도띠로 전이하기 쉬우므로 ㉠에 존재하는 전자의 수는 증가한다.

ㄷ. 띠 간격은 A가 B보다 크므로 전기 전도성은 B가 A보다 좋다. 따라서 A는 절연체이고 B는 도체이다.

바로알기) ㄱ. 전자가 채워진 에너지띠 중에서 에너지가 가장 큰 에너지띠는 원자가 띠이다. 원자가 띠 바로 위의 에너지띠인 ㉠은 전도띠이다.

07 ㄱ. B는 띠 간격이 존재하므로 절연체이고, A는 도체이다.

ㄴ. 절연체에서 원자가 띠의 전자가 전도띠로 전이하려면 띠 간격 이상의 에너지를 흡수해야 한다.

ㄷ. A는 도체이므로 상온에서 자유 전자의 밀도는 A가 B보다 크다.

08

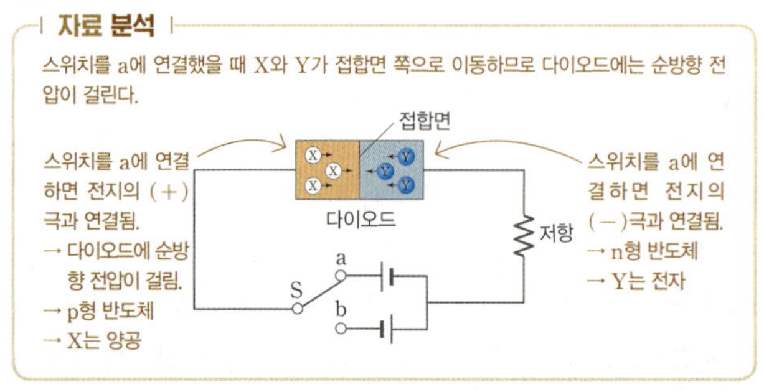

ㄴ. S를 b에 연결하면 다이오드에는 역방향 전압이 걸리므로 X

와 Y는 접합면에서 멀어지는 쪽으로 이동한다.

바로알기) ㄱ. S를 a에 연결했을 때 X와 Y가 접합면 쪽으로 이동하므로 다이오드에는 순방향 전압이 걸린다. 따라서 X는 양공이고, Y는 전자이다.

ㄷ. 다이오드의 공핍층은 다이오드에 역방향 전압이 걸릴 때가 순방향 전압이 걸릴 때보다 두껍다.

09 ㄱ. 저마늄(Ge)의 원자가 전자는 4개이다. X에는 공유 결합을 하고 남는 전자가 1개 있으므로 A의 원자가 전자는 5개이다. 따라서 원자가 전자는 A가 저마늄(Ge)보다 1개 더 많다.

ㄴ. X는 주로 전자가 전류를 흐르게 하는 n형 반도체이다.

바로알기) ㄷ. X는 n형 반도체이고 전지의 (+)극과 연결되어 있으므로 다이오드에는 역방향 전압이 걸린다.

10

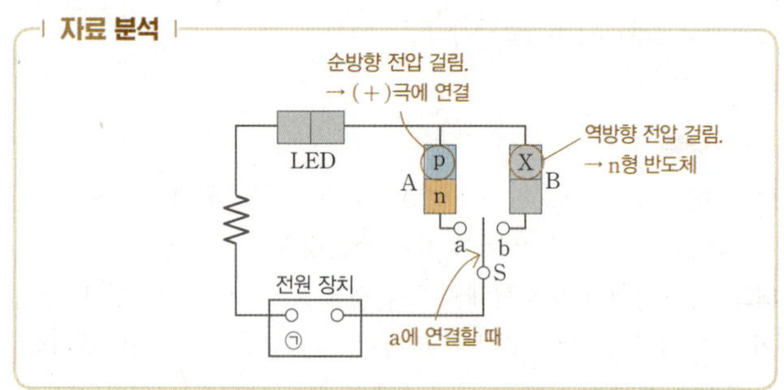

ㄴ. S를 b에 연결할 때 LED에서 빛이 방출되지 않았으므로 B에는 역방향 전압이 걸린다. 이때 B의 n형 반도체의 전자는 접합면에서 멀어지는 쪽으로 이동한다.

바로알기) ㄱ. S를 a에 연결할 때 LED에서 빛이 방출되었으므로 A에는 순방향 전압이 걸린다. 따라서 A의 p형 반도체와 연결된 ㉠은 (+)극이다.

ㄷ. S를 b에 연결할 때 B에는 역방향 전압이 걸리므로 X는 n형 반도체이다. n형 반도체는 주로 전자가 전류를 흐르게 한다.

11 ㄴ. 직선 도선 주변의 자기장의 세기는 도선에 흐르는 전류의 세기에 비례한다. B의 회전각이 A보다 크므로 전류의 세기는 B에서가 A에서보다 크다.

ㄷ. 직선 도선 주변의 자기장의 세기는 도선으로부터의 거리에 반비례하므로 도선과 나침반 사이의 거리 조건만 다르다면 도선과 나침반 사이의 거리는 A에서가 B에서보다 크다.

바로알기) ㄱ. 도선 아래쪽에서 도선에 흐르는 전류에 의한 자기장의 방향이 서쪽이므로 도선에는 북쪽으로 전류가 흐른다. 따라서 전원 장치의 ㉠은 (+)극이다.

12

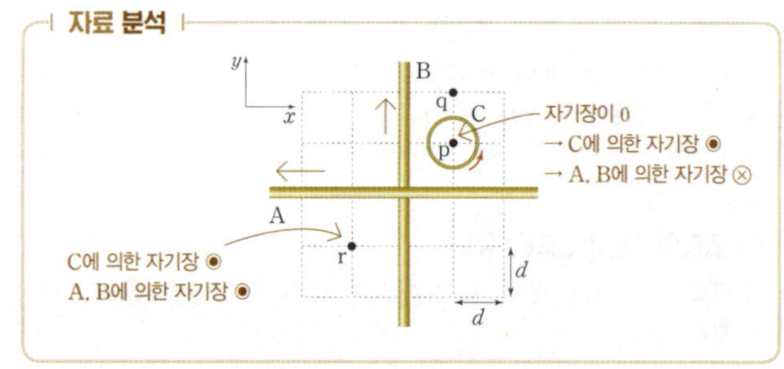

ㄱ. p에서 C에 흐르는 전류에 의한 자기장은 xy 평면에서 수직으로 나오는 방향이므로 p에서 A, B에 흐르는 전류에 의한 자기장의 방향은 xy 평면에 수직으로 들어가는 방향이어야 한다. 따라서 A에는 $-x$ 방향, B에는 $+y$ 방향으로 전류가 흐른다.

ㄷ. C의 중심이 점 r가 되도록 C를 옮기면 r에서 A, B, C에 흐르는 전류에 의한 자기장 방향이 모두 xy 평면에서 수직으로 나오는 방향이다. 따라서 합성 자기장의 방향도 xy 평면에서 수직으로 나오는 방향이다.

🔍 **바로알기** ㄴ. C의 중심이 점 q가 되도록 C를 옮기면 q에서 A에 흐르는 전류에 의한 자기장의 세기가 약해지므로 q에서 자기장의 방향은 C에 흐르는 전류에 의한 자기장의 방향인 xy 평면에서 수직으로 나오는 방향이다.

13 ㄱ. B에 흐르는 전류의 방향만 반대가 되었을 때, (가)와 (나)의 p에서 A, B에 흐르는 전류에 의한 자기장의 방향이 반대가 되므로 (나)의 p에서 자기장의 방향은 B가 p에 만드는 자기장의 방향인 xy 평면에 수직으로 들어가는 방향이다. 따라서 (가)의 p에서 자기장의 방향은 xy 평면에서 수직으로 나오는 방향이다.

ㄴ. p에서 자기장의 세기가 (나)에서가 (가)에서보다 세므로 (나)의 p에서 A에 흐르는 전류에 의한 자기장의 방향과 B에 흐르는 전류에 의한 자기장의 방향은 같다. 따라서 A에는 시계 방향으로 전류가 흐른다.

ㄷ. B에 흐르는 전류의 방향만 반대가 되었을 때 p에서 자기장의 변화량의 크기는 $12B$이므로 B에 흐르는 전류에 의한 p에서의 자기장의 세기는 $6B$이다. 따라서 A에 흐르는 전류에 의한 p에서의 자기장의 세기는 $3B$이다. 즉, p에서 B에 흐르는 전류에 의한 자기장의 세기는 A에 흐르는 전류에 의한 자기장의 세기의 2배이다.

14 ㄴ. p에서 A에 흐르는 전류에 의한 자기장의 세기와 C에 흐르는 전류에 의한 자기장의 세기가 같아야 하므로 p로부터 거리가 더 먼 C에 더 큰 전류가 흐른다.

ㄷ. p에서 B에 흐르는 전류에 의한 자기장이 xy 평면에서 수직으로 나오는 방향이므로 B에 흐르는 전류의 방향은 시계 반대 방향이다.

🔍 **바로알기** ㄱ. B에 흐르는 전류의 세기가 2배가 되었을 때 p에서 자기장의 세기가 2배가 되므로 p에서 A와 C에 흐르는 전류에 의한 자기장의 합이 0이 되어야 한다. 따라서 A와 C에는 같은 방향의 전류가 흐른다.

15 ㄴ. A에 흐르는 전류에 의한 O에서의 자기장의 세기가 B_0이므로 반지름이 A보다 작은 B에 흐르는 전류에 의한 O에서의 자기장의 세기는 B_0보다 크다. A, B에 흐르는 전류에 의한 자기장의 합이 C에 흐르는 전류에 의한 자기장과 세기가 같아야 하므로 C에 흐르는 전류에 의한 O에서의 자기장의 세기는 $2B_0$보다 크다.

ㄷ. A에 흐르는 전류의 방향만 반대가 되면 O에서 자기장의 변화량의 크기는 $2B_0$이므로 O에서 자기장의 세기는 A에 흐르는

전류의 방향이 반대가 되기 전 0에서 반대가 된 후 $2B_0$이 된다.

🔍 **바로알기** ㄱ. A, B, C에 흐르는 전류의 세기가 같고 A, B, C에 흐르는 전류에 의한 자기장의 합이 O에서 0이다. C의 반지름이 가장 작으므로 A, B에 흐르는 전류에 의한 자기장의 합이 C에 흐르는 전류에 의한 자기장과 세기가 같고 방향이 반대이면 된다. 따라서 A와 B에 흐르는 전류의 방향은 같다.

16 ㄱ. 자성체를 끌어당기는 자기력의 크기가 (나)에서가 (가)에서보다 크고, 자석과 C 사이에는 밀어내는 자기력이 작용하므로 A는 상자성체, B는 강자성체, C는 반자성체이다. 따라서 자석과 A 사이에는 끌어당기는 자기력이 작용한다.

🔍 **바로알기** ㄴ. B의 아래에 자석을 제거하면 자석과 B 사이에 작용하는 자기력이 사라지므로 저울의 눈금은 B의 무게를 가리키게 되어 저울의 눈금은 12 N보다 작아진다.

ㄷ. C의 아래에 자석을 제거하면 자석과 C 사이에 작용하는 척력이 사라져 저울의 눈금이 9.8 N보다는 커지지만 11 N보다는 작다.

17 ㄷ. A가 반자성체, B가 강자성체이므로 C는 상자성체이고 상자성체는 외부 자기장이 제거되면 자기화된 성질이 사라진다.

🔍 **바로알기** ㄱ. (다)에서 B와 C 사이에 서로 끌어당기는 자기력이 작용하므로 반자성체는 A이다. 따라서 반자성체인 A는 원자 자석이 외부 자기장에 대해 반대 방향으로 정렬하므로 (가)에서 A의 p는 N극으로 자기화된다.

ㄴ. A가 반자성체이므로 (나)에서 A와 B 사이에 척력이 작용하려면 B가 자기화된 상태를 유지할 수 있는 강자성체이어야 한다.

18 ㄷ. 스위치를 b에 연결하면 자석이 코일에 접근하는 동안 다이오드의 p형 반도체 쪽에는 (+)극이 연결된 것과 같으므로 순방향의 전압이 걸리고 유도 전류가 흐른다.

🔍 **바로알기** ㄱ. 자석이 코일에 접근하는 동안 다이오드에는 자기 선속의 변화를 방해하기 위해 코일의 위쪽이 N극에 해당하는 역방향 전압이 걸리므로 코일에는 전류가 흐르지 않는다. 따라서 자석과 코일 사이에는 자기력이 작용하지 않는다.

ㄴ. 자석이 코일을 통과하는 동안 코일에 유도 전류가 흐르므로 자석의 역학적 에너지의 일부가 전기 에너지로 전환된다. 따라서 p점에서 자석의 중력 퍼텐셜 에너지는 $\frac{1}{2}mv^2$보다 크다.

19 ㄱ. 자석이 p를 지날 때 자석이 구리관에 연직 아래 방향으로 작용하는 힘의 크기가 2 N(=12 N−10 N)이므로 이 순간 구리관이 자석에 연직 위 방향으로 작용하는 힘의 크기도 2 N이다.

ㄷ. 자석이 p에 접근할 때와 p로부터 멀어질 때 p에 흐르는 유도 전류의 방향은 렌츠 법칙에 의해 반대가 된다.

🔍 **바로알기** ㄴ. 자석이 p를 지날 때 자석에 작용하는 자기력의 크기는 2 N이고 q를 지날 때 자석에 작용하는 자기력의 크기는 3 N이다. 따라서 자석이 q를 지날 때가 p를 지날 때보다 유도 전류의 세기가 더 크고 자석의 속력도 더 크다. 자석이 p에서 q까지 운동하는 동안 자석에 작용하는 알짜힘의 방향은 연직 아래

방향이고, p점을 지날 때 자석에는 아래 방향으로 중력이, 위 방향으로 자기력(2 N)이 작용하므로 자석에 작용하는 중력(무게)이 2 N보다 크다.

20 ㄱ. $t=3$초일 때 P의 종이면에 수직으로 들어가는 방향의 자기장이 증가하고 있으므로 이를 방해하기 위한 유도 자기장의 방향은 종이면에서 수직으로 나오는 방향이어야 한다. 따라서 P에 흐르는 유도 전류의 방향은 시계 반대 방향이다.

ㄷ. P가 운동함에 따라 P에 유도 전류가 흐를 때, P에 작용하는 자기력은 항상 P의 운동을 방해하는 방향으로 작용하므로, P에 작용하는 자기력의 방향은 $t=3$초일 때와 $t=5$초일 때가 같다.

🔍**바로알기** ㄴ. $t=5$초일 때 P는 영역 1과 영역 2에 걸쳐 있다. 따라서 P를 통과하는 자기 선속의 변화율은 $t=7$초일 때의 3배이므로 P에 흐르는 유도 전류의 세기는 $t=5$초일 때가 $t=7$초일 때의 3배이다.

21 서술형

모범 답안 $+x$ 방향, A가 C에 작용하는 전기력의 방향과 B가 C에 작용하는 전기력의 방향은 서로 반대이므로 A와 B는 서로 당기는 전기력이 작용하기 때문이다.

해설 C에 작용하는 전기력은 0이므로 A가 C에 작용하는 전기력의 방향과 B가 C에 작용하는 전기력의 방향은 서로 반대이다. 따라서 A와 B는 서로 당기는 전기력이 작용하므로 A가 B로부터 받는 전기력의 방향은 $+x$ 방향이다.

채점 기준	배점
A가 B로부터 받는 전기력의 방향을 구하고, 그 까닭을 옳게 서술한 경우	100 %
A가 B로부터 받는 전기력의 방향만 옳게 쓴 경우	40 %

22 서술형

모범 답안 A, B가 각각 C에 작용하는 전기력의 크기가 같다. C로부터 떨어진 거리는 B가 A의 3배이므로 전하량의 크기는 B가 A의 9배이다. 따라서 $\dfrac{Q_A}{Q_B}=\dfrac{1}{9}$이다.

해설 C에 작용하는 전기력은 0이므로 A가 C에 작용하는 전기력의 크기와 B가 C에 작용하는 전기력의 크기가 같다. 전기력의 크기는 전하량의 크기의 곱에 비례하고 거리의 제곱에 반비례하는데, C로부터 떨어진 거리는 B가 A의 3배이므로 전하량의 크기는 B가 A의 9배이다. 따라서 $\dfrac{Q_A}{Q_B}=\dfrac{1}{9}$이다.

채점 기준	배점
전하량의 비를 구하고, 풀이 과정을 옳게 서술한 경우	100 %
전하량의 비만 옳게 쓴 경우	40 %

23 서술형

(1) 정답 A: 양공, B: 전자

해설 스위치를 a에 연결했을 때 저항에는 일정한 세기의 전류가 흐르므로 발광 다이오드에는 순방향 전압이 걸린다. 따라서 A는 p형 반도체이고, B는 n형 반도체이다.

(2) 모범 답안 t_1일 때 양공은 접합면 쪽으로 이동하고, t_2일 때 양공은 접합면에서 멀어지는 쪽으로 이동한다.

해설 t_1일 때 저항에 전류가 흐르므로 다이오드에는 순방향 전압이 걸리고, t_2일 때 저항에는 전류가 흐르지 않으므로 다이오드에는 역방향 전압이 걸린다. 따라서 t_1일 때 양공은 접합면 쪽으로 이동하고, t_2일 때 양공은 접합면에서 멀어지는 쪽으로 이동한다.

채점 기준	배점
t_1일 때와 t_2일 때 양공의 이동 방향을 모두 옳게 서술한 경우	100%
t_1일 때와 t_2일 때 중 한 가지만 옳게 서술한 경우	50%

24 서술형

모범 답안 서로 같다. (가)에서 막대가 수직인 채로, (나)에서 막대가 기울어진 채로 움직일 때 막대가 같은 속력으로 운동하기 때문에 시간당 자기 선속 변화율이 같다. 따라서 유도 기전력의 크기가 같기 때문이다.

해설 같은 시간 동안 (가)에서 막대가 휩쓸고 지나가는 ㄷ자형 도선 내부 면적과 (나)에서 막대가 휩쓸고 지나가는 ㄷ자형 도선 내부 면적이 같기 때문에 시간당 자기 선속 변화율이 (가)와 (나)에서 같다.

채점 기준	배점
전류의 크기를 비교하고, 그 까닭을 모두 옳게 서술한 경우	100%
전류의 크기만 옳게 비교한 경우	40%

25 서술형

모범 답안 • 자석의 S극을 아래로 향하게 한 후 P점을 v보다 더 빠른 속력으로 아래 방향으로 통과시킨다.

• 자석의 N극을 아래로 향하게 한 후 자석이 P점을 위 방향으로 속력 v보다 더 빠르게 지나가도록 한다.

• 세기가 더 센 자석으로 바꾸고 자석의 N극을 아래로 향하게 한 후 자석이 P점을 위 방향으로 속력 v로 지나가도록 한다.

해설 P점을 지날 때 코일을 통과하는 자기 선속의 변화율이 더 크고 유도 전류의 방향이 반대가 되도록 하면 검류계의 바늘이 θ보다 큰 각으로 왼쪽으로 회전한다.

채점 기준	배점
검류계 바늘의 회전 방법을 2가지 이상 옳게 서술한 경우	100%
검류계 바늘의 회전 방법을 한 가지만 옳게 서술한 경우	50%

III. 파동과 정보 통신

1 파동의 성질과 이용

01 파동의 진행과 굴절

개념 익히기 문제   p.177, 179

01 매질	**02** 파장	**03** 주기	**04** 역수	**05** 횡파	**06** 파장
07 고체, 기체		**08** ×	**09** ×	**10** ○	**11** ○
12 ×	**13** 작다	**14** 법선	**15** 사인	**16** 느리다	**17** 볼록
18 얕아	**19** ×	**20** ○	**21** ×	**22** ×	

01 매질은 파동을 전달하지만 제자리에서 진동만 하고 이동은 하지 않는다.

05 진행 방향에 수직으로 진동하는 파동을 횡파라 하고, 진행 방향에 나란하게 진동하는 파동을 종파라고 한다.

07 음파는 매질이 있어야만 전달되는데 고체, 액체, 기체 매질에서 모두 전달된다. 또한 음파의 속력은 고체에서 전달될 때 가장 빠르고 기체에서 전달될 때 가장 느리다.

08 파장은 이웃한 마루와 마루 또는 골과 골 사이의 거리로, 파동의 파장은 4 cm이다.

09 진폭은 진동 중심으로부터 마루나 골까지의 거리로, 파동의 진폭은 3 cm이다.

10 $v=\dfrac{\lambda}{T}$이므로 10 cm/s$=\dfrac{4\,\text{cm}}{T}$에서 파동의 주기는 $T=0.4$초이다.

11 파동의 진동수는 주기의 역수이므로, $\dfrac{1}{0.4\,\text{s}}=2.5$ Hz이다.

12 $x=3$ cm는 골이며, 골은 매질의 운동 방향이 바뀌는 지점이다. 따라서 순간적으로 매질의 속력은 0이며, 운동 방향을 따질 수 없다.

13 굴절은 두 매질에서 파동의 속력이 서로 다르기 때문에 일어난다. 파동이 속력이 빠른 매질에서 느린 매질로 진행할 때 굴절각은 입사각보다 작다.

17 평행하게 입사한 빛이 볼록 렌즈를 통과하면 한 점으로 모이고, 오목 렌즈를 통과하면 퍼져나간다.

18 빛은 물속에서가 공기 중에서보다 속력이 느려진다. 따라서 물속 물체에서 반사된 빛이 공기 중으로 나올 때 입사각보다 굴절각이 더 크므로 물밖에서 물체를 보면 실제보다 더 위쪽에 있는 것처럼 보인다.

19 굴절각이 입사각보다 작으므로 $n_2>n_1$이다. 그런데 굴절률이 클수록 빛의 속력이 느리므로 $v_2<v_1$이다.

20 빛의 파장은 속력이 빠른 매질 1에서 더 길다.

21 파동이나 빛이 굴절할 때 진동수는 변하지 않는다. 따라서 빛의 진동수는 매질 1에서와 2에서가 같다.

22 굴절 법칙(스넬 법칙)에 따라 $\dfrac{\sin i}{\sin r}=\dfrac{v_1}{v_2}$이다.

                                                          p.180

예제 1

정답 ②

해설 ㄴ. (나)에서 파동의 주기가 2초이다. 따라서 파동의 진동수는 $\dfrac{1}{2\,\text{s}}=0.5$ Hz이다.

바로알기 ㄱ. 파동의 진폭은 0.1 m이다.

ㄷ. (가)의 순간부터 P에 마루가 먼저 도달한다. 따라서 파동의 진행 방향은 $-x$ 방향이다.

예제 2

모범 답안 파장이 0.8 m이고 주기가 2초이므로, 파동의 진행 속력은 $v=\dfrac{\lambda}{T}=\dfrac{0.8\,\text{m}}{2\,\text{s}}=0.4$ m/s이다.

                                                          p.181

예제 1

정답 ③

해설 ㄱ. 굴절각이 입사각보다 작으므로 굴절률은 P가 공기보다 크다. 따라서 빛의 진행 속력은 공기에서가 P에서보다 빠르다.

ㄷ. 원의 반지름을 a라고 하면 $\sin i=\dfrac{4}{a}$이고 $\sin r=\dfrac{2}{a}$이다. 따라서 P의 굴절률은 $\dfrac{\sin i}{\sin r}=2$이다.

바로알기 ㄴ. 공기에 대한 P의 굴절률인 $\dfrac{\sin i}{\sin r}$가 일정하다. 따라서 입사각 i를 증가시켜도 $\dfrac{\sin i}{\sin r}$는 변하지 않는다.

예제 2

정답 입사각: $45°$, 굴절각: $60°$

해설 입사각과 굴절각은 입사한 빛과 굴절한 빛의 진행 방향과 법선이 이루는 각이다.

예제 3

모범 답안 빛의 진행 속력은 B에서가 A에서보다 빠르다.

해설 굴절각이 입사각보다 크므로, 굴절률은 B가 A보다 작다. 따라서 빛의 진행 속력은 B에서가 A에서보다 빠르다.

예제 4

정답 $\dfrac{\sqrt{6}}{3}$

해설 A에 대한 B의 굴절률은 $\dfrac{\sin i}{\sin r}=\dfrac{\sin 45°}{\sin 60°}=\dfrac{\sqrt{2}}{\sqrt{3}}=\dfrac{\sqrt{6}}{3}$이다.

01 ㄱ. 파동이 진행할수록 파면이 넓어진다. 그런데 파동이 전달하는 에너지는 파면에 골고루 분산되므로, 파면이 넓어질수록 파동의 세기가 작아진다. 따라서 진폭은 A가 B보다 크다.

바로알기 ㄴ. 물결파는 수평 방향으로 퍼져나가고, A, B는 위아래로 진동한다. 따라서 A, B는 물결파의 진행 방향에 수직 방향으로 진동한다.

ㄷ. A, B는 제자리에서 위아래로 진동하므로 시간이 지남에 따라 A, B 사이의 거리가 점점 멀어지지 않는다.

02 물결파의 속력이 일정하므로 $v=f\lambda$가 일정하다. 따라서 $\lambda=\dfrac{v}{f}$에서 $\lambda\propto\dfrac{1}{f}$이 성립한다.

03 ㄱ. 파동의 진행 방향은 $+x$ 방향이고, 매질의 진동 방향은 y 방향에 나란하다. 따라서 줄의 파동은 횡파이다.

ㄷ. 매질이 바뀌더라도 진동수는 변하지 않는다. 그런데 파장이 B에서가 A에서보다 길다. 따라서 파동의 속력은 B에서가 A에서보다 빠르다.

바로알기 ㄴ. 그림의 순간부터 P에 골이 먼저 도달한다. 따라서 그림의 순간 P는 $-y$ 방향으로 운동한다.

04 ㄷ. (가)에서 밀하고 소한 곳이 반복되므로, 매질인 공기 입자는 음파의 진행 방향에 나란하게 진동한다.

바로알기 ㄱ. 음파의 파장은 $\dfrac{1}{2}A$이다.

ㄴ. 주기를 T라고 하면, (나)에서 $T=\dfrac{4}{5}t$이다. 따라서 음파의 진행 속력은 $v=\dfrac{\lambda}{T}=\dfrac{\dfrac{1}{2}A}{\dfrac{4}{5}t}=\dfrac{5A}{8t}$이다.

05

ㄷ. p와 q 사이의 간격이 $\dfrac{1}{2}$파장이므로, p와 q의 위상이 서로 반대이다. 따라서 p의 변위가 0이 되는 순간, q의 변위도 0이 된다.

바로알기 ㄱ. 파장이 $6d$이므로 $v=f\lambda=f\times6d$에서 파동의 진동수는 $f=\dfrac{v}{6d}$이다.

ㄴ. 파장이 $6d$이므로 파동이 T 동안 $6d$만큼 진행하며, $\dfrac{1}{3}T$ 동안에는 $2d$만큼 진행한다. 그런데 파동의 진행 방향이 오른쪽이므로, $t=0$일 때와 $t=\dfrac{1}{3}T$일 때, q의 변위는 같다.

06 ㄷ. 파장을 λ라고 하면 (가)에서 $A=\dfrac{3}{8}\lambda$이므로 $\lambda=\dfrac{8}{3}A$이다. 따라서 파동의 진행 속력은 $v=\dfrac{\dfrac{8}{3}A}{4B}=\dfrac{2A}{3B}$이다.

바로알기 ㄱ. 주기를 T라고 하면, (나)에서 $B=\dfrac{1}{4}T$이다. 따라서 주기는 $T=4B$이다.

ㄴ. (가)의 순간부터 P에는 골이 마루보다 먼저 도달한다. 따라서 파동의 진행 방향은 $-x$ 방향이다.

07 ㄱ. 기체 입자의 분포가 밀하고 소한 곳이 반복되므로, 기체 입자는 파동의 진행 방향에 나란하게 진동한다. 따라서 음파는 종파이다.

ㄴ. A에서 파장이 50 cm=0.5 m이다. 진동수가 700 Hz이므로 A에서 음파의 진행 속력은 $700\times0.5=350(\text{m/s})$이다.

바로알기 ㄷ. 매질이 바뀌더라도 파동의 진동수는 변하지 않는다. 따라서 음파의 진동수는 A, B에서 700 Hz로 같다.

08 ㄴ. B의 굴절률이 A의 굴절률보다 크다. 따라서 빛의 속력은 A에서가 B에서보다 크다.

ㄷ. 빛의 진동수가 변하지 않으므로 파장은 속력에 비례한다. 따라서 빛의 파장은 A에서가 B에서보다 길다.

바로알기 ㄱ. 굴절각 β가 입사각 α보다 작으므로, 굴절률은 B가 A보다 크다.

09 B에서 빛의 속력을 v_B라고 하면 다음 관계가 성립한다.

$\dfrac{v_A}{v_B}=\dfrac{\sin45°}{\sin60°}\cdots$ ①, $\dfrac{v_B}{v_C}=\dfrac{\sin60°}{\sin30°}\cdots$ ②

따라서 식 ①, ②에서 $\dfrac{v_A}{v_C}=\dfrac{\sin45°}{\sin30°}=\sqrt{2}$이다.

10

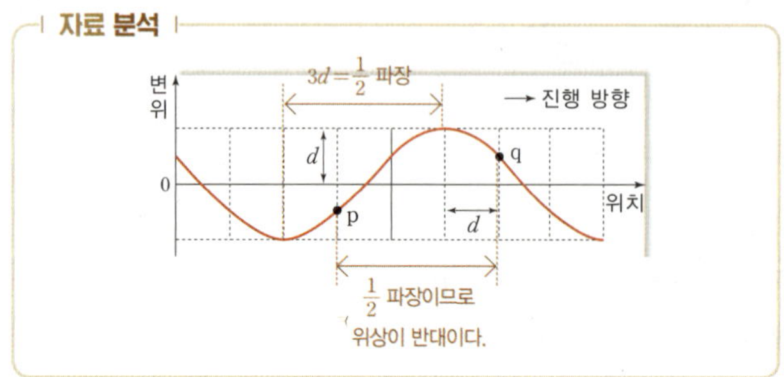

ㄱ. p에서 굴절각과 q에서 입사각은 엇각으로 서로 같다.

ㄴ. p에 입사하기 전과 q에서 굴절한 후 단색광이 공기에서 진행하므로, p에서 입사각과 q에서 굴절각이 서로 같다. 따라서 a와 b에서 단색광의 진행 방향은 같다.

바로알기 ㄷ. 공기에서 A로 진행할 때, 굴절각이 입사각보다 작다. 따라서 단색광의 속력은 A에서가 공기에서보다 작다.

11 ① 레이저 빛이 굴절하는 지점에서 입사각은 $45°$이고 굴절각은 $30°$이다. 따라서 A의 굴절률은 $n=\dfrac{\sin 45°}{\sin 30°}=\sqrt{2}$이다.

12 ㄱ. 원의 반지름을 r, 입사각, 굴절각을 각각 θ_i, θ_r라고 하면, $\sin\theta_i=\dfrac{a}{r}$이고 $\sin\theta_r=\dfrac{b}{r}$이므로 물의 굴절률은 $\dfrac{a}{b}$이고, 이 값이 일정하다. 따라서 ⓒ은 $2b_0$이다.

ㄷ. 빛이 공기에서 물로 진행할 때, 굴절각이 입사각보다 작다. 따라서 빛의 속력은 물에서가 공기에서보다 작다.

🔍 **바로알기** ㄴ. ㉠, ㉢ 모두 물의 굴절률에 해당하는 값이다. 그런데 물의 굴절률이 일정하므로 ㉠과 ㉢은 같다.

13 ㄴ. 입사각이 $45°$이고 굴절각이 $30°$이므로, A에 대한 B의 굴절률은 $\dfrac{\sin 45°}{\sin 30°}=\sqrt{2}$이다.

ㄷ. A에서 물결파의 속력이 $2\times10=20(\text{cm/s})$이므로, B에서 물결파의 속력을 v_B라고 하면 $\sqrt{2}=\dfrac{20}{v_B}$에서 $v_B=10\sqrt{2}\ \text{cm/s}$이다.

🔍 **바로알기** ㄱ. 파동의 진행 방향과 법선이 이루는 각이 입사각 또는 굴절각이다. 그런데 파면은 진행 방향에 수직이고 경계면은 법선에 수직이므로, 파면과 경계면이 이루는 각도 입사각 또는 굴절각이다. 따라서 물결파의 굴절각은 $30°$이다.

14

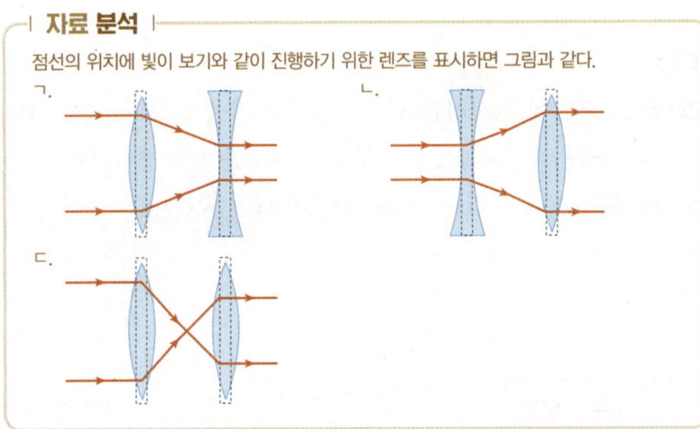

ㄱ. 볼록 렌즈는 빛을 모으고, 오목 렌즈는 빛을 퍼지게 하는 성질이 있다. 따라서 왼쪽이 볼록 렌즈이고 오른쪽이 오목 렌즈이다.

ㄴ. 왼쪽이 오목 렌즈이고 오른쪽이 볼록 렌즈이다.

🔍 **바로알기** ㄷ. 왼쪽, 오른쪽 모두 빛을 모으는 성질이 있다. 따라서 두 렌즈 모두 볼록 렌즈이다.

15 ㄱ. 파동의 진행 방향이 x축 방향이고, 용수철 위의 한 점이 x축에 나란한 방향으로 진동한다. 따라서 파동은 진행 방향에 나란하게 진행하는 종파이다.

ㄷ. 파동의 파장이 $0.5\ \text{m}$이고 진동수가 $2.5\ \text{Hz}$이므로, 파동의 속력은 $v=f\lambda=2.5\times0.5=1.25(\text{m/s})$이다.

🔍 **바로알기** ㄴ. 파동이 한 번 진동하는 데 걸리는 시간이 0.4초이므로 주기가 0.4초이다. 따라서 진동수는 $f=\dfrac{1}{0.4}=2.5(\text{Hz})$이다.

16

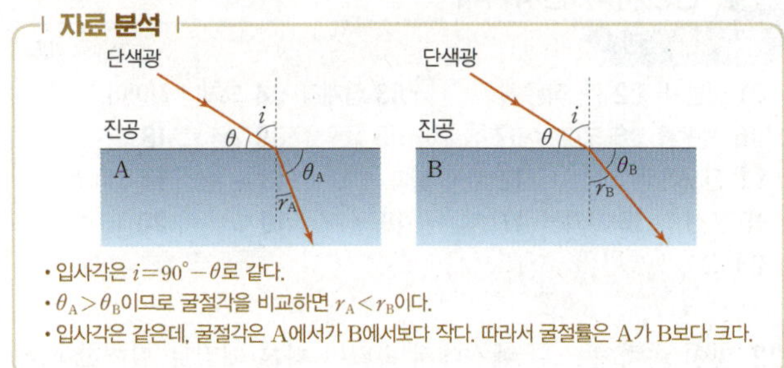

ㄱ. 진행 방향과 법선이 이루는 각이 입사각, 굴절각이므로, (가)에서 입사각은 $90°-\theta$이고 굴절각은 $90°-\theta_A$이다. 따라서 A의 굴절률은 $n_A=\dfrac{\sin(90°-\theta)}{\sin(90°-\theta_A)}=\dfrac{\cos\theta}{\cos\theta_A}$이다.

ㄴ. 굴절각이 (가)에서가 (나)에서보다 작으므로, 굴절률은 A가 B보다 크다. 따라서 단색광의 속력은 B에서가 A에서보다 크다.

🔍 **바로알기** ㄷ. 파동이나 빛이 굴절할 때, 진동수는 변하지 않는다. 따라서 굴절한 단색광의 진동수는 입사한 단색광의 진동수와 같다.

17 서술형

(1) 모범 답안 | 종파이다. 공기 분자의 진동 방향이 음파의 진행 방향에 나란하기 때문이다.

채점 기준	배점
종파라 쓰고, 그 까닭을 옳게 서술한 경우	100 %
종파라 쓰고, 그 까닭을 서술하지 못한 경우	50 %

(2) 모범 답안 | L이 (가)에서는 5파장이고 (나)에서는 7파장이므로 파장은 (가)에서가 (나)에서의 $\dfrac{7}{5}$배이다. 그런데 음파의 진행 속력이 v로 같으므로 $v=f\lambda=$일정에서 진동수는 파장에 반비례한다. 따라서 $f_1:f_2=5:7$이다.

채점 기준	배점
진동수의 비와 풀이 과정을 옳게 쓴 경우	100 %
진동수의 비만 옳게 쓴 경우	40 %

18 서술형

(1) 모범 답안 | (가)에서 굴절각이 입사각보다 작으므로, 굴절률은 B가 A보다 크다.

채점 기준	배점
A와 B의 굴절률을 비교하고, 그 까닭을 옳게 서술한 경우	100 %
A와 B의 굴절률을 비교하고, 그 까닭을 서술하지 못한 경우	50 %

(2) 모범 답안 | 소리와 빛 모두 따뜻한 공기에서 차가운 공기 쪽으로 휜다. 따라서 소리와 빛 모두 공기의 온도가 높을수록 진행 속력이 빠르다.

채점 기준	배점
소리와 빛의 속력을 공기의 온도에 따라 옳게 서술한 경우	100 %
따뜻한 공기와 차가운 공기에서 소리와 빛의 진행 방향에 대한 설명 없이 온도가 높을수록 속력이 빠르다고 서술한 경우	80 %

개념 익히기 문제　　　　　　　　　　　　p.187, 189

01 전반사	**02** 큰, 작은		**03** 임계각	**04** 크거나 같아야	
05 전반사	**06** 크다	**07** ×	**08** ×	**09** ×	**10** ○
11 전자기파		**12** 수직, 횡파		**13** 수직	**14** 감마선
15 X선	**16** 자외선	**17** ×	**18** ×	**19** ○	**20** ×
21 ○					

02 빛이 속력이 느린 매질에서 속력이 빠른 매질로 진행할 때에만 전반사가 일어난다. 즉, 전반사는 빛이 굴절률이 큰 매질에서 굴절률이 작은 매질로 진행할 때에만 일어날 수 있다.

03 빛의 전반사가 일어나기 시작하는 가장 작은 입사각을 임계각이라고 한다.

05 광섬유는 머리카락 정도의 굵기로, 코어와 클래딩의 경계면에서 빛의 전반사가 일어난다.

06 코어와 클래딩의 이중 구조로 되어 있는 광섬유에서 빛은 코어 내에서 전반사하면서 진행하므로, 코어의 굴절률이 클래딩의 굴절률보다 크다.

07 입사각이 임계각보다 크면 전반사하므로, 굴절률은 A가 B보다 크다. 따라서 단색광의 속력은 A에서가 B에서보다 느리다.

08 빛의 입사각이 임계각보다 크거나 같아야 전반사가 일어난다. 입사각이 θ보다 작으면 전반사가 일어날 수 없다.

09 빛이 굴절률이 작은 매질에서 굴절률이 큰 매질로 진행하는 경우에는 전반사가 일어날 수 없다.

10 광통신의 경우 송신부에서는 전기 신호를 빛 신호로 변환하고, 수신부에서는 빛 신호를 전기 신호로 변환한다.

11 전자기파는 전기장과 자기장의 진동이 공간으로 퍼져나가는 파동으로, 매질이 없는 진공에서도 진행한다.

13 전자기파의 전기장의 진동 방향과 자기장의 진동 방향은 서로 수직이다.

14 감마(γ)선은 파장은 짧지만 진동수가 매우 커서 투과력과 전리 작용이 매우 크다.

15 X선은 진동수가 커서 투과력이 크다. 따라서 공항에서 수하물을 검사하는 데 이용된다.

16 자외선을 흡수한 형광 물질이 가시광선을 방출하는 성질은 위조지폐 감별에 이용된다.

17 전기장은 z 방향에 나란하게 진동한다. 따라서 전기장의 진동 방향은 xy 평면에 수직이다.

18 전기장의 세기가 최대일 때 자기장의 세기도 최대이다.

19 감마(γ)선의 전리 작용은 암세포를 파괴한다.

20 X선은 적외선보다 파장이 짧고 진동수가 크다.

탐구 집중 분석　　　　　　　　　　　　p.190

예제 1

정답 ①

해설 ｜ ㄱ. 입사각이 θ일 때 굴절각이 90°이다. 따라서 A의 굴절률을 n_A라고 하면 $\dfrac{\sin\theta}{1}=\dfrac{1}{n_A}$에서 $n_A=\dfrac{1}{\sin\theta}$이다.

바로알기 ㄴ. 굴절률이 클수록 빛의 속력이 느리므로, 단색광의 속력은 A에서가 공기에서보다 작다.

ㄷ. 빛의 입사각이 임계각보다 작으면 전반사하지 않는다.

예제 2

모범 답안 ｜ X로 전반사하므로, X의 굴절률이 Y의 굴절률보다 크다.

해설 ｜ 광섬유의 코어인 X가 클래딩인 Y보다 굴절률이 크다.

예제 3

모범 답안 ｜ 코어에 입사하는 단색광의 입사각을 θ_0보다 크게 하면 굴절각도 증가하므로, X에서 Y로 입사하는 단색광의 입사각이 θ_1보다 작아진다. 따라서 전반사가 일어나지 않는다.

개념 다지기 문제　　　　　　　　　　　　p.191~193

01 ①	**02** ②	**03** ③	**04** ③	**05** ①	**06** ④
07 ①	**08** ②				

고난도 **09** ③　　**10** ④

서술형 **11~12** 해설 참조

01 ㄱ. 빛이 A에서 B로 진행할 때 전반사가 일어날 수 있다. 따라서 굴절률은 A가 B보다 크다.

바로알기 ㄴ. A, B의 굴절률을 각각 n_1, n_2라고 하면, $n_1\sin\theta_0=n_2\sin90°$에서 A에 대한 B의 굴절률 $\dfrac{n_2}{n_1}=\sin\theta_0$이다.

ㄷ. 입사각이 임계각보다 작으면 빛이 전반사하지 않는다. 따라서 X를 A에서 B로 입사각 $\dfrac{2}{3}\theta_0$으로 입사시키면, A, B의 경계면에서 전반사하지 않는다.

02 ㄴ. 굴절률이 클수록 단색광의 속력이 느리므로, 단색광의 속력은 코어에서가 클래딩에서보다 느리다.

ㄷ. 단색광이 p, q에서 모두 전반사하므로 θ_2도 임계각보다 크거나 같다. 따라서 임계각은 θ_2보다 작거나 같다.

03

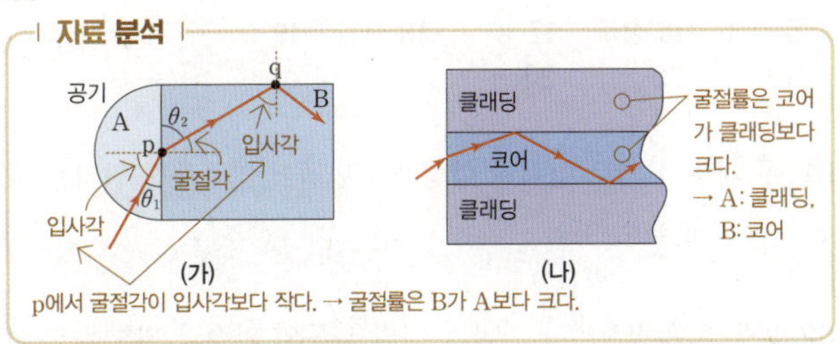

ㄱ. 단색광이 A에서 B로 진행할 때 굴절각이 입사각보다 작으므로 굴절률은 B가 A보다 크다. 따라서 단색광의 속력은 A에서가 B에서보다 크다.

ㄷ. 코어의 굴절률이 클래딩의 굴절률보다 크다. 따라서 (나)에서 코어는 B로 만들었다.

 ㄴ. q에서 입사각이 θ_2이다. 그런데 q에서 단색광이 전반사하므로 B에서 공기로 진행하는 단색광의 임계각은 θ_2보다 작거나 같다.

04

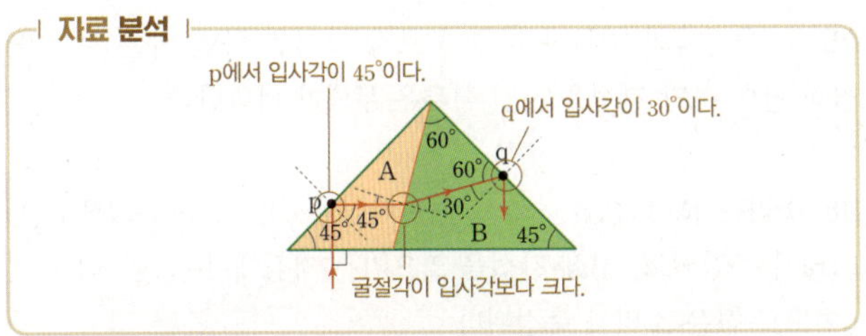

ㄱ. A에서 B로 진행할 때 굴절각이 입사각보다 크다. 따라서 굴절률은 A가 B보다 크다.

ㄴ. p에서 입사각은 45°이고, q에서 입사각은 30°이다. 그런데 굴절률이 A가 B보다 크므로, 단색광은 p에서 전반사한다.

 ㄷ. 코어의 굴절률이 클래딩의 굴절률보다 크다. 따라서 (나)에서 코어는 A로 만들어졌다.

05

O에서 입사각이 60°이고 굴절각이 30°이므로, $\sin60° = n\sin30°$에서 반원형 물체의 굴절률은 $n = \sqrt{3}$이다. 따라서 반원형 물체에서 공기로 진행하는 빛의 임계각을 θ_c라고 하면, 다음 관계가 성립한다.

$$\sin\theta_c = \frac{1}{\sqrt{3}}$$

ㄴ. O에서 입사각이 45°이고 $\sin45° = \frac{1}{\sqrt{2}} > \frac{1}{\sqrt{3}}$이므로 $45° > \theta_c$이다. 따라서 O에서 빛이 전반사한다.

 ㄱ. 빛이 공기에서 반원형 물체로 진행할 때에는 전반사하지 않으므로 O에서 전반사하지 않는다. 그리고 O에서 굴절한 빛이 물체와 공기의 경계면에 입사각 0으로 입사하므로 물체에서 공기로 진행하는 경우에도 빛이 전반사하지 않는다. 따라서 전반사가 일어나는 지점이 존재하지 않는다.

ㄷ. O에서 입사각이 30°이고 $\sin30° = \frac{1}{2} < \frac{1}{\sqrt{3}}$이므로 $30° < \theta_c$이다. 따라서 O에서 빛이 전반사하지 않는다.

06

ㄱ. 진동수는 파장에 반비례한다. 그런데 C의 파장이 A의 파장보다 길므로, 진동수는 A가 C보다 크다.

ㄴ. B는 적외선이다. 따라서 비접촉식 온도계에 사용된다.

 ㄷ. 전자기파가 진공에서 진행하는 속력은 진동수에 관계없이 모두 같다.

07

ㄴ. ㉡은 가시광선이다. 따라서 자외선인 ㉠보다 파장이 길다.

 ㄱ. ㉠은 자외선이다. 따라서 맨눈으로 볼 수 없다.

ㄷ. 적외선의 진동수는 가시광선인 ㉡의 진동수보다 작다.

08

ㄷ. 온도가 높을수록 파장이 짧은 적외선을 방출한다. 따라서 ㉠일 때가 ㉡일 때보다 (가)의 파장이 길다.

 ㄱ. 비접촉식 체온계는 적외선을 이용하여 체온을 측정한다. 따라서 (가)는 적외선이다.

ㄴ. 암세포를 파괴하여 암을 치료하는 데 이용되는 전자기파는 감마(γ)선이다.

09

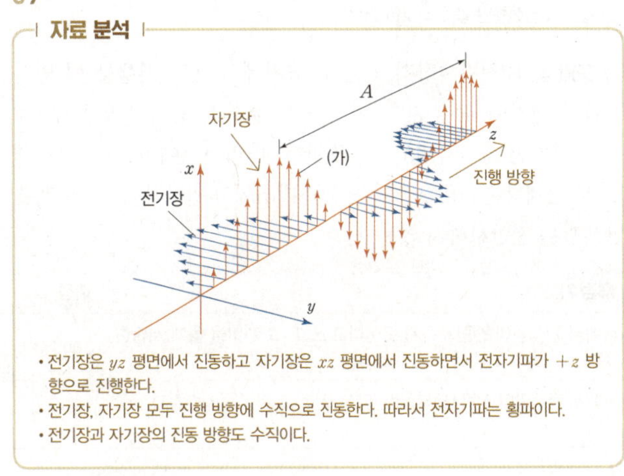

ㄱ. 전자기파는 전기장과 자기장의 진동이 공간으로 퍼져나가는 파동이다. 따라서 (가)는 자기장이다.

ㄴ. 전기장과 자기장 모두 진행 방향에 수직 방향으로 진동하며, 전기장의 방향과 자기장의 방향도 수직이다. 따라서 (나), (다)는 '수직'으로 같다.

 ㄷ. A는 파장이므로, 진공에서 A는 자외선이 적외선보다 작다.

10

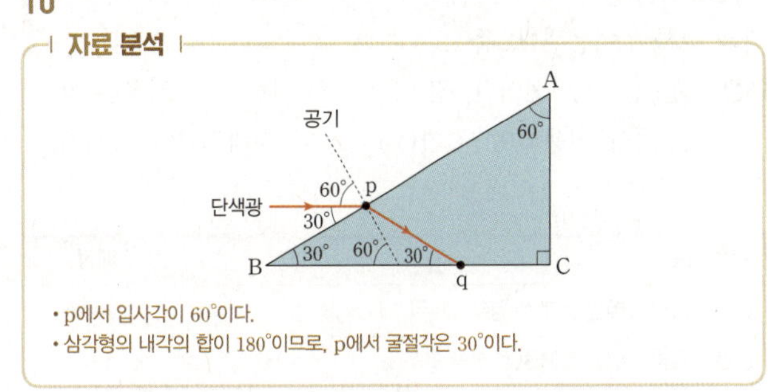

ㄱ. 입사각은 입사 광선과 법선이 이루는 각이다. 따라서 p에서 입사각은 $60°$이다.

ㄷ. 전반사의 임계각을 θ_c라고 하면 $\sin\theta_c=\dfrac{1}{\sqrt{3}}$이다. q에서 입사각이 $60°$이므로 $\sin60°=\dfrac{\sqrt{3}}{2}>\dfrac{1}{\sqrt{3}}=\sin\theta_c$에서 $60°>\theta_c$이다. 입사각이 임계각보다 크므로 q에서 단색광은 전반사한다.

🔍 **바로알기** ㄴ. $1\times\sin60°=n\sin30°$에서 프리즘의 굴절률은 $n=\dfrac{\sin60°}{\sin30°}=\sqrt{3}$이다.

11 서술형

(1) **모범 답안** | 단색광이 공기에서 A로 진행할 때에는 입사각과 굴절각이 각각 $80°$, $60°$이고, B에서 공기로 진행할 때에는 입사각과 굴절각이 각각 $30°$, $45°$이다. 따라서 A, B의 굴절률을 각각 n_A, n_B라고 하면 $n_A=\dfrac{\sin80°}{\sin60°}$, $n_B=\dfrac{\sin45°}{\sin30°}=\sqrt{2}$이다. 그런데 $n_A=\dfrac{\sin80°}{\sin60°}<\dfrac{2}{\sqrt{3}}<\sqrt{2}=n_B$이므로 $n_B>n_A$이다.

채점 기준	배점
A와 B의 굴절률을 근거를 제시하여 옳게 비교한 경우	100 %
A와 B의 굴절률만 옳게 비교한 경우	50 %

(2) **모범 답안** | 전반사하지 않는다. 공기에서 A로 진행할 때 입사각과 굴절각이 각각 $80°$, $60°$이므로, A에서 공기로 입사각 $60°$로 진행하면 굴절각 $80°$로 굴절한다. 따라서 p에서 공기로 진행할 때 임계각은 $60°$보다 크다. 그런데 p에서 입사각이 $30°$이므로, 단색광은 전반사하지 않는다.

채점 기준	배점
p에서 단색광이 전반사하지 못한다고 쓰고, 그 까닭을 옳게 서술한 경우	100 %
p에서 단색광이 전반사하지 못한다고 쓰고, 그 까닭을 서술하지 못한 경우	50 %

12 서술형

(1) **모범 답안** | A의 파장이 B의 파장보다 길다. 파장은 진동수에 반비례하기 때문이다.

채점 기준	배점
A, B의 파장을 옳게 비교하고, 그 까닭을 옳게 서술한 경우	100 %
A, B의 파장을 옳게 비교하고, 그 까닭을 서술하지 못한 경우	50 %

(2) **모범 답안** | 암세포를 파괴하여 암을 치료하는 데 이용된다. 비파괴 검사에 이용된다. 등

해설 | C는 감마(γ)선이다. 감마(γ)선의 강한 전리 작용은 암 치료, 살균 등에 이용되며, 감마(γ)선의 큰 투과력은 비파괴 검사 등에 이용된다.

채점 기준	배점
C가 사용되는 예를 옳게 쓴 경우	100 %
C가 사용되는 예를 옳게 쓰지 못한 경우	0 %

03 파동의 간섭

01 두 파동이 서로 겹쳐서 합성파가 만들어지는 중첩 원리는 파동의 중요한 특징이다.

02 파동의 독립성이란 만나기 전의 파동의 파형과 방향을 그대로 유지하면서 진행하는 현상이다.

03 두 파동이 같은 위상으로 중첩하면 보강 간섭이 일어나고, 만약 보강 간섭을 하는 두 파동의 진폭이 같으면 합성파의 진폭은 2배가 된다.

04 두 파동이 반대 위상으로 중첩하면 상쇄 간섭이 일어나고, 만약 상쇄 간섭을 하는 두 파동의 진폭이 같으면 합성파의 진폭은 0이 된다.

05 두 물결파의 마루와 마루가 보강 간섭을 하면 밝은 무늬가, 골과 골이 보강 간섭을 하면 어두운 무늬가 나타난다.

06 소리는 보강 간섭을 일으키는 지점에서는 진폭이 크므로 큰 소리가 측정되고, 상쇄 간섭을 일으키는 지점에서는 진폭이 거의 0이므로 작은 소리가 측정된다.

07 두 파동이 상쇄 간섭을 할 때, 두 파동은 반대 위상으로 중첩된다.

09 두 점파원에서 발생한 물결파의 간섭을 알아보는 실험에서 스크린에 나타난 보강 간섭을 하는 지점에는 밝은 무늬와 어두운 무늬가 번갈아 나타난다.

10 두 스피커에서 발생한 동일한 음파가 보강 간섭을 하는 지점에서는 큰 소리가 측정된다.

11 두 스피커에서 발생한 동일한 음파의 간섭 실험에서 상쇄 간섭을 일으키는 지점을 연결한 선을 마디선이라고 한다.

12 O에서는 슬릿을 통과한 빛이 보강 간섭하여 밝은 무늬가 나타난다.

13 P에서는 슬릿을 통과한 빛이 상쇄 간섭하여 어두운 무늬가 나타난다.

15 비누 막의 윗면과 아랫면에서 보강 간섭과 상쇄 간섭이 일어나 알록달록한 무늬가 보인다.

17 이중 슬릿에 의한 빛의 간섭 실험에서 스크린상에 나타난 보강 간섭을 일으키는 지점에서는 밝은 무늬가 나타난다.

18 파장이 길수록 파동의 성질이 잘 나타나므로 간섭무늬 간격이 더 넓다.

19 슬릿의 간격이 좁을수록 파동의 성질이 잘 나타나므로 간섭무늬 간격이 더 넓다.

20 이중 슬릿을 이용한 빛의 간섭 실험을 통해 빛이 파동의 성질을 갖는다는 것을 알 수 있다.

21 능동 소음 제거 헤드폰에서는 외부 소음과 위상이 반대인 소리를 발생시켜 소음을 제거한다.

22 안경 렌즈에 빛이 반사하지 않도록 하는 코팅은 빛의 간섭을 이용한다.

23 렌즈에서 빛이 반사하지 않도록 코팅할 때, 코팅의 앞면과 뒷면에서 반사한 빛은 상쇄 간섭을 한다.

🔆 자료 집중 분석

p.198

예제 1

정답 ③

해설 | 3초가 지났을 때, P의 오른쪽 끝은 $x=7\,\mathrm{m}$에 위치하고 Q의 왼쪽 끝은 $x=3\,\mathrm{m}$에 위치한다. 따라서 $3\,\mathrm{m}\le x\le 7\,\mathrm{m}$ 범위에서 중첩이 일어난다. 이때 $x=4\,\mathrm{m}$에서는 P와 Q의 마루가 중첩하고 $x=6\,\mathrm{m}$에서 P와 Q의 골이 중첩하므로, 3초일 때 파동의 모습은 ③과 같다.

예제 2

정답 $x=1,\,3,\,5,\,7,\,9\,(\mathrm{m})$

해설 | $x=5\,\mathrm{m}$에서는 P와 Q가 반대 위상으로 중첩하므로 상쇄 간섭이 일어난다. 그런데 상쇄 간섭이 일어나는 지점 사이의 간격이 $\frac{1}{2}$파장이므로, $x=1,\,3,\,5,\,7,\,9\,(\mathrm{m})$ 위치에서 상쇄 간섭이 일어난다.

🔆 탐구 집중 분석

p.199

예제 1

정답 ⑤

해설 | ㄴ. $f=f_1$일 때, $x=d$에서 큰 소리가 측정된다. 따라서 $x=d$에서 보강 간섭이 일어난다.

ㄷ. $f=f_2$일 때, $x=d$에서 상쇄 간섭이 일어난다. 따라서 $x=d$에 A에서 발생한 소리의 마루가 도달하는 순간, B에서 발생한 소리의 골이 도달한다.

🔍 **바로알기** ㄱ. 보강 간섭이 일어나는 지점 사이의 간격이 (다)에서가 (나)에서보다 크다. 진동수가 클수록 파면 사이의 간격이 작아 보강 간섭이 일어나는 지점 사이의 간격이 작으므로, $f_1>f_2$이다.

예제 2

정답 P

해설 | P에서 점선과 점선, 즉 골과 골이 만나므로, P에서는 두 소리가 같은 위상으로 중첩한다. 따라서 보강 간섭이 일어난다. 반대로 Q에서는 마루와 골이 중첩하므로, 두 소리가 반대 위상으로 중첩한다. 따라서 Q에서는 상쇄 간섭이 일어난다.

예제 3

정답 P

해설 | 보강 간섭이 일어나는 지점에서는 진폭이 크므로 소리가 크게 측정되고, 상쇄 간섭이 일어나는 지점에서는 진폭이 작으므로 소리가 작게 측정된다.

예제 4

정답 P, Q

해설 | 소리의 진동수를 $2f_0$으로 변화시키면 파장이 $\frac{1}{2}$배로 감소하므로, 진동수가 $2f_0$일 때에는 그림의 실선과 점선 모두 마루가 되고, 그 중간에 골이 나타난다. 따라서 P, Q 모두 보강 간섭이 일어난다.

개념 다지기 문제

p.200~203

01 ②	**02** ⑤	**03** ②	**04** ①	**05** ①	**06** ③
07 ⑤	**08** ⑤	**09** ④	**10** ①	**11** ③	**12** ⑤

고난도 **13** ① **14** ⑤

서술형 **15~16** 해설 참조

01 ㄷ. $-L\le x\le L$ 구간에서 상쇄 간섭이 일어나는 지점이 $x=0,\,\pm\frac{1}{2}L,\,\pm L$이므로 $x=\pm\frac{1}{4}L,\,\pm\frac{3}{4}L$에서는 보강 간섭이 일어난다. 따라서 $x=-L$과 $x=L$ 사이에서 보강 간섭이 일어나는 지점은 4곳이다.

🔍 **바로알기** ㄱ. $x=0$에서 A, B가 반대 위상으로 중첩하므로 상쇄 간섭이 일어난다. 따라서 $x=0$에서 작은 소리가 측정된다.

ㄴ. $x=0$에서 상쇄 간섭이 일어난다. 그런데 소리의 파장이 L이므로 $x=\frac{1}{2}L$에서도 상쇄 간섭이 일어나며, $x=0$과 $x=\frac{1}{2}L$의 중간 지점인 $x=\frac{1}{4}L$에서는 보강 간섭이 일어난다. 따라서 합성파의 진폭은 $x=\frac{1}{4}L$에서가 $x=\frac{1}{2}L$에서보다 크다.

02 ㄱ. A는 희미한 선인 마디선에 위치한다. 따라서 A에서는 상쇄 간섭이 일어난다.

ㄴ. B에서는 보강 간섭이 일어나므로 밝은 무늬와 어두운 무늬가 번갈아 나타난다. 따라서 무늬의 밝기는 B에서가 A에서보다 크게 변한다.

ㄷ. C는 S_1과 S_2 사이의 중심으로부터 보강 간섭을 일으키는 지점을 연결한 첫 번째 선 위의 점이다. 따라서 $\overline{S_1C}-\overline{S_2C}=\lambda$이다.

03 ㄴ. Q에서는 보강 간섭이, R에서는 상쇄 간섭이 일어난다. 따라서 진폭은 Q에서가 R에서보다 크다.

🔍 **바로알기** ㄱ. P는 골과 골이 만나는 지점이다. 따라서 P에서는 보강 간섭이 일어난다.

ㄷ. 물결파의 파장을 λ라고 하면, S_1, S_2로부터 P, R까지의 경로차는 각각 2λ, 0.5λ이다.

04

┌─ **자료 분석** ─┐

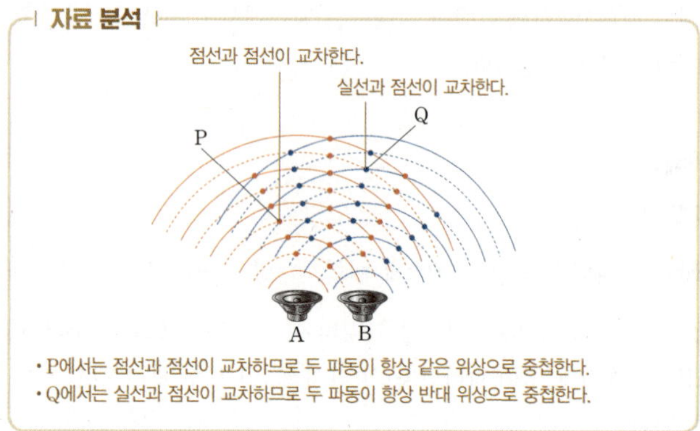

• P에서는 점선과 점선이 교차하므로 두 파동이 항상 같은 위상으로 중첩한다.
• Q에서는 실선과 점선이 교차하므로 두 파동이 항상 반대 위상으로 중첩한다.

ㄴ. P에서는 두 파동이 항상 같은 위상으로 중첩한다. 따라서 보강 간섭이 일어난다.

🔍 **바로알기** ㄱ. 그림의 순간 P에서 골과 골이 만났으므로, $\frac{1}{2}$주기 후에는 마루와 마루가 만난다. 따라서 P에는 마루와 골이 번갈아 나타난다.

ㄷ. Q에서는 두 파동이 반대 위상으로 중첩하므로 상쇄 간섭이 일어난다. 따라서 P에서 들을 때보다 Q에서 들을 때, 소리가 더 작게 들린다.

05

┌─ **자료 분석** ─┐

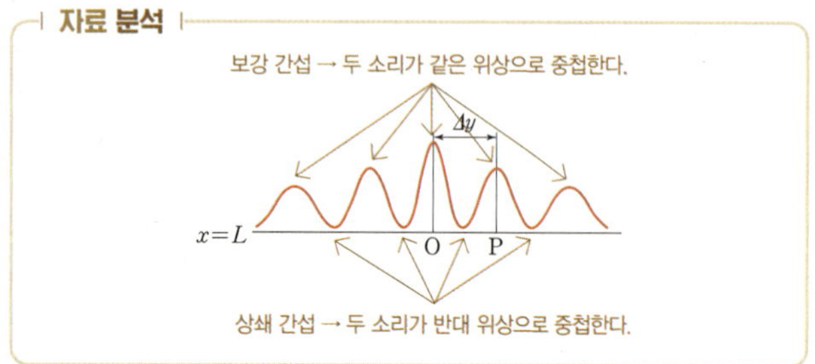

ㄱ. O에서 소리의 크기가 최대이다. 따라서 O에서는 보강 간섭이 일어난다.

🔍 **바로알기** ㄴ. P에서는 보강 간섭이 일어나므로 두 파동이 서로 같은 위상으로 중첩한다. 따라서 P에는 A에서 발생한 음파의 마루가 도달하는 순간, B에서 발생한 음파의 마루가 도달한다.

ㄷ. 소리의 진동수를 증가시키면 파면 사이의 간격이 좁아진다. 따라서 Δy가 감소한다.

06 ㄱ. A는 소리의 상쇄 간섭을, C는 소리의 보강 간섭을 이용한다.

ㄴ. B는 볼록 렌즈이다. 따라서 B를 사용하여 평행하게 입사한 빛을 한 지점으로 모을 수 있다.

🔍 **바로알기** ㄷ. C는 보강 간섭을 이용한다. 따라서 C에서는 파동이 같은 위상으로 중첩하는 현상을 이용한다.

07 ㄱ. 보강 간섭이 일어나는 지점에서는 소리가 크게 들리고, 상쇄 간섭이 일어나는 지점에서는 소리가 작게 들린다. 따라서 소리의 세기는 P에서가 Q에서보다 크다.

ㄴ. Q에서는 상쇄 간섭이 일어나므로 두 파동이 반대 위상으로 중첩한다. 따라서 A, B에서 발생한 소리가 반대 위상으로 중첩한다.

ㄷ. 소리의 진동수를 2배로 하면 파장이 $\frac{1}{2}$배로 감소한다. 따라서 Q에서 보강 간섭이 일어난다.

08 ㄱ. A, B에서 O까지 떨어진 거리가 같으므로 두 파동이 같은 위상으로 중첩한다. 따라서 O에서는 보강 간섭이 일어난다.

ㄴ. A, B에서 P까지의 경로차와 Q까지의 경로차가 같다. 그런데 P에서 상쇄 간섭이 일어나므로 Q에서도 상쇄 간섭이 일어난다. 따라서 Q에서는 A에서 발생한 소리의 마루가 도달하는 순간, B에서 발생한 소리의 골이 도달한다.

ㄷ. 진동수를 880 Hz로 2배 증가시키면 파장이 $\frac{1}{2}$배로 감소한다. 따라서 P에서 보강 간섭이 일어난다.

09 파장이 길수록, 슬릿의 간격이 좁을수록 파동의 성질이 잘 나타나며, 파동의 성질이 잘 나타날수록 간섭무늬 간격이 넓다.

④ 단색광의 파장이 2배로 증가하면 간섭무늬 간격이 증가한다. 따라서 ⓒ은 Δx_0보다 크다. 또한 이중 슬릿과 스크린 사이의 거리가 멀어지면 간섭무늬 간격이 증가한다. 따라서 ⓒ은 Δx_0보다 크다.

🔍 **바로알기** 이중 슬릿 사이의 간격이 증가하면 파동의 성질이 잘 나타나지 않아 밝은 무늬가 중심에 모인다. 따라서 ㉠은 Δx_0보다 작다.

10 ㄱ. P에서는 밝은 무늬가 나타나므로, P에서는 보강 간섭이 일어난다.

🔍 **바로알기** ㄴ. 두 슬릿에서 경로차가 0, λ, 2λ, …인 지점에서는 보강 간섭이 일어나고, 경로차가 $\frac{1}{2}\lambda$, $\frac{3}{2}\lambda$, …인 지점에서는 상쇄 간섭이 일어난다. Q는 세 번째 어두운 무늬가 생긴 지점이므로, 두 슬릿에서 Q까지의 경로차는 $\frac{5}{2}\lambda$이다.

ㄷ. 간섭무늬는 빛의 파동성으로 설명할 수 있다.

11 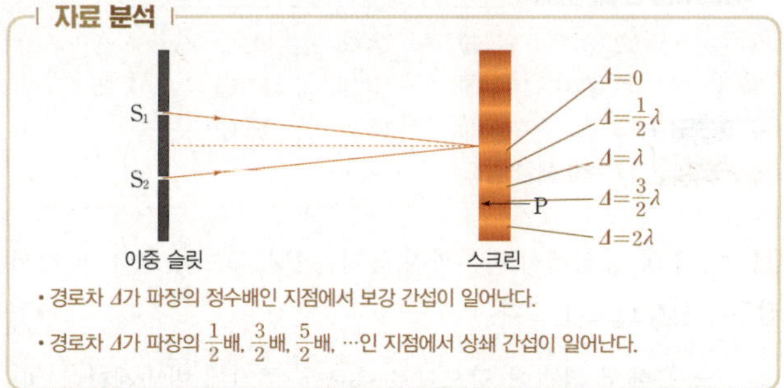

③ P는 두 번째 상쇄 간섭이 일어나는 지점이다. 따라서 경로차는 $|\overline{S_1P} - \overline{S_2P}| = \frac{3}{2}\lambda$이다.

12 ㄴ. ㉡에서는 안경에서 반사한 형광등 빛이 잘 보이므로, ㉡은 무반사 코팅을 하지 않은 렌즈를 꼈을 때의 사진이다. 따라서 (나)의 결과이다.

ㄷ. 무반사 코팅을 하면 코팅의 바깥쪽과 안쪽에서 반사하는 빛이 상쇄하여 결과적으로 반사하는 빛의 세기가 거의 0이 된다. 따라서 ㉣은 '상쇄 간섭'이 적절하다.

바로알기 ㄱ. 오목 렌즈는 빛을 분산시키는 역할을 한다. 따라서 평행하게 입사한 빛을 한 지점에 모을 수 없다.

13

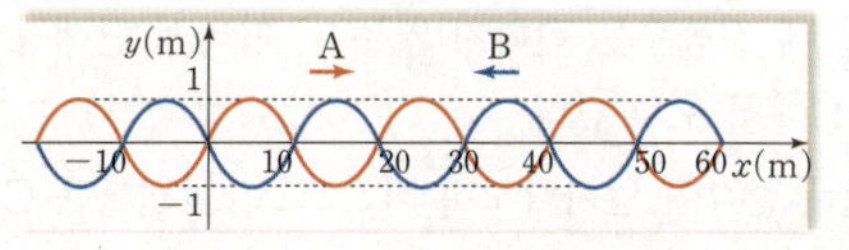

① $t=0$에서 $t=3$초까지 A, B가 60 m씩 진행한다. 따라서 3초일 때 $x=0$과 $x=20$ m 사이에서 A, B는 반대 위상으로 중첩하고, 합성파의 변위는 $x=0$과 $x=20$ m 사이의 모든 지점에서 0이 된다.

14

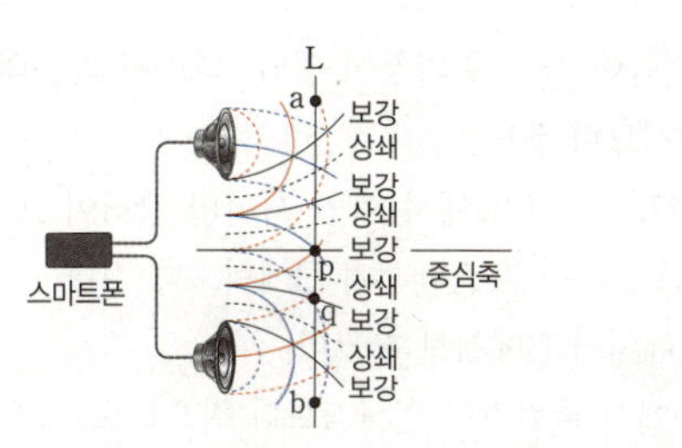

ㄱ. p에서는 실선과 실선이 만나므로 보강 간섭이 일어난다.

ㄴ. q에서는 점선과 점선이 만나므로 보강 간섭이 일어난다. 따라서 q에서는 두 음파가 같은 위상으로 중첩한다.

ㄷ. 그림과 같이 L의 a와 b 사이에서 보강 간섭이 일어나는 지점은 5군데이다.

15 서술형

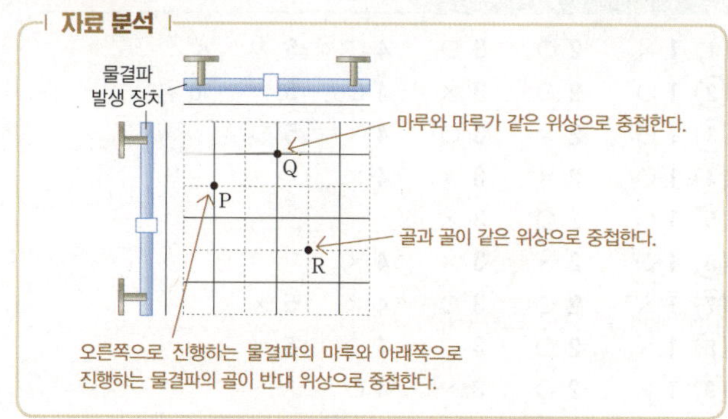

(1) 모범 답안 P에서는 상쇄 간섭이 일어나고, Q, R에서는 보강 간섭이 일어난다.

해설 P에서 실선과 점선이 만나므로 마루와 골이 중첩한다. 따라서 상쇄 간섭이 일어난다. Q에서는 마루와 마루가 중첩하고, R에서는 골과 골이 중첩하므로, Q, R에서는 보강 간섭이 일어난다.

채점 기준	배점
P, Q, R에서 간섭의 종류를 모두 옳게 쓴 경우	100 %
P, Q, R에서 간섭의 종류를 두 개만 옳게 쓴 경우	60 %
P, Q, R에서 간섭의 종류를 하나만 옳게 쓴 경우	30 %

(2) 정답

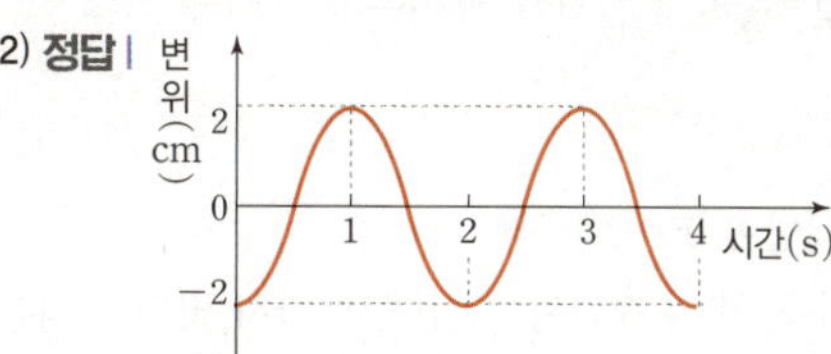

해설 $t=0$일 때 합성파의 변위는 -2 cm이다. 그런데 주기가 $T = \frac{\lambda}{v} = \frac{10}{5} = 2$(초)이므로 R에서 시간에 따른 합성파의 변위는 그래프와 같다.

채점 기준	배점
R에서 시간에 따른 합성파의 변위를 그래프로 옳게 그린 경우	100 %
그 외의 경우	0 %

16 서술형

(1) 모범 답안 파장이 길수록 파동의 성질이 잘 나타나 간섭무늬 간격이 넓어지기 때문에 Δx가 증가한다.

채점 기준	배점
Δx의 변화를 그 까닭과 함께 옳게 서술한 경우	100 %
Δx의 변화만 옳게 쓴 경우	40 %

(2) 모범 답안 Δx가 증가한다.

해설 슬릿과 스크린 사이의 거리가 증가할수록 간섭무늬 간격이 넓어진다.

채점 기준	배점
슬릿 Δx의 변화를 옳게 쓴 경우	100 %
그 외의 경우	0 %

① 1 × 　2 ○ 　3 ○ 　4 ○ 　5 ×
② 1 ○ 　2 ○ 　3 × 　4 ○ 　5 × 　6 ×
③ 1 ○ 　2 × 　3 ○ 　4 × 　5 ○
④ 1 ○ 　2 × 　3 ○ 　4 ×
⑤ 1 ○ 　2 ○ 　3 ×
⑥ 1 ○ 　2 × 　3 × 　4 ×
⑦ 1 × 　2 ○ 　3 ○ 　4 × 　5 ×
⑧ 1 × 　2 ○ 　3 ○ 　4 ○ 　5 ×
⑨ 1 × 　2 ○ 　3 × 　4 ○

①-1 진폭은 $\frac{1}{2}A$이다.

①-5 파장이 B이고 주기가 C이므로, 파동의 속력은 $\frac{B}{C}$이다.

②-3 Q는 종파이다.
②-5 전자기파는 횡파이므로 P와 같이 진동하는 파동이다.
②-6 종파의 파장은 이웃한 밀한 곳과 밀한 곳 사이의 거리와 같다. 따라서 Q의 파장은 $2A$이다.

③-2 빛이 위쪽으로 휜다. 따라서 지면에 가까울수록 기온이 높다.
③-4 기온이 높을수록 빛의 속력이 빠르므로 공기의 굴절률이 작다.

④-2 굴절률은 클래딩이 코어보다 작다.
④-3 굴절률이 클수록 빛의 속력이 느리다. 따라서 빛의 속력은 코어에서가 클래딩에서보다 느리다.
④-4 전반사는 입사각이 임계각보다 크거나 같은 경우에 일어난다.

⑤-3 수신기에서는 빛 신호를 전기 신호로 변환한다.

⑥-2 진동수는 파장에 반비례하므로 A가 C보다 크다.
⑥-3 형광 물질에 흡수되는 성질이 있어 위조지폐 감별에 이용되는 전자기파는 자외선이다. B는 적외선이다.
⑥-4 진공에서 속력은 파장에 관계없이 모든 전자기파가 같다.

⑦-1 보강 간섭을 하는 지점에서는 밝은 무늬와 어두운 무늬가 번갈아 나타난다.
⑦-4 Q에서는 보강 간섭이, R에서는 상쇄 간섭이 일어난다. 따라서 중첩된 파동의 진폭은 Q에서가 R에서보다 크다.
⑦-5 마디선은 상쇄 간섭을 하는 지점을 연결한 선이다.

⑧-1 간섭은 빛의 파동성에 의한 현상이다.
⑧-5 빛의 보강 간섭이 일어나는 지점에서는 밝은 무늬가 나타난다.

⑨-1 능동 소음 제거는 소리의 상쇄 간섭을 이용한다.
⑨-3 시끄러운 외부 소음과 소음 제거 회로에서 만든 소리가 상쇄 간섭을 한다.

01 ④ 　02 ① 　03 ⑤ 　04 ② 　05 ③ 　06 ③
07 ② 　08 ② 　09 ⑤ 　10 ④ 　11 ② 　12 ③
고난도 13 ② 　14 ③ 　15 ① 　16 ④
서술형 17~20 해설 참조

01 ㄴ. 진동 중심에서 마루까지 높이는 P가 Q보다 크다. 따라서 진폭은 P가 Q보다 크다.

ㄷ. $v=\frac{\lambda}{T}$에서 파장이 같으므로 속력은 주기에 반비례한다. 따라서 진행 속력은 P가 Q의 $\frac{1}{2}$배이다.

바로알기 ㄱ. Q의 주기는 t이다. 따라서 진동수는 $\frac{1}{t}$이다.

02 ㄱ. 입사각은 입사 광선과 법선이 이루는 각이고, 굴절각은 굴절 광선과 법선이 이루는 각이다. 따라서 (가)에서 굴절각은 입사각보다 작다.

바로알기 ㄴ. (가)에서 굴절각이 입사각보다 작으므로, 굴절률은 물이 공기보다 크다. 그런데 빛의 속력은 굴절률에 반비례하므로, 빛의 속력은 물에서가 공기에서보다 작다.

ㄷ. (나)에서 소리가 따뜻한 공기에서 차가운 공기 쪽으로 휜다. 따라서 소리의 속력은 따뜻한 공기에서가 차가운 공기에서보다 크다.

03 ㄱ. p와 q에서 굴절각이 입사각보다 작으므로 $\theta_0>\theta_1>\theta_2$이다. 따라서 $\theta_0>\theta_2$이다.

ㄴ. 굴절할 때 진동수는 변하지 않는다. 따라서 단색광의 진동수는 A, B, C에서 모두 같다.

ㄷ. q에서 굴절각이 입사각보다 작으므로, 굴절률은 C가 B보다 크다. 따라서 단색광의 파장은 C에서가 B에서보다 짧다.

04

자료 분석

진행 방향
A
B
입사각 > 굴절각
매질 Ⅰ　매질 Ⅱ
굴절각이 입사각보다 작다.

ㄷ. 굴절률이 클수록 파장이 짧다. 따라서 파동의 파장은 Ⅱ에서가 Ⅰ에서보다 짧다.

바로알기 ㄱ. (가)에서 파면 사이의 간격이 A에서가 B에서보다 크므로, 파장은 A에서가 B에서보다 길다. 따라서 파동의 속력은 A에서가 B에서보다 크다.

ㄴ. (나)에서 굴절각이 입사각보다 작으므로, Ⅱ의 굴절률이 Ⅰ의 굴절률보다 크다. 따라서 Ⅱ는 B이다.

05 ㄱ. P가 A에서 B로 진행할 때 전반사하므로, 굴절률은 A가 B보다 크다. 따라서 P의 속력은 A에서가 B에서보다 작다.

ㄴ. 입사각과 반사각이 같으므로, P가 A에서 C로 진행할 때 입사각은 θ이다. 그런데 A와 C의 경계면에서 P가 전반사하지 않

으므로, θ는 A와 C 사이의 임계각보다 작다.

🔍 **바로알기** ㄷ. P가 A와 B의 경계면에서는 전반사하고 A와 C의 경계면에서는 전반사하지 않으므로, 굴절률은 C가 B보다 크다. 따라서 B를 코어로 사용한 광섬유에 C를 클래딩으로 사용할수 없다.

06 ㄱ. P가 A에서 C로 진행할 때 굴절각이 입사각보다 크다. 따라서 굴절률은 A가 C보다 크다.

ㄴ. 공기에서 입사할 때 입사각이 (가)에서가 (나)에서보다 큰데 굴절각은 같으므로, 굴절률은 A가 B보다 크다. 따라서 (나)에서 P는 B와 C의 경계면에서 전반사하지 않는다.

🔍 **바로알기** ㄷ. A의 굴절률이 B의 굴절률보다 크다. 따라서 코어에 B를 사용한 광섬유의 클래딩으로 A를 사용할 수 없다.

07 ㄴ. P가 B와 C의 경계면에 임계각으로 입사한다. 따라서 굴절률은 B가 C보다 크다.

🔍 **바로알기** ㄱ. A에서 B로 진행할 때, 굴절각이 입사각보다 작다. 따라서 P의 속력은 A에서가 B에서보다 크다.

ㄷ. A에서 B로 입사할 때 입사각이 증가하면 굴절각도 증가하며, B에서 C로 진행하는 빛의 입사각은 감소한다. 따라서 P는 B와 C의 경계면에서 전반사하지 않는다.

08 ㄴ. 파동 B는 전파이고 파동 C는 가시광선이다. 따라서 파장은 B가 C보다 길다.

🔍 **바로알기** ㄱ. 귀에 들리는 파동 A는 음파이며, 음파가 전파하기 위해서는 반드시 매질이 필요하다. 따라서 A는 진공에서 전달되지 않는다.

ㄷ. 공기에서 속력은 소리인 A가 가시광선인 C보다 작다.

09 ㄱ. 주변 소음을 제거하는 헤드폰에는 상쇄 간섭이 이용된다.

ㄴ. 코팅 렌즈의 바깥 면과 안쪽 면에서 반사한 빛이 상쇄 간섭하도록 하여 반사를 최소화한다.

ㄷ. 보는 각도에 따라 색이 다르게 보이는 것은 보는 각도에 따라 보강 간섭이나 상쇄 간섭하는 빛의 파장이 변하기 때문이다.

10

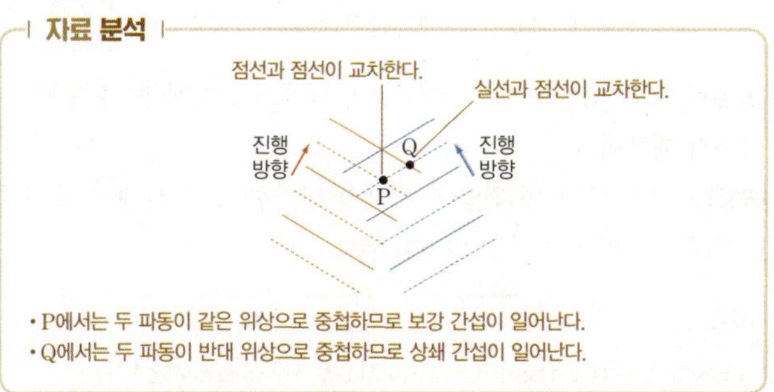

ㄱ. P에서는 보강 간섭이, Q에서는 상쇄 간섭이 일어난다. 따라서 진폭은 P에서가 Q에서보다 크다.

ㄴ. P에서 $t=0$일 때 골이 나타나므로 $t=\frac{1}{2}T$일 때 마루가 나타난다. 따라서 $t=\frac{1}{2}T$일 때, P에서 변위의 크기는 $2A$이다.

🔍 **바로알기** ㄷ. P에서 $t=\frac{1}{4}T$일 때와 $t=\frac{3}{4}T$일 때 수면의 변위는 0이며, 수면의 운동 방향은 $t=\frac{1}{4}T$일 때에는 위쪽이고 $t=\frac{3}{4}T$일 때에는 아래쪽이다. 따라서 $t=\frac{1}{4}T$일 때와 $t=\frac{3}{4}T$일 때, P에서 수면의 운동 방향은 반대이다.

11 ㄴ. A, B를 연결한 선분에서 선분의 중심과 중심으로부터 $\frac{3}{2}d$ 떨어진 지점에서 보강 간섭이 일어나고, 중심으로부터 $\frac{3}{4}d$, $\frac{9}{4}d$ 떨어진 지점에서 상쇄 간섭이 일어나므로, A, B를 연결한 선분에서 상쇄 간섭이 일어나는 지점의 개수는 4개이다. 따라서 x축상에서 상쇄 간섭이 일어나는 지점의 개수도 4개이다.

🔍 **바로알기** ㄱ. A, B에서 발생하는 소리의 위상이 같으므로 보강 간섭이 일어나는 지점은 $x=0$에 대하여 대칭이다. 따라서 $x=-3d$에서 보강 간섭이 일어난다.

ㄷ. 간섭된 소리의 진동수는 스피커에서 발생하는 소리의 진동수와 같다.

12 ㄷ. 간섭은 파동적 성질 때문에 나타나는 현상이다.

🔍 **바로알기** ㄱ. 노이즈 캔슬링은 상쇄 간섭을 이용하여 외부 소음을 제거한다. 따라서 ㉠은 상쇄 간섭을 이용한다.

ㄴ. 헤드폰에서는 외부 소음과 위상이 반대인 소리를 발생시킨다.

13 ㄴ. 파장을 λ, 주기를 T라고 하면, $A=\frac{2}{3}\lambda$이고 $B=\frac{1}{2}T$이다. 따라서 파동의 진행 속력은 $v=\frac{\lambda}{T}=\frac{\frac{3}{2}A}{2B}=\frac{3A}{4B}$이다.

🔍 **바로알기** ㄱ. $t=0$일 때부터 p에 마루가 골보다 먼저 도달한다. 따라서 파동은 $-x$ 방향으로 진행한다.

ㄷ. p는 $t=\frac{1}{2}B$일 때 마루가 되고, $t=B$일 때 변위가 0이다. 따라서 $t=\frac{2}{3}B$일 때, p는 $-y$ 방향으로 운동한다.

14 ㄱ. (가)에서 굴절각이 입사각보다 크다. 따라서 P의 파장은 A에서가 B에서보다 짧다.

ㄷ. B의 굴절률은 A의 굴절률보다 작고, C의 굴절률은 A의 굴절률보다 크므로, C의 굴절률이 B의 굴절률보다 크다. 따라서 P의 속력은 B에서가 C에서보다 크다.

🔍 **바로알기** ㄴ. 굴절할 때 진동수는 변하지 않는다. 따라서 P의 진동수는 A와 C에서 같다.

15 ㄱ. P가 A에서 B로 입사각 50°로 입사하면 전반사하고, A에서 C로 입사각 50°로 입사하면 전반사하지 않는다. 따라서 굴절률은 C가 B보다 크다.

🔍 **바로알기** ㄴ. P가 A에서 C로 진행할 때, 굴절각이 입사각보다 크다. 따라서 P의 속력은 C에서가 A에서보다 크다.

ㄷ. C의 굴절률이 A의 굴절률보다 작다. 그런데 A와 B 사이의 임계각이 45°이므로, B와 C 사이의 임계각은 45°보다 크다.

16 ㄴ. (나)의 결과 $x=d$에서 소리의 세기가 극댓값을 갖는다. 따라서 $x=d$에서 보강 간섭이 일어난다.

ㄷ. (다)의 $x=d$에서 상쇄 간섭이 일어나며, 상쇄 간섭은 소음 제거 헤드폰에 이용된다.

🔍**바로알기** ㄱ. 보강 간섭이 일어나는 지점 사이의 간격이 f_1일 때가 f_2일 때보다 작다. 따라서 $f_1>f_2$이다.

17 서술형

┤ **자료 분석** ├

$\dfrac{5d}{v}=\dfrac{5}{8}T$이므로, $t=\dfrac{5d}{v}$일 때, 파동의 모양은 그림과 같다.

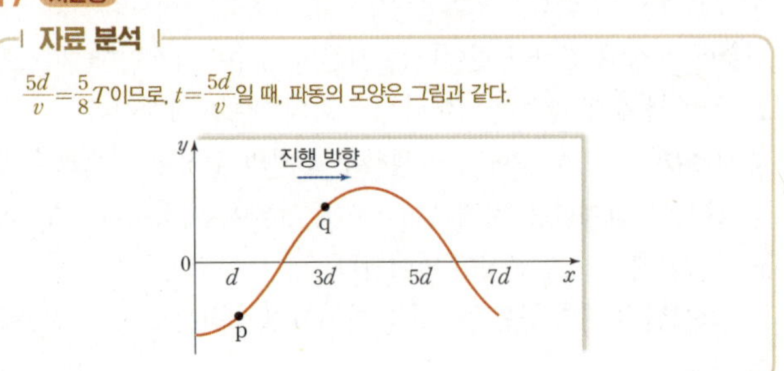

(1) **모범 답안** 파장이 $\lambda=8d$이고 속력이 v이므로, $v=\dfrac{\lambda}{T}$에서 주기는 $T=\dfrac{8d}{v}$이다.

채점 기준	배점
파동의 주기를 풀이 과정과 함께 옳게 구한 경우	100 %
풀이 과정 없이 파동의 주기만 쓴 경우	40 %

(2) **모범 답안** p와 q 모두 $-y$ 방향으로 운동한다.

해설 $t=\dfrac{5d}{v}=\dfrac{5}{8}T$이므로, 파동의 모양이 그림과 같다.

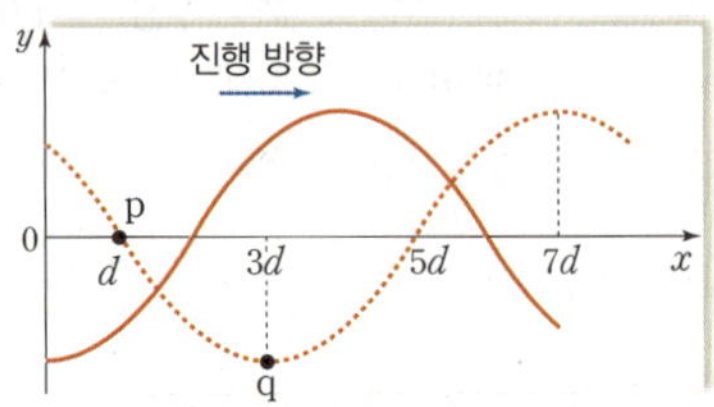

따라서 p와 q 모두 $-y$ 방향으로 운동한다.

채점 기준	배점
p, q의 운동 방향을 모두 옳게 서술한 경우	100 %
p의 운동 방향만 옳게 서술한 경우	50 %
q의 운동 방향만 옳게 서술한 경우	50 %

18 서술형

(1) **정답** $C>A>B$

해설 단색광이 A와 B의 경계면에서 전반사하므로 A의 굴절률이 B의 굴절률보다 크다. 그리고 단색광이 A에서 C로 진행할 때 굴절각이 입사각보다 작으므로 C의 굴절률이 A의 굴절률보다 크다.

(2) **모범 답안** (코어 C, 클래딩 A), (코어 C, 클래딩 B), (코어 A, 클래딩 B)

해설 코어의 굴절률이 클래딩의 굴절률보다 커야 한다.

채점 기준	배점
코어와 클래딩의 짝으로 가능한 조합 3가지를 모두 옳게 쓴 경우	100 %
코어와 클래딩의 짝으로 가능한 조합 2가지를 옳게 쓴 경우	60 %
코어와 클래딩의 짝으로 가능한 조합 하나만 쓴 경우	30 %

19 서술형

(1) **모범 답안** ㉠은 자외선, ㉡은 가시광선이다. 자외선의 진동수가 가시광선의 진동수보다 크다.

해설 ㉠ 형광 물질은 자외선을 흡수한 후 가시광선을 방출하며, 자외선은 살균 기능이 있어 식기 소독기에 이용된다.

㉡ 광학 현미경은 가시광선을 굴절시켜 실물보다 확대된 상을 얻는다.

채점 기준	배점
㉠과 ㉡의 전자기파의 종류를 쓰고, 진동수를 옳게 비교한 경우	100 %
㉠과 ㉡의 전자기파의 종류를 쓰고, 진동수를 비교하지 못한 경우	50 %

(2) **모범 답안** 진공에서 ㉠, ㉡의 속력은 같다.

해설 진공에서 모든 전자기파의 속력은 같다.

채점 기준	배점
진공에서 ㉠과 ㉡의 속력을 옳게 비교한 경우	100 %
진공에서 ㉠과 ㉡의 속력을 비교하지 못한 경우	0 %

20 서술형

(1) **모범 답안** 무반사 코팅을 한 렌즈는 (나)이고, 무반사 코팅을 하지 않은 렌즈는 (가)이다.

해설 무반사 코팅을 하면 형광등 불빛이 거의 반사하지 않아서 눈이 또렷하게 보이고, 무반사 코팅을 하지 않으면 형광등 불빛이 반사되어 보인다.

채점 기준	배점
무반사 코팅을 한 안경과 하지 않은 안경을 구분하여 쓴 경우	100 %
무반사 코팅을 한 안경과 하지 않은 안경을 구분하지 못한 경우	0 %

(2) **모범 답안** 코팅의 바깥 면과 안쪽 면에서 반사한 빛이 상쇄 간섭하기 때문이다.

해설 코팅의 바깥 면과 안쪽 면에서 반사한 빛이 상쇄 간섭해서 반사하는 빛의 세기가 거의 0이 된다.

채점 기준	배점
무반사 코팅 안경에서 빛이 거의 반사하지 않는 까닭을 옳게 서술한 경우	100 %
무반사 코팅 안경에서 빛이 거의 반사하지 않는 까닭을 서술하지 못한 경우	0 %

04   빛과 물질의 이중성

개념 익히기 문제   p.216

01 광전 효과   **02** 문턱, 한계   **03** 입자
04 전하 결합 소자, CCD   **05** +   **06** 물질파
07 $\dfrac{h}{p}$ **08** 짧을수록   **09** 짧다   **10** 투과   **11** 주사
12 ○   **13** ×   **14** ×   **15** ○   **16** ○   **17** ×
18 ×

01 광전 효과에 의해 광전자가 방출된다.

02 빛의 진동수가 문턱(한계) 진동수보다 작으면 빛의 세기가 아무리 커도 광전자가 방출되지 않는다.

03 아인슈타인이 광전 효과를 설명하기 위해 제안한 이론을 광자 이론이라고 한다.

05 화소는 p형 반도체와 n형 반도체의 기판 위에 절연체와 금속 전극이 있는 구조로 되어 있다.

06 물질파를 드브로이파라고도 한다.

08 서로 떨어져 있는 두 물체를 구분할 수 있는 능력을 분해능이라고 한다. 파장이 짧을수록 회절이 잘 일어나지 않아서 분해능이 좋다.

10 투과 전자 현미경은 전자선을 시료에 투과시켜 상을 얻는다.

11 주사 전자 현미경으로 관찰하는 시료는 전자가 모이지 않도록 전기 전도성이 좋은 금속 등으로 얇게 코팅하여 사용한다.

12 Q에서 광전자가 방출되기 때문에 진동수가 P보다 크다.

13 P의 진동수는 A의 문턱 진동수보다 작다. 따라서 P의 세기를 증가시켜도 A에서 광전자가 방출되지 않는다.

14 전하 결합 소자(CCD)는 광전 효과를 이용하므로 빛의 입자성을 이용한다.

17 가속 전압이 증가하면 전자의 운동량이 증가한다. 따라서 전자의 물질파 파장은 감소한다.

18 전자 현미경은 광학 현미경보다 분해능이 우수하다. 따라서 분해능을 나타내는 값이 작다.

탐구 집중 분석   p.217

예제 1

정답 ③

해설 | ㄱ. A, B를 비출 때 I가 0이 되는 V가 같다. 그런데 전류

의 최댓값이 A를 비출 때가 B를 비출 때보다 크다. 따라서 단색광의 세기는 A가 B보다 크다.

ㄴ. I가 0이 되는 V의 크기가 C를 비출 때가 A를 비출 때보다 크다. 따라서 단색광의 진동수는 C가 A보다 크다.

바로알기 ㄷ. 단위 시간당 금속판에서 방출되는 광전자의 개수는 I의 최댓값이 클수록 크다. 따라서 B를 비출 때가 C를 비출 때보다 크다.

예제 2

정답 진동수는 A가 B보다 크다.

해설 | A를 비출 때에는 광전자가 방출되어 전류가 흐르지만, B를 비출 때에는 광전자가 방출되지 않아 전류가 흐르지 않는다.

예제 3

모범 답안 | B의 진동수는 금속판의 문턱 진동수보다 작다. 따라서 B의 세기를 증가시켜도 금속판으로부터 광전자가 방출되지 않아 전류계에 전류가 흐르지 않는다.

예제 4

모범 답안 | f_B보다 크고 f_A보다 작다.

해설 | A를 비출 때에는 광전자가 방출되므로 f_A는 문턱 진동수보다 크고, B를 비출 때에는 광전자가 방출되지 않으므로 f_B는 문턱 진동수보다 작다.

개념 다지기 문제   p.218~219

01 ④   **02** ④   **03** ③   **04** ②   **05** ⑤   **06** ②
고난도 **07** ①
서술형 **08** 해설 참조

01

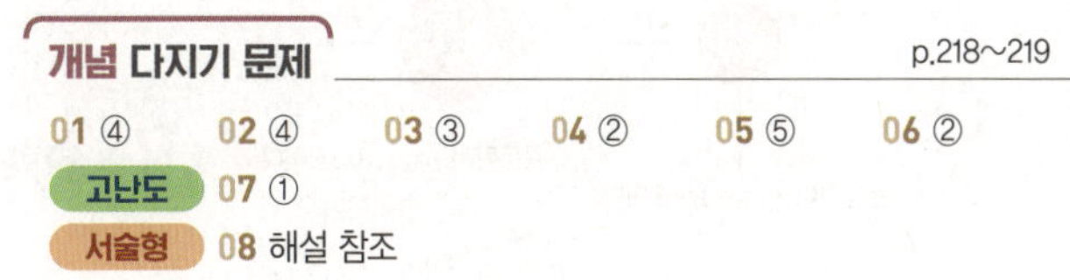

자료 분석

ㄱ. 금속박이 벌어지므로 아연판으로부터 전자가 방출되는 것이다.

ㄷ. 광전 효과가 일어난다. 따라서 수은등에서 아연판의 문턱 진동수보다 진동수가 큰 빛이 방출된다.

바로알기 ㄴ. 아연판에서 전자가 공기 중으로 방출되므로 아연판과 금속박은 양(+)전하로 대전된다.

┌─ **자료 분석** ─┐

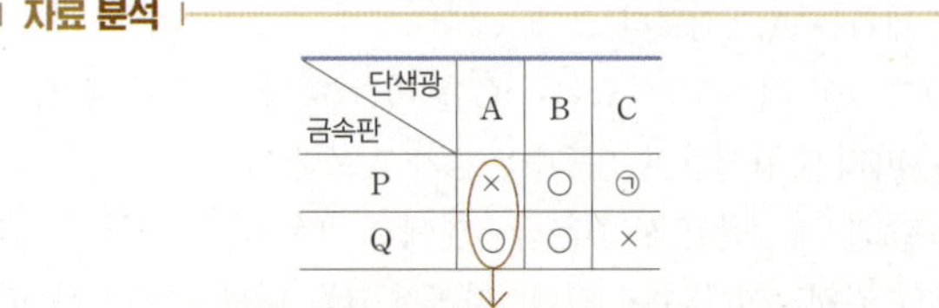

단색광 금속판	A	B	C
P	⊗	○	㉠
Q	◯	○	×

Q에서는 전자가 방출되었고, P에서는 전자가 방출되지 않았다.
→ P의 문턱 진동수가 Q의 문턱 진동수보다 크다.
→ P의 일함수가 Q의 일함수보다 크다.

ㄴ. A를 P에 비추면 광전자가 방출되지 않고, Q에 비추면 광전자가 방출된다. 따라서 일함수는 P가 Q보다 크다.

ㄷ. C를 Q에 비출 때 광전자가 방출되지 않으므로 P에 비출 때에도 광전자가 방출되지 않는다. 따라서 ㉠은 ×이다.

🔍 **바로알기** ㄱ. P에 A를 비추면 광전자가 방출되지 않고, B를 비추면 광전자가 방출된다. 따라서 진동수는 A가 B보다 작다.

03 A: CCD의 광센서는 빛의 색을 감지하지 못하므로, 광센서 위에 컬러 필터를 배열하여 색을 감지한다.

C: CCD는 광전 효과를 이용하므로 빛의 입자성을 이용한다.

🔍 **바로알기** B: 하나의 화소를 이루는 서로 다른 광센서에 빨간색 필터를 통과한 빛과 초록색 필터를 통과한 빛이 비슷하게 도달하면 노란색으로 인식하여 노란색으로 찍힌다.

04

┌─ **자료 분석** ─┐

질량이 m인 물체의 운동량이 p이면 운동 에너지가 $E_k = \dfrac{p^2}{2m}$이므로, $p = \sqrt{2mE_k}$이다.

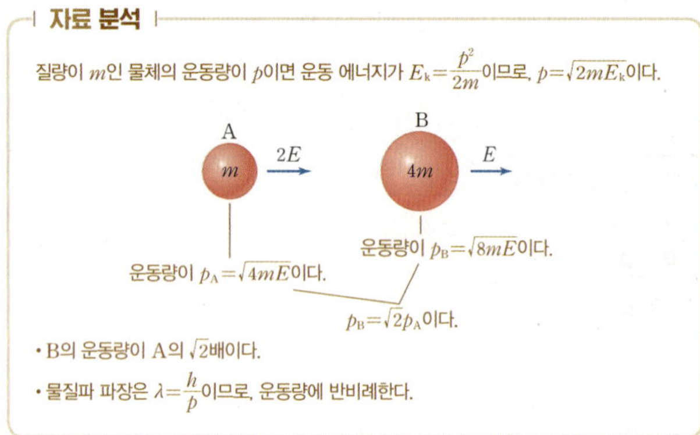

• B의 운동량이 A의 $\sqrt{2}$배이다.

• 물질파 파장은 $\lambda = \dfrac{h}{p}$이므로, 운동량에 반비례한다.

② 운동량의 크기는 B가 A의 $\sqrt{2}$배이다. 그런데 물질파 파장은 운동량에 반비례하므로 물질파 파장은 A가 B의 $\sqrt{2}$배이다.

05 ㄴ. $p = \sqrt{2mE_k}$에서 $m \propto \dfrac{p^2}{E_k}$이다. 따라서 질량은 A가 B의 8배이다.

ㄷ. 물질파 파장이 B가 A의 2배이다. 그런데 간섭무늬 간격은 물질파 파장에 비례하므로 ㉠은 $2l$이다.

🔍 **바로알기** ㄱ. 물질파 파장은 운동량에 반비례하므로, B가 A의 2배이다.

06 ㄷ. 분해능을 좋게 하기 위해서는 물질파 파장을 짧게 해야 하므로 ㉡을 증가시켜야 한다.

🔍 **바로알기** ㄱ. 서로 가까이 붙어 있는 두 점을 구분해 낼 수 있는 능력은 분해능이다. 따라서 ㉠은 분해능이다.

ㄴ. ㉡이 클수록 전자의 운동량이 크므로 물질파 파장이 짧다.

┌─ **자료 분석** ─┐

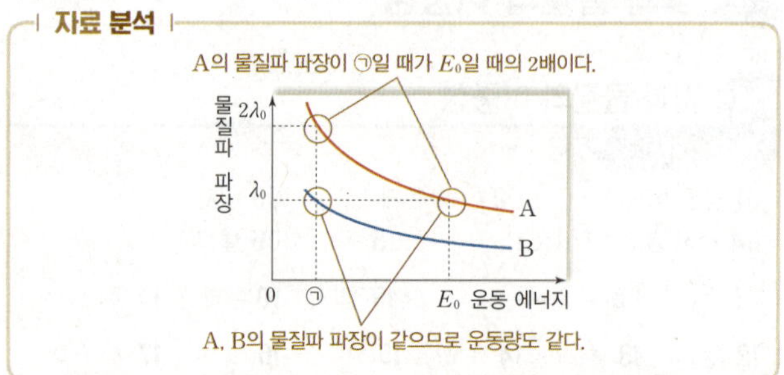

ㄴ. A, B의 물질파 파장이 λ_0으로 같으면 A, B의 운동량도 같다. 그런데 운동 에너지는 A가 B의 4배이므로, $E_k = \dfrac{p^2}{2m}$에서 질량은 B가 A의 4배이다.

🔍 **바로알기** ㄱ. A의 물질파 파장이 $2\lambda_0$에서 λ_0으로 $\dfrac{1}{2}$배로 감소하면 운동량이 2배 증가하므로 $E_k = \dfrac{p^2}{2m}$에서 운동 에너지는 4배 증가한다. 따라서 ㉠은 $\dfrac{1}{4}E_0$이다.

ㄷ. 물질파 파장이 λ_0으로 같으면, A, B의 운동량도 같다.

08 서술형

(1) 정답 | 음(−)

해설 | (나)의 결과 금속박이 오므라든다. A에서 전자가 방출되는데 금속박이 오므라들기 위해서는, P를 비추기 전에 A와 금속박은 음(−)전하로 대전되어 있어야 한다.

채점 기준	배점
음(−)이라고 옳게 쓴 경우	100 %
그 외의 경우	0 %

(2) 모범 답안 | 진동수는 P가 Q보다 크다. P를 비출 때 광전 효과가 일어나고 Q를 비출 때에는 광전 효과가 일어나지 않기 때문이다.

해설 | P를 비출 때에는 금속박이 오므라들므로 P의 진동수는 A의 문턱 진동수보다 크다. 반면 Q를 비출 때에는 금속박에 변화가 없으므로, Q의 진동수는 A의 문턱 진동수보다 작다.

채점 기준	배점
P, Q의 진동수를 옳게 비교하고, 그 까닭을 옳게 서술한 경우	100 %
P, Q의 진동수를 옳게 비교하고, 그 까닭을 서술하지 못한 경우	50 %

학교 시험 빈출 자료 MASTER　　　　　　p.220~221

① 1 ○　2 ×　3 ×　4 ×　5 ○
② 1 ×　2 ○　3 ○　4 ○　5 ○
③ 1 ×　2 ○　3 ○　4 ○　5 ×
④ 1 ○　2 ○　3 ×
⑤ 1 ×　2 ×　3 ○　4 ○
⑥ 1 ×　2 ○　3 ○　4 ○　5 ○

①-2 A를 비출 때 P에서 광전자가 방출되지 않는다. 따라서 A의 광자의 에너지는 P의 일함수보다 작다.

①-3 A의 진동수가 P의 문턱 진동수보다 작다. 따라서 A의 세기를 증가시켜도 P에서 광전자가 방출되지 않는다.

①-4 광전 효과는 빛을 비추는 즉시 일어난다. 따라서 B를 비추는 즉시 P에서 광전자가 방출된다.

②-1 A, B의 일함수는 각각 W, $3W$이다. 따라서 일함수는 A가 B보다 작다.

②-3 문턱 진동수(f)의 광자 에너지는 금속의 일함수와 같다. 따라서 $W=hf$이므로 플랑크 상수 $h=\dfrac{W}{f}$이다.

③-1 금속 전극 아래 모이는 것은 전자이다. 따라서 ⊙은 전자이다.

③-5 CCD의 광 다이오드는 색을 구별할 수 없어서 컬러 필터를 이용하여 색을 구별한다.

④-3 전자의 가속 전압을 증가시키면 운동량이 증가하므로 전자의 물질파 파장이 짧아진다.

⑤-1 사진 건판에 나타나는 무늬는 전자의 회절로 설명할 수 있다. 따라서 전자의 파동성으로 설명할 수 있다.

⑤-2 전자의 속력이 빠를수록 운동량이 크므로 물질파 파장이 짧다.

⑤-3 무늬의 간격은 파장이 길수록 넓다. 따라서 전자의 속력이 빠를수록 무늬의 간격이 좁다.

⑥-1 (가)에서 전자선이 시료를 투과하므로, (가)는 투과 전자 현미경이다.

01 ①　　02 ③　　03 ⑤　　04 ④　　05 ③　　06 ②
07 ⑤　　08 ③
고난도 　09 ①　　10 ②
서술형 　11~12 해설 참조

01 ㄱ. 광자의 에너지에서 금속판의 일함수를 뺀 값이 광전자의 최대 운동 에너지이다. 따라서 A의 광자의 에너지는 E_a보다 크다.

바로알기 ㄴ. B를 P에 비출 때 광전자가 방출되지 않았다. 따라서 B의 진동수는 P의 문턱 진동수보다 작다.

ㄷ. B의 진동수가 P의 문턱 진동수보다 작으므로, B의 세기를 증가시켜도 P에서 광전자가 방출되지 않는다.

02

	진동수	최대 운동 에너지
	단색광의 진동수가 f만큼 증가하면, 광전자의 최대 운동 에너지는 $2E_0$만큼 증가한다.	
X	f	E_0
	$2f$	$3E_0$
Y	f	$1.5E_0$
	$2f$	⊙

자료 분석

단색광의 진동수가 f만큼 증가하면, 광전자의 최대 운동 에너지는 $2E_0$만큼 증가한다.

ㄱ. X에 비추는 빛의 진동수가 $2f-f=f$만큼 증가할 때 광전자의 최대 운동 에너지가 $3E_0-E_0=2E_0$만큼 증가한다. 따라서 $2E_0=hf$에서 플랑크 상수는 $h=\dfrac{2E_0}{f}$이다.

ㄴ. $E_0=hf-W_X$, $3E_0=2hf-W_X$에서 X의 일함수는 $W_X=E_0$이다.

바로알기 ㄷ. 진동수가 f만큼 증가하면 광자의 에너지가 $hf=2E_0$만큼 증가하므로 광전자의 최대 운동 에너지도 $2E_0$만큼 증가한다. 따라서 ⊙은 $3.5E_0$이다.

03 ㄴ. $E_{3t}=4hf-W$에서 $W=0.5hf$이므로, $3t$일 때 금속판에서 방출되는 광전자의 최대 운동 에너지는 $E_{3t}=3.5hf$이다.

ㄷ. 광자 1개의 에너지가 t일 때에는 $3hf$이고 $5t$일 때에는 hf이다. 따라서 금속판에 비추는 단색광의 광자 1개의 에너지는 t일 때가 $5t$일 때의 3배이다.

바로알기 ㄱ. t일 때 금속판에서 방출되는 광전자의 최대 운동 에너지가 $2.5hf$이므로 $2.5hf=3hf-W$에서 금속판의 일함수는 $W=0.5hf$이다.

04 ㄴ. 광전 효과에 의해 광 다이오드에서 광전자가 방출된다. 따라서 광 다이오드는 빛의 입자성을 이용한다.

ㄷ. p-n 접합면에서 방출된 광전자가 n형 반도체 쪽으로 이동하여 n형의 전극 → a → 저항 → b를 지나 p형의 전극으로 이동한다. 전류의 방향은 전자의 이동과 반대 방향이므로, 전류는 b → 저항 → a 방향으로 흐른다.

바로알기 ㄱ. 단위 시간당 방출되는 광전자의 수는 단색광의 세기가 클수록 많다. 따라서 $I_A>I_B$이다.

05 질량 m, 운동량 p, 운동 에너지 E 사이에는 다음 관계가 성립한다.

$$E=\dfrac{p^2}{2m}, \quad p=\sqrt{2mE}$$

③ 충돌 전, A의 운동량은 $p_A=\sqrt{36mE}$이고 B의 운동량은 $p_B=\sqrt{4mE}$이다. 따라서 충돌 전 A의 운동량을 p라고 하면 B의 운동량은 $\dfrac{1}{3}p$이다. 충돌 전 A의 물질파 파장이 λ이므로 $\lambda=\dfrac{h}{p}$이고, 충돌 후 B의 운동량은 $p_B'=\dfrac{5h}{9\lambda}=\dfrac{5}{9}p$이다. 그런데 운동량이 보존되므로 $p+\dfrac{1}{3}p=p_A'+\dfrac{5}{9}p$에서 충돌 후 A의 운동량은 $p_A'=\dfrac{7}{9}p$이다. 따라서 충돌 후 A의 드브로이 파장은 $\lambda'=\dfrac{9h}{7p}=\dfrac{9}{7}\lambda$이다.

06

자료 분석

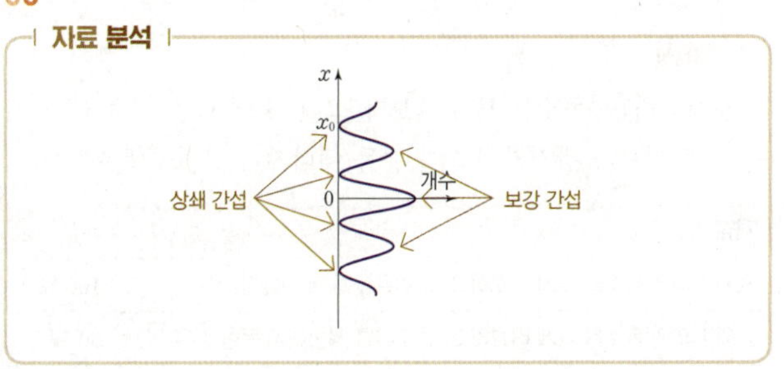

ㄷ. $p=\sqrt{2mE}$에서 운동 에너지가 2배로 증가하면 운동량은 $\sqrt{2}$배로 증가한다. 그런데 물질파 파장은 운동량에 반비례하므로, $\frac{1}{\sqrt{2}}$배로 감소한다. 따라서 물질파 파장은 $\frac{1}{\sqrt{2}}\lambda_0$이 된다.

바로알기 ㄱ. 스크린에는 각각의 전자가 S_1, S_2를 모두 통과해야 설명할 수 있는 무늬가 나타난다. 따라서 이를 물질파의 증거라고 하며, 각각의 전자는 S_1, S_2를 모두 통과한 것으로 해석한다.

ㄴ. $x=x_0$에 전자가 도달하지 않는다. 따라서 $x=x_0$에서 S_1을 통과한 물질파와 S_2를 통과한 물질파가 상쇄 간섭을 한다.

07 ㄱ. 시료 표면에서 반사된 전자선을 이용하여 상을 얻는다. 따라서 주사 전자 현미경(SEM)이다.

ㄴ. 전자의 속력이 클수록 운동량이 크므로 전자의 물질파 파장은 짧다.

ㄷ. 주사 전자 현미경(SEM)은 시료 표면에서 반사된 전자선으로부터 상을 얻는다. 따라서 시료 표면의 3차원 구조를 관찰할 수 있다.

08 ㄱ. 상이 선명할수록 현미경의 분해능이 좋다. 따라서 현미경의 분해능은 (가)에서가 (나)에서보다 좋다.

ㄴ. 전자 현미경의 분해능이 광학 현미경보다 우수하다. 따라서 (가)는 전자 현미경을 이용하여 촬영한 것이다.

바로알기 ㄷ. 전자 현미경은 전파의 물질파 파장이 운동량에 반비례하는 물질파 이론을 이용한다. 따라서 전자의 파동성을 이용한다.

09 ㄱ. $E_{\max}$가 X만 방출될 때가 Y만 방출될 때보다 크다. 따라서 진동수는 X가 Y보다 크다.

바로알기 ㄴ. $E_{\max}$는 빛의 최대 진동수에 의해 결정된다. 따라서 ㉠은 $2E_0$이다.

ㄷ. X, Y 모두 쪼일 때 $n=3n_0$이고 X만 쪼일 때 $n=n_0$이다. 따라서 ㉡은 $2n_0$이다.

10 ㄴ. 자기렌즈는 자기장을 이용하여 전자선을 제어하고 초점을 맞춘다.

바로알기 ㄱ. 시료를 통과한 전자선으로부터 시료의 상을 얻는다. 따라서 투과 전자 현미경(TEM)이다.

ㄷ. $p=\sqrt{2mE_k}$이므로 운동 에너지가 2배 증가하면 운동량은 $\sqrt{2}$배 증가한다. 그런데 물질파 파장은 운동량에 반비례하므로, $2E_0$인 전자의 물질파 파장은 $\frac{1}{\sqrt{2}}\lambda_0=\frac{\sqrt{2}}{2}\lambda_0$이다.

11 서술형

(1) **모범 답안** | 진동수는 B가 A보다 크다. P에 B를 비출 때가 A를 비출 때보다 광전자의 최대 운동 에너지가 크기 때문이다.

채점 기준	배점
A와 B의 진동수를 옳게 비교하고, 그 이유를 옳게 서술한 경우	100 %
A와 B의 진동수를 옳게 비교하고, 그 이유를 서술하지 못한 경우	50 %

(2) **모범 답안** | 문턱 진동수는 P가 Q보다 크다. A를 비출 때, Q에서 방출되는 광전자의 최대 운동 에너지가 P에서 방출되는 광전자의 최대 운동 에너지보다 크기 때문이다.

채점 기준	배점
P, Q의 문턱 진동수를 옳게 비교하고, 그 까닭을 옳게 서술한 경우	100 %
P, Q의 문턱 진동수를 옳게 비교하고, 그 까닭을 서술하지 못한 경우	50 %

(3) **정답** | ㉠은 $3E$이다.

해설 | A를 비출 때 광전자의 최대 운동 에너지는 Q에서가 P에서보다 E만큼 크므로, B를 비출 때에도 광전자의 최대 운동 에너지는 Q에서가 P에서보다 E만큼 크다.

12 서술형

(1) **모범 답안** | 실험 결과는 전자의 회절로 설명할 수 있으므로 전자의 파동성을 뒷받침한다.

채점 기준	배점
실험 결과가 전자의 입자성을 또는 파동성을 뒷받침하는지 옳게 서술한 경우	100 %
실험 결과는 전자의 회절로 설명할 수 있다고 서술한 경우	70 %

(2) **모범 답안** | $\theta=50°$에서 보강 간섭이 일어났다.

해설 | 보강 간섭이 일어나는 지점에서 검출되는 전자의 수가 최대가 된다.

채점 기준	배점
$\theta=50°$에서 일어나는 간섭을 옳게 서술한 경우	100 %
그 외의 경우	0 %

단원 한번에 정리하기 p.225~226

01 파동의 진행과 굴절
❶ 수직 ❷ 나란한 ❸ $f\lambda$ ❹ 파장 ❺ 굴절 ❻ 굴절 ❼ 볼록 ❽ 오목 ❾ 얕아

02 전반사와 전자기파
❶ 전반사 ❷ 큰 ❸ 작은 ❹ 임계각 ❺ 큰 ❻ 작은 ❼ 코어 ❽ 수직 ❾ 횡파 ❿ 수직 ⓫ 자외선

03 파동의 간섭
❶ 중첩 ❷ 독립성 ❸ 보강 ❹ 상쇄 ❺ 밝은 ❻ 어두운 ❼ 위상 ❽ 상쇄 ❾ 상쇄 ❿ 반사

04 빛과 물질의 이중성
❶ 광전 효과 ❷ 큰 ❸ 큰 ❹ 일함수 ❺ 빛 ❻ 전기 ❼ 비례 ❽ 분해능 ❾ 투과 ❿ 투과 ⓫ 주사 ⓬ 반사

01 ㄱ. 음파의 진행 모습을 보면 밀한 곳과 소한 곳이 반복된다. 따라서 음파는 종파이다.

바로알기 ㄴ. $4\lambda_1=2$에서 $\lambda_1=\dfrac{1}{2}$ m이고, $2\lambda_2=1.5=\dfrac{3}{2}$에서 $\lambda_2=\dfrac{3}{4}$ m이다. 따라서 $\lambda_1:\lambda_2=2:3$이다.

ㄷ. 물결파는 위아래로 진동하면서 수평면에 나란한 방향으로 진행한다. 따라서 물결파의 진동 방향은 진행 방향에 나란하지 않다.

02 ㄴ. 파장은 $\lambda=8$ cm이고 주기는 $T=4$초이다. 따라서 파동의 속력은 $v=\dfrac{\lambda}{T}=\dfrac{8}{4}=2$(cm/s)이다.

ㄷ. $x=1$ cm와 $x=5$ cm는 $\dfrac{1}{2}$파장 차이므로 위상이 서로 반대이다. 따라서 $x=1$ cm에서 $y=1$ cm인 순간, $x=5$ cm에서 $y=-1$ cm이다.

바로알기 ㄱ. $x=5$ cm에서 $t=0$ 이후 골이 먼저 나타난다. 따라서 파동의 진행 방향은 $-x$ 방향이다.

03 ㄱ. 입사각과 굴절각이 각각 $45°$, $30°$이므로 $\dfrac{\sin45°}{\sin30°}=\dfrac{2}{\lambda_B}$에서 B에서 파장은 $\lambda_B=\sqrt{2}$ cm이다.

ㄴ. 속력은 파장에 비례한다. 따라서 A에서가 B에서의 $\sqrt{2}$배이므로 속력은 A에서가 B에서보다 크다.

바로알기 ㄷ. 굴절할 때 진동수는 변하지 않는다. 따라서 A, B에서 진동수는 같다.

04

│ 자료 분석 │

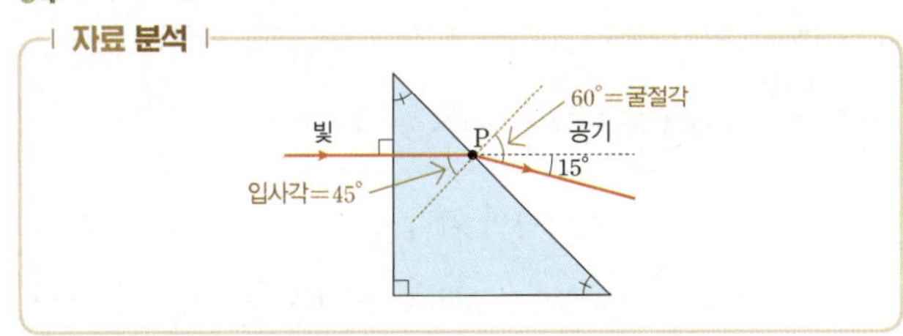

⑤ P에서 입사각이 $45°$이고 굴절각이 $60°$이다. 따라서 $\dfrac{1}{n}=\dfrac{\sin45°}{\sin60°}$에서 프리즘의 굴절률은 $n=\dfrac{\sqrt{3}}{\sqrt{2}}=\dfrac{\sqrt{6}}{2}$이다.

05 ㄱ. 프리즘의 굴절률은 $n=\dfrac{\sin60°}{\sin30°}=\sqrt{3}$이다.

ㄷ. 굴절률이 클수록 단색광의 속력이 느리다. 따라서 단색광의 속력은 공기에서가 프리즘에서보다 크다.

바로알기 ㄴ. 프리즘과 공기 사이의 임계각을 θ_c라고 하면 $\sin\theta_c=\dfrac{1}{\sqrt{3}}$이다. 그런데 q에서 입사각이 $30°$이므로 $\sin30°=\dfrac{1}{2}<\dfrac{1}{\sqrt{3}}=\sin\theta_c$이다. 따라서 입사각은 임계각보다 작

으므로, q에서 단색광은 전반사하지 않는다.

06 ㄱ. 빛이 굴절률이 큰 매질에서 굴절률이 작은 매질로 진행하는 경우에만 임계각이 존재한다. 따라서 굴절률은 X가 Y보다 크다.

ㄴ. A의 진행 속력은 굴절률이 작을수록 빠르다. 그런데 $\theta_1>\theta_2$인데 굴절각은 (가)와 (나)에서 같으므로 X의 굴절률이 Z의 굴절률보다 크다. 따라서 A의 진행 속력은 Z에서가 X에서보다 빠르다.

바로알기 ㄷ. θ가 X와 Y 사이의 임계각이므로, Z와 Y 사이의 임계각은 θ보다 크다. 따라서 (나)에서 A는 Z와 Y의 경계면에서 전반사하지 않는다.

07 ㄴ. A, B, C의 굴절률을 각각 n_A, n_B, n_C라 하고, (나)의 A와 C의 경계면에서 굴절각을 ϕ라고 하면 $\dfrac{n_C}{n_A}=\dfrac{\sin\theta}{\sin\phi}$에서 $\sin\phi=\dfrac{n_A}{n_C}\sin\theta$ … ①이다. 그런데 (가)에서 단색광이 전반사하므로 $\sin\theta\geq\dfrac{n_B}{n_A}$ … ②가 성립한다.

식 ①, ②에서 $\sin\phi>\dfrac{n_A}{n_C}\times\dfrac{n_B}{n_A}=\dfrac{n_B}{n_C}$ … ③이므로 ϕ는 C와 B 사이의 임계각보다 크다. 따라서 단색광은 p에서 전반사한다.

ㄷ. 굴절률은 C가 A보다 크므로 단색광의 진행 속력은 A에서가 C에서보다 크다.

바로알기 ㄱ. (가)에서 A의 굴절률이 B의 굴절률보다 크며, (나)에서 C의 굴절률이 A의 굴절률보다 크다. 따라서 굴절률은 C가 B보다 크다.

08 ㄷ. 물체의 굴절률이 $\sqrt{2}$이므로 $\sin\theta_c=\dfrac{1}{\sqrt{2}}$에서 물체와 공기 사이의 임계각은 $\theta_c=45°$이다. 그런데 (나)의 P에서 입사각이 $50°$이므로, 단색광이 전반사한다.

바로알기 ㄱ. 물체 내에서 단색광의 파장을 λ'이라고 하면, $\dfrac{\lambda}{\lambda'}=\dfrac{\sin45°}{\sin30°}=\sqrt{2}$에서 $\lambda'=\dfrac{\lambda}{\sqrt{2}}$이다.

ㄴ. 굴절할 때 진동수는 변하지 않는다. 따라서 물체 내에서 단색광의 진동수는 f이다.

09

│ 자료 분석 │

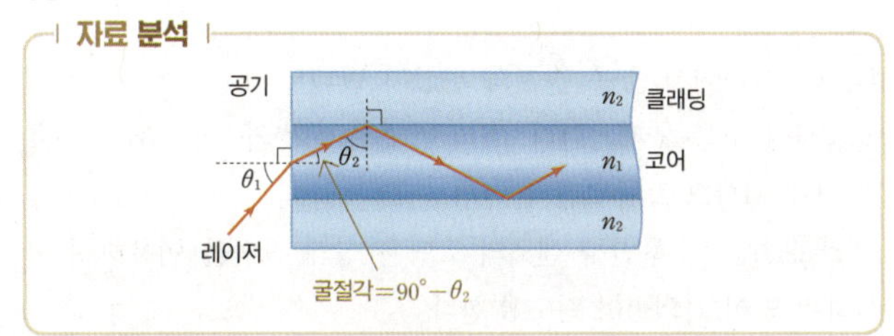

ㄱ. 빛이 굴절률이 큰 매질에서 굴절률이 작은 매질로 진행하는 경우에만 전반사할 수 있다. 따라서 $n_1>n_2$이다.

ㄴ. 공기와 코어의 경계면에서 굴절각이 $90°-\theta_2$이므로 $n_1=\dfrac{\sin\theta_1}{\sin(90°-\theta_2)}=\dfrac{\sin\theta_1}{\cos\theta_2}$이다.

바로알기 ㄷ. 입사각이 임계각보다 크거나 같아야 전반사가 일어난다. 따라서 코어와 클래딩 사이의 임계각은 θ_2보다 작다.

10 ㄷ. 마이크로파는 진동수가 적외선보다 작고 라디오파보다 크므로 ⓒ에 속한다.

🔍 **바로알기** ㄱ. 진동수는 ㉠이 ㉡보다 크다. 그런데 파장은 진동수에 반비례하므로, ㉡이 ㉠보다 길다.

ㄴ. 비접촉식 체온계에 사용되는 전자기파는 적외선이다. 따라서 ⓒ이다.

11 ㄱ. $x=0$에서 두 소리가 같은 위상으로 중첩한다. 따라서 $x=0$에서 보강 간섭이 일어난다.

🔍 **바로알기** ㄴ. 파장이 L이므로 $x=-3L$부터 $x=3L$까지 $\frac{1}{2}L$ 간격으로 보강 간섭이 일어나며, 그 사이사이에서 상쇄 간섭이 일어난다. 따라서 $-3L<x<3L$ 구간에서 상쇄 간섭이 일어나는 지점은 12곳이다.

ㄷ. 보강 간섭이 일어나는 지점에서는 큰 소리가 측정된다.

12

| 자료 분석 |

보강 간섭과 상쇄 간섭이 일어나는 지점을 연결하면 다음 그림과 같다.

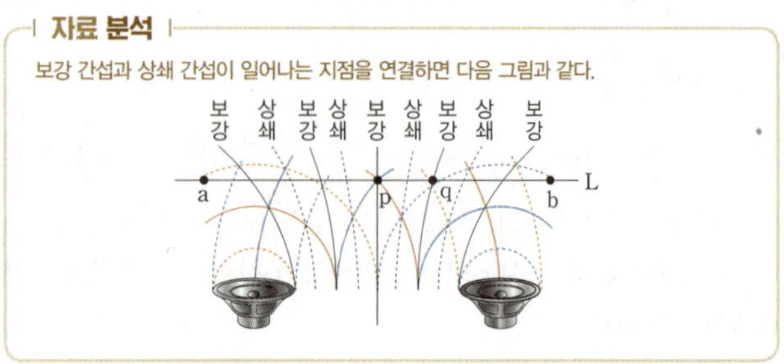

ㄱ. 중심축상에서는 두 소리가 같은 위상으로 중첩한다. 따라서 p에서는 보강 간섭이 일어난다.

ㄷ. L의 a와 b 사이에서 큰 소리가 측정되는 지점은 5군데이다.

🔍 **바로알기** ㄴ. q에서 골과 골이 중첩하였다. 따라서 q에서는 두 음파가 같은 위상으로 중첩한다.

13 ㄱ. $x=2x_0$인 지점에 O로부터 두 번째 밝은 무늬가 나타난다. 따라서 P에서 보강 간섭이 일어난다.

ㄴ. 경로차가 0, λ_0, $2\lambda_0$, …인 곳에서 보강 간섭이 일어난다. 따라서 두 슬릿에서 두 번째 밝은 무늬가 나타난 P까지의 경로차는 $2\lambda_0$이다.

🔍 **바로알기** ㄷ. 파장이 $2\lambda_0$인 단색광을 비추면 P에 O로부터 첫 번째 밝은 무늬가 만들어진다.

14 ㄷ. (나)에서 소음 신호와 위상이 반대인 소음 제거 신호를 발생시켜 소음을 제거한다. 따라서 소음 신호와 소음 제거 신호가 반대 위상으로 중첩한다.

🔍 **바로알기** ㄱ. 무반사 렌즈의 코팅은 상쇄 간섭을 이용하여 반사하는 빛이 거의 0이 되도록 한다.

ㄴ. 굴절률이 클수록 단색광의 속력이 작다. 따라서 (가)에서 단색광의 속력은 코팅에서가 유리에서보다 작다.

15 ㄴ. P를 비출 때에는 광전 효과가 일어나지 않고, Q를 비출 때에만 광전 효과가 일어났다. 따라서 진동수는 Q가 P보다 크다.

🔍 **바로알기** ㄱ. Q를 비출 때 금속박이 오므라든다. 따라서 A와 금속박은 음($-$)전하로 대전되어 있다.

ㄷ. 금속판에 문턱 진동수보다 진동수가 큰 빛을 비추어야 광전자가 방출된다. 따라서 A의 문턱(한계) 진동수는 Q의 진동수보다 작다.

16 ㄴ. A의 진동수는 C의 진동수보다 크다. 따라서 A를 비출 때, 광전자가 방출된다.

🔍 **바로알기** ㄱ. B를 비출 때에는 광전자가 방출되지 않고 C를 비출 때에는 광전자가 방출되므로, 진동수는 C가 B보다 크다. 파장은 진동수에 반비례하므로 $\lambda_B>\lambda_C$이다.

ㄷ. $f_C\lambda_C=c$에서 C의 진동수가 $f_C=\frac{c}{\lambda_C}$이다. 따라서 금속판의 문턱 진동수는 $\frac{c}{\lambda_C}$보다 작다.

17 ㄴ. (나)에서 전자가 P, Q 아래에 골고루 퍼져 있다. 따라서 (나)에서 P, Q 모두 (+)전압이 걸려 있다.

🔍 **바로알기** ㄱ. A는 전자이다. 따라서 음($-$)전하이다.

ㄷ. CCD는 빛의 입자성을 이용하여 영상 정보를 기록한다.

18 ㄱ. 스크린에 밝고 어두운 간섭무늬가 나타난다. 따라서 전자가 파동의 성질을 갖는다는 것을 알 수 있다.

🔍 **바로알기** ㄴ. 물질파 파장은 운동량에 반비례한다. 따라서 전자의 속력을 증가시키면 전자의 물질파 파장이 감소한다.

ㄷ. 전자의 속력을 증가시키면 물질파 파장이 감소하므로 밝은 무늬 사이의 간격이 감소한다.

19

| 자료 분석 |

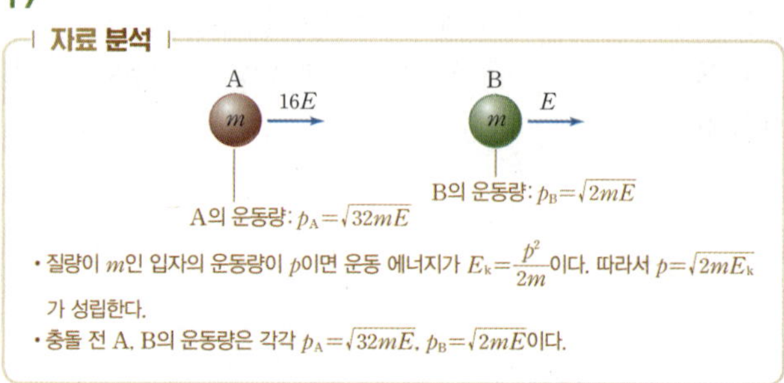

· 질량이 m인 입자의 운동량이 p이면 운동 에너지가 $E_k=\frac{p^2}{2m}$이다. 따라서 $p=\sqrt{2mE_k}$가 성립한다.

· 충돌 전 A, B의 운동량은 각각 $p_A=\sqrt{32mE}$, $p_B=\sqrt{2mE}$이다.

③ 충돌 전 A, B의 운동량이 각각 $p_A=\sqrt{32mE}$, $p_B=\sqrt{2mE}$ 이므로, 충돌 전 A의 운동량을 p라고 하면 B의 운동량은 $\frac{1}{4}p$이다. 그런데 충돌 후 B의 운동량이 p이므로, 운동량 보존 법칙에 따라 $p+\frac{1}{4}p=p_A{'}+p$에서 충돌 후 A의 운동량은 $p_A{'}=\frac{1}{4}p$이다.

$\lambda=\frac{h}{p}$이므로, 충돌 후 A의 드브로이 파장은 4λ이다.

20 ㄱ. 파장이 짧아야 분해능이 우수하다. 따라서 '짧다'는 (가)에 적절하다.

🔍 **바로알기** ㄴ. 회절이 잘 일어날수록 분해능이 좋지 않다.

ㄷ. ㉡의 운동량이 $p=\sqrt{2meV}$이므로 물질파 파장은 $\lambda=\frac{h}{p}=\frac{h}{\sqrt{2meV}}$이다.

21 서술형

(1) 모범 답안 | P에 마루가 먼저 도달하므로, 파동의 진행 방향은 $-x$ 방향이다.

채점 기준	배점
파동의 진행 방향을 까닭과 함께 옳게 서술한 경우	100 %
파동의 진행 방향만 옳게 쓴 경우	40 %

(2) 모범 답안 | 파장이 $\lambda=20$ cm이고 주기가 $T=4$초이다. 따라서 파동의 속력은 $v=\dfrac{\lambda}{T}=\dfrac{20}{4}=5$(cm/s)이다.

채점 기준	배점
파동의 속력을 구하고, 그 풀이 과정을 옳게 서술한 경우	100 %
파동의 속력만 옳게 쓴 경우	40 %

22 서술형

(1) 정답 | $60°$

해설 | 프리즘이 정삼각형이므로 위쪽 꼭짓점에서 내각이 $60°$이다. 따라서 P에서 입사각은 $60°$이다.

(2) 모범 답안 | 입사각($60°$)이 임계각보다 크므로, 단색광이 P에서 전반사한다.

해설 | 프리즘과 공기 사이의 임계각을 θ_c라고 하면 $\sin\theta_c=\dfrac{1}{1.5}=\dfrac{2}{3}$이다. 그런데 $\sin60°=\dfrac{\sqrt{3}}{2}>\dfrac{2}{3}=\sin\theta_c$이므로 입사각이 임계각 θ_c보다 크다. 따라서 단색광이 P에서 전반사한다.

채점 기준	배점
P에서 단색광의 전반사 유무를 까닭과 함께 옳게 서술한 경우	100 %
전반사한다고만 쓴 경우	40 %

23 서술형

자료 분석

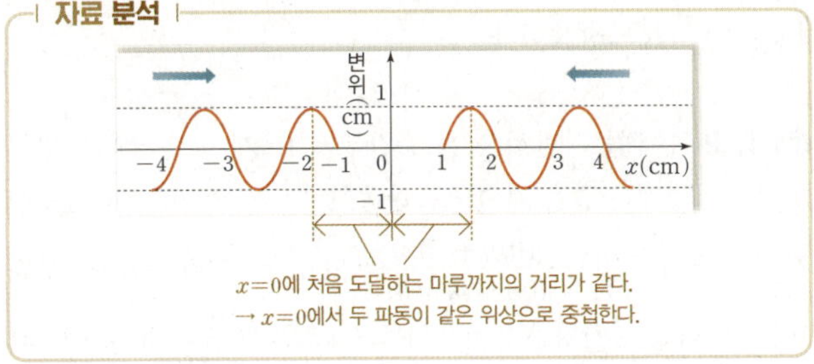

(1) 정답 | 2 cm

해설 | $x=0$에서 두 파동이 같은 위상으로 중첩한다. 따라서 합성파의 진폭은 2 cm이다.

(2) 모범 답안 | $x=-2.5$, -1.5, -0.5, 0.5, 1.5, 2.5(cm), 파동의 파장이 2 cm이므로, 1 cm 간격으로 보강 간섭이 일어난다. 따라서 $x=-3$, -2, -1, 0, 1, 2, 3(cm)에서 보강 간섭이 일어나며, 그 사이사이에서 상쇄 간섭이 일어나기 때문이다.

채점 기준	배점
$-3<x<3$ 영역에서 상쇄 간섭이 일어나는 지점을 모두 쓰고, 그 까닭을 옳게 서술한 경우	100 %
$-3<x<3$ 영역에서 상쇄 간섭이 일어나는 지점만 옳게 쓴 경우	50 %

24 서술형

(1) 모범 답안 | 광전자의 최대 운동 에너지는 Y에서가 X에서보다 크므로, 일함수는 X가 Y보다 크다.

해설 | 진동수가 f인 빛을 비출 때, 광전자의 최대 운동 에너지는 Y에서가 X에서보다 크다. 따라서 일함수는 X가 Y보다 크다.

채점 기준	배점
X와 Y의 일함수를 옳게 비교하고, 그 까닭을 옳게 서술한 경우	100 %
X와 Y의 일함수를 옳게 비교하고, 그 까닭을 옳게 서술하지 못한 경우	50 %

(2) 모범 답안 | $4E_0$, X에 비출 때 진동수가 f 증가하면 광전자의 최대 운동 에너지가 $2E_0$만큼 증가하므로, Y에 비출 때에도 진동수가 f 증가하면 광전자의 최대 운동 에너지가 $2E_0$만큼 증가하기 때문이다.

채점 기준	배점
㉠에 해당하는 값을 옳게 쓰고, 그 까닭을 옳게 서술한 경우	100 %
㉠에 해당하는 값만 옳게 쓴 경우	50 %

25 서술형

(1) 모범 답안 | 충돌 후 A, B의 물질파 파장이 같으므로, 운동량의 크기가 같다. 만약 충돌 후 A, B가 반대 방향으로 운동한다면, 충돌 후 운동량의 총합이 0이 되어 운동량 보존 법칙에 위배된다. 따라서 충돌 후 A, B는 같은 방향으로 운동한다.

채점 기준	배점
A, B의 운동 방향을 운동량 보존 법칙을 이용하여 옳게 서술한 경우	100 %
A, B의 운동 방향을 운동량 보존 법칙을 이용하여 옳게 서술하지 못한 경우	0 %

(2) 정답 | $\dfrac{5}{3}$

해설 | 충돌 전 A의 운동량을 p라고 하면 B의 운동량은 $\dfrac{1}{5}p$이다. 따라서 운동량 보존 법칙에 의해 충돌 후 A, B의 운동량은 각각 $\dfrac{3}{5}p$이다. $\lambda=\dfrac{h}{p}$, $\lambda'=\dfrac{5h}{3p}$이므로 $\dfrac{\lambda'}{\lambda}=\dfrac{5}{3}$이다.

I. 역학과 에너지

1 힘과 운동

수능 빈출 자료 MASTER
p.6~9

1 자료1 1 ○ 2 × 3 ○ 4 ○ 5 ○
자료2 1 ○ 2 ○ 3 ○ 4 ○ 5 ×
자료3 1 × 2 ○ 3 ○ 4 × 5 ○

2 자료1 1 ○ 2 ○ 3 × 4 ×
자료2 1 × 2 ○ 3 ○ 4 ○
자료3 1 ○ 2 × 3 ○ 4 ○

3 자료1 1 × 2 × 3 ○ 4 ○
자료2 1 ○ 2 ○ 3 × 4 ○
자료3 1 × 2 ○ 3 × 4 ○

4 자료1 1 ○ 2 × 3 ○ 4 ×
자료2 1 ○ 2 ○ 3 ○ 4 ○
자료3 1 ○ 2 × 3 ○ 4 ○

1 **1-2** B는 속도의 크기가 $1\,\text{m/s}$로 일정한 등속 직선 운동을 한다. 따라서 B의 운동 방향은 바뀌지 않는다.

1-3 A의 속도의 크기는 $\dfrac{2}{3}\,\text{m/s}$로 일정하고, B의 속도의 크기는 $1\,\text{m/s}$로 일정하다.

1-4 0초부터 3초까지 A는 $2\,\text{m}$를 이동하였고, B는 $3.\text{m}$를 이동하였다.

2-1 A는 알짜힘의 방향이 운동 방향과 같으므로 속력이 증가하는 운동을 한다.

2-2 일정한 중력만을 받아 자유 낙하 하는 공의 운동은 A에 해당한다.

2-3 등속 원운동을 하는 물체의 속력은 일정하고, 알짜힘의 방향은 원의 중심 방향으로 계속 변한다. 따라서 등속 원운동을 하는 인공위성의 운동은 B에 해당한다.

2-4 수평면에 대해 비스듬히 던진 공에는 일정한 중력이 작용하며, 물체의 속력과 운동 방향이 계속 변한다. 따라서 이 운동은 C에 해당한다.

2-5 놀이 공원의 바이킹은 곡선 경로를 따라 좌우로 왕복 운동을 하므로 속력과 운동 방향이 모두 변하는 운동을 한다.

3-1 6초부터 8초까지 이동 거리는 $21\,\text{m}$이고 걸린 시간은 2초이므로 평균 속력은 $\dfrac{21\,\text{m}}{2\,\text{s}}=10.5\,\text{m/s}$이다.

3-2 자동차는 등가속도 직선 운동을 하므로 7초일 때 속력은 6초부터 8초까지 평균 속력과 같은 $10.5\,\text{m/s}$이다.

3-3 7초일 때 속력이 $10.5\,\text{m/s}$이므로 가속도의 크기는 $\dfrac{10.5\,\text{m/s}}{7\,\text{s}}=1.5\,\text{m/s}^2$이다.

3-4 가속도의 크기가 $1.5\,\text{m/s}^2$이므로 0초부터 4초까지 속도

증가량은 $1.5\,\text{m/s}^2\times4\,\text{s}=6\,\text{m/s}$이다. 따라서 4초일 때 속력은 $6\,\text{m/s}$이다.

3-5 2초일 때 속력이 $3\,\text{m/s}$, 6초일 때 속력이 $9\,\text{m/s}$이므로 2초에서 6초까지 이동 거리는 $2\times1.5\times s=9^2-3^2$에서 $s=24\,\text{m}$이다.

2 **1-1** A의 가속도의 크기가 (가)에서가 (나)에서의 2배이므로 A에 작용하는 알짜힘의 크기도 (가)에서가 (나)에서의 2배이다.

1-2 A의 질량을 m_A, B의 질량을 m, C의 질량을 $3m$, (나)에서 A의 가속도를 a라고 하면, (가)에서는 $\dfrac{F}{m_A+m}=2a$이고 (나)에서는 $\dfrac{F}{m_A+3m}=a$이다. 따라서 $m_A=m$이다.

1-3 가속도의 크기는 B가 C의 2배이고, 질량은 C가 B의 3배이므로 작용하는 알짜힘의 크기는 C가 B의 $\dfrac{3}{2}$배이다.

1-4 (가)에서 실이 A에 작용하는 힘의 크기는 A에 작용하는 알짜힘의 크기와 같고, (나)에서 실이 C를 당기는 힘의 크기는 A에 작용하는 알짜힘의 크기와 같다. A의 가속도의 크기가 (가)에서가 (나)에서의 2배이므로 A에 작용하는 알짜힘의 크기는 (가)에서가 (나)에서의 2배이다. 따라서 (가)에서 실이 A에 작용하는 힘의 크기는 (나)에서 실이 C를 당기는 힘의 크기의 2배이다.

2-1 A, B, C의 질량의 합은 $12\,\text{kg}$이고, 합력의 크기는 $24\,\text{N}$이므로 (가)에서 A, B, C의 가속도의 크기는 $\dfrac{24\,\text{N}}{12\,\text{kg}}=2\,\text{m/s}^2$이다.

2-2 (가)와 (나)에서 B의 가속도가 $2\,\text{m/s}^2$으로 같으므로 B에 작용하는 알짜힘의 크기도 같다.

2-3 F_1은 B와 C에 작용하는 알짜힘의 합과 같으므로 $(6\,\text{kg}+2\,\text{kg})\times2\,\text{m/s}^2=16\,\text{N}$이다.

2-4 F_2는 A에 작용하는 알짜힘과 같으므로 $4\,\text{kg}\times2\,\text{m/s}^2=8\,\text{N}$이다.

3-1, 2 수레를 가만히 놓은 순간부터 1초까지 수레와 질량이 m인 물체 2개는 같은 가속도로 운동한다. 따라서 0초부터 1초까지 가속도의 크기는 $\dfrac{10m+10m}{8m+m+m}=2(\text{m/s}^2)$이다. 즉, 0초부터 1초까지 속도 증가량은 $2\,\text{m/s}$이므로 1초일 때 수레의 속도의 크기는 $2\,\text{m/s}$이다.

3-3 1초 이후 수레와 질량이 m인 물체 1개는 같은 가속도로 운동하므로 1초 이후 가속도의 크기는 $\dfrac{10m}{(8m+m)}=\dfrac{10}{9}(\text{m/s}^2)$이다.

3-4 0초부터 2초까지 수레가 이동한 거리는 속도-시간 그래프에서 그래프와 시간 축이 이루는 넓이와 같다.

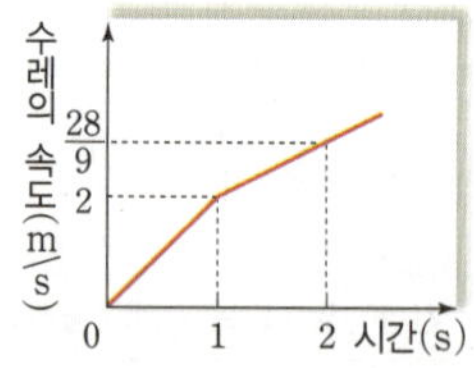

따라서 $\frac{1}{2}\times2\times1+\frac{1}{2}\times\left(2+\frac{28}{9}\right)\times1=\frac{32}{9}$(m)이다.

3 **1-1** 드론에는 연직 아래 방향으로 중력이 작용한다.

1-2 드론이 정지해 있고, 드론에 연결된 상자도 정지해 있으므로 상자에 작용하는 알짜힘은 0이다.

1-3 상자에 작용하는 중력과 드론이 상자에 작용하는 힘은 평형 관계이다.

2-1 A는 정지해 있으므로 A에 작용하는 알짜힘은 0이다.

2-3 'A가 컵을 누르는 힘의 크기=A에 작용하는 중력의 크기 +A와 B 사이의 자기력에 의해 누르는 힘'이다. 그런데 B에 작용하는 중력의 크기는 A와 B 사이의 자기력의 크기보다 작으므로, A가 컵을 누르는 힘의 크기는 B에 작용하는 중력의 크기보다 크다.

2-4 B를 제거하면 A가 컵을 누르는 힘 중 자기력에 의해 누르는 힘이 사라지므로 A가 컵을 누르는 힘의 크기는 감소한다.

3-1 벽이 A를 미는 힘의 반작용은 A가 벽을 미는 힘이다.

3-2 A는 정지해 있으므로 A에 작용하는 힘들은 평형을 이룬다. 따라서 벽이 A를 미는 힘의 크기와 B가 A를 미는 힘의 크기는 같다.

3-3 B가 정지해 있으므로 B에 작용하는 힘들의 합력은 0이다. 따라서 A가 B를 미는 힘의 크기는 F이다.

4 **1-1** 충돌 전 A의 운동량의 크기는 $2\ \text{kg}\times3\ \text{m/s}=6\ \text{kg·m/s}$이다.

1-2 충돌 전 A의 운동량의 크기는 $6\ \text{kg·m/s}$이고, 충돌 후 A의 운동량의 크기는 $2\ \text{kg}\times1\ \text{m/s}=2\ \text{kg·m/s}$이다. 충돌 전후 A의 운동 방향은 반대이므로 A의 운동량 변화량의 크기는 $8\ \text{kg·m/s}$이다.

1-3 작용 반작용에 의해 B가 A로부터 받은 충격량의 크기는 A가 B로부터 받은 충격량의 크기와 같다. 이는 A의 운동량 변화량의 크기와 같다.

1-4 충격량은 운동량 변화량과 같으므로 A가 B로부터 받은 충격량의 크기는 $8\ \text{N·s}$이다. 이때 힘을 받은 시간이 0.2초이므로 A가 B로부터 받은 평균 힘의 크기는 $\frac{8\ \text{N·s}}{0.2\ \text{s}}=40\ \text{N}$이다.

2-1 질량이 일정할 때 운동량의 크기는 속력에 비례하고, 위치-시간 그래프의 기울기는 속력을 나타낸다. 충돌 전 A의 속력은 충돌 후의 4배이므로 A의 운동량의 크기는 충돌 전이 충돌 후의 4배이다.

2-2 충돌 후 A의 속력은 $\frac{d}{4t}$이고, B의 속력은 $\frac{d}{2t}$이다. 즉, 충돌 후 속력은 B가 A의 2배이다.

2-3 운동량 보존 법칙에 의해 충돌 전 A의 운동량은 충돌 후 A와 B의 운동량의 합과 같다.

2-4 A의 질량을 m, B의 질량을 m_B, 충돌 전 A의 속력을 $4v$라고 하면 충돌 후 A의 속력은 v이고, 충돌 후 B의 속력은 $2v$이다. 따라서 운동량 보존 법칙에 의해 $4mv=-mv+m_\text{B}(2v)$에서 $m_\text{B}=\frac{5}{2}m$이므로 B의 질량은 A의 질량의 $\frac{5}{2}$배이다.

3-1 A에서 골프채를 휘두르는 속도를 더 크게 하면 공의 운동량 변화량이 커진다. 운동량 변화량은 충격량과 같으므로 공이 받는 충격량이 커진다.

3-2 B에서 글러브를 뒤로 빼면서 공을 받으면 공과 글러브의 충돌 시간이 늘어나 글러브가 받는 평균 힘이 작아진다.

수능 대비 문제   p.10~15

01 ③	02 ②	03 ②	04 ⑤	05 ①	06 ⑤
07 ④	08 ④	09 ②	10 ②	11 ③	12 ④
13 ④	14 ①	15 ⑤	16 ④	17 ②	18 ⑤
19 ④	20 ②	21 ⑤	22 ②	23 ①	24 ⑤

01

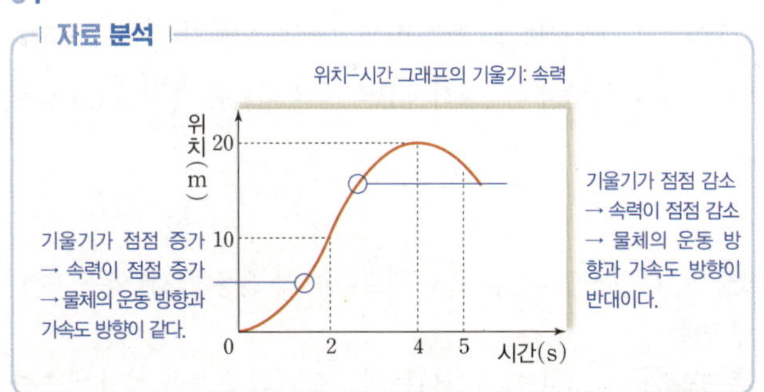

ㄱ. 0초부터 2초까지는 물체의 속력이 증가하고, 2초부터 4초까지는 물체의 속력이 감소하므로 1초일 때와 3초일 때 가속도의 방향은 반대이다.

ㄴ. 4초일 때 물체의 속력은 0이고, 2초부터 4초까지 평균 속력은 $\frac{10\ \text{m}}{2\ \text{s}}=5\ \text{m/s}$이므로 2초일 때 물체의 속력은 $10\ \text{m/s}$이다. 따라서 2초 동안 속력은 $10\ \text{m/s}$만큼 감소하였으므로 가속도의 크기는 $a=\frac{10\ \text{m}}{2\ \text{s}}=5\ \text{m/s}^2$이다.

🔍 **바로알기** ㄷ. 5초일 때 물체의 속력은 $5\ \text{m/s}$이고, 4초부터 5초까지 이동한 거리는 $s=v_0t+\frac{1}{2}at^2=\frac{1}{2}\times5\times1^2=2.5$(m)이므로 2초부터 5초까지 이동한 거리는 $12.5\ \text{m}$이다. 따라서 2초부터 5초까지 평균 속력은 $\frac{12.5}{3}\ \text{m/s}$이다.

02 ② 수평면에서 A와 B가 간격 L을 유지하며 같은 속도로 운동하고 있으므로 A가 B가 있던 위치까지 이동하는 데 걸리는 시간은 $\frac{L}{3v}$이다. A가 p에서 B가 있던 q까지 이동하는 데 걸리는 시간도 $\frac{L}{3v}$이고, p에서 q까지 A의 평균 속력은 $\frac{3}{2}v$이므로 p와 q

사이의 거리는 $\dfrac{3}{2}v \times \dfrac{L}{3v} = \dfrac{1}{2}L$이다.

03 ② A가 P에서 Q까지 이동하는 동안 속도 변화량을 Δv라고 하면, Q에서 A의 속력은 $v-\Delta v$, B의 속력은 $2v+\Delta v$이다. 평균 속력은 B가 A의 3배이므로 $3(2v-\Delta v)=4v+\Delta v$에서 $\Delta v=\dfrac{1}{2}v$이다. 따라서 Q에서 A의 속력은 $\dfrac{1}{2}v$이므로 A의 가속도는 $\left(\dfrac{1}{2}v\right)^2-v^2=-2aL$에서 $a=\dfrac{3v^2}{8L}$이다.

04 ㄴ. A와 B는 빗면에서 같은 가속도로 등가속도 직선 운동을 한다. 2초일 때 q에서 B의 속력은 3 m/s이고, 2초 동안 B의 속도 변화량의 크기는 6 m/s이므로 A와 B의 가속도의 크기는 3 m/s²이다.
ㄷ. q에서 A의 속력은 6 m/s이므로 p에서 q까지 이동하는 동안 A의 평균 속력은 3 m/s이다. 이때 걸린 시간은 2초이므로 p와 q 사이의 거리는 6 m이다.
바로알기) ㄱ. B의 가속도는 B의 운동 방향과 반대 방향으로 3 m/s²이므로 B가 0초부터 1초까지 빗면 위로 이동한 거리는 1.5 m이고, 1초부터 2초까지 빗면 아래로 이동한 거리는 1.5 m이다. 따라서 0초부터 2초까지 B의 평균 속력은 $\dfrac{3\,m}{2\,s}=1.5\,m/s$이다.

05 ㄱ. (가)에서 사람은 곡선 경로를 따라 운동하므로 운동 방향이 변한다.
바로알기) ㄴ. (나)에서 아이는 좌우로 왕복 운동을 하면서 속력과 운동 방향이 모두 변한다.
ㄷ. (다)에서 기차의 속력이 느려지므로 운동 방향과 가속도 방향이 서로 반대이다.

06 ㄴ. B와 C에는 연직 아래 방향으로 중력이 작용하므로 가속도의 방향이 연직 아래 방향으로 같다.
ㄷ. C는 포물선 경로를 따라 운동하므로 운동 방향이 변하고 올라갈 때 속력이 감소하고 내려올 때 속력이 증가한다.
바로알기) ㄱ. A는 속력이 일정하므로 운동 방향과 가속도 방향이 같지 않다.

07 ④ 가속도의 크기는 B가 A의 2배이므로 B의 속력이 $\dfrac{v}{2}$일 때 A의 속력은 $v-\dfrac{1}{4}v=\dfrac{3}{4}v$이다. 따라서 A가 $2d$만큼 이동하는 동안 A의 평균 속력은 $\dfrac{v+\dfrac{3}{4}v}{2}=\dfrac{7}{8}v$이고, B의 평균 속력은 $\dfrac{v+\dfrac{v}{2}}{2}=\dfrac{3}{4}v$이다. 즉, 평균 속력은 A가 B의 $\dfrac{7}{6}$배이므로

$2d:(d+x)=7:6$에서 $x=\dfrac{5}{7}d$이다.

08

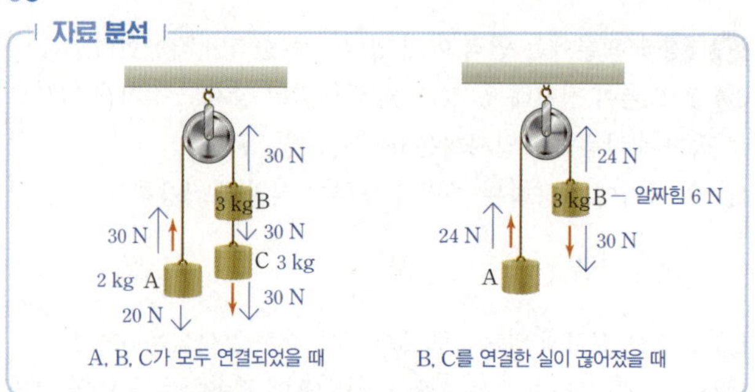

ㄱ. 2초일 때 실이 B에 작용하는 힘은 연직 위 방향으로 크기가 24 N이고, B에 작용하는 중력의 크기는 30 N이므로 B에 작용하는 알짜힘의 크기가 6 N이다. 따라서 B의 가속도의 크기는 2 m/s²이다.
ㄷ. A의 질량은 2 kg이므로 0.5초일 때 A에 작용하는 알짜힘은 30 N−20 N=10 N이고 A의 가속도는 5 m/s²이다. C의 질량을 m'이라고 하면, 0.5초일 때 가속도의 크기는 5 m/s²이므로 $\dfrac{30+10m'-20}{(m'+5)}=5$에서 C의 질량은 $m'=3$ kg이다.
바로알기) ㄴ. A의 질량을 m이라고 하면, 2초일 때 가속도의 크기는 2 m/s²이므로 $\dfrac{30-10m}{(m+3)}=2$에서 A의 질량은 $m=2$ kg이다. 따라서 0.5초일 때 A와 B의 속력은 같고 질량은 B가 A의 1.5배이므로 운동 에너지는 B가 A의 1.5배이다.

09 ② B의 가속도의 크기가 (가)에서가 (나)에서의 2배가 되기 위해서는 A의 질량이 B의 질량보다 커야 한다. 따라서 (나)에서 B의 가속도의 방향은 연직 위 방향이다.
(가)와 (나)에서 함께 운동하는 물체의 질량의 합은 같고, 합력은 (가)에서는 $m_B g$, (나)에서는 $(m_A-m_B)g$이고, 가속도의 크기는 (가)에서가 (나)에서의 2배이므로 $m_B=2(m_A-m_B)$에서 $\dfrac{m_B}{m_A}=\dfrac{2}{3}$이다.

10

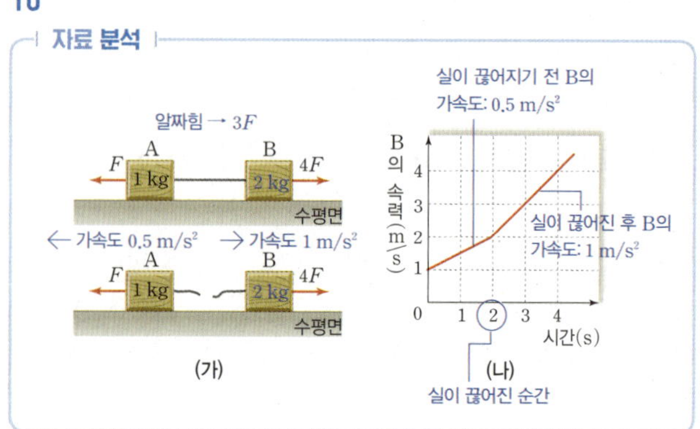

ㄴ. 0초부터 2초까지 A는 B와 실로 연결되어 함께 운동하므로 2초인 순간 A의 속력은 2 m/s이고, 2초부터 3초까지 A의 가속도는 운동 반대 방향으로 0.5 m/s²이므로 3초일 때 A의 속력은 1.5 m/s이다.

 ㄱ. B의 질량을 m이라고 하면, 1초일 때 가속도의
크기는 0.5 m/s²이므로 $(1+m)\times0.5=3F$이고, 3초일 때 B의
가속도의 크기는 1 m/s²이므로 $m\times1=4F$이다. 이 두 식을 연
립하면 $F=0.5$ N이고, $m=2$ kg이다.

ㄷ. 3초일 때 A의 속력은 1.5 m/s이고 4초일 때 A의 속력은
1 m/s이므로 3초부터 4초까지 A의 평균 속력은 1.25 m/s이다.
따라서 3초부터 4초까지 A가 이동한 거리는 1.25 m이다. 또한
3초부터 4초까지 B가 이동한 거리는 3.5 m이다. A와 B의 운동
방향은 같으므로 A와 B 사이의 거리는 4초일 때가 3초일 때보
다 3.5 m-1.25 m$=2.25$ m만큼 크다.

11

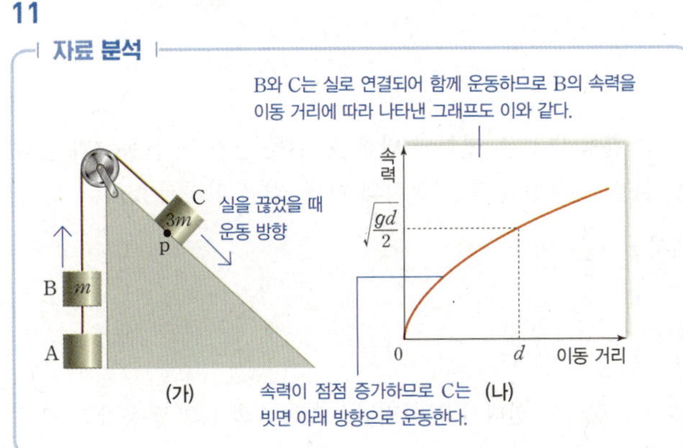

ㄱ. B는 C와 같은 속력과 가속도로 등가속도 직선 운동을 하므로
$\dfrac{gd}{2}=2ad$에서 가속도의 크기는 $a=\dfrac{1}{4}g$이다.

ㄴ. 실을 끊은 후의 가속도의 크기는 $\dfrac{1}{4}g$이므로 실이 C에 작용하
는 힘의 크기는 $\dfrac{5}{4}mg$이고 C에 작용하는 알짜힘의 크기는 $\dfrac{3}{4}mg$
이므로 C가 빗면 아래 방향으로 내려가려는 힘의 크기가 $2mg$이
다. 따라서 A의 질량은 m이다.

 ㄷ. B와 C의 운동 에너지 증가량의 합은
$\dfrac{1}{2}\times(m+3m)\times\left(\sqrt{\dfrac{gd}{2}}\right)^2=mgd$이고, B의 중력 퍼텐셜 에너지
증가량은 mgd이다. 'C의 중력 퍼텐셜 에너지 감소량=B와 C의
운동 에너지 증가량의 합+B의 중력 퍼텐셜 에너지 증가량'과
같으므로 C의 중력 퍼텐셜 에너지 감소량은 $2mgd$이다.

12

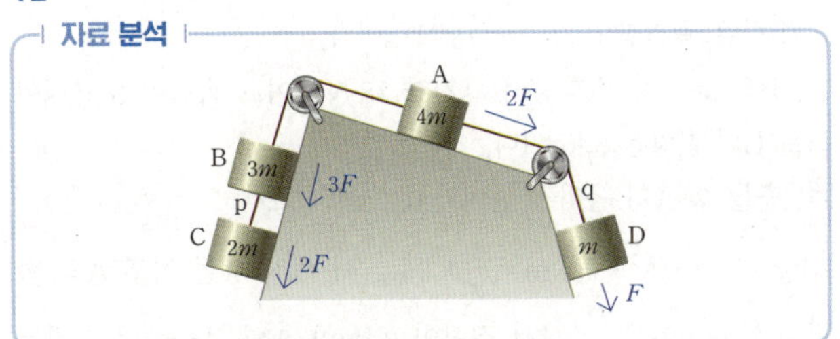

④ p를 끊은 후 C와 q를 끊은 후 D의 가속도의 크기가 같으므로
B와 C, D가 운동하는 빗면의 경사각은 같다. D에 빗면 아래 방
향으로 작용하는 힘의 크기를 F라고 하면, p를 끊은 후 A가 등
속도 운동을 하므로 A에 빗면 아래 방향으로 작용하는 힘의 크

기는 $2F$이다. $a_1=\dfrac{(5F-3F)}{4m+3m+2m+m}=\dfrac{F}{5m}$이고,
$a_2=\dfrac{(3F-2F)}{4m+3m}=\dfrac{F}{7m}$이므로 $\dfrac{a_1}{a_2}=\dfrac{7}{5}$이다.

13

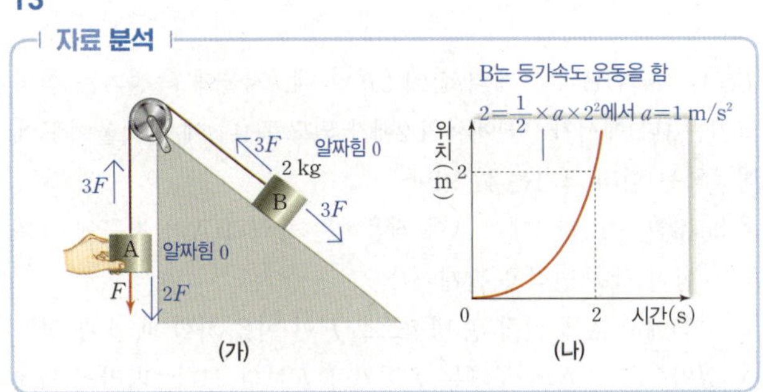

④ (가)에서 실이 B를 당기는 힘의 크기는 $3F$이므로 B에 빗면
아래 방향으로 작용하는 힘의 크기는 $3F$이다. (나)에서 등가속
도 운동을 하는 B가 0초부터 2초까지 이동한 거리가 2 m이므로
B의 가속도의 크기는 1 m/s²이다.

A의 질량을 m이라고 하면, (가)에서 $2F=10m$이고, 2초일 때
$3F-2F=(m+2)\times1$에서 $m=\dfrac{1}{2}$ kg이고, $F=\dfrac{5}{2}$ N이다. 따
라서 2초일 때 실이 B를 당기는 힘의 크기는 7.5 N-2 N$=$
5.5 N이다.

14

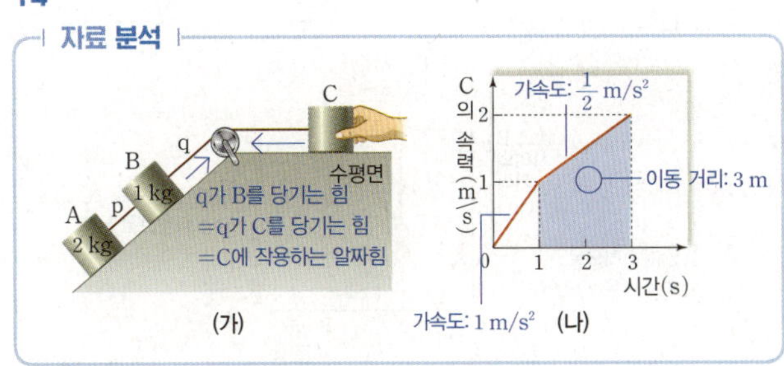

ㄱ. (나)에서 그래프 아래의 넓이는 이동 거리를 나타내므로 1초
부터 3초까지 C의 이동 거리는 3 m이다.

 ㄴ. 1초 전후 빗면 아래 방향으로 작용하는 힘의 크
기 비는 $3:1$이고, 가속도의 크기 비는 $2:1$이므로 질량의 비는
$\dfrac{3}{2}:\dfrac{1}{1}=3:2$이다. 따라서 1초 전 A, B, C의 질량의 합은 1초
후 B와 C의 질량의 합의 1.5배이므로 C의 질량은 3 kg이다.

ㄷ. q가 B를 당기는 힘의 크기는 C에 작용하는 알짜힘의 크기
와 같다. C의 가속도의 크기는 0.5초일 때가 2초일 때의 2배이므
로 C에 작용하는 알짜힘의 크기는 0.5초일 때가 2초일 때의 2배
이다.

15

④ A에서 가속도의 크기는 $a_A=\dfrac{mg}{(2m+m)}=\dfrac{1}{3}g$, B에서
가속도의 크기는 $a_B=\dfrac{2mg}{(2m+2m)}=\dfrac{1}{2}g$, C에서 가속도의 크기
는 $a_C=\dfrac{2mg}{(3m+2m)}=\dfrac{2}{5}g$이다. 속도-시간 그래프에서 기울기
는 가속도를 나타내므로 A는 ©, B는 ㉠, C는 ⓒ이다.

16 ㄱ. A가 정지해 있으므로 A에 작용하는 알짜힘은 0이다.

ㄷ. A, B에 작용하는 알짜힘이 0이므로 p가 A를 당기는 힘의 크기와 q가 B를 당기는 힘의 크기는 F로 같다.

🔍**바로알기**) ㄴ. p가 벽을 당기는 힘의 반작용은 벽이 p를 당기는 힘이다.

17 ㄴ. A와 B의 무게의 합이 $3F$일 때, 저울에 측정되는 힘의 크기는 (나)에서가 (가)에서의 2배가 되므로 (나)에서 저울이 B에 작용하는 힘의 크기는 $4F$이다.

🔍**바로알기**) ㄱ. (가)에서 A에 작용하는 중력과 A가 지구에 작용하는 힘이 작용 반작용 관계이다.

ㄷ. (가)에서 A에 연직 위 방향으로 F인 힘을 가할 때 A가 정지해 있었으므로 A의 무게는 F이거나 F보다 크다. 따라서 B에 작용하는 중력의 크기는 $2F$이거나 $2F$보다 작다.

18 ㄱ. A와 B 사이에 작용하는 자기력은 크기가 같고 방향은 반대이며, 작용 반작용 관계이다.

ㄴ. A가 B에 작용하는 자기력의 방향은 왼쪽이며, 이 자기력에 의해 용수철이 늘어나므로 벽이 용수철에 작용하는 힘의 방향은 오른쪽이다.

ㄷ. B가 정지해 있으므로 B에 작용하는 알짜힘은 0이다.

19

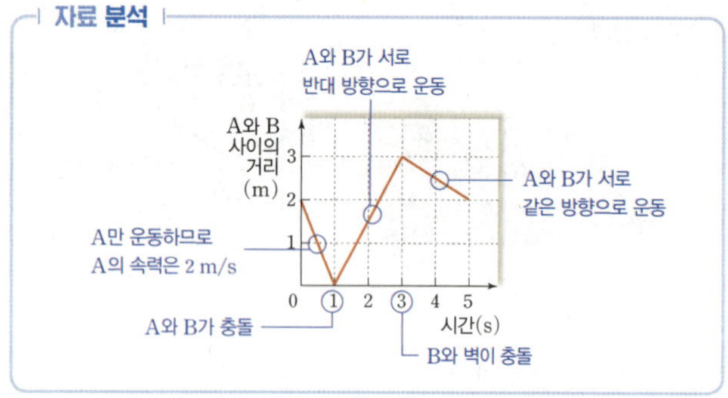

④ 1초일 때 충돌하여 A와 B는 서로 반대 방향으로 운동한다. 충돌 후 A, B의 속력을 v_A, v_B라고 하면, 1초부터 3초까지는 $v_A+v_B=\dfrac{3}{2}$, 3초부터 5초까지는 $v_B-v_A=\dfrac{1}{2}$이다.

따라서 $v_A=\dfrac{1}{2}$ m/s, $v_B=1$ m/s이므로 1초 전후 운동량 보존 법칙을 적용하면, $2m_A=-\dfrac{1}{2}m_A+m_B$에서 $m_A:m_B=2:5$이다.

20

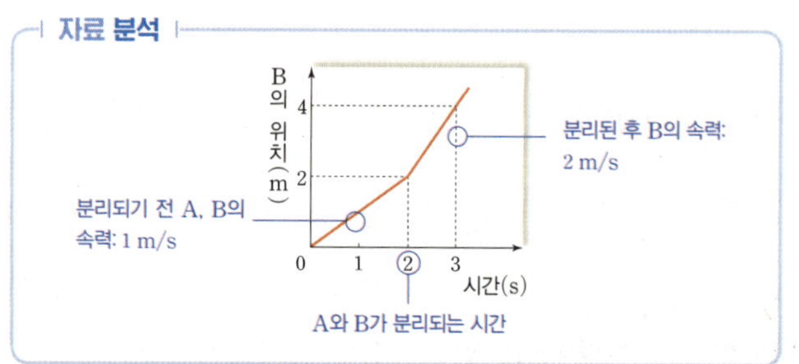

ㄴ. 분리된 후 B의 운동량의 크기는 분리되기 전 A와 B의 운동량 합의 크기보다 작으므로 분리된 후 A와 B는 같은 방향으로 운동한다.

🔍**바로알기**) ㄱ. 분리될 때 A가 B에 작용하는 힘의 크기와 B가 A에 작용하는 힘의 크기는 작용 반작용 관계에 의해 서로 같다.

ㄷ. 분리된 후 A의 속력을 v_A라고 하면 운동량 보존 법칙에 의해 $(3m+m)\times1=3m\times v_A+m\times2$이므로 $v_A=\dfrac{2}{3}$ m/s이다. 즉, 분리된 후 A의 속력은 $\dfrac{2}{3}$ m/s이고, B의 속력은 2 m/s이므로 2초부터 3초까지 A가 이동한 거리는 $\dfrac{2}{3}$ m, B가 이동한 거리는 2 m이다. 따라서 3초일 때 A와 B 사이의 거리는 $\dfrac{4}{3}$ m이다.

21 ⑤ 운동량 보존 법칙에 의해 A, B를 받기 전 운동량의 합과 A, B를 모두 받은 후 운동량의 합은 같다. 따라서 $3mv_0=5mv$에서 $v=\dfrac{3}{5}v_0$이다.

22 ㄷ. 정지해 있다가 분리되었으므로 A와 B의 운동량의 크기는 같다.

🔍**바로알기**) ㄱ. A는 0초부터 2초까지 이동 거리가 0.2 m이므로 속력은 0.1 m/s이다.

ㄴ. 3초일 때 B의 속력은 0.05 m/s이고 B의 질량은 2 kg이므로 운동량의 크기는 2 kg×0.05 m/s=0.1 kg·m/s이다.

23 ㄱ. 벽에 충돌 전 운동량의 크기는 같고 속력은 B가 A보다 크므로 질량은 A가 B보다 크다.

🔍**바로알기**) ㄴ. A, B의 운동량 변화량의 크기가 같으므로 벽으로부터 받은 충격량의 크기는 같다.

ㄷ. 충격량의 크기는 같고, 힘을 받은 시간은 B가 A의 2배이므로 벽으로부터 받은 평균 힘의 크기는 A가 B의 2배이다.

24 ㄱ. 충돌 과정에서 B가 받은 충격량의 크기가 18 N·s이므로 A가 받은 충격량의 크기도 18 N·s이다.

ㄴ. B의 운동량 변화량의 크기가 18 N·s이고 속력이 3 m/s이므로 B의 질량은 6 kg이다.

ㄷ. 충돌 후 A가 올라간 높이가 0.2 m이므로

2 kg×10 m/s²×0.2 m=$\dfrac{1}{2}$×2 kg×v^2에서 충돌 직후 A의 속력은 2 m/s이다. 따라서 질량이 2 kg인 A의 운동량의 크기는 2 kg×2 m/s=4 kg·m/s이다.

A의 운동량 변화량의 크기가 18 kg·m/s이므로 충돌 전 A의 운동량의 크기는 14 kg·m/s이다. 그러므로 충돌 전 A의 속력은 $v=7$ m/s이다.

1 자료1 1 ×   2 ○   3 ×   4 ×
    자료2 1 ○   2 ○   3 ×   4 ×
    자료3 1 ×   2 ×   3 ○   4 ○   5 ×

2 자료1 1 ×   2 ○   3 ×   4 ○
    자료2 1 ○   2 ○   3 ○   4 ×

3 자료1 1 ○   2 ○   3 ○   4 ○   5 ×   6 ×   7 ×
    자료2 1 ○   2 ×   3 ○   4 ×   5 ○

4 자료1 1 ○   2 ○   3 ○   4 ×   5 ×
    자료2 1 ○   2 ○   3 ×   4 ○   5 ×
    자료3 1 ○   2 ×   3 ×   4 ×   5 ○

1 **1-1** 물체에 작용하는 힘의 크기는 같고 질량은 A가 B보다 작으므로 가속도의 크기는 A가 B보다 크다.

1-2 물체에 작용하는 힘의 크기가 같고, 이동 거리가 같으므로 F가 A에 한 일은 B에 한 일과 같다.

1-3 물체에 한 일이 같으므로 물체의 운동 에너지 변화량이 같다. 따라서 Q에 도달할 때 운동 에너지는 A와 B가 같다.

1-4 Q에서 운동 에너지는 A와 B가 같고, 질량은 B가 A의 2배이므로 속력은 A가 B의 $\sqrt{2}$배이다.

2-1 물체가 s만큼 이동했을 때 속력은 (가)에서와 (나)에서가 같으므로 물체의 운동 에너지는 (가)에서와 (나)에서가 같다.

2-2 (가)에서 민수가 물체에 작용하는 힘의 크기는 물체의 무게와 같다. (나)에서 물체는 빗면에 놓여 있으므로 민수가 물체에 작용하는 힘의 크기는 물체의 무게보다 작다.

2-3 민수가 물체에 작용하는 힘의 크기는 (가)에서가 (나)에서보다 크다. 그리고 물체의 이동 거리는 (가)에서와 (나)에서가 같으므로 민수가 물체에 작용하는 힘이 한 일은 (가)에서가 (나)에서보다 크다.

2-4 물체가 올라간 높이는 (가)에서가 (나)에서보다 크므로 중력 퍼텐셜 에너지 증가량은 (가)에서가 (나)에서보다 크다.

3-1 $x=1$ m일 때 실이 A를 당기는 힘의 크기는 30 N이고, B에 작용하는 중력의 크기는 20 N이므로 A에 작용하는 알짜힘의 크기는 30 N$-$20 N$=$10 N이다. 따라서 $x=1$ m일 때 A의 가속도의 크기는 $\dfrac{10\ \text{N}}{3\ \text{kg}}=\dfrac{10}{3}$ m/s^{2}이다.

3-2 $x=3$ m일 때 실이 A를 당기는 힘의 크기는 B에 작용하는 중력의 크기보다 작다. 따라서 A와 B에 작용하는 알짜힘은 15 N$-$20 N$=-$5 N이고, A와 B의 질량의 합은 5 kg이므로 가속도는 $-\dfrac{5\ \text{N}}{5\ \text{kg}}=-1$ m/s^{2}이다. B에 작용하는 중력의 크기는 20 N이고, B에 작용하는 알짜힘은 연직 아래 방향으로 크기가 2 N이므로 실이 B를 당기는 힘의 크기는 18 N이다.

3-3 'F가 한 일$=$A의 운동 에너지 증가량$+$B의 운동 에너지 증가량$+$B의 중력 퍼텐셜 에너지 증가량$=$A의 운동 에너지 증가량$+$B의 역학적 에너지 증가량'이다. 즉, F가 한 일은 B의 역학적 에너지 증가량보다 크다.

3-4 $x=0$에서 $x=2$ m까지는 물체의 속력이 증가하지만, $x=2$ m에서부터는 물체의 속력이 감소한다. 따라서 $x=2$ m에서 물체의 속력은 최대이다. $x=0$에서 $x=2$ m까지 F가 한 일은 60 J이고, B에 작용하는 중력이 한 일은 -20 N$\times2$ m$=-40$ J이므로 A와 B에 작용한 알짜힘이 한 일은 60 J$-$40 J$=$20 J이다. 따라서 A의 최대 속력을 v라고 하면, $20\ \text{J}=\dfrac{1}{2}\times(3\ \text{kg}+2\ \text{kg})\times v^2$에서 $v=2\sqrt{2}$ m/s이다.

3-5 A와 B는 실로 연결되어 운동하므로 A와 B의 속력은 같다. 그러나 질량은 A가 B보다 크므로 운동 에너지는 A가 B보다 크다.

2 **1-1** A와 B의 역학적 에너지는 보존되므로 'B의 중력 퍼텐셜 에너지 감소량$=$A의 운동 에너지 증가량$+$B의 운동 에너지 증가량'이다. 따라서 A의 운동 에너지 증가량은 B의 중력 퍼텐셜 에너지 감소량보다 작다.

1-2 B의 중력에 의한 퍼텐셜 에너지 감소량은 B의 운동 에너지 증가량의 4배이므로 $mgh=4\left(\dfrac{1}{2}mv^2\right)$에서 $h=\dfrac{2v^2}{g}$이다.

1-3 A와 B의 역학적 에너지는 보존되므로 $mgh=\dfrac{1}{2}Mv^2+\dfrac{1}{2}mv^2$이고, $mgh=2mv^2$이므로 $M=3m$이다.

1-4 A와 B는 실로 연결되어 운동하므로 A와 B의 속력은 같다. 그러나 질량은 A가 B보다 크므로 운동 에너지는 A가 B보다 크다.

2-1 물체의 속력은 p에서가 q에서의 2배이므로 운동 에너지는 p에서가 q에서의 4배이다.

2-2 q에서 물체의 속력을 v라고 하면, p에서 속력은 $2v$이다. 물체가 p에서 q까지 운동하는 동안 중력 퍼텐셜 에너지 증가량은 mgh이고 운동 에너지 감소량은 $\dfrac{1}{2}m(2v)^2-\dfrac{1}{2}mv^2=\dfrac{3}{2}mv^2$이다. 따라서 $\dfrac{3}{2}mv^2=3mgh$이므로 $v=\sqrt{2gh}$이다.

2-3 q와 r의 높이 차를 H라고 하면, 물체가 q에서 r까지 운동하는 동안 운동 에너지 감소량은 중력 퍼텐셜 에너지 증가량과 같으므로 $\dfrac{1}{2}mv^2=mgH$이다. 따라서 $v=\sqrt{2gh}$이므로 $H=h$이다.

2-4 물체가 p에서 q까지 운동하는 동안 운동 에너지 감소량은 $\dfrac{3}{2}mv^2=3mgh$이고, 중력 퍼텐셜 에너지 증가량은 mgh이므로 물체의 역학적 에너지 감소량은 $3mgh-mgh=2mgh$이다.

3 **1-1** (가)에서 기체의 부피는 일정하므로 기체가 흡수한 열은 기체의 내부 에너지 증가량과 같다.

1-2 (가)에서 기체의 부피는 일정하고 온도는 높아지므로 기체의 압력은 증가한다.

1-3 (가)에서 기체의 부피는 일정하므로 기체가 한 일은 0이다.

1-4 (나)에서 기체의 온도는 높아지므로 기체 분자의 평균 속력은 증가한다.

1-5 (나)에서 기체의 온도는 높아지므로 기체 분자의 내부 에너지는 증가한다.

1-6 (나)는 등압 팽창 과정이므로 (나)에서 기체가 한 일과 내부 에너지 증가량의 합은 Q이다. 따라서 기체가 한 일은 Q보다 작다.

1-7 (가)와 (나)에서 가열 전 기체의 내부 에너지를 각각 $U_{(가)}$, $U_{(나)}$라고 하면, 열량 Q를 공급한 후 (가)에서 기체의 내부 에너지는 $Q+U_{(가)}$이다. (나)에서 기체가 외부에 한 일을 W라고 하면, 열량 Q를 공급한 후 (나)에서 기체의 내부 에너지는 $Q+U_{(나)}-W$이다. 따라서 $Q+U_{(가)}=Q+U_{(나)}-W$에서 Q가 같으므로 $U_{(나)}=U_{(가)}+W$이다. 즉, 가열 전 기체의 내부 에너지는 (가)에서가 (나)에서보다 작다.

2-1 Ⅰ → Ⅱ 과정에서 기체의 부피가 증가하므로 기체는 외부에 일을 한다.

2-2 Ⅰ → Ⅱ 과정에서 기체의 온도가 높아지므로 기체의 내부 에너지는 증가한다.

2-3 기체의 부피는 Ⅰ에서와 Ⅲ에서가 같고, 압력은 Ⅲ에서가 Ⅰ에서보다 크므로 기체의 온도는 Ⅲ에서가 Ⅰ에서보다 높다.

2-4 Ⅱ → Ⅲ 과정은 압력이 증가하면서 부피가 감소하는 과정이므로 B → A 과정에 해당한다.

2-5 Ⅱ → Ⅲ 과정은 단열 압축 과정이므로 기체가 받은 일은 내부 에너지 증가량과 같다.

4 **1-2** 열은 온도가 높은 곳에서 낮은 곳으로 이동하므로 T_1은 고열원이고 T_2는 저열원이다.

1-3 $W=$흡수한 열$-$방출한 열$=10\ \text{kJ}-6\ \text{kJ}=4\ \text{kJ}$이다.

1-4 열기관의 열효율$(e)=\dfrac{\text{한 일}}{\text{흡수한 열}}=\dfrac{4\ \text{kJ}}{10\ \text{kJ}}=0.4$이다.

1-5 열역학 제2법칙에 의해 열기관의 효율은 항상 $e=\dfrac{W}{Q_1}<1$이다. 따라서 $Q_1=W$인 열기관은 만들 수 없다.

2-1 A가 흡수한 열과 방출한 열의 차는 열기관이 한 일이므로 흡수한 열은 $4W+Q_0$이다.

2-2 B가 흡수한 열과 방출한 열의 차는 열기관이 한 일이므로 방출한 열은 Q_0-3W이다.

2-3, 4 A와 B의 열효율은 같으므로 $\dfrac{4W}{Q_0+4W}=\dfrac{3W}{Q_0}$에서 $Q_0=12W$이다. 따라서 열효율 $e=\dfrac{3W}{12W}=\dfrac{1}{4}$이다.

2-5 열효율이 100 %가 되려면 저열원으로 방출한 열이 0이 되어야 한다. 이는 열역학 제2법칙에 위배되므로 열효율이 100 %인 열기관을 만드는 것은 불가능하다.

3-1 A → B 과정에서 기체의 부피는 일정하므로 기체가 한 일은 0이고, 온도는 높아지므로 내부 에너지는 증가한다. 따라서 A → B 과정에서 기체는 열을 흡수한다.

3-2 B → C 과정에서 기체의 내부 에너지는 감소하므로 기체의 온도는 내려간다.

3-3 기체는 한 번의 순환 과정을 거치면 원래 상태로 되돌아온다. 기체는 A → B 과정에서 250 J의 열량을 흡수하고, B → C 과정에서 100 J의 일을 하고, C → D 과정에서 Q의 열량을 방출하고, D → A 과정에서 50 J의 일을 받으므로 $250\ \text{J}-100\ \text{J}-Q+50\ \text{J}=0$에서 $Q=200\ \text{J}$이다.

3-4 열기관이 고열원으로부터 흡수한 열량은 250 J이고, 한 번의 순환 과정 동안 한 일은 50 J이므로 열기관의 열효율은 $\dfrac{50}{250}=\dfrac{1}{5}=0.2$이다.

3-5 압력-부피 그래프에서 압력과 부피가 이루는 넓이는 B → C 과정에서가 D → A 과정에서보다 크므로 B → C 과정에서 기체가 한 일은 D → A 과정에서 기체가 받은 일보다 크다.

수능 대비 문제　　　　　　　　　　　p.20~25

01 ⑤	02 ②	03 ②	04 ⑤	05 ⑤	06 ②
07 ⑤	08 ①	09 ③	10 ④	11 ④	12 ⑤
13 ⑤	14 ①	15 ①	16 ④	17 ①	18 ⑤
19 ①	20 ③	21 ②	22 ⑤	23 ⑤	24 ①

01 ㄱ. 물체의 질량을 m이라고 하면, 수평면에서 물체의 운동 에너지는 $\dfrac{1}{2}m(3v)^2=\dfrac{9}{2}mv^2$이다. 또한 p에서 운동 에너지를 E_0이라고 하면 중력 퍼텐셜 에너지는 $2E_0$이다. 물체의 역학적 에너지는 보존되므로 $\dfrac{9}{2}mv^2=3E_0$에서 $E_0=\dfrac{3}{2}mv^2$이다. 운동 에너지는 p에서가 수평면에서의 $\dfrac{1}{3}$배이므로 p에서 속력은 $\sqrt{3}v$이다.

ㄷ. q에서 운동 에너지는 $\dfrac{4}{3}E_0$이고, 중력 퍼텐셜 에너지는 $\dfrac{5}{3}E_0$이다. 따라서 q에서 중력 퍼텐셜 에너지는 운동 에너지의 $\dfrac{5}{4}$배이다.

바로알기 ㄴ. 수평면에서 역학적 에너지는 $3E_0$이고, p에서 역학적 에너지는 mgh_1+E_0이며, q에서 역학적 에너지는 $mgh_2+\dfrac{1}{2}m(2v)^2=mgh_2+\dfrac{4}{3}E_0$이다. 이를 정리하면 $mgh_1=2E_0$이고 $mgh_2=\dfrac{5}{3}E_0$이므로 $h_1=\dfrac{6}{5}h_2$이다.

02 ㄴ. 물체에 작용하는 중력의 크기는 일정하고 연직 방향으로 내려간 거리는 P에서가 Q에서보다 작다. 따라서 중력이 물체에 한 일은 P에서가 Q에서보다 작다.

바로알기 ㄱ. 물체가 경사면을 따라 등가속도 운동을 하는 동안 물체의 역학적 에너지는 일정하다. 따라서 각 구간에서 물체의 중력 퍼텐셜 에너지 감소량은 운동 에너지 증가량과 같다.

ㄷ. P, Q에서 물체의 역학적 에너지는 일정하고, 중력 퍼텐셜 에너지 감소량은 P에서가 Q에서보다 작다. 따라서 운동 에너지 증가량은 P에서가 Q에서보다 작다.

03 ㄴ. 크기가 F인 힘이 한 일은 물체의 운동 에너지 변화량과 같다. 따라서 크기가 F인 힘이 한 일은 $36\,\text{J}-9\,\text{J}=27\,\text{J}$이다.

🔍 **바로알기** ㄱ. p, q에서 물체의 속력을 각각 v_p, v_q라고 하면, $\frac{1}{2}\times2\,\text{kg}\times v_\text{p}^2=9\,\text{J}$에서 $v_\text{p}=3\,\text{m/s}$이고 $\frac{1}{2}\times2\,\text{kg}\times v_\text{q}^2=36\,\text{J}$에서 $v_\text{p}=6\,\text{m/s}$이다. 물체는 등가속도 직선 운동을 하므로 물체의 평균 속력은 $\dfrac{3\,\text{m/s}+6\,\text{m/s}}{2}=\dfrac{9}{2}\,\text{m/s}$이다. p에서 q까지 거리는 10 m이므로 물체가 p에서 q까지 운동하는 데 걸린 시간은 $\dfrac{10\,\text{m}}{\frac{9}{2}\,\text{m/s}}=\dfrac{20}{9}$초이다.

ㄷ. p에서 q까지의 거리는 10 m이고, 크기가 F인 힘이 한 일은 27 J이므로 $F=\dfrac{27\,\text{J}}{10\,\text{m}}=2.7\,\text{N}$이다.

04

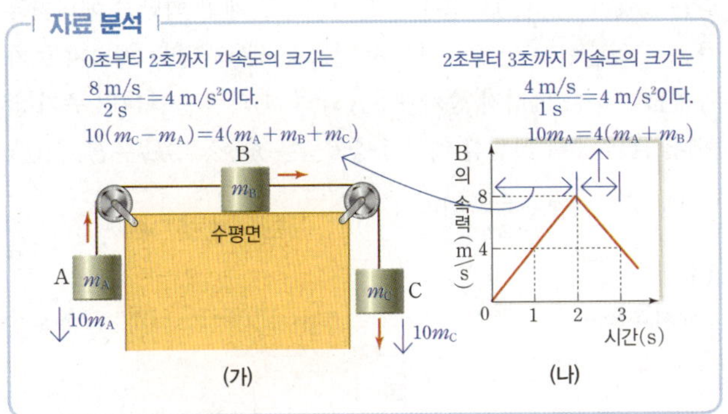

ㄱ. A, B, C의 질량을 각각 m_A, m_B, m_C라고 하면, 1초일 때 B의 가속도의 크기는 $4\,\text{m/s}^2$이므로
$$10(m_\text{C}-m_\text{A})=4(m_\text{A}+m_\text{B}+m_\text{C})\ \cdots\ ①$$
이다. 3초일 때 B의 가속도의 크기는 $4\,\text{m/s}^2$이므로
$10m_\text{A}=4(m_\text{A}+m_\text{B})\ \cdots\ ②$이다. ②에서 $m_\text{B}=\dfrac{3}{2}m_\text{A}\ \cdots\ ③$이다.
A와 B는 실로 연결되어 함께 운동하므로 속력이 같다. 따라서 1초일 때 운동 에너지는 B가 A의 $\dfrac{3}{2}$배이다.

ㄴ. 0초부터 1초까지 A의 속력은 0에서 4 m/s로 증가하였으므로 A의 운동 에너지 증가량은 $\dfrac{1}{2}m_\text{A}(4)^2=8m_\text{A}$이다. 0초부터 1초까지 A가 올라간 높이는 2 m이므로 A의 중력 퍼텐셜 에너지 증가량은 $m_\text{A}(10)(2)=20m_\text{A}$이다. 따라서 0초부터 1초까지 A의 중력 퍼텐셜 에너지 증가량은 A의 운동 에너지 증가량의 $\dfrac{5}{2}$배이다.

ㄷ. 2초 이후, 즉 실이 끊어진 후 A와 B의 역학적 에너지의 합은 일정하다. 2초 이후 수평면에서 운동하는 B의 속력은 감소하므로 B의 운동 에너지는 감소한다. 즉, B의 역학적 에너지는 감소하므로 A의 역학적 에너지는 증가한다.

05 ㄴ. 질량은 B가 A의 2배이고, A가 p에서 q까지 운동하는 동안 연직 방향으로의 이동 거리는 B가 A의 2배이므로 A가 p에서 q까지 운동하는 동안 B의 중력 퍼텐셜 에너지 감소량은 A의 중력 퍼텐셜 에너지 증가량의 4배이다. 따라서 B의 중력 퍼텐셜 에너지 감소량은 $4E_0$이다. A가 q를 지나는 순간, A, B의 운

동 에너지를 각각 E_A, E_B라고 하면, $E_\text{A}+E_\text{B}=4E_0-E_0=3E_0$이다.

ㄷ. $E_\text{A}+E_\text{B}=3E_0$이고 $E_\text{B}=2E_\text{A}$이므로 $E_\text{A}=E_0$, $E_\text{B}=2E_0$이다. 실이 A를 당기는 힘이 한 일은 A의 역학적 에너지 증가량과 같으므로 $E_0+E_0=2E_0$이다.

🔍 **바로알기** ㄱ. A와 B는 실로 연결되어 운동하므로 속력은 A와 B가 같다. A가 q를 지나는 순간 운동 에너지는 B가 A의 2배이므로 질량은 B가 A의 2배이다.

06 ㄴ. $E=mgh$이므로 이를 ①에 대입하여 정리하면, $8mv^2=3mgh+\dfrac{1}{2}mv^2+mgh$이므로 $v=\sqrt{\dfrac{8}{15}gh}$이다.

🔍 **바로알기** ㄱ. 물체가 수평면에서 높이가 $3h$인 수평 구간까지 운동하는 동안 역학적 에너지 감소량은 E이므로
$$\frac{1}{2}m(4v)^2=3mgh+\frac{1}{2}mv^2+E\ \cdots\ ①$$
이고, 높이가 $3h$인 수평 구간에서 높이가 h인 수평 구간까지 운동하는 동안 역학적 에너지 감소량은 $2E$이므로
$$3mgh+\frac{1}{2}mv^2=mgh+\frac{1}{2}mv^2+2E\ \cdots\ ②$$
이다. ②를 정리하면 $E=mgh$이다.

ㄷ. 높이가 h인 수평 구간에서 중력 퍼텐셜 에너지는 mgh이고, 운동 에너지는 $\dfrac{1}{2}mv^2=\dfrac{4}{15}mgh$이다. 따라서 물체의 중력 퍼텐셜 에너지는 운동 에너지의 $\dfrac{15}{4}$배이다.

07

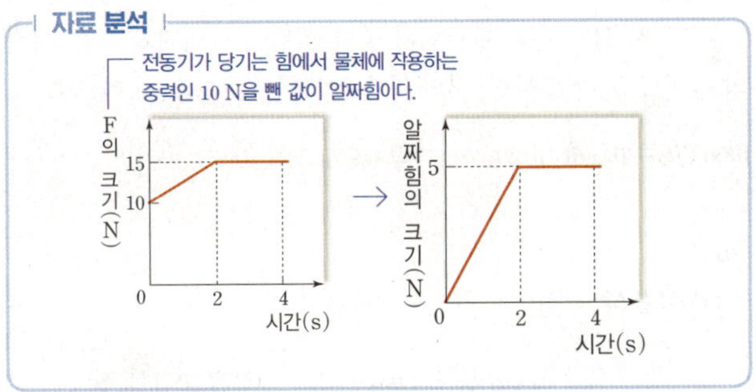

ㄱ. 물체의 질량은 1 kg이므로 물체에 작용하는 중력의 크기는 10 N이다. 0초부터 2초까지 전동기가 물체를 당기는 힘의 크기는 10 N에서 15 N으로 증가하므로 물체의 가속도의 크기는 증가한다.

ㄷ. 알짜힘-시간 그래프에서 그래프 아래의 넓이는 충격량, 즉 물체의 운동량 변화량과 같으므로 2초일 때 물체의 운동량의 크기는 $5\times2\times\dfrac{1}{2}=5(\text{kg}\cdot\text{m/s})$이고, 4초일 때 물체의 운동량의 크기는 $5\,\text{kg}\cdot\text{m/s}+10\,\text{kg}\cdot\text{m/s}=15\,\text{kg}\cdot\text{m/s}$이다. 따라서 2초부터 4초까지 물체의 운동 에너지 증가량은
$$\frac{(15\,\text{kg}\cdot\text{m/s})^2}{2\times1\,\text{kg}}-\frac{(5\,\text{kg}\cdot\text{m/s})^2}{2\times1\,\text{kg}}=100\,\text{J}$$이다.
물체의 속력은 2초일 때가 5 m/s이고 4초일 때가 15 m/s이다. 2초부터 4초까지 물체의 가속도 크기는 $5\,\text{m/s}^2$이므로 이 시간 동안 물체가 이동한 거리를 h라고 하면, $(15\,\text{m/s})^2-(5\,\text{m/s})^2=2\times10\,\text{m/s}^2\times h$에서 $h=10\,\text{m}$이다.

따라서 물체의 중력 퍼텐셜 에너지 증가량은
$1\,\text{kg}\times10\,\text{m/s}^2\times10\,\text{m}=100\,\text{J}$이다. 따라서 2초부터 4초까지 물체의 역학적 에너지 증가량은 $100\,\text{J}+100\,\text{J}=200\,\text{J}$이다.

바로알기 ㄴ. 2초부터 4초까지 전동기가 물체를 당기는 힘의 크기는 15 N으로 일정하므로, 이때 물체의 가속도의 크기를 a라고 하면, $1\,\text{kg}\times a=(15-10)\text{N}$에서 $a=5\,\text{m/s}^2$이다. 물체는 등가속도 운동을 하므로 속력이 증가한다. 따라서 물체의 운동 에너지는 2초일 때가 4초일 때보다 작다.

08 ㄱ. 높이가 $2h_0$인 지점에서 A의 중력 퍼텐셜 에너지는 운동 에너지의 2배이므로 A의 질량을 m_A, 중력 가속도를 g라고 하면, $m_Ag(2h_0)=2\left(\dfrac{1}{2}m_Av_0^2\right)$에서 $v_0^2=2gh_0$이다. 따라서 A의 역학적 에너지는 $2m_Agh_0+\dfrac{1}{2}m_Av_0^2=3m_Agh_0$이다. 높이가 h_0인 지점에서 A의 운동 에너지를 E_A라고 하면 $3m_Agh_0=m_Agh_0+E_A$이므로 $E_A=2m_Agh_0$이다. 따라서 높이가 h_0인 지점에서 A의 운동 에너지는 중력 퍼텐셜 에너지의 2배이다.

바로알기 ㄴ. B의 질량을 m_B라고 하면 B의 역학적 에너지는 $m_Bgh_0+\dfrac{1}{2}m_B(2v_0)^2=m_Bgh_0+4m_Bgh_0=5m_Bgh_0$이다. Ⅰ에서 중력 퍼텐셜 에너지는 0이므로 Ⅰ에서 A, B의 속력을 각각 v_A, v_B라고 하면 $3m_Agh_0=\dfrac{1}{2}m_Av_A^2$에서 $v_A=\sqrt{6gh_0}$이고, $5m_Bgh_0=\dfrac{1}{2}m_Bv_B^2$에서 $v_B=\sqrt{10gh_0}$이다. 이를 정리하면 $v_A=\sqrt{\dfrac{3}{5}}v_B$이므로 Ⅰ에서 속력은 A가 B의 $\sqrt{\dfrac{3}{5}}$배이다.

ㄷ. Ⅱ에서 B의 운동 에너지와 중력 퍼텐셜 에너지가 같은 지점의 높이를 h_B라고 하면, B의 역학적 에너지는 $5m_Bgh_0$이므로 $5m_Bgh_0=m_Bgh_B+m_Bgh_B=2m_Bgh_B$에서 $h_B=\dfrac{5}{2}h_0$이다.

09
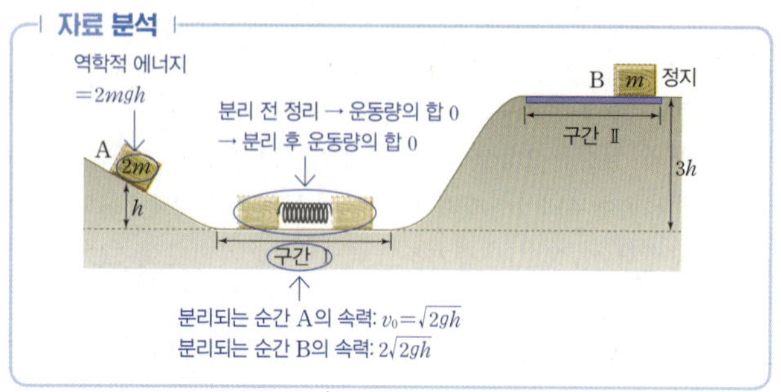

ㄱ. 용수철에서 분리되기 전 A, B가 정지해 있었으므로 분리된 후 A와 B의 운동량의 합은 0이어야 한다. 질량은 A가 B의 2배이므로 용수철에서 분리된 직후 물체의 속력은 A가 B의 $\dfrac{1}{2}$배이다.

ㄴ. 높이가 $\dfrac{1}{2}h$인 지점에서 A, B의 운동 에너지를 각각 E_A, E_B라고 하자. A는 높이가 h인 지점에서 속력이 0이므로 A의 역학적 에너지는 $2mgh$이다. 따라서 $2mgh=(2m)g\left(\dfrac{1}{2}h\right)+E_A$에서 $E_A=mgh$이다. Ⅰ에서 용수철에서 분리되는 순간 A의 속력을

v_0이라고 하면 $\dfrac{1}{2}(2m)v_0^2=2mgh$에서 $v_0=\sqrt{2gh}$이다. Ⅰ에서 속력은 B가 A의 2배이므로 B의 속력은 $2\sqrt{2gh}$이다. 따라서 Ⅰ에서 B의 역학적 에너지는 $\dfrac{1}{2}m(8gh)=4mgh$이다.

$4mgh=mg\left(\dfrac{1}{2}h\right)+E_B$에서 $E_B=\dfrac{7}{2}mgh$이다. 따라서 높이가 $\dfrac{1}{2}h$인 지점에서 운동 에너지는 A가 B의 $\dfrac{2}{7}$배이다.

바로알기 ㄷ. Ⅱ에서 정지한 B의 역학적 에너지는 $3mgh$이다. Ⅰ에서 B의 역학적 에너지는 $4mgh$이므로 Ⅱ에서 감소한 역학적 에너지는 $4mgh-3mgh=mgh$이다.

10 ④ A를 가만히 놓았을 때, A와 B는 실로 연결되어 함께 운동하므로 속력은 A와 B가 같다. 질량은 B가 A의 2배이므로 운동 에너지는 B가 A의 2배이다. B가 P에서 O까지 운동하는 동안 A의 운동 에너지 증가량은 E_0이므로 B의 운동 에너지 증가량은 $2E_0$이다. A, B, 용수철로 이루어진 계의 역학적 에너지는 보존되므로 '탄성 퍼텐셜 에너지 감소량=A의 운동 에너지 증가량+B의 운동 에너지 증가량+A의 중력 퍼텐셜 에너지 증가량'이다. A의 중력 퍼텐셜 에너지 증가량은 $mgd=5E_0-E_0-2E_0=2E_0$이므로 $d=\dfrac{2E_0}{mg}$이다.

11

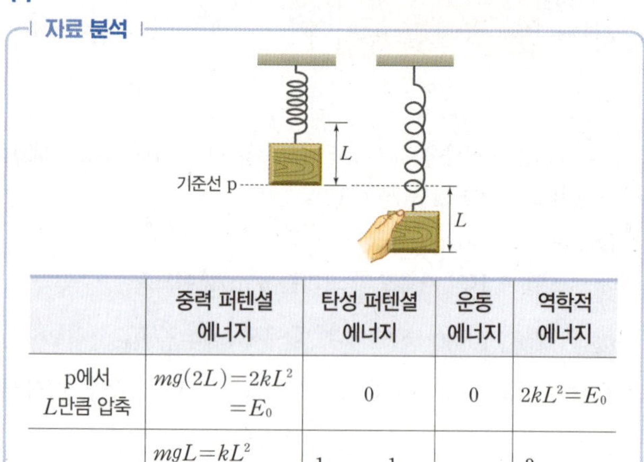

	중력 퍼텐셜 에너지	탄성 퍼텐셜 에너지	운동 에너지	역학적 에너지
p에서 L만큼 압축	$mg(2L)=2kL^2$ $=E_0$	0	0	$2kL^2=E_0$
p	$mgL=kL^2$ $=\dfrac{1}{2}E_0$	$\dfrac{1}{2}kL^2=\dfrac{1}{4}E_0$	E_k	$\dfrac{3}{4}E_0+E_k$
p에서 L만큼 늘어남	0	$\dfrac{1}{2}k(2L)^2$ $=2kL^2=E_0$	0	E_0

④ 물체의 질량을 m, 용수철 상수를 k, 중력 가속도를 g라고 하면, p에서 물체에 작용한 알짜힘은 0이므로 $mg=kL$이다. p로부터 용수철이 L만큼 늘어난 지점에서 중력 퍼텐셜 에너지를 0이라고 하면, p에서 L만큼 늘어난 지점에서 탄성 퍼텐셜 에너지는 $\dfrac{1}{2}k(2L)^2=E_0$이고, 속력은 0이므로 운동 에너지는 0이다.

p에서 중력 퍼텐셜 에너지는 mgL이고, 탄성 퍼텐셜 에너지는 $\dfrac{1}{2}kL^2=\dfrac{1}{4}E_0$이다. p에서 L만큼 압축된 지점에서 중력 퍼텐셜 에너지는 $mg(2L)$이며, 용수철이 늘어난 길이는 0이므로 탄성 퍼텐셜 에너지는 0이며, 운동 에너지는 0이다. p에서 운동 에너지를 E_k라고 하면, (나)에서 물체를 가만히 놓았을 때, 물체의 역학적 에너지는 보존되므로 $\dfrac{3}{4}E_0+E_k=E_0$에서 $E_k=\dfrac{1}{4}E_0$이다.

12 ㄴ. B를 가만히 놓은 순간부터 A가 P를 지날 때까지 용수철, A, B로 이루어진 계의 역학적 에너지는 보존된다. 따라서 '용수철에 저장된 탄성 퍼텐셜 에너지 감소량=B의 중력 퍼텐셜 에너지 증가량+A의 운동 에너지 증가량+B의 운동 에너지 증가량'이므로 B의 중력 퍼텐셜 에너지 증가량은 A의 탄성 퍼텐셜 에너지 감소량보다 작다.

ㄷ. 역학적 에너지 보존 법칙을 적용하면

$\frac{1}{2}k(2L_0)^2-\frac{1}{2}kL_0^2=2mgL_0+\frac{1}{2}(m+2m)v^2$이다.

$k=\frac{2mg}{L_0}$이므로 $mgL_0=\frac{3}{2}mv^2$에서 $v=\sqrt{\frac{2}{3}gL_0}$이다.

🔍 **바로알기** ㄱ. (가)에서 A는 정지해 있으므로 용수철이 A를 당기는 탄성력의 크기는 B에 작용하는 중력의 크기와 같다. 용수철 상수를 k라고 하면 $kL_0=2mg$에서 $k=\frac{2mg}{L_0}$이다.

13 ㄴ. (가) → (나) 과정에서 기체의 부피는 감소하므로 기체는 외부로부터 일을 받는다.

ㄷ. (가) → (나) 과정에서 '추의 중력 퍼텐셜 에너지 감소량=기체가 받은 일=기체의 내부 에너지 증가량'이다.

🔍 **바로알기** ㄱ. (가) → (나) 과정에서 기체는 열의 이동 없이 부피가 감소하므로 기체의 내부 에너지는 증가한다. 따라서 기체의 온도는 (가)에서가 (나)에서보다 낮다.

14 ㄱ. A → B 과정에서 기체의 부피는 증가하므로 기체는 외부에 일을 한다.

🔍 **바로알기** ㄴ. B → C 과정에서 기체가 한 일은 0이고, 기체의 온도는 높아지므로 기체의 내부 에너지는 증가한다. 따라서 기체는 열을 흡수한다.

ㄷ. 기체의 온도는 A에서가 C에서보다 낮으므로 기체의 내부 에너지는 A에서가 C에서보다 작다.

15 ㄱ. Ⅰ에서 기체의 내부 에너지 증가량은 80 J−60 J=20 J이고, Ⅱ에서 기체의 내부 에너지 증가량은 60 J−40 J=20 J이다. 따라서 기체의 내부 에너지 증가량은 Ⅰ에서와 Ⅱ에서가 같다.

🔍 **바로알기** ㄴ. A, B의 압력을 각각 P_A, P_B라 하고, B → C 과정에서 부피 변화량을 ΔV라고 하면, Ⅰ에서 그래프 아래의 넓이는 $\frac{1}{2}(P_A+P_B)\Delta V=60$ J … ①이고, B → C 과정에서 그래프 아래의 넓이는 $P_B\Delta V=40$ J … ②이다. ①, ②를 정리하면 $P_A\Delta V=80$ J이다. 따라서 $P_A=2P_B$이므로 기체의 압력은 A에서가 B에서의 2배이다.

ㄷ. A → B 과정은 압력이 감소하는 등적 과정이므로 기체의 내부 에너지는 감소하고, B → C 과정은 부피가 증가하는 등압 과정이므로 기체의 내부 에너지는 증가한다. Ⅱ의 A → B → C 과정에서 내부 에너지 증가량은 20 J이므로 B → C 과정에서 내부 에너지 증가량은 20 J보다 크다.

16 ㄴ. A와 B는 단열되지 않은 칸막이로 나누어져 있으므로 A와 B의 온도는 같다.

ㄷ. 대기압은 일정하므로 B는 압력이 일정한 상태에서 부피가 증가하였다. 따라서 B의 온도는 (나)일 때가 (가)일 때보다 높다.

🔍 **바로알기** ㄱ. (가) → (나) 과정에서 A의 부피는 일정하여 A가 한 일은 0이므로 'Q=A의 내부 에너지 변화량+B가 흡수한 열'이다. 따라서 (가) → (나) 과정에서 A의 내부 에너지 변화량은 Q보다 작다.

17 ㄱ. A는 단열된 상태에서 부피가 감소하므로 온도가 높아진다. 따라서 A의 내부 에너지는 (가)에서가 (나)에서보다 작다.

🔍 **바로알기** ㄴ. (가) → (나) 과정에서 B는 외부에 일을 하면서 내부 에너지가 증가한다. 따라서 B가 한 일은 Q보다 작다.

ㄷ. (나)에서 B와 C는 열평형 상태이므로 온도는 B와 C가 같다. 기체의 부피는 B가 C보다 크므로 압력은 B가 C보다 작다.

18

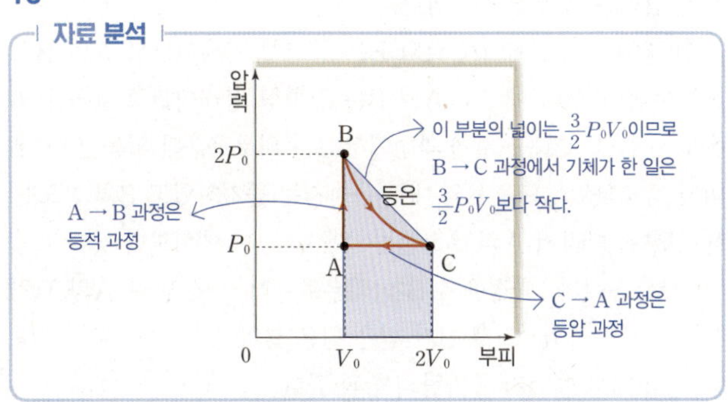

ㄱ. A → B 과정은 압력이 증가하는 등적 과정이므로 기체가 한 일은 0이다. 따라서 기체가 흡수한 열은 기체의 내부 에너지 증가량과 같다.

ㄷ. C → A 과정은 압력이 일정하게 유지되면서 부피가 감소하는 등압 과정이다. C → A 과정에서 기체의 온도는 낮아지므로 기체의 내부 에너지는 A에서가 C에서보다 작다.

🔍 **바로알기** ㄴ. 압력−부피 그래프에서 압력과 부피 축이 이루는 넓이는 기체가 한 일이다. 따라서 B → C 과정에서 기체가 한 일은 $\frac{3}{2}P_0V_0$보다 작다.

19

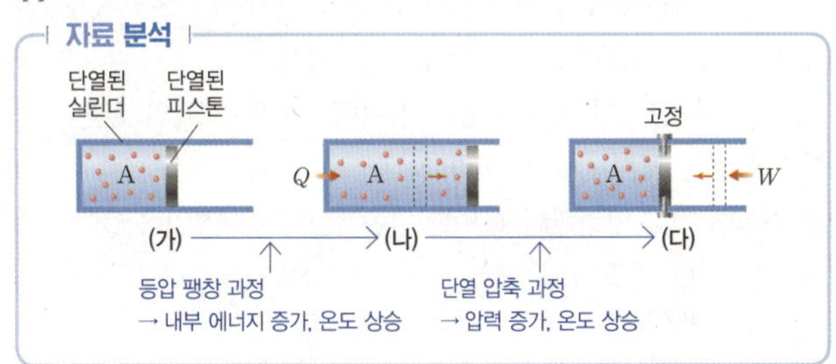

ㄱ. (가) → (나) 과정은 등압 팽창 과정이므로 외부에 W의 일을 하고, 내부 에너지가 증가한다. A는 (나) → (다) 과정에서 W의 일을 받았으므로 A의 온도는 (다)에서가 (나)에서보다 높다. 따라서 A의 온도는 (가)에서가 (다)에서보다 낮다.

🔍 **바로알기** ㄴ. (나) → (다) 과정에서 A는 단열 압축하므로 A의 압력은 증가한다.

ㄷ. A의 온도는 (다)에서가 (나)에서보다 높으므로 (나) → (다) 과정에서 A의 내부 에너지 변화량은 (가) → (나) 과정에서 A가 한 일과 같지 않다.

20 ㄱ. t_0일 때 기체의 온도는 A가 B보다 높으므로 기체의 내부 에너지는 A가 B보다 크다.

ㄷ. A에 열이 공급되어 A의 온도가 높아지는 동안 A는 팽창하고 B는 A로부터 일을 받는다. A에 열을 공급하는 동안 B의 내부 에너지는 일정하므로 B가 A로부터 받은 일은 B가 방출하는 열과 같다. 따라서 A의 온도가 높아지는 동안 B는 열을 방출한다.

🔍 **바로알기** ㄴ. A는 열을 흡수하여 온도가 높아졌으므로 A의 부피는 증가한다. A와 B가 들어 있는 실린더의 피스톤은 막대로 연결되어 있으므로 A의 부피가 증가하면 B의 부피는 감소한다. 따라서 t_0일 때 부피는 B가 A보다 작다.

21 ㄴ. (나)에서 온도는 A와 B가 같은데, 부피는 A가 B보다 크므로 압력은 A가 B보다 작다.

🔍 **바로알기** ㄱ. (가)에서 A와 B는 열평형 상태이므로 A와 B의 온도는 같고, (나)에서도 A와 B는 열평형 상태이므로 A와 B의 온도는 같다. (가) → (나) 과정에서 B는 외부로부터 일을 받아 부피가 감소하였으므로 B의 내부 에너지는 증가하였고 B의 온도는 높아졌다. 따라서 A의 온도는 (가)에서가 (나)에서보다 낮다.

ㄷ. (가) → (나) 과정에서 B가 외부로부터 일을 받아 A와 B의 온도가 상승하였으므로 B가 받은 일은 B의 내부 에너지 증가량과 A의 내부 에너지 증가량의 합과 같다.

22 ㄱ. 열기관의 열효율은 0.4이므로 $\dfrac{W}{Q_1}=0.4$에서 $W=\dfrac{2}{5}Q_1$이다.

ㄴ. A → B 과정과 C → D 과정은 등온 과정이므로 A → B 과정에서 기체가 한 일은 기체가 흡수한 열과 같고, C → D 과정에서 기체가 받은 일은 기체가 방출한 열과 같다. (나)에서 그래프와 부피 축이 이루는 넓이는 A → B 과정에서가 C → D 과정에서보다 크므로 A → B 과정에서 기체가 흡수한 열은 C → D 과정에서 기체가 방출한 열보다 크다.

ㄷ. 기체의 온도는 A에서가 C에서보다 높으므로 기체의 내부 에너지는 A에서가 C에서보다 크다.

23 ㄱ. 열기관에서 열은 온도가 T_1인 고열원에서 온도가 T_2인 저열원으로 이동하므로 온도는 $T_1>T_2$이다.

ㄷ. 흡수한 열=한 일+방출한 열이다. 따라서 T_2인 열원으로 방출한 열은 $4Q-Q=3Q$이다.

🔍 **바로알기** ㄴ. 열기관이 흡수한 열은 $4Q$이고, 한 일은 Q이므로 열효율은 $\dfrac{Q}{4Q}=\dfrac{1}{4}$이다.

24 ㄱ. 열기관의 열효율은 0.3이므로 $0.3=\dfrac{\unicode{x24ea}-140}{\unicode{x24ea}}$에서 ㉠은 200이다.

🔍 **바로알기** ㄴ. A → B 과정에서 기체의 압력이 일정하게 유지되면서 기체의 부피가 증가하고 온도가 높아진다. 기체의 내부 에너지는 온도에 비례하므로 A → B 과정에서 기체의 내부 에너지는 증가한다.

ㄷ. C → D 과정에서 기체의 압력이 일정하게 유지되면서 기체의 부피가 감소하고 온도는 낮아지므로 기체는 외부로 열을 방출한다.

---

3 시간과 공간

1

자료 1	1 ×	2 ×	3 ○	4 ×	5 ×
자료 2	1 ○	2 ○	3 ×	4 ×	5 ○
자료 3	1 ×	2 ○	3 ○	4 ×	
자료 4	1 ×	2 ○	3 ○	4 ○	
자료 5	1 ×	2 ○	3 ○	4 ○	5 ×

2

자료 1	1 ×	2 ○	3 ×	4 ○	
자료 2	1 ○	2 ○	3 ×	4 ○	
자료 3	1 ○	2 ○	3 ×	4 ○	5 ×

1 **1-1** B에 대해 A가 $0.6c$의 속력으로 운동하므로 A가 관측할 때 B의 속력은 $0.6c$이다.

1-2 A가 관측할 때 광원에서 방출된 빛이 P, Q에 동시에 도달하였고, Q는 빛의 진행 방향과 반대 방향으로 운동하므로 A가 관측할 때 광원과 Q 사이의 거리는 L보다 크다.

1-4 B가 관측할 때 A가 운동하므로 A의 시간은 B의 시간보다 느리게 간다.

1-5 빛의 속력은 관찰자의 속력에 관계없이 일정하다. 즉, A와 B가 관측할 때 빛의 속력은 c로 같다.

2-1 영희가 측정한 시간이 고유 시간이므로 $t_{철수}>t_{영희}$이다.

2-3 두 우주선의 고유 길이가 같으므로 철수가 측정한 B의 길이와 영희가 측정한 A의 길이는 같다.

2-4 A가 측정한 B의 속력과 B가 측정한 A의 속력은 같다.

2-5 우주 정거장에 대해 B가 더 빠르게 운동하므로 길이 수축이 더 크게 일어난다. 따라서 B가 측정한 우주 정거장의 길이가 더 짧다.

3-1 철수의 운동 방향과 수직인 O와 Q 사이의 거리는 수축되지 않으므로 P와 R 사이의 거리는 O와 Q 사이의 거리의 2배보다 작다.

3-2 영희의 관성계에서 광원에서 P, Q까지의 거리가 같으므로 영희가 측정할 때 광원에서 방출된 빛이 P와 Q에 동시에 도달한다.

3-3 철수가 측정할 때 P는 빛의 진행 방향과 같은 방향으로 이동하고, R는 빛의 진행 방향과 반대 방향으로 이동한다. 따라서 빛은 R에 먼저 도달한다.

3-4 철수가 측정할 때 빛이 한 번 왕복하는 데 진행한 거리는 $2L$보다 크므로 걸린 시간은 $\dfrac{2L}{c}$보다 크다.

4-1 광속 불변 원리에 의해 빛의 속력은 B가 측정할 때와 C가 측정할 때가 같다.

4-2 B가 측정할 때 시간 지연이 더 크게 일어났으므로 $v_A<v_B$이다.

4-3 C가 측정할 때 B의 속력이 A의 속력보다 크므로 B의 시간은 A의 시간보다 느리게 간다.

4-4 B가 측정할 때 A의 속력이 C의 속력보다 작으므로 A의 시간은 C의 시간보다 빠르게 간다.

5-1 광원에서 p까지 가는 데 걸린 시간이 p에서 광원까지 가는 데 걸린 시간보다 짧으므로 우주선의 운동 방향은 $-x$ 방향이다.

5-2 A에 대해 B가 운동하므로 시간 지연에 의해 B의 시간이 A의 시간보다 느리게 간다. 따라서 $t_0 > \dfrac{2L}{c}$ 이다.

5-3 B의 관성계에서 광원에서 동시에 방출된 빛이 p, q에서 반사하여 광원에 동시에 도달하므로 광원과 p 사이의 거리, 광원과 q 사이의 거리는 모두 L로 같다.

5-4 A의 관성계에서 광원과 p 사이의 거리는 길이 수축에 의해 L보다 작다.

5-5 A의 관성계에서 빛이 광원과 p 사이를 한 번 왕복하는 데 걸린 시간이 t_0이므로 B의 관성계에서는 t_0보다 작다.

2 **1-1** A는 질량수가 1이고, 전하량이 0인 중성자($^{1}_{0}\text{n}$)이다.

1-3 x와 y는 144로 같다.

2-1 X는 $^{4}_{2}\text{He}$으로 중성자수는 2이다.

2-2 핵반응 전후 전하량과 질량수는 보존된다.

2-3 핵반응에서 방출된 에너지는 (가)에서가 (나)에서보다 크므로 질량 결손은 (가)에서가 (나)에서보다 크다.

2-4 X의 질량을 M_X라고 하면 (가)에서의 질량 결손은 $2M_1 - M_X$이고, (나)에서 질량 결손은 $M_2 - M_3 - M_X$이다. 질량 결손은 (가)에서가 (나)에서보다 크므로 $2M_1 - M_X > M_2 - M_3 - M_X$에서 $2M_1 > M_2 - M_3$이다.

3-3 $^{15}_{7}\text{N}$의 질량수는 15이고, 양성자수는 7이므로 중성자수는 8이다.

3-5 (나)에서 핵반응 전 질량수의 합은 16이므로 ㉠의 질량수는 12이다.

---

　　　　　　　　　　　p.29~32

01 ③	02 ②	03 ③	04 ④	05 ③	06 ⑤
07 ⑤	08 ③	09 ①	10 ④	11 ④	12 ⑤
13 ⑤	14 ④	15 ①	16 ③		

01 ㄱ. A는 P에 대해 $0.7c$의 속도로 운동하므로 A의 관성계에서 P의 속력은 $0.7c$이다.

ㄷ. 속력이 빠를수록 길이 수축이 많이 일어난다.

바로알기 ㄴ. A의 관성계에서 P의 속력은 $0.7c$이고 B의 속력은 $0.7c$보다 작다. 즉, P의 속력이 B의 속력보다 크므로 B의 시간이 P의 시간보다 빠르게 간다.

02 ㄴ. B가 A보다 속력이 빠르므로 수명이 더 길다.

바로알기 ㄱ. 뮤온의 고유 수명은 t_0이고, 관찰자에 대해 A가 운동하므로 수명은 t_0보다 길다.

ㄷ. B의 수명은 t_0보다 길므로 $h > 0.99ct_0$이다.

03 ㄱ. A의 관성계에서 빛이 검출기까지 가는 데 걸린 시간이 P에서가 Q에서보다 작으므로 속력은 P가 Q보다 크다.

ㄷ. A의 관성계에서 빛이 검출기까지 가는 데 걸린 시간이 Q에서가 P에서의 1.2배이므로 광원과 검출기 사이의 거리는 P에서가 Q에서의 $\dfrac{5}{6}$배이다.

바로알기 ㄴ. 빛의 속력은 광원의 속력에 관계없이 동일하다.

04 ㄱ. P의 관성계에서 A, B에서 빛이 동시에 발생하였으므로 빛은 P에 동시에 도달한다.

ㄷ. P의 관성계에서 Q와 B 사이의 거리는 수축되므로 Q의 관성계에서 걸리는 시간이 더 크다.

바로알기 ㄴ. P의 관성계에서 Q는 B에서 오는 빛을 향해 운동하므로 B에서 발생한 빛이 Q에 먼저 도달한다.

05 ㄱ. 우주 정거장의 관성계에서 우주선이 P에서 Q까지 가는 데 5년이 걸리므로 우주선의 속력은 $0.6c$이다. 따라서 우주선의 관성계에서 관측할 때 Q의 속력은 $0.6c$이다.

ㄷ. 우주 정거장이 운동하므로 우주 정거장의 시간이 느리게 가므로 상대적으로 우주선의 시간이 빠르게 간다.

바로알기 ㄴ. 우주선의 관성계에서 P와 Q가 운동하므로 길이 수축이 일어난다. 따라서 P와 Q 사이의 거리는 3광년보다 작다.

06 ㄱ. B가 측정한 시간이 고유 시간이므로 $t_A > t_B$이다.

ㄴ. B가 A에 대해 운동하므로 빛의 경로 길이는 $L_A > L_B$이다.

ㄷ. $L_A = ct_A$, $L_A = ct_B$이고, $D_A = vt_1$, $D_B = vt_2$이다. 시간 지연 효과는 같으므로 $\dfrac{t_A}{t_B} = \dfrac{t_1}{t_2}$이고, $\dfrac{D_A}{D_B} = \dfrac{L_A}{L_B}$이다.

07 ㄴ. A의 관성계에서는 P의 길이가 수축되지 않고, B의 관성계에서는 P의 길이가 수축된다.

ㄷ. P에 대해 A가 B보다 더 빠른 속력으로 운동하므로 시간 지연에 의해 빛이 1회 왕복하는 데 걸린 시간은 A의 관성계에서가 B의 관성계에서보다 크다.

바로알기 ㄱ. 빛의 속력은 A, B의 관성계에서 서로 같다.

08 ㄱ. B의 관성계에서 P는 빛이 진행하는 반대 방향으로 이동하므로 빛은 P에 먼저 도달한다.

ㄷ. 길이 수축되는 정도가 같으므로 B의 관성계에서 P와 Q 사이의 거리는 A의 관성계에서 Y와 R 사이의 거리의 2배이다.

바로알기 ㄴ. 길이 수축이 일어나고 광속은 일정하므로 A의 관성계에서 Y에서 방출된 빛이 R에 도달하는 데 걸리는 시간은 $\dfrac{d}{c}$보다 작다.

09 ㄱ. 수직 방향의 길이는 수축되지 않으므로 광원과 거울 사이의 거리는 L이다.

바로알기 ㄴ. 광속 불변 원리에 의해 빛의 속력은 같다.

ㄷ. 속력이 빠를수록 시간 지연이 많이 되므로 빛이 1회 왕복하는 데 걸린 시간은 Ⅰ에서가 Ⅱ에서보다 작다.

10 ㄴ. 핵융합 과정에서 질량 결손에 의한 에너지가 발생한다.
ㄷ. 핵분열에서는 질량수가 큰 원자핵이 질량수가 작은 원자핵으로 분열된다.
🔍 **바로알기** ㄱ. A는 수소, B는 헬륨이다. A의 핵융합 반응으로 B가 생성되므로 질량은 A가 B보다 작다.

11 ㄴ. ㉠은 $^{92}_{36}Kr$, ㉡은 ^4_2He이다. 따라서 ㉠의 질량수는 92, ㉡의 질량수는 4이다.
ㄷ. 방출되는 에너지는 (가)에서가 (나)에서보다 크므로 질량 결손은 (가)에서가 (나)에서보다 크다.
🔍 **바로알기** ㄱ. 질량수 큰 원자핵이 질량수가 작은 원자핵으로 분열되므로 핵분열 반응이다.

12 ㄴ. ㉡은 ^1_1H이고, ^2_1H는 ^1_1H의 동위 원소이다. (가), (나)의 핵반응식은 다음과 같다.
(가) $^2_1H + ^2_1H \longrightarrow ^3_2He + ^1_0n + 3.27 \text{ MeV}$
(나) $^2_1H + ^2_1H \longrightarrow ^3_1H + ^1_1H + 4.03 \text{ MeV}$
ㄷ. 질량 결손에 의해 방출되는 에너지는 (가)에서가 (나)에서보다 작으므로 질량 결손은 (가)에서가 (나)에서보다 작다. 따라서 $m_1 + m_4 > m_2 + m_3$이다.
🔍 **바로알기** ㄱ. ㉠은 중성자이고 ^3_2He의 중성자수는 1이다.

13 ㄱ. 질량수가 작은 원자핵이 융합하여 질량수가 더 큰 원자핵이 생성되었으므로 핵융합 반응이다.
ㄴ. ㉠은 ^3_1H이므로 중성자수는 2이다.
ㄷ. 핵반응에서 방출된 에너지는 질량 결손에 의한 것이므로 결손된 질량은 $\Delta E = mc^2$에서 $m = \dfrac{\Delta E}{c^2}$이다.

14 ㄴ. 핵반응에서 질량수는 보존된다.
ㄷ. 양전자와 전자가 소멸하고 감마선이 방출되므로 양전자와 전자의 질량이 에너지로 전환된 것이다.
🔍 **바로알기** ㄱ. ㉠은 질량수 1, 전하량 0인 중성자(^1_0n)이다.

15 ㄱ. ㉠은 중성자수 1, 전하량은 0인 중성자(^1_0n)이다.
🔍 **바로알기** ㄴ. ㉡은 ^3_2He으로 질량수는 3이다. ^4_2He의 질량수는 4이다.
ㄷ. 핵반응에서 방출되는 에너지는 (가)에서가 (나)에서보다 크므로 질량 결손은 (가)에서가 (나)에서보다 크다.

16 ㄱ. 양성자의 속력이 $0.6c$이므로 A의 관성계에서 양성자가 P에서 Q까지 이동하는 데 걸린 시간은 $\dfrac{5}{3}t_0$이다.
ㄷ. P와 Q 사이의 거리는 A의 관성계에서는 ct_0이고, B의 관성계에서는 cT_0이다. 따라서 P와 Q 사이의 거리는 A의 관성계에서가 B의 관성계에서의 $\dfrac{t_0}{T_0}$배이다.
🔍 **바로알기** ㄴ. 양성자의 정지 질량이 0이 아니므로 정지 에너지는 0이 아니다.

Ⅱ. 물질과 전자기장

1 물질의 전기적 특성

수능 빈출 자료 **M'ASTER**　　　　　p.34~37

1	자료1	1 ○	2 ×	3 ○	4 ○	5 ×
	자료2	1 ×	2 ○	3 ×	4 ○	
	자료3	1 ○	2 ○	3 ×	4 ○	
2	자료1	1 ×	2 ○	3 ○	4 ×	5 ○
	자료2	1 ○	2 ×	3 ○	4 ×	5 ○
	자료3	1 ○	2 ×	3 ○	4 ×	5 ○
3	자료1	1 ×	2 ○	3 ○	4 ×	5 ×
	자료2	1 ×	2 ○	3 ○	4 ○	
	자료3	1 ×	2 ○	3 ○	4 ×	
4	자료1	1 ×	2 ○	3 ○	4 ×	
	자료2	1 ×	2 ×	3 ○	4 ○	
	자료3	1 ○	2 ×	3 ×	4 ○	

1 **1-1** (가)에서 A에 작용하는 전기력은 0이므로 B가 A에 작용하는 전기력의 크기는 C가 A에 작용하는 전기력의 크기와 같다.

1-2 (가)에서 A에 작용하는 전기력은 0이고, A로부터의 거리는 B가 C보다 작으므로 전하량의 크기도 B가 C보다 작다.

1-3 (나)에서 C를 B에 가까이하였을 때 A와 C 사이에 있는 B에 작용하는 전기력이 0이므로 전하량의 크기는 B로부터의 거리가 더 긴 A가 C보다 크다.

1-4 (나)에서 A와 C 사이에 있는 B에 작용하는 전기력이 0이므로 A와 C는 서로 같은 종류의 전하이다. 따라서 A와 C는 서로 밀어내는 전기력이 작용한다.

1-5 전하량의 크기는 A가 C보다 크고, (가)에서 B로부터 떨어진 거리는 A와 C가 같으므로 A와 B 사이에 작용하는 전기력의 크기는 B와 C 사이에 작용하는 전기력의 크기보다 크다.

2-1 B와 C의 전하의 종류가 같으면 B와 C가 A에 작용하는 전기력의 방향이 같아 A에 작용하는 전기력이 0이 될 수 없다. 따라서 B와 C는 다른 종류의 전하이어야 한다.

2-2 B가 양(+)전하, C가 음(−)전하라면 A와 B 사이에는 서로 밀어내는 전기력이 작용하고, B와 C 사이에는 서로 당기는 전기력이 작용하여 B에 작용하는 전기력의 방향은 $+x$ 방향이 되므로 모순이 된다. 따라서 B는 음(−)전하이다.

2-3 양(+)전하인 A가 B와 C로부터 받는 전기력은 0이고 B와 C의 전하의 종류는 서로 반대이므로 C는 양(+)전하이다. 따라서 B가 받는 전기력의 방향은 $-x$ 방향이므로 전하량의 크기는 A가 C보다 크다.

2-4 A와 B 사이에 작용하는 전기력의 크기를 F_{AB}, A와 C 사이에 작용하는 전기력의 크기를 F_{AC}, B와 C 사이에 작용하는 전기력의 크기를 F_{BC}라고 할 때, $F_{AB} = F_{AC}$이고 $F_{AB} > F_{BC}$이므로 $F_{AC} > F_{BC}$이다. 따라서 C는 A에 의한 전기력의 방향을 따르므로 C에 작용하는 전기력의 방향은 $+x$ 방향이다.

3-1 A와 D는 모두 양(+)전하이므로 A와 D 사이에는 서로 밀어내는 전기력이 작용한다.

3-2 B가 음(−)전하라면 A가 B에 작용하는 전기력의 크기는 D가 B에 작용하는 전기력의 크기보다 크므로 A와 D가 B에 작용하는 전기력의 방향은 $-x$ 방향이다. B에 작용하는 전기력은 0이므로 C는 양(+)전하이어야 한다. 그러나 C가 양(+)전하이면 A와 D가 C에 작용하는 전기력의 방향은 $-x$ 방향이 되고 B가 C에 작용하는 전기력의 방향도 $-x$ 방향이므로 C가 받는 전기력의 합력이 0이 될 수 없다. 따라서 B는 양(+)전하이다.

3-3 A, C, D가 B에 작용하는 전기력은 0이므로 A가 B에 작용하는 전기력의 크기는 C와 D가 B에 작용하는 전기력의 크기와 같다. 따라서 C의 전하량의 크기는 A의 전하량의 크기보다 작다.

3-4 A, B, C는 모두 양(+)전하이므로 D가 A, B, C로부터 받는 전기력의 합력의 방향은 $+x$ 방향이다.

2 **1-1** 전자의 전이 과정에서 방출되는 빛의 진동수가 클수록 파장이 짧다.

1-2 빛의 진동수가 가장 큰 f_A가 방출되는 전이 과정은 E_3에서 E_1로 전이할 때이고, 빛의 진동수가 가장 작은 f_C가 방출되는 전이 과정은 E_3에서 E_2로 전이할 때이다. 따라서 에너지가 E_2인 준위에 있던 전자가 에너지가 E_1인 준위로 전이하는 과정에서 방출하는 빛의 진동수는 f_B이다.

1-3 진동수가 f_C인 빛이 방출되는 전이 과정은 E_3에서 E_2로 전이할 때이다. 따라서 $f_C = \dfrac{E_3 - E_2}{h}$이다.

1-4 E_3에서 E_2로 전이할 때 전자의 에너지는 감소한다.

1-5 $f_A = \dfrac{E_3 - E_1}{h}$, $f_B = \dfrac{E_2 - E_1}{h}$이므로, $f_A - f_B = \dfrac{E_3 - E_2}{h} = f_C$이다.

2-2 원자핵으로부터의 거리가 작을수록 전자와 원자핵 사이에 작용하는 전기력이 크다.

2-4 a에서 $\lambda_a = \dfrac{hc}{E_3 - E_1}$이고, b에서 $\lambda_b = \dfrac{hc}{E_2 - E_1}$이므로 $\dfrac{\lambda_a}{\lambda_b} = \dfrac{E_2 - E_1}{E_3 - E_1}$이다.

2-5 a에서 방출한 에너지는 c에서 흡수한 에너지보다 크다.

3-2 전자의 전이 과정에서 방출하는 빛의 에너지가 클수록 빛의 파장은 작으므로 $\lambda_c > \lambda_b > \lambda_a$이다.

3-4 전자가 $n=5$에서 $n=3$인 상태로 전이할 때 방출되는 빛의 파장을 λ라고 하면, $\dfrac{hc}{\lambda} = \dfrac{hc}{\lambda_a} - \dfrac{hc}{\lambda_c}$에서 $\lambda = \left| \dfrac{\lambda_a \lambda_c}{\lambda_a - \lambda_c} \right|$이다.

3 **1-1** A는 띠 간격이 가장 넓으므로 절연체이다. B는 반도체, C는 도체이다.

1-4 온도가 높을수록 원자가 띠에서 전도띠로 전이하는 전자의 수가 증가하므로 그만큼 원자가 띠에 있는 양공의 수는 증가한다.

1-5 에너지 준위는 전도띠가 원자가 띠보다 높으므로 원자가 띠의 전자가 전도띠로 전이하려면 에너지를 흡수해야 한다.

2-1 띠 간격은 A가 B보다 좁으므로 A는 반도체, B는 절연체이다.

2-2 띠 간격이 좁을수록 전기 전도성이 좋다.

2-3 원자가 띠의 전자가 전도띠로 전이하려면 띠 간격 이상의 에너지를 흡수해야 한다.

2-4 띠 간격이 좁을수록 원자가 띠의 전자가 전도띠로 더 많이 전이한다. 따라서 단위 부피당 전도띠에 있는 전자 수는 A가 B보다 많다.

3-1 전자는 띠 간격에 존재할 수 없다.

3-2 원자가 띠에 있는 전자가 전도띠로 전이하기 위해서는 에너지를 흡수해야 한다.

3-3 원자가 띠에 있는 전자의 양자 상태는 모두 다르므로 전자의 에너지는 모두 다르다.

3-4 전자가 전이할 때 띠 간격 이상의 에너지를 갖는 광자가 방출되므로 (나)에서 방출되는 광자의 에너지는 E_0 이상이다.

4 **1-1** (가)는 원자가 띠와 전도띠 사이에 띠 간격이 있으므로 도체는 아니며, 전기 전도성은 도체보다 좋지 않다.

1-2 규소(Si)에 갈륨(Ga)을 첨가하여 양공이 생겼으므로 p형 반도체이다.

1-3 규소(Si)에 a를 첨가하여 공유 결합하지 않은 전자가 생겼으므로 n형 반도체이고, a의 원자가 전자는 5개이다.

1-4 순방향 전압을 걸면 p형 반도체의 양공과 n형 반도체의 전자가 접합면 쪽으로 이동한다.

2-1 스위치를 a에 연결했을 때와 b에 연결했을 때 모두 P가 켜졌으므로 전류의 방향에 관계없이 X에는 전류가 항상 흐른다. 따라서 X는 저항이다.

2-2 X는 저항이고, 스위치를 a에 연결했을 때와 b에 연결했을 때 전지의 전극의 방향이 서로 반대로 연결되므로 P에 흐르는 전류의 방향은 서로 반대이다.

2-3 스위치를 b에 연결했을 때 Q는 켜지지 않았으므로 Y는 전류를 한쪽 방향으로만 흐르게 하는(정류 작용) 소자인 다이오드이다.

2-4 스위치를 b에 연결했을 때 Y에는 역방향 전압이 걸리므로 Y에서 p형 반도체의 양공과 n형 반도체의 전자는 서로 멀어지는 쪽으로 이동한다.

3-1 발광 다이오드에서 빛이 방출되고 있으므로 발광 다이오드에는 순방향 전압이 걸려 있다.

3-2 발광 다이오드에는 순방향 전압이 연결되어 있으므로 p형 반도체와 연결된 전극 a는 (+)극이다.

3-3 순방향 전압이 걸린 발광 다이오드에서 n형 반도체의 전도띠에 있는 전자가 접합면 쪽으로 이동한다.

3-4 띠 간격이 좁을수록 발광 다이오드에서 방출되는 빛의 에너지는 작고 빛의 파장은 길다.

01 ④	**02** ③	**03** ⑤	**04** ③	**05** ⑤	**06** ③
07 ④	**08** ⑤	**09** ⑤	**10** ⑤	**11** ①	**12** ②
13 ③	**14** ①	**15** ②	**16** ③	**17** ①	**18** ②
19 ⑤	**20** ⑤	**21** ④	**22** ⑤	**23** ④	**24** ⑤

01 ④ B에 작용하는 전기력은 0이고, B로부터의 거리는 C가 A의 2배이므로 $Q_C=4Q_A$이다. B가 A에 작용하는 전기력의 크기는 C가 A에 작용하는 전기력의 크기보다 작으므로 $Q_B<\dfrac{Q_C}{3^2}$에서 $Q_C>9Q_B$이다. 따라서 $Q_C>Q_A>Q_B$이다.

02 ㄱ. A와 B는 양(+)전하이므로 A와 B는 서로 밀어내는 전기력이 작용한다. 따라서 (가)에서 B에 작용하는 전기력의 방향은 $+x$ 방향이다.

ㄴ. A, B, C의 전하량의 크기를 q, (가)에서 A와 B 사이의 거리를 $2d$라고 하면, (가)에서 A에 작용하는 전기력의 크기는 $\dfrac{kq^2}{4d^2}$이고 (나)에서 A에 작용하는 전기력의 크기는 $\dfrac{kq^2}{d^2}-\dfrac{kq^2}{4d^2}=\dfrac{3kq^2}{4d^2}$이다. 따라서 A에 작용하는 전기력의 크기는 (나)에서가 (가)에서의 3배이다.

🔍 **바로알기** ㄷ. (나)에서 B로부터 떨어진 거리는 A가 C보다 크므로 C가 B에 작용하는 전기력의 크기는 A가 B에 작용하는 전기력의 크기보다 크다. 따라서 (나)에서 B에는 전기력이 작용하고 방향은 $-x$ 방향이다.

03 ㄱ. A가 음($-$)전하라면, q에 놓인 C가 A로부터 받는 전기력의 방향과 B로부터 받는 전기력의 방향은 같고 p에 놓인 C가 A로부터 받는 전기력의 방향과 B로부터 받는 전기력의 방향은 서로 반대이다. 즉, A가 음($-$)전하라면 F_P가 F_Q보다 작게 되므로 문제의 조건과 맞지 않다. A가 양($+$)전하라면, q에 놓인 C가 A로부터 받는 전기력의 방향과 B로부터 받는 전기력의 방향은 서로 반대이고 p에 놓인 C가 A로부터 받는 전기력의 방향과 B로부터 받는 전기력의 방향은 같다. 즉, A가 양($+$)전하라면 F_P가 F_Q보다 크므로 문제의 조건과 일치한다. 따라서 A는 양($+$)전하이다.

ㄷ. C를 r에 놓았을 때, A, B가 C에 작용하는 전기력의 방향은 $+x$ 방향으로 같다. 따라서 r에서 C에 작용하는 전기력의 크기는 F_Q보다 크다.

🔍 **바로알기** ㄴ. A와 B는 모두 양($+$)전하이고, A와 B의 중간 지점인 q에서 C가 받은 전기력의 방향은 $-x$ 방향이므로 전하량의 크기는 A가 B보다 작다.

04

ㄱ. B는 A와 C 사이에 고정되어 있고, B에 작용하는 전기력은 0이므로 A와 C는 같은 종류의 전하이다. 따라서 C는 양($+$)전하이다.

ㄴ. B로부터 떨어진 거리는 A와 C가 같고, B에 작용하는 전기력은 0이므로 전하량의 크기는 A와 C가 같다. 전하량의 크기는 A와 B가 같고, C로부터 떨어진 거리는 A가 B보다 크므로 A가 C에 작용하는 전기력의 크기는 B가 C에 작용하는 전기력의 크기보다 작다. 따라서 C에 작용하는 전기력의 방향은 $-x$ 방향이다.

🔍 **바로알기** ㄷ. B를 $x=3d$에 고정시켰을 때, A로부터의 거리는 B가 C보다 크다. C가 A에 작용하는 전기력의 크기는 B가 A에 작용하는 전기력의 크기보다 크므로 A에 작용하는 전기력의 방향은 $-x$ 방향이다.

05 ㄱ. A에 작용하는 전기력은 0이므로 B와 C는 다른 종류의 전하를 띠고 있다. 따라서 B는 음($-$)전하이므로 C는 양($+$)전하이다. B가 받는 전기력의 방향이 $-x$ 방향이므로 A는 양($+$)전하이다.

ㄴ. A가 B에 작용하는 전기력의 크기는 C가 B에 작용하는 전기력의 크기보다 크고, B로부터의 거리는 A가 C보다 크다. 따라서 전하량의 크기는 A가 C보다 크다.

ㄷ. A가 받는 전기력이 0이므로 전하량의 크기는 C가 B의 $\dfrac{9}{4}$배이다. B가 받는 전기력의 방향은 $-x$ 방향이므로 전하량의 크기는 A가 C의 4배보다 크다. 즉, 전하량의 크기는 A가 B의 9배보다 크므로 C가 받는 전기력의 방향은 $+x$ 방향이다.

06 (가)에서 C에 작용하는 전기력의 크기가 F이고 방향이 $+x$ 방향이면서 A에 작용하는 전기력의 크기가 $2F$가 되기 위해서는 A와 B가 모두 음($-$)전하인 경우는 성립하지 않는다. (나)에서 C에 작용하는 전기력의 크기가 $2F$이고 방향이 $+x$ 방향이 되기 위해서는 A와 B가 모두 양($+$)전하인 경우와 A는 양($+$)전하이고 B가 음($-$)전하인 경우는 성립하지 않는다. 따라서 (가)와 (나)의 조건을 만족하려면 A는 음($-$)전하이고 B는 양($+$)전하인 경우이다.

(가)에서 B가 A에 작용하는 전기력의 크기를 f_1, C가 A에 작용하는 전기력의 크기를 f_2라고 하면, A에 작용하는 전기력의 크기는 $2F=f_1+f_2$ … ①이다. (가)에서 A가 C에 작용하는 전기력의 크기를 f_2, B가 C에 작용하는 전기력의 크기를 f_3이라고 하면, $f_3-f_2=F$ … ②이다.

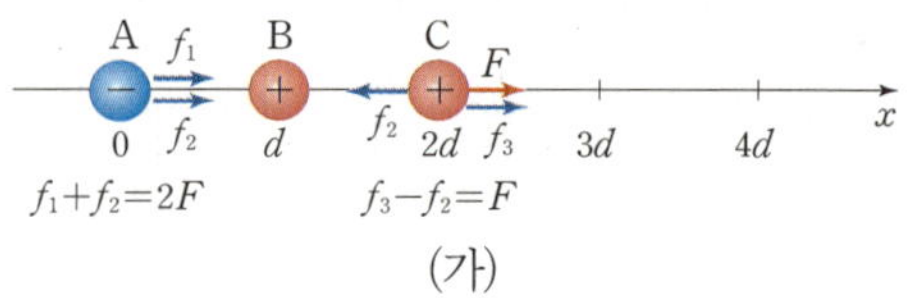

(나)에서 B가 C에 작용하는 전기력을 크기를 f_3이라고 하면, A가 C에 작용하는 전기력의 크기는 $4f_2$이므로 $4f_2+f_3=2F$ … ③이다.

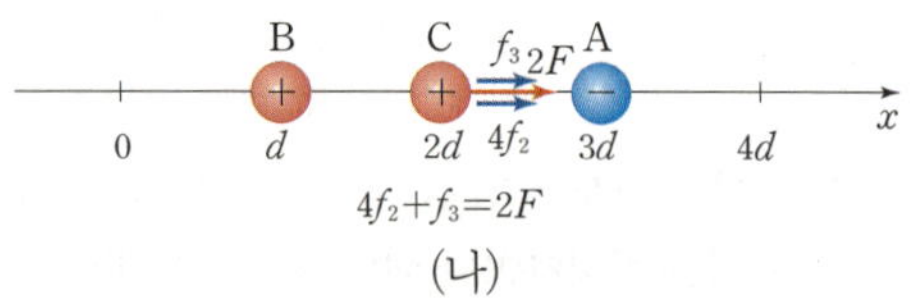

식 ①, ②, ③을 정리하면, $f_1=\dfrac{9}{5}F$, $f_2=\dfrac{1}{5}F$이다.
(다)에서 C가 A에 작용하는 전기력의 크기는 $4f_2$이고, B가 A에 작용하는 전기력의 크기는 f_1이므로 $f_1-4f_2=F$이고 방향은 $+x$ 방향이다.

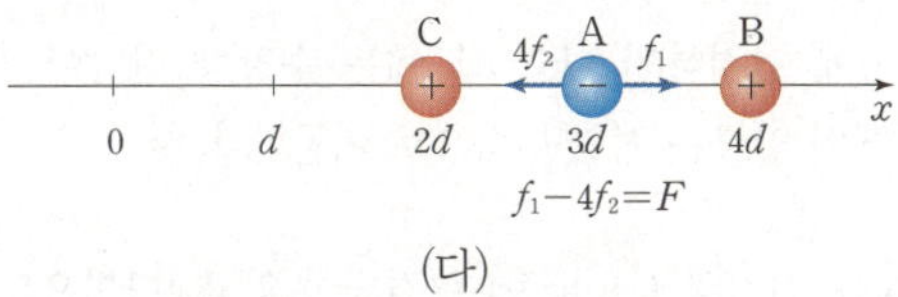

07 ㄱ. $x=0$에 놓인 C에 작용하는 전기력은 0이므로 전하의 종류는 A와 B가 같다. C를 $x=2d$에 놓았을 때 C에 작용하는 전기력의 방향은 $+x$ 방향이므로 A, B, C는 같은 종류의 전하이다.

ㄷ. B의 전하량을 q라고 하면, A의 전하량은 $4q$이다. C를 $x=2d$에 놓았을 때 C에 작용하는 전기력의 크기는 F이므로 C의 전하량을 Q라고 하면, $F=k\dfrac{4qQ}{16d^2}+k\dfrac{qQ}{d^2}=k\dfrac{5qQ}{4d^2}$이다.
$ⓒ=k\dfrac{4qQ}{d^2}-k\dfrac{qQ}{4d^2}=k\dfrac{15qQ}{4d^2}=3F$이다.

바로알기 ㄴ. C를 $x=0$에 놓았을 때 C에 작용하는 전기력은 0이고 C로부터의 거리는 A가 B의 2배이므로 전하량의 크기는 A가 B의 4배이다. C를 $x=-d$에 놓았을 때 C로부터의 거리는 A가 B보다 작으므로 A가 C에 작용하는 전기력의 크기는 B가 C에 작용하는 전기력의 크기보다 크다. A와 C는 같은 종류의 전하이므로 ㉠은 $+x$이다.

08

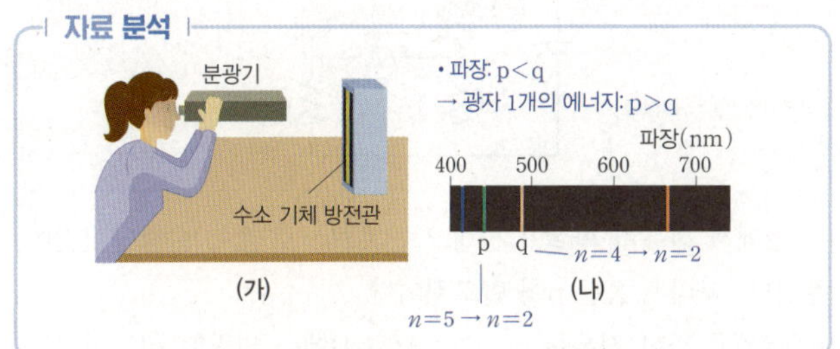

ㄱ. 수소 원자의 전자가 전이할 때 선 스펙트럼이 나타나므로 수소 원자의 에너지 준위는 불연속적이다.

ㄴ. 빛의 파장이 길수록 광자 1개의 에너지는 작다. 따라서 광자 1개의 에너지는 p에 해당하는 빛이 q에 해당하는 빛보다 크다.

ㄷ. 수소 원자의 전자가 $n=2$인 상태로 전이할 때 가시광선 영역의 스펙트럼이 나타난다. 광자 1개의 에너지는 p에 해당하는 빛보다 q에 해당하는 빛이 작으므로 q는 전자가 $n=4$인 상태에서 $n=2$인 상태로 전이할 때 나타난 스펙트럼선이다.

09 ㄱ. 전자가 전이할 때 에너지 준위의 차가 클수록 방출되는 빛의 파장은 짧다. 에너지 준위 차는 a에서가 b에서보다 작으므로 방출되는 빛의 파장은 a에서가 b에서보다 길다.

ㄴ. 전자가 전이할 때 에너지 준위의 차가 클수록 방출되는 빛의 진동수는 크다. 에너지 준위 차는 a에서가 c에서보다 크므로 방출되는 빛의 진동수는 a에서가 c에서보다 크다.

ㄷ. 전자가 높은 에너지 준위로 전이할 때 흡수되는 광자 1개의 에너지는 두 에너지 준위 차와 같으므로 d에서 흡수되는 광자 한 개의 에너지는 $(-0.85)-(-3.40)=2.55(\text{eV})$이다.

10 ㄱ. 보어의 수소 원자 모형에서 에너지는 양자화되어 있으므로 에너지는 불연속적이다.

ㄴ. $n=3$인 상태의 에너지 준위는 $n=1$인 상태의 에너지 준위보다 높으므로 전이 과정에서 전자의 에너지는 감소한다.

ㄷ. $n=3$인 상태의 에너지 준위와 $n=2$인 상태의 에너지 준위 차는 $h(f_2-f_1)$이다. 따라서 $n=2$인 상태의 전자가 진동수가 f_2-f_1인 빛을 흡수하면 $n=3$인 상태로 전이한다.

11 ㄱ. $n=1$인 상태의 전자가 $n=2$인 상태로 전이할 때 흡수하는 빛의 에너지는 hf이므로 $E_2-E_1=hf$이다.

바로알기 ㄴ. $E_3-E_2<E_2-E_1=hf$이다. 따라서 $n=2$인 상태의 전자가 $n=3$인 상태로 전이하기 위해 흡수하는 빛의 진동수는 f보다 작다.

ㄷ. $n=1$인 상태의 전자가 진동수가 f인 빛을 흡수하여 $n=2$인 상태로 전이하였으므로 $n=2$인 상태의 전자가 $n=1$인 상태로 전이할 때 방출하는 빛의 진동수는 f이다.

12

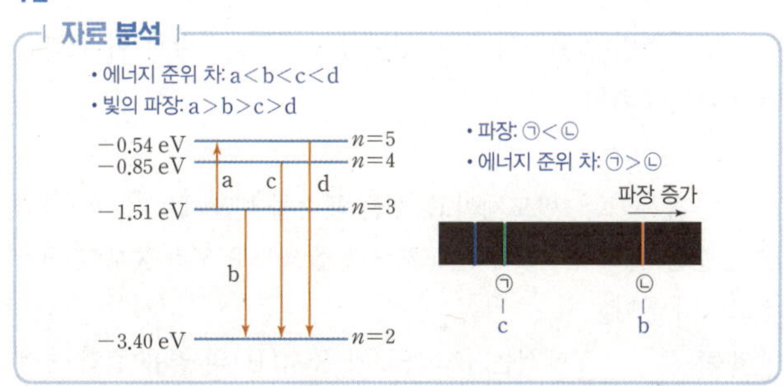

ㄴ. 전자가 전이할 때 방출되는 빛의 진동수는 에너지 준위 차에 비례한다. 에너지 준위 차는 c에서가 b에서보다 크므로 방출되는 빛의 진동수는 c에서가 b에서보다 크다.

바로알기 ㄱ. 전자가 높은 에너지 준위로 전이할 때 흡수되는 광자 1개의 에너지는 두 에너지 준위 차와 같다. 따라서 a에서 흡수되는 광자 1개의 에너지는
$(-0.54\text{ eV})-(-1.51\text{ eV})=0.97(\text{eV})$이다.

ㄷ. 전자가 전이할 때 방출되는 빛의 파장은 두 에너지 준위 차에 반비례한다. ㉠은 c에 의해 나타난 스펙트럼선이고, 에너지 준위 차는 b에서가 d에서보다 작으므로 방출되는 빛의 파장은 b에서가 d에서보다 길다. 따라서 ㉡은 b에 의해 나타난 스펙트럼선이다.

13

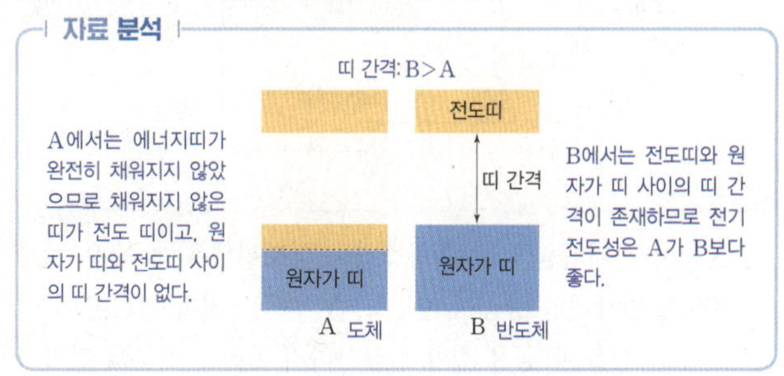

ㄱ. A는 원자가 띠의 일부만 채워져 있으므로 도체이다.

ㄴ. B에서 원자가 띠의 전자가 에너지를 얻어 전도띠로 전이하면 원자가 띠에는 전자의 빈자리인 양공이 발생한다.

바로알기 ㄷ. 원자가 띠는 전도띠보다 에너지 준위가 낮으므로 전자가 원자가 띠보다 높은 에너지띠인 전도띠로 전이하기 위해서는 에너지를 흡수해야 한다.

14 ㄱ. 스위치가 열렸을 때 전구가 켜지지 않았고, 스위치를 닫았을 때 전구가 켜졌으므로 전기 전도성은 A가 B보다 좋다.

바로알기 ㄴ. X는 원자가 띠와 전도띠가 겹쳐 있어 원자가 띠의 전자가 전도띠로 쉽게 이동할 수 있어 전기 전도성은 X가 Y보다 좋다. 따라서 A의 에너지띠 구조는 X이고, B의 에너지띠 구조는 Y이다.

ㄷ. 전기 전도성은 A가 B보다 좋으므로 물체에 전압이 걸렸을 때 전도띠에 있는 전자의 수는 A가 B보다 많다.

15 ㄴ. A를 연결했을 때 전구에 불이 켜졌고, B를 연결했을 때 불이 켜지지 않았으므로 전기 전도성은 A가 B보다 좋다.

바로알기 ㄱ. 고체의 에너지띠는 여러 개의 에너지 준위가 겹쳐져 띠를 이룬 것이다. 따라서 원자가 띠에 있는 전자의 에너지는 모두 같지 않다.

ㄷ. 띠 간격이 좁을수록 전기 전도성이 좋다. 따라서 띠 간격은 A가 B보다 좁다.

16 ㄷ. X는 고유 반도체이고, Y는 불순물 반도체이다. 띠 간격은 불순물 반도체가 고유 반도체보다 좁으므로 Y가 X보다 전기 전도성이 좋다.

바로알기 ㄱ. Y에서는 규소(Si)와 붕소(B)의 공유 결합 중 전자의 빈자리인 양공이 생겼으므로 붕소(B)의 원자가 전자는 3개이다.

ㄴ. Y는 붕소(B)를 도핑하여 양공이 생겼으므로 Y는 p형 반도체이다.

17

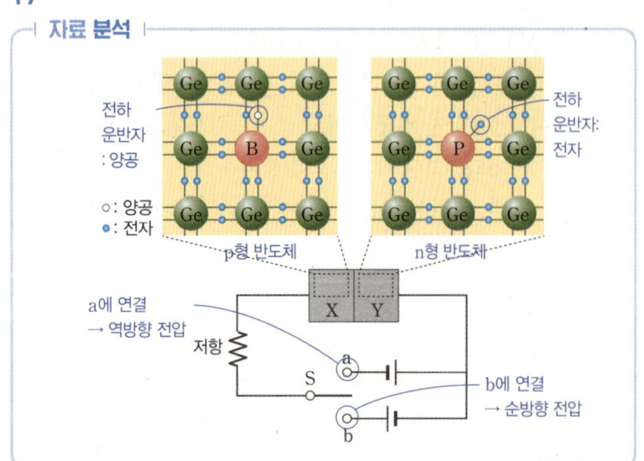

ㄱ. X에서는 저마늄(Ge)에 붕소(B)를 도핑했을 때 공유 결합 중 전자의 빈자리인 양공이 생겼고, Y에서는 저마늄(Ge)에 인(P)을 도핑했을 때 공유 결합에 참여하지 못하는 여분의 전자가

생겼다. 따라서 붕소(B)는 원자가 전자가 3개인 원소이고, 인(P)은 원자가 전자가 5개인 원소이다.

바로알기 ㄴ. X는 p형 반도체이고 Y는 n형 반도체이다. S를 a에 연결하면 다이오드에는 역방향 전압이 걸리므로 저항에는 전류가 흐르지 않는다.

ㄷ. S를 b에 연결하면 다이오드에는 순방향 전압이 걸리므로 p형 반도체의 양공은 접합면 쪽으로 이동한다.

18 ㄴ. X는 전지의 (+)극에 연결되어 있고, 다이오드에는 역방향 전압이 걸리므로 X는 n형 반도체이다.

바로알기 ㄱ. X와 Y에서 전하 운반자는 접합면에서 멀어지는 쪽으로 이동하므로 다이오드에는 역방향 전압이 걸린다.

ㄷ. Y는 p형 반도체이므로 Y의 전하 운반자는 양공이다.

19 ㄴ. A와 B에는 순방향 전압이 걸리므로 전원 장치의 (−)극에 연결된 X는 n형 반도체이다.

ㄷ. 집게를 b에 연결했을 때, B의 p형 반도체에는 전원 장치의 (+)극이 연결되고 n형 반도체에는 (−)극이 연결되어 순방향 전압이 걸리므로 B에서 p형 반도체의 양공은 접합면 쪽으로 이동한다.

바로알기 ㄱ. 집게를 a에 연결했을 때 A와 B에서 빛이 방출되었으므로 A와 B에는 순방향 전압이 걸린다. 따라서 ㉠은 (+)극이다.

20

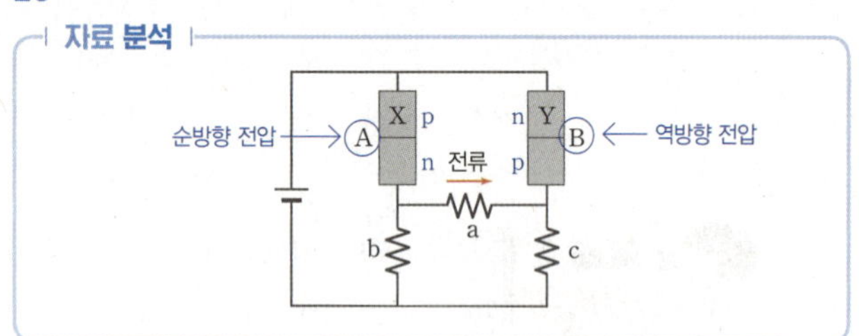

ㄱ. a에서 전류가 화살표 방향으로 흐르므로 A는 순방향 전압이 걸린다. 따라서 X는 p형 반도체이다.

ㄴ. a를 통과한 전류는 c로 흐르므로 B에는 역방향 전압이 걸린다. 따라서 Y는 n형 반도체이므로 Y는 주로 전자가 전류를 흐르게 한다.

ㄷ. B에는 역방향 전압이 걸리므로 n형 반도체의 전자는 접합면에서 멀어지는 쪽으로 이동한다.

21

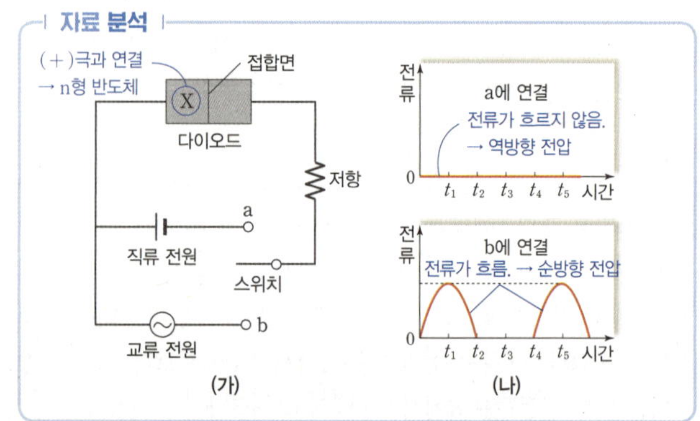

ㄱ. 스위치를 a에 연결했을 때 저항에는 전류가 흐르지 않았으므로 다이오드에는 역방향 전압이 걸린다. X는 직류 전원의 (+)극과 연결되므로 X는 n형 반도체이다. 따라서 X는 주로 전자가 전류를 흐르게 한다.

ㄷ. 스위치를 b에 연결하고 t_1일 때와 t_5일 때 저항에는 전류가 흐르므로 다이오드에는 순방향 전압이 걸린다. 다이오드는 전류를 한쪽 방향으로만 흐르게 하는 정류 작용을 하므로 저항에 흐르는 전류의 방향은 t_1일 때와 t_5일 때가 같다.

🔍 **바로알기** ㄴ. 스위치를 b에 연결하고 t_3일 때, 저항에는 전류가 흐르지 않았으므로 다이오드에는 역방향 전압이 걸린다. 따라서 다이오드에 역방향 전압이 걸릴 때, 다이오드에서 p형 반도체의 양공과 n형 반도체의 전자는 p-n 접합면에서 멀어지는 쪽으로 이동한다.

22 ㄴ. Y는 p형 반도체이므로 Y에서는 주로 양공이 전류를 흐르게 한다.

ㄷ. S를 b에 연결하면 LED에 역방향 전압이 걸리므로 n형 반도체에 있는 전자는 p-n 접합면에서 멀어지는 방향으로 이동한다.

🔍 **바로알기** ㄱ. S를 a에 연결했을 때 LED에서 빛이 방출되었으므로 회로에는 전류가 흐르고 있다. X는 전지의 (−)극에 연결되어 있으므로 X는 n형 반도체이다.

23

─ 자료 분석 ─

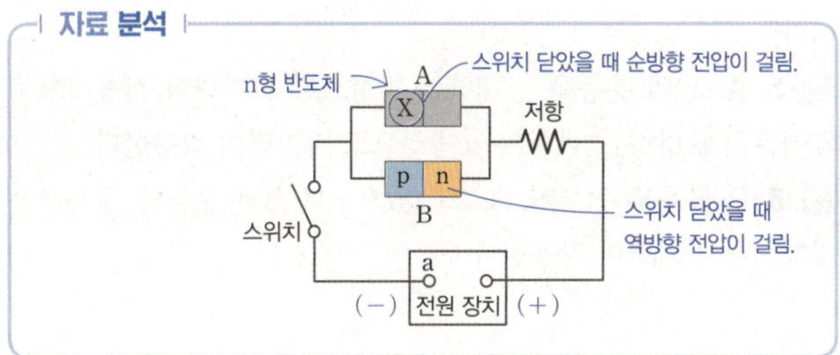

ㄱ. 스위치를 닫았을 때 A에서는 빛이 방출되었고 B에서는 빛이 방출되지 않았으므로 A는 B와 반대로 연결되어야 한다. 따라서 X는 n형 반도체이므로 주로 전자가 전류를 흐르게 한다.

ㄷ. 스위치를 닫았을 때 B에는 역방향 전압이 걸리므로 a는 (−)극이다.

🔍 **바로알기** ㄴ. LED에서 방출되는 빛의 파장은 A가 B보다 길므로 띠 간격은 A가 B보다 좁다.

24 ㄴ. A, B에는 순방향 전압이 걸리므로 B의 p형 반도체 쪽에 연결된 전원 장치의 a는 (+)극이다.

ㄷ. LED에서 방출되는 빛의 파장은 A에서가 B에서보다 길므로 방출되는 빛의 에너지는 A에서가 B에서보다 작다. A의 띠 간격은 E_0이므로 A에서 방출되는 광자 1개의 에너지는 E_0이다. 따라서 B에서 방출되는 광자 1개의 에너지는 E_0보다 크다.

🔍 **바로알기** ㄱ. A에서 빛이 방출되고 있으므로 A는 순방향 전압이 걸린다. 따라서 X는 n형 반도체이다.

2 물질의 자기적 특성

1 | **자료1** 1 ○ 2 ○ 3 ○ 4 × 5 ×
| **자료2** 1 ○ 2 ○ 3 ×
| **자료3** 1 ○ 2 × 3 ○

2 | **자료1** 1 ○ 2 ○ 3 × 4 ○
| **자료2** 1 ○ 2 × 3 ○ 4 ○ 5 ×

3 | **자료1** 1 × 2 ○ 3 ○ 4 × 5 ×
| **자료2** 1 ○ 2 ○ 3 × 4 ×
| **자료3** 1 ○ 2 × 3 ○

4 | **자료1** 1 ○ 2 ○ 3 ○ 4 ○ 5 × 6 ○
| **자료2** 1 ○ 2 ○ 3 × 4 ×
| **자료3** 1 ○ 2 × 3 ×

1 **1**-1 지구 자기장의 방향은 북쪽이므로 도선에 흐르는 전류에 의한 자기장의 방향이 서쪽이어야 자침의 N극이 북서쪽을 가리킨다.

1-2 전류는 남쪽에서 북쪽으로 흐르므로 단자 a는 (+)극이다.

1-3 전류의 세기가 증가하면 도선에 흐르는 전류에 의한 자기장의 세기가 커진다.

1-4 도선으로부터 거리가 멀어지면 도선에 흐르는 전류에 의한 자기장의 세기는 작아지므로 자침의 N극이 북쪽과 이루는 각은 더 작아진다.

1-5 도선에 흐르는 전류의 방향을 반대로 하면 나침반의 중심에서 도선에 흐르는 전류에 의한 자기장의 방향은 동쪽이 되므로 자침의 N극은 북동쪽을 가리킨다.

2-1 p에서 A에 흐르는 전류에 의한 자기장의 방향과 B에 흐르는 전류에 의한 자기장의 방향은 모두 xy 평면에 수직으로 들어가는 방향이므로 C에 흐르는 전류에 의한 p에서의 자기장 방향은 xy 평면에서 수직으로 나오는 방향이어야 한다.

2-2 p에서 A, B에 흐르는 전류에 의한 자기장의 세기는 $k\dfrac{2I}{d}$ 이므로 p에서 C에 흐르는 전류에 의한 자기장의 세기가 $k\dfrac{2I}{d}$가 되기 위해서는 C에 $2I$보다 큰 전류가 흘러야 한다.

2-3 q에서 B, C에 의한 자기장의 방향이 xy 평면에서 수직으로 나오는 방향이다. A에서 q까지의 거리는 B에서 q까지의 거리보다 멀기 때문에 q에서 A에 흐르는 전류에 의한 자기장의 세기는 B, C에 흐르는 전류에 의한 자기장의 세기보다 작다. 따라서 q에서 A, B, C에 흐르는 전류에 의한 자기장의 방향은 xy 평면에서 수직으로 나오는 방향이다.

3-1 점 p에서 A와 B에 의한 자기장은 0이므로 p에서 A와 B의 자기장의 방향은 서로 반대이어야 한다.

3-2 전류의 세기는 p에서 멀리 있는 A에서가 가까이 있는 B에서보다 크다.

3-3 점 p에서 B와 C에 의한 자기장은 0이므로 B와 C에서 전류의 방향은 종이면에서 수직으로 나오는 방향으로 같다.

2 **1-2** R에 흐르는 전류의 세기가 증가할수록 O에서 xy 평면에서 수직으로 나오는 방향의 자기장이 약해지므로 R에 흐르는 전류에 의한 O에서의 자기장의 방향은 xy 평면에 수직으로 들어가는 방향이다. 따라서 R에 흐르는 전류의 방향은 $-y$ 방향이다.

1-3 P가 없다면 R에 흐르는 전류의 세기가 $2I_0$이 되어야 O에서 자기장의 세기가 0이 될 수 있다. 그러나 R에 흐르는 전류의 세기가 $1.5I_0$일 때 O에서 자기장이 0이므로 P에 흐르는 전류와 R에 흐르는 전류에 의한 O에서 자기장의 방향은 같다.

1-4 R에 흐르는 전류가 $0.5I_0$만큼 증가할 때 O에서 자기장의 세기는 B_1만큼 감소하므로 $B_1 = k\dfrac{I_0}{4d}$이다. 한편 R에 흐르는 전류의 세기가 $1.5I_0$일 때 O에서 자기장은 0이므로, 이때 Q에 흐르는 전류에 의한 O에서의 자기장의 세기를 E_Q, R에 흐르는 전류에 의한 O에서의 자기장의 세기를 E_R, P에 흐르는 전류에 의한 O에서의 자기장의 세기를 E_P라고 하면 $0 = E_Q + E_P + E_R$의 관계가 성립한다. 따라서 $E_P = k\dfrac{I_0}{d} - k\dfrac{3I_0}{4d} = k\dfrac{I_0}{4d} = B_1$이다.

2-2 O에서 Q에 흐르는 전류에 의한 자기장의 방향이 xy 평면에 수직으로 들어가는 방향이다. 따라서 O에서 자기장의 세기가 0이 되기 위해서는 P에 흐르는 전류의 방향이 시계 반대 방향이어야 한다. 즉, ㉠은 시계 반대 방향이다.

2-3 P에 세기가 I_0인 전류가 흐를 때 P에 흐르는 전류에 의한 O에서 자기장의 세기는 B_0이다. 따라서 P에 시계 방향으로 흐르는 전류의 세기가 $2I_0$일 때 P에 흐르는 전류에 의한 O에서의 자기장의 세기는 $2B_0$이다. Q에 흐르는 전류에 의한 O에서의 자기장의 세기가 B_0이므로 ㉡은 $3B_0$이다.

2-5 P에 시계 반대 방향으로 크기가 $2I_0$인 전류가 흐를 때 O에서 P에 흐르는 전류에 의한 자기장의 방향은 xy 평면에서 수직으로 나오는 방향으로 크기가 $2B_0$이 된다. Q에 흐르는 전류에 의한 O에서 자기장의 방향은 xy 평면에 수직으로 들어가는 방향으로 크기가 B_0이므로 O에서 P와 Q에 흐르는 전류에 의한 자기장의 세기는 B_0이다.

3 **1-1** A는 (나)에서도 자기화되어 있으므로 A는 외부 자기장이 제거되더라도 자기화된 성질을 유지할 수 있는 강자성체이다. 따라서 A는 외부 자기장과 같은 방향으로 자기화된다.

1-2 (가)에서 실에는 자석의 무게와 자기력이 작용한다.

1-4 B는 상자성체이므로 외부 자기장과 같은 방향으로 자기화된다.

1-5 외부 자기장이 사라지더라도 자기화된 상태를 유지할 수 있는 것은 강자성체이므로, A를 치우면 B는 자기화된 상태를 유지할 수 없다.

2-2 (가)에서 A는 오른쪽 끝이 S극이 되도록, B는 오른쪽 끝이 N극이 되도록 자기화되므로 (가)에서 A와 B는 다른 방향으로 자기화되어 있다.

2-3 반자성체는 외부 자기장에 대해 반대 방향으로 자기화되는 성질을 갖고 있으므로 서로 끌어당기는 자기력이 작용할 수 없다. B는 반자성체이므로 다른 자기화된 물체 사이에서 밀어내는 자기력이 작용한다.

2-4 반자성체는 외부 자기장이 사라지면 원자 자석 자체가 사라진다.

3-2 (가)의 전자석에서 전자석의 오른쪽 끝이 N극으로 자기화되어 있으므로 철못의 머리 부분이 S극, 끝부분이 N극으로 자기화된다.

3-3 클립은 자기화된 철못에 의해 자기화된다.

4 **1-1** Ⅰ, Ⅱ에서 자기장의 세기를 각각 x, y라고 하면 A에서 상대적인 자기 선속 증가율은 $2x - 2y$이고, B에서 상대적인 자기 선속 감소율은 $4y$이다. A와 B에 흐르는 유도 전류의 세기가 같으므로 $2x - 2y = 4y$의 관계가 성립하고 $x = 3y$이다. 즉, 자기장의 세기는 Ⅰ에서가 Ⅱ에서의 3배이다.

1-2 Ⅰ, Ⅱ에서 자기장의 방향을 각각 xy 평면에 수직으로 들어가는 방향과 나오는 방향이라고 생각하면, A의 내부로 들어가는 자기력선이 증가하고 있고, B의 내부에서 나오는 방향의 자기력선이 감소하고 있으므로 유도 전류의 방향은 A에서와 B에서가 같다.

1-3 Ⅰ에서가 Ⅱ에서보다 자기장의 세기가 3배이고 자기장의 방향은 반대이므로 A, C에서 상대적인 자기 선속 변화율은 각각 $(6y - 2y)v$, $(9y - y)2v$이다. 따라서 자기 선속 변화율은 C에서가 A에서의 4배이고 유도 전류의 세기도 C에서가 A에서의 4배이다.

1-5 A, C의 운동을 방해하는 방향으로 자기력이 작용하므로 A에는 $+y$ 방향, C에는 $-y$ 방향으로 자기력이 작용한다.

1-6 B에 유도 전류가 흐르고 있으므로 B의 운동을 방해하는 방향으로 자기력이 작용한다.

2-1 1초일 때는 자기장의 세기가 일정하므로 금속 고리를 통과하는 자기 선속이 일정하다. 따라서 금속 고리에 유도 전류가 흐르지 않는다.

2-3 시간당 자기장 세기의 변화율이 4초일 때가 7초일 때보다 크므로 유도 전류의 세기도 4초일 때가 7초일 때보다 크다.

2-4 4초일 때는 금속 고리 내부로 들어가는 방향의 자기장이 감소하고 있으므로 금속 고리에 흐르는 유도 전류에 의한 유도 자기장의 방향은 금속 고리 내부에 수직으로 들어가는 방향이다. 따라서 4초일 때 금속 고리에 흐르는 유도 전류의 방향은 시계 방향이다.

3-1 A를 통과하는 자기 선속이 변하므로 유도 전류가 흐른다.

3-2 B가 균일한 자기장 영역에서 가속도 운동을 하더라도 B를 통과하는 자기 선속은 변하지 않으므로 B에는 유도 전류가 흐르지 않는다.

3-3 C가 운동하는 동안 C를 통과하는 자기 선속이 변하지 않으므로 C에는 유도 전류가 흐르지 않는다.

01 ①	**02** ⑤	**03** ①	**04** ①	**05** ⑤	**06** ⑤
07 ④	**08** ①	**09** ③	**10** ③	**11** ①	**12** ②
13 ⑤	**14** ⑤	**15** ②	**16** ③	**17** ①	**18** ①
19 ④	**20** ②	**21** ⑤	**22** ③	**23** ②	**24** ②
25 ⑤	**26** ③	**27** ⑤	**28** ①		

01 ㄱ. A와 B 사이의 자기력선이 연결되어 있으므로 A, B는 서로 다른 극이다. 따라서 A와 B 사이에는 서로 당기는 자기력이 작용한다.

바로알기 ㄴ. A와 B가 서로 다른 극이므로 두 극으로부터 같은 거리의 P점에서 자기장은 0이 아니다. 또한 P에서 자기력선이 있으므로 자기장이 0이 아니라고 해석할 수도 있다.

ㄷ. 자기력선이 R에서가 Q에서보다 조밀하므로 자기장의 세기는 R에서가 Q에서보다 세다.

02 ⑤ 솔레노이드에 흐르는 전류에 의해 A 부분은 N극으로 자기화된다. 강자성체는 외부 자기장과 같은 방향으로 자기화되고, 외부 자기장이 제거되더라도 자기화된 성질이 그대로 유지될 수 있다. X, Y 모두 강자성체이므로 B 부분도 A와 같은 방향으로 자기화된다. 따라서 B는 S극으로 자기화된다.

03

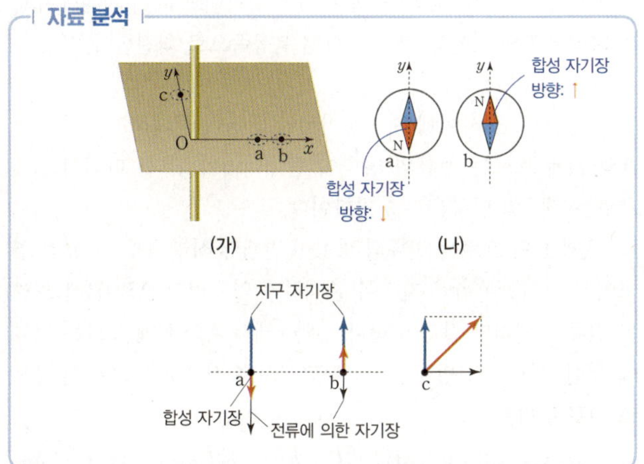

① a, b에서 직선 도선에 흐르는 전류에 의한 자기장의 방향은 y축과 나란하다. 나침반의 자침이 a, b에서 y축과 나란하므로 지구 자기장도 직선 도선에 흐르는 전류에 의한 자기장과 같이 y축과 나란함을 알 수 있다. 직선 도선으로부터 가까운 a에서는 직선 도선에 흐르는 전류에 의한 자기장의 세기가 지구 자기장보다 크고, b에서는 지구 자기장이 직선 도선에 흐르는 전류에 의한 자기장보다 크다. 따라서 도선에 흐르는 전류에 의해 a에서 $-y$ 방향의 자기장이 생기므로 도선에 흐르는 전류의 방향은 아래 방향이다. 도선에 흐르는 전류에 의해 c에는 $+x$ 방향의 자기장이 생기고, c에서 전류에 의한 자기장의 방향과 지구 자기장의 방향이 합쳐지면 자기장의 방향은 북동쪽이 된다.

04 ㄱ. 직선 도선 주변에 자기장이 시계 방향으로 형성되어 있으므로 도선에 흐르는 전류의 방향은 b이다.

바로알기 ㄴ. 무한히 긴 직선 도선 주변에는 동심원 모양의 자기장이 생기므로 도선으로부터 거리가 다른 P와 Q에 동일한 자기력선이 지나갈 수 없다.

ㄷ. 도선으로부터 거리는 P에서가 Q에서보다 가까우므로 자기장의 세기는 P에서가 Q에서보다 크다.

05 ㄱ. C에 흐르는 전류의 방향을 반대로 했을 때, p에서 자기장이 0에서 xy 평면에 수직으로 들어가는 방향으로 변하므로 전류를 반대로 했을 때 C에 흐르는 전류의 방향이 $-y$ 방향이다. 따라서 원래는 C에 $+y$ 방향으로 전류가 흐르고 있었다. 즉, B, C에 $+y$ 방향으로 전류가 흐르고 있으므로 p에서 자기장이 0이 되기 위해서는 A에 $+y$ 방향으로 전류가 흘러야 한다.

ㄴ. B, C를 I_B+I_C의 전류가 흐르는 하나의 도선으로 생각하면 p로부터 거리가 d보다 약간 더 멀리 떨어진 것으로 생각할 수 있다. 즉, p에서 d만큼 떨어져 세기가 I_A인 전류가 흐르는 도선에 의한 자기장과 p에서 d보다 좀 더 멀리 떨어진 곳에서 세기가 I_B+I_C인 전류가 흐르는 도선에 의한 자기장의 세기가 같아야 한다. 따라서 $I_A<I_B+I_C$이다.

ㄷ. p에서 A에 흐르는 전류에 의한 자기장의 세기와 B와 C에 흐르는 전류에 의한 자기장의 세기의 합은 같았다. 원점에서 B와 C로부터의 거리가 p에서 B와 C로부터의 거리보다 크므로 원점 O에서 합성 자기장의 방향은 A에 흐르는 전류에 의한 자기장과 같은 방향이 된다. 따라서 C에 흐르는 전류의 방향을 바꾸기 전과 후가 같다.

06 ⑤ p, q에서 A에 흐르는 전류에 의한 자기장은 같고, B에 흐르는 전류에 의한 자기장은 방향이 반대이다. p와 q에서 자기장의 차의 세기는 $|4B-(-2B)|=|-4B-2B|=6B$이므로 p, q에서 B에 의한 자기장의 세기는 $3B$이고 방향은 반대이다. 따라서 p에서 A에 흐르는 전류에 의한 자기장의 세기는 B이므로 전류의 세기는 B가 A의 3배이다.

07 ㄱ. p에서 A와 B에 흐르는 전류에 의한 자기장이 0이므로 B에는 $-y$ 방향으로 전류가 흐른다. 따라서 q에서는 A에 흐르는 전류에 의한 자기장도 xy 평면에서 수직으로 나오는 방향이고, B에 흐르는 전류에 의한 자기장도 xy 평면에서 수직으로 나오는 방향이므로 q에서 A와 B에 흐르는 전류에 의한 자기장의 방향은 xy 평면에서 수직으로 나오는 방향이다.

ㄷ. p와 q에서 자기장 세기의 차는 B이므로 q에서 B에 흐르는 전류에 의한 자기장의 세기는 $\frac{1}{2}B$이다. A에 흐르는 전류의 세기는 B에 흐르는 전류의 세기의 2배이므로 r에서 A에 흐르는 전류에 의한 자기장의 세기는 B이다. 따라서 r에서 A, B에 흐르는 전류에 의한 자기장의 세기는 $B+\frac{1}{2}B=\frac{3}{2}B$이다.

바로알기 ㄴ. p에서 A, B에 흐르는 전류에 의한 자기장의 세기가 같으므로 전류의 세기는 A가 B의 2배이다. 따라서 B에 흐르는 전류의 세기는 $\frac{1}{2}I$이다.

08 ① (가), (나)에서 P의 전류에 의한 자기장은 같지만 Q의 전류에 의한 자기장은 변하므로 O에서 합성 자기장의 방향이 반대

가 되려면 Q의 전류에 의한 자기장의 세기가 더 커야 한다. P, Q에 흐르는 전류에 의한 O에서 자기장의 세기를 각각 B_P, B_Q라고 하면, O에서 자기장의 방향은 (가)에서는 xy 평면에 수직으로 들어가는 방향, (나)에서는 xy 평면에서 수직으로 나오는 방향이므로, $B_Q - B_P = B_P - \frac{1}{2}B_Q$의 관계가 성립한다. 따라서 $B_P = \frac{3}{4}B_Q$이고 $\frac{B_Q}{B_P} = \frac{4}{3}$이다.

09

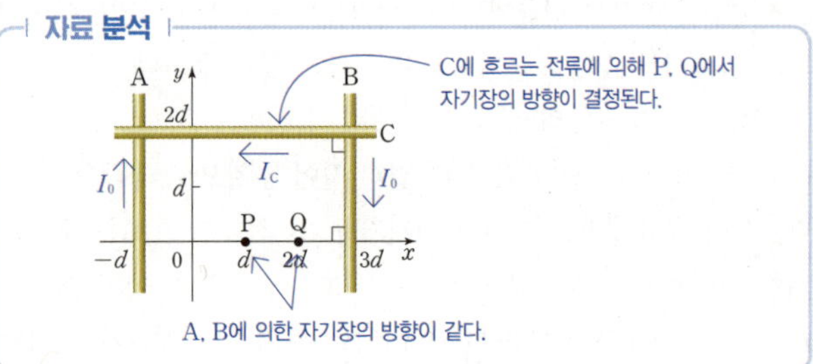

ㄱ. B에 흐르는 전류에 의한 자기장의 세기는 Q에서가 P에서보다 크다. P에서 세 도선에 흐르는 전류에 의한 자기장의 방향이 $(+)$이고 Q에서 세 도선에 흐르는 전류에 의한 자기장의 방향이 $(-)$이므로 Q에서 B에 흐르는 전류에 의한 자기장의 방향은 xy 평면에 수직으로 들어가는 방향인 $(-)$이다. 따라서 B에 흐르는 전류의 방향은 $-y$ 방향이고, A에 흐르는 전류의 방향은 $+y$ 방향이다.

ㄴ. P에서 A, B에 흐르는 전류에 의한 자기장의 방향은 $(-)$인데, A, B, C에 흐르는 전류에 의한 자기장의 방향은 $(+)$이다. 따라서 C에 흐르는 전류에 의한 P에서 자기장의 방향은 $(+)$가 되어야 하므로 C에 흐르는 전류의 방향은 $-x$ 방향이다.

🔍 바로알기 ㄷ. P는 A, B, C로부터 거리가 같은 점이다. P에서 A, B에 흐르는 전류에 의한 자기장의 세기와 방향은 각각 같다. 즉, A, B에 흐르는 전류에 의한 P에서의 자기장은 P로부터 $2d$만큼 떨어져 있는 B에 세기가 $2I_0$의 전류가 흐르는 것으로 생각해 구할 수 있다. 이 방향은 xy 평면에 수직으로 들어가는 방향이다. 그러나 P에서 세 도선에 의한 자기장의 방향은 xy 평면에서 수직으로 나오는 방향이므로 P에서 C에 흐르는 전류에 의한 자기장의 방향은 xy 평면에서 수직으로 나오는 방향이고 세기는 $2I_0$의 전류가 흐르는 도선에 의한 자기장의 세기보다 크다. 즉, $k\frac{I_C}{2d} > k\frac{I_0}{2d} + k\frac{I_0}{2d}$이고, $I_C > 2I_0$이다.

10

ㄱ. 막대자석과 솔레노이드 사이에서 서로 끌어당기는 자기력이 작용할 때는 막대자석과 솔레노이드 사이에 자기장이 0인 곳이 있을 수 없다. 따라서 막대자석과 솔레노이드 사이에는 서로 밀어내는 자기력이 작용한다.

ㄴ. a에서 막대자석과 솔레노이드 사이에 밀어내는 자기력이 작용하므로 솔레노이드의 왼쪽은 N극에 해당한다. 따라서 솔레노이드 내부에서 솔레노이드에 흐르는 전류에 의한 자기장의 방향은 왼쪽이다.

🔍 바로알기 ㄷ. b에서는 솔레노이드에 흐르는 전류에 의해 왼쪽 방향으로 자기장이 형성되어 있다.

11

ㄱ. a 방향으로 전류가 흐를 때 원형 도선에 흐르는 전류에 의한 자기장의 방향은 $-y$ 방향이고, b 방향으로 전류가 흐를 때 원형 도선에 흐르는 전류에 의한 자기장의 방향은 $+y$ 방향이다. 따라서 P는 a 방향으로, Q는 b 방향으로 전류가 흐를 때의 결과이다.

🔍 바로알기 ㄴ. 원형 도선에 흐르는 전류에 의한 자기장의 방향은 $+y$ 또는 $-y$ 방향이므로 지구 자기장의 방향이 $+x$ 방향이라면, P와 같은 결과가 나올 수 없다.

ㄷ. P의 결과가 나왔을 때보다 전류의 세기를 증가시키면 원형 도선에 흐르는 전류에 의한 y축과 나란한 자기장의 세기가 변하므로 나침반의 모습은 P로 유지되지 않는다.

12

ㄴ. 직선 도선으로부터 거리가 멀어지면 직선 도선에 흐르는 전류에 의한 자기장의 세기가 약해지므로 P가 놓인 곳에서 서쪽 방향의 자기장의 세기가 약해진다. 한편 북쪽 방향의 지구 자기장의 세기는 일정하므로 P를 직선 도선으로부터 북쪽 방향으로 더 먼 곳에 고정하면 자침의 회전각은 θ보다 작아진다.

🔍 바로알기 ㄱ. 직선 도선에 흐르는 전류에 의한 자기장의 방향은 오른손 엄지손가락을 전류의 방향으로 하고 도선을 감아쥐었을 때 네 손가락이 가리키는 방향이다. 지구 자기장의 방향은 북쪽을 가리키므로 전류의 방향은 a가 되어야 한다.

ㄷ. 직선 도선으로부터 남쪽으로 떨어진 지점에서는 도선에 흐르는 전류에 의한 자기장의 방향이 동쪽 방향이므로 이 지점에서 Q의 자침은 P의 자침과 다른 방향인 북동쪽으로 회전한다.

13

ㄱ. A와 B 사이에 자기장이 0인 영역이 존재하지 않으려면 A와 B에 흐르는 전류의 방향이 반대이어야 한다. 따라서 B에 흐르는 전류의 방향은 $-y$ 방향이다.

ㄴ. A와 B에 흐르는 전류의 방향이 반대인 상황에서 $x < d$인 영역에서 자기장이 0인 지점이 존재하지 않으려면 A와 B에 흐르는 전류의 세기가 같아야 한다. p와 r에서 A와 B에 흐르는 전류에 의한 자기장의 방향은 xy 평면에서 수직으로 나오는 방향으로 서로 같다.

ㄷ. q에서 자기장의 세기는 $\frac{kI}{d} + \frac{kI}{d} = \frac{2kI}{d}$이고, r에서 자기장의 세기는 $\frac{kI}{d} - \frac{kI}{3d} = \frac{2kI}{3d}$이다. 따라서 A와 B에 흐르는 전류에 의한 자기장의 세기는 q에서가 r에서의 3배이다.

14

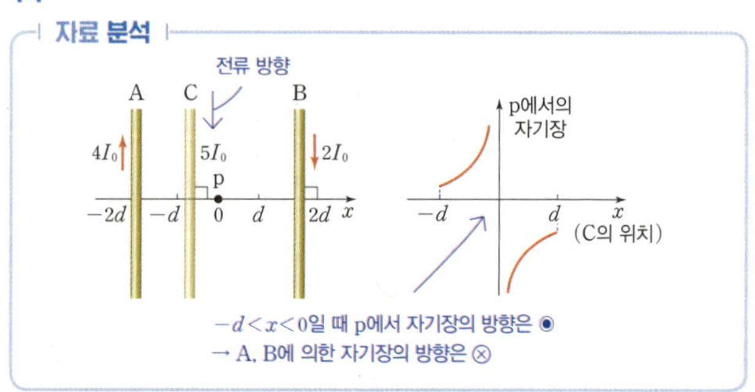

ㄱ. A와 B에 흐르는 전류에 의한 p에서의 자기장은 $(-)$방향인데 C가 p의 왼쪽에 있을 때 A, B, C에 흐르는 전류에 의한 자기

장이 (＋)방향이다. 따라서 C에 흐르는 전류는 $-y$ 방향으로 B와 같다.

ㄴ. A와 B에 흐르는 전류에 의한 p에서의 자기장은 (−)방향인데 C의 위치가 $x=\dfrac{d}{5}$에 있을 때 p에서 C에 의한 자기장은 (−)방향, C가 $x=-\dfrac{d}{5}$에 있을 때, p에서 C에 의한 자기장은 (＋)방향이므로 p에서 자기장의 세기는 C의 위치가 $x=\dfrac{d}{5}$에서가 $x=-\dfrac{d}{5}$에서보다 크다.

ㄷ. p에서 A, B에 의한 자기장의 세기는 $\dfrac{4kI_0}{2d}+\dfrac{2kI_0}{2d}=\dfrac{3kI_0}{d}$ 이고 방향은 종이면에 수직으로 들어가는 방향이다. p에서 자기장이 0이 되려면 C에 의한 자기장의 방향은 종이면에서 수직으로 나오는 방향이어야 한다. 즉, $x<0$인 곳에 가 있어야 하므로 p와 C 사이의 거리를 d'라고 하면 $\dfrac{5kI_0}{d'}=\dfrac{3kI_0}{d}$에서 $d'=\dfrac{5}{3}d$이다. 따라서 C의 위치는 $x=-\dfrac{5}{3}d$이므로 $x=-2d$ 와 $x=-d$ 사이에 있다.

15 ㄷ. (나)에서 철 클립이 자석에서 떨어진 후에도 서로 달라붙는 것은 철 클립이 자기화된 상태를 유지하기 때문이다.

🔍**바로알기** ㄱ. 강자성체는 외부 자기장을 제거했을 때 자기화가 사라지지 않는다. 그러나 (가)에서 자석에 붙여 놓았던 알루미늄 클립들은 자석에서 떨어진 후 서로 달라붙지 않았으므로 자석이 사라진 후 알루미늄 클립들의 내부는 자기화된 상태가 유지되지 않았다. 따라서 알루미늄 클립은 강자성체가 아니다.

ㄴ. (나)에서 자석에 붙여 놓았던 철 클립들이 자석에서 떨어진 후에 서로 달라붙은 것은 자석이 사라진 후 철 클립들의 내부가 자기화된 상태를 유지하기 때문이다. 따라서 철 클립은 강자성체 이다.

16 ㄱ. 두 막대에는 코일이 같은 방향으로 감겨 같은 방향으로 전류가 흐르고 있으므로 두 막대는 같은 방향으로 자기화된다. 따라서 두 막대 사이에는 당기는 자기력이 작용한다.

ㄴ. 왼쪽 코일 내부에서는 오른쪽 방향으로, 오른쪽 코일 내부에서도 오른쪽 방향으로 자기장이 생기므로 a에서 자기장의 방향은 오른쪽 방향이다.

🔍**바로알기** ㄷ. 상자성체도 강자성체와 같이 외부 자기장에 대해 같은 방향으로 자기화된다. S를 열어도 강자성체가 자기화되어 있기 때문에 두 막대 사이에는 끌어당기는 자기력이 작용한다.

17 ㄱ. 자석과 A 사이에 서로 미는 자기력이 작용하므로 A는 반자성체이고, A는 외부 자기장과 반대 방향으로 자기화된다.

🔍**바로알기** ㄴ. A는 반자성체이므로 반자성체와 자석 사이에는 서로 밀어내는 자기력이 작용한다.

ㄷ. A가 반자성체이면 B는 상자성체이다. 상자성체는 외부 자기장과 같은 방향으로 자기화되므로 상자성체와 자석 사이에는 서로 당기는 방향으로 자기력이 작용한다.

18 ㄱ. A와 B는 서로 반대 방향으로 자기화되어 있으므로 A와 B 사이에는 서로 밀어내는 자기력이 작용한다.

🔍**바로알기** ㄴ. 외부 자기장이 $+x$ 방향이므로 A는 외부 자기장과 같은 방향으로 자기화되어 있다.

ㄷ. B는 외부 자기장과 반대 방향으로 자기화되어 있으므로 B는 반자성체이다. 따라서 B는 외부 자기장을 제거하면 원자 자석이 사라진다.

19

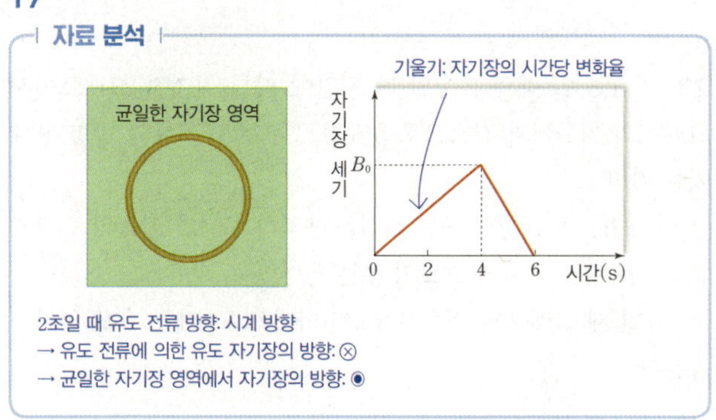

ㄱ. 원형 도선에 시계 방향으로 유도 전류가 흐를 때, 유도 전류에 의한 원형 도선 내부에서 유도 자기장의 방향이 종이면에 수직으로 들어가는 방향이므로 2초일 때 균일한 자기장 영역에서 자기장의 세기는 원형 도선 내부에서 나오는 방향으로 커지고 있는 상태이다. 따라서 균일한 자기장 영역에서 자기장의 방향은 종이면에서 수직으로 나오는 방향이다.

ㄷ. 자기장의 시간당 변화율의 크기(그래프에서 기울기의 크기)는 5초일 때가 2초일 때의 2배이므로 5초일 때 원형 도선에 흐르는 유도 전류의 세기는 $2I$이다.

🔍**바로알기** ㄴ. 3초일 때 외부 자기장의 세기가 커지고 5초일 때는 외부 자기장의 세기가 작아지고 있으므로, 3초일 때와 5초일 때 원형 도선에 흐르는 유도 전류의 방향은 반대이다.

20 ㄴ. 시간당 자기 선속 변화율의 크기가 t_0일 때가 $5t_0$일 때보다 크다. 따라서 유도 전류의 세기는 t_0일 때가 $5t_0$일 때보다 크다.

🔍**바로알기** ㄱ. $0<t<2t_0$에서 자기 선속 변화율이 일정하므로 유도 전류의 세기는 일정하다.

ㄷ. t_0일 때 자기 선속은 증가하고 있고, $6t_0$일 때 자기 선속은 감소하고 있으므로 유도 전류의 방향은 t_0일 때와 $6t_0$일 때가 서로 반대이다.

21 ⑤ (마)에서 스위치를 b에 연결하고 S극이 코일 위쪽에서 다가오는 동안에는 코일 위쪽이 S극에 해당하는 유도 기전력이 만들어지므로, 다이오드에 역방향 전압이 걸려 전류가 흐르지 않는다. (마)에서 N극이 코일 아래쪽으로부터 멀어지는 동안에는 코일 아래쪽이 S극이 되도록 유도 전류가 흐르므로, 저항에는 위에서 아래 방향으로 전류가 흐른다. 이때 (마)의 실험 결과로부터 이 방향을 (＋)으로 한다.

(다)에서 스위치를 a에 연결하고 자석의 N극이 코일 위쪽에서 다가오는 동안에는 코일 위쪽이 N극에 해당하므로 저항에는 (＋)방향으로 전류가 흐른다. (다)에서 S극이 코일 아래쪽으로

부터 멀어지는 동안에는 코일 아래쪽이 N극에 해당하므로 저항
에는 (−)방향으로 전류가 흐른다. 따라서 유도 전류의 형태는
⑤이다.

22 ③ 이 순간 a를 통과하는 자기 선속이 증가하고 있으므로 유
도 전류의 방향이 a와 같으려면 금속 고리 내부를 통과하는 자기
선속이 증가하면 된다. 따라서 a와 유도 전류의 방향이 같은 고
리는 b, c이다.

23 ㄴ. 1.5t일 때와 2.5t일 때 시간에 따른 자기장 그래프에서
그래프의 기울기가 같으므로 p에 흐르는 유도 전류의 방향과 세
기는 같다.

바로알기 ㄱ. 0.5t일 때는 도선을 통과하는 자기 선속의 변화가
없으므로 유도 전류가 흐르지 않는다.
ㄷ. 5t일 때 그래프의 기울기가 0이 아니므로 p에는 유도 전류가
흐른다.

24 ㄴ. 금속 막대의 속력이 v보다 커지면 금속 도선을 통과하는
시간당 자기 선속의 변화율이 커지므로 막대에 흐르는 유도 전류
의 세기는 I보다 커진다.

바로알기 ㄱ. 금속 막대가 운동함에 따라 금속 막대로 나누어
진 두 도선 중 왼쪽 사각형 도선을 통과하는 자기 선속이 증가한
다. 이때 이 자기 선속의 증가를 방해하기 위해 유도 전류가 왼
쪽 사각형 도선에서 시계 반대 방향으로 흐르며 xy 평면에 수직
으로 나오는 방향의 유도 자기장을 만들고 있다. 따라서 균일한
자기장 영역에서 자기장의 방향은 xy 평면에 수직으로 들어가는
방향이다.
ㄷ. S를 닫으면 금속 막대로 나누어진 왼쪽 사각형 도선에는 시
계 반대 방향의 유도 전류가, 오른쪽 사각형 도선에는 시계 방향
의 유도 전류가 흐르게 된다. 따라서 금속 막대에는 S를 닫기 전
보다 더 큰 유도 전류가 흐르게 된다.

25 ㄴ. 자석이 코일을 통과하는 동안 자석에는 항상 운동 반대
방향으로 자기력이 작용하므로 자석의 속력은 감소한다. 자석의
속력은 자석이 b를 지날 때가 a를 지날 때보다 작으므로 저항에
흐르는 유도 전류의 세기는 자석이 a를 지날 때가 b를 지날 때보
다 크다.
ㄷ. 자석이 코일을 통과하는 동안 저항에 전류가 흐르므로 에너
지 보존에 의해 자석이 코일을 통과하는 동안 자석의 역학적 에
너지가 감소해야 한다. 따라서 자석에는 자석의 운동을 방해하는
방향인 왼쪽으로 자기력이 작용한다. 즉, 자석에 작용하는 자기
력의 방향은 자석이 a를 지날 때와 b를 지날 때 모두 왼쪽이다.

바로알기 ㄱ. 자석이 a, b를 각각 지날 때 자석에 작용하는 자
기력의 방향은 왼쪽 방향이므로 자석이 a를 지날 때 코일의 왼쪽
이 N극을, 자석이 b를 지날 때 코일의 오른쪽이 N극을 띤다. 따
라서 저항에 흐르는 유도 전류의 방향은 자석이 a를 지날 때와 b
를 지날 때가 서로 반대이다.

26 ㄷ. 영역 Ⅱ의 자기장의 세기가 영역 Ⅰ의 자기장의 세기보
다 크기 때문에 (다)에서 정사각형 도선이 자기장 영역에 들어가
는 동안 정사각형 도선에 흐르는 유도 전류의 방향은 (나)에서와
(다)에서가 같다.

바로알기 ㄱ. (가), (나)에서 정사각형 도선에 흐르는 유도 전류
의 방향이 반대이므로 영역 Ⅰ과 영역 Ⅱ에서 자기장의 방향은 반
대이다.
ㄴ. (가), (나)에서 자기장을 각각 B, $-2B$라고 하면 (가),
(나), (다)에서 유도 기전력의 크기는 각각 $2Bdv$, $4Bdv$,
$Bdv(=2Bdv-Bdv)$이다. 따라서 정사각형 도선에 흐르는 유
도 전류의 세기는 (가)에서가 (다)에서의 2배이다.

27

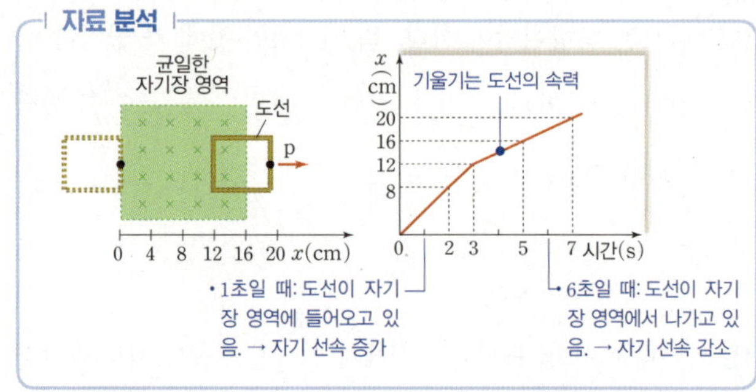

ㄱ. 4초일 때 정사각형 도선은 균일한 자기장 영역에 완전히 들
어온 상태로 자기 선속의 변화가 없다. 따라서 유도 전류는 흐르
지 않는다.
ㄴ. 1초일 때는 정사각형 도선이 균일한 자기장 영역에 들어오고
있고 6초일 때는 균일한 자기장 영역을 빠져나가고 있다. 이때
정사각형 도선의 속력이 1초일 때가 6초일 때보다 크므로 전류의
세기는 1초일 때가 6초일 때보다 크다.
ㄷ. 1초일 때는 정사각형 도선이 균일한 자기장 영역에 들어오고
있고 6초일 때는 균일한 자기장 영역을 빠져나가고 있다. 따라서
1초일 때는 정사각형 도선을 통과하는 자기 선속이 증가하고 있
고 6초일 때는 자기 선속이 감소하고 있으므로 유도 전류의 방향
은 1초일 때와 6초일 때가 서로 반대이다.

28 ㄱ. 자석이 A, B를 지나는 동안 A, B에 전류가 흐르므로 에
너지 보존에 의해 자석의 역학적 에너지는 감소해야 한다. 따라
서 B를 통과할 때 자석의 속력은 v보다 작다.

바로알기 ㄴ. 자석이 운동하는 동안 A, B는 항상 자석의 운동
을 방해하는 방향으로 자기력을 작용하므로 자석의 속력은 b를
지날 때가 a를 지날 때보다 느리다. 따라서 자석이 a를 지날 때
A에 흐르는 유도 전류의 세기는 자석이 b를 지날 때 B에 흐르는
유도 전류의 세기보다 크다.
ㄷ. 자석이 p를 지날 때 A, B가 자석에 작용하는 자기력은 자석
의 운동을 방해하는 왼쪽 방향이므로 A, B가 자석에 작용하는
자기력의 합력은 0이 아니다.

III. 파동과 정보 통신

1 파동의 성질과 이용

1 자료1 1 × 2 ○ 3 ○
　　자료2 1 ○ 2 ○ 3 ○ 4 × 5 ×
　　자료3 1 × 2 × 3 ○ 4 ×

2 자료1 1 × 2 ○ 3 ○ 4 × 5 ×
　　자료2 1 ○ 2 ○ 3 × 4 ○

3 자료1 1 × 2 × 3 ○ 4 ○
　　자료2 1 ○ 2 ○ 3 ×
　　자료3 1 × 2 ○ 3 ×

4 자료1 1 ○ 2 × 3 ×
　　자료2 1 ○ 2 ○ 3 × 4 ○
　　자료3 1 ○ 2 × 3 ×

---

1 **1**-1 진동수는 주기의 역수와 같다. 따라서 A, B의 진동수는 같다.

1-2 A의 파장은 2칸이고 B의 파장은 4칸이다. 따라서 파장은 B가 A의 2배이다.

1-3 $v=\dfrac{\lambda}{T}$에서 주기가 같으므로, 속력은 파장에 비례한다. 따라서 속력은 B가 A의 배이다.

2-1 (가)에서 4 cm 간격으로 같은 모양이 반복되므로 파장은 4 cm이다.

2-2 (나)에서 2초 간격으로 같은 모양이 반복되므로 주기는 2초이다.

2-3 파동의 속력은 $\dfrac{4}{2}=2\,(\mathrm{cm/s})$이다.

2-4 진폭은 진동 중심에서 마루까지의 높이와 같으므로 2 cm이다.

2-5 $x=2\,\mathrm{cm}$에 골이 먼저 도달한 후 마루가 도달한다. 따라서 진행 방향은 $-x$ 방향이다.

3-1 파동이 진행 방향에 수직 방향으로 진동한다. 따라서 파동은 횡파이다.

3-2 P가 0.5초일 때 마루가 된 후 1.5초일 때 골이 된다. 따라서 파동의 진행 방향은 $-x$ 방향이다.

3-3 P가 0.5초일 때 마루가 되므로, (가)에서 P는 $+y$ 방향으로 운동한다.

3-4 1.5초일 때 P는 골이다. 따라서 (가)의 순간부터 1.5초 후, P는 골이 된다.

2 **1**-1 공기의 굴절률이 1이므로 A, B의 굴절률은 각각 $n_{\mathrm{A}}=\dfrac{4.5}{3.0}=1.5$, $n_{\mathrm{B}}=\dfrac{5.1}{3.0}=1.7$이다.

1-2 $n=\dfrac{c}{v}$에서 빛의 속력은 굴절률에 반비례한다. 그런데 굴

절률이 B가 A보다 크므로, 레이저 빛의 속력은 A에서가 B에서보다 크다.

1-3 A에 대한 B의 굴절률은 $\dfrac{5.1}{4.5}=\dfrac{\bigcirc}{3.0}$이다. 따라서 $\bigcirc=\dfrac{5.1\times3.0}{4.5}=3.4$이다.

1-4 그림에서 법선과 이루는 각이 굴절 광선이 입사 광선보다 크다. 따라서 굴절각이 입사각보다 크다.

1-5 $\dfrac{\sin r}{\sin i}=\dfrac{L_2}{L_1}$에서 $L_2\propto\sin r$가 성립한다.

2-1 h가 클수록 p에서 빛의 진행 방향이 크게 꺾인다. 따라서 굴절률은 C가 A보다 크다.

2-2 빛의 속력은 굴절률에 반비례한다. 따라서 B에서가 C에서보다 크다.

2-3 B, C로 실험할 때 p에서 입사각을 각각 i_{B}, i_{C}라고 하면 $\sin i_{\mathrm{B}}=\dfrac{20}{\sqrt{20^2+21^2}}$, $\sin i_{\mathrm{C}}=\dfrac{20}{\sqrt{20^2+24^2}}$이고, B에 대한 C의 굴절률은 $\dfrac{\sin i_{\mathrm{B}}}{\sin i_{\mathrm{C}}}$이다.

2-4 자의 끝에서 나온 빛이 p를 지나 눈에 들어온다. 따라서 p에서 굴절각이 입사각보다 크다.

3 **1**-1 입사각이 임계각보다 크거나 같아야 전반사한다.

1-2 A, B에서 공기로 진행할 때, 임계각은 각각 42°, 34°이며, 임계각이 작을수록 굴절률이 크다.

1-3 빛이 A에서 공기로 진행할 때 42°를 경계로 전반사 여부가 달라진다. 따라서 A와 공기 사이의 임계각은 42°이다.

1-4 공기로 진행할 때 임계각이 A가 B보다 크므로, 굴절률은 B가 A보다 크다. 따라서 광섬유를 만들 때 A를 클래딩으로, B를 코어로 사용해야 한다.

2-1 (가)에서 B와 C의 경계면에서 a가 전반사한다. 따라서 굴절률은 B가 C보다 크다.

2-2 B와 C의 경계면에서 입사각이 (가)에서는 임계각보다 크고 (나)에서는 임계각보다 작다. 따라서 B로 입사하는 지점에서 굴절각이 (가)에서가 (나)에서보다 작다. 입사각이 같을 때 굴절각이 작을수록 굴절률 차가 크므로, 굴절률은 A가 D보다 작다. 따라서 a의 속력은 A에서가 D에서보다 크다.

2-3 입사각을 증가시키면 굴절각도 증가하므로, B에서 C로 입사하는 a의 입사각은 감소한다. 따라서 전반사하지 않는다.

3-1 입사각이 θ일 때 전반사가 일어나므로 임계각보다 크다.

3-2 A, B의 경계면과 B, C의 경계면에서 굴절각이 입사각보다 크므로, $n_{\mathrm{A}}>n_{\mathrm{B}}>n_{\mathrm{C}}$이다.

3-3 코어의 굴절률이 클래딩의 굴절률보다 커야 한다.

4 **1**-1 p에서 점선과 점선이 교차하므로 골과 골이 만났다. 따라서 p에서 보강 간섭이 일어난다.

1-2 p, q, r 중 골과 골이 중첩한 p에서의 수면이 가장 낮다.

1-3 S_1, S_2에서 p까지 경로차와 r까지 경로차는 λ로 같다.

2-1 두 파동의 마루가 중첩한 순간 변위의 크기가 2 cm이 므로 파동이 5초 동안 5칸 이동한다는 것을 알 수 있다. 1칸이 1 cm이므로 파동의 속력은 $v=\dfrac{5}{5}=1(\text{m/s})$이다.

2-2 p에서 두 파동이 같은 위상으로 중첩한다. 따라서 p에서 보강 간섭이 일어난다.

2-3 p에서는 두 파동이 항상 같은 위상으로 중첩한다. 따라서 항상 보강 간섭이 일어난다.

2-4 파장이 4 cm이므로 $v=f\lambda$에서 $1=f\times4$이고, 진동수는 $f=\dfrac{1}{4}=0.25(\text{Hz})$이다.

3-1 밝은 무늬의 중심에서는 보강 간섭이 일어난다.

3-2 P가 어두운 무늬의 중심이므로 P에서 상쇄 간섭이 일어 난다. 따라서 이중 슬릿을 통과한 빛이 반대 위상으로 중첩한다.

3-3 간섭은 파동의 중요한 특징이다. 따라서 이 실험을 통해 빛의 파동성을 확인할 수 있다.

 p.60~65

01 ③	**02** ④	**03** ④	**04** ②	**05** ⑤	**06** ④
07 ⑤	**08** ⑤	**09** ②	**10** ①	**11** ①	**12** ③
13 ②	**14** ⑤	**15** ②	**16** ③	**17** ③	**18** ①
19 ⑤	**20** ②	**21** ④	**22** ④	**23** ③	**24** ②

01 ㄱ. 주기는 파동이 한 번 진동하는 데 걸리는 시간이다. 따라 서 A의 주기는 4 ms이다.

ㄴ. A, B의 주기는 각각 4 ms, 3 ms이다. 그런데 진동수는 주 기에 반비례하므로 진동수는 B가 A의 $\dfrac{4}{3}$배이다.

바로알기 ㄷ. 온도가 같으면 공기에서 소리의 진행 속력은 같 다. 따라서 같은 온도의 공기에서 A, B의 진행 속력은 같다.

02 ㄴ. A에서 파장이 4 m이고 진행 속력이 2 m/s이므로, $2=\dfrac{4}{T}$에서 파동의 주기는 $T=2$초이다. 따라서 $t=1$초일 때는 그림의 순간부터 $\dfrac{1}{2}$주기 후이므로, $x=12$ m에서의 변위는 0이다.

ㄷ. $x=8$ m와 $x=12$ m는 B에서 $\dfrac{1}{2}$파장 간격이므로, $x=8$ m 에서와 $x=12$ m에서 파동의 위상은 서로 반대이다. 따라서 $x=8$ m에 마루가 생기는 순간 $x=12$ m에 골이 생긴다.

바로알기 ㄱ. 파동이 진행하다가 매질이 바뀌더라도 진동수는 변하지 않는다. 따라서 파동의 진동수는 A, B에서 같다.

03 ④ B에서 파장은 $\lambda=4$ cm이고 주기는 $T=0.2$초이다. 따라 서 B에서 파동의 속력은 $v=\dfrac{\lambda}{T}=\dfrac{4}{0.2}=20(\text{cm/s})$이다.

04

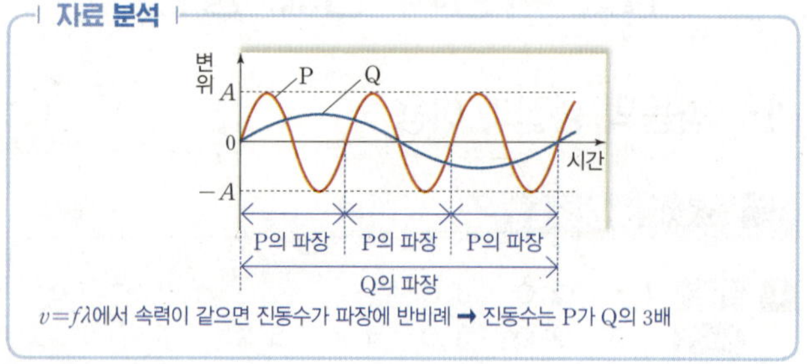

ㄴ. Q가 1번 진동하는 동안 P는 3번 진동한다. 따라서 진동수는 P가 Q의 3배이다.

바로알기 ㄱ. 진폭은 진동 중심에서 마루까지 높이와 같다. 따 라서 P의 진폭은 A이다.

ㄷ. 속력이 같으므로 $v=\dfrac{\lambda}{T}$에서 파장은 주기에 비례한다. 따라 서 파장은 Q가 P의 3배이다.

05 ㄱ. 유리판이 있는 부분은 물의 깊이가 얕고, 유리판이 없는 부분은 물의 깊이가 깊다. 그런데 경계면에서 물결파의 진행 방 향이 꺾이므로, 물의 깊이가 달라지는 곳에서 물결파의 굴절이 일어났다.

ㄴ. 입사 파면과 굴절 파면이 경계면과 이루는 예각이 각각 입사 각과 굴절각이므로, 굴절각이 입사각보다 크다. 따라서 $\theta_A<\theta_B$ 이다.

ㄷ. f_0일 때와 $2f_0$일 때 굴절률이 같으므로, B에서 파장의 비는 A에서 파장의 비와 같다. 따라서 ㉠은 $\dfrac{3}{4}\lambda_0$이다.

06

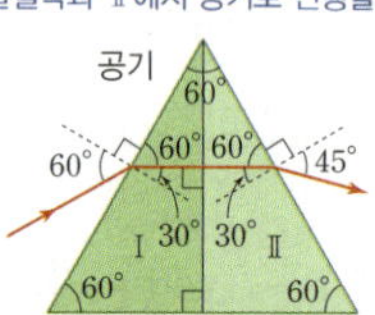

④ 공기, Ⅰ, Ⅱ의 굴절률을 각각 n_0, n_1, n_2라고 하면 $n_0\sin60°=$ $n_1\sin30°$에서 $n_1=\sqrt{3}n_0$이다. 그리고 $n_2\sin30°=n_0\sin45°$에서 $n_2=\sqrt{2}n_0$이다. 따라서 Ⅰ에 대한 Ⅱ의 굴절률은 $n_{12}=\dfrac{n_2}{n_1}=\dfrac{\sqrt{2}}{\sqrt{3}}$ $=\dfrac{\sqrt{6}}{3}$이다.

07 ㄴ. 굴절률은 B가 A보다 크다. 따라서 빛의 파장은 A에서 가 B에서보다 길다.

ㄷ. 액체의 굴절률이 클수록 공기와 액체 사이의 임계각이 작다. 따라서 공기와 액체 사이의 임계각은 A일 때가 B일 때보다 크다.

바로알기 ㄱ. 공기의 굴절률을 n_0이라고 하면, $n_0\sin60°=㉠\times\sin38°=㉡\times\sin35°$이다. 따라서 $\dfrac{㉠}{㉡}=\dfrac{\sin35°}{\sin38°}$ 이다.

08 ㄱ. P에서 굴절각이 입사각보다 크다. 따라서 A의 파장은 Ⅰ에서가 Ⅱ에서보다 길다.

ㄴ. 빛이 굴절할 때 진동수는 변하지 않는다. 따라서 B의 진동수는 Ⅰ에서와 Ⅱ에서가 같다.

ㄷ. P에서 A, B의 입사각을 각각 θ_1, θ_2라고 하면 $\sin\theta_1=\dfrac{3}{\sqrt{2^2+3^2}}$, $\sin\theta_2=\dfrac{2}{\sqrt{2^2+3^2}}$이므로 $\dfrac{\sin\theta_1}{\sin\theta_2}=\dfrac{3}{2}$이다.
따라서 $\dfrac{\sin\theta_1}{\sin\theta_A}=\dfrac{\sin\theta_2}{\sin\theta_B}$에서 $\dfrac{\sin\theta_A}{\sin\theta_B}=\dfrac{3}{2}$이다.

09 ㄴ. A에서 B로 입사각 θ로 입사한 빛이 굴절하여 B로 진행한다. 따라서 A와 B 사이의 임계각은 θ보다 크다.

바로알기 ㄱ. 단색광이 굴절할 때 진동수는 변하지 않는다. 따라서 X의 진동수는 A와 B에서 같다.

ㄷ. A의 굴절률이 B의 굴절률보다 크고 B의 굴절률이 C의 굴절률보다 크므로, A의 굴절률이 C의 굴절률보다 크다. 따라서 클래딩에 A를 사용한 광섬유의 코어로 C를 사용할 수 없다.

10 ㄱ. C의 굴절률은 B의 굴절률보다 크고, B의 굴절률은 A의 굴절률보다 크다. 따라서 굴절률은 C가 A보다 크다.

바로알기 ㄴ. C의 굴절률이 B의 굴절률보다 크므로, C와 A 사이의 임계각이 B와 A 사이의 임계각보다 작다. 따라서 $\theta_1>\theta_2$이다.

ㄷ. $\theta_1>\theta_2$이므로 공기에서 코어로 입사할 때 굴절각은 C에서가 B에서보다 크다. 그런데 C의 굴절률이 B의 굴절률보다 크므로, $i_2>i_1$이다.

11 ㄱ. A에서 B로 진행할 때, 굴절각이 입사각보다 작다. 따라서 P의 파장은 A에서가 B에서보다 길다.

 ㄴ. θ가 작아지면 B에서 C로 진행하는 P의 입사각이 i_c보다 작아진다. 따라서 P는 B와 C의 경계면에서 전반사하지 않는다.

ㄷ. P가 B에서 A로 입사각 i_c로 진행하면 굴절각 θ로 굴절하고, B에서 C로 입사각 i_c로 진행하면 전반사하므로, 굴절률은 A가 C보다 크다. 따라서 클래딩에 A를 사용한 광섬유의 코어로 C를 사용할 수 없다.

12

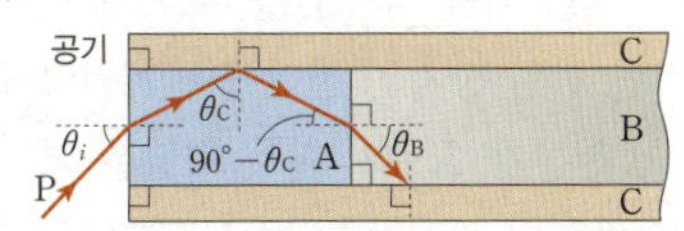

• A의 굴절률이 B의 굴절률보다 크므로, P가 A에서 B로 진행할 때 굴절각이 입사각보다 크다. 따라서 $\theta_B>90°-\theta_C$이다.

ㄱ. A와 C의 경계면에서 P가 전반사한다. 따라서 굴절률은 A가 C보다 크다.

ㄴ. P가 A에서 B로 진행할 때 입사각이 $90°-\theta_C$이다. 그런데 P가 A에서 B로 진행할 때 굴절각이 입사각보다 크므로 $\theta_B>90°-\theta_C$이다.

바로알기 ㄷ. P가 B에서 C로 진행할 때, 입사각이 θ_C보다 작다. 따라서 B와 C의 경계면에서 P는 전반사하지 않는다.

13 ㄴ. 단색광이 굴절률이 큰 매질에서 굴절률이 작은 매질로 진행하는 경우에만 전반사가 일어날 수 있다. 따라서 굴절률은 코어가 클래딩보다 크다.

바로알기 ㄱ. 적외선의 파장이 가시광선의 파장보다 길다.

ㄷ. 입사각이 임계각보다 크거나 같아야 전반사가 일어난다. 따라서 코어와 클래딩 사이의 임계각은 θ보다 작거나 같다.

14 ⑤ A. 적외선은 비접촉식 체온계, 열화상 카메라 등에 이용된다.
B. 전자레인지에 이용되는 전자기파는 마이크로파이다.
C. 자외선은 살균 효과가 있어 식기 살균기 등에 이용된다.

15 ㄴ. 진동수는 파장에 반비례하므로 A가 C보다 크다.

바로알기 ㄱ. A는 감마(γ)선으로, 암 치료, 비파괴 검사 등에 이용된다. 라디오에 이용되는 전자기파는 C이다.

ㄷ. 진공에서 모든 전자기파의 속력은 같다.

16 ㄱ. X선보다 파장이 짧은 A는 감마(γ)선으로 투과력이 가장 강하고 암 치료에 이용된다.

ㄴ. C는 자외선으로 살균 작용이 있어 컵을 소독하는 데 사용된다.

바로알기 ㄷ. 진공에서 모든 전자기파의 속력은 같다.

17 ㄱ. P에서는 보강 간섭이, Q에서는 상쇄 간섭이 일어난다. 따라서 진폭은 P에서가 Q에서보다 크다.

ㄷ. x축의 $x=0.5$, 1.5, 2.5, $3.5(\text{m})$에서 상쇄 간섭이 일어난다. 따라서 $x=0$과 $x=4$ m 사이에서 상쇄 간섭이 일어나는 지점의 개수는 4개이다.

바로알기 ㄴ. 두 파원에서 x축의 $x\geq4$ m인 임의의 지점까지의 경로차는 4 m이다. 그런데 두 물결파의 파장이 2 m이므로, x축의 $x\geq4$ m인 모든 지점에서 보강 간섭이 일어난다.

18 ㄱ. 큰 소리가 측정되는 지점 사이의 간격이 f_2일 때가 f_1일 때보다 작다. 따라서 $f_2>f_1$이다.

바로알기 ㄴ. f_1일 때 $x=1.2d$에서 큰 소리가 측정되므로 보강 간섭이 일어난다.

ㄷ. 소음 제거 헤드폰은 상쇄 간섭을 이용하여 소음을 제거한다.

19

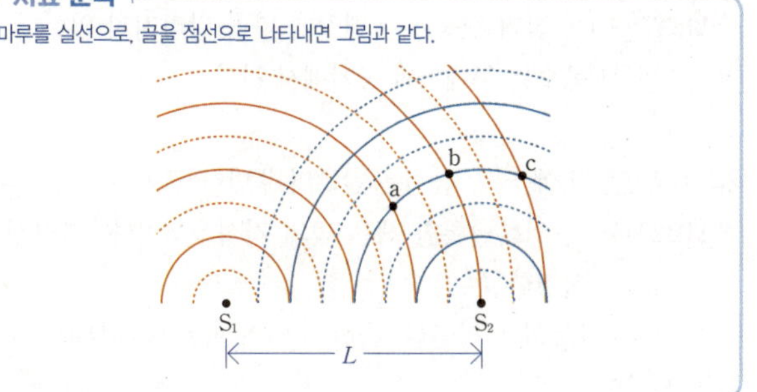

마루를 실선으로, 골을 점선으로 나타내면 그림과 같다.

ㄱ. S_1에서 a까지 거리는 3λ이고, b까지 거리는 4λ이다. 따라서 S_1에서 a까지 거리는 S_1에서 b까지 거리보다 λ만큼 짧다.

ㄴ. $L=4\lambda$이다.

ㄷ. $\overline{S_1c}=5\lambda$이고 $\overline{S_2c}=2\lambda$이다. 따라서 S_1, S_2에서 c까지 경로차는 3λ이다.

20 ㄴ. P에서 상쇄 간섭이 일어나므로, O에서 $-x$ 방향으로 1 m만큼 떨어진 지점에서도 상쇄 간섭이 일어난다.

🔍**바로알기** ㄱ. O에서 보강 간섭이 일어나므로, S_1, S_2에서 발생한 소리의 위상은 O에서 같다.

ㄷ. S_1에서 발생하는 소리의 위상만을 반대로 하면, O에서 두 소리가 반대 위상으로 중첩한다. 따라서 S_1, S_2에서 발생한 소리가 O에서 상쇄 간섭한다.

21 ㄴ. 간섭은 파동의 특성이다. 따라서 간섭무늬는 빛의 파동성 때문에 생긴다.

ㄷ. 밝은 무늬의 중심에서는 보강 간섭이, 어두운 무늬의 중심에서는 상쇄 간섭이 일어난다.

🔍**바로알기** ㄱ. 슬릿의 간격이 넓을수록 파동의 성질이 잘 나타나지 않아 간섭무늬 간격이 작다. 따라서 ㉠은 y_0보다 작다.

22 ④ 빛의 파장이 길수록, 슬릿 간격이 좁을수록, 이중 슬릿과 스크린 사이의 거리가 클수록 간섭무늬 간격이 크다.

🔍**바로알기** 단일 슬릿과 이중 슬릿 사이의 거리는 간섭무늬 간격과 관계가 없다.

23

┌─ **자료 분석** ─────────────

과정	간섭무늬
㉠	1 cm
㉡	1 cm

간섭무늬 간격이 ㉠에서가 ㉡에서보다 촘촘하다.

• 레이저 빛의 파장이 길수록 간섭무늬 간격이 넓다.
• ㉡의 결과가 굴절률이 작은 매질에서의 실험 결과이다.

└────────────────────

ㄱ. 밝은 무늬의 중심에서 보강 간섭이 일어난다. 따라서 밝은 부분은 빛의 보강 간섭에 의해 생긴다.

ㄴ. 빛의 속력은 공기에서가 물에서보다 빠르다. 그러므로 빛의 파장도 공기에서가 물에서보다 길다. 따라서 간섭무늬 간격이 더 넓은 ㉡이 공기에서 실험한 (나)이다.

🔍**바로알기** ㄷ. 빛의 진동수는 매질에 따라 달라지지 않는다. 따라서 빛의 진동수는 물에서와 공기에서 같다.

24 ㄷ. 얇은 막에 의한 간섭은 렌즈의 무반사 코팅에 적용된다.

🔍**바로알기** ㄱ. 알록달록한 색은 빛의 간섭무늬이다. 따라서 빛의 간섭으로 설명할 수 있다.

ㄴ. 간섭은 파동의 특성이다. 따라서 빛의 파동성 때문에 나타나는 현상이다.

2 빛과 물질의 이중성

1 　자료1　1 ○　2 ○　3 ○　4 ×
　　자료2　1 ○　2 ×　3 ○　4 ×
　　자료3　1 ○　2 ○　3 ○　4 ×

2 　자료1　1 ×　2 ○　3 ×
　　자료2　1 ○　2 ×　3 ○
　　자료3　1 ○　2 ○　3 ×

3 　자료1　1 ○　2 ×　3 ×　4 ○
　　자료2　1 ○　2 ○　3 ○
　　자료3　1 ×　2 ○　3 ×　4 ×

1 **1**-1 단색광의 진동수가 클수록 광전자의 운동 에너지의 최댓값($E_{최대}$)이 크다. 따라서 진동수는 A가 B보다 크다.

1-2 진동수가 같을 때, 광전류의 최댓값($I_{최대}$)은 단색광의 세기에 비례한다. 따라서 세기는 C가 B보다 크다.

1-3 B, C를 비출 때 광전자의 운동 에너지의 최댓값($E_{최대}$)이 같다. 따라서 B, C의 진동수는 같다.

1-4 B를 비출 때 광전자가 방출된다. 따라서 금속판의 문턱 진동수는 B의 진동수보다 작다.

2-1 A, C를 비출 때 전류가 0이므로 A, C의 진동수는 금속판의 문턱 진동수보다 작다. 그런데 A, B를 비출 때와 B, C를 비출 때 전류가 흐르므로, B의 진동수는 금속판의 문턱 진동수보다 크다. 따라서 진동수는 B가 C보다 크다.

2-2 A의 진동수가 금속판의 문턱 진동수보다 작으므로, A만 비출 때 광전자가 방출되지 않는다. 따라서 ㉠은 0이다.

2-4 B에 의해 금속판에서 광전자가 방출된다. 따라서 금속판의 일함수는 B의 광자의 에너지보다 작다.

3-1 단색광의 진동수가 클수록 $I=0$이 되는 순간의 전압이 크다. 그런데 $V_1>V_2$이므로 진동수는 A가 B보다 크다.

3-2 I의 최댓값이 B를 비출 때가 C를 비출 때보다 크다. 따라서 빛의 세기는 B가 C보다 크다.

3-3 광전자의 최대 운동 에너지는 $I=0$이 되는 순간의 전압에 비례한다. 따라서 A를 비출 때가 B를 비출 때보다 크다.

3-4 B를 비추면 전원 장치의 전압에 관계없이 금속판에서 광전자가 방출된다. 전류가 흐르지 않는 까닭은 역전압이 걸려 있어서 금속판에서 방출된 광전자가 양극에 도달하지 못하기 때문이다.

2 **1**-1 물질파 파장은 $\lambda=\dfrac{h}{p}$(h: 플랑크 상수)이다. 따라서 운동량이 같으면 물질파 파장도 같다.

1-2 속력 축에 나란한 직선을 B, C를 지나도록 그리면, 물질파 파장이 같을 때 속력은 C가 B보다 크다는 것을 알 수 있다.

1-3 운동량이 같을 때, 속력은 C가 A보다 크다. 따라서 질량은 A가 C보다 크다.

2-1 간섭무늬는 파동의 성질이다.

2-2 v를 증가시키면 물질파 파장이 감소하므로 $\varDelta x$는 감소한다.

2-3 전자에 의한 간섭도 두 점파원에서 발생한 물결파의 간섭과 동일한 원리가 적용된다. 따라서 이중 슬릿과 형광판 사이의 거리가 멀수록 $\varDelta x$가 증가한다.

3-1 무지개색 빨, 주, 노, 초, 파, 남, 보에서 빨간색 쪽으로 갈수록 파장이 길고 보라색 쪽으로 갈수록 파장이 짧다. 따라서 진동수는 초록색 빛이 빨간색 빛보다 크다.

3-2 금속판에서 광전자가 방출되는 것은 빛의 입자성에 의한 현상이고, 형광판에 간섭무늬가 나타나는 것은 전자의 파동성에 의한 현상이다.

3-3 물질파 파장은 운동량에 반비례한다. 따라서 광전자의 속력을 증가시키면 물질파 파장은 감소한다.

3 **1-1** 광 다이오드에 빛을 비추면 광전 효과에 의해 전류가 흐른다.

1-2 CCD는 광전 효과에 의해 전자가 저장되므로 빛의 입자성을 이용한다.

1-3 CCD의 광센서는 빛의 색을 구분할 수 없고 빛의 세기만 측정한다.

1-4 CCD의 광센서에 도달하는 빛의 세기가 클수록 많은 전자가 저장되도록 광센서를 제작한다.

2-1 전자 현미경에서는 전자의 물질파 파장이 가시광선의 파장보다 훨씬 짧게 하기 위해 전자를 높은 전압으로 가속시킨다.

2-2 물질파 파장이 짧을수록 분해능이 좋아진다. 따라서 분해능을 향상시키기 위해서는 전자의 속력을 증가시켜야 한다.

2-3 전압 V로 가속시킨 전자의 운동 에너지가 $E_k = eV$이므로, 전자의 물질파 파장은 $\lambda = \dfrac{h}{\sqrt{2mE_k}} = \dfrac{h}{\sqrt{2meV}}$이다.

3-1 운동 에너지가 E_k이면 드브로이 파장이 $\lambda = \dfrac{h}{\sqrt{2mE_k}}$이므로 ㉠은 $\dfrac{1}{4}E_0$이다.

3-2 전자선이 시료를 투과하므로 A는 투과 전자 현미경이다.

3-3 시료의 3차원 표면 구조를 관찰할 수 있는 전자 현미경은 주사 전자 현미경이다.

3-4 드브로이 파장이 길어지는 것을 방지하기 위해 시료를 얇게 만들어야 한다.

수능 대비 문제 p.69~72

01 ①	**02** ①	**03** ①	**04** ②	**05** ⑤	**06** ②
07 ③	**08** ①	**09** ⑤	**10** ⑤	**11** ③	**12** ③
13 ①	**14** ④	**15** ⑤	**16** ⑤		

01 ㄱ. P를 비출 때에는 광전자가 방출되고, Q를 비출 때에는 광전자가 방출되지 않는다. 따라서 진동수는 P가 Q보다 크다.

바로알기 ㄴ. P를 비추는 동안 A에서 광전자가 방출되면서 금속박이 오므라든다. 따라서 금속박에 있던 전자가 A로 이동한다.

ㄷ. 금속박이 벌어진 상태에서 음($-$)전하가 점점 감소하면서 오므라든다. 따라서 금속박이 오므라드는 동안, 금속박은 음($-$)전하로 대전되어 있다.

02

빛	진동수	광전자의 최대 운동 에너지	
		X	Y
A	f	$3E_0$	$2E_0$
B	$2f$	$7E_0$	㉠

같은 진동수(f)의 빛을 비췄을 때
→ 광전자의 최대 운동 에너지: X > Y → 일함수: X < Y → 문턱 진동수: X < Y

ㄱ. A를 비출 때 방출되는 광전자의 최대 운동 에너지가 X에서가 Y에서보다 크므로, 일함수는 Y가 X보다 크다. 따라서 ㉠은 $7E_0$보다 작다.

바로알기 ㄴ. 일함수는 Y가 X보다 크므로, 문턱 진동수도 Y가 X보다 크다. 따라서 광전 효과가 일어나는 빛의 최소 진동수는 Y가 X보다 크다.

ㄷ. 최대 운동 에너지는 진동수가 가장 큰 빛에 의해 결정된다. 따라서 A와 B를 X에 함께 비출 때 방출되는 광전자의 최대 운동 에너지는 $7E_0$이다.

03 ㄱ. A에 X를 비출 때에는 광전자가 방출되고, Y를 비출 때에는 광전자가 방출되지 않는다. 따라서 $f_X > f_Y$이다.

바로알기 ㄴ. E_0은 X의 광자의 에너지 hf_X에서 A의 일함수를 뺀 값과 같다. 따라서 $E_0 < hf_X$이다.

ㄷ. Y의 진동수는 A의 문턱 진동수보다 작다. 따라서 Y의 세기를 증가시켜 A에 비추어도 광전자가 방출되지 않는다.

04 ㄴ. 광전자의 최대 운동 에너지가 p일 때가 r일 때보다 크므로, p는 일함수가 작은 B에서 측정한 실험 결과이다. 따라서 q는 A에서 측정한 실험 결과이다.

바로알기 ㄱ. p와 q일 때, 빛의 진동수가 서로 다른데 광전자의 최대 운동 에너지가 같다. 따라서 서로 다른 금속판에서 측정한 실험 결과이다.

ㄷ. A, B의 일함수를 각각 W_A, W_B라고 하면 다음 관계가 성립한다.

$2hf_0 - W_A = E_0 \cdots$ ①, $2hf_0 - W_B = 3E_0 \cdots$ ②, $3hf_0 - W_A = 3E_0 \cdots$ ③

식 ①, ③에서 $hf_0 = 2E_0$이고, 이를 식 ②에 대입하면 B의 일함수는 $W_B = E_0$이다.

05 ㄱ. 광자의 에너지가 $2E_0$보다 커야 광전자가 방출된다. 따라서 금속판의 일함수는 $2E_0$이다.

ㄴ. $E_k = E_0$일 때 $E = 3E_0$이다. 따라서 이때 단색광의 진동수를 f라고 하면 $hf = 3E_0$에서 $f = \dfrac{3E_0}{h}$이다.

ㄷ. 진동수가 $\dfrac{E_0}{h}$인 광자의 에너지는 E_0이므로 금속판의 일함수

보다 작다. 따라서 금속판에 진동수가 $\dfrac{E_0}{h}$인 빛을 비추면 광전자
가 방출되지 않는다.

06

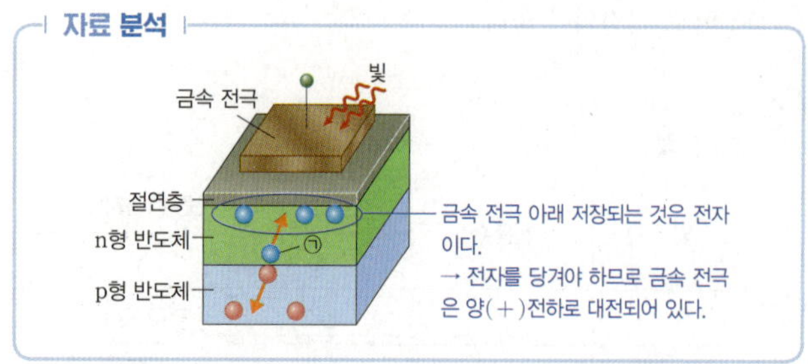

ㄴ. 금속 전극 아래 음(－)전하인 전자가 저장된다. 따라서 금속
전극에는 양(＋)의 전압이 걸린다.

바로알기 ㄱ. 금속 전극 아래에는 전자가 저장된다. 따라서 ㉠
은 전자이다.

ㄷ. 금속 전극 아래 저장되는 전자의 양은 빛의 세기가 클수록 크다.

07

ㄱ. CCD는 광전 효과를 이용한다. 따라서 빛의 입자성을 이
용한다.

ㄴ. 양동이는 광 다이오드를, 양동이에 내린 비의 양은 화소에 도
달한 빛의 세기를 비유한다.

바로알기 ㄷ. CCD의 화소에 도달한 빛의 세기가 클수록 화소
에 저장된 전자의 개수가 많다.

08

ㄴ. 빨간색 필터는 파란색과 초록색을, 초록색 필터는 빨간
색과 파란색을, 파란색 필터는 빨간색과 초록색을 차단한다. 따
라서 파란색 빛은 초록색 필터를 통과하지 못한다.

바로알기 ㄱ. CCD는 빛의 입자성을 이용한다.

ㄷ. CCD의 광센서는 빛의 색을 구분하지 못하므로, 색 필터를
사용한다.

09

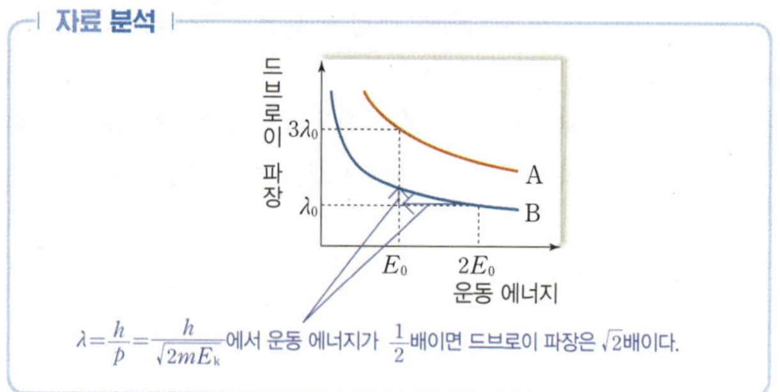

ㄱ. 드브로이 파장은 운동량에 반비례한다. 따라서 운동량이 클
수록 드브로이 파장이 짧다.

ㄴ. A, B의 질량을 각각 m_A, m_B라 하면, $3\lambda_0=\dfrac{h}{\sqrt{2m_A E_0}}$ … ①,
$\lambda_0=\dfrac{h}{\sqrt{2m_B \times 2E_0}}$ … ②이다. 따라서 식 ①, ②를 정리하면
$m_A : m_B = 2 : 9$이다.

ㄷ. $\lambda=\dfrac{h}{\sqrt{2mE_k}}$에서 운동 에너지가 $\dfrac{1}{2}$배로 감소하면 드브로이
파장은 $\sqrt{2}$배로 증가한다. 따라서 B의 운동 에너지가 E_0일 때 드
브로이 파장은 $\sqrt{2}\lambda_0$이다.

10

⑤ Δx는 전자의 물질파 파장 λ에 비례한다. 그런데 가속 전
압이 V이면 운동 에너지가 eV이므로 $\lambda=\dfrac{h}{\sqrt{2meV}}$에서
$\Delta x \propto \lambda \propto \dfrac{1}{\sqrt{V}}$이 성립한다. 따라서 ⑤번이 가장 적절하다.

11

ㄱ. (나)에서 밝은 점들이 나타난다. 따라서 전자 한 개는 스
크린의 한 지점에 도달한다는 것을 알 수 있다.

ㄴ. (나)와 같이 전자 한 개가 스크린의 한 지점에 도달하는 것은
입자의 특성이고, (다)와 같이 밝고 어두운 간섭무늬는 파동의 특
성이다. 따라서 (나), (다)를 통해 전자의 입자성과 파동성을 모
두 확인할 수 있다.

바로알기 ㄷ. 간섭무늬는 왼쪽 슬릿을 통과한 전자의 물질파
파장과 오른쪽 슬릿을 통과한 전자의 물질파 파장이 간섭하여 만
들어진다.

12

③ 원형 무늬의 간격이 같으므로, 운동 에너지가 E인 전자선
의 물질파 파장이 λ이다. 따라서 $\lambda=\dfrac{h}{\sqrt{2mE}}$에서 전자의 질량은
$m=\dfrac{h^2}{2E\lambda^2}$이다.

13

① 충돌 전 A, B의 운동량의 크기가 각각 $p_A=\sqrt{32mE}$,
$p_B=\sqrt{2mE}$이므로, $p_A=p$라고 하면 $p_B=\dfrac{1}{4}p$이다. 충돌 후 물질
파 파장이 B가 A의 $\dfrac{3}{2}$배이다. 그런데 운동량의 크기는 물질파
파장에 반비례하므로, 충돌 후 A의 운동량의 크기를 p'이라고
하면 B의 운동량의 크기는 $\dfrac{2}{3}p'$이다. 충돌 과정에서 운동량이 보
존되므로, $p+\dfrac{1}{4}p=p'+\dfrac{2}{3}p'$에서 $p'=\dfrac{3}{4}p$이다. A의 운동량이
$\dfrac{3}{4}$배로 감소하므로, 물질파 파장은 $\dfrac{4}{3}$배로 증가한다.

14

ㄴ. 전자 현미경은 광학 현미경보다 분해능이 좋으므로, 더
작은 시료를 자세히 관찰할 수 있다. 따라서 '분해능'은 (가)에 해
당한다.

ㄷ. SEM은 시료 표면에서 반사하는 전자선을 이용한다. 따라서
SEM을 이용하면 시료의 3차원 표면을 관찰할 수 있다.

바로알기 ㄱ. 물질파 파장은 운동량에 반비례한다. 따라서 전
자의 운동량이 클수록 ㉠은 짧다.

15

ㄱ. 전자 현미경은 전자의 파동성을 이용해 시료를 관찰한다.

ㄴ. 분해능은 전자 현미경이 광학 현미경보다 뛰어나다.

ㄷ. 자기렌즈는 전자의 진행 경로를 휘게 하여 전자들을 모으는
역할을 한다.

16

ㄱ. (가)는 광학 현미경으로, (나)는 전자 현미경으로 물체를
촬영한 것이다. 현미경의 최대 배율은 광학 현미경이 전자 현미
경보다 작다.

ㄷ. 전자 현미경은 전자의 파동성을 이용한다.

바로알기 ㄴ. 자기장에 의해 전자의 진행 경로가 휘어지는 현
상을 이용하는 것은 전자 현미경이다.